U0473104

清 朝
开 国 史

[增订版]

The Manchu Reconstruction
of Imperial Order
in Seventeenth-Century China

洪业

The Great Enterprise

[美] 魏斐德 著

陈苏镇 薄小莹 等译

新星出版社　NEW STAR PRESS

纪念魏斐德先生诞辰八十周年

编者说明

《洪业：清朝开国史》（以下简称《洪业》）由被誉为"美国汉学三杰"之一的著名历史学家魏斐德（Frederic Wakeman, Jr., 1937—2006）所著。本书讲述了中国王朝史中极具戏剧性的历史阶段——1644年明王朝的落幕及后续20年清王朝的巩固。作者对一个帝国如何陷入困境，另一个帝国又如何重建秩序走向强盛的过程，进行了总体解剖与透视。

《洪业》于1985年由加州大学出版社（University of California Press）首次出版，且于1987年获得了美国亚洲研究协会颁发的列文森中国研究书籍奖。之后，此书在魏斐德的中国好友庞朴的建议下，被我国著名历史学家陈苏镇、薄小莹等译成中文。魏斐德全球化的研究视野与娓娓动听的叙事能力促使《洪业》出版30年以来仍吸引广大中外读者。费正清在《纽约书评》上高度评价《洪业》："对于任何对中国真正感兴趣的人来说，从现在开始，魏斐德的书是他首先要读的最重要的著作之一。"

本书在《洪业》中文版已有版本的基础上进行重新修订，订正若干讹误，并增加了序言、插图和代后记。序言由北京外国语大学全球史研究院李雪涛教授拨冗撰写。《代后记：远航》（1993年）是魏斐德就任美国历史学会会长时发表的演说稿。这些图文或许能更好地帮助中国读者了解并感知魏斐德进行中国历史研究的"志业"与他笔下伟大的"洪业"。

此次出版《洪业：清朝开国史》增订版之际，正值魏斐德先生诞辰八十周年，我们谨以此寄托对这位杰出历史学家的怀念。在此，特别感谢魏斐德先生的夫人、旅美著名翻译家梁禾女士，她为我们再次提供了魏斐德先生的部分一手资料。

编者
2017年1月

增订版序：全球史视野下的明清嬗变

魏斐德的问题意识与中国近代史的开端

《洪业：清朝开国史》（以下简称《洪业》）的英文原书是美国著名中国历史学家魏斐德（Frederic Wakeman, Jr., 1937—2006）教授于1985年出版的一部两卷本有关中国明清嬗变过程的巨著，[1]摆在读者面前的一卷本的中文版译自这一版本。

17世纪的危机在现代欧洲发展过程中具有深远的意义，是欧洲近代史研究的重要课题，也是很多在欧洲之内研究的比较议题的焦点。[2]魏斐德之所以选择这一段历史进行研究，在于他认为："1644年明朝的灭亡和清朝的勃兴，是中国历史上所有改朝换代事件中最富戏剧性的一幕。"[3]而史景迁（Jonathan Spence, 1936— ）也认为："明清过渡期及清朝对魏斐德来说是理想的研究阶段。"[4]

魏斐德在此向我们提出了一个世界性的问题，亦即清初的制度模式如何以其制度性的控制和财政政策迅速摆脱了一场全球性的经济危机，却没有像欧洲一样进行深远的政治与经济的彻底转型。清初的满族统治者在汉族士大夫的协助下成功地克服了17世纪的危机，但也留下问题和隐患，使得中国无法抵御鸦片战争以来的欧洲列强的侵略，最终导致了帝国的灭亡。也就是说，如果要理解晚清乃至民国的中国社会，就要从明清的嬗变中寻找原因。艾森斯塔特（Shmuel N. Eisenstadt, 1923—2010）认为，17世纪的历史危机所带来的深远影响和作用之旷日持久，一直波及当代。[5] 他指出：

> 魏斐德的分析指向了一个在比较社会——历史研究中即世界史研究中最迷人的问题，即制度模式与其大环境，特别是国际环境中的关系。制度对一个环境的适应性，很可能在另一个环境里，这种适应性就是障碍。这个问题并非局限在中国，比如，对于分析西班牙帝国或威尼斯的衰败也是至关重要的，但没有人能够像魏斐德分析明、清中国那样清晰地呈现给大家。[6]

正如艾森斯塔特所指出的那样，魏斐德的问题意识并非一个本质主义的中国经验，而是"在分析社会秩序所包含的种种具体方面的基础上，用明清朝代的特殊经历，来透析中国社会"[7]而已。

魏斐德之所以选择明清的嬗变作为他的研究对象，实际上与美国当时的中国历史研究状况有关。曾作为魏斐德的弟子之一的周锡瑞（Joseph W. Esherick, 1942— ）教授在一次访谈中谈到了这一问题：

> 如果你研究一下早期的美国中国学作品，你就会发现，清朝仅仅被当作一个循环往复的朝代而已，大清王朝满族的特性并没有得到美国中国学界的足够重视。大清王朝——一个由满族人建立起来的王朝，是如何被建立起来的？它与明朝有哪些不同之处？满族的特性是什么？满族的特性和儒家的理念是如何体现在满清的国家制度中的？满清政府运用何种独特的手段缓解了满汉冲突，使得满汉得到了调和？满清王朝特有的机构如"军机处"和王朝等级制度、政治制度是怎样的？对这些问题，经过他十多年的探索和研究，才有了后来《洪业》这样的著作。[8]

也就是说，满族征服了中原之后，中国历史是连续的还是断裂了的？清朝的历史与明代历史延续性的问题，是魏斐德思考的中心。他认为，清朝并不是满人征服汉人的历史，而是满汉调和与重建的历史，而在这其中他特别重视的是明清嬗替过程中的连贯性问题。清初满族统治者的精明之处在于成功地继承了儒家的文化并运用了这些观念，才找到了满汉调和的支点。降清的汉族官员和清初的统治者们在维护儒家的道统方面，形成了共同的利害关系——无论什么民族都应当忠于儒家的观念——这些教义是放之四海而皆准的真理。保卫了儒家思想也就得到了身份认同。[9]而这一切都发生在17世纪的明清交替的阶段。

在《洪业》中，魏斐德希望通过清初对中华帝国秩序的重建来呈现的"洪业"（the great enterprise），昭示在1840年鸦片战争西方势力到来之前，中国社会就已经发生了一系列的重要变化。因此他特别认同白乐日（Etienne Balázs, 1905—1963）的观点，中国近代史的开端并非鸦片战争，而是17世纪：

> 白乐日将"中国近代"的起点从鸦片战争向前推到了17世纪。在第一场演讲的开篇，白乐日就单刀直入地强调"近代中国的物质与精神之根源从17世纪寻找"。他指出，该领域的学者对那个历史阶段的了解有着很大的"空白"，他们"没有意识到那一时代对中国及整个东亚产生的极其巨大的影响"。[10]

白乐日认为，这一时代解放的根源来自经济，而早期中华帝国黄金世纪的一些社会特征包括：1. 财政体制的货币化；2. 新的小市镇如雨后春笋般出现；3. 贫穷之间、发达地区与穷乡僻壤之间的两极化，以及市民中出现了新团体，新的文学形式——小说的出现；等等。[11]魏斐德在《洪业》中在论及17世纪江南的农业生产时，也特别强调了当时特有的发展模式：

在中晚明时期，农业的商业化，相应伴随着一种复杂动荡的社会状态的出现。在经济上，随着地主和佃户将维持生计的谷物收成变为植棉、养鱼和橘园、桑园的经营与茶树的种植，新的农业形式在江南开始产生了。新的农业管理技术发展了，常常需要使用雇工或是有人身依附性质的劳动力。这种管理农业的新形式要求更多的资本投资，特别是要用于灌溉，并且日益集中在管理地主手中。[12]

实际上，明中晚期的江南已经相当富庶，一些人的活动已经渐渐从传统的农业转到了商业上来。这一地区在某种意义上来讲极具经济活力，相当繁荣。到了明代末期，江南的商业活动就更加发达了：

> 到明朝末期，江南开始向北方输出棉布以换取那里的原棉。松江这样的重要的棉花中心，到处都是熙熙攘攘的来自湖广、两广和江西的长途贩运商人——他们很多雇用保镖护送，每年都要买卖价值成千上万银两的标布（最高级的棉织布）。他们及其同行在苏州丝质市场上贩卖的这种棉布遍及中国，并创造了新的消费习惯和穿着要求，也使得棉布商人们大发横财。[13]

在第八章中，魏斐德通过"江南地区的经济分化""社会依附关系""阶级矛盾"等几个方面，对江南的经济活动和经济分化的情况进行了描述和分析。实际上，在他看来，中国和欧洲的道路选择并没有所谓正确错误之分。魏斐德明确反对沃勒斯坦（Immanuel Wallerstein, 1930—2019）的世界体系论（world-systems theory）的观点，认为不能以此类的观点来研究中国历史，因为沃伦斯坦将"16、17世纪的欧洲历史当作世界性的模式，以欧洲为核心，认为这个核心的发展是世界文明的基础"[14]。魏斐德指出："问题不在于中国为什么没有像欧洲一样出现工业化，而在于为什么欧洲与中国等大多数国家不同，出现了工业革命。这才是应该解决的问题。"[15] 17世纪的欧洲社会在各个方面显然都没有超过中国的优势，只不过由于偶然的机遇推动了后来的工业化，因此欧洲工业化和欧洲的兴起是偶然机遇带来的意外结果，根本不是由于其内部具有某种优越性造成的。

加州学派的另一位历史学家彭慕兰（Kenneth Pommeranz, 1958— ）在他的《大分流——欧洲、中国及现代世界经济的发展》（*The Great Divergence. Europe, China, and the Making of the Modern World Economy. Princeton University Press, 2000*）的中文版序言中也提出了这样的问题："尽管诸如'为什么英格兰没有变成江南'之类听起来古怪的问题无疑并不比人们更为习惯的'为什么江南没有变成英格兰'天生更高明，但它们也并不更低劣，它们还具有重要的优势……"[16] 实际上，这样的一个问题意识，显然就超越了所谓"西方国家的崛起"和"其余地区停滞"的先入为主的二元对立的观念。因为如果以欧洲为世界体系的中心的话，就无法理解16世纪的全球性关联。

对朝代更替过程中士大夫身份认同问题的考察

魏斐德的这部著作是想通过明清之变的叙事来阐述其历史见解的，明清之变其实只是他解决问题的载体。史景迁认为，正是这一段变革的时期，才能够演绎诸多戏剧性的故事："在微观上讲，此阶段充满了栩栩如生的令人痛心的人生戏剧，其中既有发生在宫廷和战场上的，也有发生在家族、农村和市井中的。在那乱世之中，人们追求着生存之道。"[17] 这是人类历史上最为波澜壮阔、惊心动魄的阶段之一。魏斐德所处理的尽管是明清之际的中国的史料，但《洪业》的主要目的并不仅仅在于对中国历史的独特性有所说明，更重要的是对朝代更替的过程中知识分子身份认同问题的考察。而后者对于历史撰述来讲是一个具有普遍性的问题。

"身份问题"在具体的明清之变中是"忠"的问题：

> 这个悲剧性的道德观念是一切行动的基点。忠到底是什么？它作为实际生活的准则是怎样体现出来的？对于归顺清朝的明朝旧臣洪承畴，或者明朝时在扬州被围困及后来的屠杀中丧生的史可法那样的老忠臣，对他们为忠而造成的不及预料的后果，又如何看待？与其像一位哲学教授从本体论的角度讨论宋朝程朱理学那样，干巴巴地用事不关己的态度来谈论忠在道德上的暧昧或者切身利益与自我认同之间的冲突，作为一名历史学家，我决定去写满汉各方坚持以某种方式献身于忠的男女们。我尽量将这些"具体现象"置于相应的时代背景当中，从而产生了一种叙事形式，它使剧情从华中延伸到东北边远地区，交替出现于各个篇章，直至最终汇于北方首都，直至另一代忠臣的奋斗在南方呈现。[18]

"忠"——身份问题的体现是一个个鲜活生命的例子。这些栩栩欲活的"忠臣"或"贰臣"们的一举一动仿佛跃然纸上，魏斐德以其高超的叙事方式，将这些在情节上充满着意外的故事，实现在时代背景中的"自身置入"（Sichversetzen）。[19]

通过"自身置入"可以看到这些明朝遗民在明清之变中的困惑、愤懑、不安、痛苦，以及所谓"贰臣"们的矛盾、焦虑、自责、纠结，这些都通过不同的事例而被魏斐德刻画得淋漓尽致、细致入微。死亡对于很多大明的臣民来讲，是忠诚于明室最好的明证："表达这种忠诚，并在同时解决社会利益和个人信仰之间的这种冲突，一个办法就是献出一个人的生命。"[20]

"我在读明清过渡时期的移民与贰臣传记时，一再发现中国历史学家不断地要在对儒家的褒贬问题上苦心孤诣。"[21] 因此，所谓的忠的问题，不仅仅是历史人物的立场，也包括后世的历史学家对这些历史人物的评价。

满族政权占领南京后，清统治者采取了在北方已经确定了的政策，一开始是所有军士，后来扩展到所有汉人都必须遵从满人的风俗，剃去他们前额的头发，将他们的头发按照满人的辫式编扎起来。[22] 汉族知识分子将剃发看作是一种野蛮的行为，一种对文明的亵渎。而且对于一个文人来讲，剃发是儒者尊严的堕落。[23] 著名儒家学者杨廷枢（1595—1647）由于断然拒绝剃发，而英勇就义。[24] 这是明末清初复社领袖人物的身份认同：忠于明王朝，与清朝势不两立。

满族统治者清楚地知道，单凭自己的力量，是不可能征服整个中国的，他们不得不仰仗归附的汉人来完成这一使命。同时，这一过程也是在经历了三代或更长的时间才得以完成的。魏斐德用 18 世纪蒋士铨（1725—1784）所创作的戏曲《桂林霜》和当时的一些史料讲述了马氏家族的身份认同的转化：

> 马氏家族的殉难还激发了百姓的想象力，因为他们总结了天命从一个王朝转向另一个王朝的缓慢而难以驾驭的进程：祖母是一个明朝的忠臣；父亲归顺了满洲；儿子是一个清朝的忠臣。这三代人的经历，也是中华帝国 60 年的历史。[25]

三藩之乱中广西巡抚马雄镇阖家为清廷殉难的事迹，还原出了马氏家族从明朝的忠臣到忠于清代君王的身份认同的转移：祖父马与进曾是明朝的辽阳训导，1621 年后金进攻辽阳，据说马与进战死在沙场。其妻听到夫君战死的消息后，为了表达对丈夫和明王朝的无限忠诚，带领家眷和女仆 42 人集体自杀。父亲马鸣佩以明诸生的身份归降皇太极。而 60 年后，马雄镇率家人共 38 口殉忠清朝满族王室。

清朝统治的巩固也经历了一个漫长的过程：从早期接受汉族的合作者，到入关后遭遇抵抗；任用明朝旧臣和汉族官员来推行一系列的改革。也就是说，"经过入关后对明朝旧制加以沿用和调整的试验阶段，最后造成了一种汉、满两种统治方式的精妙融合物"。[26]

"通过马氏家族，历史终于回到了原来的位置，而清朝如今已同明朝完全相称了，它不仅取代了明朝的统治，而且能够胜任。"[27] 如此也完成了作为异族的清朝统治者拥有统治中国的合法性，汉族士大夫可以堂而皇之拥护乃至忠诚于清廷的过程：

> 只是在新儒学的忠君思想不再专属于明朝的事业而开始与清朝的命运相连之后，清朝政府才能毫无矛盾心理地倡导这种美德，从而实现其自身从一个异族军事政权向一个握有统治天下之"天命"的合法君主的转变。这一过程——对清朝的忠逐渐压倒对明朝的忠——最终完成于1673年"三藩之乱"期间。[28]

建立一个以儒家价值观为根本的文职官僚体制，对于满族贵族势力来讲是一件新鲜事。对于那些驰骋疆场的满族高级将领这一招是非常管用的，现在他们都被掌控于儒家理念的价值观之下了。客观上来讲，原本随时可能产生割据势力的武将集团通过儒家理念而被皇权控制在了手中。

现象与本质以及作为人类共同经验一部分的中国历史

魏斐德特别重视作为反实证主义的哲学家齐美尔（Georg Simmel, 1858—1918）的观点，齐美尔认为"零星的形象"对社会现实至关重要：

对于我们来说美学观察及其解释的本质在于这么一个事实，即典型不应来自于独特，必然并非出自偶然，事物的本质和意义在于其意义和瞬息变化之中。任何现象要逃脱具有意义、永恒的本质都是不大可能的。[29]

从这个意义上来讲，当魏斐德想从美学和政治的角度出发，"用17世纪文人近乎任性漂泊的生活，为在满人征服中国明朝时期包括浪漫派到禁欲主义者和仁人志士们在内的整个知识分子的阶层勾画出一个'传记轨迹'时"[30]，齐美尔上述的"零星的形象"成为了他的理论依据。一共十五章的《洪业》，每一章实际上是由多个不同的"零星的形象"构成的。以第十章"危时计拙"为例，在清军占据江南主要中心城市的过程中，魏斐德所钩沉出的"零星的"形象和事件有："钱谦益与合作的污点""土国宝和太湖复明分子""溧阳、淮阳起义""1646年复明分子的失败""陈子龙与松江兵变""兜捕文人学士""淮安之谋""清廷的猜疑""复明党希望的复萌与破灭""万寿祺和顾炎武"。魏斐德通过把综合性的叙事以及分析性的文字相结合，揭示了这些人物和事件的本质和意义。

对一位美国学者来讲，中国历史研究的意义究竟在哪里呢？魏斐德借用他的老师列文森（Joseph R. Levenson, 1920—1969）的一段话，揭示出作为他者的中国历史研究的意义所在：

当人们对中国历史的理解（在没有破坏它的完整和个性下），与对西方历史的理解二者互相强化时，我便看见了一个世界的形成。这两种历史各自互属……因为观察家能够在头脑把其中的问题相互移位（不是移植问题）……还有，中国历史，必须加以研究，因为……这使我们在用以力图理解西方的同一个世界话语里，看出它的意义。[31]

魏斐德认为，如果想要理解西方和世界，理解中国是不可或缺的步骤。实际上对他者的感知交往反映出的不仅仅是他者，同时也反映出自我对他者的想象、建构、阐释的模式。世界史在某种程度上也就构成了反思自我、反思历史的一种重要视角。从这个方面来讲，对中国历史的研究，实际上折射出的是对自我的理解。

魏斐德在谈到他的老师列文森的中国历史研究"革命和世界主义"（1971）的时候，也表达了他对中国历史的认识。他并不认同文化本质主义者所认为的中国历史完全是一种特立独行的认识。他写道：

> 事实上，对他（列文森——引者注）来说，近代的压抑是一种"普遍状态"，这也使中国与其周围的世界捆绑在了一起。梁启超这类知识分子的困惑并不意味着将出现一部卓越的民族史，而恰恰表明了中国对一个狭义的世界近代历史的新介入。因此，列文森自己的学术方法也相应发生了变化，他原先的方法，经常在中国和其他国家间进行平行比较，现在，他有意识地将中国历史作为人类共同经验应有的一部分："我试图将其他民族的经验和文明与中国的经验联系起来——不是为了一种勉强的相似，不是为了装饰，不是仅仅为了与其他有所'关联'，也不是想以汇集综合来速成一部世界史，而是作为一个普遍来揭示中国。"[32]

魏斐德的中国历史研究，在重视文化的差异性的同时，也特别强调人类思想、行为方面的普世性特点。跟列文森一样，魏斐德也"有意识地将中国历史作为人类共同经验应有的一部分"。

从全球的视角来分析明清的嬗变过程

传统史学认为，统治者的道德堕落会直接导致失去当政王朝的统治权力。同样，整个社会秩序制度性的崩溃以及贪污腐败也都在侵蚀着明王朝的政权：党争、厂卫、宦官专政的政治倾轧以及皇帝的不理朝政等等。除了这些因素之外，魏斐德的视野更加宽阔，他将明末清初的中国历史放在了全球史的背景下来看待。除了《洪业》之外，我们可以从魏斐德一系列的相关研究中看出他"考察历史的全球视角"（a global perspective on the past）。这同时是一个纵横交错的阐释理论网络，任何一个单一的原因都显得太简单了。

《洪业》一书展示了魏斐德深厚的史学理论功底。丰富的历史学理论不仅涉及到以往的一些学说，在他的参考书中也有四部布罗代尔（Fernand Braudel, 1902—1985）的代表作和两部麦克尼尔（William H. McNeill, 1917—2016）的著作。可见全球史的观念，对于魏斐德来讲并不新鲜。也正因为如此，艾森斯塔特认为："魏斐德将中国研究推向新的领域和方向，提供了分析中国在世界之位置的更为复杂的方法。"[33]

在魏斐德的眼中，近代以来的中国历史从未脱离过全球的发展史，因此并没有一种孤立的、隔绝的中国历史存在。离开了全球的背景，中国历史根本不存在。不论是早期费正清（John King Fairbank, 1901—1997）著名的"冲击—回应"理论，还是后来柯文（Paul A. Cohen, 1934—）所谓的"在中国发现历史"，在全球史网络"互动"的影响下，他们所强调的显然都是不够的。因此，魏斐德反对任何形式的中心主义，不但是欧洲中心主义，也包括中国中心观，从而重新来理解东西方的关系。在《洪业》一书中，他将明清嬗变的历史进程与全球范围内的17世纪总危机有机地结合在了一起，从整体观和联系观出发来进行分析，从而展现给我们一个具有世界性关联的中国历史。这是将中国内部的历史与全球史结合起来进行研究的有益尝试。这些基本的观点包括：

1. 明末以来中国已经成为了世界货币体系中重要的一员。魏斐德认为，自罗马时代以来，中国便是欧洲货币的归宿。[34]17 世纪的时候，东亚形成了自己的世界经济圈，所谓的"eine Welt für sich"，中国处于这一体系的中心，吸取了西班牙美洲所开采银矿的 20% 之多，这些白银以帆船装载直接穿越太平洋，经马尼拉运送到广东、福建和浙江，换取丝绸与瓷器。其他美洲银锭则通过在布哈拉（Bokhara）的中亚贸易间接到达中国。于是，新大陆开采出来的贵金属有一半来到了中国。将这个数字与日本输出的白银数量相结合，17 世纪前 30 年每年到达中国的白银总量至少有 25 万—26.5 万公斤，很可能会更多。[35]正因为如此，魏斐德将明清之变时期的中国历史置于全球性的相互关系情境中来理解和考察。

2. 17 世纪全球气候发生了巨大变化。大约在 1615—1675 年间，全球气温下降了 2—3 摄氏度。在 17 世纪 30—50 年代，全球气温的下降造成了社会的动乱：饥荒、水灾、瘟疫、天花等。从万历三十八年（1610）到顺治七年（1650），中国的人口下降甚至达到了 35%。[36]

魏斐德引用布罗代尔的话说："大约在同一时期，中国和印度与西方的进步与退化几乎同一节奏，似乎所有的人类都在原初宇宙命运的掌控之中，相比之下，好像人类历史的其他部分都是次要的了。"魏斐德确信，明末清初的中国同样卷入了那场覆盖整个地中海的 17 世纪的危机之中去了。[37]

气温的下降造成了瘟疫肆虐，魏斐德在注释中写道："在 1641 年瘟疫流行期间，桐乡县（江南嘉兴府）居民十之八九被传染。有些一二十口人的大户，竟无一人幸存。蛆虫爬出户外，邻居不敢下足。"[38]这种惨状在很多的中国史书中都有记载。

1644 年在天花流行的北京，满人相信只要与汉人接触就会染上这种疾病，许多汉人被赶到农村去了。魏斐德解释说，这样的隔离措施还是起了作用的。种族分离。例如清人的那种做法，可以大大降低感染率，特别是在他们自己免疫力较高时。[39]

据魏斐德的研究，实际上中国学者早在 20 世纪 30 年代已经注意到这一个小冰期的存在，17 世纪初东北地区的作物收获时间比正常的年份推迟了 15—20 天。[40] 可惜的是，之后中国学者类似的研究并没能继续下去。[41]

3. 气候的变化也导致了 17 世纪白银流向的中断。[42] 1620 年至 1660 年间，欧洲市场爆发了贸易危机，以西班牙的塞维利亚为中心的世界贸易体系遭到沉重打击。在 17 世纪 20 年代欧洲贸易衰退之前，停泊于马尼拉的中国商船每年多达 41 艘，到了 1629 年便降为 6 艘，加之当时与中亚贸易的萎缩，新大陆输入中国的白银便大大减少了。[43] 魏斐德由此推断，明朝末年日益恶化的通货膨胀，可能正是白银进口长期不足的严重后果之一——在长江三角洲等人口稠密地区，通货膨胀导致谷价暴涨，给当地城镇居民带来了极大灾难。[44] 在这个世纪中，中国和西方同时经历了全球性的危机。1618—1648 年德国也爆发了旷日持久的三十年战争。

在 1643 年到 1644 年之间的秋冬时分，由于在湖广和江西的张献忠部队切断了向长江下游的稻米航运，局势变得异常严峻。接下来的春季和夏季又遭到了干旱的蹂躏，松江地区的所有水井都干涸了。当崇祯皇帝遇难和北京被李自成攻陷的消息传到长江下游地区时，米价几乎上涨了四倍。[45]

在中国，由于接连不断的干旱和水灾造成的饥荒，伴随着天花和其他瘟疫，导致了人口的大量死亡。"有人认为 1605 年至 1655 年间，中国的人口减少了 35%，这与欧洲各国人口减少的幅度大致相同，例如同时期德国人口减少了 45%。英国减少了 35%。这种比较说明当时中国人口减少不仅是由于李自成起义和满族入关，而且有其世界性的原因。"[46] 明末人口的严重下降，恰恰与全球性的经济衰退同时发生，魏斐德因此断言道："仅这一点便足以使历史学家们相信，中国也被卷入了 17 世纪那场困扰着地中海世界的普遍危机。"[47]

魏斐德认为："17世纪中国的危机发生在东亚的世界经济圈内，它的出现是气候和疾病等全球性因素影响的结果，并且进而间接地与当时正在兴起的大西洋世界经济（Weltwirtschaft）相连。"[48]他进一步认为，"这一危机的准确联系仍需探究；甚至还有可能的是，中国如此迅速地从1650年的全球危机中站起，为18世纪早期通过茶叶和丝绸贸易实现欧洲经济复苏提供了重要契机。"[49]明清之变，特别是清初统治者的睿智，使得中国迅速从17世纪的危机中恢复过来，但这根本无法与欧洲的工业革命相提并论。"为维持顺治皇帝'溥天之下，莫非王土'而设计的政治制度不足以抵御1800年之后在西方兴起的工业诸国。然而，两百年之后，中国要从发现自己已不可避免地成为世界历史的一部分震惊中，用不完全自主的方式恢复过来，尚需时日。"[50]

4. 明代以后的中国历史的书写已经不仅仅是在中文的系统中进行了。明代后期传教士的进入，留下了很多的史料。魏斐德同样注意到了这些史料，尽管他没有将这些资料作为重点来分析，但作为中国史料的补充，依然是非常有意义的。研究明清之变要有世界眼光，要将这段历史放在全球史的范畴中去分析、研究和评价。既要着眼于中国历史发展的固有规律，又要联系世界历史的发展进程。

例如在对16世纪末没落的王室贵族的描写中，魏斐德也运用了天主教传教士的记载。道明会的顾神父（Gaspar de la Gruz, ?—1570）曾写道：桂林一带有许多因反叛皇帝而被流放的明室亲王，有数千户皇族生活在高墙大院之中。[51]此外还引用了佩雷拉（Galeote Pereira）以及金尼阁（Nicolas Trigault, 1577—1629）的记载。[52]

耶稣会传教士何大化（Antonio de Gouvea, 1592—1677）在写给大主教的年信中对1644年后发生在上海附近的农奴暴动作了生动的描述。[53]

在书中我们常常可以看到利玛窦（Matteo Ricci, 1552—1610）、南怀仁（Ferdinand Verbiest, 1623—1688）等耶稣会会士对当时中国历史事件的记载。

正因为如此,周锡瑞教授认为:"魏斐德教授对美国中国学研究最大的贡献就在于,他一直将中国置于一个世界性网络中,一个比较的框架中去研究,他一直将中国置于世界发展的轨道上。所以,在魏斐德先生的作品中,没有绝对的'中国中心观'或'欧洲中心观',在他全球化、大视野的研究中,无论是内部的变化还是外部的因素都是十分重要的。"[54]

清代的"洪业"

魏斐德认为,用来描述一个儒教王朝通过巩固对"天下"的统治,来赢得和保持"天命"的努力,被称作"洪业"。[55] "满族人完全有理由为他们以独特方式重建了传统的帝国制度而骄傲;他们虽然被视为夷狄,却以自己设计的有效措施解决了中原王朝面临的困境。"[56]

从影响和作用来看,"洪业"使中国在满族人的统治之下,先于众多欧洲国家——英国、法国、西班牙,从17世纪的全球性的危机中恢复过来。在欧洲进行着艰难的工业化进程的时候,清初的统治者在汉族士大夫的帮助下,正进行着对儒家思想认同的意识形态重建的工作。

早在1633年,皇太极想要将金朝作为自己治国的楷模时,宁完我(1593—1665)向他提出,要理解文治的艺术,就应阅读"四书";要改进战术,就应研究孙子等军事家的著作;要探究王朝兴衰之理,就应求助于《资治通鉴》。[57] 1644年5月2日,就在多尔衮下决心着手征服中国的前七天,大学士希福(1589—1653)向在盛京的朝廷呈上了满文本辽、金、元三史,这几部史书包含着这几个征服王朝所经历的"政治之得失","其事虽往,而可以昭今;其人虽亡,而足以镜世"。[58] 实际上,对于满族征服者来讲,如何处理与汉人的关系,从而建立"洪业",才是他们真正关心的问题。

问题就是满洲军队一向是以抢劫、奴役,或者掠夺牲畜袭击中国的,此刻为满洲服务的汉奸对多尔衮说,他必须把自己的军队改变成一支"正义军队",以恢复中原一带的儒家秩序;他必须告诫他的满洲部落头领和各位亲王,要他们只是手下的旗手们改变以往的方式,得用"正义军队"的样子进入中国。他们必须知道不能在进入中国时用打猎时对待野兔和狐狸的方法来对待中国人,得收起箭藏起弓,把中国人当作人来对待。不能强奸妇女,不能肆无忌惮地屠杀老百姓。旗手们得到警告:若他们不遵命,便会看到结果将会如何。多尔衮的汉人顾问对他说:要是你这么做的话,天下就会开始统一,你将会创建一个延续多世纪的王朝。[59]

清朝"洪业"的基础在于汉族知识分子的"辅佐"。魏斐德根据孙甄陶的《清史述论》和《贰臣传》制了一个"1644年及以后降清文官"表格,共58名。其中包括:1. 先附李自成,后降清的明朝文官;2. 在北京降于多尔衮的明朝文官;3. 在地方投诚,接受赦免,或顺治以后荐至北京的明朝文官;4. 南京陷落时及以后降清的明朝文官。[60] 满族统治者不断加强与汉族士大夫的联盟,实行所谓的"满汉两头政治"(Manchu-Han Dyarchy)。

满族之所以能成功地统治中国,与他们迅速地认同儒家的意识形态有关。满族统治者,正是继承并利用了汉族知识分子的儒家观念,才找到了对于汉人有号召力的支点。这些降清的汉族士大夫们与清初统治者们在维护儒家道统事业中形成了共同的利害关系,不论是满还是汉,都应当忠于儒家的观念。清初的满族统治者以开放的心态和博大的胸怀吸收了大批优秀的汉族士大夫和明代的官吏参与新政权的建设。后来这些汉族士大夫逐渐发现,在崇祯朝代曾经试图进行但根本无法完成的财政、法律和经济的改革,通过与满族统治者的合作,竟然取得了成效。中华帝国重新获得了活力,并重建了帝国的秩序——这是一套满汉合作的新机制。

也正因为如此,魏斐德提出了以下的问题:

> 那么,他们所坚持的最终的善是什么呢?是作为明朝忠臣而蔑视清廷,还是那种拒绝为清朝效力但终究空虚无力的姿态?那些降清汉官在17世纪30年代和40年代大规模的农民战争结束之后,为了完成重建帝国的迫切任务而抛弃了英雄主义的幻想。历史是否会因此而对他们做出更高的评价呢?[61]

魏斐德认为,这些思考也使得王夫之(1619—1692)等思想家对历史动因的复杂性获得了比以前的哲学家更加深刻的认识。

此外,康熙于1697年举行的特科(博学鸿儒)考试,邀请中试者参加官方《明史》的编纂,这对于满汉双方共同投入对大清帝国的改革和重建洪业,都起到了很重要的作用。魏斐德指出:"通过这种编修《明史》的方式,他们自身的历史存在得到了证实,而这正是其他任何表示赏识的做法所不能达到的,于是,所有明朝忠臣和降清汉官们便在维护儒家统治的事业中形成了共同的利害关系。"[62]

正是满汉的融合,才使得中国比其他任何国家都更快地摆脱了17世纪全球性的经济危机。清初的改革,特别是在赋税制度方面,取得了巨大成功:在1645年至1661年间,丁口数从1000万增至1900万,约增加了90%。同时,从1651年到1661年,登录在册的土地面积几乎翻了一番,从29亿亩增至约52.6亿亩。[63]

从魏斐德的征引书目和引文来看,他很少会拘泥于中国历史的理论和叙事之中。在本书的一开头,在前言的引言中,魏斐德便引用了托克维尔(Alexis de Tocqueville, 1805—1859)《论美国的民主》中的一段话。[64]

具体到明清的嬗变中来,清朝的满族统治者继承并利用好儒家观念,从而得到对此信仰的汉族士大夫的支持,继而实现满汉的大融合,这是汉族士大夫的"学校"。因此,从人类的历史来看,满族入主中原并非发生在中国的一个独特历史现象。同样的例子有奥登(W. H. Auden, 1907—1973)的《凯洛斯与逻各斯》(*Kairos and Logos*)中的诗句,[65]托克维尔有关中央集权的著名论断。[66]

面对17世纪的全球性经济危机,清初的满族政府在汉人的帮助下,选择了与欧洲国家迥异的制度模式,使中国先于其他国家摆脱了这场危机。但魏斐德认为,"清初统治者在运用相当进步但属传统类型的制度与技术以恢复政治稳定的过程中,获得了彻底的成功。权力高度集中而未得到彻底的合理化改革;君主的权威提高了,官僚政治的积极作用却下降了。"[67]魏斐德假借"危机理论家"的观点认为,清代早期政治与经济的回复,可能是指对明末灾祸的"假性解决"[68]:"在多尔衮、顺治帝和康熙帝奠定的牢固基础上,清朝统治者建立起了一个疆域辽阔、文化灿烂的强大帝国。在此后的近两个世纪中,中国的版图几乎比明朝的领土扩大了一倍。因而无论国内还是国外,都再没有真正的对手能够向清朝的统治挑战。"[69]由于没有真正的对手,就没有改进军事技术的需要。这当然是一把双刃剑:"中华帝国的这些专制因素诠释了,当17世纪国际性'世界'环境都继续处于危机的时候,它为何具有控制此危机的能力。这些因素也解释了当危机性环境发生剧烈变化时,它出现的弱点。"[70]而此时的欧洲,却是另外一番景象:

> 从这种也许目的论色彩过于浓厚的意义上讲,中国战乱后的复苏并未真正解决其整体性的缺陷。如果我们承认欧洲近代早期出现的民族国家的发展模式是进步的,那么,清政府提出的解决方案,正是打算通过与经受了同一场全球性经济、社会大灾难的其他国家所提出的方案背道而驰的另一种方式,使现存社会体制从这场危机

中恢复过来。[71]

艾森斯塔特同样指出："危机在欧洲带来了影响深远的政治与经济转型，并将其引向了现代化。"[72] 17 世纪的危机对欧洲来讲无疑是一场灾难，但这场史无前例的灾难却在很大程度上破坏了欧洲旧的社会组织方式，从而成为了欧洲近代社会真正的转折点。在生死搏斗中，欧洲国家的战争技术和战术思想得到了空前的发展。专制的政体为了适应新的形势，不断得到优化："欧洲大陆经济优势的所在地已经从地中海移到了北海，由于 17 世纪和 18 世纪的重大战争都发生在势均力敌的参战者之间，这些国家都被迫进行军事技术革新，并对独裁治理体系合理化。"[73] 魏斐德的这一段话很好地解释了为什么清代没能与时俱进进行改革的根本原因。因此，这样的起初为欧洲专制主义者们羡慕的"洪业"，最终还是没能经受得住西方列强的坚船利炮。

魏斐德对清初统治者的智慧赞赏有加，他在评价 1840 年欧洲列强以武力打开中国的大门，对中国治理的失望后写道："更糟糕的是，整个系统已经僵硬，失却了清朝统治初期所具有的韧性。"[74]

"游吟诗人"与史家之工艺

史景迁将魏斐德称作"游吟诗人"，意思是说他既是古代游走的歌手，编故事者，又是道德困境的解围者。[75] 很喜欢读魏斐德教授的文字，他没有成为小说家，我觉得是很遗憾的一件事。前些天，我跟顾彬（Wolfgang Kubin）教授谈到他，顾彬说他是北岛的好朋友。我在《青灯》一文中也读到了北岛所描写的魏斐德的一颗文心——"那跨时空种族文化的航程，借助一种奇特的文体，将历史与个人、叙述与沉思、宏观视野与生动细节交织在一起。"[76] 正是这样的一颗文心将作为历史学家的魏斐德和作为诗人的北岛的心灵紧紧联系在了一起。在北岛的文字中，一再可以感受得到文人之间的惺惺相惜。

"我很早就迷恋上历史叙事——……当我还处于孩童期时，父亲就指定我系统地精读古希腊和古罗马历史学家的著作（希罗多德、修昔底德、塔西陀等），接着又指点我继续通读吉本、卡莱尔、麦考利，最后是施宾格勒和汤因比。父亲本人所受的也是古典文学和文学史的教育。当我十多岁在法国当青年学生时，又发现了法国 19 世纪早期的历史学家们，特别是米什莱和梯也尔等。大学的老师们向我推荐了马克·布洛赫（Marc Bloch）和其他一些德国历史学家和历史哲学家，尤其是麦奈克（Friedrich Meinecke）和狄尔泰。我了解到，如果叙事要有历史意义的话，那么就得与其背景相交织。"[77] 魏斐德的父亲从 1944 年开始写小说，两年后他的《小贩》（*Hucksters*, 1946）一举成名，被好莱坞改编成同名电影，风靡美国。在父亲的影响下，尽管魏斐德的兴趣在历史方面，他在哈佛大学读书时还是出版过一部题为《皇家棕榈树大道 17 号》（*Seventeen Royal Palms Drive*, 1962）的小说：

> 在哈佛大学，我主修的领域是历史与文学，但我重点是放在后者。后来我选了威廉·郎格的课，并被历史叙事的阐释力所吸引：心想，人怎能由此及彼，从阿尔第尔到萨拉热窝。但当我开始逐渐进入历史学家的领域时，我发现，不管我作为一个文学学生还是作为一个成长中的小说家或者短篇故事作家，英国和欧洲大陆哲学家们的基本宗旨同我的偏爱丝毫没有冲突。[78]

无论如何，他在文学上的天赋和训练，都为他后来从事中国历史研究打下了良好的基础。

在《洪业》中，魏斐德引用了无数文学作品，文学所表现的历史真实有时超越了史书，更容易从中勾勒出时代精神（Zeitgeist）。仅在每一章的引言中，他就引用了白居易《缚戎人》、钱谦益《牧斋初学集》二十、李雯《道出盱眙见贼所烧残处》、孔尚任《桃花扇》、陈子龙《避地示胜时》、吴敬梓《儒林外史》等。

魏斐德的笔下很少有干瘪的历史说教，善于讲故事的他，常常用史书中的事件，塑造出一个个有血有肉的形象来。他所描述的李自成，情真词切，如见如闻；多尔衮颊上添毫，声情并茂。"李自成除了草莽的一面，还有有德者的一面；满族摄政王多尔衮除了欺骗中原人的外族人之一面，也有作为精明的实用主义者的一面。"[79]

有关吴三桂，魏斐德当然不会放过由于闯王将陈圆圆占为己有，才使得吴三桂不惜招引清军进入中原的故事。"为一位名妓的粉面柳腰而不惜整个国家的沦丧，这是占据了后世中国人之想象的一种说法。"[80]不过，作为严肃的历史学家，魏斐德还列举了史学家彭孙贻（1615—1673）缺乏诗意的比较真实的描述[81]，因为他不仅仅要给我们讲故事，更重要的是要做出决断，哪些说法更为"可靠"。他的另外一个过人之处在于在各种不同的叙述话音和它们特有的节奏外，依然能够游刃有余地把握一种外在的、独立的分析性话语。[82]

魏斐德借用海登·怀特（Hayden White, 1928—2018）的话，指出"一种能够叙述的历史话语"是纵观世界并能将其反映出来的视角。怀特还说，对于叙事历史学家，"一个真实的叙述……其实对于题材的内容并无丝毫的增添，却能体现真实事件的结构和过程"[83]。历史正是通过讲故事而变得鲜活，时代精神正是借助于叙事而得以体现的。

余英时（1930—）曾撰文指出一个很有趣的现象，即中国现代史家中以甲骨文、金文治古史而卓然有成者颇不乏极有灵感的诗人出身者，如王国维、郭沫若、闻一多、陈梦家等都兼有诗人与史家的双重身份，这个现象绝不是偶然的巧合，诗的想象和史的想象之间似乎存在着一道互通往来的桥梁。无独有偶，1980年牛津大学历史学教授特雷弗-罗珀（H. R. Trevor-Roper, 1914—2003）在其退休演讲中，便以"史学与想象力"

(History and Imagination）为题，明确指出没有想象力的人是不配治史的。[84] 可见，想象力是治史的第一条件。

正是靠着丰富的想象力和高超的叙事技巧，魏斐德描写了一个又一个的精彩的场景。他曾对李自成与吴三桂的交战场景做了绝妙的描写，李自成的军队因清军的出现而突然败北：

> 李自成的军队沿沙河排开，在岸边摆下宽阔的战阵，其队伍稍显混乱。但是当吴三桂的宁远精兵向前推进并冲进大顺军阵地时，大顺军并未后退。他们顶住了吴三桂军的反复攻击，并使之遭到重大伤亡——这伤亡是如此的惨重，假若吴三桂始终单独作战，势必大败。但是，就在李自成即将获胜之时，一片风沙从东面的小山坡上滚滚而来。在遮天蔽日的沙尘之下，清军迅速绕过吴三桂的右侧，扑向李自成的左翼。当大顺军转向这支从沙尘中冲到他们眼前的骑兵时，突然发现骑兵们剃光的前额。"鞑子兵！"随着一声惊呼，大顺军的阵地被突破了。大顺军掉头向永平逃跑时，退却变成了溃败，落在后面的士兵都被砍倒。到了永平，李自成想停下来重整旗鼓，但许多部下拒不听命，沿着通向北京的路一直向西溃逃。李自成不久也随军而去，将战场丢给大获全胜的多尔衮和吴三桂。[85]

魏斐德正是通过这一穿越时空的高超技艺，真正让读者有身临其境的感受。

不过与文学叙述相比，历史叙述是有其尺度的："对资料出处必须持有既审慎又忠实的态度，尤其是因为语言上稍有变动就轻而易举地导致叙述背离基本资料。这是主要的修辞形式应该是以准确为主，而不是文学性。"[86] 他对历史事件的见解，通常是通过一幕幕再现的历史场景之后而作的阐述。

很多学者的论文往往强调所谓的客观性，而避免直接将"我"引入自己的文章之中。如此便形成了一种干巴巴的八股式学术论文体。魏斐德认为，这样的历史学家会错误地将历史作为单一的纪事：他们偏爱的写作方式是，先对手头某一题目的"文献"进行回顾，接着引出两三个假设来对"资料"进行论证。在魏斐德看来，要使整个写作结构保持简单明了以便于提问的话，那么这种研究方式实在显而易见的近乎贫乏。[87]而如果我们读魏斐德教授的论文的话，就会发现他会将自己的人生经历和研究论题有机地结合起来。《革命和世界主义》（1971）、《远航》（1993）等等，都在讲述自己的人生经验。

魏斐德所处的20世纪的50、60年代，正是历史学社会科学化的阶段。由于法国年鉴学派的史学家们提倡以"问题史学"取代"叙事史学"，传统史学面临着社会学、心理学、人类学、地理学、经济学、统计学等社会学科的挑战。由于这一阶段的史学家特别重视社会科学方法对历史的分析，而轻视叙述，通常运用跨学科、长时段的综合研究和深层次分析方法，从而使传统的叙事史学被过度"碎片化"。到了80年代，历史学家们提出重回历史学的叙事传统，但这次所谓的回归，并非回归到兰克史学的"宏大叙事"，而是更多地关注普通民众、微观历史的叙事。魏斐德正处在这样一个史学传统转换的时期："不过那时在我看来，大多数追随他（指马克斯·韦伯——引者注）的学院派社会学家们都陷入了枯燥寡味的分析之中。他们的理想形式无外乎是平面性的具体化，而从来不体现立体的形象，不像韦伯隐喻中的'扳道工'：他们改变了铁路的信号灯，让社会发展的自动车头驶入这条而非那条轨道中。"[88]社会科学碎片化的倾向，破坏了作为人文学科的历史学的完整性和迷人之处。

正因为如此，魏斐德提出了"讲故事何罪之有"的疑问。"现象学家和阐释学家都向我们保证：正是叙事和评论的相互渗透才使历史引人入胜并具有说服力，从而使历史的本意远超出单纯地讲述一个故事。"[89]

历史学家显然不仅仅是讲故事，尽管魏斐德一再强调海登·怀特所说的"历史研究的工艺匠观点","认为叙事是一种完全值得尊重的'造'历史的方式",但如何平衡"叙事"和"评论",以何种方式来处理它们的关系,依然是历史学家需要解决的问题。魏斐德认为史景迁的一部著作将这两者的关系处理得恰到好处:

> 斯宾塞(指史景迁——引者注)的《上帝的中国之子》(1996)大胆地用了历史现在时来写,这就突出了叙事(erzählen)和评论(besprechen)的区别。"用来组合叙事的动词时态往往被认为缺乏具体的时间性。相反,它们提醒读者:这不过是一个叙述而已。于是对这个叙述的反应便是放松、保持距离,而不是卷进评论让人引起的紧张和投入"(里克尔)。类似的"诀窍"使当今读者能够把过去和将来连接起来,也使历史学家得以从 Geschichte 向 Historie 移动。[90]

由于汉语没有时态的变化,在中文译本中如何处理,并不是一件容易的事情。但对叙事和评论两者还是可以区分的。因此在魏斐德的历史著作中,我们既能从他的叙事中获得历史本身的知识(Geschichte),同时也能通过评论获得对历史的认识(Historie)。

史景迁在评论魏斐德的学术文章时说道:"文章蕴含着勇气、感情和学者风范……"[91] 同时也认为"魏斐德显示了他对自己文章主人公之人生的深刻了解:他像个老朋友一样与他们对话,讨论他们;他对历史人物清晰的了解使他的描述如此到位,就像是这些人物复活了一般。"[92] 魏斐德的叙事方式,除了希望从社会科学的分析中重回叙事传统外,他的读者对象既有专业人士也有一般的英语读者,所谓新文化史的微观历史研究,也是他能抓住读者心理,让读者感兴趣的方式。而具有这种能力的前提是历史学家本身要具有"一种无法遏制的探究好奇心"[93]。魏斐德的这些著作,为英语读者特别是美国人民,提供了了解中国社会和近代历史的绝好途径。

深厚的学术功底及宽阔的胸襟

凝聚着魏斐德 20 多年对史学、文学创作灵感的《洪业》，英文版上下两册合计 1337 页（其中正文 1127 页 / 附录 A. 出仕两朝的大臣；B. 1644 年的"贰臣"；C. 地方政府中的旗人官员。合计 13 页），征引了西文 427 位作者 615 部包括英、法、德、西、葡等语种（英文版第 1143—1187 页）的著作；362 位中、日文作者 439 部相应的著作（英文版第 1189—1230 页）。全书超过了 3000 个注释。世界上相关的书籍可谓一网打尽，为了该书的写作，魏斐德做了充足的准备工作。他在相关领域一直与东西方的研究者进行着密切的对话。魏斐德不仅有驾驭多种语言的能力，他对西方各种理论的娴熟程度也很少有学者能与他相提并论。改革开放之前的大陆历史学家的成就，如谢国桢（1901—1982）、小说家姚雪垠（1910—1999）等的观点也都为魏斐德所引用。而新时代在大陆出版的诸如《中华文史论丛》《明清史论丛》《历史研究》《清史论丛》乃至《光明日报》更都在魏斐德征引的范围之中。而在这一时代的大部分美国或欧洲的学者，很少会关注大陆的相关研究的。

哈佛大学的傅高义（Ezra F. Vogel, 1930—）教授指出："关于魏斐德广阔的知识、罕见的能力、他那伟大的谦逊，以及他似乎毫不费力地把各种社会理论与原创性研究结合起来阐释广阔的历史和人文学的功底，我们所有有幸认识他的人都能讲出许多故事来。"[94]

1992 年曾任美国历史学会 [American Historical Association (AHA)] 会长的魏斐德，他生前的七部论著都产生过非同一般的反响，同时对美国的史学界产生过很大的影响。《洪业》获得了美国亚洲研究协会 1987 年颁发的列文森奖（Joseph Levenson Book Prize），这部英文两卷、翻译成中文一卷的皇皇巨著，倾注了历史学家多年的心血。

魏斐德教授具有宽阔的胸襟，他指出："我们现在应该认真思考那些狭隘的、自封的、带有种族偏见的文化伦理所带来的挑战……"[95]对待中国历史他很少有先入为主的观念，然后在浩如烟海的中国历史文献中去找支持他观点的"证据"。他曾提醒历史学家在选择历史人物时，必须极为谨慎。对此他举例说："当我在考察1645年江阴屠杀时，我起初误把守城将士们的敢死精神看成是无谓的壮举。仅仅是在写作时，在我必须把笔落在纸上写下自己的判断时，我才意识到这样来解释他们的自我牺牲不免过于生硬——故事本身并不是这样展现的。"[96]很多西方的学者会以自身的期望为出发点，来审视中国，而魏斐德却能不断根据史实来调整、修正自己的观点，这的确体现了他的作品所具有的反思性和自我批判性的特点。

北岛认为："……那些浩繁文献中的碎片，是通过历史学家的手连缀起来的。而历史给历史学家想象与阐释的空间，历史学家赋予历史个人化的性格。"[97]正是明清之变为魏斐德提供了想象和阐释的空间，《洪业》是一部魏斐德化了的动态的、鲜活的明清历史。这也验证了歌德（Johann Wolfgang von Goethe, 1749—1832）的一句话："历史给我们的最好的东西就是它所激起的热情。"[98]

很遗憾我没有见到过魏斐德教授本人，不过通过他人的文字，渐渐地一个有血有肉的丰满形象出现在了我面前。北岛说："他深刻而单纯，既是智者又是孩子。跟他在一起，会让人唤起一种对人类早年精神源头的乡愁。他笑起来如此纵情毫无遮拦，如晴天霹雳，只有内心纯粹的人才会这样笑。我想正是他的博大、正直和宽容超越了学院生活的狭隘、晦暗与陈腐，超越个人的荣辱、爱憎与苦乐。"[99]我想，魏斐德教授既属于他的时代，属于他所在的加州，同时又超越了他的时代，属于世界。

作为海德格尔的中国弟子，熊伟（1911—1994）教授晚年在回忆文章中写道："我曾亲听海德格尔讲课三年，总觉他不像一个教授在贩卖哲学知识，而是一个诗人，满堂吟咏。一股奇异的风格萦系脑际，几十年不得其解。而今逐渐体会到：海德格尔是一个哲学家。"[100] 同样，我们在读魏斐德的历史著作时，同样感觉到他不是在贩卖历史知识，而是像诗人、小说家一样在吟咏。我想，这也是史景迁为什么称他为近三十年来最好的近代中国史学家的原因。[101] 因为对于魏斐德来讲，中国历史研究是他的"志业"（Beruf）所在，是他生命的一部分，并非仅仅是他的职业，他的研究对象而已：

> 我（魏斐德的夫人梁禾——引者注）曾问他（魏斐德——引者注）："你一生致力中国历史研究，要是真有来世，那时你会选什么事业？"他想了想，说："中国历史。""还是中国历史，没见过你这样要迷两辈子中国历史的！"他憨厚地笑了笑，点点头，然后用中文敦厚地说："对，我太喜欢中国历史了。在我眼里，中国人是世界上最优秀的民族之一。我庆幸自己有这份缘。"[102]

1931 年 2 月吴宓（1894—1978）在巴黎访问伯希和（Paul Pelliot, 1878—1945）后，在他的致友人的书信中写道："然彼之功夫，纯属有形的研究，难以言精神文艺。"[103] 尽管研究汉学的人很多，但真正能够深入中国精神之堂奥者，毕竟微乎其微。而魏斐德无疑当属对中国学问有形、无形研究俱佳者。

李雪涛
2016 年 10 月

注释：

1. Frederic Wakeman, Jr., *The Great Enterprise: The Manchu Reconstruction of Imperial Order in Seventeenth-Century China*. 2 vols. Berkeley: University of California Press, 1985.
2. 艾森斯塔特"序言"，收入魏斐德著，梁禾主编《讲述中国历史》，北京：东方出版社，2008 年，第 3—11 页。此处引文见第 4 页。
3. 魏斐德著，陈苏镇、薄小莹等译：《洪业：清朝开国史》（即本书），北京：新星出版社，2017 年，第 1 页。
4. 史景迁"引言"，收入上揭魏斐德著，梁禾主编《讲述中国历史》，第 97—100 页。此处引文见第 97 页。
5. 艾森斯塔特"引言"，收入上揭魏斐德著，梁禾主编《讲述中国历史》，第 27—28 页。此处引文见第 27 页。
6. 同上书，第 4 页。
7. 同上书，第 4—5 页。
8. 周锡瑞、王平：《世界的魏斐德：中国学研究的理论与方法——访周锡瑞教授》，载《历史教学问题》，2009 年第 4 期，第 28—33 页。此处引文见第 30 页。
9. 此处引文见第 31 页。
10. 魏斐德：《1963 年的伦敦演讲——白乐日对美国的中国史研究的影响》，载朱政惠主编《海外中国学评论》（第 3 辑），上海：上海辞书出版社，2008 年，第 19—21 页。此处引文见第 20 页。
11. 同上书。此处引文见第 21 页。
12. 见上揭魏斐德著《洪业》，第 395 页。
13. 同上书，第 397—398 页。
14. 魏斐德：《关于中国研究的几个问题》，载《广东社会科学》1985 年第 2 期，第 111 页。
15. 同上。
16. 彭慕兰：《大分流——欧洲、中国及现代世界经济的发展》，南京：江苏人民出版社，2010 年第 2 版。"中文版序言"第 4 页。
17. 史景迁：《引言》，收入上揭魏斐德著，梁禾主编《讲述中国历史》，此处引文见第 97 页。
18. 魏斐德：《讲述中国历史》，收入上揭魏斐德著，梁禾主编《讲述中国历史》，此处引文见第 839 页。
19. 有关"自身置入"的概念，请参考德国哲学家伽达默尔（Hans-Georg Gadamer, 1900—2002）的著作《真理与方法——哲学诠释学的基本特征》（第二版），上海：上海译文出版社，1999 年，第 391 页及以下。
20. 上揭魏斐德著《洪业》，第 392 页。
21. 魏斐德：《讲述中国历史》，收入上揭魏斐德著，梁禾主编《讲述中国历史》，此处引文见第 841 页。
22. 上揭魏斐德著《洪业》，第 412 页。
23. 同上书，第 413 页。
24. 同上。
25. 同上书，第 720 页。
26. 同上书，第 7 页。
27. 同上书，第 720 页。

28 同上书,第707页。
29 见魏斐德《讲述中国历史》,收入上揭魏斐德著,梁禾主编《讲述中国历史》,此处引文见第835页。
30 同上。
31 见魏斐德《革命和世界主义》(1971),收入上揭魏斐德著,梁禾主编《讲述中国历史》,第57—73页。此处引文见第73页。
32 同上。此处引文见第59页。
33 艾森斯塔特"序言",收入上揭魏斐德著,梁禾主编《讲述中国历史》,第3—11页。此处引文见第11页。
34 上揭魏斐德著《洪业》,第2页。
35 参考上揭魏斐德著《洪业》,第2页;以及魏斐德《中国与17世纪世界的危机》(1986),收入上揭《讲述中国历史》,此处请参考第37—38页。
36 魏斐德:《世界背景下的中国》(1997),收入上揭《讲述中国历史》第29—35页,此处请参考第32页。
37 魏斐德:《中国与17世纪世界的危机》(1986),收入上揭《讲述中国历史》,此处请参考第41页。
38 上揭魏斐德著《洪业》,第11页注15。
39 同上书,第320页正文及注124。
40 魏斐德:《关于中国史研究的几个问题》,载《广东社会科学》1985年第2期,第111—112页。
41 有关17世纪全球性危机的系统阐述见贡德·弗兰克(André Gunder Frank)著,刘北成译《白银资本——重视经济全球化中的东方》(ReOrient: Global Economy in the Asian Age),北京:中央编译出版社,2008年第2版,第5章"横向整合的宏观历史",第212—242页。
42 魏斐德:《世界背景下的中国》(1997),收入上揭《讲述中国历史》第29—35页,此处请参考第32页。
43 参考上揭魏斐德著《洪业》,第2页。
44 同上。
45 同上书,第406页。
46 魏斐德:《关于中国史研究的几个问题》,载《广东社会科学》1985年第2期,第112页。
47 上揭魏斐德著《洪业》,第3页。
48 魏斐德:《中国与17世纪世界的危机》(1986),收入上揭《讲述中国历史》,此处引文见第55页。
49 同上。
50 魏斐德:《中国与17世纪世界的危机》(1986),收入上揭《讲述中国历史》,此处引文见第56页。
51 上揭魏斐德著《洪业》,第209页。
52 同上。
53 同上书,第406页。
54 上揭《世界的魏斐德:中国学研究的理论与方法——访周锡瑞教授》,第31页。
55 参考上揭魏斐德著《洪业》,第15页注53。
56 同上书,第8页。
57 同上书,第99页。
58 同上书,第566页。
59 魏斐德:《世界历史背景下的中国》,收入上揭《讲述中国历史》,第29—35页。此处引文见第33页。

60 上揭魏斐德著《洪业》，第 269—272 页。
61 同上书，第 702 页。
62 同上。
63 同上书，第 676 页。
64 同上书，第 1 页。
65 同上书，第 53 页。
66 同上书，第 722 页。
67 同上书，第 721 页。
68 魏斐德：《中国与 17 世纪世界的危机》(1986)，收入上揭《讲述中国历史》，此处请参考第 52 页。
69 上揭魏斐德著《洪业》，第 721 页。
70 艾森斯塔特"序言"，收入上揭魏斐德著，梁禾主编《讲述中国历史》，第 3—11 页。此处引文见第 8 页。
71 上揭魏斐德著《洪业》，第 15 页，注 52。
72 艾森斯塔特"序言"，收入上揭《讲述中国历史》，第 3—11 页。此处引文见第 4 页。
73 魏斐德《中国与 17 世纪世界的危机》(1986)，收入上揭《讲述中国历史》，此处引文见第 53 页。
74 同上书。此处引文见第 55 页。
75 史景迁"引言"，收入上揭魏斐德著，梁禾主编《讲述中国历史》，此处引文见第 100 页。
76 北岛《青灯》，收入北岛著《青灯》(南京：江苏文艺出版社，2008 年)，第 15—22 页。此处引文见第 18 页。
77 魏斐德：《讲述中国历史》，收入上揭魏斐德著，梁禾主编《讲述中国历史》，此处引文见第 831 页。
78 同上书。此处引文见第 834 页。
79 史景迁"引言"，收入上揭魏斐德著，梁禾主编《讲述中国历史》，此处引文见第 99 页。
80 上揭魏斐德著《洪业》，第 171 页。
81 同上书，第 171 页及以下。
82 参考魏斐德《讲述中国历史》，收入上揭魏斐德著，梁禾主编《讲述中国历史》，此处引文见第 832 页。
83 同上书。此处引文见第 831 页。
84 余英时：《论士衡史》，上海：上海文艺出版社，1999 年，第 328—329 页。
85 上揭魏斐德著《洪业》，第 179 页。
86 魏斐德：《讲述中国历史》，收入上揭魏斐德著，梁禾主编《讲述中国历史》，此处引文见第 841 页。
87 同上书。此处引文见第 840 页。
88 同上书。此处引文见第 835 页。
89 同上书。此处引文见第 840 页。
90 同上书。此处引文见第 841 页。
91 史景迁"引言"，收入上揭魏斐德著，梁禾主编《讲述中国历史》，此处引文见第 98 页。
92 同上书。此处引文见第 99 页。
93 魏斐德《讲述中国历史》，收入上揭魏斐德著，梁禾主编《讲述中国历史》，此处引文见第 841 页。
94 傅高义"引言"，收入上揭魏斐德著，梁禾主编《讲述中国历史》，第 647—649 页。此处引文见第 648 页。

95　魏斐德《远航》(1993)，收入上揭魏斐德著，梁禾主编《讲述中国历史》，第3—24页。此处引文见第24页。
96　魏斐德《讲述中国历史》，收入上揭魏斐德著，梁禾主编《讲述中国历史》，此处引文见第841—842页。
97　北岛《青灯》，收入上揭北岛著《青灯》，此处引文见第19页。
98　歌德著《歌德的格言和感想集》，北京：中国社会科学出版社，1982年，第84页。
99　北岛《青灯》，收入上揭北岛著《青灯》，此处引文见第19页。
100　熊伟《海德格尔是一个哲学家——我的回忆》，收入熊伟著《自由的真谛——熊伟文选》，北京：中央编译出版社，1997年，第115—125页。此处引文见第125页。
101　上揭魏斐德著，梁禾主编《讲述中国历史》，封底史景迁对魏斐德的评论文字。
102　同上书。梁禾"前言"第1页。
103　吴学昭编《吴宓书信集》，北京：生活·读书·新知三联书店，2011年，第181页。

目 录

前　言 / 1
第一章　北部边防 / 16
第二章　崇祯朝廷 / 53
第三章　满族势力的扩张 / 95
第四章　北京的陷落 / 139
第五章　南京政权 / 202
第六章　清朝统治的建立 / 266
第七章　南京的陷落 / 329
第八章　江南的抵抗运动 / 389
第九章　北方中国的地方控制 / 451
第十章　"危时计拙" / 476
第十一章　北方的最后平定 / 522

第十二章　多尔衮摄政 / 566

第十三章　顺治朝 / 596

第十四章　专制危机的一种解决形式 / 652

第十五章　从明至清的忠君思想 / 698

附　录 / 733

中文、日文引书目录 / 745

西文引书目录 / 760

译后记 / 815

代后记：远航 / 816

前　言

> 在被征服者是先进民族，而征服者却处于半开化状态的情形下，就像北方民族侵入罗马帝国，或蒙古族入主中华帝国时那样，野蛮人通过军事征服所赢得的权力，能使之与被征服的文明民族达到同等水平，并共同向前发展，直到被对方同化为止。一方拥有实力，另一方拥有智力；前者需要被征服者的知识和技艺，后者则羡慕征服者的权力。于是，野蛮人将文明人请入他们的宫廷，文明人则向野蛮人开放了自己的学校。
>
> 阿历克西·德·托克维尔：《美国的民主》，第 330 页

1644 年明朝的灭亡和清朝的勃兴，是中国历史上所有改朝换代事件中最富戏剧性的一幕。虽然明朝皇帝于北京皇宫后的煤山自杀仅六星期后，清军便占领了紫禁城，但明清两朝的嬗替，绝非一次突如其来的事变。无论是我们现在所持的公正观点，还是当时在明朝臣民和清朝征服者中流行的观点，都承认 1644 年的事变肯定是 17 世纪明朝商业经济萎缩、社会秩序崩溃、清朝政权日益强大这一漫长进程的组成部分。

对当今的历史学家们来说，明朝末叶中国与世界货币体系的关系是相当清晰的。[1] 由于国际收支经常出现有利于中国工商业的赤字，白银

从全世界源源流入中国。中国自罗马时代以来便是欧洲货币的归宿，17世纪通过与西属菲律宾的贸易又成了美洲白银的主要吸收者。[2]西属美洲所产白银，有20%被西班牙大帆船直接运过太平洋到达马尼拉，然后运往中国购买丝绸和瓷器。[3]还有一部分美洲白银，通过中亚贸易到达俄国的布哈拉，然后间接转入中国。美洲新大陆出产的贵金属，有一半之多经上述渠道流入中国。[4]加上每年来自日本的15万到18.7万公斤白银，在17世纪的前30多年中，每年流入中国的白银，总量约达25万至26.5万公斤。[5]

1620年至1660年间，欧洲市场爆发了贸易危机，以西班牙的塞维利亚为中心的世界贸易体系遭到沉重打击。[6]中国尽管与欧洲相距遥远，也不可避免地受到严重影响。在17世纪20年代欧洲贸易衰退之前，停泊于马尼拉的中国商船每年多达41艘，到1629年便降为6艘，加之当时与中亚贸易的萎缩，新大陆输入中国的白银便大大减少了。[7]17世纪30年代，白银又开始大量流入中国。西属新大陆的白银又从海上源源运至马尼拉，大量日本白银被澳门人带到了广州，而更多的白银则从印度的果阿经马六甲海峡流入澳门。[8]但不久，即30年代末和40年代初，白银流通再次被严重阻断，而此刻正值长江下游地区高度商品化的经济急需更多白银以对付通货膨胀之时。[9]1634年后，菲力浦四世采取措施限制船只从阿卡普尔科出口；1639年冬，许多中国商人在马尼拉遭到西班牙人和土著人的屠杀；1640年，日本断绝了与澳门的所有贸易往来；1641年，马六甲落入荷兰人手中，果阿与澳门的联系也被切断。中国的白银进口量骤然跌落。[10]

明朝末年日益恶化的通货膨胀，可能正是白银进口长期不足的严重后果之一——在长江三角洲等人口稠密地区，通货膨胀导致谷价暴涨，给当地城镇居民带来了极大灾难。在1635年至1640年白银进口量骤减期间，那些主要以养蚕为生的人们处境更艰难了。[11]由于国际丝绸贸易萎缩，浙江北部的湖州等丝绸产地迅速衰落。[12]与此同时，天灾和疾疫又一起袭来。从1626年到1640年，罕见的自然灾害席卷中国大地，严重的干旱和洪涝接踵而至。[13] 接连不断的饥荒，伴随着蝗灾和天花，导致人口大量死亡。[14] 经过这场浩劫，晚明的人口总数大幅度下降。有的学者甚至提出，从1585年到1645年，中国人口可能减少了40%。[15] 不管怎样，中国人口的严重下降，恰恰与全球性的经济衰退同时发生。仅这一点便足以使历史学家们相信，中国也被卷入了17世纪那场困扰着地中海世界的普遍危机。[16]

明朝后期，许多亲身经历了那次通货膨胀的人们认为，当时的经济困难主要是由经济的货币化引起的。16世纪末和17世纪初，人们普遍对社会经济的商业化感到不满，而对一二百年前尚未如此多地卷入商品市场时的那种更具自给自足性质的简朴生活倍加推崇。[17] 一部修于17世纪初的地方志，曾将弘治朝（1488—1505年）道德与经济生活的安定，同嘉靖朝（1522—1566年）社会的混乱与瓦解进行了对比：前者田宅丰裕，林木遍野，村舍安宁，盗贼匿迹；后者则财产频繁易主，物价不稳，贫富分化，市场芜杂混乱。进入17世纪后，情况进一步恶化。人民大量破产，十室九贫；少数豪富依财仗势，奴役穷人；天地之间，金钱似乎支配着一切。[18]

也有人认为，明末的经济衰退是制度的破坏导致了整个社会秩序的崩溃造成的。[19] 按明朝旧制，田赋由里甲乡官征收，军饷由自给自足的世袭军户承担，丁役则通过征发徭役或由列名匠籍的世袭匠户提供。这种制度的运转，依赖于中央政府维持有效的户口登记和赋役分派程序的能力。[20] 然而，经济的货币化，都城迁至远离长江三角洲主要产粮区的北京，以及中央官僚机构缺乏合理程序以维持理想的、自治的社会组织单位，全都促使这一制度日趋瓦解。[21] 例如，官僚和贵族靠朝廷俸禄为生。明初建都南京时，俸禄按稻米若干斗计算；都城北迁后，原来的实物俸禄改以货币支付。起初是纸币，后来是布帛，最后是白银。兑换比率以当时谷价为准。此后两个世纪，谷价不断上涨，而以银两计算的俸禄则保持着相对的稳定。[22]到1629年，朝廷每年向在朝的官僚、贵族（仅在京城的就多达4万人左右）发放的俸禄只有15万两，不到国家财政预算的1%。[23]这点儿俸禄当然少得可怜，所以，各级官吏不得不通过贪污受贿等非法途径获取额外收入，以维持生计。[24]1643年，崇祯帝决定检查一下军队供给系统的可靠性，遂遣人暗中查核拨给兵部的4万两军饷究竟有多少发到了驻守辽东的士兵手中。结果他得到的报告是：全部军饷均未到达目的地，都在下发过程中无影无踪了。[25]

许多大臣认为，正是明朝皇帝，而不是别人，应该对此负责。尤其是万历皇帝（1573—1619年在位），屡次公私不分，挪用政府开支修建宫室，并允许主管其膳食的官吏从所有花费中照例扣除20%作为酬金，而不问他们在其他方面榨取了多少油水。[26]尽管万历皇帝特别昏庸和不负责任，但他也不过是在紫禁城内豢养着一大群奴仆的明朝诸位皇帝中的一个而已。17世纪初，北京皇宫中有3000名宫女和近2万名宦官。[27]这些宦官要照料后妃的生活，但这只是其全部职责中的一小部分。作为皇上的私人奴仆，他们支配着由12监组成的庞大机构，控制朝廷的税收与国库，管理由国家垄断经营的盐业和铜业，征收皇庄土地的田租（有一个时期，皇庄田产占全国私人田产总数的1/7，京畿8个州、府的大部分土地，都归皇庄所有），统辖护卫京师的禁军，并组成一个完全脱离正常司法系统，拥有逮捕、审讯乃至处决之全权的秘密警察机构（即令人闻风丧胆的东厂）。[28]明朝皇帝以宦官为左膀右臂，致使宦官数量遽增，逐渐超出了朝廷的供养能力。[29]他们在宫内贪污受贿的机会无穷无尽；及至明末，一些宦官机构终因朝廷无法承受这一巨大财政负担而被撤销了。令人啼笑皆非的是，明末的宦官经常以钦派税监之身份，在商税、关税等固定税收之外，进行额外搜刮，但他们仍不能养活自己。[30]1618年，尽管为应边关紧急而加征天下田赋，户部仍然只侥幸收到210万两应收税银的70%。[31]部分地靠国库帑银填充的皇帝私囊，情形也不佳。有一件可能发生在1643年的宫内轶事，虽有点儿滑稽，却恰当地反映了当时内廷府库虚竭的情况。这年秋季，崇祯帝打算清点其宝库。守门人被传唤后，却一再推脱说找不到开门的钥匙。最后，巨大的宝库还是打开了，只见室内空空如也，唯有一只小红箱，盛着几张早已褪色的收条。[32]

宦官不仅是个明显的财政负担，对大众来说，他们还是晚明许多皇帝与外朝大臣隔绝的象征。[33] 作为内廷与外部世界的媒介，掌印太监们不久便承担了向皇上传递外朝大臣的奏章的责任，并为皇上起草诏书和敕令。于是，皇上便无须亲自处理日常事务了。[34] 由于在明初，太祖（洪武皇帝）、成祖（永乐皇帝）等都利用私人特务来强化对朝廷的控制，宦官的势力遂不断增长，致使明朝后期的皇帝反而失去了控制大臣的能力与权威，有时甚至沦为专权宦官的傀儡而几乎完全见不到其他大臣。从 1469 年到 1497 年，没有举行过一次朝会。进入 16 世纪后，世宗（嘉靖皇帝）和神宗（万历皇帝）都仅仅主持过一次各部大臣参加的朝会。[35] 于是，那些从未见过皇上——那个深居宫中的幽灵——的大臣们必然会失去对他的信赖。为了实现自己的意志，他们便与某个掌印太监结成联盟，或组成他们自己非正式的（和非法的）政治集团，以推行自己的主张。[36]

由科举制派生而来的政治庇护的惯例，进一步助长了这种派系活动。至 17 世纪 20 年代，朝廷终于出现了巨大的裂痕，爆发了一场政治清洗，以及东林党等文人士大夫集团同专权宦官魏忠贤之阉党间的残酷党争。由于派系活动的影响，即使细小的分歧也会激起轩然大波，而结果常常是双方僵持不决。[37]

在这种经济和政治形势下，明王朝的社会结构开始瓦解。到崇祯年间（1628—1644 年），大量饥民涌进城市，以乞讨或偷盗为生；中原农村一片荒凉。[38] 越来越多的迹象表明，在这些年中，穷苦人民的不满日益增长，士大夫们也因贫富之间不断加深的敌意而大为震惊。[39] 当时流传的一首民谣生动地唱道：

老天爷，
　　你年纪大，
　　耳又聋来眼又花。
　　你看不见人，也听不见话。
　　吃斋念佛的活活饿死，
　　杀人放火的享受荣华。
　　老天爷，
　　你不会做天，
　　你塌了吧！ [40]

　　此外，公用事业也崩溃了。[41] 1629年，朝廷为缩减开支，将驿递系统砍去30%，结果导致了通信的中断，各官府不得不自己出钱雇人传递文书。[42] 由于驿站大量空缺，王朝的"血脉"严重阻塞，1630年以后，地方官府甚至不能肯定他们的奏章最后能否送达京师。[43]

　　整个30年代，全国各地由私人经营的公用事业如雨后春笋般发展起来，其中包括消防、公共工程、水利、慈善、赈济等，甚至还包括公共法律与社会秩序的维护。[44] 一些谨慎的地方官出钱雇人组建私人武装，许多乡绅也纷纷训练他们自己的"乡兵"，用以自保。[45] 因为门外的敌人可能是造反的农民，也可能是朝廷的兵将。1636年，明将左良玉率三万军队入湖北追剿张献忠，当地居民为保护妻女的贞操和自己的性命，纷纷逃入山寨。[46] 至1642年和1643年间左良玉倒戈反明时，江南人民感到他的军队比起义军更为可怕。[47] 无论是为皇帝而战，还是和农民军一起致力于推翻明朝的统治，像左良玉部这样的军队始终代表着明朝最后几十年间那些不受约束的军阀势力的一般活动方式。于是，稳定的社会组织逐渐让位于游动的军事政权。这些无法控制的社会力量的长期存在使王朝奄奄一息，最终被彻底击溃。[48]

1645年，即清军占领北京的第二年，摄政王多尔衮对明朝的灭亡作了中肯的评述：

> 崇祯皇帝也是好的，只是武官虚功冒赏，文官贪赃坏法，所以把天下失了。[49]

清朝统治者最终夺取了崇祯帝及其祖先的天下，并认为这是他们在军事上和政治上长期努力的结果。清王朝的这一宏伟事业，早在1644年以前——约1618年攻克抚顺之时——就开始了，经过约2/3个世纪才宣告完成，而17世纪80年代初，康熙帝（1662—1722年在位）平定三藩及台湾郑氏政权，则是这一事业的顶峰。因此，清朝统治的巩固，也经历了一个漫长的过程。它开始于在明朝北边的准备阶段，经过入关后对明朝旧制加以沿用和调整的试验阶段，最后产生了一种汉、满两种统治方式的精妙融合物。在这种统治方式下，满人和汉人都不得不接受清廷握有最高权力这一现实，尽管这一权力原来并不是它所拥有的。

那些帮助满族统治者向儒家的君主模式发展的汉人，在这一起步、协调和完成的政治过程中，起了关键性的作用。他们在不同时期充当了不同角色，其社会背景也分别与这一征服过程的几个阶段相适应：最早的是一批在努尔哈赤草创之时便获得了女真贵族身份的明朝境外居民，尔后则有在北方各省沦陷后组成汉八旗军的辽东军户、教会满族人使用洋枪洋炮的山东海盗、为猎取高官厚禄而帮助多尔衮攻占北京的北方乡绅，以及充当清朝媾和大使力求兵不血刃地征服南方的江南学子。也许除了第一种人以外，所有拥护清朝的汉人对满族人都怀有矛盾的心理。同时，满族人也警惕着与其合作的汉人。满族的君主若不联合汉官去击败本族的贵族势力，便不可能有所作为；但他们也意识到，若全按汉族传统方式进行统治，则会变得过于汉化，从而失去本族人民对他们的忠诚和爱戴。他们十分感激与其合作的汉人教会了他们如何按儒家方式统治中国，又同样的轻蔑这些明朝的叛徒，鄙视其苟且偷生，谴责其变节卖国。

　　双方的和解导致了满族统治下的和平，使18世纪成了中国历史上最强盛的时期之一，其直接代价则是某种道义上的不安。[50]为清朝效力的汉人，抛弃了明朝末年那种虚幻的道德英雄主义；作为补偿，则获得了实行各种政治改革的现实机会。这些改革确实起到了稳定中央政府的作用，而这正是崇祯时期那些浮夸的文人学士永远不可能做到的。与满族合作的汉人，有权说他们以"救民于水火"的实际行动完成了儒者的使命，但还是失去了旧日自我标榜的社会理想主义者的自信心。由此引起的不安，产生了两大后果。其一，是放弃了某种理性自主和道义上的承诺，致使道学家变成了御用文人，政治领袖转化为朝廷官僚；其二，是达官贵人对有限改革的热忱日益高涨——当朝廷的力量发展到足以使中国比世界上其他国家更快地从17世纪经济危机中恢复过来时，这种有限的改革便结束了。[51]尽管这种复兴显得并不彻底，但王朝秩序的重建毕竟使旧的统治体制得以在新时期中继续存在下去。[52]因此，满族人完全有理由为他们以独特方式重建了传统的帝国制度而骄傲；他们虽被视为"夷狄"，却以自己设计的有效措施摆脱了中原王朝面临的困境。单为了这一点，汉人对清朝之"洪业"[53]所抱的矛盾心理，就要长期存在下去，只要这个异族王朝对他们的家园依然维持着牢固的统治。

注释：

1　李廷先：《史可法的评价问题》，第244—245页；艾维四：《时间与金钱》，第25—28页。几个世纪过去了，一切如旧。无论是来自旧塞尔维亚（Old Serbia）、阿尔卑斯山、撒丁的银矿，苏丹、埃塞俄比亚或经由北非和埃及的索法拉（Sofala）的金矿，还是因河河谷（Inn Valley）之施瓦兹、匈牙利之诺伊索尔（Neusohl）、萨克森之曼斯费尔德、布拉格附近之库腾贝格（Kuttenberg）或埃尔茨山脉的银矿，以及16世纪初期以后西北各国的银矿——

无论来自何地,这些曾被吸引到地中海沿岸的贵金属,又被抛进了源源东去的洪流。在黑海、叙利亚和埃及,地中海人的贸易总是出现赤字,与远东的贸易又只有通过耗尽其储存的金银出口才有可能。甚至有人提出这样一种不无说服力的见解:"罗马帝国的生命力,是因贵金属大量外流才枯竭的。"费南德·布罗代尔:《菲力浦二世时期的地中海与地中海世界》,第464页。又见伊曼纽尔·沃勒斯坦:《近代世界体系》第二部分,第17、108—109页。沃勒斯坦关于东亚在世界经济体系之外的主张,受到布罗代尔的驳斥。见布罗代尔:《关于物质文明与资本主义的反思》,第43、93—94页。

2 北京的太仓,是朝廷接收白银的主要机构。据该机构的白银收据可知,贵金属的流入至1571年达到高潮。该年太仓的白银收入量从230万两(8.625万公斤)跃升到310万两(11.625万公斤)〔译按:此处括弧内的换算系原作者所加,其换算比例为1公斤相当于26.6明两〕。这场洪流恰好与贸易限制的放松(1567年)、日本长崎港的建立(1570年)和马尼拉被选定为西班牙驻菲律宾的首府(1571年)同时。此外,白银提纯技术的发展,也在这一时期使秘鲁总督辖区的波托西等中心地区的白银产量猛增至原来的三倍,随后又增至五倍。艾维四:《时间与金钱》,第30—31、53页;布罗代尔:《地中海世界》,第476页;小威尔斯:《从汪直到施琅的中国沿海》,第213页。

3 1597年,西班牙大帆船将34.5公斤白银,从阿卡普尔科运到中国。这一数字比明朝半个世纪的产量还多(明朝官府银矿的年产量约为6000公斤)。吉斯:《明代的北京》,第157—158页。

4 肖努的估计略低于此。他认为远东吸收了美洲所产白银总量的1/3以上。见皮埃尔·肖努:《菲律宾和太平洋中的伊比利亚群岛》,第269页。16世纪期间,西班牙人在佛兰德雇用的外国雇佣兵要求付给他们黄金。这些黄金是由赫诺密银行家们提供的。他们通过与远东的贸易,将西班牙提供的美洲白银兑换成金锭。在"长期的白银统治"时期(约1550—1680年),这种局面形成了一个全球经济体系。"以意大利、中国为中枢,从美洲出发,通过地中海或好望角,通向整个世界。这可以看作一种结构,一种在20世纪以前从未受到干扰的世界经济体系的持久而突出的特征。"布罗代尔:《地中海世界》,第499—500页;又见伦纳德·布莱塞:《近代世界体系》,第96页。

5 艾维四:《论白银、外贸与明末经济》,第1—10页;米歇尔·德韦兹:《18世纪中国社会对英、法、俄的影响》,第8—9页;S.A.M.阿谢德:《17世纪中国的总危机》,第275页;黄仁宇:《明朝的财政》,第124—125页。日本向中国出口白银和铜而进口黄金,因为在中国用白银兑换黄金比在大多数其他地区(包括日本)都更为优惠。16世纪80年代,中国的金银兑换率是1∶4;欧洲则是1∶12。到1650年,欧洲的比率又升为1∶15。布罗代尔:《地中海世界》,第459、499页。阿特韦尔对日本白银输出量的估计,低于其他多数经济史学者。他估计,在1560—1600年间,日本白银的输出为平均每年3.3万到4.8万公斤。艾维四:《时间与金钱》,第31页。肖努估计在近两个世纪间,日本和美洲提供的白银总量,在4000到5000吨之间。皮埃尔·肖努:《马尼拉和澳门》,第568—681页。

6 肖努:《马尼拉和澳门》,第555页;简·德·夫里斯:《1600—1750年危机时期的欧洲经济》,第20页。肖努找出了中国与欧洲贸易形势的五个转折点:(1)从1555到1570年,伊比利亚人突然打通了中国海、印度洋和大西洋的通道;(2)1580至1590年间,马尼拉与澳门决裂,西班牙无敌舰队时代的欧洲经济出现萎缩;(3)1600年左右,荷兰公司到达印度洋;(4)1615至1620年间,荷兰人封锁了摩鹿加,切断了澳门与印度洋之间的交通;(5)1640至1644年间,明朝灭亡,日本人血洗澳门大使馆,伊比利亚王国的分裂将澳门与马尼拉隔开,以及由1645年教皇英诺森十世的敕令引起的礼仪之争。"中国的衰落与欧洲的衰落发生在同一时期。因此,中国贸易的这一灾难性变化表现为双重的衰退:一方面,美洲白银的出口无疑减少了,而同时,一场周期性的或者说是破坏性的危机又席卷了中国大地。"肖努:《马尼拉和澳门》,第579页。布罗代尔只看到了17世纪最初20年美洲白银输入减少后的一种重要转变,并称之为"世界历史的转折点"。其中可能存在的原因包括:由于收益递减律,开采成本更高了;以欺诈手段使美洲保留更多的硬通货,以满足当地对货币的需求;以及向当地居民征收什一税,这妨碍了提取白银所需的劳力之补充。布罗代尔:《地中海世界》,第536页;又见厄尔·J.汉密尔顿:《1501—1650年的美洲财富与西班牙的价格革命》,第293页,伊曼纽尔·沃勒斯坦:《资本主义的世界经济》,第20、25—27页,及《近代世界体系》第二部分,第3、109页;卡罗·M.辛宝拉:《工业革命前(1000—1700年)欧洲的社会和经济》,第212—216页;雅各布·克莱佛伦:《经济通史》,第152—153页。

7　阿谢德:《17世纪中国的总危机》,第276页。经济衰退继续引起经济衰退;结果变成了原因。但是,中国的国内危机也许促进了全球性危机的爆发。"我们可以证明,中国对马尼拉遥相呼应的支配达到了这样一种程度,这使得中国贸易和世界贸易的长期周期性波动出现了一致性,甚至还使中国贸易的波动幅度比世界贸易的波动幅度大得多。因此,我们可以断定,不管表面现象如何,正是跟中国大陆之贸易的兴衰,支配着西班牙海上贸易本身的消长。"肖努:《伊比利亚群岛》,第267页;又见K.N.肖德胡里:《1660—1760年的亚洲贸易市场和东印度公司》,第456—458页。

8　肖努:《马尼拉和澳门》,第566—567页。

9　艾维四:《时间与金钱》,第33页。从16世纪到18世纪,除了少数例外,所有货币的内在价值都下降了。这一现象与大西洋经济的膨胀有关,首先是吸收黄金和将非洲部分人口掠为奴隶,然后是开发美洲财富。短期内,白银紧缩会减慢表面价格的上涨(实际上在贵金属大量输入之前,西欧的物价就已开始上涨了)。但从长远看来,表面价格却和美洲白银产量一同上升。"16世纪末的价格革命"在欧洲导致了严重的通货膨胀,使物价上涨了三到四倍,达到了1500年的水平。菲力浦二世时代的人们,因物价不断上涨、生活成本急剧增加而目瞪口呆。17世纪上半叶,人们的实际收入比15世纪末和16世纪初减少了1/2;17世纪20年代,欧洲人经常抱怨,跟其三四代以前的祖先们相比,他们吃得太差了。17世纪20和30年代,几乎所有欧洲货币——包括比较稳定的英镑——都不得不贬值。E. E.里奇、C. H.威尔森:《剑桥欧洲经济史》,第382—383、400—405、428、458、484页;布罗代尔:《地中海世界》,第517页。这次通货膨胀也打击了奥斯曼帝国,其小麦、铜、羊毛等商品被偷运出境,以满足欧洲市场日益增长的需求。一项有关伊斯坦布尔为旅行者和学生提供免费住宿的济贫院之预算的分析,表明了同样的通货膨胀的存在。如果将1489—1490年度的物价指数定为100,那么1585—1586年度的物价指数便是182.49,1604—1605年度的物价指数则是272.79。奥默·卢德菲·巴坎:《16世纪的价格革命》,第9页;又见霍里·伊斯拉莫格路和卡格拉尔·基德:《奥斯曼历史大事记》,第34、49—55页。

10　艾维四:《论白银》,第10—15页。肖努在综合了他的全部指数之后断言,1640年后没有一项指数可以说明这一过程不是"灾难性的指数减小过程"。肖努:《伊比利亚群岛》,第250页。换个说法,假定某人于1611—1615年间在马尼拉所做的生意是一个点,后来于1666—1670年间所做的生意为另一个点,那么,他就会发现收益下降率为40∶1。肖努确认这一转变发生在1642年,并将其描述为"一个经济空间的彻底消失"或"全球危机中的死亡时刻"。肖努:《马尼拉和澳门》,第562页;又见布罗代尔:《反思》,第42页;沃勒斯坦:《近代世界体系》第二部分,第17页。

11　例如,1630年松江地区发生了严重旱灾。1632年米价为每斗120钱,到1639年上升为每斗300钱。浙江北部地区,每担米原来值银一两,到1641年上升为每担值银四两。傅衣凌:《明代江南市民经济试探》,第74页;海伦·邓斯坦:《明末流行病初探》,第11—12

页；又见魏斐德编：《中华人民共和国的明清史研究》，第81页；吉斯：《明代的北京》，第144页。17世纪30年代末和40年代初，在食物价格上涨的同时，其他商品价格出现了下降趋势。这样，与较早出现的通货膨胀形成对比，中国似乎又随着由囤积、歉收和投机活动导致的生活必需品价格的急剧上升，出现了普遍的通货紧缩（此说采自艾维四给笔者的私人信件）。

12 森正夫：《16—18世纪赈灾管理与地主佃户的关系》，第432—433页；艾维四：《论白银、外贸与明末经济》，第16—19页。

13 这大约相当于某些历史学家所说的"路易十四的小冰河时代"初期。太阳物理学家认为，这个时代是从1645年持续到1715年的"太阳能量最小时期"，其间地球表面的气温降到了公元1000年以来的最低点（这大概与从太阳黑子的活动和树木年轮的碳异常中测定出的阳光辐射的减弱相对应）。H.H.拉姆：《气候变迁》，第10—11、65—66、174页；约翰·A.埃迪：《气候与太阳的作用》，第726、739—740及743—744页，及其《停滞的最小限度》第1191、1195—1196及1199页；伊曼纽尔·勒·罗伊·拉杜瑞：《太平之年，饥馑之年》，第58—59页；德·夫里斯：《欧洲经济》，第12页；费南德·布罗代尔：《资本主义和物质生活》，第18—19页。有充分证据表明，这一时期中国遭受了更为严重的干旱和低温的袭击，致使北方农作物生长季节比正常年景缩短了两星期。龚高法、陈恩之、文焕然：《黑龙江省的气候变化》，第130页。据地方志载，黄淮平原地区的大旱之年，有1024、1297、1326、1465、1506、1509、1585、1640、1650、1669和1786年。据《山东运河备考》载，1638年，漕河干涸；1640年，"大旱，黄河水涸，流亡载道，人相食"。《睢宁志稿》第十五卷。引自徐近之：《黄淮平原气候历史记载的初步整理》，第184页。同一时期，长江中游和淮河流域的河流在冬季全部封冻。同上书，第188页；G.威廉姆·施坚雅：《市场体系与地区经济》，第77页；竺可桢：《中国近五千年来气候变迁的初步研究》，第30—31页。

14 蝗灾发生于1638年。谢国桢：《南明史略》，第15—16页；艾尔伯特·詹：《明朝衰亡内在因素之研究》，第190—191页。严重的时疫有两次：一次发生于1586—1589年，另一次发生于1639—1644年。马克·埃尔文：《古代中国的模式》，第106页；文秉：《烈皇小志》，第217页；邓斯坦：《明末流行病初探》，第9—10及16—18页。饥荒与瘟疫，尤其是与天花，有着流行病学意义上的关联。拉尔夫·W.尼古拉斯：《女神西塔拉与孟加拉的天花》，第24及36页。

15 埃尔文：《古代中国的模式》，第311页。在1641年疫疫流行期间，桐乡县（江南嘉兴府）居民十之八九被传染。有些一二十人的大户，竟无一人幸存。蛆虫爬出户外，邻居不敢下足。陈奇德：《灾荒纪实》，引自邓斯坦：《明末流行病初探》，第29页。邻近的湖州府是中国人口最密的地区之一，1640—1642年间，其人口下降了约30%。居密：《地主和农民》，第10、36页；石锦：《太湖地区的小农经济和农村社会》第五章，第19页。

16 阿谢德：《17世纪中国的总危机》，第272页，又见米彻尔·卡蒂尔：《中国明代人口统计资料》；埃里克·霍布斯鲍姆：《从封建主义到资本主义》，第162页。有些经济史学家不愿将这种衰退称为"危机"。例如，沃勒斯坦：《近代世界体系》第二部分，第5—7、18、33页；辛宝拉：《工业革命前》，第231页。但从人口统计角度看，17世纪是人口增长的停滞时期。德·夫里斯：《欧洲经济》，第4—6页；布罗代尔：《资本主义和物质生活》，第3页。

17 居密：《地主和农民》，第20页。又见西嶋定生：《支那初期棉业市场的考察》；哈里特·T.泽恩道弗：《"新安名族志"和中国士绅阶层的发展，800—1600年》，第200—201页。

18 这一描述出自安徽南部新安江地区歙县县志。

19 亨利·马伯乐：《明朝的灭亡》；黄仁宇：《万历十五年》，第64页，及其《16世纪中国明朝的军费》，第85页。

20 关于明朝初年的行政管理，有这样一段描述："地方官吏甚至不得进入农村。各乡村都被组织成为自治单位，由'年高德劭者'负责训导各村的百姓。在财政管理方面，特别注重的是实行账目控制，而非提高土地效力。皇帝的节俭措施就是将政府预算和行政管理费用减少到最低限度。由于供给过程主要是较低层次的横向具体事务，因此无须设置中级后勤机构。"黄仁宇：《16世纪明代的税收与政府的财政》，第44页。

21 韦庆远：《明代黄册制度》，第206—207页；黄仁宇：《明代的税收与财政》，第44—46页，及其《倪元璐：新儒家官僚的现实主义》，第417页；梁方仲：《明代粮长制述要》，第38—43页；清水泰次：《明代的流民与流贼》，第222—223页；佐伯有一：《1601年"织佣之变"的有关诸问题》，第87页；米彻尔·卡蒂尔、皮埃尔·埃蒂安·威尔：《中国人口统计制度》，第160—245页；O. 傅兰格：《李贽对16世纪中国民族斗争历史研究的贡献》，第65—66页；苏均炜：《明嘉靖期间倭寇史略》，第124—125页；小山正明：《明末清初的大土地所有》第二部分，第64页；西嶋定生：《中国棉业市场》，第131页。1398—1645年间，登记的田亩数量减少了一半。1867年以前，田亩数量从未达到过1398年的水平。约翰·R. 沃特：《中华帝国后期的地方官》，第289页。大部分人背井离乡，沦为流民。顺便说一句，其中许多人参加了民间的宗教运动。清水泰次：《明代的流民与流贼》，第201、216、221、229页。

22 所以，官吏的俸禄在总体上是不充足的。一个二品官一年的俸银只有152两，主要得靠地方官吏的钱财馈赠为生。在其年收入中，后者可能是前者的10倍。品级较低的官吏未必能得到这种外快，只好走借债之路。一个六品文官的俸银只有35两，也许还不够支付家庭开支。阿谢德：《17世纪中国的总危机》，第3页。

23 黄仁宇：《明朝的财政》，第76页；何炳棣：《中华帝国中的进身之阶》，第22页。明代的官僚机构相当庞大：有大约10万文武官吏、10万宦官、10万多中央禁军，以及10万以上男性皇族成员。1522年，有近15万闲冗官吏被夺俸除名。王思治、金成基：《从清初的吏治看封建官僚政治》，第136页；黄仁宇：《明代的税收与财政》，第59页。虽然许多下层皇族成员陷入穷困，但上层的亲王仍生活得很好，他们是压在农村经济上的一项沉重负担。仅河南一省就有八大亲王和大量小贵族，他们消耗了从该省北部43个县征收的80万担粮食中的30万担。这等于该省只得到全部田租收入的60%。黄仁宇：《明代的税收与财政》，第179页；R.V. 德斯·弗格斯：《中原的起义》，第2页。

24 宫崎市定：《东洋近世史》，第240—241页；约翰·罗伯逊·沃特：《中国地方行政的理论与实践》，第261—263页；艾尔伯特·詹：《明朝衰亡》，第113—119页；吕元骢：《清初中国的腐化现象（1644—1660年）》，第6页。按每年固定俸银的平均数计算，文官的俸银平均每人10两，武官不到5两，士兵不足2两。黄仁宇：《明代的税收与财政》，第275—276页。

25 李清：《三垣笔记》"附识"中，第12页。

26 杨联陞：《中华帝国时期集体劳作的经济观》，第51—57页；黄仁宇：《16世纪明代的税收与政府的财政》，第112页；李清：《三垣笔记》"附识"中，第13页。万历皇帝还允许其亲属占夺大片公私土地。魏斐德：《明清史研究》，第106—107页。

27 黄仁宇：《万历十五年》，第13页；吉斯：《明代的北京》，第29页。一说宫女多达9000，宦官多达10万，见三田村泰助：《中国的太监》，第53页；又见乌尔里奇·汉斯-理查德·马米兹：《魏忠贤》，第15页；贺凯：《明朝的兴起及其制度变迁》，第93页。

28 三田村泰助：《中国的太监》，第70—71页；普雷斯顿·M. 托伯特：《清朝的内务府》，第9—10页；F.W. 莫特：《中国专制主义的发展》，第20页。东厂建于1420年，是控制宫廷禁军（锦衣卫）的机构。锦衣卫建于1382年，原是皇帝直接操纵的秘密警察组织，东厂的实际监察工作由宦官监督下的锦衣卫负责。马米兹：《魏忠贤》，第52—53页；罗伯特·B.克劳福德：《明代宦官的权力》，第128—131页。东厂之外，还有个西厂，是1477年建立的另一个特务机构。贺凯：《明朝的兴起及其制度变迁》，第95页。锦衣卫的来源，可以追溯到明太祖于1382年模仿元制建立的一个更早的特务机构，当时，他正在太平地区创立军事政权。罗梅因·戴乐：《卫所制度在元代的起源》，第33页。可能还有由僧人和道士充任的另一个特务组织。弗兰克·芒泽尔：《论明太祖》，第389页。关于秘密警察之发展与专制制度之成长的密切关系，见彼得·格雷纳：《明初到天顺年间的锦衣卫》，第159—167页；莫特：《中国专制主义的发展》，第20—21页。

29 内廷宦官数量的增加，主要是明初皇帝总想利用亲信宦官去控制外朝的结果。克劳福德：《明代的宦官权力》，第116页；马米兹：《魏忠贤》，第152—153页。许多穷苦的青年男子为求职而将自己阉割。正德年间（1506—1521年），朝廷不得不拨出北京南郊的南苑，来安置3500名已经成为宦官但无具体职位的阉人。1621年，天启帝下令招录3000多名宦官，竟有2万阉人前来申请。三田村泰助：《中国的太监》，第71—72页；托伯特：《清朝的内务府》，第10页；吉斯：《明代的北京》，第125页。有些男青年将自己阉割是为了逃避兵役。克劳福德：《明代宦官的权力》，第125页。

30 佐伯有一：《织佣之变》，第87页。

31 从1618年到1639年，共有七次加税，使税率达到了基本财产的1/10左右，即每亩耕地约纳银五钱。黄仁宇：《明朝的财政》，第118—120页，又见方言：《崇祯长编》，第27页。至16世纪末，明政府除每年征收2100万两田税外，还照例征收1000万两丁役银、200万两的垄断盐业收入，以及400万两指定交送太仓的其他各种收入。黄仁宇：《明代的税收与财政》，第274—275页。

32 文秉：《烈皇小志》，第218页。1643年，一位安徽秀才建议印发面值3000万两的纸币，尽管没有相应的白银储备做基础。这位令人绝望的皇帝竟几乎采纳了这个建议，后因商人反对，经营丝绸的店铺也表示宁愿关店也不接受不值钱的纸币，方才作罢。刘约瑟：《史可法和满洲人侵时中国的社会政治》，第10—11页。60年前，太仓曾有600万两（22.5万公斤）储备白银，而到1644年，这些白银已被挥霍得所剩无几了。艾维四：《时间与金钱》，第33—35页；魏斐德：《1644年的大顺政权》，第44页。

33 宫崎市定：《明代苏松地方的绅士与民众》，第22页。

34 马米兹：《魏忠贤》，第48—50页。

35 克劳福德：《明代宦官的权力》，第115页；托伯特：《清朝的内务府》，第10—11页。关于万历皇帝拒绝接见大臣，即"打击"外朝官僚的原因，见黄仁宇：《万历十五年》，第75—103页。

36 官僚组织中有一条不证自明的规律，"一个部门之职能的内在不确定性程度越高，其中半正式的交流渠道与信息就越多"。安东尼·唐斯：《官僚政治内幕》，第114页。

37 马米兹：《魏忠贤》，第155页；邓尔麟：《达官贵人与嘉定大屠杀》，第25页，及其《嘉定忠臣》，第24—28页；查尔斯·O.贺凯：《晚明的东林党运动》。

38 艾尔伯特·詹：《明朝衰亡》，第188、199—200页。明朝中晚期，官僚士绅霸占大片土地，使数以百万计的人民背井离乡，沦为流民，其中许多人成了强盗。这些流民在发生旱涝灾荒时总是最先受到打击。1640年河南饥荒期间，米价每斗3000钱，小麦每斗2700钱，流民只得自相食，父食其子，妻食其夫。李洵：《16世纪的中国海盗》，第1—2页；洪焕椿：《论明末农民政权的革命性和封建性》，第71页。

39 奥崎裕司：《中国乡绅地主的研究》，第34页。

40 居密：《主人和奴仆》，第63页。

41 例如，自1636年后，明朝政府完全放弃了襄阳城下被冲垮的汉水堤堰。在钟祥和武昌之间，农民被连年水灾赶出了家园,大片土地变成沼泽和盗贼栖身之地。皮埃尔·艾蒂安·威尔:《中国水利的周期性变动》,第275—276页。

42 这种国家邮驿系统,始建于明太祖时。最初是由富户提供驿马或船只,由贫户出丁充役。私人可使用该系统,使用权则由官府公开出售。至1624年,那些被指定的倒霉的富户纷纷破产。驿站中充役的农民早已以此为业,而朝廷裁减邮驿系统后,他们便无以为生,于是许多人沦为盗贼。艾尔伯特·詹:《明朝衰亡》,第213—216页;黄仁宇:《倪元璐》,第8页。

43 郑天挺、孙钺:《明末农民起义史料》,第4—7页。在中央及地方官府中,与邮驿有关的职位常常缺而不补。例如,按照制度,六科给事中应设五十余员,都察院御史应设百余员,而万历末年,"六科止四人","都御史数年空署,督、抚、监、司亦屡缺不补"。赵翼:《廿二史札记》第三十五卷,第731页。

44 斯波义信:《宁波和它的物资供应地》,第422页。

45 例如,1635年史记言出任山西地方官后,便招募当地壮丁,命一名精通武术的僧人对他们进行训练。何绍基编:《安徽通志》第二○九卷,第4页。具有这种独创精神的另一代表人物是徐标。17世纪40年代初,他出任保定巡抚后,用最新军事技术训练了一支7000人的私人武装,用以自卫。戴名世:《保定城守纪略》,第3页。这种由幕府提供兵员组建半私人武装的活动,开始于16世纪中叶。当时,胡宗宪等将领不得不在长江下游和沿海地区以这种方式防御海盗的攻击。梅里尔恩·菲茨帕特里克:《中国东南地区的地方势力与反海盗组织》,第2页。又见闻钧天:《中国保甲制度》,第173页;黄仁宇:《万历十五年》,第159页;李洵:《中国海盗》,第5页;孔飞力:《太平天国起义时期地方团练防御系统》,第220页;戴维·哈里森·肖尔:《中国明代最后的朝廷》,第53—55页;威尔斯:《中国沿海》,第219—220页;苏均炜:《明嘉靖间倭寇史略》,第150页。

46 刘约瑟:《史可法》,第25页。关于明朝军队残杀无辜人民而非叛军或盗贼的另一例证,见李清:《三垣笔记(中)》,第2页。

47 徐鼒:《小腆纪年》第六十四卷,第908页;温睿临:《南疆绎史》第七卷,第59页;万言:《崇祯长编》,第23页。与此同时,明朝大臣史可法公开对徽州士绅们说,朝廷军队与叛军没什么区别,他们在劫掠百姓时同样凶残,都是人民的祸害。史可法:《史忠正公集》第二卷,第17页。

48 "游动的军事政权"一语,出自贝利。见C.C.贝利:《佛罗伦萨文艺复兴时期的战争与社会》。

49 《多尔衮摄政日记》,第5页。

50 保罗·S.罗普:《早期近代中国的异议》,第41页。

51 中国在顺治时期和康熙初年,为其复苏奠定了基础。对此后文将有论证。经济的复苏实际开始于1682或1683年。韦庆远:《有关清代前期矿业政策的一场大论战》,第3页;彭泽益:《清代前期手工业的发展》,第9页;又见布罗尔:《资本主义和物资生活》,第13—14页。欧洲各国的复苏各不相同。德意志各国在惨遭30年战争(1618—1648年)的蹂躏之后,大约与中国同时开始复苏。而欧洲较发达地区的复苏则开始得较晚。法国和荷兰开始于17世纪90年代,西班牙和英国开始于18世纪20年代和30年代。据皮埃尔·格勒布特(Pierre Goubet)说,在博韦地区,衰退期从1630年一直延续到1730年。里奇、威尔森:《剑桥欧洲经济史》,第405—406、429页;沃勒斯坦:《近代世界体系》第二部分,第245页。关于1710年以后英国统计人口的增长,见E.A.里格里和R.S.斯科菲尔德:《1541—1871年英国人口史》,第162页。

52 从这种也许目的论色彩过于浓厚的意义上讲,中国战乱后的复苏并未真正解决其整体性的缺陷。如果我们承认欧洲近代早期出现的民族国家的发展模式是进步的,那么,清政府提出的解决方案,正是打算通过与经受了同一场全球性经济、社会大灾难的其他国家所提出的方案背道而驰的另一种方式,使现存社会体制从这场危机中恢复过来。关于规律性的有预兆的危机与适应性变革的关系,见雷内·汤姆:《危机与灾难》,第38页;费南德·布罗代尔:《历史学与社会科学》,第749—750页。

53 "洪业"(great enterprise)一词,描述了一个儒教王朝通过建立和巩固对"天下"的统治,来赢得和保持"天命"的努力。汉语的口语称之为"大事",书面语称之为"洪业"。

第一章　北部边防

游骑不听能汉语,
将军遂缚作蕃生。
配向东南卑湿地,
定无存恤空防备。
念此吞声仰诉天,
若为辛苦度残年。
凉原乡井不得见,
胡地妻儿虚弃捐。
没蕃被囚思汉土,
归汉被劫为蕃房。
早知如此悔归来,
两地宁如一处苦。
缚戎人,
戎人之中我苦辛。
自古此冤应未有,
汉心汉语吐蕃身。

白居易:《缚戎人》(节选)

1368年明朝的建立，与将蒙古人赶出中原及在长城以北实行军屯是密不可分的，[1]明朝从建立之初，直到17世纪灭亡，始终高度重视北部边防。[2]1371年，明太祖曾说，日本、朝鲜和安南只是蚊虫而已，北方夷狄才是最危险的心腹之患。[3]为此，明太祖建立了一支300万人的庞大军队，并将其分为三个部分：京卫、上十二卫亲军和地方卫所。[4]

明朝的卫所制度

卫所是明太祖称帝前在南京创建的，是明朝军队中最为重要的一部分。这种制度是模仿北魏隋唐的府兵制，又吸收元朝军制的某些内容而形成的，属于自给自足的军屯类型。[5]最初，每个军士受田15亩以维持生活。1365年，长江中游一些惨遭战火洗劫的地区被辟为军屯区，每个军士受田50亩，给耕牛农具，并免其田租徭役。这种制度，使各地卫所军士在明初25年中，每年都能生产约3亿公斤粮食，足以供养100万军队，从而使朝廷无须从国库按月拨发粮饷便能维持一支庞大的边防力量。[6]

卫所军士皆由身份永远不变的世袭军户充任。卫所军官也世袭其职。这样，卫所制度一方面表现出朝廷有决定其臣民之身份的权力，同时也展示出封建化的巨大潜力。[7]世袭的军士会因其身份相同而结成牢固的个人联系，因此必须尽力防止将领与军士的关系过于紧密，并对整个军队组织加以严密的行政控制。各卫之事务由三司分掌：都指挥使掌兵，此外有布政使司和按察使司。所有军户的户籍皆由五军都督府管理，军队调动权则在兵部文职大臣手中。当卫所军队被征调作战时，其军士便脱离了卫所军官，由都督府指定的总兵官统领，而总兵官则向通常由朝廷大臣出任的统帅负责。[8]

要使这种精心设计的自给自足的军事制度永久存在下去，必须维持世袭军户的素质和义务。但15世纪后期,该制度走向衰败的不祥征兆却出现了。朝廷中某些贵戚官僚开始驱使军士建造寺庙和宫室。[9]不久,地方将领也把军士变为劳工,或向他们"卖闲",每月交纳200钱就可免除军事训练。这样,卫所军官便成了有利可图的职位。于是,商贾子弟纷纷重金行贿,求得此职以饱私囊,或将家奴登入军籍,借此来贪污军饷。有些军官甚至割占军屯土地,强令手下军士像农奴一样为其耕种。[10]大量军士因得不到军饷又遭受如此剥削而极力摆脱军户身份。据史载,至16世纪初,一些卫所的逃亡军士已达其总数的80%,许多边地驻军也只剩下一半兵力。[11]军官奉命出兵时,只好临时雇用矿工和盐工充数,或招募辽东、陕西的雇佣兵,而这些人与他们要去镇压的乱民常常出自同一社会阶层。[12]

似乎是为了弥补兵员的损失,明末统治者越来越重视长城的修缮,或以砖石加固旧城,或在某些地段增修新城。[13]这种防御心理的形成,并不仅仅是由于卫所制度的衰落,它可上溯到明朝第三代皇帝成祖永乐时期。明成祖从其侄儿手中夺取皇位后,对拥兵驻守今关外之承德(热河)的兄弟宁王心怀疑惧。1403年他令宁王率部撤出承德,而将这一战略要地交给了曾支持他发动政变的蒙古兀良哈部[14]。同时,他还撤回了驻守河套北部的军队,并加修长城,将辽东、广宁和大同防线连为一体。[15]这等于将东胜一带拱手让给了北方民族,1462年——明英宗在耻辱的"土木堡之变"中被蒙古瓦剌首领也先俘获后的第十三年——河套遂落入察哈尔部之手。[16]

不过,明朝并非总是被动挨打。当它逐渐控制塞北的时候,以及1390年后在蒙古人基本停止了袭扰中原的近60年间,明军一度控制了直抵朝鲜边境的东北地区[17]。成祖曾亲率大军五次出塞;16世纪40年代,内阁首辅夏言又发动了驱逐蒙古、收复河套的战役[18]。1547年,三边总督曾铣一度将蒙古人赶出了河套;但次年鞑靼首领俺答汗又入境侵扰,并于1550年兵临北京城下。[19]自此,人们对夏言的进攻之策丧失了信心。嘉靖朝臭名昭著的大臣严嵩，在置夏言于死地后改取守势；1570 年，张居正（万历时升任内阁首辅）又以封王和开放边市贸易为手段，对俺答汗进行安抚。[20]

这种策略也不是无懈可击。[21] 有人曾指责张居正，说他声称自己对俺答汗采取的措施有利于中夏，是"虚辞以欺君父"；说今日把中华之丝绸绮绣变成了夷狄的日常服装，名为互市，实为姑息养奸。边防的筹划者以贸易特权贿买夷狄，夷狄反过来却用兵威敲诈我们。[22] 严嵩则被人们视为奸臣的典型，常与李林甫（勾结鞑靼出卖朝廷的唐朝大臣）、秦桧（1141 年出卖爱国将领岳飞的宋朝大臣）相提并论。[23]

然而，对北方部落所实行的这种"羁縻"政策，有力地促进了边地驻军的膨胀，从而使明朝的军费负担因卫所制度的衰落而比以往更加沉重。尽管世袭军户日渐减少，军官数量却不断增加。14 世纪末，京师驻军只有大约 2700 名军官，到 15 世纪中增至 3000 名，除禄米外，每年还要领取饷银 48 万两。此类开支在不断增长。到 16 世纪末，正规军已达 120 万人，仅基本开支——如果全额供给的话——就需白银 2000 万两。其中一部分被用来征招募兵，以弥补世袭军士之不足。募兵每人每年的饷银为 18 两，若在边地则外加 5 两，其家庭也可得到一份津贴。1492 年，明朝颁行开中制度，鼓励商人运粮至边防，换取盐引回内地兑盐经营。但这一制度 1500 年后便逐渐废止，致使边地米价迅速上涨，每担（60 公斤）值银 5 两。[24] 边地所需军饷当然也要随之增加：1500 年为 5 万两，1573 年增至 280 万两，1586 年又增至 360 万两。[25] 这项庞大开支需由太仓府库支付。16 世纪 80 年代，地方每年向太仓纳银，其白银储备通常能保持 600 万两。但由于边地军饷不断增加，16 世纪末为征讨鞑靼、平定西南土著叛乱和帮助朝鲜抗击倭寇，又花去 1200 万两，太仓储银也很快消耗殆尽。至 1618 年，太仓储银只剩下了 12 万两。就在这一年，后金大败明军，攻占了抚顺，明神宗不得不解开私囊，来填补兵部的 50 万两赤字。[26]（当时东御府储银仍有 300 多万两。）

为应付这些不断增长的开支，明朝又开始加派赋税。1619年，加派辽饷，税率约为9%，除京畿皇庄外，全国各地都要交纳。[27] 由此额外征银520万两，但仅够支付辽东一边18万军队和9万战马的费用，而无法顾及九边[28]中的其余八边。此后几年中，整个边地军费仍在持续增长。[29] 米价也不断上升。从1520年到1620年，米价翻了一倍；从1620年到1644年，又上涨了20%。[30] 1630年，明朝又提高了辽饷税率，向全国特别是江南地区进一步搜刮，但仍入不敷出。[31]

汉族边民与满族奴隶

此时，明朝关外驻军的编制，同原来的卫所已大不相同。甚至内地军队也由照例任职10到12年而不迁转的将领直接统辖。[32] 中央的都督府已失去权威，变成纯粹的文书处理机构。旨在实现相互牵制与平衡的三司分权的地方军事制度，也被指派督察官员去"巡抚"某一地区的做法所取代。1550年后，这些巡抚又成了常设的地方长官。[33] 巡抚之上又有总督军务，通常由文职大臣充任，但在其辖区内兼有财权和军权。[34]

在沿边各地，这些总督又逐渐演变为地方最高长官。当关内军队不再由昔日的军户充任，而代之以募兵时，东北地区仍存在军户，其中许多人是来自山东和山西的移民，但此时他们已与辽东人大致同化了。[35] 这些辽东军户或经商，或务农，但主要身份仍是军士，并逐渐发展为一种武人阶层。其将领皆父子相袭，朝廷的任命不过是例行程序；下级军官统领着由家丁组成的私人武装，又与其上级军官形成依附关系。朝廷在如何对待这些武人家族及其军队的问题上犹豫不决。有些大臣，像16世纪80年代的内阁首辅张居正和17世纪初的辽东经略熊廷弼，认为稳定边防的唯一办法是承认甚至鼓励他们的存在和发展。[36] 另一些大臣，尤其是都察院官员，则反对这种权力分散的做法；明末国子学的官员还将他们比作唐末的军阀。[37]只要明朝不对东北作过多干预,辽东武人便依然忠于朝廷;但中央集权却因此而削弱了。当然,严格的文化归属观念——夷夏之辨——一直占优势;但随着时间的流逝,这些边地武人逐渐发现,夷狄部落的军事首领比明朝皇帝的文职大臣与他们更相投合。事实上,作为边民,他们已形成了自己的社会。[38]

汉族边民与夷狄部落之间,并无明确界线,因而双方相互同化的现象是不可避免的。[39]明朝最早的卫所多由蒙古人组成。同样,1369年在甘肃被明军击溃的元朝军队中,也有汉族士兵。[40]直到16世纪,还常有汉人投奔蒙古,为其充当顾问,或从事外交活动。[41]嘉靖年间,投奔蒙古向俺答汗寻求保护的白莲教徒便多达数万。[42]在东北,满族的前身女真人中也有许多汉人。[43]其中一部分自然是战俘,另一部分也可能是自愿归附满族的明军逃兵。[44]他们的同化,一方面反映了满族对接受其文化的外族人,包括居住在今朝鲜北边、西伯利亚和吉林省山林中的朝鲜人的接纳;[45]另一方面,可能也与辽东居民所固有的善战、强悍等独特品格有关。[46]他们使用满族姓名,遵从部落习俗,实际上已成为境外居民。他们超越了本民族文化的界线,最终失去了汉族的特征,在生活方式、语言、习俗和体格等方面,都更接近于满族人,而与其同胞相去较远。[47]

由于失去了汉族特征,包括汉人姓名,人们很难在早期满族人中识别出这些境外居民。[48]有证据表明,能说流利的汉语和满语,负责为努尔哈赤处理同明朝、朝鲜的所有往来文书的达海(卒于1632年),就是一个境外居民家族的后裔。[49]还有迹象说明,在日后发展为八旗的满族军队中,有16个纯粹的汉人牛录。1623年,努尔哈赤下令,对1619年以前加入满族的汉人同其后加入满族的汉人要区别对待,前者应视同满人,这表明他们被满族生活方式所同化已达何等程度。努尔哈赤的此项决定还表明,在所有实际意义上,这些已被同化的汉人牛录都被视同于满族军队。[50]

不过，16世纪末和17世纪初移民满族地区的汉人，大多未被吸收为满族部落成员，而是由战俘沦为奴隶。[51]在满族统治下的蒙、汉人中，被"收"为"民户"，从而与满族人处于同等社会地位者，和被"获"为"人畜"、并分赐将士充当奴隶者，处境大不相同。[52]后者被称为"包衣"，其经济功能大不一样。[53]其中一部分完全是满族人的家奴，另一部分则在努尔哈赤及其他满洲贵族自1596年创立的由庄头管理的拖克索（田庄）中从事耕作。[54]在满族的军事力量迅速增强的过程中，他们的最大贡献，或许就是促进了满族社会手工业和商业的进步。[55]

在15世纪末，正是汉族和朝鲜的战俘向女真传授了用从内地和朝鲜偷运来的铁制造兵器的技术。[56]1599年以后，满族人甚至学会了开矿冶铁。[57]17世纪初，有数百名外族工匠在努尔哈赤的都城赫图阿拉制造弓箭、铁器和盔甲。[58]赫图阿拉城也是在汉族工匠的帮助下建造的。所用资金可能是用毛皮、宝石、人参等从内地和朝鲜换来的。汉族包衣在人参贸易中也起了特别重要的作用。17世纪初，人参加工技术有了新的进步，使人参贸易获得重大发展。[59]这些经济上的成就，使努尔哈赤在16世纪80年代及以后东北城居各部落争夺军事霸权的斗争中，拥有了雄厚的经济实力。[60]

当时，满族地区的霸主是哈达部首领，他控制着海西女真地区的一个部落联盟，其中著名的部落有叶赫、乌拉、辉发和浑河（浑河部实际属于建州女真。——译者）。哈达首领的权威得到明朝辽东总兵李成梁的承认，并被其授予都指挥使的头衔。海西以东的鸭绿江沿岸有另一群部落，当时多称为建州女真，他们也受哈达统辖，但不大顺服。16世纪80年代初，建州女真联合当地的其他小部落，试图摆脱哈达，并将矛头指向已同多数大部落一样转入城堡生活的叶赫。[61]李成梁注意到这一不安定迹象。1583年，他决定在一个名叫尼堪外兰（满语：意为"汉人外郎"）的明朝境外居民协助下，出兵干涉。[62]

努尔哈赤的崛起

明朝对付女真的一般策略,是尽力维持各部落的均势,防止其中某个部落成为独霸东北的势力。维持均势的手段,通常是对所有部落都公正地给予贸易优惠,同时将明朝官衔授给其中一个部落的首领,让他作为临时领袖去维持和平。[63]这一策略若能很好地贯彻,明军便只须每年冬季从开原等镇开进草原,以"烧荒"为名,深入女真各部,接见其首领,并赐给他们食物、酒、针布和脂粉等等,而不必进行更多的干涉。[64]但眼下,一个完整的部落联盟似乎就要崩溃了。李成梁感到有必要进行直接干预。在尼堪外兰的怂恿下,李成梁出兵镇压了一个以哈达为敌的部落,并且——也许是出于误会——杀死了建州女真爱新觉罗家族的祖父和父亲。[65]这个家族的长子努尔哈赤,虽然很快便获准去继承其父的都督头衔和一批战马,但在1583年,这位年轻的首领还是向境外居民尼堪外兰发动了复仇战争。[66]

1586年,努尔哈赤消灭了尼堪外兰,成为这一联盟之主的合适的候选人。然而,他既不是哈达部也不是叶赫部之人,因而未必能最后登上霸主宝座。[67]不管怎样,到1589年,那位明朝辽东总兵决定授他为都指挥使,承认了他在鸭绿江流域的最高权位。[68]努尔哈赤本人则已作为建州女真的著名首领,建起了自己的城寨,并违心地同叶赫、哈达结为姻亲。[69]他还将本部丁壮训练成一支凶猛的骑兵部队,用自己田庄的收入向他们提供粮草和兵器。[70]

随着努尔哈赤势力的增强,他同其他部落的关系随之恶化。[71]1591年,叶赫首领纳林布禄决定摊牌,遂向努尔哈赤提出领土要求。遭到拒绝后,纳林布禄便率领哈达、辉发部,向努尔哈赤发动了进攻。两年后,在浑河岸边的扎喀一带,双方展开了决战。最终,努尔哈赤大获全胜,消灭纳林布禄4000人,缴获战马3000匹。不久,努尔哈赤又巩固了与西方蒙古的联盟，确立了自己的最高领导权。在较短时间内，他吞并了哈达（1599），击溃了辉发（1607），接收了乌拉（1613），消灭了叶赫（1619）。

努尔哈赤的军事胜利，特别是对其他部落集团的吞并，使他感到有必要为部落联盟建立一个将从根本上改变东北地区力量对比的新的组织形式。[72] 原先，努尔哈赤指挥作战，是通过女真族传统的由 10 到 12 名丁壮组成的小型狩猎单位进行的，他们大多有血缘或姻亲关系，属于同一个哈拉（氏族）或穆昆（亲族）；否则就是同一个发尔嘎（falga，乡）、嘎山（gašan，村屯）或后屯（hoton，城镇）的居民。[73] 在 1599—1601 年间，对哈达的征服及对其所属部落的吞并，至少在原则上使努尔哈赤有必要建立一种更为有效的组织形式。1601 年，努尔哈赤根据蒙古旧制设计了一种新的制度，规定每 300 户组成一牛录（汉语称佐领），由一名牛录额真统领。其后又渐渐发展出五牛录为一甲喇（或称参领）、五甲喇（原作"十甲喇"，误——译者）为一固山（或称旗）的制度。[74] 总共有四固山，各有不同旗色（黄、白、蓝、红），分别由一名固山额真（或称都统）统领。至 1614 年，牛录增至约 400 个，当然不是每牛录都有 300 户。1615 年，这些大多世袭其位的首领被正式授予官职及其所统部众；原来的四固山也增加了镶黄、镶白、镶蓝、镶红，而成了八固山。[75]

与此同时，又在八旗之上设置了谙班（大臣）和贝勒（王）。[76] 谙班之职始设于 1613 年，当时努尔哈赤为对付图谋篡位的太子褚英，而求助于他的五个义子。1615 年，努尔哈赤任命这五个最亲近的支持者为五谙班（五大臣），而将其在世的四个儿子封为和硕贝勒。[77] 不久，又增设了四小贝勒。于是，每固山都由一名贝勒总管。各贝勒都将其固山视为己有，但他们直接统辖的只有各固山中的巴牙喇（护军）。实际掌握各固山之军政大权的，仍是努尔哈赤任命的固山额真。因此，八旗制度是大汗努尔哈赤对全部军队的直接控制权和各贝勒之贵族特权的一种调和物。[78]

努尔哈赤以称汗的方式,获得了部落联盟的最高权力。他在 1607 年得到这一称号。当时,喀尔喀蒙古的使臣在巴约特部贝勒恩格德尔率领下,前来拜谒努尔哈赤,向他叩头,并称他为昆都仑汗。[79]在此之前,人们只知道他是淑勒贝勒。从 1607 年到 1616 年,他被称作淑勒昆都仑汗。[80]到 1615 年,随着其雄心与成就的不断扩大,他又开始寻求一种新的更好的权力标志,以便最终高居于他从未真正信任过的其他部落首领和自己的子侄之上。[81]他在曾经统治过中原的本族祖先的历史中找到了这一新权力的依据。

满族是通古斯人的后裔。通古斯人曾建立金朝(1115—1234 年),将宋朝赶到南方,而统治了中国北方大部地区。当时,金朝统治者也面临这样的问题:汗,不过是众多部落首领中地位最高的一个,因此,要实现建立帝国的野心,就必须仿效南宋制度,努力创造一种等级更为森严的君主权威形式,以便削弱其他部落首领的竞争力。[82]如今,谋士额尔德尼——可能也是明朝的境外居民——又一再向努尔哈赤进言:1612、1614 和 1615 年多次出现于夜空的虹光,都是天命将移的预兆。[83]于是,努尔哈赤于 1616 年宣布建立后金王朝,向着征服天下迈出了重要的一步。[84]

努尔哈赤创立金国,并不意味着他对明朝已持完全敌对的态度。然而明朝早在他于建州、海西一带称汗之时,便已警惕起来了。[85]曾于 1608—1611 年间任辽东经略的熊廷弼,很快就意识到努尔哈赤的威胁,并于 1609 年建议朝廷同这个潜在的敌人进行谈判,以便争取时间加强东北防务。[86]但熊廷弼因主张不得已时可对努尔哈赤做出暂时让步,而使自己陷入了与朝中"言官"对立的极大危险之中。后者认为,这一主张带有怯懦、绥靖的味道,只会鼓励而不能阻止努尔哈赤的入侵。两年后,熊廷弼被弹劾,调离辽东,努尔哈赤征服天下的势头则在继续发展。[87]明朝非但没有同努尔哈赤谈判,还关闭了与满族的边市贸易;

1613 年，叶赫受到威胁时，明广宁总兵张承荫又出兵援助叶赫，要求努尔哈赤放弃攻打叶赫的企图。[88]

也许是迫于经济上的压力，也许是由于明朝对叶赫的庇护，1618 年，努尔哈赤决心进军辽东，直接与明军对抗。[89] 这年 5 月 7 日，努尔哈赤列述了对明朝的"七大恨"，次日便率领 1 万军队直扑抚顺。[90]

吞并辽东

抚顺位于浑河岸边，西距后来的盛京（沈阳）约 10 公里，是重要的贸易城市和军事重镇。[91] 当时驻守抚顺的明朝将领是游击李永芳。在明与后金破裂前，他曾见过努尔哈赤。5 月 9 日，努尔哈赤率军抵达抚顺城下，遣使致书李永芳说："因尔明国，兵助叶赫，故来征之。"扬言若不投降就攻城。

> 汝若战，则吾兵所发之矢，岂有目能识汝乎？倘中则必死矣。力既不支，虽战死亦无益。若出降，吾兵亦不入城，汝所属军民皆得保全。假使吾兵攻入城中，老幼必惊散，尔之禄位亦卑薄矣。[92]

反之，若举城纳降，努尔哈赤便禁止部下掳掠城中官员军民及其亲属为奴，也不要求李永芳及其部众改变汉族习俗，甚至可以不行满族剃发之俗。[93]

> 若不战而降，必不扰尔所属军民，仍以原礼优之。况尔乃多识见人也。不特汝然，纵至微之人，犹超拔之，结为婚姻，岂有不超升尔职，与吾一等大臣相齐之理乎？[94]

金兵只发动了一次进攻，李永芳便率所属千余户出降了，其中包括秀才范文程等一批辽东士大夫。[95]

李永芳的投降，有着不寻常的意义。一员明朝游击率所属军民将抚顺城献给了女真人，作为报答，他得到了这样一种待遇：既不是已被同化的境外居民，也不是受人役使的汉族奴隶，而是被接纳到金国贵族行列中的汉族边民。[96]他娶了努尔哈赤的孙女为妻，被授予比以前更高的官职，获准保留原有部属作为家丁，后来又得到战时以副将身份随侍努尔哈赤左右及参加1627年征伐朝鲜战役的殊荣。1634年，李永芳以三等子爵卒。其后，他的九个儿子又继续为清朝效力。[97]

抚顺陷落了，派去的援军也被击溃了，这对明朝真是莫大的耻辱。[98]万历皇帝的大臣们为了挽回败局，起用了老将杨镐。此人以前的作战经历大体胜负参半。1598年，他在朝鲜大败丰臣秀吉，但不久以后，他的4万人马又被丰臣秀吉打得落花流水。尔后，杨镐一度失宠。1610年被召回，授辽东经略。他的上述经历，加上张承荫被革职，导致了朝廷再次将他起用，授以兵部侍郎之职，令其指挥辽东明军，抵御后金，收复失地。[99]

杨镐组织的战役也以惨败告终。1619年4月5日，明朝四路大军集结于沈阳，号称47万，实际只有约9万人。按计划，各路军队分头出动，10天后应在赫图阿拉（兴京）会合。但各路将领都没按预定时间到达。4月14日，杜松部提前一天抵达赫图阿拉，在萨尔浒一带被金军歼灭。[100]第二天，马林部在尚间崖被击溃；4月17日，刘部及朝鲜援军也在布达里冈遭受重创。[101]杨镐闻讯后，急忙率部撤回沈阳，才未受损失。这次战役，明军至少损失了4.5万人。自称公正无私的东林党领袖高攀龙，怀疑杨镐与努尔哈赤暗中勾结。于是，杨镐被劾革职，下狱处死。[102]

这时，朝廷似乎已无计可施，遂再次寄希望于熊廷弼，让他出任辽东经略。而熊廷弼则再次体验了左右为难的苦恼：一方面，辽东防线软弱无力；另一方面，朝廷的催促又急如星火。整饬防务需要时间和经费，而朝廷既无充分耐心，也无足够的财力来完成这项任务。[103] 由于受到朝中一些政治派系的攻击，以及1619年7月26日和9月3日开原、铁岭相继失陷，熊廷弼又被撤职，取而代之的是袁应泰。[104] 此后，局势进一步恶化。首先，看上去似乎坚不可摧的沈阳，在城内蒙古人的策应下，被金军攻破了。[105] 接着，1621年5月11日，袁应泰遣军出辽阳，随即被歼。两天后，辽阳便陷落了。袁应泰全身披挂，自杀而死。[106] 至该年夏初，辽河以东、明军重镇锦州以北的全部地区，都被金军占领了。[107]

后金吞并辽东后，又有许多汉人投入了努尔哈赤的怀抱，熊廷弼的好友马与进便是其中最重要的一个人物。马氏原籍山东蓬莱，明朝后期，马氏的一支到辽阳做官，从此便定居在辽阳了。[108] 该家族可考的最早祖先是马重德。他曾在江南作明朝的地方官，并因公正廉洁而深受百姓爱戴，被奉为当地神灵。[109] 作为明朝的将领，马与进也战功赫赫。1621年金军入侵时，他又积极投入了辽东保卫战。他的声誉确实很好，以至当其防区惨遭金兵蹂躏时，人们竟纷纷传说他已英勇战死。其妻赵氏在辽阳听到这一传说后，为表示对丈夫及其为之献身的大明王朝的无限忠诚，竟带领全家老小和家奴40余人集体自杀，并率先怀抱孙女投入井中。[110] 然而，马与进并没有英勇地战死，而是向敌军投降了。其子马鸣佩，数年后成了清朝驻南京的总督。[111]

努尔哈赤占领辽东的计划，不是没有遭到过一些女真贵族的反对。按照努尔哈赤1613年讨伐乌拉时所采取的步骤，应先对城寨周围的村落进行有计划的劫掠，使敌人无处觅食，进而将其击溃。这完全符合部落首领们的意愿，因为他们能分享奴隶、牲畜、粮草、钱财等战利品。当敌人的村落被劫掠一空，城寨也被洗劫之后，各旗贝勒便可率众返回远在东部山区的气候寒冷、牧草充裕的家乡了。而现在，努尔哈赤却打算带领他们久驻西部平原，并一个接一个地修建新的都城，不断向辽西汉族地区逼近。[112] 1619年，努尔哈赤下令于界藩修建宫室，为继续西进作准备。尽管努尔哈赤对众贝勒说，汉族地区照样可以放牧和狩猎，但他们仍不愿放弃自己原来的牧场和军事上的独立性。[113] 1619 年 9 月，他们又跟随努尔哈赤离开界藩，渡过浑河，到达了萨尔浒，但反对他迁都辽阳的主张；努尔哈赤被迫惩罚了其中最不顺服的阿敏。1621 年底，金军完全占领了辽东，努尔哈赤遂将都城迁到了辽阳。[114]

后金对辽东的吞并，导致了熊廷弼最后一次被起用。但他的谨慎态度又一次与急进派发生了冲突。[115] 在侯震旸（侯峒曾之父）等东林党人的支持下，熊廷弼同朝中宠臣、广宁巡抚王化贞进行了斗争。[116] 王化贞提出了一套精心设计的方案，主张沿辽河左岸设营，分兵屯戍，再雇用 40 万蒙古兵，并征募朝鲜援军，从侧翼攻击金军，从而一举收复失地。尽管熊廷弼坚持认为该计划过于冒险，但它在朝中仍获得了极大支持。1622 年初，正当双方在朝中争吵不休之时，后金军队又一次发动了大规模进攻。这一次，他们将越过辽河，进入明朝的屯田区。[117]

满汉种族冲突

可能是出于建立帝国的雄心，努尔哈赤自吞并辽东后，便极力争取汉人的支持；他还向辽西的汉族人民明确宣布，若接受其统治，便可得到粮食和布匹。

> 勿虑尔田宅"将非我有，尽入主人之家"。众皆一汗之民，皆得平等居住、耕作。[118]

他还利用辽西人民对贫富悬殊现象的不满，进行煽动。

> 昔尔等明国富人，广占田地，雇人耕作，食之不尽，将谷出卖。贫困之人，无田无谷，买而食之，钱财尽后，则行求乞。与其令富

人粮谷烂于仓中，财货山积而无用，何若揭竿而起。百姓闻风，必群起响应，后世遂得富足矣。[119]

最后，他向广宁等辽西城镇的军民许诺，若出城投降，便严禁手下将士抢劫、偷窃汉人财物及离散汉人妻小亲属。[120]

1622年2月10日至3月11日，努尔哈赤挥师渡过辽河。明将鲍承先率军出广宁阻击，结果大败，只身逃脱。留守广宁的王化贞，放弃了全部进攻计划，退至大凌河，将广宁丢给了游击孙得功（辽东人）。努尔哈赤兵临广宁，孙得功立即献城投降；随后，鲍承先也投降了。两人都被拜为副将，为努尔哈赤效力，鲍承先还负责给其他明军将领写信，劝其归降。[121] 王化贞闻知广宁已失，便率其残兵败将逃回山海关，和熊廷弼部一起涌入关门。王化贞被劾下狱。熊廷弼也牵连入狱。但他是否有罪，引起了一场激烈争论，东林党（他们普遍认为熊廷弼无罪）和以魏忠贤为首的阉党（他们极力指责熊廷弼）也卷入其中。[122] 三年后，熊廷弼正式被控犯有叛国罪。悉知辽东实情、1625年在魏忠贤支持下荣升内阁首辅的冯铨，促使朝廷做出了决定，将熊廷弼正法，并传首九边，以警告其他将领不得出卖朝廷。[123]

努尔哈赤占领了辽东和辽西部分地区，使大约100万汉人落入后金统治之下。[124] 其中许多人沦为奴隶，不过后金奴隶的地位已获得较大改善，得到国家更多的保护。主人已不能随意惩罚奴隶；如果奴隶受到虐待，官府便会将其没收，转给别的主人。[125] 这一法律上的变化，也许反映出这样一种趋势，即后金征服辽东后，开始以拖克索（即田庄，将一定数量的庄丁束缚其上的土地单位）和奴隶作为官吏俸禄。[126] 当然，这种家长式的关怀，也表现在努尔哈赤做出的由国家对降金汉人实行恩养（乌吉黑）[127] 的决定中。事实上，他当时甚至否定了以往满族社会中自由人与奴隶的绝对界线。他说：

> 吾国何故分别主人、奴仆、大人、小人？若有人怨恨其国，来投我等，且尽心效力，我等必不使其为奴仆、小人。[128]

虽然来自贫穷阶层的汉人最终沦为奴隶的可能性远大于成为自由人的可能，但降人的身份毕竟不是按其原先的职业或官位而直接授予的。事实上，李永芳等人只是例外。大多数降金后获得军政官职的汉人，职位都相对较低。[129]努尔哈赤似乎相信，将汉人任命于下层，然后以功升迁，比仅仅因为某个降人原是明朝高官就直接授予高位，更为有益。

> 彼等有功于（明）帝，或以贿赂升迁者，自以原系大臣，向来为官，不为我等效力……不论尔等昔日之功。若吾至辽东后，又立功劳，则记录之。[130]

同皇太极以后的情形不同的是，在努尔哈赤统治时期，汉族降人无居政府要职者。达海——可能曾是境外居民——于1623年被革职。范文程和后来显赫一时的宁完我等降人，在《满文老档》中皆不见记载。另一著名汉族降将爱塔（也是境外居民，原名刘兴祚），实际上又背叛了后金，于1627年投入明朝军阀毛文龙门下，后因叛逆被满族人所杀。[131]

一般说来，当时大量汉族百姓的归附——无论是自愿投诚者，还是强拉的"庄丁"——也未必是努尔哈赤吞并辽东的重大收获。后金大汗的职责要求他招纳辽西汉人，并将他们迁至辽东，同已占据了辽东但未完全恢复其稳定的女真人杂居。具体办法是令汉人与女真人合户，实际上是将满族旗人分置于汉人各户之中。照理，各户之满、汉成员都应从事耕作，而实际情形却是满人奴役汉人。汉族男丁承担了全部重体力劳动，汉族妇女则成了他们的奴婢。[132]如此的不平等，加上缺衣少食，导致了1623年满、汉之间的一系列冲突。许多汉人故意在食物和饮水中投毒，焚烧房舍，还杀死了一些后金的哨卒。[133]

努尔哈赤对这场种族间的骚动做出的反应，是收回满汉平等政策，而代之以种族歧视。他愤怒地责问八贝勒："我等之兵去后，耀州之人即扬言杀我妇孺，其他各地之人亦毒杀我等之诸申，尔等知否？"又斥责各旗大臣对汉人过分宽容。

> 汉官与我等之诸申，因何同等对待？若我等之诸申犯罪，则问其功劳，问其官位，稍有理由，即应赦之。若尼堪犯下死罪，又未尽心效力，复有偷窃之事，则应尽诛其子孙亲族，为何仅责打了事？[134]

合户制暂时仍予保留，但不再组建新的合户；迁入新都沈阳后，那些未合居的满汉人户，便被指定居住在按种族划分的区域内。除此之外，努尔哈赤还规定汉人不得持兵器；而女真人则无论是不是八旗兵丁，都要随身携带兵器。[135]

这种旨在阻止汉人反抗的歧视政策，可能正是1625年汉人叛乱的导火索。这年秋，许多满族兵民被杀，据说还有汉人派人向附近的明军求援，希望重返明朝。11月，努尔哈赤采取了严厉措施。他认为汉族平民只是在一班明朝秀才的哄骗下才误入歧途的，遂令满族官吏进行彻底调查，清洗各村带头闹事的秀才：

> 并非我等嘉善拔擢之官员，乃是昔为明国秀才、大臣而今无官者，听信奸细之言，煽动当地村民。凡此等人，皆检出诛之。[136]

究竟有多少秀才被杀，不得而知（显然也有幸存者，例如范文程）。但据明确记载，第二年，努尔哈赤将大量辽东汉人收归自己帐下，每13户编为一庄（拖克索），由一名庄头管辖，皆授以耕牛田地，令其耕作。于是，努尔哈赤趁种族冲突之机，控制了更多的汉族降人，其借口则是若将他们划归各贝勒，满人必然会进行报复，对其倍加虐待，甚至将其杀害。[137]

创建未久的后金政权，要消化吸收近百万汉人，是非常困难的，加上不利的战局，努尔哈赤遂于占领广宁后暂时停止了进攻。他曾宣布，要在1623年或1624年打入山海关，进军中原。[138]但这一计划未能实现。大凌河、锦州、松山和山海关等坚固防线，仍然横在他的面前。广宁只是因为王化贞仓促退却和孙得功不战而降，才落入了他的手中。眼下，辽东地区满、汉之间的紧张关系，肯定已为驻守关外的明军将领所知，因而汉人大量归顺之事已不大可能发生了。此外，努尔哈赤的军队长于野战而短于攻坚，对明朝仿照欧式大炮制造的新式武器，也一无所知。[139]

新式武器和进攻策略

这种欧式大炮的主要来源是澳门。那里有几家世界上最好的铸造厂，所铸"红夷"大炮在明朝人看来真是巨大无比，发射时则声闻数十里。[140]最先使明朝政府注意到这种武器的，是基督教徒。[141]1620年，利玛窦的教徒徐光启提出，可用葡萄牙大炮装备明军。其后，另一位教徒、南京礼部尚书李之藻，也提出了同样的建议。于是，四门"红夷"大炮于1621年被运到了北京。[142]不过朝廷内部对引进葡萄牙大炮并非全无异议。[143]由于这种新式武器同万历、天启年间令人困窘的基督教有着某种联系，一些大臣对使用这些洋炮深感厌恶。[144]例如，在天主教势力极大的福建，张赓等教徒就希望基督教能将中国社会从混乱中拯救出来。而军界官员则对西方国家的扩张忧心忡忡，并将基督教同这样一种罪恶阴谋联系起来，即企图侵蚀中国固有的儒家正统思想，而后者正是使中国保持强大的法宝。[145]

然而，反对派终于在洋炮的明显优越性面前动摇了。广宁陷落后，基督教徒孙元化同徐光启一道研究了欧洲的数学和工艺学，建议用葡萄牙大炮装备一支明军，以加强东北防务。在侯震旸等东林党人支持下，孙元化的建议终于被朝廷采纳。[146] 1623年，4名葡萄牙炮手自澳门北上。孙承宗（1563—1638）、袁崇焕等关外驻军都装备了欧式大炮，并投入了使用。孙元化本人则出任登、莱二州巡抚，将山东半岛作为此项行动的中心。1630年，又有200名澳门炮手在高卡乌斯·特谢拉（Goncalves Texeira）和安东尼奥·德尔·卡波（Antonio del Capo）率领下，受雇前往登州。[147] 虽然他们大部分行至南昌便被阻留，既而又被遣回澳门，但其中的翻译乔奥·罗德里戈斯（Joao Rodrigues）神甫却得以抵达登州，并向孙元化及其部将（包括辽东武人孔有德和耿仲明）传授了制造和使用新式大炮的技艺。[148] 与此同时，在较为宽容的崇祯皇帝统治下，朝中的天主教徒再次要求更多地相信和采用欧洲技术。经徐光启推荐，传教士汤若望主持了一次历法改革，又于1642年7月应崇祯帝之邀去创建一座铸炮厂。[149] 这位耶稣会士虽然经验不足，但还是勉强同意由他指挥工匠在皇宫附近修建这座铸造厂，并铸成了20门大炮，其中多数可发射40磅重的炮弹。[150] 这样，从1623年起，经过30年代，直至40年代初，明朝在东北的军队逐渐装备了欧式枪炮，从而增强了防卫和进攻的能力。[151]

由于具有了这种新的能力，明朝政府便决定去改变自己在辽东的命运。在这次军事反击中充当主要角色的是袁崇焕。此人来自广东，原为文官，但长期以来对辽东战事颇为关注，自诩是"边才"。[152] 广宁陷落时，他刚刚由南方的一个知县调至朝廷任兵部主事，遂亲自来到山海关，察阅形势。回朝后，他立即上疏天启皇帝，毛遂自荐，"与我军马钱谷，我一人足守此"。不久，他便被派往辽东前线。

袁崇焕的顶头上司是王在晋。同其倒霉的前任熊廷弼一样，王在晋也担心采取进攻策略会缺乏后勤的支持。因此,他不准备去加强边远的前线阵地,而宁愿让蒙古科尔沁部驻守关外,作为缓冲之计,还打算在山海关之八里铺修筑重城,置4万兵守之,以加强长城与北海接合处这一战略要道的防卫。天启皇帝对此计划颇感兴趣,遂遣亲信大臣孙承宗前去检验其可行性。但孙承宗丝毫未被打动。相反,他向王在晋提出质询后,回朝报告说,王在晋不打算从山海关调出4万士卒,而准备向困难重重的兵部请求增兵。孙承宗认为,增加援兵并无明显的必要。因此,他力劝天启皇帝另作抉择,包括考虑袁崇焕的更富有进取精神的计划,将防御重点放在山海关以北200里处的宁远,使之成为收复辽东的跳板。这时,皇上决定支持孙承宗、袁崇焕。1622年9月21日,王在晋被罢免,由孙承宗接替其职,又兼任大学士和兵部尚书,并授以处置前线事务之权。袁崇焕则奉命赴宁远修缮城墙,以此作为收复锦州附近城镇的基地。[153]

天启皇帝对孙承宗等人的支持没能持续多久,因为他又从其他大臣那里听到相反的忠告。事实上,这场防御策略之争,日益明显地卷入了"正直的"官僚士大夫与皇上身边以魏忠贤为首的阉党之间的主要冲突之中。前者支持东林党,主张恢复儒学在官僚政治中的基本价值而结束专断专制;后者则是围绕皇权的不受约束的内廷专断权力的代表。[154] 此时,东林党人的立场早已形成,那基本上是按照12世纪主张抗金的岳飞等民族英雄的模式来评述袁崇焕等人行事的老套。一些东林党人认为,收复辽东、阻止女真继续入侵的"进取"策略,定能成功,不应因为出了主张绥靖、首鼠两端的熊廷弼之流而放弃。高攀龙和不久即被处死的杨涟等东林领袖的主张,通常是建立在对前线形势真相全然不明的基础之上的,因而他们支持这样一种看法:议和并削减军费的保守策略,等于怯懦和卖国。于是,将明军防线置于何处的争论,又常常被说成是爱国者同卖国贼之间进行的激烈的历史性的斗争。[155]

反对东林党之进攻策略的意见认为,袁崇焕的计划并不现实,特别是在军备甚少的情况下更是如此。而此时将注意力集中于遥远的前线，更是目光短浅，因为这意味着放弃了镇压内地叛乱这一更为急迫的任务。徐如珂等人坚信，一旦平定了内地叛乱，外敌——关外夷狄——便不难平定。当时，辽东局势还能维持，朝廷完全可以先解决内地的真正危机，然后再将主要注意力转向辽东。[156] 然而另一些官员却从这一诚恳明智的建议中，引申出极为阴险的含义，即：进攻策略不仅是刚愎自用的表现，还是东林党人为谋求私利而策划的阴谋。那位极力鼓吹收复失地的大臣、韩爌的门生袁崇焕，不正是东林党的拥护者吗？他不正是杨涟的同门生成基命一手提拔的吗？[157] 这些人不正是通过掩盖辽东惨败的真正原因，即内阁的腐败无能，而互相保护的吗？为什么每次被选来为战败承担罪责的大臣到头来都成为东林党的政敌呢？这不就是朝廷大权渐渐落入结为"邪党"的杨涟、左光斗等东林党人之手的关键所在吗？朝廷近来日趋腐败，不正是由于他们对皇上不忠而结党营私吗？[158]

在双方的争论更加激烈的1624—1625年，支持进取策略的大臣们，又要求将山海关守军的一半调往前线，以夺回广宁。魏忠贤则千方百计阻止孙承宗觐见皇上详述其理由。[159] 此外，他还诋毁奉命前往山海关督师的孙承宗是军阀，并暗遣手下宦官至前线军中，为攻击孙承宗搜集证据。[160] 后当魏忠贤以受贿为罪名，欲将东林党领袖杨涟下狱查办时，孙承宗曾极力相保；但他自己也因部下一次小小的军事失利，横遭报复而受到弹劾，并被迫于1625年11月辞去辽东经略之职。其继任者高第，则是公认的魏忠贤的同党。[161]

高第向天启皇帝夸下海口，说他能整肃辽东的腐败和弊政，包括设法清除潜在的叛徒，防止叛明降金之事继续发生，令手下将领各负其责，改善部队装备，强化士兵的纪律。[162] 最后，高第认为最重要的是将防守薄弱、易受攻击之处的军队全部撤回。他辩解说，与其千里迢迢向宁远等镇运送给养，不如全力加强关内防线。于是，锦州一线各城堡都被放弃，袁崇焕也被告知今后其给养将被削减。[163]

努尔哈赤之死与皇太极之议和

袁崇焕有充分理由撤离宁远,但他决意坚守,凭借布列于内城城头的葡萄牙大炮,抗击努尔哈赤未来的进攻。努尔哈赤得知明廷已改变战略,任高第为辽东经略,遂决定攻打宁远。1626年2月19日,金军将宁远团团包围,第二天便发起攻击。袁崇焕有意放弃外城,将敌人放入"红夷"大炮及矢石、燃油的射程之内。[164]但努尔哈赤仍奋力攻城。战斗持续了6天,明军的顽强抵抗使金军遭受重大伤亡。[165]努尔哈赤也中炮负伤,被迫率众撤回。七个月后,即1626年9月30日,这位后金大汗伤重而死。[166]

高第及朝廷本已放弃宁远,忽闻袁崇焕大胜,顿时惊喜若狂,连权倾朝野的魏忠贤也表示要支持袁崇焕。一时之间,收复失地之主张的正确性似乎已被证实。然而袁崇焕则因胜利而飘飘然,以致没能充分利用后金愿意议和这一大好时机。宁远之败及严重的经济危机,使后金第二代大汗、努尔哈赤之子皇太极(1626—1643年在位)倾向于同明朝改善关系。[167]1627年2月23日,后金使者来到宁远,致书袁崇焕。书中列述了"七大恨",详细申明了女真在明朝统治下所受之冤屈,随后表示愿意重修两国之好,并要求互赠礼品。所谓互赠礼品云云,只是外交辞令,实际上是要明朝向后金纳贡。先输纳值银数百万两的和好之礼,然后每年纳贡。其数额无疑大大少于辽东地区每年的军费开支,但仍是一项沉重且带有屈辱意味的负担。[168]4月20日,两名后金使者自宁远返回,三名明朝使者携袁崇焕复书随同前往。这封复书,语气凌人,甚至含有警告之意。它主要就"七大恨"问题进行辩解,指出双方都有无数人民惨遭杀戮,并要求金汗若真想议和,笔下应少些动气之言。此外,书中还提出,后金必须将开战以来所占领的全部城池和战俘退还明朝,和平才能实现。[169]

这一次，皇太极做出了更大让步。1627年5月22日，他再次致书袁崇焕，断然拒绝退还所获城池战俘，因为这是上天所赐；但他表示对"七大恨"可既往不咎，并保证将信守诺言。为申明此意，皇太极将索要的初和之礼削减了一半，将每年往来之礼减至黄金9万两。[170] 袁崇焕没有继续讨价还价，因为当时朝廷对他的支持甚至比宁远大捷后还要有力。天启皇帝之死，导致了其心腹宦官魏忠贤的最后失宠和覆灭。许多因和东林党有牵连而被清洗的士大夫，暂时恢复了权力。以钱龙锡为首的这些人无疑是支持袁崇焕的。[171] 袁崇焕深知于此，遂在东北推行了更为积极的进攻策略，下令在曾被放弃的锦州和大凌河一线实行军屯，将其重新建为军事重镇。这当然不是皇太极所期待的答复，但他对此早有思想准备。1627年6月18日，皇太极得知明军正加紧修缮前线城堡，便令其贝勒大臣做好向明朝进攻的准备，一旦议和不成，便重操干戈。[172]

这时，袁崇焕奉诏回京，单独觐见新即位的崇祯皇帝，商讨明朝对东北的战略。在这次重要会见中，袁崇焕将其战略计划概括为"以辽人守辽土，以辽土养辽人"[173]，并且又一次向皇上许下诺言："计五年全辽可复。"

但这一次袁崇焕没能实现其诺言。尽管崇祯皇帝将他擢为兵部尚书，并授予坐镇宁远监督辽东战事之全权，他的计划仍以失败告终。仅仅一年多之后，登基未久的皇太极便挥师南下，入侵明土，并几乎打到了北京城下。

注释：

1 薛虹：《明代初期建州女真的迁徙》，第52—54、56页；杨旸：《试论明代辽东都司卫军屯田制》，第13页；曲瑞瑜等：《清入关前对东北的统一》，第112页；田村实造：《明代满蒙史研究》，第74—75页；D. 波克蒂罗夫：《明代东蒙史》，第11—14页。查尔斯·O. 贺凯认为，"明王朝的创业者完全没有意识到中国人征服北方游牧民族的决定性意义。"由于满族不是游牧民族，所以贺凯声称，1368年以后，"农业民族与游牧民族的冲突不再是中国历史的主要问题了"。查尔斯·O.贺凯：《明朝的兴起及其制度变迁》，第2页；又见兰德彰：《蒙古统治下的中国》一书《前言》，第18—19页。16世纪20年代，士大夫祝允明曾说："沿海之民及以皮毛为衣者，虽人立而行，非我同类。其人皆自相联结，抚之则如'蜂蚁'，弃之则如'獍枭'（成年后便忘恩负义，吃掉自己的父母）。"克里斯琴·默克：《祝允明与苏州的文化贡献》，第441—442页。许多汉族人对蒙古人或定居中国的中亚人总是怀有戒心，唯恐其危害中国。亨利·塞路易斯：《明朝反对定居在中国北方的蒙古人吗？》，第136页。

2　1369年明太祖分封宗王时，将封地设于北方，使为藩王，从而沿明朝边境构成一道屏障。这是明朝防御北边的最初措施。爱德华·L.法默：《明初两京制度》，第74—75页。

3　罗荣邦：《和平与战争的政策和决策问题》，第52—53页；又见弗雷德里克·W.莫特：《1449年的土木之变》，第272页；法默：《明初两京制度》，第12页；吉斯《明代的北京》，第12页；亨利·塞刘易斯：《明代甘肃地区的蒙古人》，第330；兰德彰：《前言》，第14—15、17页。明太祖的民族优越感是人所共知的。虽然他从前也承认元朝为正统，但1367年11月北上时，他檄谕北方人民曰："自古帝王临御天下，中国居内以制夷狄，夷狄居外以奉中国。未闻以夷狄居中国治天下者也。自宋祚倾移，元以北狄入主中国……盖我中国之民，天必命中国之人以安之，夷狄何得而治哉！予恐中土久淤膻冒，生民扰扰，故率群雄奋力廓清，志在逐胡虏，除暴乱使民皆得其所，雪中国之耻。"《明实录》洪武朝第二十六卷，第10—11页。

4　卫是遍布全国的地方军事单位，每卫5600人，下属五个千户所，各1120人。每千户所又下属十个百户所，各112人。守御千户所设于冲要之地，每所1128人。应当指出的是，卫所制度使明朝能在战争频仍的14世纪将庞大的军队分散于全国。罗梅因·戴乐：《明王朝的社会来源》，第1—3页；艾尔伯特·詹：《明朝衰亡》第四章；罗伯特·B.克劳福德：《张居正的生平与思想》，第45页；埃尔文：《古代中国的模式》，第91—100页；黄仁宇：《明代的税收与财政》，第64—66页。

5　这种体制是1363年由原元朝户部尚书张昶提出的。罗梅因·戴乐：《卫所制度在元代的起源》，第23—24页；又见黄仁宇：《明代的税收与财政》，第287—288页。

6　克劳福德：《张居正的生平与思想》，第38—39页；戴乐：《卫所制度在元代的起源》，第36—37页。

7　京军中有一部分是番上的卫军，但其指挥使、指挥同知、指挥佥事，及正千户、副千户、百户等，都是世袭职位。这些都是卫所官职。战时统兵的将领及各省都司和中央都督府的职位，由皇帝指派的官员充任。为了维持世袭权，他们仍保留原来的卫所官职。贺凯：《明朝的兴起及其制度变迁》，第52页；戴乐：《卫所制度在元代的起源》，第39页。

8　14世纪末，共有都司17个，内外卫329个，守御千户所65个。至15世纪，内外卫增至547个，千户所增至2593个。1467年后，又正式设立总督之职。1400—1600年间，东北地区增设了310多个卫所。王锺翰：《明代女真人的分布》，第27—48页；克劳福德：《张居正的生平与思想》，第46—47页；查尔斯·O.贺凯：《明代的监察制度》，第34—35页。

9　明朝军队的衰败在中国历史上是前所未有的。北京周围的78个卫，原有38万人，至16世纪初，只剩5万—6万人，而其中实际操兵器者仅有1万人。蒙古骑兵曾攻至京郊能看到北京城门处，明军竟不敢前去应战。黄仁宇：《明朝的军费》，第39—43、56—57页，及其《明代的税收与财政》，第67—68、290页。

10　"在这个国家中，也许没有哪个阶层比这些士兵更为卑贱和懒散了……平时，他们抬轿、喂马，像奴仆一样受人役使。"利玛窦：《16世纪的中国》，第89—90页。

11　清水泰次：《明代的流民与流贼》，第217页。

12 克劳福德：《张居正的生平与思想》，第 53—57 页；艾尔伯特·詹：《明朝衰亡》第四章。据估计，到 1569 年卫所军士只剩下 1/4 了。黄仁宇：《明代的税收与财政》，第 290 页。

13 埃尔文：《古代中国的模式》，第 91—106 页。长城的系统修缮开始于 1472 年，当时明朝经济在经历了 15 世纪中叶的衰退后，刚刚开始恢复。黄仁宇：《明代的税收与财政》，第 285 页。

14 兀良哈部分布在涅尔琴斯克（尼布楚）西至中俄边界额尔齐斯河上游的森林地带。陶德文：《中国民族主义的先声——宋代的爱国主义》，第 11—13 页。

15 说来也怪，永乐帝因将都城迁到了北京，而一直被认为是在保卫北方免遭蒙古侵扰。E.B. 豪威尔：《"裴晋公义还原配"及其他中国故事》，第 135 页。

16 傅吾康：《政治家和军事家于谦》，第 97 页；吴缉华：《明代北边防御的收缩》，第 10 页；吉斯：《明代的北京》，第 108—111 页；卢克·匡顿：《游牧帝国》，第 274—275 页。欧文·拉铁摩尔关于西罗马帝国在英国和莱茵河、多瑙河流域的势力界线的讨论，在这一点上是有启发性的。"就像在中国那样，军事力量所能威慑的范围大于能征服和吞并的范围；实施统一行政管理的范围又大于经济整合的范围。用来排斥野蛮民族的北方边界，也是一种界线，在它之外，同样大小的耕地、同样规模的城镇和官府，却不属于这个国家；在它之内，主要是实物、运输代价又不太高的规定贡品，能由国家集中起来；而在它之外，贸易基本是离心的，输出大于输入。"欧文·拉铁摩尔：《边疆史研究》，第 487 页。

17 明初对蒙古的防御采取了非常积极的姿态。明将徐达以元朝都城（北京）为幕府，年年出兵北上讨伐蒙古残部。但 1372 年，徐达和李文忠被扩廓帖木儿打败。1373 年，明太祖遂令徐、李二将固守边界，不再深入蒙古境内进行追剿，并将山海关两侧的居民迁至河北内地。1380 年，明朝又改变了策略，并在 1387 年至 1388 年，派遣 20 万大军北出长城，彻底击溃了东北地区的蒙古军队，并继续沿松花江追剿，最后在捕鱼儿湖（Buir-Nor，即贝尔湖——译者）杀死了蒙古幼汗。T.C. 林：《明帝国的满洲里》，第 2—10 页；匡顿：《游牧帝国》，第 263—264 页；侯仁之：《明代边境地区的马市》，第 311—313 页；法默：《明初两京制度》，第 61—63 页。

18 傅吾康：《15 世纪初期中国对蒙古的征讨》，第 82—88 页，及其《于谦》，第 95 页。已有学者指出，在永乐帝不断迫使蒙古人向西伯利亚大平原远徙的时候，明朝没有必要在大同以外设置烽火台——一种报警系统。然而明朝一旦放弃了积极进攻的军事姿态，蒙古人便会驻兵长城之下，并在无人报警的情况下直逼大同和北京。吉斯：《明代的北京》，第 57—62 页。

19 傅路德和房兆楹编：《明代人名辞典》，第 6、530、1304—1305 页；毛里斯·罗塞比：《1368 年以来的中国和亚洲腹地》，第 45—46 页。三边指甘肃、宁夏和延绥。其总督府设于固原，肃辽都督则驻守密云。俺答汗联合了东部蒙古各部落，并重建了哈拉和林（Qara-Qorum，其故址位于今蒙古国中部后杭爱省杭爱山南麓，额尔浑河上游右岸，距乌兰巴托市西南 365 公里。——译者）旧都。匡顿：《游牧帝国》，第 278 页。

20 罗荣邦：《政策和决策》，第 66—68 页；吴缉华：《明代北边防御》，第 11—12 页；黄仁宇：《明代的漕运》，第 123 页；《明代人名辞典》，第 7 页。

21 《明代人名辞典》，第 6 页；塞路易斯：《明朝反对蒙古人吗？》，第 137 页。在公众眼中，与蒙古互市的安抚政策，总是同声名狼藉的仇鸾联在一起，而英勇抵抗同其政敌杨继盛联在一起。当皇上宠幸仇鸾时，杨继盛受到贬黜，一度销声匿迹。不久，仇鸾私自与蒙古互市，并献上 80 颗普通边民的头颅冒充敌军首级，谎称在古北口大败蒙古军，故而失宠。于是杨继盛得以重返朝廷，但不久又遭严嵩弹劾，于 1555 年被定死罪。当时杨氏之妻上疏皇帝，愿替夫受刑，还说死后要率鬼魂之军为明朝而战。严嵩于中途将此疏扣留，但其内容后来却广为流传。1656 年，清朝顺治帝还在正式场合称赞了杨继盛的忠诚。吴乃荪；

《董其昌》，第264—267页；赫伯特·A.翟理斯：《中国人名辞典》，第168、187页；《明代人名辞典》，第1503—1505页。杨继盛认为，忠同孝一样，是不可推卸的义务；人臣应既孝且忠，既侍奉父母，又全心全意为君主效力。杨继盛：《杨忠愍公集》第二五七卷，第9页。

22 黄仁宇：《明代大运河》，第123页。

23 在蒙古人看来，严嵩只在认为俺答汗及其军队不过是一群"寻食之徒，无须忧虑"这一点上是现实的。塞齐·亚格齐德：《中国与蒙古游牧民的贸易和冲突的样式》，第197页。在17世纪的民间传说中，沈炼被比作李林甫。E.B.豪威尔译：《今古奇观：沈小霞相会出师表》，第318—320、412页。明末"三言"中有个题为《李谪仙醉草吓蛮书》的故事，也表现出关于华夷关系的一种陈腐观点。故事说，渤海王要求唐玄宗（713—755年在位）将高丽的176城让给渤海国。作者借李白之口回答说："自昔石卵不敌，蛇龙不斗……况尔海外小邦，高丽附国，比之中国，不过一郡，士马刍粮，万分不及。若螳怒是逞，鹅骄不逊，天兵一下，千里流血……毋取诛僇，为四夷笑。"豪威尔译：《今古奇观：庄子休鼓盆成大道》，第79—80页。

24 王崇武：《明朝商人殖民制度》，第301—303页；泽恩道弗尔："《新安名族志》"，第194—195页。

25 16世纪后期，有大约50万军士和10万匹战马驻守北边，每人每月基本生活费约为2两。16世纪50年代，募兵每人每年的佣金约为6两；至17世纪初增为18两。黄仁宇：《明代的税收与财政》，第285—290页，及其《明朝的军费》，第43—44页。

26 克劳福德：《张居正的生平与思想》，第40—42、55页；赵翼：《廿二史札记》，第750页；黄仁宇：《明代的漕运》，第280页，及其《明朝的财政》，第112—116页。

27 褚华：《沪城备考》第一卷，第5—6页；黄仁宇：《明代的税收与财政》，第163页。

28 九边指辽东、蓟州、宣府、大同、延绥（陕西的延安和绥德）、太原、固原、宁夏和甘肃九个军事重镇，是设于各省及都司之上的不固定的军事机构。朝廷根据需要拨给它们军队，并从中央都督府的权要中选派其将领。贺凯：《明朝的兴起及其制度变迁》，第65页；侯仁之：《马市》，第309—311页；黄仁宇：《明朝的军费》，第44页。仅辽东一边之军饷就需银324万两，粮108万担，马草21.6万捆，豆料97.2万担。弓每张需银2两，箭每支需银6钱。将这些物资自天津北运的船只仅有700条——而非预定的4000条，以致大量物资不得不用速度慢、代价高的牛车运送。黄仁宇：《明代大运河》，第127—131页。

29 如1624年，修建城墙6240丈（约11000米），敌台321座；1625年，修城费用又继续上升。《明实录》天启朝，第五十一卷第17页，第五十五卷第19—20页。据贺凯统计，1618—1627年间，明朝在同后金的战争中花费饷银约6000万两，约占明朝在此期间全部收入的一半。贺凯：《明代的监察制度》，第158—159页。

30 米彻尔·卡蒂尔：《14—17世纪中国价格变动史评述》。这一时期的价格指数是不可靠的。

31 褚华：《沪城备考》第五卷，第5—6页。1639年9月，广宁总监高起潜报告说，五个月来，"额饷分文未解"。萧一山：《清代通史》第一卷，第237页。

32 1644年1月21日，是史可法纪念日。见万言：《崇祯长编》，第57页。

33 黄仁宇：《明代的税收与财政》，第29—30页。巡抚原是监察官带提督军务之职，统各省提刑按察使司。

34 克劳福德：《张居正的生平与思想》，第47—48页。

35 拉铁摩尔指出，汉语称东北地区为"关外"，从而提出如下意见："当问题是移居关外——而非移民海外——之时，人们会产生某种与华侨类似的体验。最初是感到失去了长城的保护，因而缺乏安全感。其后，一旦定居下来，又感到自己已处在高于中国的位置上。他不再受长城的保护；而长城所保护的正是中国；长城使他和同伴与之分离的正是中国。这就

第一章 北部边防   41

是说，地域情感部分地取代了种族的或民族的情感，这一变化令人费解，但意义深远。"拉铁摩尔：《满洲里——冲突的发源地》，第 8 页。拉铁摩尔进一步指出，这种地域情感集中表现为一种"夷"、汉皆有的特殊社会心理，即回过头来，将中国视为可征服的希望之乡。"冒险家们背对中国而向荒野出发，而其成功的标志，却是能够掉转身来，作为特权发源地之特权居民的一员，面向中国；于是，中国取代荒野之地成了'希望之乡'，成了财富的源泉和行使权力的合适场地。"同上书，第 60—61 页。

36 张居正支持戚继光、李成梁等将领组建私人武装（戚继光曾举行传统仪式，与部下同饮兽血酒，立誓同生共死）。海因里希·布希：《东林书院及其政治思想意义》，第 16 页；黄仁宇：《万历十五年》，第 185 页。17 世纪初曾任辽东经略的熊廷弼提出，欲实现有效的边防策略，须使边将久于其职。见《乾坤正气集》第二八二卷，第 41—42 页，1609 年 9 月 8 日条。

37 陈子龙：《陈忠裕全集》第 23 卷，第 12—15 及第 23—26 页。

38 边地居民处于一种临界状态，举个普通的例子——边通过对进出口货物征收关税表现其存在，而对边境两边的许多居民来说，走私是十分正常的事情。边民对其国家的政治忠诚，会因与越境外国人进行非法交易以谋取私利而明显削弱。即使仅仅出于经济方面的动机，其行为也不可能只限于经济方面。他们不可避免地会形成自己的社会圈子和共同利益。边境两边的人们就这样一起共事，变成一个用"我们"指称的群体，而其本民族的其他同胞，尤其是本国官府，则被称为"他们"。因此，人们常常把这些结合在一起的边境两边的居民看作一种共同体，它虽然无法从制度上加以限定，但可从功能上加以识别。边地居民的这种矛盾心理，常常是明显而重要的历史现象，这并不奇怪。拉铁摩尔：《边疆史研究》，第 470 页。

39 这种现象并非近古历史所特有。西汉就有不少典型的叛国者，卫律（公元前 1、2 世纪人），一个突厥血统的著名乐师，就曾投奔匈奴，受封为王。汉武帝的大将李陵（公元前 1、2 世纪人）的事迹更为人所熟知。他数次率军深入匈奴腹地，最后陷入重围，被迫投降，并向匈奴传授中原兵法，娶单于之女为妻，留居匈奴长达 20 年。翟理斯：《中国人名辞典》，第 450、865 页。

40 罗塞比：《中国和亚洲腹地》，第 41 页；亚格齐德：《中国与蒙古游牧民》，第 199 页。有些蒙古人成了著名的明朝将领。满桂（1630 年卒）自少移居内地，后从军御边，并不断升迁，1623 年成为宁远守军将领。他作战勇敢，1627 年 7 月接防宁远后，曾负重伤；1629 年又率众抵抗金军，保卫北京，后在北京南城外战死。恒慕义：《清代名人传略》，第 561—562 页。20 世纪 30 年代，拉铁摩尔曾注意到，蒙古人与汉人之间存在很大不同，并指出，在内蒙古地区的旧屯田户、流民、商队和翻译当中，存在蒙汉两族的"混合阶层"。其中某人若不是蒙古人而是汉人，那么他多半出自一个已被蒙古传统所同化，或已同蒙古人通婚的家族，是个正式娶蒙古人为妻、遵守蒙古习俗而抛弃了汉族文化特征的人。然而在结束了遵守蒙古习俗的青年时代后，他又常常会在晚年返回汉族社会。他的一生好像被分为两个截然不同的阶段，一个是青年，一个是老年。拉铁摩尔：《满洲里》，第 54—60 页。

41 侯仁之：《马市》，第 313 页。李怀——"李猴子"，1515—1516 年间投奔蒙古，并作为蒙古将领率军入关。塞路易斯：《明朝反对蒙古人吗？》，第 137 页。

42 石汉椿：《明代后期的宗教与社会》；丹尼尔·L.奥弗迈耶：《抉择》，第 162—163 页。晚期小说对此也有描述，见豪威尔译：《今古奇观·沈小霞相会出师表》，第 414—417 页。明朝在巴哈纳集开始同蒙古谈判时，要求蒙古归还逃兵。1570 年，蒙古向明朝交还了 9 人，皆在北京斩首示众。侯仁之：《马市》，第 321—322 页；又见罗塞比：《中国和亚洲腹地》，第 46—47 页；《明代人名辞典》，第 6 页。

43 明朝边将把女真人分为三个主要部分：建州女真、海西女真和常到开原进行贸易的野人女真。建州女真即后来的满洲。王锺翰：《明代女真人的分布》，第2页；罗塞比：《中国和亚洲腹地》，第50—51页；曲瑞瑜等：《清人关前对东北的统一》，第115页，莫东寅：《明末建州女真的发展及其建国》，第99页。关于建州女真的迁徙，见郑天挺：《探微集》，第36—38页；薛虹：《明代初期建州女真的迁徙》，第54—64页；林：《明帝国的满洲里》，第13—14、17—19页。满洲一词首见于1613年的记载中，1627年出现在朝廷给朝鲜国王的文书中，1635年被正式使用。薛虹：《试论满族共同体的形成》，第9—10页；郑天挺：《探微集》，第33—34页，罗思·李：《早期满洲国家的兴起》，第10、13页。此前，满族人的《实录》都称其人民为诸申（原文为Jusen；此处应为Jušen，是对生活在中国东北部的满族先世的统称，在不同历史时期翻译为肃慎，女真，诸申等——译者）；此后，建州女真被努尔哈赤统一起来，并逐渐以"满洲"闻名于世。为方便起见，建州女真在文书中遂被称为满洲。

44 普雷斯顿·M.托伯特：《清朝的内务府》，第15页。

45 拉铁摩尔并不了解17世纪20年代的种族冲突，故声称："满族从一开始就不具备蒙古人那样强烈的部族意识和深厚历史传统。他们似乎是从外部无人区渗入到这片'发祥地'中来的。虽然他们自己随即就承袭了女真之金朝的反叛传统，但他们崛起得太快了，以致始终未能彻底吸收这片'发祥地'的传统与精神；他们创造了自己的'发祥地'和地方传统。正是这种不成熟状态促使他们以惊人的速度和彻底性获得了汉族的特征。"拉铁摩尔：《满洲里》，第44页。拉铁摩尔的独到之处，是将地理因素与经济因素放在一起进行观察。汉人远涉东北，是作为商人寻求奢侈品，因而没有在那里定居。满族人穿过其"发祥地"南下，则是为了狩猎和牧养驯鹿。对他们来说，农业还是一种园艺活动，是狩猎经济的补充。到了学会汉族的耕种方式后，他们便逐渐发展为农业民族，形成许多村庄围绕着一个个城镇的格局。因此满族能幸存并繁荣起来，应归功于其文化适应性，与蒙古族在一起便遵守蒙古规范，与汉族在一起便符合汉族传统。同时，他们也保持了自己善于组织狩猎和作战的能力。拉铁摩尔提出："满族对汉族经济文化的迅速吸收，以及缺乏使之与汉族进一步融合的内陆河流和沿海贸易，可能是引起边境冲突并最终导致满族征服汉族的主要原因。"同上书，第19页。

46 1685年，在总督德农维尔从加拿大写给路易十四的信中，提到有关在北美印第安人中的法国人的情况："长期以来，我们总是说，为了使这些野蛮人成为法国人，应尽量让他们接近我们。但我们有充分理由承认这是个错误。那些同我们频繁接触的野蛮人没有变成法国人，而常到他们当中去的法国人却变成了野蛮人。他们喜欢野蛮人的服饰和生活。"阿列克斯德·托克维尔也强调了这一点："这些法国人很快就和当地少女勾搭上了。但不幸的是，在印第安人的特征与他们自己的法国人特征之间，有某种神秘的亲和力。不是让野蛮人体验和习惯文明生活，而是他们自己常常变得酷爱野蛮人的生活了。他们为赢得印第安人的友谊而对其陋习和美德同样大加称赞，并已成为当地最危险的居民。"阿列克斯德·托克维尔：《美国的民主》，第329—330页。德农维尔的信在此也被引用了。

47 有一段时期，明朝兵部规定，每献一颗满人首级可得赏银150两。结果辽东百姓常被误认为满人遭明军捕杀。詹：《明朝衰亡》，第149—150、156页。"境外居民"（trans-frontiersman）一词是菲利普·柯廷（Philip Curtin）创造的。艾伦·伊萨克曼用它来描述佩里拉（Pereira）族之类的群体。该族于18世纪初从果阿移居三比西河流域，并与彻瓦（Chewa）王族通婚，最后渐渐承认了彻瓦王为其君主。因此，境外居民不同于"边境居民"（frontiersman），因为后者或许有妻子在境外，但对留在欧洲社会的亲属仍保持着基本的忠诚。边境居民最终可能会发展出一种混合文化，而境外居民若也这样便会完全失去欧洲人的特征。19世纪，像佩里拉族那样的境外居民确曾攻击过葡萄牙人。艾伦·伊萨克曼和巴巴拉·伊萨克曼：《作为境外居民的普拉泽罗斯人（Prazeros）》，第19、35—36页

第一章　北部边防　　43

及注 5。

48 参阅田村实造：《明代满蒙史研究》，第 297—339 页。

49 努尔哈赤还令达海将明朝的法典和一些军事著作译为满文。达海于 1632 年为旧满文增加了圈点，从而在可能也是境外居民的额尔德尼创造的书面语基础上，制定了更为规范的新满文。1629—1630 年间，当满族军队进入中原并兵临北京城下时，正是达海用汉文写了那些布告和文书。恒慕义：《清代名人传略》，第 213—214 页。《朝鲜实录》中有几封信件涉及一个汉人，此人主管努尔哈赤与其他国家的往来文书。达海正肩负此责，因此这是达海出身汉族的铁证。罗思·李：《早期满洲国家》，第 56—60 页。清史学家们从罗思·李博士那里受益匪浅，因为她在利用满文老档方面做出了开拓性的贡献。她的博士论文便是本章剩余部分赖以成立的基础。她所利用的满文老档是 1905 年由内藤虎次郎在沈阳首次发现的，其中一部分在 1955—1962 年间，以《满文老档》为题公之于世。这些档案都是 1778 年的抄本，所载为 1607—1626 及 1626—1636 年间的史事。神田信夫等学者已用罗马字母为这批史料加了注音，并译为日文。《满文老档》公布后，原本又在台北故宫博物院发现了，并于 1969 年以《满洲旧档》为题发表出来。这批档案皆出自当时的满人之手，无圈点，其中有些文书还附有几种译文。尽管"对历史研究来说，原本与抄本只有少数重要的出入"，罗思·李博士还是在其讨论清初历史的开拓之作中同时查阅了这两种版本。见罗思·李：《早期满洲国家》，第 2—3 页。

50 努尔哈赤令曰："凡都费阿拉时归顺之尼堪，皆视同诸申。"费阿拉在 1603—1609 年间是努尔哈赤的都城。罗思·李：《早期满洲国家》，第 29—30、190 页；铁玉钦：《论清人关前都城城郭与宫殿的演变》，第 3 页。费英东就是一个被同化的汉人。他是有名的神箭手，1595 年归附努尔哈赤，娶努尔哈赤之女为妻，拜为将军。费英东之子图赖是位凶猛的勇士，1637 年曾率清朝禁军（护军）攻打锦州。图赖受封昭勋公，其妻是满族觉罗氏，他们的女儿就是日后顺治帝的孝康皇后（原文如此——译者）。因此康熙帝是个境外居民家族的后裔，兼有满、蒙和汉族血统。《当代著名政治家介绍》，第 98 页；劳伦斯·D. 凯斯勒：《康熙和清朝统治的巩固》，第 53—54 页；郑天挺：《探微集》，第 51 页。

51 郑天挺：《探微集》，第 2 页。据《明实录》1385 年的一条记载，明军至辽东后，见当地女真捕获俘虏而"奴"之。和田清：《明初女真社会的变迁》，第 92 页。

52 郑天挺：《清人关前满洲族的社会性质》，第 93 页，及其《探微集》，第 9—10 页；吴卫平：《八旗兴衰》，第 24—25 页。

53 这些奴隶的法律地位与罗马或德国奴隶多少有些不同。一方面，他们被视为私有财产，可以买卖和继承；但另一方面，他们又具有独立的人格，可以拥有财产和承担债务。汉族奴隶可以相互提出诉讼，对他们不能随意杀害。郑天挺：《探微集》，第 88—89 页；孟昭信：《清初"逃人法"试探》，第 4—5 页；托伯特：《清朝的内务府》，第 53—55 页。

54 满族人仍以狩猎获取食物、衣料和用于交换的毛皮，但 16 世纪后期，谷子、小麦和高粱已成为他们的主要食粮。佟佳江及苏子河沿岸，甚至山坡和山顶，都被农民垦为耕地。大约 1600 年以后，满族首领开始向各牛录（由 300 人组成）征收劳役地租，每牛录出 10 名壮丁和 4 头耕畜从事耕作。同时，满族贵族也使用战俘耕种自己的田庄。1618 年征服辽东后，这种田庄的数量大大增加了，但其规模仍然较小。1625 年后，这些田庄成了人为划定的村庄，平均拥有 9—13 名壮丁。每个贵族都拥有许多这样的庄。例如，1634 年，代善之子便拥有 23 个庄和 503 名奴婢。庄头通常由各庄的富户充任。郑天挺：《探微集》，第 4、18 页；李燕光：《1644 年以前满族的社会经济形态》，第 142—143 页；托伯特：《清朝的内务府》，第 18 页。1619 年，努尔哈赤令其官员"据界藩筑城，屯兵防卫，令农夫得耕于境内"。吞并辽东后，他又令汉人俘虏剃发并就地耕种，而未将其屠杀。罗思·李：《早期满洲国家》，第 109 页。

55 托伯特:《清朝的内务府》,第 56 页。战俘中的工匠和手艺人通常都被赦免,并得以免除租税和徭役,获得足够的食物和奴仆。罗思·李:《早期满洲国家》,第 110—111 页。关于这一时期满族人的商业活动,见郑天挺:《探微集》,第 18—19 页。"万历初,贩貂皮、人参、松板以为利"。《万历武功录》第十一卷,引自莫东寅:《明末建州女真》,第 75 页。

56 起初,女真人向汉人换取铁农具。但 15 世纪 70 年代他们学会了将犁铧锻为刀剑的方法,于是明朝和朝鲜都下令禁止铁器出口。托伯特:《清朝的内务府》,第 15 页。

57 郑天挺:《清入关前》,第 90 页。努尔哈赤手下有 50 多名铸工——其中多数是满族人。见《探微集》,第 5—6 页;莫东寅:《明末建州女真》,第 69—70 页;李燕光:《满族社会经济形态》,第 142 页。

58 1587 年,满族人在赫图阿拉附近的蓝哈达建起了第一座都城。该城又称宁古塔,四周有石质城墙。努尔哈赤的男性亲属居于城中,同时有 2 万户精锐武士驻扎城外。北门附近居住着兵器匠和铁匠,南门附近有制造弓箭的工匠;东门外有努尔哈赤的 18 座仓库;包括 130 多间装满粮食的粮仓。莫东寅:《明末建州女真》,第 5、84—85 页;铁玉钦:《城郭与宫殿》,第 2—3 页。

59 1605 年,努尔哈赤令部下学会晾晒和储存人参,以防腐烂。即使这样,1609 年熊廷弼下令禁止与满族贸易后,两年中仍有 100 多斤人参腐烂变质(它们在内地零售市场原可换取等量的白银)。莫东寅:《明末建州女真》,第 75 页,谢国祯:《明代社会经济史料选编》,第 86—87 页。人参贸易的收入肯定相当可观,因为到 17 世纪 20 年代,后金已拥有充足的白银。强化价格管理,其实是不得已而为之。罗思·李:《早期满洲国家》,第 30—33、105—108 页。

60 魏源在《圣武记》第一卷中,称早期满族国家为"城居猎手之国"。莫东寅:《明末建州女真》,第 84 页;和田清:《论开国者清太祖崛起的有关问题》;托伯特:《清朝的内务府》,第 14 页。就更大范围而言,明朝后期东北经济迅速发展,西北则日趋衰落,这在一定程度上是东北地区迅速繁荣、西北成为边远地区所引起的贸易不平衡的结果。当时,满族地区南部土地肥沃,北部有丰富的黄金等贵金属矿,森林地带则有取之不尽的毛皮资源。由于这些有利的经济条件,东北在万历年间出现了第一次繁荣。当时内地市场的通货膨胀,导致了对貂皮、人参一类商品的需求迅速增长。由于建立了自己的贸易城市,满族社会日趋复杂。农耕逐渐取代狩猎而成为其主要生活方式。经济欲望也随之增长了。当 17 世纪的经济危机困扰中国大陆时,东北地区也受到影响,并且可能对刺激满族的军事征服起了不小的作用。此外,这一时期东北的气温变得更加寒冷;1605 年前后,辽东的霜冻季节比常年提前了 15—20 天,粮食产量势必因之下降。龚高法、陈恩之、文焕然:《黑龙江省的气候变化》,第 130 页。

61 据满文《满洲实录》载:"那时,处处国乱……贼盗如蜜蜂,纷纷而起,自称汗、贝勒、大人,每嘎山(里)立为领主,每穆昆(亲族)立为长,互相攻打,兄弟同志相杀,族多力强者征伐弱者,甚乱。"莫东寅:《明末建州女真》,第 72—73 页。历史学家郑天挺认为,这次社会动乱的内在原因是,满族社会经济生活日益多样化及由此引起的生产力的发展,使满族奴隶制陷入危机。当然,部分地区的骚乱是由于 1573—1576 年间,李成梁决定将其大本营从孤山移至宽甸,即今新宾县(原文如此——译者),当时为建州女真的主要农耕区,从而加剧了满汉之间的紧张关系。从 1585 年起,汉族移民便在那里垦荒,并同当地土著发生过冲突。郑天挺:《探微集》,第 6—7、21—23 页。

62 尼堪外兰原是努尔哈赤的父、祖的奴仆(诸申)。郑天挺:《探微集》,第 6 页。

63 这些契约注有首领姓名、所属纳贡人数目及其在规定时间内所能提供的贡品数额。罗思·李:《早期满洲国家》,第 13 页。欧文·拉铁摩尔认为,这种制度创造了一种也许属于前封建主义的新权威。"这种权威的新的特性,看起来似乎与首领的功能有直接关系。汉族人

第一章 北部边防 45

将他们视为其部落的代表,以便为汉族社会和满族部落社会的和平共处提供制度和常规。汉族人将其视为中间人这一事实,加强了首领对其部落的权威。于是世袭原则得到强化,从而使首领家族得以永远保持其权威,而使其他部落成员永远屈居臣属地位。这种情形非常有利于部落首领发动反对外来统治的反叛。此类边疆现象可能是封建主义的来源之一。这些现象在藏族历史中表现得颇为明显。将其同其他地区的边疆史——例如苏格兰高地部族的历史——加以比较,将是十分有益的。"拉铁摩尔:《边疆史研究》,第 476 页。

64 郑天挺:《清入关前》,第 89 页,及其《探微集》,第 4 页。

65 爱新觉罗家族的祖先可追至猛哥帖木儿,他被元朝封为千户,奉命统治松花江地区,且世代传袭。努尔哈赤之父、祖皆被明朝拜为地方官,并曾三次随李成梁进京。薛虹:《建州女真的迁徙》,第 50—51 页;郑天挺:《探微集》,第 4 页。

66 郑天挺:《探微集》,第 7 页。以上及下文所述细节多引自和田清:《清太祖崛起》《明初女真》及郑天挺:《清入关前》。

67 莫东寅:《明末建州女真》,第 96 页。

68 曲瑞瑜等:《清入关前对东北的统一》,第 110—113 页。

69 关于满族人利用婚姻联盟的问题,见郑天挺:《探微集》,第 56—61 页;莫东寅:《明末建州女真》,第 76—79 页。

70 努尔哈赤与其弟舒尔哈齐分掌大权。1611 年,努尔哈赤杀舒尔哈齐。罗思·李:《早期满洲国家》,第 16 页。埃尔文极为轻视满族骑兵的作用,说他们在作战时只充当预备队,位于披重铠执利刃的前锋部队和披短甲执弓箭的二线部队之后。埃尔文:《古代中国的模式》,第 106—107 页。但也有人提出更令人信服的看法,即这些骑兵在战斗中常常起着决定性作用,他们既能凶猛地冲破明军阵地,又能迅速避开敌人。满族八旗兵主要分为五个部分:亲军,皆为满、蒙马步弓箭手,负责保卫皇帝;骁骑,皆为骑兵弓箭手;前锋,多为满、蒙马步弓箭手,也有一部分使用云梯、火枪和火炮;护军,有马步弓箭手和火枪手;步军,皆为步兵弓箭手。郑天挺:《探微集》,第 173—174 页;又见吴卫平:《八旗兴衰》,第 35 页。

71 恒慕义:《清代名人传略》,第 17—18 页。

72 关于努尔哈赤招纳蒙古部落首领的问题,见匡顿:《游牧帝国》,第 282—283 页。

73 罗思·李:《早期满洲国家》,第 24 页。(哈拉,满语为 hala,哈拉指先祖相同的人群形成的氏族,同氏族中,因居住地不同而形成的次级血缘团体称为穆昆,满语为 mukūn。——译者)

74 弗朗兹·米切尔认为,"八旗"制度是由汉人创议建立的,而戴维·法夸尔则强调这一制度受到蒙古的影响。虽然努尔哈赤身边当时确有一位重要的汉官,名叫龚正陆,但无迹象表明是他导致了八旗制度的形成。戴维·法夸尔:《满洲之蒙古政策的起源》,第 204 页。

75 1621 年以后,后金军队的名称皆用汉族名称,满、汉官吏的职位名称也是如此。而"旗"则是有意用来表达一种兼有军政和民政双重性质的组织。1630 年,皇太极说:"我国出则为兵,入则为民。耕战二事,未尝偏废。"《清太宗实录》第七卷。引自曲瑞瑜等:《清入关前对东北的统一》,第 121 页。这种旗的组织,也是将松散的女真社会置于其统治者更为直接的控制之下的一种政治手段。一部可怕的战争和生产机器形成了,其代价是普通部落成员对汗的从属关系进一步加强了,汗可将他从一个贵族名下拨归另一个贵族。李燕光:《满族社会经济形态》,第 144 页;又见罗思·李:《早期满洲国家》,第 25—27、58—59 页;吴卫平:《八旗兴衰》,第 12—14 页;戴维·M. 法夸尔:《早期满洲国家的蒙古因素与汉因素》,第 12—14 页。

76 "谙班"(amban)意为"大臣"。贝勒原指女真各部落的首领。努尔哈赤统一女真各部后,原贝勒的后嗣仍可使用贝勒头衔。罗思·李:《早期满洲国家》,第 10—11 页。

77 此时，满族人也懂得了世袭继承权的原则。为了检验其长子的能力，努尔哈赤于1613年将大权委托褚英。不久，褚英诸弟（代善、莽古尔泰、阿敏和皇太极）奏称，褚英逼他们立誓反对努尔哈赤。1615年，努尔哈赤遂将褚英处死。罗思·李：《早期满洲国家》，第17—18页。

78 五大臣全是努尔哈赤穆昆的成员，包括额亦都、费英东、何和里、安费扬古和扈尔汉。罗思·李：《早期满洲国家》，第18页。

79 托伯特：《清朝的内务府》，第19页。（昆都仑汗，满语为kundulen，意为"恭敬"。因此努尔哈赤也被后世称作"恭敬汗"——译者）

80 法夸尔：《满洲之蒙古政策的起源》，第198—199页。1594年，努尔哈赤与喀尔喀蒙古通婚。此后，双方关系一直良好。

81 罗思·李：《早期满洲国家》，第8、23页。

82 陶晋生：《中国政治制度中女真统治的影响》，第121—123页。

83 17世纪10和20年代是北极光频繁出现的时期，当时欧洲出现了观赏极光的热潮。约翰·A.埃迪：《气候与太阳的作用》，第1194页。

84 罗思·李：《早期满洲国家》，第37页。

85 这被1605年的宽甸事件所证明。当时李成梁企图撤回满族统治区的全部汉族居民。郑天挺：《探微集》，第22—23页。中国、朝鲜和蒙古在满族文献中都被称为"固伦"（gurun，原意为人群，引义可指部族/联盟、城邦或国——译者），即国。除版图大小、财富多寡不同之外，它们基本上受到同等看待。法夸尔：《满洲之蒙古政策的起源》，第199页。

86 《乾坤正气集》第二八二卷，第31—35页，1609年8月30日条。

87 弹劾熊廷弼的是兵科给事中朱一桂。当时熊廷弼提出，朝中"言官"大多不切实际，以为打败夷狄易如反掌。他强调说，边防状况实际很糟，而边将要求授权同夷狄进行随机应变的谈判，又受到言官不负责任的非难。《乾坤正气集》第二八二卷，第35—43页，1609年9月8日条；第二八三卷，第20页，1609年12月27日条。

88 罗思·李：《早期满洲国家》，第34页，又见郝ези礼译：《皇清开国方略》，第49—50页。此时，努尔哈赤确实公开承认了明朝皇帝的主权。郑天挺：《探微集》，第17页。

89 早在1615年，努尔哈赤就担心赫图阿拉一带粮草不足，而这一地区已经推广了精耕细作。"我国素无积储，虽得其（明朝）人畜，何以为生？"努尔哈赤问道。1615年征服叶赫，及1618年攻占辽东，可能使其粮草紧张状况有所缓和。罗思·李：《早期满洲国家》，第34—36页。迫使满族寻找新的粮草来源的压力，肯定因"小冰河时期"的异常寒冷而有所增强。在20世纪的"小冰河时期"，即1923—1954年间，黑龙江流域从11月中旬便进入封冻期，比正常年份至少提前了两周。当时黑龙江流域的无霜期只有80天（江北）到140天（江南），农作物一年一熟都很困难。17世纪，松花江和辽河流域的农业生产也因此而受到严重影响。

90 《大清满洲实录》，第196—199、201—202页。这种《满洲实录》是1780—1782年间，据《太祖实录图》和《太祖武皇帝实录》两书抄写而成的。《太祖实录图》撰于1635年，《太祖武皇帝实录》撰于1644年。《满洲实录》和《太祖武皇帝实录》的内容基本一致，只有少数文字上的出入。虽然满文本《太祖实录》已经散失，但台湾仍保留着三卷满文《太祖武皇帝实录》的旧本。将这三卷的内容与汉文《太祖武皇帝实录》中相应的部分进行比较之后，便可清楚地看出，后者是对满文《满洲实录》的忠实翻译，而满文《满洲实录》则是在《满文老档》的基础上写成的。因此，这里及后文引用的汉文《满洲实录》，是极为接近已经散失的满文原始资料的文献。关于这部分满文资料的问题，见陈捷先：《满文清实录研究》，第77、91—92、96—97、104页。关于对抚顺的进攻，又见弗朗兹·米切尔：《中国满族统治的起源》，第120—124页；吴卫平：《八旗兴衰》，第15页；李鸿

第一章 北部边防 47

彬：《论满族英雄努尔哈赤》，第 237 页。
91 城内有大约 60 名商人，都是从山西来此采购人参、貂皮和珍珠的。佐伯富：《清代的山西商人》，第 282 页。
92 《大清满洲实录》，第 202—203 页。努尔哈赤已经保证不再杀戮归顺的平民，并禁止部下强占其妻女。郑天挺：《探微集》，第 12 页；史景迁：《曹寅与康熙》，第 6 页。
93 同上书，第 203—204 页；周远廉：《简评努尔哈赤》，第 9—10 页。这是一个重大让步，因为剃发至少从拓跋魏以来就是北方部落的标志。其后，随着后金对辽阳其他地区的征服，这一政策又发生了变化。开原陷落后，努尔哈赤下令，所有归顺后金者，不管是朝鲜人还是汉族人，都必须剃发。1621 年，努尔哈赤又向朝鲜国王重申了这道命令。郑天挺：《清史探微》，第 51—52 页，及其《探微集》，第 81—82 页。关于剃发同征服的关系，见罗伯特·克里默：《周密与修端》，第 86 页。
94 罗思·李：《早期满洲国家》，第 42 页。满语 doro，意为 "正确的政府" 及其 "统治方式"，或 "正确道路"。汉语称为 "道"，也称 "礼"，指 "礼仪" 或 "仪式"。（满语 doro 的实际含义为：1. 道，方法；2. 宗教的教义；3. 事业；4. 礼节，礼仪，礼貌；5. 贯于封号前的尊称——译者）。法夸尔：《满洲之蒙古政策的起源》，第 202 页。
95 《皇清开国方略》，第 62—67 页；曹凯夫：《三藩反对满族统治的叛乱》，第 4—6 页；萧一山：《清代通史》第一卷，第 379—380 页；李元度：《国朝先正事略》第一卷，第 1 页。
96 郑天挺：《探微集》，第 56 页；史景迁：《曹寅与康熙》，第 9 页。
97 《贰臣传》第二卷，第 1—5 页。李永芳并非始终为努尔哈赤所信任。1622 年，努尔哈赤打算屠杀一批企图逃回明朝的汉人，李永芳表示反对。努尔哈赤大怒，斥责李永芳 "谓朕为不能久"。李永芳遂遭到贬黜。后来他虽得以官复原职，却永远失去了努尔哈赤的信任。不过，明朝多次派人送来密信，劝他重返明朝，并答应让他官复原职，他也没有接受。周远廉：《简评努尔哈赤》，第 27—28 页。
98 广宁总兵张承荫和辽阳副总兵皮相廷，遭军 1 万支援抚顺，亦被金军击溃。彭孙贻：《山中闻见录》第二卷，第 2—3 页。
99 恒慕义：《清代名人传略》，第 885—886 页。孙文良对 1618—1622 年间明朝与后金的战争做了精彩的概述，见孙文良：《论明与后金间的辽沈之战》，第 2—3 页。
100 《皇清开国方略》，第 74—77 页。
101 同上书，第 77—82 页。
102 《乾坤正气集》第二六卷，第 31—32 页；吴卫平：《八旗兴衰》，第 15—16 页；恒慕义：《清代名人传略》，第 886 页。
103 《乾坤正气集》第二八四卷，第 5 页，1619 年 8 月 14 日条；第 18 页，1619 年 9 月 30 日条。
104 同上书，第 42—43 页，1619 年 12 月 15 日条；又见康世爵：《朝鲜族 "通州康氏世谱" 中的明满关系史料》，第 183 页。
105 沈阳有一套精心构筑的、由护城壕沟和重兵把守的台堡组成的防御工事。然而，明军守将派 300 名骑兵出城交战，金军将其击溃后，随之追入大开的东城门，这些工事顷刻间便瓦解了。城内军民纷纷向西城逃窜。据一位目击者说："城中男女老弱自靡于西城，尽坠于城底，或死或伤，委积没城之半。"康世爵：《明满关系史料》，第 183 页。又见孙文良：《明与后金》，第 5 页。曹寅（康熙帝的侍从）的祖父，就是在这次战役中投降后金的。史景迁：《曹寅与康熙》，第 1 页。
106 辽阳城内一些暗通后金的人，悄悄从西城墙上放下绳索。辽阳城延袤 15 里，金军乘夜爬上城墙，城内军民全然不知。直到次日午后，人们才突然发现金兵已经占领了城墙。全城百姓惊惶万状。经略薛国用自焚而死。康世爵：《明满关系史料》，第 183 页。
107 《皇清开国方略》，第 103—109 页；罗思·李：《早期满洲国家》，第 35 页；吴卫平：

108 《马氏家谱·行述》。
109 邵长蘅：《邵子湘全集》第五卷，第 21—22 页。
110 蒋士铨：《忠雅堂集》第三卷，第 8 页；《马氏家谱·神道碑》；蒋士铨：《蒋士铨九种曲·马文毅公传》，第 1 页。
111 《马氏家谱·纂修》。
112 孙文良：《明与后金》，第 3—6 页。
113 罗思·李：《早期满洲国家》，第 45 页。又见第 112 页。
114 《皇清开国方略》，第 110、116—117 页；莫东寅：《明末建州女真》，第 85—86 页；同上书，第 46 页。当议政大臣受到处罚，可能也和反对迁都有关。五大臣有三人在进入辽东后不久便死了。1621 年，阿敦入狱，随即被杀。几个月后，扈尔汉也被打入监牢。额尔德尼亦于 1623 年以参与贝勒谋反的罪名被处死。同上书，第 47 页。
115 《乾坤正气集》，第二八六卷，第 1—10 页，1621 年 10—11 月条；第 12—14 页，1621 年 11—12 月条；第二八八卷，第 13—14 页（日期不详）。
116 邓尔麟：《达官贵人》，第 118 页，及其《嘉定忠臣》，第 191 页。
117 《乾坤正气集》第二八八卷，第 2—3、8—9 页；《明代人名辞典》，第 1068 页；恒慕义：《清代名人传略》，第 240—241、308、823 页。
118 罗思·李：《早期满洲国家》，第 39 页。
119 同上。
120 同上书，第 40—41 页。
121 《贰臣传》，第四卷第 13—17 页，第七卷第 28—29 页；《皇清开国方略》，第 113—115 页。
122 东林党运动以 1604 年高攀龙和顾宪成建于无锡的东林书院为中心，号召重振"君子之气"，恢复明朝的稳定与和平。魏斐德：《自主的代价》，第 51 页。
123 张其昀编：《清史》，第 259 页；《贰臣传》第九卷，第 28 页；恒慕义：《清代名人传略》，第 240—241 页。冯铨，北直隶涿州人，1613 年中进士，授翰林院检讨。其父冯盛明官至河南布政使。抚顺陷落后，其父被劾归乡，冯铨也退居本籍。后冯铨极力与魏忠贤交往，1624 年在魏忠贤帮助下，得以官复原职，1625 年又升任大学士。
124 费维恺：《从封建主义到资本主义：大陆近期史学论文》，第 358 页；罗伯特·B.奥克斯南：《马背上的统治》，第 24 页。
125 1621 年，努尔哈赤令八旗贵族清点各自田庄中的汉人数目，目的是要将其中一部分庄丁占为己有。罗思·李：《早期满洲国家》，第 52—55 页；郑天挺：《探微集》，第 19—20 页。
126 罗思·李：《早期满洲国家》，第 55—58 页。后来被满族人所役使的奴仆，大多是在抚顺和沈阳被俘的汉族民户。托伯特：《清朝的内务府》，第 16—17 页。
127 该词的使用至少可追溯到 1613 年。当时努尔哈赤征讨叶赫，围兀苏城劝降。城中人曰："若养之则降"，努尔哈赤答应了。此处所谓："养"，满文称"乌吉黑"，意为抚聚恩养。1619 年，驻开原的明将来降，努尔哈赤说："彼闻吾养人，故来投耳。"也用了"养"字，意思是说他们不会沦为奴隶。郑天挺：《清入关前》，第 92 页，及其《探微集》，第 8 页。
128 罗思·李：《早期满洲国家》，第 42 页。
129 在征服辽东后所任命的汉族官吏中，有 4 人原是商人，1 人是被免职的参将，2 人是游击，4 人是守备，1 人是备官，11 人是卫所军官，3 人是亲兵，4 人是军士，3 人是秀才（包括范文程），2 人是掌印官，4 人是文吏，1 人是翻译，还有 11 人是平民。其中多数被拜为努尔哈赤军中的游击或备官。同上书，第 60 页。一般说来，1631 年以前的战俘多半沦为奴隶，受其主人役使。犯罪者的家属也没为奴隶，奴隶的身份世代相袭，奴隶可以自由买卖。

第一章 北部边防 49

130 罗思·李：《早期满洲国家》，第64页。
131 同上书，第176—177页。
132 同上书，第67—76页。
133 格鲁格特·罗思：《1618—1636年的满汉关系》。逃人法自1587年开始实施，此时更为严厉。孟昭信：《清初"逃人法"试探》，第1—2页；杨学琛：《关于清初的"逃人法"》，第47页。
134 罗思·李：《早期满洲国家》，第82—83页。
135 同上书，第84页。1625年建都沈阳时，众贝勒以努尔哈赤已在今东陵一带兴建宫室为由，再次反对迁都。但努尔哈赤指出，迁都是战略上的需要。从沈阳可以轻而易举地渡过辽河，南下进攻明朝，又可挟制东南的朝鲜，向北至蒙古也只有二三天路程。铁玉钦：《城郭与宫殿》，第6—9页；又见吴卫平：《八旗兴衰》，第16页。
136 罗思·李：《早期满洲国家》，第85—86页。
137 同上书，第89页。
138 同上书，第43页。
139 驻边明军配有一种称为佛郎机的铜制或铁制前装炮（佛郎机指葡萄牙），可能是从欧洲传来的。这些16世纪的火炮，口径约40毫米，最大射程2000英尺，装在特制的战车上，用骡马牵引。此外还有一种鸟枪，长约4米，它用来发射的导火线，是模仿16世纪初经葡萄牙人传入东亚的导火索制造的。哈罗德·L.卡恩：《皇帝心目中的君主制度》，第139—140页；黄仁宇：《万历十五年》，第179页；又见费南德·布罗代尔：《资本主义与物质生活》，第294页。
140 最大的火炮长7米，重1800公斤。但不是所有洋炮都这么大。除了后面将提到的"将军炮"外，还有南明军队抗击吴可喜时使用过的小"红夷炮"（1494年9月，欧洲人在意大利被查理八世击败后，不得不承认这种火炮在攻坚战中的威力。布罗代尔：《资本主义与物质生活》，第287页。1956年，香港出土了一门这种火炮，明永历四年造，长1.7米，口径8厘米，重250公斤。罗香林：《香港新发现南明永历四年所造大炮考》，第1页。
141 早在1596年，陈演就向明朝介绍了鸟铳的优越性。其射程是中国鸟枪的两倍。赵士祯：《神器谱》，第7—8页。1616年，即传教士在肇庆修建了第一座教堂后的第33年，已有13位欧洲天主教牧师在明朝传教，并吸收了约5000名中国教徒。其中许多优秀分子卷入了东林党运动，特别是参加了反对佛教和宗教调和（三教）的运动。道格拉斯·兰卡什尔：《明末中国佛教徒对基督教的反应》，第101页；许理和：《中国第一次反基督教运动》，第189页。
142 C.R.巴克士：《明朝反抗满族入侵时期葡萄牙军队的远征》，第5—10页；乔治·H.邓恩：《一代伟人》，第157—158页。
143 在1640年编撰的题为《圣朝破邪集》的文集中，反基督教者声称，洋炮将在炮手眼前而不是在敌军中爆炸。他们这样说，是因为1642年已有两门炮发生了炸膛事故，炸死了一些旁观的人。史景迁：《改变中国》，第9页；兰卡什尔：《中国人对利玛窦传教的反应》，第110页，及其《中国17世纪反基督教辩论》，第221、224页。
144 关于1616—1622年间沈榷发动的对基督教徒的迫害，见兰卡什尔：《明末中国佛教徒对基督教的反应》，第98—100页；泽克：《反基督教运动》，第188—192页。关于中国人普遍存在的排外心理，见利玛窦：《16世纪的中国》，第88—89页。
145 泽克：《反基督教运动》，第189页。天主教在福建获得成功的原因之一，是大学士叶向高（1559—1627）对天主教徒的保护。他本人虽不是教徒，却是天主教神父艾儒略（1582—1649）的友人。叶向高是传教士的保护者，而其继任者张赓则是真正的教徒。他写了大量关于传教士的著作，并撰文阐说与其出仕臣于君、不如在天主之下同为友之理。李天佑：《明末江阴、嘉定人民的抗清斗争》，第15—28、38页；《明代人名辞典》，第1569页；邓恩：《一代伟人》，第188—190页。

146　稻叶君山：《清朝全史》第一卷，第259—260页；恒慕义：《清代名人传略》，第686页；邓尔麟：《达官贵人》，第124页，及其《嘉定忠臣》，第190—191页；贺凯：《明代的监察制度》，第229页；邓恩：《一代伟人》，第184页。

147　巴克士：《葡萄牙军队的远征》，第15页以下；邓恩：《一代伟人》，第216页。

148　稻叶君山：《清朝全史》第一卷，第298—299页；乔奥·罗德里戈斯：《岛国日本》，第15—16页。炮队返回澳门的原因之一，是某些希望维护其外贸垄断地位的广州商人，担心葡萄牙会以提供军事援助的方式换取自由贸易权。他们贿赂朝中反基督教的大臣们，设法说服了皇上，将特谢拉的炮队遣回了广州。邓恩：《一代伟人》，第215—216页。

149　陈受颐：《早期耶稣会士对明朝崇祯皇帝的宗教影响》，第399页以下。

150　C.W. 阿伦：《北京宫廷中的耶稣会士》，第135—136页；邓恩：《一代伟人》，第317—318页。他还铸造了"将军炮"（一种用骆驼驮载或两人扛行的轻型长筒炮）。有文献记载说，这种炮被用作"大将军炮"的辅助火力。见《清太宗实录》第九卷，第27页。"大将军炮"重500多公斤，用马车运载，用炸药、卵石、铁丸混合制成的炮弹作近距离射击，以对付骑兵的进攻。黄仁宇：《万历十五年》，第180页。

151　1635年，曼纽尔·塔瓦雷斯·勃卡热声称，中国人不会使用大炮，"因此他们在这方面依赖于葡萄牙人"。巴克士：《三百年前的澳门》，第305页，及其《葡萄牙军队的远征》，第20—23页。到1626年明朝已将大炮技术变为自己的特长，尽管他们还在继续利用葡萄牙雇佣军（1647年永历皇帝抵抗清军时，尼科劳·费雷拉率领的一支雇佣军参加了围攻桂林的战役）。历史学家们评论说，这项新的军事技术，使草原骑兵的弓箭在训练有素的步兵面前失去了威力，正是这一变化，在17世纪末使得两个相邻的农业帝国——俄国和中国——对欧亚草原的分割成为可能。威廉姆·H. 麦克尼尔：《人类与瘟疫》，第196页。

152　袁崇焕（1584—1630），东莞人，1619年中进士。下文所用其传记材料，多引自亮父：《岭南历史人物丛谈》，第85—95页；及《明史》（国防研究院），第2936页以下。

153　《明史》，第2836页以下；恒慕义：《清代名人传略》，第670—671及839页。

154　马米兹：《魏忠贤》，第153—155页。

155　傅吾康：《于谦》，第121页。他们将熊廷弼的让步斥为叛逆之行，见《乾坤正气集》，第二六一卷，第31—32页，及第二六二卷第28页，高攀龙条；同上书第二九九卷，第10页，1620年杨涟条。我说他们对边防情况一无所知，是根据刘献廷对方以智《全边略记》的评论。他说，该书写于崇祯初年，方以智当时正在兵部任职。然而此书材料来源皆非实录，而多取自传闻。刘献廷断言，多数官员正是依靠这类作品了解边防情况的。刘献廷：《广阳杂记》，第139—140页。不过，应当注意的是有些已经散失的作品对前线生活有相当详细的描述。温体仁的老师颜季亨当时曾著《九十九策》，但在乾隆大兴文字狱时被销毁了，也无抄本流传下来。见傅路德：《平夷九十九策》。

156　《乾坤正气集》第二九〇卷，第9页，徐如珂条。徐如珂（1562—1626），苏州人，因在四川平定奢崇明起义而闻名。张其昀：《清史》，第249页。在写给同年温湛持的两封信中，徐如珂提出，应首先平定四川和贵州的叛乱，然后将主要注意力转向辽东。见《乾坤正气集》第二九四卷，第36—37页。

157　《明史》第四卷，第2846—2847页。

158　徐大化的事迹见姚广孝：《明实录》天启朝第五十一卷，第5—9页。天启四年（1624）年夏，杨涟弹劾魏忠贤犯有二十四大罪。马米兹：《魏忠贤》，第167页；贺凯：《明代的监察制度》，第203—204页。
159 《明实录》天启朝第五十二卷，第9—10页。
160 《明亡述略》，第278页；《明史》，第3049页。
161 1625年魏忠贤发动的大清洗，就是从告发东北军队胡作非为和阴谋叛逆开始的。根据严刑逼出的供词（魏忠贤已于两年前控制了东厂），东林党领袖杨涟、左光斗、魏大中、袁化中、顾大章和周朝瑞，都卷入了在东北边地建立割据政权的阴谋。这项阴谋，据说是威胁了朝廷的安全。至1625年8月，所有人犯都死于酷刑之下。马米兹：《魏忠贤》，第161、233—234、238页。
162 《明实录》天启朝第五十五卷，第42页。
163 同上书第五十八卷，第57页；第五十九卷，第4页。
164 《皇清开国方略》，第133—134、140页。
165 辽东大屠杀使明军将士作战时比以往更加顽强。罗思·李：《早期满洲国家》，第6页。
166 《清太宗实录》第一卷，第4页。
167 后金境内的大量人民受着饥荒的折磨。1627年阴历二月，有2万余人越过鸭绿江入朝鲜觅食。皇太极还威胁朝鲜国说，若不提供粮草帮助后金渡过难关，后金便要出兵朝鲜，自己来抢。《旧满洲档译注·清太宗朝》，第178页。
168 明朝给后金的修好之礼为金10万两、银100万两、缎100万匹、布1000万匹。此后，明朝须每年输纳金10万两（应为1万两——译者）、银10万两、缎10万匹、布30万匹。后金则回赠东珠10颗、貂皮1000张、人参1000斤。《旧满洲档译注·清太宗朝》，第164页。
169 《旧满洲档译注·清太宗朝》，第165—166页。
170 同上书，第169页。
171 钱龙锡是编撰"逆案"的倡议者之一。逆案就是开列魏忠贤罪状的官方文件。而更重要的是，其中列举了魏忠贤在朝廷中的同党。《明史》，第2845页；谢国桢：《明清之际党社运动考》，第77—78页。
172 《旧满洲档译注·清太宗朝》，第182—183页。
173 亮父：《岭南历史人物丛谈》，第92页。

第二章　崇祯朝廷

> 他们身边，净是些时髦的奉承话，
> 和搜罗殆尽的声色犬马，
> 在这里，良知听命于感性的要求，
> 若满足不了，定遭痛骂；
> 在这无边欲壑的中央，
> 寻欢作乐的皇上，仅仅对死害怕。
>
> W. H. 奥登：《凯洛斯与逻各斯》

1627年，崇祯帝以信王入继大统时，大臣们都满怀希望地谈论着明朝中兴的可能。[1]在崇祯皇帝的登基大典上，言官杨鹤竟大胆陈述了自明朝建立后军力日衰的事实，并且断言，使明朝恢复元气的唯一办法，是坚决消灭腐败现象和朝中的党争。[2]因此，崇祯帝要想彻底扭转局面，必须首先改变大臣碌碌无为又官官相护的状况，而这种状况正是其昏庸的兄长天启皇帝（1621—1627年在位）短暂统治的特征。崇祯帝不打算对中下层官僚机构进行重大改革，而将注意力集中在高级文武大臣身上。因为，这位当时还算中国最聪明的（虽然不是最有学问的）统治者的新皇上，是带着这样一种强烈信念登上皇帝宝座的，即朝中大臣几乎都不可信任，他们大多都想结成阴谋集团，同自己作对。[3]

几年以后，这种信念发展为偏执狂——一种靠特务及秘密警察提供的情报来获得满足的精神状态。[4] 数百名政治犯被投入监狱，[5] 数十名将领被处死。[6] 崇祯帝在位17年，先后入阁为相的大臣有50人，其中4人是被处死的。[7] 任职最久的大臣，通常是那些能使皇上相信其政敌都是朋党领袖的人。[8]

崇祯皇帝对朝廷党争的这种神经质的恐惧，来自对天启末年那场血腥事变的可怕回忆。当时，宦官魏忠贤与皇帝的乳母客氏互相勾结，残害了大批与东林党及其政治运动有关的官僚和士大夫。[9] 这些正直的士人，批评昏庸腐败和任人唯亲的积弊，声称要大力加强儒家道德教育，从根本上整顿吏治。为此，魏忠贤和客氏便唆使同党搜集东林党人的罪证，编成《三朝要典》。此书包括东林党人官宦的名单，是魏客集团对其政敌进行逮捕、刑讯乃至处决的依据。[10]

崇祯皇帝决心结束这种残酷的党争。[11] 其兄长尸骨未寒，他便下令收审客氏。结果发现，客氏曾阴谋鸩杀崇祯帝，而让她所控制的一位皇妃所生之子取而代之。客氏在"千刀万剐"中极度痛苦地死去。这使魏忠贤意识到，自己的末日也即将来临。不久，他听说皇上要下令逮捕他，便畏罪自杀了。随着调查的深入，被视为魏、客党羽的其他官员也纷纷入狱；为杀一儆百，表示今后定要严惩此类阴谋集团，崇祯皇帝遂下令将魏忠贤剖棺戮尸，令其来世不得托生。[12]

尽管施以如此酷刑，朝中党争仍未停息。其原因在于经阉党清洗后幸存下来的东林党人，又乘机向魏忠贤余党进行报复，而不问其与魏忠贤的关系远近如何。[13] 例如，冯铨——他对1625年弹劾熊廷弼一事负有责任——早于1626年7月便同魏忠贤分道扬镳了，并被挤出了内阁，[14] 但他是《三朝要典》三位总裁官之一，因而仍然受到弹劾，后经行贿才免受监禁，得赎为民，遣返涿州老家。[15]

另一著名的例子是剧作家阮大铖。此人是安徽怀宁著名官僚世家的后裔。1624 年，他被提名任吏科给事中之要职。[16] 尽管这是东林党领袖左光斗的意见，但仍遭到赵南星、杨涟、高攀龙等东林党人的反对。他们显然是出于鄙视阮大铖为人轻浮而阻挠其升迁，使之转任远不如吏科重要的工科任给事中。阮大铖不甘被拒于吏科大门之外，遂向当时权势日盛的魏忠贤等宦官寻求庇护。及至魏氏专权，阮大铖便成了阉党党徒，被擢授礼部侍郎。尽管他吹嘘说，杨涟、左光斗的入狱被杀，有他一份功劳，但时隔不久，他也同魏忠贤分裂并辞官回乡了。魏客集团被粉碎后，他又在崇祯朝中做官，且自称无党无派，反对各派的过激行为。然而人们并没有忘记他从前的所作所为，对他的印象极坏。因此，1629 年 4 月 12 日，他再次被迫辞职。[17] 东林党人将冯铨、阮大铖等人视为悖逆"儒"道而向阉宦求宠之徒。其他许多与魏忠贤勾结的官员也受到弹劾，尽管事情并不像东林党人所宣称的那样泾渭分明。[18]

然而，这种法定的明确区分，正是 17 世纪 20 年代政治斗争的一大恶果。就像对外策略问题总要逐渐分化出对立两派的惯例一样，国内政治问题也被"正人君子"们说成是勇敢的道学家同无耻的阴谋家的政治斗争。这不仅仅是东林党人的观点，在东林党与阉党的激烈斗争中，许多非东林党的士大夫也被动员起来了。于是，东林书院学者的观点，很快就会成为广大士大夫，特别是各文学社团成员的共同看法，而当时这种文学社团正在中原和南方各地蓬勃发展。[19]

士大夫的社团

明朝晚期士大夫社团的出现，和 17 世纪 20、30 年代的朝廷党争，反映出这一时期上层社会的膨胀及随之而来的将官场角逐同社会运动联系起来的一种新政治格局的发展。[20] 上层社会的膨胀，在中国最富庶的江南地区，即后来的安徽和江苏两省，表现得最为明显。在 16 世纪末和17世纪初，那里不仅涌现出许多富商大贾，中产家庭也明显增加了。[21]

与此同时，生员和秀才的数量上升了15倍，他们也前所未有地拼命要挤入大都市上层社会的行列。[22]这些常常落榜的生员或秀才，在长江三角洲各城镇形成了新兴的引人注目的阶层。他们艳丽浮夸的衣着举止，被当时人们视为性异常或社会异常现象。[23]对此深为反感的李东写道："熟闻二十年来，东南郡邑，凡生员读书人家有力者，尽为妇人红紫之服，外披内衣，姑不论也……"[24]又作诗曰：

　　昨日到城市，
　　归来泪满襟。
　　遍身女衣者，
　　尽是读书人。[25]

用来购买华服与戏票，或在苏州茶馆中赌光输尽的大量钱财，不仅助长了都市中的奢侈之风，也耗尽了这些纨袴子弟家族的财富，从而引起了巨大的社会变动。[26]所谓"温饱之家，则挪债而盘折其田房；膏粱之子，则纠赌而席其囊橐"[27]。

异常发达的家族——世代显赫的大户或望族——必须找到预防衰败破产的对策。其中有许多做到了这一点。例如，嘉兴有90多个大户，被时人视为望族。它们都能长盛不衰，有些甚至能使其财富和声望延续八代以上。[28]嘉兴位于江南和浙江交界处，确有某些经济上的有利条件，使当地士绅家族比较容易维持下来。15世纪中叶，嘉兴府增置属县，因而很容易通过在一县占田而在另一县落籍的办法来偷漏田税。[29]然而，嘉兴望族的财富和权势得以数百年不衰的真正原因，是他们采取了这样一种成功的手段，即为了使自己的家族获得新的人才与财源，精心筹划同那些正在上升的暴发户通婚。[30]例如，以明末出过几个知名官员而著称的嘉兴沈氏，便常与当地那些有财力使自己的子弟接受教育的暴发户通婚。

> 石窗公（沈琮）择婿，鲜当意者；一日，抵郡，偶于竹马戏得包池州（包鼎），欲以女妻之；询其师，邀为媒妁。时池州父，布贾也，自以齐大非偶，逊谢不敢。公曰："毋固辞，吾意已决，异日昌尔门者，必此子也。"归语盛安人曰："吾在郡中得一佳婿，包姓，鼎其名；他时名位爵禄，悉与吾似。"遂字焉。已而公仕至广州府，包仕至池州府，前言者符券然。[31]

嘉兴的望族也常相互联姻——在91家望族中，相互通婚的至少有280例，但其长久不衰的真正秘诀，是他们成功地将贵族文化对下层社会的排斥同他们对新近上升为中产阶级的暴发户的接纳结合了起来。[32]

由于明朝末年江南地区科举名士的大量涌现，这种结合成了望族为维持生存所必备的特征。和其他盛产举人进士的地区（也许江西除外）不同，江南不像浙江之有余姚和鄞县，或福建之有莆田和晋江那样只有少数几个人才之乡。江南所属10个府，在有明一代各自都造就了一两百名官员。而且，江南有许多具有重要政治意义的地区，其士人流动率比其他重要省份要高得多。[33] 因此，江南的官僚名士，不受少数重要城市中个别大族的控制。个别城市也不能支配整个江南。[34] 相反，整个长江流域这一中国最富庶的地区，到处都有政治名士。他们具有强烈的自我认同意识，又与大众文化有横向的联结。[35] 由于他们散布各处，便需要超越家族界线和地域隔阂而走到一起。因此，士人交往聚会的传统形式——诗社、学社、书院——在这一地区便异常发达。[36]

这些士大夫的社团，不仅体现出上层社会的凝聚力，也反映出16和17世纪大众文化素养的普遍提高。[37] 数百万人跻身科举，为迅速繁荣的出版业造就了庞大的读者队伍。[38] 书商们不惜重金，聘请已考取功名的知名才子，选编八股文集，介绍这种专门用于科举考试的文体的写作技巧。[39]正如孔尚任的《桃花扇》中南京三山街书商蔡益所的一段道白所言：

> 俺蔡益所既射了贸易书籍之利，又收了流传文字之功。凭他举人进士，见俺作揖拱手，好不体面。今乃乙酉乡试之年，大布恩纶，开科取士。准了礼部尚书钱谦益的条陈，要亟正文体，以光新治。俺小店乃坊间首领，只得聘请几家名手，另选新篇。今日正在里边删改批评，待俺早些贴起封面来："风气随名手，文章中试官。"[40]

这些书店除了出售八股文集外，还推销社稿，即文学会社成员撰写的文稿。出版这种社稿的目的，主要是想让日后的考官对后进才子的姓名有些印象。通过刊布登科社员之名单，社稿也吸引了不少渴望提高文章技巧的读者。[41]当时的出版界并不仅仅如黄宗羲所说，是"时文批尾之世界"[42]。除八股文外，也有冯梦龙之类的出版家所印行的小说，比如他自己的集子——"三言"，艾南英（1583—1646）等编撰的时人传记、丛书、诗集等等。当然，诗也是科举考试的文体之一；但私人或文学社团之所以编辑出版诗集，主要是为了适应当时社会审美趣味日益提高、诗歌创作日趋繁荣的形势，创建新的文学批评标准。[43]

明末的诗歌和散文，受拟古派诗人王世贞（1526—1590）等前后"七子"的影响极深。王世贞、李攀龙（1514—1570）及其他倡导"古文辞运动"的文人，背弃了宋代散文的形式主义和15世纪流行的平庸呆板的"台阁体"，转而极力推崇秦汉散文和晚唐乐府诗。[44]16世纪晚期的一些诗人，像1584年创建拂水山庄社的常熟学者瞿纯仁，继续发展了这种拟古的唯美主义原则。瞿纯仁的书斋中——后来成了17世纪的文学大师钱谦益的书斋——聚集着一群诗文鉴赏家，他们有志于振兴古诗，因而常作乐府诗。[45]但一种反对拟古派矫揉造作的势力，也在渐渐形成。

艾南英等人对文风做作的诗人提出了尖刻批评,甚至指斥王世贞的诗作缺乏自然气息和自发情感。[46] 在给诗人陈子龙的一封信中,艾南英写道:"后生小子,不必读书,不必作文,但架上有前后四部稿(王世贞文集),每遇应酬,顷刻裁割,便可成篇。"[47]

当时,并非人人都认可艾南英对王世贞的指责。但到17世纪20年代末,多数文社都赞成恢复刘基、欧阳修等古文家所提倡的古文。[48] 因此,这一时期出现的诗社,大多不是高雅鉴赏家的而是文学盟友的群体,以便共同致力于重现诗歌的魅力,并挽救文学和哲学的衰颓。大约1620年,才华横溢的金坛诗人周钟创立了匡社,匡社这一名称本身就表达了上述目标。[49] 同样建于1620年的南社,也抱有类似的目的。用南社成员沈寿民的话说:"吾同术者,卧起相闻,晦明相厉,贬誉相共。"[50]

相互品评诗的风格,只是20年代出现的文学和哲学社团的活动之一。在开展文学批评和砥砺品德修养的同时,他们还共同致力于发掘儒学经典中的微言大义,以帮助似乎丧失了道德准则的社会恢复秩序。促成这种合作的是这样一种观点,即任何人都不可能独立完成这项重大使命。因为对于经典的含义,每人都有自己独特的甚至偏执的理解。而在学社和书院中,通过讨论和讲学得到共同的批判性的发现,则会使社会秩序的恢复成为可能。[51]

在1624年这思想日益活跃的一年中,几个江南的社团合并成为应社,它以南京所在的应天府而得名。这一事件标志着长江上、下游各文人群体的联合。[52] 该社实际由两部分组成:一为南应社,由拂水山社发展而来,以常熟富人杨彝(字子常)为首;一为北应社,以匡社创始人周钟为首。[53] 联合的倡议显然是杨彝发出的,所需盘缠及出版费用也是他提供的。他之所以如此,似乎是出于虚荣心。据查慎行的《人海记》载:

> 常熟杨子常,家富于财,初无文采,而好交结文士,与太仓顾麟士(即顾梦麟)、娄东二张友善,以此有名诸生间。[54]

而对二张——张溥、张采——来说，建立应社则是为了某种与之不甚相同的需要。

由于对江南文学界其他领袖人物浅薄的教学及晦涩的文风早已深感不满，张溥、张采二人自初就互相勉励，发愤求知，追求对文学与哲学的更为深入的理解。[55]早在1623年，张采就搬进了娄东张溥的书斋。此时，两人又一起鼓动杨彝，为应社起草了一份社约，以保证所有成员共同针对谈禅说"空"的盛行，来澄清义理，并坚持对文学的衰落提出恰当的评论。这就是最早的47名应社成员在盟主周钟带领下立下的誓言。为了实现这一目标，应社又大力吸收新成员，并出版经典注释及其文集。[56]然而，和江南其他许多文社一样，应社很快也卷入了以东林党同魏忠贤的斗争为中心的政治旋涡。特别是1626年，当魏忠贤的爪牙企图逮捕带头抨击阉党的原吏部官员周顺昌时，应社成员竟参加了苏州的反抗活动。[57]明朝末叶，士大夫常常卷入市民的反抗运动。在江南各城镇中，下层士人、商贾子弟、差役小吏、歌女娼妓，以及充斥市场一切角落的摊商小贩之间，联系紧密。当其利益受到外人特别是奉命前来统治他们的官吏威胁时，这些市民就会迅速做出反应。[58]1567年，常州首先爆发了生员与市民反对当地官府的骚乱。从此，反对贪官污吏和横征暴敛的市民抗议风潮便此起彼伏，接连发生。[59]朝廷将这种骚乱归咎于民风浇薄，尤其是缺乏对权威的敬畏：

> 迩来习竟浇漓，人多薄恶，以童生而殴辱郡守，以生员而攻讦有司。非毁师长，连珠遍布于街衢；报复仇嫌，歌谣遂锓于梓木。[60]

1587年，抗议风潮经短暂平息之后又再次兴起。在当时人看来，这似乎意味着某种转折。也许是由于当时江南正闹水灾，反"贪官污吏"的呼声比以往更为高涨了。[61]在苏州、嘉兴、常州、镇江、松江等城市中，青年士人带头围攻官府,辱骂当地长官及致仕大臣。时人惊呼:生员、市民"皆一时蜂起,不约而同,亦人心世道之一变也"[62]。

晚明的市民运动有两种类型。最常见的就是上述的那一种:下层阶级与生员结为联盟,反对使他们遭致剥削与贫困的上层阶级。[63]不过,这种生员与市民的联盟,并不总是敌视官府的;他们也会声援那些保护非特权阶层之利益的地方官。其常用的手段,是阻止朝廷将清廉正直体恤民情的官员调走。1593年的松江暴动便是一例。当时,松江知府李侯依法惩治了几家欺压百姓的大户,并减轻了工匠的差徭,因而得到中下层人民的拥护。此后朝廷欲将李侯调往别处,松江生员群起反对,并在所属县镇张贴抗议揭帖。结果,朝廷出兵镇压,才将李侯调走。[64]

另一种类型是城市各阶层共同联合,反对朝廷。[65]16世纪末,江南地区形成了许多中心市场,从而使苏州、松江等大城市的核心地位得到进一步加强。以这些重要的工、商、行政城市为中心,又逐渐形成了牢固的地方观念。当那些东厂特务和宦官充任的税监危及某城市人民或其正常运行的经济生活时,其结果多半是促使他们团结得更加紧密,甚至形成以上层士人和富商大贾为领袖、以生员和下层市民为主力的市民集团。[66]1601年的苏州抗税斗争是如此,1626年因朝廷下令逮捕周顺昌而激起的那场著名的苏州民变,也是如此。[67]

1626年春,魏忠贤遣缇骑四出搜捕东林党人,其中包括苏州的周顺昌。消息传开后,苏州各地生员立即动员起来。在应社成员杨廷枢[68]率领下,数千人拥至衙门,要求巡抚向天启皇帝转奏他们的请愿书,释放周顺昌。巡抚断然拒绝,请愿群众顿时"哭声动地"。[69]如果此事只涉及周顺昌个人,他的命运只能引起为东林党的事业所吸引的青年士人的关切与帮助,那么,其他市民就不会参加这一运动。然而,以邪恶残暴著称的缇骑的出现,激怒了苏州其他市民。他们一哄而上,直捣衙门,殴打缇骑,将其中一人当场踩死,将另外几人投入河中,并且——不顾人群中一些士大夫的劝阻——继续拥至驿站,围攻御史黄尊素,撕毁了他携带的诏书，焚烧了他乘坐的官船。

但暴动群众没能救出周顺昌。他被缇骑押至京师，备受酷刑而死。事后，他的朋友竟然辨认不出他那血肉模糊的遗体。暴动群众也遭到镇压。巡抚毛一鹭报告说"吴人尽反"，将为首的五人逮捕处决。[70]他们的名字及苏州市民为纪念他们而修建的墓冢，成了正义和无畏的象征。许多亲身参加了这次民变的士大夫，则由此而扬名；那些为援救周顺昌而奋勇当先的应社社员，突然发现自己已是天下闻名的人物了。[71]

的确，1626年的苏州暴动，意味着应社正从一个文人社团向一种逐渐波及全国的政治运动转变。他们从福建、江西等省吸收了许多成员；1627年，张溥有幸作为恩贡生到北京参加崇祯帝的登基大典，遂在北京建立了应社的支部。[72]第二年，张溥和孙淳又进一步扩大应社的活动。他们发出大量请柬，邀请各地名士至苏州聚会。应邀前来的共有674人，他们同堂宣誓，建立联盟，并将其名称定为复社[73]（见下图）。

复社系统图

```
       常熟（江苏）                     安徽
       拂水山庄（1584）          匡社    南社（1620）
            ↓                      ↓      ↓
       拂水山房社（1596）
         （南应社）         应社     （北应社）
                          （1624）
                             ↓
                       复社（1628—1629）
```

张溥之流自认为是承袭了东林党人的衣钵，但在政治上却小心谨慎，不敢越雷池一步。复社的誓约是模仿明太祖的宣言而来的，由若干消极保守的道德禁令组成，如不得悖逆道统，不得指斥经典，不可无视圣贤等等。[74]比誓约的内容更重要的是这次活动的形式：一群来自全国的文人士大夫公开聚会，填写社员名册，并在张溥发向全国的公告上签名。继1629年的苏州会议后，他们又进一步开展了活动，筹集更多资金，出版新的文集，在有复社成员的各地指定或推举领袖，以协调复社的行动。[75]

复社虽然代表着一种全新的政治运动，但它只是一种联盟，而非一个政党。[76]社员身份主要体现为每年到江南参加一次会议（1629年在苏州，1630年在南京，1632年又在苏州），而张溥收集的、附在复社公告上的社员名单，仅是会议盛况的记录。复社的成员都在各自原来的文社中继续保留资格和参加活动，并且比他们在以年会为象征的复社中的资格与活动更为直接和积极；也正是由于这些地方文社的广泛存在，复社这一更大的联盟才得以迅速形成。但是，在社员心目中占第一位的，通常仍是其原来所在的核心文社，而不是复社这样的组织。他们只是名义上的复社成员。虽然可以被动员起来围绕某个问题在更高层次上开展活动，但他们主要仍然各自属于当地的文社。

复社中最著名的组织之一是松江几社。[77]该社建于1629年，以当地大户子弟彭宾、周立勋、夏允彝、徐孚远等人为首。[78]其中徐孚远是徐阶的重侄孙，徐阶曾于16世纪60年代任内阁首辅，后来成了江南最大的地主之一，遭到著名改革家海瑞的敌视；徐孚远还是前锦衣卫指挥徐本高的堂兄弟。[79]然而，在思想上对几社影响最大的，是所谓云间三子——李雯、宋徵舆和陈子龙。[80]李雯是该组织的核心人物，而真正的领袖则是陈子龙。[81]1625年，陈子龙曾痛斥魏忠贤的一个党徒，由此在政治上名声大噪。此外，他还是著名的诗人和学者。[82]作为诗人，他推崇古文，曾向艾南英宣布，宁愿追随王世贞，而不愿接受艾氏刻板的怪僻文风。[83]作为学者，他和徐孚远一起编辑了著名的《皇明经世文编》（1638），力图恢复明初盛世的吏治，并将其与传统的儒学价值结合起来，以求振兴明朝的统治。[84]

科举生涯

　　陈子龙等几社成员之被吸引到复社中来,除了与张溥等复社领袖有共同的基本政治观点以外,还因为由此可获得更多的乡试、会试中举的机会。[85] 关于诗文风格体裁的争论,毕竟不全是个人爱好问题。假如周钟、张溥等提倡的古文能成为考官喜爱的文体,擅长古文的复社成员在1630年的南京乡试中就会有更多的成功机会。[86] 于是,复社的这届年会被安排在这个生机勃勃的南方城市,且正值应试生员云集之时。[87]

　　这些考生从南直隶各地一起涌入南京后,便开始体验一种矛盾的生活。一方面,乡试(每三年一次,阴历八月初九开考)之前的准备已经使人筋疲力尽;赶考期间,又要在秦淮河北岸潮湿发霉、拥挤不堪的贡院中挨过两天三夜,这更是一种折磨了。[88] 蒲松龄曾多次乡试落榜,后以尖刻笔触描述了入闱秀才之"七似"。

　　　　初入时,白足提篮,似丐。唱名时,官呵隶骂,似囚。其归号舍也,孔孔伸头,房房露脚,似秋末之冷蜂。其出场也,神情惝恍,天地异色,似出笼之病鸟。迨望报也,草木皆惊,梦想亦幻。时作一得意想,则顷刻而楼阁俱成;作一失意想,则瞬息而骸骨已朽。此际行坐难安,则似被絷之猱。忽然而飞骑传人,报条无我,此时神色猝变,嗒然若死,则似饵毒之蝇,弄之亦不觉也。初失志,心灰意败,大骂司衡无目,笔墨无灵,势必举案头物而尽炬之;炬之不已,而碎踏之;踏之不已,而投之浊流。从此披发入山,面向石壁,再有以"且夫""尝谓"之文进我者,定当操戈逐之。无何,日渐远,气渐平,技又渐痒,遂似破卵之鸠,只得衔木营巢,从新另抱矣。如此情况,当局者痛哭欲死;而自旁观者视之,其可笑孰甚焉。[89]

另一方面，在南京应试期间，他们又过着独居生活，无论结婚与否，都离开了自己的家庭，享受着两次备考之间短暂的悠闲轻松的气氛。剧作家孔尚任抓住了考生生活这一自相矛盾的特点，在《桃花扇》陈贞惠的一段唱词中写道：

贡院秦淮近，
赛青衿，剩金零粉。[90]

剧中描写的夜生活，有观剧、宴乐和郊游。在这些场合，松江或苏州学者常遇到淮安或徐州等地的友人。陈子龙可能就是在这种场合，结识了著名徐州画家和诗人万寿祺。[91]

万寿祺的曾祖父以行医为业，祖、父皆官至御史。当其父万崇德先后在云南、京城任职，后又奉命提督辽饷之时，这个早熟的孩子在家中受到几位私塾先生的良好教育。据说，他15岁（14周岁）便能诵20余万言，五年后，即1621年，入庠为诸生。不久，其父托疾去位，出为山东按察副使。其实，这是万崇德在魏忠贤日益专权的形势下，有意率家人远离政治中心。然而山东也不安全。1622年，山东西南爆发了大规模的白莲教起义。1623年，万寿祺避难江苏淮安，与密友黄家瑞共舍。[92]万寿祺遵从父命，拜著名学者、浙江王紫芝为师，精研经史，同时在诗、画方面亦名声日盛。[93]1628年，万寿祺以恩贡应廷试，遂为新即位的崇祯皇帝所知，又与张溥等少年名士会饮于天坛。在1630年南京乡试前，陈子龙对万寿祺之大名或许早有所闻，而这次乡试则可能为他们提供了直接见面的机会。[94]

陈子龙及其复社同仁在1630年的乡试中获得了巨大成功。[95]松江生员只有彭宾和陈子龙中举。[96]但30名应试的复社成员全部中举了——因为魏忠贤同党已经失宠，考官偏向复社。其中名列榜首的是苏州暴动的领袖杨廷枢，其次是执意要拜张溥为师的太仓青年吴伟业及张溥本人。[97]为庆贺胜利，吴伟业、杨廷枢、陈子龙，与同榜中举的万寿祺一起，于秦淮舟中设宴会饮。[98]应邀前往者还有张溥、沈寿民、黄宗羲、彭宾和其他一些乐于同这群才华横溢、充满自信、前途无量的举人们交往的文人学士。未来似乎真的要属于他们了。[99]

第二年，即1631年，北京举行会试，举人们纷纷北上。[100]张溥借此机会，又一路为复社招兵买马。朝中大臣们开始窃窃私语：一场"小东林"运动正在形成。[101]会试发榜，中进士者共347人，其中62人——近1/5——为复社成员。[102]张溥的弟子吴伟业在会试中名列榜首，其后又在周延儒任主考之殿试中获第二名。[103]复社的成功过于显眼了，以至一些本应中举的复社举人，例如陈子龙，竟因周延儒害怕其政敌告讦他偏袒复社而名落孙山。[104]

眼下，吴伟业公开将其中举归功于张溥，而复社又即将看到其成员入翰林供职。[105]这样，复社经过两年努力，将要在翰林院占据重要位置，由此便可对大臣进行评议。此事之后果不难预见，崇祯皇帝一旦充分认识了这场政治运动的含义，就会更加坚信自己对党争的疑虑完全正确。在前朝，品评人物是东林党人干预朝政的主要武器。如今，"小东林"显然也想采取同样策略。因此，在崇祯皇帝看来，最重要的莫过于保住对内阁大臣任免权的控制。[106]

崇祯皇帝自入承大统始，便十分注意大学士的任用。[107]登基后，他又创造了会推之法，规定凡阁臣因革职或致仕出缺，皆由廷臣推举候选之人。当时，他最宠幸的大臣是温体仁和周延儒。[108]然而，令他吃惊的是，在朝臣奏上的候选人名单中竟无周延儒，列于首位的却是钱谦益。这显然是多数大臣协商的结果。[109]

钱谦益（1582—1664）是当时最有才气的文学批评家和最杰出的诗人之一。[110]他出生于常熟的一个儒学世家，17岁时通过童试，1606年乡试中举，名列第三，1610年又通过了会试。但他未及就任翰林院编修，便回故里为父守丧去了。由于他性好奢华，又长于鉴赏，此后10年间，长江下游一批最有才气的青年诗人和画家便逐渐聚拢到他的周围。此外，他同南京许多知名画家也颇有交往，还作为诗人参加了对16世纪的"七子"的抨击活动。[111]

1620年，钱谦益终于回朝做官，授浙江学政。但第二年，一起在其他情况下可能只被看作恶作剧的事件，使他陷入了窘境。一名举子在其试卷中对每段文字的末尾做了巧妙处理，使之从上下文看来全无恶意，但若将各段末尾一字连读，便是一首骂人的打油诗。其内容涉及主管科举的礼部，并间接涉及到批准科举制度的皇上，因而犯下了不敬之罪。此诗被识破后，该考生试图贿赂考官，遮掩过去，但他们还是向钱谦益报告了这一诽谤朝廷的事件。钱谦益便立即转奏礼部。由于钱谦益在这一事件中全无过错，因而只受到轻微处罚，并于不久后被调去编修实录。[112]

1625年，钱谦益执掌起居注和国子监时，魏忠贤集团开始对同情东林党或与之有交往的士人进行大清洗。钱谦益因被劾参加了东林党运动而辞职。及至1628年东林党人恢复权力之时，钱谦益的文学才能曾供职翰林院的资历、与江南社会的联系以及同以往的党争几乎全无干系等条件，使他成了内阁首辅颇为理想的人选。因此，当1628年底首辅刘鸿训被革职后，钱谦益——此时已被召回朝任礼部侍郎兼国子监祭酒——便被东林党人推举出来，以同温体仁和周延儒竞争。[113]

温体仁立即寻找借口，以否定钱谦益的候选资格。他上疏崇祯皇帝，攻讦钱谦益1621年为考官时曾接受贿赂，并强调入选阁臣者应绝对清白。然而更大的威胁，还是温体仁对钱谦益参与党争的指控。[114]温体仁指出，钱谦益1621年的表现，是一种常见的不负责任的投机行为，其中包括以结党营私来谋取首辅之职。[115]

三天后，崇祯皇帝召集群臣至文华殿议事。其议题事先未向任何人透露。皇上令钱谦益与温体仁当堂对质，群臣大惊。钱谦益在辩难中态度强硬，因为他已设法让崇祯皇帝对温体仁的党派活动产生了怀疑。但是，当群臣——包括一位吏科给事中——纷纷斥责温体仁为诬陷贤臣之小人，而为钱谦益辩护之时，崇祯皇帝却从中看到了钱谦益结党的证据。换言之，正是朝臣普遍支持钱谦益这一事实，使崇祯帝感到温体仁对钱谦益结党营私的指控显然更为可信。于是，他突然转向钱谦益，厉声斥责他煽动党争，令锦衣卫当场将其拿下，投入大狱。[116] 和冯铨一样，钱谦益也被判处徒刑，赎为民，当月获释，返回江南。[117] 此事被当时的人们视为崇祯皇帝独断专行的突出事例，而对温体仁来说，这却是一大胜利。他终于保住了自己的地位，五年后又荣升内阁首辅。[118]

温体仁当政

1628 年后，尽管温体仁的权势盛极一时，但朝廷在许多问题（包括东北战略问题）上仍存在严重分歧。1626 年宁远大捷后，辽东经略袁崇焕向天启皇帝保证，五年内收复明朝全部失地。然而，此时明朝又遇到了新的麻烦，即努尔哈赤 1621 年占领辽阳后，当地汉人纷纷逃往鸭绿江西岸，寻求毛文龙的保护，从而使毛文龙的势力迅速膨胀起来。

毛文龙是杭州籍军人，曾为王化贞部将。1621 年，他一度攻占了鸭绿江畔的镇江，在明军连连惨败的这一年，这也算是辉煌战绩了。[119] 尽管努尔哈赤的侄子阿敏很快又夺回了镇江，毛文龙仍然以功升任副将，镇守朝鲜边境的铁山——位于鸭绿江东一个半岛之上，距海仅几公里。辽阳陷落后，明军的残兵败将纷纷投入毛文龙帐下。1624 年，他又在朝鲜军队协助下，深入长白山，袭击了后金的老巢，从而在朝廷中赢得了有力支持。[120] 尽管镇守登州的山东经略表示反对，毛文龙还是得到了朝廷拨给的军饷，甚至还于 1625 年得到了天启皇帝的赏赐。[121]

1627 年 2 月，后金出兵朝鲜，攻破了毛文龙的铁山营寨，迫使其退入鸭绿江口附近的一个海岛。[122] 该岛名为皮岛，原是岩石裸露、荒凉不毛之地，此后却成了山东—辽东贸易线上重要的货物集散地，并且是辽东将领及所属雇佣兵投奔毛文龙旗下的一条"门径"。[123] 毛文龙多次以皮岛为基地袭击大陆的金军，但朝中大臣对此评价不一。温体仁赞同毛文龙的做法，其他大臣，包括袁崇焕，则将其视为无谓的冒险，并指出毛文龙占据皮岛将耗尽朝廷有限的军饷。[124]

此外，毛文龙又逐渐表现出欲独霸一方的野心。他一面同后金暗中勾结，一面吸收、利用登、莱二州的财货，并拉拢那里的将领。[125] 1627年后，当袁崇焕着手整顿东北防务之时，毛文龙之所为明显损害和危及了他的边帅统一指挥权，从而为皇太极及其后金政权离间前线明军将帅提供了机会。[126]

1629年夏，袁崇焕为了重申自己的权威，也为了直接同后金谈判，决定对毛文龙采取行动。他先同自己在朝中的保护人钱龙锡交换了意见，然后宣布要亲往辽阳前线视察。抵达宁远后，他又率领一支由水兵和部卒组成的小分队，包括一队甲士，渡海前往毛文龙的双岛营寨。7月24日，袁崇焕到达双岛，向毛文龙手下部分将士发放了10万两饷银和一些黄金。[127] 然后，他以检阅将士为名，令甲士在毛文龙帐外四面围住，将毛文龙和其部众隔开。袁崇焕先向毛文龙的部将慷慨陈词，使其感泣顿首；既而语气一变，突然转向毛文龙，诘责他滥用军饷，专制一方。袁崇焕一一列举了毛文龙所犯下的12项死罪，并且声称已在皇上面前对毛文龙提出了弹劾。毛文龙一时魂飞魄散，无言以对。袁崇焕遂又转向毛文龙的部将，大胆提出自己情愿以身试剑，令其或杀毛文龙，或杀袁崇焕。毛文龙的部将们顿时不知所措，趁此机会，袁崇焕立即命令手下一员将领把毛文龙斩于帐前。毛文龙死后，袁崇焕便将其军队分为四翼，令毛文龙的养子毛承禄统领其中的一翼，而将全军收归自己麾下。[128]

毛文龙之死使皮岛陷入了混乱，袁崇焕只得将毛文龙手下的许多海盗遣散，任其劫掠为生；此事还使袁崇焕极易受到朝中流传的这样一种谣言的攻击，即毛文龙对袁崇焕与后金私下谈判之事有所了解。不久，当袁崇焕正向朝廷解释诛杀毛文龙的理由时，战事又起。1629年11月，皇太极出兵围攻宁远，并借道蒙古土默特和喀喇沁部，由喜峰口入关。[129]金军的这次行动极为迅速，袁崇焕措手不及，急忙调总兵祖大寿率军2万自山海关入援京师。祖大寿赶到北京城下，奋力拼杀，终于将金军击退。[130]尽管打了胜仗，但金军此次入关毕竟使明朝大为丢脸，因此袁崇焕还是没能逃脱罪责。崇祯皇帝以部将不和、玩忽职守致使东线明军混乱无力为由诏责袁崇焕。[131]于是，关于袁崇焕与后金暗中勾结的谣言便流传开来了。甚至有人说，他为了强调自己是朝中不可缺少的人物，便故意引狼入室，邀请金兵前来攻打京师。[132]1630年1月13日，袁崇焕因越权与后金议和，被劾通敌，定为死罪。[133]结果，袁崇焕被磔于市，家人也遭到了株连，或被杀，或没为奴婢，或充军流放。其支持者钱龙锡、成基命也因此被牵连入狱。[134]

辽东战事的失利，很容易被温体仁之流用作扩大一己势力的机会。结果，许多大臣莫名其妙地变得目光短浅了。虽有人在真诚、积极地寻求北边问题的解决办法，但也有人将每次辽东战事危机仅仅看作党争磨盘下的谷米。例如，1630年后，温体仁和周延儒共同执政，而名义上，周延儒的地位又在温体仁之上。于是，温体仁为了独揽朝纲，决意排挤周延儒。他巧妙地利用了原毛文龙手下的海盗袭扰登州的机会，攻击周延儒软弱无能。稍后，当宦官王昆指责周延儒受贿之时，温体仁竟无一句辩护之辞。皇上怕引起朝廷内讧，只得抛弃了这位宠臣。1633年7月25日，周延儒被迫辞职，温体仁遂独揽了内阁大权。[135]

复社成员密切注视着温体仁的崛起。随着他的权势一天天扩大，张溥逐渐意识到，必须在朝廷以外寻求更多的支持。于是，他辞官离京，返回江南去主持1632年在苏州虎丘召开的复社第三届年会。[136]当时，许多复社成员希望得到周延儒的庇护，因为他是吴伟业父亲的挚友。但第二年周延儒辞职后，这一希望便破灭了。1634年，复社又为争取任命郑三俊为吏部尚书而四出游说，但最后皇上却将这一职位给了温体仁推荐的南京吏部尚书谢升，将其从南京召回，1634 年 10 月 22 日拜为吏部尚书。[137] 然而就在这一年，温体仁也因西部地区发生叛乱而失宠。皇上又令礼部考官文震孟入阁办事。[138]

文震孟是宋朝爱国将领文天祥和明代画家文徵明的后代，也是复社的好友。那年会试选定状元前，他曾私下征求过张溥的意见。此人是个敢作敢为的政治家，入阁后立即着手策划，再给温体仁一次沉重打击。争取外朝大臣的支持毫无问题，九个月来，已不断有人疏劾温体仁收受贿赂，败坏吏治。[139] 困难在于，必须在阁臣当中找到既受崇祯帝信任又支持弹劾温体仁的第三派人物。正如钱谦益事件所表明的那样，除非皇上能被一个完全中立的人说服，从而相信问题是真实的，否则他会将众人齐声弹劾看作群臣非法串通的证据。文震孟选中了嘉善名士钱士升。因为此人入阁后，完全置身于党争之外，而对东林党人及其宗旨又颇有赞同之意。[140] 于是，文震孟入阁仅四个月，便在皇上面前公然指责温体仁与谢升串通一气，操纵选举，既而转向钱士升，希望得到他的支持。但钱士升却一言不发，拒绝证实文震孟的指控。结果，皇上以煽动党争为罪名，将文震孟革职。[141] 然而，此事并未结束。文震孟被革职后，原东林党领袖郑鄤公开批评朝廷清洗敢于直言的大臣。在崇祯皇帝看来，这正是党争猖獗的又一证明。于是他决定杀一儆百，令锦衣卫将郑鄤逮捕入狱，严刑拷打至死。郑鄤的同窗理学家黄道周为此辞官还乡，以示抗议。[142]

钱士升把文震孟对温体仁的攻击，看作与己无关的政治争吵，因而不愿支持文震孟。但当此事发展为保护南方士大夫经济利益的问题时，他便主动充当了积极角色。文震孟事件过去六个月后，武生李进奏陈朝廷，建议向江南富户加征赋税，以供对内平定李自成和张献忠、对外抵御后金之用。[143] 1636 年 5 月 7 日，朝廷大臣就此展开了激烈辩论。最后，钱士升终于说服了崇祯帝，使之相信向江南加税势必在这一仍保持着安定的地区激起叛乱，并使朝廷失去江南士人的拥戴。[144] 李进的建议被否决了，此项搜刮落到了山东、河南富户的头上。结果，北方地主替南方士绅承受了这一额外的经济负担。[145]

在1637年3月钱谦益及复社领袖张溥、张采被劾事件中，负担过重的北方地主对生活奢侈的南方士绅的忌恨可能起了一定作用，但主要幕后操纵者是温体仁。他决意破坏钱谦益等人刚正清廉的政治声誉，以削弱他们在朝中的势力，遂暗中怂恿苏州士人张汉儒、陆文声疏劾钱谦益为官不廉，家臣在常熟依权仗势、横行乡里；又指控二张贪污腐败，并图谋削弱朝廷对江南的控制，"以复社乱天下"。[146]这些指控或许触到了一些实质性问题，但温体仁有一次也超越了他向来恪守的谨慎界线。当时，他得知钱谦益拜访了宦官曹化淳，因担心于己不利，便一面装作漠不关心，一面警告皇上：钱、曹二人正在暗中勾结。[147]1637年6月16日，崇祯皇帝命令钱谦益辞职，同时又暗遣心腹宦官向他透露，背后捣鬼者就是首辅温体仁。[148]曹化淳闻讯后立即做出了反应，揭露温体仁一直在破坏钱谦益的声誉，并暗中指使张汉儒等人带头奏劾。皇上闻知此事后大吃一惊，既而又大发雷霆：这位经常向他告发朝中阴谋的大臣，眼下却在筹划自己的阴谋。于是，张汉儒被打入死牢，温体仁则被迫辞职。1637年8月1日，温体仁在作了近10年宠臣之后，灰溜溜地致仕还乡了，并且直到第二年命归黄泉之时，也未能挽回皇上对他的信任。[149]

复古派与边防策略之争

温体仁被罢免，为复古派重整旗鼓提供了一次机会。早在温体仁垮台之前，南方就出现了创建文社的新高潮。1636年，徐州诗人万寿祺在南京创立了一个新的文社，成员有原南社的沈寿民、几社的李雯，以及正欲跻身科举的陈名夏、方以智等少年士子。[150]自从复社摆脱了人们的怀疑和攻击之后，此类活动更加活跃，复社成员又继续操纵科举。

1637年中举的进士共301人，其中37人为复社成员。[151]陈子龙就是这一年中举的，而主考官则是初次读到其文章的黄道周。[152]

这些文社的大部分活动，都以南京为中心。当时，大批南方乡绅正纷纷举家逃入南京避难。[153]在那厚重坚固、令人心安的城墙背后，生活一切如常，好像没有什么事情会来打扰这些特权者的享乐。[154]诗人冒襄——与方以智、侯方域、陈贞慧并称江南"四公子"——描述了1642年中秋节，他冒险穿过盗匪出没之地到达南京后，与妓妾重聚欢宴之情景。[155]

> 秦淮中秋月，四方同社诸友……置酒桃叶水阁。时在坐为眉楼顾夫人，寒秀斋李夫人，皆与姬为至戚，美其属余，咸来相庆。是日新演燕子笺，曲尽情艳。至霍华离合处，姬泣下，顾、李亦泣下。一时才子佳人，楼台烟水，新声明月，俱足千古。至今思之，不异游仙，枕上梦幻也。[156]

冒襄与其爱妾董小宛是1639年赴南京乡试时初次相遇的。董小宛是秦淮河畔最有才艺的名妓之一。她七岁起便随母学习音乐戏曲、女红烹饪和诗词书法，又是当时公认的绝代佳人之一。冒襄到南京后，方以智想把他这位潇洒的朋友介绍给董小宛。[157]而董小宛因厌倦妓女生活，渴望委身于一位名士，已同母亲一道离开秦淮回苏州去了。[158]冒襄立即赶去会她，但不久便与之分手了，并一度迷上了另一绝色美人陈圆圆。这位苏州名妓陈圆圆最后被军阀吴三桂霸占，[159]而在这之前，她曾是冒襄之妾。

后来，冒襄离开了南京和苏州，回到家乡如皋。其原因之一是他不断受到许多文人的纠缠，要他加入他们的文社。[160]当时，各文社正为招纳社员而激烈竞争；而某人声望之高低，也直接决定着其文社影响之大小。阮大铖便是众多谋求声望者中的一个。此人原是个阔绰的安徽剧作家，1629年因阿附魏忠贤被列入逆案，革职还乡，后因家乡怀宁响马横行而逃至南京。到了南京后，他一面招纳游侠，谈兵说剑，希望能以边才得到起用，一面筹建自己的文社，极力挽回他在士人中的声誉。许多游学南京的青年士人接受了他的邀请，并得到慷慨盛情的款待。阮大铖的成功使复社大为震惊，尤其感到不能容忍的是东林被难诸孤。陈贞慧便是其中之一。陈贞慧之父陈于廷，是位刚直不阿的东林党人，1624年被革职。陈贞慧本人则是明季"四公子"之一，作为作家和思想家在江南享有盛誉。[161]

陈贞慧还与金坛周氏关系密切。其子陈维崧娶了周镳之女为妻。周镳则是复社骨干周钟的异母兄弟，也是江南著名的才子，1627年中举。1628年崇祯皇帝刚刚即位并着手清洗阉党之时，他又考中了进士，入礼部供职。周镳有两位叔伯被当作阉宦同党列入逆案。也许正是由于对此家丑深感耻辱，他才不惜丢弃乌纱，以换取天下盛名。一次，他公然出言不逊，讥刺崇祯皇帝任人唯亲。崇祯皇帝为之大怒，将其革职为民。于是，周镳立刻博得了耿直、忠诚的美誉。当其亲家陈贞慧着手联合东林诸孤及其他士大夫反对阮大铖时，周镳便充当了领袖的角色。[162]

这次行动的结果，是所谓《留都防乱公揭》的出笼。这份写于1638年的《公揭》，对阮大铖进行了猛烈抨击，揭露他行贿受贿、敲诈勒索、操纵官府、寻花问柳的罪刑。1639年，当《公揭》呈至皇上面前时，上面已有140人的签名，其中包括黄宗羲、吴应箕、杨廷枢（1626年苏州暴动的领袖）等名士，而以顾杲（东林书院创始人顾宪成之侄）居首。[163] 阮大铖的阴私被揭穿后，大感丢脸，欲买下所有南京《公揭》，却未成功，遂满怀怨恨地逃离南京，到别处藏身去了。[164]

"小东林"在北京的势力远不如在南京，因此在朝廷中，皇上选定的下一任内阁首辅仍是个中间派，即温体仁的门徒薛国观。[165] 此人同温体仁一样，也极力想让崇祯皇帝相信，朝臣们提出的所有挽救内外危局的建议都是党争的手段，而非真正的救国大计。其实，1636年为镇压李自成而被任命为兵部尚书的杨嗣昌，曾经提出过一项明智的主张。杨嗣昌未加入任何文社，也不是复社控制下的翰林院的官员。[166] 但温体仁被革职后，他的态度有所变化，认为朝廷无力同时应付两场战争。1638年6月18日，他以彗星的出现等神秘的天文现象为由，力劝皇上立即同清朝议和，同意割让领土和恢复边市贸易，以便集中兵力镇压内地的起义。[167]

杨嗣昌立刻被复古派打上了绥靖的印记。[168] 这些自命的"正人君子"对袁崇焕收复失地的主张仍然坚守己见，齐声斥责杨嗣昌违背朝廷既定的收复北土的方针。一时反对议和的呼声甚嚣尘上，致使皇上根本不敢采纳杨嗣昌的主张。[169]

复古派之好斗，显然不合时宜。1638年最后几个月，清军突破长城，直入中原。[170] 这年冬季，他们洗劫了济南、天津等许多城镇。在1639年3月清军撤回关外之前，驻守安徽六安的明将史可法，准备率众北上，入京勤王。[171] 行前，他给夫人写信说：

> 北边破了五七十州县，不知杀了多少人。昨山东济南满城官员家属都杀绝了，真是可怜。看到此处，可见凡事有命。[172]

奇怪的是——虽然这不是无法解释——徐州画家万寿祺及其同仁好友竟如此健忘，于当年夏天便聚集北京编撰诗集。清军撤出关外才三个月，他们就又在京城无忧无虑地聚会狂欢了。

> 四方之良，皆来会于京师，东海姜垓，润州钱邦范，新安程邃，彭城万寿祺，各以事至，良夜高集，望舒南流，举觞赋诗。[173]

李雯当时也在北京。其父李逢申刚从前线回来，因此他对清军入关的危险当有更多了解。[174] 然而，他似乎也对此漠不关心，只一味抱怨朝臣的官僚主义，倾诉对南国家乡的怀恋之情。在给江南的好友宋徵舆的一首诗中，李雯写道：

> 京室非我宅，燕云非我乡。
> 冠盖非我俦，趋谒非我长。
> 良朋隔远道，凤昔梦仪光。
> 芙蓉发清池，玄蝉鸣路傍。[175]

在野之士对朝廷面临的威胁视若无睹，而必须对国家安全负责的朝中大臣却肩负着同时进行两场战争这一无法完成的任务。[176] 兵部尚书杨嗣昌要求再次加派赋税，以筹集更多军饷。首辅薛国观表示反对，但崇祯帝认为，除暂时加税之外，已别无良策了。

> 不集兵无以平寇，不增赋无以饷兵，勉从廷议，暂累吾民一年，除此心腹大患……布告天下，使知为民去害之意。[177]

薛国观的主张是从朝廷预算中砍掉不必要的支出，特别是闲职俸禄和皇戚资产等最为明显的浪费。崇祯皇帝迫于战事危急，不得不令皇室贵戚献资助饷。首当其冲的是孝定太后兄孙李国瑞，其资产总额多达40万两白银。崇祯帝剥夺了他的家产和爵位，李国瑞遂因惊悸而死。不仅孝定太后一病不起，其他皇族成员也纷纷病倒了，连皇上的占卜问卦也因此而不灵验了。崇祯皇帝大为恐慌，马上封李国瑞17岁的儿子为侯，全部归还所夺家产，并转而归罪于薛国观。不久，内阁首辅之职又出现了空缺。[178]

这正是复社及其同志盼望已久的机会。复古派寄希望于正在幕后待机而动的周延儒。他虽然已被革职，但仍然颇受皇上宠信。他同复社私下达成了协议，后者答应支持他，交换条件是要求他剥夺宦官和厂、卫的特权，并任命复社骨干出任要职。[179]复古派的目的或许是"正直"的，但其帮助周延儒恢复权力的手段，却不够光明磊落。他们用6万两白银买通了宦官曹化淳，由他向皇上推荐周延儒。[180]1641年10月15日，周延儒出任内阁首辅，皇上对他说："以天下听先生。"[181]

周延儒的荣与衰

在多数人看来，周延儒升任首辅意味着"江南集团"的成功。[182]在大学士吴甡之庇护下的"江北大臣集团"虽仍然存在，但所有山东籍阁臣（张四知、范复粹、谢升）都被免职了。因此，1641年的内阁大改组，意味着明朝中央统治集团发生了重大变化：内阁及六部逐渐落入了南方集团控制之下。结果，明朝末期，落在"江北"士绅肩上的经济负担越来越重，而直接掌握在他们手中的国家权力却越来越少了。[183]

周延儒与复社的合作并不彻底。[184]例如，凤阳总督出缺，周延儒竟然接受了复社死敌阮大铖的推荐，让马士英出任此职。马士英来自贵州，是理财好手，曾因私吞公款而充军边地。[185]后来，周延儒又打算让冯铨督饷，只是因为"小东林"的激烈反对，才不得不改变了主意。[186]但周延儒也的确履行了让复社所推重的官员掌握实权的诺言。他向皇上举荐了许多受复社敬重的士人，其中包括刘宗周、范景文、郑三俊、黄道周、张国维、李邦华和倪元璐。虽然他们没有全部获得重要官职，但张溥——当时正大病缠身，至年底便病故了——还是看到了许多受薛国观压制的敢于直谏的言官被重新起用，因而得到了安慰。[187]

1642年的复社年会仍在苏州虎丘举行，新的领袖是诗人李雯。许多少年才子前往参加，包括陈名夏和后来在1643年会试与殿试中荣登榜首的宋之盛。[188]冒襄可能也出席了这届年会，尽管他对朝廷命运的关注远不及对个人私生活的兴趣。他失去了美人陈圆圆——她确有"倾国倾城"之色——使之落入了外戚田畹之手（田畹后来又将她转赠给吴三桂）；但完全出于偶然，他再次遇到了同样可爱并一心委身于他的董小宛。当时，董小宛因为其父以她的名义在苏州到处借钱，已经债台高筑了。冒襄要将她赎出，唯一的希望是乡试中举。但1642年南京乡试，他再次落第。一切似乎都完了。那些为收回债款而希望冒襄成功的苏州债主们，又哄闹起来。这对即将陷入法律纠纷的情侣将他们的困境告知了钱谦益。钱谦益钦佩冒襄的才气，也喜爱董小宛的聪慧。特别是他们的爱情带有强烈浪漫色彩，使钱谦益感到冒襄与自己气味相投。[189]

钱谦益的年岁比冒襄大得多，但他不久前也坠入了情网。他爱恋的是兼善诗词与弹唱的名妓柳如是。[190] 柳如是最初在吴江卖艺，不久便成了天下名妓。她一心想嫁给一位和她一样声闻海内的男士，并看中了松江名士陈子龙。但陈子龙为人严正不易接近，她便转而投入了钱谦益的怀抱，1641年被钱谦益纳为妾。此后，钱谦益大部分时间都陪伴着柳如是，为她建了一座藏书楼，又将她扶为正房；他们俩在一起，似乎就是钱谦益的弟子王士祯称为"神韵"的那种时代精神的体现。[191]

出于对董小宛的深切同情，钱谦益决定伸出援助之手。他亲自赶往苏州，帮她还清了所有债务，赎回了堆在一起足有一尺高的借据。冒襄的学生将董小宛赎出后，钱谦益又在虎丘山下设宴为董小宛送行，然后用船将她送到如皋。董小宛到达如皋后，便成了冒襄的爱妾。[192] 自那以后，她日日厮守在冒襄身边，帮他抄写诗文，翻查史籍，赏玩字画，鉴定文物，演唱他喜爱的歌曲，或一起饮酒狂欢。[193]

> 长江白浪，拥象奔赴杯底。姬轰饮巨叵罗，觞政明肃。一时在座诸妓，皆颓唐溃逸。姬最温谨，是日豪情逸致，则余仅见。[194]

和钱谦益、柳如是一样，冒襄和他的爱妾也是那日薄西山的时代的两颗耀眼明星。

在北京，人们正纷纷传言：首辅周延儒让工匠在其宅第门前修建了一家珠宝店，令董廷献居中主事，专门向求官者和欲买通官府的商人收受贿赂。[195]崇祯皇帝十分欣赏周延儒揣测皇上心思的高妙技巧——无论皇上表达意愿的方式多么微妙，他都能准确地理解——但招权纳贿的指控，还是使崇祯不再宠信周延儒了。[196]他开始将朝纲不振归咎于大臣，周延儒则首当其冲。在1642年的新年朝会上，皇上对在场的周延儒等大臣们说道："古来圣帝明王，皆崇师道。卿等即朕师也。职掌在部院，主持在朕，调和在卿等。"[197]不过，周延儒最后垮台，并不仅仅是因为受贿。确切地说，他之所以陷入死地，主要是因为与宦官作对和贻误战机。

在1634年以后的八年中，崇祯皇帝对朝中大臣越来越不信任了，因而越来越多地依赖内廷宦官为他出谋划策。1640年，崇祯皇帝曾在某些方面限制了宦官的权力，但仍然十分重视他们的意见，并相当信任他们，把他们当作自己的耳目。1642年，周延儒为了履行对复古派的许诺，剥夺了宦官机构东厂的权力。于是，宦官头子将周延儒视为大敌，开始挑动皇上对他进行打击，不久他便失去了皇上的信任。[198]与此同时，前线局势又空前恶化。1641年，清军又取得了新的胜利。崇祯皇帝这才想起已故大臣杨嗣昌的忠告：不可同时进行两场战争。[199]于是，他密令杨嗣昌的门徒兵部尚书陈新甲派人向皇太极询问媾和条件。[200]由于一时疏忽，崇祯皇帝给陈新甲的一份关于议和的密件经塘报传抄于外。不出所料，此事在复古派中立刻激起了轩然大波。皇上迫于压力，不敢对此负责，遂以越权为名，将陈新甲逮捕弃市。[201]1642年3月19日，松山在清军长期围攻下终于失守。清廷提出议和，要求将宁远以北、西至蒙古的关外领土划归清朝。崇祯皇帝由于对议和心有余悸，竟不敢在朝廷上公开讨论此事。[202]4月2日，崇祯皇帝没有派使臣前去议和，反而令宁远守将吴三桂率4000人马，向阿济格所率驻守大山的清军发动反攻。这次行动被轻而易举地粉碎了，而清廷则从中领教了崇祯皇帝的背信弃义。他们再也不会向明朝提供议和的机会了。[203]

这年冬天，清兵在努尔哈赤第七子阿巴泰率领下再次南下。赵光抃是负责边防的两位明军将领之一，他守御蓟州，指挥不利。1643年1月5日，京师东北的这一重要门户陷落了。[204]赵光抃因玩忽职守被革了职，等待进一步的惩处。这时，周延儒派人对他说，若以白银5000两相赠，便可让他官复原职。赵光抃遂上下打点，共用去白银2.5万两，几乎倾家荡产，终于得以免受惩罚，并且官复原职。[205]与此同时，大学士吴甡奉旨前去抵御清军。周延儒想抢头功，得知范志完已在通州切断了清兵的退路，遂于1643年5月21日坚决要求出镇通州。[206]然而，周延儒到了通州后，"不敢出战，每日与幕客饮酒，伪驰疏报捷"。[207]他甚至凭空虚构了一场大败阿巴泰的战役，并于6月25日返京，亲自为范志完等将领请赏。[208]崇祯皇帝听了他关于明军将士如何勇猛杀敌的栩栩如生的描述，喜出望外，立即为他加官晋爵。[209]

然而，纸包不住火。从1642年11月27日到1643年1月27日，清军在短短60天内，便突破了长城，穿过北直隶，一直深入到山东和苏北，共计掠走了黄金1.2万两，白银220万两。[210]直到这场浩劫临近尾声之时，崇祯帝才渐渐看破了其大臣的谎言和武将的怯懦。7月1日，大学士吴甡被劾贪生怕死，按兵不动。[211]赵光抃、范志完被夺去官爵，下狱处死。[212]7月10日，周延儒也因谎报军情被革职查办了。[213]一些大臣以周延儒年高位重为理由，欲为其求情，却反使皇上的态度更加坚决了：正因为他已位极人臣，所以才不可饶恕。[214]崇祯皇帝拒绝宽赦周延儒，下令将他处死，但念其为朝廷效力多年，遂允许他在狱中自杀，而免受了绞刑的痛苦。[215]

周延儒之死，可能会暂时平息崇祯皇帝对御敌无术的怒气，却难以补偿广大百姓所遭受的巨大灾难。清军撤离后，叛乱又接连发生。来自山东临清的奏报称，当地人民3/10死于饥荒，3/10死于疾疫，其余4/10则被迫为盗，以劫掠为生。[216]而临清以南的东昌一带，所有村镇都化为废墟。据明廷兵部的奏报，至1643年春，只有一座济宁城孤零零

地矗立在方圆数千里的荒草废墟之中。[217] 李雯也在京师写道:

> 不寐听春雨,萧萧满凤城。
> 参差添玉漏,的历乱金钲。
> 罢祷宜加膳,忧时为洗兵。
> 圣恩知广大,早晚答苍生。[218]

诗人所得到的唯一安慰来自季节的变迁。它能给人们以某种希望:春天将从碎石瓦砾之下破土而出,为大地带来新的生命;初夏的雨露将滋润干裂的土地,并稍稍缓解人们绝望的心情。然而,在西方和北方,明朝的敌人不断发展、壮大,与自然界的由春入夏却更为相像。

注释:

1. 钱𰉸:《甲申传信录》,第4页。天启皇帝死于1627年9月30日。傅路德和房兆楹编:《明代人名辞典》,第111页。崇祯皇帝登基时,宣布要效法尧舜,作一位圣明之君。李清:《三垣笔记》"附识"上,第1页。对崇祯一朝史事的简要评述,见姚家积:《明季遗闻考补》,第137—148页。
2. 郑天挺、孙钺:《明末农民起义史料》,第2—3页。崇祯是明朝第17代皇帝的年号。严格地说,应称呼他的谥号(庄烈帝)或庙号(思宗)。为行文方便,本书称他为崇祯。
3. 崇祯帝酷爱读书,尤其爱读史书。李清:《三垣笔记》上,第15页。康熙皇帝(1662—1722年在位)虽然曾批评崇祯帝既不会骑马,也不懂经书,但并未指责他丢了天下,只是说他试图改善明朝的统治,但无能为力。而对崇祯帝的三位祖先——万历、泰昌和天启皇帝——康熙帝却大加责难,并禁止祭祠他们。史景迁:《中国皇帝》,第89页。天启帝精神脆弱,死时年仅23岁。见马米兹:《魏忠贤》,第119—120页;黄仁宇:《倪元璐的现实主义》,第419页。
4. 这位皇帝使锦衣卫重显威风而使之成为"心腹",并越来越依赖宦官,使东厂很快又恢复了活动。李清:《三垣笔记》上,第2页。
5. 北京的监狱人满为患,案牍堆积如山。1644年1月21日,皇上见死在狱中的人太多,便催令刑部加快审理。万言:《崇祯长编》,第56页。
6. 黄仁宇:《明朝的财政》,第119页。崇祯一朝有7位总督、11位巡抚和14位各部尚书或被斩首,或死在狱中,或被迫自杀。赵翼:《廿二史札记》第三十六卷,第753页。
7. 仅在1641—1644年间,就先后有18人入阁办事。艾维四:《从教育到政治——复社》,

第 356 页。

8 萧一山:《清代通史》第一卷,第 231 页。

9 马米兹:《魏忠贤》,第 114—117、157、244 页。

10 海因里希·布希:《东林书院及其政治思想意义》;查尔斯·O.贺凯:《晚明的东林党运动》。

11 起初,这位新皇帝怕引起新的党争,不想调查此事。后来,一个魏忠贤的党徒向皇帝建议,同时清洗东林党和反东林党势力,从而彻底消除党争。但倪元璐——日后的户部尚书和以身殉国的英雄——极力保护东林党。结果,崇祯帝清洗了一批魏忠贤的同党,而召回了一批东林党人,并废止了《三朝要典》。黄仁宇:《倪元璐的现实主义》,第 418—419 页。

12 谢国桢:《明清之际党社运动考》,第 74—76 页;T.K.庄:《魏忠贤》,第 338—340 页;马米兹:《魏忠贤》,第 282—283 页。

13 1629 年 4 月 9 日,刑部奉诏对阉党分别治罪,称为"逆案",共有 168 人被列入 7 等罪名,分别处刑。其中许多人声称自己和魏忠贤只是有所过往而已。谷应泰:《明史纪事本末》第七十一卷,第 28 页。

14 马米兹:《魏忠贤》,第 253—254 页。

15 《贰臣传》第九卷,第 28 页。冯铨在逆案第五等 129 人中。该等之人皆沦徒三年,贱为民。赵翼:《廿二史札记》第三十五卷,第 747 页。

16 阮氏家族在 16 世纪出过几位著名的官僚名士,包括诗人阮自华。恒慕义:《清代名人传略》,第 398 页。

17 谈迁:《国榷》,第 5474 页;罗伯特·B.克劳福德:《阮大铖传》,第 28—51 页;艾维四:《复社》,第 353 页。有材料记载,他自称对左光斗和杨涟之死负有完全责任。马其昶:《桐城耆旧传》第五卷,第 27—28 页。

18 魏斐德:《自主的代价》。

19 宫崎市定:《东洋近世史》,第 242 页;艾维四:《复社》,第 336 页。

20 邓尔麟:《科举政治》。

21 傅衣凌:《明代江南市民经济试探》,第 46—47 页,及其《明清时代商人及商业资本》,第 37 页;石锦:《太湖地区的小农经济和农村社会》第三章,第 42—45 页。晚明诗人王世贞曾提到"十七家大户",其资产皆达 50 万两以上。傅衣凌:《明清时代》,第 23 页。著名的天主教徒、上海县人徐光启,曾对其家乡的商人受到极大妒忌和羡慕的情形做过描述。还有人说,有的江南大户用每斤重 15 两的金碗待客,用最精美的绣品作浴巾。傅衣凌:《明代江南》,第 29—30 页。收藏艺术品也是一种摆阔方式,富商们尤嗜于此,因为他们认为——据晚明一位经营艺术品的商人说——一个人文雅还是粗俗,取决于他是否拥有古董。秦三迪和徐澄淇:《安徽的商人文化及其保护者》,第 22 页。

22 15 世纪后半期,明朝政府开始出卖监生资格。到 16 世纪,许多有钱人都有了这种"监生"头衔,因而可以参加乡试和出任下层官吏。至天启年间,许多富裕的平民还购买最低一级的童试资格,成为生员。这些新兴的下层乡绅在本地并不很受尊重,因为那里的乡绅通常都有正式功名;但在外地,尤其在城市中,他们的身份却大大高于一般平民,享有终身复除的特权。酒井忠夫:《儒教和大众教育书籍》,第 337 页;宫崎市定:《明代苏松地方的士大夫与民众》,第 21 页;森正夫:《明朝的士大夫》,第 35 页;山本卫士:《日本 1976 年的明清史研究》,第 17 页;何炳棣:《中华帝国中的进身之阶》,第 30 页。

23 谢肇淛(1567—1624)说,当时几乎所有官僚士大夫都有娈童。他们在京城外接客时,总是夸耀自己的相好是文人书生。据谢肇淛说,同性恋从晋代开始在中国出现,公元 3 世纪末曾盛行一时,所有士大夫都热衷此道。及至宋明,由于道学的兴起,同性恋之风衰落了;但到明末,特别是在中国东南地区,又再次兴盛起来。常听人说,福建和广东是这种性行为的中心;实际上同性恋在江南也是常见的。南方官员——谢氏说——将此风俗带到了北京，使这里的烟花柳巷也出现了许多少年男妓（小唱），作为侍者和歌童为士大夫服务。这些娈童大多来自浙江的宁波和绍兴一带，还有一部分来自山东临清，故有"北"小唱和"南"小唱之分。谢肇淛：《五杂俎》第八卷，第4—5页。1633—1635年间曾侵袭福建海岸的达赤曼·汉斯·普特曼斯（Dutchman Hans Putmans），称中国人为"卑劣的鸡奸者"。C.R. 巴克士：《郑芝龙的兴衰》，第422—426页。这位葡萄牙人还指责说，鸡奸行为"在中国人当中既不受惩罚也不受歧视"。巴克士：《三百年前的澳门》，第303页。

24 李东：《见闻杂记》第十卷，引自傅衣凌：《明代江南》，第107页。几年前，东林党人赵南星便将经济衰退与挥霍浪费联系起来，极力抨击奢侈之风。他说，当时的人们，不论男女，都追求华服美食，挥金如土。赵南星：《赵忠毅公文集》第二六四卷，第5页。这种风气大约是从16世纪40年代兴起的，当时男子开始戴瓦楞骔帽，穿轻俏精美的暑袜和蒲鞋，宜兴出产的"黄草蒲鞋"尤为著名。傅衣凌：《明代江南》，第102页，又见苏均炜：《明嘉靖期间倭寇史略》，第130—131页；艾尔伯特·詹：《明朝衰亡内在因素之研究》，第1—2页。华丽的饰服作为政治衰微和社会堕落的表现，在中国历史上屡见不鲜。荀子（约前300—前237）写道："乱世之征，其服组，其容妇，其俗淫，其志利，其行杂，其声乐险，其文章匿而采，其养生无度，其送死瘠墨，贱礼义而贵申力，贫则为盗，富则为贼。治世反是也。"《荀子笺注》，第227页。

25 傅衣凌：《明代江南》，第107页。假道学们特别提到，这些士大夫修习八股文极为严谨，但私生活却非常放荡，甚至发生反常的性行为。谢肇淛：《五杂俎》第八卷，第5页。

26 昂贵的金银珠宝饰物，尤其是做成各种动物形态的精美头饰，在崇祯时期非常时髦。李清：《三垣笔记》"附识"上，第12页。

27 傅衣凌：《明代江南》，第31页。名门子弟并不全是花花公子。据晚明史料记载，也有许多权贵子弟倚势恃强，横行乡里，成了令人畏惧（以及令人鄙视）的土豪。赵翼：《廿二史札记》第三十四卷，第721页。

28 其中有一姓维持了21代，一姓维持了18代，四姓维持了17代。潘光旦在其开拓性研究中提出的这91个大姓，是根据他们在地方志中的出现和其他衡量其声望的标准选出的。从其在巍科人物中所占之比例，也可看出这些家族的声望和权势长久不衰这一事实。明代共有巍科人物440人，嘉兴府得12人，其中10人是上述91家族的子弟。清代共有巍科人物520人，嘉兴府得28人，其中17人出自上述望族。潘光旦：《明清两代嘉兴的望族》，第96—98页。

29 因此，政府阻止这种逃税现象的努力被大族势力挫败了。川胜守：《浙江嘉兴府的嵌田问题》。

30 潘光旦：《嘉兴的望族》，第127页。

31 同上书，第125页。包鼎之父所言"齐大非偶"，出自《左传》第六卷。文中"安人"是六品官夫人的头衔。

32 同上书，第122、126页。关于明末商、农、士之身份的混淆，及其在泰州学派思想中的反映，见狄百瑞：《晚明思想中的个人主义与人道主义》，第173页。在明末的说教作品中，也有人极力维护严格的身份区别，这或许正是上述融合现象的一种反映。酒井忠夫：《儒教和大众教育》，第346页。

33 有明一代，南直隶（即江南）籍官员中无其他亲属同时任官者占59%，而浙江籍和福建籍官员中有姻亲同时在官府任职者分别占42%和34%。詹姆斯·B.帕森斯：《明朝的官僚政治》，第362—366、382—386页。江南望族之间的婚姻，作为超地域的社会纽带，常常使其中许多成员产生大都市观念，从而促使他们超越地方利益的局限，逐渐卷入东林党运动一类的全国性政治争端。邓尔麟：《达官贵人》，及其《嘉定忠臣》。

34 如果说宋朝是以杭州和开封等大都会为中心的时期，那么晚明的一大特点，就是在这些大都会之外，又迅速发展起来一批大市镇（通常是棉花贸易中心）。从 1500 年到 1800 年，苏州、松江、常州、太仓、镇江、江宁、杭州、嘉兴和湖州地区，市镇的数量在不断增加。刘石吉：《明清时代江南市镇之数量分析》，第 144 页；傅衣凌：《明代江南》，第 103—104 页；西嶋定生：《支那初期棉业市场的考察》，第 132 页；傅衣凌：《明清农村社会经济》，第 68—70 页；弗雷德里克·W. 莫特：《中国专制主义的发展》，第 127—129 页，及其《南京的变化》，第 63—65 页；P. 阿尔瓦雷·赛米多：《中国历史上与鞑靼人的战争史》，第 21—22 页；白乐日：《中国传统的政治理论与行政现实》，第 8—10 页。

35 用功能分析的术语说，明朝晚期江南潜在的社会子系统比其他地区有更大的自主性。由于氏族、官府，或许还有经济子系统是相对独立和分离的，其身份的形成就更容易、更稳定。

36 台尔曼·格里姆：《中国明代儒教教育和政治》，第 130—133 页。

37 据 1586 年版绍兴府志载，当时如果不能用儒家经典教子弟，连最贫穷的人也会感到羞耻。从商贾到差役，几乎人人都识字。何炳棣：《进身之阶》，第 251 页。罗乌斯基的数据表明，在中国的这一高度发达地区，男性中具有实用读写能力的，可能达到了 35% 或者更多。伊夫林·S. 罗乌斯基：《清代的教育与大众文学》。

38 小林宏光等：《安徽绘画的盛期》，第 25 页。

39 T. S. 费希尔：《顺从与效忠》第二部分，第 133—137 页。许多生员只知死背范文和不厌其烦地反复研读四书五经。明朝末年，人们普遍认为，把时间全部用在钻研八股文上，会导致士大夫阶层的退化。后来，这种形式主义又被认为是明朝灭亡的原因之一。威拉德·J. 彼得森：《苦果》，第 56—58 页。

40 孔尚任：《桃花扇》，第 212—213 页。"新治"指 1644 年福王建立的南明弘光政权。主考官当然是钱谦益。

41 艾维四：《复社》，第 337—338 页。

42 谢国桢：《党社运动》，第 146 页。

43 下文所述应社和复社的兴起，及其同诗界的关系，主要依据朱倓：《明季南应社考》；吉川幸次郎：《17 世纪中国文学中的不问国事》；谢国桢：《党社运动》，第 145—186 页；艾维四：《复社》；狄百瑞：《帝国的蓝图：黄宗羲〈明夷待访录〉译注》，第 13—20 页。

44 李文治：《晚明民变》，第 846、1400、1537 页；吉川幸次郎：《不问国事》，第 18—21 页。

45 朱倓：《明季南应社考》，第 542 页。该社后来由范文若命名为"拂水山房社"，成员多是常熟、华亭（松江）和昆山人。

46 袁宏道（1568—1610）一派宣称，每个时代都有其独特性格，一味仿古只会扼杀文学的生命，主张诗人应摆脱传统文学形式的束缚去抒发自己的性灵。里杰德·约翰·林恩：《正统与启蒙》，第 237 页。

47 据说，艾南英和陈子龙甚至为此动手互殴。艾维四：《陈子龙》，第 39 页。艾南英后曾率众抗清，在唐王政府中殉职。艾南英：《天佣子集》第六卷，第 10—15 页。

48 邓尔麟：《达官贵人》，第 96 页。

49 周钟的家族是金坛贵族。其父周泰时曾任云南布政使。徐鼒：《小腆纪传》，第 206—207 页。

50 朱倓：《明季南应社考》，第 545 页。南社有 16 名成员，包括万应隆和吴应箕。

51 赵南星：《赵忠毅公文集》第二六九卷，第 14—15 页。

52 宫崎市定：《明代苏松》，第 24 页；艾维四：《复社》，第 339 页。"应"也暗指《易经》所谓"同响相应"之意。见阿特韦尔：《陈子龙》，第 36 页。

53 朱倓：《明季南应社考》，第 546—547 页。此系吴伟业之说。

54 同上书，第 543 页。

55 恒慕义：《清代名人传略》，第 52—53 页。

56 应社成员中以负责招纳社员的孙淳最为积极。后来在复社中他也担负同样职责，并遍游天下社团。一位来自嘉兴的复社盟友说他"忘其身，惟取友是急，义不辞难，而千里必应"。朱倓：《明季南应社考》，第576页。该社当时刊行的一部最著名、最有影响的文集，是张溥选编的《汉魏六朝百三名家集》。吉川幸次郎：《不问国事》，第21页。

57 顾炎武：《亭林诗文集·亭林文集》，第11—12页；傅衣凌：《明代江南》，第116—118页；贺凯：《苏州及魏忠贤的党羽》；艾维四：《复社》，第339页；宫崎市定：《明代苏松》，第14—15页。

58 16世纪50和60年代，由于倭寇和中国海盗时常袭扰长江三角洲，一种以苏州香工会一类手工业行会为中心的强大地方自卫传统逐渐形成了。傅衣凌：《明代江南》，第105、123—125页；勒·P.路易·盖拉德：《南京今昔》，第205—206页；小威尔斯：《从王直到施琅的中国沿海》，第210—211页。

59 1567年的暴乱，基本上是一次生员抗议科举舞弊现象的示威。傅衣凌：《明代江南》，第91及111—112页；白乐日：《中国传统政治》，第11页；袁清：《城市暴动和骚乱》，第286页。

60 《明实录》隆庆朝第二十四卷，引自傅衣凌：《明代江南》，第110页。

61 1586年，霜冻毁掉了江东的果园；1587年，暴雨毁掉了成熟待收的庄稼；1588年，春旱造成了饥荒；1589年，又发生严重的夏旱，官府不得不赈济灾民。褚华：《沪城备考》第三卷，第12页；又见森正夫：《16—18世纪的赈灾管理与地主佃户的关系》，第74页；居密：《地主和农民》，第21—22页。

62 引自傅衣凌：《明代江南》，第110页；又见袁清：《城市暴动》，第286—287页；宫崎市定：《明代苏松》，第13—14页。

63 许大龄：《试论明后期的东林党人》，第8页；傅衣凌：《明代江南》，第113—115页。

64 傅衣凌：《明代江南》，第115—116页。

65 有的学者提出，东林党人代表了新兴商人阶级和中小地主的联盟，企图超越专制皇权而建立地主阶级的霸权。按照这种观点，东林党人是想通过反对集权专制主义和反对滥用特权、迫使下层阶级铤而走险的大地主的利益，来强化整个地主阶级的统治。沟口雄三：《东林学派思想》，第173—175、195—196页；谷口菊雄：《明末农民起义》，第56页。

66 傅衣凌：《明代江南》，第93页。按照一种被曲解了的马克思主义的分析，地主阶级内部包括几个不同阶层：贵族地主、乡绅地主和经营地主。其中第三者在江南抗税运动后期表现得最为积极。他们直接经营自己的土地，以个人身份兴修水利，因而支持受其驱使的自耕农和中小地主摆脱官府的赋税，有时还联合士绅一道同官府作对。李洵：《论明代江南集团势力》，第22页。

67 傅衣凌：《明代江南》，第88—89页。一些大臣——有的与东林党有关系，有的则没有关系——联合起来抗拒陈增等宦官的勒索，为首者是李三才。此人官至淮南巡抚，虽非东林党人，但因领导了反抗额外征税特别是矿税的群众运动而名闻天下。侯外庐：《中国思想通史》，第1110—1111页；《明代人名辞典》，第503、847—850页。关于1601年的暴动，见袁清：《城市暴动》，第287—290页；清水泰次：《明代的流民与流贼》，第372—373页。1601年的抗税斗争恰好与农业灾害同时爆发。嘉兴、湖州以南地区发生严重水灾，导致谷物和生丝价格急剧上涨。佐伯有一：《1601年"织佣之变"有关诸问题》，第88页。

68 杨廷枢是苏州最著名的儒师，他招纳弟子不分贵贱，一视同仁。17世纪30年代，其门下弟子多达2000余人。艾维四：《复社》，第347页。

69 温睿临：《南疆绎史》，第230页。这里所用的是19世纪李瑶校刻本，题为《南疆绎史勘本》。林恩·斯特鲁弗认为，该内容多出自李瑶之手（斯特鲁弗给作者的私人信件）。但该本的基础毕竟是温氏的作品，故本书从《台湾文献丛刊》之说，以该书为温睿临等著。

70 据1629年张溥为纪念这些殉难者而题写的碑文载，周顺昌被捕，"吴人痛心"，这五人遂挺身而出，痛打缇骑，事后被杀。苏州历史博物馆、江苏师范学院历史系、南京大学明清研究室合编：《明清苏州工商业碑刻集》，第374页。还有一篇名士文震孟题写的碑文，后有98位苏州士大夫的署名。同上书，第376—377页。

71 《明史》（国防研究院），第3435页；傅衣凌：《明代江南》，第93—94页；艾维四：《明代文社的变化》，第15—20页；袁清：《城市暴动》，第293—296页。贺凯的《苏州》对这一著名事件作了精彩的概述。

72 艾维四：《复社》，第340页。

73 应社究竟何时改称复社，尚不能确定。查慎行《人海记》载："（杨彝）初与同志数人为应社。其后二张名骤盛，交益广，乃改名为复社。"朱倓：《明季南应社考》，第543页。"复社"一名暗合《易经》复卦之意。复卦包含着这样一种观念：一事物之衰败就是另一事物重新兴起的转折点，于是旧事物被抛弃了，新事物又繁盛起来。见艾维四：《陈子龙》，第41页。明朝末年，对儒家经典中"复"之概念的这种拟古主义的理解非常流行。在研究陈洪绶描绘17世纪初葡萄社在北京一个寺庙集会之情形的一幅画时，艺术史学家高居翰指出，画家有意使人们联想起1000多年前白莲社的一次集会。其意图并不是要说明葡萄社是白莲社的再现，而仅仅是因为若将葡萄社的集会描绘成一次当代的史无前例的事件，便会降低其价值，而这种双重形象的画面和拟古主义的手法，则可使之带有肃穆、悠久的古典色彩。高居翰：《演讲稿》，哈佛大学，1979年，第18页。当然，慧远（336—416）的白莲社和1622年在山东发动起义的白莲教不是一码事。艾维四：《复社》，第334页。

74 这篇誓约有多种英译版本，艾维四《明代文社》第18页的译文是其中之一。

75 谢国桢：《党社运动》，第163页；邓尔麟：《达官贵人》，第102页，及其《嘉定忠臣》，第33页；小野和子：《清初的思想控制》，第342页。

76 艾维四强调其更集中化的方面（《明代文社》），谢国桢则将其说成是原有文社的联盟（《党社运动》，第161—162页）。邓尔麟指出，嘉定的复社组织由那些和望族有着非正式关系的当地生员组成，更像文人社团，而不像联盟。邓尔麟：《达官贵人》，第138页，及其《嘉定忠臣》，第30页。

77 宫崎市定：《明代苏松》，第25页。该社名称取自《易经·大传》（"系辞下"——译者）："子曰：知几，其神乎。"此处之"几"意为对尚处于萌芽状态之事物的认识和干预。

78 谢国桢：《党社运动》，第187—190页。他们常在彭宾的书斋中聚会。清军南下后，几社创始人中只有彭宾活了下来，并十分恰当地改号为"大寂子"。侯方域：《壮悔堂集·壮悔堂文集》第一卷，第12—13页。

79 徐孚远编过几部八股文集，1642年乡试中举，但次年会试未能登第。浙江乡帅许都，就是由他介绍给在绍兴任职的陈子龙的。许都因造反被陈子龙捕杀后，徐孚远还写信责备过陈子龙。后徐孚远在国子监供职，是郑成功的老师。清军南下，他参加了鲁王的南明政府，1651年随福王流亡金门岛，后于出使云南途中在安南被监禁了一段时间。1663年金门陷落后，他逃入广东山区过起了隐居生活，从此便销声匿迹了。宋如林：《松江府志》，第1253页（第五十五卷）；陈子龙：《陈忠裕全集·年谱》上，第12页；艾维四：《陈子龙》，第59—60页。关于徐阶，见《明代人名辞典》，第575—576页。

80 云闲是彭宾书斋之号，1629年几社在此成立。谢国桢：《党社运动》，第188—189页；李雯、陈子龙、宋徵舆：《云间三子新诗合稿》，"序"第1页；"传"第2页。

81 艾维四：《复社》，第347页。可能因为李雯后来曾为多尔衮效力，地方志（赵先甲撰《华亭县志》）中没有他的传。关于他和陈子龙的友谊，见侯方域：《壮悔堂集·四忆堂诗集》第五卷，第10页。李雯和陈子龙一道投身科举，但陈子龙通过了1630年的乡试，成为举人，李雯则既未列入《华亭县志》之贡生名册，也未列入《上海县志》（应宝时撰《上海县志》第1087页）之举人名单。宋徵舆后亦降清，1647年中进士。李雯等：《云间三子新诗合稿·传》，第2页。

82 陈子龙在松江领导了反对贪官朱国盛的斗争。朱国盛是明室贵族，也是魏忠贤的党徒。他在松江因以重礼诱奸富家少女而声名狼藉。陈子龙投书弹劾朱国盛，将其丑行公之于众，因而遭到朱国盛一伙的报复。《明史》，第3313页；顾炎武：《亭林诗文集·亭林诗集》，第12页；恒慕义：《清代名人传略》，第102—103页。陈子龙之父亦为人耿直，与东林党领袖邹元标十分要好，在监修万历和泰昌皇帝的陵墓期间，曾阻止宦官贪污工程资金。他死于1626年。就在这一年，陈子龙通过了县试，成为生员。艾维四：《陈子龙》，第16—26页。

83 陈子龙得到南社创建人周钟的支持。张溥和夏允彝试图调解他们之间的矛盾，但1628年艾南英又公开谴责周钟和陈子龙。邓尔麟：《达官贵人》，第96—97页。

84 邓尔麟：《达官贵人》，第97—100页，及其《嘉定忠臣》，第169—170页；艾维四：《复社》，第348页。

85 虽然所有现存的成员名册上都有陈子龙的大名，但他自己从未提到过曾出席1629年的复社年会。不过他确实在南京参加了1630年的年会。艾维四：《陈子龙》，第49页，及其《复社》，第338页。

86 于是，功名利禄促使成千上万的生员要求拜复社领袖为师。"时时，复社声名达于穷乡，争趋张溥、周钟之门。"《张履祥传》，引自潘光旦：《嘉兴的望族》，第97页。

87 利玛窦在1615年首次刊行的日记中写道："在中国人看来，南京比世上所有城市都更美丽、更宏伟，几乎没有任何城市能在这方面胜过南京，或与之相当。那里确实有许多宫殿、庙宇、城楼、桥梁，并且决不亚于欧洲的尖顶建筑。在某些方面，它还胜过我们欧洲的城市。当地气候温暖，土地肥沃。人们精神愉快，彬彬有礼，谈吐文雅。各阶层的人们聚居一起，熙熙攘攘，有平民百姓，也有达官贵人。"利玛窦：《16世纪的中国》，第268—269页。

88 有关贡院的描述，见宫崎市定：《科举——中华帝国的考试地狱》，第41页。

89 宫崎市定：《科举》，第57—58页。

90 孔尚任：《桃花扇》，第63页。南京城内秦淮河畔这块专供人们寻欢作乐的去处，一到夜晚便生气盎然，雕梁画栋，丝账珠帘，花灯游艇，星星点点，人们饮酒狂欢，通宵达旦。彼得森：《苦果》，第26页；莫特：《南京的变化》，第151页。

91 1630年赶考时，陈子龙寄住在南京的一座寺庙之中。关于这段生活，见陈子龙：《陈忠裕全集·年谱》上，第12页。

92 1622—1624年间，白莲教也曾试图在江南的太湖一带煽动起义。滨岛敦俊：《明代江南的农村社会》，第14页。

93 在此期间，万寿祺还成了家，1625年便得了一个女儿。

94 罗振玉《万年少先生年谱》对这段历史作了精彩叙述。万寿祺（字年少）在其《隰西草堂集》中（第三卷，第27—30页）留下一部未完成的自传。恒慕义《清代名人传略》第800—801页有一篇万寿祺的小传，米歇尔·彼拉佐利等《万寿祺之画卷》也对万寿祺的一生做了很好的概括性研究。不过，万寿祺在徐州地方志（刘庠《徐州府志》）中无传，在其原籍南昌的地方志（魏元旷《南昌县志》）中也无传。

95 艾维四：《复社》，第341页。

96 宋如林：《松江府志》第四十五卷，976页。

97 温睿临：《南疆绎史》，第230页；吴伟业：《吴诗集览》，第17页；邓尔麟：《达官贵人》，第102页，及其《嘉定忠臣》，第34页；吴山嘉：《复社姓氏传略》第二卷，第15页。南京乡试的主考官是姜曰广。他曾作为东林党人被魏忠贤革职。恒慕义：《清代名人传略》，第 143 页。

98 "这里的人们比我们西方人更喜欢乘船旅行,他们的船也比我们的更华丽、更宽敞。例如,一个地方官的游艇常常大得足以容纳全家人口,并能生活得像在家里一样自由自在。这些船都是官家修造的,配有厨房、卧室、起居室,并且装饰得富丽堂皇,看上去更像一个富翁的宅第,而不像一只船。有时,他们在自己的游艇中摆上豪华的宴席,在湖泊或江河中尽情巡游。这些游艇通常用各种颜色的极为光亮的油漆(葡萄牙人称为 Ciara)作最后的加工。这种装饰所带来的视觉快感,就如同各种香气混在一起所带来的嗅觉感受一样。"利玛窦:《16 世纪的中国》,第 80 页。

99 彼拉佐利等:《万寿祺之画卷》,第 155 页;罗振玉:《万年少先生年谱》,第 4 页;万寿祺:《隰西草堂集》第一卷,第 5 页;第三卷,第 28 页。

100 明朝末年,赴北京参加会试和殿试的费用,包括送礼,平均大约需要白银 600 两。宫崎市定:《科举》,第 118 页;詹姆斯·彼得·吉斯:《明代的北京》,第 198 页。

101 "张公为诸生,以天下为己任,追念东林先贤,慨然欲复之。"侯方域:《回忆堂诗集》第五卷,第 7 页。"小东林"一词所反映的不只是复社的规模,也包括复社成员的社会地位。东林党人都是朝中高官和名士,复社成员则多是地位较低的乡绅、秀才和生员。宫崎市定:《张溥及其时代》,第 334 页。

102 陆世仪:《复社纪略》,第 65—67 页;马导源:《吴梅村年谱》,第 22 页;吴伟业:《吴诗集览》,第 17 页;艾维四:《复社》,第 341 页;邓尔麟:《科举政治》。宋太祖(960—976 年在位)创设殿试之制,原是为了对定期举行的会试进行检查,防止考官与考生之间形成师徒关系。但到明朝末年,这种制度也成了排斥异己、拔擢亲党的一条途径。当时的考生一般是先写出考卷中纯属套语的前 14 行——这是可以事先准备的——然后便表明自己渴望得到考官的宠爱和庇护。考官能很容易地记住哪份答卷属于哪个考生,从而在评卷时有意给他较高的评价。宫崎市定:《科举》,第 74—75、93—94 页。

103 邓尔麟:《科举政治》。

104 因为周延儒是吴伟业父亲的好友,周延儒的政敌便上疏皇上劾其作弊。周延儒将吴伟业的试卷送皇上御览,从而驳回了这项弹劾。但此事仍使其他考生受到了损害。例如,陈子龙就没能及第。当时周延儒上疏皇上,要求令所有考官对未及第的考卷进行复审,以防漏选人才。陈子龙的试卷得到倪元璐等考官的高度评价。但周延儒害怕其政敌抓住更多口实,终于将陈子龙拉了下来。艾维四:《陈子龙》,第 52—55 页。应当注意的是,在 1631 年周延儒任殿试主考官时,349 名进士中至少有 62 人是复社成员,约占总数的 18%。而 1634 年温体仁任主考官时,302 名进士中只有 22 人是复社成员,占总数的 7%。同上书,第 71 页。

105 谢国桢:《党社运动》,第 164 页。翰林院为会试及六个重要省份的乡试派任主考官。负责监督考官的礼部尚书和侍郎都是翰林出身。两吏部尚书中必须有一位出自翰林院庶吉士;所有品官的升任,皆须经该吏部尚书和也是由庶吉士出身的都察院都御史共同推荐。邓尔麟:《达官贵人》,第 22—25 页,及其《嘉定忠臣》,第 18—23 页。

106 关于东林党利用清议的问题,见魏斐德:《自主的代价》,第 50—55 页。

107 崇祯登基后,曾以抽签法决定大学士的人选。先责令吏部推荐,将被荐人名放入一只银瓶,然后当众用筷子将其夹出。有三名大学士就是这样被选出的。但这只是权宜之计。马米兹:《魏忠贤》,第 283—284 页。

108 周延儒成为崇祯帝的宠臣是在 1628 年。当时,锦州的明军因朝廷拖欠军饷而发生兵变。袁崇焕上疏催饷,朝臣以国库空虚,多主张发内廷大库储银充饷。周延儒时为礼部侍郎。他看出此事必令皇上不快,遂极力反对,从而赢得了皇上的宠信。《明代人名辞典》,第 277 页;李清:《三垣笔记》上,第 22 页。

109　谢国桢：《党社运动》，第74—75页。

110　后世评论家称钱谦益、吴伟业、王世贞和朱彝尊为17世纪诗坛四杰。吉川幸次郎：《不问国事》，第3—4页。关于钱谦益的文学成就，见罗炳锦：《清代学术论集》，第252—254页。

111　钱谦益将诗歌视为人类"性灵"的自由抒发。他赞赏祝颢、李应桢等16世纪的"风流"诗人，说："诗者，志之所之也。陶冶性灵，流连景物，各言其所欲言者而已。"林恩：《正统与启蒙》，第239页；又见克里斯琴·默克：《祝允明与苏州的文化贡献》，第87—89页。

112　以上关于钱谦益的材料，引自胡山源：《嘉定义民别传》第十卷，第12—16页；又见《明史》，第3492页；《国榷》，第5460及5464页；《明史纪事本末》第六十六卷，第16—17页；恒慕义：《清代名人传略》，第148—149页；邓尔麟：《达官贵人》，第219—220页；傅路德：《乾隆时的文字狱》，第100页。

113　《国榷》，第5460页；《明代人名辞典》，第277页。钱谦益获得首辅提名，是在1628年11月28日。

114　温体仁得宠时间较长的原因之一，是他巧妙地利用了继天启朝政治危机之后继续威胁着朝廷的党争。他曾自告奋勇地向崇祯皇帝表示，愿意彻底清查并根除一切党派活动，以防党争再次爆发。其实，他的目的是打击东林党人。温体仁有时也要冒些风险，尤其是他曾将原魏忠贤同党霍维华等人召回朝廷做官，这便很容易使自己受到结党的指责。然而他总能成功地在皇上面前将自己描绘成反对东林党和复社等"清议"党派的英雄。曹溶：《崇祯五十宰相传》第五卷；艾维四：《晚明的复社》，第26—27页。

115　《明史纪事本末》第六十六卷，第16页。

116　《国榷》，第5461页；李清：《三垣笔记》"附识"上，第4—5页。《明史》亦载此事，但日期稍有不同。《明史》，第3492页。

117　1629年1月2日，钱谦益被革职，被指责向他行贿的考生也被投入监狱。《国榷》，第5464页；又见顾颉刚：《明朝文字狱研究》，第291—293页；《明代人名辞典》，第484、1474页。

118　黄宗羲认为，这一事件促进了复社的形成。黄宗羲：《南雷文定·前集》第五卷，第11页。

119　郝爱礼译：《皇清开国方略》，第111—112页。

120　朝鲜并不想卷入后金与明朝的冲突。只是为了使明军不来劫掠其沿海地区，他们才私下向驻边明军输纳粮草，同时也极力避免后金的勒索。吴晗辑：《朝鲜李朝实录中的中国史料》，第3684—3686页；又见李光涛：《洪承畴背明始末》，第234—235页。

121　《明史》，第2933—2934页；《明实录》天启朝，第五十六卷，第6页，第五十八卷，第5页，第六十一卷，第2页；恒慕义：《清代名人传略》，第567页。登州守将沈有容是位久经沙场的老将，在东南沿海参加过抗倭，在辽东沿海指挥过多次战役。他坚决反对叶向高对毛文龙的支持，遂于1624年1月27日辞职。《明代人名辞典》，第1194页；陈梦雷：《古今图书集成》第三七三卷，第38页；《国榷》，第5248页。据亮父《岭南历史人物丛谈》载，毛文龙实际也是魏忠贤的党徒，他还颇受朝中耶稣会士的器重。后者相信他是基督教徒，并误认为他是广州人，以为他在广州学过军事，懂得忠于君主和朝廷。皮埃尔·约瑟夫·德·奥林斯神甫：《中国两位鞑靼征服者的历史》，第13—14页。1625年，天启皇帝遣使册封朝鲜国王李倧，道经皮岛，特赐毛文龙银百两，大红蟒衣一袭。《明实录》天启朝第五十一卷，第29—30页。

122　《皇清开国方略》，第153页。

123　昭梿：《啸亭杂录》第十卷，第29页。皮岛、云从岛和大花岛构成一个群岛，距铁山所在的半岛不远。《皇清开国方略》，第685页。

124　《明实录》天启朝第五十八卷，第5页。毛文龙要求朝廷每年拨给他20万饷银。《国榷》，第5487页。

125 毛文龙初次与后金接触便提出议和。1628年阴历十月，金汗复书说媾和并不难，表示愿意进一步磋商。罗振玉：《史料丛刊初编》第一册"御帖"，第1页。

126 1628年秋，毛文龙不再听命于经略或朝廷。朝臣问袁崇焕有何对策，他回答说，此人可用则用之；若不可用，除掉他也不难。1629年阴历二月，毛文龙私率舰队至蓬莱，蓬莱守将还以为是金军来犯。毛文龙到蓬莱后，除了到庙中进香外，没有其他举动。但此事在朝中却引起一片喧哗，大臣们明确意识到毛文龙正日益脱离朝廷的控制。此后，袁崇焕令毛文龙受宁远节制，而毛文龙竟公然表示拒绝。彭孙贻：《山中闻见录》第五卷，第1、3页。

127 毛文龙部共有2.8万人。袁崇焕只带去3500人的军饷。《国榷》，第5487页。

128 同上书；柏起宗：《东江始末》，第337页；《明史》，第4092页。关于这一事件的经过，还有一种不同的记载，说袁崇焕率众至双岛后，毛文龙于帐中一连数日盛宴款待。之后，袁崇焕设宴答谢。正当酒酣之时，袁崇焕手下一员将领率刀斧手突然从幕后闯入，将毛文龙当场斩首。彭孙贻：《山中闻见录》第五卷，第3页。

129 《皇清开国方略》，第205—212页；任长正：《清太祖太宗时代明清和战考》，第25页。

130 《明亡述略》，第276—277页；《皇清开国方略》，第215页；《国榷》，第5505页。

131 《国榷》，第5507页。

132 这些谣言实际是后金散布的。范文程有意向明朝宦官透露——袁崇焕从不向宦官讨好——说袁崇焕已同后金密有成约。宦官将此谣言传遍朝廷内外，并告知了皇上。直到清史学者开始整理满洲实录时，才发现袁崇焕原来是清白无辜的。赵翼：《廿二史札记》第三十一卷，第667页；又见乔治·H.邓恩：《一代伟人》，第323页。

133 《明史》，第4093页；《国榷》，第5508页。

134 袁崇焕于1630年1月25日被定罪，同年9月22日受诛。《明史》，第4093页；《国榷》，第5543—5544页；《明代人名辞典》，第237、484、1475页；恒慕义：《清代名人传略》，第955页。从此以后，大臣们都深忌谈论与后金议和之事。任长正：《明清和战考》，第49页。

135 《明史纪事本末》第六十六卷，第18页；《国榷》，第5612页；《明史》，第4097页；《明代人名辞典》，第277页。

136 艾维四：《复社》，第341页。

137 谢升于9月13日被召入京。《明史纪事本末》第六十六卷，第19页；《国榷》，第5656页；《明史》，第5662页。

138 文震孟于1635年9月7日入阁。《明史》，第4099页；《明史纪事本末》第六十六卷，第18—21页；《国榷》，第5627页。

139 《国榷》，第5681、5685、5688、5711页。

140 奥崎裕司：《中国乡绅地主的研究》，第577页。

141 1635年12月15日文震孟被免职。《国榷》，第5718页；又见《明史》，第4099页。

142 谢国桢：《党社运动》，第80—84页；邓尔麟：《达官贵人》，第92、102—104、149—150页，及其《嘉定忠臣》，第50—51页；《明代人名辞典》，第1467—1468页；艾维四：《复社》，第352页。

143 《国榷》，第5736页。李进上疏的日期是1636年5月6日；又见《明亡述略》。

144 《明史纪事本末》第七十二卷，第40页。

145 沈翼机：《浙江通志》，第2689页（第一五八卷，第34页）；《明代人名辞典》，第238页。1637年，杨嗣昌要求增税280万两（1638年有人又建议对出租的不动产征税——对北方地主来说，这将是一项最为沉重的负担——但被皇上否决了）。这样，北方地区，尤其是河南等较贫困的省份，赋税负担便更加沉重了。1640年，怀庆府的一个县令称，为了满足新的开支，原来的9万石固定税粮（约963万升）已增长了1/4强，共合白银2.4万两。

李清：《三垣笔记》上，第 2 页；R.V. 德斯·弗格斯：《中原的起义》，第 5 页；赵翼：《廿二史札记》第三十六卷，第 750 页。

146　《国榷》，第 5776 页；《明史纪事本末》第六十六卷，第 20 页；傅路德：《乾隆时的文字狱》，第 100 页；吴伟业：《吴诗集览》，第 1、8 页；邓尔麟：《达官贵人》，第 109 页。

147　曹化淳偏袒钱谦益，是因为这位诗人曾为他的保护人宦官王安写过一篇精彩感人的墓志铭。S.K. 劳：《东林运动的分裂及其后果》，第 30—32 页；《明代人名辞典》，第 1475—1476 页。

148　钱谦益入狱后，在北京参加 1637 年会试的陈子龙曾到狱中探望他。艾维四：《陈子龙》，第 776 页。

149　《明史》，第 4101 页；《国榷》，第 5778—5786 页；《明史纪事本末》第六十六卷，第 20 页；傅路德：《乾隆时的文字狱》，第 100 页；邓尔麟：《达官贵人》，第 109 页；《明代人名辞典》，第 1476—1477 页；艾维四：《复社》，第 352 页。

150　罗振玉：《万年少先生年谱》"万谱"，第 5 页。1631 年陈子龙与桐城方氏族方以智邂逅，发现他们对诗的看法几乎完全一致。陈子龙向方以智盛赞李雯，方以智遂特意赶到松江拜访李雯。当晚，方以智不顾旅途劳顿，兴致勃勃地同李雯大谈《离骚》，直到深夜。彼得森：《苦果》，第 29 页。陈子龙参加了 1634 年的会试，但未及第。此后，他便闭门谢客，全力攻读。艾维四：《陈子龙》，第 72 页。

151　艾维四：《复社》，第 349 页。

152　进士及第后，陈子龙正欲赴广东上任，得知继母去世，悲痛欲绝。按丧制，他应辞官守丧三年到 1640 年为止。于是，他利用这段时间同徐孚远一起编辑了《皇明经世文编》，并整理了徐光启的《农政全书》。1639 年，他一度决定放弃仕途，原因是其"恩师"黄道周在同杨嗣昌的较量中败北，于 1638 年被革职。但 1640 年春，经其祖母劝说，他还是如期离乡前往北京，准备继续为朝廷效力。途中，他获悉黄道周被捕，立刻打算组织公开营救，后因有人警告他说，如此莽撞只会火上浇油，才作罢了。这年夏天，他被派往绍兴任职，9 月启程上任。艾维四：《陈子龙》，第 74—75、81—82、90—91、99—102 页；又见李清：《三垣笔记》上，第 22 页。

153　这些文社的大部分活动，都以南京为中心。当时，大批南方乡绅正纷纷举家逃入南京避难。早在 17 世纪 20 年代，就有许多大户举家迁入南京。随后，由于金军不断入侵，又有大批北方人从山东、北直隶涌入南京。苗民起义爆发后，云南和贵州的官吏也逃到了南京。到 30 年代，南京附近地区的人民起义，又迫使当地乡绅举家迁入南京。例如，1634 年的桐城起义爆发后，当地大户十之八九到南京。加入了河南、湖广等省的逃亡者的行列。彼得森：《苦果》，第 37—48 页。

154　南京内城城墙长 12 公里，高 6—20 米，厚 8—12 米，共有 12 座城门，每扇门都用铁皮包裹，并设有大炮。内城之外还有一道 1390 年修建的外城，长 25 公里，有 15 座城门。"当地流传着这样一个故事，"利玛窦神父写道，"曾有两人骑马从该城两边对面跑来，结果用了整整一天才跑到了一起。"利玛窦：《16 世纪的中国》，第 269 页；又见爱德华·L. 法默：《明初两京制度》，第 56 页。

155　冒襄的父、祖都仕至高位。该家族可能有蒙古血统，元朝末年定居在如皋。冒襄是个早熟的诗人，14 岁就成了画家董其昌的好友和学生。他还是南京城内最出众的英俊少年之一，被倾心于他的名妓们称为"东海修影"。张履祥：《重订杨园先生全集》，第 134—135 页；恒慕义：《清代名人传略》，第 566 页。

156　冒辟疆：《影梅庵忆语》，第 31—32 页。《影梅庵忆语》是冒襄纪念爱妾董小宛的作品。张履祥：《重订杨园先生全集》，第 111—115 页。

157　张履祥：《重订杨园先生全集》，第 133—134 页；冒辟疆：《影梅庵忆语》，第 7 页。

158　张履祥：《重订杨园先生全集》，第 135—137 页。

159 冒襄是这样描写也想委身于他的陈圆圆的:"其人澹而韵盈盈,冉冉衣椒茸,时背顾湘裙,真如孤鸾之在烟雾。"冒辟疆:《影梅庵忆语》,第 10—11 页。
160 张履祥:《重订杨园先生全集》,第 139 页。
161 彼得森:《苦果》,第 29 页。
162 徐鼒:《小腆纪传》,第 206 页。
163 温睿临:《南疆绎史》,第 388—389 页;查继佐:《国寿录》,第 70 页;《明史》,第 2767 页。顾果是当时杰出的书法家和古文诗人,也是杨廷枢的好友,参加过 1626 年的苏州暴动。以他的名义宣布《公揭》,是为了将那些德高望重的无锡东林学者全都拉入这场斗争。
164 克劳福德:《阮大铖传》,第 38—59 页;黄宗羲:《南雷文定·前集》第七卷,第 4—6 页;恒慕义:《清代名人传略》,第 82—83 页;侯方域:《壮悔堂文集》"年谱",第 2 页;艾维四:《复社》,第 353—354 页。阮大铖对周镳及其异母兄弟周钟的怨恨尤深,因为《公揭》发布后不久,他又在南京一家酒楼中受到周钟的当众羞辱。徐鼒:《小腆纪传》,第 207 页。
165 邓尔麟:《达官贵人》,第 111 页;艾维四:《复社》,第 355 页。
166 杨嗣昌,即 1619 年在辽东遭到惨败的杨镐之子,是个颇为挑剔的将领。他一味坚持保留全部战术自主权,而不惜牺牲战略良机。其部将未经他允许不能采取任何行动,而这有时便意味着毫无行动。詹:《明朝衰亡》,第 110—111 页。
167 《国榷》,第 5808—5809 页;《明史纪事本末》第七十二卷,第 44—45 页;《明史》,第 2857 页;罗荣邦:《和平与战争之政策和决策问题》,第 68 页。
168 《国榷》,第 5810 页。"复古派"(fundamentalists)一词,对于那些自称为"正人君子",以东林党或复社名义在朝中号召兴复古学和恢复基本道德价值观的人们,看来是个恰当的名称。见艾维四:《复社》,第 345—346 页。
169 罗荣邦:《政策和决策》,第 69 页。这位皇上认为流寇是主要敌人,是"腹心之患",而满族势力仅仅是"癣疥之疾"。他对常将满族比作匈奴和金朝的杨嗣昌说:"那汉、唐、宋何足道,目今只要将流寇平了,却用全力制敌(指满族势力——译者),有何难事?"顾诚:《论清初社会矛盾》,第 139 页。
170 《皇清开国方略》,第 471—476 页;李清:《三垣笔记》上,第 8 页。
171 清军到达济南后,一场瘟疫——可能是天花——在附近某县爆发了。清军是已经染上还是害怕染上这种瘟疫而撤了回去,无从得知。海伦·邓斯坦:《明末流行病初探》,第 27—28 页。
172 朱文长:《史可法夫人》,第 93 页。实际上有 40 座城镇遭到洗劫。吴卫平:《八旗兴衰》,第 17 页。还有许多人死于 1639—1641 年间全国性的饥荒和蝗灾。佐藤文俊《土贼李青山之乱》,第 120 页,邓斯坦:《明末流行病初探》,第 8 页。
173 万寿祺:《隰西草堂集》第三卷,第 2—3 页。
174 李桓:《国朝耆献类征》第一三九卷,第 17 页。
175 李雯等:《云间三子新诗合稿》第二卷,第 16 页。"燕云"指北直隶;"冠盖"指达官贵族。
176 吉斯:《明代的北京》,第 20 页。
177 谢国桢:《党社运动》,第 84—85 页;又见《明亡述略》。下令增税未必能使财政收入立刻增加。当时刘宗周说,其家乡(浙江)山阴的田税皆提前两年征收,而解至北京时反迟误了一年,黄仁宇:《明朝的财政》,第 126 页。
178 《明史》,第 2869 及 3367—3368 页。李国瑞之子于 1641 年 3 月 18 日受封。《国榷》,第 5887 页。
179 艾维四:《复社》,第 355 页。

180 《明史纪事本末》第六十六卷，第 22 页；《国榷》，第 5895 页。

181 《明亡述略》，第 278 页。又见《国榷》，第 5906 页；《明史》，第 4105 页；邓尔麟：《达官贵人》，第 111 页，及其《嘉定忠臣》，第 52—53 页；《明代人名辞典》，第 279 页。

182 谢国桢：《党社运动》，第 96—97 页。

183 自 1641 年人事大变动后，朝廷大臣的人事安排被崇祯皇帝搅得一团糟。从那时开始，到 1644 年 4 月北京陷落，先后有 18 人入为阁臣，18 人出任六部尚书，平均每人在任时间不到一年。艾维四：《陈子龙》，第 124 页。

184 例如，1642 年 8 月，周延儒曾阻挠张溥和张采的升迁。当时皇上问起二张和黄道周的情况，周延儒回答说，这三个人都是杰出的学者，但书生气太重，并怀有偏见。李清：《三垣笔记》"附识"中，第 5—6 页。

185 阮大铖向周延儒馈赠黄金 1 万两，以求复出，并向朝廷举荐马士英。周延儒感到向皇上建议让阮大铖复出，显然过于唐突，因而只推荐了马士英。而马士英也是直到高光斗因连失五城被革职下狱后，才得到了凤阳总督之职。刘约瑟：《史可法和满洲人入侵时中国的社会政治》，第 54 页；《国榷》，第 5926 页。

186 《贰臣传》第九卷，第 28—29 页；恒慕义：《清代名人传略》，第 240—241 页。1638 年清军南下时，冯铨在涿州保卫战中起了重要作用。对他的任用将意味着，朝廷对额外赋税重压下的北直隶和山东地主做出了让步。

187 《明史纪事本末》第六十六卷，第 23 页。

188 杜登春：《社事始末》，第 11—12 页；吴山嘉：《复社氏姓略》第二卷，第 3 页。

189 张履祥：《重订杨园先生全集》，第 144—151 页。

190 柳如是姓杨，名爱，字蘼芜，号河东君。

191 《贰臣传》第十卷，第 14—15 页；葛万里：《钱牧斋先生遗事及年谱》，第 4 页；恒慕义：《清代名人传略》，第 149 页；吉川幸次郎：《不问国事》，第 4—8 页。在钱谦益之流的爱情生活中，"公开的一面同隐秘的一面是并存的"。有关这一现象的值得一读的描述，见林恩·斯特鲁弗：《历史剧〈桃花扇〉》，第 15 页。

192 冒辟疆：《影梅庵忆语》，第 28 页。

193 张履祥：《重订杨园先生全集》，第 151—152 页。

194 冒辟疆：《影梅庵忆语》，第 33 页。当时正值 1642 年阴历九月。

195 谢国桢：《党社运动》，第 88 页；李清：《三垣笔记》"附识"上，第 19 页。

196 《明亡述略》，第 276 页。

197 1642 年阴历正月初一（阳历 1 月 30 日），崇祯皇帝为了加强自己和大臣的关系，做了一次大胆尝试。他让所有外朝官员都进入内궸，亲自对他们进行嘉奖，号召他们同心治国。但当时的气氛仍十分拘谨和呆板，而且崇祯皇帝对大臣的不满很快就战胜了想要亲近他们的愿望。李清：《三垣笔记》"附识"中，第 1 页。大多数当时的记载都说，崇祯皇帝确信其大臣杨易结党营私。一种常见的说法是："臣尽行私比党，而公忠绝少。"冯梦龙：《甲申记闻》，第 2 页。康熙皇帝也曾指出，明朝宦官确实作恶多端，但导致明朝灭亡的主要因素并不是宦官，而是党争，是明朝大臣为争权夺利互相倾轧，而置国家利益于不顾。史景迁：《中国皇帝》，第 87 页。

198 《明史纪事本末》第七十四卷，第 77—78 页；《明代人名辞典》，第 279 页。

199 《皇清开国方略》，第 511—514 页。

200 暗中怂恿皇上通过陈新甲与清朝秘密接触的，是山东籍大学士谢升。《明史》，第 2909 页。

201 李清：《三垣笔记》"附识"上，第 20—21 页；《明史》，第 2908—2909、3090 页。陈新甲不慎将一份有关议和的密件放在案上丢失了。当时的官府书吏常常要将文书送交塘报。陈新甲的书吏见此文件置于案上，以为是普通文书，遂拿去交给了塘报官。陈新甲被处死后，谢升也作为议和派受到攻击，被迫告老还乡，直到清军入关后才得以复出。罗荣邦：《政策与决策》，第68—69页；《贰臣传》第七卷，第32—33页；恒慕义：《清代名人传略》，第307—308页。复古派视陈新甲为"误国枢臣"。李清：《三垣笔记》"附识"上，第12页。

202 《皇清开国方略》，第536—538页。

203 同上书，第538—539、544—545页；《清太宗实录》第五十九卷，第10页；李佳白：《北京的第一个满族皇帝》，第132页；谢国桢：《党社运动》，第90页。

204 《皇清开国方略》，第558—561页。

205 钱䂮：《甲申传信录》，第7页。这是一部记述当时朝中史事的最可靠的资料。作者强调此书决非"野史"，而是他在都察院任职时对耳闻目睹并经过认真核实的史实所做的记录（第5页）。书中经常提到某人的谈话未曾被他人听到，因而无法提供详细内容。有时则对此类个人隐私是如何传出来的加以解释，如某人曾在某场合同其弟子详谈某事（第83页）等等。

206 《明史》，第4107页；《国榷》第5971页。

207 《明亡述略》，第278页，又见曹溶：《崇祯五十宰相传》第五卷；李清：《三垣笔记》中，第9页。

208 《明史》，第4107页；《国榷》，第5975—5976页。

209 《国榷》，第5974、5976页。1645年，清朝摄政王多尔衮对其大臣们说，他看了明朝的奏报，感到非常有趣，尤其是明朝君臣总是谎称胜利，上下相蒙，"最为可笑"。《多尔衮摄政日记》，第5—6页。

210 恒慕义：《清代名人传略》，第3—4页。

211 《明史》，第4107页；《国榷》，第5976页。

212 还有许多将领也被投入大牢。见《明史》第2922页之名单。

213 《明史》，第4107页。

214 《国榷》，第5977页。

215 李清：《三垣笔记》"附识"中，第11—12页；万言：《崇祯长编》，第48—51页；《明代人名辞典》，第279页。周延儒谎报军情一事，是由李国瑞之子李国祯揭穿的。周延儒死于1644年1月17日。

216 左懋第提出上述比例数字后，又写道："米石银二十四两。人死则取以食。又自鱼台至南阳，流寇杀戮，村市为墟，尸积水涯，河为不流。"《明臣奏议》第十二卷，引自清水泰次《明代的流民与流贼》，第378页。临清还出现了两支较大的起义军。一支以小地主袁时中为首，他的佛兵（据说有20—40万众）是由各地土豪的乡兵组成的。清军南下时，这支队伍曾在临清帮助鲁王进行过抵抗。另一支以狗屠李青山为首，并同河南的李自成起义军有直接联系。当李自成（他杀了袁时中）全力剿除明朝诸王而不再保护地主时，李青山便把矛头指向了地主。佐藤文俊：《明末袁时中之乱》，第209、218—223页，及其《李青山之乱》，第119—121页。

217 黄仁宇：《明代大运河》，第132页。

218 李雯等：《云间三子新诗合稿》第五卷，第3页。"凤城"指京师，出自杜甫《夜》；"玉漏"形容皇宫，也是当时用来计时的一种漏壶；"洗兵"意为放下兵器。

第三章　满族势力的扩张

> 项城师溃哭无衣，闻道松山尚被围。
> 原野萧条邮骑少，庙堂镇静羽书稀。
> 拥兵大将朱提在，免胄文臣白骨归。
> 却喜京江波浪偃，蒜山北畔看斜晖。
>
> 　　　　　钱谦益：《牧斋初学集》二十，
> 　　　《冬至后京江舟中感怀八首（其六）》

努尔哈赤死于 1626 年 9 月 30 日。临终前他没有指定汗位继承人。[1]相反，他的遗训是警告诸王，即八贝勒，永远不要让他们当中的某个人成为独裁者。"继我而为国主者，"他说，"毋令恃强之人为之。此等人一为国主，恐恃力自恣，获罪于天也。"[2]或许努尔哈赤感到，像他那种独裁野心，若不加约束，最终会危及他所开创的事业；或许他不希望自己的继承人达到与他同样的历史地位。不管出于什么动机，总之，他要求八王实行集体统治。"若集会而见尔等八王任置之国主时，"他指出，"不得一二人集会，要众人会齐后入见，共议国政，处国事。"[3]

努尔哈赤死时，共有四大贝勒，都是这位金汗的子侄。论年龄，代善最长，其次是阿敏、莽古尔泰、皇太极。[4]其中年龄最小的皇太极，统领着满洲八旗中的两旗,因而实力最强。但他的优势只是相对的,他要登上汗位,必须得到另外三位贝勒的认可。最初,换取三位贝勒的认可似乎要以实际上瓦解努尔哈赤所开创和发展的全部事业为代价。皇太极后来回顾这次危机说:

> 彼时,我等正为太祖服丧,镶蓝旗贝勒阿敏遣傅尔丹谓我曰:"我已同众贝勒议。我等欲推尔为君,然尔既登汗位,须容我出境谋生。"……吾若许其出境,则两红旗、两白旗、正蓝旗亦可越境出外谋生。如此国将不国,我为谁君?吾若从其请,则国家分崩矣。[5]

最后,年长的贝勒代善提出了一项折衷方案。在其儿子的帮助下,代善提议由皇太极继承汗位,比皇太极年轻的宗室成员,都要向他宣誓效忠。作为回报,皇太极当众向其三位兄长下拜;在正式场合,则四人同座。于是,一种集体统治格局果真形成了。[6]不过,这是一种令人不安因而难以持久的政治安排。努尔哈赤第三子莽古尔泰,认为应由他而不是其弟来继承汗位。[7]而皇太极则因集体统治对他的约束感到烦恼,正在另寻良策,以使自己真正凌驾于其诸兄之上。[8]

汉族合作者

皇太极在辽东汉人中找到了一种依靠力量。他宣称以往三年对辽东汉人的屠杀,是违背治国之道的行为,并将之归咎于其父努尔哈赤,从而赢得了汉人的信赖。[9]他还指出,在他即位前汉人地位低下,而他即位后便采取措施改善了他们的社会地位和生活条件。[10]他这一努力表现在许多方面:放宽了关于汉人逃亡的法令,采用了汉族社会的法律形式。同时,"拖克索"制度被废除,大量汉族奴隶不再由满族官吏直接管理,而分屯别居,由汉官统辖,从而使满汉两族更加严格地区分开来。[11]

由于当时白银不足,皇太极仍以农奴作为庄丁来支付满、蒙、汉官吏的俸禄,但各官府所得到的农奴的数量明显减少了。[12]此外,被收为"民户"的汉人都生活在军屯区中,由汉官统领,满洲旗人不得进入这些地区。[13]皇太极还开科取士,从俘奴中选拔官吏,并比其父更深地依赖于汉族合作者的帮助和指点。[14]

作为回报,这些汉族合作者提出了一系列旨在将大权集中于皇太极手中的改革建议。1629年,金汗的"书房"或"文馆"增加了许多满洲巴克什。不久,又有80余名汉族秀才加入了文馆,掌管记注起居和处理外交信函。[15]与此同时,皇太极又接受了汉官所谓"一城即一邦,乃祸乱之源"的劝告,设法削弱各贝勒在各旗中的权力。[16]在此之前,战利品皆先在各贝勒之间平均瓜分,然后由他们分赐给本旗将士。而此时,皇太极规定,要先将全部战利品的30%送进汗的府库,再由八家之主分享其余的70%。赐旗人钱物酒宴之费,则由汗亲自支付,不再由贝勒以旗主身份分别支付。[17]此外,这些合作者还主张增设谙班(满语,意为大臣),分遣各旗,使之分割贝勒之权,并同贝勒一起参加诸王大臣议事。这一建议正好符合皇太极的需要,遂被采纳。[18]

由于被剥夺了向本部旗人施与赏赐的封建权力,并被迫与汗指派的官员分享统治各旗的职权,那些大贝勒对出此主意的汉人必然比以往更加厌恶。阿敏——1627年率军征伐朝鲜时就已经有过反抗举动——最有可能反对皇太极将汉人视为后金国中独立和平等的成员的新政策。[19]不久,发泄不满的机会来了。

1629年11月,皇太极决定向明朝内地,即关内的中原[20]地区发动第一次进攻。他令阿敏为摄政,留守沈阳,自己则率八旗军突破喜峰口,一直打到北京城下。[21]金兵对北京的进攻虽被祖大寿击退,但他们仍攻

第三章 满族势力的扩张　97

破并占领了关内四座重要城镇:滦州、迁安、遵化和永平。[22] 皇太极对四城军民采取安抚政策,令金兵严守军纪,并盛情接纳明朝降官,其中包括当地行政官员、卫所军官和三名高级将领:孟乔芳、杨文魁和杨声远。副将孟乔芳及其部众立即被邀至山海关附近皇太极的营垒之中。皇太极极力表现得平易近人,以便同明朝皇帝的深居简出形成鲜明对比。他设宴汗帐,款待明朝降官,以金杯赐孟乔芳酒,并说道:"朕不似尔明主,凡我臣僚,皆令侍坐,吐衷曲,同饮食也。"于是孟副将便归顺了后金。[23]

皇太极就这样借占领四城之机,表达其渴望招纳汉人、欢迎明朝降官的心曲。1630年4月,皇太极返回沈阳,阿敏奉命至前线督师,于5月初抵达永平。不久,总兵祖大寿率明军反攻,阿敏丢了滦州。军中大臣劝他守住其余三城,保护城中百姓。他非但不从,反向几年来因皇太极不断扩大其权力而日益活跃的汉人大发怒气。6月,阿敏下令对迁安、永平实行屠城,只留少数妇女。在这场野蛮屠杀之后,他将所有家畜、财物及幸存的妇女掠作战利品,抛下几座空城遁身而去。明军很快消灭了少数留守的金兵,轻而易举地收复了这些残破的城镇。[24]

皇太极得知阿敏屠城后大怒。1630年7月,阿敏回到了沈阳,皇太极拒绝对这场屠杀承担任何责任(他与此暴行毫无干系),宣布阿敏为国贼,将其逮捕。[25] 诸贝勒大臣讯问阿敏后,议请诛之。皇太极命从宽处罚,遂将他幽禁起来。10年后,阿敏死于幽禁之所。[26]

将阿敏逮捕治罪大大强化了皇太极的实力和权威。如今,不仅主要对手已被消灭,而且阿敏的镶蓝旗也落入了皇太极的亲信堂弟济尔哈朗手中。这样,皇太极不仅直接控制着八旗中的两旗,还能在很大程度上左右另一旗的行动。同时,阿敏的行为更增强了皇太极继续安抚汉人以赢得其支持的决心。当时他认为,阿敏的野蛮行径是对汉人缺乏了解的结果,因此满族人需要进一步学习文明之邦的基本义理。

闻诸贝勒大臣，有溺爱子弟不令就学者，殆谓我国虽不读书，亦未尝误事。独不思上年我兵之弃滦州，皆由永平驻守贝勒，失于救援，遂致永平、遵化、迁安等城，相继而弃。岂非未尝学问不明义理之故欤？[27]

遂令满、汉官员子弟，8岁以上15岁以下，皆就学读书，声称二三年内，"就学者既众，我等将成礼义之邦"。[28]

占领永平的直接后果是皇太极更加羡慕汉族的统治方式，更加依赖汉族合作者在政治上对他的启迪。在事件爆发后的第二年里，他经常求教于参将宁完我。这是一个为满洲政权的创建立下汗马功劳的辽东边民。[29] 1633年，在皇太极欲将金朝作为自己治国的楷模之时，正是宁完我向他提出，要理解文治的艺术，就应阅读"四书"；要改进战术，就应研究孙子等军事家的著作；要探究王朝兴衰之理，就应求助于《资治通鉴》。[30] 也是这个宁完我，主张依仿明朝六部之制，草拟六部章程，以管理后金政府。[31] 六部（建于1631年8月5日）分别由一名贝勒主管，但大部分实权掌握在承政、参政等官员手中，并由皇太极之弟多尔衮总管。[32] 汉人在六部中的作用虽相当有限，但行政官员作为一个整体，同皇太极任命的监察官一道，实际已取代了贝勒的作用。几年之后，徒有其名的贝勒分主六部之制便废止了。[33]

占领永平的另一后果，是由愿意为满族效力的汉族士兵组成了独立的汉军。[34] 其实，自1626年以来，就已经有汉族军队同满族人并肩作战了，那时他们主要是隶属各旗的使用中国火炮的炮兵。在皇太极看来，这些"乌真超哈"（满语，意为重兵）不如他的满族武士凶猛、勇敢，但在攻坚战中他们确实是有效的突击力量。[35] 永平守军投降后，后金统治者面临这样一个问题：是将他们编入各旗作"乌真超哈"呢，还是组建一支由忠诚可靠的汉官统领的独立部队？最后他们选定了后一方案，3000名汉族士兵（其中可能有从后金占领的东北地区征募来的汉人）组成了

"尼堪超哈"（汉军），由一名虽非境外居民，但已忠心耿耿地为后金效力了14年的明朝降官统领。此人名叫佟养性，[36] 和许多辽东籍明军将领关系密切。1616年，他与努尔哈赤暗通书信，密谋叛明降金。后来，明朝查获了这些书信，将佟养性逮捕入狱。但他越狱逃走，投奔了后金。努尔哈赤封他为男爵，并妻以宗女，以示褒奖。[37] 从此，佟养性便成了后金的额驸（满语，意为驸马）。1621年，他协助努尔哈赤攻破了辽阳。现在，他奉皇太极之命统领新建的"尼堪超哈"，并准备投入战争。[38]

与此同时，佟养性还奉命督率从永平俘虏来的一队汉族铸炮工匠。他们通晓铸造葡萄牙大炮即"红夷"炮和"大将军"炮的新技术。[39] 其中包括出身于翻砂匠和铁匠的游击丁启明。1631年2月8日，这些铸炮工匠完成了任务，40门崭新的欧式大炮宣告铸成了。13天后，皇太极下令：自今以后金国所属汉人皆归额驸佟养性管理；他的命令就是法律，所属汉官皆须服从。[40]

佟养性训练的这支军队及其大炮，使满族在争夺亚洲东北霸权的斗争中，具备了新的有利条件。这支装备了欧式大炮，并由葡萄牙炮手直接或间接训练的士兵进行操作的汉族突击部队，将使皇太极有可能恢复其父1626年在宁远明军的大炮前所失去的军事优势。为此，皇太极已花了五年时间，并对中原发动了俘获这些炮手和工匠的那次关键性的袭击；而今，由于后金已将突然、凶猛的骑兵战术同持续、猛烈的炮兵技术结合起来，东北战场的力量对比就将发生决定性的转变了。佟养性还没能使这一新的军事技术臻于完善，汉族降人今后还会为后金带来更丰富的军事经验。但目前，作为初次尝试，这种新式武器将用来摧毁大凌河城的明军工事，并成为金军在这次战役中获胜的关键因素；而这次胜利在后金寻求扩张的进程中又将是重要的转折点。因此，对大凌河的长期围攻是值得详细考察的事件。它既可以证实皇太极对旧的汉族同盟者的深切倚重，也可以说明他在招纳新的汉族同盟者时所使用的高明手段。[41]

大凌河之围

　　大凌河城是明朝在东北的军事重镇和贸易中心，有着坚固的综合防御工事。该城四周有厚实的城墙，城外险要之处又设有台堡百余座，在金军的传统战术面前，简直坚不可摧。所谓"台"，都是一个个小城堡，各由一名将领统辖。他们多是明朝的军官，偶尔也有科举出身者。最小的台只有约 70 人；最大的台，即鱼子嶂台，则有男女老少 600 余人及牲畜 70 头。这些可用大门紧紧封闭起来的城堡，还有充足的物资贮备；一旦遭到围困，可能出现短缺的是火药，而不是粮草和水。但 1631 年秋，大凌河城内的情况却不是这样。当时，总兵祖大寿（镇锦州）正在巡视大凌河防务，其部下统计城内居民竟多达 3 万人。由于人口太多，城中粮草最多只够食用一个月了。[42]

　　总兵祖大寿是城中最高将领，也是著名的沙场老将。三年前，他作为一个辽东武人家族的族长，受命统辖锦州驻军。[43] 在所有现任的明军主要将领中，他的功绩最为卓著。只有他能够声称曾经令人难忘地打败过金军：首先，他曾在北京城下击退过皇太极；其次，他曾将阿敏的军队赶出滦州。他所统领的大凌河守军，两年来历经战火，其 1.4 万将士（半为步兵半为骑兵）全都顽强善战。[44]

　　1631 年 9 月 1 日凌晨，即后金铸成葡萄牙大炮仅七个月、沈阳设置六部仅四个星期之后，皇太极便率领满、蒙、汉大军共 2 万人，分两路集结于大凌河城下。这时，皇太极尚未意识到自己面前是一座不易攻克的堡垒。但就在当天，金军哨探抓获了一名当地汉人，经讯问，皇太极立刻知道了祖大寿的实力，并得知大凌河城刚刚修缮完毕。显然，直接攻城势必使金军遭受重大伤亡。当晚，皇太极对大凌河的防御情况进行了侦察，次日，便召集贝勒大臣们商议对策。最后决定，由满洲军对大凌河城进行长期严密的包围，由佟养性率汉军携"红夷"大炮扼守大

第三章　满族势力的扩张　　101

凌河通往锦州的要道。[45]同时沿城四周修建栅栏，并掘出一条宽5尺（1.8米）深7尺（2.5米）的壕沟，以防城内明军逃走。[46]

在此后的几天中，明军派出小股部队出击，后金骑兵则随时阻击。双方进行了几次小规模的交锋，皇太极则在城南山坡上观战。这几次交手多数是后金军队获胜，但皇太极很快就意识到，要攻下大凌河城，必须首先扫平其周围的台堡。于是，皇太极一面派遣使者致书祖大寿劝其归顺，一面令部下尽力争取大凌河周围台堡的投降。[47]离大凌河城最远的几座台堡，最易为金军中汉人的劝降所动摇。台中明朝军民全都知道一年前发生的永平惨案。因此，一个为后金效力的汉人，比一个可能在阿敏命令之下亲身参加了永平大屠杀的满族人，更能使他们相信投降后不会遭到屠杀。一年前在永平降金的明朝将领马光远，设法使城南一座山台的守军向他打开了大门；1618年抚顺陷落时降金的范文程，也于9月5日说服城西一台的90名军民（包括一名和他一样的生员）停止了抵抗，并归附于他。[48]

离城较近的各台不易劝降，但经不住金军新式大炮的攻击。佟养性的炮兵从9月7日开始轰击大凌河城及城东、城北各台。数百间房屋中炮起火，其中一台的守军因无处藏身企图深夜弃台而逃，但遭到金军拦截而未能成功。[49]9月10日，金军已攻下城外四台，突然哨探来报，明朝援军正从松山赶来，于是，对大凌河的进攻不得不暂时停了下来。[50]

明朝援军的前锋只有2000人马。9月11日，他们被300名满洲士兵轻而易举地击溃了。[51]援军的主力则有6000之众。皇太极早有准备，事先已派其弟英亲王阿济格率500名满洲骑兵和500名蒙古兵中途拦击。但明军乘雾而来并扎下营寨，使阿济格大吃一惊。幸亏大雾一度散开，及时将明军暴露出来，既而又弥漫开来，及时将阿济格的部队掩盖起来。金兵虽在数量上处于1：6的劣势，但他们悄悄溜到明军背后，将其一举击溃。明军仓皇逃向锦州，金兵又尾随其后一路追杀。[52]

事后，一员被俘的明军游击被带至大凌河城下，告知城中守军，援军已大败而还，以此来打击他们的士气。[53]但明朝又派出一支规模更大的军队前来援救祖大寿。大学士孙承宗带着祖大寿的姻亲、总兵吴襄等步骑4万人，自山海关奔赴锦州。[54]10月7日，金军获悉其前锋已至锦州城外，扎营于小凌河对岸。皇太极立即将帐下护军分出一半，令其前去迎击。四天后，他又亲自带领一支部队，包括佟养性的500名旧汉兵，赶往锦州。[55]与先行出发的护军会合后，皇太极便甩下大军，唯与多铎（豫亲王，努尔哈赤第十五子）率领200名亲随护军快速前进。这支精锐的小分队缘山潜行，赶到小凌河。对岸驻扎着7000名明军。皇太极毫不犹豫，披挂上马，令部下准备战斗。随后，他一马当先，全速渡河，冲入明军营寨。明军顿时大乱，其兵力虽相当皇太极所率护军的35倍，却急忙向城中退却，金兵则尾随其后，尽情砍杀。[56]

几小时后，皇太极又指挥满汉大军同明军主力进行了一次交锋，并再次获胜。虽然这次交战俘获了一员明军副将，但前一次奇袭的成功才是最辉煌的胜利。当天，皇太极率军返回大凌河，代善等众贝勒出营三里相迎，对皇太极的大胆和果敢倍加赞贺。[57]的确，大凌河及锦州城下的胜利，使皇太极和他的兄弟们拉开了距离。[58]

此时，大凌河城内被困的军民渐渐粮绝薪尽。皇太极通过对俘虏的巧妙讯问，了解到了这一情况。[59]10月13日，他刚刚凯旋而归，便决定再次致书祖大寿，告诉他后金已经知道城中的困境，并以保证其财产、荣誉和地位为条件劝其投诚。

> 满洲国皇帝，致书于祖大将军。兵，凶器也；战，危事也。人未有不愿太平，而愿战争者。即战而获胜，岂若安居之乐乎。我屡遣使议和，尔君臣自视如在天上，而卑视我，竟无一言相报，我是以忿而兴师。自古以来，两国构兵，不出战与和二者。今和议既绝，朕故留兵居守，亲率大军深入。幸遇将军于此，似有宿约，深惬我仰慕将军素志。意者天欲我两人相见，以为后图乎。[60]

但祖大寿并无回音。

几周前,皇太极离开大凌河时,祖大寿曾遣军出城,企图夺回被金兵占领的城外西南各台。[61]那次行动虽未成功,但当时颇令皇太极担忧。为此他还专门召集群臣,商议防止祖大寿主力大举突围的对策。[62]而现在,皇太极在大胜孙承宗后,变得信心十足,遂决定引诱祖大寿军再次出城。10月14日,他派遣部分士卒和炮兵悄悄朝锦州方向运动。走出10里后,鸣放数炮,便返回大凌河,并故意扬起灰尘,装作一支大规模援军。同时,皇太极率其护军佯装退却,伏于山内。祖大寿见金军弃营而走,果然中计,遂再次出兵攻打城外西南各台。明军刚刚架起云梯,皇太极的护军便掩杀过来,杀死杀伤明军数百人。在这场战斗中,祖大寿损失不大,但心理上似乎受到了沉重打击。从此,大凌河守军便将自己封闭起来:紧关城门,不敢复出。[63]

但城外的明军对突围仍抱有希望。因为皇太极在小凌河的胜利不过是一次小规模战斗。在那次战役中,他显示了自己的胆略,但孙承宗援军的主力并未真正与其护军交锋。事实上,到目前为止双方还未进行过真正的较量。当然,金军曾以迅速、隐蔽和突然的行动打败过前来援救大凌河的明军;但如果遇到严阵以待的明军主力,他们怎么办?那时他们的结局又将如何?

1631年10月19日,张春率百余名战将和四万步骑,渡过小凌河向大凌河城进逼。这支大军的行进缓慢而谨慎,一过小凌河便掘壕筑寨,排开车盾枪炮。后金的哨探很快发现了这支明军的位置,报告了皇太极。皇太极遂留下一半人马继续围困大凌河,亲自率领另一半人马前往迎击。但他看到明军兵多将广、壁垒严整之后,又改变了主意。为了避免遭受太大伤亡,他下令撤回大凌河。

张春停了三天才率军继续前进。10月22日四更时分,明军起营出发。由于天色昏暗,明军进至离大凌河城15里处,才被金军哨探发觉。皇太极迅速集合人马，率满、蒙、汉军2万人迎战两倍于己之敌。[64]

后金军来到明军阵前，见张春已将4万大军摆成防御阵形，大炮鸟枪四面排列。皇太极令骑兵分两翼从正面突阵。右翼直扑张春大营，冒着猛烈炮火冲破了明军阵地。左翼在明军炮火下伤亡惨重，未能破阵，遂拨转马头随右翼之后冲入阵中，并在张春营外重整旗鼓。然而，明军也重新部署了兵力；而且，要不是因为另外两项因素，即佟养性的大炮和明军的一次导致相反后果的行动，明军的武器优势本来会使之赢得这场战役的胜利。

正当后金骑兵在张春营外无能为力地乱转时，皇太极令佟养性率众来到明军阵地东侧，用大炮和火箭发起进攻。明军在佟养性的轰击下伤亡甚多。为了对付金军的大炮，他们乘风点燃了地上的干草。大火迅速逼向金军。但命运之神站在金军一边。当燎原大火刚要烧及佟养性的炮队之时，风力突然加大，向相反方向刮了回来，于是，大火浓烟反扑向了明军。这时，皇太极再次发起正面攻击，满洲、蒙古步骑虽然遭到明军炮火重创，但仍然奋力冲击，有的砍杀明军步卒，有的策马追杀或生擒明军骑兵。[65]

被俘的明军将领共34人，包括张春本人。战斗结束后，他们被带至皇太极面前，依次叩拜。但轮到张春时，他坚决不跪。皇太极大怒，从身边的护军手中夺过弓箭，欲当场将其射死。代善挺身谏曰："我前此阵获之人，何尝不收养？此人既欲以死成名，奈何杀之以遂其志乎？"[66] 其他官员也纷纷上前为其说情，众贝勒甚至跪在皇太极面前，请求看在他们的面子上饶恕这位明朝将领。最后，皇太极怒气渐消，放下弓箭，草率打发了张春。当晚，皇太极派达海以珍馔赐张春，但他拒绝说：

> 我死志已决，不食上之所赐。蒙上盛意，欲生我而食我，我亦知之。但忠臣不事二主，烈女不更二夫。此语非我所创，乃古之定

理也。[67]

他还为崇祯皇帝辩护，说他是公正、贤明之君，只是为执政大臣所蒙骗；既而又感叹自己在朝中受大臣冷遇，并重申了为主捐躯之志。此后三天，张春绝食求死。但第三天，皇太极亲来探访，并亲手赐予酒食。张春大为感动，遂接受了"恩养"，饮食如故，以示愿为新主效忠。[68]

祖大寿降金与复叛

皇太极成功地压抑了心中怒气，并再次施展了他那曾经征服了目前正为他攻打大凌河的孟乔芳等永平降将的个人魅力。现在，由于张春这位明朝援军统帅也已归降，皇太极手中便有了一份用来劝降祖大寿的颇有分量的名单。1631年10月31日，他令23名文武降官各以己意写招降书，然后派遣其中一人来到大凌河城，将其交给祖大寿及另外两名守城将领何可刚和张存仁。此人到达大凌河后，被拒绝入城，遂跪于城外，向祖大寿说明了这些书信都是何人所写，以及张春全军覆没的经过。祖大寿听罢，赐之饭食，令其返回金营，并说："尔不必再来，我宁死于此城，不降也。"[69]

此人回到金营后，向皇太极报告了祖大寿的决心，并补充说，祖、何、张都不信任满洲人，认为投降后必死无疑，就像七八年前辽东百姓惨遭屠杀那样。于是，皇太极又一次致书城中，以消除祖大寿和其他守城将领的疑虑：

> 夫我国用兵，宜诛者诛之，宜宥者宥之，酌用恩威，岂能悉以告尔？至辽东人被杀，是诚有之，然心亦甚悔。其宽宥者，悉加恩养，想尔等亦已闻之矣。现在恩养之人，逃回尔国者亦少。且辽东、

广宁各官，在我国者，感我收养之恩，不待命令，自整汉兵，设立营伍，用火器攻战，谅尔等亦必知之。至于永平攻克之后，不戮一人，父子夫妇，不令离散，家属财物，不令侵夺，加恩抚辑，此彼地人民所共见者。[70]

皇太极还在书中举出许多对违反金汗禁令擅杀汉族俘虏的满、蒙贵族施行惩处的例子。另外，满洲人在围攻大凌河时将自己的都城交由蒙古军留守一事，对祖大寿等人也是一种明确提示。这一引人注目的迹象表明，满洲人愿意信任那些归顺金汗以求恩养之人。而一旦双方誓诸天地，他们也会得到同等的信任。

今大凌河孤城被困。我非不能攻取，不能久驻，而出此言。但思山海关以东，智勇之士，尽在此城。或者，荷天眷佑，俾众将军助我乎？若杀尔等，于我何益？何如与众将军共图大业？故以肝膈之言，屡屡相劝。意者尔等不愿与我共事，故出此文饰之言耶？[71]

最后，书中建议，祖大寿遣使至后金营中莅盟，同时后金也遣使进城与祖大寿莅盟。[72]皇太极的宽宏或许是真诚的，而尽快促成大凌河守将的归降也是目的之一。金军虽大胜张春，但其粮草也已渐渐不支。当地全无可以抢掠的村镇，因而无法就地筹饷。相反，所有汉族居民都集中在自己修筑的台堡之中，连牲畜也带入其中，以防盗窃和抢劫。[73]

皇太极不见祖大寿回音，便决定全力争取最大的一座台堡——明参将王景驻守的鱼子嶂台——归降。佟养性率领全部旧汉兵，携"红夷"大炮6门、"将军"炮54门，配合500名满洲士兵攻打鱼子嶂台。该台依山而立，垣墙坚固。佟养性用大炮连轰三日，炸死台中守军57人，幸存者皆惶恐不安。11月5日，王景见部下力已不支，遂弃台出降。[74]

攻克鱼子嶂台，是个决定性的胜利。其余各台皆闻风惴恐，近者归降，远者弃走。金军从中缴获了大批粮草，足供其人马一月之用。很明显，金军得以继续围困大凌河，主要是由于取得了这次胜利；而这次胜利则显然是皇太极事先组建了汉军炮兵的结果。[75]

后金军获得了充足的给养，从而能继续围攻一月之久，而城内明军此时却陷入了骇人听闻的艰难境地。11月3日，一个名叫王世龙的人越城来降，说城内的夫役商贾全已饿死，战马多被杀而食之，只剩了30匹，士兵则开始以人肉充饥。[76] 几天后，金军又获悉，城内明军走投无路，正在有计划地杀人为食。[77]

11月7日，皇太极令一名和张春同时归降的明朝官员，至城下与祖大寿对话。皇太极要祖大寿派一名官员到金军大营中来看一看。不久，游击韩栋出城，到金营中进行了短暂的拜访。当晚返城后，他告诉祖大寿，金军确实从张春手中及周围陷落的台堡中缴获了大批火器和粮草。自被围以来，祖大寿终于第一次开始认真考虑投降问题了。[78]

这时，皇太极决定改变劝降对象。11月16日，他派人将一封写给守城士兵的信射入城中。信中指责明军将领仅仅为了保全名节而拒绝归降，致使部下遭受如此困苦；并提到城内攫人而食的现象，指出守城将领将来到了阴间也要为吃人肉而受到惩罚；然后宣布，凡杀其长官归顺后金者，皆赦免其罪，并量功授职。"尔等小人，死亦何名。"[79] 次日，城内一人设法逃了出来，被金兵抓获讯问。此人透露了两条重要情报。一条是城中将领正在杀食士卒为生，这意味着城中守军正在自己消灭自己。另一条是祖大寿计划于11月18日或19日全力突围。[80]

皇太极对突围的可能性并不在意。自开始围城以来，他的部下一直在大凌河城四周加修壕沟和栅栏，饥饿无力的明军根本不可能逃出。祖大寿肯定也做出了同样判断，因为就在计划突围的11月18日，一支箭从城上射入了金军的阵地。箭上有祖大寿和其长子祖泽润的两封信，分别要求皇太极派手下的一名汉官、副将石廷柱进城面谈。这两封信有力地说明，大凌河守将正在考虑归降之事。[81]

第二天，后金使者来到南城门外，其中包括副将石廷柱、参将宁完我、达海及其他几位官员。达海代表众人向韩栋喊道，城中必须交出一名人质，石副将方可进城。一会儿，城上缒下一人，自称是祖大寿的义子祖可法。后金使者将其带回金营，去见济尔哈朗与岳讬，后者时为管兵部事，是"恩养"汉族降人政策的有力支持者。[82]祖可法上前欲向两位满洲贵族叩拜，岳讬阻拦道："前此对垒，则为我仇敌。今已讲和，犹兄弟也。何以拜为？"于是，祖可法——其身份已被证实——被让至两位贵族右边的客座。石廷柱等后金使者这才返回大凌河城，去见祖大寿。[83]

石副将走后，岳讬与祖可法做了长时间的重要交谈，从而使满洲人认识到了永平大屠杀在东北武人中造成了多么大的影响。岳讬开口便问，祖可法和他的父亲为何如此不愿归顺，为何宁守空城而死。祖可法的回答也直截了当。他说，因为所有明军将领都记得永平发生的事情。当时，后金答应优待永平全体官民，但结果却将他们全部屠杀了。岳讬极力解释，此事乃一贝勒所为，并非皇太极之意。他说，自皇太极即位以后，后金便敦行礼义，抚养黎民。当被问及是否听说过皇太极倡导"仁心仁政"、爱惜士卒之时，祖可法小心翼翼地答道，确曾听说皇太极向贫民发放衣食，并善待富人，这都体现了他的人君之德。然而，永平之事毕竟难以忘却。一年前曾有许多人目睹了那场大屠杀。现在他的许多同胞对后金恩养和奖励降人的许诺根本不愿相信。[84]

当晚，石廷柱返回金营后，祖可法被带至城南放回，此后他可能向祖大寿等人转达了岳讬重申的诺言。石副将则向皇太极报告说，他与祖总兵的会见未能如愿。明军将他吊入城中后，没像事先约定的那样带他去见祖大寿，但向他转达了祖大寿对皇太极欲征服天下"成大事"之志向的关切。祖大寿及其部将不愿归顺将和占领永平之后一样很快撤回沈阳的金汗。因为他们来大凌河巡察时都把妻子留在了锦州，归顺金汗并随之去沈阳便意味着永远抛弃了他们的家人。不过，金汗若确实有"成

第三章 满族势力的扩张　109

大事"之志，下一步便应筹划攻取锦州。"倘得锦州，"祖大寿最后说，"则吾妻子亦得相见。"[85]

第二天，即 11 月 19 日的清晨，又有两封书信射入后金营中。两书都是祖总兵之子祖泽润写的，一封致石副将，一封致皇太极。致石副将之书中对皇太极"成大事"之志表示了和祖大寿一样的关切，同时也对阻碍祖总兵与后金使者面晤的城内混乱局势做了解释。他说原因是在石副将到来之前，许多将领对会见后金使臣一事表示反对。这说明城中将领仍普遍担心永平事件重演，因而宁可光荣地战死城中，也不愿在出降后束手被杀。祖泽润本人赞成归顺，但"我独力不能胜众口"。[86] 因此，他向石副将建议，后金大汗可亲自率众前来招降。这将有助于使城中疑虑重重的人们相信，金汗确实欲图"大事"，从而使那些和他一样将亲属留在锦州或燕京（北京）的人们为之动摇。

> 如汗果欲成大事，我等甘心相助。若能设策，将燕京舍弟救出，足见吾兄全我祖氏之大恩。[87]

和其父一样，祖泽润也很愿意帮助满族去征服天下，如果这能使他同实际已被明朝扣在北京作人质的亲属团聚的话。

由于信中明确指出的原因，祖泽润在写给皇太极的书信中，表现出比对石副将更多的信任感。他写道：

> 前遣人来招降，时难以一言立决。盖众官不从者甚多。或云："汗非成大事之人，诱降我等，必仍回军。"或又云："此特诱降而杀之耳。"是以宁死不肯归顺。我对众言，前日汗所遗书，明言向曾有所杀戮，今则概与安全，此人所共知者。今不信此言，摇惑众心者，惟何可刚、刘天禄、祖泽洪三人。何可刚云："汗非成大事之人，得永平先回，又屠永平人民。我等若降，纵不杀，亦必回军，

我等安归？"平彝营祖泽洪，诱诳众蒙古，使不降汗。又有逃来人，言汗于敌国之人，不论贫富，均皆诛戮，即顺之，不免一死。以此众议纷纭。虽有归顺之意，一时难决。且祖总兵又以其次子在燕京为念。汗可令石副将来，祖总兵将以心腹事告之。前石副将来时，祖总兵即欲相见，众官不从。今泽润在内调停，大事似有五六分可成。是以系书于矢射出。汗可遣能言者来。此乃机密事，城中人疑我者多。我书到时，望汗密藏，毋令阵获官员及往来传语之汉官见之。与我同心者，副将四人，不便举名，故不书。[88]

看来，促成大凌河归降的关键，是让城中动摇不定的人们相信，皇太极定能成其"大事"；而这便意味着要做出攻打锦州的具体部署。因此，皇太极再遣石廷柱至大凌河对祖大寿说："尔等欲定计取锦州，可遣大员来议。"[89]当晚，祖可法再次出城送来简短的回音：后金若认真做出立即攻打锦州的计划，祖大寿便率部归顺；否则，劝降无益。[90]

皇太极深知自己的军队，尤其是眼下可能要增加数千饥饿疲惫之降人的时候，无足够给养继续去攻打锦州。后金的满、蒙、汉大军经此苦战之后，需要休整一段时间才能去攻打另一座重镇。但若不向祖大寿明确表示将很快攻克锦州，他又无法促成大凌河的归降。皇太极解决这一矛盾的办法，是将攻取锦州的任务推给祖大寿自己。石廷柱和达海奉命向祖大寿传递了如下信息：

我既招降尔等，复攻锦州，恐我兵过劳，难图前进。尔等降后，锦州或以力攻，或以计取，任尔等为之。[91]

11月20日，祖大寿复书皇太极。书中提出的攻取锦州的计划，被有意弄得模棱两可。他说，他可派一人潜入锦州，与其弟锦州守将祖大乐联系，但潜入之人有被抓获受审的危险；或者，他可亲自率军诈作逃

第三章　满族势力的扩张

走之状，进入锦州并夺取之。究竟采取哪种方案，"惟汗睿裁"。无论皇太极做何选择，范围已经确定了。最后，祖大寿写道："我降志已决。至汗之待我，或杀或留，我降后，或逃或叛，俱当誓诸天地。"[92]

1631年11月21日清晨，大凌河城门大开，祖大寿令二人押副将何可刚出城，于后金营前示众。二人声称，这是唯一拒绝归顺的明将，奉命斩于大汗之前。何副将神色不变，不出一言，含笑而死。但其尸首被拖入城门后，城中饥民竟一拥而上，争割其肉。[93]

不久，4名副将、2名游击出城，代表祖大寿及其他37位官员，与皇太极和众贝勒对天地盟誓。[94]誓词曰："凡此归降将士，如诳诱诛戮，及得其户口之后，复离析其妻子，分散其财物牲畜天地降谴，夺吾纪算。若归降将士，怀欺挟诈，或逃或叛，有异心者，天地亦降之谴，夺其纪算。"双方盟誓完毕，祖大寿遂正式献城投降。城中原有3万人，被围82天后，只剩下11682人了。[95]

当天，皇太极又遣使入城至祖大寿营，要他定计取锦州。祖大寿不想同来使谈此事，坚持要面见皇太极。皇太极起初不愿接待祖大寿，谨慎地推托说，盟誓虽申，然民心未定。但最后他还是同意祖大寿于当天一鼓时分（下午七点）前来拜见。接到这种犹犹豫豫的邀请后，祖大寿以为将受到冷淡、傲慢的接待。因此，当他看到诸贝勒出营一里隆重迎接他时，不禁喜出望外。他来到御营，皇太极又亲自出幄相迎，并免其跪见，行抱见礼，像接待贵宾那样与他并入幄中。入幄之后，皇太极像对待孟乔芳那样，令祖大寿坐在自己身旁，亲自以金杯盛酒赐之，又赐以御服黑狐帽、貂裘、白马等物。到了开宴入席时，祖大寿又被待以最高礼节，只有汗兄代善坐于其上。[96]

在此前的通信中，祖大寿曾经提出过攻取锦州的两种方案。这时他又对皇太极说，后一方案——即祖大寿率军佯装逃走——似乎更为稳妥。[97]皇太极表示同意，第二天（11月22日）即命多尔衮等贝勒准备配合祖大寿袭取锦州。为了能和祖大寿所率350名亲随士兵一起混入城中，参加此次行动的金军（官48员，兵4000人）都奉命改穿了汉装。然而当天夜里，大凌河城内发生了严重骚乱。约二鼓时分，城内枪炮声不绝。祖大寿和皇太极都派人前去调查，但适逢大雾，放枪炮者逃之夭夭。[98] 此事没有造成严重后果，但似乎使皇太极感到不安，因为他毕竟煽动过祖大寿的士兵反抗其将领。第二天，皇太极召集众贝勒议事，说他担心祖大寿可能复叛，特别是当其率亲随士兵进入锦州城后。既而，他又说，此事一本万利，因而不妨冒此风险。如果祖大寿信守诺言，令锦州归降，那么，明朝就再也不能以锦州或宁远威胁后金了。何况祖大寿的子侄实际已被后金留为人质，这也将使他不敢轻易地背叛后金。[99]

当天晚些时候，祖大寿又向皇太极献计。他计划当晚赶赴锦州，徒步入城，然后对城中人说，昨夜他是突围逃出来的。他不打算将扮成明军的满洲士兵带入城中，而准备说服锦州军民——他们本来归祖大寿统辖——同他一道归顺后金。邱巡抚若赞同此事，则他的性命可以保全，否则只好将他除掉。如次日皇太极听到炮声，便说明祖大寿已经顺利入城；如果第三或第四天又听到炮声，便说明祖大寿已大功告成，那时皇太极便可率军前往，与祖大寿会合了。[100]

皇太极同意了这一计划。当晚，皇太极赐宴后，祖大寿便率领26名士卒，由副将石廷柱等陪送，骑马出发了。到了小凌河，祖大寿一行下了马。他们徒步过河，趁着夜色奔向锦州城。此处一别，石廷柱和祖大寿到10年后才得以重见。[101]

11月24日，皇太极及其将士听到了锦州传来的第一次炮声，但其后再也没听到第二次炮声。[102] 1631年11月26日，祖大寿派人到后金营中传话说，他前日带人太少是个错误，锦州新兵甚多，所以原计划眼下难以实现，只能慢慢想办法了。[103] 五天后，即12月1日，祖大寿又派人送信到金营，说相约之事，难以骤举，并重申了所带心腹之人太少、新近调集锦州由邱巡抚统领之兵太多，以及邱巡抚对他颇有疑心等理由。[104] 此外，大凌河陷落前，有三人越城逃到了锦州，邱巡抚从他们口中得知了大凌河之事,对祖大寿就更加怀疑了。所以祖大寿目前必须潜伏下来。因信使有被捕的危险,他建议停止联系一年,待邱巡抚的疑心消除后,再恢复联系,共图约定之事。[105]

皇太极小心翼翼地答复道:

> 我欲驻此,专候好音。奈刍粮匮竭,难以久留。且携大凌河各官,暂归沈阳,牧养马匹,整饬器械,以候将军信息。至于将军计之成否,又何必言?惟速与回音,以副予望。将军子弟,我自爱养,不必忧虑。[106]

此书未得回音,双方遂不再互通书信;直到1635年,皇太极才明确意识到,祖大寿虽已完全控制了锦州,却仍旧忠于明朝。皇太极的冒险失败了:锦州仍然在明朝手中。[107]

边民与海盗

虽然祖大寿背叛了誓约,但其他大凌河降将——包括祖大寿的子侄——仍然忠于后金,并将为最后征服天下做出巨大贡献。只此一役,皇太极便赢得了明朝军队中一批最有经验和能力的将领的支持。其中许多人得以继续统领旧属,为皇太极及其继承者效力,并立下了赫赫军功。[108] 例如:

祖泽润,祖大寿长子,后隶正黄旗,1644—1645年,曾参与招抚山西军旅,后又随洪承畴招抚湖南,驻守长沙。[109]

祖可法,祖大寿义子,曾参与制定征服天下的策略,及招降吴三桂和镇压李自成,官至湖广总兵,驻守武昌。[110]

祖泽溥,祖泽润之弟,授山西总督。[111]

祖泽洪，祖大寿之侄，亦隶正黄旗，对明作战，屡立军功。[112]

刘良臣，北直隶人，隶镶黄旗，曾参与征讨山西，擢为甘肃总兵，1648年镇压当地回民叛乱时被杀。[113]

刘武，归降时为明朝游击，后任南赣巡抚，1646—1647年出兵平定当地叛乱。及李成栋起兵广东，附明桂王，刘武讨平之，以功擢升兵部侍郎。此后他一直忠于清朝，并曾剿灭流贼罗荣。[114]

孙定辽，辽阳人，大凌河明军副将。降后赐银币、鞍马等物，后隶汉军镶红旗。随军征山西，又随多铎攻取扬州，平定江南，官至湖广提督。后于镇压原张献忠部将李兴泰时，溺水而死。[115]

张存仁，辽阳人，降后授一等副将世职。1636年授都察院参政，仍兼军职。1640年和1641年，提出诱降城内蒙古兵以取锦州之策，又力主劝服洪承畴归顺。1644年，作为济尔哈朗手下的主要炮兵将领，随叶臣招抚山西（其炮兵在攻打太原时起了关键作用），又作为攻坚战专家随多铎征河南、江南。浙江及福建部分地区平定后，授直隶、山东、河南总督。1652年以子爵卒。[116]

其实，自1631年大凌河城陷落后，就再未发生过严格意义上的满汉之间的战争。从那以后，后金的许多作战计划和准备工作都是由汉人指导的，所以将此后的战争描述为东北边地武人集团同明朝的斗争，或许更为确切。[117]

大凌河降官几乎都是世代为明朝效力的辽阳土著边民。他们是职业军人，严格遵守维护个人荣誉的生活准则。自从他们决定归顺后金之后，便成了金汗麾下极为忠诚和自豪的追随者。两年后，又有另一伙东北武人加入了皇太极的伟大事业，但其背景与前者却大不相同。他们是原籍山东的辽东海盗，是一群投机取巧、反复无常的军事冒险家。憨厚朴实的辽阳边民将这群海盗视为赌徒和酒鬼，轻蔑地称其三位首领——尚可喜、孔有德、耿仲明——为"山东三矿徒"。[118]

这些冒险家有许多共同点：他们都曾是皮岛军阀毛文龙（他已于

第三章 满族势力的扩张

1629年被袁崇焕当众斩首）的部下，最先学会了操作欧式大炮（他们受过登莱巡抚孙元化的训练），有丰富的海战经验（他们经常驾船往返于山东半岛和辽东、朝鲜各岛屿之间），并有吸引忠实追随者的能力（他们组成了完全由他们个人控制的依附性很强的半封建军队）。其中有几位后来受封而成为著名的"三藩"，并在17世纪70年代起兵叛清，几乎摧毁了这个新建的王朝。他们的来历虽然复杂，但这不仅表明了他们的社会特征，还说明了明朝对北方沿海地区的控制早已瓦解。

1629年夏，辽东经略袁崇焕杀毛文龙时，以为自己能够制服毛文龙的健校悍卒。有些人还比较顺从。例如，陈继就同意编入明朝正规部队。尚可喜也属此类，并随总兵黄龙对在皮岛发动叛乱的毛文龙旧部进行过镇压。其他人则不那么容易驯服。曾在1621年的鸭绿江战役中随毛文龙立下大功的孔有德和耿仲明，拒绝服从黄龙的指挥，遂叛离皮岛，渡海至登州，[119]投奔了登莱巡抚孙元化。孙元化能将这些逃亡兵将收在自己麾下，正是当时军权分散的一种表现。例如，孔有德被任命为骑兵参将，耿仲明则被派往登州要塞。该要塞正是孙元化在特谢拉·科雷亚所率葡萄牙士兵的帮助下铸成欧式大炮的地方。[120]

其实，孙元化和祖大寿在东北的艰难经历也有密切关系。1630年他督师抗金，祖大寿就是在那时收复了永平。后来他又下令修缮大凌河城，祖大寿就是在前往巡察修缮情况时，突然被困在城中的。孙元化得知大凌河被围后，令孔有德率800骑兵同锦州驻军一道前往救援。北上途中并不轻松。北方已经下了第一场冬雪，而这支部队虽是奉命北上，沿途却得不到官府的给养。尽管孔有德有令在先，部队纪律仍日益松懈，劫掠之事时有发生。孔有德同手下一名部将商议后，决定折返山东半岛，并将士兵的随意劫掠，变为对该地城镇的有组织的袭击。1632年2月22日，在耿仲明的协助下，孔有德率众占领了登州。特谢拉·科雷亚及其葡萄牙炮手除三人幸存外，全部战死。[121]巡抚孙元化被叛军放还，后以玩忽职守罪被劾，下狱弃市。孔有德很快将这座登州城变成了他的"都元军"和其他来投奔入伙的辽东海盗的基地。他们由此出发，去抢劫周围乡村，并攻打当地另一明朝要塞莱州。[122]

虽然莱州足以坚守六个月之久，但朝廷仍然担心这支割据势力会迅速控制整个山东东部地区。兵部立即从保定和天津调集大军，令祖大寿的姻兄弟总兵吴襄率领，前往讨伐。吴襄之子武举人吴三桂也随其父参加了这次战役。孔有德在同这支仍然忠于明朝的辽东人军队的交战中损失了几员部将，[123] 遂决定放弃登州，渡海逃往辽东。途中他与黄龙的巡海舰队及朝鲜水师发生了多次激烈的海战，又损失了许多人马。[124] 然而当他最后抵达辽东沿海的运河岸时，他和耿仲明仍然拥有近1.4万人，其中包括军中家属。[125] 登陆时，他们得到了奉皇太极之命驻扎于海岸等待他们到来的后金使臣的接应。金军帮助他们击退追兵后，又赐以黄金和酒食，并答应他们，若归顺后金便可在辽阳附近定居。1633年5月24日，孔、耿二人向皇太极宣誓效忠；皇太极在沈阳亲自欢迎他们，他们又向皇太极献上了大炮，然后他们获准率其"天佑兵"驻扎辽阳以北的新建城市东京。[126]

总兵黄龙在同这群辽东海盗的交战中战死。继任其位的沈世魁，对盘踞广鹿岛的原毛文龙部将尚可喜极不信任。因担心发生兵变，沈世魁决定先发制人。尚可喜得知可能会遭到袭击后，打算逃往皮岛；但连日风暴使他无法率众出海。于是他随机应变，于1633年12月，派人携重金到朝中进行活动，迫使沈世魁放弃了袭击计划。同时，他又遣人与后金通款，为其攻占石城岛等几座当地明军要塞献计。作为回报，后金邀他归附。1634年2月，尚可喜遂率所属数千户，携辎重乘船登陆，前往沈阳。到沈阳后，他也受到皇太极的盛情迎接。此后，他的2000将士改称"天助兵"，驻守辽阳以南的海州。和孔有德、耿仲明一样，尚可喜也仍旧控制着自己的军队。[127]

这群辽东海盗与其他汉族军队仍然不同。他们名义上隶属于正规部队，但实际上只对他们曾向其宣誓效忠的他们自己的将领负责。[128] 而大凌河降军则被编入了自大凌河战役之后便以大炮闻名的旧汉兵。1632年，佟养性死后，该军由马光远统领，并在此后10年间发展为汉八旗军。1637年，随着其规模的不断扩大，旧汉兵被分为两翼，由马光远、石廷柱分领；两年后，两翼又分为四旗。[128]1642年，四旗又分为八旗。[129]至此，大凌河降人，旧汉兵及其未成年男丁和所属民户，便完全按照满洲制度编入了八旗组织。其将领为管旗大臣，实际相当于地方长官，负责本旗的民政、财政、社会教育和司法事务。[130]与满洲八旗不同的是，汉军八旗无护军，而只有配备火器的骑兵（不像满蒙骑兵只用弓箭）和使用弓箭的步兵。[132]

1631—1633年间归顺皇太极的这些汉族军队，极大地增强了后金军队的作战能力，但同时也加重了后金的经济负担。"今我国军兵数万，实力大增，"《满文老档》1632年载，"然今年粮草不足，仓储空虚。"[133]因此，有必要向辽西以外进行掠夺。或西入内蒙古，那里有肥美的牧场和马市；或南下入关，劫掠中原。1632年，皇太极遣军征讨蒙古察哈尔部，并于张家口开立边市。[134]1634年，这支金军又侵入山西，在孔有德部配合下进攻大同和代州。[135]同年，皇太极又派出另一支约1.1万人的军队进入内蒙古，击败了林丹汗所率察哈尔部，并征服了蒙古南部的其他部落。[136]这些内蒙古部落不仅成了后金的重要军事盟友，还成了向后金提供战马的基地。15世纪初，明军从内蒙古得到了170万匹马，而如今连骑兵所需要的10万匹马也难以保证了。通过占领察哈尔部的牧场，以及用优良种马发展自己的马群，用谷物、丝绸向其他蒙古部落换取马匹，后金既能配备足够的战马以同明军作战，又切断了明军的蒙古马来源。[137]

皇太极称帝

1634—1635年间，后金征讨察哈尔部的胜利，还有一项始料未及的收获，即夺取了元朝的传国玉玺。这意味着皇太极可以自称为成吉思汗及元朝皇帝的继承者了。[138]这一新的名号不仅提高了他在中亚的地位，使他进一步获得了当地共主的身份，包括蒙古族信奉的西藏喇嘛教教主的身份；同时，这还为他登上中国皇帝宝座确立了比作为金朝后裔更充分的权利。[139]

皇太极对将来统治天下怀有矛盾心理。他想当皇帝，但未必渴望北京的龙床。他的主要汉族谋士宁完我（1635年因醉心于赌博而失宠）、范文程和马国柱，经常劝他出兵明朝，占领中原。[140]但皇太极坚持说，他并非"好杀掠而兴兵"。相反，他与明朝交兵是因为对方拒绝响应他的和平建议。[141]围攻大凌河时，皇太极曾致书祖大寿，表示诚恳希望与明朝议和，而明朝大臣却将议和错误地比作南宋的绥靖政策。"然尔明主，非宋之裔，朕亦非金之后，彼一时也，此一时也。"[142]不久，其大臣又劝他设法夺取北京，他多少有些自负地说，明朝不以后金为友，讨之甚易。但他知道推翻中国皇帝是多么难以容忍的举动。[143]

皇太极还意识到高度的中央集权与中原王朝的历史关联。就像1140年以后直接统治中国北方的金朝的历史所揭示的那样，金朝大汗通过称帝，以部落贵族的利益为代价，大大强化了自己的权力。[144]但问题是，汉化在提高皇帝权威的同时，也腐蚀了女真将士的战斗力。这一历史很容易在满洲人身上重演。皇太极则深恐其人民会由勇敢的猎手与斗士变为"游手自娱"之徒。[145]因此，皇太极在其统治前期，曾大力提倡对满汉官员子弟进行儒学教育，并公然偏爱汉族合作者；而自17世纪30年代中叶以后，他却更为关心保持满洲人的价值观和部落制的优势了。[146]

这时，恰恰由于成"大事"的可能性比以往更大了，皇太极对汉化的忧虑也更为强烈。由于大多数蒙古部落已被统一在他的旗帜之下，朝鲜也在名义上成了后金的附庸，皇太极感到，需要一个与金朝君主或喇嘛教教主的历史传统大不相同的中国式的皇帝称号，以维护自己的专制权力。他将女真改称"满洲"之后，又于1636年5月14日改国号为"清"。[147] 按儒教礼制，这象征着新纪元的开创；而在其臣民眼中，他的皇帝称号更为明确醒目；此后，他主要是以汉式庙号"太宗"，而不是以满、蒙式名号"汗""皇太极"，著称于世。

然而，就在太宗自称获得了在汉语中具有普遍意义的"天命"，抛弃了仅具特殊意义的源于女真族系的统治合法性而创建了新王朝的同时，这位刚刚登基的大清皇帝仍然在回顾金朝的历史，以寻求有益的指导。因为他希望在依照汉族模式制定政策的同时，避免满族社会的汉化；而了解了金朝的历史，就可以对目前提供有益的借鉴。1636年12月9日，太宗召见所有亲王、贝勒、固山额真、文馆大臣及其他高级官员，要求他们阅读《金世宗（1161—1189年在位）本纪》。他说，金世宗是历史上最伟大的君主之一，可与上古贤君尧舜媲美，被称为"小尧舜"。其原因在于，征服中原的金初二帝（太祖，1115—1122年在位；太宗，1123—1134年在位）之盛世结束后，金朝曾一度衰落。熙宗（1135—1148年在位）"效汉人之陋习"，耽于酒色。[148] 而世宗即位后，女真旧俗又迅速恢复起来。他禁止子孙仿效汉人习俗，从而使金朝的武功得以长盛不衰。[149] 太宗说，满洲人应以此为鉴，若仿效汉人服饰制度，宽衣大袖，左侧挟弓，废骑射之术，则社稷将倾，国家将亡。

> 朕发此言，实为子孙万世之计也。在朕身岂有变更之理？恐日后子孙忘旧制，废骑射，以效汉俗，故常切此虑耳。我国士卒初有几何？因娴于骑射，所以野战则克，攻城则取。天下人称我兵曰：立则不动摇，进则不回顾。[150]

太宗之意十分清楚：他将效法金世宗，维护部落旧俗，以使其民族之武功长盛不衰。这就是满族为了使其寻求扩张与成功的努力能达到预期目的而为自己确定的方针。[151]

此后几年间，太宗继续扩大满族对亚洲东北地区的统治。1638年

12月，他洗劫了中原的保定之后，又派遣满、蒙、汉八旗军，及尚可喜、孔有德、耿仲明（都已受封为王）部，出兵朝鲜，不到两个月便征服了朝鲜国王。[152] 随后，清军便将目标转向了由尚可喜的宿敌军阀沈世魁驻守的明朝海上要塞皮岛。清军（包括尚可喜部）对皮岛发动了猛攻。沈世魁战死，其侄沈志祥率皮岛4000军民逃至明朝另一海上要塞石城。但不久，沈志祥与明廷发生了争吵，遂率众降清。[153]

到1639年，太宗已征服了朝鲜和内蒙古，并完全控制了辽东沿海及直隶海湾北部地区。侧翼威胁既除，他又遣军北上至黑龙江流域征服当地部落，同时派人南下刺探明军长城一线的防务。祖大寿答应为他打开锦州城门，到现在毕竟已有六年了，这位大清皇帝显然认定采取行动的时机已经成熟。多铎、尚可喜和孔有德率军攻打锦州。但尽管马光远的炮兵对城墙进行了轰击，攻城部队还是被祖大寿军及蒙古援军击退了。1640年，第二次进攻也失败了。于是，1641年，皇太极决定亲自率军全力攻打锦州和离锦州仅18里、由3000明军驻守的另一重镇松山。[154]

攻克松山

当时，明朝的蓟辽总督是洪承畴。此人来自福建，1616年中进士。他虽是文官，但一生主要成就却在军事方面，并很有组织后勤保障的才干。17世纪20年代末，在陕西镇压西北叛乱时，他负责为明军筹集和运送粮草，由此初露头角。[155] 1629年，他在义州粉碎了王左挂的进攻，从此名声大振。1631年，他出任陕西三边总督，主张直接以武力镇压当地起义，而不愿像其前任杨鹤那样，以赦罪和封官对义军进行招安。1634年，负责镇压这次起义的明军最高将领陈奇瑜，恰恰因为赦免了李自成和张献忠，致使他们返而复叛，被削职听勘。[156] 洪承畴遂接替他担任总督五省（山西、陕西、河南、四川、湖广）军务之职。1638年，洪承畴在潼关一举击溃了李自成起义军，迫使李自成逃入商雒山中藏匿了一年多。也许是因为他作为总督在当地的声望增长太快，引起了朝廷的恐惧，洪承畴受到兵部尚书杨嗣昌的弹劾；但他被贬后，又被崇祯皇帝召回，委以军职，1639 年授任蓟辽总督，负责主持直隶东北及辽东一线抵御清军之防务。[157]

现在，洪承畴从报告中获悉清军正集其精锐攻打锦州和松山，立即遣兵 1 万支援松山，又尽其所能，从关内的宣府、大同等处调集军队。[158] 援军与祖大寿的外甥新任总兵吴三桂所统领的宁远守军会合后，总兵力达到 13 万人，战马 4 万匹。[159] 然而，兵部尚书陈新甲不许洪承畴集中大军同时北进。他不顾洪承畴极力反对，坚持将部队一分为四。[160] 各路明军在大雾弥漫、海岸环绕的山地集结后，与其说是一支军队，不如说是一群乌合之众，几乎没有统一指挥的意识。[161] 他们匆忙扎下了七座各不相连的营寨，又未制定协调作战的计划。9 月 23 日，明军惊悉清朝皇帝已亲率大军抵达锦州、松山之间，绵亘驻营 20 里。恐慌气氛笼罩了明军营地。次夜初更，清军发动了进攻，明军大败。总兵白广恩、李辅明、唐通率其残众乘船入海，吴三桂率部败回宁远，洪承畴则逃入松山，试图率众据城固守。9 月 25 日清晨，清军打扫战场，只见从松山到乳峰山沿海一线，明军尸首"多如雁鹜"，共有 53783 具。[162]

松山惨败的消息使明朝内部对清策略之争骤然又起。[163] 相当一部分大臣主张息兵停战。但给事中张缙彦等人提出的占优势的意见认为，停战不仅意味着抛弃洪承畴及其军队，还等于放弃松、锦前沿阵地，从而使山海关暴露在敌人面前。[164] 于是，崇祯皇帝命令吴三桂、白广恩、李辅明率部重新集结于松山之南，命令刘应国率所属 8000 水师从海上登陆，又令松山守军做好准备，待援军到达后一同出击。[165]

援军迟迟不出。这主要是因为兵力不足。据明朝兵部报告，这支援军实际只有 2 万名士兵和 8000 匹战马，而敌军则布满了锦州、松山之间的整个辽西海岸。[166] 此外，清军对松山、锦州的包围似铁桶一般，城中守军已粮草俱尽，被迫杀马而食了。[167] 最后，明朝政府勉强放弃了从海上登陆的计划，只派出 3000 人出山海关由陆路北上，企图冲破清军的包围，救出被困在前线城中的士气低落的明军将士。[168]

洪承畴确实曾经试图突围，但他派去冲开突围道路的部队，被清朝两白旗汉军彻底击溃了，残兵又退回城中。[169] 1642 年 1 月，洪承畴又派 6000 步骑出城，希望与来自山海关的 3000 援军会合。[170] 但这一行动给他带来了更大的灾难。援军胆战心惊，拒绝越过宁远去冒险。洪承畴的部队深夜突围，冲进了驻守恒山的多尔衮部正红、正黄两旗阵中。结果，突围的明军或死或逃，全军覆没。洪承畴的人马所剩无几，要冲出重围打通逃往宁远的道路，已毫无希望了。[171]

太宗知道洪承畴已陷入困境，决定采纳范文程、张存仁等汉官的意见，赦免洪承畴。在一封可能由范文程执笔的长信中，这位大清皇帝提醒洪承畴说，明朝的援军不会再来了，并指出明军败局已定，明朝必将灭亡；而另一方面，事实已经证明了满洲是仁慈的统治者：朝鲜被征服后，其国王受到宽待；大凌河陷落后，祖大寿的官属都安然无恙。洪承畴若肯降顺，则其父子亦将得到赦免。[172]

洪承畴连信都不回，但其副将夏承德却暗中响应。他秘密派遣其弟夏景海四次至清营纳款。他答应充当内应，并以自己的儿子作为人质，太宗长子豪格则表示欢迎他归降。1642 年 3 月 18 日夜，清兵用两架云梯登上夏承德部守御的南城，沿城墙迅速展开，然后四面同时而下，出其不意地攻占了全城。次日清晨，城内军民被赶到一起。夏承德及其所属部众——男女老幼共 1863 人——别聚一处。总督洪承畴、巡抚邱民仰和几位降清汉官的亲属，包括祖氏兄弟（祖大乐、祖大名、祖大成）和白广恩之子白良弼，亦别聚一处。其余俘虏，包括官 100 多人，兵 3000 余名，皆就地屠杀；其家属——妇女儿童共 1249 人——则留为奴婢。[173]

四天后，祖氏兄弟及白良弼在清军营中得以和亲人重聚。[174] 副将夏承德和巡抚邱民仰接受了宽赦,后在清朝为官。[175] 只有洪承畴尚未正式投降,仍是一名战俘。豪格见他拒不归顺,欲将他就地斩首。但范文程和张存仁坚请豪格饶其性命,指出若能劝其归降,他必会成为大清的忠臣。[176] 此人毕竟是被清军俘获的最高文官,是因大败李自成而名震天下的明朝总督。因此,为了保留这位南人的性命,设法将其拉入清朝的事业,值得付出努力。太宗被说服了,1642 年 6 月 1 日,他下令将洪承畴押至沈阳。[177]

洪承畴之降

据清朝官修史书载,洪承畴因受到太宗的宽赦而感激涕零。他说:

> 臣……自分应死。蒙皇上矜怜,不杀而恩养之。今令朝见,臣自知罪重,不敢入。[178]

太宗则回答说,他不会因其在松山时为其主子崇祯皇帝效力而责怪洪承畴。但现在天命已移,因而他希望得到同样的忠诚。清军攻克松山,"皆天也";天知清帝欲恩养人民。"尔但念朕抚育之恩,"太宗说,"尽心图报可耳。"[179]

其实太宗非常高兴,以至在殿内以国宾之礼盛宴庆贺洪承畴归附。太宗本人因在元妃丧中不能亲自出席,还令大学士希福向洪承畴转达了歉意。[180] 事后,诸贝勒大为不悦,想知道太宗为何对一个起初并非主动表示愿意归顺的明朝俘虏如此恭敬。太宗反问道:"吾侪所以栉风沐雨者,究欲何为?"众人回答:"欲得中原耳。"太宗遂笑着说:"譬之行者,君等皆瞽目,今得一引路者,吾安得不乐?"[181]

松山陷落的消息传到北京时,朝廷上下都以为洪承畴已经战死。[182]

过了两年多，人们才得知他其实还活着，并已投降了清朝。[183] 而当时，京城的士大夫纷纷为他举哀；崇祯皇帝为激励臣属尽职效忠，还下令在正阳门西侧的大士庙为他立祠。[184] 与此同时，崇祯皇帝也开始暗中与清朝议和。[185]

清廷汉官大多反对同明朝议和。祖可法上疏力劝太宗一心一意征服天下，抛弃任何其他念头。"讲和之策，"疏中写道，"利于彼，而不利于我。"并警告说，明朝会利用停战之机"募训练，修防御"，还会说服蒙古部落共同抗清。他坚持认为，清军现有实力足以打败明朝军队。"方今铁骑如云，加以蒙古之众，取天下有余力。明虽大国，势已极弱。"他还指出，关键的一步是夺取山海关，山海关既下，关外的锦州、宁远等城唾手可得，然后便可进围北京，切断其东西通道。他坚信北京一定可破，因为北京的防御力量甚至比大凌河还要薄弱，而一旦拿下北京，那么整个天下就会望风迎降，承认大清的统治。[186]

不过，清廷内部关于议和与否的争论很快就结束了，因为明朝的复古派在北京对绥靖政策发起了声讨，而崇祯帝则决定先发制人，1642年4月2日令吴三桂袭击阿济格营，而不是遣使议和。[187] 明朝否决了议和的主张。[188] 因此，清朝决定加紧攻打锦州。该城被困已一年有余，总兵祖大寿不得不再次目睹部下以人肉充饥的惨状。[189]

锦州的陷落

在松山陷落时被俘的明朝官员中，有祖大寿之弟祖大乐。[190] 锦州被围后，祖大寿曾与其子侄隔城相见，他们请求祖大寿投奔清朝，与家人团聚，但这位老将仍坚守不降。得知松山已陷，其弟也已降清之后，祖大寿终于决定履行多年前许下的诺言，为清军打开锦州大门。他派人对率军围城的贝勒济尔哈朗说："近闻松山已失，若得见总兵祖大乐，我即归顺。"[191] 但当祖大乐被带至锦州城下,兄弟二人隔城相见之后,祖大寿仍不敢降。他又遣三人至清营传问诸王,"可许与盟誓,及有用印文移否?如有之,即归顺矣"[192]。

这一来,济尔哈朗等诸王都不耐烦了,被祖大寿这种近乎得寸进尺的行为所激怒了。他们向来使问道:

> 尔等所言,果祖大寿之言乎?抑尔等私言乎?昨云见祖大乐即降,今又何出此妄言耶?我围困此城,旦夕可取,有何顾虑,乃与尔盟誓乎!尔欲降则降,不降则已。[193]

遂将来使二人羁留,只放一人回城向祖大寿转达他们的最后通牒。祖大寿大为后悔,第二天即派人传语请营:"昨乃小人妄言,非祖总兵之言也,望乞宽恕。王若令今日来,则今日至;令明日来,则明日至。惟王命是听。"[194] 次日,即1642年4月8日一早,祖总兵便率其官属兵丁出城,向济尔哈朗等满洲贵族叩首投降了。4月9日,清军入据锦州后,太宗的谕旨从盛京(沈阳)传来。锦州7000守军及其家属尽皆留养,移驻他处。城中饥民则就地屠杀。济尔哈朗执行了太宗的命令,第二天便将祖大寿送往盛京,听候太宗亲自发落。[195]

到达盛京后,祖大寿被带至大清门内装饰优雅、结构匀称的崇政殿,进见大清皇帝。太宗以严厉而又仁慈的面孔出现在他面前,说道:

> 尔背我为尔主,为尔妻子宗族耳。朕尝语内院诸臣,谓祖大寿必不能死,后且复降,然朕决不加诛。往事已毕,自后能竭力事朕则善矣。[196]

不难理解,太宗对祖大寿如此宽大,不仅是因为其兄弟子侄及其部众已成为大清皇帝麾下一支忠诚并颇有实力的军队,而且是因为在清朝与北京之间还有一支徘徊不定的重要军队,即祖大寿的外甥总兵吴三桂统领的宁远守军。[197] 现在,祖大寿终于加入了大清的事业,通过他说服吴三桂也来归降便有可能了。[198] 祖大寿得到皇太极的宽恕后,立即致书吴三桂:

> 兹者,松山、锦州已下,天运人心,悉归新主。有识者宜熟为审处,及早投诚,则分茅裂土,超出寻常。[199]

这位原明朝总兵因尽心效力,而日益赢得了太宗皇帝的宠信。后来,祖大寿死于北京,得依正黄旗旗人身份以最隆重的军礼下葬。[200]

就目前所知,吴三桂对祖大寿的劝降始终未作答复。由此可以推论,他并不像祖大寿那样完全相信天命已经转归清朝。而太宗本人也不相信明朝的天下已经在其掌握之中。松山陷落后,祖可法主张停止议和,进围北京,太宗断然拒绝说:"岂能即克山海耶!"[201] 太宗清醒地认识到,要征服明朝必须再给它一次比松、锦失守更沉重的打击。然而使他充满信心的是,他知道满洲在寻求扩张的过程中,已经网罗到一批文武干才,而欲将一个边地汗国变为中原王朝,这正是必须具备的条件。当对明朝的致命一击终于由他人完成之时,满洲人便准备大举南下了。[202]

注释:

1 努尔哈赤终年 68 岁。李鸿彬:《论满族英雄努尔哈赤》,第 229 页。
2 罗思·李:《早期满洲国家》,第 50 页。
3 同上书。满文老档明确记载,努尔哈赤一直打算让八和硕贝勒共治国政。1622 年,努尔哈赤曾向他们阐明,在强势之人治国与汗治国之间,还有第三种方式,即众贝勒共同治国。为了使八贝勒共商国是,他还制定了特殊制度,以便使他们能够达成一致意见。因此,建立部落贵族的集体统治,是努尔哈赤考虑已久的问题。周远廉:《后金八和硕贝勒"共治国政"论》,第 250—251 页。

4 恒慕义：《清代名人传略》，第9页。许多西方人只知皇太极叫阿巴海，但满族文献中不见此名，只记载努尔哈赤第四子就是皇太极（皇太子），有时又写作黄台吉。台吉一词并无"储君"之意，而是一种来自蒙古语的贵族称号，努尔哈赤诸子在1615年以前多有此号。罗思·李：《早期满洲国家》，第11页；吴卫平：《八旗兴衰》，第16页。

5 罗思·李：《早期满洲国家》，第120页；又见周远廉：《后金八和硕贝勒》，第257页。

6 恒慕义：《清代名人传略》，第9页。

7 1635年，已于两年前死去的莽古尔泰，被发现曾阴谋篡夺汗位，私刻"大金皇帝"字样的印玺。罗思·李：《早期满洲国家》，第124页。

8 《早期满洲国家》，第126页。

9 同上书，第137—138页。

10 根据他的一道可能言过其实的敕令："初，尼堪皆配满洲官员为奴，虽有马不得骑，皆供满洲骑乘。贝勒有疾，尼堪须令妻女前往服侍。尼堪全为满洲官员之私产，常食不果腹。"同上书，第138—139页。1627年饥荒期间，皇太极还决定发国库储银2万两，分赐明朝百姓买粮充饥。《满洲旧档译注·清太宗朝》，第165页。

11 《大清太宗文皇帝实录》第一卷，第5页；罗思·李：《早期满洲国家》，第139—140、148—149页。

12 后金将这些汉人分为民户和奴隶两类，再从二者中抽取18至60岁适合从军的强壮男子为壮丁。每三年进行一次人口普查，以便用新抽取的壮丁替换已失去战斗力的壮丁，或将某处多余的壮丁调拨他处。汉族奴隶和民户之壮丁皆编为"外牛录"，但奴隶仍记在主人户籍中，且只能充当步兵或骑兵。满洲奴隶则编为"内牛录"或"包衣牛录"，分属各旗。吴卫平：《八旗兴衰》，第24—28页。17世纪30年代，满洲仍以农奴或奴隶分赐各级官吏。1638年，皇太极曾批准将妻妾、马匹和奴隶分给部下的制度；1640年的一份战报则明确提到，努尔哈赤时代建立的战俘与降人的区别仍然存在。郑天挺：《清入关前满洲族的社会性质》，第93—94页。关于皇太极时期盛京一带出现的贵族田庄，见郑克晟：《多尔衮对满族封建化的贡献》，第10页。

13 《清太宗实录》第一卷，第10—11页；吴卫平：《八旗兴衰》，第18页；罗思·李：《早期满洲国家》，第7页。

14 普雷斯顿·M.托伯特：《清的内务府》，第19—20页；罗伯特·B.奥克斯南：《马背上的统治》，第34页。1625年，努尔哈赤举行过一次文官考试，选拔出300多人为官。但正式的科举制度到皇太极时期才真正得到发展。1629年，后金举行了第一次科举考试，从满洲和蒙古人所役使的奴隶中选拔出200人为官。郑天挺：《探微集》，第88页。自1632年后，地方官府和中央六部的所有汉官，每隔三年都要参加一次考课。满族人对科举取士的看法，明显受到了儒家学说的影响："贤者进，劣者退，则大道可开。贤才来奔，日多一日，士子聆教，诚心履道。如此招贤纳士，则汗之大道可成矣。"罗思·李：《早期满洲国家》，第146页。

15 满洲巴克什，1631年后改称笔帖式。罗思·李：《早期满洲国家》，第128—130页。1629年阴历九月初一，在皇太极的命令下，300名明朝生员，包括在八贝勒家为奴者，参加了考试。考中者200人，皆免其奴隶身份及徭役、兵役，入新设之书房供职。不过，这种书房总的说作用不大——也许是因为满洲统治者不愿把最高机密委托给汉官办理。昭梿：《啸亭杂录》第二卷，第7页；乔舒亚·A.福格尔：《顺治年间的山东》上，第19—20页。

16 劳伦斯·D.凯斯勒：《康熙和清朝统治的巩固》，第10页。

17 罗思·李：《早期满洲国家》，第133页。

18 皮埃尔·科拉迪尼：《满洲王朝初年的行政》；托伯特：《清朝的内务府》，第19—20页；

罗思·李:《早期满洲国家》,第126—128页。

19 自从后金在宁远战败、努尔哈赤于1626年死去之后,皇太极便开始与明朝议和。这使他能够腾出手来派阿敏率军征服朝鲜。金军逼临朝鲜都城,国王李倧(1623—1649年在位)逃入海岛。朝鲜使臣答应向急需朝鲜粮草的后金输纳岁贡。这正是后金所希望的,故军中贝勒大臣皆主张接受这项条件。阿敏只想掠夺战利品,主张继续攻打朝鲜都城。只因大家坚决反对,他才放弃了这一打算,同意和平撤军。但他还是劫掠了几座朝鲜城镇。罗思·李:《早期满洲国家》,第120—121、165—167页;恒慕义:《清代名人传略》,第1—2页。关于1628年后金为获得急需的朝鲜粮草所做的努力,见马克·曼克尔:《清代纳贡制度》,第85—86页。

20 "中原"一词常用以泛指中国内地,但狭义地理解则大致相当于华北平原地区,包括河南、山东西部及河北和山西南部地区。罗伯特·克里默:《周密与修端》,第60页。

21 郝爱礼译:《皇清开国方略》,第205—216页。

22 明朝毁掉了房山县境内的金朝皇陵。作为报复,后金也推毁了一座明朝的陵墓。莫东寅:《明末建州女真的发展及其建国》,第98页。

23 赵尔巽等撰:《清史稿》列传第二十四卷,第7页。又见《皇清开国方略》,第221—225页。孟乔芳(1595—1654)是永平人。永平是直隶等重镇,是从山海关到北京的必经之地。孟乔芳原任明朝副将,罢职后家居。作为当地武人,他受到许多永平军人的信赖。因此,皇太极接受他的投降后,这些军人也随之归附了后金。后来,皇太极设汉军八旗,将孟乔芳部编入镶红旗,让孟乔芳任副统。崇祯皇帝得知孟乔芳叛变后,将其留居永平的亲族全部杀了。《贰臣传》第二卷,第6—7页;恒慕义:《清代名人传略》,第572页;李光涛:《洪承畴背明始末》,第245页。

24 恒慕义:《清代名人传略》,第9页;罗思·李:《早期满洲国家》,第121—122页;《皇清开国方略》,第234—236页。阿敏本人几乎为明军骑兵所杀。《当代著名政治家介绍》,第98页。

25 罗思·李:《早期满洲国家》,第140页;《皇清开国方略》,第237—241页。

26 恒慕义:《清代名人传略》,第9页。

27 罗思·李:《早期满洲国家》,第153页。

28 同上。

29 宁完我为促成永平投降起了作用。攻城时,他手持黄旗登上城头,对城中军民说,如若投降,便可继续安居乐业。李元度:《国朝先正事略》第二卷,第9页。

30 罗振玉:《史料丛刊初编》第四册"奏议"第二卷,第55页。

31 科拉迪尼:《满洲王朝初年的行政》;恒慕义:《清代名人传略》,第592页。

32 关于多尔衮在促成六部建立的过程中所起的关键作用,见郝爱礼:《亲王多尔衮》,第20—21页。

33 最初,许多满族官员对是否需要设置监察官表示怀疑。他们说,明朝早就有这种"言官",所以总打败仗。宁完我则否认监察官的设置是军事力量软弱的标志或原因。他坚持认为,六部既已建立,就有必要设置能弹劾六部官员的监察机构。李元度:《国朝先正事略》第二卷,第9页。汉官在六部承政和参政中只占1/6。每部承政四人,二为满人,一为蒙古人,一为汉人;参政十四人,八为满人,四为蒙人,二为汉人。1638年后,每部只设承政一人,皆用满人。奥克斯南:《马背上的统治》,第31—32页。在1632到1644年间的某个时候,可能是1636年,贝勒就不再分管六部了。罗思·李:《早期满洲国家》,第131页。

34 《皇清开国方略》,第251页。

35 赵绮娜:《清初八旗汉军研究》;罗思·李:《早期满洲国家》,第111—112、180—181页。("乌真超哈",即ujen cooha,直译为重兵、重装部队,指以炮兵为主的汉族军队。——

译者）

36 佟养性是开原的富豪，族人宾客甚多。努尔哈赤的崛起使他激动不已，决心与满族共命运。佟氏其他成员住在抚顺。据某些史料载，佟氏祖先是汉化的女真商人，世代居住在明朝境内，同满族人进行食物和毛皮贸易。但也有史料可以证明，佟氏是数世以前定居东北的一个明朝官员的后裔。辽东佟氏最终共有 22 人归顺了后金，包括曾在朝鲜英勇抗击丰臣秀吉的副将佟养真（死于 1621 年）。佟养性死于 1647 年，其子普汉袭爵。郑天挺：《探微集》，第 53—55 页；李元度：《国朝先正事略》第二卷，第 20—21 页；恒慕义：《清代名人传略》，第 797 页。

37 李元度：《国朝先正事略》第二卷，第 21 页；郑天挺：《探微集》，第 55 页。

38 赵绮娜：《清初八旗汉军研究》；恒慕义：《清代名人传略》，第 797—798 页。

39 李元度：《国朝先正事略》第二卷，第 20 页。

40 《清太宗实录》第八卷，第 3—4 页；《皇清开国方略》，第 244 页；恒慕义：《清代名人传略》，第 797 页。铸匠名叫王天相，铁匠名叫刘计平。

41 大凌河之围，下文将详述。《皇清开国方略》第 261—268、272—282 页对此有一简要叙述。

42 《清太宗实录》，第九卷，第 32 页，第十卷，第 4—5、21 页。其中包括商贾 2000 人、工役 3000 人，一部分蒙古逃人和少数满洲逃人。

43 《贰臣传》第四卷，第 5—7 页。

44 《清太宗实录》第九卷，第 32 页；恒慕义：《清代名人传略》，第 769 页。

45 在《清实录》中，佟养性部被称为"旧汉兵"。

46 《清太宗实录》第九卷，第 21—23 页。金军主力的规模，见《清太宗实录》第九卷第 41 页。

47 同上书，第 23 页。皇太极试图以满洲和蒙古原系一国为由，劝大凌河城内的蒙古人投降。9 月 6 日，他派人系书于箭上，射入城中，除许诺"恩养"归降者外，皇太极还写道："我满洲与尔蒙古，原系一国，明则异国也。尔等为异国效死，甚无谓，予甚惜之。"同上书第九卷，第 24 页。在满文《清实录》这一时期的记载中，满洲人自称"金国"。1649 年至 1654 年间的某个时候，又改称"满洲"，或"我朝"。陈捷先：《满文清实录研究》，第 103—104 页。太宗朝实录的满文原本至今尚未发现，尽管陈捷先教授在私人信件中曾指出，台北故宫博物院新近可能发现了一部。台北故宫博物院 1969 年出版的《满洲旧档》中，没有 1633 年和 1634 年的材料，也没有 1636 年以后的材料。罗思·李：《早期满洲国家》，第 2—3、9 页。

48 《清太宗实录》第九卷，第 23—24 页；又见李元度：《国朝先正事略》第一卷，第 1—2 页。

49 同上书，第 27—28 页。

50 同上书，第 32 页。

51 同上书，第 32 页。

52 同上书，第 33—34 页。共获军旗 15 面，马 206 匹，甲胄 219 副，并生擒游击一员。

53 同上书，第 36 页。

54 金军直到 10 月 26 日才知道这支援军的统帅是谁。这天金兵擒获了几名俘虏，经讯问得知，10 月 22 日张春战败后，吴襄和孙承宗逃回了山海关。《清太宗实录》第十卷，第 1—2 页。吴襄，辽东人，其家族原居江苏，后迁至此，1622 年中武进士，亦为武人。恒慕义：《清代名人传略》第 877 页；曹凯夫：《三藩反对满族统治的叛乱》，第 12 页。

55 当时，后金汗之护军由上三旗护军组成，设专门机构统辖。吴卫平：《八旗兴衰》，第 30—31 页。

56 《清太宗实录》第九卷，第 36—37 页。

57 同上书，第 38 页。

58 此后不久，莽古尔泰因为拔剑威胁皇太极，受到诸王的指责，并降其和硕贝勒秩同于诸贝勒。同时，代善嘲笑了他本人和莽古尔泰与皇太极同坐的制度，遂约定：自今以后，皇太极南面中坐，代善和莽古尔泰侍坐左右。恒慕义：《清代名人传略》，第562—563页。

59　同上书，第32页。皇太极特意下令，要求哨探尽量捕捉明军官员，而不要只捉樵采竖奴，因为后者并不了解其军中事情。同上书，第36页。

60　《清太宗实录》第九卷，第38—39页；又见《贰臣传》第四卷，第3—4页。

61　9月25日，皇太极亲幸阿济格军，按其传统方式以金杯酌所携酒，赐给阿济格等，以表示对大败松山援军的祝贺。《清太宗实录》第九卷，第34—35页。

62　皇太极甚至做了在敌军过于强大因而无法阻挡的情况下解围撤退的计划。《清太宗实录》第九卷，第35—36页。

63　同上书，第39—40页。

64　同上书，第41—42页。

65　同上书，第42—43页。

66　同上书，第43—44页。

67　同上书，第44页。

68　同上书，第46页。不过，张春拒绝按满族习俗剃发。皇太极遂下令将其关在一座喇嘛庙中，直到他愿意剃发为止。张春仍坚拒不从，最后死在庙中。郑天挺：《探微集》，第82页。

69　《清太宗实录》第十卷，第2页。

70　同上书，第2—3页。

71　同上书，第4页。

72　同上书。

73　同上书，第5页。

74　同上书，第5页。金军抓获台中男子240名，妇女儿童339口，牲畜70头。

75　"若非用红衣大炮击攻，则鱼子嶂台必不易克。此台不克，则其余各台，不逃不降，必且固守。各台固守，则粮无由得。即欲运自沈阳，又路远不易致。今因攻克鱼子嶂台，而周围百余台闻之，或逃或降，得以资我粮糗，士马饱腾。以是久围大凌河，克成厥功者，皆因上创造红衣大将军炮故也。自此凡遇行军，必携红衣大将军炮云。"《清太宗实录》第十卷，第5—6页。

76　同上书，第4页。

77　同上书，第6—7页。起初他们杀修城夫役为食；夫役已尽，又杀商贾为食，且析骸而炊；最后又杀羸弱的军士为食。

78　同上书，第7—8页。11月9日，一支来自沈阳为金军运送给养的部队，带着缴获的火器、大炮和各台归顺之人，一同返回了沈阳。

79　同上书，第8—9页。

80　同上书，第9页。

81　同上书，第9页。当时，佟养性之旧汉兵被分为左右翼两旗，石廷柱是左翼管旗大臣。恒慕义：《清代名人传略》，第797页。

82　恒慕义：《清代名人传略》，第935页。岳讬是代善的长子，也是皇太极的亲信。

83　《清太宗实录》第十卷，第10页。

84　同上书，第11页。

85　同上书，第10—11页。

86　同上书，第13页。

87　同上书，第14页。

88　同上书，第12—13页。

89　同上书，第14页。

第三章　满族势力的扩张　131

90 同上书，第14页。
91 同上书，第14页。
92 同上书，第14—15页。
93 同上书，第15页。
94 《贰臣传》第四卷，第20—21页，有祖大寿等降官的全部名单。关于满族的盟誓之俗，见郑天挺：《探微集》，第69—70页。
95 《清太宗实录》第十卷，第15—16、20页。
96 同上书，第16—18页。
97 同上书，第18页。
98 同上书，第18页。锦州明军听到炮声，以为祖大寿已设法冲出了金军的包围。这一情况帮助祖大寿将领顺利通过了明军的防线。
99 同上书，第19页。
100 同上书，第19—20页；又见《皇清开国方略》，第283—284页。
101 同上书，第20页。
102 同上书，第20页。
103 同上书，第20—21页。
104 在此后的几年中，祖大寿始终未能消除其上司对他的怀疑。事实上，明朝派洪承畴镇守宁远的最初目的，就是监视祖大寿，防止他也像祖氏其他成员一样投降后金。李清：《三垣笔记》"附识"上，第15页。
105 《清太宗实录》第十卷，第22页。
106 同上书，第23页。
107 恒慕义：《清代名人传略》，第770页。后金内部有人主张立即攻打锦州，而不管祖大寿的计划如何。其例见罗振玉：《史料丛刊初编》第三册"奏议"第一卷，第4—5页。
108 其中多数人后来被编入汉军镶黄旗。孙甄陶：《清史述论》，第28页。
109 《贰臣传》第四卷，第22页。
110 同上书，第15—19页。
111 同上书第四卷，第22—23页。
112 同上书第二卷，第24—25页。
113 同上书第一卷，第1—2页。
114 同上书第二卷，第20—22页。
115 同上书第一卷，第3—4页。
116 同上书第二卷，第11—14页；恒慕义：《清代名人传略》，第56—57页；沈翼机：《浙江通志》，第2521页（第一四九卷）。
117 "后金的军事力量，以满蒙联盟及满族与布勒瑚里湖（满语为bulhūri omo，即镜泊湖，位于中国黑龙江省牡丹江市宁安市境西南部的松花江支流牡丹江干流上。——译者）一带的高原汉人的融合为基础。这种结构使得区域划分带有明显的'利益范围'的性质，并一直延续到近代初期。"拉铁摩尔：《满洲里：冲突的发源地》，第43页。
118 罗振玉：《史料丛刊初编》第四册"奏议"，第二卷，第23页。宁完我是在一道奏章中这样称呼尚可喜等人的。同时他还断言，这些人"来无影，去无踪"，不过是一伙缺乏军事才干的强盗。又见罗思·李：《早期满洲国家》，第146页。尚可喜原是辽东军户，其父在明军中战死。《贰臣传》第二卷，第23—30页；恒慕义：《清代名人传略》，第635—636页。孔有德的家族原籍山东，当系曲阜孔氏，后移居辽东。《贰臣传》第一卷，第5—13页；恒慕义：《清代名人传略》，第435—436页。耿仲明也是辽东人。《贰臣传》第四卷，第26—29页；恒慕义：《清代名人传略》，第416—417页。

119　登州即今山东蓬莱。

120　恒慕义：《清代名人传略》，第 436、686 页。

121　乔治·H. 邓恩：《一代伟人》，第 217—219 页。

122　除耿仲明、李应元及其父李九成外，陈有时、毛承禄、陈光福也都承认孔有德为王。这些人有的来自直隶海湾中的岛屿（如广鹿岛为毛承禄所占据），有的来自旅顺。孔有德还设置官府，造刻印玺。《贰臣传》第一卷，第 1—3 页；恒慕义：《清代名人传略》，第 686 页。

123　李九成和陈有时被杀。

124　李应元被杀；毛承禄和陈光福被俘。黄龙还杀了密谋反叛的部将、耿仲明之弟耿仲格。

125　孔有德部 8014 人，耿仲明部 5866 人。罗振玉：《史料丛刊初编》第四册"奏议"第二卷，第 24 页。

126　《贰臣传》第一卷，第 3—5 页；刘约瑟：《史可法》，第 26 页；托伯特：《清朝的内务府》，第 16 页；《皇清开国方略》，第 317—319 页；恒慕义：《清代名人传略》，第 436 页；吴卫平：《八旗兴衰》，第 21—23 页；昭梿：《啸亭杂录》第一卷，第 2 页。

127　《贰臣传》第二卷，第 23—25 页；《皇清开国方略》，第 339—340 页；吴卫平：《八旗兴衰》，第 23 页。

128　神田信夫：《三藩在清初地方政局中的角色》。神田就三藩特别是吴三桂的"封建"性，做了令人信服的论证。

129　郑天挺：《探微集》，第 56 页。

130　吴卫平：《八旗兴衰》，第 21—23 页；恒慕义：《清代名人传略》，第 797 页；《贰臣传》第七卷，第 17—19 页。此时，"天佑兵"和"天助兵"名义上也同汉军八旗合为一体，但只表现为其将领在编制上分属各旗。孔有德是正红旗人，耿仲明是正黄旗人，尚可喜是镶白旗人。

131　"和硕贝勒在本旗中的地位，不是封建性的，而是政治和行政性的。"吴卫平：《八旗兴衰》，第 40 页。因此分旗之制是收编归降满族的军士及其家属的极好形式。例如，他们曾用这种形式收编被俘的俄国人，令俄国将领统辖，其中有些人是沙俄的逃犯。傅乐淑：《中西关系文献编年》，第 8 页。

132　吴卫平：《八旗兴衰》，第 31 页。这种火器无膛线，口径约 50 毫米，炮筒长约 18 英寸，火药需用药捻引燃。沈阳故宫有此藏品。

133　罗思·李：《早期满洲国家》，第 156—157 页。

134　同上书，第 171 页；《皇清开国方略》，第 296—302 页。

135　《皇清开国方略》，第 341—344 页。

136　同上书，第 362—367 页；吴卫平：《八旗兴衰》，第 16、34 页。林丹汗是 13 世纪蒙古汗族的最后一个直系后裔。他虽然立志统一蒙古，但别人财富的觊觎，使他失去了许多蒙古首领的信赖。当满洲军队来犯时，后者便将他抛弃了。林丹汗西逃后，死于 1634 年。第二年，其子向皇太极表示臣服。这样，皇太极便控制了内蒙古的大部分部落。毛里斯·罗塞比：《1368 年至今的中国和亚洲腹地》，第 113 页。

137　S.A.M. 阿谢德：《清朝的马政》；罗思·李：《早期满洲国家》，第 171 页。由于受到蒙古人的威胁，明初统治者很快认识到其军队之战马供给的重要性。明太祖下令设苑马寺，管理陕西的 24 个牧场。但到 15 世纪末，这些牧场只剩下了 6 个，其余皆被农民垦为耕地，因而战马的来源主要依赖东北和西北各部落。在东北，明朝每年用价值 30 万两的银绢换取马匹，在西北则特设茶马司，专门用四川茶叶换取蛮夷民族的马匹。最初，每年可用约 100 万斤茶叶换取 1.4 万匹马。1449 年，也先率蒙古瓦剌部入侵，将甘州和宁夏抢掠一空，并赶走了在当地贩马的商人。成化（1465—1487 年）和正德年间，明朝虽然努力恢复茶马贸易，但毕竟失去了垄断权，因而良种马的来源大大减少了。1509 年，蒙古首领

第三章　满族势力的扩张　　133

亦不刺入侵库库淖尔（蒙古语为 Köke Naɣur，即青海湖，位于青海省东北部的青海湖盆地内——译者），以及 1513 年吐鲁番首领满速儿占领哈密，又进一步破坏了这种茶马贸易。到 1600 年，全年只换得约 3000 匹马，且多是性情温和的雄阉马，根本不是蒙古和满族战马的对手。罗赛比：《明代同亚洲腹地的茶马贸易》，第 137—160 页，及其《中国和亚洲腹地》，第 82—83 页；黄仁宇：《16 世纪明代的税收与政府的财政》，第 260—261 页。

138　罗思·李：《早期满洲国家》，第 179 页。

139　鸳渊一：《清朝前朝社会杂考》，第 306 页。蒙古汗国与喇嘛教的结合，是 16 世纪时由俺答汗完成的。1578 年，经他邀请，拉萨黄教首领与蒙古贵族代表在库库淖尔河畔见面。这位西藏高僧得到了"达赖喇嘛"的称号；而他则宣布俺答汗是忽必烈帝再生。当满族势力迅速崛起之时，土谢图汗——他曾作为外蒙戈壁滩北部喀尔喀蒙古的领袖接受达赖喇嘛的拜访——又宣布自己的儿子是"活佛"和弥勒佛的化身。不过，这一欲将喀尔喀蒙古统一在一个兼有宗教与政治权威的领袖之下的努力，因克鲁伦河流域以车臣（Setsen）汗为首的东喀尔喀拒绝承认西喀尔喀的统治而失败了。早在 1637 年，一些喀尔喀部落就开始向满族纳贡。《明代人名辞典》，第 8—9 页；罗赛比：《中国和亚洲腹地》，第 112—115 页；摩西斯：《蒙古佛教的政治作用》，第 92—93、104—106 页。皇太极私下曾对蒙古人信仰佛教表示轻蔑，认为这有损于他们的文化特性。"蒙古贵族正在抛弃蒙古语言；他们的名字也都模仿喇嘛。"然而，1637 年，他邀请达赖五世来到沈阳；1638 年，他修建了一座黄教寺庙，供奉元代的玛哈噶喇像；一个周身火焰的湿婆形象；1640 年，达赖喇嘛和班禅喇嘛致书皇太极，承认他为菩萨，并称他为"满洲大帝"。戴维·M. 法夸尔：《大清帝国统治中作为菩萨的皇帝》，第 19—21 页；沃尔瑟·海西格：《蒙古人的宗教》，第 32 页。

140　李元度：《国朝先正事略》，第一卷第 1 页，第二卷第 9 页；恒慕义：《清代名人传略》，第 592 页；奥克斯南：《马背上的统治》，第 30 页。1633 年，皇太极曾经问众贝勒，应该首先征服明朝，还是首先征服蒙古察哈尔部。多尔衮，即日后的摄政王，主张先征服明朝，建议攻打燕京（北京）。祖可法表示赞同，指出一旦攻下燕京，明朝其他地方就会望风而降。但皇太极仍感到力量不足。1635 年 3 月 21 日，早已归顺后金的明朝生员沈佩瑞上疏皇太极，提出了同样的建议。他指出，明军主力现在正忙于镇压西северных地区的农民起义，后金可以趁机从东面进攻，这至少能迫使明朝与后金议和，从而达成有利于后金的和约。郑克晟：《多尔衮》，第 4—5 页。同年，张文衡也主张："今正取天下之时，入中原之机……明之东南，苦于徭役，必不堪一击。今明国东西不能相顾，正吾发兵中原之机……汗若乘此天赐良机，国人争劝之时，决意进取，则天必佑汗。"罗思·李：《早期满洲国家》，第 136—137 页；又见《皇清开国方略》，第 387 页。

141　张春被俘后，达海对他说，金明交兵是因为皇太极致和书六七次，而明朝政府竟无一言相报。《清太宗实录》第九卷，第 45 页。

142　同上书，第 31 页。

143　康熙皇帝后来曾引用过皇太极的这番话。史景迁：《中国皇帝》，第 144 页。大凌河城陷落后，一些汉官试图说服皇太极乘胜南下。1632 年 5 月 8 日，宁完我上疏指出，大凌河的胜利是明朝"内患"的结果，认为进军"南朝"，围攻山海关的时机已经成熟（称明为"南朝"，包含这样一层意思，即后金已取得了与明朝平等的地位，今后将要与明朝争夺霸权，就像 1004 年宋辽澶渊之盟所明确规定的那样；见苏珊·E. 卡希尔：《宋代宫廷中的道教》，第 24 页）。罗振玉：《史料丛刊初编》第三册"奏议"第一卷，第 14 页。1633 年 8 月 26 日，祖可法对皇太极说，一旦攻下北京，明朝其他城市都会投降；而欲攻下北京，必须先夺取山海关。同上书第四册"奏议"第二卷，第 32—33 页。但皇太极仍然否定了这一建议。1634 年，皇太极进军中原并已打到大同城下时，仍表示他的愿望是议和。任长正：《清太祖太宗时代明清和战考》,第 49 页。

144 "其结果是改革了女真族的部落组织形式,建立了汉化的政治制度,而且,其中央集权的程度比北宋王朝还高。"陶晋生:《中国政治制度中女真统治的影响》,第 127 页。1635 年 7 月 4 日,皇太极下令:对金、辽、宋、元的历史要特别重视。《皇清开国方略》,第 373 页。

145 罗思·李:《早期满洲国家》,第 181 页。随着皇太极对满洲后人可能忘却本族文化的担忧与日俱增,他对多尔衮的态度逐渐产生了矛盾。他把极大的权力交给多尔衮,但又因多尔衮主张实现更全面的汉化而对他怀有戒心。郑克晟:《多尔衮》,第 1 页。

146 同上书,第 154—155 页。

147 据《实录》载,5 月 12 日,皇太极召集众官举行了更改年号(改天聪为崇德)和国号(改后金为清)的仪式。皇太极——自此以后史称太宗——宣称此次改号符合天意,并强调说他已征服了朝鲜(当时其使臣在场),统一了蒙古,因而鸿名伟业,丕扬天下。《清太宗实录》第二十八卷,第 17—22 页。满族人相信,君主需要遵从天命来建立自己的统治。戴维·M. 法夸尔:《满洲之蒙古政策的起源》,第 201、204 页。奥克斯南认为:"阿巴海(即皇太极)清楚地认识到,摆出一副能使中国摆脱明朝腐朽统治的架式,而非以金朝女真征服者的姿态出现,这具有宣传价值。"奥克斯南:《马背上的统治》,第 35 页;又见薛虹:《试论满族共同体的形成》,第 1 页。

148 《清太宗实录》第三十二卷,第 8 页。熙宗是第一个热衷于汉化的金朝皇帝。陶晋生:《12 世纪中国女真的汉化研究》,第 99 页。

149 世宗的排外运动,还强调了狩猎的重要性。陶晋生:《女真的汉化》,第 76—83 页。

150 《清太宗实录》第三十二卷,第 9 页;又见奥克斯南:《马背上的统治》,第 36—37 页;罗思·李:《早期满洲国家》,第 181—183 页。

151 太宗日益增强的排外主义倾向,使他对力求改善汉人俘虏之地位的汉族官员,不像以往那样言听计从了。1638 年,于努尔哈赤时代降金的祝世昌,对将俘获的良人妇女卖充乐户的做法提出批评。为此太宗斥祝世昌为身虽在清、心犹在明的叛徒。郑克晟:《多尔衮》,第 9 页。

152 吴卫平:《八旗兴衰》,第 34 页;《皇清开国方略》,第 420—426 页;罗思·李:《早期满洲国家》,第 165—170 页;郑克晟:《多尔衮》,第 2 页。引起这场冲突的一个重要原因,是朝鲜拒绝承认太宗的地位高于明朝皇帝。另一重要原因是满足经济方面的需求。此前,正白旗之鞑靼人英俄尔岱,一直负责向朝鲜征收粮草。1636 年,朝鲜国王将英俄尔岱软禁,并停止向清朝纳贡。其后,朝鲜军队被击溃,其国王逃走,英俄尔岱又继续在朝鲜履行其职责了。恒慕义:《清代名人传略》,第 394—395 页。

153 沈世魁死后,沈志祥继承了他的军队和总兵头衔。明廷对此颇为不满,沈志祥遂率众降清了。此后,沈志祥成了清军一员猛将,曾在山海关攻打李自成,又助孔有德攻占湖南,以战功受封公爵。《贰臣传》第七卷,第 20—21 页。

154 《清太宗实录》第五十五卷,第 4 页;恒慕义:《清代名人传略》,第 769 页;《皇清开国方略》,第 527—529 页。

155 关于洪承畴在陕西镇压起义的概括叙述,见李光涛:《洪承畴》,第 229—231 页。

156 陈奇瑜在陕西东南将起义军包围后,接受了义军的投降,派安抚官护送他们回乡务农。但在途中,义军却杀了安抚官,再度反叛。恒慕义:《清代名人传略》,第 85 页。

157 《贰臣传》第三卷,第 1—4 页;恒慕义:《清代名人传略》,第 358—359 页;萧一山:《清代通史》第一卷,第 380—381 页。

158 1641 年 4 月 25 日,兵部从一逃亡奴隶口中获悉,济尔哈朗率一支清军,携 30 多门"红夷"大炮,已经到达锦州东北数公里处的义州,并准备进攻锦州。分守外城的蒙古雇佣军经清军劝降而放弃了阵地，祖大寿弹压失败，只得退守内城。城中积粟足供坚持数月，但清朝之汉军及一支朝鲜援军的猛烈炮火，使守城明军伤亡惨重。这支朝鲜军是被迫而来的，战斗期间又大量死于疾病。这时，明朝派职方郎张若麒赶赴洪承畴军中。洪承畴认为，清军攻势太猛，应当谨慎从事。而张若麒认为这是与清军进行决战并将其一举击溃的好机会，故一味催战。后来，张若麒因提出这一鲁莽的计划而受到弹劾。吴晗：《朝鲜李朝实录中的中国史料》，第 3680、3683—3686 页；李光涛：《洪承畴》，第 231—233 及 236—237 页；《清太宗实录》第五十九卷，第 11 页。

159 李光涛：《洪承畴》，第 234 页。

160 同上书，第 235 页。

161 这块沿海平川被流向大海的山洪隔开。1641 年 11 月 11 日，朝鲜将领柳琳向其国王对这一战场做了生动的描述。吴晗：《朝鲜李朝实录》，第 3686—3687 页。

162 《明清史料》乙编，第 296、327 页，引自李光涛：《洪承畴》，第 232、236 页；《清实录》，引自李光涛：《洪承畴》，第 235 页；吴晗辑：《朝鲜李朝实录》，第 3686—3687 页；郝爱礼：《亲王多尔衮》，第 19—20 页。

163 城中一名官员设法逃出了清军的防线，去报告洪承畴及其残兵败将在松山的困境。他估计城中粮草只能维持到 1642 年初春，要求派兵增援。《明清史料》乙编，第 337 页，引自李光涛：《洪承畴》，第 239 页。大同守军的估计则更为悲观，因为在正常情况下，松山人马每天要消耗粮食 3000 石。《明清史料》乙编，第 335 页，引自李光涛：《洪承畴》，第 239 页。

164 明《题本》，引自李光涛：《洪承畴》，第 239—240 页。

165 《明清史料》乙编，第 327 页；引自李光涛：《洪承畴》，第 237 页。

166 明朝可以派出的援军有：吴三桂部兵 1 万人，战马 5000 匹；白广恩部兵 5000 人，战马 2500 匹；李辅明部兵 5000 人，战马 500（应为 700——译者）匹。此外，马科部有兵 6500 人，战马 3400（应为 2400——译者）匹；唐通部也有大约 10000 人的军队。但他们正镇守中关隘，不能调动。《明清史料》乙编，第 338 页，引自李光涛：《洪承畴》，第 238 页。

167 李光涛：《洪承畴》，第 228 页。到 1641 年 12 月，清军已在被围各城四周"挖地为壕，壕上有桩，桩上有绳，绳上有铃，铃边有犬"。《明清史料》乙编，第 337 页，引自李光涛：《洪承畴》，第 239 页。松山城内一部分水源被切断了，而到 1641 年 10 月 18 日两名士卒冲出包围时，城内只剩下三个月粮草了。守城士卒每五天才能分到两碗米。《明清史料》乙编，第 331、336 页，引自李光涛：《洪承畴》，第 236、239 页。

168 《明清史料》乙编，第 336 页，引自李光涛：《洪承畴》，第 238 页。

169 这支清朝汉军的将领是佟养性之孙、炮兵专家佟国印。李元度：《国朝先正事略》第二卷，第 26 页。

170 由于雪太大，清军主力返回义州躲避去了。《明清史料》乙编，第 337 页，引自李光涛：《洪承畴》，第 239 页。

171 《皇清开国方略》，第 536—537 页；《贰臣传》第三卷，第 3—4 页。沈廷杨亦由天津海运粮饷前往增援，但却拖延了数月之久。萧一山：《清代通史》第一卷，第 199 页。

172 《贰臣传》第三卷，第 4—5 页。

173 《清太宗实录》第五十九卷，第 6—7 页；《贰臣传》第九卷，第 4—5 页；《皇清开国方略》，第 537—538 页。

174 同上书，第 8 页。

175 1643 年，夏承德及其所领 500 庄丁、1000 依附农民，被编入汉军正白旗，后被派去占领山东。《贰臣传》第九卷，第 6 页。

176 《东华录》，1642 年 4 月 29 日条。引自李光涛：《洪承畴》，第 241 页。

177 《清太宗实录》第五十九卷，第 11 页。据说，太宗在大清门内的崇政殿接见了洪承畴，问他明朝皇帝为何对手下将帅的生死如此漠不关心，竟在战争中将他们轻易抛弃。洪承畴说，这是由于崇祯皇帝周围的众多文臣提出的策略纷纭不一。太宗直截了当地驳斥道："特今君暗臣蔽，故多枉杀。似此死战被擒、势蹙归降之辈，岂可戮彼妻子，即其身在敌国，可以财帛赎而得之，亦所当为，而况坐妻子以死流之罪乎？"洪承畴被这番话深深打动了，因为他估计自己的亲属一定遭到了明朝的诛戮。《东华录》，1642 年 6 月 1 日条，引自李光涛：《洪承畴》，第 241—242 页。

178 《贰臣传》第三卷，第 6 页。根据郑天挺的看法，是张存仁使洪承畴改变了主意。他曾在太宗面前自告奋勇，要求奉命为洪承畴剃发。郑天挺：《清史探微》，第 52 页。

179 同上书。关于洪承畴降清一事，有许多想象出来的描述。1644 以后最流行的一种说法是，他被俘后曾绝食 9 天，经强行灌以参汤后才苏醒过来。但此后他仍以自己是朝廷大臣，又是南人，而拒绝背叛明朝。清人见劝降无效，便将他放掉，并派甲士护送。将入关时，他遇见一个家仆。此人告诉他，京师中人人都以为他已经死了，并特别提醒他说，他如今是"所统三军俱没，地方俱失"。于是，洪承畴感到除了回去寻求清朝皇帝的保护之外，已经别无出路了。抱阳生：《甲申朝事小纪》第五卷，第 14 页。还有一些记载，或说是由于范文程的极力说服，洪承畴才放弃绝食而死的念头；或说是皇太极让他年轻美貌的妃子蒙古科尔沁贝勒塞桑之女博尔济吉特氏去服侍洪承畴，使他恢复了健康；或说是皇太极亲至其室，解貂裘而与之服，使洪承畴大为感激，遂叩头请降了。萧一山：《清代通史》第一卷，第 199—200 页；李光涛：《洪承畴》，第 241 页。产生这些传说的原因之一，也许是洪承畴本人的特殊性。虽然后来有许多身居高位的南方士大夫为清朝效力，但在这个时候，有这样一个人加入清政权及早已归附的辽东汉人集团，势必使人感到震惊。文秉：《甲乙事案》，第 35 页。不加深究地把洪承畴说成是乱臣贼子，总是很容易的；但人们对这一令人困惑的事件，显然渴望得到更详尽的解释。

180 《东华录》，1642 年 6 月 1 日条。引自李光涛：《洪承畴》，第 242 页。

181 萧一山：《清代通史》第一卷，第 200 页。洪承畴很快就赢得了这些贝勒的信任和尊重，被他们视为清政府中最好的汉官。郑克晟：《多尔衮》，第 8 页。后来，洪承畴在陕西时的几员部将也在他的影响下叛明降清，其中包括总兵李本深和刘泽清。李本深率手下 10.3 万人归降于多铎。刘泽清在背叛南明而降清时曾写信与洪承畴联系。《明清史料》丙编，第 91 页，引自李光涛：《洪承畴》，第 255—256 页。

182 1642 年 5 月 10 日，圣旨称他"节烈弥笃"，令"速与优旌"。5 月 25 日，兵部公布了吴三桂手下一人的报告，描述了洪承畴临死前每日面朝西南向明朝皇帝叩拜的情景。《明清史料》乙编，第 398 页，引自李光涛：《洪承畴》，第 242 页。

183 1644 年 2 月 27 日关于洪承畴之死的一次廷议。见万言：《崇祯长编》，第 81 页。

184 抱阳生：《甲申朝事小纪》第五卷，第 15 页。该祠后来使明朝颇感为难，遂改奉观音了。根据一种记载，洪承畴的一个家仆，为了筹集一笔盘缠将洪承畴的妻妾及十名家仆送回福建老家，而上疏崇祯皇帝，极为详细地描述了其主人尽忠死节的经过。崇祯皇帝读后感动得热泪盈眶，遂亲至洪承畴祠祭奠，而不顾大臣们对此报告之真实性的怀疑。皇上既然已经公开对洪承畴表示了哀悼，所有辽东籍官员便都不敢将洪承畴仍然活着的传闻上奏了。张怡：《谀闻续笔》第一卷，第 20 页；李光涛：《洪承畴》，第 228—229、243—244 页。

185 谢国桢：《党社运动》，第 90 页。

186 《贰臣传》第二卷，第 15—19 页。佟图赖完全赞同这一观点，也以同样内容上疏皇太极。恒慕义：《清代名人传略》，第 796 页。

187 《清太宗实录》第五十九卷，第 10 页。

188 但太宗并未完全放弃与明朝议和的念头。1642 年 10 月，阿巴泰准备率军入关骚扰，太宗嘱咐他说："若明国差人来讲和，尔等可答之云：'我皇上命我率兵征讨，敢不奉命行事。尔国果欲讲和，可与我皇上请命'。"另一方面，太宗又对阿巴泰说："若遇流贼兵，亦对他说：'尔等见明无道逆行，故兴师征讨。我国与尔同意……'流贼若差人来，就带他的人来。"郑克晟：《多尔衮》，第5页。

189　李光涛：《洪承畴》，第240页。
190　《清太宗实录》第五十九卷，第11页。
191　同上书，第12页。最初，围攻锦州的清军由多尔衮统领，但他未经太宗批准，便擅自决定各牛录每五人为一批轮流回家休整，以恢复其部队的士气和战斗力以及无处放牧的战马的体力。太宗闻知此事后大怒。多尔衮因罪请死，太宗便将其由亲王贬为郡王，罚银1000两，夺两牛录，并于1641年5月1日将他召回盛京，留在朝廷。郑克晟：《多尔衮》，第1页。关于多尔衮原来的头衔，见郝爱礼：《亲王多尔衮》，第10页。
192　《清太宗实录》第五十九卷，第12页。
193　同上。
194　同上。
195　同上书，第13—14页；又见《皇清开国方略》，第539—543页。
196　赵尔巽：《清史稿》"列传"第二十一卷，第20页。
197　虽然吴三桂的军队和声望都在1641年衡山附近的那次战役中被摧毁了，但他又在宁远重整旗鼓。到1644年，他手下已拥有4万正规军和七八万来自辽东的非正规军。彭孙贻：《平寇志》第十卷，第11页；又见曹凯夫：《三藩叛乱》，第13页。
198　锦州陷落后，张存仁曾致书吴三桂，简要叙述了清军连破数城的战绩，进而指出，"明气运已衰"。由于祖大寿是吴三桂的舅舅，吴三桂此时自然会考虑降清问题。《贰臣传》第二卷，第21页。
199　同上书，第17页。
200　《贰臣传》第五卷，第17页；恒慕义：《清代名人传略》，第770页。祖大寿死于1656年。
201　《贰臣传》第二卷，第18页。
202　太宗直到1643年4月临死前，才逐渐相信明朝确实行将灭亡了。但他仍希望谨慎从事。他对大臣们说："取北京如伐大树，先从两旁斫，则树自仆。"假如健康状况允许，他也许会亲自率军南下。郑克晟：《多尔衮》，第4页。

第四章　北京的陷落

闻说淮西地，
盱眙古战场。
寇来千里白，
日下数山黄。
行客欣遗灶，
居人倚短墙。
中原半如此，
何计出风霜。

李雯：《道出盱眙见贼所烧残处》，
李雯、陈子龙、宋徵舆：《云间三子新诗合稿》，第六卷

明末农民起义是由于 17 世纪 30—40 年代接连发生的饥荒以及明朝政府的普遍瘫痪造成的。[1] 只有很少一部分明代文献将起义的原因归咎于沉重的赋税。大多数官方史料则认为拖欠军饷、给养不足及强迫征兵，是起义的导火索。[2] 起义军的主要成员是农民，而其领袖通常是职业军人、驿卒和土匪。[3] 由于其将领很容易在明军与义军之间变换身份，这些起义军便成为明末社会军事化之一般模式的一部分。正如总兵左良

玉曾向一位地方名士所指出的那样，明帝国的困境，不是因为义军力量强大，而是由于明朝后期的军队将领并不想让起义完全平息。[4]

起义过程可分为四个阶段。[5]第一阶段是1627年至1631年，陕西爆发了一系列兵变和叛乱，并形成几股流寇，经常进行劫掠。第二阶段是1631年至1636年，起义军的攻势虽被瓦解，但起义者加强了联合，活动范围也更加广阔，已波及湖广、河南和陕西交界处的大部分森林地带。[6]明朝政府仍然保持着军事优势，但洪承畴等文官统帅感到，指挥左良玉那样的武人将领越来越困难了。到了第三阶段，也就是1637年至1641年，各路义军在张献忠和李自成的旗帜之下携手联合，形成了更为强大的军队。虽然1640年他们曾一度声势低落，但到1641年3月，张献忠在襄阳、李自成在洛阳大败杨嗣昌所率明军，从而恢复了义军的力量。在此关键的一年之后，明军失去了优势，而起义军的这两位领袖则萌发了改朝换代的雄心。[7]

李自成起兵问鼎

李自成由义军将领成为公认的君主，这一转变发生在河南。1642年，他攻下开封，得到了河南几位地方将领和士大夫的支持，后来证明，这些人对他创建新王朝的计划起了决定性的作用。[8]不过他们并不是最早追随他的士人。1634年，一个名叫宋企郊[9]的官员，部分地由于胁迫而投降了李自成，并于次年初成为吏政府尚书。但在1641年和1642年，宋企郊却由于另外两位士大夫李岩、牛金星的加入而黯然失色。李岩是开封人，因站在被剥削阶级一方反对贪婪的士绅而成为当地的传奇人物。[10]牛金星是李岩的同窗，宝鸡人，酷爱饮酒，又是位穆斯林举人。牛金星曾因痛打过地方小吏而被判监禁。[11]二人都是自愿投奔李自成，并都成为重要的谋士。[12]特别是牛金星，他极力鼓动农民军争取更多的文人学士的支持。他指出，河南、陕西、山西的许多上层士大夫，因在官场中受到主要来自南方的东林党人的排挤而对明廷不满。[13]

当然，在周延儒于1641年后再拜内阁首辅期间，"小东林"的势力相当强大。事实上，这些年中复社达到了鼎盛，以至于把持了科举。1643年的进士考试——这也是明朝的最后一次科举考试——是江南学士之间的一场激烈竞争。一位参加了这次考试并通过了会试与殿试的南方学士，在写给其兄弟的信中说：

> 殿试的结果公布出来时，首先看到的是前三名的姓名，那些没有被取上的开始大哭。我想前三名定会流芳百世。考得差的捂上了自己的眼睛，摇着头，不愿再看。可见人们对此渴望至极。[14]

令人向往的头三名都被复社成员所垄断，"一甲"三人是：

1. 状元——周钟
2. 榜眼——宋之盛
3. 探花——陈名夏

三人都被视为复社成员，他们此前至少参加过一次复社会议。与此同时，陈子龙等著名的复社成员也被选拔出来而特别推荐于崇祯帝之前；即使在魏藻德取代周延儒作了首辅后，这些南方籍的官员仍继续在朝中占据着许多重要职位[15]（见下面两表）。多数大臣都来自南方，而以户部尚书倪元璐为首的浙江人最为显赫。都御史李邦华则是江西的著名学者。[16]

第四章　北京的陷落　141

崇祯末年的大学士表

1643 年上半年：

周延儒	江苏
吴　甡[①]	南直隶
黄景昉[②]	福建

1643 年下半年：

魏藻德	河南
陈　演	四川
蒋德璟[③]	福建
李建泰	山西
方岳贡[④]	湖广

1644 年初[⑤]：

范景文	河南
邱　瑜[⑥]	湖广

资料来源：《明史》（国防研究院），第1361—1399页。引自计六奇《明季北略》和黄大华《明宰辅考略》。

① 吴甡出生于扬州，曾是魏忠贤的劲敌，后又对温体仁、周延儒的贪污提出弹劾。因此他在史书中被视为反对周延儒一党的主要领袖。《明史》，第2861页。

② 黄景昉于1643年下半年辞职，《明史》，第2852页。

③ 蒋德璟是倪元璐的有力支持者。《明史》，第2851页；徐鼒：《小腆纪年附考》，第35页。

④ 方岳贡1628年因贪污罪入狱，也得到蒋德璟的救助。1644年他本该赴济宁督运粮草，但他始终没有离开京城，后被李自成所杀。《明史》，第2852页，徐鼒：《小腆纪年附考》，第67页。

⑤ 这两项任命是阴历一月二十九日颁布的。赵士锦：《甲申纪事》，第6页。

⑥ 邱瑜及其家人亦为李自成所杀。《明史》，第2853页，徐鼒：《小腆纪年附考》，第34页。他还兼任礼部侍郎之职。赵士锦：《甲申纪事》，第6页。

1643—1644年崇祯帝六部尚书表

吏部：

郑三俊[①]	福建	1643年5月因病致仕
李遇知[②]	不详	1644年因病致仕

户部：

傅淑训[③]	不详	1643年5月革职
倪元璐	浙江	1643年10月调礼部

礼部：

林欲楫	福建	
倪元璐	浙江	1643年10月就任，李自成进京时自杀

兵部：

张国维	浙江	1643年5月革职
冯元飙	浙江	1643年10月因病致仕
张缙彦	河南	投降李自成

刑部：

张忻[④]	山东	归顺李自成

工部：

范景文[⑤]	河南	李自成进京时自杀

资料来源：《明史》（开明书局），第1400—1468页。

注意：1643年5月指该年阴历五月。

①郑三俊是著名的东林党人，曾遭魏忠贤弹劾，后任南京户部尚书时清除了许多魏忠贤的党徒。他还支持刘宗周反对周延儒和张国维。《明史》（国防研究院），第2877页。

②《明史》无传。

③《明史》无传。

④《明史》无传。

⑤范景文，1614年进士，东林党危机时一度辞职。1628年回朝任太常少卿，后在南京供职多年，又先后拜为刑部尚书和工部尚书。1644年初，擢为东阁大学士。《明史》（国防研究院），第2993页；徐鼐：《小腆纪年附考》，第34页。

尽管新任命的负责军事的朝廷大臣不甚称职，但由于李自成已在遭受严重饥荒的河南中部和西部地区开辟了根据地，明军无法听之任之。[17] 1643年，在孙传庭所率陕西明军的压力下，李自成被迫将大本营移入湖广，在襄阳设置六政府，并清洗了一些难以驾驭的部属。其后，在军中文人谋士的劝告下，他决定返回故乡陕西，去建立巩固的根据地，然后再从那里向明朝都城北京进军。孙传庭试图阻止这一计划，遂率军南下河南，并希望左良玉部能从江西北上穿过湖南，攻击李自成的侧翼。[18] 但左良玉按兵不动，孙传庭最后只得孤军作战。从1643年10月20日开始，孙传庭连连获胜，但他的补给线太长，在饥荒严重的河南境内又几乎征集不到粮草。11月，孙传庭的疲惫之军开始了谨慎的退却，可这很快就变成了大溃退。11月16日，李自成的军队控制了战略要地潼关，从而打开了通往西安的道路。五天后，李自成占领了陕西首府西安并沿用唐代旧称，改名为"长安"。1644年春节（阳历二月八日），为预祝胜利，李自成定国号为大顺，年号永昌。[19] 诗人李雯随父亲住在北京时听说了这些事变，数周后忧郁地写道：李自成已占据了曾出现过很多强盛王朝的战略要地。"百二秦川"已落入贼手，从而李自成控制了京城与秦故地之间除黄河以外最后的天然屏障。[20]

崇祯帝意识到，由于李自成控制了西北，明朝都城已受到军事威胁。1644年1月3日，皇上收到大学士黄景昉一份很长的奏折，他力主从东北前线调回吴三桂的戍边军队，以加强缺乏训练的京师驻军。黄景昉还指出，陕西与河南的社会治安几乎完全破坏了，[21] 驿递中断多年，地方官多有缺员，并且由于官府全无税收，无法提供军饷，甚至连官吏的俸禄也谈不上了，当地官军只得强抢百姓仅有的口粮，以致逼民为盗。[22]

这种混乱局面势必继续,除非皇上鼓励当地豪侠与士绅组织乡兵,创建其自己的地方政府。[23]

崇祯帝对此建议反应冷淡——这部分是因为他担心这种乡兵会成为更大的祸害;部分是因为在河南、陕西征募骁勇,无论如何也不可能及时扭转危局,挽救京师。[24] 召回戍边驻军当然是一种办法,但当时未真正引起重视。于是皇上采用了他的老做法,又任命了一位新的将领。但局势已如此暗淡无望,以至朝廷命余应桂前去统辖陕西明军时,他竟在皇上面前哭出声来,并断言:"不益饷,臣虽去无益。"[25] 最后余应桂试图阻挡李自成的先头部队渡过黄河进入山西,但为时已晚。1643 年 12 月 30 日,李自成军前锋开始渡河,既而席卷山西,突破了拱卫京城的第一道防线。皇上大怒,将兵部尚书张国维革职下狱;然而就在此时,平阳又告失守。[26]

使明朝陷入困境的原因之一,是那些充满空想的大臣一次次地提出不切实际的总体改革建议,却不重视日常的具体行政措施。大臣们经常为自己的平庸无能辩解,对官场中的贪污腐败痛心疾首,夸大官僚的苦衷——而对迫切紧要的改革只提出过于简单空洞的计划。例如,李自成在河南得手之后,大学士蒋德璟在回答皇上召问时,就根据他读过的《明会典》,提出了这样一个幼稚的建议:要求朝廷恢复明太祖时会集众臣举行射礼的做法。他认为倘能如此,则尚武之风可兴,卫所之制也可复振。皇上称赞说这真是个好主意,下令立即重振那业已衰落无望的卫所制度。正如一位史学家所讥刺的那样,皇上此令"不能行也"。[27]

虽然日常工作仍在进行,王朝尚未覆灭,政府尚未垮台,但大多数官员逐渐预感到明朝的统治已注定要完结了,因为它已经失去民心。各方面都出现了灾祸:天花流行,庄稼歉收,成千上万的农民结伙投奔义军。[28] 兵科都给事中曾应遴对皇上说,这是"衣食租税"的官吏和富户压迫、剥削百姓所致。[29] 但应做些什么呢?尽管大学士魏藻德坚持认为李自成军中大部分将士是被胁迫入伙的,他力主明军士兵应杀死那些动摇不忠的农民,但几乎无人怀疑,李自成手下聚集着大批自发的追随者。[30] 不祥之兆进一步显示出明朝的气数已尽:夜晚走过紫禁城正门的行人,听到战死疆场的鬼魂的喧闹和幽灵凄厉的哀嚎。[31]

此时,崇祯帝将大部分注意力都放在了京师的防卫上。北京驻军的情况相当糟糕,三大营的兵力在全盛时估计至少有70万,但现在已变成了老弱之军,将领们又以市井无赖和自己家中的家奴充数,从中贪污空额军饷。[32] 两年前,崇祯的一位亲戚李国桢说服了皇上,让他来整顿京营,但在这位刁滑的亲信统领之下,三大营的实际状况变得更糟。李国桢以改革军务为由,从国库及内库中骗出数十万两银子。[33] 与此同时,更有势力的宫中太监又将大部分精壮士兵挑出来充当他们的私人侍从。1643年,疾病在京师蔓延,老弱士兵大量死亡。[34] 幸存者不仅都是些被北京市民传为笑料的老弱残兵,而且由于掌管宫中厨事的太监不再向他们发放口粮,这些士兵正在饥饿中死去。[35]

而用来维持这支乌合之众的军队或招募新兵以取而代之的军费又在哪儿呢?[36] 从账簿上看,前线军队每月要消耗饷银40万两,而新旧府库一共只剩下4200两,户部的收入则几乎等于零。[37] 在正常情况下,皇帝个人的收入有400多万两金花银。[38] 可这种收入已大大下降,宫廷的花费却大得惊人,物价又在飞涨。[39] 据传,皇上私蓄所剩不会超过几十万两。[40] 所以,为了敛钱,崇祯帝决定允许因纳贿下狱的官员以重金赎身。有七位著名的政治犯在同意献出部分家产以作京师防卫之用后获得赦免。皇上又向自己的亲戚施加压力,迫其献产。[41] 此外,也有人自愿捐钱,特别是当朝廷宣布捐钱多者可得封爵之后。还有来自官员会馆的集体捐助。但用这种方法只筹集到20万两。不少赎金实际还没有上交国库,就被户部的贪官污吏私吞了。[42] 到1644年初,粮仓空了,卫戍京城的军队几乎一年没有得到军饷。正如一位将领所报告的那样:"鞭一人起,一人复卧如故。"[43]

南迁之议

对崇祯帝来说，有一个或许过于自私的办法，那就是放弃危在旦夕的北京，到南京建立临时中央，这一迁都的建议是在德正殿进行的一次私下的召见时，由江西籍官员、翰林学士李明睿首次提出的。2月10日，皇上召李明睿及总宪李邦华、原九江军府总督吕大器议事。当皇上问到今后的策略时，李明睿的回答相当坦率，甚至在提到北方失利时也无所顾忌。他说，义军已经逼临京城，朝廷正值"危急存亡之秋"，[44]唯一明智的选择，就是迁都南京。崇祯帝大惊，对李明睿说："此事重，未可易言。"[45]既而指天问道："上天未知如何？"[46]李明睿略加思索，便试图就天命问题劝说其君。

> 惟命不于常，善则得之，不善则失之。天命微密，全在人事，人定胜天。皇上此举，正合天心，差之毫厘，谬以千里，知几其神，况事势已至此极。讵可轻忽因循，一不速决，异日有噬脐之忧。当局者迷，旁观者清，皇上可内断之圣心，外度之时势，不可一刻迟延者也！[47]

崇祯帝本来很可能为维护君主意志，而对这段涉及其道义责任的议论大发雷霆，但此次他并未将其视为臣下对自己的责难，反在确认四周无人偷听后问道：

> 此事我已久欲行，因无人赞襄，故迟至今，汝意与朕合，但外边诸臣不从，奈何？此事重大，尔且密之，切不可轻泄，泄则罪坐汝。[48]

崇祯帝明确表示了自己的立场,又询问南迁的具体步骤。他将如何出京?李明睿提出最佳路线是取道山东,装作到文王与孔子庙朝圣。一旦到了曲阜,御驾便可快马加鞭南下,20天内即可赶到比较安全的淮安地界。那时——李明睿向皇上保证——举国上下必群情振奋。因为崇祯帝一旦出现在京城之外,国之龙虎必起而响应,陛下遂可握天下于股掌之中。但是李明睿又斗胆警告说,如果皇上仍在京城厮守尊位,则明朝必亡。崇祯帝颇为其言所动,简短答道:知道了。遂令三人退下,自己返回后宫。[49]

当晚,皇上又召李明睿进宫参加另一次秘密会议,并于会后将这位翰林学士单独留下,向他提出了一连串问题。中途接应部队有何安排?谁来统领?中途在何处驻扎?李明睿打算先秘密派遣将领至济宁部署接应部队,并在比较安全的济宁、淮安两地安排驻地。但接应部队从哪里调集?皇上又问。李明睿承认,所有明军主力不是用于镇守关口、抵御义军,就是在边地抗击清军。京城关门兵也不能全部抽出,因为必须留下部分军队护卫留守北京的官员。所以只能暗中派遣一些朝中官员从京畿八府征募新兵。[50]

这时,李明睿又提出了关于皇上内库这一敏感问题。没有充足的资金,便无法征募新兵,且南下途中也须犒赏将士。"内帑不可不发,"李明睿说,"万一行至中途,赏赐不足,出处甚难。"[51]皇上同意非有一笔钱不能成事,但又坚持认为不应由内库出钱,而应由户部为此特殊用项做出安排。在这一点上,两人发生了分歧。李明睿的态度近乎强硬,认为如果动用国库中仅剩的储备,北边防线必将受到致命危害;这就等于完全放弃中原,而南下之行就将被称作逃跑。"乞皇上自为宗庙社稷计,决而行之,无待临渴掘井也。"[52]崇祯帝点头不语,但并没有最后拿定主意。时间已很晚了——二更已过——他颇感疲倦,遂将李明睿打发走了。[53]

三天后,即2月13日,另一解救危局的提案呈到御前:吏科给事中吴麟徵建议将吴三桂从宁远招回。但这一建议被皇上抛在一边,可能是因为他想到了李明睿的话。他拒绝召回东北军队,因为那将意味着将大片区域让与满人。[54] 最后,他转而抓住大学士李建泰提供的一根救命稻草。李建泰很富有,当时他答应捐银100万两,用来征募一支军队,以救援其家乡山西。[55] 不幸的是,李建泰只能征募到京城中素质最差的人——地痞、无赖和市井游闲,他们根本不听号令。[56] 崇祯帝对此一无所知,他将李建泰出征仪式搞成欢送的盛宴,并亲自登上城头目送这支大军在鼓乐和旌旗的伴随下缓缓西去。[57] 皇上将全部希望都寄托在这位大学士的成功之上了。他曾对李建泰说:"先生此去,如朕亲行。"[58]

从一开始,这支军队就注定要遭到惨败。甚至在其出发之前,算命先生就预言其必败;李建泰所乘肩舆的杆子又不祥地折为两段。[59] 队伍刚一出城,后面的士兵便开始逃跑,3000宫廷禁军也公然全体溜回北京。[60] 当大军缓慢地(每天只行30里)通过河北时,最令人沮丧的可能就是李建泰的士兵到处遭到冷遇。北京城内纷纷传说,李建泰的士兵只有谎称是李自成的部下,才能从农民那里得到食物。[61] 人们还听说,许多城镇都将这支朝廷军队拒之门外,他们害怕这伙乌合之众甚于害怕农民军。[62]

与此同时,李自成从对面迎头而来。2月26日,李建泰尚未到达山西,朝廷便获悉大顺军正横扫山西。次日,又传来不祥的消息,平阳及黄河沿岸州县全部落入义军之手。[63] 3月16日,"闯王"(李自成1636年后的绰号)攻陷山西首府太原。明军守将周遇吉英勇保卫宁武关,但这只是李自成军队在此次战役中所遇到的极少见的一次顽强抵抗。[64] 在整个山西及北直隶西部,"文武俱失所恃"。[65] 街上的百姓毫无顾忌地唱着:

　　闯王来,城门开,
　　闯王不来,谁将衣食与吾侪。
　　寒不衣兮,饥不食,

> 还钱粮日夜催,
>
> 更有贪臣来剜肉。
>
> 生填沟壑诚可哀。[66]

在这种公开的反对面前,地方官吏束手无策,只得一个接一个地向义军打开城门。[67] 4月7日,李自成军占领了大同,并继续向北直隶推进,10天后占领了宣府(宣化)。[68] 这时明朝抵御这支由北方穷人和流民组成的起义大军的,只剩下驻守京城西北居庸关的一支怯懦的军队。连15岁的皇太子朱慈烺都认识到,靠这点力量保卫京城,其希望实在是太小了。当时,他正恭恭敬敬地与东宫讲读项煜讨论《论语》的第一篇。当读到"不亦说乎?不亦乐乎?"一段时,他不由沉思良久,既而痛楚地说道:"二'乎'字可玩。"其讲读只好尴尬地笑笑。[69]

3月6日,崇祯帝再次命令群臣献策。[70] 皇上表现出的诚意鼓励了那些私下早就希望南迁的大臣,于是一连串的密折呈至皇上面前,提出一种又一种方案。李明睿仍是主谋,许多奏折正是来自他所供职的翰林院。很自然,拥护南迁的大多是南京人。倪元璐(大学士陈演在皇上面前说他太书生气,遂将他转为户部尚书)也赞同这一主张,并且还争取到太子讲读项煜的支持,而许多人视项煜为东林党的同情者。[71] 这些大臣阐述了三种不同但又相关的建议。[72]

第一种建议是由皇上率军亲征,令太子留守北京。这一由文人学士们所提出的方案,符合较多人的愿望,即鼓励天下豪杰士绅募兵勤王。淮安巡抚路振飞已经组织了72支自卫武装,分别由一名下层士人负责训练和统领。人们认为,一旦皇上离开紫禁城内廷,类似的武装就会在其他地区大量涌现。[73] 皇上不会骑马是无关紧要的,只要他出现在战场上,便可使"四方忠臣义士,英雄豪杰"群起响应,就像14世纪明太祖推翻元朝时,汉族人都响应其号召那样。[74]

第二种建议几乎是第一种建议的自然结果。尽管南方人十分谨慎地声称，他们提出这一建议是因为考虑到南方地区的重要性。皇上一旦离开京城，便可迁至勤王力量最强大的地区——江南。迁都南京后，崇祯帝可沿长江建立起第二道防线，并以南方的经济和军事重镇九江为枢纽。[75] 李明睿还为此策略提供了一个历史例证，即南宋迁都杭州后，又统治了一个半世纪。他强调说，类似的南迁完全适合明朝目前的形势，也完全符合《易经》上利的概念。[76] 当李明睿和李邦华审慎地讨论建立南明政权的可能性时，他们都明显感到，要获得这一冒险行动的成功，必须由皇上，而不是太子，率众迁往南京。李明睿解释说：太子少不更事，"禀命则不威，专命则不敬"（《左传》语），不如皇上亲行为便。[77] 他希望让太子留守北京摄政，保护宗庙社稷，皇上本人则亲自率众迁至南京，在史可法所率长江下游驻军的保护下，为南明政权的建立奠定行政和经济基础。不过这最终意味着将中原让给起义军和清军，以及由魏藻德等北方人辅佐太子。当然，没有什么正式理由说明为什么北方籍官员不能一同南下，但他们在河北、山东、山西的田产使其难以离开。因此，援引《春秋》也未能缓解北方官员对此战略的激烈反对，南迁计划终于落空了。[78]

太原陷落之后，皇上再次召集六部、督察院和翰林院群臣议事献策。就在这时，主张南迁的大臣提出了一项折中方案。李邦华呈上密折，建议派遣太子南下，以加强江南防线，皇上则留下来守卫北京。这就是说，让皇上留下来与北方籍官员在一起，而一旦王朝覆灭，南方人便有了一位合法嗣君。[79]

大约在1644年4月3日至5日间，崇祯帝召见群臣，以观察他们对李邦华建议的看法。皇上手持这份密折，令李邦华阐述其内容，李邦华婉言推辞，皇上遂大声宣读起来并询问群臣的意见。大臣们一个接一个站出来表示赞同这一建议。由于战场上无法挽回的败局，加上南方籍官员的游说，多数人都转而支持南迁。德高望重的项煜是太子讲读，他自然也赞同这一建议。但最为重要的一票在内阁首辅兼太子少保陈演手中,他对李邦华的支持,使皇上陷入了困境。[80]

崇祯帝本来已有"那么点儿"同意亲自去南京,而将守卫社稷之责留给太子了。[81] 但现在他与太子的职责被颠倒过来。假如不是他而是太子南下,来使明朝像南宋那样再延续个150年,那么留下来守护社稷宗庙就将成为这位当朝皇上的神圣职责。[82] 因此,李邦华的建议等于要求皇上做出自我牺牲,而眼下公开举行的廷议又迫使皇上在大庭广众面前做出抉择。崇祯帝别无他法,只得堂而皇之地宣称:"国君死社稷,恒理也。"但话一出口,他又忍不住满腔怨恨地加上一句:"言迁者欲使朕抱头鼠窜耶?"大概是因为皇上明显流露出不快,几位大臣急忙改变立场。兵科给事中光时亨愤怒抨击李邦华,并指责李明睿是这些"邪说"的幕后支持者。于是,决定性的时刻来到了,光时亨本人是安徽桐城人,但他坚决主张固守北京,而当他慷慨激昂地谴责了那些要放弃京城的人之后,在场的27位大臣竟有19位表示放弃南迁主张。[83] 这并不完全符合皇上的心思,因为他心底是想要代替太子南下,而现在大多数大臣却主张整个朝廷仍留在北京。结果双方都招致了皇上的愤怒。他一面说:"光时亨阻朕南行",一面又指责李明睿结党欺君。[84]

> 诸臣平日所言若何?今国家至此,无一忠臣义士为朝廷分忧,而谋乃若此!夫国君死社稷,乃古今之正,朕志已定,毋复多言。[85]

"然而,"史家评曰,"南迁之议寝矣。"[86]

若按光时亨的主张,皇上和太子都不南下,那么就必须采取措施保卫京师。4月16日,光时亨上疏皇上,建议召回所有主要将领勤王。疏中承认采取这一措施意味着将部分领土让给满清,但他认为这只是暂时的损失。朝廷一旦剿灭了叛匪,恢复了力量,就可以收复这些失地。[87]

光时亨的建议在朝中引起激烈的争论,他的支持者们(倪元璐、金之俊、吴麟徵(和孙承泽)坚持认为朝廷必须面对现实,立刻从宁远召回吴三桂，从蓟州召回王永吉，从密云召回唐通。[88]他们强调说，否则京城必将毁于一旦。但其他大臣不同意这一计划。其中一部分人主张只召回一两位将领；另一部分人强调只有吴三桂所率军队最为重要。皇上的首辅大学士陈演和魏藻德，坚决反对召回这些军队，并着力重申其最初的主张，即反对将领土让与满人。魏藻德是北直隶人，他随即得到了山东将领刘泽清的支持。因为吴三桂的军队若撤离长城防线，刘泽清的侧翼就会暴露于清军的攻击之下。[89]

崇祯帝暂时未作最后决定。他对李建泰的军队仍抱有一线希望，希望他能阻止义军继续推进。但4月9日，即那次未见分晓的廷议之后的第三天，李建泰的快信终于到了。信中说他的军队——或者说是残兵败将——已无可指望，他劝皇上采取一切可能的措施自救。[90]第二天，即4月10日，崇祯帝终于发布了勤王令。所有主将都被加官晋爵；吴三桂、刘泽清和唐通则奉命率部入京援救。但三人中实际上只有唐通及时赶到了北京。[91]

李建泰的信中还最后一次提出了南迁问题，明确建议皇上将太子先行送到南方，然后将朝廷迁至南京。[92]尽管一周前皇上已坚定地表示，他主意已定，南迁问题不得再议，但主张南迁的南方籍官员并未停止私下为太子或皇上离京做准备。[93]现在，他们再次于殿前大胆提出，送太子到南京，让其督率江南军事。然而光时亨再次火冒三丈，质问道："奉太子往南，诸臣意欲何为？将欲为唐肃宗灵武故事乎？"所有争论便为之再次中止。[94]光时亨言外之意是指责他们阴谋拥立太子，逼迫崇祯帝退位，这使南方籍官员大惊失色，"遂不敢言"。大臣们一个个低头默立一旁，倾听皇上愤怒的斥责："朕非亡国之君，诸臣尽亡国之臣尔！"[95]所有在场的人都明白，除在北京厮守至尊之位外，任何劝说皇上采取其他行动的尝试，都必定被曲解为不忠。从此，绝望气氛笼罩了京师的居民，"诸臣咸思南窜"[96]。

崇祯帝拒绝了南迁的建议，既不遣太子去南京，他本人也不离京。

第四章 北京的陷落 153

这对后来满清占领北京时的形势产生了深远影响。满清比较完整地接管了明朝的中央政府，遂拥有了他们颇为缺乏的东西，由此接收了明朝几乎全部汉族官吏，依靠他们接管天下并最后征服南方。崇祯帝的决定还导致诸多皇室宗亲之继承权利的暧昧不定，以致派系倾轧削弱了南明政权。此外，复明阵营也因之少了一批立志恢复失地，渴望对清朝发动反攻以便光复家园的北方人。崇祯帝这一自我牺牲的决定，就这样最终毁灭了后来复明志士坚守南方的许多希望。

崇祯皇帝的末日

尽管人们批评崇祯帝过于消极，但他确实在继续设法保卫北京，虽然这可能是徒劳的。他犹豫了如此之久，最后终于下令征召民兵，并通过木版印刷的圣旨布告天下："各路官兵，凡忠勇之士，倡义之王，有志封拜者，水陆并进。"[97] 同时，他派遣部分京城守军开到城外扎营，其余的派往各个城门；各城门还设置了路障并安放了葡萄牙大炮，以加强防守；又把宦官武装起来，令其把守通往紫禁城的主要道口。皇上甚至还挖出深藏地下的并不丰裕的内帑储备，以供太监杜勋招募一支军队，协助总兵唐通守卫居庸关。[98]

但这些准备没有一项足以震慑敌军，也没有使北京的百姓振作起来。[99] 那道征召民兵的圣旨未能传到京郊以外，负责京城四周24公里长城墙的巡守士兵严重不足，以至每名士兵必须独自守卫9米的城墙。[100] 各官府的属吏已不再听从命令，"而小民敢于抗上"[101]。在朝廷最高层，钦天监官员奏报，4月10日——即做出固守京城之重大决定的这一天——象征皇帝的北极星下移。[102]

崇祯帝显然未理会这一凶兆，还"诏百官修省，而大僚职官饮酒高会，如太平时"[103]。4月22日，皇上照例主持早朝，并将议题转到军饷问题上来。正当他们讨论为居庸关守军增拨给养时,一名信使闯入殿中,呈上一份只能由皇上拆阅的密封急件。

  (皇上)览之色变,久之,即起入内,谕各官退,始知为昌平失守也。[104]

  4月21日,杜勋和唐通让义军通过了居庸关。眼下,大顺军已占领了紫禁城西北65公里处的昌平。朝廷上下一片惊恐。大臣们"但相顾不发一论"[105]。尽管他们普遍意识到义军正在步步进逼,但直到此刻他们才意识到,李自成拿下京城已近在眼前。[106]次日一早,即4月23日,崇祯帝主持了最后一次正式朝会。他步入大厅,登上宝座后,环顾群臣,不禁潸然泪下,"诸臣亦相向泣,束手无计"[107]。皇上所能做的只是拟定一份诏书,宣布:"文臣个个可杀。"既而又有大臣以可能有损官民士气为由,劝皇上收回了此诏。[108]

  就在此时,李自成大军的前锋正策马深入北京西郊,午后即开始攻打西直门。[109]城外守军立刻向大顺军投降,城内守军则向空地或义军上空开炮。[110]而李自成也并未下令全力攻城——他害怕承担杀君的罪名——于是决定给崇祯皇帝最后一次投降的机会。已在居庸关投降义军的宦官杜勋奉命进城,代表"大顺王"入宫谈判。[111]

  崇祯帝接见了这位太监,他曾是皇上的亲信。首辅魏藻德也在场。杜勋在其原来的主人面前十分坦率地说明了交换条件:明朝封李自成为王,赐银100万两,承认陕西和山西为其封国;李自成则负责平定国内其他起义军,并为明朝抗击满清,保卫辽东。这些条件很有诱惑力,但崇祯帝听杜勋逐条阐述时,也考虑到,现在的让步在将来的正统史家眼中会永远成为他曾"偏安"的证明。不过,如果他能在大臣中为此绥靖策略找到支持者,对他的指责便可减轻。于是他转向魏藻德问道:"此议何如?今事已急,可一言决之。"魏藻德却一言不发,皇上顿感不快,再次问道:"此议何如?"魏藻德仍沉默不语,拒绝为此决定分担责任。皇上气得发抖,转身打发了杜勋。杜勋刚一离开,皇上就当着魏藻德的面猛击龙椅,并将其一把推倒。魏藻德慌忙退出,谈判之事遂再未提起。[112]

当晚,李自成的军师矮子宋献策占卜星象,说是若明日下雨,则此城必破。[113]次日早晨,即4月24日,李自成醒来后,见外面下着蒙蒙细雨,遂下令部队准备进城。他也将营帐移至彰仪门外,太监曹化淳为他打开了城门。至夜幕降临时,李自成的军队已逐渐占领了南城。[114]崇祯帝知道,在大顺军攻入紫禁城之前,留给他的时间已不多了。[115]

是日酉刻,[116]上遣内监密敕新乐侯刘文炳、驸马巩永固,各带家丁护送出城南迁。刘、巩并入内殿见上,曰:"法令素严,臣等何敢私蓄家丁?即率家人数百,何足以当贼锋?"上颔之。[117]又召首辅魏藻德言事,语密不闻。久之,上顾事急,将出宫,[118]分遣太子二王出匿。[119]进酒,酌数杯,语周皇后曰:"大事去矣!尔宜死!"袁妃遽起去,上拔剑追之,曰:"尔也宜死!"刃及肩,未扑,再刃,扑焉,目尚未瞑。皇后急返坤宁宫,自缢。时已二鼓。[120]上巡寿宁宫,长公主年甫十五,上目怒之,曰:"胡为生我家?"欲刃之,手不能举,良久,忽挥剑断公主右臂而扑,并刃坤仪公主于昭仁殿。遣宫人讽懿安皇太妃李氏,并宜自缢。上提剑至坤宁宫,见皇后已绝,呼曰:"死的好!"[121]遂召九门提督京城内外太监王承恩至,语久之,朱谕内阁:"命成国公朱纯臣总督内外诸军务,以辅东宫,并放诸狱囚。"[122]因命酒与承恩对酌。时漏下三更,[123]上携承恩手,幸其第,脱黄巾,取承恩及韩登贵大帽衣靴着之。手持三眼枪,随太监数百,走齐化崇文二门,欲出不能。走正阳门,将夺门出,守城军疑为奸细,弓矢下射。守门太监施炮向内,急答曰:"皇上也!"炮亦无子,弗害。[124]上怆惧还宫,易袍履与承恩走万寿山，至巾帽局，自缢。大明大行皇帝于崇祯十七年甲申三月十九日夜子时，龙驭上宾。[125]

直到最后时刻，崇祯帝还在为明朝的覆灭责备其大臣。很多当时人的记载中都强调了崇祯帝被遗弃的情况。4月25日晨，皇上看到竟无一人上朝，他说道："诸臣误朕也，国君死社稷，二百七十七年之天下，一旦弃之，皆为奸臣所误，以至于此。"[126] 当他到了煤山时，据说他又叹息道："吾待士亦不薄，今日至此，群臣何无一人相从？"[127] 最后，据说在用腰带自缢之前，皇上写下了一份遗书，其文曰：

> 朕自登基十七年，逆贼直逼京师，虽朕薄德藐躬，上干天咎，然皆诸臣之误朕也。朕死无面目见祖宗于地下，去朕冠冕，以发覆面，任贼分裂朕尸，文武可杀，但勿劫掠帝陵，勿伤百姓一人。[128]

实际上，三天后，当一位宫廷内侍在煤山一棵松树下发现崇祯帝的尸首之时，并没有这份遗书。在穿着蓝绸袍和红裤子的横陈尸体旁，只有崇祯手书的"天子"二字，并没有其他文字。[129] 然而许多当时的史家并未顾及这一点，仍然记下了崇祯帝这篇被推想出来的遗言。虽然当时和后来都有人怀疑，明朝灭亡并非完全是崇祯帝的大臣的责任，但曾在崇祯朝中供职的大多数人却有一种沉重的负罪感，认为他们这些君主的臣子确是亡国的罪人。[130]

大顺的臣民

李自成当然会采取许多做法，以证明其攻占京师的合理性。崇祯帝准备自杀之时，李自成的军队正在攻打东城。皇上刚刚结束了自己生命的时候，城内的明军已放下了武器，大开城门，迎接起义军。[131] 大顺军入城时，一度引起了城内居民的恐慌，但此后他们就意识到不会发生大屠杀，遂平静下来，欣然欢迎农民军。[132] 穷人们兴高采烈，因为几周来，李自成的密探一直在散布消息说，新主到来后，城里的乞丐每人可得到五两银子。[133] 大户人家起初比较谨慎，但他们看到大顺军纪律严明，便将"顺民"（这有两层意思，即"顺从的百姓"和"大顺的臣民"）二字写在院门上，并拿出酒食犒劳义军。[134] 中午，李自成在300名宫廷宦官和大学士魏藻德的陪同下，由长安门入城。街道两旁站满了大人和孩子，他们手持香烛向李自成致意。[135] "闯王"身后跟着大顺的文官，领头的是牛金星。他们带着特意准备的牌子和招贴，将李自成比作贤君尧、舜，并把明王朝的覆灭归咎于腐败的大臣、图谋私利的官员和朋党横行的官僚，而不是崇祯帝本人。[136]

在已故崇祯帝的官员中，有些人甚至在体验这一责难的刺痛之前就已经准备自杀了。最令人感动的是4月25日李自成进入北京那天自杀的13名（或许更多）官员。这些人没有为崇祯帝举哀，因为他们都不知道皇上已经死了。皇上的尸体过了三天多才被发现，此时人们普遍猜想皇上已经离开京城，到别处去建立临时朝廷（"行在"）了。[137] 倪元璐的忏悔最为典型。他在自杀之前，面朝北，象征性地对他的皇上说："臣为社稷重臣，而未能保江山，臣之罪也！"[138] 其他人，像右副都御史施邦耀，对明朝的灭亡也表达了同样的负罪感，他在自缢之前，写下一副对子：

愧无半策匡时难，
惟有捐躯报主恩。[139]

满洲人耐心等待着中原的混乱以便伺机采取下一步行动。而由此开始的一连串事件对满洲人是十分有利的。

总而言之，至少有 40 名官员在崇祯帝死后的最初几天内自杀了，其中很多是像范景文那样的高级官员。[140] 从比例上看，自杀者中南方人多于北方人。21 位自杀的文职大臣，可按籍贯依次排列如下[141]：

浙江	6
南直隶	5
江西	2
河南	2
山西	2
福建	1
湖广	1
四川	1
北直隶	1

其中 3/4 来自长江流域，或南方地区，只有 1/4 是北方人。值得注意的是，他们没有一位属山东籍。当然，平均来说，南方人当时多居高位，特别是各部长官之职。因此，皇恩会使他们感觉到更沉重的精神压力。迁都南京的努力失败了，可能也是导致南方人自杀比例较大的一个原因。

在上述 21 位忠臣中，有 3 位曾力主南迁，他们不像其北方同僚那样，附近有田产需要保护，可是此时也留在了被农民军占领的京师。然而，在与大顺政权合作的问题上，籍贯就并不具有决定意义了。最终投降李自成的 162 名高级官员，按籍贯排列如下[142]：

南直隶	31
北直隶	21
陕西	17
山东	16

河南	15
江西	13
山西	12
湖广	10
浙江	9
福建	7
四川	6
广东	3
云南	1
广西	1

如果我们将南直隶、四川和湖广算作南方，那么留在大顺新政权中的南方人和北方人在数量上便完全相等：各81人。

就参加新政权的原因而言，年龄可能是更为重要的因素。从一份列有科举资历的殉难者名单中，我们发现，殉难者人数与其考中进士的年份有如下关系[143]：

考中进士的年份	自杀者人数
1604	1
1613	1
1619	1
1622	4
1625	1
1628	5
1631	4
1634	2

而投降李自成的官员人数与其中举年份的关系与上表略有不同[144]：

考中进士的年份	投降者人数
1595	1
1619	1
1622	1
1628	8
1631	12
1634	15
1637	1
1640	7
1643	9

自杀殉难者的平均年龄，比多数投降者稍大（或至少考中进士的年代较早），其中考中人数最多的一年是16年前的1628年，即东林党开始得势，倪元璐等人得到举世声誉的那一年。而投降者中考中进士人数最多的一年则比前者晚6年，即1634年，其中又有近1/3的人是在1640年和1643年获得进士之名的。因此，自杀殉难者中有许多人已经在文官仕途中完成了他们的使命，而大量投降者则是仕途生涯刚刚开始，或达到顶峰的较年轻官员。

在忠于明朝和与农民军合作之间做出选择，很大程度上取决于其出仕时间的长短。虽然，地方上的士大夫家族常说，他们从皇上那里获得科举功名，并因此成了士大夫，故应以感激之情报答皇恩，但在朝中任职的官员却更倾向于以官职大小而不是功名高低，来限定自己所承担的义务。这就是说，新进考取功名因而任职未久的官员，加入大顺政权的可能性最大。[145]

虽然将降官中渴望做官的人和被勉强拉入的人明确区别开来是不大

可能的。但有些士人的确很想加入新政权,并竭力结交已经在为李自成效力的那 15 位士人(其中 12 位是北方人)。大顺吏政府尚书宋企郊(1628 年进士)、礼政府行侍郎巩焴(1631 年进士)和工政府尚书李振声(1634 年进士),都是在李自成进京之前向他投降的,并都习惯于在新政府中安插自己的朋友和同年。[146] 尽管有些士人对 4 月 26 日发布的释放因政治问题而坐牢的官员并使之得以为大顺效力的布告颇感扫兴,而其他人则对牛金星将礼纳原明朝官吏自愿加入大顺任职的声明表示欢迎。[147] 当时有许多士大夫发疯似的要重做朝服,因为原有的朝服已经因害怕农民军杀戮官员而烧掉了。最善投机钻营的人则将自己的名帖送给在大顺朝为官的同年,或设法托朋友把自己介绍给宋企郊和牛金星。[148]

在当时人对此的记述中,最遭蔑视和责难的是那些企图加入李自成政府的南方人。[149] 南方籍变节者中最为声名狼藉的,则是以兵部职方司主事秦汧为首的一伙无锡士大夫。这其中包括:秦汧的姑父——翰林院学士赵玉森、礼部主事张琦,以及原在明朝任地方官、北京陷落后一直在礼部任职的王孙蕙。4 月 22 日,即李自成进城的前三天,王孙蕙还曾涕泗横流地向崇祯帝保证,一旦明朝亡了,他一定作为忠臣自杀殉国。但大顺军真的攻进城中的那天,王孙蕙家中响起一片妇人的哭喊声,于是他的决心动摇了。号哭之声搅得他心烦意乱,突然,他对家人说,无需担心,他将把一切都安排好。随后,王孙蕙取出竹竿,挑出一幅黄布,上面写上"大顺永昌皇帝万万岁",挂于门外。及至李自成进京时,王孙蕙又与其他三人在城门口站成一行,迎接新君。当大顺王的扈从走近这四人时,他们鞠躬行礼并表明他们愿为新主效劳。他们恭顺的举止倒是被人们看见了,但他们表示归顺的话语却淹没在嘚嘚马蹄声中。[150]

第二天,即 4 月 26 日,这些无锡人听说新政府要对明朝官员进行籍录。王孙蕙认为机不可失。他对赵玉森说:"方今开国之初,吾辈须争先著。"[151] 赵玉森是宋企郊的老朋友,他答应带王孙蕙和秦汧去大顺吏政府衙门。当他们被人引入时，王孙蕙忽然从袋中掏出一张纸并将其举过头顶，上面写着："臣王孙蕙进表。""进表"一词明确地表示出王孙蕙加入新政府的意愿，所以宋企郊微笑着赞赏说："好文字！"4月29日，92名官僚士大夫在朝见李自成时被授予大顺政权的官职，而这4位无锡人都在其中。[152]

可是逐渐地，这伙无锡人表明他们对宋企郊来说是一大麻烦。王孙蕙被安插到吏政府任监察之职后，可对重要官职的任命施加影响。宋尚书得知，王孙蕙已设法使7名无锡人成为地方长官。后来，宋企郊私下对他进行了斥责，王孙蕙遂彻底背叛了他，乘离京办事之机，逃往南方。[153] 秦汧也是个累赘。他傲慢且爱摆架子，曾拒绝将其衙门移交给李自成手下一名将领。这位将领脾气暴躁，便将他逮捕并打算处死他，幸亏其姑父赵玉森及时找到宋企郊，请他说服李自成取消了死刑令。秦汧的性命是保住了，但宋企郊却在这一营救过程中搭上了很多自己的人情面子。[154]

宋企郊一直愿意任用无锡人的首要原因之一，是新政权需要南方籍官员来帮助大顺将其统治扩展到江南。[155] 李自成的首辅大学士牛金星对周钟等南方士大夫领袖表示赏识当然也是一个重要原因。周钟原是复社成员，1643年殿试的状元。农民军驻扎下来后，他曾到牛金星的官衙拜望。作为明朝的最后一科状元，却去拜访起义军的大臣，这本身就是极有意义的一种公开表态。过去周钟曾傲然拒绝了那些想借重其名望的权贵的礼物，[156] 但现在周钟断定又到了改朝换代的时刻，而促进新王朝的建立正是他的使命。周钟承认农民军首领李自成的残忍，然而在他看来，这恰恰表明大顺政权将有幸得到一位开国之君。他曾对朋友说，太祖龙兴之际正是如此！这一历史的对比并不完全是牵强附会的。周钟一定是真诚地相信，有这样一位强有力的统治者登上宝座，其他地区定会望风降附。[157] 据说他曾说过，"江南不难平也"。[158] 牛金星对周钟在复社中的领袖角色早有深刻印象，对他来说，能得到这样一位支持者，

第四章 北京的陷落 163

自然是最好不过了。[159] 正是对周钟的任命，使 4 月 29 日的召见由一场责难奚落转变为一次人事安排活动。

虽然 4 月 26 日大顺政权宣布：希望所有明朝的在职官员参加 27 日的早朝，届时他们可以根据自己的意愿决定去留——或在大顺政权里任职，或返回家乡——但许多官员仍然担心，一旦他们拒绝接受大顺的官职就会受到惩罚。[160] 27 日黎明之前就来到东华门外等候的人总共约 3000 名，他们被大顺的官兵极不恭敬地驱赶到承天门前的空地。其中一些似乎应对明朝灭亡负主要责任的官员还遭到宦官的辱骂。李自成始终没有出来接见这些官员，他们被打发走了，并被告知 29 日（即两天以后）再来报到。29 日那天，这群士大夫连同被刘宗敏和其他大顺将领抓获的一些明朝官员一起，没吃没喝地等了好几个时辰。直到黄昏，李自成才走出大内，听河南籍的顾君恩大声点名。每叫到一个名字，那位官员便要应声作答，然后牛金星还要占用相当的时间详细列举其罪行。这次召见的气氛与方式同聆听审判没有两样，直到顾君恩点到周钟的名字，这种情景才发生了变化。

顾君恩下揖，云："主上饥渴求贤，当破格擢用。"语牛金星曰："此名士也。"自成曰："名士如何？"牛曰："善为文字。"自成曰："何不作见危授命题？"[161]

李自成恰如其分地引用《论语》来挖苦周钟，以表现自己的儒学知识，但随后他就同意录用周钟做大顺的官员。[162] 此后，每喊到一个名字，牛金星就决定是否让他加入大顺政权。几千人中只有 92 人被选出来做官，并被移交吏政府授职。剩余的士大夫被交付大顺将领们惩治，[163] 在刀剑逼迫下返回紫禁城外的营地。

为大顺效劳的官员并不全是在 4 月 29 日入宫朝见时被录用的。后来有些人为了逃避刘宗敏或李过等大顺将领的拷打，也加入了大顺政权。

还有一些人似乎是出于偶然，在最后时刻被举荐为官，以这种方式得官的最突出的例子是陈名夏。他和周钟一样是南方人，也因曾为叛贼效劳而在后来遭人谴责，这位复社成员在1643年会试中名列400名进士之首，又是殿试第三名。除任翰林学士外，他一直任兵科给事中，直至明朝垮台。1644年4月13日，陈名夏曾面见崇祯帝，建议召集山东义勇救援京师。京城陷落之日，陈名夏企图自缢，但被家人解下救活（他的妻子是北京人）。[164] 他听到牛金星下令明朝官员入宫的消息后，就准备隐藏起来。[165] 但牛金星同时又令原各部书吏和差役举报隐匿不出的官员，所以陈名夏因没有参加4月27日的召见，事后被大顺军抓获并送到刑政府论罪。幸而负责此案的官员是一位姓王的山西秀才，他过去游历江南时曾受到陈家的款待。王秀才力劝陈名夏主动加入新政权。陈名夏起初表示拒绝，甚至企图逃跑，但最后终于答应让王秀才将自己推荐给牛金星。牛金星欣然应允，很快恢复了他在翰林院的职位，不过翰林院现已改名宏文馆。[166]

通过对陈名夏的这项任命，牛金星使其翰林阵容达到令人惊异的完备。如今，1643年殿试的前三名已经全部成为大顺的官员。牛金星的宏文馆中甚至网罗了史可程，大顺政权要求他致书其堂兄、南京兵部尚书史可法，劝其投降李自成。[167] 同时，大顺政权还直接从明朝政府中接收了许多中层官吏。其中保留原职的，有吏部郎中三人，户部主事二人，礼部主事一人，员外郎二人，郎中一人，御史七人，以及翰林院的全部编修。六科给事中虽有调任，但也全都被留用了。[168]

合作者中的儒生士大夫

除了出于恐慌和投机之外，合作者中也有人是出于儒学的信念。那些真正相信天命已经转移的人们——其中有些人是被自己的占星术说服的——感到有责任为李自成效力，以便教化这位义军领袖，使其逐渐成为符合儒家理想的德义之君。[169] 不过，为使李自成相信他的确可能像其他受命于天的君主一样成为一位贤明之君，这些儒士使用了大量溢美之词，简直无异于谄媚。例如翰林学士梁兆阳（1628 年进士），在文华殿的一次临时召见中，称这位义军领袖为"陛下"，并且在痛斥已故崇祯帝"刚愎自用"之后，这样盛赞其新主：

> 陛下救民水火，自秦入晋，历境抵都，兵不血刃，百姓皆箪食壶浆以迎，真神而不杀，直可比隆唐虞，汤武不足道也。今适逢圣主，敢不精白一心，以答知遇恩哉？[170]

梁兆阳所谓的"知遇恩"，由于他的这番献媚而得以实现了：李自成将其擢为编修，后来又委任他为兵部官员。[171]

状元周钟也并不比这种谄媚更高明，他在"劝进表"中写道：

> 独夫授首，四海归心，比尧舜而多武功，迈汤武而无惭德。[172]

当然，即便如此，周钟仍可以为他的谀词辩解，说这是为了劝谏李自成放弃草寇之行，实行儒家式君主的德政，从而负起统治天下的重任。这道"劝进表"只是周钟精心安排的劝进活动的一部分，其目的是使"闯王"相信，他的合法登基将得到万民的拥戴。劝进之法是大臣出面劝说以及百官联名上表。[173] 劝进先后共有七次：第一次是在 4 月 29 日，即李自成进京后的第四天，最后一次是在 5 月 16 日，即李自成率军东征吴三桂的前两天。[174] 李自成虽未阻拦这些劝进，但也没有依之而行——当他决定登基时，已为时太晚，对他的事业已没有什么意义了。这或许是因为，尽管牛金星和周钟力主以正统方式登基，但李自成仍不相信自己已有资格受命于天。他本来就曾派杜勋去同崇祯帝谈判，希望朝廷能封他为王。后来，当他的部下在煤山发现了崇祯皇帝的尸体并带其前往观看时，李自成似乎受到极大震动，他对着尸首说道："我来与汝共享江山，如何寻此短见？"[175]

李自成相信他已获得了百姓的拥戴，但又认为天命不会归于弑君者。为此，李自成极力将崇祯帝之死归罪于那些劝其登基的明朝大臣身上。在接见明朝太子时——这种场合对双方都是严峻的——李自成询问太子朱家何以丧失天下，太子答道："以用贼臣周延儒故尔。"李自成欣然说："汝也明白。"李自成还告诉太子，他不会杀他，因为明朝灭亡并非太子之过，而是他父亲的那帮大臣的过错："文武百官最无情义。"[176] 李自成对崇祯帝之死感到遗憾，而这些明朝官员就成了替罪羊，他们还是大顺政权将尽力消除的道德堕落、吏治腐败现象的象征。[177]

李自成确实意识到明朝大臣的腐败，但要完全按儒家提倡的上古贤君的标准去做，又十分困难。[178] 事实上，闯王确实在尽力改善他与新臣属间的关系，但这对儒家理想的君臣关系来说，极而言之不过是一种可笑的伪装，甚至可以说是一种残酷的嘲弄。有时，李自成似乎想生活得像一位贤君。他曾私下召见山东登州著名的理学家、现任礼政府尚书杨观光，问他若远离酒色，怎么能享受生活的乐趣。杨观光阴郁地坚持说，他的人生目标是保持"心志清明"。李自成听后很高兴，将这位道学先生擢为宫廷讲读。杨观光始终未能说服李自成放弃酒色，但他坚信儒家礼法可使这位篡位者成为明君。[179]

事实是，顽固地维护君臣等级关系中的尊严和道义的主张，已日渐激怒了李自成；而那些希望寻找机会按儒家的模式塑造这位新主的人们，却又不得不依新主意志而接受一位专制君主。[180] 例如，张家玉将书有"明翰林庶吉张先生之庐"字样的旌旗插于门外，以公开表示学者的忠义。但私下他又上书李自成，表示如果他的变节能够得到回报，他则愿为大顺王效力。

> 君王既定鼎于天下，必以尊贤敬德为基，是不没人之忠者，所以有忠臣。不没人之孝者，所以有孝子。[181]

即使李自成已攻占了紫禁城，张家玉还警告说，"当此多士多方，尚在危疑惊惧之时"。[182] 在他终于被召见时，竟拒绝向李自成叩拜。然而这位昔日的盗匪并无孟子所倡导的风范，他将张家玉在殿前捆绑了三日，然后直截了当地威胁他——如若不投降就杀了他的父母。于是张家玉屈服了，同意接受李自成的条件为其效力。张家玉为了孝敬父母而未能对明朝尽忠，这种做法对一些儒家士大夫来说，或许是可以谅解的。但在其双亲溜回山东后很久，他仍继续为李自成服务，于是便成为许多北京士大夫嘲讽的对象。[183]

另一方面，李自成也同样易于将这些降官的劝进赞美之词视为他们谋求进身的卑猥而自私的手段。正是投降了大顺政权这一行为本身，使许多明朝官员在李自成眼中变得一钱不值，正如吏政府尚书宋企郊对李自成所直言相告的："既不能捐躯殉难，以全忠义，又不能精白一心，以事新主。"[184] 出于对变节者的义愤，李自成时常流露对这些人的鄙视和厌恶。例如，4月29日，他第一次走出文华殿，看到数千名公开表示愿意投顺的明朝官员，便对其身旁一人说："此辈无义如此，天下安得不乱？"[185] 此后，在其他场合，他又一再下令刑政府尚书惩治最恶劣的变节分子。这一政策导致46位明朝官员被处决。[186]

李自成的义愤恰好与大顺政权筹集军饷的需要走到了一起。由于义军占领北京时，明王朝内外府库仅剩下黄金17万两，白银13万两。李自成的谋士建议，对明朝官员课以不同数量的罚金，并立为制度，以此来筹集一笔军饷。[187] 对臭名昭著的贪官应严刑拷打，逼他们交出全部私产。对那些拒绝效力的官员应没收其财产，而对劣迹较少的官员，则应要求他们自愿向大顺捐款。[188]

5月1日，李自成批准了这项看起来与崇祯帝的筹款方式颇为相像的政策。原则上，一品官须纳银 1 万两以自赎，以下各品官员则须纳银 1000 两。而实际上，纳银数额远远超过了这一规定。其中大学士须纳 10 万两，六部尚书须纳 7 万两。[189] 但不久，罚金与赎金便混淆起来，大将军刘宗敏得到"罪者杀之，贪鄙复赃者刑之"的命令后，便开始了恐怖行动，1000 多名士大夫遭拷打后被杀死。[190] 据说大顺政权通过这些方式筹得了巨款。前大学士魏藻德在被拷打至死之前，曾交出 1.3 万两黄金赎身；陈演为赎身交出黄金 4 万两；已故皇后之父周奎死前已交出白银 70 万两。[191]

不久，这种劫掠开始波及平民百姓。其部分原因是刘宗敏无法约束自己的部下，如果惩戒他们，便可能发生兵变。[192] 早在 4 月 27 日，大顺士兵便开始搜查平民宅院，抢夺私财。尔后，他们又开始凌辱其房东。在街上，他们任意冲撞行人，或鞭打躲避不及者。起初他们侮辱茶楼侍女和歌女，后来竟去强抢良家女子而行非礼。[193] 北京的市民很快创造出"淘物"一词来形容这种抢劫行径。大顺士兵成群结伙，任意闯门入户，后来者总是要把前面一伙漏掉的东西再"淘"一遍；他们起初只抢钱财珠宝，后来又抢衣服，最后连食物都在搜刮之列。[194]

由于混乱状况不断蔓延，闯王的军师——矮子宋献策绝望地大呼："十八子之谶，得毋为公乎？"[195] 李自成虽然很快就了解到刘宗敏私设刑堂之事，并为百姓日益增长的不满情绪所震动，但他似乎无力约束部下，挽回民心——他没有正式受命高居龙位的皇帝所具有的那种不容置疑的权威。[196] 李自成确曾特意召见众将领并问他们："何不助孤作好皇帝？"他们却干脆回答说："皇帝之权归汝，拷掠之威归我，无烦言也。"[197]

这样，李自成虽然自认为是在效法唐朝开国之君来接管京师的，而实际上他却同公元 880 年占领长安的黄巢一样，连自己的将领都控制不住。二者都因为其部将的残暴而使京城百姓离心离德，其政权也被证明是非常短命的。[198] 据说宋献策时隔不久便叹息道："我主马上天子！"[199]

吴三桂

普遍的不满不等于公开的反抗,手无寸铁的居民无力反对其军事统治者。但"万姓"的愤恨却成了要求其他军队首领进行干预的强烈呼声。当时,在淮河以北,所有明朝将领中实力最强的是吴三桂,他统领着镇守宁远、抵御清军的 4 万明朝正规军队。吴三桂勉强响应了崇祯帝 4 月 10 日发出的勤王令,放弃了宁远,向山海关缓缓推进,并于 4 月 26 日通过了长城东端的关口。当他的军队到达距京师不远的丰润时,吴三桂突然得到北京陷落的消息,于是他下令部队返回山海关,此后便在那里驻扎下来。[200]

与此同时,李自成立即采取措施争取吴三桂的支持。他让明朝降将唐通致书吴三桂,告诉他闯王如何循礼可敬;并安排以吴三桂父亲的名义送去一封信,当时吴襄以及其他在京的吴家人都已被扣为人质。[201] 这封可能出自牛金星之手的信,明确地提出了忠孝不能两全。在信中,吴襄告诉自己的儿子,把尽忠报恩视为首要责任是个错误,相反,他应该为搭救父亲而归降,这样便可以孝心赢得千古美名;此外,信中还写道,李自成的军队已经占领了北京,而且众所周知,天命已不复为明朝所有,难以回天;吴三桂应正视战局的现实,归降大顺,以便在新政权中保住自己的官爵。军使将此信带到吴三桂营中,同时送上白银万两,黄金千两,答应为吴三桂的军队提供给养,将吴三桂由"伯"晋封为"侯"。[202] 据吴三桂部将的传记所载,这一邀请被轻蔑地拒绝了。吴三桂并未像唐通那样屈膝投降,而是回信谴责其父竟不知廉耻地为李自成图谋效力,并说若行纯孝之道就应拒绝其父如上之命。最后他写道:"父既不能为忠臣,儿焉能为孝子乎?"[203]

后人的传说,为吴三桂拒绝投降李自成提供了更为浪漫的缘由。根据康熙时代的历史传奇,李自成还抓住了吴三桂的爱妾,即绝代佳人陈沅,又名陈圆圆。[204]这位名妓曾使诗人冒襄在苏州一见倾心。一位皇室贵族也看中了陈沅,并将她抢到手带至北京。其后,她以某种方式又落入吴三桂之手,被纳为小妾。吴伟业写过一首关于陈圆圆的名曲,描述陈圆圆的娇媚以及吴三桂对她的迷恋。[205]眼下陈圆圆在李自成手中,吴三桂听说闯王已占有了她并将其带入营中纳为小妾,这不由使他妒火中烧,以至他不仅回绝了李自成的礼物和允诺,还准备报仇雪耻。为了杀死李自成,他将求助于一切可能的同盟者——甚至不惜招引清军越过长城进入中原。[206]

为一位名妓的粉面柳腰而不惜整个国家的沦丧,这是占据了后世中国人之想象的一种说法。有关吴三桂的比较真实的描述缺乏诗意,所以不大为人所知。史学家彭孙贻从吴三桂过去的幕友那里听到了下面的说法。[207]李自成的使节带着唐通和吴襄的书信来到吴三桂营中后,吴三桂令手下亲兵将其拿下并隐藏起来。这样,他就使其部下对北京陷落和李自成劝降之事都一无所知。几天中吴三桂反复考虑对策,最后他决定试探一下,如果他与李自成合作,自己的部将是否愿意继续跟随他。于是他召集诸位将领,对他们说:"都城失守,先帝宾天,三桂受国厚恩,宜以死报国,然非藉将士力不能以破敌,今将若何?"他重复了三次,但三次都无人应答。最后是吴三桂自己打破了沉默:"闯王势大,唐通、姜瓖皆已降,我孤军不能自立,今闯王使至,其斩之乎?抑迎之乎?"[208]众将这才了解到他们的总兵已同李自成的密使接触过了,于是他们纷纷保证将永远忠于吴三桂,无论他选择哪条道路,他们都将跟随他,无论他下达什么命令,他们都会服从。

现在吴三桂放心了,他的军队将坚定地支持自己,于是他下令组织人马护送他前往北京,觐见大顺的君王。他将大队人马留在山海关,自己启程进京归降李自成。但行至永平时,他突然遇到来自北京家中的一名父妾和一名忠实的仆人。[209]这位小妾告诉他,他们俩刚刚从血腥的大屠杀中逃出性命。由于一直没得到吴三桂的答复,李自成断定其宽宏慷慨的提议遭到拒绝。他因自己得到的竟是如此轻蔑的回报而大为恼怒，遂下令将吴家满门抄斩。吴家共有 38 人被杀，吴襄的首级被悬在北京城墙上示众。[210] 吴三桂听小妾讲了这可怕的消息后，立刻集合队伍返回山海关，准备应付一场他自知已不可避免的战争。[211]

1644 年 5 月 3 日，李自成派唐通去夺取山海关。两天后，吴三桂与唐通交战，唐通大败，逃回永平。李自成得知唐通战败后，又派遣白广恩率部前往增援。1643 年，此人曾拒绝护卫孙传庭的后翼，从而导致了明军在河南的失败。5 月 10 日，这支联军对山海关发起进攻，吴三桂军再次获胜，击退了唐、白联军，并洗劫了永平。吴三桂在赢得了暂时的优势后，便决定在李自成派出足够的军队来进攻他的 4 万正规军之前与大顺议和。因此，夺取永平后，他派遣使节前去进见李自成，提出以停战来换取仍被李自成拘禁的明朝太子。但不久，吴三桂就从探子那里得知，李自成正信心十足地亲率 6 万军队离京来袭。[212] 议和已经不可能了，吴三桂的将士不久便将面对与其势均力敌的久经沙场的大军。[213]

吴三桂的父亲既已死在北京，他现在去求助于正在盛京（沈阳）为清朝效力的叔侄，便没有什么顾虑了。无论如何，看来其叔侄及满清贵族是他唯一可以求助的了。5 月 20 日凌晨，李自成率军离京刚刚两天，吴三桂的两名部下、副将杨坤和游击郭云龙便来到了辽河河畔的清军大营前，将一封书信交给了多尔衮（睿亲王）。后者已是新即位的年仅六岁的顺治皇帝的两位摄政王之一。[214]

多尔衮是努尔哈赤第十四子，当时 32 岁。在他父亲去世时，有谣传说他有可能继承汗位。在皇太极继承汗位称帝期间，多尔衮（他 14 岁被封为和硕贝勒）逐渐成为一名杰出的将领。他多次参加重大战役，23 岁便率军征服了察哈尔蒙古，赢得了智勇双全的美誉。[215] 26 岁时，多尔衮成为一等亲王，统领过 1638—1639 年南下中原的两支主力军中的一支，攻克 40 余城，带着大批战利品和俘虏返回辽阳。[216]

1643年秋，皇太极病重，并在9月21日在盛京死于其睡榻之上。皇太极的长子豪格，时年32岁，看来是当然的继承人，他得到许多前朝老臣的支持。尽管多尔衮是皇太极的异母弟弟，但也有不少权势显赫的亲王贝勒支持他。这场继承危机在所有举足轻重的亲王参加的一次会议上得到了解决。参加会议的还有一名朝鲜人李洤，他早已加入清廷并享受满洲贵族的种种特权。李洤留下了一份关于这次会议的记录，其内容如下：

> 诸王皆会于大衙门。大王[217]发言曰：虎口，[218]帝之长子，当承大统。虎口曰：福小德薄，非所堪当。固辞而罢去。定策之议未及划一，帝之手下将领之辈，佩剑而前曰[219]：吾等属食于帝，衣于帝，养育之恩，与天同大，若不立帝之子，则宁死从帝于地下而已。大王曰：吾以帝兄，当时朝政，老不预知，何可参于此议乎？即起去。八王[220]亦随而去。十王[221]默无一言。九王[222]应之曰：汝等之言是矣，虎口王即让而出，无继统之意，当立帝之第三子，[223]而年岁幼稚。八高山军兵，[224]吾与右真王[225]分掌其半，左右辅政。年长之后，当即归政。誓天而罢去。所谓第三子，年龄六岁。[226]

于是福临于1643年10月8日即位为顺治帝，在两位摄政王——即多尔衮和著名将领郑亲王济尔哈朗——的监护下管理朝政。[227]

豪格以及其他亲王认为济尔哈朗长期执掌盛京禁军，通过他可以制约多尔衮。但他们显然低估了多尔衮。济尔哈朗虽然不是努尔哈赤的直系子孙，但他年长于多尔衮。1611年左右，其父亲舒尔哈齐死后，他由努尔哈赤抚养。[228]然而济尔哈朗只是一位骁勇善战、受人尊敬的将领，对多尔衮已很快就抓到手中的日常行政事务毫无兴趣。1644年2月17日，济尔哈朗召集内三院、六部、都察院和理藩院的官员，向他们宣布：

第四章 北京的陷落

> 嗣后，凡各衙办理事务或有应白于我二王者，或有记档者，皆先启知睿亲王，档子书名亦宜先书睿亲王名，其坐立班次及行礼仪注，俱照前例行。[229]

事实上，即使在"座次和礼仪"上，多尔衮也很快取得了高于济尔哈朗的地位。根据1644年盛京新年朝会时接受朝鲜使臣献礼的情况判断，睿亲王已开始僭用典礼上的最高位置了。[230] 到吴三桂的书信送到盛京时，多尔衮又通过清除豪格及其党羽而大大扩展了一己势力，凌驾于其他亲王之上。[231]

吴三桂的信是送致大清皇帝的，他写道：

> 王之盛望，素所深慕，但春秋之义，交不越境，是以未取通名。人臣之义，谅王亦知之。今我国以宁远右偏孤立之故，令三桂弃宁远而镇山海，思欲坚守东陲，而固京师也。不意流寇逆天犯阙，以彼狗偷乌合之众，何能成事？奈京城人心不固，奸党开门纳款，先帝不幸，九庙灰烬。[232]

吴三桂继续阐述：虽然流寇初获胜利，但目前却完全失去了百姓的支持。这些流寇虽已僭用朝廷名号，但他们却像过去的赤眉、黄巾一样奸淫杀掠。他们没有百姓的支持，定将被就要兴起于四方的"义师"所击败，正如光武帝兴复汉室一样。吴三桂正是想要统率这样的义师，但京师以东地域有限，使他无法募集足以取胜的大军，所以只得"泣血求助"，这就是眼下他致书清廷的缘由。吴三桂所属之"国"与多尔衮的清人之"朝"已友好相处了200余年。因此，吴三桂希望清廷能意识到，作为真正的盟友，遵天命而"救民于水火"，乃是其应尽的义务。这不仅将是一次获取大功的行动，而且还会为清廷带来"大利"。清朝除了可以占领长城以北更多的领土之外，一旦将流寇击溃，就可以分享战利品。吴三桂答应说："况流贼所聚金帛子女，不可胜数，义兵一至，皆为所有。"[233]

多尔衮决心介入

吴三桂很了解满族军事制度，所以他用"大利"来投其所好。1644年，清军各旗的4.5万名将士和人数几乎与之相等的壮丁未得到任何军饷，而全靠远征掠夺的战利品为生。阿巴泰在1642年与1643年之交的冬季统率的远征掠夺，就是其中的一例。[234] 这种越过长城进行抢劫的行为，在很大程度上是满洲军事贵族的一种部落传统，而继承这一传统的贝勒们都认为，与其占领中原，不如将其作为劫掠之地。因此吴三桂预想，清军越境进袭可以支持他对大顺军的反击，而当他们得到大量财货和奴隶后，便会撤回家乡；当然，清廷将会割占整个辽西，他则像重建东汉王朝的豪杰那样，同其他义师将帅一道镇压农民起义，使天下重新恢复秩序。

这当然不是多尔衮的汉人谋士的设想，在他们的头脑中有一个截然不同的历史模式。早在北京陷落之前，范文程就将大顺军比作曾经横跨秦岭、统一天下但很快又失去天命的暴秦。这样，清人的势力就如同西汉，将在扫平叛逆、占领中原之后，建立一个长治久安的王朝。[235] 这一取代明朝、建立大清帝国的计划，是那些在关外与清人合作的汉人们企盼已久的。尤其是范文程，更不断敦促多尔衮专心于征服中国，以实现努尔哈赤之"洪业"。[236]

李自成占领北京之前，多尔衮和济尔哈朗这两位辅佐年仅六岁的顺治皇帝的摄政，仍在两种战略方案之间徘徊不定。这两种选择以前都是皇太极对外政策的主题。[237] 一方面是军事贵族的部落传统，具体体现为贝勒、贝子无意占领华北，而宁愿对关内进行打完即撤的袭击，以获取荣誉和财富。[238] 另一方面，则是金朝的传统；帝国体制本身及努尔哈赤传给后代满族统治者的汗的大统，便是这种传统的象征。当然，后一种传统并不意味着一定要占领中原；长期以来，在东北亚争夺财富与权力的诸国中，只有清廷能与明朝角逐，他们完全可以为此而自豪。但深植于满族特有的帝国传统之中的，是更为神圣的天命观念。一旦明王朝不再是清廷的对手，那么顺从天数和执掌天下，终将被证明是无法抗拒的诱惑。

随着北京明朝政府的崩溃，范文程、洪承畴等汉族合作者又有了新的机会来劝说满洲贵族进攻中原。他们认为，如今吴三桂已放弃宁远，关外之地尽为我所有，进图"洪业"之机终于来到了。[239] 多尔衮正急于巩固其凌驾于诸贝勒之上的个人权威，故特别乐于接受这一建议，因为这自然会使他着手加以控制的皇权得到强化。于是，多尔衮强化君权的野心，加上清廷中众多汉官的劝谏，便决定性地促成了满族从部落战争时代向帝国统治时代的过渡。5月13日，李自成的军队在北京大肆抢劫的消息传到盛京，大学士范文程听后十分高兴，认为清军南下中原的时机已经成熟。尽管李自成的军队号称百万，也丝毫未能动摇范文程的信心，他认为清军完全可以击败敌手。这一乐观态度的根据，不仅在于对清兵之战斗力和纪律的信心，还在于他相信李自成已丧失了所有政治上的支持者。起初，李自成就因推翻崇祯皇帝而招致天怒了，随后他又因虐待缙绅和官员而激起了士大夫的反对；现在，由于抢劫京师，奸淫平民妻女，焚烧民宅，进而遭到了百姓的憎恨。范文程说：

> 我国家上下同心，兵甲选练，诚声罪以讨之，兵以义动，何功不成。[240]

多尔衮采纳了范文程的意见：以惩罚推翻了崇祯皇帝的叛匪为名，兴兵南下。当天，睿亲王便举行了仪式，受权远征，进军中原。第二天

（5月14日），他率领大军离开了盛京。[241]

5月20日，即收到吴三桂书信的那一天，多尔衮才得知崇祯皇帝已经驾崩。[242] 天子暴死这一令人惊惧的事件使计划略有改变，大顺政权不再是清廷潜在的盟友，而变成了他们的主要敌人。[243] 洪承畴对此战略做了如下解释：

> 此行特扫除乱逆，期于灭贼，有抗拒者必加诛戮。不屠人民，不焚庐舍，不掠财物。有首倡内应立大功者，则破格封赏，法在必行。流寇初起时，遇弱则战，遇强则遁，一旦闻我军至，必焚其宫殿府库遁而西行……贼走则即行追剿，倘仍坐据京城以拒我，则伐之更易。[244]

按照洪承畴的看法，进攻中原若要取胜，就需要保证两条：一是彻底击溃李自成的军队；二是改变清军以掠夺财货、奴隶、牲畜为目的的传统战略。在听取了这一意见之后，多尔衮召集了将领及贝勒们，对他们说，以往三次入关，都鼓励士兵抢掠，而此行却不同于过去，"要当定国安民，以成大业"。多尔衮与他们相约，此次征战以"救民"为宗旨，不得无故烧杀抢劫。所有降者都要赦免，除剃发之外，不得伤害其身体。旗人若有妄杀乡屯散居之人，或奸淫、抢劫、偷盗牲畜者，一律处斩，其扈从为奴，财产没官。[245]

与此同时，范文程开始起草写给汉族百姓的布告，以便在清军西进途中张贴：

> 义兵之来，为尔等复君父仇，非敌百姓也，今所诛者，惟闯贼。官来归者，复其官；民来归者，复其业。必不尔害。[246]

这些布告有助于清军在进军北京的途中打开沿途城池的大门。5月

第四章 北京的陷落 177

20日，即多尔衮从吴三桂的信中得知，其愿以"大利"及清廷已占领的辽西为代价，来换取清军的帮助之时，第一支清军开始了入关之行。[247]

在给吴三桂的答复中，多尔衮明确表示愿意联合对付李自成，但这是从清廷一方考虑的。他并不打算复兴实际上已同清廷处于战争状态的明王朝。睿亲王在信中（它由范文程起草）指出，清廷一贯希望与明王朝保持友好关系，虽然清人三次出兵中原，但那"盖示意于明国官吏军民，欲明国之君熟筹而通好也"。的确，若不是中原大乱，百姓遭难，清军还会第四次出兵。现在他们已得知明朝皇帝惨死的消息，因而决定集合"义兵"，"期必灭贼，出民水火"。[248]

这样，多尔衮就对收到吴三桂来信表示了高兴，并对这位明朝总兵仍以明朝忠臣自许而竭力报效其主的精神表示赞赏。尽管吴三桂镇戍辽东时双方曾经是对手，但睿亲王愿意忘掉过去的敌意，起用这位明朝官员作自己的大臣。在管仲的故事中可以找到先后效忠二主的历史先例。管仲是公元前7世纪的人物，曾辅佐鲁侯。在其主人与日后的齐桓公作战时，管仲曾射中了齐桓公的带钩。后来齐桓公寻求贤人以任宰相，有人推荐管仲，并说正因管仲曾忠心侍奉前主，所以他必定会同样地忠于新主。桓公任用了管仲，而管仲则成了中国最著名的政治家之一，他所制定的政策使齐桓公成为中原霸主。多尔衮在信中就以这一故事劝说吴三桂，打消顾虑，效法管仲[249]：

> 昔管仲射桓公中钩，后桓公用之为相，以成霸业。今伯若率众来归，必封以故土，晋以藩王。一则国仇得报，一则身家可保，世世子孙，长享福贵，如山河之永矣。

信中最后说道，多尔衮的军队已抵达宁远，与吴三桂驻守山海关的精锐部队会合后，定能轻而易举地击溃叛匪。[250]

5月25日，李自成的主力已经到达山海关城郊，吴三桂乃决定接受多尔衮的条件。他一面遣使致书多尔衮；一面分派亲信将领守卫西城和北城，并将东城交给乡绅统领的乡兵把守。[251] 尔后，他将自己的大队人马在山海关西侧沿沙河排成数里长阵。李自成则站在一座小山坡上，居高临下俯视战场，并将两名明朝皇子带在身旁。[252]

大举南下

信使赶到距山海关约 160 公里处临海的连山，[253] 将吴三桂的降书交给了多尔衮。多尔衮立刻下令拔营，步骑同时急速南行。仅用了 24 小时，清军便推进了 100 公里。到 26 日傍晚，他们距山海关就仅剩 8 公里路程了。[254] 由于疲惫不堪，不断继续前进，清兵很快地支起临时帐篷，带甲枕戈而眠。半夜，将领们叫醒了士兵。多尔衮令阿济格和多铎各率 1 万军队分两路作侧翼掩护，自己则率主力连夜向那具有战略意义的关隘赶去，从那里已隐约地传来了大炮的轰鸣声。5 月 27 日拂晓，清兵已来到山海关门前。[255] 吴三桂亲自骑马出城迎接，正式向多尔衮投降，然后命令其部下皆以白布系肩，以便使清军的满、蒙、汉军在战场上能将他们与起义军区别开来。[256] 这是最为重要的，因为事实证明，吴三桂的军队随后便被置于清军的前列，[257] 他们将打头阵，并在敌军最初的攻势中首当其冲。[258]

李自成的军队沿沙河排开，在岸边摆下宽阔的战阵，其队伍稍显混乱。但是当吴三桂的宁远精兵向前推进并冲进大顺军阵地时，大顺军并未后退。他们顶住了吴三桂军的反复攻击，并使之遭到重大伤亡——这伤亡是如此的惨重，假若吴三桂始终单独作战，势必大败。[259] 但是，就在李自成即将获胜之时，一片风沙从东面的小山坡上滚滚而来。[260] 在遮天蔽日的沙尘之下，清军迅速绕过吴三桂的右侧，扑向李自成的左翼。当大顺军转向这支从沙尘中冲到他们眼前的骑兵时，突然发现骑兵们剃

第四章 北京的陷落　179

光的前额。"鞑子兵!"随着一声惊呼,大顺军的阵地被突破了。大顺军掉头向永平逃跑时,退却变成了溃败,落在后面的士兵都被砍倒。[261] 到了永平,李自成想停下来重整旗鼓,但许多部下拒不听命,沿着通向北京的路一直向西溃逃。李自成不久也随军而去,将战场丢给大获全胜的多尔衮和吴三桂。[262]

战败的大顺军逃回北京后,便在京城发泄怒气,他们四处放火,并将彰仪门附近的民宅全部毁坏。[263] 吴三桂得胜的消息很快就传开了,很多北京居民听到了明太子即将复位的传闻,不禁欣然泪下。[264] 街市的小贩嘲笑地唱道:

自成割据非天子,
马上登基未许年。[265]

尽管"天命"似乎正在转移,但百姓的劫难却依然没有结束。从山海关逃回来的大顺兵拖着疲倦和醉醺醺的步履,又回到原来的营地。5月31日,李自成率其主力回到北京,继续劫掠城内衙门和官员宅第。现在,为了最后证明他曾经真正统治过天下,李自成决定登基称帝。6月3日,在大顺军已准备放弃京师之时,李自成举行了正式但又仓促的登基大典。[266] 第二天,这位大顺永昌皇帝便在宫中放起大火,骑马出城西去了。[267] 在他身后,火焰冲天,大火几乎燃遍城中各个角落。"闯王"占领北京仅42天,只是在最后一天他才做了皇帝。[268]

李自成军主力满载劫掠之物,并带着一批征集来的市民,便离开了。这就给了北京市民向落在后面的大顺兵报复的机会。[269] 人们的胆子越来越大,开始成群结伙地搜捕掉队的大顺士兵,将其投入燃烧的房屋之中。[270] 还有些大顺士兵被当众砍头,"而民称大快"。[271]

道间行者皆令执贼,而西人虽久居都中者莫不尽族行。然亦有乘势修隙之事，盖不可问矣。[272]

共有2000人死于这场屠杀。[273]事后，这座饱受创伤的城市渐渐恢复了寂静，人们紧张地等待着新的占领者。那些曾与大顺合作过的人"有悔心失图，无可奈何，而静待吴镇处分者"[274]。

没有人想到除吴三桂外还会有别人来占领这座城市，甚至当人们听说有一支"大军"由东而来，而且有人说看到了齐化门外贴有题以"大清国"字样的布告之时，人们仍没有料到会是由清军来占领此城。[275]6月4日晚上，士绅及官吏为迎接将要来到的救星而绞尽脑汁地寻找合适的礼服。他们认为，他们将要迎接的人是明朝太子及其保护者平西伯。[276]由此便可以理解，当他们见到多尔衮时为何在大为震惊之余又迅速准备默认现实。

次早，乃五月初一日也。耆老相率出郭外数十里迎视，见大军拥一人至，导之入，将抵东华门，所司具卤簿。一人者舍骑登车语百姓曰："我摄政王也，太子随后至，尔辈许我为主否？"众皆愕眙不能解，姑应之曰：诺。众或称为英宗之后，百姓惶惑无措。于是摄政遂入朝。[277]

在原明朝禁卫军的护卫下，多尔衮缓缓地登上了余烬未熄的武英殿，并打算在此小住。[278]进殿之后，他转过身来命令会聚于此的群臣推选出他们当中官爵最高的人。李明睿犹疑不安地被引到多尔衮面前，多尔衮彬彬有礼地请他出任大清礼部左侍郎。李明睿急忙以年老多病而推辞，但多尔衮打断了他的话说道：

尔朝皇帝尚未收敛，明日即欲令京城官民人等哭临，无神主，何以哭临？无谥号，何以题神主？[279]

第四章 北京的陷落　181

李明睿感激涕零，叩首接受了这一任命，答应负责安排先帝的葬礼。

多尔衮立刻发布了范文程为他起草的告示，表达了对已故崇祯帝的哀悼。[280]

> 大清国摄政王令旨：谕南朝官绅军民人等知道。曩者，我国欲与尔明和好，永享太平，屡致书不答，以至四次深入，期尔朝悔悟，岂意坚执不从，不必论也。且天下者，非一人之天下，有德者居之。军民者，非一人之军民，有德者主之。我今居此，为尔朝雪君父之仇，破釜沉舟，一贼不灭，誓不返撤。所过州县地方，有能削发投顺，开诚纳款，即与爵禄，世守富贵。如有抗拒不遵，大兵一到，玉石俱焚，尽行屠戮，有志之士，正于功名立业之秋，如有失信，将何以服天下乎？[281]

当然，仅凭一纸文告还远不能使京城居民相信满族人会长留于此。甚至在多尔衮入城数日之后，人们仍然认为吴三桂和明太子即将出现。但"惟见大军渐置渐多"。不久，北京居民便得知吴三桂已被多尔衮派到西边追剿李自成残部去了。[282] 1644年6月15日，多尔衮宣布清军将"解网弛禁"，人们顿感极大的宽慰。[283] 一位经历了这段恐怖生活的学士在日记中写道："予惊魂始定，是日中旬，长安市上仍复冠盖如故。"[284] 至少在北京，这段政权更迭的时期终于结束了，一个新的时代已经开始。[285]

注释：

1 郝爱礼：《论明末的李自成和张献忠》，第442页。

2　黄仁宇:《明朝的财政管理》，第 127 页。有人提到 1641 年左懋第曾询问大运河沿岸的饥民，因何如此困苦，他们的回答是"练饷"。清水泰次:《明代的流民与流贼》，第 378 页。

3　1641 年，户科给事中张元始奏称:"土寇与流寇异，土寇皆饥民耳，聚则盗，散则农，计莫善于抚。"温睿临:《南疆绎史》，第 382 页。现代历史学家也强调土寇与流寇不同，指出二者之间的关系中存在着不同层次。当时人也有"小寇""中寇""大寇"之分。不过，随着人数的增长，土寇也可以发展成为流动的起义军。佐藤文俊:《关于土贼李青山之乱——明末华北农民叛乱形态之一》，第 131—133 页;谷口菊雄:《明末农民起义》，第 65—66 页。

4　阿尔伯特·詹:《明朝衰亡内在因素之研究》，第 143—145 页。一位法国历史学家甚至将"军队将领的背叛"说成是这一时期中国发生暴乱的根本原因，将起义解释为职业军人反对文明社会的斗争。罗兰·毛斯尼尔:《愤怒的农民》，第 329 页。明亡以后，思想家王夫之写道:"若以古今之通势而言之，则三代以后，文与武固不可合矣，犹田之不可复井，刑之不可复肉矣……以将帅任国政，武为尚而特缘饰之以文，是取武臣而文之，非取文臣而武之也。"王夫之:《读通鉴论》，第 122 页。

5　关于明末 1627 年至 1644 年间主要起义的大事年表，见郑天挺、孙钺:《明末农民起义史料》，第 517—529 页。

6　当时，尤其是 1633 年以后，这些地区发生了严重的饥荒。战争又破坏了水利设施，农民流离失所，沦为流民，既而又变成流贼。乔治·H. 邓恩:《一代伟人》，第 304 页;皮埃尔·艾蒂安·威尔:《中国水利的周期性变动》，第 275 页;裴宜理:《1845—1945 年中国北方的起义者和革命者》，第 13 页;清水泰次:《明代的流民与流贼》，第 356—357 页;罗文:《17 世纪中国的大都市开封》，第 25 页。

7　詹姆斯·B. 帕森斯:《论明末农民战争》;郝爱礼:《论明末的李自成和张献忠》，第 443—463 页;劳斯:《〈虎口余生纪〉之英译及其社会历史的注释》，第 7—8 页;姚雪垠:《李自成何处入豫》，第 51—60 页。军事优势转到起义军一方的原因之一是，李自成在其军队中进行了整编，特别是组建了一支精锐队伍。这支精兵由 15 岁至 40 岁的壮丁组成，每天在李自成亲自指挥下练骑射。此外还组建了炮兵、水军和工兵。同时工匠也被组成裁缝队、银匠队、乐工队等等。最后，又选拔精壮，充当骑兵的前锋，即所谓"骁骑"。蒋祖缘:《论李自成的军事思想和指挥才能》，第 1—4 页。

8　1642 年阴历三月，河南北部已牢牢掌握在李自成手中，当地所有营寨都承认他的权威。

9　宋企郊，陕西乾州人，曾任吏部员外郎。其简要生平，参见魏斐德:《1644 年的大顺政权》，第 81—82 页。

10　郝爱礼:《论明末的李自成和张献忠》，第 464—465 页;帕森斯:《明末农民起义》，第 91—92 页。据当时一些可靠的记载，李岩是 1617 年的举人，其父李精白在天启年间做过山东地方官，后因过分接近魏忠贤，为东林党人所不齿。据说，李岩在加入李自成的队伍之前曾领导过一次反抗地主剥削的起义。成为李自成的谋士后，他又为义军拟定了宣传口号和土地改革的策略。见计六奇:《明季北略》，第 209—210 页。近来有人对李岩其人的真实性提出质疑。罗杰·德·弗格斯撰文指出，李岩是民间传说与士人编写历史的混合体。据顾诚《李岩质疑》第 68 页说，没有直接的材料可以证明李岩是一位开封士大夫，也无材料证明他与李精白的关系。不过，以我所见，李岩的作用虽被夸大了，但他毕竟是真实的历史人物，作为 1643、1644 年间农民军的一位谋士，他经常被提及。中国社会科学院历史所研究人员曹桂林也持此种看法。在 1979 年 6 月有美国明清史专家参加的一次学术讨论会上，曹桂林发表了类似的观点。吴伟业对李岩的存在，特别是农民军在皇宫中发现崇祯皇后尸体时李岩的所作所为，都有过描述——这些都是可信的资料。王春瑜:《李岩·〈西江月〉〈商雒杂忆〉》。李自成提出系统的赋税与土地改革政策，与其归功于李岩不如说是当时社会现实的需要。关于这一点见王兴亚：《李自成的赋税政策研究》，第 5 页。

11　赵士锦：《甲申纪事》，第 17 页，又见李文治：《晚明民变》，第 106 页；李光涛：《明季流寇始末》，第 86 页；赵宗复：《李自成叛乱史略》，第 138 页；毛里斯·罗塞比：《穆斯林与中亚的起义》，第 189 页。牛金星被一位行医的朋友引荐给李自成，他对李自成说："若欲终为贼，则无所事我，若有大志，当从我言。"他提出停止劫掠，争取民心，控制中原的建议，而李自成不大接受，因此牛金星离开义军回到家乡。由于其家族中一位长辈的出卖，他被官府逮捕并处死刑。后来，他设法减轻了判决，并在获释后立即回到河南，再次加入了李自成的队伍。李自成对他的归来十分高兴，遂委任他为丞相。据说，牛金星后来以李自成的名义发布告示说："杀一人如杀我父，淫一人如淫我母。"张怡：《搜闻续笔》第一卷，第 1 页。

12　有些史学家将李自成的最后失败，归咎于在大顺政权中掌握极大权力的李岩、牛金星之类的谋士，他们还将起义失败归咎于加入义军的大量地方乡绅，认为这些人只是为了日后进行破坏活动而"假投降"的。赵俪生：《李自成地方政权所遭受地主武装的破坏》，第 44—45 页。根据雷于霖等人的描述，后一观点很难成立。雷于霖曾写到，他作为陕西乡绅的一员而参加起义，原因之一是他认为百姓如果遭受痛苦的折磨，便有权利造反。另一原因是他认为，这些"流寇"一旦获得权力，就需要有人制止其暴行。秦波：《混进李自成起义军的一个内奸的自供状》，第 49—50 页。

13　赵宗复：《李自成叛乱史略》，第 147 页。随李自成进入北京的北方人有 11 名进士、7 名举人和 3 名秀才。这些北方人觉得受到东林党人的排挤而心怀不满。钱 𫘤：《甲申传信录》，第 30—32 页。关于李自成京政权的人员结构的分析，见魏斐德：《1644 年的大顺政权》，第 54—56 页。

14　邓尔麟：《嘉定忠臣》，第 247—248 页，及其《达官贵人》，第 222 页。1640 年的科举竞争也十分激烈，李清：《三垣笔记》上，第 4 页。

15　周延儒被贬黜后，朝廷又对各部大臣做出一系列新的任命，其中大部分是在 1643 年 6 月 29 日颁布的。《明史》（国防研究院），第 163 页。当时东阁大学士兼礼部尚书蒋德璟，也因反对加派练饷而被罢免。同上书，第 2852 页。新任大学士包括陈演和魏藻德，后者被视为薛国观的门生，故而有"温体仁党"复活之说。不过，从新任官员的名单来看，其主要特征是，一方面仍有许多南方人在位，另一方面又有大量新的、相对说来缺乏考验的官员升至高位。关于陈演，见文秉：《烈皇小识》，第 228 页；万言：《崇祯长编》，第 104 页。

16　计六奇：《明季北略》，第 480—482 页。

17　张国维虽一度出任兵部尚书，但基本是个闲散官员。张缙彦，河南人，因为提出将明军改编成若干防区和一支突击部队的建议而被擢为兵部尚书，尽管他的军事经验只是在朝中担任兵科都给事中时得来的。当时，他曾弹劾杨嗣昌。《贰臣传》第十二卷，第 17 页；《明史》，第 2910 页；徐鼒：《小腆纪年附考》，第 27 页。

18　这次进剿一定程度上是由朝中的陕西地主势力策动的。只要孙传庭留在陕西，其军饷就必须由陕西本地通过额外税收来承担。因此，陕西乡绅希望促使孙传庭到河南去攻打李自成，从而减轻自己的经济负担。

19　郝爱礼：《论明末的李自成和张献忠》，第 482—483 页。李自成有意将大顺与大唐、将自己与李世民联系起来，见魏斐德：《1644 年的大顺政权》，第 65 页。

20　李雯：《闻西安复失是日诸进士方有馆试之期》，出自李雯等编：《云间三子新诗合稿》第八卷，第 19 页。

21　到 1642 年，从南方进京的官员为了安全抵达目的地，不得不雇用几百名"敢死少年"做保镖。黄仁宇：《倪元璐的现实主义》，第 420 页。

22 崇祯末年，水利系统的管理已完全瓦解。威尔：《中国水利的周期性变动》，第274—275页。

23 万言：《崇祯长编》，第376页。奏折中还指出，尽管陕西的将领都是优秀的战略家，但三个陕西驻军士兵也抵不上一名戍边部队的骑兵。黄景昉于1643年夏被任命为大学士兼户部尚书。《明史》，第2852页；又见傅路德和房兆楹等编：《明代人名辞典》，第175页。当时有人提出由官僚士大夫组建地方武装，关于对这一系列建议的精彩分析，见邓尔麟：《许都和南京的教训》，第107—117页。

24 在最后时刻，即1644年4月5日，崇祯帝终于同意召集乡兵，但为时已晚。关于朝中对乡兵问题的争议，见魏斐德：《清朝征服江南时期的地方主义和忠君思想：江阴的悲剧》，第50—53页。

25 钱馫：《甲申传信录》，第7页；又见李清：《三垣笔记》"附识"中，第15页。东北战场消耗了明朝的全部军饷。1622年至1640年间，配给东北的粮食由每年100万担增至每年300万担。而在此期间，从南方漕运来的粮食总量未变，大约每年400万担。此外，北方原有的专门用来供养军队的土地，如今也不再受官府控制了。为了维持军队给养，北方的税额不断增长，致使农民背井离乡，地方赋税收入进一步减少，地方府库甚至没有储备物资可以用来供养这些士兵。詹姆斯·彼得·吉斯：《明代的北京》，第99—100、204、216页。

26 平阳陷落的消息传到朝廷后，崇祯帝召阁部九卿科道等官说："朕非亡国之君，事事乃亡国之象，祖宗栉风沐雨之天下，一朝失之，将何面目见于地下？朕愿督师，以决一战，即身死沙场，亦所不顾，但死不瞑目。"说完后他痛哭失声。李清：《三垣笔记》"附识"中，第16页。张国维在春节那天被捕（1644年2月8日）。3月29日，山东士大夫上书为其辩护，祈求皇上对其宽大处理。4月6日，皇上遂将其从狱中放出，并在宫中召见了他，三天后，张国维献银万两助饷，受封为侯。北京陷落前的最后一周，他奉命到江南为朝廷筹款，此后他便留在江南，加入了南明政权，并曾力劝鲁王朱以海监国，是绍兴政府中的领袖人物之一。万言：《崇祯长编》，第67—96、104页；文秉：《烈皇小识》，第228—230页；《明史》（开明书局），第1500、3099页；查继佐：《东山国语》，第8—11页。

27 李清：《三垣笔记》"附识"中，第12页；又见徐鼒：《小腆纪年附考》，第35页。类似的例子还有不少。如，在几年前的一次朝会上，一位官员提出，缓和明军与农民之间紧张关系的关键，是告诉士兵不要压迫百姓。崇祯帝以为良策，御批赞同，但全未考虑具体措施来制止士兵抢劫农庄及村舍。黄之隽：《江南通志》，第2584页（第一五三卷，第29页）。当然，有些建议是相当明智的，尽管由于财政原因无法实施。例如，1643年11月17日，李邦华主张减轻赋税，同时在考课中提高对腐败官吏的罚金定额，以充军饷。万言：《崇祯长编》，第22—24页。

28 染上天花的人，身上会到处发生溃烂，并很快死亡。刘尚友：《定思小纪》，第1页。

29 万言：《崇祯长编》，第77—78页。曾应遴指出，义军每到一处，便抓来富人，令其交纳赎金，既然富人必须拿出大量钱财去换取自由，何不事先行"均田之法"，并拿出钱来赈济贫民，以防止叛乱发生呢？见谈迁：《国榷》，第6013页。

30 刘尚友：《定思小纪》，第3页。这一建议是在1644年4月22日召对时提出的。李自成得到百姓拥护的一个重要原因，是他军纪严明，不侵害贫民，见魏斐德：《1644年的大顺政权》，第45、77页。崇祯帝也知道，义军深得民心，因而大为沮丧。见李清：《三垣笔记》"附识"中，第13页。

31 刘尚友：《定思小纪》，第1页；又见李清：《三垣笔记》"附识"中，第12页。

32 京城守军实际已在1449年"土木之战"中被消灭，以后再未能恢复原有的实力。1522年后，其编制又被有意缩小。到李自成进攻时，实际存在的士兵只占在编人数的10%—20%。

第四章　北京的陷落　185

张怡：《搜闻续笔》第一卷，第 2 页；罗伯特·布鲁斯·克劳福德：《张居正的生平和思想》，第 49—53 页。倪元璐当时提出废除世袭军户制，黄仁宇：《倪元璐的现实主义》，第 425 页。

33　李清：《三垣笔记》"附识"中，第 8 页。

34　据谈迁所记，那年夏秋，训练有素的军队损失了一半兵力，北京居民死于天花或鼠疫的则更多。海伦·邓斯坦：《明末流行病初探》，第 7、19—20、28—29 页。

35　钱𫖯：《甲申传信录》，第 12—13 页。在 1643 年秋季和初冬的几个月间，筹集军粮已十分困难。10 月下旬，皇上下令拨银 40 万两买粮。按官价每担各值八枚铜钱，实际价格却高出百余倍。京师富户早已开始囤积粮食，趁皇上买粮之机，他们以每担一两银子的价格出售。官府别无选择，只能向这些奸商买粮，这笔专款很快就用尽了，李清：《三垣笔记》"附识"中，第 13 页。提起那个时代便想到饥饿和人吃人，见清水泰次：《明代的流民与流贼》，第 380 页；邓斯坦：《明末流行病初探》，第 13 页。

36　1643 年秋，户部尚书倪元璐做出了下一年的军费预算，预计收入将不足 1600 万两，而支出将超过 2100 万两。他建议扩大官盐买卖，卖官鬻爵，改刑罚为收赎金，以补不足。崇祯帝却只想发行纸币，甚至派遣宦官去搜集桑树纤维以作纸币原料。倪元璐怕此举激起蚕农造反，而说服皇上收回了成命。黄仁宇：《倪元璐的现实主义》，第 423、427—428 页。

37　赵士锦：《甲申纪事》，第 7 页。要求皇上向戍边军队拨饷的奏折未得到任何反应。1644 年 4 月 14 日，户部侍郎吴履中奏称，国库存银仅剩 8 万两。他坚决要求将这笔钱拨给戍边军队（"若无九边，京师何以安守？"），但皇上却拒绝再向边地拨饷，他打算将这笔钱全都用来加强京师守备。钱𫖯：《甲申传信录》，第 11 页。后来当倪元璐谈及道德是头等重要之事时，崇祯帝问道：倘若道德果真如此重要，在拖欠前线军饷之时，将如何以之解救国难呢？此时距二人之死只有 35 天了。黄仁宇：《倪元璐的现实主义》，第 441 页。

38　黄仁宇：《明朝的财政管理》，第 89—90 页。"金花银"是上等白银，主要用来支付官员的俸禄。

39　皇帝供养着近 7 万宦官和 9000 宫女。宫内厨房每天都要准备 1 万至 1.5 万人的饮食。《明朝的财政管理》，第 91—94 页。1644 年 1 月 7 日，朝廷宣布控制物价，但无证据可以表明这一命令被执行了。万言：《崇祯长编》，第 44 页。

40　魏斐德：《1644 年的大顺政权》，第 78 页。但有些资料称，那时太仓蓄备不足 1300 两，内库只有 40 万—50 万两。李清：《三垣笔记》"附识"中，第 21 页。

41　1644 年 1 月 20 日，刑部接受了这一策略。万言：《崇祯长编》，第 44 页；又见李清：《三垣笔记》"附识"中，第 8 页。

42　万言：《崇祯长编》，第 44 页；钱𫖯：《甲申传信录》，第 11 页；李文治：《晚明民变》，第 141 页。

43　黄仁宇：《十六世纪明代中国之财政与税收》，第 80—85、123、126 页。

44　对此次密谈描述最详细的是邹漪：《明季遗闻》，第 18—20 页；计六奇：《明季北略》，第 393—394 页。两书记载基本相同，而以前者为详。邹漪是吴伟业的门生，而吴伟业又是李明睿的好友，所以邹漪的描述多有褒词。不过，李明睿是力主崇祯帝迁都南京的主要人物，这看来是不成问题的。比较公允的描述，还可见戴笠、吴殳：《怀陵流寇始终录》，第 79 页；钱𫖯：《甲申传信录》，第 63 页也提及此事。

45　计六奇：《明季北略》，第 393 页。

46　邹漪：《明季遗闻》第一卷，第 18 页。

47　同上。

48　同上书，计六奇：《明季北略》，第 393 页。

49　邹漪：《明季遗闻》，第 19—20 页。

50 同上书，第 20 页。
51 同上。
52 同上。
53 同上。这次谈话之后，崇祯帝即与皇后周氏商量去南方的建议，皇后认为这一计划没有什么好处，因为那将意味着放弃北方的宗庙。李清：《三垣笔记》中，第 7—8 页。
54 计六奇：《明季北略》，第 394—395 页。
55 同上书，第 397 页。1644 年 2 月 23 日，皇帝同意李建泰征募一支军队。李建泰几乎没有军事经验，但他热衷于到山西去保护他的家财。李建泰对皇上所做的陈述，在彭孙贻《平寇志》第八卷第 3 页与《崇祯实录》第十七卷第 1 页中有略不相同的描述。《崇祯实录》不是官修的，作者逸名。收在《明实录》中，是据江苏图书馆的手抄本竖像平版印刷发行的。原本于明末李自成进入山西时，在一个显赫世家手中失落。见何炳棣：《中华帝国中的进身之阶》，第 279—280 页。
56 《崇祯实录》第十七卷，第 2 页；钱𫄸：《甲申传信录》，第 8 页；彭孙贻：《平寇志》第八卷，第 6 页。
57 当时的研究者估计，李建泰的军队达十万之众，邹漪：《明季遗闻》，第 20 页。
58 钱𫄸：《甲申传信录》，第 8 页；彭孙贻：《平寇志》，第八卷，第 6 页。
59 赵士锦：《甲申纪事》，第 6 页；张怡：《搜闻续笔》第一卷，第 1 页。
60 文秉：《烈皇小识》，第 226 页；谈迁：《枣林杂俎》仁集，第 1 页。
61 刘尚友：《定思小纪》，第 31 页。
62 在广宗，李建泰被迫围攻了三天，进城后，他杀了知县和当地士绅领袖作为报复。《崇祯实录》第十七卷，第 3、5 页。
63 "癸未正月二日，大风昼晦，次晨稍霁，又三日午后，传各殿脊烟起，疑有火灾。诸阁臣出视，见各殿及门脊上冉冉若炊烟而微淡，久久乃息，亦异云。"李清：《三垣笔记》中，第 9 页。
64 萧一山：《清代通史》第一卷，第 249—250 页。
65 刘尚友：《定思小纪》，第 1 页；又见张怡：《搜闻续笔》，第一卷，第 2 页。
66 抱阳生：《甲申朝史小记》第五卷，第 2 页。李自成在乘胜横扫中国北方时，由于他诛杀吃人的"寄生虫"：衙蠹、府蠹、豪蠹、学蠹（指危害百姓的生员）和官蠹（指乡绅家臣，又称"豪门养子"），从而赢得了被剥削者的拥戴。清水泰次：《明代的流民与流贼》，第 220—221 页。
67 李自成常在其大军到达之前，先派商人前往宣传：起义军不杀百姓，不抢财物，不侮辱妇女，买卖公平。他们将没收富人的财产分给穷人（1959 年北京曾出土一枚李自成于 1644 年 5 月左右铸造的铜印，该印可以表明李自成曾设立专门机构，负责在农民军中分配明朝官员的地产。刘广京：《世界观和农民起义》，第 298 页）。他们也爱惜人才，欢迎一切愿意加入义军的士人。计六奇：《明季北略》，引自赵俪生：《李自成地方政权》，第 45 页。
68 同一天，驻守北京西北 50 公里处昌平的明军，因未得到军饷而发动了兵变。安吉拉·N.S.席：《吴三桂在 1644 年》，第 444 页。
69 谈迁：《枣林杂俎》仁集，第 1 页。这两个"问句"实际上是《论语》中两句名言的一部分："子曰：'学而时习之，不亦说乎？有朋自远方来，不亦乐乎？'"《论语·学而》（此书中所记之讲读官是刘理顺、何瑞徵——译者）。
70 钱𫄸：《甲申传信录》，第 10 页。
71 汪有典：《史外》，第 507 页（第四卷，第 29 页）。项煜在魏忠贤得势时曾因袒护江南清议而被罢官，李清：《三垣笔记》"附识"中，第 22 页。
72 钱𫄸：《甲申传信录》，第 11 页。关于陈演，见《明史》，第 2871 页；徐鼒：《小腆纪年附考》第三卷，第 71 页。

73 彭孙贻:《平寇志》第十卷,第 6 页。1644 年 4 月 13 日,方以智要求到淮河一带召集豪杰勤王,钱䫉:《甲申传信录》,第 11 页。

74 邹漪:《明季遗闻》,第 23 页。

75 这一战略不是第一次引起皇上的注意。史可法和姜曰广早在春节前的冬季,就曾在一道奏折中向皇上提出过这项计划。杨德恩:《史可法年谱》,第 30 页,又见邓尔麟:《许都和南京的教训》,第 97 页。倪元璐对这一问题的看法,见黄仁宇:《倪元璐的现实主义》,第 420—422 页。

76 邹漪:《明季遗闻》,第 24 页。钱䫉《甲申传信录》中也提到南宋的类似情况,其书名使人立刻联想到李纲的名著《靖康传信录》(它在明末很有名)。该书记述了 1125—1126 年间的史事。当时宋徽宗被迫退位,其长子即钦宗,曾试图解除女真人对开封的包围。当然,他没能成功,1127 年同其父一起做了俘虏,并被监禁至死。李纲的《靖康传信录》有一种明确的政治主张,即反对绥靖。见约翰·黑格:《宋代中期的政府》。

77 邹漪:《明季遗闻》第一卷,第 22 页。李明睿援引《左传》语,意在指出,太子应以监国身份留守北京,因为只有皇上拥有率众征讨农民军所必不可少的权威。我的译文取自理雅各译《论语》。在一次关于迁移问题的讨论中,晋侯欲令其长子率军征讨山西戎狄,大臣谏阻说,长子应照管社稷留都监国,而由父亲率众出征。后来,监国即意味"摄政":令太子监国就是让嗣子摄政或"护国"——充当临时"国君"。翟理斯:《中英字典》(上海,1892 年),第 201 页。但《左传》中其他几处提到"监国",其用法似指国君率军出征时,由太子监管行政。在《礼记》中,"监国"是天子所指派的负责监护各诸侯国事务的卿大夫的头衔。换言之,李明睿并非建议崇祯帝退位,像宋徽宗在开封让位于钦宗那样。

78 邹漪:《明季遗闻》,第 23 页,钱䫉:《甲申传信录》,第 10 页。祭祀社稷是中国古代礼拜活动的一部分,大多数作者都将其理解为向土地神(社)和谷神(稷)奉献祭品,而实际上,社是供有神圣的木和石的祭坛,这些祭坛与国君身份总是密切相关的。《孟子·尽心下》:"民为贵,社稷次之,君为轻。"如果封建君主危害了社稷,那么就必须被取而代之。据司马迁《史记》,中原的社是黄帝祭祀的地方,见凌纯声:《中国古代社会之源流》。保卫社稷和中原,表现了士人的文化忠诚,也是日后南明政权号召收复北土的一个主要内容。其例可见昆山遗民宁人顾炎武:《圣安本纪》("荆驼逸史"本)(台北,1964 年),第 37 页(此书出自文震孟之子文秉之手,曾被误认为顾炎武所著,与后者的《圣安本纪》混为一谈。见傅吾康:《〈明史资料解题〉的补遗和勘误》,第 43 页。下文引文秉此书将改用其原名《甲乙事案》,以示区别)。在朝廷的大典中,社稷的地位并非一成不变,它们有时被并入其他礼仪中,在某些朝代则又不是帝王祭祀的对象。但在明代,社稷是官方最高等级的礼祀对象。这一方面是由于皇帝在泰山的封禅典礼自 1008 年后便废止了,所以祭祀社稷就成了一种替代物;另一方面,是由于明太祖于 1377 年改革礼制时,将祭祀社稷和祭祀明室祖先合为一体了。社与稷,即句龙与后稷,这一对自周代以来就一起受祭于社稷坛的神祇,因明太祖的父亲而有所改变,社稷与太祖父亲的亡灵一起在天安门右侧新建的祭坛上接受拜祭,这就等于在同一地点同时拜祭土神、谷神和明朝缔造者的祖先。那么这也就象征着明朝皇室与文化正统之间的密不可分。具有讽刺意味的是,这一象征性的结合却不允许明朝皇室通过南迁来拯救自己的命运。有关明代礼制的讨论,见小威尔斯:《中华帝国后期的国家礼仪》,第 52—53 页;胡云翼:《1368—1398 年明初的仪制》,第 66 页;斯蒂芬·福伊希特万:《学校、庙宇和城隍:关于中国清朝官方宗教的报告》,又见保罗·H.陈:《中华帝国后期的反叛》,第 159—162 页。

79 作为李邦华之计划的一部分,陈子龙和祁彪佳还提出让太子掌管江南防务,以南京兵部尚书史可法为其副帅。邓尔麟:《嘉定忠臣》,第 169 页。

80 以上及后文对此次廷议的描述,参考了邹漪:《明季遗闻》,第 22—24 页;计六奇:《明季北略》第 394、411、480—482 页；钱𫄧：《甲申传信录》，第 10 页；刘尚友：《定思小纪》，第 3 页；文秉：《烈皇小识》，第 228 页；谷应泰：《明史纪事本末》第七十九卷，第 5 页；李清：《三垣笔记》"附识"中，第 19 页；谈迁：《国榷》，第 6031 页。这些资料的记载基本一致，只是对廷议时间的记载略有出入，多数倾向于 1644 年 4 月 3 日。本书虽将此作为一次廷议来处理，但这些讨论在时间上的先后次序表明，实际上可能是若干次廷议。其间各大臣包括皇帝的主要陈述也基本相同，只是措词上有细微差别。

81 文秉：《烈皇小识》，第 228 页。
82 邹漪：《明季遗闻》，第 24 页。此时，南迁已不具备条件了，通往南方的道路已被盗匪和义军阻断，李逊之：《崇祯朝野纪》，第 184 页。
83 刘尚友：《定思小纪》，第 3 页。后来有人认为，光时亨之所以反对南迁，是因为他暗中与李自成有接触并打算投奔义军。戴笠、吴殳：《怀陵流寇始终录》，第 79 页。光时亨最终确实投降了李自成。义军夺取北京后，光时亨仍留任兵科给事中，并曾获准密见李自成。与此矛盾的是，他仍然相信南明政权会获得成功。他曾在信中对留在安徽桐城的儿子说："我以受恩大顺，汝等可改姓'走肖'，仍当勉力读书，以无负南朝科举。"计六奇：《明季北略》，第 89 页。
84 邹漪：《明季遗闻》，第 24 页。皇上震怒，以至于想将李明睿处死。光时亨认为如此将使百姓寒心，劝止了皇上（中华书局《明季北略》第 416—417 页"李明睿议南迁"条中所记与此不同，其中记光时亨言："不杀明睿，不足以安人心！"——译者）。计六奇：《明季北略》，第 394 页（但邹漪《明季遗闻》第 23 页有光时亨力劝皇上宣布死刑之语）。皇上最后决定："明系朋党，姑且不究。"李清：《三垣笔记》"附识"中，第 19 页。
85 计六奇：《明季北略》，第 411 页。
86 同上。
87 万言：《崇祯长编》，第 103 页。光时亨还敦请皇上派遣"心计才干之臣"去恢复漕运。皇上挖苦说，如果光时亨知道自己手下有如此人才，那么皇上自然愿闻其名。
88 李清：《三垣笔记》"附识"中，第 15—16 页。根据钱𫄧的记载（《甲申传信录》，第 9 页），王永吉在上个月就要求放弃蓟州，撤回关内，这一要求被批准了。后来王永吉归顺了满清，成为工部中的关键人物，后又转至户部，掌管治理黄河。黄文隽：《江南通志》，第 2426 页（第一四四卷，第 23 页）。
89 刘泽清，山东曹县人，一介贪婪残忍的武夫，在辽东抗击满人时颇为能干。1640 年，他的家乡发生饥荒，盗匪蜂起，于是他奉命前去镇守山东。他在当地截留上缴朝廷的税收，实际上成为一割据势力。给谏韩如愈奉旨前往调查并弹劾其不法行为，刘泽清便派人假扮土匪，在路上刺死了韩如愈。《崇祯实录》第十七卷，第 5—6 页（此条记为 1644 年 3 月 30 日）。甚至在此事发生之前，刘泽清就曾说："天下变，山东不为他人有耳！"钱𫄧：《甲申传信录》，第 10 页。实际上，他更关心的不是守卫山东，而是保存自己的军事实力。《明史》，第 3070 页；又见恒慕义：《清代名人传略》，第 531—532 页；李清：《三垣笔记》中，第 20—21 页。
90 计六奇：《明季北略》，第 414 页。李建泰努力推进，但直到北京失守，他和他的队伍还未到达保定。后来李建泰被李自成的军队包围在保定城中，他杀了誓与义军战斗到底的保定同知邵宗元，向农民军投降。万言：《崇祯长编》，第 113 页；黄之隽：《江南通志》，第 2595 页（第一五四卷，第 18 页）。有关李建泰投降一事的一种更早但不可信的说法，见《崇祯实录》第十七卷，第 7 页。谈迁系李建泰快信于 4 月 10 日条（《国榷》，第 6034 页）。
91 文秉：《烈皇小识》，第 228—229 页。崇祯末年，将领剧增，至 1641 年，仅京畿千里之内就有四位总督、六位巡抚（宁远、绥平、顺天、密云、天津和保定）和八位总兵。赵翼：《廿二史札记》，第 751 页。4 月 16 日，刘泽清接到援救大同的命令之后，非但拒不执行，

92 计六奇：《明季北略》，第 414 页。

93 一位名叫方开章的官员曾接到密令，让他准备 1000 名壮丁、数百船只，在郊外昼夜待命，随时准备供皇上顺大运河前往南京之用。4 月 13 日，方开章想要见皇上，但未能通过宫门岗哨，他一直等到 4 月 20 日，才离开了京城。抱阳生：《甲申朝史小记》第四卷，第 5 页。

94 756 年，唐玄宗把长安丢给了安禄山叛军，途中迫于禁军的要求，赐死爱妃杨贵妃，逃到了四川。当时太子留在了山西西部，以安抚那些希望收复长安的将领。太子本想入川追随其父，但众将劝阻说，应在宁夏灵武重整旗鼓，收复长安，那才是大孝之举。经过五次敦请，太子才同意"勉徇众心，为社稷计！"遂尊其父为"上皇天帝"，定帝号肃宗（此为庙号——译者），于灵武建立了临时朝廷，并由此出发，最终收复了长安。司马光：《资治通鉴》第二一八卷，第 6982 页。

95 计六奇：《明季北略》，第 414 页。

96 钱𡎺：《甲申传信录》，第 10 页。第二天，驸马巩永固又大发议论，主张皇上亲自率军出京，以激励"京畿义勇"。在场大臣则称其言为"诞妄"。文秉：《烈皇小识》，第 229 页。

97 同上书，第 12 页。

98 同上书，第 11 页。

99 李自成有一套杰出的情报系统，他利用山西的商人、店主、算命先生、衙吏等在京城内做密探，通过信使骑马回来向他报告。萧一山：《清代通史》第一卷，第 250 页；李清：《三垣笔记》中，第 21 页。朝廷并非完全没有注意到这一点，他们也经常讯问布商行伙计、饭店老板等，他们中很多是陕西、山西人。陈济生：《再生纪略》第一一〇册，第 3 页。据李文治《晚明民变》第 3 页中的解释，陈济生就是大学士陈演。

100 那道城墙后来以"鞑子城"而著称，法国的天文学家经精细测量，发现其周长为 23.55 公里（41 里）。埃米莉·布雷兹纳德：《北京及其近郊的沿革与考古研究》，第 32 页；奥斯瓦尔德·希伦：《北京的城墙和城门》，第 43 页。内城墙高 12 米，墙上面宽 13—18 米不等。吉斯：《明代的北京》，第 25 页；希伦：《北京的城墙和城门》，第 46 页。

101 刘尚友：《定思小纪》，第 1 页。

102 钱𡎺：《甲申传信录》，第 10 页。

103 同上。

104 文秉：《烈皇小识》，第 231 页。

105 刘尚友：《定思小纪》，第 3 页。

106 明廷的情报十分糟糕，兵部四天前曾派出一队探子前往昌平，但全都被俘获并杀掉了。萧一山：《清代通史》第一卷，第 249 页；又见佐藤文俊：《关于明末衰时中之乱》，第 222 页。有时情报还被耽搁或随便交与他人传送。1644 年 2 月 16 日，李自成正式对明朝宣战，而直到 4 月 7 日，消息才送到皇上手中。原来的送信人在途中病倒，遂雇了一名明军士兵代其送信。当这名士兵将情报送到后，兵部得知李自成已擅称尊号，大惊失色，于是杀了送信士兵以防泄露，尽可能久地将此情报扣住。谷应泰：《明史纪事本末》第七十九卷，第 1 页；钱𡎺：《甲申传信录》，第 8 页（此书记："兵部执讯之，乃京师人，从涿州还，遇逆旅人暴病，云：山西抚移文，期是日到，误期当斩。病剧，与银十两，使递。兵部以为诈，斩之。"——译者）；又见席：《吴三桂在 1644 年》，第 445 页。

107 文秉：《烈皇小识》，第 232 页。

108 同上（此书记："上书御案，有'文臣个个可杀'语，密示近侍，随即抹去。"——译者）。皇上曾考虑动员北京市民上城抵抗义军，但户部侍郎吴履中认为这样会加剧百姓的恐慌心理，劝阻皇上放弃了这一念头。钱𫘧：《甲申传信录》，第 14—15 页（此书中记魏藻德劝阻此议——译者）。

109 有关北京陷落的全面叙述，见帕森斯：《明末农民起义》，第 124—130 页；谢国桢：《南明史略》，第 27—29 页。

110 刘尚友：《定思小纪》，第 3 页；《明史》（开明书店），第 966 页。李自成军到达京城后，与城墙保持一定距离，在炮火射程之外，因此，当守军开火时，他们可在炮火枪弹到来之前看到枪炮口冒出的硝烟，从而及时地躲避。张怡：《搜闻续笔》第一卷，第 3 页。据说花灯节期间（2 月 8—25 日），北京城门一直大开，李自成的密探携带黄金混入了京城，他们用这些钱买通了京师炮队将领。计六奇：《明季北略》，第 396—397 页。

111 李自成早在昌平时就曾派原明将王永吉到北京见皇帝进行谈判，交换条件是分割出中国北部并封他为王，至于王永吉是否见到了皇上，就不知道了。帕森斯：《明代农民起义》，第 130 页。

112 钱𫘧：《甲申传信录》，第 15 页。据当时一部文献记载，杜勋是在告诉崇祯帝李自成已将两位明室宗王扣为人质后，才被崇祯帝放回的。张岱：《石匮藏书》，第 343 页。

113 李清：《三垣笔记》"附识"中，第 19—20 页。

114 文秉：《烈皇小识》，第 232 页。

115 计六奇：《明季北略》，第 432 页。

116 即下午 5 点钟。

117 文秉《烈皇小识》第 233 页中也有对此次召见的记载。在令两位外戚离开之前，崇祯帝说："朕志决矣，朕不能守社稷，朕能死社稷。"三人相对而泣。李清：《三垣笔记》第十八卷，第 3 页。

118 就在这时，皇上走向后宫长寿殿，看到被李自成军队占领的郊区烽火烛天。计六奇：《明季北略》，第 432 页。

119 据说，当太子和他的两个弟弟（定王朱慈炯、永王朱慈焕）离开大内时，缅甸和暹罗进贡的大象，在玄武门内的园中突然哀鸣起来。郝爱礼：《论明末的李自成和张献忠》，第 489 页。据民间传说，大象能识别出要想暗害君主的人，并能用鼻子阻止他们进宫。M.L.C. 博根：《满族的风俗与迷信》，第 35—36 页。

120 即晚上 9 点钟。

121 计六奇作了稍有利于崇祯帝的描述，把他写得更为理智，而非如此疯狂。在说出"大事去矣"之后，他令后妃皆死。"皇后顿首曰：'妾事陛下十有八年，卒不听一语！'"据说她抚慰了三位皇子，便回到她的房中自缢而死。皇上见到她的尸体，连说："好、好！"又召来 15 岁的公主说："尔奈何生我家！"遂"左袖掩面，右手挥刀，公主以手格，断左臂"。公主昏倒在地，但没有死。皇上又至西宫，令袁贵妃自缢。贵妃从命，但绳子断了，她又苏醒过来。皇上见其未死，就连刺了她三剑，直到手栗而止。既而又召来其他几位所御妃嫔，亲手杀死。同时也请其母张太后自缢。计六奇：《明季北略》，第 433 页。张岱《石匮藏书》第 43 页所载与此相近。

122 这道圣谕始终未到成国公手中。此人后被刘宗敏所杀。钱𫘧：《甲申传信录》，第 56 页。

123 即夜间 11 点。

124 根据计六奇的记载，向皇上一行开火的是齐化门守军，而在正阳门，据皇上见到的是阵地已完全被丢弃，只挂着三只白色灯笼为李自成军发信号。康熙帝——他召见过一些崇祯时期在宫内服务的老太监——谈到他听说崇祯曾假扮平民，携数名太监投其叔父之宅，但其叔父闭门观变，崇祯帝遂不得入。后崇祯想要逃走，太监王承恩说，出逃只能徒增羞辱，皇上乃自杀。史景迁：《中国皇帝：康熙的自画像》，第 87 页；又见哈罗德·L. 卡恩：《皇帝心目中的君主制》，第 13—14 页。

125 钱騄：《甲申传信录》，第 16 页。看来这是最原始的记载，其他大多数记载则是由此衍生出来的。E. 巴克豪斯和 J.O.P. 布兰德的叙述是以这一原始记载为基础的。《16—20 世纪北京宫廷的编年记事》，第 101—103 页。在谈迁的描述中，崇祯帝最后的行为举止颇有尊严，皇上的酒量也被减到最低限度。他给成国公写完信后，"因命进酒，连饮数觥，叹曰：'苦我满城百姓。'"谈迁：《国榷》，第 6043 页。许多当时的人对崇祯帝死时的悲壮场面，都有同样的印象，见《国榷》，第 6052—6053 页。崇祯帝死于公历 1644 年 4 月 25 日。
126 抱阳生：《甲申朝史小记》第一卷，第 2 页。崇祯帝尤其痛恨魏忠贤。在北京陷落前五天，他曾密令将魏忠贤的尸骨收来烧了，但此令未被执行。陈济生：《再生纪略》，第 6 页。
127 计六奇：《明季北略》，第 434 页。
128 萧一山：《清代通史》第一卷，第 65 页；张怡：《搜闻续笔》第 1 卷，第 3 页。帕拉福克斯说，崇祯帝曾咬破手指，用血写下遗言。德·帕拉福克斯：《鞑靼人中原征服史》，第 28—30 页。
129 赵士锦：《甲申纪实》，第 11 页。作者正是从这位发现尸体的内侍那里听到这些情况的。
130 一位当时人写道："然有是君乃有是臣，而曰朕非亡国之君，天下万世其谁信之。"见赵宗复：《李自成叛乱史略》，第 147 页。19 世纪的藏书家和诗人吴骞评论："读史者谓明之亡也，有君而无臣，以思陵非亡国之君也。"吴骞：《东江遗事》，1806 年序（后由罗振玉编，1935 年出版），第 1 页。
131 钱騄：《甲申传信录》，第 17 页。
132 冯梦龙：《甲申纪闻》，第 5 页；徐应芬：《遇变纪略》，第 5—6 页；张怡：《搜闻续笔》第一卷，第 3 页。
133 刘尚友：《定思小纪》，第 2 页。16 世纪末，北京常聚有数千乞丐，他们过了今日，不知明日，经常以赌博为生。其中很多人都熬不过京师寒冷的冬季。但尽管如此，每到春天，他们的数量似乎并未减少。吉斯：《明代的北京》，第 172 页。
134 李自成进城之前，牛金星曾告诫他：现在已夺取了江山，一定不能放纵部下滥杀无辜。刘尚友：《定思小纪》，第 2 页；又见钱騄：《甲申传信录》，第 17 页；帕森斯：《明末农民起义》，第 134—136 页。抢劫者都被当场处死，并将其四肢钉在正阳门西街的木桩上。赵士锦：《甲申纪实》，第 9 页。
135 陈鹤龄、陈克家：《明纪》第五十七卷，第 600—601 页。
136 彭孙贻：《平寇志》第十卷，第 1 页。很多揭贴都是黎志升准备的，此人是 1643 年进士，曾任山西提督学道。李自成让他在已改用唐代旧名宏文馆的翰林院主管科举，并任命他为大学士。顺便提一句，李自成进京时，以为崇祯帝仍然活着并悬赏寻求其下落。钱騄：《甲申传信录》，第 18、115—116 页。
137 赵士锦：《甲申纪实》，第 10 页；邹漪：《启祯野乘》，第 424 页。
138 邹漪：《启祯野乘》，第 424 页，又见汪有典：《史外》，第 508 页（第四卷，第 29 页）。
139 彭孙贻：《平寇志》第九卷，第 10 页；黄宗羲：《南雷文录》前集第五卷，第 8 页，二者所载略有不同。施邦耀是浙江余姚人，他解带自缢，但被家人救下，苏醒后，又服砒霜而死。方孝儒的殉难是这种自杀殉难的典范。他是明初大臣，1401 年 7 月，燕王占领南京并篡夺了帝位，但方孝儒仍然忠于建文帝而不肯为燕王效力。由于他拒绝承认永乐帝的正统地位，因而遭到严刑拷打并被杀害。其门生及男性亲属千余人遭株连。1584 年，万历皇帝为他昭雪，还在南京建了一座"褒忠祠"，以示对他和其他为建文帝殉难者的褒奖。1645 年，方孝儒被追授殊荣，1775 年，乾隆皇帝又在曲阜孔庙中为他立碑。傅路德和房兆楹：《明代人名辞典》，第 431—432 页。（据现在曲阜工作人员讲，此碑已在 1966 年被陈伯达指使的红卫兵砸毁。美国明清史专家代表团 1979 年在南京得知褒忠祠也在"文革"中被破坏。）所以，在 17 世纪初，方孝儒是与宋代殉国者文天祥同等重要的忠君象征（1644 年 3 月 28 日崇祯帝曾正式礼敬文天祥），而李自成进城后几天或数周内有许多官僚士大夫自杀,他们临死之前肯定记起方孝儒的勇气和刚毅。万言:《崇祯长编》,第90页。例如张岱,就曾多次提到方孝儒的忠贞不屈(《明纪史阙》第41、57、107页)。收有此次死难的55人传的《备遗录》一书,在17世纪也很流行。正如该书1615年版序文所说,书中记录了所有为所事之君尽忠死难的人。张芹:《备遗录》,第1页。

140 部分自杀者的名单,见谈迁:《国榷》,第6048页;顾苓:《金陵野钞》,第23—25页;彭孙贻:《平寇志》第九卷,第9—12页。徐世溥《殉难死节臣职姓名》中有一更为完整的名单。但我在上海市图书馆只能用一点时间查阅这一善本著作,来不及将名单抄录下来。范景文,直隶人,1614年中进士,后长期担任文职,政绩卓著。东林党危机期间,他也受到攻击,遂辞官还乡。1628年才回朝任太常少卿。后来他在南京任职多年,迁刑部尚书,又改工部尚书,并于1644年成为东阁大学士。《明史》,第2993页;徐鼐:《小腆纪年附考》,第34页。

141 计六奇:《明季北略》,第457—525页。

142 同上书,第578—626页。实际列出167人,但有5人未记其籍贯。

143 钱𫐄:《甲申传信录》,第37—49页。

144 同上书,第37—49页。

145 有趣的是,当时作为旁观者的欧洲人认为,明朝官僚易于变节是由于其中缺少贵族。帕拉福克斯在论述高级官员背叛明朝投降李自成时写道:"我们可以看到,封国被缩小到无法产生贵族的程度,也就是说,那里没有能继承其祖先的崇高品格,并从其爵位中获得与生俱来的忠诚的人。有些东西无论人们怎样学习,都永远无法学到。如果需要的话,他们必须从其祖先的地位和美德中继承这些东西,因为除此之外,所有后天学到的责任感,最终很难成为人们的本能,并总是极无保证的。"德·帕拉福克斯:《鞑靼人中原征服史》,第18、28—30页。

146 巩煜,陕西人,曾在河南做官;李振声,也是陕西人,曾为湖广巡按。

147 魏斐德:《1644年的大顺政权》,第57—59页。4月27日,所有因朋党罪或贪污罪入狱的官员,都集合在宫门外等候遣官,在那儿他们遇到了过去的政敌。那些走上前来向他们打招呼的人,正是从前逮捕甚至要处死他们的人。5月6日之前,李自成一直未委任这批被释放的官吏,此后,也只有四品以下的官吏得以官复原职。冯梦龙:《甲申纪闻》,第5—6页;钱𫐄:《甲申传信录》,第79、91页;陈济生:《再生纪略》第一卷,第17页。

148 魏斐德:《1644年的大顺政权》,第64页;钱𫐄:《甲申传信录》,第76页;彭孙贻:《平寇志》第十卷,第2页;《国变难臣钞》,第185页。牛金星尤其乐于委任以前的同年和朋友做高官。例如,在1643年任命的颇受尊敬的翰林学士中,有一位即是河南人,又是1615年中试的举人,刚好与牛金星相同,于是被牛金星任命为直指使一类的监察官。还有一位叫苟徵,原是明朝国子监的一名小官,因是牛金星的同乡,被派到宏文馆中任职。第三个例子是魏学濂,他的朋友及天主教教友韩霖是牛金星过去的好朋友,魏学濂被其引荐为官。钱𫐄:《甲申传信录》,第86页;彭孙贻:《平寇志》第九卷,第16页。

149 这些著作很难作公正的评论。一位史学家考察了收集在三部主要丛书中的杂史和别史,发现其中1/3到2/5是出自文社及其他党社领袖之手,另有18%—28%出自其正式成员之手,有20%出自上述人物的亲属或密友之手。因此,在当时的历史著作中,只有大约10%是与党争无明显关系者的作品。林恩·A.斯特鲁弗:《康熙年间徐氏兄弟对学者的半官方性庇护》,第35—37页。

150 此处及后面提到的有关无锡人的情况,均出自钱𫐄:《甲申传信录》,第92—94、96—97页;徐鼐:《小腆纪年附考》,第117、124页。

151 钱𫐄:《甲申传信录》,第96—97页。另有一种说法是,赵玉森是被王孙蕙劝说后投降的,理由是赵玉森的祖父母需要照顾。赵玉森又说服张琦和秦泂去登记求官。计六奇:《明季

第四章 北京的陷落 193

北略》，第 584 页。

152 赵玉森与宋企郊何时何地成为密友，史无记载。计六奇：《明季北略》，第 584 页；徐鼒：《小腆纪年附考》，第 117 页。

153 王孙蕙带着李自成的命令，安全通过各道关卡，离开了李自成的势力范围。此后，他烧了随身携带的大顺文牒，扮成乞丐，继续南行，但最后却被土匪抓住杀了。

154 后来，赵玉森又去请求宋企郊援救秦洊，宋企郊拒绝说："非不欲为公周旋，所托令亲一事，挽回上意，用力已竭耳。"钱𫧯：《甲申传信录》，第 96 页。

155 秦洊为推迟对他的处决，曾直截了当地提醒前来逮捕他的人说："圣天子欲平定江南，正爱惜人才之际，倘饶蚁命，愿效死力。"钱𫧯：《甲申传信录》，第 96 页。应当指出的是，在新政权中求职的也不乏北方人。宏文馆中有两位编修就是曾来求官的陕西举人，杨声华（Yang Shenghua）和王琪（Wang Qi）。另外还有大批北方举人，甚至生员，跟在大顺军后面涌入北京谋求官职。这些求官者纷纷向宋企郊毛遂自荐，致使宋企郊大声惊呼："安用若辈？"冯梦龙：《甲申纪闻》第一卷，第 11 页。此外，京师附近地区想捞取一官半职的人也振奋起来，并"自是，诸求试者比比"。抱阳生：《甲申朝史小记》第五卷，第 1 页。后来，李自成命宋企郊在顺天和大同府举行秀才考试，又在京师举行举人考试，题目是"天下归仁焉"。70 人参加了这次乡试，50 人中为举人，后来任命的 58 名州县官中有许多即是此次中举的。附带提一句，这 58 名地方官有许多实际上从未离开过北京，而在离京赴任者中又有相当一部分人设法逃跑了。余者则作了土匪的俘虏。钱𫧯：《甲申传信录》，第 95—100 页；彭孙贻：《平寇志》第十卷，第 9、11 页。

156 山东军阀刘泽清，仰慕周钟的名望，遂馈赠黄金 500 两，希望他将自己收为门生。但周钟拒绝登门，又将黄金如数退回。徐鼒：《小腆纪传》，第 207—208 页。

157 明太祖自己也认为他的统治是异常残酷的，因为要彻底根除前朝的弊端，必须采取严厉措施。贺凯：《明朝的兴起及其制度变迁》，第 71 页。在 17 世纪 40 年代，这位明王朝的缔造者是位引人注目而又深受爱戴的人物。帕特里克·哈南：《中国的白话小说》，第 162 页。

158 钱𫧯：《甲申传信录》，第 76 页；冯梦龙：《甲申纪闻》，第 8 页。

159 周钟十分自负，他经常对朋友吹嘘牛金星多么尊重他，并看重他与复社的关系。计六奇：《明季北略》，第 585 页。

160 陈济生：《再生纪略》第一卷，第 17 页，徐应芬：《遇变纪略》，第 6 页；赵宗复：《李自成叛乱史略》，第 148 页；彭孙贻：《平寇志》第九卷，第 12 页。此布告内容载于《平寇志》第九卷，第 7 页。其内容在不同史料中略有出入，我想这是因为，这些史家对这份布告的强制性，以及对那些奉命进宫的人们所进行的或温和或严厉的审判，有的希望加以强调，有的则不希望加以强调。

161 徐鼒：《小腆纪年附考》，第 115—116 页。"见危授命"出自《论语·子张》。

162 历史学家已经指出，李自成在 1636 年曾修复了一处官庙，这表明他受到儒家思想的影响。刘广京：《世界观和农民起义》，第 298 页。这种思想观念是深深影响李自成的农民文化的一部分；而李自成受到这种文化的浸润并非是通过研读儒学经典。据传，李自成的父亲曾责备他弃文习武，他对父亲说："吾辈须习武艺，成大事，读书何用？"计六奇：《明季北略》第六卷，引自清水泰次：《明代的流民与流贼》，第 382 页。

163 魏斐德：《1644 年的大顺政权》，第 60—63 页。

164 钱𫧯：《甲申传信录》，第 6、11 页；徐鼒：《小腆纪年附考》，第 84 页；计六奇：《明季北略》，第 581 页；彭孙贻：《平寇志》第十卷，第 3 页；抱阳生：《甲申朝史小记》第五卷，第 2 页。

165 陈名夏躲进了北京的天主教堂。谈迁：《北游录》，引自郑克晟：《多尔衮对满族封建化

166　计六奇：《明季北略》，第 581 页；徐鼒：《小腆纪年附考》，第 117 页。

167　据当时人讲，李自成早在攻陷北京之前就曾命几位住在北京的山西商人资助并争取周钟、陈名夏一类名士。北京陷落后，牛金星也曾大声疾呼："新翰林尤宜速报名！"赵宗复：《李自成叛乱史略》，第 140 页。

168　许多中层官员的职掌有所变动，几位刑部郎被调到户政府任要职。又有相当数量的官员被调到兵政府车驾司，在吕弼周（1628 年进士）手下任从事。吕弼周是山东人，作过驿传道金事，善于组织后勤供给。他是在河南加入李自成队伍的。事实上，明朝所有的书吏和皂吏都加入了大顺政权。其中有 1000 多名皂吏正式成为官府差役，即各部衙门的守门人、信使等。关于北京的皂吏，见吉斯：《明代的北京》，第 176 页。对大顺政权更深入的讨论，见魏斐德：《1644 年的大顺政权》，第 53—56 页。以上各部人事问题的讨论，所据材料出自钱䵺：《甲申传信录》，第 74—88 页。

169　《明史》，第 2779 页；彭孙贻：《平寇志》第十一卷，第 3 页。

170　钱䵺：《甲申传信录》，第 83 页。当时人们常将李自成比作秦始皇，认为他是一位凶残又必定强有力的开国之君。

171　计六奇：《明季北略》，第 584 页；徐鼒：《小腆纪年附考》，第 115 页。梁兆阳在进见李自成之前，还赠给吏政府尚书宋企郊 5000 两黄金。

172　徐鼒：《小腆纪传》，第 207 页。

173　同《献帝传》记载的 220 年汉献帝退位、曹丕登基的情景一样。这些劝进表是在李自成周围类似选民的官员面前，所进行的提名和认可过程的一部分。这些追随者也想使政权的更替合法化。在某种意义上，群臣劝进之词，也是试图阻止各自部下对这一尚存疑问的问题提出反对意见。关于曹丕，见卡尔·莱班：《安排天命：公元 220 年曹丕继位时的谶纬符命》，第 338—339 页。

174　赵宗复：《李自成叛乱史略》，第 149 页。5 月 23 日，吴三桂正向京师推进的消息传来后，群臣便接到命令，停止呈送此类劝进表。

175　同上书，第 147 页。

176　张岱：《石匮藏书》，第 45 页。

177　谢国桢：《南明史略》，第 28—29 页；彭孙贻：《平寇志》第十卷，第 1 页。他称曾贪污军饷的李国桢是"误国贼"，又指责崇祯朝官吏"臣尽行私，比党而公忠者少"。钱䵺：《甲申传信录》，第 57 页。萧一山：《清代通史》第一卷，第 255 页。有些史料表明李国桢最初曾受到李自成的尊重。据说他提出的投降条件是：祖宗陵寝不可发，葬先帝以天子礼，太子、二王不可害。待看到明室陵墓得以保全后，他便自缢而死。吴伟业：《吴诗集览》第一卷上，第 14 页。但大多数当时人认为，事实并非如此，他们指出李国桢是李自成下令并被刘宗敏拷打致死的。其例见钱䵺：《甲申传信录》，第 58 页。

178　李自成既无个人威严，也不喜欢帝王礼仪。牛金星曾想让李自成于 1644 年 5 月 20 日（阴历四月十五日）举行祭天大典，并请他在宫中演习 10 天。李自成同意了，但演习时他举止匆匆，全不按规定节奏去做。礼官在引导李自成时对这位"闯王"说，必须掌握仪式本身的节奏，要不慌不忙，放慢速度。这位义军的领袖很快就不耐烦了，他扯下袍冠，恼怒地转向礼官说："我马上天子耳，何用礼为？"然后转身离开演习场，经过御膳房时，还抓了一块生肉吃了。祭天大典始终未能举行，而在士大夫眼中，李自成仍是"沐猴而冠"。张怡：《搜闻续笔》第一卷，第 5 页。

179　5 月 16 日，即李自成离京前往山海关的前两天，杨观光奉命着手为登基大典作准备。赵宗复：《李自成叛乱史略》，第 149 页。杨观光逃过了日后为其行为辩解的麻烦，因为此后不久，他便逃出北京，被起义农民抓住杀死。钱䵺：《甲申传信录》，第 81—82 页；计

第四章　北京的陷落　　195

六奇：《明季北略》，第 578—579 页。
180 汤若望曾与李自成在宫中进行过一次十分真挚的会谈，当时这位天主教神父得到酒食款待。李自成本人很少喝酒。清水泰次：《明代的流民与流贼》，第 383 页；史景迁：《改变中国》，第 16 页。
181 钱𰣕：《甲申传信录》，第 77—78 页。
182 同上书，第 78 页。
183 同上；彭孙贻：《平寇志》第十卷，第 2 页。
184 抱阳生：《甲申朝史小记》第五卷，第 1 页；钱邦芑：《甲申纪变录》，第 15 页；徐鼒：《小腆纪年附考》，第 126 页。
185 钱邦芑：《甲申纪变录》，第 14 页。大顺的普通士兵也极为蔑视这些降官，若在街上看到他们，便策马冲撞，见其惊恐奔逃，便大加嘲笑。《北史补遗》，第 5 页。
186 抱阳生：《甲申朝史小记》第五卷，第 1 页；彭孙贻：《平寇志》第十卷，第 3 页。
187 河南乡绅李岩执行这一政策常受到称赞。其例见郭沫若：《甲申三百年祭》，第 21 页。郭沫若认为李岩是温和派，他的队伍同百姓相处甚好。谢国桢则指出，士大夫的代表牛金星已被北京的财富所腐蚀，而李岩提出"文官追赃，宜分三等"的建议，正是为了阻止任意抢劫和拷打，从而使征罚赎金以供军饷的做法制度化。谢国桢：《南明史略》，第 29 页。李文治在其记述晚明民义历史的权威著作《晚明民变》中对李岩也作了突出的描述。
188 郭沫若：《甲申三百年祭》，第 22 页；帕森斯：《明末农民起义》，第 136 页。
189 帕森斯：《明末农民起义》，第 137 页。
190 钱𰣕：《甲申传信录》，第 56 页。刘宗敏并不是唯一施此暴行的农民军将领。李过的兵营也成了刑室。曾被囚于刘宗敏营内的赵士锦在日记中对当时的监禁和死刑作了可怕的描述。见赵士锦：《甲申纪实》，第 6 页。谈迁：《枣林杂俎》仁集第 2 页说有 1600 人被杀。一部当时人的日记说，有 1000 人被拷打致死。徐应芬：《遇变纪略》，第 7 页。关于将处刑和拷打混为一谈之事，详见魏斐德：《1664 年的大顺政权》，第 69—70 页。关于刘宗敏残暴成性的描述，见张怡：《搜闻续笔》第一卷，第 4 页。
191 谈迁：《国榷》，第 6062 页；钱𰣕：《甲申传信录》，第 13 页；彭孙贻：《平寇志》第十卷，第 3 页。陈演的一名家仆后来告诉刘宗敏，陈演曾将一笔财产埋在自己的宅院中。据估计刘宗敏的士兵挖出了 36 万两黄金。钱𰣕：《甲申传信录》，第 60—61 页。36 万两可能是 360 两之误。见彭孙贻：《平寇志》第十卷，第 4 页。但应指出的是，当时的富户为了安全将大笔财物埋入地下是常事。李约瑟和黄仁宇：《中国社会的性质》，第 10 页；黄仁宇：《16 世纪明朝的税收和政府财政》，第 81 页。
192 谢国桢：《南明史略》，第 31 页；帕森斯：《明末农民起义》，第 134 页。进城后的最初几天，义军曾严格执行军纪。抢劫者都被公开处死。赵士锦：《甲申纪实》，第 2 页。
193 钱𰣕：《甲申传信录》，第 55、115 页；徐应芬：《遇变纪略》，第 7—8 页。
194 钱𰣕：《甲申传信录》，第 30、54—55 页；《北史补遗》，第 4 页。一条当时的记载指出，李自成的部下从京师百姓手中强取的财物值银 7000 万两。李文治：《水浒传与晚明社会》，第 30 页。
195 萧一山：《清代通史》第一卷，第 251 页。"十八子"即"李"字。郝爱礼：《论明末的李自成和张献忠》，第 464 页。
196 李自成目睹了刘宗敏营中的酷刑。张怡：《搜闻续笔》第一卷，第 4 页。
197 钱𰣕：《甲申传信录》，第 56 页。为了同部下接近，李自成与普通士兵吃的一样，并像其他大顺将领一样经常戴一顶宽沿斗笠，穿一件天蓝色战袍。他从不在自己与部下之间制造距离；与刘宗敏（李自成称其为"大哥"）等将领则情同手足，经常手挽手一起散步。这种情谊无疑使李自成难以行使君主的权威。洪焕椿：《论明末农民政权的革命性和封建性》，

第 73—74 页

198 大顺统治时期与黄巢占领长安时期有着惊人的相似之处。有 30%—40% 的唐朝官员接受了黄巢大齐政权的职位,其中包括三品以下的全部官员。但当义军士兵很快失去控制并开始抢劫时,黄巢的谋士尚让在一府衙门上发现一首讽刺诗,他下令将该衙中所有人的眼睛挖掉,然后,又将他们吊死,并下令处死城内所有会作诗的人。仅这一次屠杀就死了 3000 多人。罗伯特·密尔顿·索姆斯:《唐王朝秩序的崩溃》,第 144 页。

199 陈济生:《再生纪略》,第 20 页。

200 萧一山:《清代通史》第一卷,第 252 页;曹凯夫:《三藩反对满族统治的叛乱》,第 22—24 页;又见席:《吴三桂在 1644 年》。吴三桂在山海关曾召集当地乡绅领袖"八大家"议事,发誓共同抵抗义军。正是他们从当地百姓中征集乡兵和粮草,后又支持吴三桂做出与清军联合的决定。商鸿逵:《明清之际山海关战役的真相考察》,第 77—78 页。

201 彭孙贻:《平寇志》第三册第十卷,第 76 页。

202 据《贰臣传》中的《唐通传》载,李自成赠银四万两。商鸿逵:《明清之际山海关战役的真相考察》,第 78 页。

203 彭孙贻:《平寇志》第三册第十卷,第 76 页;又见萧一山:《清代通史》第一卷,第 252 页。

204 席:《吴三桂在 1644 年》,第 451—452 页。

205 文中引了一段吴伟业的曲子,曲中描写了陈圆圆的妖媚和吴三桂对她的迷恋,但不是著名的《圆圆曲》。此曲引自吉川幸次郎:《17 世纪中国文学之不问国事》,第 16—17 页(惜乎未查到原文——译者)。

206 萧一山:《清代通史》第一卷,第 251—252 页;彭孙贻:《平寇志》第三册第十一卷,第 1 页。

207 大史学家黄宗羲曾向明史编纂者推荐彭孙贻的《平寇志》,认为此书是那个时代最可信的著作之一。恒慕义:《清代名人传略》,第 615 页。

208 彭孙贻:《平寇志》第三册第十卷,第 6 页。总兵姜瓖已在宣化降于李自成。

209 这位幕友怀疑两人是因为私通而出逃。顺便说一句,吴家在北京的宅第位于城外西郊,距后来康熙帝的行宫很近。三个世纪以后,这所破败的宅院成了 1959 年失势的彭德怀元帅的住所。《纽约时报》,1979 年 4 月 1 日,第 15 页。

210 有些史学家认为吴襄是李自成在山海关战败之后被杀的。有一记载说,李自成失败后令吴襄爬上城头劝屯兵城下的吴三桂投降。吴三桂则将火箭射至其父左右作为回答。李自成遂将这位老者斩首,并将其首级悬于城头。姚文枀:《明季遗闻考补》,第 91 页。

211 彭孙贻:《平寇志》第三册第十卷,第 6 页。大多数史学家认为当时吴三桂的所作所为正是如此。还有人认为,仆人或小妾曾交给吴三桂一封吴襄的信,信中劝他不要投降李自成。赵凯:《清兵入关与吴三桂降清问题》;又见帕森斯:《明末农民起义》,第 134—142 页;萧一山:《清代通史》第一卷,第 260—261 页。这些优秀史学论著均将李自成杀吴襄一事放在 1644 年 5 月 27 日的山海关战役之后,即双方已毫无和解希望之时。我本人未能核准吴襄被杀的确切日期,尽管清朝官方资料记载,在山海关战役时,李自成确将吴襄和明太子囚在军中。郝爱礼译:《皇清开国方略》,第 583 页。根据一位当时人的说法,吴三桂得知北京陷落时仍在宁远,他随即派人进京探查。去人回报说,他的父亲在严刑逼迫下已向大顺交出 5000 两银子。与此同时,吴襄派来的人也向吴三桂报告了同样的消息。吴三桂大怒之下,放弃宁远,率军来到山海关,并从两地百姓中征募了一支 2 万人的军队。5 月 18 日,大军向北京进发,在距山海关约 10 里处安营扎寨。六天后,李自成亲率大军赶到,战斗便开始了。李自成大败后,当场杀了吴襄,然后撤退。吴三桂乘胜追杀,直到北京,将李自成逐出北京后继续追杀。席:《吴三桂在 1644 年》,第 447—448 页。

212 商鸿逵:《明清之际山海关战役的真相考察》,第 77 页。李自成 5 月 18 日离开北京。同上书,第 81 页。

第四章 北京的陷落

213 彭孙贻:《平寇志》第三册第十卷,第5、11页。清初著作者为了强调在与大顺义军作战时清军的战术巧妙,夸大了李自成军队的规模,声称在这次战役中李自成投入了20万人。实际上,李自成只有约6万人,而且不是其最精锐的部队。吴三桂原有5万军队,又从地方武装中征集了5万人。郝爱礼:《论明末的李自成和张献忠》,第493页;商鸿逵:《明清之际山海关战役的真相考察》,第76、79—80页。

214 萧一山:《清代通史》第一卷,第257页;《皇清开国方略》,第580页。六名地方士绅及山海关的长者,由生员李友松为首,到三河去见李自成,希望能阻止其进攻他们的城市。李自成杀了他们继续东进。商鸿逵:《明清之际山海关战役的真相考察》,第78—79页。

215 郑天挺:《探微集》,第123—127页。

216 恒慕义:《清代名人传略》,第215—216页。多尔衮的老练也很令人注目,这使他成为一名优秀的外交代表。例如1637年,他与李倧皇帝十分幽默地交谈,但迫使这位朝鲜皇帝此后每年给他送来一份礼物。郑克晟:《多尔衮对满族封建化的贡献》,第2页。

217 指代善,努尔哈赤第二子。

218 指豪格,皇太极长子。

219 指皇太极所统黄旗诸将。

220 指阿济格。

221 指多铎。

222 指多尔衮。

223 指福临。

224 指黄旗军士。

225 指济尔哈朗。

226 《沈馆录》第六卷,引自李格:《关于多尔衮拥立福临问题的考察》,第271页。这次会议是1644年9月26日举行的。

227 恒慕义:《清代名人传略》,第214、280页;《皇清开国方略》,第574页;劳伦斯·D.凯斯勒:《康熙和1661—1684年清朝统治的巩固》,第13页。

228 恒慕义:《清代名人传略》,第397—398页。

229 《大清世祖章皇帝实录》第三卷,第4页;又见张其昀编:《清史》,第32页。

230 《皇清开国方略》,第577页。

231 1644年5月6日,多尔衮以煽惑、悖妄的罪名指控豪格。豪格的党羽全部被处死,豪格本人被贬为庶民。张其昀:《清史》,第32页。据《实录》载,豪格曾试图拉拢多尔衮的亲信何洛会反对摄政王。何洛会却向多尔衮告发了这一阴谋,并在诸王大臣会议上当众作证(当然,何洛会很可能是在多尔衮的唆使下出面作证的)。《大清世祖章皇帝实录》第四卷,第1—4页。

232 萧一山:《清代通史》第一卷,第257—258页。原始记录见《大清世祖章皇帝实录》第四卷第13—14页。曹凯夫《三藩反对满族统治的叛乱》第24页中有此段文字的英译。

233 同上书,第258页。

234 1644年,清朝可用于征服中原的278牛录中,包括壮丁和披甲,可能不超过12万人。此外还有蒙古120牛录,约2.4万人;汉军165牛录,3.3万人。吴卫平:《八旗兴衰》,第35—36、88—90、100页。

235 林铁钧:《清初的抗清斗争和农民军的联明抗清策略》,第40页。

236 昭梿:《啸亭杂录》第二卷,第8页;《皇清开国方略》,第577—578页。

237 早在李自成攻陷北京之前,清廷已在考虑占领中原。不过他们最初似乎是想同大顺政权平分华北。1644年3月6日,李自成宣布建立大顺政权才27天,清廷即派使者带了一封信到西部,信中称其为"西据明地之诸帅"。此信提出,清军愿与反明军事集团建立联盟,这一建议是这样表示的:"并取中原。"此信后被附上一个纸条转了回来,纸条是大顺的将领王良智签署的,他说已将此信内容报告上级了。顾诚:《论清初社会矛盾》,第 140 页;又见赵凯:《清兵入关与吴三桂降清问题》。

238 至 1643 年 5 月,几位亲王开始改变自己的主张,倾向于彻底征服中国。多铎、济尔哈朗和阿济格都认为清军变抢劫为占领的时候已经到了,今后他们可以靠征收汉族农民的赋税生活。11 月,阿济格和济尔哈朗率 6 万军队,包括一支炮队,向山海关进发。清军的这次行动并不坚决,他们似乎打算夺取山海关,但最终却返回了盛京。对此我们可做出这样的推论:当济尔哈朗和阿济格决意征服中原时,其他满洲贵族却仍想阻挠,并终于迫使他们返回清都。郑克晟:《多尔衮》,第 4 页。

239 《大清世祖章皇帝实录》第四卷,第 42 页。当时,多尔衮的设想是与李自成平分华北。1644 年 3 月 5 日,他致书李自成及其将领,建议双方"协谋同力"。郑克晟:《多尔衮》,第 5、10 页;商鸿逵:《明清之际山海关战役的真相考察》,第 79 页。

240 萧一山:《清代通史》第一卷,第 258 页;又见《皇清开国方略》,第 577—580 页;李元度:《国朝先正事略》第一卷,第 2—3 页。

241 《大清世祖章皇帝实录》第四卷,第 42 页;郑克晟:《多尔衮对满族封建化的贡献》,第 6 页。这支大军原计划取道密云进攻中原,收到吴三桂的信后,才转向山海关。赵凯:《清兵入关与吴三桂降清问题》。

242 吴晗辑:《朝鲜李朝实录中的中国史料》,第 3726 页;郑克晟:《多尔衮对满族封建化的贡献》,第 6 页。

243 正如当时范文程所说:"我国虽与明争天下,实与流寇角也。"郑克晟:《多尔衮对满族封建化的贡献》,第 6 页。

244 《大清世祖章皇帝实录》第四卷,第 44 页。

245 萧一山:《清代通史》第一卷,第 259—260 页。范文程和洪承畴都主张严肃军纪。抢劫者鞭笞 80,1649 年改为处死。吴卫平:《八旗兴衰》,第 49—53 页。(此处似有误,原文是"其攻取之城,法所不赦者,杀之,其应俘者,留养为奴,其中一切财产,没收之为公用。"——译者)

246 萧一山:《清代通史》第一卷,第 258 页,"为尔等复君父仇"一语,成了清廷宣传上常用的口号。

247 《大清世祖章皇帝实录》第四卷,第 45—48 页。沿途地方官都向清军献礼,郑克晟:《多尔衮对满族封建化的贡献》,第 7 页。

248 萧一山:《清代通史》第一卷,第 259 页。

249 同上书。(不过,管仲辅佐的并非鲁侯,而是鲁侯支持的齐公子纠。——译者)

250 同上。以旁观者看,包括朝鲜兵在内,清军的数量显然多于大顺军。吴三桂有 10 万人,加上清兵,共达 20 余万人。然而多尔衮还是注意了洪承畴的警告,即不可轻视大顺军,他告诫部下,不可鲁莽攻击。这也就是多尔衮之所以叫吴三桂打头阵的原因。商鸿逵:《明清之际山海关战役的真相考察》,第 81 页;吴晗:《朝鲜李朝实录》,第 3734 页。

251 山海关的南城墙,面对大海,是无法攻破的。

252 商鸿逵:《明清之际山海关战役的真相考察》,第 80 页。

253 商鸿逵:《山海关战役》,第 81 页。

254 在向南行进途中,清军曾与唐通遭遇。唐通奉命率几百人绕到关外,从背后攻击吴三桂。他的人马在抚宁西北的"一片石"偶然遇到清军主力,遂被歼灭。唐通逃脱,后降清。《皇清开国方略》,第 583 页;郝爱礼:《论明末的李自成和张献忠》,第 486 页;又见商鸿逵:《明清之际山海关战役的真相考察》,第 82 页。

255 郑克晟:《多尔衮对满族封建化的贡献》,第 6—7 页。

256 吴三桂后来曾上书康熙皇帝,叙述山海关之战的经过。疏中说,当时多尔衮主持了仪式,吴三桂同意在平定闯贼后,整个中国都将属于多尔衮之"贵国",并杀白马黑牛立誓。然后,多尔衮令吴三桂按满族习俗剃发。此疏存于清朝档案,引自王崇武:《吴三桂与山海关之战》,第155页。

257 随吴三桂一起降清的共有1000多名文武官员,包括辽西和山海关的地方官员。除吴三桂的部队之外,还有3万多乡勇加入了清军。1644年秋给多尔衮的奏章,现存北京大学图书馆;《明清史料》甲,第130页,1645年12月23日条。引自王崇武:《吴三桂与山海关之战》,第156—157页。

258 《皇清开国方略》,第582—583页;萧一山:《清代通史》第一卷,第259—260页。

259 据刘健《庭闻录》载,大顺军知道吴三桂的戍边部队顽强善战,所以他们决心全力以赴,吴三桂的军队也下决心与大顺军死战到底。而清军的战略则是按兵不动,保存实力,坐视双方消耗。吴三桂的军队首先发起攻击之后,反复与大顺军交锋,激战一直持续到傍晚。这时清军才决定出击。这一策略使吴三桂损失惨重,因而更加依赖清军。《庭闻录》第一卷。引自商鸿逵:《明清之际山海关战役的真相考察》,第81页。

260 风沙如此猛烈,以至清军直到风停沙住之后,才知道敌军已被击溃。商鸿逵:《明清之际山海关战役的真相考察》,第82页。

261 据地方志载,被丢弃在沙河战场上的尸体有数万具,其中许多是支援大顺军的当地农民。同上。

262 这天战斗结束后,吴三桂被封为平西王,并得到一条玉带及其他赏赐。其宁远军将士都剃发并加入了清军主力。《皇清开国方略》,第584页;又见萧一山:《清代通史》第一卷,第260—261页;帕森斯:《明末农民起义》,第139—142页。

263 徐应芬:《遇变纪略》,第12页。李自成离京期间,牛金星统辖的留守部队已开始有人离城西去,并沿途劫掠民宅和店铺。"闯王"出征之时,很多人都认为他不会得胜而归。徐应芬在那天占得了一个坤卦,他料定新君即将出现。同上书,第10—12页。

264 徐应芬:《遇变纪略》,第12页;刘尚友:《定思小纪》,第7页。

265 陈济生:《再生纪略》,第20页。

266 为了日后更好地行使君权,李自成可能一直想在北京更加合法地登基,而不管时间如何短暂。他曾在北京做过皇帝这一事实,等他死后对他的追随者将是十分重要的。大顺余部在南方与南明永历政权联合后,仍称李自成为"先帝",并称其夫人为皇太后。顾诚:《论清初社会矛盾》,第154页。

267 李自成西撤后,清军曾全力追击。从北京骑马到保定,一般需要七天,阿济格率骑兵三天便赶到了,但他们到达保定时,大顺军已经转移。阿济格人困马乏,无力再追。吴晗:《朝鲜李朝实录》,第3735页。

268 徐应芬:《遇变纪略》,第12—14页;帕森斯:《明末农民起义》,第139—142页;刘尚友:《定思小纪》,第8页。有材料说,李岩在西撤途中被李自成所杀,因为李自成听信了牛金星的谗言,认为李岩想取代他当皇帝。赵宗复:《李自成叛乱史略》,第150页;郝爱礼:《论明末的李自成和张献忠》,第495页。

269 大顺军溃逃时肯定相当混乱。边大绶是一位地方官,曾掘毁李自成家祖坟,并写下著名的《虎口余生纪》。大顺军在撤至真定后,他隐姓埋名,沦为俘虏。"见贼兵自北而南,尘土蔽天,然皆老幼参差,狼狈伶仃。十贼中夹带妇女三四辈,全无纪律。余见之不胜忿懑。如此鼠辈而所向无坚城,致万乘屈身,实可痛哭流涕也!恨余被执,不能杀贼见其灭亡耳。"引自边大绶:《虎口余生纪》,第98页。

270 张怡:《搜闻续笔》第一卷,第8页。

271 刘尚友:《定思小纪》,第8页。

272 同上。

273 陈济生：《再生纪略》第一卷，第 19 页。

274 同上书，第 20 页。

275 刘尚友：《定思小纪》，第 8 页。清军以每日 40 公里的速度前进。5 月 30 日通过抚宁，5 月 31 日通过昌黎，6 月 3 日通过玉田。据当时的资料载，清军到达之时大多数人便已明白，天命已经易手。张怡：《搜闻续笔》第一卷，第 8 页。

276 计六奇：《明季北略》，第 33 页。

277 刘尚友：《定思小纪》，第 8 页。为清朝效力的朝鲜人李浧随多尔衮进京。他写道："都民处处屯聚，以迎军兵。或持名帖来呈者有之，或门外瓶花焚香以迎者亦有之……入城之日，都人见之，或有叩马而流涕者。"《沈馆录》，引自郑克晟：《多尔衮对满族封建化的贡献》，第 7 页；又见郑天挺：《探微集》，第 93 页。

278 李自成火烧大内后，唯一未被损坏的建筑是武英殿。多尔衮将兵车士卒在殿前排列成一道军门。吴晗：《朝鲜李朝实录》，第 3734 页。锦衣卫指挥骆养性曾率部听从李自成的调遣，此时又转而效忠多尔衮。骆养性，湖广人，因卷入魏忠贤一案而有一段不光彩的历史。清军入关后，他被任命为天津总督，掌管天津军务。后转任山东督抚。《贰臣传》第十二卷，第 4—5 页。多尔衮不久便迁出了皇宫，住到皇城东南名为"南城"的一个较小的院子里。1694 年，那里被改作喇嘛庙。恒慕义：《清代名人传略》，第 216、218 页。

279 计六奇：《明季北略》，第 33—34 页。

280 萧一山：《清代通史》第一卷，第 379—380 页；又见李元度：《国朝先生正事略》第一卷，第 3 页。

281 萧一山：《清代通史》第一卷，第 262 页。多尔衮在 6 月 8 日向原明朝官绅军民发布谕令中又重申了其中的某些内容。他描述了李自成如何以一名明朝百姓纠集一帮无赖，毁坏京师，弑君，又肆意劫掠以致激起民怨，"我虽敌国，深用悯伤，今令官民人等，为崇祯帝服丧三日以展舆情"。《大清世祖章皇帝实录》第五卷，第 52 页。

282 刘尚友：《定思小纪》，第 9 页。大顺军占领北京后数日，又来了 3000 名蒙古兵。这些剽悍的士兵入城后，在城上守卫巡逻时，都收弓束矢，说："恐惊百姓也。"还说："中华佛国也，我辈来作践佛地，罪过！罪过！"张怡：《搜闻续笔》第一卷，第 8 页；又见郑克晟：《多尔衮对满族封建化的贡献》，第 7 页。

283 徐应芬：《遇变纪略》，第 8 页。清官方资料夸大其辞地宣称，这道谕令使民心安定下来，"官民大悦，皆颂我朝仁义声施万代云"。《大清世祖章皇帝实录》第五卷，第 52 页。

284 徐应芬：《遇变纪略》，第 18 页。顺便说一下，长安市上有许多市井无赖向清兵兜售从宫中偷出来的锦缎彩袍，清兵为此则不惜付出两月的军饷。张怡：《搜闻续笔》第一卷，第 9 页。

285 清军进京后的几天，曾派几位官员在承天门登记所有明朝官员的姓名，并按名单邀请他们复任原职，"于是诸名公巨卿，甫除贼籍，又纷纷舞蹈矣"。张怡：《搜闻续笔》第一卷，第 8 页。

第五章　南京政权

中兴朝市繁华续,
遗孽儿孙气焰张;
只劝楼台追后主,
不愁弓矢下残唐。
蛾眉越女才承选,
燕子吴歈早擅场。
力士金名搜笛步,
龟年协律奉椒房。
西昆词赋新温李,
乌巷冠裳旧谢王。
院院官妆金翠镜,
朝朝楚梦雨云床。
五侯阃外空狼燧,
二水洲边自雀舫。

孔尚任:《桃花扇》(节选)

在北京崇祯朝廷覆灭的前夕,许多官员把一线希望转到了皇帝驾迁陪都南京上来。他们认为，在南京可以继续维持明王朝的统治。[1] 作为影子政府，南京行政当局已进行了准备：一旦义军攻占北京，便可给明朝北方残存势力以全力支持。[2] 陈子龙奉命巡视绍兴之后，被调到南京吏部任职。他设法说服了江南巡抚郑瑄，要他秘密上书北京，提出将皇太子接到南京的计划，为建立南明政权作准备。[3] 其他江南士大夫则在祁彪佳的统率下开始沿长江下游建立水军，准备保卫江南。[4]

迎太子到南京的计划当然落空了，但他们为建立南明政权所做的努力并非徒劳。5月18日，即李自成占领北京三周之后，大顺军获胜、崇祯帝已死的惊人消息传到了南京。[5] 看来，当时在南方官员面前只有两条道路可以选择：一是束发归山，作道家隐士；一是坚守职责，继续为明室效力。[6] 南京的高级官员立刻选择了后者。16位主要大臣（《平寇志》记为19位——译者）誓告天地，号召天下起义勤王。[7]

史可法与军阀

南京兵部尚书史可法是这些大臣中最重要的人物。[8] 他来自河南，既是一位杰出的文官，又在军事指挥及战略方面颇具才干。其父虽鲜为人知，但其家族有不少成员是锦衣卫军官。[9] 作为青年士子，史可法曾受到东林党殉难者左光斗的栽培。[10] 1620年，他通过乡试；1626年中举人；1626年中进士。据《明史》载，史可法身材矮小，"面黑，目烁烁有光"。初仕便授西安府推官。[11] 1631年，他因公正廉洁地将赈灾专款分发给受灾的延安百姓而在朝廷中赢得极好的声誉。1632年至1634年，他作为理财行家被调入朝中，任户部主事。[12]

1635年，农民起义波及华中，崇祯帝命卢象昇协调河南、山东、湖广和四川事务。卢象昇的主要任务是牵制张献忠部。他命史可法为副使巡察泽州和安庆，并阻止农民军渡江。因此，史可法首次接受的军事任务便是阻止北方义军进入长江流域。这一防御重任随形势发展而变得十分棘手。1635年秋冬，史可法仅率800人驻守安徽六安，抵御三支农民军主力的进攻。次年，史可法在安徽太湖附近指挥了两场阻击战，使农民军未能渡江进入湖广地区。然而，第二年，当史可法面临农民军主力——首先是马守应，然后是老回回——发动的几乎不可抗拒的强大攻势时，他的军事才能遇到了真正的考验。1637年初，马守应和另外两支农民军主力的首领一起攻打桐城，在距城10里之处与史可法遭遇。史可法依靠计谋苦撑，但桐城所受到的压力并未解除。1637年夏，他奉命巡抚安庆，负责守卫今安徽中部地区，阻挡湖广的老回回。在总兵左良玉部1万兵马的增援下，史可法击退了老回回的第一次大规模进攻。但从11月末至12月初，老回回对史可法所在的潜山大营又发起了进攻。史可法的阵地崩溃了，部下损失惨重，他本人也险些死于乱军之中。败讯传到京城，兵部尚书杨嗣昌要求惩处史可法。[13]

然而，史可法已有很高声望。尤其为人称道的是，他在行军途中甘愿与步卒同甘共苦，从而赢得了士卒的信赖和将领的爱戴。所以，皇上虽严词责备了史可法，但给了他立功赎罪的机会。不久，1639年，史可法奉命镇守山东，抵御南下清军的袭扰。在抗击清军之前，他必须首先巩固山东西线，以防农民军乘机进入山东。在三次击败农民军主力之后，他才得以调转头来攻打清军。当他抵达济南时，清军已经撤退，他们屠杀了无辜的居民，却送给史可法一次足以弥补前失的胜利。

崇祯帝对史可法异常宽厚。这位皇上素以暴躁著称，常一怒之下将战败的将领投入监狱。既然这样，他的宽宏自然会使史可法更加感恩戴德。1639年，史可法的父亲病故，由此而引起的极度悲哀反进一步加深了他对崇祯帝的感恩之情。据说，他一度想绝食而死，又几乎因悲痛而陷入迷狂；他将对父亲的强烈感情部分转移到君父即皇帝身上是完全可能的。[14]

1641年，史可法守孝三年之后，被任命为户部右侍郎，并取代朱大典总督南京至北京的漕运，还兼任淮安地区巡抚。及至1643年，史可法被擢为南京兵部尚书。同年冬天，身为兵部尚书的史可法见战争局势不断恶化，遂着手为救援北京作准备。[15] 例如，1644年1月16日，史可法上疏崇祯帝，说明他统辖的南军只有8000人，他建议加强训练，进而将总兵力扩充到1.2万人（包括水陆军）。[16] 同时，他极力主张全国各地的其他提督也用同样方法补充和维持各自的部队，实际是建议在各地组建地方军队，由一名干练的文职大臣统辖，以供护驾之需。[17] 北京发布救驾诏令后，史可法本人就是这样做的。他同部下一起立誓"勤王"，以鼓舞士气，并随即率众北上。但大军刚过长江，到达浦口时，便获悉京师已经陷落。救驾已为时太晚。于是，他改穿丧服，率军返回南京，召集立志效忠明朝的大臣商议对策。[18] 史可法和其他大臣都意识到单凭他们自己的力量是无法抵御北方农民军的。因此，他们共同拟定了一道檄文：

> 留都系四方之率，司马有九伐之经。义不共天，行将指日，克襄大举，实赖同仇。[19]

这篇文字经过仔细推敲，用了会使人想起古代经典中理想化的军事将领之形象的"司马"一词，以求打动那些愿意加入古代"司马"行列的将领。[20] 因此，檄文的对象十分笼统，是广泛地针对四方[21]之率而言的。所谓四方之率既包括地方豪强武装，也包括各地明军将领。檄文发布之后，南京的大臣们立即派密使到淮河流域联络江北豪强统辖的"义勇"。同时，他们又尽力争取驻守在南明与北方大顺政权之间的明军将领继续为明朝效忠。[22]

后者中有四名将领——他们各自拥有约15万令人生畏的士兵，经常蹂躏本应给予保护的农民——将要或已经率部进入淮河中游地区。[23] 一位是刘泽清，性情暴躁且有政治野心，曾任山东明军统帅。当崇祯帝要求他会同其他几位将领一起进军北京解救被李自成围困的朝廷时，他非但不从，反而掉头南下，一路劫掠，经临清抵达凤阳。据说，其部在凤阳又屠杀了许多当地居民。[24]

江北的第二位主要将领是黄得功。与刘泽清相比，他的军纪较严。他是辽宁人，行伍出身，自少从军于辽阳，并因战功而不断晋升。17世纪30年代，他在中原作战屡屡获胜，1641年被任命为凤阳总兵。1642年，黄得功获潜山大捷后，又击退了进攻桐城的张献忠部。此后不久，黄得功被调到安徽中部，镇守庐州（合肥）。[25]

第三位将领是刘良佐。此人原是北直隶的盗匪，1637年加入明军，并与农民军罗汝才部交战。1642年，他随黄得功抵御张献忠，所以当时也在凤阳地区。其所属部众号称10万。[26]

高杰是江北诸将中的第四位，在某些方面也是最能干的一位。此人原是李自成的部将，曾与李自成之妾邢氏通奸，为逃避惩罚，他于1635年投降明朝，授游击之职，率所部人马作为孙传庭军的先锋与李自成交战。1643年，孙传庭在潼关被杀后，高杰便进一步扩大了自己的势力。1644年北京即将陷落时，高杰的态度也同刘泽清一样变化无常。他不率军前去阻截李自成，反纵兵劫掠山西东南的泽州，然后于1644年5月底至6月初南下徐州。[27]

高杰部的南下，使徐州和淮安城的居民慌恐万状。[28] 自北京陷落后，徐州城中已经是混乱不堪。[29] 实际上，徐州长官黄希宪已将此城交给了大顺官员武愫。武愫（原为明朝进士）于1644年6月3日抵达徐州，并因受到地方官员及士绅的敬重而被接受，尽管一位当地的诗人曾悲叹："天下岂有正人君子而谒贼者哉？"[30] 武愫被接受的另一个原因是士绅们对混乱局势十分恐惧。在徐州西南与河南交界处的砀山一带，汪廷对等当地士绅已组织起自己的武装，用来对付"狂徒"，后又用来迎接清军南下。[31] 武愫在徐州城内一直试图安定民心，并多次深入乡村寻求当地乡绅的支持，直到他得知北京大顺政权也已垮台为止。6月28日，武愫率部撤离徐州，使该城几乎完全暴露在高杰等人面前。[32]

由于徐州失去了保护，其南面的富庶城市——淮安和扬州——在流窜于淮河流域的各路军队面前也更加暴露了。但这两座城市的地方官早已积极采取措施，准备自卫。正是由于有路振飞在淮安，人们才有了坚守的信心。巡抚路振飞是一位杰出的文官，他以正直、勇敢而著称，在军事上也颇有经验。路振飞初入仕途任地方官时，曾统领过防御叛匪的地方军队，并于1632年派郑芝龙抗击海盗刘香，将其击溃。路振飞还是个仗义执言的人：1631年，他参与弹劾周延儒；此后又与温体仁发生争执，因此激怒了皇帝，被贬至河南。1644年秋，路振飞被任命总督大运河漕运，兼淮扬巡抚。[33]

北京陷落后，路振飞决心将淮安建成明朝的坚固堡垒。他迅速颁布了戒严令，将市民重新组织起来，并派遣手下官员分守各处。[34]同时，他还鼓励地方武装（团练、乡兵）招兵买马。自1511、1512年以来，淮安以东的海州经常受到海盗袭击，地方武装相当普遍。[35]而淮安地区却不是这样，故路振飞不得不为地方武装设计训练方案。在他的指挥下，淮安72坊奉命"各集义兵"，每坊由两名生员负责操练，其中一人被授以"坊长"之职（应为"社长"——译者）。这些义兵的主要职责是负责城镇的夜间巡逻，并时刻保持战备状态。[36]他们保持着斗志，坚定地反对任何对大顺政权持妥协和支持态度的人。徐州的士绅们能够接受一位大顺官员，但路振飞却决不允许任何大顺官员进入淮安。在北京陷落后的数周内，他便召集当地乡绅和号称2万的"义兵"，将当地的"伪官"处死。[37]

在路振飞的指挥下，淮安变成了效忠明朝者，尤其是从北方逃来的官僚贵族的避难所。路振飞热情地欢迎这些流亡者。但无论是路振飞本人，还是淮安百姓，都无意接纳刘泽清、刘良佐，尤其是高杰的军队。[38]6月10日，路振飞得知高杰开始向南移动并欲夺取扬州，立刻派遣将领分守淮安周围各个要冲：周仕凤守泗州，仕尔敬守清口，金声桓守徐州。[39]

在路振飞积极设防抵御这些游荡不定的军队，以稳定淮安局势的同时，南明政府却将这些军队视为必不可少的支持者和日后在南京愈演愈烈的皇位继承之争中的重要同盟者。以史可法为首的大臣们在发出檄文号召四方将领齐心保国之后，立刻意识到他们自身已陷入了争夺南明中央权力的混战之中，这场政治冲突发生于5月17日到6月2日之间。其焦点是皇位的继承问题。同引发了明初东林党争的那次皇位之争一样，这次斗争也将使南明朝廷内部发生致命的分裂。[40]

明朝的皇室贵族

这次皇位之争的原因是由于人们以为16岁的太子（朱慈烺）已死于北京，而太子的两个弟弟又下落不明；另外，尽管在继承权方面有法定的世系，但明室亲王甚多，他们都可以在紧急情况下依其贤愚优劣被召入朝廷，继承皇位。[41] 由于朱氏皇族的后代呈几何级数增长，[42] 所以，皇室男性成员的身份在当时并不为人所重。洪武帝共有26子，16女；到16世纪50年代，他的后裔已多至19611人；到1594年，全国至少有6.2万名皇室男性成员；17世纪头10年间，登入皇族名册的人已超过8万。[43] 由于明朝的这位开国皇帝禁止子孙由科举出仕或经商，他们唯一合法的生活来源就是俸禄。这些俸禄的多少又因等级和时代的不同而不同。明朝初年，亲王（其爵位由长子继承）的禄米为5万石。但到15世纪初，由于皇室成员数量的增长，国库不胜其重负，不得不将亲王的禄米降到1万石。[44] 及至16世纪，供养皇室男性成员的开支超过了全部官吏俸禄的总和。不久，仅此一项开支便超过了政府税收的总额。例如1562年，山西各粮仓存粮共152万石，而该省的皇亲年俸的总数却是213万石。同年，一位巡按指出，当时全国可向京师提供粮食400万石，而王府按规定标准所需的禄米却达850万石。[45] 皇室后裔数量的增加，不仅日益加重了纳税者的负担，而且使宗室中身份较低的人也无法获得足以维持生活的俸禄。他们只好纷纷借贷，从而深深陷于债务之中。[46]甚至，连皇室上层贵族也落入了入不敷出、虚有其表的窘境之中，他们的府第因年久失修而破败，他们本人则放荡豪饮，虚度时光，醉生梦死。[47]

16世纪到中国传教的天主教神父，对这种已经没落的贵族极感兴趣。[48]例如葡萄牙人格鲁兹（顾神父）曾经写道：桂林一带有许多因反叛皇帝而被流放的明室亲王，有数千户皇族生活在高墙大院之中。[49]这些来自欧洲的旁观者透过高耸的大门看到院内的楼阁和路径。但他们认为，这些宏伟的宫殿对居住在其中的人们来说，实际上是一座金碧辉煌的监狱：

> 总之，在贵族们的府第之中，有各种消遣娱乐，但是他们永远不能擅自外出。这一方面是由于他们出身高贵，另一方面是由于国家的法律规定。因为皇帝希望杜绝皇室中有可能发生的任何阴谋，以维护政权的稳定。[50]

佩雷拉（Galeote Pereira）也记录了当时桂林许多朱门大户的情况。他听说那些人完全依靠皇室按月供给的钱粮为生，他们因饮食无度而身体臃肿。[51]耶稣会士金尼阁在同一世纪晚些时候曾写道，皇室宗亲已超过6万户。他强调说，这些人对社会毫无价值，对君主权力却构成威胁。

> 由于不能出仕，又不能参政，生活放荡、傲慢无礼的皇室宗亲发展成有闲阶层。皇帝清楚地知道他们有自己的特务组织，因而将他们视如仇敌，严加防范。他们全都住在指定的城市中，未经皇帝允许不得离开，违者处以极刑。他们中甚至没有一人被获准留居在北京或南京城里。[52]

经过努力，身份较低的皇族成员获得了出仕的机会。1595年以后，朱姓宗亲被鼓励去参加科举，但其中只有极少数人考中，[53] 其余的人继续在贫困中生活。少数上层贵族，则始终被皇帝认为有谋反的可能而受到猜疑和防范。

地位较高的亲王及其王府，在明初原是被用作抗衡士绅集团和富户势力以及抵御蒙古入侵的军事力量。[54] 明太祖将自己的儿子分封在各省辖区之外的地方，9位亲王被置于接近今蒙古边界一线，分别统领3000—80000人。在其辖区内，他们可自建宫殿，任命自己的官属。然而，他们对辖区内官员的控制权，最终遭到对这种独立势力深感担忧的建文帝（1399—1402年）的反对。事实证明他的担忧是有道理的，因为他登基后不久其政权就被其叔父燕王推翻了。燕王就是后来将明朝都城迁至北京（燕京）的永乐帝（1403—1424年），北京原是他的封地。永乐帝同样感到其他诸王有谋篡的危险，所以开始建立新制度以控制自己的兄弟和侄子。他尽量削弱诸王的经济实力，使他们依靠俸禄为生，又限制诸王军队的规模，同时增强由中央委派到诸王手下的长史的权力。[55] 尽管如此，最强大的亲王仍保有发动叛乱的力量。16世纪初，便发生了两次迫使朝廷出兵镇压的较大叛乱——1510年安化王谋反和1519年的宁王之乱。这些叛乱，使诸王拥有侍卫武装的制度受到更加严厉的责难，由此便产生了16世纪头10年后期外国传教士所看到的那种金碧辉煌的"监狱"。然而，与此相矛盾的是：和皇帝最亲近的王府的财产在这一时期却逐渐增长，这主要是靠把罪臣（如1561年谋反的太监曹吉祥）的土地没收为皇帝及其近亲的皇庄。[56]

到16世纪头10年后期，这一没收政策也被广泛运用于一般平民的土地。事实上，人们完全可以用16世纪中原及南方富户的庄园堡垒来证明，皇帝正开始失去强夺乡绅土地的能力或愿望。但明朝后期的皇帝又逐渐将剥夺目标转向了更容易对付的小土地所有者。到17世纪初，诸王的地产已十分庞大（与穷困潦倒的下层皇室成员相反）。1605年，四川巡抚报告说,该省可耕地的70%掌握在诸王手中,20%为军屯土地,平民百姓耕种的土地只有10%。[57]

明朝后期,贵族在整体上缺乏社会凝聚力,他们甚至不能被称作一个集团。[58]那些仅被登记为皇族成员的姓朱的人既多又穷,可是皇帝的少数近亲却可以乘机积累巨资,发挥巨大影响。万历帝(1573—1619)有一个爱子朱常洵,其生母是皇帝最宠爱的郑贵妃。多年来,郑贵妃不顾朱常洵的次子地位,一直谋划将自己的儿子立为太子。因朝中多数大臣(包括许多后来与东林党有关系的人)的反对,皇上只得于1601年立其长子(后来的光宗)为太子。[59]作为朱常洵未能立为太子的损失,万历帝封他为福王(封地在古都洛阳),并诏赐良田4万顷为食邑。[60]这一数字相当于河南全省可耕地的很大一部分。因此,又不得不从其他省征用一部分民田。结果,河南、山东和湖广共有约2万顷民田被划归福王。此外,被没官的前内阁首辅大学士张居正的土地亦划归福王所有,同时他还得到了四川茶盐专卖权。[61]

因此,福王的生活极其奢华。他喜欢嫖娼,并为此挥霍了30余万两。他在洛阳的王府造价高达28万两,是规定造价的10倍。[62]为了满足其贪欲,他手下的宦官继续肆意掠夺土地,并用天下最残酷的手段管理这些掠夺来的土地。[63]福王在府中饮酒作乐,其佃户却饿死在遭受饥荒的洛阳郊外。河南百姓纷纷传言:"先帝耗天下以肥王。"当时,一支明军奉命渡洛河增援正与农民军作战的部队,军中有人大声喊道:"王府金银百万,而令吾辈枵腹死贼手。"[64]

此后不久,李自成的军队于1640年攻入洛阳,福王府被放火烧了三天。李自成杀福王,饮其血,并令将士分食其肉。[65]福王的家人几乎全部被杀,只有王妃和一个王子设法逃过黄河,幸免于难。这个王子即朱由崧,他于1643年被其堂弟崇祯皇帝袭封福王爵。[66]

这位福王,据说同他的父亲一样沉溺于酒色,被后来史家称为"暗弱"的典型。当崇祯死讯传到南京的南明政府时,他的坏名声甚至使他

第五章　南京政权　211

险些失去了继承皇位的资格。[67]

皇位继承危机

南京的大臣们在发誓与农民军血战到底之后,便想到要将他们的军队联合起来,拥立一位皇帝。他们知道,崇祯的儿子们有的已经死了,有的落入农民军之手。淮河流域有许多从山东、河南弃家南逃的明宗室亲王正在巡抚路振飞处避难。除福王外,周王、潞王和荣王也都为躲避大顺军而来到了淮安。[68]

对南京一些有影响的官员来说,逃难诸王中最有号召力的是潞王。在皇位继承的竞争者中,他被认为是最贤明和最谨慎的,[69] 他得到著名东林党人兵部侍郎吕大器、礼部侍郎钱谦益和翰林院詹事姜曰广的支持。[70] 但潞王只是皇帝的侄子,而福王则是万历皇帝的嫡孙。在皇位的继承资格上,潞王较福王逊色。因此,尽管福王无知、贪婪、酗酒、凶残、专横、好色、不孝,但在现存的诸王中却与皇室的血缘最近。[71] 于是,在决定由谁继承皇位的问题上,以"贤"取人的一派同以"亲"取人的一派发生了冲突。[72]

主张以亲取人的一派,其领袖是凤阳总兵马士英(1619年进士)。[73] 1632年,马士英在北方任宣府巡抚时,因贿赂罪被流放戍边,后来经其同年阮大铖说情,得以免除流放。1642年,大学士周延儒擢其为凤阳总督,不久便因击败农民军而立下赫赫战功。作为淮河流域掌管军政与民政的主要官员,他与巡抚路振飞展开了争夺淮河流域控制权的斗争。[74] 5月8日,马士英得知福王已到达其对手路振飞所在的淮安避难,即邀请这位可能的皇位继承人前往凤阳,以便尽力促成其即位。[75]

于是,到1644年5月下旬,在南京便出现了两位皇帝候选人:一位是得到吕大器和南京政府多数文职大臣支持的潞王,另一位则是凤阳总督马士英支持的福王。[76] 军事实力的比较使天平倾向后者。马士英本人并无足够的军队操纵此事，但他派遣人马船只接福王南下长江之后，又小心游说，争取到因北京陷落而由北方南下淮河流域的将领们的支持。高杰、黄得功、刘泽清和刘良佐很快都相继做出支持福王的明确表示。[77] 说穿了，福王在这场"贤"与"亲"的竞争中获胜，几乎可以被看作是一场军事政变。《明史》也正是从这一角度来记述这一事件的：

> 〔南京〕廷臣集议，吏科给事中李沾探士英指，面折大器。士英亦自庐、凤拥兵迎福王至江上。诸大臣乃不敢言。王之立，士英力也。[78]

当然，马士英欲兵不血刃地实现拥立福王的计划，不仅需要强大的军事实力，还要具备其他条件：在南明朝廷中培植同党，并说服南京兵部尚书相信福王在当时形势下是皇位的最佳人选。

在朝廷勋臣中，马士英可以找到足够的同盟者。其中最重要的是：操江提督诚意伯刘孔昭和南京提督忻城伯赵之龙。[79] 这些勋臣都是帮助朱元璋创建明朝的将军们的后裔。他们对文官当权心怀不满，将福王视为自己的保护人，将马士英视为强大的盟友，希望恢复其家族自明初便已失去的某些权力。[80] 刘孔昭和赵之龙在朝中鼓吹支持福王。马士英则直接致书兵部尚书史可法，力陈福王与皇室血统最近，应为皇位的最佳继承人。史可法已卷入此事，他复信马士英，坦率地陈述了福王的劣迹。但这位兵部尚书在复信的同时也感到，没有马士英及其军事同盟的支持，南京政权就难以长期存在下去。[81] 当南京大臣们决定拥立福王以稳定局势时，史可法正在长江北岸的浦口。他对此的默认，宣告了这场皇位继承危机的结束。6月4日，福王抵达南京时，朝臣们早已修缮了武英殿供其居住。[82]

福王抵达南京城下，大臣们在观音门外列队迎接，请他入城。福王

第五章　南京政权　213

身穿粗布袍,旧被铺床,态度谦卑地坐在帐中,一再推让,表示不愿当此重任。[83] 6月5日,史可法亲自拜见福王,告诉他说,南京十分欢迎他的到来,已整理出南京守备府作为其行宫。[84] 经再三劝说,福王方骑马拜谒了南京城外的孝陵。然后,便去了南京城内的行宫。有的官员劝他从专供皇帝及其仪仗通过的东门进宫,福王犹豫片刻,最终还是拒绝了。他从西门进入行宫,在守备府下榻。次日,即6月6日,群臣又力劝福王登基,但他只同意接受监国称号。6月7日,他接受了监国玺绶,并搬进了皇宫。[85]

福王在东门前的犹豫预示了他即将采取的步骤。他刚就任监国,便开始考虑接受让他立即登基称帝的建议。[86] 吕大器和张慎言强烈反对如此草率地登基,但史可法感到,由于请求福王就任监国,大家已承担了支持福王的义务。此外,他又强调指出,尽管马士英还在凤阳,但安徽的军队和北方诸将领仍可用武力迫使南京立福王为帝,而这种内部冲突势必彻底摧毁明朝复兴的一切希望。史可法的观点赢得了朝中官员的赞同,于是登基的准备工作便开始了。[87]

史可法是完全正确的。如果支持潞王即位的官员仍坚持阻止或拖延福王立即登基,势必引起两派的军事对抗。6月17日,马士英不等获准进京,便登上了他那支拥有1200艘战船的水师的旗舰。[88] 两天后,福王在就任监国仅10天,并不顾原太子的下落尚未弄清,便登上了皇帝的龙椅,并宣布次年改元为弘光。[89]

四 镇

弘光皇帝即位后首先采取的行动之一是酬谢支持他的将领。[90] 他撤销了马士英的对手路振飞的淮安巡抚之职,而为四位北方军阀加官晋爵,任命他们为"四镇"藩将,各镇其"藩"。[91] 分封"四镇"的计划于6

月 21 日得到马士英、高弘图和姜曰广的赞同。[92] 而作为兵部尚书的史可法不仅在五天前就提出了这一建议，还在计划在上呈皇帝时明确阐述其合理性：

> 兵马钱粮皆听（四镇）自行征调。四藩即用得功、杰、泽清、良佐为我藩屏，固守江北，则江南之人情自安。得功已封伯，似应进侯，杰、泽清、良佐似应封伯。[93]

结果，四位将军奉命驻守要害城市，并各统定员 3 万人的军队。刘泽清奉命管辖淮安和海州地区的 11 个州县，负责收复山东，驻地淮安。高杰驻徐州，统领泗州和徐州地区的 14 个州县，负责收复开封。刘良佐驻凤阳，统辖凤阳和寿州地区的 9 个州县，负责收复河南的淮阳。黄得功则管辖和州及滁州地区的 11 个州县，驻守庐州，负责收复河南东南部各州县。[94]

四镇之上又设督师一名，驻扬州，直接统领各镇。这一部署基本上是一种防御战略，它反映了史可法只顾守卫淮安地区和南京，而忽视对付来自北方日益增长的现实威胁的思想。总之，在史可法看来，最主要的敌人显然是农民军而不是清军。在过去的 16 年中，他一直与农民军作战而不是对付外来的入侵。[95] 那么，从理论上讲，御敌之"藩屏"应符合南京政权的需要，由一位朝廷大臣驻扬州负责调度。然而，事实上，南京政权几乎无力为这些军队提供军饷，但又依赖于他们出于自愿的支持，以致不得不做出重大让步，使各镇拥有独立的财权和军权，于是四镇将领便成为实际上的割据势力。南京政府答应每年为这些军队提供饷银 240 万两，但物资与兵器费用要从当地税收中支出。各镇有权自行征税，所得收入不必上缴南京，还有权开荒、采矿和征收商税。[96] 各镇若能从农民军手中收复失地，则亦划归该镇管辖，并享有同样的财政、军事特权。一旦天下重新统一，四镇统帅将皆晋爵为公，并子孙世袭。[97]

分封四镇之举在当时遭到严厉批评。明朝的将士,特别是曾在前线作战的将领,纷纷抱怨说,原来的叛贼因杀人劫掠而得封赏,他们反而一无所获。文官也群起反对。[98] 1644年7月12日,著名哲学家刘宗周从杭州上疏朝廷,请抑藩屏:

> 一重藩屏。刘泽清、高杰有寄家江南之说,尤而效之,又何诛焉。一慎爵赏,败逃之将而得封,谁当不封者?[99]

的确,当时许多人都清楚地看到,所有安排不过是一种极易识破的诱饵。对四镇统帅的封赏是因为他们对皇帝的忠心而不是因为他们有战功。[100] 显然,史可法也认为,除非正式封拜四镇藩将,以换取他们对朝廷的忠诚——尽管这种忠诚是有条件的——否则,南京政权就毫无收复北方的希望。在四镇统帅中,史可法最器重高杰所统领的4万晋陕壮士。他认为,这支部队虽然纪律涣散,却是江北各军中战斗力最强的军队。他对黄得功所统率的明朝正规军也评价甚高,因为黄得功是一名优秀的战略家,其才干曾在1642年抗击张献忠的战役中得到证实。史可法相信,有了在他统帅下的这些军队,他是能够打败敌人的。[101]

史可法似乎还相信,通过让四镇兵轮流上藩南京的办法,可将四镇置于中央控制之下。例如,他曾建议令兵部修改永乐皇帝制定的京师卫戍之制,让当时驻扎淮扬地区的三四十万军队轮流卫戍南京,以维持中央对这些将领的控制,并防止高杰和刘泽清之流将其辖区变为独立王国。[102] 但这一计划未能付诸实施。实际上,朝廷很快就因担心京师遭劫而害怕这些军队靠近南京。由于住在乡村,这些军队的将领及士兵有一种特有的寄生性:喜欢抢劫而不是保护城市。淮安是抗击农民军进攻的坚固防御区之内的一个城市,当得知军纪松弛的刘泽清部将要进驻时,当地士绅便要求朝廷召回刘泽清(他们说"镇环攻,生灵涂炭")。[103] 但由于路振飞已经离去,巡抚田仰束手无策,只能坐视刘泽清的军队于

6月30日接管了该城，并在进城之时肆意劫掠。[104]

在淮安以南，其他将领的部队也与当地百姓发生了冲突。一位员外郎报告说：

> 扬州、临淮、六合，所在兵民相角。兵素少纪律。民近更乖张。一城之隔，民以兵为贼，兵以民为叛，环攻弗释。[105]

危害尤甚的是"垂涎扬州"[106]的高杰部队。6月2日高杰屯兵扬州城下，尽管这座富庶城市中的居民向高杰进献了大量钱财，但他仍然拒不撤离，反将此城包围，并放任部下在郊外肆意劫掠。[107]福王在高杰支持下就任监国之后，局面更为严峻，对扬州巡抚黄家瑞来说尤其如此。高杰声称，他本人作为南明官员有权进城，但扬州市民却坚决不让他进城。黄家瑞夹在当中，两面为难。于是，他派遣当地的一位士绅去高杰营中调解。这位士绅回来后，建议允许高杰入城，结果被愤怒的扬州市民打死。扬州驻军亦随之哗变。黄家瑞被迫逃之夭夭。[108]

作为兵部尚书，史可法有责任将扬州的军队重新置于控制之下，他的第一个措施是让朝廷派他手下的职方员外郎万元吉以重金诱引高杰部离开。但万元吉没能说服高杰让步。他向史可法报告说："臣等虽有爱民之心，绝无销兵之术。"[109]与此同时，扬州士绅向朝廷紧急求援。他们指责高杰的军队"杀人则积尸盈野，淫污则辱及幼女"。[110]

显然，这种情况要求有一位足以代表皇帝的朝廷大臣立即对高杰进行干预。因此，史可法请求尚未登基的福王委派马士英担当这一重任，并负责协调淮扬地区其他将领的行动，形成统一的防区。[111]然而马士英却巧妙地斗败了史可法。当福王考虑史可法的建议时，马士英暗中与高杰联系，唆使高杰要求南京政府派史可法亲临扬州主持淮扬地区的军务。[112]尽管有人陈请史可法留在南京，但为时已晚，史可法别无选择，只有亲自前往扬州。[113]不仅扬州危机须尽快解决，为保证正在制定的战

第五章　南京政权　217

略计划获得成功，也的确需要一名高级将领来协调约束四镇的行动。因此，史可法要求授权统辖淮扬地区的所有军队。1644 年 6 月 16 日，史可法被任命为淮扬地区督师。6 月 20 日，即弘光帝登基的第二天，史可法告别了新君，四天后抵达扬州。[114]

高杰听说史可法即将到达扬州，立即命部下匆匆掩埋了抛在扬州城下、用来威吓城中百姓的尸体。但见到史可法后，他却摆出一副傲慢姿态，坚持说他下令围城是因为士绅代表被杀。为了消除这一借口，史可法奏清皇帝追究黄家瑞和那位守备在这一事件中的责任。高杰收回了全军进驻扬州的要求，同意只带二三百随身卫兵进城。但城中居民仍拒绝接受，与此同时，史可法前往高杰营中，试图唤起这位昔日叛将对南京朝廷的忠诚。史可法虽一度遭到软禁，但最终还是设法说服了高杰。高杰不仅释放了史可法，还派遣部分军队到其他地区执行任务（如李成栋前往徐州，王之纲前往开封等等），7 月 20 日，又将其主力撤至扬州以南 40 里处，即与镇江隔江相望的瓜洲。[115] 然而，局势尚未完全稳定，部分原因在于高杰与黄得功仍相互对立。同年夏天，黄得功率军由庐州北上，企图将扬州据为己有。[116] 不幸的是，这次行动黄得功得到了万元吉的鼓励，后者曾试图挑拨镇将间的关系。于是 1644 年秋初，高杰一度怀疑朝廷劝他撤离扬州是为了将此城交给黄得功。为了阻止黄得功向扬州推进，他于 1644 年 10 月 1 日在南京东南的土桥对黄得功发起了突然袭击。在这场冲突中，黄得功险些丧命，部下死亡 300 余人。他愤怒至极，认为这是一种彻头彻尾的叛乱，准备与高杰决一死战。史可法竭力劝解，据说他拿出自己的钱作为赔偿（虽然形式上是由高杰偿付的），以平息黄得功的怒气。1644 年秋后，这些镇守通往南京之要冲的将领们表面上暂归于好。[117]

党争复起

史可法亲临扬州,稳定了忠于南明的大臣们在军事上的地位;但他过早离开朝廷却加速了一场政治危机的到来。因为史可法不在朝中,所谓"正人君子"便缺少一位足以同马士英及勋贵集团抗衡的强有力的人物。[118] 自从北京的高级官员纷纷涌入南京以来,大批东林党和复社成员也在北京陷落后云集南京。[119] 其中不少人,包括原来在崇祯时受到排挤的官员,此时颇受人们的欢迎,并被授以高位。[120] 在弘光皇帝的五位大学士中,至少有两人——张慎言和姜曰广——是众所周知的东林党人。[121] 两位左都御史徐石麒和刘宗周也明显地属于"正人君子"一党:前者曾因支持黄道周而受到魏忠贤的指控,后者的名字即是东林党和复社成员所追求的刚正不阿精神的象征。[122] 实际上,刘宗周接受弘光朝廷的职位,将意味着对朝廷贤明的认可,并进而证实其权威的合法性。但当弘光帝登基之后,这位思想家决定不在朝为官。6月23日,他回绝了弘光帝请他出任左都御史的任命,返回了绍兴老家。[123] 7月11日,大概是在得知皇帝不允许其推辞之后,他又离开了家乡来到杭州。他三次上疏,不指名地谴责了皇帝周围的一些大臣。而后来到南京东面的丹阳,等待皇帝对其奏疏的答复。[124] 就在这一时期,他为自己取号为"草莽孤臣",以此表明对已故皇帝而不是对建立南明的当今皇帝的忠诚,[125] 这一举动,很容易被马士英以"妄自尊大"的罪名加以指责,甚至可以因其不愿到弘光朝廷做官,而被指责为大不敬。刘宗周这种除非皇上接受其建议,否则不愿入朝为官的态度,可以被视为对马士英或弘光帝本人的傲慢不恭,但对那些将其奉为楷模的"正人君子"来说,却有着重大象征意义。[126]

除了刘宗周、徐石麟等元老象征着东林党势力外,还有一批年轻文人代表复社势力。这些年轻文人虽然比严肃的东林党人更富有浪漫色彩,但他们十分崇敬刘宗周。其中许多人,如著名作家、《桃花扇》中所描绘的风流才子侯方域,在北京陷落前一两年就来到了南京,躲避家乡的战乱。[127]1642年,侯方域的家乡河南受到李自成的威胁,其父侯恂奉命前往镇压,[128]但未能成功。[129]于是侯氏家族迁出农民军活动的区域。侯方域本人则决定跟随众人前往南京避难,并希望在南京能与在北京结识的文人重聚。[130]

侯方域的愿望实现了。他一到南京,就将著名的"四公子"重新聚合在一起,其中包括侯方域本人和方以智、冒襄、陈贞慧。虽然时间短暂,但他重新领略了秦淮河畔的烟花风情,那里灯红酒绿,歌舞不休,与南京城外的兵荒马乱的情形判若两个世界,[131]时间在这里停滞了,那令人难忘的美好的一瞬,后被剧作家孔尚任如此绝妙地捕捉住了,他让侯方域唱道:

齐梁词赋,
陈隋花柳,
日日芳情逍逗。
青衫偎倚,
今番小杜扬州。
寻思描黛,
指点吹箫,
从此春入手。
秀才渴病急须救,
偏是斜阳迟下楼,
刚饮得一杯酒。[132]

但这美好的时光,很快就因北京的陷落而结束了。随着皇位继承权之争的爆发及马士英率其船队直逼南京——过去的政治斗争似乎突然间死灰复燃。由于史可法已离开朝廷,"正人君子"们便将希望寄托在侯方域身上。侯方域之父与总兵左良玉的关系十分密切，而左良玉是这些人可能得到的唯一的军事援助者。[133]

左良玉是当时最强大的军阀之一。[134] 他的5万正规军及投降后被收编的农民军，控制了湖广地区。[135] 这支军队虽因纪律涣散而臭名昭著，但仍是抵挡张献忠的有效屏障。张献忠当时已横扫四川，随时可能顺江而下进攻江南。[136] 所以弘光帝登基后首先采取的行动之一便是尽力争取左良玉效忠南明。弘光帝封左良玉为"侯"，任命他所信任的、与东林党有联系的文官袁继咸为湖广总督。[137] 袁继咸致书左良玉，劝其效忠南明政权，并率军构成一道抵御张献忠东进的防线。[138]

当时，左良玉满足于留在湖广而无心干预朝中政事。所以，东林党和复社无法取得军队的支持。他们别无选择，只好使出他们最拿手的政治手段：通过对官吏的铨选和品评来控制文官。大学士、东林党人张慎言已是吏部尚书；另一位东林党人，兵部左侍郎解学龙又推荐黄道周作吏部左侍郎，与张慎言呼应。[139] 通过这一任命，东林党人掌握了人事大权。于是，他们立即着手将其支持者安插于要职，例如：解学龙提议让黄道周的最重要的政治盟友叶廷秀任户部主事。[140]

马士英迅速行动起来，对东林党人试图占据政府重要职位的行动进行反击。他阻挠对叶廷秀的任命，提议召勋臣刘孔昭入阁，使之成为第六位大学士，从而转变朝廷最高层权力分配的现状。由于刘孔昭非科举出身，又由于勋臣担任大学士从无先例，吏部尚书张慎言轻而易举地否定了这一任命。[141] 刘孔昭大怒，立即做出反应，推荐马士英为大学士，并立刻得到皇帝的批准。[142] 1644年6月27日早朝时，刘孔昭又在勋臣赵之龙支持下，当着皇帝的面，对张慎言进行突然袭击。他指责张慎言拒绝任用勋臣武将，而以推荐吴甡、郑三俊等勾结李自成的罪臣为官的方式图谋反叛。他还指责张慎言利用吏部的任免之权，在朝中安插亲信，而被安插者又都与东林党过往甚密。最后，这位勋臣对张慎言进行了人身攻击，叫骂道："排斥武臣，结党行私，非杀此老奸不可。"[143]

6月27日的廷争爆发后，张慎言及五位大学士中的高弘图和姜曰广两人立即提出辞职。弘光帝接受了张慎言的辞呈。于是，张慎言离开了朝廷。[144] 高弘图与姜曰广的辞呈没有得到批准。皇帝试图以国家面临的危难及他们在朝中的重要地位来说服他们。对此，高弘图虽毕恭毕敬，但仍坚持己见。他解释说，不是为一点小事辞官，而是反对如此不公地对待张慎言，因为正是张慎言任用了像刘宗周、黄道周这样的正直之士。高弘图还抨击了朝廷选官制度的混乱。他认为，任免政府的高级官员，尤其是大学士应按先帝旧制进行，由九卿会议决定，而不能由一两人专权。[145]

高弘图所要求恢复的是一种集体协商的选官制度，即由皇帝召集朝廷大臣对被选人的优缺点进行评议，而后再决定任用与否。这是崇祯以前的制度，后来因为党争被崇祯废除了。[146] 如今，新皇帝已经登基，高弘图及其他正人君子的领袖们希望恢复过去的制度，并企望由此恢复朝廷大臣的权力，摆脱由皇帝和权臣议定任免大臣的选官方法。这种方法虽有利于皇帝和权臣，却势必削弱六部言官及内阁的权力。另一方面，马士英则主张进一步强化皇帝和权臣对官吏的任免权。在同高弘图辩论时，马士英强调用个别官员的例子责怪整个朝廷是不恰当的，也是不公正的。高弘图反驳说，公开评议的选官制度是公道的：经过群臣会议推荐不更光明吗？[147] 表面上双方争论的是选官公正与否的问题，实际上，问题的焦点在于究竟实行什么样的选官制度。[148]

马士英坚持主张废除经九卿评议选任大臣的制度是有目的的。他希望他的老朋友和支持者阮大铖进入南明政府；他又深知要实现这一不得人心的甚至荒谬的任命，必须避开廷议，而直接取得皇帝的诏令。[149]

阮大铖自《南都防乱公揭》传出后，一直过着隐居的生活。他闭门不出，对那些轻蔑地摒弃他的人恨之入骨。[150] 农民军攻占北京和南明政权建立，对他来说，似乎是一次政治机会——因为一些反对过他的复社成员投降过大顺，这使复社的声誉受到损害。同时，他的好友马士英又成为南明政权中的重要人物。于是，阮大铖奏上一道很长的"孤忠被陷之由疏"，表示愿为弘光帝效忠。疏中声称，他曾私下劝阻其他人追随魏忠贤，后来仅在1624年的很短一段时间内，与逆党魏忠贤共事。[151]此后他虽然得到一个官职，但只干了70天就回乡隐居了。在这孤傲、寂寞的放逐生活中，他又遭到东林党和复社的恶毒诽谤。然而（在某种意义上，这是阮大铖打动福王的最重要的一点）正是这些曾攻击他与一位皇帝宠臣勾结的人，实际上竟为杀死了皇帝的叛贼效力。换句话说，许多过去的东林党人和复社成员成了为李自成服务的"伪官"。阮大铖质问道：究竟谁是真正的忠臣？是站在弘光帝立场上的他，还是那些"贰臣"？[152]

这道奏疏最初在反对阮大铖的官员中没有产生什么影响。因为这些官员一直在南京任职，从未考虑过要对北京的同僚加以区别。但在1644年7月9日马士英提名阮大铖任兵部右侍郎时，吕大器上疏怒斥：

> 先帝血肉未寒，爱书凛若日星，而士英悍然不顾，请用大铖。不惟视吏部如刍狗，抑且视陛下为弁髦。[153]

从7月12日到20日，其他官员的奏章也雪片般地飞来，群起攻击阮大铖并抨击这项提名。[154]陈子龙——其父与马士英于1619年同时通过会试——甚至亲自登门劝马士英撤回这项提议。他认为，阮大铖入朝，会使17世纪20年代的党争重演。[155]姜曰广和高弘图对阮大铖入朝也强烈反对。[156]但马士英及其同党并未退缩。刘泽清从其驻地上疏弹劾吕大器"图谋不轨"，以此迫其辞职。[157]朝中，姜曰广和高弘图则不再参加内阁议政，并随即一起辞职。[158]由于这些人离开了朝廷，某些重要官员又被收买，马士英终于在9月30日成功地得到了皇上的诏令，直接任命阮大铖为兵部添注右侍郎。[159]

收复失地论和治国之道

如此激烈地反对阮大铖的原因之一，是正人君子们担心阮大铖在兵部任职——特别是吕大器离开兵部之后——这将意味着放弃收复华北的战略而采取"偏安"南方的主张。[160] 因为，马士英和阮大铖都主张实行与北方敌对政权和平共处的政策，实际上是满足于采取南宋王朝在女真人入主中原分裂中国时所采取的那种办法。[161]

马士英当然希望将南明的统治扩大到长江流域以外地区。弘光帝即位不久，马士英就上了一道密折，提出"开国大计"，建议与北方豪杰之士建立广泛的联盟。[162] 但实际上这仅仅意味着重新确认诸如长期驻守战略要地汉中的赵光远等将领的职务，或承认张缙彦那样的乡绅的权力。后者曾任兵部尚书，后来回到河南老家组织"义勇"，镇压当地农民军。[163] 马士英的这一举动并不意味着他打算组织乡兵，并以此作为从大顺余部或清人手中夺回北方的计划中的一环。河南的情况就清楚地表明，实际上马士英不愿批准任命豫北那些志在收复失土的豪强们。这些豪强仍据守着自己的寨子。[164]

河南当时势力最大的豪强是刘洪起，最初他和自己的四个兄弟控制了位于河南东南部汝宁府的盐井。通过与左良玉结盟，他又将势力扩大到豫北。1643年，明朝政府授予他副将职衔，并任命他为西平副总兵，从而承认了他的权威。

> 平西寨副将刘洪起，勇而好义，屡杀贼有功。（河南）诸帅中独洪起欲效忠。洪起拥兵数万，诸小寨悉归之。洪起尝官副总兵。[165]

就其本身而言，刘洪起不会投身于收复失地的事业，只是受到浙江冒险家陈潜夫（1636年举人）的影响才被卷入。开封在被李自成围困期间曾遭到洪水袭击。在这之后，陈潜夫来到开封，试图恢复这一地区的安定。他将总部设在杞县，招纳了许多逃离开封的官吏，自己组建了一个相当于府一级的机构，但与此同时，李自成任命的"伪"巡抚梁启隆接管了破败的开封城，管辖河南。梁启隆的主要任务是控制那些经常下乡劫掠的军纪废弛的军队。但他的努力不见成效。陈潜夫被迫率其3000部属迁至西平寨。就在那里，他与刘洪起及其1万人马结成联盟。北京被大顺军攻陷的消息传到西平后，他们二人集中兵力将梁启隆赶出开封，迫其退到黄河以北。直到李自成被清军逐出北京之后，他们才回到自己的根据地。如今，听说明朝新政权已在南京建立，陈潜夫立刻表示他和刘洪起将忠于南明，并愿以西平为根据地，为明朝而战。在给弘光帝的奏疏中，陈潜夫极力主张南明军队坚守山东、河南，寸土必争。他说，河南有寨数百，可连成一片，并向弘光帝保证，明军可以通过他们的防区北上伐清。[166]

马士英根本不赞成这些计划，弘光帝任陈潜夫为河南巡按御史，并任刘洪起为总兵，这都不合马士英的意愿。[167] 但对"正人君子"们来说，陈潜夫和刘洪起都是豪杰之士；他们希望在百姓强烈要求收复中原的热潮中，动员起更多的地方豪绅。正如史可法在南京首次商讨国策时所指出的，明朝臣民不能以"江南片席地，俨然自足"，而是需要更大胆的战略，"亟召天下名流，以收人心"。[168] 史可法牢记南宋的教训，主张"必须能战，而后能守"。他与当时的应天巡抚左懋第一样，认为"从来守江南者必战于江北"。[169]

史可法告诉弘光帝，历史证明只有守住江北才能保住江南。这也反映了史可法所期望的仅仅是保住南京而不是收复北方。对此，刘宗周、陈子龙等人都不十分满意。[170] 素孚众望的刘宗周支持明军分两路出击的建议：一路向东进入淮河流域攻取徐州，另一路向西进入安徽攻取襄阳。[171] 当时在兵部任职、参与负责南京防务的陈子龙，恳求弘光帝召见刘宗周，令其陈述招纳"天下贤者"，共图"复明"的计划。[172]

陈子龙也直接向弘光帝提出很多建议，如"布置两淮之策，以为奠安南服之本"[173]。其中包括在南京驻军内组建精锐的"标兵",以及征募新军,精选将领,令将领在其辖区内自行招募义勇等。[174] 同其前辈戚继光和远在其后的曾国藩一样,陈子龙希望建立一支"子弟兵",用儒家的道德精神激励他们,并模仿诸葛亮的做法将他们编成各具特色的小队。[175] 这一计划意在稳定华中和华南的局势;但真正关键的步骤是让福王听取聚集在江南、主张北伐的"众贤"的意见。陈子龙强调说,弘光帝为"诸逆"所隔,因而听不到"众贤"的意见。他以历史的教训告诫弘光帝:"先朝致乱之由,在于上下相猜,朋党互角。"反之,弘光帝若能冲破内廷的封锁,征询公众的意见,便会明白以御驾亲征来唤起天下"豪杰"的时刻已经到来。[176]

毫无疑问,1644年夏,陈子龙及其周围的人曾确信,大胆的北伐将会扭转历史潮流。[177] 弘光帝若能像后汉光武帝或唐肃宗那样,放弃宫中的享乐,亲自率师北征,必将无往而不胜。陈子龙坚持认为,历史的发展主要取决于公众的激情。在这决定性的紧要关头,百姓的情绪正处在混乱之中:可能转向这边,也可能转向那边。

> 今者人情泄沓,不异升平,从无有哭神州之陆沉,念中原之榛莽者。臣瞻拜诸陵,依依北望,不知十二陵尚能无恙否。而先帝、先后之梓宫何在?[178]

陈子龙主张必须抓住这一时机。山东、河北"义旗云集,咸拭目以望王师"。机不可失,"臣恐天下知朝廷不足恃,不折而归敌,则豪杰皆有自王之心矣"。[179]

陈子龙对江南百姓是否有能力组织起强大的地方自卫系统,心中颇有疑虑。以一种地缘政治决定论(此种理论被后来的王夫之充分发挥)为依据,陈子龙认为,由于长江三角洲地区的商业化,当地百姓主要聚居在集镇,难以同近邻发展互相关系。此外,由于南方的农活十分繁重,百姓无暇习武,事实上也没有马匹、兵器或骑马操练的余力。他承认局势的发展会迫使江南缙绅组建乡兵,但又担心这些乡兵会像以往那样退化为治安组织。陈子龙的结论是:"故曰,欲为江南兴乡兵者,妄也。"但北方的情况完全不同,地理环境使人们息息相通,有较强的村社传统。人们聚居在不同于血亲组织的村庄中,从而形成了很强的互助和村防习惯。此外,他们习惯骑马,极容易组织起自卫的乡兵。[180] 陈子龙希望,一旦弘光帝答应出师北伐,拥有乡兵的北方豪杰便会受到鼓舞,起而支持南京政权。[181]

这也是其他主张北伐者的希望。敢于直言的湖南籍官员、刘宗周的弟子章正宸也曾就此问题上疏弘光帝。他认为,一旦皇帝离京北征,很多"营寨相连"的豪杰便会群起响应,协助收复中原。[182] 可见,陈子龙等人对发动各类地方领袖支持和积极参与收复失地寄予极大的希望,而这些地方领袖正是在明朝末年、朝廷日趋衰落之时乘机扩大了自己的实力的。早在1643年就曾上疏崇祯帝建议在全国组建乡兵的举人何刚认为,唤起地方领袖可使南明政府充分利用早已遍布全国的乡兵组织。[183] 如今正渴望加入弘光政权的何刚,呼吁勤俭治国,以便使政府有财力酬劳地方豪杰,并为其部属提供军饷和赏金,以此赢得这些亡命之徒对北伐的支持。

> 惟日求天下奇才,俾智谋者决策,廉明者理财,勇猛者御敌。庙堂不以浮文取士,而以实绩课人,则真才皆为国用,而议论亦省矣。分遣使者罗草泽英豪,得才多者受上赏,则豪杰皆授命疆场,而盗魁亦鲜矣。[184]

如果皇上愿意承认这些地主豪杰并给予相应的奖赏,他们作恶的能力便会被引导转向在政治上发挥积极的作用。他们将被改造成义士而不再作盗魁。或许通过战场上的伤亡还可减少这些盗贼的数量。这样,南明政权就可利用混乱的局势使地方豪强为自己而不是为敌人所用。[185]

何刚关于动员乡兵的建议,集中反映了陈子龙及其他几社成员治国主张中的自利原则。史可法提出的将江北建成北伐前线的战略,也带有合理自利的特征。他认为,江北荒地应以军屯形式加以开发,屯田军民以百夫屯、千夫屯为单位,选豪杰为百夫长和千夫长,负责具体实施。为了保卫自己开垦的土地,这些屯民将组成抗击入侵者的坚固防线,并有助于收复失地。[186]

然而,这种将决心保卫自己家园的地方缙绅当作南明政府的最可靠的同盟的主张,遭到刘宗周等更急于求成者的摒弃。这些人抱有更激进的幻想,他们认为,只要皇上御驾亲征,百姓就会自发地响应。刘宗周还将皇帝亲征所蕴含的恢宏气度与高杰、刘泽清等人的投机与自私作了区别。[187]从策略上看,此时作这种区别是极不明智的,因为这样做既损害了朝中有志收复失地者的事业,又几乎使刘宗周本人丧命。刘泽清被这位思想家的自以为是所激怒,遂上疏参劾刘宗周。他见皇上没有立刻做出反应,便再次上表警告说:若不正式革除刘宗周的左都御史之职,他便辞去南明政府的官职。[188]当高杰和刘良佐起来响应后,马士英也对刘宗周提出弹劾,说这位思想家要求御驾亲征,是想危害皇上的性命。[189]随后,勋臣镇将们又把攻击目标扩大到所有支持姜曰广的"阁臣",他们指责姜曰广"谋逆社稷"。[190] 10月9日,姜曰广辞职还乡。次日,即10月10日,刘宗周也离开了南京政府,这一次并非完全出自其本意。[191]与刘宗周离职以及接踵而来的对阮大铖的任命同时,还有一系列辞职与参劾事件。陈子龙辞去了兵部之职,返回松江老家。湖广巡按御史黄澍上疏参劾马士英,列举了马士英所犯10条当斩之罪。[192]对立的双方又重新开始以最有利于自己的方式进行斗争。倾向刘宗周的士大夫此时公开宣称自己是崇祯朝"正人君子"的继承者,并断言他们之所以遭到攻击是因为与东林党或复社的关系密切,东林书院的创建人顾宪成之侄顾杲的被捕,就证明了这一点。[193]与之对立的马士英与阮大铖一党则将这场冲突描述为弘光帝的忠臣与追求私利的投机者之间的斗争。他们声称，忠于皇上的人正在保护弘光帝的利益，使其免遭狂热的东林党人的损害，因为弘光帝的父亲曾在政治上反对过东林党人，所以东林党人的继承者正在伺机报复。追求私利的投机者则只是在口头上大讲忠君，实际并非如此，他们当中的许多人在北京陷落后曾投降李自成。[194] 阮大铖上任不久便对一些曾反对他复出的人说："彼攻逆案，吾作顺案相对耳。"[195]

顺 案

自6月下旬以来，顺案就一直在策划之中。[196] 6月22日，从北方逃来的官员被禁止进入南京。这一禁令是针对那些曾投降过大顺又想南下避难的人而发的。[197] 7月4日，马士英又力荐其好友李玉田任兵部尚书，以酬劳他在北方杀死过许多"伪官"。[198] 史可法当时正在扬州试图抚慰高杰。他在扬州城外的大营中得知这些变故后十分震惊，立即致疏朝廷，表示不赞成拒绝北方官员南下的做法。他建议：

> 诸臣原籍北土者，宜令投呈吏、兵二部，注名录用，否则绝其南归之心。[199]

史可法并不想对曾归降大顺的人实行大赦。[200] 实际上，他还要求对自己的堂弟、翰林院庶吉士史可程实行惩治，因为史可程曾加入过李自成的政权，并写信劝史可法也归顺大顺。[201] 但史可法也主张区别对待曾与大顺合作的官员。他以略带讥讽的口吻指出，那些现在叫嚷着要求惩处"从贼官"的人们，倘若在北京陷落时也在北方，可能会做出与之完全相同的举动。总之，史可法认为这是一段颇具讽刺意味的往事，许多在南方任职的官员原是被朝廷贬到这里来的，而现在却恰好因之而免受监禁之苦。史可法指出，高杰和刘泽清都没有坚守北方的岗位，而自己与马士英也未能营救北京的崇祯帝。他暗示南方的官员都未能挽救北方朝廷，从某种意义上说，南方官员的幸存正是由于北方官员没有严守臣节，因为如果北方官员都像忠臣义士一样杀身成仁，那么像他这样深受先帝厚恩的南方官员也都应效法。

> 北都之变，凡属臣子皆有罪，若在北者始应从死，岂在南者独非人臣。[202]

但就在史可法上疏建议只惩处罪大恶极的降贼官员时，江南士民却群情激愤，坚决反对宽恕那些叛臣。[203] 吴地缙绅上疏谴责陈名夏、项煜等降过贼而今又仓皇逃到南方的官员。[204] 随着公众对从贼官员的义愤日益增长，对公然背叛明朝者也深感气愤的阮大铖发现，将众人的义愤引向那些反对过他的"正人君子"是很容易的。[205] 当南京政府颁布了杨汝成、项煜、陈名夏、徐汧等"北都从贼诸臣罪状"之后，杨汝成等人的住宅便受到以生员为主的暴徒们的袭击。这种状况迫使那些孤立无援的从贼官员又纷纷逃回北方，加入了清政府。[206]

在"顺案"爆发期间，周钟极大地损害了复社在明朝忠臣心目中的形象。周钟是1643年科举榜眼，复社领袖。他曾担任过李自成的顾问，并答应帮助李自成征服江南。周钟和其从兄周镳都为阮大铖所仇视。阮大铖因他们在《南都防乱公揭》上签名而怀恨在心。然而，令人不解的是，正是周镳——他嫉妒并疏远周钟——公布了其从弟周钟在北方叛明降顺的内情。[207] 周镳的一个门徒透露了周钟所写的那道不光彩的"劝进表"的内容，其中还将李自成比作尧舜。周镳本人还私下印了两种记述北京陷落时状况的书（《国寿录》和《燕中纪事》）。其中详细描述了他那位从弟卑躬屈节的丑行，包括他对大顺大学士牛金星的奴颜媚态。[208]

我们简直无法描述南直隶的士大夫在得知周钟变节行为时是多么震惊,他们"远远切齿"[209]。周钟的密友嘉定籍哲学家黄淳耀听到此事后立刻病倒了:

> 天哪!难道周钟竟能如此丧尽天良?他如何能做出此等事情?我们已有二十年的交情了,但我永远不会原谅他这种大逆不道之举。我希望我交友不慎的教训能使其他人在交友时引以为戒,周钟作为大臣的行为将会使未来的大臣们引以为训。[210]

人们愤怒的原因在于完全没有料到一个曾在科举中荣登榜眼的人竟会背叛恩重如山的皇上。在传统的观念中,获得最高级科举出身的人,理所当然应为其皇上献身。[211]宋朝的伟大爱国者文天祥[212]不就是状元吗?周钟失节不仅被看作是对明朝的背叛,而且还被许多士大夫视为对儒家信仰的背叛。因此,周钟的背叛,为那些嫉恨自视清高的东林党和复社成员的人提供了绝妙的例证,他们以此来揭露所谓"正人君子"在政治上的虚伪。

此外,由于周钟的两位伯父被指斥为宦官魏忠贤的党徒,周钟本人的变节行为便为马士英和阮大铖提供了良机,使他们可以巧妙地将"逆案"与"顺案"联系在一起。1644年7月13日,马士英上疏要求处死周钟。他对弘光帝说:

> 庶吉士周钟者,劝进未已,又劝贼早定江南。闻其尝驰马于先帝梓宫前,臣闻不胜发指。其伯父应秋、维持皆魏忠贤鹰犬,今钟复为闯贼忠臣,枭獍萃于一门。逆党钟[213]于两世,宜加赤族诛。其胞兄铨尚厕衣冠之班,从兄镳俨然寅清之署,均宜从坐,用清逆党。[214]

此后不久,周钟和周镳相继被捕入狱,[215] 并很快地被处决。[216]

随着"从贼官"被一一认定,对周钟的逮捕揭开了一场大清洗的序幕。[217] 1644年10月14日,大理寺颁布了对从贼官的惩罚条例。[218] 规定罪重者磔、斩,罪轻者绞、流。[219] 随着搜捕的进展,宦官控制秘密警察的权力又得以恢复,令人畏惧的东厂打手又来到南京,重操旧业。[220]

正直的士大夫本能地做出了反应。至少从表面上看,崇祯时期的激烈党争如今又全面爆发了。顾锡畴(高弘图辞职后他继任礼部尚书)等"爱国之士"又重新使用起17世纪30年代的政治术语,称马士英、阮大铖一伙为"阉党",借翻旧账以自卫。例如,这位曾遭到魏忠贤迫害的大臣,坚持要求弘光帝以渎职罪取消对温体仁的封谥。[221] 这个问题虽一度转移了朝廷对"顺案"的注意力,但似乎也证明了马士英和阮大铖的论断,即"正人君子"正在重新挑起危害甚大的党争。阮大铖甚至感到完全有必要针对"正人君子"集团编制一套新的黑名单。[222]

政治迫害

阮大铖开始编制黑名单时,对其政敌的迫害也进入了新阶段。由于马士英和阮大铖对东林党抱有明显的偏见,因此,他们开始招纳过去与魏忠贤有牵连的人作为支持者。而这些人被鼓动起来的主要原因是,他们担心一旦正人君子们重新上台,他们自己会因过去与魏忠贤有交往而遭到贬斥。比如郭如阁、周昌晋,特别是杨维垣,在公众眼中都与从前的"逆党"有关,而如今都在马士英手下任职。这无疑将使冲突更加残酷。[223] 杨维垣在1624年吏部之争时便是阮大铖的密友,现在他又力劝阮大铖不择手段地打击政敌。1645年初,一位自称大悲的疯和尚为阮大铖一伙提供了这样的机会。[224]

1645年1月12日,南京西城兵马司得报说,西华门外有一个和尚自称是亲王。[225] 一名官员奉命前去调查,将此和尚逮捕,带入南京,由京师提督戎政忻诚伯赵之龙率手下官员审讯。在审讯者看来,这个和尚无疑是个疯子,他自称法号大悲,是定王,并说1642年先帝为防不测而派他南下。[226] 审讯中,大悲和尚几次改变自己的封号,还肆无忌惮地说自己与潞王有联系。最后,他向审讯者提到两位南京政府官员的姓名,其中之一是钱谦益。[227]

虽然在大多数人看来,大悲不过是个发狂的和尚,他自称亲王的行径是可怜的,可以不加追究。但阮大铖和杨维垣却抓住大悲提到钱谦益(他被视为与东林党和复社有牵连的人)这一情节,试图编造一起阴谋支持潞王谋反篡权的案件。[228] 于是,他们令一名亲信参加了审讯,夸大了大悲的口供。使之牵连到143人,其中有史可法、高弘图、姜曰广以及其他一些具有同等声望和地位的人。[229] 但阮大铖还没来得及下令逮捕这些人,钱谦益便上疏抨击了这一针对他的而又不堪一击的指控。这样一来,此事便公开化了。这就迫使阮大铖寻求马士英对此案的支持。马士英浏览了供词,意识到这项指控根本不能使公众信服,相反,只能使其同党显得滑稽可笑。[230] 他看出这个可怜的和尚不能用来作为发动清洗的借口。遂于3月27日下令将大悲处决,并拒绝支持对那143人的指控。[231]

尽管如此,阮大铖仍继续对复社成员进行报复,特别是对那些曾在《南都防乱公揭》上签名的人或公开反对他复出的人。《桃花扇》对此有如下描写:

> 凶凶的缧绁在手,
> 忙忙的捉人飞走;
> 小复社没个东林救,
> 新马阮接着崔田后,
> 堪忧!

第五章 南京政权

昏君乱相，

为别人公报私仇。[232]

有些人遭受打击，不得不改名换姓躲藏起来，[233] 其余的则全部逃出南京，或到左良玉军中避难，或到扬州作史可法的幕僚。[234] 侯方域显然是阮大铖寻求报复的主要目标，一位与之关系密切的将领（经常与他一起饮酒）警告他说，阮大铖打算逮捕他。[235] 作为阮大铖发泄私愤之对象的其他官员，干脆在被革职之前就离开了朝廷。即使被授予官职，他们也断然拒绝。[236]

有才干的人中，有些拒绝任职，有些则因与马士英和阮大铖不和而得不到任用。例如：前广西巡抚方震孺在行政和军事方面都是行家，尤其擅长发动乡绅和乡兵。也许是因为曾受到史可法的举荐，也许是因为曾遭受过魏忠贤的迫害，并几乎被拷打致死，方震孺受到猜忌。尽管他愿意出力"勤王"，却遭到马士英和阮大铖的排斥。因此，方震孺所具有的地方管理才干无法得到发挥。[237]

但如果说 1645 年 1 月以后，南京政权中所有的官员都是马士英或阮大铖的亲戚朋友，也不符合事实。还有一部分相当出色的官员留在朝中，在马士英弃职逃走后的最后日子里，就是他们主持朝政。其中三位主要大臣是赵之龙、王铎和钱谦益。赵之龙并不是马士英的亲信，由于他处事公正，得到朝中许多官员的敬重。这些官员担心朝政走向某一极端，因而希望有一位温和甚至妥协的大臣。[238] 王铎是著名的书法家（1622 年进士），曾任翰林院编修。1640 年升为南京礼部尚书，后丁忧还乡。期满后，原定到北京任礼部尚书，因李自成攻陷京师而未成行。1644 年 6 月，出任南京政权的礼部尚书，继而兼任大学士。[239] 王铎转任吏部尚书后，钱谦益接任礼部尚书。[240] 钱谦益是著名的东林党人，[241] 故有必要指出，尽管马士英与阮大铖打击正人君子，但仍有不少与东林党有关系的官员留在南京朝中。[242] 与此同时，还有不少有才干的中立者在朝中担任要职，其中包括杨鹗、丁启睿、高倬、朱大典和练国事。[243]

南京政府的困境

然而，尽管这些官员可能很能干，南京政府持续不断的财政困难却限制了他们才能的发挥。朝廷自然要尽力维持一支庞大的军队。1644年冬季，名义上属于南明的军队超过100万人，是其兵力最盛之时：

将领或驻地	兵　力
高　杰	4万
黄得功	3万
刘泽清	3万
左良玉	80万[244]
安庆驻军（归凤阳指挥）	1万
凤阳驻军	1万
淮安驻军	1.5万
黄斌卿	1.8万
李成栋（史可法指挥）	4000
吴材驻军（水陆部队）	1万
安庆驻军	5000
总计	100.2万
	（应为97.2万——译者）

可以肯定，这些都是各地驻军的上报数字，实际人数可能要比这些数字少得多。[245] 前五支军队主要是自给自足的。[246] 所以其将领，像左

良玉等人皆在其辖区内征税,而且根本不将其税收上缴南京。其余的军队则主要依靠南京提供的军需和兵饷。这样,军政与民政的开支加在一起,每年约需1000万两银子。[247]

朝廷希望史可法提供这笔经费的一部分。但那年冬季,他自己的军队也没有足够的粮草,加上淮阳地区的交通被阻断,致使史可法派出的收税官只收到规定税银的一小部分。[248]其中只有5000两上缴南京。[249]因此,南京朝廷只好另谋出路。尽管以前的赋税有所减免,但常规税额却增加了;对已经纳税的地区,则课以额外捐税。例如,这年初冬,淮河地区的米税就增长了12%——据说是因为上交的稻米质量低劣;数月之后,又有宦官建议,向浙江、福建额外征银20万两以弥补府库的日益虚竭。此外,房地产交易税、渔税及沿岸芦苇税等多种杂税也开始征收。及至1645年春,马士英甚至提出向各州府征收特别税以训练军队。这实际上是恢复了福王登基后已废除的令人切齿的"练饷"。酒税也在此时开始征收,盐税提高。[250]在预料中的是朝廷少不了卖官鬻爵;对地方乡绅进行额外搜刮,迫使他们交纳财产税等等。[251]尽管南明政府作了种种努力,但这些权宜之计的实施,至多也只能收到800万两,而政府所需要的开支则是1000万两。[252]

这一困难显然是全局性的,南京政府根本没有足够的辖区,所以也无法为防御提供足够的钱粮。[253]由于缺少信贷来源和私人钱庄(清政府则可从山西商人处借贷钱款),南明政府只能发给少数将领军饷,因而它不得不允许主要军事将领在其各自辖区内拥有财政自主权。这样便削弱了朝廷对各地驻军的控制。这些军队常为分赃不均而互相争吵,以至后来清军邀请他们共同征服华南时,他们竟为能有机会掠夺战利品而喜出望外。

尽管南京政权的财政困境是全局性的,但无论当时还是后来的舆论都将南明经济崩溃归咎于皇上的昏庸或马士英的贪婪。也许找出一个替罪羊能使人们对即将发生的悲剧在感情上更容易接受,也许传统史家总是习惯于把一切罪责归于某个人的恶劣品行。[254] 因此，无力挽回财政危机的责任，被推给了奢侈的弘光帝和贪得无厌的马士英及其同党。[255] 弘光帝是个戏迷，据说他不理朝政，日夜沉溺于表演或观赏阮大铖所编写的《燕子笺》一类的戏曲中。[256] 正如《桃花扇》所描述的那样，弘光帝唱道：

> 旧吴宫重开馆娃，
> 新扬州初教瘦马，
> 淮阳鼓昆山弦索，
> 无锡口姑苏娇娃。
> 一件件闹春风，吹煖响，
> 斗晴烟，飘冷袖，
> 宫女如麻。
> 红楼翠殿，
> 景美天佳，
> 都奉俺无愁天子，
> 语笑喧哗。[257]

宫殿楼台遮蔽了刀光剑影，南京城内的骄奢似乎掩饰住了前方将士的艰难困苦。皇上只关心自己的御花园是否美丽，只关心宫内戏班子的戏装是否精致。他把越来越多的权力交给了宦官，而朝中权臣又卖官鬻爵，中饱私囊。[258] 一首当时的民谣这样唱道：

> 职方贱如狗，
> 都督满街走。[259]

马士英和阮大铖为了控制某些职位而相互争夺。[260] 例如，马士英欲

第五章 南京政权　237

使张国维任吏部尚书，阮大铖则希望他的朋友张捷得到此职。结果阮大铖如愿以偿，[261] 而马士英也得以提拔自己的甥婿杨文掌南京江防。[262]

> 扫尽江南钱，
> 填塞马家口。[263]

因此，有些人出于私心，利用阮大铖的卖官鬻爵和马士英的任人唯亲，拒绝放弃对江南财富的控制，反对北伐。与此相反，史可法则没有理由不支持北伐，他本人当时已在江北，而江南又无其切身利益需要保护。因此，在当时简单化的道德评价中，南京朝内的腐败自私与史可法军营中的正直献身精神形成了鲜明的对比。[264]

扬州的忠臣

史可法的扬州大营吸引了江南士绅中最狂热的忠义之士。他们从江南各地，尤其是从淮河流域来到史可法营中充当幕僚，渴望为南明效力。史可法离开南京时，带走了他在镇压农民军期间召集起来的一批忠心耿耿的部下。其中有些人，如张一宠，是1635年史可法在太湖剿匪时投入其门下的。[265] 有些则是军事家，如浙江的李标。[266] 但他的大多数幕僚是17世纪40年代初在安徽作战时招募的。[267] 在任安庆、贵池巡抚期间，史可法又网罗了许多当地士人，像安庆的周自新和孟振邦，贵池的程宗熹和汪思诚。[268] 来到扬州后，史可法宣布成立了一个特殊机构——礼贤馆，并下令招纳四方学士。[269] 通过其心腹幕僚应廷吉的努力，史可法招纳了20名新幕僚，其中包括年轻的神箭手李升和著名的战略家卢景才（Lu Jingcai）。[270] 也有一些人，像正在协助史可法组织"保甲"的1643年进士吴璇，因受到史可法的赏识而任要职。其他人则进入史可法的幕府，以幕僚身份为其出谋划策。[271] 其中最著名的是积极献身于收复中原事业的徐州诗人阎尔梅。

阎尔梅（1603—1679）出身于富裕的士绅家庭，其家族以擅长音律著称。他与两个兄弟从小就在父亲的督促下学习作曲，并都是受人尊敬的诗人，阎尔梅在兄弟中又最为出色。他虽然不如同乡万寿祺有名，但在 24 岁时就写成了一本诗集，并为一群在华中和华北的城市与乡村间浪游的诗人所承认。[272]1627 年他来到南京，随后又到淮扬地区，与杨廷枢、沈明抡、袁徵、李待问等诗人交游。1628 年，在江阴短暂逗留后（在这里阎尔梅出版了《疏影居诗》），阎尔梅便北上寻友，来到了北京。他与吴盛藻、李武曾、戴无忝及山西诗人傅山一起长夜痛饮，唱和诗歌，切磋技艺，举杯相祝，饮酒赏月。[273]1628 年，他有幸与另一位著名的徐州诗人万寿祺应邀参加了在天坛举行的御经筵，并作为南方名士被引见给刚刚即位的崇祯帝。[274]

两年后，阎尔梅在北京出版了一部诗集。1632 年，在完成了另一部著作之后，他回到淮扬，继而又来到杭州西湖，一路上又出版了两部著作。此后，阎尔梅从浙北再次北上，并在山东小住。山东日益频发的社会动乱迫使他于 1641 年回到了相对安全的淮安避难。[275] 往返途中他数次横渡黄河，并与许多对王朝将亡十分敏感的士大夫一样，目睹一泻千里的黄河波涛，感受到历史兴衰往复永无止境：

> 黄河来万里，
> 沧海去朝宗。
> 经过泉溪处，
> 诸水俱率从。
> 清浊非一路，
> 大小相雄雌。
> 与时为盛衰，

怒喜看天风。
行人不敢渡,
舟子歌艨艟。
沙诸闻笑言,
烟雨垂钓翁。
神禹知有命,
蜿蜒视蛟龙。[276]

历史正如黄河那样,有时汹涌奔腾,一路汇集着涓涓细流,有时则气息奄奄,干涸断流。如果这一比喻是恰当的,阎尔梅所处的正是这样的时代。由于京师已落入李自成之手,阎尔梅的生活发生了转变,学者的悠闲与诗人的欢宴从生活中消失了。他一度回到徐州。大顺官员前来接管此城后,他便逃入附近山中。武素几次派人寻找阎尔梅,并邀他返回徐州,归顺新政权。但阎尔梅复信表示要尽忠于明朝。[277] 回淮安后,他决心保持名节,并尽力使其家族摆脱当时的困境。正是在这种情况下,阎尔梅开始注意到淮安以南160公里处史可法的扬州大营。他听到有关礼贤馆的消息后,便产生了再次乘船南下的念头。但此次南下与他20岁时到南京参加诗人聚会大不相同。对许多像阎尔梅这样的文人学士来说,作史可法的幕僚便意味着暂时结束毫无目的的迷茫生活,得到一次重获已失际遇的机会。直到1645年2月12日他被邀请作史可法的幕僚时,阎尔梅才真正加入了史可法的幕府。他进入礼贤馆时所抱的希望,是鼓动南京出兵北伐。[278]

就在这时,史可法和南京朝廷开始考虑与北京新政权结盟,以共同对付大顺残部及仍控制着西北大部分地区的其他农民军势力。正是这位长期以来一心保护长江下游免遭农民军袭击的史可法,首先提出了联合吴三桂以镇压农民军的可能性,并要求朝廷考虑。[279] 于是,一位姓何的南明副将奉命秘密北上,联络吴三桂,并以弘光帝的名义封吴三桂为蓟国公。正值此时，南京朝廷得知清军已将李自成赶出北京并在那里建立了清王朝的消息，但这个新王朝的意图尚不完全清楚。[280]1644 年 7 月 18 日，南京政府收到一份多尔衮致江南百姓的檄文。文中之意十分含糊。第一部分写清朝出兵华北的理由，说满人希望剿灭流贼，以救中国。北方的汉族官员士绅都"怀忠义之心"以迎清军，现在已和新政府合作。这一点恰好证明了清朝的善意。多尔衮在檄文中写道：所有与清朝合作的人，都被封官晋爵，对支持南明的江南百姓，清朝也将一视同仁，慷慨相待。

> 其有不忘明室，辅立贤藩，勠力同心，共保江左者，理亦宜然。予不汝禁。但当通和讲好，不负本朝。彼怀继绝之恩，以惇睦邻之谊。[281]

在檄文的这一部分中抛出了"两立"的诱饵，以求清与南明能和平共处。

然而，檄文的第二部分又提出完全相反的观点。文中指出：国不可有二主并存，否则百姓心存二意，必将导致国家的混乱。所以清朝在稳定北方之后，必然会遣军南下，实现统一。否则，将来很可能发生叛乱，臣民的忠诚也会发生动摇。[282]

檄文中虽说到南下之事，但毕竟提出了目前局势缓和的可能性。南明朝廷已开始考虑以淮河为界实现南北分立，因而对清檄文中所提建议的反应是相当积极的。[283]史可法也持乐观态度，他极力主张利用清军的力量去消灭主要的敌人大顺军。他认为杀害先帝的流贼比刚刚入关占领中原的夷狄更为危险。[284]经过充分商议，并经史可法同意，南明决定派遣使臣北上与清军谈判。[285]

和 谈

被选中充当通北使臣的是左懋第。他原是户科给事中,现在弘光帝手下任南京巡抚。[286] 他的母亲刚刚在天津去世,他(山东人)想回北方安排母亲的葬礼。[287] 因此,他请求率使团前往北京。这次出使表面是为崇祯帝督办祭品及安排葬礼,[288] 实际上,其真正的使命是说服吴三桂与南明结盟,并以赠送厚礼、割让更多的已被清军控制的塞外土地及每年输银10万两为条件,说服清军撤到关外。[289] 这次出使声势浩大,除左懋第为正使外,还有两名副使:太仆寺少卿马绍愉和左都督陈洪范。此外还有10名官员,20名随从,骑兵50名,马夫200名,卫兵3000名,并携带有作礼品和行贿用的大量金银绸缎。[290]

通北使臣一行于8月7日正式离开南明朝廷。[291] 他们准备去感谢清军从叛匪手中解救了明帝国。然而,他们刚刚离开淮安安全地带,便遭到农民军的袭击。[292] 左懋第一行于10月到达北直隶时,被督抚骆养性阻留。后者要求他们将卫兵减少到100人,然后把他们送到会同四夷馆,好像他们是向清朝进贡的外国使臣一样。[293] 左懋第欲将弘光帝的敕书交给清廷,但清人的答复是让他们送交礼部转呈,不得直接递交朝廷。左懋第抗议道:"此乃大明皇帝御书,何得以他国文书比。"然而,清廷官员直接拒绝接受这份敕书,并将南明使臣安置在鸿胪寺。吴三桂及其他降清的汉族大臣则避而不见。[294]

清廷采取这种专横态度的原因很简单。在左懋第一行离开南京,出发赶往北京期间,多尔衮已下定决心,要实现其檄文第二部分所宣布的一统天下的宣言。[295] 多尔衮和清廷赞成原明朝御史柳寅东的计划,即在剿灭西部大顺军残余后,取道四川直下东南。当左懋第要求与吴三桂会面时,清军已经开始集结,准备投入这场新的战役。[296]

10月14日和26日,左懋第总算见到了内院刚林,虽然败局已定,他还是向刚林详细阐述了南明提出的条件。[297] 他还要求允许他们为崇祯帝举行葬礼。刚林断然拒绝了左懋第的要求，并明确表示，清朝已得天命，根本不会接受赎金退回东北。[298] 他转告左懋第，多尔衮亲自邀请使臣们到清政府中任职。左懋第意识到，达成协议的希望已成泡影，于是，婉言谢绝了多尔衮的邀请并结束了谈判。[299] 出于对这位不辱君命的使臣的好感，多尔衮同意左懋第等于10月25日由清兵护送出城。左懋第及其随员意欲南归者，听其自便。[300]

陈洪范不愿南归。他得知谈判失败后，秘密派人致书清廷，表示愿率部归顺，并将左懋第和马绍愉交清廷处置。[301] 1644年11月29日，清廷接到此信，多尔衮立即派出满族骑兵追赶通北使臣，并在沧州截住了他们。左懋第提出抗议，但还是被迫回到了北京。这一次他被勒令而非邀请加入清政府。他再次拒绝，结果被处死。临刑之际仍表示要为明朝尽忠。[302] 马绍愉接受了多尔衮的条件，向清廷宣誓效忠。[303] 陈洪范则自称为向南京朝廷转达清廷的意图而获释南归。1645年1月，陈洪范回到南京。从此他便成为清朝的密探，专门向清朝递送有关南明防御中薄弱环节的情报，同时还向周围的人散布绥靖妥协和天命已去的观点。[304]

虽然正如我们所指出的那样，左懋第通使北方是得到史可法支持的，但在公众眼中，这次通使却仅仅与马士英有关。由于历史正在南京重演，所以人们总是习惯按照历史上南朝的模式来思考问题。于是，两派之间，即志在收复北方失土的人们与希望安抚狄夷征服者、主张偏安南方的人们便展开了争论。由于收复失地论和绥靖偏安论的争吵缠绕于大多数文人学士的头脑中，左懋第的通使北方便成了马士英胆小怯懦及不愿力争决定性军事优势的又一证据。后来，当陈洪范的所作所为被揭露后，通使事件似乎又遮盖了众多南明将领叛变的事实，并被普遍认为是导致多尔衮突然决心南下的原因之一。据说，多尔衮是因从陈洪范那里得知了南京防御的虚实，才下令提前对南方发动全面进攻。[305] 不管这一推测是否真实，清朝向南明进攻的第一道明确命令确实是在和谈失败时发布的。

清军于11月开始进攻，当时多尔衮的弟弟多铎被任命为"定国大

第五章 南京政权　243

将军"。[306] 从山东发动的进攻是佯攻,降清汉将、山东巡抚方大猷正在那里为突破南明的淮扬防线而经营基地。1644年12月底,豪格由济宁南进,夺取了沿海城市海州,袭击了靠近运河与黄河交接处的宿迁,包围了大运河畔的邳州。史可法部奋起还击。刘肇基所率南明军队解了邳州之围,并重新控制了黄河北岸。[307] 然而,在大后方南京的马士英却拒不相信史可法向朝廷报告清军大队人马已进入山东、江苏交界处的急件,并冷嘲热讽地猜测说,史可法不过是想得到更多的军队给养以抬高自己在军中的声望。[308] 所以,他没有增派援兵。1645年1月,豪格再次发动进攻,重新占领了宿迁,将南明军队赶到了黄河以南。尽管如此,南明军仍有足够的力量阻挡清军过河。史可法派刘泽清部驻守黄河南岸,只要这支军队坚守阵地,清军在山东一翼的进攻就将受阻。[309]

由多铎亲自率领的西路大军也暂时停止了进攻。起初,西路大军的前锋迅速穿过河南北部。离开郑州后,多铎率军向开封西面的重要黄河渡口孟津挺进。抵达孟津后,多铎派图赖率其令人胆寒的精锐骑兵沿黄河南岸横扫河南北部。这一地区是大小寨主及黄士欣、张有声等大顺军残余,浙江冒险家陈潜夫等南明将领竞相争夺之地。在迅速挺进的清军面前,大顺军和大量寨兵的阵地完全崩溃了。图赖的人马刚一出现,黄士欣和张有声便望风而逃。15个大寨及全部士卒百姓都向图赖投降了。黄河沿岸100公里内的地区全归了清朝。[310]

然而,到12月,将战线拉得过长的两路清军都遭到了阻挡。在西线,河南怀庆附近的大顺军残部发起了反击,打败了清将金玉和,并攻打了黄河北岸的许多地区。为防止大顺军突破清军防线,多尔衮及清朝不得不下令多铎主力撤回黄河一线。[311] 同时,向东挺进的图赖部也开始遭到南明军队的顽强抵抗,其中有刘洪起的寨兵,现由张缙彦率领的攻夺开封的陈潜夫部明军,在张缙彦军背后还有驻守睢州的许定国部四五千人马,以及由当地豪强李际遇率领的兵力与许定国相当的玉寨军。[312] 多铎主力部队只有1万人,无法与这些军队抗衡。[313] 只要南明军队守住睢阳,至关重要的两淮及长江下游防区就可保无虞。只有两种状况可能改变这一局势：一是大顺军被彻底赶出陕西，清军得以从西北调出增援；二是睢州一线守军反叛，使南明某个主要将领丧失信心和畏缩动摇。这两种情况终于在1645年初的几个月中出现了。其直接原因是：清政府与北直隶及山东抗清势力极为成功地达成了和议，并出其不意地迅速占领了山西和陕西。

注释：

1 文秉等史家特别重视这一点，见顾炎武：《圣安本纪》，第33页，引自文秉：《甲乙事案》。斯特鲁弗（私人通信）认为，文秉的记叙十分精彩，但有武断之处，不完全可靠。

2 南京既是保卫江南地区的军事重镇，又是作为北方城市之粮食基地的南直隶的首府。南京虽设有与北京中央政府大致相同的官僚机构，但缺少像北京那样强有力的京城防御体系。南京政府最重要的官员是户部尚书、兵部尚书、南京守备（大将军）及五军都督。斯特鲁弗：《南明》，第5页；默克：《祝允明和苏州的文化贡献》，第72页。

3 陈子龙上任后，欲重返浙江，继续组织修建防御工事和贮备弹药。但他尚未启程，北京与南京的联系便中断了。他不知道北京已于1644年4月25日落入李自成之手，故回到松江，看望生病的祖母，并与朋友商定保护太子顺利南下的方案。艾维四：《晚明士大夫陈子龙》，第112—114、125—127页。陈子龙提出组建一支万人水师，北上天津，迎接太子，然后护送太子由水路南下，以避免陆路的艰难和危险。褚华：《沪城备考》第四卷，第11页；王云五等：《大清一统志》，第958页（第八十四卷，第11页）。

4 邓尔麟：《达官贵人》，第237—240页，及其《嘉定忠臣》，第256—261页。斯特鲁弗（私人通信）认为，祁彪佳已得知这些计划，但他当时既无能力，也无权力将其付诸实施。甚至在出任苏州巡抚后，他也未能将志愿勤王部队与正规军结合起来。

5 斯特鲁弗：《南明》，第1—3页。消息继续南传，6月25日传到福州，"乡村老幼男女莫不流涕"。海外散人：《榕城纪闻》，第3页。

6 文秉：《甲乙事案》，第33页。

7 彭孙贻：《平寇志》第十卷，第8页。这些官员是：兵部尚书史可法、户部尚书高弘图、工部尚书程注、右都御史张慎言、兵部侍郎吕大器、翰林院学士姜曰广、太常卿何应端、应天府尹刘士祯、鸿胪卿朱之臣、太仆丞姚思孝、吏科给事中李沾、户科给事中罗万象、御史郭维经、御史陈良弼、米寿图、周元泰和明王室成员朱国昌。这一众所周知的名单是由几种资料汇集而成的，见于《平寇志》第十卷，第8页；文秉《甲乙事案》，第33页。

8 明朝末年，南京最重要的官员是兵部尚书、南京守备（大将军）、五军都督和户部尚书。斯特鲁弗：《南明》，第4页。

9 史可法的祖父史应元是举人，曾任地方官。父亲史从质是秀才。一位祖叔伯、一位叔伯及两位堂兄弟都在锦衣卫任职。朱文长：《史可法传》，第97—98页。史可法生于1601年

(据刘约瑟：《史可法和满族入侵时中国的社会政治》）或1602年（此说较可信，见《史可法传》，第99—106页）。

10 朱文长《史可法传》第1—7页对此问题作了很好的研究，尽管有时过分强调史可法与左光斗的关系。据一些资料记载，史可法曾在左光斗殉难前秘密探望过这位著名的东林党人，并受到要继承东林党事业的教诲。谢国桢：《明清之际党社运动考》，第67—68页。

11 《明史》（国防研究院），第3076页。扬州史可法祠中的史可法塑像，其面孔颇似猿猴；大耳厚唇、面颊上有深深的皱纹。虽不英俊，却沉郁威严。朱文长：《史可法传》卷首插图。

12 此处及后文有关史可法的资料主要引自《明史》（国防研究院），第3076页；恒慕义：《清代名人传略》，第651—652页；朱文长：《史可法传》，第8—79页；刘约瑟：《史可法和满族入侵时中国的社会政治》，第1—40页。

13 关于史可法的安庆防区，见邓尔麟：《嘉定忠臣》，第189页。

14 刘约瑟：《史可法和满族入侵时中国的社会政治》，第32页。

15 12月，史可法通过弹劾闲散官员和制定新的编制，对南京的军队进行了整顿。万言：《崇祯长编》，第23页。

16 同上书，第43页。

17 同上书，第56—57页。史可法出任南京兵部尚书后，还向朝廷推荐了几位官员任军队将领。其中著名的有吴甡和张浩然。他认为，除了已经战死的洪承畴，吴甡也是天下最优秀的将领之一。杨德恩：《史可法年谱》，第33页。

18 杨德恩：《史可法年谱》，第34页；朱文长：《史可法传》，第28页。

19 引自谢国桢：《南明史略》，第48页。后来，地方义勇的首领被告知，非正规军不在动员之列（此项知识得自私人通信，见《明季南略》第四卷，第48页［"台湾文献丛考"本第一册，第115—118页］）。

20 "司马"一词出自《周礼·夏官》"大司马"条。司马掌兵事，并掌行事之禁。他们通晓九伐之法，尤其是九伐最后一条："外内乱，鸟兽行，则灭之。"

21 "四方"一词在《诗经》中指"华夏之民"。

22 彭孙贻：《平寇志》第三册第十卷，第8页。

23 关于1643年明军在淮河地区劫掠之事，金声桓在书信中作了生动描述。见金声桓：《金忠节公文集》，第12—14页。

24 姚广孝等编：《明实录》第十七卷，第9页；文秉：《甲乙事案》，第41页；《淮城纪事》，第133页；应廷吉：《青磷屑》，第3页；夏允彝：《续幸存录》，第68页。刘泽清为诸生参加乡试时，曾因口角将一名官府侍从殴毙。

25 何绍基编：《安徽通志》，第2391页（第二十一卷，第10页）；恒慕义：《清代名人传略》，第348页；斯特鲁弗：《传统中国社会中史学的作用》，第7—8页。黄得功大胆鲁莽，故有"黄闯"绰号。张怡：《搜闻续笔》第一卷，第13页。

26 《贰臣传》第七卷，第26—27页；《明史》，第3022、3066页。刘良佐被认为是很有能力的将领。因作战时常骑一匹花斑马，人称"花马刘"，其实是个无知而又贪婪的人。张怡：《搜闻续笔》第一卷，第13页。

27 《明实录·崇祯实录》第十七卷，第1页；文秉：《甲乙事案》，第34页；恒慕义：《清代名人传略》，第410—411页；《淮城纪事》，第133页。

28 应廷吉：《青磷屑》，第3页。当地居民也惧怕大顺官员，因为后者威胁他们说，若不服从其统治，便率闯王军队撤离（斯特鲁弗：私人通信）。

29 明朝末年，徐州多次受到农民军的攻击。1637年秋，一支来自苏州的10万人的农民军驻扎在徐州以南70公里处，曾袭击过此城。1640年，该城一度被占领，很多士绅被杀。罗振玉：《万年少先生年谱》"万谱"第6、7页，"万补"第2—3页。

30 阎尔梅：《白耷山人集》第十卷，第41页。徐州虽被黄希宪放弃，但淮河附近的房村驻军拒不投降。该军通判、著名作家和诗人凌濛初进行了英勇抵抗，后兵败被擒，不屈而死。傅路德和房兆楹编：《明代人名辞典》，第930—933页。

31 黄之隽：《江南通志》第一五一卷，第25页。

32 阎尔梅：《白耷山人集》第十卷，第41—42页。

33 《明史》，第3103页。

34 彭孙贻：《平寇志》第十卷，第8页；《淮城纪事》，第133—135页。

35 许兆椿编：《嘉庆海州直隶州志》，第44页。在此后的中国历史上，尤其在20世纪，整个江北地区到处都有地主的庄园堡垒和三五十人的私人武装。太平洋关系学院：《中国的土地所有制》，第11—14页。

36 文秉：《甲乙事案》，第34页。

37 计六奇：《明季北略》，第4、78—80页；文秉：《甲乙事案》，第53页。在坚决惩治大顺官员方面，能与路振飞相比的是淮安巡按王燮。5月6日，王燮毫不迟疑地处死了北京派来接管淮安的"伪官"。此后，"士民恃以屹然"，完全相信王燮和路振飞将会保护他们免遭农民军之扰。此后不久，一位更为重要的大顺官员前来接管淮安。此人就是在河南投奔李自成，并成为大顺政府中重要人物之一的吕弼周（1628年进士）。他带来一份布告，令当地官员承认他的权威。但王燮将其逮捕并加以审讯，将他斥为"乱臣贼子"。吕弼周拒绝回答王燮提出的有关李自成的问题，王燮——他曾是吕弼周的学生——便将他转交路振飞处置。5月20日，路振飞令一队弓箭手将吕弼周射死——射中一箭赏银一锭——而后又下令碎尸。这种公开执行死刑的做法在淮安十分常见，从而加强了路振飞对该城的控制。文秉：《甲乙事案》，第34—35页。

38 这里的人们也惧怕马士英部的逃兵（斯特鲁弗：私人通信）。

39 谈迁：《国榷》，第6088页；《明实录·崇祯》第十七卷，第1页。文秉的记载略有不同：金声桓所记相同，但周仕风被称为士，仕不敬则记为周原敬。文秉：《甲乙事案》，第34页；又见计六奇：《明季北略》，第66—71、79—81页。

40 顾炎武：《圣安本纪》，第1页；计六奇：《明季南略》，第47页；谈迁：《国榷》，第6074页。这场斗争被后代史学家们夸大了。当时支持潞王的官员比后来的评论者所说的要少得多（斯特鲁弗：私人通信）。

41 斯特鲁弗：《南明》，第2页。

42 对皇室贵族和勋贵应加以区别，前者是皇室男性成员，后者是勋臣和外戚。这些人只受虚封而无实土。王毓铨：《明代勋贵地主的佃户》，第91页；黄仁宇：《16世纪明朝的税收和政府财政》，第31页。

43 顾诚：《明代的宗室》，第5页。克劳福德统计的数字则更高，据说1594年皇室宗亲多达16万人。克劳福德：《张居正的生平和思想》，第35页。

44 罗文：《17世纪中国的大都市开封》，第27—28页。

45 1591年，山西临汾县全年税收的最大开支是支付亲王和皇室宗亲的俸禄（占田税谷物的48.5%和地税银的39.2%），其次是军饷（占税粮的37.1%和税银的36.2%）。黄仁宇：《16世纪明朝的税收和政府财政》，第178页。

46 罗文：《17世纪中国的大都市开封》，第26—27页。

47 阿尔伯特·詹：《明朝衰亡内在因素之研究》，第40—48页；克劳福德：《张居正的生平和思想》，第37页。到崇祯时，很多皇室宗亲甚至穷得无钱娶亲。何绍基编：《安徽通志》，第2049页（第一七九卷，第5页）。

48 利玛窦：《16世纪的中国》，第88页。

49 "按照规定，所有皇室的支系，包括皇帝的叔父、兄弟以至除太子以外的儿子，一到成年

第五章 南京政权 247

就应当离开京城到自己的封地,谓之'之国'。之国也就是就藩。他们居于各省,有极为富丽宏大的王府和丰厚的赡养,但不得干预地方政事,而且非经皇帝同意,不得离开他的所在地。这种类似放逐和圈禁的制度,目的在于避免皇室受到支系的牵制和干涉。"黄仁宇:《万历十五年》,第 18 页;又见于利玛窦:《16 世纪的中国》,第 59 页;黄仁宇:《16 世纪明朝的税收和政府财政》,第 31 页。

50 巴克士:《16 世纪(1550—1575)的中国南方》,第 108 页。

51 同上书,第 40—41 页。

52 高腊福:《这就是中国:16 世纪末耶稣会士发现的中国》,第 146 页。

53 根据一项研究,实际上只有两名皇室成员中举并出任文职。帕森斯:《明朝的官僚政治》,第 397—398 页。官僚们担心皇室成员会迅速垄断朝廷关职,因此,他们强烈反对允许皇室宗亲担任文职的政策。皇室宗亲虽获准参加科举,却未能成功,很可能是这些官僚对他们的恐惧意识造成的(斯特鲁弗,私人通信)。

54 明朝建立了 50 个王府,其中 28 个一直延续到明朝灭亡。李龙潜:《明代庄田的发展和特点》,第 9 页。

55 贺凯:《明朝的兴起及其制度变迁》,第 77 页。

56 克劳福德:《张居正的生平和思想》,第 15、37 页;盖拉德:《南京今昔历史与地理之一瞥》,第 204—205 页;贺凯:《明朝的监察制度》,第 37 页。明朝初年,蒙古人被驱逐后,北京周围的土地或被授予已在从事耕作的农户,或被当作永不纳税的私田赐给农民。15 世纪,这些土地被寺院、贵族和军队将领所占,但他们仍享有免税的特权。此外,15 世纪 40 年代,宦官也开始接受赐田,北京西山一带也常重建享有免税特权的寺院。1489 年,一位上疏者称,京畿周围的纳税土地已有 1/6 被划为庄田。皇庄之制亦建于明初,但其极度膨胀是在正德年间(1506—1521 年)。当时,为满足正德皇帝穷奢极欲的生活,仅在京畿之内,其皇庄就占地 37595 顷。嘉靖时,皇帝被说服将 26693 顷土地退还给私人或官府。但万历年间,兼并又重新开始。万历帝将土地大量赐给宠臣,而掌管税收和皇庄土地的太监又加倍扩大了皇庄的土地。艾维四:《明代文社的变化》,第 6—7 页;吉斯:《明代的北京》,第 53—54、94—96、101、195—197 页。关于明代后期开封周王之府第的描述,见罗文:《17 世纪中国的大都市开封》,第 28—29 页。

57 阿尔伯特·S.J.詹:《明朝衰亡内在因素之研究》,第 150—154 页;许大龄:《试论明后期的东林党人》,第 3 页;又见埃尔文:《古代中国的模式》,第 236 页。据万历时的资料记载,属于皇室诸王或贵族田庄的土地共 7268691 亩。李龙潜:《明代庄田的发展和特点》,第 67 页。耕种皇族和勋贵田庄的农民是:(1)皇上赏赐的佃户——即原来在赐给贵族或诸王的土地上耕作的农夫;(2)其耕地被侵夺,并且非正式地沦为新田主永久佃户的农夫;(3)投身贵族寻求保护的依附农民;(4)受雇为贵族耕作的佃户;(5)以契约形式依附于贵族并常充当武装部曲的农夫。王毓铨:《明代勋贵地主的佃户》,第 91—96 页。

58 为了防止外戚的发展,皇帝的后嗣皆从平民中选妃。但这样的外戚家族因缺乏"贵族行为理应高尚"的意识而尤易腐化。为国为民的思想,可以说完全被私欲所取代。宫崎市定:《东洋的近世》,第 238 页。

59 吴乃荪:《董其昌:对仕途的淡漠,对艺术的追求》,第 284 页;谢国桢:《南明史略》,第 60 页。

60 罗文:《17 世纪中国的大都市开封》,第 28 页。

61 《明史》(中华书局),第 3649—3650 页;艾维四:《明代文社的变化》,第 8 页;S.J.詹:《明朝衰亡内在因素之研究》,第 50—53 页;埃尔文:《古代中国的模式》,第 236 页。

62 1614 年福王府由北京迁至洛阳时,动用了 1172 艘船运送其家人及财物。德·弗格斯:《中

63 万历年间，山东、湖广、河南的地方官纷纷上疏，指出藩王向农民征收的地租过于沉重。王府的税吏和管家因残酷无情而声名狼藉。顾诚：《明代的宗室》，第 11 页。

64 《明史》（中华书局），第 3650 页。

65 郝爱礼：《论明末的李自成和张献忠》，第 465 页。这种兽行并非少见。据说张献忠"喜嗜人肉，每立其人于面前，割而炙之，一举数脔。又破黄州时，拆其城，役及女子，指甲尽落，血横流，拆罢仍压之"。李清：《三垣笔记》"附识"上，第 24 页。"吃人肉"是当时的一种隐喻的说法。不管什么阶层的人都会使用。如果说李自成、张献忠这样的农民军首领喜食遇害者的血肉，那么乡绅领袖也一再说到要食农民军之肉。例如，在记述溧阳潘茂起义的史籍中，作者写道："彼党茂者之肉又不足食〔以解恨〕哉。"稍后，在描述潘茂及部下打劫富户钱财时，又记："人知食茂之肉。"周廷英：《濑江纪事本末》，第 142 页。

66 恒慕义：《清代名人传略》，第 195—196 页。崇祯皇帝得知老福王朱常洵死讯后，召见群臣，当众恸哭，为其得宠的侄子惨遭不幸而悲痛。李清：《三垣笔记》"附识"中，第 2—3 页（福王朱常洵应为崇祯帝之叔父，朱由崧与崇祯帝应为同辈——译者）。

67 《明史》（中华书局），第 3651 页。当时持有敌意的史家经常用夸张手法讥讽福王的好色，但看上去他也确实好色。他在南京即位后，在其养母（据说只比他大几岁，而且两人的感情可能超过了母子的界线）的催促下，决定娶亲。他坚持只要以美貌著称的杭州姑娘。奉旨前往那美丽城市选美的钦差，便乘机拐骗少女。当钦差未能使其主子满意时，苏州、嘉兴和绍兴地区的百姓也被责令献出最美的少女以供皇帝挑选。据说，马士英和阮大铖二人还从南京老鸨处买来一些作娼妓的处女献给福王。有一条史料记载，福王对这些人肆意蹂躏，在一夜之间，便有两人因福王的酒后纵欲而死亡。刘约瑟：《史可法和满洲入侵时中国的社会政治》，第 104—105 页。

68 《明史》，第 3103 页。

69 潞王是隆庆皇帝之孙，也是著名画家和书法家。17 世纪 30 年代，当农民军进攻其封地所在的河南西北部时，他曾亲自督师御敌。邓尔麟：《嘉定忠臣》，第 236 页。

70 李清：《三垣笔记》下，第 7 页。潞王继承皇位还得到了周镳的有力支持。此人是 1639 年弹劾阮大铖的《南都防乱公揭》的最初倡议者，是与潞王有密切交往的人之一。后来他被指责为姜曰广的党徒。徐鼒：《小腆纪年》，第 206 页。将潞王的支持者视为东林党和复社成员看来是很有道理的。因为人们认为，许多"正直"的士大夫害怕福王会因东林党人曾反对立其父为太子之事而报复他们。斯特鲁弗：《南明》，第 3 页。武将刘泽清后来声称他支持潞王，而他之所以这样做，是因为害怕遭到东林党人的批评。李清：《三垣笔记》下，第 2 页。

71 很多有见识的人认为，福王有充分的条件继承皇位。若对此加以否定，势必引起危机。而且会导致各镇将领乘机干预南京文官政府并将其彻底摧毁。李清：《三垣笔记》下，第 1 页。关于洪武皇帝遗训中规定的明朝皇位继承制度，见戴维·哈里森·肖尔：《中国明代最后的朝廷——永历皇帝在南方的统治》，第 15 页。

72 《明史》，第 3494 页；谢国桢：《南明史略》，第 49 页；黎杰：《明史》，第 196 页。崇祯是福王的侄子，在皇位继承顺序上，还有三位远离南京的王排在福王之后，潞王则位在第五。斯特鲁弗：《南明》，第 3 页。当有人不顾法定的继承顺序时，主张以亲取人的一派便可毫不讳言地提醒潞王的支持者们注意，这样做会引起政治和思想的混乱。嘉靖年间使许多官员遭到贬谪的"大礼之仪"（世宗皇帝，即武宗之堂弟，力主尊生父兴献王而非孝宗为皇考）刚刚过去 100 余年。卡尼·T. 费希尔：《明世宗时的大礼仪》。福王距南京最近也是一个重要因素。

73 最初，马士英并不在乎由谁即位。据说他曾一度倾向潞王。但当南京舆论明显有利于福王时，他便以福王与皇室血缘最近为由，迅速转变为福王的拥护者。斯特鲁弗：私人通信。

74 当时，归马士英统领但已失去控制的部队袭击了路振飞部所管辖的地区。文秉：《甲乙事案》，第36页；斯特鲁弗：私人通信。

75 计六奇：《明季南略》，第47页；恒慕义：《清代名人传略》，第558页；温睿临：《南疆绎史》，第705页；克劳福德：《阮大铖传》，第38页。

76 当时的学者认为，江北和江南的大多数乡绅都支持拥护潞王的史可法和姜曰广。张怡：《搜闻续笔》第一卷，第11页。但斯特鲁弗认为，当时的大多数乡绅都不知所措。其主要原因是事件发生后的很长一段时间里，他们只听到一些零星的谣传而未得到确实的消息。再者，那些支持福王的人是以血统为客观标准而坚持其主张的。而在那些后来因支持潞王而受排挤的人中间，很多人仅仅是因为担心崇祯的某个亲子会突然出现才反对福王即位的。实际上，真正拥戴潞王的人要比后来史家所说的少得多（斯特鲁弗：私人通信）。关于乡绅在这一问题上的立场的马克思主义观点的论证，参见郭松义：《江南地主阶级与清初中央集权的矛盾及其发展和变化》，第123页。

77 陈贞慧对这些著名事件提出另一种颇有道理的看法。他认为：马士英与史可法起初曾达成过协议，即由崇祯帝的叔父桂王继承皇位。但桂王当时尚在远离朝廷的广西；更为重要的是，马士英返回凤阳后，发现高杰、黄得功和刘良佐已被太监韩赞周（他曾在老福王手下做事）纠集起来支持福王。马士英自知无力与他们抗衡，遂隐瞒了他对史可法的承诺，同意加入支持福王的同盟。陈贞慧：《过江七事》，第53—54页；又见杨德恩：《史可法年谱》，第38页；刘约瑟：《史可法和满洲入侵时中国的社会政治》，第56—58页。有关马士英与这些地方军事将领的联盟的更为详细的情况，参见顾炎武：《圣安本纪》，第1页；黎杰：《明史》，第197页。

78 《明史》（中华书局），第7939页。

79 这些勋臣控制着南京周围的大部分军队。斯特鲁弗：《南明》，第10页。

80 同上书，第19页；顾炎武：《圣安本纪》，第1页；文秉：《甲乙事案》，第36页；《明史》，第3081页。例如，刘孔昭是朱元璋最亲近的谋士刘基（1311—1375）的后裔，其伯爵封号在15世纪曾被取消了近100年，至1532年才得以恢复。李文治：《晚明民变》，第936页。另一位福王及马士英的支持者是有侯爵封号的朱国弼。谢国桢认为：太监韩赞周也起了重要的作用。谢国桢：《南明史略》，第49页。这些主要支持者后来都得到马士英的回报：李沾被任命为左都御史和太常寺少卿，刘孔昭几乎当上大学士，赵之龙得到为京师采办军需物资的肥缺，朱国弼则晋爵为公。《明史》，第3092、3131页；顾炎武：《圣安本纪》，第4页；谢国桢：《南明史略》，第59页。当时的贵族爵位只是享有一定俸禄的虚号。贺凯：《明代的中国传统国家》，第52—53页。

81 谈迁：《国榷》，第6077—6078页；文秉：《甲乙事案》，第36页。

82 这后一项决定是5月31日做出的。计六奇：《明季南略》，第48页；文秉：《甲乙事案》，第36页；又见刘献廷：《广阳杂记》，第49页；姚家积：《明季遗闻考补》，第91页。史学家文秉后来写道：拥立福王而不拥立潞王，意味着选择了以防御为主的政策，抛弃了北方的明室皇陵，而正确的选择应是以宗庙为重，血统次之。文秉：《甲乙事案》，第37页。

83 张怡：《搜闻续笔》第一卷，第11页。

84 顾炎武：《圣安本纪》，第1—2页；文秉：《甲乙事案》，第36页；谈迁：《国榷》，第6081页；计六奇：《明季南明》，第2页；杨德恩：《史可法年谱》，第37页。

85 顾炎武：《圣安本纪》，第2页；文秉：《甲乙事案》，第37页；顾苓：《金陵野钞》，第4页；盖拉德：《南京今昔》，第222—223页；斯特鲁弗：《传统中国社会中史学的作用》，第 6 页；斯特鲁弗：《南明》，第 4 页；姚家积：《明季遗闻考补》，第 92 页。这位监国在就职典礼上宣称，其祖先使明朝"大业"维持了 300 年。他还表达了对社稷沦丧的悲痛，发誓要向杀害其父母的农民军报仇。周时雍：《兴朝治略》第一卷，第 1 页。

86 其实，就在福王就任监国的当天，刘孔昭及一些大臣便请求他登基为帝。
87 刘约瑟：《史可法和满洲入侵时中国的社会政治》，第 169 页。
88 顾炎武：《圣安本纪》，第 3 页；计六奇：《明季南略》，第 80 页；文秉：《甲乙事案》，第 42 页。福王将大学士及兵部尚书的虚衔授予马士英，而实际上马士英已掌凤阳总督之权。这当然不能为马士英所接受，他公开率军南下力劝福王登基之举，实际上也是迫使朝廷授予他南京兵部尚书和大学士之实权。斯特鲁弗：《南明》，第 7 页。整支船队用了三天时间才通过了去南京的必经之路淮安。路振飞的士兵不许马士英水师的任何船只停泊，不许任何人员上岸。《淮城纪事》，第 141 页。
89 文秉：《甲乙事案》，第 37—42 页；姚家积：《明季遗闻考补》，第 92 页。在宣布改元的同时，所有官员都晋爵一级。新皇帝亲自向任职六部和内阁的每一位 60 岁以上的大臣祝酒，愿他们健康长寿；并赦免了被劾免职的官员；任命从北方南逃的未投降农民军的士大夫为官；计划开科取士；宣布大赦天下；废除自 1629 年始征收的沉重的练饷；河北、山西和陕西免税 5 年；山东、河南免税 3 年；长江以北其他地区和湖广的赋税减半，遭到农民军劫掠的四川省及江西部分地区的赋税减免 30%。但上述地区都不是南明政权所能完全控制的。顾炎武：《圣安本纪》，第 4 页；刘约瑟：《史可法和满洲入侵时中国的社会政治》，第 100 页。
90 例如：黄得功得赏银 1 万两，各城守将皆得封爵。顾炎武：《圣安本纪》，第 2 页。
91 将路振飞革职的借口是，他与王燮越权召集江北民团首领与乡绅 8000 余人，大行封赏。6 月 21 日，朝廷做出以刘孔昭的密友、马士英的亲戚、原四川巡抚田仰接替路振飞的决定后，淮安士绅曾上书为路振飞辩护。路振飞本人则请求辞官三年为父母守孝。但直到 7 月初，他仍在淮安地区继续抗击大顺残部。后来，他又为南明的几个政权效力，至死忠于明朝。《明史》，第 2844、3103—3104 页；顾炎武：《圣安本纪》，第 4—5 页；文秉：《甲乙事案》，第 44 页；计六奇：《明季南略》，第 80 页；谈迁：《国榷》，第 6103 页。藩镇亦指"藩屏"。关于这个词在唐代的含义，请参阅柳宗元：《封建论》，第 36—40 页。
92 刘约瑟：《史可法和满洲入侵时中国的社会政治》，第 76—77 页。
93 文秉：《甲乙事案》，第 44—45 页。
94 黎杰：《明史》，第 198—199 页；顾苓：《金陵野钞》，第 7—8 页。
95 马克思主义史学家对史可法的阶级性十分强调。
96 《明史》，第 3070 页。四镇总兵中有人通过控制盐商来经营盐业。他们还设立关卡，对过往的货物征收关税。应廷吉：《青磷屑》第二卷，第 8 页。
97 刘约瑟：《史可法和满洲入侵时中国的社会政治》，第 79 页。
98 同上书，第 81—82 页；李清：《三垣笔记》下，第 1 页。
99 文秉：《甲乙事案》，第 54 页；又见计六奇：《明季南略》，第 71 页。顾炎武将此事系于 7 月 25 日，大概是南京收到此疏的日期。顾炎武：《圣安本纪》，第 7 页。
100 "上借此以为羁縻之术，下受之而无感励之志，胥失之矣。"文秉：《甲乙事案》，第 45 页；又见计六奇：《明季南略》，第 71 页。
101 谢国桢：《南明史略》，第 66 页；又见克劳福德：《阮大铖传》，第 62 页。
102 同上书，第 50 页。
103 文秉：《甲乙事案》，第 54 页。
104 同上书，第 48 页。6 月 16 日以前，路振飞的军队曾与刘泽清的军队交战，试图阻止他们劫掠这一地区。路振飞率军撤离后，刘泽清的军队立刻开进了淮安。计六奇：《明季南略》，第 64 页。

105 同上书,第 39 页;又见谈迁:《国榷》,第 6097 页。
106 同上书,第 35 页。
107 计六奇:《明季南略》,第 66—71 页;顾炎武:《圣安本纪》,第 2—3 页;文秉:《甲乙事案》,第 35—36 页;《明史》,第 3066 页。
108 这位士绅名叫郑元勋,进士出身,其兄郑元化是一位富商。这场哗变是守备马鸣銮挑起的。谈迁:《国榷》,第 6104 页;何绍基编:《安徽通志》,第 2335 页(第二○四卷,第 13 页);文秉:《甲乙事案》,第 43 页,查继佐:《国寿录》,第 138 页。
109 文秉:《甲乙事案》,第 39 页。万元吉是南昌人,1625 年进士,杨嗣昌的门生。后在唐王政府中官至兵部侍郎,负责湖广和江西的军务。他的军队未经抵抗就将吉安拱手让与清军,但他本人却壮烈地战死在赣州。《明史》,第 3121—3122 页。
110 同上书,第 39 页。
111 周时雍:《兴朝治略》第二卷,第 8 页。高弘图也在史可法的奏折上署了名。让马士英去江北,看来是合乎逻辑的选择,因为原先邀请高杰进入这一地区的就是他。当赵之龙和袁继咸上疏支持派马士英前往江北时,弘光帝回答说:"其如不肯去何?今史先生愿去。"李清:《三垣笔记》下,第 1 页;袁继咸:《浔阳记事》,第 6 页。
112 《明史》,第 3494 页。
113 这一由几位生员联名的奏章,承认淮扬是江南的门户,但又力陈朝廷是天下之本。若史可法留在南京,江南便可保持稳定,已在百姓中唤起的收复北土的希望也将逐步实现。但若让史可法离开南京,成功的机会就会丧失。"此江南士民所以奔走号呼,不能不伏阙哀吁者也。"引自谢国桢:《南明史略》,第 53 页。然而,史可法却把亲临江北看作是准备北伐的第一步。杨德恩:《史可法年谱》,第 58—59 页。
114 顾炎武:《圣安本纪》,第 3—5 页;计六奇:《明季南略》,第 58 页;谈迁:《国榷》,第 6095、6106 页。史可法实际离开南京是 6 月 22 日,有些史料则记为 6 月 23 日或 24 日。姚家积:《明季遗闻》,第 92 页。史可法临行前,含泪对祁彪佳(1602—1646)说,他所以北上,是为了报答已故的崇祯帝之恩。祁彪佳:《甲乙日历》,第 29 页。据《明史》记载,史可法似乎是被马士英逼迫离开南京的。这反映了当时"正人君子"的观点。他们认为,马士英策划了一次使史可法逐出朝廷的政变。《明史》,第 3494 页。其中最极端的说法是史可法因受到马士英的讹诈而离开南京。马士英威胁史可法说要将其详举福王劣迹的信交给福王。也有的史料记载说,史可法曾要求马士英归还此信,马士英虽照办了,但抄写了副本。史可法可能对此事深怀疑惧,害怕被指控犯有大不敬罪。为自己的安全计,他决定离开朝廷。袁继咸:《浔阳记事》,第 5 页;刘约瑟:《史可法和满洲入侵时中国的社会政治》,第 62—63 页。(但据李清的《三垣笔记》下第 7 页载,福王对支持过潞王的大臣是相当宽容的)谈迁提出一种似乎更有道理的解释,即史可法认为他在淮安的出现将会推进南明军事计划的实现,因而自愿承担了这一重任。这也是本书所采纳的观点。谈迁:《国榷》,第 6100 页;又见文秉:《甲乙事案》,第 45 页;刘约瑟:《史可法和满洲入侵时中国的社会政治》,第 74 页。史可法也许还考虑到应当离开刚刚度过皇位继承危机的朝廷,因为他担心自己与马士英的矛盾会引起党争。当他身去扬州时,曾上疏弘光帝,疏中赞扬了马士英,并特别提到在弘光帝登基的过程中,马士英所起到的重要作用。刘约瑟:《史可法和满洲入侵时中国的社会政治》,第 67 页。
115 谢国桢:《南明史略》,第 67 页;《明史》,第 3058 页;文秉:《甲乙事案》,第 53 页。据一条史料记载,史可法为摆脱高杰的软禁,不得不扮成一名道士。克劳福德:《阮大铖传》,第 63 页。
116 黄得功还打算护送其族人黄蜚,此人已从淮安抵达江边,担心高杰会在途中打劫其船队。

顾苓：《金陵野钞》，第 7 页；斯特鲁弗语，私人通信。

117 文秉：《甲乙事案》，第 43 页；恒慕义：《清代名人传略》，第 348 页。史可法在竭力恢复扬州地区的秩序时，得到祁彪佳的大力帮助。祁彪佳是绍兴著名藏书家的后代，曾任苏州和淞江巡抚。南京失陷后，他投河自尽。1776 年被追赠官爵谥号。他的儿子也有两人是南明忠臣。

118 用文秉的话说："刘孔昭无所畏。"文秉：《甲乙事案》，第 45 页。

119 南京是明朝的陪都。见盖拉德：《南京今昔》，第 206 页。

120 为取得云集南京士大夫的支持，弘光帝下令，凡被放逐或被迫致仕的官员皆恢复其原来的品秩，其中三品以下者酌情授官。顾炎武：《圣安本纪》，第 4 页。

121 张慎言最初曾举荐赵南星为官并弹劾冯铨。1625 年，张慎言又遭到冯铨的弹劾，并一度被放逐。1628 年崇祯帝即位后，他官复原职，又先后出任工部侍郎、南京户部尚书和吏部尚书。《明史》，第 3089—3090 页。高弘图也曾因攻击魏忠贤而被迫辞官，并和张慎言一样，在崇祯时得以官复原职。高弘图不是真正的东林党人——过去有人这样攻击他——但仍被视为对东林党抱有同情的人。同上书，第 3080 页。姜曰广也曾因结交东林党人被魏忠贤革职。恒慕义：《清代名人传略》，第 143 页。

122 《明史》，第 3090 页。刘宗周颇具盛名的原因之一在于他是著名的思想家。1621 年，这位浙江绍兴人刚刚就任礼部仪制主事时，就上疏弹劾魏忠贤和臭名昭著的客氏。这又使他在东林党人中赢得了极大的声誉。他的声望极高，所以尽管他是宦官势力的劲敌，却未遭到诋毁惩罚，1623 年仍被拜为太仆少卿。此后不久，他因病致仕，回到绍兴附近的蕺山讲学。他的学生中有许多后来成为名人，其中最著名的是黄宗羲。1629 年，刘宗周重返仕途，被任命为顺天府尹。不久，又回到绍兴，在山阴县的石匮书院讲学。1636 年出任崇祯朝的工部左侍郎。1642 年，正是复社鼎盛之时，刘宗周升任左都御史。同年，因反对任命传教士汤若望为官而被革职。1644 年，李自成攻打北京时，他回到浙江。杭州巡抚对其"兴兵勤王"的强烈要求置之不理，所以，67 岁高龄的刘宗周便召集杭州士绅领袖，相约自募义兵。此后不久，崇祯殉国的消息传到南方。救援北京虽为时已晚，组建义兵以保卫南方仍是必要的。于是，刘宗周返回杭州，继续致力于战备之事。姚名达：《刘宗周年谱》，第 318—319 页；温睿临：《南疆绎史》，第 155—158 页；恒慕义：《清代名人传略》，第 532—533 页。

123 6 月 14 日，福王作为监国，起用刘宗周，官复原职。刘宗周在杭州接到任命的时间大概是 6 月 22 日。刘宗周拒绝了任命并于 6 月 24 日返回绍兴。姚名达：《刘宗周年谱》，第 319 页；斯特鲁弗语，私人通信。

124 姚名达：《刘宗周年谱》，第 319—320 页。

125 此疏在他的朋友中传看，疏中指出导致明王朝衰亡的四条弊政：专任刑罚，破坏了统治艺术；朋党相争，使人才流散，得不到重用；过分奢侈，挫伤了将士之心；官员腐败，毁了百姓的希望。

126 姚名达：《刘宗周年谱》，第 320—321 页。

127 侯方域在北京时被誉为少年名士。1633 年其父任户部尚书时，侯方域已被视为文章高手，常有人赞扬他重振韩愈文风。侯方域是倪元璐的门生，因在试卷中用字犯讳，没有步入常规仕途。但他结识了许多青年士子，1640 年在其家乡商丘创建了"雪苑社"，被认为是复社的分社。侯方域：《壮悔堂集·壮悔堂文集》第二卷，第 6 页。该社又称"雪园社"。

128 侯恂曾是东林党成员，魏忠贤专权期间辞官还乡。侯方域：《壮悔堂集·壮悔堂文集》第二卷，第 1 页；刘得昌等：《商丘县志》第八卷，第 30 页；谢国桢：《南明史略》，第 64—65 页。

129 侯恂战败后，先率众向南撤至河南南部，后又北上，进入山东曹州，寻求刘泽清的保护。

但其部下与惨遭战乱之害的当地百姓发生冲突，侯恂遂于 1643 年被劾入狱。李自成进京后，将其释放，并以刑罚相逼，迫其同意出任大顺政府尚书之职。谈迁：《国榷》，第 6060 页；德·弗格斯：《中原的起义：明清之际的河南》，第 22 页；恒慕义：《清代名人传略》，第 291—292 页。

130　侯方域：《壮悔堂集·壮悔堂文集·序》，第 2 页。

131　"方明季启、祯之间，逆阉魏忠贤徒党与正人君子各立门户，而一时才俊雄杰之士身不在位。奋然为天下持大义者，有四公子。" 侯方域：《壮悔堂集·壮悔堂文集》第二章，第 1 页（此段引文出自《壮悔堂文集·侯朝宗公子传》中，胡介祉撰文——译者）。侯方城于 1639 年乡试中举后，又前往北京参加 1640 年的会试，当时其父侯恂因任湖广总督作战失利而被劾入狱。方以智则通过了这次会试，进士及第（他表面上说无心功名，却暗中应试），随后，他回到南方。南明政权建立后，方以智也想参加，但发现自己因与复社有染而颇受猜忌。事实证明，阮大铖一旦复出，对复社成员将十分不利。彼得森：《苦果：方以智与思想变迁的动力》，第 61—62 页；恒慕义：《清代名人传略》，第 323 页。陈贞慧也试图加入南京政权，由于他与周镳过往甚密，又曾参与起草反对阮大铖的《南都防乱公揭》，所以于 1644 年 10 月 14 日被投入监狱。后被释放。恒慕义：《清代名人传略》，第 83 页。冒襄于 1644 年 5 月下旬在家乡如皋得知北京陷落，虽然当地士绅纷纷离开了如皋（位于长江北岸，离江岸约 35 公里处，与江阴相对），但冒襄及其家属，包括他的爱妾董小宛却留下未走，直到听说当地驻军即将哗变时他们才离开。在南下长江途中，他们几乎落入当地土匪手中，后来在一位朋友家中避难又险遭袭击。他们丢失或花费了大部分家资，好歹活着返回了如皋。冒辟疆：《影梅庵忆语》，第 66—74 页。

132　孔尚任：《桃花扇》，第 51 页。《桃花扇》之所以能抓住南明倾覆悲剧中的浪漫（"销魂"）的题材，是因为孔尚任在 17 世纪 80 年代后期曾奉命前往淮扬一带治水，其间他得以同与侯方域同时代的人冒襄、龚贤、费密以及其他人交谈。《桃花扇》完成于 1699 年，张春树、骆雪伦：《孔尚任与〈桃花扇〉》，第 309 页。

133　侯恂曾为左良玉被劾贪污军饷一事辩护，于是被视为能驾驭这位粗鲁将领的为数不多的文官之一。刘昌等：《商丘县志》第八卷，第 30—31 页。

134　左良玉是山东人，行伍出身，没受过任何正规教育。初于辽东从军，17 世纪 30 年代，率军镇压河南、安徽农民军主力时，声名大振。1644 年，他与张献忠多次交锋，并屡屡获胜。这位明将后被封为"宁南伯"。恒慕义：《清代名人传略》，第 761 页。

135　谢国桢指出左良玉手下有 80 万大军，但这一数字很难令人相信。谢国桢：《南明史略》，第 65 页。比较可靠的估计见斯特鲁弗《南明》，第 8 页。左良玉手下最著名的农民军降将是马进忠，有关他的最早记载是 1637 年他在河南中部南阳的活动。他曾一度与张献忠联合，攻打中原北部，1639 年降明，1643 年归左良玉部。《明史》，第 2950、2955、2957、3064—3065、3145 页。

136　弘光帝确曾指派官员去攻打四川境内的张献忠。张献忠入川时，一直闲居于四川老家的原礼部右侍郎王应熊被任命为督师。王应熊又将被劾之后也一直家居的原宁夏榆林右参政樊一蘅召来相助。但实际上他们两人对保卫四川都没有起到什么作用。相反，一位名叫马乾的知州召集起乡绅，自称摄巡抚。王应熊和樊一蘅一面指责马乾，一面却被迫逃到遵义，继而又躲进深山，最后败死其间。南京政府便承认了马乾的巡抚身份。清军杀死张献忠后不久，马乾收复了成都和重庆。他自己后来也为抗击清军而战死在重庆。《明史》，第 2865、3132—3133、3319 页。

137　袁继咸，江西人，是一位出色的文官。1636 年，因魏忠贤同党诬其受贿而下狱。后经太学生群起请愿而获释。1640 年任湖广参议时，因未能阻挡张献忠对襄阳的进攻而遭流放。其后经吴甡推荐，朝廷又将他召回，授江西、湖北、应天、安庆右佥都御史，驻九江。就在那时，他与左良玉结下了友情。袁继咸：《浔阳记事》，第1—4页；恒慕义：《清代名人传略》，第948—949页。

138　尽管皇上亲自相请，左良玉仍拒绝加入弘光政权。所以袁继咸致书左良玉，提出了上述要求。李清：《三垣笔记》下，第2页。

139　解学龙，扬州人。1625年作为东林党人被弹劾。崇祯即位后将他召回，但不久，又因他支持黄道周而将其投入监狱。弘光帝登基后，他同许多政治犯一道应邀参政。后来，他被马士英革职除名，回乡后，死于扬州大屠杀。《明史》，第3090—3092页。

140　叶廷秀（1625年进士）在北京时官至户部主事，曾经上疏，为卷入早期党争的黄道周鸣冤，并因此被贬放福建，直到北京陷落前夕才被重新召回。后来，任唐王政府中的兵部左金都御史。南明政权灭亡后，他出家为僧。《明史》，第2892—2893页。（《明史》中记其在弘光政权中任佥都御史——译者）

141　谢国桢：《南明史略》，第60页；刘约瑟：《史可法》，第62页。

142　斯特鲁弗：《南明》，第10页。

143　谢国桢：《南明史略》，第60页。皇上及在场的大臣都大为震惊，遂取消了当日的其他议程。文秉：《甲乙事案》，第46页；顾苓：《金陵野钞》，第8页。

144　张慎言的辞呈于7月13日获准。由于家乡山西已被农民军占领，他无法返回，只能客居安徽，后来病死在那里。谈迁：《国榷》，第6113—6114页；《明史》，第3090页；文秉：《甲乙事案》，第53页。

145　计六奇：《明季南略》，第85页；文秉：《甲乙事案》，第47页。张慎言曾反对马士英竟召阮大铖身着官服入朝。

146　斯特鲁弗：《南明》，第13页；贺凯：《明朝的监察制度》，第209—210页。

147　谢国桢：《南明史略》，第60页。

148　文秉：《甲乙事案》，第50、54页。斯特鲁弗指出"正人君子"集团出于党争的目的，利用选官制度中的缺陷，排挤政敌。斯特鲁弗：私人通信。

149　黎杰：《明史》，第199页；顾苓：《金陵野钞》，第10页；斯特鲁弗：《南明》，第12页。马士英因阮大铖曾向周延儒说情，让自己出任凤阳总督，故极力荐举阮大铖入朝。

150　温睿临：《南疆绎史》，第711—712页。

151　李清：《三垣笔记》下，第2页。

152　文秉：《甲乙事案》，第51—52页。马士英也持同样观点。7月12日他上疏称："魏忠贤之道非闯贼可比。"计六奇：《明季南略》，第86页。

153　《南明野史》，引自克劳福德：《阮大铖传》，第65页。马士英举荐阮大铖的日期有几种不同的说法：7月9日、10日、12日、13日等。姚家积：《明季遗闻考补》，第93页。阮大铖实际上于7月11日入朝。谈迁：《国榷》，第6113页。

154　计六奇：《明季南略》，第86—88页；顾炎武：《圣安本纪》，第6页；谈迁：《国榷》，第6116—6117页。其中，最为直言不讳的是罗万象、尹民兴和左光先。左光先是东林党殉难者左光斗之弟，后来被阮大铖逮捕并短期监禁。《明史》，第2777页。当时一份较典型的奏章评论说（御史詹兆恒语）："忽召见大铖，还以冠带，岂不上伤在天之灵，下短忠义之气。"引自黎杰：《明史》，第200页。类似例子见《明史》，第960、3087、3318—3319页。

155　艾维四：《晚明士大夫陈子龙》，第131—132页。

156　斯特鲁弗：《南明》，第16—17页。

157　计六奇：《明季南略》，第7页。吕大器（此时被公开指责为不赞成拥立福王的人）于7月30日辞职。后被唐王请出，任兵部尚书和大学士。但他尚未到任，唐王政权就垮台了。于是，吕大器又前往广东，拥立永历为监国。后来病死于广东。《明史》，第3132页；

斯特鲁弗：《南明》，第 14 页。

158 姜曰广于 10 月 9 日辞职。谈迁：《国榷》，第 6146 页；又见文秉：《甲乙事案》，第 48 页。姜曰广后在金声桓手下任职，1649 年因抗清失败而自杀。恒慕义：《清代名人传略》，第 144 页。高弘图要求去监管漕运，但却命他回内阁供职。1644 年 11 月 4 日他终于辞职，由于无法返回山东老家，只好留居南京一带。南京降清后，他在一座破庙中悬梁自尽。谈迁：《国榷》，第 6110—6111 页；计六奇：《明季南略》，第 144 页，《明史》，第 3081 页。

159 计六奇：《明季南略》，第 12 页；克劳福德：《阮大铖传》，第 41—42 页；斯特鲁弗：《南明》，第 13 页。人们指责钱谦益，为了换取马士英让其继任礼部尚书而支持对阮大铖的任命。邓尔麟：《嘉定忠臣》，第 251 页。

160 刘宗周对这一问题的看法，见《明史》，第 2882 页。

161 谢国桢：《南明史略》，第 50 页。主张收复失地的人们常将自己比作南宋的爱国之士。他们把史可法比作李纲，把马士英比作自愿地放弃北方失地的卖国贼秦桧。因此，他们反对"两立"之说。所谓"两立"，即指两个军事实力和政治声望大体相当，又都声称有权统治全国，因而产生的二者并存的局面。正人君子们拒绝考虑北方的清朝与南明像从前的金朝与南宋那样共存的可能性，关于"两立"，见罗伯特·克莱默：《周密和修端》，第 17 页。

162 周时雍：《兴朝治略》第二卷，第 1 页。

163 赵光远于 1635 年被洪承畴调到汉中。他在阳平一带抵御张献忠，被南明政权任命为川陕总督。《明史》第 2724、2981、3511、3513 页。其他各城守将也都被赐予封爵。顾炎武：《圣安本纪》，第 2—3 页。张缙彦曾参与迎接李自成入京，并为大顺政权效过力。大顺政权垮台后，他逃回河南。尽管张缙彦有此污点，弘光帝还是任命他为河北、山东、河南总督，承认他在惨遭战火蹂躏的河南的权力。这一任命曾引起争议。后来，张缙彦被列入北都从贼诸臣的名单。但马士英（他可能接受了贿赂）拒绝正式弹劾他。于是，这位总督得以逍遥法外，后经洪承畴举荐归降清朝。张缙彦为一己私利而降，1660 年因在浙江任职时被指控写了一首自吹为英雄的词而被流放。后死于流放地宁古塔。顾苓：《金陵野钞》，第 31 页；孙甄陶：《清史述论》，第 34—35 页；《明史》，第 3494 页；德·弗格斯：《中原的起义》，第 31 页。

164 关于 19 世纪豫北"寨"的情况，文献中有一些精彩的描述。这些寨的墙皆用土筑成。方圆 3—5 里。寨内通常有一座高大的瓦房，和一座石砌的用来扼守寨门的塔楼或碉堡。寨内约有 30 户居民，他们通常是寨主的佃户。有时，同姓人家聚居在一寨之内，后来，这样的寨常被称作"某家庄"。寨主还训练自己的乡兵。傅衣凌：《关于捻变的新解释》，第 33 页。1640 年，河南知府报告称，有些豪绅（以占地多达一千顷为标准）建立私人武装，残杀百姓，奸淫妇女，强占土地，有时甚至袭击当地官府。德·弗格斯：《中原的起义》，第 6—7 页。这些豪绅不都是大地主，有的是盐商或落第举子，其追随者则是小商贩、城市游民和破产农民。同上书，第 24 页；谢国桢：《南明史略》，第 104 页。

165 《明史》，第 3066、3116 页（此段引文自《明史》数处摘集——译者）；德·弗格斯：《中原起义》，第 24 页。

166 《明史》，第 3069、3116 页。

167 同上。刘洪起于 1645 年被清军杀害。德·弗格斯：《中原的起义》，第 24 页。

168 引自谢国桢：《南明史略》，第 50 页。

169 同上书，第 51 页；又见谢国桢：《明清之际党社运动考》，第 100 页。

170 周时雍：《兴朝治略》第二卷，第 6 页。小威尔斯认为，"正人君子"反对"偏安"，并相信明军的反攻会激励失地百姓奋起反抗，正是"过渡时期的明朝政治文化最引人注目之处。这一过渡就是在代表东林党的正人君子所采取的不协调行动的作用下，转入具有强烈道义和信念色彩的残酷战争"。小威尔斯：《17世纪中国多元政治的夭折》，第3页。

171　陈子龙：《陈忠裕全集·年谱》中，第22页。刘宗周还要求马士英像史可法去扬州一样，返回凤阳。姚名达：《刘宗周年谱》，第31—32页。

172　陈子龙：《陈忠裕全集·奏稿》，第26—27、46—47页及《年谱》中，第18—21页。

173　陈子龙：《陈忠裕全集·年谱》中，第18—21页；计六奇：《明季南略》，第185—186页。

174　陈子龙几年来一直在推动全国性的组建乡兵运动。在任绍兴推官及后来在浙北代理知县期间，他与几社其他成员一起，力劝崇祯帝批准在全国范围内组建由乡绅领导的地方武装。浙江地区的许都率乡兵发动叛乱、攻打当地官府一事，险些破坏了这一计划。在明朝崩溃前夕，这一计划终于获准，但已无济于事。魏斐德：《清朝征服江南时期的地方主义和忠君思想：江阴的悲剧》，第52—53页；陈子龙：《陈忠裕全集》第二十二卷，第17、18页；邓尔麟：《达官贵人》，第164—167页；邓尔麟：《嘉定忠臣》，第225、254—255页；艾维四：《晚明士大夫陈子龙》，第108—110页；温睿临：《南疆绎史》，第244—248页。后来，陈子龙同意在弘光政府兵部中继续任职之后，首先要求允许他招募水勇，以便取道天津夺回京师。他声称已拿下33条沙船，并有千余名勇猛熟练的水手正严阵以待。尚缺少的武器可望在一个月内造好，江南百姓（其中许多人惯于航海）也可迅速组织起来抵御敌军。陈子龙：《陈忠裕全集·奏稿》，第1—2页（然而陈子龙本人并没有指挥水师的经验，见小威尔斯：《从王直到施琅的中国沿海：边地史研究》，第220页）。人们记忆犹新的是，在16世纪50和60年代，这一地区的缙绅曾联合抗击倭寇。当时，东南地区的缙绅依靠浙江和江南的财富，在胡宗宪领导下，动员乡兵，招募水师，组建了抗击海上入侵者的有效防线。梅里尔恩·菲茨帕特里克：《中国东南地区的地方利益与反海盗管理》，第14—15页。

175　陈子龙：《陈忠裕全集·奏稿》，第54—58页。据陈子龙1644年9月11日的上疏，当时南京驻军有2万人。他建议从中精选1万人，组成3支各3000人的标兵和1000人的侦察队。他还提出通过建立军屯和户籍制度，另外征募4万人（共计6万人）。这些新兵可从江南的仆役或小商贩中召集，还可从浙东农村召集一部分（尽管许都在浙东叛乱曾给陈子龙带来过麻烦，但他对这一地区仍很感兴趣）。招募来的新兵，可分为两大军，每100人为一队，组成宝塔式编制，由一名大将统一指挥。这个计划与19世纪组建湘军的计划至少在形式上十分相似，当然后者也受到诸葛亮和戚继光的启发。

176　陈子龙：《陈忠裕全集·年谱》中，第20—21页。

177　见周时雍《兴朝治略》第二卷第53—55页中的《陈子龙上弘光帝疏》。斯特鲁弗认为，许多人将陈子龙及其一伙视为有潜在危险的激进派。他们可凭口才将百姓煽动起来，但根本不知道如何将志愿兵与正规军结为一体，也根本不了解如何与职业军人打交道（斯特鲁弗语，私人通信）。

178　这段话引自《陈忠裕全集·年谱》中第21页的注，实际上可能未曾作为奏疏上呈。"神州"一词的使用，可追溯到战国时期，一般指中国当时管辖的区域。例如，诗人曹唐的一首词中有这样的句子："远冈连圣柞，平地载神州。"所以，"州"是指与神圣的祖先联系在一起的领土。这一形象的描述将大地与统治者、领土与神灵结合为一体。正如曹唐词中"平地载神州"的比喻所暗示的那样，皇位的合法性不仅仅取决于上面的"天"和"命"，也取决于下面的实实在在的大地。这一皇位合法性的解释是深刻而通俗的。满人不厌其烦地讲"天"、"上天"和"上帝"，南明的臣民则更关心具有象征意义的"地坛"和地下皇陵。陈子龙的话中当然也提到了皇陵。"十二陵"即指位于北京北郊的十二座明朝皇陵。

179　陈子龙：《陈忠裕全集·年谱》中，第21页。

180　同上书，第二十二卷，第17—18页。

181 同上书，奏稿，第 51—53 页；又见第 26—27、46—47、54—58 页。
182 《明史》，第 2917 页。章正宸后来在鲁王手下任职，失败后削发为僧。
183 魏斐德：《江阴的悲剧》，第 52—53 页。
184 应宝时编《上海县志》（同治朝编）第十九卷，第 39 页。
185 何刚的建议遭到拒绝，部分原因是他与史可法过往甚密。"士英恶可法并恶刚，出知遵义府"。何刚未去赴任，却在得知扬州被围后，立即前去帮助史可法，扬州陷落后自杀身亡。
186 谢国桢：《南明史略》，第 50 页。
187 周时雍：《兴朝治略》第二卷，第 5 页。刘宗周还暗示，派史可法去淮安意味着把实施北伐战略的最佳人选从朝中撑走，"无以塞陛下渡江之心，非毅然决策亲征，亦无以作天下忠臣义士之气。"同上书第二卷，第 5 页。关于刘宗周当时对马士英和阮大铖的抨击，又见袁继咸：《浔阳记事》，第 7 页；谢国桢：《南明史略》，第 52 页。
188 刘宗周视刘泽清的参劾为"朋党之论"而不予理会。他认为，在明朝的历史上从未有武官参劾文官的先例，当然也未有武官无理威胁要杀害文官的先例。李清：《三垣笔记》下，"补遗"，第 2 页。
189 《明史》，第 3070 页。1644 年 9 月 11 日，长安街上出现了一份诽谤吴甡和刘宗周的匿名揭帖。六天之后，高杰、刘泽清和刘良佐分别参劾刘宗周，说他已使诸镇将怒火满膛。
190 顾炎武：《圣安本纪》，第 11 页；又见计六奇：《明季南略》，第 11 页。和某些勋臣一样，黄得功也参与了对刘宗周的攻击，斯特鲁弗：《南明》，第 14 页。
191 刘宗周辞职获准，被护送回乡。计六奇：《明季南略》，第 14 页；顾炎武：《圣安本纪》，第 12 页；斯特鲁弗：私人通信。据《明史》载，高杰和刘泽清曾派刺客暗杀刘宗周，但据说当刺客面对这位年高德劭的哲学家时，竟慌得不知所措。《明史》，第 2882 页。
192 艾维四：《晚明士大夫陈子龙》，第 133 页；谢国桢：《南明史略》，第 61 页。
193 温睿临：《南疆绎史》，第 388—389 页；查继佐：《国寿录》，第 70 页。顾杲也曾在攻击阮大铖的《南都防乱公揭》上署名。他之所以幸免于难，是因为副都御史与他有姻亲关系，因而设法推迟了对他的审讯。
194 谢国桢：《南明史略》，第 61 页，斯特鲁弗：《南明》，第 15—16 页。
195 李清：《三垣笔记》下，第 2 页；徐鼒：《小腆纪传》，第 208 页。"逆案"是依附魏忠贤的官吏的名单。8 世纪，唐朝曾编过依附叛将安禄山的唐朝官员的名单。编制曾与大顺合作过的明朝官员的名单即援引此例，亦称顺案。"顺案"中的"顺"字，亦有"投降""归顺"之意。谢国桢：《南明史略》，第 62 页。
196 早在南明政权建立之初，马士英就向弘光帝表达了他对北京死难忠臣的关切。周时雍：《兴朝治略》第二卷，第 2—3 页。1644 年 10 月 3 日，弘光帝为范景文、倪元璐及其他 19 名忠烈追授了谥号。姚家积：《明季遗闻考补》，第 96 页；顾苓：《金陵野钞》，第 31—32 页。
197 顾炎武：《圣安本纪》，第 4 页；文秉：《甲乙事案》，第 46—47 页。
198 文秉：《甲乙事案》，第 48 页。
199 温睿临：《南疆绎史》，第 109 页。史可法认为，南明政府要聚集足够的人才，方能收复北土，而唯一的办法就是招纳落难的士大夫。可先由地方官举荐，待其任官履历查清后再邀请他们参加南京政府。杨德恩：《史可法年谱》，第 52—53 页。
200 史可法曾上疏主张，必须处决大顺"伪官"，销毁他们的印绶，以明"泾渭"。对那些渡河进入其辖区的原大顺官员，他皆照例将他们斩首。周时雍：《兴朝治略》第三卷，第 3 页。
201 史可程在 1643 年与陈名夏同科考取进士。一般都认为他是史可法的胞弟，但有人仔细研究了其家谱，证实他是史可法的二堂弟。史可程的兄弟史可鉴是锦衣卫军官。朱文长：《史可法传》，第 97—98 页。史可程曾在大顺政府任职，后逃到南方。虽然史可法要求惩处他，但弘光帝大发慈悲,命他回乡照料其母。南京陷落后,他在宜兴住了多年,成了顾炎武的朋友,后得以善终。《明史》,第 3079 页;朱文长:《史可法夫人姓氏考》,第 88 页。史可程与顾炎武常互通书信并题赠著作。见顾炎武:《亭林先生遗书汇辑》,1888 年版;《同志赠言》第四十卷,第 21—22 页。程一凡先生向我提供了史可程与顾炎武两人通信赠书的史料,在此表示感谢。又见谢国桢:《顾宁人学谱》,第 176 页。

202 温睿临:《南疆绎史》,第 109 页。

203 文秉:《甲乙事案》,第 54 页。

204 朱文长:《史可法传》,第 34 页。江南缙绅谴责"从贼官"的典型例子,见郑振铎《玄览堂丛书》第一一三册:《嵩江府阖郡士民讨逆贼杨汝成檄》。

205 在一次祭奠崇祯帝的仪式上,阮大铖说:"致先帝殉社稷者,东林也,不尽杀东林,无以对先帝于地下。"温睿临:《南疆绎史》,第 715 页。

206 《明史》,第 1546、3091、3095 页;抱阳生:《甲申朝事小纪》第二卷,第 10—11 页;钱𫐐:《甲申传信录》,第 64—65 页;《贰臣传》第十一卷,第 1—6 页;姚家积:《明季遗闻考补》,第 104 页。杨汝成和项煜在苏州的家宅遭到暴徒的焚掠。陈名夏化装潜走。徐汧也是复社同仁,同他的密友杨廷枢一样,也是江南常州人。在 1626 年因周顺昌被捕而引起的首次由复社发动的苏州暴动中,两人都曾出资相助。徐汧还是黄道周的密友,并积极推动复社的事业。其子徐枋是苏州著名画家。《明史》,第 3015 页。尽管徐汧实际上从未降顺过李自成,但阮大铖和南京朝廷中的某些人却认为徐汧背叛了明朝,并将他作为复社成员降敌的又一罪证。阮大铖高兴地说:"今陈名夏、徐汧俱北去矣。"温睿临:《南疆绎史》,第 715 页。其实徐汧已跳河自尽。《明史》,第 3016 页。

207 周氏虽是金坛的大族,但其内部已出现裂痕,"周氏,金坛贵族,而其父子兄弟悉有离心。镳与钟尤以才相妒,各招致生徒,立门户。两家弟子遇于途不交一揖。"徐鼒:《小腆纪传》,第 207 页。

208 同上。

209 同上。

210 邓尔麟:《达官贵人》,第 244—245 页,及其《嘉定忠臣》,第 263 页。

211 宫崎市定:《科举——中国考试的地狱》,第 91 页。

212 文天祥(1236—1283),江西人,1256 年状元。1275 年,他在赣州试图阻止蒙古人南进,但其所率由贵州土著组成的军队伤亡惨重。后来他奉命出使巴颜,被蒙古将领囚禁;但他设法逃出并在江西又组建了一支军队。再次战败后,他逃到广东,并被南宋晋爵为公。他想重整旗鼓,不幸的是,他的许多部将被流行全国的瘟疫夺去生命。尽管如此,他仍率残部坚持战斗,甚至在战败被俘后仍不承认蒙古人的权威。文天祥被带到北京监禁了三年,而其立场从未动摇。最后,当他被带到忽必烈可汗面前时,仍毅然说:"天祥受宋恩,为宰相,安事二姓?愿赐之一死足矣。"临刑前,他向南方磕头,犹如宋帝仍在杭州一样。翟理斯:《中国人名辞典》,第 874—875 页(引文中的话见《宋史·文天祥传》——译者)。在满族南下的过程中,文天祥成为明室忠臣的榜样,其祠遍布各地,例如,1645 年南京西 50 公里的全椒县便为其立祠。张其濬等编:《全椒县志》,第 192 页。

213 这种用法无疑是周钟之"钟"的双关语。

214 徐鼒:《小腆纪传》,第 208 页。

215 温睿临:《南疆绎史》,第 714 页;文秉:《甲乙事案》,第 54 页;马其昶:《桐城耆旧传》第五卷,第 27—28 页。

216 《明史》,第 4112 页。虽然按六等治罪者的名单于 1645 年 1 月底便已上奏,但直到 5 月 3 日才下达死刑令。开列这一名单的官员被指责为过于手软而遭弹劾,接替其职者遂下令重挞周钟。徐鼒:《小腆纪传》,第 208 页。

第五章　南京政权　259

217 例如，曾被迫降于李自成、后逃至江南的侯恂（侯方域之父）也被逮捕。逮捕他的命令可能是阮大铖发出的。据说阮大铖正想除掉侯恂。侯恂设法逃出后，回到商丘老家。德·弗格斯：《中原的起义》，第 34 页。
218 刑部于 1645 年 1 月 20 日颁布了关于此案的正式条例。姚家积：《明季遗闻补考》，第 103 页。
219 有五种从贼官当处以磔刑：从贼攻京师者；邀贼入京并为贼撰写文告者；所有接受大顺政权所授予的三品以上官职者；所有降贼的督抚和总兵；所有主动助敌策划夺取地方的翰林院和科道官员。其他 11 种从贼官将受到较轻的惩处。若主动自首，则惩处更轻。顾炎武：《圣安本纪》，第 12—13 页；又见李清：《三垣笔记》下"补遗"，第 3—4 页。
220 谢国桢：《南明史略》，第 61—62 页。
221 顾锡畴是昆山人，可能与顾炎武同族。他曾被魏忠贤除名，复职后，又被杨嗣昌除名。弘光帝一度批准了他的请求，取消了温体仁的谥号。但后来因顾锡畴的政敌提出相反的意见，弘光帝又改变主意，恢复了温体仁的谥号。顾锡畴因此而辞职。后来，他到了福建并拒绝了唐王政权的邀请。最后，他定居在浙江东南地区，因警告贺君尧不得毒打当地生员，而被贺雇用的刺客暗杀。《明史》，第 2512—2513 页。
222 其中一册名《正续蝗蚋录》。蝗，指东林党，蚋，指复社。另一册名为《蝇蚋录》。蝇，指东林党，蚋，指复社。温睿临：《南疆绎史》，第 714 页。斯特鲁弗（私人通信）认为：温睿临《南疆绎史》的最早版本中没有提到这两本册名，可能是 19 世纪编印此书者的伪作。
223 郭如阊当上了刑科给事中（《明史》，第 3436、3453 页）；周昌晋为御史（同上书，第 3453、3496 页）；杨维垣为通政使（同上书，第 2667、2749、3092、3495 页）。
224 克劳福德：《阮大铖传》，第 37 页。
225 顾炎武：《圣安本纪》，第 17—18 页；计六奇：《明季南略》，第 24 页；顾苓：《金陵野钞》，第 44 页。
226 据有关大悲的最详细的资料记载，此人是安徽休宁人，15 岁在苏州出家为僧。其父姓朱，可能是皇族的远亲。姚家积：《明季遗闻补考》，第 108 页。
227 计六奇：《明季南略》，第 171、181—183 页。周镳的名字可能也被提及。一位御史后来提出周镳是这一阴谋的策划者。这种说法显然符合阮大铖之意。徐鼒：《小腆纪传》，第 207 页。
228 不过大悲在百姓中确有一批追随者。李清：《三垣笔记》下，第 16 页。
229 关于姜曰广反对阮大铖复出一事，同上书，第 7 页。
230 马士英可能还意识到他可以利用钱谦益，因为钱谦益已开始试着巴结马士英和阮大铖。斯特鲁弗语：私人通信。
231 谢国桢：《明清之际党社运动考》，第 103 页；《明史》，第 3494、4111 页；斯特鲁弗：《南明》，第 22 页。李清赞扬弘光帝明智大度地防止了这一事件演变为大规模的政治迫害。李清：《三垣笔记》下，第 16 页。
232 孔尚任：《桃花扇》，第 219 页。
233 何绍基编：《安徽通志》，第 2490 页（第二二〇卷，第 7 页）。
234 谢国桢：《南明史略》，第 62 页。
235 侯方域：《壮悔堂集·壮悔堂文集·传》第一篇传，第 1 页；第二篇传，第 2 页。
236 例如，徐石麒初任福王政府内阁都御史，后接替张慎言任吏部尚书。阮大铖清除异己时，他告老还乡，回到嘉兴。嘉兴城陷时，他悬梁自尽。《明史》，第 2513、3090 页；贝蒂：《中国的土地和宗族》，第 39—41 页。第二种情况，可以桐城的方孔炤为例。方孔炤曾为杨嗣昌所迫，离京返乡，在桐城镇压当地农民军。崇祯末年，他被调往大名、广平地区负责剿匪。北京陷落时他也逃到南方。他表面上以阮大铖在朝为由拒绝接受南明政府的任命，实际上是以此为借口与南明保持距离。他想恢复其家族对桐城的控制。桐城地区出身豪门的人普遍持此种态度,他们很快便同清廷联合起来,以保证其私有财产不受当地农民军的袭击。贝蒂:《中国的土地和宗族》,第45—47页,及其《抵抗的抉择》。

237 方震孺原籍桐城,后迁到安徽中北部的寿州。他也在北方任过职,并曾说服祖大寿为明朝效力,后被阉党囚禁。崇祯即位时,他正在狱中备受折磨,因及时获释才幸免遇难。《明史》,第2819—2820页。

238 《贰臣传》第七卷,第24—25页。作为"勋臣",赵之龙还控制着南京兵马司(斯特鲁弗语,私人通信)。

239 《贰臣传》第八卷,第29—30页;傅路德和房兆楹《1368—1644年明代人名辞典》,第1434—1436页。

240 文秉:《甲乙事案》,第53页,记钱谦益的任命日期为1644年7月11日。

241 然而阮大铖在邀钱谦益入内阁时,曾迫其答应参加弹劾侯峒曾和夏允彝作为回报。虽然实际上钱谦益可能从未上疏提出这项弹劾,但他确实草拟了这一奏稿。李清:《三垣笔记》"附识"下,第3页。

242 其中包括工部侍郎易应昌(《明史》,第967、2347、2874页)、大学士王锡衮(同上书,第2879、3132、3134页)。

243 杨鹗(1631年进士)是一位出众的行政管理人才。曾任顺天巡抚。南逃后任兵部侍郎,掌四川、湖广军务。后出镇湖广(《明史》,第2497页)。于启睿(1619年进士)是丁魁楚之侄。1641年任兵部尚书,后被撤职。此时在弘光帝的南京政府中任兵部尚书(恒慕义:《清代名人传略》,第723页)。高倬(1625年进士)长于组织地方武装,曾在南京任右佥都御史。弘光政权建立后任工部尚书(应是工部右侍郎——译者),转任刑部尚书。他在掌刑部时是马士英的"驯服工具"(《明史》,第3092—3093页)。朱大典(1616年进士)曾任山东巡抚,并在山东打败过当地的农民军。1635年为运河、凤阳督抚,1641年掌湖广、河南军务。崇祯末年,其子招纳亡命,组织地方武装,他因而失宠。投奔福王后,朱大典重新得宠,并成为马士英的同党,得授兵部侍郎,后又提督江上军务。其后,他因抵抗左良玉未成,投奔唐王,任大学士,最后在抗清中死去(同上书,第156、910、2857、3097页)。练国事(1616年进士)是典型的地方长官。1622年广宁失守后,他建议在北方就地训练军队以抗后金。他曾遭魏忠贤党徒的弹劾并被革职。1628年复职。后以右佥都御史之职巡抚陕西军务,但因战败而被罢免,不像崇祯朝中许多败将一样被投入监狱。福王政权建立后,任户部左侍郎,后迁兵部尚书(同上书,第903、2724、2951页)。

244 这群乌合之众包括李自成部在武昌地区分裂后投降左良玉的大批农民军。

245 这些数字引自刘约瑟:《史可法和满洲入侵时中国的社会政治》,第112页。文献中还提到其他将领的名字,在此就不一一列举了,因为其中并未列举士兵的人数。那可能是想用此来填补虚报士兵名册中的空额。斯特鲁弗提供的南明军队数字,其中包括左良玉部的5万人、江防军4万人、京师驻军6万人和史可法部3万人。斯特鲁弗:《南明》,第8页。

246 据说,南京应向前四位镇将提供20万两饷银,但当时某些人——无视南京政府的巨额财政赤字——认为马士英从未将这些饷银发放给四镇,因为他有意要激起四镇将领对史可法的不满,从而破坏史可法在军队中的威望,使史可法失去入朝做执政大臣的机会。刘约瑟:《史可法和满洲入侵时中国的社会政治》,第91页。

247 刘约瑟:《史可法和满洲入侵时中国的社会政治》,第102页。斯特鲁弗估计,仅军费一项开支就达700万两。这一数目超出不含额外税收的正常岁入100万两。斯特鲁弗:《南明》,第8页。

248 祁彪佳拒绝向需要苏松地区部分税收的史可法及江北所在其他将领提供粮草。斯特鲁弗:私人通信。

249 刘约瑟：《史可法和满洲入侵时中国的社会政治》，第 91 页。

250 黎杰：《明史》，第 200—201 页。

251 上户纳税 6 两，中户 4 两，下户 2 两（应是 3 两——译者）。计六奇：《明季南略》，第 146 页；又见顾炎武：《圣安本纪》，第 2—3 页；谢国桢：《南明史略》，第 61 页；克劳福德：《阮大铖传》，第 62 页；斯特鲁弗：《南明》，第 17 页。

252 刘约瑟：《史可法和满洲入侵时中国的社会政治》，第 102 页。

253 马伯乐《明代的灭亡》第 224 页着重强调了这一点。

254 弘光皇帝作为一个无能之君完全符合传统史学家所描述的亡国之君的形象，这也完全符合清人的观点。乾隆皇帝十分明智地将弘光朝而不是崇祯朝称为明朝的终结，因为福王具有亡国之君的典型特征。同样，马士英也比温体仁更像误国的奸臣。斯特鲁弗：《传统中国社会中史学的作用》，第 228—229 页。

255 李清：《三垣笔记》下，第 8 页。

256 虽然当时大多数人认为，南明的灭亡应归咎于弘光帝嗜酒成癖，但实际上更为重要的原因却是南京朝廷不愿与农民军联合抗清。相反，弘光帝及其大臣宁愿坐观清军剿灭大顺残余力量。这种做法使清朝在舆论上占据了优势，特别是在大运河沿岸及河南北部等战略要地，南明政府袖手旁观的态度促使当地地主豪强转向清朝一边。"借虏平寇"对南明政权来说只是一种目光短浅的战略而绝非长久良策。顾诚：《论清初社会矛盾》，第 142—144 页；又见洪焕椿：《清初农民军的联明抗清问题》，第 84 页。

257 孔尚任：《桃花扇》，第 190 页。

258 陈贞慧：《过江七事》，第 61 页；何炳棣：《中华帝国中的进身之阶：1368—1911 年的社会流动》，第 44—47 页。许多求官者都去求阮大铖帮忙——当然需要花钱——以至其宅第人来人往，如同官衙。一天，李清登门拜访，向门人询问阮大铖是否在家，门人答："若主人在，车马阗咽矣，如此寂寂耶？"李清：《三垣笔记》下，第 18 页。

259 温睿临：《南疆绎史》，第 714 页；《明史》（中华书局），第 7942 页。

260 李清：《三垣笔记》下，第 1 页。

261 张捷曾是周延儒和温体仁的同党。《明史》，第 3501 页；克劳福德：《阮大铖传》，第 73、95 页。

262 《明史》，第 13 页。杨文骢曾因贪污而被御史詹兆恒弹劾，但他确实有一定的声望。他在《桃花扇》中将扇上的血迹改画为桃花的艺术形象为后人所熟知。他是当时知名画家之一，也是董其昌的好友。虽然他是马士英的亲戚，但他与复社人士来往甚密，是祁彪佳、夏允彝的好友，还是几社的创办人之一。弘光政权建立前，他曾任江宁知县。

263 计六奇：《明季南略》，第 146 页。

264 谢国桢：《南明史略》，第 57 页。

265 何绍基编：《安徽通志》，第 2596 页（第二三〇卷，第 3 页）。

266 沈翼机：《浙江通志》，第 2993 页（第一七九卷，第 13 页）。

267 黄之隽：《江南通志》，第 1837 页（第一一二卷，第 30 页）。

268 何绍基编：《安徽通志》，第 2307 页（第二〇二卷，第 5 页）；第 2374 页（第二〇八卷，第 8 页）；第 2932 页（第二六〇卷，第 7 页）；黄之隽：《江南通志》，第 2557 页（第一五二卷，第 9 页）。史可法对安庆、六安和庐州的士民怀有特别深厚的感情，而这些地区的士民对史可法亦怀有同样的感情。史可法高度赞扬了 1642 年遭到农民军杀戮的庐州士民，见史可法：《史忠正公集》第三九〇卷，第 4—6 页。安徽士因史可法政绩出色而为他立祠，见何绍基编：《安徽通志》，第 575 页（第五十六卷，第 10 页）。

269 何绍基编：《安徽通志》，第 2310 页（第二〇二卷，第 11 页）。史可法与后来的曾国藩不同，曾国藩对其幕僚有严格的甄别，而史可法则很随便地接纳新来的人，以求能在众多平庸者中发现一些奇才。刘约瑟：《史可法和满洲入侵时中国的社会政治》，第140—141页。

270 温睿临：《南疆绎史》，第567—568页。应廷吉是优秀的数学家和天文学家，有关他的事迹，见谢国桢：《南明史略》，第57页；斯特鲁弗：《传统中国社会中史学的作用》，第83、166—168页；应廷吉：《青磷屑》第二卷，第5、7页。

271 黄之隽：《江南通志》，第2861页（第一六九卷，第10页）；何绍基编：《安徽通志》第2054页（第一七五卷，第16页）。

272 阎尔梅：《白耷山人集》，第五卷，第11页；第七卷，第9页。

273 有关这些活动及其一同祭扫先师之墓的描述，见阎尔梅：《白耷山人集》，第五卷第4、57、58页；第六卷，第11、12、14、15、19、20、24、28页；第七卷，第35页。

274 罗振玉：《万年少先生年谱》，第3页。

275 阎尔梅：《白耷山人集》第九卷，第24、28—29页。

276 同上书，第五卷，第3页。诗题为《怀古》。

277 同上书，第十卷，第25—27页。

278 同上书，第十卷，第19页。

279 史可法：《史忠正公集》第三八七卷，第6—7页。史可法与马士英都在皇帝面前赞扬吴三桂曾杀死很多流贼，建议给吴三桂封赏。姚家积：《明季遗闻考补》，第93页。

280 这位副将到达北京后，发现吴三桂已剃发并被清朝封为王，对与南明结盟之事毫无兴趣。不过这位副将被准许在北京南城进见多尔衮。从他们的谈话中可明了一点，即这位满洲贵族正在考虑南北对峙的可能性。顾诚：《论清初社会矛盾》，第141页。

281 谈迁：《国榷》，第6118页；又见顾诚：《论清初社会矛盾》，第141页。

282 同上书，第6119页。

283 李清：《三垣笔记》下，第3页。

284 顾诚：《论清初社会矛盾》，第142页。

285 刘约瑟：《史可法和满洲入侵时中国的社会政治》，第109页。顾诚认为，南明统治者局限于对大顺农民军的阶级仇恨，以至看不到其他出路，比如趁清军攻打农民军时去袭击清军。他们最担心的是农民军与清军联合起来对付南明，因而错过了进行北伐的良机。史可法尤其担心农民军与清朝联合的局面出现。顾诚：《论清初社会矛盾》，第144页。

286 顾苓：《金陵野钞》，第13页。

287 计六奇：《明季南略》，第221页。左懋第的母亲熟读史书，经常向儿子灌输忠君思想。李清：《三垣笔记》上，第15页。

288 这一要求是1644年7月24日提出的。计六奇：《明季南略》，第7页。

289 在通北使臣出发前所进行的讨论中，马绍愉提醒弘光帝，陈新甲曾试图秘密与满族谈判，后遭言官弹劾而被弃市。于是，弘光帝提议正式悼念陈新甲，因为他们正在实施陈新甲的策略。李清：《三垣笔记》下，第3页。

290 其中1万两银和2000匹绢是送吴三桂的，1000两金、10万银和1万匹绢是送给清廷的，3万两金用于其他馈赠，3万两金用作使臣的旅费。陈洪范：《北使纪略》，第117页；斯特鲁弗：《南明》，第19页；郭沫若：《甲申三百年祭》，第109页；黄仁宇：《明代的大运河》，第132—133页；《明史》，第3093页。

291 顾炎武：《圣安本纪》，第9页；谈迁：《国榷》，第6127—6128、6131—6132页；计六奇：《明季南略》，第8页。使臣离开南京的确切日期是1644年8月22日。开始，他们乘漕运船北上，后因未能征到或买到车马而改乘小船，被迫丢下部分绢帛，并减少随从的卫兵。陈洪范：《北使纪略》，第117—118页。

292 进入淮北地区后，他们发现城镇被农民军劫掠一空，交通被阻断，乡下到处是散兵游勇。因此，沿途城市都拒绝放他们入城。甚至当他们说明了自己的钦差身份之后，也只能露宿城外或强行冲进城门。离开济宁后，他们抵达了济宁北边的汶上县，见到清军总兵杨方兴。直到此时，他们才受到正式接待。杨方兴炫耀道"我国兵强"，并说，只要南明官员认识到必须接受多尔衮的"一统"主张，清朝将十分愿意和谈。他还强调南北双方要"同心"扫除叛匪。陈洪范：《北使纪略》，第118页。

293 他们实际在临清就遇到了原锦衣卫指挥骆养性派来的护送部队。9月18日抵达德州后，这位山东巡抚又通知他们，只能带100名卫兵在清军护送下进北京。九天后，在静海县，骆养性亲自接待了他们。在清兵护卫下，南明使臣及其100名卫兵继续前往北京，其余的卫兵则被关在静海的一座寺庙中。10月5日，使臣到达京师郊外，多尔衮傲慢地命令他们先派一名使臣献上礼品。使臣们拒绝这种如同属国的待遇，于是派代表去见内院学士洪承畴、谢升、冯铨和刚林（全名刚林榜什——译者）。据说，洪承畴、谢升同代表谈话时深感惭愧："似有不安之色，含涕欲堕。谢升时而夷帽，时而南冠，默然忸怩。"而冯铨却相当无礼并言辞粗鲁，刚林作为清方主要代表则要求使臣立即进京，并拒绝安排与钦差身份相适合的仪式。但使臣代表坚持除非清政府派大臣迎接，否则决不进城。他们宁死也不接受这种非礼之遇。五天之后，清政府让步了，同意派一名礼部的满族官员，由祖泽溥（他在大凌河降清）陪同迎接使臣。10月12日，通北使臣终于在清朝禁军的护卫下从正阳门进入北京城。进城后不久，他们便明白了，清朝实际上将他们视为囚犯。同上书，第119—121页。

294 使臣在鸿胪寺内极不舒服，因不得生火取暖，常感北方秋凉刺骨。左懋第曾派人去会见吴三桂，但是，这位前明朝的总兵传话说："清朝法令甚严，恐致嫌疑，不敢出见。"据说，此后不久他便被派往西部剿匪。陈洪范：《北使纪略》，第119页；又见顾苓：《金陵野钞》，第35—37页。

295 1644年农历七月，多尔衮令李雯致书史可法，劝其投降。此时，他可能已决定对南方施加压力并进而征服之。在那封信中，他指出：弘光朝廷是利用政局混乱之机得以控制江南的。正如顾诚所指出的，这实际上是否定了他本人在过去致南明檄文中提出的南北议和的可能性。顾诚：《论清初社会矛盾》，第142页。

296 同上书，第142—143页。多尔衮于11月22日发布了告河南、南京、江西和湖广士绅的告示，列举了南明朝廷的罪行。

297 10月14日的会见是正式的，甚至是紧张的。起初，刚林要左懋第像满蒙幕僚一样坐在他脚下的毯子上。但左懋第说，汉人不愿席地而坐，要求为他们搬出三把座椅。座椅搬来后，刚林便通过其弟的翻译，质问左懋第为什么不设法救援崇祯帝，反而拥立福王即位。于是，左懋第为他对明朝及先帝的忠诚进行辩解。但刚林粗暴地打断他的话，并说："毋多言，我们已发大兵下江南。"陈洪范：《北使纪略》，第122页。

298 对左懋第提出的在昌平明室墓地举行祭奠崇祯帝仪式的要求，刚林的回答十分尖刻："我朝已替你们哭过了，祭过了，葬过了。你们哭甚么？祭甚么？葬甚么？先帝活时，贼来不发兵。先帝死后，拥兵不讨贼。先帝不受你们江南不忠之臣的祭。"同上书，第124页。

299 恒慕义：《清代名人传略》，第762页。陈名夏是奉多尔衮之命前去劝降左懋第的汉官之一。左懋第见到他时说："若中先朝会元，今日何面目在此？"陈名夏无言以对。而另一位降清汉官金之俊对左懋第说："先生何不知兴废？"左懋第反问道："汝何不知羞耻？"小横香室主人：《清人逸事》，第5页。

300 这些俘虏（10月27日以后，这些使臣都被囚于鸿胪寺）听到了更令人担心的消息。他们从一个密探那里得知，多尔衮问其内廷大臣处置南明使臣的办法。一位满族贵族说："杀了他罢！"冯铨则主张强迫这些人剃发并囚于北京。但洪承畴认为，如果杀了使臣，将来双方就无法互派使节了，而且会阻碍以后的谈判。多尔衮采纳了洪承畴的意见："老洪言是。"于是，这位摄政王下令释放了南明使臣。陈洪范：《北使纪略》，第123页。

301 可能在通北使臣到达济宁时，陈洪范已被清朝收买。同上书，第 1 页；《清世祖实录》第五卷，第 17、23 页。

302 钱肃润：《南忠集》，第 112 页；《明史》，第 3093 页；《清世祖实录》第十一卷，第 3 页；钱 ：《甲申传信录》，第 155 页；斯特鲁弗：《南明》，第 21 页。他在临刑时提到"碧血"二字。典出周朝忠臣苌弘。恒慕义：《清代名人传略》，第 762 页。据传闻，南京陷落时，多尔衮曾宴请左懋第。左懋第赴宴时发现，这是为庆贺南京陷落，于是自杀。他在遗书中写道："生为大明忠臣，死为大明忠鬼。"谈迁：《北游录》，第 346 页。事实上，他是与其他五名官员一道被处死的。见李清：《三垣笔记》下，第 26 页；姚家积：《明季遗闻考补》，第 118—119 页。

303 《明史》，第 4111 页。

304 刘约瑟：《史可法和满洲入侵时中国的社会政治》，第 111 页。有关陈洪范的军事生涯的史料记载，见《明史》，第 156、157、3097、3662 页。

305 谢国桢：《南明史略》，第 64 页；钱肃润：《南忠集》，第 112 页；恒慕义：《清代名人传略》，第 762 页。

306 邓尔麟：《达官贵人》，第 253 页。

307 谢国桢：《南明史略》，第 67—68 页。豪格接到明确命令，不得在此时过河。《清世祖实录》第十三卷，第 9 页；第十四卷，第 7 页。

308 吴伟业：《吴诗集览》第八卷上，第 13 页。史可法要求增援的急件，见计六奇：《明季南略》，第 209—210 页。

309 谢国桢：《南明史略》，第 68 页。

310 《清世祖实录》第十二卷，第 140 页。

311 顾诚：《论清初社会矛盾》，第 143 页。顾诚认为此时是南明发动北伐的最好时机。清山东巡抚王永吉曾上表说，由于增援西线，当地守军所剩无几。如果南明趁机攻打山东南部各城镇，必将势如破竹。一些南明的官员意识到这一点，并且承认真正可怕的敌人是清军而不是大顺残部。江西总督袁继咸写道："闯为虏败，虽可喜，实可惧。虏未及谋我者，闯在耳。闯灭，非江南谁事？"

312 许定国，河南太康人，行伍出身。在山东镇压白莲教起义时屡立战功，从游击晋升为副将。崇祯年间，他继续在山东镇压农民起义，后被任命为援剿总兵。崇祯朝灭亡前夕，被派往山西。南京政府命他驻守睢州。胡山源：《嘉定义民别传》第四册第七卷，第 30—31 页。李际遇是一位有文化的农民，率领着一支由矿工、当地宗派成员和灾区流民组成的队伍。他曾与刘洪起共同抵御过李自成对南阳的进攻。谢国桢：《南明史略》，第 104 页；德·弗格斯：《中原起义》，第 25—26 页。此时，许定国已同豪格暗中往来，伺机反叛。

313 多铎奉命在河南西北部收缩，以保证其后方部队对西安的攻势。李自成的残部又成了清军的主要攻击目标。放弃进攻西面的大顺残部而转向进攻东南的命令，是在与左懋第谈判之后下达的。《清世祖实录》第十卷，第 12 页；第十二卷，第 1—21、27 页。

第六章　清朝统治的建立

> 明季骄淫坏法，人心瓦解，以致流寇乘机肆虐。我朝深用悯恻，爰兴仁义之师，灭尔仇仇，出尔水火，绥安都城，兆姓归心。近闻士寇蜂起，乌合倡乱。念尔等俱吾赤子，不忍即加兵革。已往者姑从宽宥。谕到，俱即剃发，改行安业，毋怙前非，倘有故违，即行诛剿。
>
> 《清世祖实录》，1644年6月15日，第五卷，第53页

北京新政府面临着三个十分紧迫的任务：恢复京城的治安并使行政机器重新运转起来；平定北直隶和邻省山东的动荡不安的农村，以及追击并消灭现已逃到太行山西部的大顺军队；其较为长远的重要的任务，则是官僚机器的改革与平民困苦生活的改善。[1]

地方合作者

如果没有汉人的军事合作的帮助，满族人是不可能征服中原的；而这种征服，随即又恢复了汉人降官的权力。明末兴起的一批军事力量，

特别是左良玉、刘泽清这样的军阀，都使得回天无术的文官们更加虚弱无力了。无论是大顺军对北京的占领，还是勤王将领们在南京政权中的专横，都使这个帝国中的军人们越来越显要了。清人在华北与中原的胜利，既没有终止对这类军人的需要，也没有剥夺他们的权力。[2] 中央政府与地方军人的这种对立，直到70年代"三藩"叛乱时才得到最终的解决；但在攻占北京以后，新的满族军事领袖们，随即就开始让昔日文职官僚们重新发挥作用——这种作用由于明末社会军事活动的频繁曾经大为下降。在清王朝的统治奠基过程中，有一个看来似乎自相矛盾的现象，这就是来自东北的满、蒙、汉军的旗人将领帮助在中国重建文官的权力。[3]

由于从多尔衮进入北京时起，他就公开申明他欢迎明朝官僚加入新的政权，所以，北京及其周围城镇的占领，在开始就非常顺利。1644年6月7日，多尔衮谕示兵部，对于迎降之处实行赦免，因为帝国的百姓"皆属吾民"。[4] 同时，还特别向地主官员做出保证，如果他们剃发归降，那么他们不仅可以恢复原职，甚至还将官升一级。[5] 三天以后，多尔衮正式表示，如果明朝的城市官僚剃发并纳名投诚，则将官复旧职。多尔衮许诺："各衙门官员，俱照旧录用。"[6] 由于那么多的官员因为投顺李自成而已经名节扫地，所以他们大部分立刻就接受了这一招降要求。[7] 这样，整个政府都投降了，并且没有一个人因为忠于明朝而自杀殉节。[8]

除了原有其职的官员，另一些文士名流也被推荐到政府中做了官。[9] 在这方面，有些关键人物向政府推荐了一批可能合作的名流。1619年进士、江苏人金之俊（崇祯皇帝的最后一位兵部侍郎）就是这样一个人。他曾遭李自成部下的严刑拷打，并在后来很快就投降了多尔衮。他迅速地官复原职后，就参与贯彻了大赦政策，登录了所有的前明军官，其中许多人被金之俊推荐到新政权中去任职了。[10] 其他为清廷频频推荐地方官和前明官僚的重要人物有：卫周允，1634年进士，山西人，崇祯朝的御史；沈惟炳，吏部侍郎；王鳌永，山东人，以前负责过河南与山东的防务。[11]

另一个决意归顺的人是奉天地区最后一任明朝巡抚、著名的河南官员、1625年进士宋权。像侯方域之父侯恂一样，宋权是商丘地区乡绅中的名流。商丘士绅的社会影响是如此之大，以至他们敢于公开与地方当局分庭抗礼。[12]1644年春，他受任顺天巡抚，驻距北京65公里的密云县受事。当李自成攻陷北京时，宋权刚刚就任三天，这样他只好暂时归顺，等待时机了。[13]在闯王被赶出北京之后，宋权便动手攻击地方义军将领并将之处死。6月6日，他宣布降清，并代表许多明朝地方驻军将领的立场声称："吾明臣，明亡无所属，有能为明报仇杀贼者，即吾主也。"[14]

对于这些前明官僚来说，使孔教所要求的忠节与在清廷中就职这二者协调起来，多少有些困难；但至少在清人降低了对汉人剃发改从满俗的要求时，这就容易一些了。[15]多尔衮开始不愿改变初衷，宁愿强行贯彻他在进京次日颁布的剃发命。[16]当刑部侍郎告诫他，令汉人强行剃发将失去民心时，多尔衮怒喝道：吾乃汝民之首，你且先顾自己的头发吧！[17]但在三河与保定爆发了反剃发令的农民起义之后，多尔衮变得温和些了。[18]6月25日，这位摄政王发布公告说：

> 予前因归顺之民，无所分别，故令其剃发，以别顺逆，今闻甚拂民愿，反非予以文教定民之本心矣。自兹以后，天下臣民，照旧束发，悉从其便。予之不欲以兵甲相加者，恐加兵之处，民必不堪，或死或逃，失其生理故耳。今特遣官传谕，凡各府州县军卫衙门来归顺者，其牧民之长，统军之帅，汇造户口、兵丁、钱粮数目，亲来朝见；若逆命不至，当兴师问罪而诛之。[19]

这是一个勉强的让步，并且显然曾使多尔衮为之不快。但满族家长制的传统精神是强调统治者与被统治者之间的"约"，这一决策的制定也体现了这一精神。[20] 新的政策颁布之后，汉人的归顺就变得容易得多了。[21]

在这一新的情况下接受清廷官位的最著名的文人之一，是著名的上海诗人李雯。其父李逢甲，死于大顺军占据北京之时。这位诗人因为丧父的巨大悲痛，许多天都不能离开父亲的棺材略进饮食。这种孝行使多尔衮周围的官员大为感动；多尔衮也接受了建议，让李雯做了他的私人幕僚。[22]

对李雯来说，要报复大顺军的杀父之仇就只有降清这一条路吗？或者说，这就是他早些时候对陈子龙所表白的要为国效力而名垂青史的途径吗？[23] 李雯当然得到了一个英雄造时势的机会，尽管极少有人赞许他攫取这个机会的方式。1644 年至 1646 年间他作为多尔衮的秘书，所有奏表文告皆出其手。[24]

然而，李雯之例有些特殊之处。那时，大部分归降者，既不是在野诗人，也不是南方文人。[25] 在 1644 年加入清廷，并在 18 世纪编纂的《贰臣传》中有传的 50 名高级官员中，大部分是京都的旧官僚（详见下表及书后附录 B）。[26] 然而，在崇祯朝，3/4 的高级官僚来自南方；而在 1644 年，2/3 的归降者是北方人。[27] 这种比例的倒转，主要在于山东的大量降人，1644 年投降的"贰臣"中有 1/4 来自山东。如果说东北地区为满族征服中国提供了大部分军事将领的话，那么，山东一地在为北京清政权提供文官上遥遥领先。山东人在清初的这种骤然显贵，在一定程度上是由于该省平定较早，部分地区由于在各处起义时这里的乡绅名流遵守了王朝的法令。[28]

1644 年及以后降清文官

先附李自成，后降清的明朝文官：

姓　名	明官职	省　籍
陈名夏	给事中	江　苏

（续表）

姓名	明官职	省籍
党崇雅	侍郎	陕西
梁清标	翰林学士	北直隶
卫周祚	郎中	山西
戴名说	给事中	北直隶
刘昌	给事中	河南
柳寅东	御史	四川
陈之龙	分守道丞	江西
张若琪	侍郎	山东
方大猷	分守道丞	浙江
高尔俨	翰林学士	北直隶
张忻	刑部尚书	山东
张端	翰林学士	山东
张缙彦	兵部尚书	河南
刘余祐	兵部侍郎	北直隶
龚鼎孳	给事中	安徽
孙承泽	给事中	北直隶
薛所蕴	国子监司业	河南
傅景星	御史	河南
李元鼎	太常寺少卿	江西
熊文举	吏部郎中	江西
叶初春	工部侍郎	江西

在北京降于多尔衮的明朝文官：

姓名	明官职	省籍
王正志	户部侍郎	北直隶
徐一范	吏部郎中	江苏
王宏祚	户部郎中	云南
卫周允	御史	山西

（续表）

姓 名	明官职	省籍
曹 溶	御 史	浙 江
胡世安	少詹事	四 川
吴惟华	主 事	北直隶
李若琳	翰林学士	山 东
王鳌永①	户部侍郎	山 东
金之俊①	兵部侍郎	江 苏
沈惟炳①	吏部侍郎	河 北
冯 铨②	大学士	北直隶

在地方投诚，接受赦免，或顺治以后荐至北京的明朝文官：

姓 名	明官职	省 籍
李化熙	兵部侍郎	山 东
宋 权	顺天巡抚	河 南
任 濬	兵部侍郎	山 东
张 煊	御 史	山 西
李 鉴	宣化巡抚	四 川
谢 升	吏部尚书	山 东
田维嘉	吏部尚书	北直隶
黄图安	分守道丞	山 东
房可壮	副都御史	山 东
刘汉儒	四川巡抚	北直隶
苗胙土	郧阳巡抚	山 西
陈之遴	编 修	浙 江
刘正宗	翰林学士	山 东
谢启光	兵部侍郎	山 东
孙之獬	翰林学士	山 东
李鲁生	国子监司业	山 东
魏 琯	御 史	山 东

(续表)

潘士良	刑部侍郎	山 东
霍达	江苏巡抚	陕 西
吴伟业	少詹事	江 苏

南京陷落时及以后降清的明朝文官：

姓 名	明官职	省 籍
周亮工	御 史	河 南（南京居民）
刘应宾	吏部郎中	山 东
张凤翔③	工部尚书	山 东
钱谦益	礼部尚书	江 苏

资料来源：孙甄陶《清史述论》，第21—25页，以及《贰臣传》。
上表注：① 受过李自成人马的拷掠，纳款获释；② 致仕，由多尔衮信邀出仕；③ 受过李自成人马的拷掠。

山东的投降

山东的情形表明，在乡绅与满族征服者结为同盟镇压城乡义军盗匪上，它比其他任何省份都要来得迅速。[29] 尽管这里的民众中也有一些著名的忠明之士，但在维护共同利益而携手合作上，山东士绅对满族征服者的态度最为典型。这就可以解释为什么"贰臣"中有那么多的山东文人。[30] 山东与辽东两个半岛的相似性，也使这种联盟变得容易了。许多东北边民，通过海上贸易与水军服役，与山东家族保持了密切的联系。但理解山东士绅对清政府的态度的关键点，是满族进入之前这一地区的阶级冲突的激烈程度。

晚明时期，山东是一个社会与经济极端繁荣的省份。[31] 像济宁这样的城市在16世纪末就已经繁荣起来了；作为地区货物集散地的大运河畔上的临清尤其繁荣。[32] 还有一些富裕的乡区，例如淄川，为大地主所控制。但是，这个省的中部，泰山与沂蒙山周围地区以及西南地区，却相当贫困，在17世纪20、30年代经常遭到饥荒的袭击。[33]在西南地区的地主并不太富裕，但有很强的自卫能力，住在有家兵和沟垒防护的"家庄"中。[34]许多人习惯以劫掠为生。[35]横贯山东西部的、从北京到徐州的东去大道，整家整家的人，甚至整村整村的人，以抢劫为主要生活来源。[36]滕县与兖州府会之间那令人生畏的驿路上的旅客们，如果能够逃脱"响马"的袭击，那真是要感谢苍天有眼了；如果其车马没有陷入泥淖，以致被村民以租借牵引用的骡马为由而横加勒索，那也真是万幸。[37]

山东也是教派会道活动的中心之一。1622年，徐鸿儒领导的白莲教起义持续了六个月之久，有200万人卷入其中，最后才被4.7万名士兵镇压下去了。[38]这场民众大起义的原因之一，是因为满族占领辽东后，成千上万的难民涌入山东，以逃避满人的追杀洗劫。然而，1642年与1643年，清军深入到山东腹地劫掠，结果是官府失去控制，社会陷入混乱。[39]像临清这样的城镇遭到了严重破坏，农村甚至变成一片废墟。[40]到1643年，地方官员已经征收不到赋税。据记载，任何案件审理都不能再进行了。官方的地主政府已不复存在，权力落入了地方权贵或大盗悍匪手中。[41]兖州南部的滕县与沂县的县府屡遭攻击，地方官员已毫无权威可言了。据当时史料记载，当时民户十之七八参与了不法之举。农村社会中"盗户"与"良民"截然两分，后者基本上是地主，他们在安定社会上与政府的利益完全一致。[42]除了这些"盗户"，在滕县以东的九山地区，还有许多亡命之徒的永久性的大本营。这些"匪巢"中最大的一个，由王俊领导。此人是一位武林高手兼地主。在40年代的颗粒无收的灾荒中他也丧尽家财，便转入绿林行劫了。[43]在兖州的东北走向的大道上，以及嘉祥一带的大运河畔，有一个在当地称为"满家洞"的地区，是个方圆300里的丘陵，有四个乡坐落其中。这一地区有成千个洞穴，以及许多设防的双层石堡。在明朝最后几年的内叛外侵的日子里，

第六章 清朝统治的建立　273

满家洞的农民逃入洞穴避难,并用布蒙住洞口。整个这一地区完全摆脱了地方官府的控制,派来维持秩序的乡兵不止一次地在此全军覆没。一些亡命之徒结成了更大的团伙或匪帮的联盟,有些经常冠之以朝官名号的头目,承担松散的领导之责,在这块土地上称王称霸,为所欲为。曾有位官员报告说:"村落灰烬无遗,百姓杀掳殆尽。"[44]

与这些亡命之徒和起义军为敌的是乡绅及其联盟,但他们在横暴残忍上与其敌手差别不大。这种地方武装类似封建团体,都有很好的训练,常常带有浓厚的个人忠诚色彩,一般以忠于乡绅领袖的马队或家丁为主力。[45]邹县豪右鱼维新,拥有一支800名步兵的武装,纪律严明,随时可以与正规军一同作战。[46]嘉祥县的名流刘君学,在满族进攻时期征集并训练了一支3万多人的"义勇"。[47]

逐渐巩固清廷对山东的控制的主要办法,就是私人统率的乡兵与中央政府供给与指挥的正规军队相结合。在最低的县级单位,乡绅组成了乡兵,乡兵组成了"营";再往下则是80—100名乡兵组成的"家",其首领为"练总"。作为家丁,他们忠于供给其衣食的本地豪右。这种半封建关系实际上是在官方培植下发展起来的——因为地方军政长官总督巡抚自己要为每一位将领的私人军队("标下")提供军费。[48]同样的个人忠诚原则,以及官方对每一位将领的私人武装("标下")的承认,还扩大到了较高级的军事单位。在府一级的行政单位中,军队汇编成一般被称为"镇"的组织。除了乡绅私人统领的大型团队,也有一些马队由清廷的命官指挥。[49]而且,乡绅的私人武装,经常根据命令由一地区调往另一地区。在地方军政长官上达北京的报告中称为"技勇"的武装,就这样变成了清廷统治的一支主要力量。[50]

许多这种地方地主武装,特别是山东西北部的地主武装,被征调去进攻短命的大顺政权。李自成占领北京后,派出了许多军官和地方官,到山东各乡、县的都会去接管原政权。[51]他们把在北京用过的拷饷追赃的办法又用到了这里,首先被驱集到一起的就是乡绅。例如,在兖州(这里是明朝鲁王的封地),大顺的首领们取得了被称作"无赖"的下等阶层的支持来打击乡绅。在济宁,郭志伟为大顺政权接管了此地,他把官僚、生员和富民囚禁起来,拷掠赎银多达48万盎司。[52]当他们占领了运河与山东——北直隶间驿道的接合处的德州后,这种行为变得特别的残酷无情。1644年6月1日,那里的乡绅在著名士大夫、1607年进士谢升率领下,起兵反扑。后来,谢升在给清廷的信中说到:

>(六月初一日)臣等鼓励阖州士民,磔伪州牧吴徽文、伪防御阎杰,誓众登陴,激发远迩,共诛闯贼所置伪官,贼将郭升丧胆西遁。谨扫境土,以待天麻。[53]

谢升在赶走了大顺军官后,与乡绅们共同邀请了一位明朝皇亲朱师钦,让他以"济王"的名义统辖这一地区。[54]在他的名义下,他们鼓励其他地区的士绅也组织乡兵,进攻大顺军队。在谢升的同窗、前兵部侍郎谢启光的领导下,这个城镇的2000居民赶走了大顺的统治。[55]在繁华的淄川,前翰林学士、1622年进士孙之獬倾其家财,组织训练了一支地方武装,借此保卫他的亲戚邻里,并从这个地区把大顺军队赶了出去。[56]

史可法与南明在扬州的营部,很快知道了德州事变的消息。尽管史可法很清楚,在谢升担任大学士与太子侍讲时曾经支持过陈新甲的绥抚政策,但他对像谢升这样重要的官员率领山东北部的乡绅转向支持南明的可能,仍然抱有热切的希望。所以,史可法派了一位信使,带着宣布福王在南京登基的诏书抄本,向北而来。[57]然而,史可法沿北直隶边界建立一个义军前哨的希望很快就化为泡影了。当年谢升之所以被迫引退,正是由于现在支持史可法的这批"清流"文人,所以,谢升对支持南明政权并无兴趣。由于对李自成的拷掠心有余悸,又对满人摇身一变为替他们复仇的仁义之师印象至深,谢升和其他40多个山东士绅领袖,共同派遣代表致书清廷。在这封信中，他们颇为坦率地解释了他和他的乡人的起事，甚至解释了他们是如何利用那位明朝亲王以争取支持的。但最终，他们起兵的目的是"谨扫境土，以待天庥"，正如扫清床座以待贵客一样。谢升接着说，就其本心而言，他真诚地希望归顺清廷。[58]

北人与南人

　　谢升的信送到了北京。它与清廷尽量争取北人迅速归顺的明确政策一拍即合。早在1644年6月16日，辽东边民祖可法、张存仁就向多尔衮阐明了这样做的必要。他们指出，要保证政权的财政充裕，就要扫清山东的交通线，以使谷物运输通畅；也要确保山西的交通线，这样商人才能安全通行，从而为政府提供至关重要的税金。[59]如果王朝采取了以大赦来"招抚"百姓的政策，那么它的财政需要就会得到满足；否则，他们很快就会面临一场财政危机。多尔衮回答说："卿所言极是。"金之俊和曹溶也向多尔衮担保，有所选择的大赦的贯彻，避免残酷的灭绝性手段，能够赢得各地百姓的支持，并因此解决盗匪问题。多尔衮对他二人也大加鼓励。[60]摄政王不久就颁布了一道命令，要求行政官员们从速查清那些业已退隐的才德优异之士，以供征召任用。[61]

　　首先响应多尔衮之征召地方归顺者之命令的，是山东新任巡抚王鳌永，当时他还身兼户部侍郎的荣衔。[62]他也是山东人，因而极力鼓动本地文人归顺新朝。1644年8月13日，他提交了一份有39位山东名流的初步名单，其中包括谢升、谢启光以及其他一些乡绅武装的领导者。[63]几天后的8月21日，曾经接受过李自成任命，如今正式担任吏部侍郎的北直隶官僚沈惟炳，表示大致赞成王鳌永的推荐名单。与张存仁、祖可法一样，沈惟炳也强调迅速抚平北方各省的重要性。因此，他建议朝廷特别作出努力，对北直隶、山东、河南和山西四省的前明官员加以任命。那里的地方显贵如果担任了本省的领导，地方的平定就会容易得多。[64]为此，沈惟炳又拟定了一份分省编列的、有36人在内的名单（参见下表）。他的名单总计包括16名山东人士，6名直隶人士，9名山西人，5名河南人。在那些山东人中，有7人是王鳌永已经推荐了的。

其他官员此时也提交了另外一些名单。兵部侍郎刘余祐的名单中，包括3名山东人，3名北直隶人，陕西、河南与山西各1人。[65]巴哈那与石廷柱都推荐了前明兵部侍郎、1634年进士李化熙，此人在李自成攻占北京时，带兵回到了山东。在此时，他把部属名册呈交给了清朝将领。[66]

沈惟炳所荐官员

姓　名	明官职	省　籍
张凤翔	兵部侍郎	山东[①⑤]
房可壮	副都御史	山东[①④]
张　忻	刑部尚书	山东[①②]
左懋第	吏科给事中	山东
成　勇	南京御史	山东
叶廷秀	兵部主事、尚书	山东
高有闻	尚宝司少卿	山东[①]
左懋泰	吏部员外郎	山东[①]
李化熙	总　督	山东[①④]
沈　迅	兵科给事中	山东
毛九华	御　史	山东
黄宗昌	御　史	山东
郝　纲	分守道丞	山东[①]
任　濬	巡　抚	山东[④]
杨士聪	谕　德	山东

第六章　清朝统治的建立

(续表)

耿章光	兵部员外郎	山 东
孙昌龄	吏部郎中	北直隶
冯 杰	给事中	北直隶
韩四维	谕 德	北直隶
戴名说	给事中	北直隶
王家祯	兵部侍郎	北直隶
李春蓁	御 史	北直隶
张三谟	大理寺卿	山 西
王守履	工部郎中	山 西
张 煊	御 史	山 西④
张鹏云	巡 抚	山 西
阴 润	吏科给事中	山 西
张希夏	礼科给事中	山 西
李化龙	户科给事中	山 西
张第元	太常寺少卿	山 西
陈奇瑜	总 督	山 西
练国事	巡 抚	河 南
郑二阳	巡 抚	河 南
李政修	副 使	河 南
丁启睿	总 督	河 南
丁魁楚	总 督	河 南

资料来源：朱希祖等编《顺治元年内外官署奏疏》，第19—21页。
① 这些人也出现在王鳌永所荐官员表中（见前表）。
② 先降李自成，后降清的明朝文官。
③ 在北京分别降于多尔衮的明朝文官。
④ 在地方上投降，接受大赦，或在顺治帝进京后被推荐的明朝文官。
⑤ 北京陷落后，其领土被占时投降的明朝文官。

多尔衮对大多数推荐都接受了。李化熙被任命为兵部侍郎，1647年被擢为刑部尚书。[67]孙之獬被任命为礼部侍郎。[68]谢启光为户部侍郎。[69]任濬也被任命为户部侍郎，不久升为刑部尚书。[70]8月24日，谢升受诏陛见，被召入本内三院为弘文院大学士，由此又迁至吏部尚书。[71]多尔衮还采纳了王鳌永"宽免"该省赋税的建议，以此作为对整个山东地主集团的奖励。在1645年，多尔衮又同意了孙之獬的在较长时间内减轻赋税负担的请求。[72]

在多尔衮进入北京的三个月内，吏部的汉人尚书、侍郎都由山东人担任。山东人递相引荐，以求得朝廷注意。这个省份的名流在京城的影响更加明显。而且，山东人在科举中成绩优异，就像早些年间的北人那样。1644年和1645年，进士的名额都增加了，这立刻增加了获取高官的机会；而名额的分配，主要限于那些束手归顺的地区，如北直隶、山东和山西。[73]在过去的两个世纪中，在定期的科举考试中南人一直保持稳定的成功；而如今中举者北人占了优势，这看来要归之于其他特别因素，这可能包括以牺牲南方文人为代价而优宠北人这一有意识的政策。当多尔衮进京后不久就任命冯铨为礼部尚书时，人们对这一政策存在与否的疑问就不证自明了。冯铨是魏忠贤的党徒，当时最有争议的人物之一。[74]

1629年，在清流的压力下，冯铨被迫引退。如同我们所看到的，他在崇祯朝恢复旧职与声誉的努力屡遭挫折。[75]因而，1644年6月18日他就任礼部尚书时，便引起了不小的震动。[76]多尔衮无疑在努力保护这位曾在家乡率兵自卫的河北重要乡绅的职务，但他任命了这样一位有争议的人物——这肯定要引起清流文人的愤怒，其原因却依然是一个谜。可以肯定，冯铨精通王朝礼仪，多尔衮后来命令他为清朝的宫廷礼仪与祭祠活动选定音乐。但也颇有这种可能，通过任命他为礼部尚书，多尔衮向其朝臣强调了他曾屡次申说的这一态度：晚明的党争已告结束，一切都已成为过去。由于毫无偏袒地任命了一位公认的东林党人的敌人，摄政王大大地拓宽了政权的拥护者的范围。[77]

但不幸的是，无论在政府内外，大多数文人都不这么看待冯铨的任命。东林或复社的成员与党人，不能忘记冯铨是臭名昭著的《三朝要典》的编纂者之一，[78]并且，他们中的那些南人，不能不产生这样的联想：任命这样一位以敌视江南文士著称的人，与把南人从高级要职中排挤出去的既定政策有关。[79]而且，作为礼部尚书，冯铨很容易在科举考试中发挥重要作用。这种作用首先就将体现于1646年的那次科举考试之中。确实，多尔衮命令冯铨主持了这年的科举，在373名进士中，北人的进士就有365名，占98%。状元是一位山东学者，第二、三名则是北直隶人[80]（见下表）。这些北人进士占了这么高的比例，或许是理当如此，因为长江流域的动乱使许多有资格参加考试者缺席未至。但许多南人也可能认为，是冯铨的监考才使许多南人落第了。[81]

1646年各省进士统计

省 份	人 数	百分比
直隶	95	25%
山东	93	25%
河南	87	23%
山西	81	22%
陕西	8	2%
浙江	4	1%
江南	2	0.5%
福建	1	0.5%
湖广	1	0.5%
辽东	1	0.5%
总计	373	100%

资料来源：L.D.凯斯勒《康熙与清朝统治的巩固》，第180—181页。

正是由于上层官僚与中举名单中籍贯比例的这种重大变化，在摄政王多尔衮执政的头几年中，"南人"与"北人"的区别变得极为明显了，而省份的区别则已不为人注意了。同时，南人与北人的竞争，也取代了曾经引起官僚党争的"清流"与"浊流"的冲突。例如，浙江海宁名门的后裔、有名的降人陈之遴，在当时就这样说过："南北各亲其亲，各友其友。"[82]

中央政府中的大部分降人，集中在户部、吏部和兵部这三个部门之中。这说明，擅长于财政、选官与军政的官员，比那些娴于礼仪、音乐与文学的文士更乐于接受新王朝的统治。[83] 在这伙汉人合作者之中，过去兼有文武职位的官员，约有一半获得了比过去更高的官位，另一半也保住了旧日官职。但是，在文职的投顺者之中，只有1/4获得了更高官位，这些人主要是兵部的官僚。在另外两个重要部门——吏部与户部中，文职的投顺者或只保留了原位，或官位还有所降低。[84]

多尔衮任命了这些官员，同时又没有削弱他对中上层官僚的控制，这是因为，他从东北带来了一大批老练能干的汉官。这伙辽东降人被称为"旧人"。就是他们，再加上满族将领们，最早担任了各部的尚书、侍郎。[85] 然而，官僚体制的要津、各司郎中是从满人入京后归顺的"新人"中选任的。在此之下，中央的低级部门与地方政府中的下级官吏，几乎都是清朝占领该地后随即就投顺了的那类人。帝国官僚机器的行政职员如此迅速地转而效忠新主，大大促进了清朝早期征服的巩固。但从长远来看，这也给新政权带来了更大的麻烦。尽人皆知，在那些下层官僚身上，集中了古代政权的众多弊端劣迹。你只要随便指出一位官吏，那他就准是一名贪赃枉法之徒。因此，从清廷的统治刚刚建立之时起，它就不断地发布敕令，要严惩那些为非作歹的"蠹蠹"与恶吏。[86]

清除明代弊政

这些法令的口吻始终是严厉的，训斥性的。首先要打击的是明代官场吏治中的"贪蠹"之风与种种不法之举。[87]

> 明国之所以倾覆者，皆由内外部院官吏贿赂公行，功过不明，是非不辨……甚至无功者以行贿而冒功，有功者以不行贿而功掩，乱政坏国，皆始于此，罪亦莫大于此。[88]

各个衙门都要毫不留情地揭发非法行为，官员在行刑中，应遵从清朝鞭笞的习惯，而不能使用竹板。[89]清廷的"臣工"要不纳贿、不修怨、不徇私，违者将处以重典。从今以后，各级官吏要痛革前朝腐败风气，"共砥忠廉"。[90]

其实并不奇怪，多尔衮锐意改革前朝弊政，其原因之一反倒是害怕忠明分子有朝一日光复前朝。1644年6月25日，即进京的几个星期之后，他就明确地用这种可能性告诫过他的官员：

> 今荷天祐，底定中原，宜各殚忠诚，永保富贵。有贪婪不检，自蹈罪愆者，虽有功不叙，毋得苟且一时，失子孙久远之计也。[91]

那么，新政权的当务之急，就是解救民众于水火之中，以证明天命所归。一方面这意味着政权要实施公共福利措施[92]：

> 京城内流贼蹂躏之后，必有鳏寡孤独谋生无计及乞丐街市者，著一一察出，给与钱粮恩养。[93]

在另一方面，这意味着明朝的沉重赋税要有所减轻。在一些汉族合作者（包括对安定京都所在的顺天地区最感兴趣的宋权）的要求下，7月13日，多尔衮下令，凡是清军驻扎过的，或因清军进军而农田遭到破坏的乡村，该年的赋税减少一半。而且，北直隶的各府、州、县，皆减税1/3。[94]尽管如此，在北京仍然有人散布谣言蛊惑民众，说是满族人有返回东北的计划。[95]

减税之后不久，北京市民开始风传征服者们将在阴历七八月返回辽东。当他们看到一些士兵离开北京、返回盛京时，他们便认定这种推测已被证实了。对于那些满族人对中原的统治不会长久的说法，多尔衮甚为恼怒。他在7月21日发布了一个告示：

> 我朝剿寇定乱，建都燕京，深念民为邦本，凡可以计安民生者，无不与大小诸臣实心举行……我国家不恃兵力，惟务德化，统驭万方。自今伊始，燕京乃定鼎之地，何故不建都于此，而又欲东移。[96]

他又解释说，那些东去的士兵只是接家眷去了，他们还要回到中原来。那些与事实相违的谣言传播者，显然是企图捣乱的歹徒奸人，如果他们不思改悔则必将遭到严惩。[97]然而，多尔衮对自身是否能长保天命护佑，也没有十足的信心。在上朝时，大学士刚林进言说，由于减免赋税与整肃弊政，新政权远比明朝好，但多尔衮则谨慎地回答说："善与不善，惟天可表。"[98]

这时，六岁的顺治帝正准备从盛京迁都燕京。根据多尔衮的建议，皇上在8月9日把这个新都城改称为"北京"。9月2日，皇上任命了负责盛京事务的官员；9月20日，他便移驾入京了。[99]然而，北京的大街小巷中依然流言不断，或说满人准备弃城而去，或说他们还在密谋尽屠汉人。1644年10月1日，多尔衮不得不再次发表了一项公告：

第六章 清朝统治的建立 283

予至此四月以来，无日不与诸臣竭尽心力，以图国治民安。但寇贼倡乱之后，众心警惧。六月间流言蜂起，随经颁示晓谕，民心乃宁。向传有八月屠民之语，今八月已终，毫未惊扰，则流言之不足信明矣。今闻讹传"九月内，圣驾至京，车兵俱来，放抢三日，尽杀老壮，止存孩赤"等语。民乃国之本，尔等兵民老幼，既已诚心归服，复以何罪而戮之？尔等试思，今皇上携带将士家口不下亿万，与之俱来者何故？为安燕京军民也。昨将东来各官内命十余员为督抚司道正印等官者何故？为统一天下也。已将盛京帑银取至百余万，后又挽运者不绝者何故？为供尔京城内外兵民之用也。且予不忍山陕百姓受贼残害，既已发兵进剿，犹恨不能速行平定，救民水火之中，岂有不爱京城军民而反行杀戮之理耶？此皆众人所目击之事，余复何言？其无故妄布流言者，非近京土寇，故意摇动民情，令其逃遁，以便乘机抢掠，则必有流贼奸细潜相煽惑，贻祸地方。应颁示通行晓谕，以安众心。仍谕各部严缉奸细及煽惑百姓者，倘有散布流言之人，知即出首，以便从重治罪。若见闻不首者，与散布流言之人一体治罪。[100]

仅仅靠这样一个公告，或许还不足以安定北京居民。然而10月19日以后，当顺治皇帝终于驾临北京、举行庆典登上龙位时，关于弃京而去与屠杀汉人的谣言才销声匿迹了，[101]然而，多尔衮仍然担心着这个根基未深的新生政权的命运，所以也意识到了对清朝所承袭的前朝旧制迅速改弦更张的重要性。

多尔衮对有负天命的担忧以及明朝覆灭的前车之鉴，使他尽其努力避免重蹈万历、天启、崇祯诸帝的覆辙。明廷的腐朽无能的最显而易见的教训是内廷的擅权。一大批宦官事事染指，从皇族的饮食起居直到秘密警察的鹰犬之责。当多尔衮进入武英殿时，内廷的太监头目毕恭毕敬地迎候他，宦官们也摇身一变地对紫禁城的新主子谄媚效忠。然而，由于汉人合作者的提醒,他早已清楚,在大多数官僚眼中——更不用说广大民众了——这些刑余之人是多么罪恶昭彰。他的这种警觉,再加上他住在紫禁城外的南池子官邸之中——在此宦官头目没办法影响他——都意味着他当政期间宦官权力已大大削弱了。[102] 交泰殿的墙上的一个金属牌告诫内廷官员,如果他们干预朝政,则将严惩不贷。宦官也已不许再管理皇庄收入。一些可供营私舞弊的职务以及宫室营造被停止了。1646年有令,凡自阉以充太监者,斩立决。[103]

部分的改良

除了抑制宦官权力外,对于曾在崇祯朝力图变法图治而遭失败的汉人降官的建议,多尔衮也非常乐于接受。浙江人曹溶,是1637年进士、《学海类编》的编纂者、崇祯时的都御史。降清后,他官复都察院旧职,巡视北京的西城。[104] 他为恢复北京城郊的秩序提出了一些重要建议,其中包括:一、重振吏治,据贤授任,而不是仅仅依靠个人援引;二、整顿盐法、钱法和改革军需,以确保军队供给;三、禁止军官出卖军马、粮草与土地;四、命有司多方严缉盗匪,为首者诛,胁从者许以不杀,劝其向善;五、发帑金于北直隶麦熟处平籴,以备赈恤;六、派军打通京西山区的交通线,以解都城煤炭供应问题。[105] 宋权呼吁废除明末为筹集军需征派的"三饷",许多官员加以响应。1644年8月18日,清廷明令废除"三饷",禁止官员私收讼费,命令对府县财政进行审计,并号召检举惩治"衙蠹"。[106]

这些法令中反复提及明朝官吏的"弊习",主要是针对吏员的种种劣迹的。它并没有抓住制度上的缺陷,而这正是明代政治的主要遗留问题。繁冗的法律条文,庞杂的水利管理机构,无底洞似的赈济项目,特别是庞大笨重的财政机关,都必须恢复工作秩序。在三个世纪以前,明朝以元朝组织制度为蓝本，建立了它的地方行政体制。在这一体制中，帝国的政治目标与行政手段之间，存在着严重的脱节。[107] 这一致命的裂痕，可以说正是法家控制、支配社会的意图与儒家不去破坏社会自然运行的愿望之间的矛盾。那么，就只能诉诸一种大规模的，甚至是激烈的解决方式。然而那种一揽子的解决方法并未实行。[108] 作为另一种选择，清朝的官员对帝国的实际事务采取了一种谨慎保守的态度，主要致力于对政府行政的某些方面进行修补。

事实上，最令人吃惊的是，为了达到把官僚制行政机器的效率提高到可能的水平这一目的，实际上并不需要做多少事情。需要调整，但用不着取代；要做些修补，但并不是另起炉灶、推倒重来。进一步说，这些法律、水利与财政的改良，主要是这样一批人的任务：他们亲身经历过明朝的行政，如今又得到了一个旧日未曾得到的机会，来对他们早已熟悉的那种体制进行某种调整，以使之处于最佳工作状态（参见下表）。总之，这种修补和调整是那些"局内人"的工作，他们如今正在与入侵者合作；这或许部分地又因为，他们也认识到新政府将为他们提供一个在明朝所没有的革故鼎新的机会。[109] 从另一面说，新政权也很乐于鼓励与促成这些改良，因为它的领袖、摄政王多尔衮完全相信，天命的维系在于通过一个有效率的、能带来公益的政府来赢得帝国臣民的忠诚。满族的早期改良的推行，体现了一种循序渐进以臻完美的精神，这与南宋的谨小慎微的保守态度有更多的相似之处，却大不同于北宋那种富于进取的，然而又有教条色彩的理想主义精神。[110]

例如，安徽人、1634年进士、1644年和1645年的刑部给事中孙襄，此刻正关注着法制的改良。那时，部分地由于战争状态，地方官员在司法上颇少约束。孙襄发现，许多年来在量刑上有很大的随意性，在明律之下，不同的判决并无合理的依据。所以，他请求统一司法体制，使之具有一致性，制定量刑标准，并下发给官员。他的请求得到了批准。[111] 后来，在 1647 年担任了刑部尚书的李化熙的支持下，这种范围有限的改良仍在继续进行。新的刑典被颁布了，各种条格的制定也被提到了日程上来。[112] 李化熙的继任者、1631 年进士、安徽人张秉贞，清理了刑部一些多年的积案，平反了一批错案，并释放了一批冤囚。[113] 这些改良措施的累积效果，是使整个司法体制恢复了一个世纪以前的那种正常秩序，并为 18 世纪的严密的治安和司法体制奠定了基础。

前明官员在多尔衮摄政初期（1644—1646 年）的改革建议

姓 名	属部	建 议	年 份
金之俊 （江南）	吏部	（1）请减直隶赋税； （2）改进漕运制度； （3）酌定进士铨选之制。①	1644 1645 1646
党崇雅 （陕西）	户部	明确区别大恶与小罪；在新法颁布之前宜保留明朝法令。	1644
	刑部	赦免"土寇"蹂躏之区；铨选行省及地方官宜慎重。②	1645
房可壮 （山东）	刑部	审谳狱案宜如前代，由大理寺复核；请早颁清典。③	1646
杜立德 （直隶）		请延长地方官任期。④	1645
熊文举	吏部	请减江南、浙江、福建、广东的赋税；前福王分子不应委为清朝官员；寻访隐逸之士；早降清廷者宜计功受赏。⑤	1645
薛所蕴		请赈济河南；发展河南农业；满洲青年的教育应立刻开始；重酌引荐汉官制度。⑥	1645
傅景星 （河南）		减免赋税；调整满人定居中原的计划。⑦	1645

（续表）

姓　名	属部	建　议	年　份
孙之獬 （山东）		减免赋税，并统一征收标准；废除地方官诸色摊派；条陈四事以维新政：（1）建立上下有别的社会秩序；（2）禁止官员浪费；（3）宜敕学臣勿纵儒生挟持官府，武断乡曲；（4）搜访兵荒中散佚之书。⑧	1645
谢启光 （山东）	户部	亟复对江南漕运的控制。⑨	1645
沈惟炳 （湖广）	吏部	选用前朝官员宜斟酌；厉革明代官场弊端。⑩	1645
李若琳 （山东）		国子监宜收授满汉官员子弟。 宜定孔子的全谥号。⑪	1644 1645
戴名说 （直隶）		请剿灭贼匪。⑫	1644
李元鼎 （江西）	兵部	亟派大臣主持江西政务。⑬	1645
卫周允 （山西）	兵部	请委派直隶布政使与县丞；直隶大多地区实行轻税，使百姓早日重建家园。⑭	1644

表注：

① 赵尔巽等纂：《清史稿》第二四四卷，第6—7页；《清史列传》第七十九卷，第4—6页。
② 《清史稿》第二四四卷，第8—9页；《清史列传》第七十九卷，第40—41页。
③ 《清史列传》第七十九卷，第8—9页。
④ 《清史稿》第二五六卷，第2—4页。
⑤ 《清史列传》第七十九卷，第47—48页。
⑥ 同上书第七十九卷，第48—49页。
⑦ 同上书第七十九卷，第49—50页。
⑧ 同上书第七十九卷，第25—26页。
⑨ 同上书第七十九卷，第24—25页。
⑩ 同上书第七十九卷，第7—8页。
⑪ 同上书第七十九卷，第23—24页。
⑫ 同上书第七十九卷，第43页。
⑬ 同上书第七十九卷，第49页。
⑭ 同上书第七十九卷，第53—54页。

另一些改革在户部进行。如同我们看到的那样，多尔衮进京后的最早的措施之一，就是宣布废除额外的赋税，特别是明朝最后50年中加派的"三饷"。1644年11月8日，即顺治皇帝登基后不久，这又被确定为一项基本国策。在随后颁布的一些法令中，降低了商品税与贸易税，颁行了新盐法，放松了关卡控制，并减少了税收过程中的非法现象。[114]如同一再申明的那样，其目的是把税额严格限制在明朝万历时期额外加征以前所确定的那个额度之内。[115]根据1645年7月21日清政府颁布的诏书：

> 河南、江北、江南等处人丁地亩钱粮及关津税银、各运司盐课，自顺治二年六月初一日起，俱照前朝会计录原额征解。官吏加耗重收或分外科敛者治以重罪。凡各派辽饷、剿饷、练饷、召买等项永行蠲免，即正项钱粮以前拖欠在民者亦尽行蠲免。大军经过地方免征粮一半，归顺地方不系大军经过者免三分之一。[116]

贯彻这一政策的困难在于明廷财政账簿的令人惊讶的状态。当满族人接管了明廷户部账簿后，他们发现税收账目一片混乱。最后两个朝代没有任何税收登记，所以清廷只好以万历年间的赋额为基础来确定税收标准。[117]1646年6月9日，多尔衮下令纠矫财政的混乱状态。这一天颁布了一项诏令，命令大学士冯铨对京城各衙门的钱粮进行一次彻底的清查，并且弄清帝国现在的耕地有多少，解赴京师的税收有多少，存留地方的有多少，以及诸衙门的经费各是多少，而行政长官手中又有多少。

> 在内责成各该管衙门，在外责成抚按严核详稽，拟定赋役全书，进朕亲览，颁行天下。[118]

这是自从16世纪80年代大学士张居正的税收改革以来的第一次全

国性的土地大清查。[119]

　　尽管这些措施的贯彻情况并不总能让最高统治者完全满意,但这毕竟使政府开始把财政机器上紧了发条。[120] 如同我们所能够看到的那样,政府的财政管理经数十年之久才再次稳定下来;但在解决这个问题上,毕竟已经迈出了最初的一步。[121] 在此,如同其他方面的行政改良一样,清政府几乎原封不动地保留了明朝原来的制度。但由于这一官僚机器的"祖宗成法"并不是清人自己所有的,因此他们能够自由地对之做些改动。新政权能够利用一些不大的变动使这一体制重新获得活力与效率。

　　最终,这些行政改良促进了社会繁荣,并逐渐复兴了中国的经济。但在短期内,还没有带来直接的社会效益来减小在中国许多地方激烈的阶级冲突所引起的普遍不满。确实,清政府实行的另一些政策,甚至还加剧了社会动乱,并导致了一系列的反清起义。[122]

满人的弊政

　　尽管北京的占领军纪律严明,但是,在 1644 年 6 月 14 日建立了一个特别的满军驻防区之后,由于这影响城中 61% 的居民,一场社会混乱仍然发生了。[123] 汉人居民被从这一区域赶了出去,被迫到城南寻找居所。1644 年天花的传染率特别高,由于满人相信只要与汉人接触就会染上这种疾病,许多汉人被赶到农村去了,过上了长期的隔离生活。[124] 尽管京师的一些富裕粮商捐谷接济难民,但这种大规模的种族迁居,仍然引起了极大的困难与怨恨。[125]

　　当满族进入中国北部时,在京师及其周围地区也出现了贸易的萧条。这部分是战乱的结果,但也是因为主顾关系改变了,以及满人利用特权地位大占其便宜。早在 1644 年 9 月 18 日,多尔衮就指出"东来之人"向汉人兜售人参是"扰害地方"、强买强卖、漫天要价。[126] 确实,满人一进入中原就开始压榨商业。他们的汉人追随者被命令接管了商务机构,或结伙去敲诈行商。[127] 在统治上层,贵族控制了木材贸易,并为汉人私盐贩子提供保护。与此同时,一些汉族不法商人加入了汉军八旗,甚至身着满服,口操满语。因为最初几年中,几乎没有汉人敢于冒犯旗人。[128] 在 1645 年秋,多尔衮因而再次重申了对人参贩子的警告,并且宣称,如果他们在贸易中为非作歹,那么无论他是汉是满,地方官有权将之逮捕,解送京城严惩。[129]

尽管多尔衮有令在先,诸多弊端却依然故我。[130] 穷困潦倒的汉人继续卖身投靠于旗人,并利用抬高了的身价在市场上胡作非为,进行盐、茶、人参的走私贩运。1647 年夏,户部得到命令采取措施制止非法的私盐贩运,当时这种走私活动在一些官员支持下已经公开化了。[131] 这些法令看起来毫无效果。在 1649 年 2 月 19 日,户部再次接到谕旨:人参商人"扰乱地方",其措辞与 1644 年的那次指责一模一样。起初,在临清、济南及扬州等几个城市中,允许合法的人参买卖。而现在则命令,这些规定要加以变动,人参贸易将完全由京师的官方机构专营,对违法的私商将处以最严厉的惩罚。[132]

最后,还采取了一些措施以防止上层满人经商,并消除汉族降人在满人庇护下经商的诸多弊端。在 1648 年 6 月 3 日,所有属于皇室的商人和所有旗人家族成员,都不准从事对外贸易。[133] 三年后,多尔衮告诫汉人官僚,不要因为皇族的生活方式而使自己也变得腐化了。[134] 在 1651 年,朝廷命令地方官员,对犯有上述罪过的旗下奴仆与依附人加以严惩。然而很清楚,只要旗人在中国社会中占有如此显赫的地位,这类弊端就将继续存在下去。果然,1651 年的诏令在权贵的力请下很快就被取消了。[135] "皇商"在外贸中的这种优越地位,一直到 18 世纪对中国的零售商人们还有重大影响。在 1679 年,汉人依附者如果违反了专营法而经营参盐,仍然要立刻受到惩治。[136]

当成千上万的人在征服后拖家带口进入中国北部地区时,满族人及其依附者的经济特权加剧了两个民族之间的紧张。[137] 政府鼓励这些背井离乡的移民到旗下登记，或是返回辽东。但这种迁徙仍在持续。[138] 那些登记于旗下的人得到了政府分配的土地，但这又导致了另一种紧张与社会混乱，因为这些土地原来是由汉族农民在耕种。[139]

旗地与奴隶

当满人刚刚进入北京时，他们就没收了明朝皇室及北直隶达官显贵们的土地。[140] 那些其田主死于战事的无主土地或忠明抗清分子的土地，也被充公了。这种征服前曾是田庄的充公土地被再分配给满族的王公或皇室成员。早在1645年就已决定取消口粮配给，自诸王以下，每名满族成丁分给土地6垧（约42亩）。[141] 1月20日，户部受命清查北京周围的土地，包括有主之田。在此地的一些地方，旗人已经圈占了一些无主耕地。那些荒地，再加上重新分配的土地，在4万多旗人中被分配下去了。[142] 已经占有土地者，在这种圈占的土地中也得到了一份，其多少则依家庭人口而定。而且，满人被要求与生活在这一地区的汉人分隔开来，"满汉分居，各理疆界"。这意味着要实行迁移政策，并导致了广泛的不满。一些人直接变成了流民，另一些人则当了强盗。[143] 旧日卫所的屯民特别容易成为强盗，因为他们不愿迁到配给了土地的遥远地区，在那里他们的农具与住房全无保障，只有铤而走险。同时，争夺土地的现象出现了。当地的汉族地主声称一些被剥夺的土地是他们的，或试图把被剥夺的佃户召回到自己的土地上来。这种迁徙发生在两个大规模的依法圈地时期，一次在1646年，一次在1647年阴历二月。此后依法的圈占结束了；但事实上，由于移民从辽东源源而来，圈地活动仍在持续。每当又需要新的土地之时，户部就要派出一些官员去跑马占田。他们骑着马绕地一周，用绳子将地环围起来，这块土地及其上的房屋就成了政府的财产，原先的田主立刻被赶走，他们所有的家产（包括房屋）就直接被旗人夺占了。[144]

当局遇到的一个直接困难是土地的耕作条件各不相同。得到土地的人可能很快就发现，这些土地原来极其贫瘠，或是他们没有足够的劳力来耕种以维持生计。于是又决定，那些壮丁少于四人的家庭，可以把土地还给政府，改由政府按月发给钱粮。进而又采取了这样的办法：把好地上的汉人赶走，分配给旗人，而把旗人不能耕种的薄地分给汉人。[145]但这仍然不能令人满意，因为总的说来，满族旗人没有以土地维持生计的能力。于是，两种不同的办法被制定出来了，这是两种不同的土地所有权形式。那些占有不直接附属于满人的土地的汉族农民，被命令除地租之外还要对政府承担徭役与赋税。这样，他们就成了其占有的土地的实际业主，但他们要交纳较常规略高的赋税，因为这种土地的地租被认为是应高于农民常规的税额。当然，这与14世纪明代在江南的官田制度非常相似。

其土地已被分给满族旗人的农民，或其土地被认为是皇庄一部分的农民，尽管土地已被重新分配了，但仍被允许留在那里。他们被认为是满族地主的佃农。尽管这块土地实际上由这些汉人耕作，但他们仍被视为某种近于农奴身份的人。实际上，这种佃农中的许多人是丧失了农具与耕牛的穷苦农民。在1648年这一制度最终得到了法律承认之后，他们被叫作"投充"。[146]他们虽然与在东北为满人耕种田庄的农民那样的农奴不同，但这些佃户被假定是自愿投充的，免除了国家劳役，并为满人承担了奴仆的劳动。这种制度在1648年和1649年得到了充分的发展。一开始，这些投充者或是希冀依附旗人以求庇护的农村赤贫或逃犯，或是土地已被圈占但不愿迁走的农民。有时，一些本来无地但占有了别人土地的非法占有者也前来投充，因为他们相信这样就可以不必把偷占的土地归还原主了——他们一般倒也真能如愿以偿。[147]按理说，佃农应仅仅耕田与养畜，但他们中间出现了一种新的人物——庄头。他们也是投

第六章 清朝统治的建立 293

充者，被满族地主或旗人挑出来作为代理人，在八旗体制中，其身份相当于"管家"。这种人物显然颇有权势，不仅高踞于佃农之上，甚至附近的自耕农也害怕他们，当庄头强占其土地时敢怒不敢言。"庄头"的称谓可以上溯到明代的田庄；但清代的庄头看来只是一个被委派的收租人，而非庄园的管理者。就是这种庄头，每年秋天根据契约规定的数额征收地租，然后将之送交拥有这块土地的八旗、王公或旗人。

很快，满人旗地制度对北京周围的汉族农村社会造成了巨大的破坏。除了前面说过的那种被迫迁徙外，频繁的土地易主，也进一步迫使汉人离开了土地或陷入了贫困之中。例如，后来镶黄、白、红与镶蓝旗又用自己旗地内的贫瘠不毛之地，换取了顺天、保定、河间和永平地区的132250 垧土地。在 1666 年，在一次旗地普查之后，又出现了这种办法，就是让各旗用超过 50% 的不适宜耕作的土地，与其他地区的土地交换。在 1666 年镶红与白旗便用这种办法又换来了 214805 垧土地。据估计，在清朝统治的最初 25 年中，至少有 27 万顷土地被政府圈占，此外还有 7 万顷土地通过投充、托寄也落入了满人之手。很快，北京方圆 250 公里以内的优质土地，都以这种形式被占有了。[148] 这种活动直到 1706 年才最后被法令禁止，但 1647、1653 到 1685 年禁止私人圈占的命令的发布，表明这种做法一直持续到了 17 世纪末。在曾经爆发过反"剃发"起义的三河，满人的圈地使已经饱受战乱之苦的农村经济更趋凋敝了。由于无田可耕，年轻人在大路上游荡滋事，胆大者便向路经此地去辽东的过客强索买路钱。甚至在 80 年代著名的巡按御史彭鹏治理这一地区时，汉人与旗人中的非法行为依然困扰着这一地区。在 1644 年孔希贵以武力平定了这一地区之后很久，这里又爆发了起义。[149]

但从长远来看，旗地分配之事很可能使土地所有权平均化了，尽管这最终在后来阻碍了清代中国北部大规模的庄园式农业经营的发展。授予满人的土地在法律上不能转让。但此后不久，满族旗人的所有权开始丧失了。他们自己并不参与耕种，甚至把收租之事委托给了庄头，这样，满人很快就等于允许圈占土地上的实际所有权发展了。[150]此前的劳役变成了"差银"，变成了地租。庄头最初由此变成了二地主，后来又通过抵押，最终变成了土地所有者。这种现象是法令禁止的，但到了1745年，至少一半的旗地已落入汉人手中了。[151]随着旗地制度最终为传统农村社会所战胜，被引入中原的满族原有的奴隶制度也瓦解了。如同我们看到的那样，它在1647年被正式废除，在1648年被短命的投充制度所取代。[152]但在这一制度发挥作用时，它也为汉族百姓造成了麻烦。八旗从辽东迁居中国北部的过程，为依附于旗下的汉族奴隶提供了许多逃亡的机会。[153]因此，1644年王朝加重了对逃人与窝主的惩罚，但这一政策又导致了许多动乱不安。在1646、1649和1652年，惩罚有所减轻；但这时在兵部而不是在刑部的管理之下，法令的执行却更为严格了。[154]虽然做出了努力以改善旗下奴隶的地位（在1646年，允许家属与之共同生活；1661年，命令旗人准许奴隶探亲），但就有关奴隶的法律的一般效果而言，它妨碍了行政管理的稳定。由于在早期的法律之下，逃人的窝主不是被斩首就是被没为奴隶，成千上万的人丧了命，或沦为奴隶。由于地方官也有缉捕逃人之责，因而他们不愿意实施赈济，他们害怕接受了赈济的家户可能窝藏了通缉中的逃人。这一制度逐渐瓦解了。早在1649年，逃人的家属就可以纳金赎罪了。到了1652年，任何汉人都有了赎出被捕获者的权利。但是，即使在此时，对逃奴的缉捕仍是满汉之间冲突摩擦的一个主要原因。[155]

满人的种族分隔与社会控制政策

多尔衮对听任满汉冲突继续发展的危险性十分敏感。如同我们看到的那样，他一再要求结束旗人皇亲利用其在中国社会中的特权地位所进行的巧取豪夺。多尔衮得到了像法律专家孙襄这样的致力改良的官员的支持,去加强法制以抵制这些弊端。这种寻求解决的努力,至少向汉官们表明了朝廷的善意。[156] 摄政王的另一些解决种族冲突的努力,借鉴了皇太极在占领辽西后采用的解决满汉类似冲突的办法。在那时,与汉人共处一地的满人的滥用权势,已达到了促使汉人以谋杀作为报复的程度。所以,皇太极下令满汉分居,从而为八旗制度的稳定奠定了社会基础。1648年10月,多尔衮得知,尽管四年前曾实行了迁居,但京师中依然共居一处的满汉之间最近仍是"争端日起",于是,他在北京采取了大规模的分隔政策。

> 此实参居杂处之所致也。朕反复思之,迁移虽劳一时,然满汉各安,不相扰害,实为永便。除八旗投充汉人不令迁移外,凡汉官及商民人等尽徙南城居住。[157]

在多尔衮看来,这是一种人道的行为与计划。各住户的原有住房每间付给4盎司银两,并给了适宜的迁徙期限。[158] 同时,满汉之间的通婚也获许可。这样,分隔政策就不会造成这种夫妻的离散了,他们可以依法结婚并自立门户。[159] 这样,在许多人看来是专制暴行的种族分隔法令,在多尔衮看来却是恢复北京的安定和睦的最合乎逻辑的措施:"方今天下一家,满汉官员皆朕臣子,欲其各相亲睦。"[160]

然而,汉人的迁居遇到了重大困难。特别是在北京城外的那些城镇中,满族营区在这里的建立需要圈占私人土地,赶走这里的长年居民。这些建立于动乱地区以镇压盗匪的营防按规定应分给旧日属于明朝贵族的土地,而户部受命认真清核这些产业,把那些明朝贵族从田主那里强占的土地归还原主,其余分给旗人。[161] 然而,大量土地却被不分青红皂白地夺走了,在临清就是如此。这引起了当地的满汉冲突。[162] 总共有34个"鞑子城"在中国北部建立起来了。它们是分立的,有高墙环卫的营防,或处于原有的城墙之内,或处于其外而与之并峙。并且,建立这种营防的最初后果是激起了本来想利用它加以镇压的动乱。[163]

中国北部的军事平定，所依赖的并不仅仅是旗军的力量。当清占领军逐渐进入各营区驻防以后，北直隶和山东的明朝降军残部主要是被收编进被称为绿营的新军事单位。[164]当一名地方将领投降后，他和他的部属就改编为绿营。例如北京东北的昌平的明游击鲁国南及其部下，就是如此。[165]这些绿营也参加征服战争，但其主要任务，是负责驻防城镇与地方都会中的军事基地周围之乡村的治安。如一位清廷官员所言，绿营最初负责镇压起义，后来其任务逐渐变成了缉捕盗贼。[166]

到了17世纪末，中国约有59.4万名绿营兵。因为他们是地方驻军，后来转由地方军政长官指挥了。他们被派驻乡镇"分防"，维持治安。他们，再加上保存于军衙中的税户簿以及细密的保甲体系，便构成了一个颇具弹性的控制系统。这样，在清廷统治早期，地方行政大致是一种主要由汉人武装担负的军事统治。如果某个地区出现了坚决的反清起义，满、蒙、汉旗兵将随时加以干涉；但他们作为重步兵和骑兵，其作用是奔袭作战，而不是治安卫戍。[167]

驻防军的长官是总督与巡抚，他们负责一个特定区域，它有时就等于一个省。[168]随着清廷的统治拓宽到京都以外，清廷派出总督巡抚去接管那些业已投降或平定的地区，并担负起后来编入绿营的地方军队的指挥之责。沈文奎被派赴保定；王鳌永、丁文盛、杨方兴被派赴山东。他们都有一定的司法权；如果事情发生于其管区之外，这些长官（他们大多数是可靠的辽东"旧人"）必须得到特别批准才能离开辖区，前去处理。[169]直到1648年，每当一位官员被派赴某处指挥平定战争之后，多尔衮总是要把他召回北京或送回东北呆上一段时间。很清楚，王朝担心像明末左良玉那样的无法驾驭、反复无常的军阀再度出现，所以宁愿紧紧地管束住这些军政长官。[170]

与此同时，在扩大清廷在中国北部的统治上，清廷对这些督抚又深为倚重。没有他们的效力，清廷的统治就不可能超出北京周围的中原地带，更远的西部大概会留给李自成的力量，大运河区域或许依然处于南明将领的手中。但中国北部的大多数军人很快就投顺了，在他们的帮助下，满人逐渐巩固了他们的帝国在各地的基础。

保卫京城

降军及其统帅的第一个主要任务，是扫荡山西的大顺残部，以确保京城西线的安全。1644 年 6 月 14 日，李自成在弃京之后沿大路进入山西界内，一路抵挡着吴三桂人马的追杀。在定州，二三十万人马发生了火并，出现了一场混战。火并中许多将领被杀死了，1 万多人投降了追击的清兵。在去往真定的路上，李自成中箭落马。李自成企图在这个已燃起大火的城中找到一间房屋避难，但终因熊熊火焰而离去了。大顺残部后来得以摆脱追兵，李自成逃出了山西的固关。[171] 当吴三桂放弃追击挥师回京后，李自成在太原重集旧部。李自成让前明军官陈永福率领一部留守太原，自己又前往陕西去重建营基。[172] 他的一些人马直接越过了吕梁，其主力则从山西南进平阳，渡黄河，从渭河流域北部的韩城进入陕西，回到了西安——四个月以前，他就是在这里宣布了大顺政权的建立。一大批装备精良火器的部队被派出保卫潼关。李自成的侄子李过则受命北去，重新控制起义的发源地区；高一功率领大顺军之一部在陕北的绥德筑墙固守；蓝县高九英指挥的四十寨联盟，很快就控制了太原西北的山区。到了仲夏时节，从太原西南的交城向西北而去直到偏关附近的河曲，形成一道漫长的、几乎无法逾越的义军防线。[173]

当李自成过山西之时，这个重兵驻防的省份部分业已投降了李自成的军官，转而与义军干戈相向了。在该省北部的宣府与大同周围，有上千个方墙堡垒棋布于这个荒凉的地区，姜瓖的军队控制着此地。[174] 姜瓖原来是明宣化防区的长官，负责科尔沁到北京一线的防务，也曾一度归降了大顺。如同许多同级官员一样，在 17 世纪 30 年代与 40 年代初，他培植了一支庞大的私人武装。他所吸引的盗匪与散兵，与李自成的士兵的背景差异很小。此时，他们便对路经此地的人马发动了攻势，并斩了大顺政权在大同的将领柯天相。与此同时，姜瓖与北京通款，表明自己正在剿除"流寇"，并愿效忠清廷。1644 年 7 月 9 日，多尔衮接受了他的投降，并任命他为大同地区的军政长官。[175] 次月，多尔衮又派吴孳昌为大同巡抚，但这位巡抚仍把军事事务交与经验丰富的姜瓖负责。[176]

清廷最初计划依靠姜瓖这样的军阀的支持来平定山西。尽管满军将领叶臣与巴哈那受任全面负责该省的征讨，但又派了一位归顺的汉官吴惟华负责民政，贯彻招降本地前明文武官员的政策。[177] 吴惟华于 8 月 20 日到任，并在最初的两个星期中就获得了几位重要的本地官员的合作。他们是王宏祚，前明户部郎中；耿应衡，太原府北道兵备道；李日晋，昌平州知州，吴崧允，给事中；[178] 等等，这些人全都被委任为按察使司佥事。[179] 此外还有几位军官降清。9 月 3 日，游击王世敏和马世荣在山西西北的偏关倒戈降清。一周后，明山西总兵王越也投降了。[180] 在吴三桂或洪承畴的支持下，巡抚吴孳昌（应为吴惟华——译者）的力请得到了朝廷批准，精明老练的马国柱以左副都御史巡抚山西，以控制这一省份。[181] 但是，在 9 月进攻太原之时，即使马国柱的精兵也未能动摇大顺军的防守。很显然，如果希望在对大顺军的战斗中获胜，那么清廷在山西的将领必须得到大量的增援。[182]

增援军队以平定山西的请求正值清廷形势不甚顺利之时。在 1644 年初秋，清廷招降北直隶与山东的政策显然没有取得完全的成功。当然，当时的顺天学政曹溶继续呼吁采用"文治"手段，而不是严厉的政治社会控制，[183] 他们希望通过儒家教化来改变形势。但是，"招抚"政策的支持者自己，对于什么是最佳手段仍有分歧。兵部侍郎金之俊一伙人倡言"收抚"，即通过赦免使盗寇放下武器；以刘余祐为首的另一派则支持"能抚",即斩其首领,强制遣散其胁从者,使之重操良民之业。在吏科给事中孙承泽看来,麻烦的是政府在辩论"收抚"与"能抚"之优劣上花费了太多的时间,却没有做出足够的努力切实贯彻这些招抚措施。孙承泽认为,问题不在于政策本身而在于如何正确地贯彻,他敦促王朝同时采用两种方案,杀掉首恶,没收武器战马,使胁从者归于正业。朝廷应首先看到这一点,就是地方官并不总是有力量单独完成招抚任务的。所以,应该派出专门负责招抚的官员,让他们每两个月报告一次计划的进展。只有通过对招抚官员的切实成绩加以表彰,朝廷才能真正促进这一政策产生实效。例如,通州道郑辉的招抚工作,就证明了松松垮垮、漫不经心的行为的危险:这里旧的盗寇没有消灭,新的匪徒又滋生蔓延起来。另一方面,霸州道刘芳久(原文误为刘芳之——译者)则通过施与恩惠与恰到好处的招抚,通过向百姓明示恩赦与剿杀之间的抉择,使一大批民众归顺了朝廷。孙承泽说,刘的治理如此出色,使这一地区变成了北京的西南屏障,使京师免受侵害。[184]

不幸的是,正当孙承泽把刘芳久作为楷模加以推崇之时,朝廷得到报告说,霸州的绿林劫掠过路行旅。[185]南去的干线现在实际已被切断了,明朝末期京师因隔绝而陷入瘫痪的状态又将重演,朝廷担心与正在平定山东与天津的军队失去联系。[186]或许就是因此,多尔衮对孙承泽的奏言才如此震怒:

> 据启,刘芳久为西南半壁长城,理宜加衔;不思自义兵至京以来,霸州一带土寇纷纷,未见断绝,今三十日早间又闻彼处土贼甚多,正在发兵征剿。孙承泽此本,似属徇私,朝廷设立都察院科道等官,原为公论直言,如此任意徇情,何异明朝弊政。倘再循陋习,重罪不饶。该部知道。[187]

多尔衮决意采用更强硬的手段,支持更严厉的清剿政策。1644年9

月 17 日，多尔衮颇有兴趣地阅览了都御史、四川人柳寅东的奏折。这份奏折说，清除威胁北京周围交通的盗寇如此之难，原因之一就是北京与天津之间茂密的丛林为盗寇提供了藏身之所。共同承担平定顺天地区的柳寅东、宋权和张容琪提供了一个耗力巨大的方案，就是把该地区大路与运河两旁所有的密林全部砍光。[188]多尔衮批准了这一建议，并给当地民众三天时限去完成这一任务。如今北京至天津之间那几乎是光秃秃的平原，就是摄政王这一强硬决定的产物。[189]

对盗寇义军采取的强硬对策，部分地也是对 1644 年 9 月、10 月间遍及中国北部的武装反叛浪潮的反应。忠明分子也乘机活动。面对天津地区、山东西部与河北南部再次出现的反清骚动，多尔衮决定在山西采取守势。正如我们看到的那样，被他派去平定山西的吴惟华曾报告说，没有吴三桂或洪承畴的重兵支援，不可能从大顺军手中夺回太原。多尔衮对这一请求的对策是，去努力争取更多的山西前明军队投顺清廷。除了已经投降了的姜瓖之外，唐通也是山西的军阀分子，他的军队占据着这个省份的西北一隅，驻守于宝德。唐通曾经把大同拱手交给了李自成，并曾与起义军一道在山海关与吴三桂和清军大战。在李自成弃城西逃时，他意识到大顺的军队已经分崩离析，所以拒绝与李自成同去陕西，而是转军抢占了宝德。[190]当多尔衮收到了吴惟华悲观的报告后，便致函唐通，欲以恩赦和官爵为条件，换取他的合作与反对大顺。[191]这封信由高勋送达了唐通手中。唐通告诉高勋，他已经准备投降多尔衮，并愿为朝廷剿灭此地的盗贼。高勋随即把这一情况报告了朝廷。[192]但高勋很快就明白了，这位军阀投清的主要动机之一，是想利用朝廷的帮助以控制他自己的势力范围。1644 年 10 月 17 日，高勋收到了唐通的塘报，大顺军余部正越过陕西府谷的边界进攻宝德要塞，唐通急需援助。高勋随即将这一事变上奏多尔衮，并要求加派一支七八千人的轻骑兵以为增援。很明显，山西的危机在没有外援的情况下是难以平定的。但出于北京的利益，多尔衮知道，他的军队在平定京城东南更为危险的局势之前，不可能对山西提供外援。[193]

抵抗活动的再起

1644年6月,金砺平定了天津附近的一场起义;但到了10月份,起义在这里又爆发了。这时的提督军务、巡抚是雷兴。当忠明分子李联芳发动起义后,雷兴采取了残酷无情的镇压手段。但尽管李联芳不久就被追杀而死,起义却一直蔓延到天津东部的沿海地区,在"梨瓜张三"(即张承轩——译者)的领导下,声势日益浩大。首先派往这个"势如鼎沸"之地的一支正红旗军全军覆没了。但雷兴随后又从保定引来了增援部队。这支"重兵"到达后,以武力控制了这一地区,逮捕了嫌疑犯,严刑拷问各支"贼党"的首领姓名。每当不幸的俘虏们(他们往往被刑讯致死)供出了一个"贼营",就立即派军前往屠杀,掠走妇女与牲畜,无一幸免。雷兴的"平定"是如此的残酷,以致朝廷中的主张招抚者不由得又加强了活动。最后,天津的官员受命制止士兵的劫掠。至此,起义大致上被平定了。[194]

在更南的山东地区,最初已在乡绅领导下得以抚平了,但随后又爆发了抗清斗争。已经效力于北京的淄川名流孙之獬,在回到家乡时被农民起义军杀死。这些起义军洗劫了这个富庶的地区。[195]当李自成的前部将赵应元攻占山东中部的青州并把降清者处以极刑之时,曾经促成孙之獬与其他重要乡绅归降的巡抚王鳌永也被杀死了。[196]新任巡抚方大猷(原文误为方大猷——译者)发现,当清朝在兖州的统治风雨飘摇之际,即使是北京豪右领导的、由乡兵义勇精心组成的安保系统,在镇压地方起义时也同样软弱无能。[197]当方巡抚率领乡军进攻结垒于嘉祥的运河附近的满家洞的反抗者时,他发现义军的堡垒是如此众多、如此坚固,以致没有朝廷的援助就无法扫平。而朝廷,至少在他看来,是忽略了他的请求。他抱怨说："臣无饷、无兵、无马，屡请未下，力不从心。"[198] 当然，他又赶快向朝廷表明："职虽手无一兵，亦勉力招募技勇，相与犄角，务伐狡谋。"[199] 但乡军是步兵而非骑兵；而任何人都知道，大部分"贼寇"害怕骑兵。因此具有决定意义的是，朝廷命令李化熙指挥的一支山东骑兵部队转头增援。这时李化熙是陕西总督，身在潼关。[200]

由于"擎天王"李文盛领导的 2 万满家洞起义军对附近的大运河构成了威胁，方大猷便向河道总督杨方兴求援。杨方兴得知了方大猷的报警，并立即明白方巡抚对危险的估计毫不夸张。他认为，威胁已如此严重，唯一可靠的办法是立即进"剿"，然后再加之以"抚"，实行赦免；朝廷对此已无须再加讨论了。根据自己的总督权力，杨方兴立即去向北直隶的守备军借调 700 名汉人骑兵。在等待骑兵到来的同时，他又派了探子去侦察满家洞的义军防务。[201]

杨方兴花了一个多星期征集士兵。10 月 10 日左右，一支马步混合部队由沂县向北进发。沂城是驿道与运河之间的一个驻防城镇，处于杨方兴的管辖之下。在进军途中，他又从乡兵中得到了新的增援，这样，当到达满家洞并开始进攻起义军之时，他们已是一支很庞大的军队了。清兵装备了弓箭，用以对付起义军的长矛绰绰有余。方大猷是正确的：在帝国骑兵的冲击下，起义军四散溃逃，又被四周埋伏的部队逼回山上，在弓矢下死伤数千。有时，某些较大的团伙仍然在顽抗，但多数情况下起义军化整为零逃回各自的营中，所以官军不得不逐一清剿。起义军企图逃入深山，许多人确实也带着马匹粮草逃走了，但另一些人则在截击中被消灭。"擎天王"就是这样死的，他离洞后身中三箭而亡。还有些人向那些"集"（堡垒）中的某一个逃去。清军通过盘问乡约，发现了其中的两个，即大义集与合义集，并将之包围起来。杨方兴的军队一个接一个地加以扫荡，总共攻占了 28 个集，杀死了成千上万的起义士卒。那些交出了武器战马的投降者，据称是"改邪归正，各归旧业"了。大约还有万余起义军在其他地区活动，但是乡勇正在平定他们。到了 11

月 21 日，杨方兴令其部下停止焚烧村庄。[202]

与此同时，叛乱已蔓延到了中部与东部。在青州，忠明分子打出了弘光皇帝的旗帜。尽管李化熙不愿让其人马从与大顺军对抗的前线调回，但最后朝廷仍决定接受方大猷的建议，为之提供增援。[203]1644 年 10 月 16 日，和讬率领的一支精锐的满洲骑兵和李永芳的儿子李率泰统领的汉军正蓝旗旗兵，受命从宁远驰援山东。[204] 12 月中，他们在青州进攻杨威和秦尚行，在高密进攻张㒟，在章丘进攻丁维岳，都取得了重大胜利。[205] 到了 1645 年 2 月，这些新的驻防军消灭或击溃了兖州北部的大部分起义军，迫使其转入地下，或越过省界进入了北直隶南部。[206]

北直隶南部一直被视为一个尚未平定的地区。该省的这一部分处于河南山东之间，几乎接近黄河。从经济上看，它构成了两个相邻省份商业区的一部分，而不是河北的商业区的一部分。[207]大名府坐落在黄河平原腹地，与那些忠明的、与南明有经常联系的河南义军营寨非常接近，与多次被大顺军占领的山东也相距不远。[208] 在 1644 年夏季，赵二良（他后来得到了河南义军首领苏子兴的支持）领导的一支忠明部队占领了大名；同年 8 月，在清军控制了这座城市以后，它仍遭到数千大顺军队的威胁，一度还被攻占。[209] 正如当时负责收复这一地区的清军将领所言，这里没有可靠的官员负责防务，没有战马与供给。所以，如果没有真定从北面支援，便无法镇抚民心以控制这一地区。[210]

北面真定府诸县处于犬牙交错、群山重叠的太行山区，在清人征服的第一年夏秋时节，这里的"民心"相当动荡不安。赞皇、井陉、获鹿和灵寿等县镇的官员报告说，"奸宄顽凶"啸聚山头，抢走牲畜，掠走妇女，杀害行人，还不时攻打县府。[211] 井陉——由此可经固关抵达太原——在 8 月 3 日，千名官军进剿山区后，恢复了安全。然而到了 9 月 4 日，探马便向保定的兵备道署报告说，百姓声称看到大顺残部和"流贼"越过山西省界，正在通过真定地区。这些报告很快得到了证实，一位姓刘的军官所指挥的 2000 名大顺义军正屯驻于真定。[212] 显然，保定的巡抚没有给井陉县官以必要的警告（平山等山区的许多乡绅已在此寻求避难了），因为9月21日，当一支声称是固关官军的部队叩门求进时，知县便打开了城门。这支部队来到县衙之前，突然拿下了县令，并杀死了县吏和一个游击。原来，他们就是来自真定的大顺军队。如今他们不仅控制了真定，而且控制了固关与井陉县府。[213] 在得知了北京与山西省会的干线已被义军占据之后不到两周，朝廷又收到消息说，山东的义军已同河南忠明武装领袖苏自兴联为一体了。自封为将军的王鼎铉率领所谓的"大元军"已攻占了内黄，席卷顺德、广平和大名，势如燎原之火。[214] 如今，河北西部与南部都成了危险地区，显然已是采取紧急措施的时候了。

多尔衮任命沈文奎（冒姓王）为全面负责戡乱的保定巡抚。在一开始，沈文奎就明确表示不同意"招抚"政策，即招诱起义军投降并给予赦免和奖赏的政策。1644年11月，他呼吁"剿抚"，并争辩说，西部与南部的形势已变得如此不可收拾，以致当地县官完全落入了"贼寇"的控制之中（这些"贼寇"许多已被赦免过）。这些县官是如此的软弱与恐惧，以致不敢派人到保定求援。只有对这种"暴匪"实行坚定不移的暴力镇压政策，才能重新得到地方官员的支持；否则的话，"暴匪"将继续控制着乡村。[215]

刘余祐是只杀首恶、安顿胁从的"能抚"政策的倡导者，他反对沈文奎的主张。12月3日，他向多尔衮呈上了一件充满指责之语和谄媚之词的奏疏。他指责一些官员"谬承上眷"；而他自己则"矢捐顶趾，酬报天恩"，正为平定问题与同僚"朝夕密议"。最重要的是不能惊慌失措。至今，河北中部正在平定，大名的法纪与秩序正在一乡一乡地得到恢复。固然，真定的一部分被起义军占领了；但情况并不如某些人谎报的那么绝望。轻率地命令地方官变招抚为剿灭，只能使更多的良民转而支持起义军，这正中其下怀；而良民在被逼之下将尽成"贼党"。唯一明智的而且在过去卓有成效的政策是，对大小起义首领晓以福祸，"令其解散归业";他并不否认,对某些暴徒来说,劫盗就是其唯一的职业。对这种怙恶不悛者加以诛除是完全必要的;但还有许多名为叛党的人仍有自新的可能,能够重作良民安居乐业。只有这样,才能真正为社会升平打下基础。[216]

刘余祐说局势正在改善,反对惊惶失措,这无疑是对的。但实际采取的措施,却是"剿""抚"并用,软硬兼施。例如,沈文奎便主动采用软化政策,说降了本地"贼党"首领赵崇阳。赵崇阳给了沈文奎巨大的帮助,使他得以缉获或斩杀了其他土匪头目,找到武器的藏所,扫灭了罪在不赦者,并使其他人还乡重操良民旧业。[217] 另一方面,真正的政治性的起义军则被严厉镇压。两名保定人赵建英和钱楼,立了一位皇帝,并任命了一批"伪"官。他们遭到了镇压,并连同其下属均被无情地剿灭了。[218]

然而,真定的战略意义决定了它是一个兵家必争之地。由于这里的起义军控制着固关,派去收复赞皇的士兵就被命令在这一地区发动一场大规模剿灭的战役。其指挥官于成龙(原书误为丁成龙——译者)确实招抚了几个义军首领。但可以相信,控制这些零落分散的山村的唯一长远之策,就是对敌人实行严厉打击,并沿主要道路设置墙障关卡,检查过往行人。然而,官军只能在白天控制大路。时人赵恒夫有诗曰:"百里长墙拦贼马,绿林昨日绕官衙。"[219] 真定一直是一个动荡不定的地区。在后来的许多年中,这里还不断出现镇压山中义军的军事活动。[220]

在该省偏远的南部,主要采取的也是强硬的镇压政策。总兵王景、给事中邱茂华征集了一支军队。然后,他们扩大了赦免范围;但他们仍然得到了剿灭的命令,一大批人遭到了杀戮。这个地区惨遭破坏——"所过之地,目击市舍焚毁、遗民无几"。当军队经过大名之后,大部分地区的民舍化为废墟了。[221] 王景的军队进行了决定性的打击,持有"天定"印玺与旗帜的刘守分等起义将领被处死。然而,苏自兴等许多起义者却逃到了河南,等待有朝一日卷土重来。[222] 但是不久,河北的南部与西部诸府重新落入了中央政府的控制之下,开封与太原间的交通线也重新被打通了。更重要的是,由于山东与北直隶在 1644 年 11—12 月间已暂时平定,因而政府得到了机会,可以集中兵力对西安的李自成发动一次决定性的打击了。

李自成的最后失败

多尔衮计划用三支不同的军队进攻大顺。北路由阿济格统领,辅之以吴三桂和尚可喜部,通过宁武关直扑西安;同时,在南部,多铎派其一部渡过黄河,进攻许定国,辅之以孔有德和耿仲明部从河南进袭陕西潼关;在中路,叶臣与石廷柱率军出山西以保护其余两路。

叶臣的满蒙部队来自多铎的军队,其装备不佳。最大的困难是军马补充没有保障,对此只能寄希望于从明军营防中获取。然而,营防中的马匹已被大顺军带走了,因此,清骑兵部队中只有半数的人有马骑。[223] 毫无疑问,蒙古爱松古部的骑兵是一支令人胆寒的力量,这已被黄河河畔的平阳的那场屠杀所证明了。[224] 但是,叶臣之部真正的军事优长,是由张存仁这样的神炮手指挥的汉旗炮队,这对弥补马匹的短缺绰绰有余。[225] 从叶臣对这次战役的追述中可知,满汉军队在从固关到太原的进军途中,只遇到了轻微的抵抗。各县镇望风而降。当他的军队抵达太原后,葡萄牙大炮立刻把陈永福及其人马轰出了这个省会。[226]

与固关太原之间的一马平川相比,通过大片山地沿汾河追击掉头逃亡的大顺军队就没那么容易了。这个任务交给了石廷柱,他和巴哈那一道,沿汾河清剿由汾州到平阳的地区,斩首 4000 多人,获战马约 1000 匹。三位大顺军将领(包括康元勋)及 3000 多士兵俯首归降。[227] 正如山西巡抚马国柱的简明奏报所述:

> 我军遇贼于汾州，斩二千余级，获马千余匹；复追至青龙、永宁、黄河一带，贼仓皇投河，溺死者无算，又获马五百余匹，进至平阳，贼弃城遁走。[228]

1645 年 1 月 3 日，多尔衮收到了叶臣的一份详尽的报告，叙述了清军自从越过直隶与山西之界后的战绩：总共平定了 9 个府、27 个州、141 个县；署置官吏，安辑流民。而且，在固山额真叶臣的军队到达之前，整个汉中府就已送来一份降书，卑辞纳款。此外，还有大批官员纷纷投入新朝怀抱，正如朝廷所希望的那样。

> 沿途招降故明翰林朱之俊、员外郎董直愚、主事胡全才、指挥李升、游击黑有德，及从贼故明兵部尚书张缙彦，知县李若星，副将董学礼、康元勋、惠应召，参将马元，游击刘永等。[229]

马国柱在奏报中相当乐观地声称："山西全省悉平。"[230]

当叶臣摧毁了李自成在山西的据点时，阿济格及其军队正准备在这个钳形攻势的北路开始军事行动。他在宁武关与唐通相会，并从这位军阀的队伍中挑选了一些人马作为补充，随后进师陕西。[231] 他与图泰合作，率黄、正红、镶白、镶红和镶蓝旗的满洲旗兵，在 1645 年正月初与大顺军队进行了一系列战斗。最重要的一场战斗发生在 1645 年 1 月 31 日。在这场战斗中，图泰的前锋击溃了大顺将领刘芳亮部。[232] 这样，阿济格进军延安就更为顺利了。在满军围攻下，李过弃城而逃。[233]

与此同时，多铎率军通过河南，直趋戒备森严的要塞潼关。潼关在许多世纪以来，就是中国战争史上的要地。多铎的探马报告了大顺军的实力——那里约有 3 万战士正严阵以待清军的到来。因此，多铎在河南稽留了将近一个月，立营灵宝以等待重炮兵团，尽管他几次接到朝廷对其迁延不战的指责。[234] 正如事实所示，炮兵对清军这次的胜利起了决定性作用。而这场战斗是清人征服中国过程中最为艰难的战斗之一。2月7日对潼关的初次进攻失利了。防守的一方奋力抗击，甚至设法把满汉先头部队与其主力分割开来，使多铎的人马伤亡惨重。但"红衣大炮"改变了战局。当炮兵猛轰起义军的阵列时，许多大顺士兵惊慌溃散，死者"不计其数"。大顺将领马世耀派其300名精锐轻骑冲击清军的侧翼，另一支部队则进击清军的殿军。然而，两支人马都失败了：一支为耿仲明部击败，另一支为满蒙士兵合歼。次日，即2月8日，马世耀与其近侍投降了。清军马不停蹄出关西进，沿绿波粼粼的渭河河谷直指西安。[235]

西安的李自成很快就得到了潼关失守的消息。他亲自率领其卫队离城出战，企图挫败清兵对他在陕西的这个大本营的侵袭。然而他的战士未能挡住镶黄、镶蓝和正白旗兵。事实上，李自成仅仅保住了他的轻骑兵，而随之出战的步兵迅速被围歼了。[236] 清军尾随其后，双方相距只有几天的路程——如果不是几小时的话。李自成和他的骑兵最终得以进了西安城门。他抛弃了省会西安率军离去——这与8个月前他从北京溃逃的情形几乎一模一样。类似的大破坏再度重演了。他又一次让部下掠夺财宝，又一次将其旧日宫殿焚烧一空，又一次想把整个城市化为一片灰烬。[237]

根据清朝官方的记载，李自成并不是带领一小伙亲兵逃离西安的。尽管阿济格的情报可能不确，但他给朝廷的报告中却说，李自成带着20万人马，很有可能打算袭击南京。李自成经过蓝田南去商洛，又从武关进入了河南境内。[238] 从河南出发，大顺余部去了湖广，沿汉江而下，途经襄阳。1645年7月间，他在武昌做了短期的停留。[239] 阿济格的部队在后面紧追不舍。[240] 小股起义军投降后有时能得到赦免，尽管当时清廷规定，所有的"盗贼"头目一律就地斩首，一般流寇应加鞭笞，只有已不能弯弓操剑的老人可以得到宽恕。[241] 在八次不同的战斗中，起义军都以失败告终。[242] 夏末之时，李自成到了湖广南部的通城，然后，他显然是逃进了这个省的东界处的九宫山地区。根据一种记载，1645年9月，他遭到了地主武装的攻击。而根据另一种记载,他是遭到了农民组织的义勇的攻击。不论是被杀还是自杀,从此就没有人再看到他活在人间了。当清兵终于看到了据称是他的尸首时,已腐烂不堪,无从辨认了。[243]

在 1645 年 3 月 12 日,即"闯王"败亡的六个月前,清廷就已宣布了对大顺军队的胜利。[244] 清军的战果是令人惊叹的:八次大战的胜利,缴获了 3290 匹马和 460 峰骆驼,攻占了 8 座城市,还有 38 座城市的纳款投降。[245] 尽管北方各省还远远没有恢复安定,但清廷已能稳固地控制它们了。而且,此次胜利随即又提出了这一任务:重建帝国行政的坚实基础,求得中国的再次统一。既然李自成最终被逐出中国西北地区,多尔衮和他的将帅就得以集中精力去征讨南明了。

注释:

1 正如多尔衮在 1644 年 7 月 20 日训谕礼部时所言:"古来定天下者,必以网罗贤才为要图,以泽及穷民为首务。"(《清世祖实录》第五卷,第 59 页)。尽管多尔衮堂而皇之的语词是受了像范文程和冯铨(他作为顺天巡抚,始终强调征集贤才的重要性)这样的合作者的启迪,但是,他的政策毕竟是出于对形势的全面理解。至于冯铨,他在摄政王面前自诩为"老马识途"。参见琴川居士《皇清名臣奏议》第一卷,第 1 页。两个多世纪以后,当美国军队因 1900—1901 年"义和拳"包围使馆而占领了北京部分地区之后,马肯雷(Mckinley)将军告谕其军官:"培植一批精英,从而最大程度地减少抵抗的可能性……同时,美国人应该赢得大众的好感——通过了解他们的困苦,通过鼓励内政改革,通过约束军队以及来到此地的美国投机商。"亨特:《被遗忘的占领》,第 502—503 页。

2 当清人进入北京时,带有的军队约 25 万人。他们面临的敌人是:西边有 35 万余人的大顺军余部;西南边有张献忠的 25 万人马;南京周围有近 50 万人的军队。双方军队的实力在 4 : 1 之上。林铁钧:《清初的抗清斗争和农民军的联明抗清策略》,第 40 页。

3 在有限范围内,这种军人对文官政权的重建与土耳其对其帝国中的 Knurasanian 官僚的支持是相似的。然而,这种比较是无益的,因为在一支奴隶军队和一支满人与汉族自由人所组成的精锐武装之间,有着根本的区别;而且,其夺取政权的途径也不一样。在中国,清人是通过控制帝国的城市,而土耳其则是通过赶走拜占庭在农村的行政机构而占领亚美尼亚等地的。城市被允许自治,但是,由于同拜占庭政府失去了一切联系,所以它们成了土耳其人畜牧型统治制度中的一种城市特区。卡亨:《土耳其的入侵:塞尔诸人》;伊那尔希克:《土耳其传统社会的性质》。

4 多尔衮批准的赦免名单,参见宫川尚志:《清代的宣抚救赈工作》,第 989 页。

5 《清世祖实录》第五卷，第51页。根据距离北京的远近，每个地方都给以一个接受这一谕告的期限。如期到京，酌量加恩；过期未降，即被认为是有意抗拒，将发兵征剿。参见萧一山：《清代通史》第一卷，第262—263页。

6 《清世祖实录》第五卷，第52页。参见刘尚友：《定思小纪》，第8页；徐应芬：《遇变纪略》，第17页；福格尔：《顺治年间的山东》第二部分，第2页。

7 由于接受清廷官职的决定是同僚或同省官僚们集体决定的，个人的良心压力便因之减轻了。例如，徐应芬与他的父亲以及另外五位官员在江西省衙会商，并一致同意供职于清。徐应芬：《遇变纪略》，第18页。

8 对于原大顺政权的官员，清朝也加以任用。最好的例子是牛金星，他投降后，在多尔衮的政府中做了一个小官。德·弗格斯：《中原的起义》，第29页。

9 吕元骢：《翰林院》，第59页。尽管清朝承认所有的生员、举人和进士，但是他们也明确表示，他们只给予那些公开表示效忠本朝的乡绅以特权。福格尔：《顺治年间的山东》第一部分，第25—26页。

10 琴川居士：《皇清名臣奏议》第一卷，第11—12页；萧一山：《清代通史》第一卷，第368—382页。金之俊后来官运亨通。1646年，他负责改革考试制度；1648年，任工部尚书；五年后成为都察院左都御史；1654年3月，升为大学士；四年后，任吏部尚书，帮助清廷制定了新的法典。黄之隽：《江南通志》，第2358页（第一四卷，第40页）；恒慕义：《清代名人传略》，第160—161页；《贰臣传》第八卷，第1—5页。尽管遁入山林者如果到以前的官署或军队去报到，就会得到赦免，但把桀骜不驯的明朝军队完全纳入中央的控御之下显然并不是件容易的事。1644年9月17日，摄政王颁布了一项法令："各地方归顺文武官员，多有首鼠两端，观望形势，阳为归顺，而中怀二心者。此等之人，徒取罪戾，虽有显绩，亦难自赎；自今以后，果能痛革前非，矢诚无二，仍与优叙。至无知小民，或乘乱作奸，或畏罪为贼，悉赦前愆，许令自新，归籍乐业；若怙恶不悛，定行诛剿不宥。"《清世祖实录》第七卷，第87页。

11 朱希祖等编：《顺治元年内外官署奏疏》，第32页。卫周允官复原职，作为监察御史巡抚直隶，负责大名、广平、真定和顺德四府。那时每个巡抚都有一个省作为他的特别监察区，但是，他一直留在京城。尔后，在1661年行省御史之职被废除了。吕元骢：《1644—1660年清初中国的腐化现象》，第49—63页。他的推荐者包括前明吏部尚书傅永淳和前湖广巡抚王梦尹。参见《贰臣传》第五卷，第25—28页；张其昀：《清史·本纪》第一卷，第34页。卫周允的弟弟卫周祚（1637年进士）也与满洲合作了。他以明郎中身份加入大顺政权，降清后即授吏部郎中。1653年由洪承畴推荐，授刑部左侍郎；后来升为工部尚书。1658年调任吏部尚书、文渊阁大学士。1660年与巴哈那一道修订律例的，正是卫周祚。参见奥克斯南：《马背上的统治》，第210页。

12 1643年，宋权因未经批准而擅离防御职守，一度为该县知县投入监狱。德·弗格斯：《中原的起义》，第17页。

13 郑克晟：《多尔衮对满族封建化的贡献》，第9页。

14 顾诚：《论清初社会矛盾》，第141—142页；又见《贰臣传》第五卷，第29—31页；恒慕义：《清代名人传略》，第688—689页；德·弗格斯：《中原的起义》，第35—36页。这类地方防御组织，有些曾联合起来抗御满洲入侵者。例如，著名思想家孙奇逢（1585—1675）曾经于1635—1636年冬天在被满兵包围的保定府容城领导防御斗争。在他意识到这里的城墙不足以抗击来自西部的装备了更多重武器的起义军时，他携其亲友于1638年进入义州西南山中，建立了一个防守严密的山寨，以求在明王朝日趋衰落之时获得喘息之机。1643年，他们曾使从进攻山东的战斗中撤退的满军不能靠近。或许由于宋权有与满兵作战的经历，他从没有供职于清。在1644年他四次拒绝了在新王朝任职；而且，在

第六章 清朝统治的建立 311

1646年"圈地"大劫中（当时保定府的大量肥沃土地落入了满人之手），宋同样失去了自己的土地与财产。恒慕义：《清代名人传略》，第671页。其他著名的乡绅武装首领，还有前明吏部尚书田维嘉，他曾负责天津西南饶阳城的防御，抗击大顺军队。田派其儿子去京城将此城的控制权交给了多尔衮。后来，田维嘉被任命为刑部尚书。参见《贰臣传》第八卷，第8—9页。另一个河北著名士绅因为经历了一场起义军占领该省而引起的生死危机之后，欢迎清军的到来，并希望在新王朝的统治下恢复法纪。参见同上书第十卷，第1—3页：《李鲁生传》。对许多中国马克思主义历史学家来说，这种合作代表着一个旨在恢复封建社会控制的丑恶联盟。"满族贵族与投降的汉族地主阶级在全国范围内勾结起来，企图重建封建秩序。"参见张守常：《陈永福投闯抗清事迹评述》，第64页；郭松义：《江南地主阶级与清初中央集权的矛盾及其发展和变化》，第121页。

15 如果他们不得不剃发，那么许多文人很可能要考虑南逃了。他们希望在保持其民族习俗的情况下来供职于清王朝。参见刘尚友：《定思小纪》，第86页；张怡：《搜闻续笔》第一卷，第9页。

16 这显然激起了吴三桂这样的降人的不满。吴三桂降清后就剃了发。他在与李自成余部作战归来，率其人马通过北京西华门时，受到了都城一些居民的欢迎。吴总兵对民众挥泪而言：清人对中国不敬。先前他们攻占朝鲜时，也强令剃发，但朝鲜人至死不从，并说："吾国衣冠千年相沿，头可断，发不可剃。"清人遂止。神圣的中华并不是朝鲜那样的属国，只要我们在，我们就会战胜他们。参见张怡：《搜闻续笔》第一卷，第9页。

17 刘尚友：《定思小纪》，第6页。1644年9月15日，朝鲜君主仁祖大王问最近从北京归来的一名使节："入关之后，九王措画，可望成大事耶？"该使臣答道："入关之初，严禁杀掠，故中原人士无不悦服。及有剃头之举，民皆愤怒，或见我人泣而言曰：'我以何罪，独为此剃头乎？'如此等事，虽似决断，非收拾人心之道也。"吴晗辑：《朝鲜李朝实录中的中国史料》，第3734页。

18 三河农民起义进攻县城的消息在1644年6月9日传到了北京。这是一个相当贫穷的地区，大多数土地沦为皇庄。许多人失去土地，背井离乡，实际上已没有多少人在耕田；而且，即使是这些人也要负担沉重的赋税。关于三河起义，有两个特别危险的因素：其一，三河处于北京与盛京之间的大道之上，实为两京孔道；其二，该区县署只有部分城墙，因此，尤其容易进入，"萑苻之剽窃时告"。因此，政府特别重视此区的平定，还赐给投诚的前奉天总兵孔希贵蟒衣一袭。《清世祖实录》第五卷，第4、7页；谢国桢编：《清初农民起义资料辑录》，第50页。保定的起义震动更大，因为中央政府认为这里是一个稳固的前沿阵地。前明知府张华国剃发后仍在其位，迫切希望为新朝争取该区百姓的支持。然而，剃发令在农村遭到抵制。保定的西部与南部都发生了重大骚乱。康熙版《保定府志》，第三十七卷；《清初农民》，第61—62页。

19 《清世祖实录》第五卷，第55页；萧一山：《清代通史》第一卷，第265页；谈迁：《北游录》，第354页。根据某些当时记载，当多尔衮最初颁布剃发令时，有些汉官就告诉他，这将引起南人的抗拒，并且也会阻碍帝国的统一。多尔衮回答说："何言一统？但得寸则寸，得尺则尺耳。"参见张怡：《搜闻续笔》第一卷，第9页；顾诚：《论清初社会矛盾》，第140—141页；李光涛：《洪承畴背明始末》，第253页。在那种情形下，撤销此令无疑将有益于统一的过程。

20 关于"约"的观念的实例，可参见萧一山：《清代通史》第一卷，第262页。关于满族这种特别是在顺治和康熙时期的家长制思想，可参见郭蕴静：《清初"休养苍黎"的思想》一文。

21 张怡：《搜闻续笔》第一卷，第96页。

22 李雯、陈子龙和宋徵舆等编：《云间三子新诗合稿》，第2页；又见吴山嘉：《复社姓氏传略》第三卷，第2页。据说，首次向多尔衮推荐李雯的人是陈名夏。

23 侯方域：《壮悔堂集·四忆堂诗集》第五卷，第10页。

24 同上书，第10页。所有重要文献皆出其手。李雯等编：《云间三子新诗合稿》，第2页。1645年，李雯担任奉天考试的主考官。那年奉天考试的监考官是朱之俊（奉天人）和罗宪汶（山西人）。他们选了两段相当合适的经书语句作为考题。首先一段出自《礼记·大传》卷二："此其所得与民变革者也"；第二段源于《论语·子路》："上好信则"，完整的段落是："上好礼，则民莫敢不敬；上好义，则民莫敢不服；上好信，则民莫敢不用情。夫如是，则四方之民襁负其子而至矣，焉用稼。"题目载于法式善：《清秘述闻》第一卷，第1页。

25 顺治朝的山东要员中，有2%是满洲人，48.5%是来自辽东的汉族合作者。在知府与知县中有6%是满洲人，40%来自辽东。整个山东地区的308名县官中，有66名（占21%）来自辽东。福格尔：《顺治年间的山东》第二部分，第4—5、25页。

26 傅路德：《乾隆时的文字狱》，第155页。

27 在北京统治的初年，各地任官主要荐自于直隶、山东、河南、山西。凯斯勒：《康熙与清朝统治的巩固》，第180页。

28 最初，新政府不知道怎样处理乡勇，其中有些如杨九的济宁乡勇，较之流贼更好掠夺，但同样是由地方名流领导的。王鳌永抱怨，驱散他们是多么的困难；有些官员主张收他们的武器，解散他们的组织。最后，多尔衮拒绝了这一建议，因为他感到，仅仅依靠满族官军去维持地方秩序是不可能的。然而，政府鼓励地方官员购置军马、训练自己的民勇，以与地主领导的"乡勇"形成制约。福格尔：《顺治年间的山东》第二部分，第9、10、16页。

29 谢国桢特别选择山东东部作为例证，以说明乡绅是如何因为敌视农民武装，而使清廷成为天然盟友。但他把事情过分简单化了，特别是当他论及农民的天然"民族主义"思想时。虽然近年来他的观点受到了其他中国历史学家的批评，但是，他的许多观点仍是很有道理的。参见魏斐德：《中华人民共和国的明清史研究》，第93页。

30 刘允浩就是忠明思想的著名事例。他领导的顽强的山东乡勇，在江西建昌被围期间奋战至死。温睿临：《南疆绎史》，第344页。

31 韩书瑞：《1774年的山东王伦义》，第35页。

32 景苏、罗仑：《地主和劳动者》，第46—48页。

33 在17世纪初，邹县80%—90%的乡村人口由只拥有3—30亩土地的"贫农"构成。谷口菊雄：《明末农民起义》，第62页。1616年，这里发生了一场严重的灾荒，接着是20年代的又一次饥馑。赛米多：《中国历史上与鞑靼人的战争史》，第31页。寿张县（约在临清南80公里）的入籍人丁从16世纪晚期37773口减少到清初的2200口。韩书瑞：《1774年的山东王伦义》，第8—9页。

34 福格尔：《顺治年间的山东》第一部分，第30页。这里的社会状态被描绘为"封建的"，因为这里的地主像军阀一样生活着。19世纪，山东—江苏—河南边界地区的一个典型地方豪右实际是生活在一个堡垒之中：有深沟和围墙环绕，砖房上有四层高的两个方形塔楼。除了居所和武库之外，围墙之内还有花园和楼台亭阁。这位豪右可能拥有多达6000亩的土地，成百的邻居每天能从他那儿得到一点施舍。周锡瑞：《义和团运动的起源》，第11页。关于山东佃农与佃主之间严重的依附关系，参见片岗芝子：《明末清初华北的农业经营》，第80页。

35 后来在清朝，曹州因为成了盗匪渊薮而闻名全国。盗贼是有季节性的，在深夏之际相当普遍，其时高粱长至二三米高，为伏击提供了方便之所；其次是冬天的农闲季节。周锡瑞：《论义和拳运动的社会起源》，第7—8页。

36 这里一直是贫困地区。在1979年，曹县73%的生产队年终决算时不能向其队员分配一分钱。

第六章 清朝统治的建立 313

《中国日报》，1981年12月18日，第4版。

37 赵吉士：《寄园寄所寄》卷上。引自谢国桢编：《清初农民起义资料辑录》，第81—82页。

38 徐氏是王森的弟子。在16世纪后期，他创建了传播甚广的闻香教。徐在1622年6月发动起义时，声称"大成兴盛"的时代已经到来。他和教徒们最初攻占了邹县与滕县，并且封锁了大运河。然而，徐没能击败山东的乡勇，起义军主力最终为地方民勇和滕县其他武装所包围，并被击败。徐在北京被斩首示众。傅路德和房兆楹：《明朝人名辞典》，第587—589页；韩书瑞：《起义背后的联系：17世纪中国的家族网》，第4—6页；格罗特：《中国的教派与宗教迫害》，第167—168页；程廷恒编：《大名县志》第十二卷，第16页；万寿祺：《隰西草堂集》第三卷，第166—169页；赛米多：《中国历史上与鞑靼人的战争史》，第133—135页；何绍基编：《安徽通志》第三三一卷，第2608页。

39 李清：《三垣笔记》中，第32页。

40 根据1686年的文献记载，在遭到满洲进攻之后，临清的繁荣程度只及先前的1/5。济宁也受到了破坏。17世纪初，济宁与三个邻区的丁数是49554口；但在1644年，下降至17590口。直至18世纪晚期，济宁人口方才达到万历年间的水平，临清也是直到此时才基本上恢复了先前的商业繁荣。景苏、罗仑：《地主和劳动者》，第48、56页。同样，对于农村地区，1645年的一个报告表明，许多地区每户只有一个或两个人活下来了，每十亩地中只有一两亩得到耕种。郭松义：《清初封建国家的垦荒政策分析》，第112页。

41 黄仁宇：《明代的大运河》，第132页；吴若灏纂：《邹县续志》，第419—420页。1641年至1642年这些乡贼中最大的一个集团是由米谷挑夫、驿卒和小商人啸聚而成的联盟。其领袖名叫李青山。他们的活动中心位于梁山，即《水浒传》中的英雄们呆过的地方。佐藤文俊：《土贼李青山之乱》，第118页。

42 光绪版《费县志》第八卷"兵事纪略"，引自谢国桢编：《清初农民起义资料辑录》，第80页。整个晚明，兖州诸县因其贫穷和乡绅之狠毒而闻名。藤田敬一：《清初山东赋役制度》，第4页。同时在明代，兖州也由于不断的农民起义而闻名：正德年间（1506—1521年）的刘六、刘七起义；天启年间（1621—1627年）的徐鸿儒起义，崇祯时期（1628—1644年）的白莲教起义。佐藤文俊：《土贼李青山之乱》，第120页。

43 根据地方志记载，王俊"有田在开明山下之吴村，招佃垦荒，积粟甚富，意图纳粟得官。崇祯十三年岁祲被劫，其党无食，遂为盗，复拒捕，杀县役"。光绪朝版《费县志》第八卷，引自谢国桢编：《清初农民起义资料辑录》，第80—81页。

44 1644年10月1日奏折，《明清史料》甲编第一本，引自谢国桢编：《清初农民起义资料辑录》，第74页。1644年的主要领导人是"擎天大王"李文盛；又见《清世祖实录》第17卷，第200页，奏书之日为1645年7月12日。谢国桢编：《清初农民起义资料辑录》，第74、78页。

45 其中一些，如徐鸿儒起义之前的济宁的乡绅领导的乡勇，也参与赈济机构与义仓的事务。在疾病流行之年乡勇也发放药品，掩埋尸首。结果济宁成了混乱的汪洋大海中一个安定的小岛。参见福格尔：《顺治年间的山东》第一部分，第6—7页。

46 《明清史料》丙编第五本，上奏之日为1644年9月23日，见谢国桢编：《清初农民起义资料辑录》，第79页。

47 《明清史料》丙编第六本。上奏之日为1644年11月21日，见谢国桢编：《清初农民起义资料辑录》，第77页。在莱州、安丘和济南都有类似的乡勇组织。赵俪生：《李自成地方政权所遭地主武装的破坏》，第45—47页。

48 谢国桢编：《清初农民起义资料辑录》，第78页。正如方大猷在其奏书中所解释的："每营差官一员督阵，仍各领剃头家丁八名，使驰阵前，张虚声。"同上书，第79页。

49 新王朝统治的最初10年中，整个帝国的地方官接到政府命令，他们必须雇请保镖，以武器装备起来，而且应当付给这些人钱粮。这些保镖可以保障地方官平安任职。1653年，私人保镖制度已不再具有强迫性质，但许多官员继续雇请这些武士。吕元骢：《1644—1660年清初中国的腐化现象》，第3页。

50 例如，我们在一份记述1647年章丘抵抗农民起义军的报告中可以看到，政府的军事力量包括：一、军官统领下的正规防守部队；二、衙兵，由兖州府儒学训导蔡廷谏指挥，另外他还指挥一营家丁；三、知府的亲丁（"时有陈知府统领亲丁，堵大街口"）；四、明季都司于大海等，统领家丁及镇内回兵李纵先等；五、乡绅领导下的乡兵，负责协防。谢国桢编：《清初农民起义资料辑录》，第87页。在1647年山东的另一个地方抵抗的事例中，除了正规部队之外，还有员外郎领导的亲丁。同上书，第83—84页。地方士绅之所以希望将他们的税册交给新政府，主要原因即是巡抚方大猷及其助手们有能力在危急时把乡勇从一个地方调往另一个地方，例如从曲阜调到邹县。福格尔：《顺治年间的山东》第一部分，第17页。

51 《淮城纪事》，第133页。该省明巡抚邱祖德处死了大顺政权派来劝降的使臣，并且南逃而去。张廷玉等编：《明史·郭芳传》，第3111页。然而，山东大多数乡绅最初没有抵抗就投降了李自成，只是在大顺政权将土地分给农民，并开始拷掠地主以榨取钱财时，才决定抵抗李自成的人马。洪焕椿：《论明末农民政权的革命性与封建性》，第72页；福格尔：《顺治年间的山东》第一部分，第8—13页。

52 骆承烈：《从大顺〈创建信女桥〉碑看李自成起义军在山东地区的一些活动》，第39页。鲁九王、朱义海南逃至京口（今镇江）。济宁乡绅在驱逐了大顺政权官员后，向南明政权寻求支持。但他们从史可法处得到的只是一个登基诏书。因而，他们除了转而向清朝寻求支持以对抗起义军及其同伙之外，已别无选择了。福格尔：《顺治年间的山东》第一部分，第15—16页。

53 《贰臣传》第七卷，第34页。

54 朱曾是北直隶三河以南的香河县令。当李自成军攻占北京时，他离职而逃，但为大顺军的阎杰逮捕入狱。

55 《贰臣传》第九卷，第21—23页。有时，平民领导抵抗起义军和盗贼的斗争。曹安祚，邹县著名的智勇双全的武林好手，拒贼于门外，并从其院堡的二楼上将燃烧着的炭火掷向敌人。清政府后来对其"靖匪"的功劳予以嘉奖。另一平民杜承美从义军的包围中解救了其村落，并与官军一道抗击义军。吴若灏：《邹县续志》，第420页。

56 《贰臣传》第九卷，第24—27页。毕自严是当时中国最富者之一，毕为淄川人。又见谢国桢编：《清初农民起义资料辑录》，第13页。

57 文秉：《甲乙事案》，第48—49页。文秉说，支持明王的实际上是德州贡生谢升，但为史可法提供消息的人把谢升（陞）和谢陛弄混了。这是个难以置信的说法。首先，一个文人在他的名字中用"陛"字，是不可能的，因为它也许会与"陛下"的"陛"相混淆。其次，谢升自己也在一种尴尬的口吻中向满人承认了他支持过那位明王之事："时德藩被执，适庆藩宗室曾为明朝香河令名师钦者，避闯过境，为伪州牧所禁，臣等暂奉为号召之资。"《贰臣传》第七卷，第34页。

58 同上。

59 当清军一进抵北京，多尔衮就让山西商人做了官商，隶属于内务府。韦庆远、吴奇衍：《清代著名皇商范氏的兴衰》，第2页；佐伯富：《清代的山西商人》，第282页。

60 《贰臣传》第六卷，第17—21页。关于多尔衮与两位大臣之间的对话，参见佐伯富：《清代的山西商人》，第282页。

61 朱希祖等编：《顺治元年内外官署奏疏》，第32页。1649年又颁布了同样的法令。吕元骢：《翰林院》，第59页。

62 当左懋第的使团经过山东时,他们发现,山东省已完全为王鳌永和方大猷所控制。根据他们所述,王、方二人深为百姓痛恨,"众唾其脸"。陈洪范:《北使纪略》,第120页。

63 王的奏疏中有这39个人的名字,参见朱希祖等编:《顺治元年内外官署奏疏》,第32—34页。《清实录》也记载,王推荐了前明大学士谢升和其他40余人。《清世祖实录》第六卷,第67—68页。王还另外推荐了其他一些山东人。1643年,山东进士之一张端,抛弃了李自成的官职,经山东巡抚向多尔衮推荐,成为弘文院的一名检讨(张的父亲张忻也曾供职于大顺政权,1645年由佟养性推荐为清朝天津巡抚)。1646年,任江南乡试主考官;后来又入秘书院为侍讲,又做了国史院侍读,最后升为大学士。《贰臣传》第十二卷,第14—15页。张端作为一名主考官列入了法式善著的《清秘述闻》之中。

64 朱希祖等编:《顺治元年内外官署奏疏》,第19页(此书为北京大学研究所国学门编,朱希祖作序——译者)。

65 同上书,第1页。

66 《贰臣传》第五卷,第21—24页。李化熙(1634年进士)是山东士绅领袖之一,崇祯时曾为天津兵备道、四川巡抚、陕西总督。1644年初,李以兵部右侍郎总督三边。在李自成攻陷平阳后,李化熙意识到都城危在旦夕,因此他率领部众回到山东,就食于家乡。1644年9月,在满人决意留在北京已确然无疑时,李速遣游击吴伸上书归降。他除了得到过巴哈那和石廷柱的推荐外,还得到了清天津总督佟养性的支持。同上书第五卷,第21—24页。巴哈那的推荐日期记为1644年8月18日,见《清世祖实录》第六卷,第70页。石廷柱早在1622年就降清了。1639年成为汉旗的成员,不再是佟养性的部将了。他和巴哈那都曾受命"平定山东"。石作为驸马拥有固山额真的称号,见《清世祖实录》第十一卷,第127页。

67 《贰臣传》第九卷,第24—27页。

68 同上书,第21页。

69 同上书,第六卷,第32—33页。

70 任濬(山东1624年进士)曾任明朝右佥都御史。刘余祐向多尔衮引荐了他。在为户部右侍郎时,任濬提出了几项改进财政管理的重要建议;为刑部尚书时,主持修订了一部重要法典。"满汉堂官专领其事,慎选司员——商榷,疑难请旨裁定。罪例可更者,一准于律;不可更者,即载入律条。著为令。"1644年多尔衮谕示刑部在量刑时宜依据明朝法律定夺。但是,明朝法律中有些条款与满人的惯例不一致,因此,又命令各有司分别为满汉开列律条,再将其意见送至刑部加以统筹;司法审判与诉讼程序都是满汉有别的。任濬也为《会典》的修改提出了意见。这样,通过不断的调整过程,才将明朝会典的条例纳入了清廷的政法活动之中。1646年农历五月,满语本《大清律》也告完成。见《贰臣传》第五卷,第33—34页。关于协调满汉法律的谕旨,参见1645年3月11日诏令,《清世祖实录》第十四卷,第160页。至于司法审判及诉讼程序,见1646年2月12日谕旨。同上书第二十二卷,第270页;又见徐道邻:《中国法制史论略》,第106页。

71 多尔衮的旨令附于王鳌永的内阁抄本中,参见朱希祖等编:《顺治元年内外官署奏疏》,第34页;张其昀编:《清史》第一卷,第34页。

72 《清世祖实录》第六卷,第71页。此令颁布于1644年8月20日。《贰臣传》第九卷,第26页。

73 清人一进京,即宣布恢复科举考试。同时,奉天府学政推荐了一批进士,以供直接任用,结果把那些求官的进士们网罗一空。然而,应当指出的是,这一渠道很快就变得狭隘起来。1644年9月10日,有人建议辽东地区应该参加定期的科举;1645年初,一位礼部官员极力提倡汉满官员的儿子都应依例在国子监一起学习。这些措施获得了批准,同时,还为满、蒙、汉旗人特别规定了乡试员额,并增加了一些进士员额以使众多的举人们能按比例地入仕。《清世祖实录》第七卷，第 82 页；《清史列传》第七十九卷，第 23—24 页；何炳棣：《中华帝国中的进身之阶》，第 111—115 页；郑克晟：《多尔衮对满族封建化的贡献》，第 9 页。

74 多尔衮亲自邀请冯铨参加新政府。张其昀编：《清史》第二四六卷，第 378 页；张怡：《搜闻续笔》第一卷，第 8 页。

75 冯铨也是一位有名的古董收藏家，引退时期他在北直隶积累了大量的田地。马米兹：《魏忠贤：对明末内廷宦官和党争的重新评价》，第 245—246 页。

76 张其昀编：《清史》第一卷，第 33 页。

77 《贰臣传》第九卷，第 29 页；恒慕义：《清代名人传略》，第 240—241 页。

78 冯铨极其清楚地意识到，他容易因曾为阉党而备受谴责。他进入清廷的内三院后，获得了接近国史馆的可能。据说，他秘密地将《明实录》中不利于自己的部分删改了。傅吾康：《明史资料介绍》，第 18 页。

79 尽管这个法令颁布的准确时间不得而知，但在 1645 年后，苏州、常州、镇江、松江、杭州、嘉兴和湖州的当地士人不能在京城获得高位却是事实；只是到了 1660 年 6 月这项法令才被正式取消了。奥克斯南：《马背上的统治》，第 103 页。

80 朱希祖等编：《顺治元年内外官署奏疏》"前言"，第 1 页。

81 1645 年为江南秀才举行了乡试，考官为刘肇国（湖广人）和陈可拱（北直隶人），试题选得很稳妥。第一题是"其养民也"，取于《论语·公冶长》："子谓子产：'有君子之道四焉：其行己也恭，其事上也敬，其养民也惠，其使民也义。'"第二题是"君子而时"，取于《礼记·中庸》："君子中庸，小人反中庸。君子之中庸也，君子而时中。小人之中庸也，小人而无忌惮也。"法式善：《清秘述闻》第一卷，第 1 页。行己也恭，事上也敬，这种责任伦理显然是王朝当时的要求。

82 朱希祖等编：《顺治元年内外官署奏疏》"前言"，第 1 页。在 16 世纪和 19 世纪之间，海宁陈氏家族共出了 208 名举人、进士和 3 名大学士。参见《清代名人传略》，第 906 页。满族入侵本身也许促进了这种地区差别。各个征服王朝一向是喜欢北人甚于南人。例如，在拓跋氏的王朝后，北南之间的敌意变得愈益显著了。从此以后，北人俗称南人为"岛夷"；而南人则称北人为"索虏"，因为农奴常将其头发缠成辫子。芮沃寿：《隋朝》，第 28 页。据陈洪范在 1644 年 10 月所称，特别是北京的北方籍的降清官员总是闭门不出，由于害怕被斥为明朝叛臣而不敢与南人有任何联系。陈洪范：《北使纪略》，第 120 页。

83 军官的才能或许更受朝廷欣赏。这里所说的长于政务者与长于礼仪者两类人之间的区别，乃是根据《周礼》中的"六艺"划分的，即射、御、数为一类，礼、乐、书为另一类。

84 关于官阶的变动，参见孙甄陶：《清史述论》，第 16—21 页。

85 谈迁在《北游录》第 375 页中对举人有过描述。1644 年，所有的参将都普迁为侍郎。然而，其中许多正在京城之外作战，其职衔不过是一种荣誉。但是，早在 1638 年皇太极任命的满汉参政们实际上掌握着各部以及都察院与理藩院的实权。因而，内三院的大学士绝大多数是汉人和汉军旗人，而新的官僚体制中的上层官位则是由满人与汉军旗人所占据。在省级官僚中，汉军旗人扮演了一个重要角色。1646 年，任命了八名巡抚，其中三名是普通汉人，五名是汉军旗人；在 1644 年至 1645 年任命的九名总兵中，有三名是普通汉人，六名是汉军旗人。奥克斯南：《马背上的统治》，第 32—33、42—43、93 页。

86 《清世祖实录》第六卷，第 69—70 页。多尔衮对"衙蠹"的痛恨可以与明太祖对胥吏的猜忌相比拟，虽然不如他那么酷烈。史墨的《朱元璋反对贪官污吏的经验教训》对此论述甚详。

87 福格尔：《顺治年间的山东》第二部分，第 17 页。

88 《清世祖实录》第五卷，第 55—56 页。同时，多尔衮警告说："各官宜痛改故明陋习，共砥忠廉，毋朘民自利，我朝臣工不纳贿、不徇私、不修怨，违者必置重典。凡新服官民人等，如蹈此等罪犯，定治以国法不贷。"参见萧一山：《清代通史》第一卷，第263页。1644年6月28日，根据范文程的建议，紧接着又颁布了一项措辞严厉的法令，声称对于那些被指控受贿的官员将严加惩罚。范常言："天下治安，惟在得贤。庶官有一眚者，悉请湔摺。"同上书第一卷，第414页。6月28日的法令见李光涛编：《明清档案存真选集》"初集"，第6页中有复制件。

89 《清世祖实录》第五卷，第58页。根据当时人说，顺治朝廷的鞭刑使用比祟祯朝还多。顾诚：《论清初社会矛盾》，第157页。另见吕元骢：《1640—1660年清初中国的腐化现象》，第69页，莫特：《中国专制主义的发展》，第40页。

90 《清世祖实录》第五卷，第52页，又见萧一山：《清代通史》第一卷，第380页。

91 《清世祖实录》第五卷。朱姓是明朝皇族姓氏。

92 根据一个朝鲜目击者的报告：北京周围的乡村由于1644年的清军入侵而惨遭蹂躏。城市周围几百里内所有的田地都遭到了战马的践踏，以致寸草不见。在城内，劫掠、盗窃与谋杀常常发生，人们对此已司空见惯。由于他知道，清朝可能要向朝鲜人征求米谷，所以，他在给其朝廷的报告中特别谈到了京城的仓廪或是空空如也，或是只剩下一些腐谷了。吴晗辑：《朝鲜李朝实录中的中国史料》，第3734—3735页。但是，不久，新政府便能充实其仓储了，所以赈济制度也恢复了。吕元骢：《1640—1660年清初中国的腐化现象》，第23页。

93 《清世祖实录》第五卷，第59页。

94 同上书，第五卷，第58页。关于宋权的赋税改革建议，见琴川居士：《皇清名臣奏议》第一卷，第1—4页；郑克晟：《多尔衮对满族封建化的贡献》，第9页。卫周祚也强烈要求减轻赋税（这里他的名字误写为"周寅"），见《皇清名臣奏议》第一卷，第16—18页。

95 关于满人准备回辽东的"谣言"，最初也许是由那些想回辽东故土的旗人首领们所制造的。阿济格就是这种观点的代表。他告诉多尔衮，他们在辽东攻占汉民区时所遇到的那种至今仍为之至为懊悔的种族对抗，今天又出现了；他担心有朝一日汉人会推翻满人的统治，并将满人统统杀光。因此，对他们而言，回到山海关或盛京比留在燕京要好得多。多尔衮根本不赞成这种看法。他说，而今民心未定，在此紧要关头轻易抛弃北京，返回东土，是不行的。郑克晟：《多尔衮对满族封建化的贡献》，第4—11页；吴晗辑：《朝鲜李朝实录中的中国史料》，第3735页。

96 《清世祖实录》第五卷，第59页。

97 同上。

98 《多尔衮摄政日记》，第5页。

99 李佳白的《北京的第一个满洲皇帝》中记述甚详。

100 《清世祖实录》第八卷，第2页；又见谢国桢编：《清初农民起义资料辑录》，第55—56页，尽管多尔衮自己或许没有意识到这个概念，但是他的顾问们自然知道"正闰"和"伪定"在编年史上的含义。前者被汉代史学家用来评价秦朝，它统一了中国，但又如此短命，以致不能认为它合法地据有过"天命"。第二种是宋代学者周密所提出的，指像隋这样的王朝，虽然它结束了分裂，实现了统一，但由于不行德政，所以不能维持长久的统治。用方孝孺的话说，这样的王朝只有"变通"，但没有维持统治的合法基础。克莱默：《周密和修端》，第11—16页。

101 次年，在清政府命令顺天府各州、县派100名匠人去修建宫殿后，居民们才进一步确信，清廷意欲久居于此。嵇璜：《皇朝文献通考》第二十一卷，第6页。

102 郑天挺：《清史探微》，第66页。

103 昭梿：《啸亭杂录》第二卷，第11页。17世纪20年代，满人使用了宦者，特别是在贝勒家。

1621年努尔哈赤命令贝勒,他们家中的男仆要自幼阉割,以防他们与宫女发生性关系。郑天挺:《探微集》,第94—95页;托伯特:《清朝的内务府》,第22页。

104 恒慕义:《清代名人传略》,第740页。清朝沿袭了明朝御史制度,并通过把给事中并入都察院,从而体现了监察与规谏功能合一的发展趋势。每名汉人御史相应地配有一名满人御史。贺凯:《明代的监察制度》,第28—29页。

105 《贰臣传》第六卷,第67页;琴川居士:《皇清名臣奏议》第一卷,第5—8页。整个1644—1645两年,西山的"土寇"使从山西运来的煤船无法抵达京城。为首者名叫刘自升(按应为刘自什——译者)。政府派了1300名人马奔赴该区,将刘自什擒执处决,并责令各处乡长维持地方秩序。《明清史料》甲编第二本,又见谢国桢:《清初农民》,第52页。

106 《清世祖实录》第六卷,第69—70页;又见故宫博物院明清档案部编:《清代档案史料丛编》第一辑,第152页。废除加派,实际上在一定程度上实行了,但它或许有赖于政府盐税收入的多寡。在清统治初年,政府大约一半的盐税收入是在内务府中任官商的山西商人所缴纳的。山西商人在清征服初期的财政中起着十分重要的作用;其中最重要的山西商人是范永斗,其家族与满人和蒙古进行贸易达八世之久。在成为内务府皇商之后,范永斗及其家族获允在科尔干(即张家口)建立了王侯般的府第,并且大发横财。除了贸盐之外,范还与外商进行交易。韦庆远和吴奇衍:《清代著名皇商范氏》,第1—2页;佐伯富:《山西商人》,第282页。理论上说,明朝额外加征赋税或许已经被废除了,但事实上许多地区仍在征收。1654年8月11日,湖广总督祖泽润的一份奏报很清楚地表明,三饷仍在湖南征收。故宫明清档案部编:《清代档案史料丛编》第一辑,第55页。应当注意的是,新政府废止衙门额外摊派的希望是多么的不现实。在15世纪晚期,大多数在京供职的官吏都享有俸禄。在16世纪70年代,他们的俸禄有了一些增加。但是,所增极少。他们的薪俸虽然增加了,但它仅仅相当于上涨的物价。几乎所有的政府官吏都不得不寻找其他财源。吉斯:《明代的北京》,第175—176页。

107 "明朝政府的财政制度反映了这样意图,即在其技术水平尚未达到这种集中程度之前,就要为这个庞大的帝国强行建立一个野心勃勃的集权制度。"黄仁宇:《16世纪中国明朝的税收及政府财政》,第313页。

108 黄仁宇:《16世纪中国明朝的税收及政府财政》,第322页。

109 例如,开垦荒地、复民旧业的整个计划是那些被派往农村,并非常熟悉明朝制度和地方状况的前明官员提出来的。这是一个出自合作者的、自下而上地提出的政策。参见郭松义:《清初封建国家垦荒政策分析》,第115页;又见福格尔:《顺治年间的山东》第二部分,第11—12页。

110 参见刘子健:《宋代中国政治保守主义的根源:行政问题》。

111 在次年孙襄转到吏部任同样职务时,也表现出了在合理化建议方面的才干。他建议,应对各级行政机构进行正规的管理,以鼓励人们安于职守、尽职尽责。他也向上奏请,那些驱赶民众流离失所,并抢夺其财产的守军应当受到处罚。见何绍基:《安徽通志》第一九○卷,第1页;黄之隽等:《江南通志》第一四八卷,第8页。

112 《贰臣传》第五卷,第23—24页。

113 黄之隽等:《江南通志》第一四六卷,第16页。

114 1644年以后,清政府对两淮盐场的政策,既有守旧的一面,又有改良的一面。新政权在制定盐法时还是以明朝制度作为根据的。同时,通过废除纳银入边、换取盐引的制度(许多人不赞成这一制度),使官营制度合理化了。但是,清政府也鼓励商人投资,对船商采取更受欢迎的政策,尽管直到三藩平定之前,政府的各种捐税一直是盐商的一个沉重负担。最后,在1667年,新统治者通过任命24名富商为"总商",负责盐场到汉口这样的销售中心的食盐贩运,把鼓励与支持盐商的愿望与控制食盐运销体制的需要结合起来了。墨子

第六章　清朝统治的建立　　319

刻：《清朝政府的商业组织能力》，第24—25页；王思治、金成基：《清朝前期两淮盐商的盛衰》，第2—3页。至于山东盐区，可参考韩书瑞：《1774年山东王伦起义》，第20页。

115　嵇璜：《皇朝文献通考》第二十六卷，第3页；第二十八卷，第1页。

116　《清世祖实录》第十七卷，第202页。

117　唐棣：《略论清代的地丁制度》，第46页。

118　《清世祖实录》第二十五卷，第302页。1644年上谕：尔后每三年进行一次户籍与财产登记，以代替以前的每十年一次的做法。由于没有多少材料需要改编，1647年后，编册改为每五年一次。参见贝蒂：《中国的土地和宗族》，第73页。

119　《赋役全书》最终是被编成了，但实际上它更是一种对赋役额数的重新估定，而不是一次彻底的全国土地清丈。遗憾的是，历史学家仍然未能在档案中发现1651年前任何一年的政府收入统计数字。黄仁宇：《明朝的财政管理》，第121—122页。

120　李华：《清代前期赋役制度的改革》，第102页；新政府也发行过临时纸币，但它仅仅通行了10年左右。王业键：《1644—1850年中国货币制度的演变》，第470页。

121　由于政府的预算出现了赤字，因而清朝初年多尔衮亲笔写信给朝鲜国王请求援助，便不奇怪了。例如1644年冬，他写道：“适军需孔亟，尔今秋量所得米粟，可运送燕京，以助国用。”《清世祖实录》第七卷，第79页。米粟运至的时间是1644年9月5日。

122　顾诚：《论清初社会矛盾》，第157页。

123　清军与北京前此的占领者形成了鲜明的对比。严禁抢劫，如果旗人偷窃财物或在纠纷中杀人，那么他们将被迅速严惩。清朝制军甚严。如果有一人被杀，就要让十名士兵偿命；如有一狗被杀，则以一名士兵偿命。参见陈济生著：《再生纪略》第二卷，第33—34页。

124　尽管天花非常容易蔓延，但它"越过"大路、河流或运河却需要一些时间，因为这些地理上的特征，同时也是职业或生活习惯相同的社会群体的自然界限。种族分离，例如清人的那种做法，可以大大降低感染率，特别是在他们自己免疫力较高时。狄克逊：《天花》，第301—316页；麦克尼尔：《瘟疫与人类》，第146、194—195页；德乌特希曼：《天花的生态学》，第7—8页；尼古拉斯：《女神西塔拉与孟加拉的天花》，第25、34页；兰格：《詹纳之前的天花免疫》，第112页；邓斯坦：《明末流行病》，第32页。中国有一种把天花屑片吹入鼻子以获得免疫力的办法，这在16世纪已很流行。李约瑟等：《中国古代的卫生学和预防医学》，第466页。

125　多尔衮死后，这种严格分隔便松弛了。代之而起的是，当一户染上天花，官员便把房屋周围80步以内封锁起来，不准任何人进入疫区。1655年又有一场严重的流行病，但政府设法将它控制于南海城区，不准任何人出入，直至此病消失。谈迁：《北游录》，第355页。关于成立一个特殊防区的效果的讨论，参见马奉琛：《清初满族与汉族的社会和经济冲突》，第348页。

126　《清世祖实录》第七卷，第88页。

127　《皇朝文献通考》第二十一卷，第14—15页。清室诸王的代理人如同前代太监们所做的那样，在北京城门继续征收关税，即使是只携带一袋米进城的农民也得于此交税。参见吉斯：《明代的北京》，第28页。

128　马奉琛：《清初满族与汉族的社会和经济冲突》，第347—349页。只要旗人统治着社会，汉人便会想办法冒充满人。在东北尤其如此。这里的移民们一直在努力归化为满人。20世纪拉铁摩尔便遇到过这种人。他认识一个河南人，年轻时去了东北，并学会了满人一切行为举止习惯。当拉铁摩尔问他的儿子——一名军官，为什么他的父亲说话像一个满族人时，他回答说，他父亲年轻那会儿，一个"明人"想在这块土地上发迹是十分困难的。满人把持一切，而且迫害明人。在齐齐哈尔，他的居住之处，有一个每年两次的驱逐明人的习惯。所有渗透进来的汉人都有可能被赶走，并且常遭鞭打和抢劫。当然，许多人回关内了，但是只有模仿满人，学得与他们一模一样，才有安全感，不被发现。所以，在我的父亲学会了他们的生活方式之后，便加入了八旗，并与一位满族姑娘结了婚，而且始终受到与满人一样的待遇。在我长大后，做旗人已没有什么好处了。因此，我便变得与同时代其他年轻人一样了。参见拉铁摩尔：《满洲里》，第62—63页。

129 《清世祖实录》第十九卷，第241页。这一命令颁布于1645年10月11日。此前不久，多尔衮也宣布在山西没收贩卖的私茶。此令颁布于1645年9月12日。同上书第十九卷，第232—233页；又见《皇朝文献通考》第三十二卷，第3页。

130 《清世祖实录》第二十一卷，第250页。此令颁布于1645年11月27日。

131 同上书第三十二卷，第384页。此令颁布于1647年7月18日。

132 同上书第四十二卷，第491页。此令颁布于1649年2月19日。

133 同上书第三十八卷，第448页；又见吴卫平：《八旗制度的兴衰》，第103页。

134 米切尔：《满族统治的起源》，第94页。

135 关于此令的撤销，见马奉琛：《清初满族与汉族的社会和经济冲突》，第342页。

136 同上书，第349页。

137 从辽东向北京的移民浪潮接连不断。根据朝鲜的目击者记载："沈阳农民，皆令移居北京，自关内至广宁十余日程，男女扶携，车毂相击。"吴晗辑：《朝鲜李朝实录中的中国史料》，第3756页；又见郑克晟：《多尔衮在满族封建化中的贡献》，第11页。

138 《清世祖实录》第四十二卷，第493页。此令颁布于1649年3月2日。

139 那些在旗下服役的汉人同样将他们的土地献给满族主人，以逃避赋税。1644年政府令地方官制止这种事情。

140 京城周围八府的大多数土地都属于明朝皇帝或皇亲。1502年，帝国全部私有土地的1/7都落入了皇帝之手。皇庄由宦官头目管理。克劳福德：《明代的宦官权力》，第141—142页。在山西，也有许多明王庄和官庄。仅大同周围即有皇戚4000人之多，然而，当大顺军经过此境时被驱走或杀死不少。参见1644年9月6日姜瓖的奏报，故宫博物院明清档案部编：《清代档案史料丛编》第四辑，第141—150页。在占领北京之后，多尔衮命令，属于明朝勋贵的田地，不能让新朝的权贵或官员占用。给户部的这一命令引起震动，而明贵族却因此一度对满人表示了很大的支持。这些明朝贵族开始申报自己在京城周围的田产。一年或更多的时间以后，大量的这种庄田被没收为旗地了；至1649年，像湖广这种地区的明朝国戚也被当作平民一样对待，甚至被迫服劳役。巴哈那于1649年7月9日奏书，《清代档案史料丛编》第三辑，第100页；另见郑克晟：《多尔衮对满族封建化的贡献》，第8页。

141 这些土地不具有"封建"的性质，也就是说，旗人不是通过提供兵役而换取土地所有权的。田主死后，田地并不转授他人，参见阿萨尔·阿里：《奥兰赞布统治下的莫卧儿贵族》，第64—67页，莫卧儿的授田制度可以作为比较。

142 1638年，满族旗人除了壮丁大约还有56825人，1735年有89735人。至18世纪晚期，满八旗有约6万名士兵，蒙古八旗兵1.7万人，汉八旗兵2.4万人。八旗士兵及其家属总共约10万人。吴卫平：《八旗制度的兴衰》，第61页。

143 1645年6月8日，多尔衮接到了大量"土寇"的奏报。他让其大臣解释，为什么如此众多的农民变成了不法之徒。10天后，他收到了给事中李士焜的奏书。李在其中谈道：都城周围300里内，大多数土地已为旗人所占夺，而旧日居民被迫为盗。故宫博物院明清档案部：《清代档案史料丛编》第四辑，第48—49页。关于政府的救济措施也见上书，第54—55页。有些被夺去产业的人最后落居于辽东。1653年的安置流民法规定：凡有能力招徕一定数量流民，在盛京安居乐业者，习文者授县丞、主簿，习武者授把总。刘献廷：

第六章　清朝统治的建立　321

《广阳杂记》，第 123—124 页。

144　这里关于圈地的叙述，根据的是马奉琛：《清初满族与汉族的社会和经济冲突》，第 335—340 页；黄汉良：《中国的地税》，第 65—71 页；马伯乐：《明朝的灭亡》，第 189—191 页；曹凯夫：《三藩反对满族统治的叛乱：背景和意义》，第 46 页；黄宗羲：《南雷文定》"后集"第四卷，第 10 页。大面积受此影响的府有：顺天、天津、保定、河间、仓州、永平、宣化、真定和德州。此后几年中，这些地区都成了盗贼活动的主要地区。从理论上说，土地或是皇族或旗人的庄田，或是以六晌为额授给旗人以代替原来每月的钱粮供应。1647 年，这种授田数量在法律上永久化了。但军官可以另外得到 60 晌。1649 年，从辽东新迁至的民人法定每人授田五晌。而在 1650 年，这种五晌的授田扩大到了原来的旗人。实际上，直到 1669 年夏，当康熙皇帝亲令停止圈占和授田时，圈地活动才告结束。顾诚：《论清初社会矛盾》，第 148、157 页。

145　最初，土地被满人圈占的汉民或许可以得到其他地方的土地作为补偿，并免税一至两年。他们也可以在清明与重阳两个节日里回到被圈田地上扫墓。吕元骢：《1640—1660 年清初中国的腐化现象》，第 46 页。

146　满族进京几年以后，老百姓的牲畜十分缺乏。一头水牛值银 20 两；一头大水牛值银可达 30 两。因此，湖南便以人代牛，六或七名男人牵犁耕田，每日可犁三至四亩。劳动强度很大，田却犁得很浅。谢国桢：《明代社会经济史料选编》，第 5 页。

147　1647 年 5 月 2 日，多尔衮听从户部建议，禁止"带地投充"，同时也不许畜奴。《清世祖实录》第三十一卷，第 367—368 页；又见《皇朝文献通考》第二十卷，第 1 页。然后，这种现象仍在继续，直至顺治帝亲政时才被最后制止。周藤吉之：《清初的投充及其起源》，第 32—33 页；托伯特：《清朝的内务府》，第 18、84—89 页；曹凯夫：《三藩反对满洲统治的叛乱》，第 46 页。

148　多尔衮把直隶东北部的最好田地给了他自己所在的正白旗，虽然这些田地原来应留给镶黄旗与正黄旗。多尔衮将永平府作为他嫡系的居住区，其目的在于借此控制经山海关进出东北的要道。两个黄旗分别居住在北京的北部；西部为两个红旗；南部为两个蓝旗。在鳌拜的怂恿下，在 1666 年正白旗与镶黄旗交换了土地。他是想把东北较好的土地给他自己所在的镶黄旗。吴卫平：《八旗制度的兴衰》，第 55—56 页；奥克斯南：《马背上的统治》，第 170—175 页；凯斯勒：《康熙》，第 46—48 页；米勒：《派系斗争和清朝的政治整合》，第 31 页。

149　彭鹏：《中藏集》。引自谢国桢编：《清初农民起义资料辑录》，第 50 页。

150　例如，1653 年永平和保定遭受洪水袭击时，许多满人轻易地抛弃了田地，宁愿靠政府赈济的米谷过活，也不愿亲自耕种。查慎行：《人海集》第一卷，第 2 页；也见吴卫平：《八旗制度的兴衰》，第 97 页。

151　村松祐次的《中国北方的满族旗地》中有详述。西人甚至贷款给旗人，要他们以旗地为抵押。1751 年 1 月 7 日，户部奏报，有些西人暗中成了旗地的受押人。傅乐淑：《1644—1820 年中西关系文献编年》，第 188—189 页。

152　直到 20 世纪初，清政府始终对那些逼人为奴者与窝主处以放逐、充边的惩罚。美杰尔：《清末的奴隶制》，第 328—329 页。

153　甚至在满人离开辽东以前，他们就与旗内的"包衣"发生了冲突。这些汉人秘密地结成团伙。1642 年，有这样一群人逃离了清朝控制地区，随后转至山西。谢国桢编：《清初农民起义资料辑录》，第 6 页。据报在 1644 年，出现了成千上万的逃亡包衣。逃民如此之多，以致政府不得不在兵部特设一个机构负责追捕之事。吴卫平：《八旗制度的兴衰》，第 193 页。

154　例如，1649 年 5 月 6 日的诏令，见《清世祖实录》第四十三卷，第 505 页。

155 马奉琛:《清初满族与汉族的社会和经济冲突》,第343—347页;《清世祖实录》第二十八卷,第336页。勒索的机会是相当多的。吕元骢:《1640—1660年清初中国的腐化现象》,第20页。

156 孙襄的生平见何绍基编:《安徽通志》,第2169页(第一九〇卷,第1页)。

157 《清世祖实录》第四十卷,第465页。此令颁布于1648年10月5日。尽管这激起了一时的怨恨,但清朝的这种种族分隔制度,在较长时间看也许减少了种族间的冲突。"内城"中的原有财产被没收或出卖了;尽管这些被征用的人户享有免税三年的特权,但仍会造成很大的生活困难。然而,其中受影响最大的是太监们(他们控制着租给商人的官建的商业街道)和锦衣卫的权贵(据16世纪初的调查,他们拥有京城大多数货栈店铺)。他们从皇城中搬迁一空,可能倒为汉人提供了一些新的投资机会——过去在宦官权贵的权势下,他们被剥夺了这种机会。关于晚明的北京,威克兰《万历朝的北京》一文随处可见。至于内城旗营的居住区,见《清世祖实录》第四十一卷,第483页;第四十六卷,第535页。汉旗仍留在内城,每旗负责看守一门(如,正黄旗守正阳门,镶黄旗守东直门与西直门等等)。谈迁:《北游录》,第347页;查慎行:《人海集》第一卷,第1页;又见林语堂:《京华烟云》,第29页。

158 《清世祖实录》第四十卷,第465页。京都那些负责守卫库房、巡护官衙的胥吏和随从,被允许住在官署之中。准许汉民白天来访此区,但不准过夜。后来,由于需要有人提供副食日用品,商人与店主便被允许在"靼子城"居住了。又见史景迁:《曹寅与康熙》,第47页。

159 这里主要是对事实上的联姻的承认。1648年10月6日,多尔衮告谕礼部:"方今天下一家,满汉官民皆朕臣子,欲其各相亲睦,莫若使之缔结婚姻,自后满汉官民有欲联姻好者,听之"。《清世祖实录》第四十卷,第466页。八天后,摄政王对于种族通婚作了规定:凡希望嫁给汉人的满族官员之女需呈明户部,登记户口,希望嫁给满人的汉族官员之女也需报备登记;非官家妇女许配满人听其自便,无须报部。并告诚满人务必合法结婚,除了正式的妻子,不许另占汉族妇女。同上书第四十卷,第467页。

160 《清世祖实录》第四十卷,第466页。

161 同上书第二十卷,第21页,引自谢国桢编:《清初农民起义资料辑录》,第67页。最初建立驻防旗兵的有:北直隶的顺德,山东的济南、德州、临清,江北地区的徐州,山西地区的路安、平阳和蒲州。

162 何绍基编:《安徽通志》,第2124页(第一八六卷,第4—5页)。

163 张申道:《有城墙的都市的形态》,第92页。

164 郑天挺:《探微集》,第175—176页;韩书瑞:《1774年的山东王伦起义》,第22、149页。

165 鲁国南很快升为总兵,在帮助收复陕西延安后,在家乡负责清军北直隶真定的防务。《贰臣传》第十卷,第7—8页。山西、江南、陕西、甘肃的绿营兵组建于1645年;福建、两广、贵州与云南的绿营兵也分别在1650、1651、1658、1659年组建。曹凯夫:《三藩反对满洲统治的叛乱》,第36—42页;吴卫平:《八旗制度的兴衰》,第182页。

166 闻钧天:《中国保甲制度》,第212页。

167 同上书,第210页。

168 贺凯:《明朝的监察制度》,第38—39页。

169 谢国桢编:《清初农民起义资料辑录》,第72页。清朝在北京统治的第一年里,任命的巡抚中满人稍多于汉人;但是,在1645年到1651年之间约63%的巡抚是汉人。1652年后,满人巡抚的比例又上升,至1658年升至70%。至1669年,80%的巡抚是满人;1674年,90%的巡抚是满人。1690年,满人巡抚的比例又逐渐下降;至18世纪后期,达到了满汉各半。参见楢木野宣:《清代督抚满汉比率的变化》。

第六章 清朝统治的建立　323

170　然而，在征服中国南部的过程中，这种控制招抚官员的方式被迫放弃。需要把他们派到离都城更远的地方去，给他们更大的机动性，所以，控制也因之松弛了。当然，这在一定程度上又为"三藩"埋下了祸根。曹凯夫：《三藩反对满族统治的叛乱》，第39—40页。

171　当大顺军队过固关，向北京进发时，曾有意或无意地堵塞了居民水井，所以，在他们向西撤退时，落入农民手中的散兵游勇便被砍断了左手，作为报复。边大绥：《虎口余生纪》。

172　陈永福即是常被认为是射瞎李自成一只眼睛的人，尽管实际上这是他的儿子陈德在1641年3月21日李自成围攻开封时射中的。当1642年10月开封被洪水淹没时，陈设法乘船逃脱了；尔后，当1643年明朝官军与李自成农民军进行争夺潼关最后大决战时，他继续在孙传庭麾下指挥一翼。而在李自成击败孙，进入陕西后，陈率领几千最亲信的部队逃往山中。由于白广恩的苦劝，陈最后还是投降了起义军，尽管他认为他伤了李自成一目，会被其杀死。在他首次拜见李自成时，李宽恕了他，因为那天的战斗双方都在拼死相斗。陈的这一行动对许多同时降于李自成的明朝官员震动很大。张守常：《陈永福》，第64—69页。

173　曾国荃：《山西通志》第一〇四卷，第27页；谢国桢：《南明史略》，第40—41页；帕森斯：《明末农民起义》，第161—163页。

174　仅在大同就有918个这种"堡"和约100个关卡。那里的守卫仔细检查行人的口音，以确保危险人物处于控制之中。作为1449年"土木之变"的后果之一，为了防御蒙古再次南下劫掠，明廷做了极大的努力去加强宣府与大同的军事城堡。"人们可以清楚地看到，该省北部紧倚长城的地区形成了一个军事社会；大量的力量用于防御，并生活在一种紧张的氛围之中。"莫特：《1449年的土木之变》，第270—271页。这些城堡与烽火台一直存留至今，或依倚山岭，或俯瞰平川。

175　《清世祖实录》第五卷，第57页；恒慕义：《清代名人传略》，第138页。

176　傅宗懋：《清代督抚制度》，第9—10页。

177　吴惟华是原朱元璋麾下的一位著名的、后来封为伯爵的蒙古将领的后裔，在北京投降了多尔衮，并在进攻山西时被任为汉军首领。最后，吴升为总兵，并被封为侯爵，加太子太保。《贰臣传》第九卷，第7—9页。至于给叶臣和巴哈那的命令，参见《清世祖实录》，1644年7月17日和8月4日，第五卷第58页和第六卷第65页。

178　《清世祖实录》第六卷，第72页。

179　同上书第七卷，第81、83页。

180　同上书第七卷，第79、82页。然而，尽管几乎所有重要的明朝军队都承认了清政权，但是，吴惟华仍没有足够的兵力（他自己只有1200名骑兵，加上200名官员和扈从），使他敢于进攻守卫在太原城的陈永福和大顺军。《明清史料》丙编第五本，引自谢国桢编：《清初农民起义资料辑录》，第247页。

181　《清世祖实录》第七卷，第2页。谢国桢编：《清初农民起义资料辑录》，第248页。马国柱是较早的降臣之一。1632年，他就向皇太极提出了征服中国的计划。《清史稿·马国柱传》；又见谢国桢编：《清初农民起义资料辑录》，第249页；恒慕义：《清代名人传略》，第592页。

182　谢国桢编：《清初农民起义资料辑录》，第249页；曾国荃：《山西通志》，第27页。

183　他建议，为了表示对学问应有的尊崇，政府应在已经平定的地区举行科举。同时，应该接纳更多的贡生以扩大考试名额，对于擅长地方军政事务的官员的推荐应有明文规定。这样，吏才与学问就会被人们看成是立国之本了。过去教师通常是生活中失意的老者才去作的，而今天，应该从年富力强的人当中选拔，当给予官禄。忠孝清白、德行卓异者应受到褒扬，清寒之士应该给予俸禄，应试者应发给盘缠并在京城提供专门的旅舍。琴川居士：《皇清名臣奏议》第一卷，第5—8页。这份奏书只注有顺治元年，没有月日。1644年9月2日，曹还奏请在辽东进行教育改良。《清世祖实录》第七卷，第79页；《贰臣传》第六卷，第 17 页。

184　《明清史料》丙编第五本,引自谢国桢编:《清初农民起义资料辑录》,第 56—57 页。孙上书的时间是 1644 年 8 月 30 日。

185　同上书,第 54 页。

186　清政府深刻地认识到重建驿递制度的重要性。驿传使各个城市连续为一个网络,而统治者正是通过它来统治帝国的。至晚明,驿递制度实际上被私商所控制了(至 1629 年,只有 20% 的交通是官办的)。1647 年,多尔衮警告了那些利用国家驿传谋私的人。同时,他调拨了地方的一部分人力、物力以资助这一体系的建设。但是,这只是恢复瘫痪的交通管理和复杂的地方税收体制的艰巨计划的一个开端。文献对此的详细记载,参见故宫博物院明清档案部:《清代档案史料丛编》第七辑,第 1—60 页。关于明代驿递制度的衰败,参见星斌夫:《明代的运输》,第 28 页。

187　《明清史料》丙编第五本。引自谢国桢编:《清初农民起义资料辑录》,第 57 页。皇太极与多尔衮都赋予御史以很大的进谏之责,但当给事中或监察官员直言抨击皇帝的过失时,他们却也常为之恼怒。奥克斯南:《马背上的统治》,第 33 页;罗思·李:《早期满族国家的兴起》,第 135 页。1644—1647 年,御史 31 次上疏陈述改进行政管理之策,多尔衮(勿论他性格如何)只反对过其中的三项建议。然而,他却驳回了他们的许多通常是缺乏证据的告发、检举。吕元骢:《清初的御史、摄政王和皇帝》,第 83—84 页。孙承泽在这一事件中并没有受到惩罚,事实上,1647 年他又被擢为兵部侍郎了。《贰臣传》第十二卷,第 28—29 页。

188　张若麒,山东人,1631 年进士。1642 年与满洲人作战中谎报战绩,遭人检举,论死系狱。后为李自成所释,并委以御史,负责山海关军事重镇。此后,降于多尔衮,任为顺天府丞。《贰臣传》第十二卷,第 6—8 页。

189　《明清史料》丙编第五本。见谢国桢编:《清初农民起义资料辑录》,第 54 页。然而,霸州县在 1647—1649 年间一直屡遭"贼匪"的袭击。《贰臣传》第八卷和《清世祖实录》;见谢国桢编:《清初农民起义资料辑录》,第 54—55 页。从该世纪 60 年代初开始,沿大路和运河两岸植了树,但是茂密森林已不复存在,至少是天津与北京之间的铁路线两侧是如此,只有清东陵周围仍有森林。

190　《贰臣传》第十卷,第 29—31 页。在接受清廷的宽赦之前,唐通在一片石被图赖这位攻陷过松山的英雄所战败,《清代著名政治家评述》,第 98 页。

191　《清世祖实录》第七卷,第 81 页。信送出之日为 1644 年 9 月 6 日。

192　同上书第八卷,第 96 页。1644 年 10 月 15 日,唐通投降的消息传到了北京。

193　《明清史料》丙编第五本,引自谢国桢编:《清初农民起义资料辑录》,第 24 页。

194　金砺和雷兴的事迹见《清史稿》本传和《文献丛编》第三辑,引自谢国桢编《清初农民起义资料辑录》,第 52—53 页。

195　《贰臣传》第九卷,第 27 页。

196　同上书第一卷,第 16 页。

197　方大猷,浙江人,1637 年进士,也是曾为李自成效过力的明朝官员之一,南明因此将他定入逆案。所以,他不可能返回本省,只得留在北京,加入了多尔衮的政府。他被授任盐法道,然后随侍郎王鳌永招抚山东,8 月被擢为该省巡抚。《贰臣传》第十二卷,第 9—11 页。

198　谢国桢编:《清初农民起义资料辑录》,第 79 页。正如方对他的上司所解释的那样,山东的离心倾向是如此之强,以致官兵刚从一个"平定了的"地区转移到另一地区,原地区便又爆发了动乱。除非向该省多派兵力,否则要控制该省是不可能的。

199　《明清史料》丙编第五本。上奏的时间是 1644 年 10 月 1 日,见谢国桢编:《清初农民起

第六章　清朝统治的建立　325

义资料辑录》,第 74 页。
200 同上书,第 78 页。
201 为了避免北京出现与主抚派意见对立的主剿派,杨允诺"贼匪",只要他们"纳马匹、纳器械、塞其洞穴、毁寨撤营",即可招安。尽管清兵设法让那些放归故里的战俘充当传声筒,广为传播朝廷的赦免允诺,但"招抚"仍然只是一个动摇不定的政策。杨方兴坚信,任何起义军都不能赦免。他认为,"屡抚屡叛,视若儿戏……必非一抚所能收拾者也。职一莅任,即思先剿后抚"。《明清史料》,甲编第一本。上书的时间为 1644 年 10 月 1 日,见谢国桢编:《清初农民起义资料辑录》,第 75 页。
202 《明清史料》丙编第六本,引自谢国桢编:《清初农民起义资料辑录》,第 75—77 页。
203 谢国桢编:《清初农民起义资料辑录》,第 80 页。
204 《清世祖实录》第八卷,第 96 页。李率泰是李永芳的二儿子,与清朝公主结婚,恒慕义:《清代名人传略》,第 484—485 页。
205 《清世祖实录》第十一卷,第 136 页,引自谢国桢编:《清初农民起义资料辑录》,第 12 页。
206 同上书第十三卷,第 148 页。满旗与汉旗人派往山东与河南驻防,标志着前述八旗驻防制度的开始,谢国桢编:《清初农民起义资料辑录》,第 14 页。多尔衮主要依赖汉军旗人充当山东文官人选。1644—1649 年间,有 14 人被委以该省的按察使和税使,其中有 9 人是汉旗人。在济南府,1644—1648 年间的五任府丞中,有 3 人是旗人。该府 6 县的 24 名县官中至少有 6 名是汉旗旗人。奥克斯南:《马背上的统治》,第 93 页。
207 这也许是"高等级行政区划分"的结果。根据施坚雅所说:"将直隶的一部分远伸向这一中心地区的南部,其后果之一,是割裂了位于两省之间的开封和东昌两府的都会与区镇贸易体系,并把大名府(直隶之南部)的乡绅豪强的利益与直辖省而不是与河南或山东紧密联系起来。该省是大名商人的利益之所在。"施坚雅:《城市和地方等级体系》,第 343 页。
208 1640 年,"土贼"袁时中起事于饥民之中,即是突出的一例。袁本人来自大名,但是他率领的"土贼"劫掠了整个河南北部,并参加了尔后杀死他的李自成的部队。佐藤文俊:《明末袁时中之乱》。
209 程廷恒:《大名县志》第十二卷,第 16 页,引自谢国桢编:《清初农民起义资料辑录》,第 65 页。赵二良是一个土匪,他的忠明思想是后来产生的。在他举起弘光旗帜起兵不久,即杀死了一名乡绅领袖和 100 多名县官胥吏。于是,清丰知县组织了乡勇以抵击赵的进攻。起义后来被总兵土国宝所镇压。关于大顺军的进攻,见谢国桢编:《清初农民起义资料辑录》,第 67 页。
210 《明清史料》丙编第五本。引自谢国桢编:《清初农民起义资料辑录》,第 68 页。
211 同上书,第 65—66 页。
212 《明清史料》丙编,时间是 1644 年 9 月 9 日,引自谢国桢编:《清初农民起义资料辑录》,第 69 页。
213 《明清史料》甲编第一本,时间为 1644 年 9 月 23 日,引自谢国桢编:《清初农民起义资料辑录》,第 69—70 页。
214 《清世祖实录》第八卷,第 95 页,时间是 1644 年 10 月 8 日。
215 《明清史料》丙编第五本,引自谢国桢编:《清初农民起义资料辑录》,第 66 页。
216 同上书,第 67 页。
217 沈文奎的传记见《清史稿》列传第二十六,引自谢国桢编:《清初农民起义资料辑录》,第 61 页。
218 《清世祖实录》第二十卷,第 8 页。引自谢国桢编:《清初农民起义资料辑录》,第 61 页。
219 谢国桢编:《清初农民起义资料辑录》,第 63—64 页。"绿林"指土匪或歹徒。
220 例如,1648 年秋,鲁国南的官军消灭了一支打着明王朝旗号的起义军,见《清世祖实录》

第四十六卷，第 461 页。上奏时间是 1648 年 9 月 23 日，谢国桢编：《清初农民起义资料辑录》，第 67 页。

221　《清世祖实录》第八卷，第 95 页。

222　直至 1656 年，顺德地区始终没能得到清的完全控制。本府官军"掘壕挖沟，周围七里，弭盗安民，地方赖之"。乾隆版《顺德府志》，引自谢国桢编：《清初农民起义资料辑录》，第 70 页。

223　《明清史料》丙编第五本。引自谢国桢编：《清初农民起义资料辑录》，第 70 页。

224　爱松古的事迹见《清史稿》。引自谢国桢编：《清初农民起义资料辑录》，第 246 页。

225　《贰臣传》第二卷，第 12—14 页。

226　《清世祖实录》第八卷，第 97 页。北京收到奏书的日期是 1644 年 10 月 20 日。又据上书第十卷，第 118 页，北京收到奏书的日期是 1644 年 11 月 11 日。据叶臣言：在后一次出兵中，招抚了太原附近地方的居民，并将 5 州、20 县纳入了清朝统治之下。陈永福在保护李自成撤退中牺牲。张守常：《陈永福投闯抗清事迹评述》，第 65 页。

227　《清世祖实录》第十一卷，第 127 页。北京收到奏书的日期为 1644 年 12 月 6 日。石还接受了几名明朝军官和 3000 名士兵的投诚。

228　同上书，第 128—129 页。北京收到奏书的日期是 1644 年 12 月 12 日。

229　同上书第十二卷，第 138—139 页。北京收到奏书的日期是 1645 年 1 月 3 日。朝廷给军队的训谕是："如遇流寇，宜云尔等见明政紊乱，激而思变。我国来征，亦正在此，以言抚慰之，申戒将士，勿误杀彼一二人，致与交恶。"谢国桢：《南明史略》，第 41 页。像在辽东一样，一个前明官员的投降往往是他以前的将领和朋友推荐的结果。例如董学礼，降于李自成时是明朝的一个副将。大顺军首领命令他驻防于河南怀庆府，这里近于山西南界。当多铎的人马经过山西，南下至河南北部时，董学礼防守失败了。1644 年 10 月下旬，他迅速撤至潼关。然而，在他再次进入大顺军的中枢地区之前，他收到了一封清廷的邀降书。他接受了这一邀请。董的降清举动大大鼓动了其他前明将领的投降。例如，董的一位老友陈之龙（江西举人），在董学礼的推荐下被授以御史之职。当起义军攻占陕西时，像其他众人一样，陈投降了李自成，并担任了宁夏节度使。在董学礼投降清朝后，陈收到了这位前上司的来信：解释附后的情形，并请他也参加新朝。陈欣然应允，随即向阿济格表示归降之意；陈被清廷委以三边总督的重任（三边包括陕西北部的榆林、陕西中部与西部的固原以及宁夏与甘肃）。次年，陈之龙进京陛见，正式任为御史，被授以安徽凤阳总督大权。《贰臣传》第十二卷，第 1—2 页。关于董学礼之降，见《清世祖实录》第八卷，第 97 页。

230　《清世祖实录》第十一卷，第 128—129 页。

231　《贰臣传》第十卷，第 32 页。后来唐通被召至北京，隶汉军正黄旗，晋封定西侯。

232　阿济格的进军如此之快，是与西北几位军事将领的迅速投降分不开的。这里的穆斯林、藏人和蒙古人的影响是那样的大，因而他们甘愿降清也就不足为怪。这里可以说是操各种语言的不同民族的大熔炉。例如，南一魁，原明朝官员，陕西人，曾归顺李自成并被授以参将之职。在他认识到李自成不可能再成为皇帝后，便弃李而去，投奔蒙古的鄂尔多斯部。当阿济格从陕西北向进军延安时，南一魁甘愿为清效劳，并同另一明将杨镇邦一道，在南击延安时与满、蒙、汉旗军协同作战。最后，南成了汉军镶红旗人。《贰臣传》第十卷，第 10—12 页。

233　《清世祖实录》第十四卷，第 155 页。李过是在陕西进攻中幸免于难的少数重要的大顺军人物之一。后来，他仍然与南明抗清。据当时人记载，李自成的谋臣、算命先生宋献策，在延安被捕入狱。由于一位押俘他的满人对他的神奇才干十分赏识，这个矮子成了一名旗人，卒于 1662 年。谈迁：《北游录》，第 386 页；查慎行：《人海集》第一卷，第 4 页。

第六章　清朝统治的建立　327

234 同上书第十四卷，第 155 页；谢国桢：《南明史略》，第 42 页。但是，直至 1645 年 1 月 19 日，多铎的前锋同潼关守兵已经有过不止一次的小规模战斗。而此时，李自成正在从西安调兵加强此关的防御。
235 《清世祖实录》第十四卷，第 155—156 页。
236 同上书第十四卷，第 155 页。
237 李命令田见秀殿后，并要他在与后卫撤离时毁掉此城。但西安居民很幸运，因为田没有这样做。帕森斯：《明代农民起义》，第 165 页。
238 根据一种详细记述，李自成部还有 13 万人。斯特鲁弗：《南明》，第 27 页。
239 顾山贞：《客滇述》，第 92 页。
240 图赖是一个卖力的追击者，策马日夜兼程。《清代著名政治家评述》，第 98—99 页。河南的明朝官员，如曾与张献忠部和地方"贼匪"作战多年的徐起元，迅速地接受了清朝统治，并为清军准备船只以待长江作战之需。然而，直至 1647 年 5 月 12 日，长沙才纳入了清朝统治之下。30 名官员、3500 名士兵投降湖广巡抚高士俊。《贰臣传》第六卷，第 1—2 页；《清世祖实录》，第 370 页。
241 采取这一决定是在 1645 年 5 月 30 日。谢国桢编：《清初农民起义资料辑录》，第 57 页。
242 《清世祖实录》第十八卷，第 210 页。
243 帕森斯：《明代农民起义》，第 165—166 页；谢国桢：《南明史略》，第 42 页；汪宗衍：《读〈清史稿〉札记》，第 207—209、496—498 页。
244 《清世祖实录》第十四卷，第 157 页。
245 同上书，第十四卷，第 161 页。

第七章　南京的陷落

> 渔樵同话旧繁华，
> 短梦寥寥记不差。
> 曾恨红笺衔燕子，
> 偏怜素扇染桃花。
> 笙歌西第留何客，
> 烟雨南朝换几家。
> 传得伤心临去语，
> 年年寒食哭天涯。
>
> 孔尚任：《桃花扇》，第 312 页

　　1644 年 12 月，多铎派遣图赖和他的远程骑兵部队去试探南明在睢州的防卫情况。在那里有 4 万—5 万明军，其指挥官是以镇压了 1622 年山东白莲教而闻名于世的许定国。这时，他听说那个省的许多官吏和士绅已经归顺了满族政权，还得知那些前明官吏在他们死心塌地地投降以后得到了清政府的礼敬，遂暗中与多铎通款，表示愿意与睢州将领李际遇一起投降，以换取恩赦。[1] 多铎小心翼翼地做出了反应，坚持要许定国在进一步谈判之前把他的儿子送来作人质。这样，许定国转而决定就地对满族人发动进攻。[2]

1645年1月初,在丢失了宿迁一带的黄河北岸之后,史可法命令高杰收复归德和开封附近的地区,并保卫开封和洛阳之间的虎牢关。在那里,高杰不仅能够阻止满族人,而且可以进而渡过黄河,实现光复中原的民族愿望。[3]根据这个计划,高杰驱马北上,渡过淮河,赶到睢州。然而当他接近许定国的营部时,却听到风传,说许定国的儿子已经被当作人质送往多铎的军营。由于怀疑不定,高杰派遣了几名使者,要求许定国立即亲自来解释这些事情。[4]

高杰和许定国之间素无好感。当高杰还是一个起义军首领的时候,他的部队曾经进攻过太康,并且杀死了许定国一家老小,所以当任命高杰为"四镇"之一的命令宣布时,许定国曾痛骂高杰,并且上书弘光皇帝,说高杰仍然不过是一个强盗。如今高杰的部队已接近睢州,许定国很担心以前那封信的后果。于是,许定国在城外10里的地方跪见了这位前叛军首领。他解释说,他本不识字,写给弘光皇帝的那封信实际上是由一个文吏起草的,那个文吏已经逃跑了。高杰释然,便接受了许定国的进城邀请,并且受到了盛情款待——依照迎接明朝将帅的显贵礼仪。1645年1月8日,高杰和他的卫队来到了许定国的营部,并且受到热情的欢迎。[5]他似乎毫不怀疑地接受了许将军的宴请。然而,当他们坐到宴会桌旁时,他和他的卫队突然遭到了许定国士兵的袭击,并被杀得一个不剩。这个谋杀的消息传到了高杰部队的大本营,为复仇而急红了眼的将士扑向许定国军营。此时,这位明朝的将军已经投奔清军了。[6]

勤王选择

据说,史可法得知高杰死讯后失声痛哭,大呼:"中原不可复为矣!"[7]但是他仍然希望保住高杰的4万部队,加以统一指挥。这支队伍是长江以北所有队伍中最优秀的。高杰的遗孀,即李自成的宠妾邢氏,也希望为南明保住这支部队,并且可能曾建议史可法任命高杰的女婿李本深继任已故镇将的指挥职位。至少这是史可法向弘光皇帝的推荐。朝廷拒绝了这个请求。据一些记载说,马士英担心这个任命会加强史可法对高杰余部的控制,使他扩大个人势力。据说,马士英曾经煽动怂恿其余三镇上书抵制这一推荐。最终,南京政府选定了兵部侍郎卫胤文来担任管辖高杰部队的地方总兵官。结果高杰部队的绝大部分没有能作为一支完整而训练有素的军队保留下来。因为不肯接受他们继任将军的领导,他们四散离去。从那以后,直到南明首都的陷落,这支前义军的残部盲目地向扬州和南京流窜。史可法为此十分惋惜,他的沿黄河的第一道防线已经破裂了。[8]

在战争的这一如此紧要的关头,有些人仍然相信进攻策略能够挽救南京。他们认为,只有做恢复北方的积极努力,才能保证那些其力量举足轻重的地方豪杰的不断支持。不错,李际遇已经随同许定国归顺了满人,但是还有其他的地方豪杰,像河南的刘洪起,山东长山县的刘孔和,他们似乎准备抵抗新的统治者。这时,那些最初因希望率先恢复中原而跟随史可法的激进的文官和将领们,把他们最大的希望寄托于这一可能性:那些乡绅率领的武装会奋起而响应在淮阳的军事进攻。[9]

大约就在此时,徐州诗人阎尔梅被聘为史可法的营中幕僚,即私人秘书。他在1645年2月15日与史可法的谈话中,力请史可法派遣他的军队之一部进入河南以保卫其侧翼,并鼓励那里的抵抗运动,并由此他才允诺入幕。阎尔梅之意,一是要说服那些对效忠南明犹豫不定的地方豪强,一是要联系在山东以"榆园军"而闻名的农民军。这群在崇祯年间由两个名为任七、张七的人组织起来的骁勇之军,已控制了该省最西南角曹州的盐碱山地和榆林地区。那个地方也是将领刘泽清的家乡,他曾在1640年的饥荒以后镇压过那里的农民起义,并为此受到非议。这时刘泽清是南明的镇将;一些勤王者,包括刘宗周的学生叶廷秀和阎尔

第七章 南京的陷落 331

梅自己,都希望联结榆园军,在黄河两岸鼓动人民起义,然后与这些"义军"一起收复中原。[10] 阎尔梅在与史可法的会谈中还没有详细说明所有计划,史可法就委婉地拒绝了他的新幕僚的请求。但是在后来写给史可法的一封措辞率直的信中,阎尔梅确实详细说明了他的北伐战略和驱使他采取这样一种战略的强烈感情。[11]

在那封既谈到了军事计划,又谈到了义士节操的信中,阎尔梅反复指出,为恢复北方而战的时机已经成熟。

> 流寇初陷京师,中原无主,伪官继至。梅伏居苦块,力未能拒。上书各院道,请兵北伐,又潜纠河北忠勇之士,凡数万,为王师前驱,报先帝之大仇,复祖宗之疆土。[12]

这时,就像以前一样,阎尔梅重申"诚以河北皆本朝赤子,忠义未忘"。[13] 他说,果决的行动和大胆的进攻,能够振奋人心。

> 人心可鼓,不忍先去以为民望也。天下豪杰少而庸众多,必有人为之倡导,而后闻风者,乃有所观,感而兴起。[14]

信中指出,欲收此效的最好办法是史可法自己率军自扬州开赴此地。与淮阳地区的其他军队不同,史可法的军队不是流寇和乌合之众,它由受徐州百姓欢迎的"义士"组成。此时,那里的百姓正面临着异族的侵略。为了避免这一难逃的厄运,他们只能寄希望于史可法的拯救。"若惟恐师相之不旦夕至者,此其心何心哉!"[15] 实际上,阎尔梅指出,史可法军队在南方的存在已经推动了潜在的抵抗运动。因而,给予那些忠君的百姓以帮助而不是置之不管,就更是他的责任了。

> 譬争渡者，偶失足堕水中，且沉且浮，得一人手援之，未有不应手而出者，顾援之者缓急何如耳。谓其必不肯出，而弃之勿援也，天下有是理乎？[16]

简言之，如果史可法不这样做，他就如同是抛弃了一个落水待毙的人，国家的生存也就毫无指望了。

献身与妥协

阎尔梅给史可法的信，不仅细述了采取进攻战略的各种原因，而且解释了为什么自己感到有责任去这样做。这无疑代表了许多南明忠君之士的想法。阎尔梅告诉史可法，他的老师也认为他是一个特别固执好辩的学生，可能比大多数人都直言无忌，不过有很多由于南京政权拒绝采取积极军事行动而日益失望的人，也与他心情相同。

> 大之不能酬国家三百年之恩泽，小之不能庇宗族十亩之桑梓。[17]

对于他这样的忠君爱国之士，报效国家之责远远重于维顾亲友，尽管履行这种高尚的义务可能意味着"逆祖"、听凭妻室饿死以及族人唾骂。

> 亲戚劝之行而不肯行，朋友招之隐而不肯隐。[18]

阎尔梅还把忠君义务置于苟且偷生之上，把良知置于俗论之上。

> 且古贤士所以重知己之感者，不重其恩，重其心也。重其恩者众人，重其心者贤士。重其心之爱之者众人，重其心之敬之信之者

贤士。豪杰之士宁为人所不爱,不肯为人所不敬、不信,则知己之故,盖难言之也。[19]

这种绝对忠诚的典型是古代的侠义之士,他们的气节象征着礼的至境。阎尔梅说,今人多把礼当作仪式,但是那个概念实际上表明了一个人忠于其信仰的义务。[20]侠义之士对"诚"的执着追求——一己的是非之心——在理想上高于所有其他情感。同样,对阎尔梅来说,体现于"诚"的最高献身,概括了"礼"的古老而崇高的意义,这远高于把"礼"说成是"敬""顺"的通俗解释。"礼之中有敬之之意焉,有信之之意焉,甚则有杀之之意焉(如果为了信仰的话)。"[21]

阎尔梅写给史可法的信在结尾颇为狂傲不驯。阎尔梅写道,一个豪杰之士可能并不认为别人会赞同他,但是至少他十分希望得到尊敬。可以肯定,如此固执之人在太平盛世是不易为别人所容的。但值此国难当头之际,需要的却是非常之人。如果有人想起用这样的英雄,那么他要么是认真地采纳其建议,要么就是把他们全部杀死。

用其所不得不用,斯杀其所不得不杀,杀之者敬之信之,非易之疑之也。易之疑之则亦不足杀矣。[22]

很难想象会有比这更咄咄逼人的要求了。

不过,阎尔梅的个人正义感并非无可争辩。他这种空想的,甚至浪漫的临难不苟观念,构成了一种用以升华自我的目的伦理。在满族征服战争中许多年轻的"有志之士"都是如此。但是也存在着另一个同样强大的责任伦理,如果需要,甚至可以用孔子的话来证明其权变观。

子曰:"暴虎冯河,死而无悔者,吾不与也。必也临事而惧,好谋而成者也。"[23]

史可法是一个"惧"多于"豪"的人。因为担负着保卫王朝的责任，他承担不了此时轻率决策的后果，也不敢莽撞下令。不管阎尔梅解救徐州的呼吁如何激烈，史可法也腾不出手来完成此举。尔后史可法给了阎尔梅一个措辞巧妙的答复，对迅速进军徐州的计策含糊其词，感谢阎尔梅无可怀疑的忠诚，并且谨慎地暗示，他很知道阎尔梅的急躁脾气。[24] 此后不久，阎尔梅受命西进河南，加入高杰余部，组织了一道抵抗多铎军队的薄弱防线，以防满军南侵。阎尔梅确实向西出发了，但在3月6日他到达前线之前，他觉得自己的使命毫无希望，于是返身而回。因而当满人最后进攻史可法扬州大本营时，他却在安徽中部的庐州平安无事。[25]

满人渡河

然而，与此同时，史可法仍然肩负着指挥淮阳地区各方面防务的责任，以抵抗多铎和豪格对他防线的不断猛攻。[26] 有迹象表明，他可能想在相当一段时间里避免北进，以使满人替他消灭大顺农民军残部，但史可法同样知道，一旦清军打败或收编了那里的义军流寇进而占据黄河的右岸，那么他们就会转向南方，进攻沿大运河一线的南明防线。因此，他与阎尔梅以及其他光复者的想法相同，即最好的防御战略是进攻。[27] 他上疏皇帝说：

> 自三月以来，大仇在目，一矢未加。昔晋之末也，其君臣日图中兴而仅保江左。宋之季也，其君臣尽力楚蜀，而仅保临安。盖偏安者，恢复之退步；未能志在偏安，而遽能自立者也。[28]

左懋第的信使也得到指令，朝廷已经决定采取更为保守的防御政策。与此同时，满人已经越过了在河南境内的黄河，并且到达了黄河在江苏境内的北岸。对史可法来说，防御和进攻是一致的。在时机尚未失去的情况下，他希望南明方面发动一次反击，用来援助可能正在守卫徐州的李成栋的明军，也用来保持和激发光复北方的信心。于是史可法从扬州出发，将其部队转移到洪泽湖边的泗州。然而在他要进军徐州之前，他得到消息说，在他离开的时候，黄得功知道了高杰被害的消息，准备对扬州发动突然袭击，洗劫这座城市，并且收编那些已经退到大运河的高杰残部。这样，为了拯救扬州，史可法被迫取消了他的反攻计划，并迅速赶回他在南方的营部。如要解救徐州，阎尔梅发动"河北千万忠勇之士"的简单计划显然是不够的。[29]

尽管史可法自己没有能去徐州，但是侯方岩率领的援军已被派往这个城市，而且南明的一支应急部队实际已渡过黄河，并且直接与满人交上了火。清旗军主力由准塔指挥，他的父亲曾是努尔哈赤的卫士。[30] 准塔重创了明军。根据满人的战报说：

> 二月初三日（1645年2月28日），闻南兵渡河，围徐州沛县李家楼，随遣固山额真准塔等领兵星夜前往。贼马步兵二千有余，屯驻徐州十五里外，我兵冲击贼营，贼兵赴河死者无算。擒斩逆渠六人，安抚百姓，秋毫无犯，获人口牛马甚多。[31]

3月11日多铎部队的营部正式从西安迁到了河南北部。4月1日，多铎接到圣旨去指挥南征，以平定江南。[32] 在豪格从东面加强进攻的同时，多铎率领他的部队兵分三路直奔归德；在那里一支部队沿淝水直奔临淮，另一支部队沿黄河直奔盱眙，第三支部队沿黄河北岸过徐州直奔淮安。[33] 最后这支队伍是由准塔指挥的，他在取得李家楼战斗胜利后乘胜进攻徐州。在那里他遇到了一些抵抗，但是在这些抵抗还没有变成强大的敌对力量的时候，徐州驻军指挥李成栋已经宣布归顺清朝，背叛南京了。[34] 同时，在多铎部队的侧翼进攻濠州的西部战场，徐州地区的另一名抵抗首领刘良佐也背叛南明，投降了清军。[35]

刘良佐和李成栋的变节，标志着满族征伐中原的一个重要转折点。[36] 这两个将领实际上把整个南明的西北防线拱手让给敌人，使得多铎与远在东方的豪格连成一体成为可能。因而，为了阻止东部防线的崩溃，史可法沿着从洪泽湖岸边的泗州到黄河南岸尚属稳定的防线，召集尽可能多的南明部队去支援刘泽清的守军，这当然是绝对必要的。这样，在后一个月里，史可法就开始筹划淮安的防务，一切都布置在淮安的南边，在大运河与洪泽湖交汇处的清江浦集结他的兵力。然而，在这个关键时刻，当他需要南京政权提供所有一切援助的时候，这个朝廷内部却发生了一场严重的政治军事危机。[37]

童妃案

在史可法指挥的西部战区，河南北部明军控制区内的巡抚陈潜夫报告说，他发现了一个自称是福王世子前妃的流亡者。这个妇人告诉他，她姓童，她与福王世子生过一个儿子，后来因为北方农民起义而离散了。陈潜夫迅速通知朝廷，说皇妃还活着，并且满怀喜悦地在1645年4月5日把她护送到南京。[38]

皇帝听到童妃到来的消息并无喜色。他没在宫廷上欢迎她，而是把她移交给锦衣卫，由他的一个太监加以审讯。这位太监审问得很详细，对他听到的回答表示相信，即的确如其所称，她是福王世子（现为弘光皇帝）的第三个妃子。[39] 因为识文断字，童妃为冯可宗写出了她入福王世子宫殿的详细证明，包括准确的日期，也叙述了在北京爆发起义后他们的流散过程。于是这位太监给皇帝准备了一份记录，呈上了有关她身份的证明，包括她提供的许多细节。然而，当他把这份奏本呈给弘光时，弘光只瞥了一眼，就脸色陡变，挥手把记录扔在了地上："朕不识之，速加严讯！"[40] 随后，他正式下令，由一个叫屈尚忠的太监来进行所谓的"严讯"。屈尚忠可能是东厂特务组织的成员。[41]

这道允许采取最残酷刑法的命令，引起了朝廷的轩然大波。一些像马士英这样的高级官僚相信，童氏确实是前妃，除非是神经错乱，或者是傻子，没有人会假冒皇帝的妃子，因为皇帝本人就可以明白无误地确定她的身份。[42] 实际上，马士英不能理解为什么皇上拒不认账。[43] 根据一份记载，马士英曾对阮大铖说：

"童氏系旧妃，上不肯认，如何？"

阮大铖回答说："吾辈只观上意，上既不认，应置之死。"

站在一旁的张捷说："太重。"

阮大铖说："真则真，假则假，恻隐之心，岂今日作用乎！"

但马士英坚持说："真假未辨，从容再处。"[44]

童氏声称曾为福王世子生过一个儿子一事，对马士英影响尤深。在他看来，一切刑法的动用都应暂缓，直到在河南找到这个孩子并把他带到南京为止，以安抚那些愿意相信她的身世故事的百姓。[45]

但是为时已晚。在弘光1645年5月1日下令把她交付给他的太监拷问之后，她备受酷刑。一个当时人记录道：其血肉之模糊，不忍卒观。在她精神失常之后，她被带回扔进地牢，三天以后就死在那里了。[46]

童妃案件立即产生了两个后果。首先是使那些忠君之士保住势单力薄的河南营寨的一切希望都化成泡影，因为在这里，浙江的投机分子陈潜夫参与了童妃的"阴谋"。[47] 几个月以来，陈潜夫一直努力把许多河南豪杰的营寨连接成为勤王力量的防线。不过，他和他的主要同盟者刘洪起（他在开封和汝宁地区指挥着大批部队）一直与极力想把河南置于自己控制之下的马士英不和。马士英起初想任命阮大铖为河南巡抚，此举失败后，他设法使其妹夫越其杰担任了这个职务。[48] 越其杰很快就使得河南最有势力、控制南阳地区的豪强萧应训失去了对南明的忠诚。在镇压大顺农民起义军余部的战斗中,萧应训收复了这个省西南部的一些城镇。但是,当他的儿子萧三杰亲自向越其杰报捷时,这位巡抚指责他们父子二人是土匪。萧应训及其部下向越其杰关闭寨门以示抵制。当越其杰通过这个地区时,遇到的是关闭的寨门和敌视的哨兵。另一方面,当陈潜夫经过河南时,却受到了每个寨主和豪杰的欢迎。出于嫉妒,越其杰向马士英诋毁陈潜夫,马士英则一直想方设法煽动人们反对这个人。此时童妃案发,作为发现童妃的南明官吏,陈潜夫受到了可怕的牵连。对马士英来说,已可以轻而易举地搞掉陈潜夫了。陈潜夫以同谋叛逆罪被投进了监狱,但这就把河南的统治权留给了马士英的妹夫、无能的越其杰。这样,那些豪杰对南明的忠诚都相继丧失了,河南暴露在长驱直入的清军兵锋之前了。[49]

童妃案的第二个重要后果,是人们失去了对弘光皇帝本人的信任。根据透露出来的童妃被捕和受虐待的详情,特别是她自己的身世,大多数人都认为童氏确实是福王世子的妃子。但是为什么福王世子、现在的皇帝拒绝她返回宫廷呢?是不是他有什么理由不想让她看见呢?他对她有些不放心吧?南京的官吏和百姓们提出了这些疑问,因为这使人们想起,福王世子在马士英的军营里介绍他自己时,是用了一个王侯的印玺来证明自己的身份的。那么会不会是有人在北方混乱的起义军占领时期得到了真正的印玺,冒名顶替真正的福王世子,然后向马士英谎称他是一个王室的继承人呢?如果这些确实发生过的话,那么这样一个冒名者当然是无法骗过他的前妻的。那是不是说现在的福王世子是个冒充者,而童氏倒是合法原配呢?[50]

这样,童妃事件引起了人们对弘光皇帝本人合法性的怀疑。尽管这些传闻可能是牵强附会的,但是当时许多人都相信这些传闻。[51]童妃事件给南京政权带来的重大信任危机,又由于那个时期发生的第三个大案,即伪太子案而进一步大大加剧了。

伪太子

崇祯皇帝长子慈烺的命运,自从北京陷落和他神秘地失踪以后,就成为众所瞩目的事情。1645 年 1 月,弘光皇帝曾正式命令史可法去查访慈烺是否依然活在世上,并且——我们可以想象——当史可法没有提供这种传闻存在的证据时,弘光皇帝无疑感到松了一口气。但是,3 月 27 日一份来自礼部侍郎的关于慈烺仍然在世的报告,震动了朝廷。不仅如此,官员高梦箕还知道 16 岁的太子是在什么地方发现的。据礼部侍郎高梦箕说,这个皇子几个月前就到了高在北方的家,还有一个男仆护送他向南而来。他们一到江南,这个仆人就力劝太子与他同去南京,但是慈烺——如果确实是他的话,更愿意单身去杭州。他可能是担心被视为冒名者,这在南都弘光的统治下是不会有好结果的。[52]

弘光皇帝一听到这个消息,就派遣一个心腹太监去杭州寻找这位可能的太子。[53] 终于,在杭州附近的金华找到了这个自称太子者,并在 28 日护送到了南京。当然,他并没有马上被送到朝廷,而是被送进了南京城内的兴山寺,在那儿住了好多天。这个消息惊动了南京百姓,在那些日子里,他吸引了川流不息的好奇的访问者,听他不断地讲述自己的故事。[54]

据一个最为可信的记载他的材料说,在他父亲驾崩、李自成入城的那天早上,他——慈烺——从城西门逃出了北京。他选择这个门是因为它是起义军最初入城的方向,因而防卫可能最为薄弱。离开北京城当天,他在一条沟里睡了一夜,以后他转而南行,借助其他行人的掩护,用了七天的时间不断向南赶路。在这期间他没有东西可吃,据他所说,在绝望之中他便向一家大宅子请求留宿和帮助,而这个大宅恰巧是高梦箕的家。从那儿出发,他又来到了江南。[55]

最早见到慈烺并且听完他讲述经历的官员们,对他语气口吻的真实性留下了深刻的印象。[56]这个年轻人的镇静与自信,看来也有足够的皇家风范。两个被派往兴山寺调查这一事件的宫内太监对他的身份确信不疑,还把皇族的袍服送给了他。就在他们准备把他带进宫内进见弘光皇帝时,又有许多的官员来到了这座庙宇,并投送名帖。当这个所谓的太子表示认得其中的一个太监并叫出了他的名字时,旁观的众官员们便把这当作他身份的确实无疑的证据。[57]

对兴山寺这种拜访的奏报,使弘光皇帝大为恼怒。他生气自己的王朝官吏竟这样轻易地相信了这个男孩的皇族血统。他下令把那两个太监秘密赐死,并且立即把这个自称太子者投入城中的监狱。从那以后,直到弘光皇帝自己也放弃了这个宫殿,这个太子一直被士兵幽禁在监狱中,并且隔断了与公众的任何联系。[58]从被监禁时开始,太子受到了详细的审讯。确认他的身份的一个方法是召来从前的宫廷师傅加以对证。这些师傅中的一些人,特别是刘正宗对他进行了严厉的询问。据他们说,他体貌与明太子相像,也大致知道那些宫廷课程。不过,他记不起来或是不知道讲授时的某些细节。这样,他的身份仍然暧昧不明。[59]

随着这位所谓太子的消息传播开来,好奇的人们热心地议论着这个案件的两种可能。一些人真心相信,他比任何人都像慈烺,这一点已经在人们拜访兴山寺的时候得到了证明。他们认为,很明显,弘光皇帝企图故意用其他借口来保住自己的皇位,但那只能证明他们的正确。但是另一方面,史可法认为那个男孩是一个冒名顶替的人。他在扬州从送给他的南京邸报上读到了这个男孩的自述后,立即给弘光皇帝写信,对"假太子"的自述加以否认。史可法指出,如果太子真的到南方来,那他一定要通过淮安。由于前一次的查访,史可法的部下对这位太子的消息已格外敏感,不断地打听,如有消息当局就会得到报告。可实际上,在淮安并没有听到什么消息,这就可以证明史可法的看法,即现在关押的这位"太子",原是一直是呆在南方的。另外,史可法根据自己的情报说,太子已经在北京找到了。他最近接到在北京奉命与清人签订协议的左懋第特使的报告,说他已经从墙上的布告上抄下了这个消息。在多尔衮签署的3月2日的公告里,这位满族摄政王谈到了一个在崇祯岳父周奎家里自称是太子的装模作样的怪人。怀宗公主看到这个年轻人——他叫她姐姐——后失声痛哭。尽管这位独臂公主显然是认出了他,但是前皇后袁氏不承认这个年轻人,并声称这是一个冒名顶替的人,于是多尔衮便把他处死了。[60]

送给史可法过目的布告肯定是真的,但有一些具体的细节似乎存在着疑问。[61] 比如,为什么这个布告会提到怀宗公主认出他后放声大哭?这本是他太子身份真实性的有力证据;为什么相反的证据竟来自袁皇后?大家都知道她已经死了。[62] 无疑,太子在他外祖父家寻求避难是说得过去的;而且这又与一些在北方的人说慈烺自从逃离大顺农民军后生活无法维持的传闻相吻合。[63] 因而,史可法认为,不难确定,那个在周奎家"冒名"的年轻人确实是太子;他家里的人在最初认出他之后,又装作不认得他,希望以此来保全他。

> 况周奎、公主一见,相抱而哭。后有怵以利害者,乃不敢认……由此欢心是皇太子不死于贼,诚死于虏矣。[64]

因此史可法宣称,在南京囚中的年轻人倒显然是个冒名者,应予揭穿。[65]

用这种方法促使弘光皇帝把整个事件当作一个精心设计的阴谋并不困难,于是他让阮大铖的密友——"严讯"过这个年轻人的杨维垣进行调查。[66] 这样,在被监禁了两个月以后,这位假定的太子被带到了特别审判官面前。这场在1645年4月11日进行的审讯,是由马士英策划的,弘光也参加了。[67] 皇帝本人首先宣布说,据在北京皇宫内侍奉过太子的太监们说,这位自称太子者面貌不像真正的慈烺,审讯便由此开始。

[68] 随后，三个翰林学士被指定为证人，他们之后还有三名官员，他们都说他不是太子。[69] 于是，杨维垣导演的这场审判的口供就在法庭上出笼了。根据这份口供，这个年轻人承认他叫王之明，他被认出是北京皇家禁军的一员，也是一位富官皇戚的侄子。[70] 王之明肯定得到了宫内太监提供的情况，而且肯定是被高梦箕拖进了这个阴谋之中。[71]

王之明的口供并没有使那些相信他是真正太子的人们感到信服。一些像何腾蛟、黄得功这样的官员们对审问本身的程序半信半疑，怀疑那些审判官串通一气，在口供上搞鬼，用来迫害这个自称是太子的人。[72] 至于官员外的那些平民们，绝大多数人都相信这个囚犯是真正的明太子，甚至他的名字也表明了他的真实身份："王之明"颠倒语序后就是"明之王"了。如果弘光和马士英不希望流言继续传播，那么审讯的结果最好不要那么确定无疑。直到今天历史学家们仍然在争论这个自称是太子的人的真实身份。[73] 同时在南京，王之明的社会影响，甚至可能因为审讯而增强了。"百官皆知伪，然民间犹啧啧真也"[74]。把这个年轻人当作其保护者的老百姓，显然相信马士英和皇帝极想杀死他们的囚犯，而且这个审判实际上不过是为处死这个冒名者而走的过场而已，是预先设计好了的。这样，假太子案就严重地损害了南京政权的声誉，也进一步丧失了百姓对它的信任。

然而，更为严重的是这个事件对那些正在作战的将领们的影响。比如，黄得功对弘光皇帝处理这个年轻人的非人道做法深感震惊，认为这个年轻人的皇室身份尽可存疑，但至少应该保证他免受一般囚犯所受的惩罚。他直率地写信给皇帝：

> 东宫未必假冒，各官逢迎。不知系何人辨明，何人定为奸伪？先帝之子，即陛下之子，未有不明不白付之刑狱，混然雷同，将人臣之义谓何？[75]

第七章　南京的陷落　343

更为无礼也更为不祥的,还是左良玉对这个审判的抨击。他谴责阮大铖和马士英的丑恶行为。[76]

左良玉兵变

左将军一直想找一个借口,从武昌挥师顺流而下,取代南明朝廷,铲灭他在那里的政敌。自从兵部侍郎阮大铖与江西湖广总督袁继咸严重不和而克扣左良玉部队的军需导致关系恶化以来,地方军阀与弘光主要谋臣之间的关系日趋紧张。[77]当左将军听到消息说阮大铖正在打击一些与"顺案"有牵连的士人、特别是其中有他以前的知遇之人侯恂时,十分愤怒。[78]像周镳、吴应箕这样的士人签署过《留都防乱公揭》,因此担心会死在阮大铖手中。另外,像雷演祚等人曾在皇统之争中支持过鲁王,也害怕会被马士英杀死。[79]周镳和雷演祚都被抓进了监狱,但是吴应箕还有行动自由,他要求侯恂的儿子侯方域写信给左良玉,请他进行干预以使他们得以保全。[80]

尽管重病在身,为了战略的需要,左良玉还是安排好了调动部队的行动计划和顺长江而下的水军。李自成的部队最近在山西的失败,以及与此同时张献忠"大西国"的残酷统治在四川的崩溃,意味着左将军及其部属面临着迫在眉睫的危险,就是来自北部和西部的起义军可能在湖广地区倾全力进攻他们。[81]因此,当他接到来自御史黄澍(他刚刚逃离马士英和宫廷太监的魔掌)以"清君侧"为名进行干预的另一个请求时,便开始考虑发兵之事了。[82]黄澍的请求,加上那个自称太子的人惨遭迫害的消息,促使左良玉在1645年4月19日开始率军沿江而下,直扑江南的那些富庶的城市。[83]

在多数人看来,左良玉决定起兵即使并不完全正确,那也是被童妃和伪太子案逼出来的。

未几，有王之明者，诈称庄烈帝太子，下之狱。又有妇童氏，自称由崧妃，亦下狱。于是中外哗然。明年三月，宁南侯左良玉举兵武昌，以救太子诛士英为名，顺流东下。[84]

左良玉在他起兵初期发布的声讨南京政权的檄文，代表了复社党人的主张，左良玉似乎已经全部采纳了他们的主张。在他们看来（以及在檄文中），马士英是南京政权一切失败的罪魁祸首。[85]由于这种歪曲的看法，左良玉进攻南明首都的威胁使人们不分青红皂白地将弘光政权的衰败归罪于马士英。同时，由于是根据复社东林党积极分子的见解而发动兵变的，左良玉便故意扮作那些正人君子的拥护者。在顺江而下的途中，他的士兵挥舞的大旗上缀着通告，说宁南侯正开赴南京，以解救周镳和雷演祚等受迫害囚禁者。[86]

这项特别使命的命运从一开始就被决定了。当左良玉前来解救周镳和雷演祚的消息传到南京时，阮大铖对他的囚犯下达了密令，"允许"他们自杀。其后不久，甚至在左良玉部队已经逼近的时候，周镳著名的同父异母兄弟周钟——1643年年初复社的领导人、明朝的叛逆——也被杀害了。他的死刑是公开的。当刽子手走近他时，他竭其余力，讥问道："杀我，其使天朝平安乎？"曾经以辞令之长而劝阻了崇祯皇帝南逃的尚书光时亨，也同时被斩首。[87]

但是复仇的任务，即铲除马阮政权及其支持者，仍在进行。左良玉显然认为，值此多事之秋，他的计划会赢得广泛支持。但4月26日他到达九江时，却发现他的老朋友和同盟者袁继咸并不相信他起兵的正义性。他为此十分震惊。[88]袁继咸和湖北巡抚何腾蛟一样，认为袭击南京是对南明事业的致命打击。[89]袁继咸的坚决反对使左良玉认识到，他自认的正义之举被许多人看成叛逆之行。而且，这个老军阀——身体状况日见恶化——已经不能够驾驭自己的军队了。4月30日当袁继咸在九江左良玉的旗舰上拜访他时，左良玉已不能制止他的士兵洗劫这个城市。[90] 谈迁记载这次见面说：

> 袁继咸过见舟中，俄见岸上火起，报曰："袁兵烧营，自破其城。"良玉浩叹曰："此我兵耳。我负袁临侯也。"[91]

此后不久，左良玉开始内脏出血，几天后就死了，把他的庞大军队留给了他的不很牢靠的儿子左梦庚。[92] 尽管这个时候对部队的管理比以前要严，但是左良玉的将领们仍然在沿长江行军去安徽池州的路上，洗劫了安庆。[93]

这支由职业军人、强盗和冒险者组成的庞大而野蛮的军队正劫掠江南以餍私欲，此种情势把南京朝廷抛进一片恐慌之中。为阻止左良玉的军队，南明部队就不得不从淮阳地区撤退，从而削弱了南明抵抗满兵的防线。在那里的南明部队本来就不充足。然而马士英对左良玉的担心却远胜于对清人的担心。左良玉毕竟发动了对马士英个人的讨伐。"吾辈吾臣，"马士英说，"宁可皆死于清，而不可死于左良玉之手。"[94]

于是马士英命令阮大铖、朱大典、黄得功和刘孔昭的军队阻止湖广军队向南京的推进。与此同时，史可法正在请求增援刘肇基的只有2万部队保卫着的扬州防线。马士英拒绝了这个请求，而且还强令刘泽清的部队从他们正在坚守的抵抗豪格的黄河前线撤回来，以加强左良玉与南明朝廷之间的防御工事。弘光知道，这将从史可法侧翼撤走部队，因而甚至想废除这道命令。但是马士英劝告皇帝，做出这种改变已经为时太晚了，现在的形势是如此严峻，以至于史可法也不得不被召回。[95]

史可法强烈反对这一主张：

> 上游（指左良玉）不过欲除君侧之奸，未敢与君父为难；北兵一至，则宗社可虞。[96]

但是皇帝坚持认为左良玉是个危险的叛逆，认为"寇至则防寇（指左良玉），寇去则防敌"[97]。5月2日史可法正式收到撤回江南的命令，这位南明将军勉强执行了。他把部队一分为二，留下一部分防守泗州，他带领另一部分奔赴南京，准备阻击左良玉。[98]

史可法这样分遣兵力最后证明是不必要的。在洗劫完池州后，左梦庚和他的将领们被黄得功挡在铜陵，并且被迫撤回了九江。因为多铎军队迫在眉睫的进攻，黄得功不能全力发动对左军的进攻，而且尽管左梦庚军队占据了安庆上游地区，但同时阿济格正从另一个方向进攻他们。当满军到达九江时，左良玉的整个部队实际上投降了清人，并成了次年平定中国的新的骨干力量。[99]

加入清军的左良玉旧部的大多数军官可能被称作"新"辽东人，即那些曾经效力于明朝边疆，后来在17世纪30年代的混乱中又调回中国腹地（多为河南）的军官。这些人中最重要的是金声桓。他曾经在辽东供职，并于1633年逃离了满洲（其妻儿成为人质），加入了左良玉在河南的部队。在九江投降满人的以后几年里，因为他在没有正规满军帮助的情况下，把桀骜不驯的江西省几乎全部控制在手中，因此他的家人从监禁中解脱了出来。[100] 其他不太有名的官员也都为清朝的统一战争做出了巨大贡献。左梦庚被邀入朝，并加入汉镶黄旗；1648年他帮助阿济格打败了大同的造反者。[101] 卢光祖在加入汉镶蓝旗之后，1646年随同豪格征战四川，镇压那里的张献忠起义军，并且为打败与南明永历政权联结的"寇匪"立下了汗马功劳。[102] 加入汉正红旗的李国英也跟随豪格在四川征战。实际上正是李将军这支由旗人率领的队伍，与满旗兵协作，在1647年1月在彭州附近的凤凰山把张献忠逼入了绝境并杀死了他。[103] 在加入左良玉的队伍之前本来在何腾蛟手下效力的徐勇，在投降阿济格后平定了九江的匪寇和复明分子，随后他担任了长沙驻军总兵，指挥了对永历政权的张荆春将军的战役，在他死于与南明白文宣将军的战斗

第七章　南京的陷落　347

之前，他被授予了男爵爵位。[104] 同样来自辽东的军官郝效忠在投降后被指派在武昌驻防。随后当阿济格回北京时，郝效忠与之同行，加入汉正白旗，并在湖南担任将军，他后来因为拒绝背叛清人，在当地被孙可望俘虏并被杀掉。[105]

如此之多的左良玉部属向满人投降，对南明构成了一种严重而长期的威胁。就像我们看到的一样，在以后的那些年中，永历的将领们发现这些军官中的一些人是他们强劲的对手。不过，就眼下而言，左部的解体意味着史可法的部队不必去解救南京了。在史可法恰好到达南明首都的上游浦口时，他才得到这个对南京的直接威胁已经解除的消息。他的第一个反应是继续向南京进发，去见弘光皇帝，但是他的主子却命令他回师扬州。史可法显得有些犹豫：一天之中他发布三道命令，最后决定率军奔赴由侯方岩防守的玉台。[106] 不过已经太晚了。4 月 18 日归德已被多铎攻陷。在随后的几天里，有更多的在拜尹图、韩岱和尼堪指挥下的满蒙军队汇集到这个城市，为渡淮而集结力量。[107] 1645 年 4 月 30 日，这支因淮阳军阀最近投降而更为壮大的大军，开始沿黄河南岸移动，然后南下直奔淮水，到 5 月 8 日，固山额真阿山指挥的蒙古骑兵夺取了横过泗州淮北的桥梁。[108] 与此同时，在豪格的支援下，准塔的军队占领了洪泽湖东面的黄河南岸，并且迅速向淮安挺进。[109]

进攻扬州

史可法仍然希望南明的防卫可以守住淮安，刘泽清部已从抗击左良玉的战斗中撤回来了，正驻守在那里。刘准备在淮安外 10 里远的黄河、淮水和清水交结处扎营，并集结了 4 万部队和 1000 只战船。准塔的部队开离徐州，水陆并进，沿江而下，在与淮安的南明主力接触之前，轻而易举地击溃了由刘泽清的一个部将指挥的先头部队。在淮安，准塔把他的部队分成两部，小部分军队被派遣渡过清水，从刘泽清防线的侧后翼进攻，而同时主力部队从正面进攻。这两支部队成功地在刘泽清的防线上撕开了一个缺口，从而把正在准备入城的部队与淮安城分割开来。混乱之中，刘泽清和他的一些家丁（侍从）想乘船逃走。当他往船上装运家财时，他自己的部下却开始四散逃命了。于是刘泽清偷偷溜回了淮安城，借以藏身。但他很快就被抓获，送到了准塔面前。准塔接受了他的投降，并封他为三等子爵。[110] 这个城的百姓也归顺了新的统治者。不久，准塔又上报说，巡逻队已经平定了附近地区，而且凤阳和庐州地区也已投降。[111]

当准塔驻军淮安的时候，多铎的主力对扬州发动了进攻。在史可法调军进入阵地之前，盱眙已经陷落；现在他已从白洋河退了回来，把他的3万部队撤到扬州防线。[112] 他们的到来，成为加在扬州上百万或更多的老百姓身上的巨大负担。[113] 尽管史可法向他的部队训了话，告诫他们各当其责，不累百姓，但是他们人实在太多了，不仅占用普通老百姓的住房，而且抢劫食物、奸淫妇女（尽管百姓已把城中妓女送给了他们的长官）。[114] 不过，他们也不得不忍受来自城内的拥挤——来自像瓜洲等地的难民，他们被高杰部队的散兵游勇搅得人心惶惶——希望躲过这场灾难。[115] 事实上，史可法甚至想在扬州狭窄的城墙内集结更多的士兵，并且还"急檄防河诸镇兵赴援"。[116]

这很少有人响应。刘泽清已经投降了准塔。很快，运河地区的两个指挥官李栖凤和张天禄也步其后尘，而他们本是应该守卫扬州前沿阵地的。[117] 响应史可法号召的最有名的人物是侠肝义胆、决意抵抗的庄子固。他12岁时就杀过人。作为老资格的勇士，他高举"赤心报国"的大旗，在归德—徐州地区招募自己的军队。当得知史可法的处境后，庄子固率领他的队伍以最快速度及时奔赴扬州，参加了这个城市的最后决战。但是他的队伍只有700人，能发挥的作用就像史可法的卫队一样，却并不是真正有实力的守军。[118] 然而，尽管像庄子固这样的战士明确表达了对

第七章 南京的陷落 349

史可法和南明事业的忠诚，但毕竟大厦将倾，独木难支。最终史可法不得不依靠刘肇基指挥的防守部队，再加上他自己带来的部队，其士兵总数有近 4 万人。[119]

在所有扬州当地官吏的帮助下，史可法在余下的极短时间里开始夜以继日地布置城防工事，特别是在城墙建造木制炮台。[120] 但是，时间转瞬即逝。5 月 12 日，多铎的先锋部队——由韩岱、阿济格、尼堪和杜尔德指挥——在扬州北部 20 里长的战线上安营扎寨，并且开始抢夺船只，没收老百姓逃跑的工具。[121] 没过几天，到 5 月 23 日，成千上万的清军开到了扬州城下。[122] 前明将领李遇春举着豫王（即多铎）的帅旗来到城下，叫喊要史可法出来答话。史可法一出来就痛斥他的变节行为，这个叛徒却大声反问道："公忠义闻华夏，而不见信于朝，无益也！"[123]

史可法与多尔衮

要求史可法考虑与新的清王朝合作的建议，这已不是第一次了，不过以前的建议不太露骨，其措辞也显得很委婉巧妙。最为明确的呼吁来自多尔衮，他在去年秋天，即 1644 年 10 月，让一个叫唐起龙的军官把一封信交给了史可法。[124] 这封信表明多尔衮最后下决心征服南方——是清人宣传攻势的一份杰作。它打着"正义"的旗号，这原是当满人第一次听到崇祯皇帝遇难和李自成占领北京的消息时，范文程向多尔衮建议的。不过草拟这封由多尔衮签字的信件的是一个南方变节者——前复社成员、诗人李雯。因而，较之范文程主要强调满人誓报明帝死难之仇的捉刀之作，这封呼吁信更能巧妙地打动史可法敏感的神经。李雯的信件强调多尔衮本人知道史可法的名望：

予向在沈京，即知燕山物望，咸推司马。及入关破贼，得与都人士相接见，识介弟于清班，曾托其手勒平安，奉致衷绪，未审何时得达？[125]

这封信后面的要点是，明主在南京继位有违《春秋》大义——它禁止在弑君者受到惩罚之前登基继位。李雯接着指出，正当清军准备发动讨伐李自成的战斗时，这种行为造成了多么大的问题：

夫国家之抚定燕都，乃得之于闯贼，而非取之于明朝也。贼毁明朝之庙主，辱及先王，国家不惮征缮之劳，悉索敝赋，代为雪耻，仁人君子，当如何感恩图报……今若拥号称尊，便是天有二日，此殊为不可。再者，汝等知否，汝乃为"弱主"卖命耶？[126]

这种论调并不陌生，确实，这是在 1644 年秋天，亲清派所有宣传里反复申述的中心思想。但其独具匠心之处又在于，李雯写给史可法的这封用心良苦的信，并不赞成阎尔梅一类人所提倡的那种极端原则。在援引了为清朝效力的吴三桂和受到尊敬的其他明朝官员的例子以后，多尔衮补充说道：

晚近士大夫好高树名义，而不顾国家之急，每有大事，辄同筑舍。昔宋人议论未定，而兵已渡河，可为殷鉴。先生领袖名流，主持至计，必有深惟终始，宁忍随俗浮沉？取舍从违，应早审定。[127]

很有可能，史可法在自己的营帐中对那些激进分子们也讲过这一类话语。政治才能和历史智慧要求这个聪明绝顶的人不能仅仅追求那种使个人留芳千古的诱惑以及对原则信仰怀有私心的献身；相反，为百姓服务和对国家负责，要求他在道德操守与灵活权变之选择上采取更为谨慎的态度。然而因为这些充满忠告的建议是由另一些人，特别是那些已经降清的人提出来的,因此史可法自己的腰板挺了起来。在答复多尔衮的信中(这封信可能是李雯的文友侯方域起草的),史可法耐心地驳斥其提到的关于皇统和分裂的谬说的每一个论点,建议以同盟者的身份与清相处,并且请求他们的合作以反对农民起义。[128] 实际上,在这封信中,史可法甚至通过左懋第的和谈使者答应与满人谈判,把他们当作与中国和睦相处的另一个国家的代表。但是当谈到接受满人做他的新统治者以及背叛明朝时,史可法抛弃了他可能有过的其他想法,在那篇后世学童都熟知的文章中,他义正辞严地说:

> 可法北望陵庙,无涕可挥,身陷大戮,罪应万死。所以不即从先帝者,实为社稷之故也。传曰:"竭股肱之力,继之以忠贞。"[129]

1644—1645年冬初,史可法的这个措辞强硬和带有挑战意味的回答,给所有人留下了深刻的印象,因为它表明了史可法对自己拒绝投降的立场有深刻的理解——换言之,这是一种生死选择,而不仅仅是无关痛痒的个人内省。

然而,从那以后,史可法发动反攻的希望化为了泡影。和史可法最初接到多尔衮信件的时候相比,满人已经更像是天下的争夺者了。现在敌人已经兵临城下,史可法的努力显然已经失败了,他没有完成自己的使命。而且更为矛盾的是,如果现在他改变主意的话,将会加重他的失败。选择"政治家"式的权变方法将会使人们嘲笑他以前的正义情感,会加强他失败时的绝望无助。对史可法来说,在他尚可以与满军将领平等地会谈时,与敌人缔结和约还算容易一些。然而到了现在,动摇意味着不幸,毫不犹豫地接受命运已是唯一的选择。正像孔子所说的那样,要"知其不可为而为之"。[130]

不同于阎尔梅速战速决的主张,史可法看来是采取了一种更为持久的策略。不过就个人而言,当这种结局日渐临近的时候,他为自己的失败承受了剧烈的感情痛苦。为保卫扬州，他采取了完全的防御性战略。他已不能冲锋陷阵，与敌人面对面厮杀了，而只能留在城内，坐以待毙。[131] 他写信给家人说：

> 恭候太太、杨太太、夫人万安。北兵于十八日围扬城，至今尚未攻打，然人心已去，收拾不来。法早晚必死，不知夫人肯随我去否？如此世界，生亦无益，不如早早决断也。太太苦恼，须托四太爷、太爷、三哥、大家照管。焖儿好歹随他罢了。书至此，肝肠寸断矣。四月二十一日（五月十六日）法寄。[132]

正是在这种绝望的情绪中，史可法几乎默默地准备着他的死亡。随后他写道，他的失败可能会损害他的名节："败军之将不可言勇，负国之臣不可言忠。"[133] 而与此同时，置生死于度外本身就是一种道德。他曾引用孔丘弟子曾子的话私下对他的幕僚应廷吉说："死而后已，不亦远乎？"[134]

那天，史可法站在扬州城防工事上，在众人面前俯视着满军使节李遇春，他对这个叛徒义愤填膺的回答表明他外在的锋芒多于内在的淡泊。李遇春质问史可法，为什么要为一个并不信任他的皇帝卖命，随后，又用更为同情的口吻劝道："何如遨游二帝以成名乎？"[135] 无疑，这是一种古已有之的劝诱，即自愿地接受新皇帝，那么你就会有机会参与创建一个属于你的帝国了。但是，史可法却被这种要他放弃个人正义感的露骨请求激怒了，他拉弓搭箭，一箭就射倒了李遇春。从那以后，每当那些乡民带着多尔衮有礼貌地请求史可法投降的信件来到扬州时，不是信使被杀掉，就是信件被一烧了之。[136] 史可法已经迅速地变成那个艰难时期的英雄人物。就其在人民心目中的形象而言，我们在《桃花扇》中那个戏剧人物身上就可看到其雏形："从来降将无伸膝之日，逃兵无回颈之时。"他将与扬州共存亡。用其作者的话来说：

不怕烟尘四面生，
江头尚有亚夫营，
模糊老眼深更泪，
赚出淮南十万兵。[137]

扬州十日屠

史可法的"深更泪"并没有能保住扬州。满人对于以后发生的事情的记载显然是很坦率的：

> 十八日（1645年5月13日），大军薄扬州城下。招喻其守扬阁部史可法、翰林学士卫允文及四总兵官、二道员等，不从。二十五日（1645年5月20日）令拜尹图、图赖、阿山等攻克扬州城。[138]

就时间而言，从5月13日开始，到5月20日以攻破扬州城而告终的这场攻城战，无疑是短暂的。一般说来，在战斗中大炮是非常重要的，尽管并不绝对具有决定性。这种武器和中原地区的炮手们曾使清军初期战斗取得很大成功，因此清军就了解了这种葡萄牙重炮的重要性。的确，当多铎的先头部队驻扎在扬州北的斑竹园时，实际上是在等待后面的炮队。[139] 史可法本人也非常清楚这种现代化大炮的重要性。正是他在1643年建议，南京军械库的陈旧、笨拙的"神器"应该换成更为轻便的"三眼枪"（即三筒枪）。[140] 因而，在南京政权建立的头几个月里，史可法尽了极大的努力改装他的炮队。徐光启的学生陈于阶替他制造这种新的葡萄牙重炮。陈曾经在一个改变了他宗教信仰的天主教堂的铸坊学过这种技术。[141] 这样，在1645年5月20日开始的攻城战斗中，史可法由于沿石墙架在木制平台上的外国重炮而掌握了最初的主动权。[142]

一旦多铎的士兵进入这些重炮的射程之内，那么就有成百上千的人被杀死杀伤。但是多铎不慌不忙地指挥自己的炮队向城墙西北角射击，随后清步兵一拥而上，通过大炮的火力网，一直冲到城墙根底下。在那里，史可法又掌握了瞬间的主动，因为他的弓箭手们直射城下的那些进攻者。很明显，此时多铎已经命令他的士兵不惜代价夺取西北角了。每当一名清兵倒在箭下，另一个便补了上来。很快，尸体越堆越高，一些清兵甚至不需要梯子就能爬上城墙。随着清兵越上越多，守城者便开始恐慌起来。城墙防御工事沿线的守兵们争着跳上木制炮台，以爬上最近的房顶，然后逃跑。在很多地方，过重的炮台坍塌了，那些守城士兵如果没有被压死，也在随后的肉搏战中被杀死了。[143]

接着，这种恐慌在城里也蔓延开来。不管是因为叛徒的鼓动还是因为一些谣言（有人说，守军以为满军是黄得功将军派来的一些增援部队），主要城门很快被城内的人们丢弃不管了。随着清军的拥入，南明的士兵丢弃了他们的头盔和长矛，狼狈不堪地逃向南门，企图从那个方向逃走。另外一些人，知道这座城市已经被全部包围了，干脆就不抱有任何希望。曾经以日记记载了随后发生的灾难的王秀楚还记得："突有一骑自南而北，撤辔缓步，仰面哀号，马前二卒依依辔首不舍，至今犹然在目，恨未传其姓字也。"[144]

就在守城的士兵丢盔卸甲，急忙在城中民房里寻找藏身之地时，史可法离开他在城北门的炮台，骑马穿过内城，直奔南门，他希望从那儿出去，然后从侧翼进攻满人。但为时太晚了，清军已经到达了城南门。史可法这时认识到，他已经失去了扬州，抵抗可能已是毫无意义的了。[145]

一两天前，史可法曾面问庄子固，如果扬州城陷落，他是不是准备为主尽忠。庄子固不加思索地回答说，他会的。此刻，史可法真的请求庄把他杀死，但是庄子固不忍这样做。于是史可法猛然拔出自己的佩剑

第七章 南京的陷落　355

自刎。但是，他没有受到致命伤，只是倒在庄子固的怀里血流不止。史可法大声呼叫其养子助他速死，但是史得（德）威犹豫再三未能下手。结果从城北门逃来的败兵把他们席卷而去，后面有满人紧追不舍。混战之中，庄子固被杀死了，史可法被一个认出了他的清军将领捉住。史可法请求把他带到他们的指挥官那里去。[146]

史可法很快就被带到豫王多铎那里。日记作者王秀楚几天以后这样描写豫王说：

> 忽见一人红衣佩剑，满帽皂靴，年不及三十，骑马而来。身穿精美之锁甲护胸，坐骑华饰，多人随从，虽为满人，其体貌甚伟俊，下巴突出，前额宽大，其随员中有多名扬州人。是为满人总督和皇帝之叔父豫王。[147]

这份材料没有告诉我们，多铎在20日审问史可法时什么打扮，但是有一点是容易想象的，即在身材魁梧、衣着华丽的满族王侯和粗壮、面色阴晦、仍然穿着带有血迹衣服的中原将军之间，实在有天壤之别。据温睿临关于他们见面的记载，豫王很友好地召见了史可法，说：

"前以书谒请，而先生不从。今忠义既成，当畀重任，为我收拾江南。"

史可法回答道："我此来只求一死耳。"

多铎问道："君不见洪承畴乎？降则富贵。"

史可法答道："彼受先帝厚恩而不死，其不忠于尔国明矣。我岂肯效其所为？"[148]

于是多铎命令宜尔顿将军"劝说"史可法屈服，但是三天过去了，史可法仍然拒绝投降，于是他被下令处死。在《清世祖实录》的简短记载中，说道："获其阁部史可法，斩于军前。其据城逆命者，并诛之。"[149]

《清世祖实录》给人一种有计划地处死这批人的印象，实际上是骗人的。大部分史可法的部属，如总兵刘肇基、骁将马应魁、幕僚何刚、天主教徒和炮队专家陈于阶等，或是死于街上的战斗，或是自杀。[150] 史可法的19名私人幕僚全部遇难。[151] 但是由于随后日子里发生的暴行（那是在中国历史上最为臭名昭著的大屠杀之一），他们的死难没有引起人们足够的注意。[152]

5月20日的城防崩溃后，扬州城居民只有听天由命了。尽管当时大雨倾盆，但是一些居民忙着烧香，准备着入侵者的到来，同时大量地隐藏他们的金银财宝。他们只是做了这些谨慎的准备，但是全然无力抵抗那些已接管这座城市的满族人、蒙古人和投降了的汉人。王秀楚写道："众皆次第待命，予初念亦甘就缚。"[153]

那些叛徒领着清兵在这座商业城市中从一个富户进入另一个富户。清兵们先是要银子，后来就无所不要了。直到20日的白天，还没有人身伤害。但是夜幕降临之后，人们听到了砸门声、鞭子抽人声和受伤人发出的嚎叫声。那个夜晚火势蔓延开来，但有些地方的火被雨水浇灭了。到5月21日，一份告示保证说，如果藏起来的人能够出来自首的话就会得到赦免，于是许多藏在家里的人走了出来。可他们走出来后却被分成50或60人一堆，在三四个士兵的监督下，用绳子捆起来。然后就开始用长矛一阵猛刺，当场把他们杀死，即使仆倒在地者也不能幸免。

> 诸妇女长索系颈，累累如贯珠，一步一跌，遍身泥土；满地皆婴儿，或衬马蹄，或藉人足，肝脑涂地，泣声盈野。[154]

扬州变成了屠场，血腥恶臭弥漫，到处是肢体残缺的尸首，一切社会准则不复存在。扬州城那些因美丽而闻名的妇女们，愿意把她们自己献给清兵，最要紧的是用身体赎回她们的生命。逐渐地，一股疯狂席卷了入侵者。任何女人不论愿意还是不愿意，都有可能被抓住，被成群的士兵轮奸。[155] 一些市民像奴隶一样为清兵服务，替这些入侵者做饭，打扫卫生。由于这种人的生命可以得到赦免，因此其余的人也极力想加入进去，但是被拒绝了。与此同时，大屠杀仍然在继续。

> 遇一卒至，南人不论多寡，皆垂首匍伏，引颈受刃，无一敢逃者。[156]

那些从城墙上跳下去企图逃跑的人不是摔断了大腿，就是落到了流氓无赖和散兵游勇手中，他们把这些人抓起来拷打，要他们交出财宝来。在城里，一些人藏到垃圾堆里，在身上涂满烂泥和脏物，希望以此躲开人们的注意，但是清兵不时地用长矛猛刺垃圾堆，直到里面的人像动物一样蠕动起来，鲜血从伤口流出。大火蔓延开来，那些因为藏在屋子里或地下室里仍然活着的人们，或者是被无情的大火所吞噬，或者是战战兢兢地跑到街上来，被那些仍然在屠城的清兵杀死。甚至那些被正规的清军放过去的、赤身露体在街上游转的、孤弱无助的市民，又被成群的散兵（"不知为清兵、为镇兵、为乱民"）拦住，乱棒打死。[157]

到5月25日，即滥杀和抢劫的第六天，这场大屠杀结束了。清军接到豫王的命令，就此封刀。和尚们得到命令开始收集和焚烧尸体。到5月27日，开始赈济口粮。又过了几天，那场雨——它使大火没有毁灭整个城市——终于停止了，太阳也出来了。当时的人们估计，有80万人死于这场屠杀。[158]

史可法功过评价

史可法的尸体没有在死者中找到，这并不令人奇怪。传说他还活着，这甚至还为一些在城市陷落之后起义反满的民军提供了旗号，他们宣称，史可法领导着他们。[159]尽管史可法幸存的亲属向当局保证说，那个军事将领是个冒充者，但是这个疑问一直存在。[160]史可法的旧日幕僚阎尔梅在一首诗里表达了这些疑问：

> 元戎亲帅五诸侯，
> 不肯西征据上游。
> 今夜庐州灯下见，
> 还疑公未死扬州。[161]

阎尔梅耿耿于怀的怀疑是可以理解的，这表达了他对史可法防守战略的失望。不太令人理解的是，清朝总督洪承畴也不相信史可法的死讯。他在一年以后，曾向昆山的忠君之士顾咸正打听史可法是否还活着。因为参与吴圣兆起义而被捕的顾咸正，面带嘲笑地回答了洪承畴的问题。他暗示说，洪承畴自己也曾被误报死亡："汝知洪承畴死乎，不死乎？"[162]不过，看来已不必研究关于史可法死刑执行的清官方记载了，特别是在史可法就义时目击者的证明材料后来由他的养子和一个当时在场的卫兵公布出来以后。[163]

尽管没有尸首用来祭奠，但是史得威还是尽力为他父亲建造了一座坟墓。第二年，得威把他父亲的衣物收集到一起，象征性地埋在扬州北门外的梅花峰下。[164]甚至在进行这种追孝之举以前，多铎本人已经下令，在已经破落不堪的扬州城内建祠，以纪念史可法的在天之灵。这样，这位已故的前明将领很快就成了日益增多的英雄崇拜者的偶像。[165]人们不难明白为什么这一切会发生。对多铎本人来说，纪念这样一个已经埋葬了的忠贞不渝的义士，有助于把这场疯狂的掠杀变成一种庄严的、带有英雄主义色彩的传奇。从抽象的价值观来看，史可法对于一个已经灭亡了的王朝承担的儒教义务，已经远远超出了满人与汉人的冲突。正因为如此，人们后来把他当作"忠正"的楷模，认为他是仅次于文天祥的忠君榜样，而乾隆皇帝为了清朝本身也利用了史可法这种臣僚的忠诚。[166]随着不断地受到赞美，史可法的历史地位被大大提高了。他的信件——

甚至他给密友的私信——也被认真地收集起来，他许多警策的话语也一直为人所传诵。[167] 到 18 世纪末，他的被理想化了的形象被刻成受人欢迎的雕像在扬州售卖，此时，他已成为超凡的人物。到了 20 世纪，他的死难使他成了"民族英雄"，一个受到人们"最衷心地"尊敬的"民族英雄"。[168]

不过，即使在史可法成为这样一个中国人民的民族英雄以后，关于他的历史作用的看法仍然充满矛盾。对于那些 1966 年在公开出版物上热烈讨论史可法地位的当代马克思主义史学家来说，他在扬州的遇难只不过是一件偶然的光荣事件，但同时他却由于"封建的忠君思想"和"对农民起义军进行 16 年之久的反革命镇压"而受到了斥责。[169] 有人说，"史可法是镇压农民革命的最大刽子手，是历史的罪人"；而同时，一些人坚持认为，他的令人钦佩的自我牺牲精神已在"客观上"弥补了他名声的疵点，因而可以继续鼓舞中国人民。[170] 另一方面，一个较少教条主义的当代中国史学家，曾经大声问道："为什么这样一位鞠躬尽瘁和自我牺牲的人最终不能免于失败？"[171] 因为，如果史可法的牺牲只是为了自新补过，那么它肯定就不能够弥补扬州城的战略失误。正像 17 世纪在史可法死后一位作者指出的那样：史道邻有才，然无力回天。江淮是为南北要道也，虽其殉难何以当之？[172]

史可法不仅因为没有分权而受到批评，而且因为他没有勇敢地抵制像马士英这样的人，也受到了清初史学家们更多的指责：史可法忠有余而才不足。其可有重于选君择相事乎？或曰："不可。"然其已屈服。或曰："可。"然其已从之。士英晨入而可法暮出。[173]

他的一些同时代的人认为，史可法并不精明老成，史可法的功绩不可避免地因在扬州的失败而打了折扣。[174] 不过，洞察得更为敏锐的清代史学家认识到，仅仅根据军事上的成功与否对之进行轻率的功过评价，并不公允。在描述扬州的失陷时，李天根写道："众将甫逃，黄河一线十里空营，故皇清军整队入城，毁扬州而断外援，可法死而国家随之亡。

悲夫！我时思之，古之亡国之君者，无若刘禅之昏庸者，其有诸葛武侯之才亦不足以救之。何论才不如武侯，君昏过刘禅，不识其将败者乎？然则，可法知其不可而为之，此之谓'任重而道远，人死而道尽'乎？细思之，我等当勿以成败论史阁部也。"[175] 因而，就面对困境的坚忍而言，史可法得到了同时代人极为公正的评价；不论他为个人操守付出了怎样的直接的政治代价，但是他的死难却为国人所敬仰——甚至是仿效。

史可法的殉难和扬州的失陷猛然掀起了一股死节的浪潮，这既包括那些曾经供职南明的人们，也包括这场大崩溃的直接目睹者。对于一些忠君之士而言，满兵对这个城市的征服引起了他们强烈的自责。他们对这场苦难的耳闻目睹考验着他们个人的操守；可以说，他们个人生命的意义也到了最后关头。诸生韩默听说了这场悲剧的详情之后，对他妻子说："吾读圣人书，当守义死，不可苟活！若自为计。"说完，他自己跳进了水井，随后他妻子和最大的儿子也跳了进去——因为这种义务感，韩默的妻儿在后来的地方志中受到了同等赞誉。[176] 对许多人来说，扬州的陷落既粉碎了人们收复中原的希望，却也鼓舞了人们用不断反抗满人统治的方法把人们从绝望中解脱出来的强烈愿望。比如说后来，在宋江式的忠君分子头脑中时时浮现的，就是史可法的殉节。

弘光帝出逃

扬州的失陷也预示了弘光政权的命运。清军获胜的消息一传到南京，弘光皇帝立即召集他的高级阁员协商。与曾在崇祯皇帝最后几天向皇上提出南迁建议相似，钱谦益主张，首都应该迁得更南，也许可以迁到贵阳去。弘光皇帝反对这个建议，同时也拒绝接受马士英的意见，即把朝廷撤到长江南岸防线可能有希望沿长江固守这道防线。[177]

南明防守低岸的部队由 47 岁的杨文率领。杨文（贵州 1618 年的举人）曾在华亭做过学官，在那儿他曾随董其昌学习绘画。他是徐州画家和诗人万寿祺的一个密友，也是马士英的连襟。尽管他在1644年因为贪污被免去了江宁（南京）的地方长官职务，但是他又被任命为南京政权兵部的文官，并且接管了南京的长江防务。[178] 这个时候他可能极清楚自己作为阮大铖和侯方域之间的调停人该做些什么。事实上，日后国人也正是把他看作一个政治调停角色的。[179]

到1645年5月29日，多铎的满汉部队渡过瓜洲，抵达长江。第二天，多铎沿着与大运河相交的长江北岸摆开阵势，与对岸保卫浙江的杨文的水军和福建水军指挥郑鸿逵（海盗郑芝龙的兄弟）对峙。明军水师忙着杀死那些想渡江逃走的高杰残部，但是6月1日深夜，清军把一些粗粗赶制的木筏送进江中并用火把照亮，于是明朝水师中了圈套，以为是敌人进攻了，浪费了大量的弹药，而同时李率泰带领的清军先头部队，在晨雾的掩护下穿过西部防线，一举包围了明守军。[180] 放弃浙江之后，郑鸿逵和他的士兵慌忙逃往长江，然后从海上逃往了福州，在那里他帮助唐王登基，也就是隆武皇帝。杨文跑到了苏州，在那里他帮助领导了江南的抵抗运动，后来他参加了唐王政权，任兵部侍郎。[181]

这时，因为浙江轻而易举地落入清军手中，清军主力开始进军南京。清军挺进的消息传到了南明首都。一本日记写道：

> 顺治乙酉五月初十日（1654年6月3日）连日警报叠至……
> 夜分北风甚急。北兵渡江，由七里港进迫神京，时日将晡，弘光计无所出，召内臣韩赞周问策，韩云："此番势既汹涌，我兵单力弱，守和无一可者。不若御驾亲征，济则可以保社稷，不济亦可以全身。"[182]

弃城出逃的主张再次出现，像他的兄弟在北京时一样。弘光皇帝得知，他的臣民已经作鸟兽散。不过，和崇祯不同，弘光皇帝发现他要走的小路并没有被封锁。一本匿名的日记记述了弘光皇帝的出逃：

> 时将二鼓（6月3日），从通济门出。携带惟太后、一妃及内相多人，文武绝少。或云往武林，或云往云贵，或云往太平，纷传不一。是举，旬日间，啧有人言，未尝不叱其伪。[183]

不论是在史书里还是在戏剧里，在历史中还是历史外，这位逃跑中的福王都哀叹着他的失败——实际上正是他放弃了这个首都。在《桃花扇》里他唱道：

> 堪伤，寂寞鱼龙，
> 潜泣江头，
> 乞食村庄。

在道白中，他又说道："寡人逃出南京，昼夜奔走，宫监嫔妃，渐渐失散，只有太监韩赞周，跟俺前来。"[184]

根据一些记载，弘光皇帝最初逃到南京东南的太平地区，但是刘孔昭闭门不纳。遭到拒绝以后，他接着去了长江在安徽的港口芜湖。在那里，他可能死在百川桥。一些人说，有一个忠臣，眼看他就要被清军抓住，于是就用手把弘光皇帝按进水里，以防被俘。另外的材料记载了他的自杀，而且还像崇祯一样，在桥上留下了绝望的遗嘱：我家养士300年，现在众官何以如此绝情弃我而去？[185] 不过由于这些记载可能反映了一些官吏们的负罪感或者充满了弘光同时代人对传奇的偏爱，因此，它们不是完全真实的。弘光皇帝确实在逃出首都后跑到了太平，而且城门也确实向他关闭了；但是后来在6月5日，他于安徽中部长江南岸铜陵的黄得功营地找到了避难所。

当弘光帝被领进指挥部时，黄得功禁不住失声痛哭。起初他想推卸

第七章 南京的陷落

掉现在已落到他身上的历史责任。"陛下死守京师,"黄得功对他说,"臣等犹可尽力,奈何听奸人言,仓卒至此,且臣方对敌,安能扈驾!"弘光帝凄厉地说,黄得功不是一个可以依赖的将军,黄得功深受刺激,以至终于同意承担起保卫弘光的任务。黄得功说:"愿效死。"[186]

6月15日,叛徒刘良佐到达了黄得功在芜湖的营地。他带着多铎的一支旗军,同时还有前瓜洲驻军将领张天禄及其队伍。他们要求南明皇帝投降。黄得功拒绝了。但是在刘良佐身后,张天禄突然施放冷箭,正中黄得功喉部,这位忠君的指挥官一会儿就死了。他的主要助手们没有犹豫,两个支队指挥官马得功和田雄马上就把弘光皇帝交给了刘良佐将军,并且投降了清朝。[187]

此时,弘光皇帝出逃的消息传回南京,引起了一场大混乱。

十一日(6月4日),昧爽,哄传上已出城,京中文武一时隐遁,有不去者,将门首封示尽行洗去,男女蜂拥出门,扶老携幼者,不可胜数。间有妩媚少艾,金莲踯躅,跬步难行,见者心恻,既出而复,十有八九,以路多兵也。已而闭门,欲返不得者,十居二三,莫竟其终矣。[188]

一部分人——在史书中径称"百姓"——更想做的却不是冲出城去。他们决定任命那个冒名的太子做皇帝。带着作为人质的大学士王铎,他们打进了城里的监狱,要求狱长指太子给他们看。因为害怕,狱长很快就屈服了,尽管他一个劲地发誓说,把这个年轻人投进监狱的不是他而是马士英,但还是差点儿被这些暴民杀死。由于太子的说情,王铎的性命得以幸免。人们把这个假太子扶到马上,穿过新华门,拥入武英殿。暴民们没有时间为这个冒牌者的登基进行准备,但是在发现一个箱子里存有戏剧服装之后,便挑选了一件戏剧中皇帝穿的龙袍给这个年轻人穿上。他穿着这件漂亮的龙袍,坐在弘光皇帝旧日的皇位上,众人便围在阶下高呼万岁。此前连着几天，天气都是阴云笼罩，而那天天空却放晴了。旁观的人们认为，灿烂的阳光是一种好兆头。[189]

让假太子在武英殿坐上皇位，是城市百姓的一种自发行为。王之明（如果这确实是他的名字的话）与其说是学士和高官的君主，还不如说是庶民和小吏们的头领。几个小时后，几乎南京各部门的小官吏都来向这个人鞠躬效忠，他们相信他会成为这个政权的皇帝。不过，高级官员中只有几个人来了。实际上，这位假太子的登基，在那些曾经建议福王把这个年轻人关进监狱去的人当中引起了一片恐慌。在听到这个消息以后，张捷在一座庙里悬梁自尽，而杨维垣则投井自杀了。[190] 曾最早建议福王登基的官员李沾命令轿夫火速将他送至赵之龙的家，他请求赵的帮助，并且得到了赵之龙使他安全出城的令牌。[191]

反对这位假太子登基最为坚决的自然是马士英。不过，就在王之明身着戏服、被一群暴民加冕之时，马士英平安地来到了城外，有400名贵州籍精兵保护他前往南方。[192] 马士英在6月4日逃离南京的表面原因是为了保护弘光皇帝的母亲邹氏的安全。不过，有些人认为，那天随他离开南京的老妇人其实是他自己的老母，但打扮成了皇太后的模样。可是那人当时的身份是皇太后，则几乎是没有疑问的。[193] 尽管她后来死于事变，但是声称皇太后的人在马士英的车中，就为马士英提供了一个借口——尽管只是一种花言巧语的借口——以推卸他在首都所负的责任。[194] 然而，马士英不光彩的名声仍然留在了城里。尽管他不论走到哪里几乎都遭到反对，他仍在不断地努力以再次加入到南明的事业中去，即使是在福建，他还是站在复明分子一边继续奋斗。[195] 不过，到他最后被俘并在浙江一个集市上被砍头示众为止，他的名声还是没有能够挽回。[196] 就像人们习惯上认为明北京城失守的责任应由奸臣周延儒承担一样，马士英也是一个要为南京政权的败亡承担责任的败类。实际上，在公众眼里，马士英与周延儒是一丘之貉，因为当时一首流行的歌谣说得很清楚：

> 周延儒，字玉绳，
>
> 先赐玉，
>
> 后赐绳，
>
> 绳系延儒颈，
>
> 一同狐狗之毙；
>
> 马士英，号瑶草，
>
> 家藏瑶，
>
> 腹藏草，
>
> 草贯士英皮，
>
> 遂作犬羊之鞯。[197]

作为一个在南京陷落时不光彩地怯懦出逃的大臣，马士英一直是弘光政权所有弊端的象征。思想家刘宗周后来评论道："士英亡国之罪，不必言矣。焉有身为宰相，弃天子，挟母后而逃者。"[198] 不妨说，马士英的行为是如此的不光彩，以至其后那些决定投降的人，倒像是合情合理的——他的行为既然如此卑劣，那么相比之下，他们投降简直就是可以接受的了。

南京的投降

钱谦益是最早知道马士英出逃的高级官员。在路过马士英的住宅时，他看到大门洞开，守门的卫兵已无影无踪。[199] 于是，钱谦益、赵之龙和王铎组成了一个残缺不全的政府，他们在 6 月 6 日正式集会以讨论这个政权的命运。[200] 看来在人们心目中，他们会把这个城市交给清人，这是毫无疑问的了。[201] 唯一有争论的问题涉及假太子。有一些官员想让他正式登基，做他们的皇帝。赵之龙（他曾从城外招进卫戍部队，估计一旦需要的话，就用以清除暴民的势力）直截了当地反对这个主张。他指出，如果在这个时候加冕一个新君，那么以后关于他们投降的外交谈判就要受到牵连。所有的人都认为这样做是不合适的。这个假太子应允许留在宫中，每一个大臣应发表声明以安抚百姓，而真正的政府——由现在正在开会的官僚们组成的内阁——将继续致力于城中百姓的投降事宜。他们已经一致同意投降了。[202]

奇怪的是，竟然很少有人对这个决定表示异议。但可以肯定，当清军日益逼近、赵之龙正在安排欢迎多铎的准备仪式时，还是有几个人被深深地激怒了。当赵之龙准备封检户部库房时，户部侍郎刘成治奋拳痛揍了他一顿。[203] 不过，在6月8日多铎来到南京郊外的时候，实际上整个南明政府都在那里迎接他。两个御史首先欢迎他，随后，在一阵突如其来的、把人淋得透湿的暴风雨中，由赵之龙率领下的其他149名南明文官，在首府门外列队迎接那位径直扎营于城市主门前的清王。[204]

多铎受到的欢迎和多尔衮在北京受到的欢迎一模一样。双方的交谈仍是那一类话语，满人同样表示了对明帝皇陵的关心和对这个政府的关切。把账册交给多铎的赵之龙被封作"兴国公"，其他降员也被授予礼品和官阶。[205] 比如王铎进入清廷，后来他成为礼部郎中，司掌弘文院的工作，编写清太宗时代的《实录》，并主持1647年的殿试。[206] 就在多铎在军营里宴请南明高级官僚时，南京的小吏和平民正在聆听公告。公告谈到福王的盛宴狂饮，谈到他的内阁成员的贪赃枉法和仗势欺人，并说这些弊端现在将得到整肃，一个新的政权将保护百姓们的正当利益。[207]

就像在北方一样，满人军队给那些目睹他们接管城市的南明官员留下了深刻印象，在满军入城之前，赵之龙已经命令家家户户准备好香炉，并把"顺民""大清皇帝万万岁"等字贴在黄色条幅上，挂在家门口。[208] 到6月16日这些准备工作完成之后，南京巨大的城墙中沉重的玄武门摇摇晃晃地打开了，在仍然身穿红色绸服的豫王率领下，满汉部队开了进来。[209] 不过在安顿士兵时也有一些小小的摩擦。有一条线画在城市地图上的通济门与大中桥之间，把城市分为东北和西南两个部分。清军将驻扎在这条线的上方，而南京市居民住在这条线的下面。这很快就导致了很大的麻烦，住户们不得不打点他们的行装，穿过清军的防地，进入指定的居住区，而那里房价飞涨。[210] 不过就像在北京时一样，居民迁移看来确实在满军驻扎区域减少了犯罪，特别是强奸罪。因为这支被人为地分隔开的部队受到约束，即对违纪行为加以严厉的军法惩处。这既是为了加强纪律，也是为了给南京市民留下好印象。6月16日多铎下令，将8名因为违纪抢劫而被逮捕的旗人公开处死。[211]

多铎入城之后，他首先向赵之龙询问的事情涉及伪太子。满族上层人物显然把他当成了真正的王位继承者。次日，赵之龙带着一个人来到了多铎的总部，他向多铎介绍说这是王之明。没有关于此后谈话的记录，但是后来多铎告诉赵之龙说：我们一时不能确定真假，一切等我们回到北方以后就会清楚的。[212] 不过，此前多铎似乎已经认定，王之明是真的明太子。终于，在6月15日福王被俘并且三天后被带回其故都南京时，他做出了反应。[213]

福王的归来是不光彩的：

> 五月二十五日（6月18日）丙午……弘光以无幔小轿入城，首蒙包头，身衣蓝布衣，以油扇掩面。太后及妃乘驴随后，夹路百姓唾骂，有投瓦砾者。[214]

一进城，弘光就被带到了灵璧侯府邸，那里正在举行一个宴会。宴会的主人是多铎，客人有假太子和赵之龙等南明礼部官员，多铎让弘光坐在假太子的下位，又生怕弘光没有觉察到这种侮辱，便尖刻地指责他篡夺王位。为什么——多铎质问道——福王没有把皇位给名正言顺的太子？为什么他没有派出一兵一卒去打大顺农民军？为什么满兵占领扬州的消息刚一传来他就逃离了南京？[215]

就连假太子也被这连珠炮般的质问吓了一跳，他试图为福王辩护，他说他最初还是得到了款待，只是由于奸臣干政才变糟了。不过，多铎还是不紧不慢地挖苦弘光说，如果弘光在清军渡黄河以前向清军发起进攻，那么南明军队本是能够取胜的。接下来福王想替自己辩护，但却无言以对，而且已经汗流浃背了。他只有在众人面前难堪地低下头来，装聋作哑。宴后，他又被送到南京城外监禁。尽管多铎在几个南明官员的陪同下去看望弘光，但也只打听了一下马士英的下落，这位昔日的皇帝显然已经不再是一位公开露面的人物了。随后他被解往北京，在那儿他一直没有公开露面过，并且第二年就被秘密地处死了。[216] 接着，假太子也在清军一个无人知晓的营地销声匿迹了，从那以后，外人再也没有看到他。据说在北京当局的命令下，1646年5月23日他和其他一些名字被义军所利用了的明皇子们一道被集体处决了。[217]

大　赦

6月19日，多铎下令公布多尔衮对江南老百姓的一道特别赦令。[218] 赦令写道：

> 檄谕河南、南京、浙江、江西、湖广等处文武官员军民人等曰：尔南方诸臣当明国崇祯皇帝遭流贼之难，陵阙焚毁，国破家亡，不遣一兵，不发一矢，如鼠藏穴，其罪一。
>
> 及我兵进剿，流贼西奔，尔南方尚未知京师确信，又无遗诏，擅立福王，其罪二。
>
> 流贼为尔大仇，不思征讨，而诸将又各自拥众扰害良民，自生反侧，以启兵端，其罪三。

> 惟此三罪，天下所共愤，王法所不赦。用是恭承天命，爰整六师，[219] 问罪征讨。凡各处文武官员率先以城池地方投顺者，论功大小各升一级。抗命不服者，本身受戮，妻子为俘。若福王悔悟前非，自投军前，当释其前罪，与明国诸王一体优待。其福王亲信诸臣，早知改过归诚，亦论功次大小，仍与禄养。[220]

除了当即同意大赦和许诺官职升迁外，多尔衮的这道赦令——它肯定是李雯写的——贯穿着一种不容置疑的坚定口吻，似乎是要使人们更加相信此时满人统治这个帝国的决心。晚明社会复杂混乱，政局动荡不定，派系变幻、观念歧异、惶乱犹豫原是这一时代的特色，但正是清朝这类赦令文告中表现出的那种君临天下的口吻，大大消解了那种惶乱犹豫。尽管对南明官员的罪过施加了高压措施，这种声明中充分的自信却使许多人为之折服了。

同一天，即6月19日，绝大多数南明朝廷的官员来到豫王的军营，把他们的名字登记下来供新政权任用。[221] 钱谦益和王铎拟就了一份在赵之龙签署后得以发表的公开声明。这份声明首先为他们与清廷的合作辩解，然后就向人们发出了归顺的号召。

> 自辽金元以来，由朔漠入主中国者，虽以有道伐无道，靡不弃奸而构衅，问罪以称兵。曾有以讨贼兴师，以救援奋义，逐我中国不共戴天之贼，报我先帝不瞑目之仇，雪耻除凶，高出千古，如大清者乎？[222]

对于这个冗长的、精心措辞的设问，其回答显然就是：从没有任何一个征服者王朝可以和清王朝相提并论。这份声明接着便以谄媚的口吻叙说道，清朝恢复了首都的秩序，重修了皇陵，安抚了皇帝的在天之灵，平息了官员们的悲愤，照顾了皇室，给百姓带来了和平，给官员以工作，继承了前朝旧制。当清军进入南明首都时,太阳突然普照中天。清兵受到纪律约束和限制,因而城里百姓又可以自由地赶集,"三代之师于斯见之"。毫无疑问,南明首都的官员们已经投降了这支正义之师。

> 靖南(黄得功)复殁,谁为一旅之师,故主(福王)来归,弥崇三恪之礼,凡我藩镇督抚,谁非忠臣,谁非孝子,识天命之有归,知大事之已去,投诚归命,保全亿万生灵,此仁人志士之所为,为大丈夫可以自决矣![223]

改换门庭

无疑,几乎所有的南明官员都投降了。后来在晚明历史中对此有一段不以为然的记载:

> 国破,(高)倬投缳死。
> 五月,南都破,百官皆好降。[224]

据人们所知,除了高倬之外,还有六个人(不算两三个没有留下姓名的自杀者)殉节。[225] 他们和国子监生吴可箕一样,其殉节是出于亡国之耻,而不是对皇帝投降一事引咎自责(福王毕竟抛弃过他们)。在南京关帝庙吴可箕自缢而死,他留下一首诗:

> 蹇遇逃君臣,
> 临危犹保身。
> 操心死国难,
> 耻服北夷人。[226]

曾经痛打过准备投降的赵之龙的户部郎中刘成治，也为这种在危险面前怯懦之行而羞愧。他凄楚地目睹了首都的官员们列队前往多铎军营的情景，对夫人悲叹道："国家养士三百年，岂遂无一忠义，以报累朝恩？"刘成治对此的回应是在家中自缢身亡。[227]而黄端伯则选择了一种更为激烈的殉难方式，这位在礼部供事的姜曰广的学生，坚决拒绝了友人让他扮成老僧逃往深山的建议，而且还傲慢地拒绝了豫王的召见。这位满族亲王派士兵把他强行押来，但即使这样，黄端伯仍然拒绝在多铎面前戴上帽子或是驯顺地鞠躬。据说多铎为黄端伯的这种傲岸所动，愿意给他安排一个职务，但是黄端伯拒之不受。多铎问他，福王是一个什么样的君主？"贤主。"黄端伯回答说。多铎又问他凭什么这样讲，黄端伯说："子不言父过。"黄端伯甚至在多铎面前为马士英辩护，认为马士英至少没有投降，"不降即贤！"最后黄端伯被杀害了，但是他的傲岸不屈的故事，被那些希望找到一些在南京陷落后知识分子气节证明的历史学家如实保存了下来。[228]

忠君的历史学家们，对那些在南京陷落之后继续武装抗清的弘光大臣也奉献了赞颂：像朱继祚，他抗击了清人对兴化的进攻，在为鲁王政权效力时被杀害；[229]像蒋若来，后来他在其盟军降清之后自杀了；[230]像沈廷扬，他帮助把崇明岛建成了复明分子的海上基地，并且在唐王和鲁王旗帜下战斗；[231]像郭维经，他是唐王的吏部和兵部尚书，后来死于赣州保卫战；[232]像何楷，他是唐王的户部尚书，在1646年赣州失陷后抑郁而死。[233]尽管有这大批光彩夺目的忠君英雄，但事实仍然是，几乎所有在弘光政权中任职的重要大臣，在城市最终陷落以后都欣然接受了清人的统治。

可以发现，满人自己在私下里对那些改换门庭的汉人相当地蔑视。一方面，他们的征服得到那些自愿投降的人的帮助；而且像多铎这样的人能极为熟练地运用礼貌的言辞来使那些降官们相信，他们的决定将得到敬重，他们个人也将受到礼遇。另一方面，满族首领对那种抵制投降的精神也表现了极大的赞赏。像黄端伯这样的人的故事，不论是在当时还是在以后，都抚慰了受到南京陷落打击的中国人的情感，而且某些史书自然也强调了征服者自己也对这种勇敢表示了敬意。不过有些故事（当然也可能是谣传）——像史可法会见多铎之事——却也足以反映了满人对抵抗行为之赞赏的不情愿的一面，以及对那些迅速投靠新主者的难以掩饰的蔑视。这里，在多铎一份简短地叙述南进占领南京情况的报告中，我们看到它跟有关忠君之烈士的细节详尽的记载形成的强烈对比：它在叙述扬州毫无希望的抵抗时令人惊奇地简略，却把南京那些可耻的投降者尖刻地一一列举出来。

> 我兵于四月五日自归德府起行，沿途郡邑望风投顺。十三日离泗州二十里，夜渡淮。十七日，距扬州城二十里列营。十八日薄城下，招谕守扬州阁部史可法、翰林学士卫胤文及二道四总兵降。不从。二十五日取其城。获可法，斩之，并戮其据城逆命者。五月初五日，至扬子江，陈于北岸。初九日，黎明渡江。初十日，闻伪福王率马士英及太监等遁去。命贝勒洪巴图鲁尼堪等往追擒之。十五日，我兵至南京。明忻城伯赵之龙，率魏国公徐州爵、保国公朱国弼、隆平侯张拱日、临淮侯李祖述、怀宁侯孙淮城、灵璧侯汤国祚、安远柳祚昌、永康侯徐宏爵、定远侯邓文囿、项城伯韦应俊、大兴伯邹顺孟、宁晋伯刘允基、南和伯方一元、东宁伯焦梦熊、安城伯张国才、洛城伯黄周鼎、成安伯柯永祚、驸马齐赞元、内阁大学士王铎、翰林程正揆、张居、礼部尚书钱谦益、兵部侍郎朱之臣、梁云构、李绰、给事中杜有本、陆郎、王之晋、徐方来、庄则敬及都督十六员，巡捕提督一员，副将五十五员，并城内官民迎降。其沿途迎降者，兴平伯高杰子高元照、庸昌伯刘良佐、提督李本深、总兵胡茂正等二十三员，监军道张健、柯起凤、副将四十七员、马步兵共二十三万八千三百。[234]

根据这份失败记录，实际上南京的整个复明政权和它在前线的大部分军队都这样投降了敌人，为他们的新主子将来征服江南提供了骨干和军力。

不过，在南明政府之外，这种屈辱的投降深深地激怒了那些听到这个消息的文人学士，因而他们对前朝的忠诚反而相应地加强了。在一首叫作《赭山》的诗中，两位忠君殉难者潘柽章和吴炎写道：

> 阮与马共天下，
> 偏地职方司漫天。
> 都督府金舆玉辇不知处，
> 黄旗紫盖渡江去，
> 赭山高兮无极，
> 烈火烧空兮焦石，
> 烛龙无光不照地，
> 猩猩怒噪向人立。
> 我纵言之复何益，
> 主失势兮恩为仇，
> 客操柄兮羊化彪。[235]

总之，士大夫的卑怯归顺，也刺激了另外一些士大夫更强烈的抵抗。

注释：

1　1645年1月11日，多铎报告了北京城的投降，《清世祖实录》第十二卷，第140页。李际遇的情况，见《明史》（国防研究院），第2859页。

2　胡山源：《嘉定义民别传》第七卷，第30—31页；《清史别传》，第七十九卷，第15页。
3　史可法知道，大顺农民军已经全部撤出山西，因而他希望在尽可能偏北的地区建立军事基地，为向北发展做准备。斯特鲁弗：《传统中国社会中史学的作用》，第10页。
4　计六奇：《明季南略》，第199—200页。
5　许定国投降满人是在杀死高杰同时还是在此以后，还有一些疑问。所有编年史都认为高杰是在1月8日夜晚被杀死的。许定国投降满人，看来很可能是在1645年1月28日到2月6日之间。姚家积：《明季遗闻考补》，第107页。
6　应廷吉：《青磷屑》第二卷，第11—12页；何绍基：《安徽通志》，第2413页（第二一二卷，第13页）；恒慕义：《清代名人传略》；刘约瑟：《史可法和满洲入侵时中国的社会政治》，第87—88页。高杰部队在2月8日发起进攻，见顾炎武：《圣安本纪》，第21页。以后许定国帮助满人攻占江南。1645年他因为妻子病重回到了北方。1646年他在死前加入了镶白汉旗。《贰臣传》第七卷，第32页；《清史列传》第七十九卷，第15页。多铎只有1万人的军队，由于许定国及其同伙的叛变而增加了4倍，见刘约瑟：《史可法》，第146页。
7　谢国桢：《南明史略》，第70页。
8　朱文长：《史可法传》，第118—120页；刘约瑟：《史可法》，第90页。许定国的叛变极大地影响了清的政策，促使多尔衮南下。"豫王（即多铎）渡河，兵不满万。合许定国军，声大振。先是定国杀高杰，杰妻邢氏，请于史阁部，必报其仇。定国惧，乃纳款□□，请兵南下而己为向导。时摄政王初定北都，南下之意未决。得定国，乃决策南下。豫王以轻兵径行千里，直抵扬州，定国一人故也。"李介立：《天香阁随笔》第二卷，引自李光涛：《洪承畴背明始末》，第253页。
9　谢国桢：《南明史略》，第57—58页。
10　关于榆园军起源的材料记载在乾隆年间的《曹州府志》。引自谢国桢编：《清初农民起义资料辑录》，第90页。
11　阎尔梅：《白耷山人集》第十卷，第19—25页。
12　同上书，第20页。"苫块"喻指居父母丧时睡的草荐。
13　同上书，第21页。
14　同上。
15　同上书，第20—21页。
16　同上。
17　同上书，第20页。阎尔梅使用的"国家"一词无疑是来自孟子的用语："人有恒言，皆曰：'天下国家'。天下之本在国，国之本在家，家之本在身。"（《孟子·离娄上》）根据对这个词的一般解释，"国"是指封建诸侯的国家，而"家"是指贵族士大夫的家族。这个概念恰恰是家族主义的，表明了引申为父权，引申为整个帝国统治者的一种家庭式等级结构。尽管指出这种国家概念和现代"国家"概念（它大略同于英语nation一词）之间存在着不同是很重要的，但阎尔梅对这个词的用法与现代用法之间仍然存在着一些相同点，它表明了一种向更为普遍和一般的忠诚的缓慢进步，就像现代民族主义所表现的一样。
18　同上书，第20页。一般说来，以忠的形式表现出来的对统治者的责任兼有对其家庭的义务。后者是用"义"来定义的，阎尔梅在他的信中首先表明了这种态度，但是他随即又对史可法说，对他这样的忠臣来说，他对既有特殊性又有普遍性的"国家"所承担的更高义务，远远重于他对自己私亲所承担的直接家族义务。
19　同上书，第22页。
20　在经书中，这种强烈的责任感常常用"义"来形容，以表示一个人在社会中严格地按照相应礼节和地位差别行事的责任。这样，一方面，存在着一种观念，即"义"意味着与"礼"、

第七章　南京的陷落　　375

与当时社会现实相一致;而另一方面,"义"的解释也包含了强烈的理想主义内涵,表明了孔孟在社会政治权威面前对伦理原则不变的信仰。阎尔梅在他的信中谈到,韩愈("夫天下人之所最恶者,莫如死所深愿而不可必得者")便具有这种自我献身精神;朱熹(尽管在他的文章中没有提到这个名字)、王阳明也是如此。那种信仰也常常与文人的保护国家免遭侵略,为收复中原而斗争的责任联系在一起,例如朱熹。"在朱熹看来,抗金和收复中原的战争是一种道义的需要。反之,忘记耻辱,主张偏安,则是违反天理的。"康拉德·M·施罗考尔:《朱熹的政治思想与政治行为》,第87页。

21 阎尔梅:《白耷山人集》第十卷,第23页。
22 同上书第十卷,第24页。
23 《论语·述而》。
24 阎尔梅:《白耷山人集》第十卷,第25页。史可法的调停才能,以及他左右为难的可悲处境——使他处于像阎尔梅这样的热衷党派活动者和皇帝之间,使得史学家温睿临对史可法非常推崇,因为温睿临敬重不事朋党的人。斯特鲁弗:《传统中国社会中史学的作用》,第164页。
25 同上书第八卷,第18页。
26 在二月份,豪格因为满家洞起义军在遭杨方兴镇压后再度起义而十分紧张。豪格的军队与杨方兴的山东士兵一道进入这个地区,猛烈进攻义军,杀"盗匪不计其数"。幸存者退进了山洞,但并没有找到永久的藏身之处。豪格手下的士兵瓜分了俘虏的财物和牲畜后,干脆用泥土和石块堵死了大约251个山洞,把那些人全部闷死了。随后,豪格的部队转而进攻南明,但豪格很快就被调往陕西,去统治那个地区。他的继任者阿巴泰,在1645年夏季继续控制了那个重要地区。见谢国桢编:《清初农民起义资料辑录》,第78页;山东大学历史系:《山东地方史讲授提纲》,第36页。关于1646和1647年以后在靠近满家洞地区的莘县的起义,见《清世祖实录》第二十九卷,第344页;谢国桢编:《清初农民起义资料辑录》,第82页。
27 谢国桢:《南明史略》,第54—55页。
28 同上书,第68页。
29 同上书,《南明史略》,第69—70页;恒慕义:《清代名人传略》,第348页。
30 1615年,准塔的父亲扈尔汉也是满族的一个部落大人。恒慕义:《清代名人传略》,第532页。
31 《清世祖实录》第十四卷,第162页。
32 同上书第十五卷,第167页。
33 斯特鲁弗:《南明》,第30页。归德的明军总兵凌駉拒绝投降,但是多铎毕竟轻而易举地夺取了这座城市。顾炎武:《圣安本纪》,第26页;计六奇:《明季南略》,第39页;谢国桢:《南明史略》,第70页。
34 黄之隽等:《江南通志》,第2550页(第一五一卷,第24页)。尚不确定李成栋投降的确切时间,在5月4日他还在与清军作战。计六奇:《明季南略》,第42页。
35 谢国桢:《南明史略》,第70页。根据顾炎武的记载,刘良佐在1645年6月8日投降,顾炎武:《圣安本纪》,第29页。
36 李成栋的部队很快就充当了清军进攻扬州的先锋,并进行了臭名昭著的嘉定大屠杀,镇压了那里的勤王武装。据说刘良佐有10万或者更多的部队,在1645年占领整个江南过程中,他们扮演了重要角色。而且正是他们在以后推毁了江阴城。刘良佐后为汉镶黄旗成员,由于他的贡献而加入贵族行列;后来他与谭泰一道为满人去征服中国南部,并因而荣任御林军官。这些高官显职以及他在1661年担任江南巡抚证明多尔衮和顺治皇帝对他的巨大信任,以及对他在征服战争中的汗马功劳的赞赏。恒慕义:《清代名人传略》,第524—525页。
37 温睿临:《南疆绎史》,第113页;谢国桢:《南明史略》,第70页。

38 顾炎武：《圣安本纪》，第24页；计六奇：《明季南略》，第38页。在得知童氏在世的消息后，刘良佐派妻子去接她。这位妇人告诉刘太太，她今年36岁；她19年前做了宫女，生了一个叫金哥的男孩，现住在一个叫宁家庄的地方。刘夫人对她的叙述深信不疑，并劝她丈夫相信童氏不是骗子。从这以后，童氏觉得自己就要成为皇后了，便趾高气扬起来。在她所经过的城市中，官员们皆以皇室礼遇之。如果饭菜不够好的话，她就会大发雷霆，有时还会掀翻桌子。李清：《三垣笔记》下，第18页。

39 在他继承父王王位之前，他曾娶了一个姓黄的女子，她死的时候没有孩子。其次妃李氏，据说死在洛阳。童氏说，她母亲曾卖过一些女人用的小物件给前福王即弘光皇帝父亲的宫女。她母亲曾带她进宫，因而与福王年轻的嗣子发生了关系，为他生了一个儿子。尽管她自己没有抚养过这个儿子，但是她希望维护继黄妃和李妃之后做他合法妻子的权利。计六奇：《明季南略》，第167—168页；刘约瑟：《史可法》，第106页。

40 弘光称她为"妖妇"。计六奇：《明季南略》，第168页。

41 同上；李清：《三垣笔记》下，第18页。

42 几乎所有的史书都断言，童氏如她自己所说是妃子。姚家积：《明季轶闻考补》，第111页。不过有些材料说，她最后又说她的丈夫是周王世子。她误以为就要登基的是周世子。斯特鲁弗：《南明》，第24—25页。

43 温睿临：《南疆绎史》，第31、710页。

44 引自计六奇：《明季南略》，第168页；又见盖拉德：《南京今昔》，第224—225页。

45 罗伯特·B.克劳福德：《阮大铖传》，第68页。

46 温睿临：《南疆绎史》，第32页。一些传闻说，她是绝食而死的。她还在监禁中流产了一个胎儿。计六奇：《明季南略》，第32页；又见斯特鲁弗：《南明》，第24页。

47 见《明史》，第3069页。一些人因为被怀疑与童氏有关，在史可法军营中被抓了起来；但是对她的严刑审讯并没有导致太多的冤狱。

48 来自贵州的越其杰在因为贪污而被流放之前，曾是同知。回到南京后，他娶了马士英的妹妹。克劳福德：《阮大铖传》，第97页；又见《明史》，第3069页。

49 孔希贵、高第、王之纲都是那时投降多铎的河南地方官的最著名事例。孔希贵曾被派往归德与金高的起义军作战。高第作了清的将军，曾受命镇压河南大顺军余部。曾在史可法手下效力的王之纲，当清军南进时正守卫着开封。他慑于敌威逃至江宁，又投降了多铎，负责平定徐州。参见《贰臣传》第六卷，第10—11、12—13页；第十卷，第25—26页。这个时期投降的河南官僚名单，见《清世祖实录》，第十五卷，第170页。至于陈潜夫，南京陷落时逃走，并跑到了绍兴投了鲁王，任太仆寺少卿和监军。他招募了300名战士，进入清军后方。1646年他和他的小部队被包围消灭。他自杀而亡，时年37岁。《明史》，第3116页。

50 温睿临：《南疆绎史》，第32页（应为85页——译者）。

51 谢国桢：《明清之际党社运动考》，第104页。

52 计六奇：《明季南略》，第153—154页；顾炎武：《圣安本纪》，第23页。根据一种传闻，为了安全，吴三桂曾把太子安排在高梦箕的父亲高起潜家。高起潜知道，南明朝廷会加害太子，准备谋杀他。他的儿子高梦箕为此很害怕，把皇子带到苏杭地区。但是，太子还是被一些人认了出来，高梦箕因而觉得最好还是把太子在世的情况上奏，以保全自己生命。姚家积：《明季轶闻考补》，第109页。另一种说法是，高梦箕的仆人木虎在阴历腊月（1644年12月29日至1645年1月27日）从北向南的路上认出了太子，并把太子带到了高梦箕家。高梦箕曾把他悄悄送到杭州的侄子那里，但他的侄子管不住太子的傲慢、胡闹与皇族派头，高梦箕很吃惊，于是把他带到长江岸边的金华的一个隐身处。但那里的外人又很快就知道了太子的住处，因而众人喧哗不断。高梦箕除了上报年轻太子的下落外已别无选择了。李清：《三垣笔记》下，第17页。

53 当他听到这个自称皇太子的人的消息时，弘光深为感动。他谈到前皇帝为社稷而死时，哽咽不止。后来他说，如果这个太子能对所有南明官僚证明他是真的，那么就迎其入宫，并把他当作弘光自己的太子。李清：《三垣笔记》下，第17页。

54 计六奇：《明季南略》，第153页；顾炎武：《圣安本纪》，第24页；克劳福德：《阮大铖传》，第67页。

55 刘约瑟：《史可法传》，第123页。这个故事是由这个自称太子的人后来告诉他的看守者、禁卫军官杨时甫的。不过根据其他传闻，这个自称太子的人告诉他的审讯者，他曾被李自成在离京后带到潼关。兵乱之中，李自成在转移途中让明太子从他手里溜掉了；随后太子被发现并被带到了吴三桂的兵营。吴三桂收留了他一段时间，但很快他担心收容明皇太子一事如被多铎发现便会引起误解。于是太子被送到一个佛寺去了，想必他又是从那里南去杭州。陆圻：《纤言》，第34—35页。徐鼒的《小腆纪传》认为，吴三桂曾要求多铎把太子送回北京，多铎不同意，而是命令吴三桂向西追击李自成。因此吴三桂把慈烺交给一个太监照顾，但是太子却设法跑了出去，躲入一个寺庙。见刘约瑟：《史可法》，第131页。

56 姚家积：《明季轶闻考补》，第109页。

57 计六奇：《明季南略》，第154页。

58 同上书，第155页。是阮大铖建议马士英这样做的。谢国桢：《明清之际党社运动考》，第103—104页。

59 顾炎武：《圣安本纪》，第24页；计六奇：《明季南略》，第155页；顾苓：《金陵野钞》，第44—46页。太子的师傅刘正宗和李景濂问他曾在宫中何处读书，结果他误把端敬殿当成了文华殿。又问他是先阅读还是先听讲，他误答为先阅读。接下来又问他阅读后抄写哪篇文章，他说是《孝经》，而没有答《诗经》。又让他试着写些东西，他只写了10个大字，但没有写其他小楷。最后，他记不起来阅读和讲授后他们有多少次在一起研究疑难，也记不起来上过多少门功课了。李清：《三垣笔记》下，第17页；又见斯特鲁弗：《南明》，第23页。

60 李清：《三垣笔记》下，第10—11页；又见刘约瑟：《史可法和满洲入侵时中国的社会政治》，第124—129页。

61 这个布告见《东华录》，但是日期几乎早了两个月：顺治元年十二月十五日（1645年1月12日）。引自孟森：《明烈皇殉国后记》，第3页。

62 孟森认为，这可能是满族方面的一点差错，那个证据实际上来自崇祯的另一个妃子任氏。孟森：《明烈皇殉国后记》，第5页。

63 据张岱说，太子曾被李自成俘虏，北京失陷时他跑掉了。后来他又被大顺军抓住，但是他的真正身份没有被认出来。他被迫为他们的战马打草，做了两个月的阶下囚，后来趁卫兵警惕放松，逃到了周奎家。张岱：《石匮藏书》，第45—46页。戴名世的《南山集》说，太子为流贼所获，拘于刘宗敏处，李自成西逃时，人们看到他身着紫衣跟随马后。当左懋第初次北使时，他秘密写信给史可法，说太子仍活在北京。所以史可法第一个怀疑王之明的真伪，并上书揭发。见孟森：《明烈皇殉国后记》，第16页。

64 见刘约瑟：《史可法和满洲入侵时中国的社会政治》，第130页。辗转来到南京的这个年轻人的确是太子，这一说法的支持者们在这个特殊事件面前遇到了难题。一个最为流行的解释是，满人在故意制造假象。刘约瑟认为，清朝的最大担心是老百姓仍然相信大明光复的可能。他们知道太子已经逃往了南方，除了那些真的相信这种光复可能的人，还有更多人抱有这种希望。因此，满人故意制造了一起假案，提到了公主的眼泪，但接下来又说这个人是个冒名顶替的家伙。这样就可使自己从老百姓对他们杀戮储君的谴责中解脱出来，而同时又足以使人相信，那个冒充者其实就是太子，而他现在已经死在了北京。刘约瑟：

65 《史可法和满洲入侵时中国的社会政治》，第 129 页。

66 在一封与侄子的来往信件中，高梦箕提到已把太子送到了福建。于是弘光皇帝怀疑存在着一个想在更南的地方建立另一个皇权的阴谋；并且因为高梦箕是史可法的一个代理人（为他的军工厂采买硝石），史可法似乎也与之有关。李清：《三垣笔记》下，第 17—18 页。

67 顾炎武：《圣安本纪》，第 23—24 页；计六奇：《明季南略》，第 159 页。

68 同样，据左懋第的情报，一个皇室成员告诉他，太子有一些胎记，而且小腿上有一个黑痣。但是这个年轻人并没有这些足以表明身份的标记。李清：《三垣笔记》下，第 17 页。

69 刘约瑟：《史可法和满洲入侵时中国的社会政治》，第 21 页。

70 他声称的叔父高阳王昻，是在 1567—1572 年期间在位的穆宗的女婿。

71 克劳福德：《阮大铖传》，第 67 页；傅路德和房兆楹编：《明代人名辞典》，第 1435 页。

72 李清：《三垣笔记》下，第 17—18 页。又见刘约瑟：《史可法和满洲入侵时中国的社会政治》，第 132—133 页。

73 魏斐德：《清人征服江南时期中的地方观念和忠君思想》，第 129 页；谢国桢：《南明史略》，第 64 页。正史的编纂者并不承认他的可信性，见《明史》，第 4112 页；又见克劳福德：《阮大铖传》，第 45 页。关于南方太子为什么是假冒的令人信服的解释，见张怡：《搜闻续笔》第一卷，第 15 页。我接受孟森的权威观点，他认为北方的冒充者是真正的明太子，孟森：《明烈皇殉国后记》，第 10 页。

74 温睿临：《南疆绎史》，第 710 页；又见李清：《三垣笔记》下，第 3 页。

75 刘约瑟：《史可法和满洲入侵时中国的社会政治》，第 137 页。

76 李清：《三垣笔记》下，第 23 页；计六奇：《明季南略》，第 160 页，引自克劳福德：《阮大铖传》，第 69 页。

77 袁继咸：《浔阳记事》，第 7、10—11 页；温睿临：《南疆绎史》，第 715 页。

78 钱■：《甲申传信录》，第 73 页；刘得昌：《商丘县志》，第八卷，第 31 页；《明史》，第 3062 页。

79 太湖雷演祚在 1640 年殿试后授予刑部主事。次年，雷演祚弹劾了杨嗣昌，随后又弹劾了周延儒。《明史》，第 3082—3083 页。

80 侯方域：《壮悔堂集·四忆堂诗集》第五卷，第 8 页；《壮悔堂集·壮悔堂文集》第三卷，第 5 页，第四卷，第 1—2 页。

81 斯特鲁弗：《南明》，第 28 页。张献忠在 1644 年夏天攻克重庆，年底在成都建立大西国，但在 1645 年的初春就崩溃了。詹姆斯·B. 帕森斯：《中国农民起义的高潮》，第 388—394 页。张献忠屠成都老百姓的情况，见李清：《三垣笔记》下，第 2 页。

82 《明史》，第 2926 页。御史黄澍，是左良玉在福王确立后派往南京支持这个政权特别是支持马士英的人。黄澍留在南京，定期向左良玉汇报朝廷的情况，可能因为他有这样强有力的将领做他的后台，所以他多次触犯马士英。在一次激烈的争吵中，黄澍甚至当着福王的面猛扇马士英的耳光，他列举了马士英的 18 条罪状（包括接受张献忠的贿赂），而且预言马士英不除则必有大祸。黄澍的态度如此咄咄逼人，以至于福王差点真要撤换马士英。但是太监们劝福王说，他登基称帝应归功于马士英，因此不能失去他的支持。随后，黄澍为躲避逮捕而逃往了武昌，在那里他煽动左良玉（左的想法使他失望）进行干预。南京陷落以后，黄澍投降了清朝。李清：《三垣笔记》下，第 2—3 页；《明史》，第 3073、3109、3111 页；谢国桢：《南明史略》，第 66 页；曹凯夫：《三藩反对满洲统治的叛乱》，第 34—35 页；斯特鲁弗：《南明》，第 15—16 页。

83 顾炎武：《圣安本纪》，第 26 页。其他史料记载左良玉部队沿江而下始于 4 月 21 日到 4 月 24 日之间，姚家积：《明季轶闻考补》，第 111 页。据一种记载说，黄澍和左梦庚（左

第七章 南京的陷落

良玉之子）是这次兵变的幕后主谋。最初左良玉并不想接受黄澍的请求，去进攻南京，惩治马士英、声援太子。但是在几次商议中，左梦庚指出，不仅张献忠在威胁着他们，而且大顺农民军余部也将要给他们以猛烈袭击，因力劝其父发动这次远征。左良玉也接受了假太子请求帮助的信。顾苓：《金陵野钞》，第49页；张怡：《搜闻续笔》第一卷，第17页；又见斯特鲁弗：《南明》，第28—29页。

84　《明史》，第1543页。左良玉指责弘光皇帝不愿意帮助其他皇室亲属，并在几个权臣的帮助下出于个人目的极力保住皇位。

85　"有明之失，不在他人，实士英一人耳。"文秉：《甲乙事案》，第37页。马士英特别受谴责的地方是修订《三朝要典》，起用农民起义军和太监担任政府高官，吸收强盗加入锦衣卫，起用恶棍阮大铖，隐瞒太子真实身份并把他投入监狱、选纳声伎和女色腐化弘光皇帝等。计六奇：《明季南略》，第192—197页；克劳福德：《阮大铖传》，第46页。

86　徐鼒：《小腆纪传》，第207页。而且帅旗上写着："本藩奉太子密旨，率师赴救。"计六奇：《明季南略》，第197页。

87　徐鼒：《小腆纪传》，第208页。

88　李清：《三垣笔记》下，第21—22页；张怡：《搜闻续笔》第一卷，第17页。

89　袁继咸：《浔阳记事》，第13页。何腾蛟在1643年第一次见到左良玉时曾是湖广巡抚。弘光皇帝曾经任命他为包括四川在内的六省总督。4月21日，他被左良玉拘捕，强迫随军沿江前进。在左良玉的水军经过淮阳时，他跑掉了，逃往长沙。南京陷落后，他参加了唐王政权，任兵部尚书、大学士，封伯爵。他后来以这种身份把许多大顺农民军余部吸引到湖南来了，在此他建立了著名的长期坚持抗清的"十三镇"。在赣州（江西）建立了总部之后，他请求唐王到他这里来，但唐王却在福建被俘房了。何腾蛟继续站在忠明立场上进行战斗，成为永历皇帝的兵部尚书和大学士。在"十三镇"被攻破后他逃往贵州；1649年，他在清军进攻湘潭时被杀害。计六奇：《明季南略》，第280—281页。

90　4月29日张国柱将军率军入城，并在当晚放火、抢劫。这个城市的一些守军害怕承担这场大火的责任，便转而投入这次抢劫。于是左良玉部队的一些士兵也失去了约束，去杀人抢劫。在这场灾难甚嚣尘上的时候，袁继咸决定自杀，但是他的副属，引王阳明为例，劝他耐心地忍受，他能做的只能是去见左良玉。李清：《三垣笔记》下，第22页。

91　谈迁：《国榷》，第6021页；又见袁继咸：《浔阳记事》，第13页。

92　"左良玉兵半群盗，甚淫毒，每入民家，索贿，用板夹爇之，肥者或脂流于地。又所掠妇女，公淫于市。"李清：《三垣笔记》下，第24页。

93　斯特鲁弗：《南明》，第29页。

94　谢国桢：《南明史略》，第66页。

95　《明史》，第3097页；恒慕义：《清代名人传略》，第762页；计六奇：《明季南略》，第192—194页；克劳福德：《阮大铖传》，第46、47页。

96　引自谢国桢：《南明史略》，第70页；又见刘约瑟：《史可法和满洲入侵时中国的社会政治》，第143页。

97　谢国桢：《南明史略》，第70页。

98　计六奇：《明季南略》，第41、197页。

99　谢国桢：《南明史略》，第76—77页。关于这个降人集团与其他集团重要性的比较分析，见附录A。

100　恒慕义：《清代名人传略》，第166—167页。

101　左梦庚成为那个旗的首领，1654年死在任上。《贰臣传》第七卷，第22—23页；恒慕义：《清代名人传略》，第761—762页。

102　卢将军来自海州（辽东）。《贰臣传》第七卷，第1页。

103 李将军也是来自辽东。1648年，他被任命为四川总督，并且在孙可望的领导下，指挥了在这个省西南地区进攻张献忠余部的战斗。《贰臣传》第三卷，第25—28页。1646年底，当张献忠离开成都，准备进攻陕西的时候，由于他的一个部将投降了豪格，他在凤凰山遭到清军的突然袭击，被杀害了。豪格和李国英的5000名精锐的战士南进西充时，张献忠听探子说他们已到达此处，但是他没有相信。他外出视察敌情时遭遇到了一支正在渡小溪的满军。李国英把张献忠指给满人的一个神射手，放箭射杀了张献忠。帕森斯：《中国农民起义的高潮》，第398—399页。又见G.马戈尔海兹的目击："张献忠带着他常有的暴怒神情，跳上战马，带着几个没有武装的随从，刚跑出去就碰到了满人。他被一支穿心箭射翻，没走几步，倒地而死。"引自邓恩：《一代伟人》，第326页。

104 徐勇也来自辽东。他打败了像"白云寨"这样有名的地方匪寇团伙以及黄拐子和李拘马这样的匪帮。《贰臣传》第一卷，第25—28页。

105 同上书，第21—23页。

106 刘约瑟：《史可法和满洲入侵时中国的社会政治》，第143—144页。

107 《清世祖实录》第十五卷，第170页。

108 同上书第十六卷，第192页。离开归德之后，清军兵分三路，一路沿泗水而下直奔临淮；第二路沿黄河西南而下直奔盱眙；准塔率领的第三路在徐州从第二路中分出，沿黄河东北方向行进，攻占淮安。到5月13日，各路纵队合攻扬州。斯特鲁弗：《南明》，第29—30页。

109 同上书第十七卷，第199页。

110 《明史》，第3070、3074页；吴伟业：《吴诗集览》第六卷下，第11页。

111 《清世祖实录》第十七卷，第199页。

112 有一些史可法直接指挥的士兵，还有张天禄和王永济部队，但没有指明他们的人数。刘约瑟：《史可法和满洲入侵时中国的社会政治》，第140页。

113 科里斯：《大内》，第61—62页。

114 王秀楚：《扬州十日记》，第515—516页。这份在19世纪末对中国民族产生过巨大影响的著名史料，有几种不同的译本。比如，奥考特神父译：《扬州日记》；又如巴克豪斯和布兰德的《16—20世纪北京宫廷的编年纪事》，第186—208页。

115 王秀楚：《扬州十日记》，第516—517页。

116 温睿临：《南疆绎史》，第113页。这个城市的城墙高5.4米，建于明初，嘉靖年间曾加以修缮。姚文田：《扬州府志》，第1054—1055页（第十五卷，第2—3页）。

117 温睿临：《南疆绎史》，第113—114页。

118 同上书，第221页。

119 科里斯：《大内》，第62页。刘肇基是辽东军官，曾于17世纪30年代在北方任职。在李自成进攻首都之前，他被调往南京。史可法负责淮阳防务以后，他又被调到那里。《明史》，第3058—3059页。

120 王秀楚：《扬州十日记》，第518页。帮助他的官员包括知府任民育，盐道杨振熙，以及至少还有其他八个正式任职的士大夫。见温睿临：《南疆绎史》，第114页。济宁人任民育是一个以骑射闻名的举人，在逃往南方之前，曾任真定巡抚。在弘光政权中，他任亳州知州，因为政绩突出，被提拔为扬州知府。扬州城陷落时，他拒绝与其部队一起逃跑，而是留在大堂中，正襟危坐，直到被满人杀害。黄之隽：《江南通志》，第1906页（第一一五卷，第20页）；《明史》，第3079页。

121 《清世祖实录》第十六卷，第192页。

122 当多铎向扬州进军时，有13.8万士兵投降了他。他们主要是高杰的部队。另外，刘良佐手下的10万人也投降了他。这样，在旗人部队之外，总共有23.8万名汉族士兵加入了他的队伍。邓尔麟：《达官贵人》，第356页，及其《嘉定忠臣》，第66页。

123 温睿临：《南疆绎史》，第 114 页。根据同时代的另一份值得怀疑的材料记载，史可法的养子史得威回答说，他们已受明朝恩惠，因此要誓死守城以报皇恩。城池被攻破以后，史可法把他的养子藏到一边，告诉他说，为了后人他应该活下去。这份记载，可能表明了史得威为他父亲死去而自己苟活所感到的深深内疚。这份材料记载道，史得威跪倒在史可法面前，流着眼泪说，得威义士，理应同死。史可法答道：我为朝廷而死，汝当为吾家而生。史得威：《维扬殉节纪略》，第 1—2 页。在 19 世纪 80 年代晚期，番禺县一个叫史建茹的史可法后人是广州和澳门的革命积极分子，而在 20 世纪初又是兴中会的成员。柴德赓等编：《辛亥革命》，第 245—250 页。

124 计六奇：《明季南略》，第 204 页；《明史》，第 3078 页。这封信是在 1644 年 8 月送来的。见斯特鲁弗：《南明》，第 21 页；威尔海姆：《多尔衮和史可法的通信》。

125 多尔衮的来信和史可法的回信可见计六奇：《明季南略》，第 204—209 页；郝爱礼：《亲王多尔衮》，第 27—36 页；陈鹤龄和陈克家：《明纪》第五十八卷，第 606—607 页。我选用了巴克豪斯和布兰德的《16—20 世纪北京宫廷的编年纪事》（英译本第 175—184 页）并也进行了几处修改。上面这段引文出自第 174 页。所谈到的"介弟"无疑是指他的表弟史可程，他曾欢迎过多尔衮入京。这可能是《实录》在 1644 年 8 月 28 日谈到的由前明的两个官员亲手转交的那封信。《清世祖实录》第六卷，第 72—73 页。

126 巴克豪斯和布兰德：《16—20 世纪北京宫廷的编年纪事》，第 175—176 页。

127 同上书，第 177—178 页。

128 人们常说是侯方域为史可法起草了给多尔衮的回信，尽管王刚、黄月芳等文士据信也参加过起草。邓之诚：《骨董琐纪全编》，第 19 页，又见高阳：《明末四公子》，第 57 页。李廷先断言，史可法把写信任务交给他幕僚时，讲得很清楚，他没有投降的打算。因而，他告诉幕僚们，他希望得到一封以尊敬口吻写成的回信，但同时不能流露出任何犹豫和动摇。李廷先：《史可法的评价问题》，第 280 页。这封回信在 1644 年 10 月 15 日被送走，斯特鲁弗：《南明》，第 21 页。

129 巴克豪斯和布兰德：《16—20 世纪北京宫廷的编年纪事》，第 183 页。这句引文出自《左传》。史可法信件被使用的最广泛版本，见史可法：《史忠正公集》第三八八卷，第 1—2 页。

130 张春树、骆雪伦：《孔尚任和他的〈桃花扇〉》，引文出自《公羊传》第十二册第十五卷，第 5 页。

131 他的一个幕友建议他撤掉在高邮湖的河障，以使湖水流向淮河低地。他拒绝这样做，可能是因为许多平民会被淹死。不过，他也拒绝考虑刘肇基突袭满人的建议，他说他不想毫无意义地激怒满人。刘约瑟：《史可法和满洲入侵时中国的社会政治》，第 148 页。

132 史可法：《史忠正公集》第三九〇卷，第 9 页。因为这些语辞出于史可法信件的 19 世纪公布的版本，因此阅读时应对其真实性有所保留。他给妻子的遗嘱中写道："法死矣。前与夫人有定约，当于泉下相候也。"朱文长：《史可法夫人》，第 96 页。在他死前四天写给妻子的另一封信中，他又说："法早晚必死，不知夫人肯随我去否？如此世界，生亦无益，不如早早决断也。"同上书，第 96 页。根据朱文长在《史可法传》112—117 页对史可法妻室详细考证，史可法最初娶李氏为妻，次娶杨氏。因为后者较前妻身份更高，因此他视她为第一夫人，并尊称"太太"。信中后来提到的家庭称谓（"四太爷，太爷，三哥"），朱文长经细致的研究说明，可能是指他的叔父们和姻亲（同上书第 89 页）。炤儿可能是指史可法表弟史可程的儿子史炤清，从家系来讲，炤清已经改变了他的名字，因而不能崇祀原祖了。同上书，第 89 页。

133 同上书第三八九卷，第 8 页。

134 引自谢国桢：《南明史略》，第 56 页。曾子说："士不可以不弘毅，任重而道远。仁以为己任，不亦重乎？死而后已，不亦远乎？"（《论语·泰伯》）。

135 温睿临：《南疆绎史》，第 114 页。

136 多铎曾向扬州发出一封附有恩赦条款的信。史可法读后便让幕僚们将其扔进了大江。以后多铎送来过五封上面那样的信件，但是史可法没有启封就把它们烧掉了。李廷先：《史可法的评价问题》，第 286 页。这时高凤岐和其他一些军官越墙而走，投降了豫王。温睿临：《南疆绎史》，第 114 页。

137 孔尚任：《桃花扇》，第 258 页。

138 《清世祖实录》第十六卷，第 192 页。

139 刘约瑟：《史可法和满洲入侵时中国的社会政治》，第 147 页。

140 根据史可法关于军事改革的奏疏，用于炮队训练的每件神器，需要上百人花半天时间把这些巨大的器件从军械库拖到训练场。就像他说的那样，比起新式的三眼枪，这些东西简直就是笑话，只能摆摆样子。他建议立即更新装备。朱文长：《史可法传》，第 25—26 页。三眼枪——在沈阳的辽宁省博物馆有样品——由三个筒组成，每个筒有 7 英寸长，引发装置都与枪膛的一个扳机相连。整个武器加上木托有 18 英寸长。这些枪筒的口径近 50 毫米，无来复线，不需要安装其他装置就可以依次开火。

141 陈于阶从西方人那里还学到了天文学，而且因为他的天文历法知识，很早便被徐光启和史可法推荐到钦天监任职。参加南京政权后，他在兵部主持重炮事宜。宋如林：《松江府志》，第 1011 页（第四十六卷第 35 页）；温睿临：《南疆绎史》，第 218 页。

142 温睿临：《南疆绎史》，第 114 页。

143 同上；查继佐：《国寿录》，第 47 页；王秀楚：《扬州十日记》，第 517 页。

144 王秀楚：《扬州十日记》，第 517 页。

145 同上书，第 516 页。

146 温睿临：《南疆绎史》，第 114、221 页；张其昀：《清史》，第 94 页。在另一份不无真实的记载里，史得威把当时失去知觉的史可法从城东小门的城墙上放了下去。但到城外，这些人接二连三被敌箭射倒。史可法仰卧地上，因而被俘。史得威：《维扬殉节纪略》，第 2 页；又见姚家积：《明季轶闻考补》，第 112 页。

147 巴克豪斯和布兰德：《16—20 世纪北京宫廷的编年纪事》，第 205 页（此段引文有误，权且照译——译者）。

148 温睿临：《南疆绎史》，第 115 页。根据另一份记载，多铎请求他帮助平定江南，史可法愤怒地回答："我为天朝重臣，岂肯偷生作万世罪人哉。我头可断，身不可屈，愿速死，从先帝于地下。"豫王答道："既为忠臣，当杀之以全其名。"于是他下令杀死史可法，并且把他吊在城南塔楼上，在那里过路的清兵路过时可以劈砍这具尸体。史得威：《维扬殉节纪略》，第 3 页。

149 《清世祖实录》第十六卷，第 192 页。许多官员投降了。其中地位最高的是胡茂正，他接着在 1645 年和 1646 年成为安徽的重要军事人物，在凤阳和徽州推行清的统治。1647 年，他被调任为江南总督马国柱的都统。1655 年，根据洪承畴的建议，他的那支以野蛮而著称的晋陕之兵后来被调走，以协助平定湖广。《贰臣传》第六卷，第 8—9 页。

150 和刘肇基一样，把岳飞的名言"精忠报国"刻在铠甲后背上的马应魁也被杀害了。就在崇祯死前曾上书请求建立民军的云南士绅何刚投井自尽了。徐光启的助手陈于阶在扬州的天主教堂上吊自杀。参见何绍基编：《安徽通志》，第 2373 页（第二〇八卷第 6 页）；查继佐：《国寿录》，第 47 页；温睿临：《南疆绎史》，第 218 页。陈于阶在死前显然有过思想斗争："吾微员也，可以无死。然他日死何以见徐公哉！"温睿临：《南疆绎史》，第 218 页。与史可法一起殉难的文武官员名单，见史得威：《维扬殉节纪略》，第 4—5 页。

151 温睿临：《南疆绎史》，第 115 页；何绍基编：《安徽通志》，第 2374 页（第二〇八卷，第 8 页）。

152 以下引文根据王秀楚：《扬州十日记》，第 518—536 页。这次大屠杀是由多铎下令进行的，为的是给其他抵抗者以警戒。他的士兵屠杀了五天，然后在第六天"封刀"。这样，臭名昭著的十日大屠杀的最后五天充满了满人和汉人无法无天的暴行。张德芳：《〈扬州十日记〉辨误》，第 367 页。

153 王秀楚：《扬州十日记》，第 523 页。

154 同上书，第 521—522 页。

155 许多妇女被掠为战利品。几个星期后，当满人进入南京时，南明首都的市民们惊恐地看着旗人鞭下这些像"猪"一样排成长队的战利品。那以后，多铎由洪承畴接替，随其部队回京。同行的满人挑选出所有年龄在 14 到 30 岁之间，并且体态适中的女俘，一同归去。她们知道北方是怎样的一块不毛之地，因此当她们被带出新华门时，都可怜地啼哭起来。很多年后，直到康熙年间，在宁古塔（黑龙江）或蒙古附近的路人们还说见到过这些年龄已大，饱受欺辱的妇女。比如，一个汉人在东北见到过一个扬州口音、身穿兽皮的女人。他问她为什么会到这里来，但是她还未来得及回答，就被她的满族男人带走了。那时，东北地区男多女少。顾诚：《论清初社会矛盾》，第 145—146 页。

156 王秀楚：《扬州十日记》，第 527 页。

157 同上书，第 536 页。

158 同上书。这个数字被谢国桢采纳，谢国桢：《南明史略》，第 72—73 页。张德芳不同意王秀楚谈到的数目。根据当时扬州附近各个乡村的报告，这个地区人口总数是 78960 户，或者说是 495497 口。加上在 17 世纪扬州的人口统计数，张德芳认为这个地区（包括城市）总人口大约为 100 万。他估算说，在各种情况下，攻城时挤进这个城市的人口最大数量至多应该是 20 万—30 万人。张德芳：《〈扬州十日记〉辨误》，第 368—370 页。这看起来是比较保守的估计。

159 谢国桢：《南明史略》，第 73 页。

160 刘约瑟：《史可法和满洲入侵时中国的社会政治》，第 150 页。顾炎武断定无人知道史可法的去向，有人说他逃走之后躲了起来。同上书，第 149 页；夏允彝：《幸存录》，第 38 页。后来，在江北发生了一次起义，由一个名叫冯孝廉的人冒充史可法加以领导。冯孝廉在被俘以前进攻了潮州和无为州。平定这次起义的满族将领命令把史可法的母亲带来辨认。史老太太是与她的儿媳、史可法的弟弟史可模的遗孀李夫人一起被捕的。两个妇人说，这个起义的领袖不是史可法。不过，在这次偶然的机会里，清军的一位满族高级王公看上了漂亮的李夫人，想要娶她，于是派了一个使者把婚礼物送到了她的住处。史可法的母亲不知所措，但李夫人却一口答应没有问题。她从定婚礼物中拿了一个金盒走进里屋。过了一会儿，她的女仆哭着出来说，李夫人要这个满族使者替她感谢这个贵族。使者打开金盒，看见里面摆着李夫人自己割下来的鼻子和耳朵。朱文长：《史可法夫人姓氏考》，第 88—89 页，又见李廷先：《史可法的评价问题》，第 287—288 页。

161 阎尔梅：《白耷山人集》，第 18—19 页。

162 计六奇：《明季南略》，第 279 页。

163 刘约瑟：《史可法和满洲入侵时中国的社会政治》，第 51 页。根据 18 世纪史学家温睿临的说法，死刑后史可法的尸体没有被找到，原因很简单，即宜尔顿将军没有来得及把这个英雄的名字刻在他的棺木上，而棺木在这个混乱期便被错放了。温睿临：《南疆绎史》，第 115 页。

164 朱文长：《史可法传》，第 86 页。一份注明日期是 1644 年，但可能是后几年写成的时人记载说，多铎亲自下令把史可法的尸体埋在了梅花岭下。郑廉：《豫变纪略》第七卷，第 14 页。

165 《明史》，第 4112 页。这座坟墓由当地老百姓看管，他们在春秋祭祀扫墓。郑廉：《豫变纪略》第七卷，第 14 页；又见李廷先：《史可法的评价问题》，第 289 页。另外，这是招慰史可法英灵的方式。

166　乾隆皇帝选出特别加以表扬的那些已成楷模的南明忠君之士，其实际功业远不如他们对政治暴力的抵制那么突出。事实上，他们的实际作用越小，他们的楷模作用就越大。斯特鲁弗：《传统中国社会中史学的作用》，第 238 页。不过，要指出的是，乾隆皇帝同意把记载史可法功绩的材料放进史馆中福王政权的档案里，因为他认为南京政权在它渡江以后就如同南宋政权一样。姚文田纂：《扬州府志》第二十五卷，第 29 页。

167　刘约瑟：《史可法和满洲入侵时中国的社会政治》，第 176 页。

168　朱文长：《史可法传》，第 86 页。

169　这场论战是由刘辉发起的，他批评吴晗的著作《史可法和满洲入侵时中国的社会政治》（在 1959 年出版）。刘辉认为，因为史可法的大部分活动实际上是镇压农民起义，因此他实际上是一个反革命分子；吴晗则应因为赞扬封建道德价值观而受到批判。书报供应社：《史可法评价问题汇编》，第 1 页。在"文化大革命"初期开始的这场辩论因为林父而改变了方向，他认为史可法仍然是一个民族英雄，他的牺牲精神鼓舞着中国人民。同上书，第 19 页。不过，宗志皇继续加以批判。同上书，第 59 页。据"文化大革命"后一份赞扬史可法的文章说，在上海《文艺报》召开了一次会议，这次座谈会的结论对史可法痛加斥责。李廷先：《史可法的评价问题》。

170　前者见丁家桐的评论。书报供应社：《史可法评价问题汇编》，第 58 页。后者，罗咸的评论见上书，第 33 页。

171　朱文长：《史可法传》，第 86 页。

172　张岱：《石匮藏书》，第 170 页。

173　李天根：《爝火录》，第 6 页。

174　这些是夏允彝的话，引自刘约瑟：《史可法和满洲入侵时中国的社会政治》，第 161 页。

175　李天根：《爝火录》，第 6 页。诸葛武侯即指诸葛亮。

176　黄之隽等：《江南通志》，第 2592 页（第一五四卷第 12 页）。

177　克劳福德：《阮大铖传》，第 70 页；文秉：《甲乙事案》，第 47 页。

178　《明史》，第 3115 页；恒慕义：《清代名人传略》，第 895—896 页。

179　作为一个戏剧人物，杨文也是一个十分称职的媒人。《桃花扇》中他在闺房里安排了侯方域与"香姐"李香君的见面："珠翠辉煌，罗绮飘荡，件件助新妆，悬出风流榜。"孔尚任：《桃花扇》，第 57 页。

180　张怡：《搜闻续笔》第一卷，第 19 页。

181　《清世祖实录》第十六卷，第 193 页；盖拉德：《南京》，第 225 页；斯特鲁弗：《南明》，第 30—31 页；克劳福德：《阮大铖传》，第 71 页；邓尔麟：《达官贵人》，第 254—255 页。

182　《江南闻见录》，第 317 页。没有一个文官或武官知道他要逃跑了。计六奇：《明季南略》，第 231 页。

183　同上书，第 317 页；又见《明史》，第 1543 页；《清世祖实录》第十六卷，第 193 页。他的随从有四五十人。计六奇：《明季南略》，第 44 页；谈迁：《国榷》，第 6208 页。

184　孔尚任：《桃花扇》，第 268 页。

185　陆圻：《纤言》，第 24 页。

186　《明史》，第 3022 页；又见徐鼒：《小腆纪传》，第 231—232 页。

187　温睿临：《南疆绎史》，第 179 页；计六奇：《明季南略》，第 45 页；谈迁：《国榷》，第 6213 页；杜乃济：《明代内阁制度》，第 2391 页（第二一〇卷，第 10 页）；邓尔麟：《达官贵人》，第 259 页；恒慕义：《清代名人传略》，第 196 页。这两个将领在以后为满人效劳时十分得力。马得功成为汉镶黄旗成员，1647 年在洪承畴的建议下去福建任职。

他占领了该省北部建宁地区。在17世纪50年代，他在福建指挥部队与李率泰合作共同对付郑成功，在1663年远离厦门的一次海战中被杀死。《贰臣传》第一卷，第17—20页；恒慕义：《清代名人传略》，第559页（李率泰对福建的征服，见赵尔巽：《清史稿》第二七九卷，第1—2页）。田雄在杭州担任旗将军，1646年受任指挥浙江诸军，指挥了进攻定海（舟山）的胜利。但1658年，他把整个南方海岸控制权都丢给了郑成功，为此他受到了弹劾；但是顺治皇帝在1659年赦免了他。随后田雄又为清朝收复了宁波。《贰臣传》第六卷，第22—24页；恒慕义：《清代名人传略》，第718—719页。

188 《江南闻见录》，第317页。

189 计六奇：《明季南略》，第44、181页；文秉：《甲乙事案》，第177页；顾炎武：《圣安本纪》，第29页；谈迁：《国榷》，第6209—6210页；《明史》，第4112页。

190 温睿临：《南疆绎史》，第218—219页。

191 计六奇：《明季南略》，第183页。

192 文秉：《甲乙事案》，第176页。

193 马士英的母亲装扮成皇太后的故事，可能是因为马士英一伙到浙江后邹夫人对之保持沉默而得以流传的。在那里，一些旧官僚问她南京的事情，她转过脸去，无言以对。马士英便替她回答了。这就引起了官员们的怀疑。温睿临：《南疆绎史》，第437—438页。不过，马士英早先已经表明了他对皇太后的关心，1644年秋天他派了一个特使去河南接她，并在1644年9月13日把她带回南京。计六奇：《明季南略》，第152—153页；《明史》，第4110页。

194 她后来参加了鲁王的政权，在其朝廷降清后，她投淮河自尽。徐鼒：《小腆纪年附考》，第124页。

195 离开南京之后，马士英及其一伙人来到安徽广德。那里的地方官员拒绝他们的避难。于是马士英的部下进攻并且掠夺了这座城镇以示报复。转到杭州之后，马士英和阮大铖（这时他们已在一起）又去方国安处觅地栖身。在杭州失陷后，他们汇集至兖州。马士英为鲁王所拒，因为鲁王的官员们威胁要杀死马士英。在1645年12月底或是次年1月，方国安率部企图进攻扬州，马士英加入了他的人马。但他们在与清军交战中失败了，退到了南方。但是唐王政权不允许马士英进入福建。李清：《三垣笔记》"附识"下，第4—5页；克劳福德：《阮大铖传》，第47、73页；刘献廷：《广阳杂记》，第48页；斯特鲁弗：《传统中国》，第14—15页。记录了清军与马士英冲突的急件在1646年1月5日到达了北京。见《清世祖实录》第二十一卷，第257页。要求鲁王处死马士英的文献记载，见计六奇：《明季南略》，第291—292页。

196 有些人说，他偷偷地跑掉了，在天台山做了和尚，他很可能在1646年10月初在延平被杀死。克劳福德：《阮大铖传》，第74—75页；恒慕义：《清代名人传略》，第323页。

197 计六奇：《明季南略》，第323页。

198 黄宗羲：《弘光实录钞》，第89页。

199 文秉：《甲乙事案》，第176页。

200 高梦箕和王铎被假太子下令从监狱释放了出来。高梦箕一出狱，就逃出了城。王铎马上加入了临时政府。计六奇：《明季南略》，第182页。

201 赵之龙、王铎、钱谦益、马士英和其他12位高级官员已于5月31日在清议堂召开过会议，讨论政策的选择。接着几名姓名不详的高级官员提出一项权宜之策。比如，有个官员忽然提醒另一个人说："权宜降之，其辱莫大。然舍此无他也。"没有人能对之据理力争。于是赵之龙被内阁派去向清进献"贡礼"。文秉：《甲乙事案》，第74页。

202 计六奇：《明季南略》，第182页。

203 《明史》，第3093页。

204　计六奇：《明季南略》，第234页；文秉《甲乙事案》，第29页；谈迁：《国榷》，第6212页；孙甄陶：《清史述论》，第14页。这些人中只有四个人最后进了《贰臣传》。除了赵之龙、钱谦益和王铎，兵部侍郎梁云构也被列入。1648年，他在清户部任职。《贰臣传》第八卷，第32页。当多铎初抵南京城墙下的时候，并不想马上入城，他不知道当清军日益逼近的时候这里的老百姓怎么想的。不过正式会见开始之前，在钱谦益带领下，官员一行五人首先走出来向他表示欢迎。张怡：《搜闻续笔》第一卷，第19页；李清：《三垣笔记》"附识"下，第3页。至于说钱谦益投降是为了做清朝的首相和编纂《明史》，见孙克宽：《吴梅村北行前后诗》，第9页。

205　文秉：《甲乙事案》，第180页。赵之龙后来也在清户部任职，但很快就致仕了。直到1654年去世，他一直是汉镶黄旗成员。《贰臣传》第七卷，第25页。

206　王铎在1646年3月被任命为礼部尚书。1649年降为礼部侍郎。1652年去世之前，他重新担任高官。他的弟弟也效力清朝，他的儿子由于他的地位而做了翰林学士。《贰臣传》第八卷，第29—31页；博路德和房兆楹：《明代人名辞典》，第1434—1436页；计六奇：《南明史略》，第236页。

207　计六奇：《明季南略》，第235页。

208　同上。

209　谈迁：《国榷》，第6216页。史书关于多铎进入南京城的日期有不同的记载：6月9日，6月10日，6月11日和6月16日。姚家积：《明季轶闻考补》，第114页。尽管不能断定哪个日期一定准确，但本书采用了最为可靠的编年史学家之一谈迁的说法。在豫王入城的时候，当地流传着一种极富想象力的流言。一些人说，多铎不是多尔衮的真正亲兄弟，实际上是绍兴当地人，他很多年前加入了满人政权。张怡：《搜闻续笔》第一卷，第19页。

210　计六奇：《明季南略》，第236—237页。

211　文秉：《甲乙事案》，第185页。

212　刘约瑟：《史可法和满洲入侵时中国的社会政治》，第134页。

213　多铎曾派了一支1000多人的部队去协助把太子带了回来。李清：《三垣笔记》"附识"下，第3—4页。

214　计六奇：《明季南略》，第232页。

215　同上书，第232—233页。

216　计六奇：《明季南略》，第233页；谈迁：《国榷》，第6216页；克劳福德：《阮大铖传》，第71页；斯特鲁弗：《南明》，第32页；恒慕义：《清代名人传略》，第196页。

217　陆圻：《纤言》，第40页；盖拉德：《南京》，第226页；谢国桢：《南明史略》，第64页；文秉：《甲乙事案》，第81页。一些材料说，福王在1648年被处死。斯特鲁弗：《南明》，第33页。清政府也一直向明皇室亲属公开表示尊敬。比如，《清世祖实录》，第55、57—58页，第二十五卷第297页；又见郑克晟：《多尔衮对满族封建化的贡献》，第8页；吴晗辑：《朝鲜李朝实录中的中国史料》，第3735页。

218　这份罗列了南明忠君者三大罪状的文告的第一部分，实际上是在11月23日公布的、多尔衮任命多铎为"定国大将军"并要求他平定南方的那份通告的一部分。《清世祖实录》第十卷，第21—22页。

219　这是在引喻周王反商的战争。

220　文秉：《甲乙事案》，第181页。

221　计六奇：《明季南略》，第236页。

222　文秉：《甲乙事案》，第185页；又见徐鼒：《小腆纪年附考》，第370页；葛万里：《钱牧斋先生遗事及年谱》，第27—28页。

223　文秉：《甲乙事案》，第186页；又见徐鼒：《小腆纪年附考》，第370页；葛万里：《钱

224 《明史》，第 4113 页；又见钱肃润：《南忠记》，第 109 页。

225 计六奇：《明季南略》，第 239 页；顾炎武：《圣安本纪》，第 29 页；顾苓：《南都死难记略》，其中随处可见；钱肃润：《南忠记》，第 109 页。

226 钱肃润：《南忠记》，第 112 页。

227 温睿临：《南疆绎史》，第 215 页；《明史》，第 3093 页。

228 同上书，第 215—216 页，龚廷祥是南京陷落时另一个著名的殉节之人。他是 1643 年的进士，在弘光政权中任内阁学士。在一封要求他儿子照顾他年迈的母亲的信中，这位学士说，有许多压力迫使他接受满族统治，但是他不会这样做，他对"国恩"的忠诚不会改变。钱肃润：《南忠记》，第 110 页。

229 朱继祚参与编纂过《三朝要典》。崇祯朝重任翰林编修，负责编写《实录》。北都陷落前，他曾在南京任礼部尚书，多铎进攻南方时，他在弘光手下又担任了同样的职务。唐王政府中他任内阁大学士，唐王被俘后，他逃回家乡莆田。后来他在鲁王政权中任职，为鲁王招募士兵，并接管了这座城镇。清军再次进攻莆田时，他被杀害。《明史》，第 3102 页。

230 江苏人蒋若来在南京陷落时逃了出来，并且组织了一支水军抵抗满人。何绍基编：《安徽通志》，第 1556 页（第一三七卷第 20 页）。

231 作为崇明岛的本地人，任户部郎中的沈廷扬以主张谷物海运而闻名。1643 年他被任命为国子监司业。在弘光皇帝手下，他的海运经验派上了大用场。他受命把漕船改为长江兵船，并负责军事物资供应。南京陷落后，他又回到崇明岛，并从海路到达舟山群岛，在那里他得到了黄斌卿的保护。唐王任命他为兵部侍郎，并让他掌管水军。鲁王也是这样做的。在鲁王逃往海上时，沈廷扬带领他的水军北上，沿长江一线进行抄袭。在鹿苑附近，他的船只在沙地搁浅，被清军俘获，因为拒绝投降而被斩首。《明史》，第 910、3117 页。

232 江西人郭维经 1633 年作为南京御史抨击了周延儒的继承人温体仁的任命，因而第一次名声大噪。在崇祯死后的继承人危机中，他支持福王，做过副都御史，南京陷落后回到家乡，后来在唐王政权中任吏部侍郎。1646 年 6 月清军进攻赣州时，唐王任命他为地方总督，掌管湖广、江西、广东、浙江和福建的军务，并派他去增援杨廷麟的 8000 先头部队。赣州失陷后，郭维经在一座寺庙中自缢身亡。《明史》，第 1521、3087、3123 页。

233 何楷是漳州镇海卫人，1625 年进士。因为他觉得魏忠贤声名狼藉，因此拒绝做官，回了家乡。崇祯朝他担任刑科给事中，弹劾了杨嗣昌，因而被调到南京，在国子监度过了一段放逐般的生活。不过，由于北京官员们的不断推荐，他再次被委以京官，只是没有能在北京落入李自成之手前及时赶到那里。福王任命何楷为户部侍郎，督理钱法。但是他没有得到足够的权力或消息以有效地发挥作用。南京陷落后，他逃到杭州，后来又跑到福建，担任唐王的户部尚书。因为与郑芝龙关系恶劣，他请求退休。在回家的路上，被一伙强盗（可能是郑芝龙派来的人）抓住，砍去了一只耳朵。漳州被清军占领后，他陷入了极度消沉的情绪中，不久就离开了人世。《明史》，第 1012、2856、3104 页（原文"漳州"皆误为"赣州"——译者）。

234 多铎的报告引自邓之诚：《骨董琐记全编》，第 399 页。

235 潘柽章和吴炎：《今乐府》，第 22—33 页。1663 年 6 月，潘柽章和吴炎在杭州作为《明史辑略》的协助编纂者被庄廷鑨列入名单而遭到逮捕，并被杀害。"赭山"引自《史记》，在那本书里，满山的落叶被描绘成赭色。这首诗在乾隆时代被禁止，在 1912 年清王朝被推翻后，这首诗重新流行开来。

# 第八章　江南的抵抗运动

> 乃清兵未至，而君相各遁，将士逃降，清之一统，指日可睹矣。至是而一二士子率乡愚以抗方张之敌，是以羊投虎，螳臂挡车，虽乌合百万，亦安用乎！然其志则可矜矣，勿以成败论可也。
>
> 计六奇：《明季南略》，第252页

从迎降的南明官僚手中接管了南京政府的大清官员发现，这座城市自身生计都很难维持，更不用说安顿一支庞大的占领军了。新任江宁（南京）巡抚毛九华向北京奏报说：

> 初改京为省，一切事务，皆属创始；而十室九空，库藏如洗，军需急如星火，料理维艰。[1]

虽然当局尚能为其在被分隔开的东北城区的部队借占到民房；但为那些在南京城外空地上放牧的军中牲畜寻找饲料，却极其困难，满汉旗军的马群，很快就把城周围60里的草地几乎都吃光了，骑兵面临马匹减员的危险。[2]

与此同时，清朝官员们还不得不供养一批南明降军的在籍官兵。当时南明卫戍部队总计有72卫，这就是说，有几百名官员和几千名士兵。除此之外，还有另一些降军，他们共包括165名各级各类军官和23.8万名士兵。这样，多铎就不得不为将近25万名北方士兵寻找粮食。³ 就像洪承畴报告的那样，每一名宿营在朝阳门和太平门的南明士兵，都作为清军新兵登记入册了，然后每月发给一担口粮。不过军粮供应很快就会告罄，那时新政权就不能不考虑是否遣散这些士兵了。不过，从某种意义上来说，这些降军的存在可以保证安全。只有到秩序充分恢复，他们已不能重新武装起来的时候，这些士兵才能被遣散回乡。然而，把他们留在军队里，又会使新政府担负起庞大的财政消耗。而且，在征服江南和更南地区时，四镇的士兵被证明还是很有用的；而这些士兵却不同，他们对清军来说毫无用处。⁴ 首先是军官过剩，许多军官又虚报兵员，造成官多兵少；其次，那些见于名簿者，也不是军纪严明的战士，看起来他们擅长的只是恫吓百姓，而不是战场拼杀："不肯安分成法，每生事好乱。"⁵

因此，令多铎左右为难的是，满族征服者手里有大量的士兵，但同时又缺乏足够的、训练有素的部队有力地控制长江下游。⁶ 像李成栋一类募兵组成的部队在进军中已经失去连连取胜的势头；而此时战斗部队变成了驻防军，负责统治江南的清朝官员们对其军阀同盟者抢劫和欺辱平民百姓的危险便格外警惕。毛九华向北京送上了一份报告，撇开其中的官样文章部分（"民嗷嗷朝不谋夕，其望大兵也，如望云霓"）不谈，我们仍然可以从中看出，统治者最关心的问题在于"地方棍徒，四起抢劫"⁷。在这样一场令人瞩目的军事胜利之后，如果他们的占领想要成功的话，大清统治者就必须避免单纯的军事行动，比如像刘良佐和李成栋一类难以管束的军阀的部队对平民的残害。他们必须转而依靠和平手段，特别是依靠地方士绅的自愿合作，以避免进一步的暴力破坏。⁸ 这些是他们宣传工作的燃眉之急，因而也是满人要求正统合法性的主要凭借。⁹

满人已经掌握在手中的,是那些把南京献给多铎的官僚们,其中最重要的是钱谦益本人。[10] 其妾柳如是强烈反对他为清政府服务。她要求他三思而行,恪守名教节义,拒绝与敌人合作。[11] 尽管钱谦益对这个建议很生气,但是他对他自己另投新主显然也有矛盾心理;当他看到被拘押在多铎军营中的弘光皇帝时,忍不住失声痛哭,在其故主面前一跪不起。[12] 但是他可以用这样的想法来安慰自己,那就是:只有他这样的大臣情愿不顾名节之累而与敌人合作,其他中国人才能得以保全。这意味着,一方面他相信投降使他能够保护那些被怀疑忠于明君的文友们;另一方面他也认为,他为非暴力平定江南付出的名誉代价其实是他自己的光荣。[13] 钱谦益和其他许多与征服者合作的南明文士,都用这种方式论证他们的变节行为,认为在这种现实情况下,他们中的一些人就不能不承受同代人一时的道德非难,以便在日后保护他们。钱谦益可能受到了一些以节操自诩的忠明分子的公开诽谤,但他一直用这样的想法安慰自己,那就是正是由于他自己甘心忍辱负重,才使毫不必要的流血得以避免,许多人的生命得以保全。[14] 对钱谦益,这种羞耻与骄傲的复杂情感还变成了一种对"以招抚江南为己任"的迷醉。[15] 他派其私人幕僚周荃去多铎那里,告诉他说吴地百姓一向驯顺,因此不需诉诸武力就可以轻而易举地平定。此后,钱谦益向多铎提供了一些可以承担江南安抚使命的文士姓名。[16]

从1645年6月12日开始,300多名南明官员被任命在江南担任职务,而且这批行政官员中的掌权者,不是属于赵之龙一派,就是属于钱谦益一派。[17] 他们随即就和各个江南中心城市的士绅领袖取得了联系。他们以钱谦益专门选定的"天与人归"为口号。他们许诺去阻止清军屠刀之下的成千上万的汉人被杀死,但前提是这些地方士绅必须保证老百姓的归顺,把赋税和户口的簿册交给新政府的使臣。[18] 正当一些大使被派往苏州和松江等要地收取赋税户口簿册时,钱谦益一伙发出了精心谋划的呼吁,要求江南士绅共同分担维持公共秩序的社会义务。比如,在上海,那里的沿海乡村遭到了海盗潘复的劫掠,为清朝接管行政的那些官员向这个地区的乡绅明确指出,新的秩序需要合作性的自卫。在召集起那些长老和宗族首领之后,那些清朝的合作者又特别强调,他们的社会义务就是使那些制造混乱的人归顺当局统治者。[19]

乡绅们的矛盾心理

就某种程度而言,所有乡绅在社会秩序的稳定中都会得到好处。然而,在从特定阶级利益角度考虑通过与新政府积极合作而维持法律和秩序的同时,这些乡绅却仍然保持着他们忠于前朝的传统,因为那个王朝使乡绅处于很高的社会地位之上。[20]

表达这种忠诚,并在同时解决社会利益和个人信仰之间的这种冲突,一个办法就是献出个人的生命。因为江南是士大夫最为集中的地区,因此在1644年这里的自杀现象非常之多。[21]几百名当地的士大夫当听到崇祯皇帝的死讯时,用投水、绝食、自焚、上吊等形式殉节。[22]这个省的地方志里的一份材料很有代表性:

> 许琰,字玉重,长洲诸生。甲申闻闽贼变,大恸哀。诏至,跃入胥江,家人驰救之,遂绝粒。遗诗云:忠魂誓向天门哭,立请神兵扫贼氛。[23]

不时有这种情况:整整一个家庭都采用这种方式自杀了。一个亲人自杀了,那么父亲、兄弟或儿子的死亡,便又以新的悲痛刺激了其他家庭成员。他们不论是出于公或私的考虑,都会立即自杀。在一个事件中,13名家人都是在这种情况下自杀的。[24]经常地,有一个立誓必死的家长安排这种自杀行为,有时是把全家人锁在住宅中,然后放火把房子点着。

在华亭的一个事件里，一个执意要死的士大夫，让16名家庭成员一个接一个跳进了家里的水井，最后他自己跳到这些尸体上，也死了。[25]

集体自杀也发生在家庭以外。一个特别狂热的文士可能会决定自杀，而他的榜样又会鼓舞其他的人。当一个叫许王家的漳州年轻诸生听到皇帝的死讯时，他穿上学子的服装跳进了河里，其他人立即加以仿效。[26]有时士大夫也采取很平静的死法。一个很知名的文人，听到李自成占领了首都以后，便穿上他的儒服，从此不吃不喝；此后的日子里，朋友、亲戚、同仁和学生们怀着敬意围坐在这位庄重的老学者身边，他一言不发，慢慢离开了人间。[27]另外的人们则采取了更为冲动和更为壮观的做法，跑到附近的孔庙，或庄严地焚烧他们的学人袍服，或在殿壁上写下一首剖白忠贞的诗句，然后自杀而亡。[28]有记载的殉难者除极少的例外都是士大夫。[29]这种对灭亡了的王朝坚定不移的责任感，显然是社会地位所赋予的责任，而不仅仅是一个个人良知的问题。[30]

尽管这个时候有些人因为供养父母的考虑而没有自杀，但是像这样的自我牺牲，其道德意义是明确无误的。另一方面，成为勤王者并投入武装抗清活动，也是士大夫的一种政治和道义上的报恩之举。因为这些忠君之士反抗中央统治，因此他们很容易被混淆成农民起义军。与此同时，他们还把各种无法无天的人吸收到队伍中来了，士大夫本来是最怕这种人的。时间一长，这些忠君的文人发现，他们自己处在一群与之没有共同价值观念，也不能容忍其行为的人中间了。[31]

清朝统治者显然很喜欢强调忠君分子队伍的社会成分乌七八糟，尽管这些官员完全知道强盗与义军两者之间的区别。[32]政府公文照例把忠君义士称作"土匪"或是"强盗"，清朝官吏常常指责义军的士大夫领导人把命运交给了下层盗匪。忠君分子对此有过回答。一个出身官僚家庭的广东学士马应房，在被捕后受到清朝的一个刑部官员的审问："若父为太守，若为诸生，何敢作贼？"这位忠君之士曾经帮助广东的义军领导人陈邦彦组织了一支土匪军队，他并不想否认他与一群亡命之徒有过联系。[33] 不仅如此，他还回答道：书生空拳，非藉彼事不集。独不见文丞相招合峒蛮，岳武穆指挥杨么军乎？[34]

这个时代确实需要像马应房这样的人，即擅长驾驭指挥那些市井无赖和雇佣军的热诚的文人。[35] 有时，这样的人出现在失意者之中。比如，1645 年 6 月在浙江北部嘉兴抗清力量的领导人就是一个叫作张叔菴的未得朝廷任用的诸生。他嗜酒性烈，在清军占领之前，一直是许多为谷物和财产权而械斗的"乡党"首领。张叔菴生性暴烈，甚至威胁到了他周围的那些人；但是在他的地方武装被打败以后，他没有逃避逮捕而赴死遇难，因此他一直受到人们的称赞。[36] 即使是在包括了各地各种队伍的乡村抵抗力量高层领导人中，也仍然需要这样的人，其学识的力量足以协调各个独立文人集团，其体魄膂力又足以震慑那些下层分子，把他们召纳为部属。比如，1646 年广东抵抗力量的一个关键人物是明代的举人和前阁部侍郎黎遂球。记载广东忠义之士的材料屡屡提到一个又一个由黎遂球推荐任职的人。他本人是这个省四个享有盛名的文人团体的成员：南园诗社，宗仰骆宾王的番禺区文人团体，文社和白云山诗社。[37] 就像黎遂球把许多不同的文人团体集中在一起以保卫唐王一样，他亲自从广东海盗中为苏观生在江西南部的防线招募了一支援军。1646 年 10 月 6 日赣州失陷时，他和这些人一起战死在那里。[38]

实际上，对于一个"领导"着一个抵抗运动的忠君文人来说，他常常会突然发现他招募到的士兵实际上不过是一些脱离了百姓生活的、因无以为生而铤而走险的罪犯。[39] 太湖地区的忠君之士要求杨廷枢加入他们的起义时，他问他们怎样得到给养，他们回答说"取自百姓"。杨廷枢说："那样的话，你们就是强盗，那还有什么正义可言？"[40]

在这两个不同的事例中，我们看到了这些士大夫对最容易加入勤王运动的这一类人的矛盾心理。一方面，因为"文人赤手空拳"，只能靠忠诚和正义的信念去指导这种与下层人的联盟。而在另一方面，这些文人很快就失望地发现，这些近乎罪犯和强盗的人蔑视那些有教养的学人，以及他们所珍视的社会良知，[41]因为他们不是为了忠君的信仰。因此，作为农民保护人的士大夫的理想化的责任，使他们在原则上不愿与那些无法无天的人结为联盟，他们总是把这种人看成是定居的农耕社会中靠抢劫为生的强盗。而且因为许多地方乡绅强烈地感受到了这种责任，因此，他们很容易响应新政府的呼吁，以避免把自己及其举措与一种匪盗横行的状况联系起来。[42]当然，这些士大夫同时也懂得农民制造社会动乱的能力，特别是在江南这样的地区，由于不断地社会分化，社会上下层之间存在着彼此冲突的可能。[43]

江南地区的经济分化

在中晚明时期，农业的商业化，相应伴随着一种复杂动荡的社会状态的出现。[44]在经济上，随着地主和佃户将维持生计的谷物收成变为植棉、养鱼和橘园、桑园的经营与茶树的种植，新的农业形式在江南开始产生了。[45]新的农业管理技术发展了，常常需要使用雇工或是有人身依附性质的劳动力。[46]这种管理农业的新形式要求更多的资本投资，特别是要用于灌溉，并且日益集中在管理地主手中。[47]然而，改善农业技术的所需成本，绝不是导致土地集中的主要原因。如果一个农家变成了"富户"（这常常是依靠经商和公职来取得的），那么，与不够富裕发达的人家相比，它就更容易保护他的家族免遭赋税之苦。[48]这在明后期江南赋税变得十分沉重时，是尤为重要的。[49]因为当地方的总的赋税负担增加时，那些在当地有政治影响的人家便可以通过乡绅的掩庇或通过里甲制度来虚报土地。[50]1567年，南直隶长官上报说，在苏州、松江、长洲和靖江四个府县，有1995470亩土地是托名假冒的，有3315560亩土地在许多里甲中被以欺骗手段分割开来。[51]这种逃避了赋税的农业经营，显然可以使用更多手段应付自然灾害。比如，在1589年嘉兴地区的大旱中，这个地区一半以上的农民或是离开了土地，或是将其土地交给那些富户，自己则变成他们的"客"或佃农。越来越多的土地开始集中到富裕的地主的手中。[52]

这些土地所有者中的许多人也是官僚集团成员，他们可以利用免役权使其财产免征赋税。在农村土地资源的竞争中，这个社会阶层——在16世纪它被叫作"乡绅"——取代了在明初负责收税、分配徭役、决定司法、管理灌溉的粮长的位置。[53] 在15世纪30年代南直隶巡抚周忱的赋税改革以后，粮长在地方长官那里失去了一些他们的权势和威望，但是他们仍然是在乡村居住的"处士"，收买土地，高利盘剥。[54] 作为深深扎根于乡村社会的当地居民，这些处士粮长在理想上是宽仁的家长式的。[55] 在嘉靖时期，有一段时间曾经是终身任命、父终子继的粮长，开始变成轮流承担的职务，常常指定大地主担任。[56] 这样当处士失去他们在本土的半官方地位时，官僚乡绅就越来越可以使用他们的免役权，使其土地免征赋税。而且因为他们大都住在城里，因此和处士不同的是，他们对他们的佃户和劳动力很少感到有家长式义务，这就可能导致了晚明时期阶级冲突的加剧。[57] 不过，许多乡绅，特别是那些致仕官僚，仍然生活在自己的田庄中，极认真地执行他们作为"士隐"的责任，帮助解决一些公共问题。[58]

江南大土地所有者的田庄，常常是一些十分多样化的产业，把畜牧（鱼、家禽、猪的饲养）和园林（漆树、蔬菜和桑林的种植）结为一体。[59] 到明代晚期，一个新现象业已出现，这就是士大夫官僚成了田庄经济的管理人。当时的很多材料表明，那些官僚从官场致仕归乡后，就专事农业管理；培育新的谷物，分派各种农活，督责女仆纺绩。[60] 家仆开始被认为是一种投资形式；我们也看到很多材料说，那些父辈的乡绅要儿子好好供养那些雇工和合同工们吃喝，以使他们能好好干活。[61] 退休的地方长官们现在发现，亲自管理家仆秋收，指挥他们建造房屋和整修水利，是没有什么不体面的。[62] 就像当地的一位贵妇人提醒她丈夫的话：你既然已身无官事，那么就该专心家事了。[63] 尽管这种农业管理趋于一种半庄园制度，甚至它还包括了直接由大地主经营的以牟利为目的的手工作坊，但是对中等和富裕的农民来说，还是有机会专务于土地的。[64] 常常是丈夫耕作，妻子蚕织。实际上，在晚明对妇女的日益重视（显然这也与她们文化知识的增长有关），可能反映了她们新的、更为重要的经济作用——许多时候她们为家庭带来的副业收入，要远远高出土地正常耕作所带来的收入。[65] 这样的家庭可以从丝棉制品不断上涨的价格中获利，因此，许多中等农民家庭在这个时期变成了富裕农民家庭，甚至成了管理地主。[66] 自然，从小的地产扩展为大土地经营，依靠的是充分的劳动力，他们在明的中晚期也在增加。这种劳动力大军增加的一个原因，就是土地价格的提高已经超出了贫困农民所能承受的能力，他们常常沦为奴隶或是流入城市。[67]

在江南，由于越来越多的土地改种像棉花这样的赚钱作物，由于不在本地居住的地主取代了当地曾经负责水利维修的粮长，因此，用于水稻种植的灌溉渠道因为无人过问而干涸了。[68] 尽管明末清初的许多文人强调恢复这些水利设施的重要性，但是在一些地区让农民回到以前水稻种植的旧方式上去，实际上是不可能的。一旦土地用于种植棉花，那么就很难重新种上水稻。首先，这对于长江下游的老百姓来说并不能造成问题，因为，他们直接使用原棉销售的更大利润，从其他像湖南这样的省份输入大米。[69] 而且，地租和赋税以银两交付，增加了自耕农和农民对用于保有土地和支付地租的现金的需求。不过，在万历时期（1573—1619年），原棉价格开始下跌。部分地作为它的结果，是江南农民越来越多地转向手工制品——或是通过生产组织，或是直接为迅速扩大的城市市场生产商品。[70]

到明末期，江南开始向北方输出棉布以换取那里的原棉。[71] 松江这样的重要棉花中心，到处都是熙熙攘攘的来自湖广、两广和江西的长途贩运商人——他们很多雇用保镖护送，每年都要买卖价值成千上万银两的标布（最高级的棉织布）。[72] 他们及其同行在苏州丝织市场上贩卖的这种棉布遍及中国，并产生了新的消费习惯和穿着需求，也使得棉布商人们大发横财。[73]

16世纪和17世纪社会的中等阶层因商业和土地收益上升而壮大起来，增加了人们对那些最富裕者的嫉妒（因为到目前为止在这个较具流动性的社会中还没有超越出它的限度），也助长了他们用财富炫耀来把其他人从社会最高层次排挤出去的强烈要求。[74] 至少当时的人确实越来越感到，社会不仅应区分出穷和富，而且应当区分出特别富裕和一般富裕。[75] 根据17世纪30年代的记载，缙绅豪右之家也分成各种等级，"大家"拥有的财富价值在1000万两白银的家产，"中家"约100万两（就像《明史》说的那样），而以万计者不可枚举。[76]

社会依附关系

在上等阶层和中等阶层之下的是穷人和奴仆，他们中的很多人合法地或是不合法地依附于特别富裕的和有权势的人。在晚明时期有许多种不同的依附关系，这因地而异。

在北方，"家丁"可能源于明初的世袭占有形式，还可上溯到元朝户籍制度的影响。在明朝初期，战俘或罪犯一旦被记入"铁册"就要交给得胜的将领，或是被编入其部队，或是成为其田庄中的劳动力。这些人的身份于是就用这种法定形式固定下来，而且不能与自己阶层之外的人通婚。尽管这种奴属制度在洪武政权晚期有所松动，但是在永乐皇帝时期又得到了加强，他把那些抵制他夺权的人黜之为奴，并由其子继之为奴。[77] 尽管这种世袭形式的依附关系在万历政权末又复松动，但是在晚明我们同时又看到沿北方边界私人军队的兴起，这种军队的士兵具有"家丁"这样的半农奴身份，按照习惯依附于其将领。由于来自正规军的职业士兵团体不再由一个指挥官移交给另一个指挥官（从理论上讲这首先就形成了世袭军人），这种"家丁"制度（在清初被叫作"役使兵丁"）又得到了加强。实际上，到17世纪中叶，在像山东这样的省份，"家丁"一词也用于指称豪强的私兵，那里的乡绅住在有人守卫的寨子和设防的村堡里。[78]

另一方面，在中国中部和南部依附关系形式更为复杂。[79]那里的依附关系，在一省与另一省之间可能表现得不同，甚至一个县与另一个县之间也不同。[80]当然，这种差异也不是绝对的。[81]尽管在自由人和奴仆之间——在向国家交纳赋税的农民土地所有者与"世仆"或世袭农奴之间有本质的不同，但在这两个极端之间，依然存在着自由与奴役程度各自不同的中间层次。[82]比如，租佃有许多种形式，在永久租佃权方面和契约与货币化的程度方面互相就有相当的区别。宋代，在"随田佃客"制度下，佃客差不多真的"跟着土地走"，他们附属于耕地，由一个地主卖给另一个地主。[83]在晚明，长江下游地区的佃客在土地出卖时也仍然附属于土地上，但这常常是对佃客最有利的。在"一田两主"的协议中，土地被分成两部分。田面由佃客耕种，而田底所有权属于支付赋税的土地主人。因此，一个新的地主可以购买田底，但是佃客耕种的田面却不能收回，只要他按时交租。这样从理论上讲，佃客是一种"租户"，他们对田底所有者根据契约性协议使用其田产。实际上所谓的"佃客"，自己常常也变成了出租者，接着又把田面使用权转给实际耕作土地的第三者。[84]而且，一个佃户可以签订一种同时包括现金支付和劳动义务的合同。[85]这样，对土地所有者的个人依附关系，与根据商业性和契约性直接现金支付换取的租佃权之间的差别，便混淆不清了。佃户的契约上可能详细说明了，承租者既要交纳现金地租，又要在结婚和一些喜庆场合提供某种劳役。[86]

在"投靠"（依附于乡绅大族以求得保护）这种形式下，佃户的私人依附关系变得更为强化。如果一个农民交不起赋税，他就可以把原用

第八章 江南的抵抗运动　399

于交纳赋税的钱物以及地产所有权交给当地某个新的乡绅——庠生,庠生身份可以免除赋税。[87]具有这种官方身份的人便可以在赋税册中把那块土地勾销,接受那块土地的地租,而对这块土地的旧日所有者(现在是他的佃户)来说,较之早先不得不交纳的赋税,他们也轻松了许多。因此,"投靠"的基本意思,是为获得某个官僚的保护而交出他的土地和劳动。[88]这就是顾炎武在叙述江南的穷苦农民是如何寻求乡绅保护时使用的这个词的意思:"今江南士大夫多有此风,一登仕籍,此辈竞来门下,谓之投靠,多者亦至千人。"[89]

因为"投靠"意味着寻求一个身在官籍的乡绅家族的保护,因此它与简单地自卖为奴有些不同。后者被叫作"卖身",在此依附于另一个人是以提供食宿为交换条件的。"投靠"常常意味着财产所有权的转移,"卖身"则代表劳动的支付。[90]

除了这些奴役形式之外,在农村还存在着自由的劳动力市场。在收获季节,有小块土地的农民常常去做"忙工"。不过这里在农工和奴仆之间也存在着过渡的中间类型——从自由雇用的劳力直到某些形式的奴隶。一般说来,一个人为雇主干活的时间越长,奴役的程度就越深。短工是根据日工作量来支付工钱的。[91]根据1588年的一个法令,短工被认为是良民,因此应以自愿方式按计件或计时方法签订合同。[92]另一方面,对长工要支付收获物的一部分。像农奴一样,他们在法律上被认为是"贱民",不能和一般老百姓结婚,不能参加科举考试,而且在犯下同样罪过时比平民量刑更为严酷。[93]

因此,在半永久性长工与永久性的世仆之间的法律区别并不清晰。[94]而且,"世仆"更为可能依附于最早雇用他们做家内劳动力的家庭。在1397年以后,实际上,在法律禁止非官僚家庭占有农奴以后,收养开始成为一种变相的依附关系,许多"世仆"原来是一些孩子,被他们穷苦的父母卖给了那些愿意收养他们的富有大族人家。[95]这样的"世仆"改从主姓,甚至有时还被列为家族的成员,不能与同姓的家族成员结婚。他们的主人拥有法律权力惩罚那些用来做家仆或一般的田地劳动力、歌伎和舞伎的"世仆"。[96]在15世纪30、40年代，当从金陵（南京）迁都北京以后，自卖为奴做"义男"或做"仆"的情况看来大为增加了。[97]因为进贡谷物要在大运河上运输，江南的土地所有者开始被迫提供徭役，在1471年以后他们又不得不支付军队运输的费用。日益增长的徭役或徭役的折纳，沉重地落在了江南土地所有者的肩上，他们随即就投奔豪绅成为贱民，以逃避这种赋税。到17世纪，江南的一些地区几乎没有自由民了，而富有的大户人家甚至使家奴来充当歌童、嬖童和乐手。[98]

"世仆"的实际状态看来有很大的不同。[99]在一些地区，像休宁（安徽）地区，他们几乎是一个亚种姓，比起此地那些贵族商人家族，他们皮肤黝黑，身材矮小。[100]即使在那里，役使的原因和服务的内容也相当地不同。一些契约规定了人们有从奴仆或佃客身份中脱身的权利。而在徽州，对"仆"的成规则使之处于永久的奴役之中，并在实际上使之成为田庄中的世袭劳力，作为贱民而无法从田庄脱身。[101]有的甚至到了这种程度：主人——常常是一个家族而不是一个个人——可以把他们从家中拉出来像牲口一样卖掉。[102]在另一些地区，"世仆"则有了半独立的身份，常常替主人担任管事或庄头。[103]就像是宫廷太监的小小缩影一样，这些"豪奴"通晓了主人的事务，因而他们为主人所倚仗，权势熏人。[104]石县富绅吴养春的家奴吴荣就是如此。当他被告发侵吞田庄钱财时，他就逃到了北京，投靠了魏忠贤，并加入了皇帝秘密警察组织锦衣卫。因为他了解主人的财产隐私，便利用这个有权势的地位从吴养春那里敲诈了60万两白银。晚明时期，在张溥（复社的创始人）叔父的管家和画家董其昌儿子的世仆那里，也发生了同类的著名事件。[105]

第八章 江南的抵抗运动　401

阶级矛盾

有钱有势的家奴，是大多数田庄依附人中的例外。无论如何，他们的个人权势，或是假其主人名义的敲诈行为，只是对他们奴役地位的可怜补偿。而且，如果17世纪的材料是可信的话，那么江南乡村人口的20%—30%，已经通过"卖身"或"投靠"的方式，而依附了富户人家。[106] 其他农民成了富人的佃户，而且根据同样的材料，在满人征服时期，社会上下层之间存在着严重的潜在阶级冲突。城中大户和乡村佃农相视若仇敌。[107] 至少在万历时期这种敌对关系一直在发展，那个时代的许多作者常常把16世纪初平静的时期与17世纪强弱两分和百姓相互争产骗财时候的经济斗争进行比较。[108] 中介性市场城镇的扩大给乡村穷人提供了更为自由的城市环境，在那里他们成了"市井之徒"——用士大夫的语言来说。城镇中的享乐消遣活动，也引起了对中上层富裕阶级的嫉恨。[109] 因此，特别是在中国的中部和南部，晚明时期出现了大量的事例，说那些佃户们聚集在集市上，纪念15世纪福建人的起义及其领袖邓茂七，并且继承了他的旗号——铲平王。[110]

> 皆僭号铲平王，谓铲王仆贵贱贫富而平之也。诸佃各袭主人衣冠，入高门，分据其宅，发仓廪散之，缚其主于柱，加鞭笞焉。每群饮则命主跪而酌酒，抽其颊数之曰："均人也，奈何以奴呼我！今而后得反之也"。[111]

在其他一些平均主义色彩不太强烈的事例中，则是市民们聚众抗议稻米的囤积、谷物的倒卖以及大秤小斗一类欺诈手段。[112] 1624年在广东，市民殴打了那些囤积者，并且抢走了他们的谷物。1640年在吴江，紧跟着谷价上涨之后，一个姓朱的和尚发起了一个叫作"打米"的运动，几乎波及这个县的所有村庄。上百人聚集起来挨门挨户地向富贵人家索要粮食。达到了要求，便放过这家人；若被拒绝了，他们就会捣毁富人的田庄，分掉他们的粮食。[113]在饥荒年景，当佃户们抗议交纳贡物（新婚礼品、新年肉货、冬日祭物等等）并且认为地租太高时，这种骚乱也会出现。[114]在吴江地区，1638年蝗灾过后的那个冬天里，太湖沿岸30多个乡村达成协议，参加者先签名和祭祖，然后画押宣誓，当那些代理人替住在外地的地主来此收租时，这些佃户皆不交纳。[115]

在许多类似事例中，抗议运动组织得很好。在中国南方出现的这种"义约"叫作"纲"，这是一个常常用来称呼手工艺人行会的字眼。由于遭到皇帝特令禁止，许多这些组织就像19世纪广东的秘密社团一样，变成了半军事化的秘密组织，人们把它叫作"都"，有大小头目来领导。在中国北方，同类的原始武装有时叫作"会"，它可能模仿了富商的"会馆"（用于同乡人落脚的地方）。[116]尽管这些团体常常容易与土匪团伙混淆，但是他们中的很多组织显然是由一些"贤士"领导的，他们代表着连许多上层人士也会认为正当的要求。比如，在晚明的一次骚乱中，佃户们闯进当地地主的房院，要求在饥荒时开仓赈济、散发其一部分财物，把庞大的田庄割成小块降低地租、免除佃户过重的劳役，而且佃农们要有一小块自己的土地去耕作。[117]在另一次事件中，江西瑞金的暴动者要求永久的租佃权，"其所耕之田，田主有易姓，而佃夫无易人，永为世业"[118]。

在17世纪20年代，下层社会和"义绅"经常地联合起来，共同抵制中央政府以保卫城市特权。1626年的苏州暴动便是这种社会统一战线的最有名的事件。[119]在17世纪30到40年代由于社会上下层之间冲突更加尖锐化，所以士绅更加迫切地需要加强上下层之间的这种联盟。江南结为一体的乡绅家族，敏锐地觉察到维持亲族关系这种基本社会联系稳定的必要性，[120]而且还要通过公共救济、自卫组织和其他乡绅领导的为社会从属者提供福利的各种团体，把乡村和城区组织起来，缩短社会上下层之间的距离。[121]在江南的省地方志中，有很多这种温情脉脉而

第八章 江南的抵抗运动 403

又有约束力的家长式统治的事例。[122] 比如上海的张淇效仿范文正规划义庄，置义田千亩以赡族人。[123] 来自华亭的大城市士绅卫濂为"宗族及乡之贫者"建造了一座义庄。[124] 青阳地区一个官吏的儿子王之璘在1627年为他的家族建立了义田，后来又建立了义学和义仓，"巢谷助赈"。[125] 人们可以举出上百个乡绅赞助慈善团体建筑桥梁、修建庙宇，在横跨江南的众多水道上设立摆渡服务的事例。[126] 所有这些不断出现的努力，其目的是缩短贫富差距，以使一地的人们彼此紧密地联系起来。在这种社会各个阶层共同协作的氛围下，乡兵也被组织起来，以共同保卫家园。比如前面刚刚提到的王之璘，后来组织了一支由他自己家庭出钱资助的民兵，"募壮勇婴城固守，邑赖以全"。[127]

当然，乡绅们对各阶层协作的积极努力也表明它的局限。[128] 因为反对残酷的经济剥削，因此一部分可能受了王阳明思想（特别是其泰州学派）影响的城市士大夫，一直拥护平民百姓的主张，并且抨击富人剥削穷人。[129] 1636年李进对江南乡绅的抨击和向长江下游富裕地主征税的呼吁，可能就是受到了这种理想精神的影响。[130] 但是那些乡绅的家长式统治的拥护者们，也有他们自己的理论根据。在随后举行的朝廷辩论中，李进的主要对手是内阁大学士钱士升，他是嘉善（浙江）乡绅领袖；家道富裕的钱士升认为乡绅是百姓生活的来源，也是防范起义的第一道防线。钱士升与官僚袁黄结为姻亲。袁黄曾致力道家功过的复兴，并鼓吹三教（道、佛、儒）融合是向社会下层灌输儒教的途径。[131] 袁黄和钱士升都极力强调通过教导奴仆佃户尊敬主人，明辨"是非"，从而严密地控制他们的重要性。由此可知，到了17世纪30年代晚期，中国乡绅阶级的一部分人鼓吹更为僵硬保守的儒家家长统治理论，以对抗儒家的民本主义。[132]

像钱士升这样住在县城的嘉善乡绅上层人士，能够与下层乡绅和那些留在乡下为他们收租的村长们组成稳定的联盟。[133] 但是在江南的其他地区，乡绅们的促进有组织的各阶层合作和家长式统治秩序的努力，在农村并不是十分有效的。当时中国的经济危机的恶性影响破坏了他们的企图。对外贸易的下降意味着白银输入的减少，紧接着就是相对于铜币而言的可怕的白银通货紧缩。在江南，1638—1640 年之间的铜币贬值 44%，在 1640—1646 年之间又贬值 6%。[134] 同时，纺织品的需求量在江南急剧下降，因为那个地区与内地的大量贸易关系被切断了，而且与日本、马尼拉、马六甲的贸易实际上处于停顿状态。在 1642 年到 1644 年的松江地区，棉花的平均价格只相当于正常价格的 1/8。[135] 因为松江地区一半的贸易收入来自纺织业。因此那里的一般人已买不起当时以每担二两银子出售的稻米了。[136] 但江南东部的稻米生产早已不能自给自足，因此这里的老百姓完全依赖于稻米的输入。如万历时期的一份地方志所言：

> 县不产米，仰食四方。夏麦方熟，秋禾既登，商人载米而来者，舳舻相衔也。中人之家，朝炊夕爨，负米而入者，项背相望也。倘令金鼓一震，矢石交加，城门十日不启，饥人号呼，得不自乱乎？[137]

由于苏州陷入了当时的经济危机，许多私人房屋或是空了出来，或是被卖掉；上海地区——它常常被称为小苏州——也出现了可怕的饥荒现象。[138]1641 年一个上海的学者写道，这个地区的百姓易子而食，或是挖尸蒸吃。自从棉布商人绝迹以后，松江的百姓只能坐以待毙。[139]

农奴暴动

在 1643 年到 1644 年之间的秋冬时分，由于在湖广和江西的张献忠部队切断了向长江下游的稻米航运，局势变得更为严重了。[140] 接踵而来的春季和夏季又遭到干旱的蹂躏，松江地区的所有水井都干涸了。当崇祯皇帝遇难和北京被李自成攻陷的消息传到长江下游地区时，米价几乎上涨了四倍。[141]

神父何大化（Antonio Gouvea）在他给大主教的年信中讲述了随后在上海附近地区发生的事情：

> 这个城市的农民全是或几乎全是那些致仕官僚和社会地位很高的文人们的农奴，他们耕种其土地以获得一份粮食。在城里和乡下有千万这样的人。现在他们知道，皇帝没有了。由于南京当时还没有人称帝，他们便组成一支几千人的队伍，向他们的主人索要自己的奴契。因为中央政府已经陷落，他们也解放了。在乡下，他们拿起兵器冲向地主，杀死主人，抢劫财产，肆意侮辱，无所不为。没有任何士兵来弹压他们，因为城市里的长官已经结束了他的使命，而新的官员还没有到来。在农村举行起义后，他们又派人对那些官吏和文人们说，他们应该立即给他们废奴为良的证明，否则，他们就会在7月18日那一天破城而入，毫不留情地杀尽一切。尽管在城里有几千人和最有权势的致仕官僚，但是没有人挺身出来进行防守，他们只是简单地等待进攻——这就是中国的政治。到了预定的那一天，起义者从敞开的城门进入城市，捣毁大户的房屋，砸烂大门，蜂拥而入，鞭打脚踢，拿走他们想要的东西。那些斥责或劝说他们的人也受到鞭打和侮辱，在他们中间有我们保罗·克劳（即徐光启）的记忆力非凡的二儿子。[142]

上海的农奴起义，是长江下游地区众多暴动中的一个典型事件。在长江下游，富户的家仆和佃农们联合起来，进攻他们主人的房院，要求归还他们的奴契佃约，并且抢夺粮食。[143]

明王朝的陷落，似乎预示着社会秩序的变动——或者至少是生活的暂时更新，一个新的开始，因而也是一个清扫社会的时机。[144] 就像

1645年在黟县（安徽）的农奴起义中宋乞的追随者们说的那样："君主已变，主人当变仆人，主仆当兄弟相称。"[145] 从进攻富人宅院索回"卖身文约"开始，农奴的起义联合了"佃兵"一道用暴力打击乡绅权贵。当乡绅逃进了城镇时，农村的贫苦百姓就去焚烧富人的园舍，打开了他们的仓库。在这个时期，许多佃农逃离了土地，加入了那些活跃在中国中部和南部的啸聚而成的军队。[146]

因为江南东部的起义从一个村庄蔓延到另一个村庄，当地的乡绅转向南明政权请求帮助，镇压暴动。因为新的政府很快在南京建立起来，因此那些忠君的官僚们眼下就可以把各种社会力量组织在一起。苏松地区的军事将领在一个叫作南翔的地方镇压了20股或者更多的起义军。兵备道祁彪佳要求村长们严格执行"保甲"制度，同时撤换了那些软弱无能的当地官员，加强当地的保卫措施。[147] 在1644年到1645年间的冬季，难得的安宁又降临到这个地区，佃农和农奴停止了骚动。但是就在上海北面的崇明岛上，麻子顾三领导的海盗人数增加了，当地的土匪变得更为猖獗，因而乡绅们加强了他们的卫兵力量。[148] 然而，乡绅们的"看门狗"又反过来咬他们的主人。太仓地区一个姓名不详的乡绅描述了沿海城镇沙溪流氓"乡兵"的情况：

> 吾镇即有乡兵，即"无赖子"之"乌龙会"也，自崇祯帝晏驾北都信确，里有點桀者数人，收集党羽，名"乌龙会"。虽市井卖菜佣人奴不肖，但有拳勇斗狠，即收名庑下，衣食之；遇孱弱，即啮之，必见骨。[149]

这些"乡兵"确实有点正规军的样子。但是大多数真正的士兵属于乡村劳动力中最贫穷的阶层，再加上城镇的茶叶店员们。乌龙会并没有广泛的社会联系，但这个无法无天的军事团伙的几个头目是乡绅最害怕的那种人。其头目之一俞伯祥，是一个世代依附于王氏家族的农奴。另一个首领陈孟调是徐氏家族的一个家仆，他与几个家人都加入了这个组织，起因则是与另一个家族的婚姻纠纷。[150]

对于江南安分守己的百姓来说，这是些很难令人放心的组织。当南明军队崩溃的消息传来时，太仓的农奴再次造反，乌龙会的领导人俞伯祥宣布说，他将要废除世袭为奴的制度，农奴应该只让自愿投靠的人去做。[151] 随着抢劫和暴力行为的蔓延，随着太仓东部乡民聚众千人掠杀主人，这种混乱甚至也波及到了一些城市。

> 大兵渡江，锋焰遂起。五月十二日（6月7日）闻信，十四日即数百人执兵，其魁装束如天神，鸣锣呐喊，铳声四起，游行街中，民惶怖伏，竟夜不安枕。翌日，即要诸大姓金帛，诸大姓不即应，以危言相撼，声言某日劫某姓，先舣舟自匿其妻子，借此煽人。十七夜三鼓，民方寝息，忽号于市曰："东有数百人至矣！各执兵，欲焚市矣！"于是人人各从梦中惊起，抱儿女，携囊袱，啼哭四奔。[152]

这次进攻原来是一场虚惊。但是两天以后，数百强徒真的进攻了沙溪，杀死不少富裕人家，这使此地乡绅和亚麻富商相信，任何秩序都要强于这种社会混乱。[153] 当清朝官员来到这里索取州县人口和赋税簿籍时，这些账簿便被交了出来，而且新的地方长官受到了欢迎。[154] 在由于与李自成合作而被南明政府定为逆罪的前都御史时敏的帮助下，沙溪的富户人家得以平定乌龙会，逮捕并绞死了它的几个领导人。[155]

合作恢复秩序

在无锡和苏州地区，"与人为善"的城市头面人物与清政府之间的类似合作也得到了迅速发展。在无锡，东林党的一位创始人的侄子顾杲，

晚明李流芳所绘扇面（作于1624年）

晚明董其昌所绘山水画

绘于明朝晚期的世界地图（耶稣会会士作于17世纪初）

史可法像（选自清乾隆年间《历代名臣像解》）

利玛窦像（Emmanuel Pereira 作于 1610 年）

南明弘光通宝

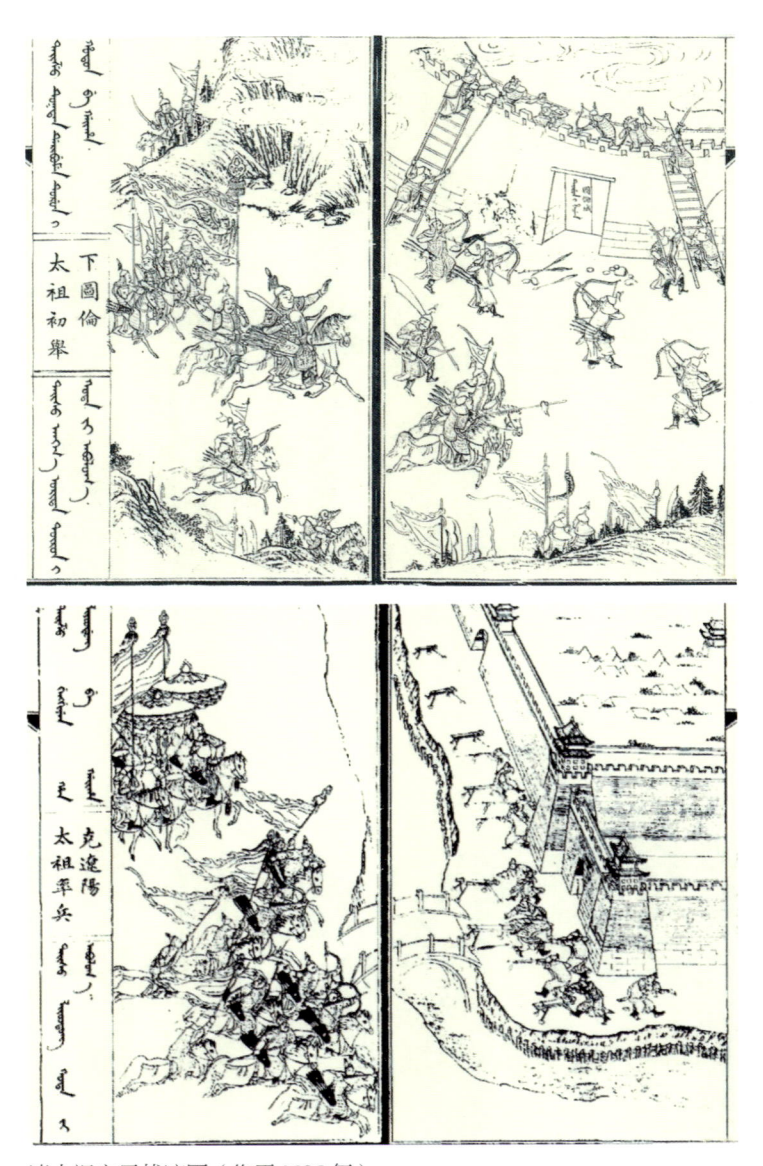

清太祖实录战迹图（作于 1636 年）

清世祖顺治皇帝朝服像（作于 17 世纪）

多尔衮像（作于 17 世纪）

清初剃发易服令实施场景（Johan Nieuhof 作于 1655 年）

汤若望像（Athanasius Kircher 作于 1667 年）

曾因为阮大铖的命令而被逮捕，刚刚从南京监禁中跑了回来，尽管他想招募乡兵抵抗清人，但是城市的长老和乡绅们已经先走了一步，收集了所有的赋税和人口账簿，交给在常州新掌权的清朝当局。当顾杲沿途招募合作者时，他们告诉周围那些不知实情的乡军头目说，他是一个强盗。农民当即杀死了这位著名的文人。尽管他们很快就知道他们杀死的是怎样一个英烈之士，并为此而后悔，但是，这时这座城市已经处于清政府的严厉统治之下了。[156] 在苏州，一个叫作张悌的下层地主确实组织了一支复明的"叛党"，但是当有传闻说太湖的匪寇要攻城时，富有的城镇乡绅领袖和乡兵头目叶茂华便把这座城市交给了新王朝的代表，并且因为"倡言百姓归顺"而受到了官方的褒奖。[157]

受理叶茂华投降事务的清朝官吏是钱谦益的朋友黄家鼒，当他入城时，受到了所有"大姓"的烧香欢迎。[158] 就像清朝的其他招抚大员一样，黄家鼒的任务是解决当地乡绅投降问题，并且作为交换，允许他们继续控制这个地区，并允诺对此地提供新朝满汉军队的保护而不是进攻。[159] 这是1645年7月2日在嘉兴以南的地区发生的事情。当时恰好是多铎的军队通过嘉兴直奔杭州之时。尽管军队将领自杀了，但是地方官却交出了他的账簿，城中长者们领着居民在城门和城墙上写上"顺民"两个巨大的汉字。在都会周围的大多数地区都效法了这一做法。[160]

尽管和平受降的政策是由多铎在南京批准的，但是在他被任命为"平南大将军"之后，这个政策就留给了他的侄子勒克德浑（1652年封为顺承王）来执行。努尔哈赤的曾孙勒克德浑在1645年的夏季受命去南京。[161] 他的主要幕僚不是别人，正是前明的"英雄"洪承畴[162]——他拥有内院大学士、太子太保、兵部尚书兼都察院右副都御史等等荣衔。

自从崇祯皇帝因为洪承畴对北京政权的贡献而为他举行葬礼以后，洪承畴就被认为已经光荣战死在北方前线了。他在南京的再次出现，引起了公众百姓的巨大震动。人们对洪承畴的态度，常常使洪承畴怀着最为羞愧耻辱的心情，回忆起他没有为他的君主殉节，一点也不配得到那

第八章 江南的抵抗运动　409

些公开表示忠于明君的高尚文人们的尊敬。[163]

洗清他的耻辱而又能够有效地用"招抚"手法完成他平定江南使命的一个办法，就是广泛吸收前明官吏加入清政府。洪承畴到南京以后，不断推荐那些前明官僚出任清政府的官员，并向朝廷解释说，没有他们的帮助，他就不能够平定这个地区。

> 任使为惧，窃思各省事繁，职才短力弱，欲以一人之身，每日历办大小诸务，恐致迟缓错误。职受命之时，内院臣冯铨、刚林等常催职将中国军官旗鼓官堪随用者，俱题请备用……职即先行，沿途及南中有人，皆可举用。[164]

像钱谦益一样，洪承畴相信，由前明官僚担任中央和本地政府官员将有助于加强对这个地区的行政控制，防止军事事变的发生。[165]

不过，尽管洪承畴和钱谦益做了极大努力，士大夫们并没有全都响应这种呼吁。就像我们看到的一样，合作立场取决于士绅们的社会利益。可虽然所有的人都知道这一点，却并非所有的人都愿意响应这种对法律和秩序的冠冕堂皇的呼吁——即使是用钱谦益的话来说，投降新王朝并巩固它的统治，对平民百姓更有好处。在士大夫当中，有一些人感到对更高的道德要求负有义务，这些人常来自被视为最高层的士绅阶层——也就是那种造就了都市官僚的士绅家庭。[166] 更为重要的是，他们认为自己在士大夫阶层中属于精华部分，具有负责维护古代崇高道德与文化准则的贵族意识。[167] 用他们自己的话来说，他们是国家的"领土"。[168] 他们的父亲和叔父们可能参加过早期东林党运动，而自己可能是某个与复社有联系的文人团体的成员。他们是国家的富有激情的理想主义者——甚至达到过威胁政治稳定的程度。当个人名节与政治妥协相矛盾时，他们中的大多数极端分子会毫不犹豫地选择前者。[169]

随后，清政府以一种避免冲突的巧妙方式，向那些站在公共秩序和政府法纪一边的乡绅中的社会保守势力发出了呼吁。这些乡绅受到了逢迎，但也不是露骨的诱惑。如果这种逢迎过于粗俗的话，这些社会上层名流就会被迫拒绝合作，以避免公众的指责。[170] 逐渐地，江南的士绅家族找到了一些办法，既可以与清政府官员合作，以保护他们自己的社会利益，又可以满足清政府控制那个地区丰富的经济资源的要求。[171] 不过，在17世纪60年代和70年代康熙皇帝在位而这种妥协已成为可能之前，双方还需要更多的了解。[172] 这个时候，也就是1645年，新的统治者是过于粗暴了。比如，在嘉定，清政府的地方官张维熙粗鲁地命令当地的乡绅来与之相商，他们就拒绝了。[173] 而在松江，那些已经同意合作的人被要求向新的地方长官推荐一些"人物"，但是这位地方长官生硬地命令被推荐的那些"领士"到当地衙门参拜，否则即被视为叛党。[174] 著名作家、松江的几社成员之一夏允彝在此后简短地写道："譬有贞妇，或欲嫁之，妇不可，则语之曰：尔即勿从，姑出其面。妇将搴帷以出乎？抑以死自蔽乎？"[175] 就像我们即将看到的一样，夏允彝本人实际上选择了道德上的清白，而不是政治上的同流合污。[176]

因此，从清人占领江南的最初几天开始，就有一些优秀的年轻士大夫强烈地反对与清人合作。他们之所以要挺身而出，部分是因为他们自己的政治立场，这种立场时常可以上溯到为东林英雄进行的辩护。然而，就像我们在苏州和太仓看到的情况一样，当地的城市领袖们往往很快地同意归顺，把他们的赋税簿册交给了钱谦益的部下，或是投降了清朝的军队将领。而且一旦当地富有斗争激情的人想采取行动反对合作时，他们——像张岱——便受到了抵制，或是被他们的城市领袖杀死。然而，清廷政策的一个戏剧性变化，使情势几乎在一夜之间就改变了。

剃发令

最初，在占领南京时，清统治者采取了在北方已经确定了的政策，即命令只有军人才必须遵从满人的风俗，剃去他们的头发。这份在1645年6月19日豫王多铎发布的法令写道：

> 剃头一事，本国相沿成俗。今大兵所到，剃武不剃文，剃兵不剃民，尔等毋得不遵法度，自行剃之。前有无耻官员先剃求见，本国已经唾骂。特示。[177]

但是，对于那些以主动剃发为耻的南方儒士来说，这个让步很快就取消了，因为就在这个时期，有两个"无耻"官员建议清廷改变它在这个问题上的态度。由于北京的那些想借满族排外主义扩大一己私利的汉人归顺者提出的这个谄媚的建议，多尔衮在1645年7月决定改变他停止剃发的命令。于是在清人统治之处，所有汉人都接到命令：士兵和市民们必须剃去他们前额的头发，把他们的头发按照满人的辫式编扎起来。[178]

根据满人的看法，"留发不留头"的命令不仅能使统治者与被统治者外表相同，而且也提供给他们一个很好的忠诚考验。从此，就像我们在前线战斗中看到的一样，归顺者们的合作，就要用部落的辫子发式来作为标志了。"遵依者为我国之民，迟疑者同逆命之寇，必置重罪"[179]。这样，当清中央政府在1645年7月21日正式宣布普遍赦免江南前明军队的政策时，它所说的是，只有这些官兵悔过自新，并且用剃发来表明他们的归顺，才能够得到"宽恕"。

> 亦差官赍诏招徕抚慰，若遵制剃发，幡然来归，许与新顺将帅一体优叙。[180]

不过，在汉人官员看来，这是一种奇耻大辱。[181]明朝人让头发长得很长，精心梳理，并且戴冠帽。[182]长发和对长发的小心保护成为文人官僚形象与风度的一部分。剃发确实被看成是一种野蛮的行为，一种对文明的亵渎。[183]对一个文人来说，剃发是儒者尊严的堕落。这部分是因为它有悖于孟子关于受之父母的发肤不可毁伤的主张。[184]剃发近乎阉割——几乎是一个名节扫地的象征，在某种意义上远甚于身体的死亡。顾杲的朋友、著名儒师杨廷枢，在阮大铖清洗政府时，从南京逃到了洞庭，当他因为涉嫌1647年松江起义而遭逮捕时，审判官讲得很清楚，如果他剃发的话，他就可以不因政治罪行而受到指控，并且会享受到完全不同的待遇。杨廷枢断然拒绝了。他说："杀头事小，剃发事大。"当然，杨廷枢因此就义了。[185]

剃发命令不仅冒犯了儒士——或者说是那些有历史意识的人，他们记得女真金朝也曾把同样的暴虐行为强加在汉人头上——也激怒了一般老百姓，他们视失去头发如同遭到阉割。[186]当这个新的政策宣布时，一些煽动宣传告诉那些农民说，如果他们剃发的话，他们就会失去老婆，这样就激怒了那些农民百姓。几个世纪以后，农民已经将梳辫子和剪去额发看作是他们自己的装束。但是在1645年当这个政策推广到全中国时，它代表一种对汉族英雄气概的背叛，而且尤其是对长江下游的农民百姓的一种侮辱。就是说，剃发令对于"领土"之下的百姓，类似于以参拜地方长官衙门来公开表明归顺的要求对待文人。远离都市的农民容易接受新的统治者。但是，在这些"夷狄"命令之下改变汉人习俗，却是一种耻辱，因此他们许多人发誓拒绝接受。这样，统治者使满汉融为一体的努力，首先就使中国中部和南部的社会上下层阶级在反对外来者上融为一体。社会上下层之间的冲突被暂时放到了一边；这一次文化贵族和下层江南老百姓站到了一起反对清廷，甚至反对那些愿意接受清廷和平合作要求的耆老、商人和致仕官僚们。在几天或几星期前，一些乡村和城市本已顺从地投降了，然而现在它们的百姓再次起来反对新的政府。

地方抵抗运动

在许多城市里，当地与清朝合作的人接管了政权，并且在清朝官员的帮助下进行着统治，但是这些城市的领导人发现，在他们服从了令人耻辱的命令剃去头发后，却失去了对农村的控制权。在乌龙会已经停止了活动的太仓地区，当地商人和乡绅剃去头发的样子最初让人感到好笑，随后就引起了人们的愤怒。城中之人虽已剃发，乡下百姓依旧未剃。留发之人并不入城，剃发之人并不下乡。剃发之人若被乡人看见，就可能被杀。城乡互不往来。[187]

那些大多数人迫于乡官的命令而剃去头发的村庄，与那些村民发式依旧的村庄发生了冲突。随后，混乱波及整个乡村，乌龙会重新活动起来，一个叫王湛的生员率领一支民军反抗太仓，进攻了这座城市。[188]

在嘉兴地区以外的秀水都会，清朝当局犯了一个错误，他们任命当地一个叫胡之臣的卖药商人做县官。[189]胡医生剃去自己的头发，以为人表率，鼓励其他人也去剃发，但是他只使得自己在地方乡绅领袖面前更加一钱不值了。这些人本来就因为他平庸的社会背景而看不起他。同时，在已归降的村庄中他也遭到农民的嘲笑和痛恨。这种抵制在当地军官陈梧的官署里也发生了，他对那些会聚于此的人们说："尔等若剃发，则不能保妻。"在与屠象美为首的当地乡绅结成联盟以后，陈梧及其跟随者在当地科场盟誓，杀死了胡县官。乡兵们随后被从各家中召集到一起。秀水宣布自己是一个新的府会。但是当地的部队进攻嘉兴时，那里的城市居民杀死了城内明朝的忠君之士，并且闭门自卫。混乱迅速遍及这个省的各个乡村。陈梧没有能够占领嘉兴，但他一直占据着秀水这个复明分子的大本营。[190]这种反叛在昆山也发生了，这个城市以其优质麻布而闻名全国。[191]当黄家鼐攻占苏州附近地区时，昆山知县的主簿阎茂才率领一个乡老和生员组成的代表团向黄家鼐贡献礼物，表示这个城镇的投降。作为回报，阎茂才被任命为县令。不过，他无法统治那些团结一致的乡绅。在南京的南明政权时期，昆山一直由擅长骑射的河南人杨永言管辖。[192]知县杨永言和军官王佐才一起训练了一支忠君复明的军队，并在勤王运动中吸收了当地的一些士绅，包括著名的诗人归庄和他的朋友顾炎武。[193]和他们在一起的，还有本地弟子颇多的学者朱集璜。当这个城镇投降时，这些忠君之士无所作为，这主要是因为他们缺少公众的支持。但是当剃发令宣布县令阎茂才剃去了他的头发之后，归庄便轻而易举地把民众召集起来了。他带领民众反对知县，并且在 1645 年 8 月 6 日杀死了他。南京陷落后在华亭遁入佛门的杨永言，此时也从隐居中走了出来，和王佐才一起组织了一场浩大的抵制运动。[194]与此同时，在苏州地区前明兵备副使杨文处死了两个主要的叛徒叶茂华和黄家鼐，并且陈尸于城中闹市。[195]

当得知杨文在苏州杀死了安抚使黄家鼐的消息时，许多地方官吏弃职而逃。在嘉定、昆山、太仓、常熟和吴江，当地的官署都空无一人。[196]当起义遍及苏—松—太地区时，多铎回到了江南，命令其部队和许多像李成栋这样的降军去镇压这些"建号阻兵"的忠君之士。[197]8 月 4 日，清军到达嘉兴，并且插身于陈梧军队和屠象美领导下的农村盟军之间。在一连串严重的失败之后，屠象美的农民军溃归乡里。当多铎的军队使用大炮轰击秀水的城墙时，陈梧也弃城而逃。[198]抵抗力量在其他大多数地区也相当软弱无力。在太仓，王湛弱小的武装力量很快就被清军打散了。[199]在昆山，那里有一支组织得很好的抵抗力量，但是清军一到，这支复明力量也只坚持了三天。到 8 月 25 日，清军用大屠杀洗劫了这座城市。归庄扮装成一个和尚溜走，得以死里逃生；这以后他改名"祚明"。[200]顾炎武也跑掉了，但是他的两个弟弟死在大屠杀中，母亲也在几天前因绝食而亡。她给他留下了遗言：

第八章　江南的抵抗运动　　415

> 我虽妇人，身受国恩，与国俱亡，义也。汝无为异国臣子，无负世世国恩，无忘先祖遗训，则吾可以瞑于地下。[201]

一些史料表明，昆山陷落那天，大约有 4 万多人死难。[202]

在一些著名的事例中，军事要塞的忠君之士仍然在坚决地抵抗清军强大的进攻。其中的一个地方就是上海与南京之间的美丽水乡江阴。[203]它抵抗清军达 80 天之久。陷落的时候，有 7 万多人死于清军将领下令进行的血腥屠杀之中。[204]另外一支复明起义队伍集中在江南中部的嘉定县城。[205]

嘉定的崩溃

和这个地区的其他县城一样，当清朝的知县在 7 月 17 日接管这座县城时，嘉定城最初接受了他的统治。不过这个县官的统治非常短命，因为当地的军事运动很快被忠君之士吴志葵发动起来，并把清朝官员逐出城外。随后，吴志葵率军暂去，并且嘱咐嘉定百姓准备保卫这座县城，同时等待苏州起义的消息。他的离开只是给其他的军事投机分子提供了一个机会——他们中的一些人一直在努力谋求地方权力，此时便为了控制这座城市而互相残杀。[206]有一个团伙是由一些乡绅和衙门胥吏领导的，一个叫须明征的国子监生全面控制着它。须明征被说成是一个"捉摸不定"的人。1645 年 6 月 8 日，他和他的 60 名随从组成的卫队攻占了县府，并且宣布他为当地的军事首领；但是在以后的两个多月内，他的部队一直在与那些拒绝承认他的权力的其他军事力量进行战斗。而且，像侯峒曾、黄淳耀这样重要的乡绅领袖认为，须明征是在搞暴乱。[207]另外一支重要的武装力量是一支叫作"王军"的地主武装，它经过一个出身富室、名叫许龙的武秀才的严格训练。这支队伍几年前被用来镇压佃户和农奴起义。现在，许龙是与支持那些主张政治和社会秩序不可分的人。他宣称，社会秩序的混乱，从政治上来说会毁掉复明大业。[208]

与这种保安武装相对的，是嘉定附近农村处处大量组织起来以抵制剃发的其他武装团伙和自卫力量。一份带有敌意的材料记载道："其时，虽五户之墟亦号曰'乡兵'。"[209] 这些武装团伙经常在嘉定附近的寺庙前集会，选举一个领导人，然而去找嘉定地区的乡绅首领，要求食物和给养。他们常常失去控制，转而攻击当地乡绅，并且杀死他们。

通常，"乡兵"之间还经常为控制那些税收关卡而发生纠纷。以往的仇恨现在也开始一并算老账，失败者被扔去喂狗。嘉定的农村实际上处于一种无政府状态。[210]

1645 年 7 月 29 日，编入多铎麾下的李成栋部队 5000 余人挺进嘉定。在新泾一带奸淫烧杀之后，7 月 30 日李成栋的主力部队到达了嘉定城东门。以后几天里，李将军移兵 40 公里外的吴淞河口，占领了那里陈旧的明军要塞，并接受了那里士兵的投降及军事物资。然后大约有 3000 多人投入了攻城战斗，但没有立即攻克嘉定，因为干旱已经使得河道干涸，运送火炮这样的重武器变得十分困难。[211]

嘉定城里，8 月 8 日后，在黄淳耀的领导下，抵抗力量重新用土石加固了城墙，并且派了一个密使前往在苏州与松江一带活动的复明分子吴志葵那里，请求立即给予增援。但城里并不是所有人都同意抵抗的计划。老百姓分成两部分，一部分人预感到最终的失败，建议说，如果不投降的话，也不要顽强抵抗；另一部分人则主张采取强硬立场，坚持战斗到死。这两部分之间的争执，使人们对"内应"格外警惕；当传说须明征正在秘密地与清军联系时，他惨遭私刑，被剖腹挖心，然后肢解，其残躯被分别挂在城里的四大城门上，以儆效尤。[212] 8 月 16 日，盼望已久的吴志葵的援军终于赶到了。但是仅一天的工夫，这支由蔡乔率领的装备极差的 300 人队伍就被李成栋的部队拦截击溃了。嘉定城的老百姓现在意识到，他们只有完全依靠自己了。[213]

当然，也有一些来自城外的农村武装的支持。乡兵用设置路障和栅栏的办法，确实阻止了李成栋军队的通行。不过虽然乡兵经常能消灭一些小股的清兵，而且李成栋的兄弟也在一次伏击中被杀死，但乡兵的大部分精力却是用于筹集粮饷之上了。8月20日，李成栋下决心使自己摆脱这种困境，他率领全部人马进攻城北的娄塘桥，大部分乡兵都聚集在这个地方，上万的农民被杀死了。[214]

三天以后，李成栋准备了重炮和登城云梯。8月24日黎明时分，他的部队在炮火的掩护下发动进攻。在上午七点到九点左右，他们占领了主要城门。李成栋下令进行屠杀。当其部队进城时，他们见人就喊："蛮子献宝！"那些不肯交出钱财、珠宝或衣物的人当场被杀死。随着越来越多的士兵拥进城里，"蛮子献宝"的喊声接连不断。贮藏财宝的地方立即被洗劫一空，但是这种贪欲并没有得到满足。越来越多的人被杀死。随着行人的减少，士兵们开始使用大棒到屋里去翻腾，搜出那些藏起来的人们。就像扬州的情况一样，妇女们惨遭强奸，如果她们反抗的话，就把她们双手钉在床板上，然后再进行轮奸。抵抗运动的领袖们慷慨就义。黄淳耀躲进一座寺庙，在墙上写下一段悲壮之辞，自缢而亡。[215]侯峒曾和他的儿子、仆人一起投水而死。[216]大屠杀持续了一天，直到尸体堵塞了河流。大约有2万多人遇害。[217]

尽管已经承受了如此惨重的损失，嘉定城的劫难仍在继续。在李成栋大屠杀后的三四天，那些逃跑的幸存者开始溜回城里。他们在一个叫作朱瑛的义士领导下，又重新集结起来。9月12日，他和他的2000多名士兵一起领导这座残破的城市展开了一场反屠杀运动。当一个地方官受命来管辖这座城市时，朱瑛当众谴责他的剃发之举。然后在闹市将他斩首。在城外，被打散的部队把他们发现的那些剃了发的人当场处死。[218]这些队伍主要活动在葛隆镇以外的地方，由两位军事行家王宪和刘敳领导。葛隆镇坐落在嘉定城外的大道上，为了防止本镇再遭进攻，葛隆镇民兵与来自外冈的乡兵立誓结盟。尽管他们无疑夸大了战绩（一个豆腐商宣称他杀死了一个将军），但是葛隆、外冈的军队打了一次埋伏，消灭了李成栋的一支分队，确实取得了一次重大胜利。李成栋被激怒了，在9月13日派遣了一支大军进入葛隆和外冈，屠杀了所有的居民。这两个城镇被夷为平地。[219]

9月16日，当李成栋进军松江进攻吴志葵时，嘉定又推翻了由李成栋任命的新县令浦嶂。浦嶂和他的兄弟浦峤是谋生和打仗好手。他们指挥着1000多人的骑兵团，捕杀过农奴解放运动的领导人俞伯祥。李成栋曾利用他们平定过太仓老家。现在他让他们到嘉定去干。[220]浦峤快马加鞭，轻而易举地穿过嘉定城简陋的防线，在这座残破的城市中心的衙门里宣布就职。他的统治方式生硬而且暴虐。由于他家乡离此不远，又说相近的方言，他一方面努力搜捕那些仍然留着长发者并把他们处死，以向清政府表明他的可靠；另一方面，可能正是出于地方观念的嫉妒心理，他和他的部属（也是来自太仓娄东）利用各种机会抢劫一切能够得到的东西，强取财货妇女，然后将之用船运回40里外的家乡。衙役天天都去附近的村子里索取赋税，村民们四处藏身，或是用稻草芦苇遮住身体，或是潜入附近的运河中。据说，在"二屠"之后，嘉定富人和穷人间已无区别。当复明分子的余部在10月5日进攻嘉定但被打败以后，又有了"三屠"，它实际上是与以前李成栋残暴的进攻和后来浦嶂的洗劫交织在一起的。"三屠"留给这座城市的是毁灭和不知道德为何物的幸存者。[221]

太湖义军

回过头来看，嘉定起义就像是一种绝望的冒险，从一开始就注定要失败。不过在当时，联合正在兴起的太湖附近和靠近上海的松江（华亭）

的抵抗运动得到明海上力量的增援，看来确实有其可能。产生在那个"古称泽国、外海内湖"的地区的抵抗者有三种不同来源：沼泽地区的盗匪、乡绅领导的民兵和前明官兵。[222] 据当时的一份日记记载：

> 追剃发令下，有福山副总兵鲁之玙，字瑟若，首先倡拒，乡兵四起，头缠白布。吴江进士吴昜据扰长白荡，诸生陆世钥聚众千余，屯澄河东，有十将官者亦屯千余人于左近，绕城而呼，民间柴斧，妇女裙幅，皆为干戈旗帜，而披猖于道。又有太湖盗赤脚张三，从而和之。[223]

在这些抵抗运动组织中，最重要的兵源是太湖地区的盗匪。他们在像毛二、沈潘、柏相甫和名之为"扒平大王"这样的土匪头子的领导下，主要来自沼泽地区技艺高超的湖上渔民。他们可以把他们的轻舟改装成可以进攻政府哨所的兵船。[224] 明朝灭亡之前，他们以绑架乡绅富室成员索取赎金而臭名远扬。他们常常威胁要把人质活埋，或是用烙铁挖眼，以此来恐吓那些高门贵族，使他们付出成千上万两白银以换取人质。在另外的场合，他们则直接在富裕地主的房子前耀武扬威，索取"军粮"。如果遭到拒绝，他们就在夜里回来，放火烧屋。就像社会各地的土匪一样，在这个由于不公平的土地占有制度而闻名的地区，他们得到了贫苦农民的支持。他们在"打粮"的口号下进行活动，常常分配一些食物和钱财给村子里最穷的人家，随后备受欺诈的农民便参加到他们中来以求得到保护。在南京陷落时，最有名的太湖领导人是赤脚张三和他的妻子，他们俩是著名的作战行家。这对夫妇死后的很长时间里，他们的业绩还在太湖那些穷苦的渔民中传颂。[225]

太湖抵抗运动的第二个组成部分，严格说来大大不同于赤脚张三和他的太湖盗匪。这是指吴江地区的乡绅，特别是陆世钥和吴昜。前者用自己的钱招募和装备了一支2000人的队伍，在太湖东段保卫他的家乡，抵抗水盗。[226]后者是吴江人，早先在南京政权中供职。实际上，吴易（1643年进士）是一名复社成员，他加入过史可法在扬州的幕府，后来被派回江南地区筹措军需，因而当史可法的总部在江北被摧毁时，他得以死里逃生。[227]陆世钥的部队主要是来自东山（吴江西部太湖的一个岛）的渔民。可能是受到陆世钥的鼓舞，吴易一听到消息说总部设在苏州的清军准备接管吴江时，他就开始联络当地乡绅中的朋友。在网罗了当地举人孙兆奎和秀才吴旦之后，精通兵法、水性过人的吴易在几天里集合起一支上千人的队伍，在长白荡的太湖边上建立了一座军营。这支武装因为以白巾缠头而渐以"白头军"闻名。它吸收了赤脚张三的一些土匪，人数增到 3000。当第三种力量——李某领导下的前明军队——在太湖北部福山起兵时，正是这支乡绅领导的民兵和江湖土匪的联军以所谓"乡兵"的旗号起而响应。这三支军队汇集在一起，结成联盟，进攻盘踞在苏州的清军，并且从那些为清人效劳的县官手中收复了吴江。[228]

占领吴江本身，对清朝的苏州守将土国宝来说，并没有构成多大的威胁。[229]但是太湖的起义与一个更为雄心勃勃的计划联系在一起了，那就是由松江地方乡绅策划的进一步进攻苏州、切断南京与多铎南下部队联系的计划。因而，占领吴江是一个庞大战略的组成部分，这个战略计划在南京政权崩溃以后建立第二道防线。这道新的南明防线将依赖于四个不同的复明分子的军事据点：在浙江海边的鲁王朝廷、福建的隆武皇帝政权、江西赣州的"忠诚社"和湖南的"十三家"。[230]因为占据了浙江北部和江南南部的沿海防线，当来自江西东北部的复明部队从鄱阳湖顺江而下时，松江的复明分子就有可能收复长江下游地区。[231]

第一次松江起义

松江乡绅抵抗力量最为著名的人物是陈子龙。在南京政权建立最初几个月里，他是地方自卫和进攻政策的主要支持者。[232] 他也是对地区背景的重要作用深信不疑的人，尤其为其家乡吴地的文化繁荣而自豪。他指出了苏州、长洲和松江地区的社会声誉，这些地区在明代的进士人数占江南的 3/4（在明朝最后 50 年中江南地区涌现的城市官僚比其他各省都多），而且，除此之外，他也注意到更多的因素。[233] 他还强调了江南部族古老传统的特别重要的意义。这些部族有自己独特的宗统，开发了这块土地，他们根据自封的权力把吴地写成"国"。在那些个异族入侵时期，许多王朝南迁于此；在其他时期，这里也是帝国的经济命脉。[234] 此时，他和几社友人们，包括夏允彝在内，开始与乡绅和前明官吏联系，企图发动一场反抗入侵清军的抵抗运动。[235] 当时在松江境内，他们的两个最重要的盟友是著名的画家李待问和曾经促成郑芝龙降明的德高望重的前总督沈犹龙。[236] 8 月 1 日，复明分子们一起召集起民众，高举着明太祖的画像。陈子龙依靠他的镇兵发起进攻，杀死当地的清朝官吏，接管了这座县城。[237]

松江地区复明分子的军事领导人得到了沈犹龙的任命，沈指挥着几千名战士。[238] 不过，当时担任沈犹龙监军的陈子龙，对于这些仓猝招募起来的部队的战斗能力并不抱太大希望，认为他们是既无粮饷又少训练的"市井之徒"。[239] 他认为，取胜的关键是同时利用他那遍及江南的乡绅关系网，以共同造成一个地域性的起义，同时还可以从复明分子大本营崇明岛那里取得军事援助。[240] 因此，他和夏允彝首先就在几社同人周围团结了一批朋友作为骨干，包括像徐孚远和黄家瑞这样的人。而通过这些朋友，又与其他文人朋友建立了联系。比如，黄家瑞既是陈子龙的好友，也是诗人万寿祺在徐州时的同学。[241] 万寿祺当时正在苏州前南京江防监军、马士英女婿杨文处。尽管杨文本人没有参加松江组织，但是万寿祺确实参加了这次运动，在苏州东北面的陈湖加入了沈自柄和钱邦范的队伍。[242] 在明亡之前这种非正式的社会关系的存在，除了造成组织庞杂（其结果表明这是不利的）之外，还使得松江抵抗运动具有了社会

的自发性（这却是一种优势）。²⁴³

当万寿祺通过社会团体关系应募从军时，陈子龙也会见了或与夏允彝分别致信而联络其他一些人，陈邀请他们共同筹划抵抗运动的行动计划。这个计划要进攻徐州，借以切断那里的清军营部与当时在苏州威胁着鲁王政权的满汉军队的联系。陈子龙还想与崇明岛上的明水军取得联系，这支水军当时是，而且很久都是江南抵抗力量的主要依靠之一。²⁴⁴

长期以来，以海盗巢穴而出名的崇明岛现在成了南明水军的避难所。一部分水军由前政府官员荆本彻（1634年进士）指挥，而大部力量则由吴淞地方总兵吴志葵统领，他在南京陷落时乘船逃到了崇明岛。²⁴⁵ 吴志葵极力想与鲁王朝廷和浙江其他复明分子的活动中心取得联系，因此就宣布了他希望通过占据江南一块根据地而由此光复明朝。这时，为了响应江南形势，他调动其水军靠近上海，在那里他的部队向刚刚任命的清朝县官发动了进攻。²⁴⁶ 太湖地区的起义和陈子龙、夏允彝（他曾经做过吴志葵的老师）发动的抵抗运动鼓舞了吴志葵，他调动他的水手和水兵经江南的水道入泖湖，在那里他吸收了苏州水军的忠君分子领导人黄蜚。²⁴⁷

> 吴淞总兵官吴志葵，自海入江，结水寨于泖湖。会总兵黄蜚拥千艘自无锡至。²⁴⁸

尽管夏允彝实际上去了泖湖，并且担任了吴志葵在松江方面的联络官员，但是陈子龙没有能够使吴志葵和黄蜚听从自己的指挥。部分原因是他们在战略上观点不一致。就像陈子龙自己说的那样：

> 黄文禄以二万众至松，欲移营黄浦，予力争以水隘不利旋转，未有舟师单行数十里，首尾不相应而不败者也。不听。²⁴⁹

第八章 江南的抵抗运动　423

同时，清军已经派出了李成栋步骑2万多人的勇悍军队，直扑吴志葵停泊在春申浦（十方庵）的战舰。李成栋不仅使用轻舟，也使用了炮船，他的部队的机动性优于吴志葵那些笨重而不灵活的海船；而且，就像陈子龙曾经预言的那样，由于吴志葵的船队拖得太长，以致不能够有效地反击这种进攻。更糟的是，大风猛刮大船，结果复明分子的水军全军覆没。

> 志葵、蜚既败，执至江阴城下，令说城中人降。志葵说之，蜚不语。城迄不下。后皆被杀。[250]

清军继续向前推进，平定了松江附近的其他南明军队，使那里的义军失去了进一步的帮助。在吴淞附近，当地军事领袖吴之潘领导的义军被打败了，那里的居民剃发而自称"大清顺民"[251]了。在冒险家潘复杀死了清朝官吏的上海城，老百姓转而反对义军。[252]在吴江的"白头军"也迅速地失去了地盘。趁事变而起的鲁之玙最初要占领吴江、进攻苏州、焚烧巡抚衙署。一些反叛的湖上渔民也把清军骗进了事先准备好的伏击区。但是总督土国宝的部将王佐才重聚旧部，关闭城门把义军挡在外面，并且用骑兵和大炮打败了他们。[253]鲁之玙本人被害；孙兆奎被俘；吴易和赤脚张三逃回沼泽地带，在那里他们找到了暂时的避难所。[254]

这一连串的失败，使得松江的乡绅义士只能完全依靠他们自己的力量，当然这就意味着要完全依赖于沈犹龙招募的那支缺乏战斗力的"市井之徒"的军队了。正如陈子龙所言，这些人根本就没有战斗经验。确实，如同温睿临后来讥讽地叙述的那样：

> 然皆文士，不知兵，而所聚率市井无赖子，见敌辄蹶，迄于无成。[255]

这段叙述并没有完全否定沈犹龙作为地方总督的经验，但是毫无疑问，这些"市井白徒"在李成栋凶猛的部队面前，很可能是"金鼓一震即作鸟兽散"了。[256]

可能因为松江的百姓对自己的力量并不抱希望，他们一直相信黄蜚的部队会来救援他们。9月22日，这支援军好像是开到了。在城墙下出现一支头缠红巾的部队，他们自称是黄将军派来的。然而当城民打开大门，这支队伍鱼贯而入之后，他们便扯去了头巾，露出剃了发的脑袋。接着，他们就为藏在外面的其他清军大开城门，这座城市就落入他们手中了。在随后的肉搏中，沈犹龙和李待问被害。在城外的泖湖，黄家瑞被杀死了，他最好的朋友、诗人万寿祺被俘并被投进了监狱。[257]还有许多乡绅忠君之士想方设法死里逃生，躲避敌人搜捕，比如陈子龙，就在李成栋部队进攻时逃了出去。陈子龙自己回忆道：

> 三日，城陷。予于西郊遇兵，几不免。携家走昆山。四日与夏考功别。自此，遂永诀矣。大母以病留昆山，予走金泽，未几，走陶庄。[258]

其他乡绅复明分子想方设法逃到南方，在福建唐王朝廷中继续进行他们的斗争。[259]然而，夏允彝感到，他的末日已经来临：

> 今往辅新主，图再举，策固善，然举事一不当，而遁以求生，何以示万世哉！不如死也。[260]

在黄道周带着鲁王邀请他参加福州复明政府的信件来到这里的前三天，夏允彝投河自尽了。[261]

在松江复明义士的起义被镇压下去之后，江南地区仍然有一些分散的抵抗力量。江阴城仍然处于重围之中，参将侯承祖和他的儿子仍然在金山领导着英勇的斗争,一部分忠君复明的水军在崇明岛重新聚集起来。[262] 但是,社会上下层之间反对满人剃发令的民族反抗的联盟已经瓦解,江南的士绅们在社会关系上与下层百姓过于隔绝,因而他们不能单独坚持更长的时间。不久,江阴陷落了,于是就给李成栋腾出了足够的兵力集中进攻金山。[263] 荆本彻的复明水军在六合取得了对清军的一次重大胜利,但这时他的部下因为战利品问题与海盗同盟者发生了争执,其后不久他们就驶向远离海岸的定海,远远地离开了长江口。[264] 因此,在1645年12月17日,多铎在他的定期军情报告中对多尔衮说:

> 擒福王朱由崧,前后战败水陆马步敌兵,凡一百五十余阵。江南、浙江等处悉平。招抚文武官二百四十四员,马步兵三十一万七千七百名。[265]

除了更南的地方以外,活跃的复明分子的抵抗运动看来是完全平息了。

遁世隐居

在1645年的抵抗运动中,一大批参加了战斗的士大夫复明分子被杀害了。对于其他死里逃生或身陷囹圄的人们,旧日生活已经一去不复返了。既是为了逃避清朝当局的迫害,也是为了表明对异族统治的消极抵制,避世之举在当时成了一种普遍行为。诗人阎尔梅写道:

> 事已至此,更复何言。唯当披发入山,修省悔过而已。异日,以忧勤德业之劳,为发愤补愆之举。[266]

就像阎尔梅主张的一样,这种逃避经常采用了皈依佛教的形式。不必奇怪,像广东这样的一些省份,在被征服期间,学者身份的佛教徒成了那些寻求避难和慰藉的旧日复明分子团体的中心人物。江南也有像登尉的三峰和尚、华山的开元和尚这样的佛教徒,[267] 复明文人常常过"居士"生活;取一个法名,住在寺庙的附近,而同时又进行道家的玄修,一只脚还留在了文人生活一边。[268]

在松江起义中被捕并被投入监狱的万寿祺,就是这样一个人。多亏有人暗中相助,万寿祺在被捕两个月后逃出了监狱,并且离开了苏州地区,回到江北,在淮安找到了一个避难所。第二年,他想方设法回到了他的老家徐州。他发现家宅和花园大部分已经被毁,大量地产也被征服者及其同伙占有。[269] 一些房屋在政权交替之际被攻占了城市的土匪们占据过,很少的几幢矗立着的建筑物变成了统治这座城市的清朝官员的住宅。[270] 万寿祺的朋友、诗人阎尔梅在征服战争之后路过徐州,他在一首《至徐州过万年少故宅》的诗中描述了这片被毁坏了的家园。

当世谁堪语,
斯人复永违。
生前家已弃,
没后槥何归。
荒草埋虚阁,
秋风鼓败扉。
多情惟燕子,
还向旧巢飞。[271]

万寿祺想卖掉还没有被人抢夺走的几块贫瘠的田地,但是他这笔家产换来的钱寥寥无几。[272] 为了养活妻儿,他最初依靠卖字、篆刻和作画。[273] 随后,他买了一个菜园,在那里种上了药材。[274]

> 居陋巷中，前后多牧啄人，剥啄者少。西邻普应寺，时时曳杖入退院中，与沙弥争余浦也。嗟乎，天下之大，四海之广，所争者不知何许人。圣帝明王、忠臣义士，此时皆不知何往。[275]

在1646年初的某个时候，万寿祺决定"抛却浮世遁入空门"，并且起了一些佛教名字，如慧寿、沙门慧寿，还有明志道人。[276]但是他皈依佛门并不妨碍他吃肉喝酒，他被同时代的人视为一个复杂的人物。[277]徐州铜山的一个人写道：

> 吾乡万年少先生，为有明名孝廉。国变后，隐居不仕，儒衣僧帽，卖卜佣书，逍遥吴楚间，与诸畸士遗老吊半壁沧江，续六朝之昔梦。[278]

一边穿着儒生的衣服，一边又戴着僧人的帽子，脸由于胡子而更显尖瘦。万寿祺这种不伦不类的外貌象征着那些在江南的征服中想方设法活了下来的大多数文人的命运。[279]他的儒生装束使人想起了他曾经是明朝的一个监生、并为这个王朝揭竿而起的历史；他的僧人帽子表明了他目前的处境，以及他为自己的忠君行为付出的代价。[280]

就在1646年，万寿祺以前的朋友李雯来淮安访问了他。在过去两年里，投敌分子李雯充当了满族摄政王多尔衮的幕僚，在1645年起草了许多针对复明分子的文告。现在，作为对他所做贡献的报答，他请求多尔衮同意让他请假回华亭老家去。途中，他在淮安停车去看望他忠于故主的朋友。[281]尽管在他们之间存在着政治上的分歧，但是这两个文人并没有中断联系，特别是对他们来说清人的征服是大局已定之后。[282]不过，对李雯来说，这是一次很难堪的见面，部分原因在于万寿祺的和尚打扮像是对他降清的一种谴责。当他与万寿祺相对而坐时，不禁泪流满面，大声说自己好比就是投降了匈奴的声名狼藉的李陵。这意味着，他把万寿祺比作了为汉朝守节的苏武。[283]

李雯在淮安离开万寿祺之后不久，又拜访了陈子龙。同样的场面又出现了。陈子龙在松江陷落后，离开了他在昆山病重的祖母，一直颠沛流离。当时博洛的军队正在扫荡浙江东部，如果有人留着长发，或者一副富有的儒生的样子，那就很难躲避逮捕了。陈子龙先是在嘉善的一个禅宗的寺庙中找到了避难的地方，后来他又搬到了附近的旧日学生家里，不久又搬走了。在这个时候，绍兴的鲁王和福州的唐王都任命他担任职务。在1646年4月或5月，他祖母去世后，他想去绍兴，但是他没有能穿过满人在杭州湾的巡逻线。他终于在夏初见到了鲁王，向他报告了钱塘江北面军事形势。随后他又绕道回到了松江，在1647年初李雯来访问他时，他正住在朋友钱漱广的叫作"天宁"的乡村庄园中的一间小屋里。尽管陈子龙热情地招待了李雯，而且他们的谈话也非常亲切，但是这位降清人士——清政府的笔杆子——肯定再次强烈地感到了他这位旧日的学友和朋友，对他的无言的指责。他甚至可能又把自己比作了汉朝的叛徒，因为陈子龙的一个学生，后来把这次见面描述成苏武和李陵有名的相会的重演。在这次访问后不久，李雯变得极为压抑，害了重病，卧床不起。尽管江南抵抗运动还远没有结束，但是它的最初殉道者的遭际已经展示了它的悲剧的一面。[284]

注释：

1 这一奏章在1645年12月。《明清史料》丙编第六本，引自谢国桢编：《清初农民起义资料辑录》，第128—129页。尽管一些清朝官吏认为，继续像明朝那样把南京作为首都是个好办法，但是陈名夏强烈反对这样做。多尔衮同意陈名夏的看法，只把南京作为一个省会。尽管后来更名江宁，但是这座城市还是以其旧称"南京"而闻名。郑克晟：《多尔衮对满族封建化的贡献》，第11页。直辖区南直隶正式划入了江南省。1647年江南、江西和河南只有一个总督,总督府设于南京。1649 年以后河南从中分离出来,南京改称为"驻防"。盖拉德:《南京今昔》,第 238—242 页。

2 谢国桢编:《清初农民起义资料辑录》,第 128—129 页。

3 邓尔麟:《达官贵人》,第 257—258 页。1645 年 8 月末,多铎把 374 名前明官僚和将领编进了八旗。斯特鲁弗:《南明》,第 34 页。

4 当然,并非总是如此。比如高进库在投降多铎以后表明他是一个非常能干的将领。他是陕西人,在进攻赣州时指挥了一支 3000 人的部队。后又在洪承畴指挥下,在广东讨伐李成栋,被提升为将军,1652 年他负责高州和雷州的军务。《贰臣传》第七卷,第 3—4 页。

5 材料记于 1646 年 10 月 8 日。《明清史料》甲编第二本,第 170 页。

6 对多铎单独控制江南的能力的怀疑,见李光涛:《洪承畴背明始末》,第 252 页。

7 《明清史料》丙编第六本,见谢国桢编:《清初农民起义资料辑录》,第 128—129 页,材料记于 1645 年 12 月。

8 当然,也有一种截然相反的观点,清政府对此曾略作考虑,但没有实行,即反其道而行之,站在被剥夺的贫民一边,而不是向地方豪强提供支持。为此,朝廷上讨论过对没收土地进行再分配,从而实行"均田"的可能性。这个计划的反对者认为,这在北方或许可行,但在南方就行不通,因为那里人口对土地的压力太大。据他们的测算,在松江地区,均田只能使自耕农的田产略有增加。刘重日:《明末"均田"口号质疑的质疑》,第 120 页。

9 满人最初极力宣扬其"代报君父之仇"的使命。这个口号在北方非常有效,但是在南方似乎并不受欢迎,就像一个信口开河的生员在南京对多铎所言:"闯贼破我北京,著称为我报仇;贼未尝破南京,若来何为? 我昔仇闯,今仇若矣! 若谓天下无能复仇者耶?"顾诚:《论清初社会矛盾》,第 144 页。这样,清军就不得不为自己寻找新的堂皇借口了。这个任务由多尔衮的幕僚、中原人彭明较完成了,他强调了忠君之士的武装行动使平民百姓深受其害。彭明较写道,所有的明军将领都在聚兵残害良民,所以清廷要派"六师"以讨灭之。"六师"一词是指远古时期帝王的一种正义征伐,见《孟子·告子》。

10 文秉:《甲乙事案》,第 184 页。

11 葛万里:《钱牧斋先生遗事及年谱》,第 16 页;傅路德:《乾隆时的文字狱》,第 100 页。

12 葛万里:《钱牧斋先生遗事及年谱》,第 21 页。

13 钱谦益后来确实帮助过一些忠君之士摆脱了政府迫害。比如,他帮助黄宗羲使浙江忠君之士王翔将军安全获释。S.K. 劳:《东林运动的分裂及其后果》,第 36 页;恒慕义:《清代名人传略》,第 179 页。这可能是为什么在黄宗羲的著作中会有称赞他的传记,尽管主要是讲钱谦益的事佛之事。此外,1655 年,顾炎武因谋害家仆而受审讯时,也曾通过一个朋友请钱谦益帮忙,钱谦益确实帮顾炎武摆脱了监禁。

14 葛万里:《钱牧斋先生遗事及年谱》,第 28 页。这种人殉难的情感也曾在法国维希时的投敌者中甚至是帕坦本人身上表现出来过。在最高法庭接受审判时帕坦说:"我把法国与我个人视同一体。在这种非常时刻,应该没有人怀疑我做出了自我牺牲。"法默:《维希的政治两难》,第 347 页。吕留良在 1666 年被正式取消大清生员资格之前,他曾表示同样的个人情感困扰。他写道:现在我知道了,以节义求生难,以饥饿求死易。费席尔:《吕留良的早期》,第 136 页。变节行为——就像维希事件表现的那样——在道德上和法律上都是是非难辨的,因为未来政局的发展几乎永远是难解之谜。不仅要认真思考帕坦和拉瓦尔的决定在法律上是否犯罪,而不仅仅是个错误,而且在倒霉的维希最终失败以后,历史学家就必须避免仅仅使用道德尺度、用事后诸葛亮的眼光来评价。而且,就像奥托·柯克黑默指出的许多与中国此期类似的情况一样(如在德军占领下的荷兰、挪威和比利时,那里外国入侵者和卖国者之间的关系相对说来是直截了当的),这时总会有许多脚踩两只船的情况,特别是在低级官吏之中。"比如说,为了管理百姓的日常事务而保持自己的官位,与含有认可入侵者权威意味的行为界限在哪里？那种既反映了对强权的屈从，但又没有为虎作伥，去把赤裸裸的权力奉为统治权威的形式和做法是什么？许多当代人都很希望有个答案。"柯克黑默：《政治公正》，第187页。

15 文秉：《甲乙事案》，第187页。

16 朱子素：《嘉定屠城纪略》，第203页；又见邓尔麟：《达官贵人》，第260页。

17 斯特鲁弗：《传统中国社会》，第13页。

18 魏斐德：《清朝征服江南时期的地方观念和忠君思想》，第54页；谢国桢：《南明史略》，第76—77页；文秉：《甲乙事案》，第185页。归顺者尽其所能帮助在没有伤害平民的情况下实现和平接管，因而为之自负，这个省的地方志中的《马弘良传》中就有这种好例子。湖北人马弘良在任江南池州知府以前，曾是洪承畴的幕僚。在任知府时，他尽力避免清将于永绥调军镇压当地的反抗力量。省地方志记载，马弘良以"安抚"的办法挽救了几万人的生命。黄之隽：《江南通志》第一一七卷，第10—11页。

19 《江南通志》第一一四卷，第3页。上海已经投降了王世焯，他是一个前明官员，也是本城人，褚华：《沪城备考》第三卷，第2页。

20 宫崎市定：《明代苏松地方的士大夫和民众》，第29页。明代那些坚持正统信仰的人（如沈炼），相信君臣关系类似于天地的自然差异，这加强了对君主的忠诚。沈炼：《青霞集》第二五〇卷，第8—10页。特殊的隐士忠君行为，特别是在宋代思想家对"忠"极力推崇之后的出现这种行为，参见莫特：《元代儒生的隐退思想》，第209—212、234—235页；陶德文：《中国民族主义的先声——宋代的爱国主义》；张其昀：《中国历史上最早的忠臣》，第26—27页。

21 如果现代的数字统计可以为凭的话，那么大致来讲，中国男子并不比其他大多数地区的男子更容易自杀。20世纪台湾的男子自杀率实际上低于美国、德国、日本和瑞典。另一方面，台湾妇女自杀率与男子大致相同，这与其他国家的情况相反，因为那些国家男子自杀率常常是女人的三到四倍（见马杰里·沃尔夫：《中国妇女与自杀》，第117页"表"）。根据这种定性的材料进行判断，有社会地位的中国人（像明清士绅）的自杀率在世界上肯定属于自杀率最高的社会集团。

22 参见黄之隽等：《江南通志》第一一七卷，第10页，第一三五卷，第17、29、30页，第一五四卷，第19、24页，第一五八卷，第21页；以及张其濬：《全椒县志》，第704页；黄宗羲：《南雷文定》第五卷，第4页。

23 黄之隽等：《江南通志》第一五三卷，第16页。

24 同上书第一五三卷，第20页。

25 同上。

26 同上书第一五三卷，第17页。

27 同上书第一五四卷，第8页。

28 同上书第一五三卷，第17页；第一四五卷，第5页。

29 有个樵夫殉难的故事，见上书第一五三卷，第16页，当李自成攻占北京时，当地一个准备殉节的地方小吏对朋友说："吾虽布衣，独非本朝臣子乎？"见上书第一五五卷，第20页。

30 北京陷落时江南士绅自杀的人数，多于南京政权垮台时自杀的人数。关于后者的一些例子，见黄之隽：《江南通志》第一五三卷，第10—21页；第一五四卷，第3页。这时江南也有大量隐士的事迹。同上书，第一五四卷，第19页；第一五七卷，第11页；第一六三卷，第43页；第一六五卷，第45页；第一六八卷，第10、27页。

31 南园啸客：《平吴事略》，第114页。肖尔：《中国明代最后的朝廷》，第61—62页。对士大夫既想保护平民又担心阶级冲突的这种矛盾的深入分析，见宫崎市定：《明代苏松地方的士大夫和民众》，第 27—28 页。

32 1646 年后政府要求地方官员在出现社会秩序混乱时要做出详细的调查报告。这种报告的主要内容之一就是要确定是不是出现了"激变"，因为由此就可以把忠明起义与没有政治意义的纯粹盗匪活动区别开来。例证可见《明清史料》甲编第二本，引自谢国桢编：《清初农民起义资料辑录》，第 122 页。

33 陈邦彦在珠江三角洲地区制定了一项特殊的民军条例，他要求 3/5 的兵士和全部军官要由外地人担任，目的在于防止当地人争夺民军职位。肖尔：《最后的朝廷》，第 63 页。

34 屈大均：《皇明四朝成仁录》第十卷，第 359 页。前唐王内阁大学士苏观生的广东忠明政权，起用了声名狼藉的"四姓"，这些海盗家族在广东兵部里把无辜受害的过路人的肠子悬挂起来，以作消遣。黄宗羲：《兴朝录》录二，第 2 页；又见肖尔：《最后的朝廷》，第 27 页。苏观生之传见屈大均：《皇明四朝成仁录》第九卷，第 328 页；彭人杰：《东莞县志》第二十八卷，第 19—21 页；汪宗衍：《天然和尚年谱》第六十二卷，第 16—18 页。晚明人推崇岳飞，在 16 世纪以前他还没有受到如此歌颂。见刘子健：《岳飞与中国忠君传统》，第 295 页。关于这些海盗，见庄延龄：《满洲的海战》，第 278 页；鲍尔弗：《英国统治之前的香港》，第 460—462 页。

35 如阎尔梅给史可法的信所指出的一样（见第七章），在 16 世纪和 17 世纪，那种惩恶杨善、见义勇为的"侠"的理想复活了。（《论语·为政》："见义不为，非勇也。"）对武艺日益浓厚的兴趣与之相伴随。比如说，孙临（方以智的内弟）就是一个技艺高超的弓箭手和骑手，他懂得兵法，背负箭囊，身穿短袄，代替了以前长长的学士服装。彼得森：《苦果》，第 85—88 页。这些慷慨激昂的义士的想法与王阳明心学的泰州学派有关。反对偶像崇拜的李贽，赞美过在海战中 108 位战士的英雄行为，他写道：事君与交友，忠义为本。其无此德者，虽生犹死，其文华美者，终将亡佚。欧文：《中国小说的演变》，第 186 页。

36 查继佐：《国寿录》，第 73 页。

37 陈伯陶：《胜朝粤东遗民录》第一卷，第 1、10—15 页。

38 黄宗羲：《行朝录》第六卷，第 2 页。

39 麦克莫兰：《爱国者和激进派》，第 145—146 页。

40 邓尔麟：《达官贵人》，第 34—35 页。杨廷枢是侯峒曾的侄子。太湖的忠明武装开始用农民平均主义要求的方法来招收贫苦农民时，苏州的士大夫们就立刻指责他们是"湖寇"。见宫崎市定：《明代苏松地方的士大夫和民众》，第 29—31 页。

41 陈子龙：《陈忠裕全集》"年谱"下，第 4 页。

42 宫崎市定：《明代苏松地方的士大夫和民众》，第 9 页。

43 西村数余：《明代的奴仆》，第 43 页。郭松义曾经认为，尽管经历了 1644—1645 年农奴和佃户的起义，江南地主都不太愿意接受清廷的统治以换取对他们的支持，因为他们并没有直接面对北方那种急风暴雨般的农民大起义。他还指出，江南乡绅低估了清军的力量，这部分地因为他们一直相信那些"文人义士"的宏论，那些人更多地把南京政权的陷落归罪于马士英的短视，而不是敌人所向披靡的力量。郭松义：《江南地主阶级与清初中央的矛盾及其发展和变化》，第 122—124 页。还可参见福格尔译的《顺治年间的山东》第一部，第 24 页；宫崎市定：《明代苏松地方的士大夫和民众》，第 28 页。

44 片冈芝子：《明末清初华北的农业经营》，第 91 页；森正夫：《明末社会关系的变动》，第 140 页。

45 1583 年，嘉定地区大多数农民的谷税折银交纳后，棉田便不断扩大，16 世纪后期蒲原（桐乡县）地区精美的丝绸纺织业的发展，也大大改变了杭州和苏州间太湖地区的乡土经济。根据石锦的看法，一种新的农民生活方式开始出现。以往，农村里的穷人（如佃农、雇农和农奴）的生活主要依靠土地的耕作和地主，特别是那些有权势的士大夫地主。穷人为地主耕作、纺织，也为地主经商。穷人既不是市场商品的提供者，也不是主要消费者。商业的作用主要是为地主的货物提供市场并满足其物质需求。然而，那种新的农民生活方式却表现为村民对市场经济的直接参与。他们的生产活动不再受地主的垄断。他们开始极力追求利润以改善生活。他们的家庭生产品，成为市场不可缺少的物源。与此同时，他们家庭收入的来源，从完全依靠农业和地主转变为既依靠地主又依靠家庭副业。这种转变表明，农民对地主和农业的经济独立性逐渐出现了。石锦：《1368—1840年太湖地区的小农经济和农村社会》第五章，第1页；又见第四章，第16页，第六章，第2—3页。晚明棉田和烟田的扩大（在1639年吸烟是被禁止的，1640年首都一个文人的家仆因为违犯禁令被处死），见谢国桢：《明代社会经济史料全编》，第47、66—67页。

46 傅衣凌：《明代江南市民经济初探》，第63—65页。傅衣凌发现了湖州地区一些拥有10万棵桑树的大地主的材料。这些桑田约20亩一块，其时约在万历朝。每块桑田需要三个人长年照管，每年总消费为八两银子。现存的合同中有桑叶必须出卖的规定，就是说这里的劳动力自己并不养蚕。傅衣凌：《明清农村社会经济》，第69—71页。16世纪晚期，在城市高工资以及雇佣诱惑导致的农村自由劳动力的缺乏与乡绅地主对男奴耕作和女奴纺织的日益依赖之间，显然存在着联系。石锦：《太湖小农经济》第二章，第9—12页。农业中的这种变化对租佃关系的影响，见贝蒂：《中国的土地和宗族》，第14页。

47 小山正明：《明末清初的大地主所有制》第一部分，第5—9页；古岛和雄：《明末长江三角洲的地主经营》，第15—20页。在明代，江南因建立了良好的灌溉系统而特别著名。供他们使用的水车和渠道，需要高昂的费用来修建和维护。就像晚明时期的当地一份材料指出的那样，越是远离灌溉费用便宜的河岸，越容易发现富户的大田庄。傅衣凌：《明清时代商人及商业资本》，第15页。需要指出的是，明代初期，中等富裕的地主和土地所有者好像拥有了沿大多数河流和圩地一带的土地。圩是他们做当地粮长时加以维修的。滨岛敦俊：《业食佃力考》，第118—125页；小山正明：《明代的粮长——以明前期江南三角洲地区为中心》，第26—27页。17世纪的人们可能过高地估计了土地占有的规模。大多数大土地所有者拥有大约2000亩可耕土地。在每个县里，拥有500亩或更多土地的人加在一起可占有25%以上的可耕地，他们占人口的很小一部分，每县大约有500户。黄仁宇：《16世纪中国明朝的税收和政府财政》，第158页；贝蒂：《中国的土地与宗族》，第13页；默克：《祝允明和苏州的文化贡献》，第24页。

48 一个最为普遍的逃避交税的办法，是使纳税田亩数与实际田亩数不相一致。一旦土地易手，大胆的买主就会改变那些需要征税的土地的亩数。如果卖主是强硬的一方，他就会把大部分税收义务转嫁到卖出的土地上去，这样没有出卖的土地就会只征很轻的赋税。贝蒂：《中国的土地与宗族》，第64页。

49 在交纳给帝国的谷物总数中（每年平均400万石），南直隶省占（180万石）45%。在那里，苏州所交（79万石）占总数的17%；松江（23万石）占总数的6%。因此，就谷税负担而言，苏州和松江二地几乎占整个国家用这种形式交纳的赋税的23%，或者说近1/4。这种异常沉重的负担由于使用银两折算而得以减轻了。1436年以后，谷税部分地改成了银两支付。实际上，从整个帝国来看，有14%的谷税是用银子支付的。在苏松地区，37%的赋税——比其他地区高得多的比例——是折合成银两支付的，根据谷物交换的比率计算成现钱每石0.25两纯银。因为那个时候实际的市场谷物价格要大大高于这个价格，因此苏松地区土地所有者的真正赋税负担是比较轻的。在16世纪部分地由于大量白银从日本和新西班牙输入，货币紧缩，支付谷物的比率直线上升，这样实际上要花整整一两白银才能支付一石谷物的税钱。黄仁宇：《明代的漕运》，第72—78页。

50 谷口菊雄：《明末农民起义》，第60页。供职和退休的官员被免除徭役，就像那些买到或获得国子监生身份者那样。一般说来，免丁役和免地税不可以互换。但实际上常常有人

第八章 江南的抵抗运动 433

51 梁方仲：《明代"十段锦"赋税制度》，第 272 页；又见滨岛敦俊：《明代江南三角洲的水利控制组织》，第 74—77 页；《关于江南圩田的若干考察》，第 118—119 页。

52 傅衣凌：《明清时代商人及商业资本》，第 16 页；许大龄：《试论明后期的东林党人》，第 3—4 页；顾琳和周锡瑞：《从封建主义到资本主义：日本对中国农村社会变迁的学术研究》，第 404 页。在太湖地区，那些土地被乡绅兼并了的土地所有者们，往往迁往江南那些当时迅速兴起的新城市中心。有许多关于这些家庭迁往城市、参与商业活动的事例。如果他们的商业活动成功了，他们就会在故里购买产业，极力恢复他们的农村根基。关于这种迁徙和投资形式的事例，见石锦：《1368—1840 年太湖地区的小农经济和农村社会》第三章；关于松江地区乡绅土地兼并的事例，见郑昌淦：《明末至清代前期的封建租佃关系》，第 165 页。乡绅家族利用其地位侵占土地的方式，见佐伯有一：《明末的董氏之变——兼论"奴变"性质》，第 39—40 页。有一些理由使我们相信：16 世纪末南京附近地区住在外面的地主的急剧增多，是因为一条鞭法改革的实行，它把徭役折银支付，附加在现有土地税上面。这可能会减轻当地土地所有者的负担，并且刺激他们对土地的需求。贝蒂：《中国的土地与宗族》，第 12—13 页；约瑟夫·P.麦克德谟特：《明末太湖流域的奴隶》，第 77—78 页。

53 小山正明：《明代的粮长——以明前期江南三角洲地区为中心》，第 25—32、38—40、56 页。"乡绅"一词最早出现在 1588 年的《明实录》中。它指那些在职的和已经退休的官吏。那些获得了科举功名但还没有做官的人，一般叫作"士人"或"士子"。森正夫：《明代的乡绅》，第 35、47 页；重田德：《乡绅的历史性格——乡绅观念的系谱》，第 85 页；酒井忠夫：《儒教和大众教育书籍》，第 351 页；滨岛敦俊：《明代江南三角洲的水利控制组织》，第 76—77 页。这样在 16 世纪后半叶，我们看到那些老的当地地主被新的"乡绅"所取代，这些乡绅是可以利用他们"缙绅"和"衣冠"的地位贱买土地、逃避赋税、役使地位较低者的"宦室"。森正夫：《明末社会关系的秩序变动》，第 156—157 页。

54 石锦：《1368—1840 年太湖地区的小农经济和农村社会》第一章；森正夫：《明代的乡绅》，第 45—47 页。

55 最有名的"优秀"粮长可能是大画家沈周（1427—1509）。森正夫：《明代的乡绅》，第 42—45 页；默克：《祝允明和苏州的文化贡献》，第 8—9 页；宫崎市定：《明代苏松地方的士大夫与民众》，第 5 页。当然，粮长也可能具有很大的剥削性。关于剥削的普遍性及其与中国经济不发达的关系的深入讨论，见李约瑟和黄仁宇：《中国社会的特质》，第 14 页。

56 这以后，粮长、塘长和里长的负担开始多于特权，导致主要打击了中等和一般小地主的"役困"问题。滨岛敦俊：《明代江南的乡村社会》，第 9—10 页。

57 森正夫：《明代的乡绅》，第 46 页，及其《明末社会关系秩序的变动》，第 155 页；埃尔文：《论明清时期水的控制和管理》，第 95—97 页。

58 宫崎市定：《明代苏松地方的士大夫与民众》，第 26 页；森正夫：《明代的乡绅》，第 35—37、48 页，又可见默克《祝允明和苏州的文化贡献》各章；滨岛敦俊：《业食佃力考》，第 143 页。他嘲笑宫崎市定所描述的、作为保护者的乡绅阶层一员的一位和善的乡居退隐者的形象。

59 常熟谭家就是这种多种经营的好例子。谭家兄弟 16 世纪末在太湖岸边起家之后，决定不做渔民了。他们围造圩地，并用其收入雇用当地的渔民，把雨水最多的沼泽改成鱼塘，在鱼塘上架起了浮桥，盖起了可以容纳上百名劳力的工舍；这些劳动力先后把大部分土地变成了果园。傅衣凌：《明清时代商人及商业资本》，第 17 页。

60 居密：《主人与奴仆》，第 57 页；宫崎市定：《明代苏松地方的士大夫与民众》，第 16 页；西村数余：《明代的奴仆》，第 30—31 页；小山正明：《明末清初的大地主所有制》

第一部分，第 5—9 页；古岛和雄：《明末长江三角洲地区的地主经营》，第 15—20 页。

61 在官僚集团中常常流行"业食佃力"的观点。L.S. 杨：《中华帝国集体劳作的经济观》，第 75 页。"业食佃力"一词始于宋代，不过，在晚明，它的使用与因为里甲制度破坏和地主外住风的兴起导致的灌溉系统危机直接相关。由于当地的土地所有者不再承担维修沟渠和水利设施的责任，且新的科举乡绅利用免役权逃避灌溉责任，因此地方官开始认为政府应该加以干涉，以免这种在长江下游精心建造的河渠和圩堤系统无人照管。政府的干预看来是必需的，因为正如一些日本历史学家所言，农民中没有什么社会共同体组织主动承担照管水利设施的责任。1566 年工部下令实行照田派役。这个制度的弊端是免除了乡绅的徭役。因此为了公平地摊派力役负担，17 世纪初官吏们建议乡绅地主把他们的力役用米或银（业食）的形式付给佃农，佃农则提供力役（佃力）修复沟渠。这个制度在一些县里实行过，乡绅们应予以配合。在 1660 年，耿桔在常熟推行这项改革时，乡绅却利用他们在京城的关系，毁掉了这位亲近东林党的官员的前程。1611 年，大学士徐民式下令在浙江实行"照田派役"，但也失败了。滨岛敦俊：《业食佃力考》，第 119、128—129、133、142—143 页；《明代江南的乡村社会》，第 7—9 页；《明代江南三角洲的水利控制组织》，第 80—91 页。

62 清代的官吏对"长随"这种官员个人奴仆习以为常。"长随"暂时依附于长官，是自己主动投靠主人的，希望以此与衙门胥吏相勾结从普通百姓那儿敲诈钱财。托伯特：《清朝的内务府》，第 57 页。

63 傅衣凌：《明代江南市民经济试探》，第 33 页。

64 关于一些地主在田庄中安装织机的事例，见黄之隽：《江南通志》第一四三卷，第 16 页；第一四七卷，第 38 页。

65 关于妇女手工业对农民家庭的经济重要性的一些较晚的例证，见马乔里·托帕里：《广东农村的抗婚斗争》，第 70—73 页。关于晚明时期女性文人的社会文化影响，见汉德林：《吕坤的新读者》。灌溉危机同样促进了经济作物的种植。在 16 世纪 40 年代因为水渠系统开始受到破坏，江南东部丘陵县的农民便转而种植棉花，它不像水稻那样需要大量的灌溉用水。因此，随着棉纺织业的迅速发展，灌溉系统几乎被破坏了，因为农民不愿意用手工制作的时间去疏通河道和修复沟渠。这样，这个地区的生态环境在不到半个世纪的时间中发生了明显变化。滨岛敦俊：《明代江南三角洲的水利控制组织》，第 78、88—89 页。

66 从粮食生产转到为丝织市场进行生产的刺激是很强的。在 17 世纪初嘉兴，五亩稻田的收获卖出后只能得到 11.25 两白银的收入。而同样数量的桑田可以获 52 两白银，增加了三倍多。居密：《主人和奴仆》，第 8 页。烟草更为赚钱，亩烟草收入相当十亩稻田收入，谢国桢：《明代社会经济史料选编》，第 66—67 页。

67 傅衣凌：《明代江南市民经济试探》，第 34—38 页。不过价格上升的并不快。16 世纪 50 年代福建的永安县，生产一石地租的土地可以卖到 4 两白银，1782 年，同样的土地可以卖 11 两白银，但是直到 1864 年它的价格也没有超出这个水平。傅衣凌：《明清农村社会经济》，第 20—24 页。

68 谢国桢：《明代社会经济史料选编》，第 47 页；滨岛敦俊：《明代江南三角洲的水利控制组织》，第 77—78 页。相对小一些的灌溉系统而言，交通系统很少遭到破坏，因为运河渠道连接着大多数城镇。今天，南京和上海之间，仍可以看到 593 条河道。黄仁宇：《明代的漕运》，第 4 页。

69 关于晚明到 18 世纪这段时期江南对湖广地区稻米输入的日益依赖，见全汉升和克劳斯：《清代中期的粮食市场和贸易》，第 40—71 页。16 世纪末，政府实际上在管理着跨地区的谷物交换。1596 年，太湖东南的秀水地区出现了一种制度，当地政府挑选 20—30 名本地商人，让他们负责私人输进 3000 石稻米。当地官员也得到省级政府的特别许可，在各个关津处

第八章　江南的抵抗运动　435

由军队用船只运送大米。在 1621 年，湖州也实行了相似的制度，因为督责漕运的专使向产粮地区的官员解释说，让粮商们购买足够的谷物供应太湖地区居民的需要，是极其重要的。石锦：《太湖小农经济》第六章，第 4—7 页。

70　傅衣凌：《明代江南市民经济试探》，第 58 页。

71　西嶋定生：《中国初期棉业市场的考察》，第 135—136 页。利玛窦就此发表评论说，中国可以生产出足以供应全世界的棉花。利玛窦：《16 世纪的中国》，第 13 页。

72　西嶋定生：《中国初期棉业市场的考察》，第 134、138 页。在晚明，松江棉纺业所用的棉纱是那些商人从农村家庭纺织者那里收买来的。在万历晚期，这些棉纱大多由城市里上百家的工场制成长短筒袜。傅衣凌：《明清时代商人及商业资本》，第 6—10 页。

73　据 17、18 世纪之交的文人记载，那些精美的镶边罗纱和各色丝绸都是很流行的。傅衣凌：《明代江南市民经济试探》，第 107 页。苏州也有棉纺织作坊，多在阊门之外。但是，这些规模较小的、只有 20 多个短工的"堂"，较之城东北角的那些大丝绸工场则相形见绌了。在那儿，棉织工每天早晨聚集在著名的花桥一带，而丝织工则聚于广化寺。时人记载说，若机房工作减，此辈衣食无所矣，引自傅衣凌：《明清时代商人及商业资本》，第 12 页。

74　这个时期商业和土地财富的增长远不像以前那么互不相关了，富裕的乡绅家族不再贮存粮食和银钱，而是把资金投放到高利贷或商业中去了。商人也变成了地主，而且与明中期的土地所有者们相比，他们在谋取地租上更精于计算、长于管理。石锦：《1368—1840 年太湖地区的小农经济和农村社会》第二章，第 29—31 页；第五章，第 35—37 页。根据 1605 年编著的嘉定地方志记载，乡绅和平民之间的地位差距，以及老人和青年间的等级差别感已变得模糊不清了。森正夫：《明末社会关系秩序的变动》，第 136—137 页。

75　西村数余：《明代的奴仆》，第 42 页。

76　傅衣凌：《明代江南市民经济试探》，第 31—32 页。在 1643 年的一份记载中，方以智叙述了明末对财富和地位的追求之风笼罩着中国的上等阶层。他抱怨道，文人变成了官僚，并通过交结权势而大发其财。一旦当了官，他们就开始积聚家财。就像一般人贪图享乐一样，他们也追求豪华奢侈。他认为，对于文人来说，远离经商致富之事是很重要的，这是有鉴于他的前一代人在 17 世纪 20 年代商人与政府的辩论中支持了商人的主张。彼得森：《苦果》，第 72—74、77 页。

77　在中国北部地区，特别是像华东地区，明初的家仆也逐渐成了自由受雇的劳动力，叫作"雇工子"或是"做活路"。尤其典型的是，这些打短工的劳力早晨聚在市场上，手里拿着锄头，等着受雇于那些需要暂时帮忙的农民。片冈芝子：《明末清初华北的农业经营》，第 82 页。

78　谢国桢：《明清之际党社运动考》，第 261—265 页。

79　关于奴仆法律地位的详细分析，见西村数余：《明代的奴仆》，第 36—41 页；美杰尔：《清末的奴隶制》，第 333 页；王伊同：《北朝的奴隶》，第 301—331 页。

80　傅衣凌：《明清农村社会经济》，第 124—125 页；小山正明：《明末清初的大土地所有制》第二部分，第 64 页。比如在安徽南部，特别是在新安，"佃仆"和"奴仆"的地位常常混淆不清。在对一个主人或一个家族承担了额外义务而且被限制在土地上之后，这样的依附人口还是要交纳地租，还可以保留他们自己的财产。石锦：《1368—1840 年太湖地区小农经济和农村社会》第二章，第 126 页；贝蒂：《中国的土地与宗族》，第 13—14 页。另一方面，在近代广东，那些"佃民"的地位被一个人类学家形容得近似于北美黑人奴隶。奴役和世代租佃在主家和仆家之间维持下来，这种"联结世袭佃农与地主的纽带，作为以亲缘为基础的合作之间的一种交换是极好理解的。双方的这种交换是通过家族的媒介进行的……从社会角度来看，佃户被当做主人家族的从属……"。沃特森：《传统中国的世佃制和地主制的个案研究》，第 180—181 页。地区与地区之间对人身依附者的看法也是不同的。在 17 世纪，武进县人以为佃户是世袭的。而在附近的无锡，主仆关系则相当灵活多变。在无锡，如果奴仆很快换了主人，人们并不会感到有什么不满。实际上，许多无锡的奴仆就像一种职业的家仆阶层，在全国各处受雇。据说在晚明的北京，大多数豪势人家的佣人中至少有一个无锡的奴仆。石锦：《1368—1840 年太湖地区的小农经济和农村社会》第五章，第 5—6 页。

81　在明代，各种法律身份不是互相排斥的。比如，一个地主可能同时又是一个奴仆。有些奴仆甚至参加了科举考试。麦克德谟特：《明末太湖流域》，第 690 页，酒井忠夫：《儒教和大众教育书籍》，第 337 页。

82　一些学者愿意使用"奴仆"而不愿用"农奴"一词，因为他们认为，使用后者就意味着把明代受束缚的劳动者与宋代农奴化的劳动者视为一事。这样他们就等于赞成了东京学派的论点——元、明、清是庄园农奴制的中世纪时代。可参见居密：《主人与奴仆》，第 4、36 页。严格地说，在欧洲封建社会中，农奴是被束缚于土地上的，属于其主人所有，不过我们或许可以从更广意义上把农奴定义为处于奴仆状态的人，因为，世仆或奴仆劳动者，特别是那些处于就住在本地管理田庄的地主手下者，是在除道德习惯外没有任何限制的情况下听凭主人使唤的，那么"农奴"一词就是很恰当的了。不过事实上，农奴在法律上依然是依附者。这一点见麦克德谟特：《明末太湖流域》，第 677—678 页。

83　仁井田升：《中国的国家权力与农奴制》随处可见。

84　"一田三主"的制度在福建是普遍存在的。田底的主人或"苗主"（他可能连地产在哪儿都不知道）把土地转租给收租者或"赔主"，他们再转租给佃户。傅衣凌：《明清农村社会经济》，第 44—45 页。晚明时期，在福建，特别是福建北部，我们看到这样一种市场关系在加强，即所有权的出卖和再出卖变得非常容易，而且也刺激了收租人的投资。比如，表示最后出卖的"断契"逐渐地被"活契"所取代，它给出卖者一个买回土地的机会，一个可以以更大的价钱卖给第三者的权利。杨国桢：《试论清代闽北民间的土地买卖》，第 5—6 页。

85　陈张富美：《明清时期中国租佃关系初探》，第 3—4 页。

86　傅衣凌：《明清农村社会经济》，第 8 页。

87　西村数余：《明代的奴仆》，第 28 页；清水泰次：《明代的流民与流贼》，第 217 页。

88　因此，当所有权以这种形式让渡时，它并没有与原来的所有者完全脱离，原来的所有者也没有把所有权永久出让。比如，在上海附近，奴仆只是暂时地出让了他的所有权和个人。如果这位新主人有所失势，他就会抽身而去另觅新主人。麦克德谟特：《明末太湖流域》，第 684—685 页。

89　顾炎武：《日知录》第十三卷，引自傅衣凌：《明清农村社会经济》，第 80 页；又见宫崎市定：《明代苏松地方的士大夫与民众》，第 18 页。根据明代法律，只有公、侯和三品以上官僚才可以雇用奴仆。但实际上，这常常是整个统治阶级的特权。麦克德谟特：《明末太湖流域》，第 680—681 页。

90　傅衣凌：《明代江南市民经济试探》，第 66—68 页。有一些学者对"投献"（交出自己的土地）与"投靠"（作为家奴为某家族干活）加以区别。参看邓尔麟：《达官贵人》，第 246—247 页。实际情况中，"投靠"往往同时包括了这两种行为。大多数被雇用的劳动力被认为是奴仆，他们受雇的条件包括一种债务奴役，有时叫"佃雇"或"佃佣"。因为这家的主人可以抵押他的劳动力或其家庭的一个成员以换取谷物和银钱。麦克德谟特：《明末太湖流域》，第 683 页。

91　对这种劳动者的工资的一些观念可以从 1606 年在江南使用的小学算术书中找到。在这个小学读本中有一个问题是："今有四人，来做工八日，工价九钱银。二十四人作半月，试问工钱该几分？答曰：一十两一钱二分五厘。"（傅衣凌：《明代江南市民经济试探》，第 68 页。）那么一个劳动力一天的报酬就是 2 分 8 厘，见刘永成：《论清代前期农业雇

第八章　江南的抵抗运动　　437

佣劳动的性质》，第 92 页。

92　居密：《主人与奴仆》，第 5—7 页；又见《吴江县志》，引自傅衣凌：《明代江南市民经济初探》，第 68 页。

93　居密：《主人与奴仆》，第 5—7 页；片冈芝子：《明末清初华北的农业经营》，第 82 页。换句话说，在明清时期，在法律条文中雇工是从奴仆形式的"短期化"而来的。麦克德谟特：《明末太湖流域》，第 679 页。

94　麦克德谟特认为："明代的奴仆最好看成人的一种法律地位，他们有穷人也有富人，对于其主家承担特殊的或一般的契约性义务。男人和女人或是通过买卖、收养、雇用和强制，或是通过结婚和投靠，而沦为奴仆。其义务、为奴时间和报酬，都不大相同。这些奴仆中有一种一般被称作'佃仆'的田间奴仆，几乎占城乡人口的 1/5；他们的奴役地位常常是限于地主的特殊义务，即使有被强制的情况，他们也很少束缚于土地上，或很少完全附属于主人。"同上；又见沃特森：《传统中国的世佃制和地主制度的个案研究》，第 237—239 页。

95　美杰尔：《清末的奴隶制》，第 330 页。这种协议的一个例证，见谢国桢：《明清之际党社运动考》，第 255 页。

96　在 17 世纪初期，主人常常随心所欲地奸淫奴仆家庭的女性成员，有时他们非法地杀害或烧死奴仆。石锦：《1368—1840 年太湖地区的小农经济和农村社会》第二章，第 14 页。

97　宣德时期（1426—1435 年）农奴的出现伴随着流民数量的增多。西村数余：《明代的奴仆》，第 25 页。

98　利玛窦：《16 世纪的中国》，第 86 页。

99　西村数余区别出至少五种不同类型的奴仆或奴隶：家奴、逃避国家徭役的人、田间劳动者、田庄工头，还有那些投靠富人以事敲诈他人者。西村数余：《明代的奴仆》，第 28—29 页；又见麦克德谟特：《明末太湖流域》，第 688 页。

100　泽恩道弗尔《徽州的奴隶状况》随处可见。明代徽州佃仆往往是宋代佃奴的直系后代。泽恩道弗尔：《"新安名族志"和公元 800—1600 年中国士绅社会的发展》，第 208—212 页。

101　在徽州许多从事耕作的奴仆被派去开垦不易耕作的山地，搬石造田，大多数农民不愿意承担这样繁重的劳作。在营造梯田的过程中，奴仆们也砍伐树木，为他们的主人种植茶树。这就生产了市场商品，促进了安徽商业的发展。叶显恩：《试论徽州商人资本的形成与发展》，第 5—9 页。

102　章有义：《从吴葆和堂庄仆条规看清代徽州庄仆制度》，第 45 页；傅衣凌：《明清农村社会经济》，第 1—19 页。

103　麦克德谟特：《明末太湖流域》，第 691—692 页。奴仆也为他们的主人经营商业。实际上，一些乡绅家庭往往以选择有经商经验者做代理人的方式投资于商业。这个代理人——他往往自己也拥有财富——作为回报同意"投靠"。虽然这个代理人自愿成为奴仆为投资者提供了一种抵押或是间接的保证，但是这种委任也给了代理人以逃避徭役的机会和有力的主家的保护。长远来看，这种情况可能会阻碍精明的事业家的出现，因为它鼓励了投资者坐吃利润的想法，而且也把管理权交给了与乡绅的崇高社会地位相对还处于奴隶状态的中间人。石锦：《1368—1840 年太湖地区的小农经济和农村社会》第二章，第 22—24 页。

104　佐伯有一：《明末的董氏之变——关于"奴变"的性质问题》，第 48 页；麦克德谟特：《明末太湖流域》，第 676—677 页。

105　谢国桢：《明清之际党社运动考》，第 251—269 页；佐伯有一：《明末的董氏之变——关于"奴变"的性质问题》，第 50 页；宫崎市定：《明代苏松地方的士大夫与民众》，第 19—20 页。有人认为，"纪纲仆"奴仆头目由于他们的实际权力和低下的社会地位之间的矛盾，加剧了他们的心理负担。他们通过剥削他人和背叛主人来表达这种愤怒。居密：

《主人与奴仆》，第 57 页；《16—18 世纪地主与农民的关系》，第 17 页。也有人认为，奴仆代理人是一些比自由人更粗暴的管家和更凶残的监工。石锦：《1368—1840 年太湖地区的小农经济和农村社会》第二章，第 32 页。

106 谢国桢：《明清之际党社运动考》，第 270—275 页；又可参见麦克德谟特：《明末太湖流域》，第 690—691 页。奴仆制实际上是重叠累积的。有大量事例说明，许多仍然依附于最初的主家的农奴，自己随后也占有了农奴。法律规定，奴仆不允许获得或购买乡绅的身份，但是据知太湖地区的奴仆代理人往往以这种方式获得乡绅身份。石锦：《1368—1840 年太湖地区的小农经济和农村社会》第一章。

107 宁化地方志。引自埃尔文：《古代中国的模式》，第 250 页。

108 《古代中国的模式》，第 244 页。根据正德年间（1506—1512 年）文人们的记载，松江地区的一般情况是大户人家以家长式资格通过契约把土地租给佃户。人们把这理解为相互的扶持。就理想的情况来看，在歉收的年景地主应该救济他们的佃户。这些地主常常住在乡下，亲自征收地租，享受佃户的酒食款待，同时也回赠礼物。到了 16 世纪后半期许多人记载说，这种传统的合作性保护——依附关系出现了衰退。这些材料记叙了外在地主和佃户之间在日益地互相猜忌和敌对，佃户们合伙拒缴地租。居密：《主人和奴仆》，第 12—15 页；皮埃尔-艾蒂安·威尔：《中国水利》，第 272 页；佐伯有一：《明末的董氏之变——关于"奴变"的性质问题》，第 28 页。比如，一份 1583 年的材料表明，直到弘治和正德年间（1488—1521 年），乡绅们还是非常俭仆的，老百姓也较为富裕，而在嘉靖和隆庆（1522—1572 年）以后，乡绅们越来越富，而老百姓却日益穷困。1599 年一份来自山西北部的大同的报告表明，在晚期上等阶层日益奸诈蛮横，衙门里的胥吏全都为所欲为，敲诈勒索百姓；父母与儿女之间也越来越缺少孝顺和尊敬。1609 年山西太原地区的地方志说，自嘉靖和隆庆以来，平民百姓变得不安分守己了，不再尊重老人；而且崇尚"左道"的人们大大增多了。17 世纪初期福建的地方志记载，地主在遥远的地方坐吃地租，二者关系更为疏远，因此佃户们越来越容易拒交地租了。1619 年沽化（在天津南 169 公里）地方志说，自从 16 世纪 70 年代以后，那个地区世风日下，权贵人家欺压贫弱，土地集中现象极为普遍。根据渭水南岸、西安东面的渭南地区的地方志记载，从 16 世纪六七十年代起，那里也是世风日下。森正夫：《明末社会关系秩序的变动》，第 143—150 页。

109 傅衣凌：《明清农村社会经济》，第 127 页；黄之隽：《江南通志》第一四三卷，第 16 页，第一四七卷，第 38 页。许多材料说，"无赖"们聚集在城镇集市上，晚上又常常和大姓的世仆及衙门胥吏聚众赌博。在 17 世纪初，在集市进行赌博的情况明显增多。森正夫：《明末社会关系秩序的变动》，第 143 页；西村数余：《明代的奴仆》，第 43 页；又可参见傅衣凌：《明清时代商人及商业资本》。很显然，生活在附近的少量自由农民的存在使得穷苦的奴仆们感到一切都被剥夺了。居密：《主人和奴仆》，第 17 页。

110 清水泰次：《明代的流民与流贼》，第 367—369 页；又可傅衣凌：《明代江南市民经济初探》，第 94—95 页；森正夫：《16—18 世纪的荒政与地主佃户的关系》，第 434—436 页；小山正明：《明末清初的大土地所有制》第二部分，第 61 页；肖尔：《中国明代的最后朝廷》，第 54 页；"铲平王"也有其他写法，傅路德和房兆楹编著的《明代人名辞典》，第 1275 页。

111 永新地区地方志，引自傅衣凌：《明清农村社会经济》，第 126 页；又见埃尔文：《古代中国的模式》，第 245—246 页；森正夫：《明末社会关系秩序的变动》，第 155 页。永新在江西西部的井冈山山区。

112 傅衣凌：《明清农村社会经济》，第 130 页；森正夫：《16—18 世纪的荒政与地主佃户的关系》，第 75 页。

113 同上书，第 128 页。它与欧洲的粮食骚乱与纳税人抗议活动显然是很相似的。可对比英格

114 森正夫:《明末社会关系秩序的变动》,第 136 页。
115 傅衣凌:《明清农村社会经济》,第 130、137 页;埃尔文:《古代中国的模式》,第 245 页。
116 同上书,第 137—141 页。
117 同上书,第 124 页。
118 同上书,第 136 页;又见许大龄:《试论明后期的东林党人》,第 3 页。
119 沟口雄三:《东林党人的思想——近代前期中国思想的发展》,第 187—188 页。
120 同上书,第 176—178 页;佐藤文俊:《明末袁时中之乱》,第 223 页。
121 滨岛敦俊:《乡村社会》,第 12—13 页。一个浙江嘉善的外住地主陈龙正在 1630 年致信另一个乡绅,详细述说了他出借稻米给贫苦农民的方法,并且建议采取相同的慈善做法,以为这个县的公益效力。他还创立了"同善会",在城市穷苦人中行好事;同时,他要求乡绅服徭役,不要借免役占便宜。森正夫:《明代的乡绅》,第 50—51 页;沟口雄三:《东林党人的思想——近代前期中国思想的发展》,第 236—238 页。
122 家族族长也要给穷苦亲属一些好处,因为他们担心失去田庄的劳动力来源。如果能使同族的贫民留居乡里而不致流入城市,那么这些管理地主就随时都有劳动力的供应了。这可能会阻碍节省劳力的技术的采纳。石锦:《1368—1840 年太湖地区的小农经济和农村社会》第二章,第 42 页。
123 黄之隽:《江南通志》第一五八卷,第 3 页。范文正就是范仲淹,著名的宋代学者和博爱主义者,他认为对公众的施舍救济是儒家士绅的责任,特威切特:《范氏家族》,见于各章。
124 同上书,第 1 页。
125 同上书第一六一卷,第 16 页。
126 参见黄之隽:《江南通志》第一五九卷,第 9 页;又见森正夫:《明末社会关系秩序的变动》,第 75、87 页;居密:《地主和农民》,第 23—24 页。
127 黄之隽:《江南通志》第一六一卷,第 16 页。当一个地区的豪族试图进入邻近地区时,这一地区的联系就会得到加强。比如,在冒襄的家乡,从长江到江阴间的如皋地区,那里贫苦的渔家住在泥沙沉积而成的岛屿上。当地方上的"豪家"想占有这些冲积地时,如皋当地的乡绅、知县和岛上居民都捐出收成的一部分,用于建造船只和购买武器,进行抵制。同上书第一一五卷,第 41 页。
128 这样,在明朝统治的最后 30 年里,尽管安徽桐城的乡绅免除了一些农民的债务,而且尽力采取救济措施,但是这个富庶地区的乡绅仍然在滥用特权,"以前对地方公益的关心似乎已经消失在狭隘的一己和家族的利益之中了。加之他们对普通百姓日益傲慢的态度,这就足以导致各乡绅家庭及亲属间的相互疏离,并在他们和社会其他人之间形成危险的对抗"。贝蒂:《中国的土地与宗族》,第 67—68 页。
129 丁伯格:《贤人与社会》,第 132—134 页;狄百瑞:《晚明思想中的个人主义和人道主义》,第 178—181 页。
130 沟口雄三:《东林党人的思想——近代前期中国思想的发展》,第 181 页。沈定平(音译)相信,晚明时期的阶级冲突在像海瑞和张居正这样的国家官僚中产生了一种强烈的社会危机感;他也断言,小规模的农民起义导致了在租佃关系方面的逐渐变迁,使得地租按照更加有利于种田人的方式得到调整(即变成定额租)。根据沈的看法,如果这种社会危机由于 17 世纪三四十年代的大规模起义而得到加强的话,这种进步是不可改变的。刘广京:《世界观和农民起义》,第 366 页。
131 狄百瑞:《晚明思想中的个人主义和人道主义》,第 175—176 页。
132 奥崎裕司:《中国乡绅地主的研究》,第 577 页;傅路德和房兆楹:《明代人名辞典》,第 237—239、1632—1635 页;酒井忠夫:《儒教和大众教育书籍》,第 343 页。

133 奥崎裕司：《中国乡绅地主的研究》，第 578 页。

134 1638 年 1000 枚铜钱值 9 两银子；1640 年它们只值银 5 两；1646 年兑换率上升到 17 两银子换 1000 枚铜钱。艾维四：《论白银、外贸和明末经济》，第 20 页。

135 原棉的正常价格是每担棉值银 3 到 4 两。在这个时期原棉价格降到每担只卖 0.5 到 0.6 两银子。艾维四：《论白银、外贸和明末经济》，第 19 页。

136 洪武时期（1368—1399）稻米的平均价格是一石值银 0.46 两。永乐时期，价格开始下降，在 1460 年到 1490 年之间降到每担 0.44 两。在 15 世纪的最后 10 年的对朝战争期间，通货膨胀开始出现。在 17 世纪 20 年代，米价稳步上升，达到每石为白银 0.927 两。到 30 年代，米价已经翻了一番还要多，平均每石米为白银 1.159 两。吉斯：《明代的北京》，第 159—165 页。据统计，从湖广到江南船运稻米的价格是它原价的两倍。帕金斯：《政府对工业化的阻碍》，第 482 页。

137 转引自埃尔文：《古代中国模式》，第 213 页；又见埃尔文：《均衡技巧》，第 169 页；褚华：《沪城备考》第三卷，第 12 页；邓尔麟：《达官贵人》，第 190—191 页，及其《嘉定忠君》，第 202—203 页。

138 艾维四：《论白银、外贸和明末经济》，第 21 页。顾大任在广东任按察使，后来退休回到苏州。他的传记描写了当时这个城市的情形："十四年，苏州大疫，饥馑载道，顾倾囊赈济，赖活甚多，家竟中落，仅存一屋，青苔满壁。"1644 年顾大任曾经两次想自杀，每次都被其仆人劝阻了。两年后他得了中风，开始吐血，死前大呼："皇帝，臣来也。"气绝而亡。钱咏：《履园丛话》，第 121—122 页。上海被叫作"小苏州"，一方面因为它是过往商人的一个重要聚集地，另一方面因为它的庞大人口。傅衣凌：《明代江南市民经济试探》，第 106 页。

139 彭泽益：《清代前期手工业的发展》，第 9 页。那个春天白米卖到了每担 5 两银子。一些官员建议当地的乡绅开设粥棚，但是许多人在来此之前就死在了路边。邓斯坦：《明末流行病》，第 14 页；科尔森生动地描述了其他社会类似的情况，在那些地方，农民或是由于缺乏工具与知识，或是种惯了能换钱的作物，已经不能再从事基本农作物的种植了。科尔森：《丰年与荒年》，第 11 页。

140 艾维四：《陈子龙》，第 113—114 页。

141 埃尔文：《近代以前中国纺织工业技术的经济面面观》，第 41 页。

142 《罗马基督教社区档案》，日本，第 122 号（对开本第 204—242 页），第 213—214 页（材料由小韦尔斯提供）。在此之前，由一名佛教徒为首的一个地方教派在乡村地区招收了大量信徒，而这个地方皈依基督教的人数也是上海附近最多的。当地官员对基督教徒和当地教派同时加以查讯，释放了前者，对后者却加以鞭笞。见上书，第 212—213 页。据报告说，在 1650 年，上海的基督教人口总数已达 1.8 万—2 万人。邓恩：《一代伟人》，第 308 页。

143 埃尔文：《古代中国模式》，第 246 页。可能因为 17 世纪 50 年代在湖北和河南也发生了"奴变"，使得农奴和奴婢赎回自由变得越来越容易了。到 18 世纪初，特别是 1685 年以后，大多数农奴契约由没有公证的"白契"变成了有公证的"红契"或"印契"。前者被认为是暂时的契约，而后者则规定了长期的义务。清初期和中期的法律条文规定，穷困潦倒的百姓可以签订"白契"，如果他们以后攒够了钱，就可以用妓女从良的那种方式"赎身"。到雍正时期，"红契"不再使用。不过雍正时期所谓的废奴被历史学家们过分地强调了。许多史料不仅表明，在 18 世纪 40 年代江苏等地，仍然存在着变卖儿童给富户人家、平民因与农奴结婚（这被叫作"招配"）或是因为"投靠"而变成农奴的情况，而且还表明，各地司法机关支持地主惩罚农奴，并禁止奴婢反抗主人。在 18 世纪还有许多奴仆在争吵中杀死主人的事例。韦庆远、吴其雁、鲁肃：《清代奴婢制度》，第 7、23—27、34、45、52—53 页；又见托伯特：《清朝的内务府》，第 57 页；美杰尔：《清末的奴隶制》，

第八章　江南的抵抗运动　441

144 森正夫：《1645 年太仓州沙溪镇乌龙会的反叛》，第 200 页。
145 宋乞任命了 12 个武装起来的奴仆伙伴，他曾说："吾辈祖上为役使，其后人当为继。时乃天赐良机，吾主无能为，不堪挥戈。吾辈可因势利导之。若欲压之，业已晚矣。"居密：《主人和奴仆》，第 59 页。
146 这个运动始于长江下游，盛于遥远的南方广东。"二年春二月，社贼起。贼皆人奴，忿杀其主以叛。始于顺德县冲鹤村，延及新会、开平、高要，皆杀逐其主，掘其坟墓，踞其妻室，连年屠毒，至顺治十五年乃已。"《高要县志》，引自傅衣凌：《明清农村社会经济》，第 122 页。
147 邓尔麟：《达官贵人》，第 248—249 页；《嘉定忠臣》，第 265 页。
148 同上书，第 264 页；《嘉定忠臣》，第 269 页。
149 《研堂见闻杂记》，第 3 页。乌龙会可能有一些明军人。森正夫：《1645 年太仓州沙溪镇乌龙会的反叛》，第 208—209 页。
150 同上书，第 3 页。
151 邓尔麟：《达官贵人》，第 269 页；《嘉定忠臣》，第 272—273 页。
152 《研堂见闻杂记》，第 3 页。
153 关于太仓的纺织业及商人情况，见西嶋定生：《中国初期棉业市场的考察》，第 123 页；傅衣凌：《明代江南市民经济试探》，第 40 页。有权势的乡绅不能保护自己免受百姓的猛烈报复了。复社的创始人之一张采早些年被牵连进了一件侵吞财产的案件。1645 年 6 月 12 日，一群人冲进了他的房子，把他抓住并拖到了衙门，在那里强迫他在认罪书上签名，然后用石头砸他，并被头朝下地拖着穿过大街，来到小学校广场，把他扔在那里等死。但他从摧残中活了下来，被亲戚们抬进了屋里。邓尔麟：《达官贵人》，第 265—266 页；《嘉定忠臣》，第 270 页。
154 太仓的长官最初由王介福担任，他是著名文学家王世贞的长孙。王介福利用他与钱谦益的密友关系担任了此职，并且向当地富户搜刮钱财。清廷任命的官员是周荃，他到太仓后，轻而易举地取代了王介福。邓尔麟：《达官贵人》，第 280 页。
155 邓尔麟：《达官贵人》，第 266—267 页，及其《嘉定忠臣》，第 271—272 页。尽管建立直接联系是不可能的，但是在那些土地所有制度对乡村贫民来说是出奇残酷的地方，似乎就很容易降顺。比如在常州，一些小地主带领"乡兵"抵制清朝官吏，但是他们很快被抓获或被杀死了，而住在城镇里面吃租的乡绅对此几乎没有反响。计六奇：《明季南略》，第 276 页。在宜兴（太湖西岸），那里乡绅逃避赋税和地主住外的比例很高，以至于 50%的土地承担了全部赋税，因此那个地区只有很少的老百姓响应复明领导人任源遂。侯方域：《壮悔堂集》、《壮悔堂文集》第五卷，第 12—13 页。梁方仲：《明代的地方税吏》，第 264 页。宜兴附近的溧阳的主要武装队伍是由叫作潘茂和潘珍的两个人领导的，他们以前都是潘家的仆人。《溧阳地方志》，引自谢国桢编：《清初农民起义资料辑录》，第 129 页。
156 温睿临：《南疆绎史》，第 388—389 页；查继佐：《国寿录》，第 70 页。
157 南园啸客：《平吴事略》，第 113—114 页。关于这个时期太湖地区佃农起义的资料，见石锦：《1368—1840 年太湖地区小农经济和农村社会》第五章，第 4 页。一些像叶茂华这样的人又主动做了清政府的官员。清军南进时，他们随军而行，诱劝各地乡绅接受新的统治者。在江苏北部的徐州出现了一大批这样的人物，他们促成了两淮盐区的投降。但是不知道他们与在北京替清廷办事的山西商人是否有联系。黄之隽：《江南通志》，第一一二卷第 32 页，第一五一卷第 24、25 页，第一四五卷第 19 页。
158 文秉：《甲乙事案》，第 187 页；南园啸客：《平吴事略》，第 113 页。

159 沈涛：《江上遗闻》，第 199 页；黄之隽：《江南通志》，第一七一卷，第 10—11 页。多铎担心山西军队可能会与当地居民冲突。他首先派了李延龄（李永芳的儿子）的一支 1000 多人的旗军，已投降的大同军官土国宝随军而行。他们在 6 月 27 日入城。邓尔麟：《达官贵人》，第 279—280 页；《嘉定忠臣》，第 279 页。

160 南园啸客：《平吴事略》，第 116 页。这时冒襄——"四公子"之一——在嘉兴南 30 里的地方。在那里他的父亲为福王筹划军需。当这座城市落入满人之手后，冒氏家族带着上百个男女奴仆和上百艘船的财物逃往乡下，三个月中一直躲避搜捕。他们还遭到过一次抢劫，有 20 多名仆人被杀死。最终，冒襄和八名家庭成员，包括他的爱妾董小宛，逃回了长江北岸如皋的老家。冒辟疆：《影梅庵忆语》，第 74—78 页；张履祥：《重订杨园先生全集》，第 151—153 页。在浙江，争取乡绅合作的政策是由张存仁策划的，他作为总督，力主以科举与减税来赢得当地乡绅的支持。郭松义：《江南地主阶级与清初中央集权的矛盾及其发展的变化》，第 129 页。

161 恒慕义：《清代名人传略》，第 443—444 页。

162 《清世祖实录》第十八卷，第 15 页。1645 年 8 月 4 日，洪承畴受命争取江南投降。李光涛：《洪承畴背明始末》，第 253 页。

163 《研堂见闻杂记》：第 23 页；张怡：《搜闻续笔》第一卷，第 20 页。帕拉福克斯的著作指出，他说话时比比划划，被百姓讥讽为"猴子"。帕拉福克斯：《鞑靼人中原征服史》，第 84 页。除了老百姓之外，还有一些羞辱是来自个人的。洪承畴以前的私人老师，忠君之士沈百五被押解到洪承畴面前时，装作不认识他。"洪公受国厚恩，殉节久矣，尔何人，斯欲陷我于不义乎？"钱泳：《履园丛话》，第 2—3 页。

164 洪承畴：《洪承畴章奏文册汇辑》第一卷，第 1 页。1645 年 9 月 5 日的奏文中有对前明官员杨彤廷的推荐。

165 同上书，第 3—5 页。

166 邓尔麟：《达官贵人》，第 47 页；《嘉定忠臣》，第 315 页；《财政改革》各章。

167 魏斐德：《历史与意志》，第 250 页。

168 这句话是高攀龙讲的。见魏斐德：《自主的代价》，第 41 页。

169 作为文人，他们中的许多人因明朝的覆灭而自责。因为事后看起来，明的灭亡与文人们无心政事而醉心于吟风弄月的习性有关。晚明时期典型的文人擅长诗词、散文、乐曲、书法、绘画、篆刻、围棋、戏剧、说书、琴笛，等等。就像方以智的描述一样，"文人"的概念意味着文化性的爱好与哲学和政治一样重要。当明朝灭亡以后，一些文人似乎对其无关国计民生的文人习性暗暗地产生了怀疑，把王朝的灭亡归结于这种唯美主义的追求。1646 年顾炎武写道：近二三十年，吾地文人热衷务虚求空之娱乐，盖无例外者。彼得森：《苦果》，第 155 页；又见同上书，第 31—34 页。

170 魏斐德：《江阴的悲剧》，第 66—67 页。

171 魏斐德：《中华帝国的崩溃》，第 29—35 页。

172 田中正俊：《民变：抗租奴变》，第 88、92—93 页。

173 朱子素：《嘉定县乙酉纪事》，第 185 页。

174 温睿临：《南疆绎史》，第 241 页。

175 同上书，第 242 页；又见彼得森：《顾炎武的一生》第二部，第 237 页。历史学家司马光评论 10 世纪历任数朝的官ების冯道说："忠臣不事二主，烈女不嫁二夫。"引见施奈德：《楚国的狂人》，第 78 页。这句话引当时一部十分流行的书。罗普：《变化的根源》，第 7 页。

176 计六奇：《明季南略》，第 247 页；张廷玉：《明史》（国防研究院），第 3114 页；查继佐：《国寿录》，第 53 页；斯特鲁弗：《传统中国社会》，第 63 页。关于几社团体起义的决定，见计六奇：《明季南略》，第 29 页；温睿临：《南疆绎史》，第 237、247 页；陈子

第八章 江南的抵抗运动 443

龙：《陈忠裕全集》"年谱"中，第 30 页。
177　计六奇：《明季南略》，第 237—238 页。
178　《清世祖实录》第十七卷，第 7—8 页。主张合作政策的汉人很清楚剃发令对和平归顺造成的威胁。在 1645 年 9 月，张存仁提醒说，通过科举来笼络归顺者的努力会因强迫剃发而受到破坏。但是多尔衮不为所动。郑克晟：《多尔衮对满族封建化的贡献》，第 10 页。
179　《东华录》，引自谢国桢：《南明史略》，第 78 页。
180　《清世祖实录》第十七卷，第 20 页。这个政策最初用于山东界南临海的云台山地区驻防的 67 名文武官员。
181　对许多人来说，这肯定会使人想起金人在 1129 年的可耻命令，当时金人决定在攻陷开封以后剃去"南人"的头发。陶德文：《宋代的爱国主义》，第 206 页。
182　利玛窦：《16 世纪的中国》，第 78 页。
183　晚明时期来到中国的人们注意到了这种引人注目的发式。一位神甫写道："他们为有满头长发而骄傲，他们让头发长得很长，然后在头顶上盘成发髻，再用一个中间分开的发网套住，使头发被夹住并被固定在这个位置上，在发髻顶上戴上一顶帽子。这是他们一般的头饰，而他们头领的帽子是由另一种最好的丝线以及金线织成的。每天早晨他们梳理和装饰他们的头发要花去很多时间。"巴克士：《16 世纪（1550—1575）的中国南方》，第 282 页。在同书中我们还可以看到另一位神甫相似的论述，见第 183 页；又可见楢木野宣：《清代督抚满汉比率的变动》，第 128 页。把陌生的服饰和发式视为野蛮人的标志，这至少可以上溯到《论语》。孔子赞扬管仲使人摆脱了野蛮："微管仲，吾其被发左衽矣。"（《论语·宪问》）
184　比如，1645 年华允诚宁愿隐居无锡，而不愿意剃发。三年以后，即他 61 岁那年，他被人出卖给了清朝当局，被带到南京去受审。在满汉官员参加的审讯中，华允诚（他是东林领袖高攀龙的及门弟子）南向而立，双手举起头顶发誓说："二祖列宗神灵在上，允诚发不可去，身不可降。"他和他的长孙及藏匿他的几个仆人都被杀死了。温睿临：《南疆绎史》，第 228—229 页；《明史》，第 2913 页；布希：《东林书院及其政治思想意义》，第 140—141 页。1645 年，许多文人躲进住宅的夹壁里，拒绝服从剃发的命令，在朋友们和仆人们的帮助下他们躲开了公众的视线。无锡的邹来甫在被发现并遭逮捕前，在一个朋友家住了将近 20 年。计六奇：《明季南略》，第 283 页；又见顾炎武：《亭林诗文集·亭林余集》，第 24 页。
185　谢国桢：《南明史略》，第 70 页。杨廷枢被怀疑与他的学生戴之隽有勾结，戴之隽是 1647 年在吴胜兆造反时松江起义的主要首领。计六奇：《明季南略》，第 280 页；顾炎武：《亭林诗文集》第一卷，第 10 页。杨廷枢对审讯者说："明无大臣剃发，此当无死疑。"查继佐：《国寿录》，第 59 页。在他死前，他可能受了伤，他用血在狱墙上写道："予自幼读书，慕文信国为人，今日之事，乃其志也。"文信国是宋代爱国者文天祥。谢国桢：《南明史略》，第 90 页。他的死刑是在吴江的泗州寺前执行的。当刽子手的斧钺高高举起之时，他大声叫道："生为大明人……"据旁观者说，挥起来的斧钺已将他的头颅砍掉时，人们听到了最后一句话："死为大明鬼。"刽子手们亦为之动容。温睿临：《南疆绎史》，第 230 页。杨廷枢的儿子杨忠文在临刑时为他穿上官袍，然后把这件遗物带回了家里。许多年以后，当他的儿子已经 80 多岁的时候，才把这件沾有已经变黄了的血迹和刽子手刀痕的衣袍拿了出来，在它面前恭行祭奠先祖之礼。钱泳：《履园丛话》，第 3—4 页。
186　魏斐德：《地方观念与忠君思想》，第 55—56 页；盖拉德：《南京今昔》，第 140—141 页。
187　森正夫：《1645 年太仓州沙溪镇乌龙会的反叛》，第 219—220 页。
188　《研堂见闻杂记》，第 11 页。
189　温睿临：《南疆绎史》，第 367 页；朱子素：《嘉定县乙酉纪事》，第 186 页。

190 在清朝官吏未能立即得到当地乡绅支持时，他们就极力争取其中的蜕化分子。不过，奉承那些"凶豪"从长远看是十分危险的。见朱子素：《嘉定县乙酉纪事》，第 189 页。

191 南园啸客：《平吴事略》，第 116 页。

192 傅衣凌：《明代江南市民经济试探》，第 40 页。

193 计六奇：《明季南略》，第 264—265 页。顾炎武说他的名字是杨永济。顾炎武：《亭林诗文集·亭林诗集》第二卷，第 9 页。

194 杨永言要求顾炎武组织一支地方军队。在着手进行这件工作时，顾炎武在弘光皇帝的兵部担任职务。张廷荣：《清初四大师生命之学》，第 46 页；威尔海姆：《伦理学家顾亭林》，第 11—13 页。在昆山抵抗运动中王佐才的作用，见《明史》，第 3115 页；王云五编：《大清一统志》，第 916 页（第八十卷第 26 页）。归庄是著名作家归有光的长孙，复社成员，出色的画家和作家。他的诗作《万古愁曲》描述了从原始时代直到 1645 年南京陷落时为止的中国历史。据说顺治皇帝在紫禁城吃饭时，让人唱过这首歌。归庄的弟弟在史可法的幕府，他的两个仆人设法逃过了扬州之屠，带回了大屠杀和兄弟遇难的消息。《归庄集》，第 537 页；恒慕义：《清代名人传略》，第 427 页。

195 温睿临：《南疆绎史》，第 366—367 页。

196 朱子素：《嘉定县乙酉纪事》，第 183 页；朱子素：《嘉定屠城纪略》，第 203 页；计六奇：《明季南略》，第 275 页。南京政权时期曾经投奔过京口张洪魁的杨文一直打算，一旦满人渡过长江，他就在苏州进行抵抗。他和 500 名贵州籍的卫兵进入苏州城，在街上突然袭击了黄家鼐一伙。周荃逃到了南京，向总督府汇报了事变的情况。邓尔麟：《达官贵人》，第 263—264 页，及其《嘉定忠臣》，第 268 页。杨文后来在福州任唐王的兵部尚书。他担负着收复南京的任务，但他未能阻止从杭州过来的清军，于是在福建自杀而亡。《明史》，第 3115 页；恒慕义：《清代名人传略》，第 895—896 页。

197 邓尔麟：《达官贵人》，第 275 页；《嘉定忠臣》，第 276 页。

198 谢国桢：《南明史略》，第 77 页。在 1645 年 7 月末，多铎已经安排好了北方降将。曾是黄得功部将的马得功成为坐镇镇江的总兵官，刘良佐去了长州，李成栋被派往吴淞。他带领 5000 名士兵奔赴嘉定。他在苏州的部队和 1000 名旗人负责平定苏州和松江地区。邓尔麟：《达官贵人》，第 285—286 页；《嘉定忠臣》，第 283—284 页。

199 南园啸客：《平吴事略》，第 115—117 页。

200 温睿临：《南疆绎史》，第 367 页。

201 恒慕义：《清代名人传略》，第 427 页。

202 张廷荣：《清初四大师生命之学》，第 46 页；又见彼得森：《顾炎武》第一部分，第 64 页；顾炎武：《亭林诗文集·亭林余集》，第 15—16 页；彼得森：《顾炎武》第二部分，第 236 页。

203 谢国桢：《南明史略》，第 82 页；又见彼得森：《顾炎武》第一部分，第 60—66 页。不过这并没有使昆山的所有抵抗运动平息下来。顾咸建和顾咸正兄弟领导了零星的抵抗运动。顾咸建在 1643 年的进士试中名列第五。他参加了保卫杭州的战斗，当鲁王投降了阿济格之后，他逃到了昆山。被俘后以不降而死。查继佐：《国寿录》，第 54—56 页；《明史》，第 3098 页。他的哥哥顾咸正因为在 1644 年在延安与农民起义军作战而闻名。北京陷落后他回到了昆山，拒绝剃发，并参加了 1647 年陈子龙和吴兆领导的起义，后被俘遇害，五个儿子也同时遇难。这个英雄家族中的男性成员只有一个孙子幸免于死。计六奇：《明季南略》，第 278—279 页；黄之隽：《江南通志》，第 153 卷，第 17 页；苏雪林：《南明忠烈传》，第 47 页。

204 魏斐德：《地方观念与忠君思想》（死者应为 17 万余——译者）。

205 关于嘉定和它的抵抗运动英国人有过很精辟的研究。见邓尔麟：《达官贵人》。这份研究的修订本最近已经发表。见邓尔麟：《嘉定忠臣》；又见朱子素：《嘉定县乙酉纪事》。研究这个问题同样还可以引用《东堂轶札》，见《明清史料汇编》第十六卷，第1137—1172页。朱子素的《嘉定县乙酉纪事》和他的《嘉定屠城纪略》大致相同，但后者有更多的关于征服平定的材料。关于嘉定抵抗运动的一般情况，见谢国桢：《南明史略》，第9—11、86—87页，《明史》，第3114页。

206 邓尔麟：《达官贵人》，第283—284页；《嘉定忠臣》，第282—283页。
207 朱子素：《嘉定县乙酉纪事》，第184—189页；邓尔麟：《达官贵人》，第271—273页。
208 谢国桢：《南明史略》，第87页。
209 朱子素：《嘉定县乙酉纪事》，第191页。
210 同上书，第191页。
211 邓尔麟：《达官贵人》，第286—293页；《嘉定忠臣》，第284—289页。
212 同上书，第273页；《嘉定忠臣》，第292页；朱子素：《嘉定县乙酉纪事》，第194页。此事发生在8月9日。
213 朱子素：《嘉定县乙酉纪事》，第184、192页；谢国桢：《南明史略》，第89页；邓尔麟：《达官贵人》，第297—301页，及其《嘉定忠臣》，第295页。
214 谢国桢：《南明史略》，第22—24页；朱子素：《嘉定县乙酉纪事》，第193—194页；胡山源：《嘉定义民别传》，第36—45、63—66、85—93、145—151页；邓尔麟：《达官贵人》，第302—304页，及其《嘉定忠臣》，第296页。
215 同上书，第15—17页，第87页；胡山源：《嘉定义民别传》，第99—109、134页。
216 朱子素：《嘉定县乙酉纪事》，第196页；邓尔麟：《达官贵人》，第302—307页，及其《嘉定忠臣》，第296—298页。
217 谢国桢：《南明史略》，第87页。
218 朱子素：《嘉定县乙酉纪事》，第198页。
219 胡山源：《嘉定义民别传》，第27、35页；朱子素：《嘉定县乙酉纪事》，第198—199页；邓尔麟：《达官贵人》，第311—312页，及其《嘉定忠臣》，第299—300页。
220 李成栋起先派浦峤去嘉定，结果表明在葛隆—外冈军事联盟仍然存在的情况下，他无法接管这座城市。胡山源：《嘉定义民别传》，第126—127页；邓尔麟《达官贵人》，第286、310—312页，及其《嘉定忠臣》，第300—301页。
221 朱子素：《嘉定县乙酉纪事》，第200页；胡山源：《嘉定义民别传》，第129页。
222 《明清史料》丁编第一本，引自谢国桢：《清初农民起义资料辑录》，第131—132页。著名的短篇小说作家和出版家冯梦龙当时以这样的笔法来描绘太湖："这太湖在吴郡西南三十余里之外。你道有多大？东西二百里，南北一百二十里，周围五百里，广三万六千顷，中有山七十二峰，襟带三州。哪三州？苏州、湖州、常州。东南诸水皆归。一名震泽，一名县区，一名笠泽，一名五湖……吴人只称作太湖，那太湖中七十二峰，惟有洞庭两山最大。东洞庭曰东山，西洞庭曰西山。两山分峙湖中。其余诸山，或远或近，若浮若沉，隐现出没于波涛之间。"见冯梦龙：《醒世恒言》，《钱秀才错占凤凰俦》。
223 顾公燮：《销夏闲记摘抄》，引自谢国桢：《清初农民起义资料辑录》，第133页。这个出问题的地区在太湖的东南角。长白荡在陈墓外面。此时成了土匪活动中心的泖湖位于太湖和松江之间。明代地图比现代地图给出了更为清楚的界限，标明了互相交织在一起的许多河道和一些从太湖流向松江的小湖。
224 他们的船建造得像是竹条制成的翼面。这种高度机动船在今天的湖上仍可看到，一天便可驶出300海里。在秋天，船手们夜里上岸，躲进树林，准备突然出来进行抢劫。在浙江太湖南面尤其是这样。在多山的长兴县（湖州府），居民完全以劫掠为生。吴智和：《明代的江湖盗》，第109—110页。

225 顾公燮：《销复闲记摘抄》，引自谢国桢编：《清初农民起义资料辑录》，第19、133—134页；南园啸客：《平吴事略》，第112页。1659年的宜兴地方志第六卷中的一份材料记载，赤脚张三和他的妻子由于掌握了秘密的功法敢于在大白天进行抢劫。一个当地的军官想抓住他们，他们两人"旋转火矛"，将其打倒在地。见谢国桢编：《清初农民起义资料辑录》，第134页。

226 温睿临：《南疆绎史》，第398页；郭松义：《江南地主阶级与清初中央集权的矛盾及其发展和变化》，第127页。陆世钥得到了一个叫沈自柄的秀才的帮助。

227 吴伟业：《吴诗集览》第二卷下，第13页。吴易被史可法选入幕府。他的名字有时被误写成吴杨。顾沅：《吴郡五百名贤传赞》第十五卷，第8页。《明史》，第3315页；陈子龙：《陈忠裕全集》"年谱"下，第3—4页；温睿临：《南疆绎史》，第398页；艾维四：《陈子龙》，第137页；邓尔麟：《达官贵人》，第277页。

228 吴伟业：《吴诗集览》第二卷下，第13页；南园啸客：《平吴事略》，第13页；邓尔麟：《达官贵人》，第279页，及其《嘉定忠臣》，第282页。

229 土国宝可能是大同人，尽管后来清朝的史学家昭梿说他是投降了洪承畴的太湖土匪。昭梿还说，土国宝后来想联系郑氏家族起义。不过，清当局风闻此事后，切断了他部队的供给。土国宝从苏州逃跑时，被抓获归案，他的妻子在钟楼上吊。昭梿：《啸亭杂录》第十卷，第18页；还可参见陈子龙：《陈忠裕全集》"年谱"下，第9页。顺便说一句，土国宝把16世纪拙政园的花园（今位于苏州市博物馆后）变成了总兵的住宅。董春：《中国的花园》，第234—238页。

230 盖拉德：《南京今昔》，第227—229页。

231 小威备斯：《17世纪中国多元政治的夭折》，第4页。松江抵抗运动的史料来自褚华：《沪城备考》第三卷，第2页；陈子龙：《陈忠裕全集》"年谱"中，第30—32页；温睿临：《南疆绎史》，第240—244、365—366页；《明史》，第3113页；王云五：《大清一统志》，第957—958页（第八十四卷，第10—11页）；何绍基编：《安徽通志》，第2355页（第二〇六卷，第10页）；万寿祺：《隰西草堂集》，第169页（第三卷，第9页）；以及查继佐：《国寿录》，第76页。

232 陈子龙离开南京朝廷后，在1644年的10—11月间回到了松江，料理家族墓葬的建造，到1645年初完工。在把他的祖父、父亲、母亲和继母埋葬之后，陈子龙举家搬至距省会西北八里远的津浦县附近。那时他的家人有他病重的祖母、妻子、三个妾和几个儿子。艾维四：《陈子龙》，第133—134页。

233 何炳棣：《进身之阶》，第232—234页。

234 陈子龙：《陈忠裕全集》"论"第二十八卷，第13—24页。关于合法性的观念和江南家族的迁徙，见前"论"第二十二卷，第1—15页。这决不是什么新鲜说法，江南地区从东晋（317—420）以来就具有一种特殊的理想的合法性。罗杰斯：《淝水之战之谜》，第55页。

235 温睿临：《南疆绎史》，第241—242页；陈子龙：《陈忠裕全集》"年谱"中，第30页。当时有一传闻，说史可法从扬州逃了出来，在太湖统率着一支军队。另外的传闻说，刘泽清派了他的一支部队南进以帮助江南。所有这些传闻都是假的。邓尔麟：《达官贵人》，第270—271页。

236 李待问是1643年进士，也是董其昌的挚友。查继佐：《国寿录》，第57页。沈犹龙（1616年进士）在17世纪30年代晚期担任过福建和江西的巡抚，并在黄斌卿的帮助下平定了张普薇起义。郑芝龙向他投降后，他出任总督两广军务和兵部右侍郎。尽管弘光政权给了他一个职位，但是他拒绝接受。《明史》，第3113页。

237 计六奇：《明季南略》，第29页；邓尔麟：《达官贵人》，第289页；及其《嘉定忠臣》，第287—288页；温睿临：《南疆绎史》，第241页；何绍基编：《安徽通志》，第2355页（第

第八章 江南的抵抗运动 447

二〇六卷，第 10 页）。但是陈子龙的传记并没有赞扬他有这样的领导作用。见陈子龙：《陈忠裕全集》"年谱"中，第 31 页。

238 《明史》，第 3113 页。
239 陈子龙：《陈忠裕全集》"年谱"中，第 30 页。
240 《明史》，第 3113 页；顾炎武：《亭林诗文集·亭林诗集》，第 12 页。
241 黄家瑞是 1634 年进士，以后出任淮阳巡抚。万寿祺：《隰西草堂集》，第 169 页（第三卷，第 9 页）。
242 罗振玉：《万年少先生年谱》"万谱"，第 8—9 页。
243 8 月 1 日松江的这场抵抗运动，不管是一个预谋的叛乱，还是简单地发泄报复，它很快地失去了控制，是无疑的。人们指出，抵抗运动的许多领导人，在南明政权时期做过史可法的军事顾问和负责军需官员。在南明军队败退后，他们中的一些人留在军中，甚至可能接受这些军队将领们的命令。比如，杨文在他率军南进之前可能在苏州见过吴易。不过，局势十分混乱，以至于这几个推选出来的抵抗运动领导人中几乎没有人知道怎样和什么时候协调行动。这部分地因为他们很少知道清军在这个地区的情况。就像侯峒曾所说："吾等不知敌军所在。神灵保佑，只有待敌而动，所谓骑虎难下矣。"邓尔麟：《嘉定忠臣》，第 128 页，及其《达官贵人》，第 276—277、282 页。
244 谢国桢：《南明史略》，第 79—80 页；温睿临：《南疆绎史》，第 370 页。根据他的本传，陈子龙本人联络了在嘉兴的前吏部尚书徐石麒，嘉定的侯峒曾、黄淳耀、钱默和蒋若来，昆山知县杨永言、黄南阳和朱天麟，以及江阴、休宁、平湖、太仓和长州的一些官员和乡绅。
245 甚至在 1644 年北京陷落以前，荆本彻就已是南方防守战略的有力支持者了。他反对史可法北进收复首都的战略，建议将南方变成南明复兴的基地。在崇明岛，一个不太有名的明义阳王投奔了他，他是由最初在苏州投靠杨文的太监李国辅带到这里来的。荆本彻也得到商船专家沈廷扬的支持。查继佐：《国寿录》，第 91 页；邓尔麟：《达官贵人》，第 276—277 页。
246 褚华：《沪城备考》第三卷，第 2 页。尽管吴志葵从来没有真正占领上海，但是荆本彻抢劫了这个城市周围的乡村。
247 温睿临：《南疆绎史》，第 370 页。黄蜚是一个边地人，也是一名军士，他被辽阳著名的将军黄龙收为养子。在黄龙被满人杀死在辽东旅顺后，黄蜚接替了他的领导权。南明时期，史可法派黄蜚去南京南面的芜湖接受黄得功的指挥，他们因同姓而互称兄弟。陈子龙：《陈忠裕全集》"年谱"中，第 31 页；《明史》，第 3022 页；邓尔麟：《达官贵人》，第 252 页。
248 《明史》，第 3113 页；又见温睿临：《南疆绎史》，第 365—366 页。
249 陈子龙：《陈忠裕全集》"年谱"中，第 31 页。
250 《明史》，第 3113 页。根据一份记载，黄蜚没有接受邀请，因为他认为他在江阴城没有个人的关系。另一份可相印证的记载说，吴志葵带着镣铐被带到了城墙下，喊话要抵抗者投降。计六奇：《明季南略》，第 252—254 页。不过，一些人认为，黄蜚在春申浦战斗中被杀害了。陈子龙：《陈忠裕全集》"年谱"中，第 32 页。
251 朱子素：《嘉定县乙酉纪事》，第 201 页。吴淞百姓投降了李成栋，在当地的武举冯嘉猷的带领下把武器交给了占领军。李成栋把这座城交给旗人徐贞甫。不久，徐贞甫的统治就遇到了吴之潘的挑战，他是当地的一个武装首领，曾经逃往崇明岛，后来又带着 4000 多人和 100 艘战船杀了回来。不过，吴淞百姓对这支海盗式的船队没有给予丝毫的援助。他们后来被抓获，在一次受百姓欢迎的公审后被处死。
252 自称楚朝、建号元神的崇明头领荆本彻邀请冒险家潘复担任上海的头领。他杀死了清朝知县陶焕，抢劫了这座城镇。这时他想拉拢一些居民加入他的队伍以支持松江复兴明朝，但遭到了拒绝。松江抵抗运动失败之后，潘复逃往上海，加入了海盗"麻子顾三"的队伍。

448　　洪业：清朝开国史

后来他投降了清朝。褚华：《沪城备考》第三卷，第 3 页。

253　《南明史料》，第 4—6 页。

254　温睿临：《南疆绎史》，第 398—401 页；谢国桢：《南明史略》，第 79—80 页，及其《清初农民起义资料辑录》，第 134 页。

255　温睿临：《南疆绎史》，第 242 页。

256　南园啸客：《平吴事略》，第 117 页。

257　罗振玉：《万年少先生年谱》"万谱"，第 3 页；"万补"，第 5 页。

258　陈子龙：《陈忠裕全集》"年谱"中，第 31 页。陈子龙扮装成和尚逃出了城。那时他的祖母已经 90 岁了。金泽位于江南与浙江交界处的清浦县西 36 里外。陶庄位于嘉兴县西北 36 里。

259　南京陷落之后，南明复明分子的主要希望是以河南鲁王为核心建立另一个政权，鲁王曾经是史可法最先选择的对象。不过，在 1645 年 7 月 1 日他成为这个政权的统治者时，已经受到了博洛指挥下的多铎旗军的围攻。因为知道没有取胜的希望，鲁王未经抵抗便投降了，杭州落入清人之手。复明分子于是又转向唐王，他被郑鸿逵从杭州护送到福建。邓尔麟：《达官贵人》，第 277—278 页。

260　温睿临：《南疆绎史》，第 242 页；又见计六奇：《明季南略》，第 247 页。

261　温睿临：《南疆绎史》，第 244 页；侯方域：《壮悔堂集·四忆堂诗集》第五卷，第 8 页。他的儿子夏完淳 1646 年在鲁王处任职。他后因与主张在海岛上建立政权的人意见不一而辞职。在 1647 年对乡绅复明分子的大搜捕中，夏完淳（年仅 16 岁）被捕遇害。

262　关于江阴防守及其后来的失败，见魏斐德：《地方观念和忠君思想》。侯承祖和他的儿子侯世禄曾起而响应松江的起义。不过，吴志葵嫉恨侯承祖，因而没有与之合作。同样，在松江失败以后，侯承祖下决心在松江南面的金山建立一个根据地。温睿临：《南疆绎史》，第 380 页；黄之隽：《江南通志》，第 2580 页（第一五三卷，第 20 页）。

263　这个城的居民背叛了侯承祖和他的儿子，他们引导李成栋的部队从水路进入金山城。侯氏父子宁死不屈。"吾家自始祖以开国勋，子孙不替食禄二百八十年"，据说这位世袭的参将这样说："今日不当一死报国哉？"褚华：《沪城备考》第一卷，第 12 页。

264　在定海，荆本彻又与黄斌卿发生了冲突，黄斌卿最后杀死了他，并且把他的部队收编到自己的水军中来。查继佐：《国寿录》，第 91 页。

265　《清世祖实录》第二十一卷，第 252 页。多铎早在 1645 年 8 月 14 日就报告说，江南和浙江各省已被征服。邓尔麟：《达官贵人》，第 267 页。

266　阎尔梅：《白耷山人集》第十卷，第 28 页。

267　开元，俗姓熊，又称正志，他是明朝进士，在明朝灭亡之前做过给事中。在江南征服以后，他举行削发仪式，成为弘储和尚的朋友，并在苏州西面的灵岩山的华山招收门徒。黄之隽：《江南通志》第一七四卷，第 7 页。关于三峰和尚和其他佛教徒隐居的事例，见同上书，第一七四卷，第 7 页；第一六八卷，第 10 页。

268　万寿祺：《隰西草堂集》第三卷，第 11 页。

269　万寿祺的家有几千顷耕地、花园和其他财产。他的宅院可与王侯相比。《皇明遗民传》第二卷。

270　罗振玉：《万年少先生年谱》"万谱"，第 90 页。

271　阎尔梅：《白耷山人集》第五卷，第 27 页。"年少"是万寿祺的字。

272　万寿祺：《隰西草堂集》第一卷，第 3 页。

273　在普林斯顿大学的艺术博物馆的亚瑟·塞克勒（Arthur Sackler）收藏中，有一本万寿祺的收有 6 幅国画和 12 幅手迹的文册，时间记于 1650 年，题目是《山水花卉法书册》。这些画的风格严谨而含蓄，笔法不夸张，甚至让人有点捉摸不透。第一幅画是一个河景，在近景中有枝条稀疏的小树，一个戴着宽边帽的老翁孤单地坐在一只小船上。一条河岸的轮

第八章　江南的抵抗运动　　449

廊隐约在他身后延伸。在另一幅题为"秋林倚仗"的画里，一个文人站着注视一个草棚，他背对观众，头上挽成一个髻，这样它给人的印象是一种空旷凄凉和道家的寂寞。

274 万寿祺：《隰西草堂集》第三卷，第 10 页。
275 同上书第三卷，第 29 页。
276 万寿祺：《隰西草堂集》第三卷，第 29—30 页。
277 比阿佐利等：《万寿祺之画卷》，第 156 页。
278 万寿祺：《隰西草堂集》第二卷，第 3 页。
279 同上书，第 17 页有一幅万寿祺的画像。
280 一份未署名的 18 世纪朝鲜传记作家谈到了万寿祺的伟大"气节"。《皇明遗民传》第二卷。
281 按照归庄的说法，万寿祺的家是往来南北的江南文人们的一个主要下榻之处，文人常常聚在他的房间里高谈阔论。《归庄集》，第 316 页。
282 这并不罕见。公开宣布自己的忠君复明信仰并自豪地称自己为"大布衣"的画家龚贤，曾为著名清朝官僚王士祯画了一幅极有名的作品：《峰亭景色》（意译）。当然，还有许多忠君倾向的画家聚集在周亮工周围，他是苏州乡绅，帮助过清人平定中原各省。以后他成了南京学人的一个重要的赞助人。威尔森：《龚贤》，第 10—14 页。
283 侯方域：《壮悔堂集·四忆堂诗集》第五卷，第 10 页。李陵（死于公元前 40 年）是汉朝的一个将军，后来投降了匈奴。苏武（死于公元前 60 年）作为使者被汉武帝派往匈奴，遭匈奴监禁达 19 年之久，当时他被送到荒原中，在那里他靠着吃雪活了下来。后来他被送到更远的贝加尔湖附近去牧羊。与在匈奴朝廷做官的李陵相反，苏武坚决拒绝匈奴的官职。因此当两人见面时，面对苏武忠诚的忠君情操，李陵感到无比的羞愧。五年后，在公元前 86 年汉帝国和匈奴议和，苏武获准回到了汉朝。出于对他气节的敬重，李陵送给了他一件临别礼物。他也可能给苏武写过一封信，表达了他个人的悔恨之情与对忠君之士的尊敬之意。这封信收录在《文选》中，明代的每一位科举考生都读过它。但这封信可能是梁代江淹（444—505）的拟作。惠特克：《李陵—苏武信件作者考证》，第 566 页；翟理斯：《中国人名辞典》，第 684—685 页；鲁赫曼：《中国通俗小说中的传统英雄》，第 134—135 页；许寿裳：《中国民族志士简史》，第 27—35 页。
284 陈子龙：《陈忠裕全集》"年谱"下，第 4—5 页；侯方域：《壮悔堂集·四忆堂诗集》第四卷，第 10 页；艾维四：《陈子龙》，第 135—137 页。

第九章　北方中国的地方控制

> 该职看得，刘文炳、郭君镇，久通贺、孙诸贼，蜂屯蚁聚，逆我颜行。抚则违命，剿则遁逃，劳我兵力，费我军需。二十年来，荼毒生灵。秦中士庶，莫不欲食肉寝皮。
>
> 《明清史料》丙编第六册。转引自谢国桢编：《清初农民起义资料辑录》，第271页

虽然阿济格及其将领们在1645年春声言，自大顺军被逐出西安之后，河北、山西和陕西已经"平定"，但这几个省的形势还远未稳定下来。例如，位于北京与大同之间的宣化府，有自称"皇天清静善友"的会党起兵反对新朝。男女信徒们在精通拳脚的拳师带领下，击退了朝廷军队；当肇事首领被巡抚张鸣骏捕捉，马上就有其他好汉起而代之。[1] 这一教派还在邻近的山西煽动暴乱。山西巡抚马国柱和总督李鉴暂时停止了对大顺逆贼高九英的军事行动，以便根除该省西北宁武一带的"善友会"。[2] 当高九英部接受宁武守将的招安而平息下来之时，总督高勋、李鉴却还继续在该省东南部镇压其他教派，并统统视之为善友会。虽然有几个清朝官员认为那儿的农民善良本分，其他人却称他们是"作祟"的"妖贼"。于是李总督命令手下人马对任何一个被认为是民间宗教团

体成员的人格杀勿论,攻入并摧毁被官府认作信徒活动中心的"堡"。成千个要塞因此被毁坏了。[3]

与此同时,一个类似教派的叛乱也在陕西省府西安附近的西部发生了,尽管他们与善友会的起义不一定有联系。诚如该省总督相当简洁地向多尔衮报告的那样:

> 一日臣方坐署,喧传有数龙自天而下。少顷乡约首送前龙,视之,乃《皇极》妖经一卷也。[4]

"经"背后的"妖"是一个叫作"胡寿龙"的宗教预言家。据说胡寿龙借"焚祝"之名,"煽惑"人民,聚众2万余,号清光元年。总督一听说这个虔诚的千年福派聚众起事,就派兵下乡,迅速斩杀并驱散了胡寿龙的"妖党"分子。[5]

孟乔芳和陕西的初步平定

在陕西无情杀戮的这位总督是刑部左侍郎、总兵孟乔芳,他在锦州围攻战中也曾是这样的勇猛异常。1644年,孟乔芳随多尔衮南下中原,次年初,除右副都御史、兵部右侍郎、总督陕西三边。[6]其所领之部皆为精兵,包括一直为多尔衮所倚重的内大臣何洛会镇戍西安之部,以及新近投降的副将任珍的和州戍兵。[7]然而,即使这些久经战阵、训练有素的精锐部队,都感到要控制陕西异常困难。

明朝时期,陕西省包括了古代中国的心脏地带和其外的部分中亚地区。现在分立的甘肃和宁夏两省那时候还在一个总督的管理之下。[8]对于在"河西"(当时称甘肃走廊为河西走廊)旅行的汉人来说,这里就像是他乡异国。不仅城镇紧闭,像城堡一般,与中东和中亚的城市一样同乡村截然相分，而且居民种族各异。[9]到17世纪中叶，一个种族混杂的群体在陕西西北及青海湖周围的湟中定居下来。他们有说蒙古语的喇嘛教土人，有信奉喇嘛教和伊斯兰教的西藏人，有信奉伊斯兰教或非伊斯兰教的汉人，有说突厥语和说藏语的穆斯林萨拉儿人，有蒙古族血统的说藏语的穆斯林，有信奉喇嘛教的蒙古人以及穆斯林土人。[10]这些民族中有许多在一定程度上是依靠东西之间的商队贸易为生。[11]自帖木儿帝国在15世纪后半叶衰亡以后，中亚的游牧团体——哈萨克、吉尔吉斯、乌兹别克人——对撒马尔罕和赫拉特城市中心取得了决定性的优势，并开始攻击去土耳其斯坦途中的商队。[12]此后不久，欧洲与东方海运贸易的扩展，使得商业联系向别处转移，[13]结果在中国西北部出现了一场严重的经济萧条。[14]

同时，这一地区日益受到蒙古人侵扰。[15]自奥都拉什德（1533—1565年在位）死后，察哈台汗国及其在喀什噶尔一元化统治的崩溃一度使局势恶化。[16]内地草原游牧民族逐渐汉化，在经济生活上变得越来越依靠于西北定居人口。他们相互之间也开始了更加贪婪的竞争。在湟中地区，当地的蒙古土人统治者（他们是由明朝皇帝敕封的"土司"）抵抗着西藏喇嘛教寺院为土地和食物而日益严重的侵扰蚕食，到16世纪90年代，土司和喇嘛之间的世仇与战争使这里惨遭蹂躏。[17]不过，由于西宁的蒙古土司的权威来自明皇室的敕封，所以在17世纪叛乱四起之时他们仍旧忠于明朝。他们在1642年击溃了一次藏人的反叛，并于同年抗击了李自成对西宁的进攻。虽然蒙古土人在1644年歼灭了李自成大军的一支主力部队，甘肃走廊的"夷狄"却没能在大顺军立基陕西之后顶住他们。在大批人口遭到杀戮之后，肃州被占领了，接着西宁遭到了洗劫，许多土司被杀。所以，当阿济格把李自成赶出西安时，蒙古土人就迅速成为满清的同盟者，总督孟乔芳以及阿济格再一次巩固了他们的地位。[18]

与蒙古土人的联盟至关重要，因为孟乔芳驱逐李自成后，立即遭到仍然留在陕西省内的许多军队的激烈反抗。其中最大的，是一支装备精良的近7万人的军队，由一个名叫孙守法的前明朝副都统指挥。孙守法为陕西人，智勇超群，他在西安南部的终南山上建立起一个小小的忠明政权。1645年5月底6月初，他奉明室秦王的第四子为汉中王（汉中是终南山西南地区的治所）。孙守法麾下的副将贺珍也是前明将官，他率领3000名义勇从终南山出发，渡过渭河，进攻凤翔府。复明党进攻凤翔得胜后，许多人纷纷响应，揭竿而起，武装反对新地方当局。孙守法的新盟友中最强大的是武大定，他从前统帅明朝在六盘山区的固原驻军。[19]孙守法相信只要有武大定的帮助，就可以夺取只有700清兵的防守薄弱的省府。1646年1月底2月初，忠明分子下西安东南山地前来围攻省城。可是2月20日，由孟乔芳指挥的一支援军出人意料地赶到了。孟总督突破了孙守法防线，进城安辑官民。他留何洛会守城，自己则先以新近招降的汉军小心地从两翼侧击忠明武装，然后用八旗兵发起猛烈的正面攻击。[20]成千的忠明分子被杀，余众四散逃跑。[21]

　　孟乔芳的部将追击溃逃的义军。李国翰率部东进，杀死了来自渭南的由一裨将率领的1000多名义军战士，并越过山西蒲州附近的边界，攻击刘文炳的义军队伍；何洛会则向北追杀西安起义的其他残部。[22]这位内大臣在追击中长驱深入山西，1646年4月25日，在大同附近的山阴击败光山伯刘体纯。这一战役后，何洛会声称斩杀义军2.2万余人，包括复明领袖孙守法。[23]可是，孙守法那时实际上正躲藏在南面的兴安附近的山里。在那儿，孙守法与已经占山为王的当地寨主结为同盟，在武大定等人帮助下企图东山再起。然而，孙守法还未能得手，孟乔芳就访得了他的行踪。一支骑兵找到了他的营地。虽然据说孙守法击毙数十人，清兵最后还是围杀了这个反清领袖。孙守法的头颅被带回西安，但是他的死既没有导致其部队的离散（武大定暂时逃入四川，然后在固原建立反抗基地），也没有给东南部带来和平（贺珍继续与长期控制那一地区的土寇诸寨结盟抵抗）。[24]

在孟乔芳的领导之下，清朝几支不同的军队已成功地集结起来了，成为一支统一的配合默契的劲旅。这样一支劲旅在共同作战时几乎无坚不摧，正如陕西战役的节节胜利所显示的那样。但如果分散军队，让他们离开集结的城市去扩大对乡村的控制，收效却微乎其微。[25] 何洛会虽能把贺珍主力赶出延安与西安之间的乡村地带，但刘文炳仍然轻而易举地逃避捕获近一年之久。他带着他的1000人马"往来狂逞"，煽动其他土寇反抗当地政府，"声势愈炽"。[26]

当何洛会试图在西安北部和东部肃清反叛之时，孟乔芳的其他两名将领承担起维护清朝对陕西西部统治的任务。刘芳名和马宁有不少共同特点：这两人都是宁夏人，都曾是甘肃的前明戍将，现在则是隶属于汉军正白旗的清朝将官。[27] 总兵刘芳名和副将马宁首先进兵固原，并迅速攻占该地，将武大定赶出城去。然后他们移兵巩昌，官道从巩昌弯向西北，前往黄河与甘肃走廊。就在巩昌，传来消息说宁夏守卒在北部发动兵变，杀死了巡抚焦安民。刘芳名立即带兵亲往宁夏，发现叛变者是由他们的两名副将王元与马德所煽动的。刘芳名假装默许既成事实，委派马德任盐池主将。此地今在宁夏，沿长城与内蒙古的毛乌素沙漠相对。但实际上，刘芳名意在对两个叛将分而治之。一当马德离去，刘芳名就故作信任，打消了王元的怀疑，然后要求王元率部出宁夏城攻击附近的一伙匪盗。刘芳名趁机伏兵袭击，捉住王元并以谋反罪将其斩首。马德依旧未受处罚。

反叛者吸取了教训。1647年春天，马德放弃盐池，企图西迁到贺兰山以躲避一时，并沿路掠夺军资。在兰州西面的红古城附近，马德碰见了寇渠贺弘器。两股叛军合兵一处，声势转盛，便回兵穿过陕北，袭击延安北面的安定城。一个名叫王一林的土寇首领也起来响应，使他们的声势更为浩大，并杀死了驻守延安的参将张纪。

清军兵分两路反击。一路在刘芳名率领下追赶王一林与马德，在固原北部的预望城追上了叛军，杀死王一林。马德骑马逃跑，但被追兵俘获。刘芳名下令对他处以磔刑。[28] 另一路由马宁、张勇和刘友元指挥，攻击马德的同伙贺弘器。这场战役却拖了很久，因为虽然贺弘器在初战中即被击毙，他的同伙们却依然在陕北占据着许多堡垒。不过这些叛乱堡垒还是一个接着一个地被包围和攻克了。一名首领被招降，余人都被杀死。[29]

在王一林起兵的延安一带，盗匪活动已有几十年的历史了。早期的复明分子刘文炳就在那儿轻易地煽动起暴乱，并靠着自己熟知地形，躲避了追捕。新任陕西巡抚雷兴决心斩草除根。1647年4月，他命令满洲镶蓝、正红两旗军队对延安周围地区的一切游匪、义军施行有组织的剿灭战。满洲兵一般不屑于计算斩级人数，不过他们对缴获的兵杖、盔甲、家畜确有记载。[30] 许多游匪逃入深山老林，躲过了屠杀。但是这一次刘文炳没能幸免。4月30日他和一些贺珍余部，以及一些"伪"巡检和带有明朝印信的地方官一道，最终被捕获了。巡抚雷兴洋洋得意地报告说：

> 今于三月十五日会发满汉官兵，出塞设奇埋伏，分路前进。七日之内，遇敌于七里川，斩级于白村梁家，再追于蓝庄沟，四面格斗；而贼首刘文炳已被活擒，郭君镇及诸贼首，亦被剿洗殆尽。获过马、骡、牛、驴、器具、小厮，悉照数留营充赏。其文炳已经囚解省，四月初五日……戮首分尸，并君镇首级高杆悬示。[31]

到1647年夏天，清军已能对陕西中心地区发号施令了，并控制了连接延安和西安之官道的两侧地区。不过，直到孟乔芳部队控制了陕西东南的汉河高地，即兴安与汉中周围地区之后，省会的安全才真正得到了保证。

山地的"带发"人

许多攻击西安和延安的复明力量，最初都是在山地形成的，那里绵亘着海拔1500—3000米的森林茂密的山脉。由于地势崎岖不平且山地位于四省交界之处，这里长期以亡命之徒的巢穴及其不安分守己的居民而闻名。"人皆带发，负险观望。"[32]

陕西东南最主要的反抗者是孙守法的前副手、复明分子参将贺珍，他的8万人马在1645年夺取了凤翔，并于同年冬天进攻西安。[33]此刻他控制着汉河高地的兴安城。为了将这一地区纳入清统治之下，1646年12月，总督孟乔芳派遣参将任珍、王平率兵进讨。1647年初，参将王平到达兴安，贺珍弃城退往西面的汉中。根据王平的报告，贺珍在板桥企图回军反击，但被王平的满汉部队打得大败，3000多名反抗者被杀，另有1500人向清军投降。参将王平声称，在被杀的反贼中有贺珍本人。[34]但不知是王平认错了，还是当时另外有人自称"贺珍"，根据中央政府的档案，贺珍至少在名义上从这次所谓的死亡中逃生了。至1648年12月19日，即几乎两年之后，巡抚黄尔性报告说贺珍企图封锁渭河的漕粮运输；次年4月，贺珍的队伍还在东南与参将任珍打仗。[35]于是，作为一种一般性的称呼，"贺珍"继续被用来指称1645—1646年最初进攻西安的兴安义军。

贺珍所部是一支装备精良、训练有素的秘密民众武装，与兴安地区绝大多数装备简陋的队伍形成鲜明对照。他们的手下主要是土寇。他们在崎岖不平的山间密林里结寨而居，每寨有10—15个男人，与其妻儿、家畜一道生活。寨常常建立在庙宇周围，彼此遥相呼应。各寨虽然相对独立，但是经常联合拥立一位较强大的"王"或"侯"，后者向寨主们发布委任状，任命他们为义军的参将或游击。[36]有时"王"会与周围的寨子组成突击队，到山谷里的农村去搜寻粮草。例如，李奎就不时地带领镇安地区分散的山寨成员外出劫掠，并且十分恰当地自称为"扫地王"。

不过尽管偶尔有侵掠邻近村庄的举动,这些群居的土匪似乎受到了民众的保护。起码,官府爽快地承认,当官军刚露出一点儿攻打山寨的迹象时,情报就会立即被传到义军那儿,于是他们就放弃在山麓的堡垒,转到高山中更为牢固的寨堡里去。[37]

在正常情况下,不法寨民并不进攻地方府会,除非他们得到更强大的、装备更为精良的反清力量的支持。1648年4月,在兴安西南的仁河流域出现了这样一支力量,它就是武大定的复明武装。武大定是明朝军官,早先曾驻防固原。他受到刘芳名的追剿,到紫阳地区山中避难。此时他和他的部队联合了其他复明队伍,攻打并洗劫了邻近的汉阴县城。[38]

就在汉水对岸的清朝兴安驻军是由总兵任珍掌管的。任珍将部队全部集结起来。他认为对义军向汉阴的进犯,必须给予强有力的反击。[39]为避免惊动叛军耳目,任珍率部于夜间出动,然后在4月21日迅速领兵北进镇安山麓,以期剿平反清分子。次日,在一个很恰当地被称为"魔王坪"的地方,任珍的兵马撞见了第一个歹徒大营,便兴兵围攻。大吃一惊的义军在一片混乱中逃出要塞。他们很难抵抗住精锐的满汉士兵。数百人被杀,另外一些人被捕,包括一名称作"虎"的首领。因为清军傍晚方至,所以夜幕在战斗停止之前就降落下来,许多叛军在昏黑混乱之中逃跑。翌日,清军骑兵在清点了缴获的战利品——武器、牲畜、妇女和其他财物之后,呈扇形穿过树林搜捕残余分子。被捕的义军被带到总兵任珍的面前。任珍明确宣称他有意赦免他们,以便他们能为自己带路,找到其他隐藏的义军营地。正如任珍向巡抚黄尔性解释的那样:

> 本职体我大清宽仁,网开一面,准其投安,嘉言抚谕,令其引杀贼孽立功。渠等邀释,咸愿死报,随令各降丁乡导,分投搜杀。[40]

接着,4月28日,任珍兵马由"魔王坪"营寨的幸存者领路,进攻一个个"穴窟","砍杀无数"。只有一些事先得到警报的人,得以弃寨逃入山中他们极为熟悉的最险峻最难接近的地带。5月12日任珍收兵回营后，向北京报告说，纵使他不能担保将来不会发生新的起义和袭击，但目前镇安山确已安定下来，地方长官可以平安地治理那一地区了。[41]

可是，镇安的义军原来就不对清朝在兴安的驻军构成主要威胁；他们对于攻打汉阴甚至也没责任。照巡抚黄尔性的说法，倒是因为组织完善的"长发"横行于整个仁河河谷。他们原本是由孙守法组织起来的，目前正在一个以"隆武"为号的复明政权领导下活动。武大定在紫阳地区的存在，已为寨民大起义及寨民团伙袭击山谷居民区提供了可能性；因为虽然清军很早就从孙守法手中夺取了紫阳城，武大定还是一直能够获得紫阳城外的许多当地山寨的支持，事实上可以随时发起进攻。[42]

所以，在兵营仅仅休息了两天，总兵任珍就在5月14日率军渡过仁河扫荡，带回了274颗首级，将之悬挂在兴安城大门外。接着，休兵十余天后，任珍率众抵达紫阳城，并于6月22日出城，穿行于沟渠险道间，向武大定的基地进军。满汉军队遭到了武大定及其当地同伙的伏击，反抗者矢石齐下，险些截断了清兵的行列，但是任珍的兵马——包括一些他自己的家丁——稳住了阵脚。任珍后来声称，正是他们在战斗中的顽强表现，使土寇们动摇了对武大定抵挡朝廷大军能力的信心。到任珍6月29日脱离战斗，返回紫阳城时，已有12个"堡寨头"向他投降，依命剃发，并率其亲戚及部属承认了大清帝国的仁慈的统治。[43]

陕西低地与山地的暂时平定，也有助于清政府稳定其对邻近的山西省的统治。早在1645年8月，大顺残部在高九英领导下拒绝接受大赦，在岢岗举旗反抗。李鉴捕获了反叛者，并将其斩首，杀了他的所有部下。当孟乔芳和他的部将在西部不断地消灭义军时，巡抚马国柱正在着手加强清朝对山西的控制。

> 国柱抚山西年余，捕诛（李）自成余孽伏民间者，安集抚循，民渐复业。[44]

北京中央政府以文臣申朝纪替换了武将马国柱，开始正式任命该省官吏，充实长期空缺的位置，重新遵照在正常政府统治占优势的和平地区的程序，实行官吏的升迁。[45]

山东的清剿

至于平定首都东边的山东，就完全是另一码事了。不管官府的措施多么严厉（1646年12月，一支满洲军队仅在一个州就杀了1.6万多人），那里的起义还是接连不断。[46] 在兖州府，道路经常被寇贼截断，整个地区屡遭兵强马壮的反抗武装的袭扰。这些地区的明朝官吏，尤其是九山周围地区的官吏们，打心眼儿里欢迎清军的到来，为他们正在进行的对土寇的围剿找到了新盟友而感到宽慰。许多官员详尽报告了贼党的规模、地点和首领，决心与清廷协力消灭他们。省府官员不久就收到了他们的报告，并将之呈送朝廷。报告中清楚地反映了该省，特别是在兖州的混乱程度。例如，兖州邹县知县吴俦飞列举了其县境内的52个贼党，每伙计有四五百人。[47] 据山东巡抚吴达1647年2月的看法，这种形势需要最强有力的反击措施。吴达用最强烈的措辞向多尔衮描述了山东的骚乱，指出这个省为畿辅咽喉，如果允许这种混乱继续下去，"使人疑大兵虽发，无如贼何，以讹传讹，反侧子复安所忌惮"。因此，吴达争辩说，多尔衮派八旗兵到南方去攻打明朝残部恐怕是一个大错误。清兵一旦离开北方南下，他们的后方就会有人造反。山东地区的骚乱，意味着清军自身的供给线会被切断。[48]

吴达继续指出，他所认为的这一战略错误，基本上是因该省的奏报不实而造成的。地方官吏虚报剿贼战绩，自欺欺人。俗话说，"擒贼必擒王，射人先射马"，而在实际中这简直一点都没做到。举例来说，山东贼党有一个出色的情报系统。衙门胥吏中有他们的耳目和同情者,一旦清兵出剿,衙役就通风报信,使贼徒得以"易装"为农。另一方面,如果驻守各大州府的劲旅坐待各县被义军攻击的报告,那么朝廷援军是决不能及时到达以捕获贼徒的。在绝大多数情况下,攻打贼徒的根据地近乎不可能,因为他们占据着山顶或洞穴。在这样的地形里,既不能使用骑兵,通常也无法把大炮拖到山上来轰击他们的据点。吴达认为,唯一可能的是全面围剿策略,圈住土寇的大本营,毫不宽容。因为对付贼党的策略之缓延无效,摇摆于"抚"与"剿"之间,为时已经太久。所以,吴达说服多尔衮亟遣大军,进驻济南、东昌,以免山东百姓因观望而造反,发动全面反清起义。[49]

虽然吴达要求大军增援的惊呼没有得到响应,他关于即将爆发一场全省规模起义的可怕预言,却在一定程度上成了事实。1647年的3月和4月,在省府东北邹平县周围爆发了一场大起义,总共有14个州县遭到一个又一个"大王"的攻击。继吴达任山东巡抚的丁文盛在4月份声称已彻底消灭了这些反叛分子,但是,由于袭击继续发生,他被指责为贻误战机,被刑部奏劾免官了。[50] 当时对该省部分地区来说,自然是到了危急关头。然而,相继上任的巡抚们几乎都无能为力,只有寄希望于各地州府动员力量,抵抗来自山区的叛军。正如吴达所指出的,地方官关于遭受进攻的报告,一般要在事变发生后很久才能送到,而且总是照例报告说,地方官、练总、捕官和乡绅们如何率衙役壮丁抵御贼众火攻,从而对贼党短暂的围攻进行了一次胜利的防御。[51] 许多更为严重的情况却并无报告,这就可能意味着某城已向义军屈服了。或稍微好一点儿,府会落入贼党手中,地方官被迫逃离,那样总算还能带来一个口头报告。[52]

不过,在有些时候,地方官或乡绅还是设法在事先得到了关于这类进攻的情报,于是就及时准备防御以避免被围。大运河上重要的商业中心张秋镇的情况就是如此。甚至在明朝衰亡之前这一地带就有盗匪活动,为首的是一个名叫丁维岳的歹徒,他多年来在兖州府东部陷城劫库。1647年11月10日,负责守卫张秋的通判吴通隆接到报告说,丁维岳集结了几千人马准备攻打该城。吴通隆是前明朝儒学训导,他与山东省这一地区的绝大多数地方官一样,情愿为清朝效劳。通判吴通隆和以张经济为首的当地乡绅,一方面向兖州知府求援,一方面将兵丁和街民组成一支防御武装,在整整一昼夜中奋力抵挡住了丁维岳兵马的攻城,并逮捕了准备在城中做内应的五名反徒。[53] 1648年1月8日,张秋镇的吴通判通过探马,还发现了大约有1000人马的丁维岳主力在梁山泊的行踪,那儿就是著名小说《水浒》中的宋江建过大本营的地方。吴通隆差人赴东昌驰报求援,并遣部属做向导,率八旗兵进入梁山泊。1月10日黄昏时分,清军意外地与丁维岳的小股人马遭遇,于是发生了一场激战。瑚尔哈统帅沙尔虎达极为得意:官军大获全胜,杀死了包括丁维岳本人在内的"强贼无数"。山东"咽喉"之地暂时又被牢牢掌握在满人手中了。[54]

战事在北部中原的边缘地带不断发生,与此同时,新政权在与现已被控制的主要城镇相近的比较安定的地区,也采取了几项措施,以加强对民众的统治。这些措施主要有四项:任用廉正的官员,清除弊政;登记户籍,实行连保;控制火器和家畜;以及用有选择的大赦来分化贼首与贼徒。

地方官与胥吏

清政府从占领北京时起,就清楚地认识到了任命可靠的地方官的重要性。[55] 1644年6月,吏部注意到必须仔细选用地方文武官员,以确保他们能够平盗安民。[56] 这些官员大多数既非满洲人也非汉军旗人,而是十足的汉人——且通常是前明地方官中的归顺者。满洲旗人在政府高级部门占据了重要位置，但他们的人数远远不足以充实各州县的大量员阙。事实上，在顺治年间，每十二三个地方官中只有一个是旗人，清廷几乎完全依靠汉人归顺者来出任全国的县官，是势所必然的（见附录C）。[57]

对新朝来说，幸运的是，有很多前明官僚十分乐意效劳。就清廷看来，他们实在太多了——尤其是冗员与县主簿。1646年6月8日吏部接到了一道上谕，内容如下：

> 朝廷设官治民，而冗员反致病民。各府设推官一员，其挂衔别驻推官，尽行裁革；大县设知县、县丞、典史各一员，小县设知县、典史各一员，一切主簿尽行裁革。原管职事，大县归并县丞，小县归并典史。其裁过推官、主簿赴部改选。[58]

清廷在如此果断地裁减冗员——他们绝大多数是低级官吏——的同时，还要求提高地方政府的工作效率，并加强监察措施和防止贪污腐化。这样，尽管地方长吏的僚属人数大为减少，但在更大压力下，长吏的行政效率却要比以前更高。这意味着地方长吏不得不更多地依赖他的私人助手，这些人实际上在替他管理着地方政府。[59]

明朝末年，朝廷命官（他们几乎都是科举及第者）与衙门胥吏之间的差别十分鲜明。地方官是外来者，是主持大要者，他们不得不依赖于胥吏；而后者则是局内人，是谙熟具体政务的专家。一个专管税收与司法的胥吏队伍的产生，确实使明朝的行政管理趋向合理化，使受儒家思想熏陶的地方长吏得以致力于礼治，而由胥吏来执行法律典章；但是，中央政府拒绝正式承认胥吏阶层，更不要说向他们支付薪俸了，这一事实，意味着地方行政管理的职业化"与朝廷无关"。[60]

这在一定程度上是明朝政府缩减开支所造成的。[61] 由于朝廷为地方长吏所配备的僚属人数很少，就迫使不断发展的胥吏阶层去寻找法外收入。政府容许这种情况发生是比较自然的。因为地方吏职在历史上就与为衙门服务的定期差役相混淆。换言之，在理论上，一个地方的居民应该承担种种赋税征集和本地治安的事务，而到 17 世纪这些事务实际上主要由政府的税务机关和衙门兵丁来执行了。当然，估算这些行政花费，并向当地民户征收这笔开销，对政府来说总是做得到的。但是，这将会增加乡绅的赋税负担，尤其是在害怕失去乡绅支持的明朝末年，所以朝廷否定了这种课税办法，而赞同于法外的养活胥吏手段：例如由胥吏自己征收诉讼费，长吏自己掏钱支付胥吏薪俸等等。

新建的清朝政府也希望减少赋税，因而宁愿遵循明朝政府的既定办法。这是一个错误的节约措施。通过废罢主簿一职，由县丞或典史接任其公务，从而缩减地方行政开支，就等于增加了实际上负责着全县文书工作的胥吏的负担。然而，随着工作负担的加重以及胥吏阶层重要性的增加，胥吏本身却被严格地排斥在更高一级的官僚阶层之外。自然，对于这种微薄的官方薪俸，他们私下里替自己所做的补偿，就是贪污受贿。[62]

所以，仅仅强调任命可靠的人选充任地方官的重要性，并不足以保证地方政府的廉正。清政府不久就发现，衙门的胥吏和听差是整套官僚机构中最难驾御的部分之一。当然，将州县政府的几乎每一个失误都归咎于胥吏，是很容易的，并且胥吏也成了政府行政机构的不完善性的替罪羊。例如中央政府既想增强地方政府作为朝廷在司法和财政上的代理人的效能，又拒绝提供所需的财政经费来供给更多的人员以达到这一目标，两者之间不相协调，就表现了这种不完善性。不过，虽然对胥吏肆无忌惮、徇私舞弊的特点总有言过其实的倾向，胥吏和听差确实在各县衙门形成了一个根深蒂固的身份低贱的群体；他们常常倚权仗势，欺压百姓，也是不能否认的。于是，清政府便致力于监察和惩罚"衙蠹"的不法活动。在有关这一时期著名地方官员的记载中，也常常可以看到他们力图抑制"吏胥贪黩之风"的事迹。[63]

因而，最后的解决办法仍然是更加看重必不可少的地方官的作用，他们自身的廉正对于控制其下属至关重要，颇似整个统治体系中皇帝的地位。清政府几乎不相信那些劝告性的呼吁，继续加强对命官的监察。毫无疑问，清朝统治初期法制与赋税制度得以加强的主要原因之一，就在于建立了一套正规的、有效的考课制度，它以新的标准来评估地方官的政绩。[64] 地方官个人承受的压力也许发展到了近乎难以忍受的地步，但是，其政务却由于严格的规章而变得效率极高。这些规章在某种程度上可以说在近代以前的官僚政治中十分突出，它试图限定官吏举止行为的每一个方面。[65] 尤其重要的是，在鳌拜摄政（1661—1669 年）期间以及此后，清朝官员的考绩，几乎就是在评价一个地方官捕获与处罚重罪犯以及及时按定额征足赋税的能力。[66] 从短期看来，这种依靠地方官个人的做法，把政府工作融为整体，强化了其地方控制体系。[67]

保甲制

清政府采取的第二项措施就是将人户编成保甲。最初，满洲人采用的是明朝地方统治制度的一种变体。从 1644 年到 1646 年，行总甲制，十户为一甲，立一甲长，百户立一总甲长。1644 年，颁布了《邻保检察法》，这一新制意在控制并捕获盗贼、逃人和奸人。这样，该制度的目的就与驻防军队相近了，相应地总甲长也就得以直接向兵部提送报告。[68] 正如多尔衮在 1644 年 9 月 8 日的一道敕令中所言：

> 各府、州、县、卫所属乡村，十家置一甲长，百家置一总甲。凡遇盗贼、逃人、奸宄窃发事故，邻佑即报知甲长，甲长报知总甲，总甲报知府州县卫。府州县卫核实，申解兵部。若一家隐匿，其邻佑九家、甲长、总甲不行首告，俱治以重罪不贷。[69]

这样，清初控制地方之制度的最初目的就是查治反抗者和牢牢控制新获得的人口。清廷力图将民众束缚在一地，利用总甲来阻止人们流徙，尤其是在山东这样的混乱地区。[70] 1646 年，政府甚至命令按明朝世袭的户种来编造户籍（军籍、匠籍等等），他们警告人民如若假冒其他户籍种类，将受惩罚，并重申了前朝的"役"与"赋"之别。[71]

从 1646 年开始，由于总甲长得直接向兵部报告，保甲制与对军用物资的控制联系了起来，这包括马匹与火器。这一政策出于英俄尔岱的主意，此人为八旗兵组织过后勤，并在 1636—1637 年前后满人入侵朝鲜国时筹备过军需物资。1644 年，英俄尔岱任户部尚书，1646 年 11 月他开始力主颁布一项严格的法令，来制止有人将军用物资出售给贼党。1646 年 12 月 1 日，政府宣布：

> 禁民间私自买卖马、骡、甲胄、弓矢、刀、枪、火炮、鸟枪等物，以杜盗源。从户部尚书英俄尔岱请也。[72]

17 世纪初年东亚火器大量增加，在中国，叛乱分子和正规军队、土匪强盗和地方豪族都大量使用外国大炮和国产枪支。[73] 在西北或山东这类战事频仍的地区尤其如此。在那里，反叛和入侵导致和迫使许多地主和农民拥有了兵器。尽管清朝还要用许多年的时间才能使这一法规得到彻底贯彻，但是清朝将领极其详尽地列数从敌军手中缴获的各种兵器，反映了官府从平民百姓手中收回兵器、并制订法规来阻止他们重新获得兵器的决心。[74]

首先，政府通过管辖交通系统，致力于控制火器与马匹。过往旅客是主要盘查对象。1647 年 4 月，宣布在北京及京畿一带实行如下特别法规：

> 1.京城所有军器匠人必须向税司注册。除官兵外，任何人欲购置兵器，均须上税报名立案，私营军器者，坐以重罪；

2. 各区设保甲；

3. 逮捕陌生人携带兵器者；

4. 严禁不良分子入满洲家为奴及充禁卫军随从，再犯者课以重恶；

5. 外城各门，每门俱设立满官，严查每一入城者；

6. 各城设有窝铺，每面派一将官，带领兵丁巡防；[75]

7. 行文各省，喂养马匹之家，今后须经特许，并限制向"〔不〕可靠"的人出售牲口；

8. 住家店家，凡遇投宿之人，若有骑马者，须察问有无牌票。若有嫌疑，即具手本报知本坊坊官。[76]

不过，这种因袭的军事管制措施仅仅减少了兵器和坐骑的买卖。到1648年10月，清廷意识到许多土匪强盗自己锻造兵器，进行马匹交易。兵部于是奉命检查，除文武官员之外，不许任何人养马或拥有兵器。官员受命扣押这类家畜，付给主人一笔相当的价钱，并且没收所有兵器，能用的入库，其余一概销毁。最重要的是，总甲或保甲的头目必须保证其负责的人户不养马或窝藏兵器，并被告知，这两种行为都被视同于谋反。[77]

随着时间的推移，政府越来越依赖保甲组织来防止兵器落入贼党手中，甚至又将兵器还给了原合法主人，只要他们能由"十家长"担保是"良民"即可。在首次下令禁藏武器后不到一年，多尔衮颁发敕令，将兵器交还良民，以便他们能够防御歹徒的袭击：

> 近闻民无兵器，不能御侮，贼反得利，良民受其荼毒。今思炮与甲胄两者，原非民间宜有，仍照旧严禁，其三眼枪、鸟枪、弓箭、刀枪、马匹等项，悉听民间存留，不得禁止。其先已交官者，给还原主。[78]

第九章　北方中国的地方控制　467

这样，属于保甲的"良民"就有权武装自己以自卫，略似于18世纪晚期和19世纪的编制严格的"保甲"和"团练"组织的成员了。

有区别的恩赦

如有效的武器控制似乎有赖于区分"良民"与"贼"一样，聪明地利用赦令，看来也需要一种类似的对大多数农民与其中常常出现的骚乱分子的区分。这一区别依据以下设想，即绝大多数暴动与叛乱不是由专意谋反者所引起的，就是由"煽惑"民众的巫术法师所造成的。而1646年和1647年发生在北京西面的山西省的几起巫教起义，则强化了这一设想。1646年5月，一个名叫刘光溥的僧人在山西省的西北角煽动了一场短暂的起义，继之在同一地区又发生了另一起"左道"叛乱事件。[79]这后一次叛乱经吕梁山蔓延到太原西面的宁乡。[80]由杨春畅领导的这批宗教起义者中，有许多人在1647年秋遭到了屠杀；不过同时那里又有一股"邪教"开始作乱，领导者名叫高飞，他们直到1647—1648年冬天还在抵抗朝廷大军。[81]这与当时最令人震惊的郑登启的教徒叛乱遥相呼应。郑登启叛乱发生于1647年12月，地点在黄河湾附近的山西西南部。

起义是由于政府的迫害所引起的。郑登启和郑怀法被控纠集徒众，官府设法逮捕了郑怀法，但郑登启却逃入稷山县一带接近陕西边界的山区。他与其徒众占据了马岭寨，自称"大成教师"，纠合妖僧王月天、王明。[82]两个和尚帮助郑登启在龙门山脉的一个山顶庙中设立大帐。郑登启在那里又招徕了更多的信徒，其中包括亡明宗室朱梅川。根据巡抚祝世昌收到的情报，龙门山庙团伙"借名答醮"，实为图谋不轨。[83]

这接二连三的教派起义，加之被认为已安定的地区不断发生土寇武装袭击官府的事件，导致清政府再一次强调"招抚"政策。这一次它采用了两项新的措施。第一是让朝廷抚臣认识到，必须将"良民"与那些煽惑良民的妖人区别对待。清廷告诉抚臣，一方面，他们不必害怕上报自己辖区内的民众"反侧之情滋生"；另一方面，他们不应再将某些地区看作天然的匪区。甚至在那些长期为贼党占作营盘的地区，也还是有一些"安良之民"居住其中，而这些"良民"不应该一概受到怀疑，重要的是要将他们与"真正的贼徒"及用左道旁门之术煽诱民众的巫师术士区别开来。[84]

第二项措施是针对贼党与反叛分子本身的。1647年4月18日，清廷许诺说，所有向当地官府或军镇自首的党徒，都将受到宽大处理[85]：

> 近来盗贼窃发，讹言繁兴，人民惶惑，无端惊避，深可轸念。兹特开自首之门，许以更新之路，务使盗贼革心，良民安业。自今以后，凡曾经为盗之人，无论犯罪轻重，有能赴所在官司，或径赴兵部，将真贼姓名及居住地方详悉陈首者，除本身免罪外，仍将贼赃酌议给赏。[86]

1647—1648年冬季，这种不寻常的让步政策，以及精确的情报和严厉处死教派头领的做法，使得山西省政府驱散了龙门的宗教结社活动。在河北，从地方治安措施来看已控制了武器的销售与生产，而户籍制度似乎制约了邪教的动乱和土寇活动的发生。[87]

到1648年头几个月，北方中国的绝大部分相对平定下来。在周边地区如汉水山地这样的动乱区域，就用无情的、有计划的屠杀政策来保证城市以及交通干线的安全。在中原核心地带，有选择性的恩赦与地方控制措施安定了民众，控制住了除最顽固的邪教分子之外的所有人。一时间，清廷松了一口气。在过去的几年里，如此之多的关于农民暴动及复明密谋的奏报，使得它几乎一直处于惊恐之中。然而这还不是真正的安定，这个喘息之机马上就被证明是短暂的。

注释：

1. 1645 年 3 月 13 日，张鸣骏上奏道，在一个叫作蒋家峪的小村庄里发生了暴动。一位名叫蔡羽的起义领袖自称"尉迟"。尉迟是画在各官衙大门上的两个门神中的一个。主要的起义首领据说名叫李义梅，从未捕获。尽管有许多人被捕，然而在 5 月 26 日，一个名叫刘伯泗的"妖民"声称挖出一篇天书，便自称为"天罡星"。他还没来得及招徕足够的信徒开始起义，就被逮捕并关押了起来。谢国桢编：《清初农民起义资料辑录》，第 71—72 页。

2. 根据清朝资料记载，善友会是一个称作"都掌教"教派的别支。这是一个姓崔的"妖妇"创立的。她还在长城另一边的朔州煽动起义，此次起义由一名叫武大宽的男子领导。武大宽被捕杀后，他的一批部属就越过长城加入了宁武的善友会，然后该组织就着手袭击那个地区的一些军事要塞，一支由清朝副将率领的分遣部队被击败。1645 年夏季，巡抚马国柱和总督李鉴抽调各地区驻军，集结起一支主力部队，打败了善友会，将崔氏斩首，杀死该会成员，烧毁其部属的住所。谢国桢编：《清初农民起义资料辑录》，第 250 页（此处与史料原文有出入："都掌教"系崔氏自称，即都掌"善友会"一教之意——译者）。

3. 《明清史料》甲编第二册。转引自谢国桢编：《清初农民起义资料辑录》，第 251 页。

4. 《清世祖实录》第十七卷，第 20 页。转引自谢国桢编：《清初农民起义资料辑录》，第 200 页。

5. 同上书。转引自谢国桢编：《清初农民起义资料辑录》，第 200 页。

6. 谢国桢编：《清初农民起义资料辑录》，第 267 页。

7. 何洛会部主要由汉军蓝旗兵卒组成，由侍卫李国翰以及固山额真巴颜指挥。巴颜是所知第一个降清的明朝官员李永芳的儿子，有一半满族血统。见《清世祖实录》第二十一卷，第 257 页；恒慕义：《清代名人传略》，第 480 页。任珍在明朝镇戍和州，大顺干戈纷扰年间，他坚守和州，后降于阿济格。此后，他为新朝屡建功勋。姜瓖起义期间，就是他率劲旅收回了山西的蒲州。任珍还把陕西叛乱首领孙守法逐至湖广。后官至副都统，驻守兴安，辖陕西东南诸军。《贰臣传》第十卷，第 27—28 页；《清史列传》第 38 页。

8. 例如，甘肃被划分成 12 卫，由当地首领统率。这些卫是部落领地，行政机构随首领行帐而设。明末虽然部族领地依然如旧，但卫的地位下降了。这些领地的汉人官吏既是该省的军事长官，又是该省的财务主管。亨利·塞路易斯：《明代甘肃地区的蒙古人》，第 255—271 页；卡米勒·伊鲍勒-华特：《甘肃回民起义》，第 496 页。

9. 约瑟夫·弗莱彻：《明清之际的中国西部》，第 4—5 页。

10. 同上书，第 26 页。诸蒙古尔人（Mongours）是部落民族，在蒙古人统治下定居于西宁多山的边地。这一地区介于甘肃走廊与现在的青海之间。湟中位于甘肃中部，西有南山山脉，将它与甘肃西部分割开来；东有黄河，其东是甘肃东部。路易斯·M.J.施拉姆：《甘肃—西藏边境地区的蒙古人》第三部，第 52 页。

11. 虽然拉铁摩尔认为蒙古人是自给自足的（只要保持有牧群，他们确实能够自备一切他们所需的物品），罗塞比还是坚持认为遇到紧急情况时，诸如大雪覆盖牧场的严酷冬天之类，蒙古人需依靠某些外来商品及储藏的谷物。此外，自阿勒坦可汗 1577 年改信黄教之后，佛教的传播意味着他们由于宗教原因而需要茶叶。莫里斯·罗塞比：《1368 年至今的中国和亚洲腹地》，第 40—41、49—50 页。杰格甚至坚信，蒙古人对汉人发动战争，是因为他们依靠中原王朝的农业社会来满足自己的经济需求，而中原的锁国政策阻止了蒙古人与当地的正常交易。塞群·杰格：《中国与蒙古游牧民族之间的贸易和冲突的样式》，第 178—183 页。参见傅路德、房兆楹合编：《明代人名辞典》，第 8—9 页；托马斯·J.巴菲尔德：《匈奴帝国联盟》，第 52 页。

12 在撒马尔罕（贡物从这儿输往中国），夏鲁克死于1447年。他的继位者幼鲁格·贝格在1449年被他自己的儿子杀死。此后不久，吐鲁番——15世纪早期一个相对安宁的邦国——要求汉人承认其为一穆斯林强国。可是，1469年，明朝礼部拒不将四爪龙袍授给吐鲁番苏丹阿里。四年之后阿里夺取了哈密，进一步阻挠商队贸易。15世纪中叶以后，没有一个纳贡使节从赫拉特到达明代的中国。罗塞比：《1368年至今的中国和亚洲腹地，第38页；《明代同亚洲腹地的茶马贸易》，第152—153页；《穆斯林和中亚的起义》，第178—179页。

13 伊曼纽尔·沃勒斯坦：《资本主义的世界经济》，第6页。

14 莫里斯·罗塞比：《穆斯林和中亚的起义》，第2—5、174页。不过也可以参见弗莱彻：《明清之际的中国西北》，第15页。费莱彻宣称："无论是作为整体的定居的中亚经济，还是中亚草原游牧民族的势力，都不能被视为主要依靠于东西商旅贸易。"不过，在这篇具体论述他的观点的长篇论文中，弗莱彻没有提出证据。从全球性经济来看，17世纪的特征显然在于世界贸易结构的大革命。16世纪欧亚人经商从陆车到海船的转变使葡萄牙王国成为世界上最大的商税征收者。但自伊比利亚人在最初的扩张之后，他们在胡椒、香料、药材和丝绸等方面的商业没有重大进展。相反地，欧洲人消费需求的扩大，都是通过列万特人而得到满足的。然而，随着在17世纪荷兰及英国建立了东印度公司，这些商品许多干脆就从洲际商旅车马贸易路线中消失了，而从西欧派出的船只数量则显著增加。以1622年荷莫兹岛的灭亡为象征的这一结构变革，势必会影响中国中亚边地的经济，不过其影响的确切性质还有待研究。关于海上贸易的发展，可见尼尔斯·斯廷加德：《17世纪亚洲的贸易革命》。就区域性外交与政治关系而论，到满族人入侵之时，中亚的帖木儿帝国与莫卧儿王国已经分裂为诸多小王国与公国。东土耳其斯坦划分为城邦，其居民说土耳其语，带有一点伊斯兰教文化的特征，但是他们缺乏独立的民族意识。因为这些人主要是逊尼派穆斯林，他们与什叶派波斯人的正常关系就被割断了。然而，他们也并不因此而接近中国。中亚人"通常视中国为一遥远的帝国，部分依赖于中亚商业的一个市场，以及穆斯林有朝一日会使其皈依的庞大的异教徒团体"。约瑟夫·F.弗莱彻：《中国与中亚》，第218页。

15 巴图（约1464—1532），号达延汗。他统一了东部蒙古，击败瓦剌，平定外蒙古。自1480年汉人拒绝了他的互市贸易的要求后，蒙古人每年都越境大规模进袭中原。到满族征服的时候，卫特拉蒙古人在哈喇忽剌及他的儿子巴图尔浑台吉统帅下，正试图通过促进宗教，创造一种新的蒙文经本和发展农业，来形成一个统一的国家。罗塞比：《穆斯林和中亚的起义》，第190页；《中国和中亚》，第44—45页。

16 弗莱彻：《中国西北》，第27页；罗塞比：《穆斯林和中亚的起义》，第6页。

17 同上书，第28页。1551年，西宁东北部藏民起义，击败了被派来镇压的明军。

18 同上书，第29页；施拉姆：《蒙古人》，第51—53页。

19 其他人包括刘文炳、贺弘器、郭金镇、黄金鱼、焦容和仇璘。郭金镇与郭君镇很可能是同一人。

20 陈德部侧击西翼，任珍部出北门侧击东翼，侍卫李国翰和固山额真墨尔根担任正面主攻。又据一份原始资料记载，任珍防守西门。《清史列传》，第38页（"墨尔根"系满清将领的一种称号，这里当成了人名，误。天命六年，清太宗赐李国翰号墨尔根。这里的"固山额真"疑指当时奉命前来增援的巴颜——译者注）。

21 《清史稿·孟乔芳传》。引自谢国桢编：《清初农民起义资料辑录》，第267页；《清世祖实录》第二十三卷，第273页；温睿临：《南疆绎史》，第422—423页。

22 《清世祖实录》第二十四卷，第285页。

23 同上书第二十五卷，第292页。

24 谢国桢编：《清初农民起义资料辑录》，第269页；温睿临：《南疆绎史》，第422—423页。

25 当时因兵员不足，无法为分散于各地的戍堡配备兵卒。1646年11月，孟乔芳分所部随豪格进攻四川。豪格部于1647年2月2日在西充与张献忠相遇，并将之斩杀。

26 1646年8月31日奏章，《明清史料》丙编第六册。转引自谢国桢编：《清初农民起义资料辑录》，第270页。在这份奏章中，延绥巡抚王正志称其辖区内的暴动是刘文炳煽动的，他与张应元一道"纠合各处土寇"，发动大起义。

27 这两个人——他们可能还是穆斯林教友——后来在南方也屡建战功。刘芳名于1659年后与郑成功作战，马宁在四川供职，在三藩之乱时他们坚定地站在康熙皇帝一边。《贰臣传》第三卷，第21—24页；第六卷，第29—30页。

28 关于此事以及上述宁夏兵变细节的资料，主要根据《清史稿·刘芳名传》。见谢国桢：《清初农民起义资料辑录》，第269页。

29 《清史稿·孟乔芳传》。引自谢国桢编：《清初农民起义资料辑录》，第267页。

30 其例见《清世祖实录》第三十一卷，第372页。

31 《明清史料》丙编第六册。引自谢国桢编：《清初农民起义资料辑录》，第271页；参见《清世祖实录》第三十一卷，第370页。郭君镇多年来与孙守法并肩作战。同上书第三十卷，第353页。

32 《明清史料》丙编第六册。引自谢国桢编：《清初农民起义资料辑录》，第272页。这一地区也因有许多来自安徽、江西、广东和福建的"流民"而出名。傅衣凌：《清代中叶川—陕—湖三省边区经济形态的变化》，第49页。

33 周伟洲：《陕西发现的两通有关明末农民战争的碑石》，第49页。

34 《清世祖实录》第二十九卷，第346页。

35 同上书，第三十四卷，第504—505页；第四十一卷，第276页。

36 例如，17世纪50年代著名的叛军首领孙守金（他可能是孙守法的兄弟）在兴安附近的板场山建有自己的"寨"。他的营寨得到近旁其他两个"寨"的保护，其中的一个寨控制着一个高山峡谷，它能轻易地抵御敌人的大兵。板场山的背面还驻扎着另外两个同盟营寨，保护孙守金的后背。这还不算，在下面山坡上，又星罗棋布般地散布着总共九个寨，成犄角声援之势。《明清史料》丙编第九册，引自谢国桢编：《清初农民起义资料辑录》，第277页。

37 《明清史料》丙编第七册。引自谢国桢编：《清初农民起义资料辑录》，第273—274页。

38 同上书，第274页。

39 以前，兴安驻兵不足，任珍不愿将部队投入山区作战，因为他担心其他地方会发生起义。现在，早先调给陕西巡抚黄尔性的4000名士兵归还给了兴安将领。《清史列传》，第38页。

40 《明清史料》丙编第七册。引自谢国桢编：《清初农民起义资料辑录》，第274页。

41 同上书，第274页。任珍将胜利归于"幸仗我皇上洪福，皇叔父摄政王威灵"。

42 《明清史料》丙编第六册。引自谢国桢编：《清初农民起义资料辑录》，第272—273页。

43 同上书。见谢国桢编：《清初农民起义资料辑录》，第272—273页；参见《清史稿·孟乔芳传》，引自谢国桢编：《清初农民起义资料辑录》，第267页。

44 谢国桢编：《清初农民起义资料辑录》，第249—250页。

45 同上书，第250页。奉天人申朝纪（卒于1648年）显然是一名精明强干的官员，为政清静肃然，又致力于恢复秩序。下级官吏要是被指控有专横霸道之态，立刻降职。"劾贪吏数十人"。减站银岁额20万两为15万两，减轻了人民的负担。此外，申朝纪任命了直接向他报告的固定的催税人，以取代轮流由里长征收专门的代役钱的做法。《大清一统志》第一三三卷，第32页；王轩、杨笃：《山西通志》第一〇四卷，第28页。

46 这次军事远征是由觉善统帅的。《清世祖实录》第二十九卷，第348页。奏折在1646年12月24日收到。

47 1644年9月23日奏折。《明清史料》丙编第五册,引自谢国桢编:《清初农民起义资料辑录》,第78—80页。另一份报告罗列了巨寇的姓名与称号,特别指出他们早以"王"号闻名,例如"冲天大王"或"扫地大王","不比寻常土贼也"。这位上奏者解释说,寻常土贼不能与之相比的原因,在于某一巨寇一旦拉起一支大队伍,马上就以"王"自号。他们建营立寨,各种武器样样俱全,以攻城略地为务,而不似土贼只是断路劫财而已。《明清史料》甲编第一册,引自谢国桢编:《清初农民起义资料辑录》,第74页。上奏者为杨方兴。

48 《明清史料》丙编第六册。引自谢国桢编:《清初农民起义资料辑录》,第84—85页。

49 同上。

50 丁文盛获胜的奏报于1647年4月14日抵京。《清世祖实录》第三十一卷,第363页。至于他被处罚之事,可见谢国桢编:《清初农民起义资料辑录》,第83页。

51 其例见1647年农历十月陵县的奏报。《明清史料》丙编第七册。见谢国桢编:《清初农民起义资料辑录》,第84页。

52 后一种情形的典型例子是黟县的陷落。黟县是介于大运河与官道之间的重要城市。1647年11月26日,丁文盛的继任者张儒秀报告称,不久前有马贼400余名,步贼不知其数,于夜间步行进攻黟县,次日击败衙兵,架云梯爬上城墙,进城烧杀抢劫。知县与儒学训导设法逃跑了,其余的县衙官吏皆被盗贼杀害。他们洗劫了该城,然后返回山中营寨。《明清史料》丙编第七册,谢国桢编:《清初农民起义资料辑录》,第80页。

53 《明清史料》丙编第七册。见谢国桢编:《清初农民起义资料辑录》,第86页。

54 《明清史料》丙编第七册。所注日期为1648年1月初,引自谢国桢编:《清初农民起义资料辑录》,第87—88页。张儒秀奏捷的报告于1648年1月15日抵京。《清世祖实录》第三十五卷,第416页。沙尔虎达(1599—1659),苏完部人氏,年轻时投努尔哈赤。在1658年,他扫清阿穆尔(译按:即黑龙江)地区的沙俄人,歼灭了斯捷潘诺夫及其人马。恒慕义:《清代名人传略》,第632页。

55 关于清朝地方官吏在对付颠覆与叛乱活动中所起的关键作用,见保罗·H.陈:《中华帝国后期的反叛》,第180页。

56 《清世祖实录》第五卷,第22页,转引自谢国桢编:《清初农民起义资料辑录》,第55页。吏部还提出地方官俸禄太低,应该增加。可是,在顺治以及康熙初年,知县的固定俸禄(原来每年约为银123两)减少了。因为各种附加津贴被缩减或取消,知县俸禄降到了银45两。约翰·沃特:《中国地方行政的理论和实践》,第378—380页。

57 有些历史学家认为清政府通过委任外行的满族人,来控制地方政府,这并不正确。见约翰·沃特:《作为社会政治制度的衙门》,第25页。

58 《清世祖实录》第二十五卷,第302页。

59 沃特:《中华帝国后期的地方官》,第140—143页。

60 沃特:《作为社会政治制度的衙门》,第35页。

61 这一权力下移的趋势好像在元代就已开始了,或者至少明太祖是这样认为的。洪武帝认为,由于蒙古人缺乏"王者无私"的精神,他们易于被腐败的胥吏愚弄,而后者正是利用了夷狄对官僚机构控制的"松懈"来巩固自身地位。约翰·达迪斯:《明太祖论元朝》,第8—9页。

62 沃特:《中国地方行政的理论和实践》,第297—303页。

63 其例见沈翼机:《浙江通志》,第2521页(第一四九卷,第2页);黄之隽编:《江南通志》,第1839页(第一一二卷,第33页)。

64 处罚是颇为严厉的。1659年顺治皇帝颁令,任何官员挪用了10贯以上公款就要被送去充军。吕元骢:《1644—1660年清初中国的腐化现象》,第1页。

65 沃特:《中国地方行政的理论和实践》,第326—330页。"这些条例与法规表明它们在一定程度上已正式成型，近代以前的行政管理，几乎没有能与之相匹敌者。"沃特：《作为社会政治制度的衙门》，第 34 页。

66 同上书，第 330 页。

67 不过，从长期看来，这种对地方长官的过分重视，进一步排斥了衙门吏员跻身中央政府的可能性，这必然也就失去了对低级行政管理的直接控制。这一观点，在魏斐德《中华帝国后期地方控制的演变》一书中随处可见。

68 闻钧天：《中国保甲制度》，第 205、216 页。《皇朝通典》记载说，发展成熟的保甲制度开始于 1644 年，但是闻钧天指出这一记载有误，是后人编书时插入的。清朝后期，保甲和里甲都归户部管辖。孙任以都：《19 世纪中国的户部》，第 204 页。

69 《清世祖实录》第七卷，第 81 页，参见《皇朝文献通考》，第二十一卷，第 5 页。1646 年 8 月 18 日，有位官员特别向兵部建议，要利用总甲制来处罚那些窝藏逃犯的人。《清世祖实录》第二十七卷，第 320 页。

70 谢国桢编：《清初农民起义资料辑录》，第 15 页。将民众与其籍贯连接起来的尝试，也被推广到生员身上。1645 年，官府宣布有许多参加会试的举人注籍有误，从此以后，生员必须证明其先祖在本地注籍逾 20 年，并无迁徙，或者在此地拥有财产，才能获准参加科举考试。何炳棣：《中国会馆史论》，第 8 页。

71 闻钧天：《中国保甲制度》，第 201—205、216 页。早在 1645 年 6 月 12 日，新政府就宣布废弃世袭的匠籍，免征京班匠价银。而且从这一年开始，在太和殿服役的匠人按工给值。彭泽益：《清代前期手工业的发展》，第 3—4 页。直至 19 世纪，民、军、商、皂四类户"籍"之残余依然存在。不过，由于雍正以后已经取消了分立的劳役税，因此这种户籍分类已无实际的财政意义。孙任以都：《19 世纪中国的户部》，第 201—202 页。

72 《清世祖实录》第二十八卷，第 337 页。

73 这一时期新式铳枪与大炮的传入，甚至可能"有助于晚明白莲教军武术传统的形成。在此后的数百年里，他们一直诱人地宣称自己具有有效地抵挡可怕的火器的本领"。韩书瑞：《山东起义》，第 192 页。

74 到 18 世纪末 19 世纪初，对军火的控制已颇见成效，以致图谋不轨者想要从铁匠那儿得到匕首，都要冒被人告发官府的风险。这在韩书瑞《中国的千年福起义》一书中随处可见：又见《山东叛乱》，第 24 页；亦可见马克·埃尔文：《古代中国模式》，第 21 页。19 世纪后半叶骚乱的年月，部分地是西欧军火的输入与生产，以及英美商人军火走私的结果。魏斐德：《地方控制的演变》，第 17 页。

75 在明朝统治时期，北京政府有一种被称为"铺社"的地方治安系统。这些为出使官员和卫兵设置的驿站有其附属的警官。但到 17 世纪，绝大多数铺社或是消失了，或是倒塌失修，实际上不能用了。詹姆斯·彼得·吉斯：《明代的北京》，第 193 页。

76 《文献丛编》第二十三辑。转引自谢国桢编：《清初农民起义资料辑录》，第 58—59 页。

77 《清世祖实录》第四十卷，第 464 页。这儿的户保长称作"邻佑十家长"。

78 《清世祖实录》第四十三卷，第 505 页。这道敕令于 1649 年 5 月 6 日颁发。

79 同上书第二十五卷，第 294 页。

80 太原当局也被一场牵连到一名明代亲王后嗣的大案所惊醒。其近亲秘密窝藏了这位明室后嗣。山西按察使奏章，见故宫博物院明清档案部编：《清代档案史料丛编》第三分册，第 91—94 页。

81 《清世祖实录》第三十二卷，第 20 页，转引自谢国桢编：《清初农民起义资料辑录》，第 252 页。这一时期还有非宗教性的起义。1647 年 10 月 19 日，祝世昌率汉镶红旗兵 800 骑，在孟县与李化龙及其兄弟李奇龙 500 披甲骑兵交战。孟县在省府以东 30 里处。原明朝的游击将军祝世昌此时官居都统。1638 年，他曾因大胆反对满人将女俘没为奴婢的习俗，失宠于太宗。太宗称他为叛徒,指责他与明政权勾结。多尔衮后来让这个忠心耿耿的将军官复原职。《明清史料》丙编第七册,转引自谢国桢编:《清初农民起义资料辑录》,第253—254页;楢木野宣:《清代重要职官研究》,第544页。

82　"大成"既形容黄帝使一切事物恢复了秩序,又指孔夫子用各种旋律组成的乐曲。它也指佛教的"大圆满",这是一种想象中的境界,其中有2万尊佛像,均称"威音王佛"。威廉·爱德华·苏黑勒和路易斯·霍道斯:《中国佛教术语辞典》,第89页。

83　《东华录·世祖朝》第四卷,第4页。转引自谢国桢编:《清初农民起义资料辑录》,第252页。

84　《清世祖实录》第三十一卷,第364页。据信就是这一安辑民众的法令,使他们的社会品性改变了。正如一位官员在顺治初年所指出的:"流民安居,即变贼为民;流民四散,则变民为贼也。"郭松义:《清初封建国家垦荒政策分析》,第114页。

85　这一敕令与保定巡抚余庆廉的奏报在时间上正相巧合。奏报说大量匪徒突然袭击了河间府,知府、通判受伤,驻军将领自缢身亡。

86　《清世祖实录》第三十一卷,第364页。

87　同上书第四十五卷,第527—528页。

第十章 "危时计拙"

> 江潭愁鼓枻，沧海忆乘桴。
> 此处同携手，何人可惜躯。
> 乱离忘岁月，飘泊憎妻孥。
> 莫作穷途恸，乾坤定有无。[1]

陈子龙：《陈忠裕全集》第十四卷，《避地示胜时》

虽然，1645—1646年冬天清军已牢牢占领了江南主要的中心城市，却没有几个清朝官员相信这一地带已经完全掌握在他们手中。首先，崇明岛就依旧有海盗船入港停泊，清朝水军不止一次地在那里与复明分子的部队遭遇。[2] 再者，正如南京提督毛九华向北京朝廷所指出的那样，长江下游地区的复明残余力量可能与上游地区的其他抵抗武装，尤其是安庆一带的反清分子联合起来，也将是一个严重的威胁。安庆一带的各支反叛武装，是湖广腹地著名的"四十八寨"潜在的同盟军。这样，勤王运动就有可能蔓延整个长江流域，阻碍清朝在南京的统治。在这个前明陪都的周围地区，民众与新政权有着明显的对立。因此，不放弃和平招抚政策，不对1645年起义进行报复，避免激怒这么多人民大众，是有着重要意义的。所以，毛九华认为：

得民得心，毋徒曰：以此众战，谁能御之；以此攻城，何城不克。³

于是，部分是出于力不从心，清政府在1646年继续实行与江南地方名流合作的政策。特别受到优待的是这一政策的制定者钱谦益，他在三月份应邀来到北京，以礼部侍郎管秘书院事，充明史馆副总裁。⁴

钱谦益与合作的污点

钱谦益卖身投靠清廷，此刻已是臭名昭著。在北上就任新职之前，钱谦益到苏州城外的虎丘一游。一天，他身穿一件小领大袖的样式特别的外套，一位江南学者从他前面走来，注意到这件外套，就刨根问底地问他这件衣服代表哪朝风格。钱谦益故作戏语道："小领示我尊重当朝之制，大袖则是不忘前朝之意。"那学者便讽刺地品评说："大人确为两朝'领袖'！"⁵这样，虽然多尔衮一时也许还没充分认识到这一点，带这样一个变节者北上京城，却又重新引起了晚明政治中堕落与腐化的问题。

甚至在南京陷落、钱谦益投降满人的时候，清廷中对于欢迎多铎的南京政权大臣们暧昧的品节就颇有一些议论。吏部主事熊文举反对起用这些新投靠者，他把这些人称为"市井冒滥"，反而赞赏匿身山林的那些忠义之士。⁶但熊文举本人也不乏投机之嫌：他在明朝和李自成手下都任过职，现在又在多尔衮麾下。其实，他甚至都可以被弘光朝中的钱谦益之流公开嘲笑了。不过，他的反复告诫提醒了多尔衮。多尔衮可以宽恕单纯的官僚投机，而不能容忍理想主义的政治朋党。熊文举的告诫使他意识到，弘光朝臣僚比之北方的投靠者更多地沾有旧日晚明党争的恶习。

自钱谦益来到北京之后,多尔衮再次警觉到使用前明官员的危险,他们有可能使天启、崇祯朝的派系活动复活。整个夏天,清廷都因张存仁的报告而喜气洋洋。张存仁是辽东老臣,1631年投靠满人。1645年12月,张存仁出任闽浙总督,与唐王及鲁王的部队作战,均获大胜。[7] 他的报告指出,数十名,甚至数百名为这些政权服务的官员向他的部队投降了。到了1646年9月,这些南明士大夫有许多来到北京等待新朝的任命。事实上,他们人数太多,以致出现严重的人多阙少的情况。部分是由于这一原因,有人提出所有这些投靠者都必须经过仔细审查,以便确定他们的政治历史是否合格。礼部正试图给这些文人委以新职,礼科给事中袁懋功向朝廷指出了一个问题。他特别谈到阮大铖这个人。阮大铖现在既是南方文人的遗弃者,又是满人的依附者。[8]

阮大铖像马士英一样,也是在南京向多铎的清军投降前逃走的。他先到芜湖,在提督黄得功处暂避一阵之后,又去了杭州。后来杭州也向多铎投降了,他又逃到浙江中部的金华避难。但金华城的士绅们拒不接纳他,于是阮大铖不得不转道扬州,在提督方国安处避难。[9] 阮大铖显然与当时也在扬州的马士英为争宠于方国安进行了激烈竞争。阮大铖争不过马士英,遂于1646年秋投降了张存仁。马士英被处死后,阮大铖受命在曾捕获马士英的那位贝勒手下供职。[10] 正是仗着这一职位,他对金华良民施行报复,带领一支清兵来洗劫了这个曾把他拒之门外的城市。[11]

袁懋功此刻想要向朝廷指出的是,像阮大铖这类声名狼藉的人会腐蚀新朝。袁懋功告诉皇帝:阮大铖"坏事明朝",以致"士林不齿"。因为他"误江南数万之生灵",公开用他,势必招致南方文人的不满。而且此人"在前朝则坏前朝,在今日必坏今日"。[12]

结果,阮大铖很快就销声匿迹了。有人说他在浙江当了和尚。但是关于他的晚年,更加可靠的说法看来是,他全心全意地为清军出谋划策、效力尽忠，也许是以此重温他早年想成为一名军事英雄的梦想吧。事实上阮大铖看来是在闽浙边境一带干劲十足地从事这些军务活动，以致到了撩起书生长袍加入行伍的地步。最后他在福建北部山区的一次艰苦的徒步行军中摔死了。[13]

不过，阮大铖的死并没使袁懋功的议论失去意义。同是在这个告诫勿用阮大铖的奏章中，袁懋功还提出其他原明朝官员也要受到审查。这些投降的文人既然不能马上被录用，就应该遣返回乡，在那儿他们可以帮助恢复秩序，以防政权落入土豪手中：

> 伏乞敕下该部，详查南官在京者，悉令各回原籍，静听量材酌用。[14]

在多尔衮收到这份奏章的几个星期之前，钱谦益已经以疾病为由婉言推托了在京城的职务，请求回乡。虽然多尔衮依旧宠待他，委派两名王朝官员照料他，准许他利用政府的驿站去南方旅行，但是钱谦益的引退与袁懋功关于许多归附者的恶劣政治作风的警告，是不无关系的。他的离去标志着像陈之遴这样的年轻人开始出人头地，他们既没有受到以往之党争的那么严重的腐蚀，在公众心目中也没有与投机性的卖身投靠那样紧密地联系起来。[15]

土国宝和太湖复明分子

1646年以后钱谦益的政治引退，并未立即影响清朝与江南地方名流合作的总政策。在最初的松江起义被清军镇压之后，该地区巡抚土国宝开始着手吸引农夫重返家园，粮商重返店铺。甚至在和平时期，苏、松、太一带的粮食都无法自给，而不得不依赖粮商从外省输入稻谷。1645

年发生骚乱，杨文部队劫掠这一地区，太湖"白头军"闯入苏州货栈，粮商们四散逃命。

这些货栈在8月份被重新夺回，巡抚土国宝设法查明了其中囤积的一部分谷物"系行商之物，来之不易"，遂将2.3万石稻谷交付原主，以劝诱苏州粮商重操旧业。[16]这些措施最初在一定程度上恢复了该地区的经济稳定，是颇见成效的。[17]

但是，太湖地区吴易复明势力的继续存在，阻碍了土国宝力争江南民众合作以重建经济的计划。吴易曾率部攻打苏州，失败后逃入沼泽地带，重组力量。其他复明分子残部也加入进来，吴易遂与由周瑞指挥的一支小部队实行联合，在长白荡建立了一个新的复明联盟中心。[18]据记载，他们于1646年3月2日打了第一次胜仗。那天他们从湖边突然冒了出来，重占吴江，杀死县官，掠夺地方。[19]虽然他们很快就放弃了吴江城，但周瑞和吴易的人马从此就屡屡出击，更为大胆，终于渐渐地控制了整个太湖东岸。清军缺乏熟练的水手，无力控制以渔民和走私分子为主体的吴易水军。1646年5月11日，1000多艘复明分子的战船再次袭击吴江城，土国宝得到巡抚吴圣兆指挥的松江军队的支援，击退了他们的进攻，但伤亡惨重。[20]

吴易的事迹传遍了整个江南，他和周瑞发动军事攻势的消息也传到了浙江鲁王的耳中。通过周瑞的僚员戴之俊（他是杨廷枢的学生），太湖的战士与松江起义中幸存的缙绅复明分子，尤其是当时住在嘉善的陈子龙取得了联系。[21]部分是通过他们，吴易直接与鲁王政权接上了头。鲁王承认他与日俱增的地位，并在同年春天晋封他为长兴伯。同时，吴易和周瑞按正规编制组建部队，刻印任官，建立起一个专门的参议机构，并马上邀请陈子龙前来参加。[22]

陈子龙接受邀请参加了吴易的幕府，与他自己的两个弟子王云和钱漱广一起，动身前往太湖复明分子的营地。他们在坐落于沼泽中一个岛上的一所荒废的书院里建立了府署，但不久就对他们的使命以及吴易领导的反清战斗的胜利前景不抱幻想了。王云对他们为何马上离开书院躲避到钱家庄园的理由做了一些暗示，他写道："先生私语予曰：长兴一世人豪也，阚其意颇轻敌，又幕客皆轻薄之士，诸将惟事剽掠而已，师众而不整，其又为长荡乎？"[23]

另一方面，巡抚土国宝依旧把吴易及其部众看作是对整个江南安全的一个十分现实的威胁，特别是他们有可能突破清朝的东南防线，而与在浙江作战的南明军队取得联系。[24]事实上，吴易正是决定通过袭击据说防御薄弱的嘉善城，来努力突破清朝环绕太湖的封锁线的。而且，吴易得到消息说，嘉善知县暗中同情复明事业。吴易便与那位官员联系，那人建议在嘉善城中双方秘密会见，专门讨论日后联合起义事宜。以敏捷骁勇出名的吴易显然没有怀疑这是一个圈套，冒失地应邀前往。结果他中了埋伏，被清兵捉住。嘉善县官将他交给杭州府，知府即刻于1646年7月15日在草桥门外处死了这个复明分子。[25]

吴易的死既没有终止太湖部众的军事活动，也没有扑灭江南士绅中顽固不移的复明分子的希望。首先，太湖本身继续吸引着亡命徒和冒险家。太湖及沼泽地带以南的地区，即浙江北部，是太湖里的党徒征募新成员的一个不竭的源泉。因为这条水路是极为重要的商业枢纽（将商品货物从广东或福建往北运送到长江与淮河流域的商人，除了走这条夹在群山与大海之间的狭长通道外，别无他路），因为这一地区受三个经常互不合作的不同地方当局的管辖（即湖州、嘉兴和南直隶），这里成了各种反抗分子的避难所。清朝官员直接控制这片禁地，尚需时日。[26]其次，吴易的死也许使得太湖北部的部众一时群龙无首，但他们很快就从各个部将分别掌管，转而接受了周瑞的统一指挥。[27]最后，纵然巡抚土国宝于那年7月处死吴易后，在夏末向北京报告时说苏州一带景象优雅宁静，但尤其在年轻的江南文人中间，还是存在着大量几乎不加掩饰的敌意与怨恨。[28]当时曾发现一些投考的生员将长发藏在帽子下面，还有一个人则公开痛骂土国宝当了卖国贼。预定在1646年9月举行的乡试事实上不得不延迟到 11 月。[29]那年 12 月，一个来自无锡的名叫王谋的狂生还领导了一次毫无希望的对江阴的进攻，结果被杀。[30]

只要这些事变看起来还是孤立的和偶然的，像土国宝这样的降清者就依旧满怀信心。但一旦有迹象表明这些事件不过是更广泛更普遍的不满情绪的公开流露，他和洪承畴就感到忧虑了。特别是当地处南京以南皖浙边境的溧阳发生了骚乱，复明运动风起云涌，从淮阳一带的滨海地区越过大运河向皖北广大地区迅速发展时，动乱就逐渐走向了高潮。[31]

溧阳、淮阳起义

溧阳起义开始是一场缙绅阶级反抗清朝统治的运动，但很快就变成贫民、奴仆和佃户进行的一场起义，由名叫潘茂和潘珍的两个奴仆领导。叛乱在清人到达南京之前就已开始，到清人试图控制这一地区十六都的时候，他们发现二潘吸引了苏南的大批穷人和被压迫者，并将这些人组织成两支武装大军，称为"削鼻"党和"珐琅"党，占领了县城。[32]溧阳本身受到战火的破坏，不是遭清军抢劫就是被农民掠夺，"徒余四壁"。[33]虽然南京当局在附近的高淳县建立了一个"安全"区，但在 1645 年秋冬之际，他们还是几乎完全不敢进入溧阳县，只有让两潘控制当地政权。[34]次年夏天，距南京更近的汤山发生动乱，一个"妖生"带领当地盗贼进行掳掠，并纵火烧毁了部分地区。[35]与此同时，关于复明分子的水军在江北淮阳的如皋袭击清军的报告也到达了南京，报告又从那里传送到北京多尔衮处。[36]

南京的清朝官员了解到，淮阳地区复明党的活动直接受到一个明朝亲王的唆使，清政府公文中说他是兴昌王。这个人以江苏东北部的云台山为基地，许多官员都把他与远在江北的海州、赣榆和邳州的复明分子联系起来。因此，显然是他下令进攻两淮盐城的，而像盐工缪鼎吉或当地民兵首领高进忠和王翘林这样的地痞却也听从了这一指挥，于1645年10月袭击了盐城。不过，清军击退了他们的进攻，并一直追到海州，最终将兴昌王俘获，带回淮安斩首。[37]

兴昌王的死并没有使江北地区的抵抗运动结束。另一明室贵族瑞安王朱谊泐，设法在南京附近的一些地区以及整个淮阳一带任命了许多复明分子军事首领和低级官员。[38]当他的军事顾问朱君召在南京组织了一批策应人员时，瑞安王也与瑞昌王朱谊漇取得了联系，朱谊漇保证他的部众合作进攻南方旧都。[39]

1646年9月初，南京清政府听到了这一复明武装即将前来进攻的风声。[40]朱君召的一个秘密接头人泄露了在城中策应的密谋，而在30公里外的龙潭的另一个告密者也说，那个地区的复明党人在朱谊漇集合下，正与瑞安王暗中交往。[41]当清军骑哨报告敌军密布于南京东翼朝阳门外的孝陵卫时，城中的要员们召开了一次军事会议。清军的力量有限，尤其是如果这次进攻成为江南特别是松江地区进一步起义的始发点的话。洪承畴确实统帅着若干"南兵"，但如上所述，这些兵卒与其说是一支兵力，倒不如说是一种负担更为恰当。"南兵脆弱，全无马匹，即盔甲、弓箭俱称缺乏，尚在设法置备"。他们无法与巴山的满洲兵（"巴山满洲官兵，先声足以夺气，临敌足以摧锋。"）或张大猷的汉军八旗兵相比，洪承畴轻蔑地将他们搁置于一边。可是巴山的满洲兵为数不多，张大猷的汉军八旗兵只有4000人，[42]但军事会议还是决定将这些数量有限的精锐部队分成两支：一支在巴山和总兵陈锦的指挥下，东进龙潭，将反叛消灭于萌芽之中；另一支留在后面，由洪承畴和总兵张大猷统率，保卫南京，抵御聚集在城外的约有1万人的敌军。[43]

巴山率部于9月18日离开南京，次日到达龙潭附近。满洲兵军纪严明，不得任意杀戮，与一年前江南的一些汉族军阀士兵放肆与野蛮的行为，形成了鲜明对照。[44]巴山先是将这个地区团团围住，然后遣兵逐

第十章 "危时计拙" 483

村晓喻村民缚献真"贼"。这一出路或许也是特别军事法庭给指出的。此后十天里,村民献出或告发的共有 400 余人。洪承畴后来声称所有这些人都在正式审问下"供认"了他们的罪行。然后,巴山返回南京。[45]

此时,南京城已遭到了复明军的攻击。他们进袭了神策门,而城内的策应者则试图放火,以分散张大猷和其他守军的注意力。这一牵制并未奏效。洪承畴利用告密者提供的情报,已经开始兜捕瑞安王的支持者了。洪承畴既然得到巴山部的援助,遂于 10 月 2 日黎明关闭城门,"擒获甚多",据官方说,这些人携带着南明公文。巴山也俘虏了一批在朝阳、太平门外作战的南明诸王士卒,将他们处决了。复明军大部逃回乡村,[46] 有一些到太湖边避难,瑞安王则携亲随逃到了远在安徽西南的宿松上游。可是他未能幸免。巴山率部穷追不舍,于 1647 年初将其斩首,带回了南京。北京兵部还命令他们把这一吓人的战利品沿长江一路示众,以惩戒那些起兵反清的人。[47]

1646 年复明分子的失败

安徽、江苏复明军进攻南京的失败,与 1646 年秋复明分子在中国南部总体上的土崩瓦解,是相一致的。[48] 浙江是复明势力衰落的第一个中心。[49] 浙江省最初归总督张存仁管辖,清军占领浙江,当地的归附者曾出过大力。他们之中有许多人是罗马天主教徒,视佟国器为政治领袖。[50] 佟国器是降清的辽东佟氏家庭的一员。[51] 他本人在满清进入中原以前即已南下迁居浙江。他在杭州与信奉基督教的一些人有所交往,这些人则与缙绅领袖朱宗元有联系。[52] 当清人入侵之时,朱宗元的著作流传甚广。他认为过去的中国过于以自我为中心,中国人有关"夷"的概念造成了文化上的自负,它无视不同的国度具有不同的价值观这一事实。朱宗元还为文化的普遍性辩护,强调外国人,无论是像艾儒略这样的基督教神父，或是像多尔衮这样的满族统治者，都可能带来一种新的发现天道的"指南"。他声称欧洲本身是一个理想的社会，在那里，偷盗近乎匿迹，知识得到尊重，社会各阶层彼此和谐相处。浙江现在需要这种社会指引，因为"东西同道同心"。[53] 满人也给中国带来了共同的"道"。朱宗元指出，大舜毕竟也曾被视作"东夷"。所以朱宗元拥护满族统治。朱宗元的所作所为，得到了许多已经深受其著作影响的天主教徒的赞同。这些归附者反过来也依靠佟国器的支持，而被任命为闽浙提督的佟国器则在他们的帮助下统治浙江。[54]

对福建的统治就困难得多了，不过那里的复明运动在1646年秋也被镇压下去。唐王的隆武政权在福州海军将领郑芝龙的庇护下，于1645年8月在福州建立。虽然发动了好几次北征（包括1645年9月由名士黄道周率领的一次对江西的倒霉的袭击），隆武政权的主要希望还是在于与湖广长沙的何腾蛟部队会合。[55] 然而，郑芝龙不乐意让唐王脱离他的"保护"，最后这个海盗头子背叛了复明事业，秘密与洪承畴联系，表示愿意投降。[56] 博洛指挥清军从浙江进逼福建，郑芝龙希望得到博洛的报答，自动撤回了守卫福建北部的一些军队。[57] 这就给李成栋和佟养甲率兵进攻让开了道路。唐王及其夫人被迫逃离了行宫，10月6日在汀州被俘，即刻处死。此后不久，郑芝龙正式投降，虽然被留一条活命，却作为满人的俘虏被送到北京。[58] 同时，杨廷麟领导的南明军队曾试图抵抗降清将领金声桓的围攻，坚守战略要塞赣州。1646年11月当隆武皇帝的死讯传到赣州时，那里的抵抗就崩溃了，整个江西成了金声桓的天下。[59] 到1646年12月，在南方抵抗清军的将领已经不多了：湖南的何腾蛟和堵胤锡，东南海岸的郑成功（郑芝龙的儿子）和黄斌卿，以及两广的瞿式耜和丁魁楚。[60]

诚然，在广东有两个新建的南明政权。苏观生曾是隆武皇帝的一个重要支持者，他从福建逃到广州，于1646年12月11日拥立第二个唐王（他是从海上逃来的）为绍武皇帝。[61] 不久，永明王于12月24日在

第十章 "危时计拙" 485

上游的肇庆被拥立为永历皇帝。[62]但是前一个朝廷主要由广东籍拥护者组成,后一个朝廷主要由来自中国其他地区的复明分子构成,双方很快就开始了火并。[63]1647年1月,当绍武政权和永历政权正打得不亦乐乎之时,李成栋(他受辽东"旧臣"佟养甲的严密监视)正从福建移兵占领潮州和惠州。[64]李成栋给广州的苏观生递送了一份伪造的南明战报,以此在1647年1月20日出其不意地抓住了复明分子。一支由不到1000名清兵组成的先头部队被误认为绍武政权的友军,得以开进广州城,几天之内他们占领了全城,苏观生被迫自杀,绍武皇帝则被处死,吓得永历皇帝乘夜悄悄放弃肇庆,逃往广西南部。[65]1647年2月2日,李成栋兵不血刃,占领肇庆,到4月,他包围了在桂林的瞿式耜。[66]

当复明势力在遥远的南方遭受严重挫折之时,南京周围的党徒发现,瑞安王的进攻使大批人马暴露在洪承畴部队的攻击和破坏之下。此外,起义本身使洪承畴得以向兵部力争,允许他把巴山留在身边。在瑞安王进攻前夕,巴山部曾受命到湖广地区接管安抚工作,但现在受命留守南京。[67]而且,南京守军对复明分子进攻的有力反击,看来完全是清朝统治巩固的一个象征,这样可以大大地帮助苏州巡抚土国宝,他正努力扑灭太湖一带的抵抗力量。[68]

土国宝训练了一批专门的水军,以进攻太湖反清武装。此外,他还向太湖沿岸各县派遣县尉,征募士兵。[69]对周围乡村实行严格的行政控制,使得土国宝有可能阻止抵抗分子取得必要的食物供给。虽然太湖反清分子可依靠鱼虾维持生计,但仍需要一定的谷物。这意味着他们得不时地上岸来,到农村购买或者偷窃稻米。在这种抢掠过程中,他们极易受到正规步兵和炮兵的攻击。[70]1647年2、3月,封锁线开始收紧,一支支反清武装被清军捕获的战报送到了南京。[71]这些投降的复明军有许多被作为士卒编入了吴胜兆统帅的松江守军各部。事实上,被置于这位将领指挥下的降军是如此之多,以致北京朝廷对吴胜兆是否可靠都担心起来了。[72]

吴圣兆是辽东人氏,据说他从前做过吴三桂的副官。但到1645年初夏,他已归属于李成栋麾下。在李成栋残忍地平定江南地区期间,他任参将。故此,他最主要的战绩就是招降了两支规模较大的太湖叛军:一支是戴之俊领导的队伍,他率兵到松江,受吴圣兆的直接指挥;另一支是由吴易的前副将周谦指挥的队伍。[73] 部分是由于吴圣兆的这些战绩,当1646年李成栋进军福建时,就让这位以前的副将继承了自己的指挥权,并接用自己的帅府,李成栋的帅府是不久前被征用的徐府。[74] 吴圣兆很快就与在他幕府中做事的好些地方士绅建立了密切的关系。通过这些人的努力,他不仅受到了复明思想的影响,而且经过劝说,他还开始考虑与在厦门的鲁王的支持者缔结军事同盟,尤其是与舟山岛的海霸黄斌卿结盟。[75]

黄斌卿最初支持唐王,但后来他被说服邀请鲁王和他的主要军事支持者张名振(他占据了福建至广东沿岸的几个岛屿)到舟山避难。[76] 唐王被俘后,几乎所有东南海岸的海军将领都转而支持鲁王。1646年12月30日,鲁王受郑采之邀在厦门建立行宫。[77] 戴之俊和太湖其他复明分子领袖认为,如果他们能够说服某个像黄斌卿那样有势力的人来请他们做中间人,那么他们也许能反过来诱使巡抚吴圣兆在南明海军从海上进攻时于陆上举行起义。但至少在1659年以前,这一战略只是南明人士的一厢情愿而已。

关于江南复明力量与南方海军结盟的建议被采纳了。1646年复明党人在浙东地区陆战的失败,几乎把整个复明事业推向闽浙沿海的港湾与岛屿。浙东的失败也使得鲁王的那些顾问得理三分,他们认为尽管前一年出现过清朝官员背信弃义的现象,但扭转战局的唯一出路仍在于与满清朝廷重要的地方命官结盟。[78] 这一期望也是根据这么一种现实的估计而萌生的:新朝为了在中国的中心地区迅速扩展自己的势力,不得不依靠未经考验的归附者。然而,由于前一年发生的清朝官员的欺诈行为,也由于像郑采这样的海军将领对于过分依赖陆军的可以理解的迟疑,要使鲁王朝廷相信江南地区确乎存在可靠的同盟者，尚需一番周折。为了搞清楚这个问题，为了直接与缙绅复明分子通气，鲁王朝廷很合适地聘用了一个名叫夏宝谟的嘉善"诸生"。夏宝谟已经把来自吴易的情报送到了鲁王朝廷，现在返回松江地区与那儿的接头人联系。[79]

正如浙江复明分子在军事上的地位使他们倾向于与松江抵抗分子联盟一样，吴圣兆的政治动摇性也使他对起义发生了兴趣。他改编了这么多的太湖叛贼，已经引起巡抚土国宝和总督洪承畴的怀疑。[80]吴将军知道了他们的疑惧，于是便考虑接受夏宝谟的邀请，去舟山与复明分子商讨机事。因此吴圣兆早在1647年就采取了两个重要步骤：一是秘密与黄斌卿交换礼品和物资，用江南稻谷换取舟山珍珠；二是通过戴之俊，与松江士绅中的主要复明分子陈子龙取得联系。[81]

陈子龙与松江兵变

到1647年5月初，在参加了杀身取义的夏允彝的葬礼之后，陈子龙的复明意志，似乎有所恢复。[82]起码，他感到自己在公众心目中的复明分子的形象已使得他别无选择，他所能做的只有保持对明朝事业忠心耿耿了。总而言之，他只能取"危时"之"拙计"，正如他当时写的一首诗所披露的：

> 计拙存谋野，时危适邂荒。
> 友人怜豫让，女子识韩康。
> 周鼎无消息，秦灰正渺茫。
> 冥鸿天路隘，何处共翱翔。[83]

这是由一个正赶上改朝换代时期的人所写的诗。在这首心曲迂绕的诗中，最能表露真情之处是它提及了韩康。众所周知，韩康是东汉人，在长安卖药，因从不讨价还价而声名远扬。陪伴他外出采购与销售药材的女儿，在他又一次清高地拒绝与顾客讲价钱而损失了钱财的时候，对他愤愤然起来。他回答女儿说，他韩康即使想要讨价还价，也不能那么做，因为他的名誉约束着他。那么，像韩康一样，陈子龙依旧做一名复明分子，也是因为他别无出路了。因此，在关系到他的名誉之时，或者说由于惟恐辜负了这名誉，陈子龙一直不得不尽其所能。由忠义所认定的自我完善的人生义务，驱使他最后一次到松江去加入吴圣兆阴谋集团。

也许，陈子龙在两件重要事情上帮助了吴将军：他把缙绅阶层中的复明分子引入了阴谋集团，他们是第一次松江抵抗活动的幸存者；他还使得鲁王政权确信，可以信赖吴将军按计划起义。黄斌卿本人的疑惧大概也消除了，因为他后来同意支持张名振率一支舰队北伐，以策应吴圣兆领导的松江起义。两军于1647年5月20日会合，从水陆两路去进攻南京的清军。[84]

随着起义计划的制订，起义消息在吴圣兆衙门的吏员僚属中已是人所共知了。5月12日，即两军预计会合的八天前，陈子龙到松江郊区，戏剧性地向他的门徒宣布直到那时他还认为是一个秘密的计划。他的学生着实吃了一惊，告诉老师说，城里人人都知道了这个秘密，他恳求陈子龙绝不要参与进去。[85]毫不奇怪，阴谋传到了南京的清朝当局耳中。在预定发动起义的两天前，洪承畴接到松江同知杨之易的一封密信。杨之易是著名的东林义士杨涟的儿子，他在信中写道，吴圣兆正计划兵变。[86]洪承畴意识到，要赶到松江去制止叛乱，为时已迟，不过他立即提醒土国宝注意迫在眉睫的入侵，动员起长江沿岸的军队做好决战准备。为以防万一，洪承畴还下令迅速处死在南京被扣作人质的吴圣兆家人。[87]

这时，吴圣兆已听说了杨之易的出卖。他认为城内其他一些官员可能也与南京方面有秘密交往，遂将他的2000名士卒集合于城下，在他们宣誓加入南明舰队、推翻清王朝的口号声中，处死了杨之易及松江的知府与其他文官。[88] 吴胜兆仍然自信他的事业会成功。就他所知,张名振的舰队已绕过江南海岸的突出部,甚至正准备在长江与他会合。他怎么会知道自然的力量已经注定了这场叛乱的失败呢!在松江官员被处死的两天前,南明舰队停下来抢劫崇明岛上游大约 50 公里处的鹿苑。那天夜里天气闷热异常。5 月 18 日清晨,一场小台风扫过长江口,冲击了系泊的舰队。由于来不及起锚到外洋避风,张名振的几乎所有兵舰和黄斌卿的大约一半船只都沉没了。许多水手、士卒挣扎着游到鹿苑岸边,但是迎接他们的却是附近福山的部队,土国宝事先已将这场迫在眉睫的进攻通知了他们。清兵轻而易举地用刀剑弓弩杀死了散布在岸边的 1000 名南明士兵,此外又俘虏了 500 人,包括张名振的兄弟张名斌。张名振本人则与黄斌卿和张煌言一起,设法从海上逃走了。[89]

这时,吴胜兆对这一惨败全然不知,遂遣副将张世勋率兵从松江北进,去迎接浙江的复明军到他的驻地来会合。张世勋等待着盟友的到来,但一直不见踪影。时间一长,他慢慢意识到南方的舰队再也不会来了。在这一紧要关头,他为自己的命运着想,突然回师松江,迅速制服了吴胜兆的卫兵,逮捕巡抚,占领了衙门。然后张世勋以吴胜兆的名义,召集其他主要起义领袖到州府议事。最重要的对手是戴之俊,此人不容轻视,不过张世勋很快设计杀了他,于是太湖匪贼群龙无首,翻山退回到湖面上去了。张世勋接着向南京正式报告这次起义,将吴胜兆押送总督洪承畴处监禁。[90]

虽然鹿苑溃散与松江兵变被扼杀是清政府的重大胜利,但朝廷并未因此欣然自信,反而充满了疑虑与猜测。仅在几个星期之前,即 1647 年 4 月,清廷恢复了其招抚政策,但随之而来的却是帝国经济的心脏地带新的复明叛乱的爆发,现在看来那是一个软弱的姿态。所以,鲁王舰队沉没之后,土国宝以张名斌未作抵抗而投降为理由,要求予以赦免,就遭到了巴山的弹劾。巴山指出,恰恰是这种宽大怂恿了像吴胜兆这样的人率先作乱。这位兵部尚书接着颇不情愿地承认,把在鹿苑囚禁的人全部处死，也许确实太多了些，但他宁愿把他们作为战俘用于徭役，也不肯作为正规水兵编入清朝水军。他还提出，土国宝的行为应受吏部审查。皇帝批准了他的奏章。[91]

洪承畴也受到了怀疑，因为清廷将他与缙绅阶层中的复明分子联系了起来。在起义平息后从事调查的官员们，全都过高地估计了那些人在阴谋集团中的作用。这在一定程度上是这些文人自己造成的，他们故意夸大自己的重要性。[92] 江南缙绅沈廷扬，风暴来临时正在泊于鹿苑的鲁王舰队的一艘船上。他发现了沿岸的清军，便说：

风浪似此，天意竟何在也！吾应报国而死，然若此就死，无名也。[93]

于是，沈廷扬为了扬名，大声向清军将领叫喊，自称是鲁王朝廷中的一名监察官。后来，他在苏州受审期间，又自称是他告诉黄斌卿许多江南文人还没有剃发、保持着对明朝事业的忠心，并说服他参加了舰队。沈廷扬不屑于被赦免，尽忠而死，赢得了烈士的名声，而且，这样做有助于让他的刽子手相信，怀有贰心的文人组织仍遍布江南。[94]

兜捕文人学士

清廷相信，这场起义的主要煽动者是与南明串通的江南文人，因此要派那些受文人阶层影响最小的官员去消灭叛贼。于是，洪承畴和土国宝暂时将松江兵变之后安抚地方的责任移交给陈锦和巴山。陈锦是辽东"旧臣"，1633年宁完我曾把他推荐给皇太极。[95] 他忠心耿耿，在吴胜兆起义之后，受命治理苏州，"谋乘此尽除三吴知名之士"。[96] 在他的主持下，江南按察使司开始调查策划起义的关键人物，不久就断定一个名叫陈子龙的人是主谋。虽然陈子龙也许当过吴圣兆与鲁王政权之间的联络人，但实际上他对松江兵变仅略有介入而已。他住在城外，对吴圣兆平日的策划也基本上一无所知。[97]

然而，对陈锦和清政府来说，陈子龙很快就以起义的象征性领袖而出名，环绕着他的罗网不久便收紧了。起初他逃避逮捕，躲到了夏允彝兄弟夏之旭处。于是夏家受到追查。夏允彝的儿子夏完淳被捉住押送南京，他是在夏允彝自杀后投靠太湖匪党的。到了南京，洪承畴被这个年轻犯人所感动，试图劝他以自己出众的文才为新朝服务。夏完淳大骂洪承畴变节降清，遂被处死。之后，其叔父夏之旭意识到自己也只有死路一条，于是就在当地孔庙里上吊自尽了。[98] 同时其他一些人也被清朝捕快俘获，拘禁入狱，除杨廷枢因当过戴之俊的老师而被抓获外，还有40 多名江南名士在南京被处死。[99] 另有许多人被守卫松江西郊的陈锦缇骑当场杀死。最后被判决的大约有 1000 名士人，包括一名代理县官。用土国宝的话来概括说："兜捕之后，凡能咀嚼者一人不留。"[100]

夏之旭自杀后，陈子龙到密友侯岐曾家里躲避。但由于清廷一直在追捕，他又不得不东躲西藏，先去了旧仆人处，再去另一个朋友家。在那里他终于被巡捕发现。他们包围了住宅，直到他束手就擒。巡捕立即把他带到陈锦面前，陈子龙只是对陈锦说自己是崇祯旧臣。尽管陈锦竭力恐吓，陈子龙在整个受审过程中一直十分镇静。当问及他的长发时，他直率地说：保留头发可以见先皇帝于地下。[101] 无庸置疑，陈锦准备将陈子龙公开示众，开刀问斩。他命令将这个复明分子押到南京进一步审讯。但是陈子龙设法逃脱了这种折磨。1647 年 6 月 15 日夜间，警船在从苏州去南京的途中穿过跨塘桥时，陈子龙挣断镣铐，纵身投河。虽然有会水的巡捕下水打捞，但陈子龙已经自溺身死。巡捕对犯人的自杀大为恼怒，他们割下陈子龙的首级，将他抛尸河中。几天后，陈子龙的几个学生捞回了他的遗体，将其安葬于陈氏坟地。[102] 他论"危时拙计"那首诗中的最后一节，可以作为他的一篇合适的墓志铭：

故物经时尽，殊方逐态新。
恨无千日酒，真负百年身。
芝草终荣汉，桃花解避秦。
寥寥湖海外，天地一遗民。[103]

1647年对文人复明分子的清洗，既不意味着抵抗活动在江南完全终止，也不表示缙绅对地方的控制被打破。缙绅阶层拥有巨大的经济势力和社会影响，而且在此后10年里，这种势力和影响一直为他们所独占。然而，尽管残存着这种地方自主的力量，长江下游地区政治反抗的支柱却在1647年被摧毁了。这一地区的州县政府不久就委派了可靠的旗人来任职，而且直到19世纪，才有人向清朝对江南人民的统治提出根本性的挑战。新朝已根基坚固，难以动摇，以至它得以彻底改变先前留用明朝旧臣的政策，甚至敢于对最初制定这项政策的人，包括洪承畴本人在内，表示怀疑，并肆意指斥。

当陈锦在松江和苏州大肆清洗时，巴山留在南京处理一些高级俘虏的审讯事宜。吴圣兆自然被押还南京。在审问过程中他披露出有好几名重要缙绅卷入了这场阴谋。就在这种充满猜疑的气氛之中，1647年10月1日，一名清军参将俘获了一个信使，此人带有鲁王政权的文件和信函。经检查，发现信件中有南明封授洪承畴为公、土国宝为侯的敕书，还发现了黄斌卿给这两人的信件，内容是建议他们先与他这个舟山军阀通信。虽然这些信件轻易地落入清人手中，可能是为了让洪承畴与土国宝蒙受猜忌，但清廷仍命令巴山进行全面的调查。不过清廷也还是给了洪承畴足够的撇清自己的机会，并与巴山一起参与审讯。[104]

淮安之谋

尽管身遭嫌疑,洪承畴依旧担负着继续平定南京总督辖区中其他各地的全部责任。松江此刻已经再度处于牢固控制之下,但洪承畴对反清武装出没无常的江宁以南地区,以及江宁以北运河区的安全,仍未释怀。[105]在扬州以北的淮安,漕船满载谷物,准备向北运送,以供京城之需。但这些漕船以及运河航道本身都极易受东部复明分子的不断袭击。在淮安以东,即苏北产盐区,许多居民都是职业走私者。1647年10月9日,一支大约2000名"土寇"组成的队伍袭击了庙湾城。袭击发生在清晨时分,最初被守城的清朝游击将军击退。但叛军在大白天再次进攻,打伤了游击,把知府和知县官赶出城外。在一个名叫张华山的反清分子和自封为明朝义王的人的率领下,复明军打起隆武皇帝的旗帜,招徕党徒,威胁淮安。[106]

负责运河谷物运输的清漕运总督是杨声远。他从淮安的总督衙门向洪承畴报告说,庙湾"今为贼据,盐场一带居民,胥化为贼,势甚披猖"[107]。杨声远还告诉洪承畴,他已采取紧急措施,防守淮安城,因为叛军宣布他们要在10月10日进攻淮安。他在向庙湾派遣正规军的同时,还沿运河派驻了专门的漕运守军,以保护满载的船只,其中许多已经起航北上。但杨声远不相信凭他自己指挥的这点兵力就能遏制叛贼。为防"滋蔓难图",他要求立即增援。形势十分紧迫,他等不及北方部队的到来,所以请求从洪承畴支配的兵力中立即调来至少二三千满汉军兵。[108]

洪承畴一接到杨声远的求援信,就在南京召集他的主要将领陈锦、陈泰和张大猷开会。虽然杨总督可能夸大了淮安所受到的军事威胁,但是,必须保卫帝国最重要的运输干线是毫无疑问的,特别是这条运输干线当时正在向京城运粮。所以洪承畴从南京守军中抽调了2500人出援,命提督张大猷率领之。洪承畴后来在给多尔衮的报告中说明如下:

> 凡进剿机宜,听汉兵提督与总漕督臣同心计议,必求万全,尤要严束满汉将兵,恪守纪律,秋毫无犯,期于剿贼保民,奠安重地。[109]

这支部队计划10月14日从江宁出发。那时复明军已经向淮安发动了进攻。

首次进攻淮安的队伍由一个名叫周文山的人指挥,他的800人马据说来自城东80公里处的盐城。10月10日清晨,周文山部队突破了东门边的淮安城墙,但经八小时激战,又被击退了。周文山在混战中丧生。虽然留守淮安的清军仅100余人,他们仍坚持打退了义王所率领的复明武装潮水般的第二次进攻。在复明军乘船从运河开往淮安城时,淮安清军又伏击了义王的人马。复明军主力遂退回到庙湾。[110]

几天之后赶来的援军因此感到形势远不像他们所担心的那样险恶。清军在杨声远统帅下开向庙湾,接着去摧毁复明军,夺回了该城,杀死了许多落到他们手中的抵抗者。[111] 虽然张华山成了他们的刀下鬼,义王却削发扮成和尚,设法逃出了庙湾城。[112] 杨声远于是下令大规模搜捕下落不明的义王,悬赏招贴布满整个苏北地区。在衙吏俘获并审讯了一个认识义王的和尚后,官府搞清楚了义王的长相,画图招贴四方。经过逮捕审讯其他几名和尚,盯住了一个名叫孙胜宇的匪首,此人是道士,所谓义王可能就躲在他的家里。孙胜宇住在淮安以南如皋城附近一个叫"双店"的村子里。从扬州派出的捕快和一队士卒在1月18日深夜,包围了双店,突然搜查孙胜宇宅邸。孙胜宇被捕,在他的家当中搜出南明小帖一个。次日捕快彻底搜查村庄,逮捕了另外三名也藏有明朝公文的当地复明分子。这三人中有一人在审讯中招架不住,供认说那个他们称作义王的人早先是躲在村里,但就在捕快到来之前逃到附近的村庄去了。捕快迫使犯人供出了义王逃去藏匿的那家住户的姓名,然后包围那个小村子,袭击了这位反叛者最后的避难所。与义王一起被捕的还有他儿子。杨声远在如皋建立了一个临时督府监督审讯。俘虏押到后,经审讯发现,他们是前明低级贵族,原属河南周王世系。杨声远认定他们无足轻重,遂下令处死。义王父子于是立即被处决了。[113]

这一地区的其他复明分子也在对义王的追捕中被发现了。其中某些人完全是单枪匹马、毫无危害的。但是,此刻清廷十分敏感,认为在漕粮船只聚集地这样敏感的地区,任何复明分子活动的迹象都需要加以最为审慎的对待。清朝当局这时对关于单枪匹马者——尤其是文人——情况的报告,特别感到烦扰不堪。这些人本来已经剃发,归顺新朝,后来却又恢复明朝发式,或主张复明。[114]

例如,当奉命前去逮捕义王的清兵返回双店村时,一个军官注意到当地关帝庙墙上写着几个字,向一名"可疑的客人"发出警告。此人是在一个名叫吴心田的人家中被发现的。这些字引起了这位军官的好奇心,他便来到吴宅。吴宅的塾师十分无礼,使他颇感意外,就将这位塾师拘留起来。此人名叫许元博。经再三审问,原来他的父亲许之卿在明朝曾出仕为官。不过,1645年8月第一支清军进入双店地区时,他父亲告诉儿子必须剃发服从清人统治。许元博顺从地照做了。此后不久,这个年轻的士子应聘为吴家塾师,得以读到吴家的藏书,了解到中国战乱时期一些英雄的事迹。许元博为这些英雄的气概和儒家的忠义气节所激励,悄悄地在自己身上刺了三条复明口号:胸前是"无愧我朝",右臂上有"生为明人",左臂上为"死为明鬼"。为了向雇主隐瞒对复明事业的赞许态度,他身上的纹字,从来都秘不示人。可是,就在淮安被攻之前,他在脱衣洗澡时,被吴家几个在暗地窥探的孩子看见了。塾师身上刺有复明口号的消息在这个家院中从孩子传到大人耳中。于是就有人——也许是一个妒忌的仆人——在关帝庙写了那些引起清朝军官警觉的短语。[115]

负责办理此案的清朝按察使特别关心许元博与其他复明分子的联系。他是否暗中与这一地区的其他复明分子有过接触?许元博坚持说没有，于是审讯人员向扬州做了报告。但按察使十分关心，便赶到如皋来亲自审问这个嫌疑犯。他有一肚子疑惑，比如他身上刺的这些文字，许元博怎么能自己文身呢？难道他确实没请别人帮助吗？只是在看到文字刺得极其笨拙之后，按察使才相信许元博确实是独自干的。不过担忧一消除，按察使仍然感到许元博的罪行必须予以严惩。他这样上奏北京：

> 自本朝立国，尽除暴虐，万民感德归心。逆贼许元博妄为，自绝于治世，背弃皇恩。初剃发以匿其心，后复以此等文字文身，尽露叛逆之意。欲赦其罪，得否？其妻朱氏当赐功臣之家为婢，没入家产。其父虽居别所，不谙此事，然逆谋不当以地异赦之，国法无贷。[116]

所以，由于许元博的罪行实属十恶不赦，就是他那与此毫无牵连的父亲，也受到惩罚。

清廷的猜疑

于是，在1647—1648年间的冬季，清朝的一些大臣疑心越来越重。他们怀疑原来的一些归附者也暗中怀有叛逆之心。[117]这种猜疑甚至扩及负责镇压复明活动的高级官员身上，例如杨声远（他不久就因"疏于防务"而被撤职）和洪承畴（他已经由于那封截取的黄斌卿的信件而引起嫌疑）。[118]不久，洪承畴受到的连累就更为严重了。1647年10月，大约就在叛军进攻淮安的同时，南京城门卫兵拦住了一个想离城的和尚，要看他的文牌。这和尚出示了一份由洪承畴签印的文牌，其条文约束甚严。也许是由于文牌有许多约束性条文，卫兵命令和尚打开行李。行李打开后，卫兵发现几份看上去十分可疑的文件。经检查，原来是弘光皇

第十章 "危时计拙" 497

帝给阮大铖的一封信,以及表明远在南方的复明分子与南京洪承畴总督接触的通信。[119]

这和尚法名函可。第一个"函"字表明他是由南康(江西)归宗寺著名的住持道独剃度的。道独也是广州和尚函昰的老师。函昰的许多弟子都是广东复明分子。[120] 函昰与函可小时候是密友。函可俗名韩宗騋,[121] 他一家为反清事业牺牲了许多人,函可的一个叔叔和三个兄弟为反清复明而死。[122]

将洪承畴与南方复明分子联系起来的信件本身,并不说明总督是南明事业的秘密代理人。然而,南京首要的降清大员与广东复明分子之间有来往,是十分可能的。这一点,尤其在这一时刻,不禁使清廷不寒而栗。1647年8月初,广东两个重要的复明军领袖陈自壮和陈邦彦,合谋在珠江三角洲同时发动了几起暴动,旨在把清军主帅李成栋引出广州。[123] 李成栋果然离开广州去守卫新安,陈自壮随后就向防卫虚弱的广州发动了进攻。[124] 这时,陈邦彦将自己的部队和战船精心布置在新安与广州之间一个叫鱼珠州的地方,李成栋的兵船一到,战斗就打响了。遭遇战的第一阶段是复明军占上风,陈邦彦的火船开入李成栋舰队,使许多战船燃烧起来,李军伤亡惨重。接着,一阵暴风雨袭击了双方的船队。尽管陈邦彦自称船术高明,但是李成栋的水手们却扭转了战局,他们将战船重新编队,顺风扑向已在他们面前转身逃跑的明军。[125] 这是一场决定性的战斗。尽管陈邦彦一直逃到清远(广州西北大约60公里处),李成栋却穷追不舍,一路消灭小股部队,攻城夺寨。1647年11月25日,陈自壮在高明被俘,押回广州,于12月1日被处决。[126] 此时,李成栋已包围清远,用火药炸开城墙,率2万兵马攻入城中。陈邦彦到死都是一个英雄,他三次负伤,在一个朋友的幽静的花园里写下了他的墓志铭:

无拳无勇,何饷何兵。
联络山海,喋血会城。

> 天命不祐，祸患是撄。
>
> 千秋而下，鉴此孤贞。[127]

然后他试图在一个池塘里投水自尽，但是水太浅了。他昏倒在那儿，被清军抓到，五天之后被凌迟处死。1647年起义就此终结了。[128]

然而，当函可两个多月之前在南京城门被俘之时，上述这些事件尚全无预兆。函可携带的文件又向巴山和多尔衮暗示：洪承畴一直与广州复明分子有联系，也许江南文人与南方抵抗分子之间正在形成一个新的联盟。当然，这种信件也极有可能是为引起猜疑而伪造的。尽管如此，函可的父亲为前明礼部尚书韩日缵，这一点很快就真相大白了。而韩日缵，众所周知，曾是洪承畴的主考官。所以，在审问了函可的四个弟子后（结果他们都是相当清白的），总督洪承畴上奏皇帝，承认了他与这个和尚之间的私人关系，供认为他签发过文牌：

> 犯僧函可，系故明礼部尚书韩日缵之子。日缵乃臣会试房师。函可出家多年，于顺治二年正月内，函可自广东来江宁，刷印藏经，值大兵平定江南，粤路阻，未回，久住省城。臣在江南，从不一见。今以广东路通四里，向臣请牌。臣给印牌，约束甚严。因出城门盘验，经笥中有福王答阮大铖书稿，字失避忌。又有《变纪》一书，干预时事，函可不行焚毁，自取愆尤。臣与函可有世谊，理应避嫌，情罪轻重，不敢拟议。[129]

洪承畴最后说，他将把发给函可的文牌送到北京内院，并将函可案件移交有关部门。[130]

北京有司毫不怀疑问题的严重性。函可在巴山人马护送下一到北京，他的案件就受到仔细复查。虽然没有证据表明函可是密谋分子，但他的日记里有好些反清文字，为此他被判处终身流放，发配辽东。[131] 同时，皇帝下诏："洪承畴偏袒其师，擅用职权，授予文牌。极为失当，有司皆应记取。"[132] 于是各部讨论此案，一致认为洪承畴应受严惩，提议褫夺其一切功名爵位，削职为民。[133]

任何其他官员都会为此立刻受到惩罚，但洪承畴却不同于其他人，他象征着南方归附者对现政权始终不渝的效忠。这样明显地罢免他，就意味着公开怀疑朝廷最高级汉族大臣中有人怀有贰心。所以多尔衮决定暂时不理睬吏部的提议，饶恕洪承畴。几乎同时，洪承畴母亲患病，他马上申请休假去照顾母亲，得到恩准后，勒克德浑接任了他的南京总督职位，洪承畴暂时退出了清朝政府。[134]

复明党希望的复萌与破灭

1647 年秋季和初冬，清政府继续平定江南。像中国北方一样，长江下游地区也暂时安定了一段时间。1648 年初，当清政府所依仗统治南方的两个前明官员先后于 2 月和 5 月举兵造反时，形势急转直下。首先起义的是替清朝征服了江西的前明将领金声桓。金声桓希望能加官晋爵，总揽一省权柄，所以当他只被授予江西提督一职，并被置于一个满人总督的监管之下时，就心猿意马起来。[135] 在一名道士以及一个原是李自成部下、绰号叫"王杂毛"（实际就是王得仁）的怂恿下，金声桓于 1648 年 2 月 22 日反叛，杀死清朝大臣，宣布自己效忠永历皇帝。[136] 他很快就得到了几个最主要的南明人士的支持，例如姜曰广、邱祖德，控制了江西北部，同时围攻该省南部的赣州。[137]

广东征服者李成栋被任命为提督，处于两广总督佟养甲的监视之下，他也被惹恼了。与金声桓一样，李成栋不满于清廷将满人或汉军旗人安置在可以控制这些新依附者的职位之上这种做法。佟养甲也未采取任何措施，以稍稍缓和清廷的这种人事安排。因为作为一个"旧臣"，以及作为像博洛这样的满族主要亲王的知己，佟养甲认为自己有资格轻慢李成栋。李成栋则因暗中受到他的一个宠妾的煽动，傲慢的自尊心更加强烈。这个女人原是陈自壮之妾，为李成栋所获，强迫与之成亲，但她对明朝的忠心却始终不渝。所以，1648年5月，当佟养甲命李成栋率军北上为赣州解围时，李成栋遂举兵造反。[138] 佟养甲开始被强迫穿上明装，接着，五个月之后，他企图暗中与清政府联系，就被处死了。在南宁避难的永历皇帝应邀回到肇庆，1648年9月20日在那里建立了一个朝廷，封李成栋为国公。这时，湖广南部的其他永历将领受到鼓舞，在何腾蛟率领下，夺回了许多重要城镇。[139] 到1648年10月，南明政权控制了南方的绝大部分地区，清政府仅在广东和赣南，主要是赣州，还占有几块土地。[140]

然而，南明的复兴只是昙花一现。赣州并没有落到复明军手中。清廷却在中原迅速聚集了兵力，遣大军分两路南下。一支由蒙、满、汉人组成，共3万人，在孔有德、济尔哈朗和勒克德浑的率领下，逼向湖广。[141] 另一支由谭泰、何洛会、尚可喜和耿仲明率领，从江西扑向南昌的金声桓和广东南部的李成栋。1649年3月1日，南昌陷落。金声桓身负重伤，自溺而死。[142] 次日，不断损兵折将的李成栋在徒步涉过新丰附近的一条河时意外淹死。[143] 同时，在湖广，孔有德率部逼近何腾蛟，俘获了他，并将其处死在湘潭。到1649年11月，湖广再度牢牢地处于清朝控制之下。[144] 在1650年的头几个月里，广东南部大部分地区都被占领了，永历皇帝和他的小朝廷向西逃到梧州，最终经由南宁到了贵州。最后，1650年11月24日，经过10个月残酷的围攻，包括筑垒相逼，以楼车攻城及动用荷兰炮手，尚可喜占领了广州。[145] 此后10天里，广州城惨遭洗劫，7万多人被杀。尸体在东门外焚烧了好几天。直至19世纪，仍可看见一堆积结成块的骨灰。这个焚尸的火堆，在许多复明分子的心目中，标志着明朝复辟希望的真正破灭。[146]

然而，东南沿海鲁王的军事支持者，继续努力与参加过悲惨的1647

年起义的江南复明党残部建立联系。[147] 这一活动主要是由海上豪强张名振领导的。1647 年北伐失败后，张名振重建了他的海军，在闽浙边境的沙城建立基地。它成了鲁王监国政权的总部，从此出发袭击沿海一带，远至江南。[148] 1649 年 7 月，张名振决定从他的活动中心进一步向北发展。到 8 月，他和鲁王已安坐在浙江海门与宁波之间的健跳所了。在那里，张名振又开始计划与岸上的起义相配合，从海路进攻江南。[149]

在 1647 年，许多缙绅复明分子曾期望发动一场与之类似的联合进攻，现在他们不是死了，就是被流放了。[150] 所以，鲁王政权人士不得不求助于那些下层社会中的人物：低级士绅、冒险家、僧人，甚至盗匪。鲁王政权把印信官告授予江南复明分子。将这些使者作为秘密代理人遣回清人占领区，联络其他同情者，准备起义。如果被联络的人证明是经得起检验的，就由使者本人颁给官告，授予军衔。对复明分子来说，不幸的是，这并非一种可靠的组织武装起义的方法。当一个名叫罗光耀的人在苏北海州联络到许多地方权贵和匪首，准备在 1649 年夏天联合发起对天津的海陆进攻时，阴谋被发现了，罗光耀被捕。他的被捕以及此后兵部官员对他的审讯，暴露了长江南北地区其他阴谋分子。关于这个阴谋的消息一定使北京的清廷感到惊恐，但它也大大延迟了鲁王政权从海上北伐的计划。[151]

南明从海上进攻的希望还因张名振和黄斌卿这两个对手之间的内讧而暂时受挫。黄斌卿控制着舟山岛，1649 年 10 月，最终被一个将领出卖给张名振，因而自杀了。[152] 不过这一斗争刚结束，张名振就再度计划在北方煽动起义。11 月 23 日，张名振把他的帅府以及鲁王都迁到舟山岛，再次怂恿江南的反清分子计划起义。这次的联系主要是由嘉兴一个名叫毛远斋的和尚负责的。1650 年 3 月 13 日，在一个名叫韩功树的明朝遗臣的庄园空楼里，毛远斋和其他六名复明分子聚会。会上他们举行宗教仪式，然后一起宣誓造反。10 天以后，其中两人，毛远斋和吴庸之，动身到舟山，受到鲁王的召见，被任命为南明官员。吴庸之留了下来，毛远斋则携带特别官告文书返回大陆，进一步与他最初的那伙复明分子联系，并与其他人讨论起义计划。[153]

与此同时，张名振向苏南发动了一场海上远征，并携鲁王同往。十分凑巧，陈锦这时正率领一支清军扫荡四明山，清除浙东的复明武装。1651年10月15日，有几个黄斌卿旧部叛变，陈锦兵马遂占领了舟山岛的主要防御工事。[154]张名振家人大多遇害。丢失了据点的张名振不得不与鲁王到了厦门，去寻求郑成功的保护。[155]同时在北面的江南，一个曾被毛远斋授予鲁王政权文书的人叛变，并向苏州官府出卖了所有密谋者名单。此人交给清朝官员的那封文书包括进攻南京并发动一场对北京的北伐的计划，上面盖有张名振的官印。到1652年4月，所有密谋分子都遭围捕，复明分子被彻底挫败了。[156]

万寿祺和顾炎武

随着江南江北恢复了和平，当地居民慢慢开始重建他们的生活。[157] 1648年，画家万寿祺决定迁出他的"陋巷"，把家搬到距洪泽湖附近的淮安大约35里的浦西。在那里他为自己盖了一个画室，称"隰西草堂"，四周环水。[158]迁到浦西后不到一年，万寿祺暂返江南，谒拜明太祖的陵墓。[159]他还访问了密友、归附清朝的黄家瑞的后嗣。黄家瑞是在1645年松江起义期间被杀的。万寿祺乘船从徐州返回淮安，又在浦西安居下来。虽然他的身体每况愈下，身价却在不断提高。向他索字求画者络绎不绝。像著名的16世纪苏州画家唐寅（字伯虎，一字子畏）一样，他乐意靠他的艺术作品生活，"闲来写幅丹青卖，不使人间造孽钱"。[160]他现在有钱买下"隰西草堂"以南的一些地产了，并在那里建了一座花园，称为南村，以纪念隐居诗人陶渊明。[161]

在浦西的画室与花园，万寿祺在自己周围聚集起了从江南17世纪

40 年代后期的战乱中逃生的那些友人。[162] 著名的浙江书法家胡彦元加入了这个团体,他们经常举办诗会,和不少诗者一起为众人买酒食。万寿祺后期诗文的内容就以旧友为中心:拜访以前的老师的叙述,祭扫已故复明分子陵墓的故事,以及在水边吟诗作画的描写等。[163]

万寿祺的画人人欲得,但颇不易得。19 世纪书法家何绍基在他一幅画的题记(1852 年)中写道:

> 寿道人画不恒见,大抵皆焦墨减笔,若有意若无意。其隰西草堂屡屡为友人画之,不知风景何似,想萧澹如其画境也。余昔在京师,见道人所画《秋江送别图》,乃亭林载米泛舟来草堂话别,道人作图送之。[164]

万寿祺为顾炎武画的这幅著名的卷轴,如题记所述,作于 1651 年顾炎武访万寿祺期间。[165]

1651 年顾炎武 39 岁,那年夏天他去金陵(南京)拜谒孝陵。明朝遗民拜谒明陵乃司空见惯,但对顾炎武来说,这只是他六次拜谒明朝开国皇帝陵墓中的一次,此外他还曾四次拜谒在北方的崇祯皇帝的思陵。[166] 他之着迷于明朝的开国与末代皇帝的陵墓与亡魂,大概与他母亲为明朝尽忠自缢有点关系。她给他的信这样断然责成:"无仕二姓"。[167] 这当然会让顾炎武对自己轻易躲过许多密友与亲戚都未能幸免的大屠杀而感到内疚。[168] 1647 年他写道:

> 念二年以来,诸父昆弟之死焉者,姻戚朋友之死焉者,长于我而死焉者,少于我而死焉者,不可胜数也。[169]

自然,在这些年里他的内心是异常痛苦的。1650 年,顾炎武又写道:

稍稍去鬓毛，改容作商贾。

却念五年来，守此良辛苦。

畏途穷水陆，仇仇在门户。[170]

于是，到 1651 年，他可能已急于寻找一个和他一样的幸存者，能将自己的经历与记忆向其一吐为快。9 月 28 日，顾炎武去淮安拜访万寿祺，[171] 两人很快就成了莫逆之交。[172]

当时，人们常常用一幅画来换取一首诗。[173] 因此，顾炎武报答万寿祺为他画的宝贵卷轴的礼物，就是一首长诗，诗的主题是赞美松江抵抗结束后万寿祺的生活。它以中国文人常用的半隐半明的语言写成。顾炎武在诗中仅仅作为一个相似的背井离乡的旅行伴侣出现。这首诗是顾炎武对万寿祺曾积极参与松江起义做出的明证。顾炎武对此极表欣赏。而万寿祺此人，在顾炎武看来，正是明朝复辟的现实希望所在。

赠万举人寿祺

白龙化为鱼，一入豫且网，

愕眙不敢杀，纵之遂长往。

万子当代才，深情特高爽，

时危见系维，忠义性无枉。

翻然一辞去，割发变容像，

卜筑清江西，赋诗有遐想。

楚州南北中，日夜驰轮鞅。

何人诇北方，处士才无两。

回首见彭城，古是霸王壤，

更有云气无，山川但块莽。

一来登金陵，九州大如掌。

还车息淮东，浩歌闭书幌。

第十章 "危时计拙" 505

尚念吴市卒，空中吊魍魉。
南方不可托，吾亦久飘荡。
崎岖千里间，旷然得心赏。
会待淮水平，清秋发吴榜。[174]

顾炎武的诗蓄意影射。白龙是神话中天帝的爱畜，变作一条鱼下凡而去。在那个神话中，捕鱼人豫且用箭刺中了龙的眼睛，因为他不知道它是神物。龙于是恢复它原先高贵的形体飞回到天帝那儿，哭着要求惩罚豫且。但天帝不答应，说白龙本来就不该变成那种如此低下的形象。[175]

但在顾炎武对这则神话的引用中，豫且就好比满族征服者。他们俘获了白龙——高贵的万寿祺，认出了他的身份，"愕眙不敢杀"这样一个神圣的生灵。而万寿祺本人就像神龙一般，恢复了其神圣的形象，逍遥遨游。[176]

万寿祺以其化身"何人诇北方"，这一句说的是唐代英雄权皋。晚唐"中兴"期间，权皋到北方为宣宗皇帝（847—859年在位）执行一项重要的使命，又从北方返回来照料他患病的母亲。顾炎武也许正是以此（他本人便为此理由而未积极从事复明活动）来看待万寿祺对家室的眷恋。不过，虽然这首诗明确承认了万寿祺因此就从其积极参与的复明事业中引退了，但在后面两行诗里，顾炎武也暗示说，他可能是在等待时机。因为，"回首见彭城"，彭城是古时徐州一带的地名，是公元前209年起兵反秦的楚霸王项羽的活动中心。顾炎武似乎是说，克敌制胜须待时日，不过淮水最终是会平静的，"更有云气无，山川但块莽"。

从顾炎武赠万寿祺诗的观点看来，清朝的占领不合正统，是毫无疑问的。万寿祺本人据说落下书房的帘子作诗以纪念"吴市卒"，这与后汉梅福拒事篡位者王莽的故事有关。据说梅福上天成仙了，万寿祺"南方不可托"，像一个精灵哀悼中国被玷污的山峦，也应该成仙。像顾炎武一样，万寿祺也会在他极无定形的倏忽即逝的生活中，发现他们最终向往的自由。

顾炎武诗的最后两行含糊其辞地谈到，一旦淮水平静就为万寿祺送来一只船。顾炎武是在邀请万寿祺参加他的旅行，还是在暗示吴市抵抗者将东山再起，当这时刻到来时要请万寿祺共事？

清人对中国的征服远未完成，还有一个尚需10余年时间才能最终平定的南明政权，其后，不管是否可信，还会有其他反清复明分子。不过清人对江南的占领是巩固的。然而，顾炎武为何又认真地暗示说吴市会东山再起？令人疑惑。当然，顾炎武和万寿祺也许认为满清王朝必定昙花一现。它与元朝以及秦朝的相似之处，比比皆是。顾炎武早先曾以尖锐的对比手法，写到据说是于1638年在苏州承天寺一口井里发现的那本著名的《心史》。这本重见天日的南宋史书为画家郑思肖所著，它预言元朝的统治只能持续100年，或者还不到100年，后来果真如此。顾炎武强调这个预言，因此不言而喻，清人也会有同样下场。[177] 而且，纵使清朝确能统治一时，中国的文化也会继续繁荣，也会同样在这种蛮族统治的间歇期中生存下来。[178]

但是证明清朝必然昙花一现，与继续号召复明全然不是一码事。在这种意义上说，纯粹的引喻，隐约其辞，以吴人的抱负为背景所做的关于精神发展的暧昧不明的陈述，顾炎武赠给万寿祺的诗中所有这些晦涩之处，可能都反映了顾炎武本人心中的一个信念，即尽管对清人的抵抗可能时有发生，真正恢复明朝的希望已几乎不复存在了。实际上，在这段旅行期间的某一天中，他曾对那些因明朝的灭亡追思不已的士人这样写道："计士悲疵国，遗民想霸图。登临多感慨，莫笑一穷儒。"[179] 对于一个在1670年因写反清短文而锒铛入狱的人，人们不会加以嘲笑。但人们至少可以想到，顾炎武本人的不恒其居，四处游历，反映出他渴望逃避一个令人窒息的认识：明朝实际已不复存在了。[180]

尤其在第二次广东起义于1651年失败后，其他人似乎也得出了同样的结论。[181] 著名抒情诗人阎尔梅停止漫游生涯而定居下来，[182] 并接受了巡抚赵福星的保护。赵福星派人来到阎尔梅暂住的大河卫,恭恭敬敬地邀请他做自己的客人。[183]阎尔梅把头发挽成一个髻,放在大红顶戴下面,带上所有行李乘车去了巡抚的客馆。他为找到一个定居之所而宽慰地流下了热泪,并总结了自己的今昔:

> 下榻授餐,犹昔日也。嗟乎!士大夫居恒得志,人人以不朽自命,一旦霜飞水脱,为疾风劲草者几人乎![184]

对顾炎武"久飘荡"的呼唤,万寿祺也未加留意。万寿祺在1652年的确去过昆山,但他的目的,是邀请顾炎武的密友归庄与他一起到淮阴,当他儿子的塾师。或许他已隐约感到了自己的羸弱,于是想把儿子的教育一事落实下来,因为当他与归庄返回"隰西草堂"后没几天,就得了脾痛症。病情发展极快,几周之后画家已奄奄一息了。到农历五月初三,他便离开了人间,时年50岁。[185]他最后的一幅画没来得及完成,但仍挣扎着写下了最后几行词句,并又一次勾起了那些渐已消失的动乱辛酸年月的回忆。《病中风雨》一词绝大部分失传,不过还留下了几行:

> 梦千重,家万里,流落天涯,日月秋光起。今是何年浑不记,墙角多情,犹挂崇祯历。[186]

注释:

1 "乾"(天)、"坤"(地)是《易经》中两个卦名。
2 1647年4—5月奏章。《明清史料》丁编第一册。引自谢国桢:《南明史略》,第91—92页。
3 1645年12月奏章。《明清史料》丙编第六册。引自谢国桢编:《清初农民起义资料辑录》,第128—129页。
4 傅路德:《乾隆时的文字狱》,第100页。钱谦益官至礼部左侍郎。

5　葛万里编：《钱牧斋先生遗事及年谱》，第18页。

6　《贰臣传》第十二卷，第34—35页。

7　恒慕义：《清代名人传略》，第57页。

8　不过，阮大铖从前的伙伴冯铨大胆地给了他一个清朝官职。李清：《三垣笔记》补遗卷下，第4页。

9　方国安既是马士英的同乡，又是他以前的副将，后被清军所捕杀。《明史》（国防研究院），第3498页。

10　"浙闽总督张存仁疏报：'伪阁臣谢三宾、阁部宋之普、兵部尚书阮大铖、刑部尚书苏壮等四十八人投诚。'"《清世祖实录》第二十七卷，第327页，1646年9月22日条。

11　罗伯特·B.克劳福德：《阮大铖传》，第48、73页。

12　1647年9月7日奏章，《明清史料》丁编第一册，第1页。见《南明史料》，第36页。

13　谢国桢：《明清之际党社运动考》，第108页；克劳福德：《阮大铖传》，第48、75页。

14　1646年9月7日奏章，《明清史料》丁编第一册，第1页。见《南明史料》，第36页。

15　傅路德：《乾隆时期的文字狱》，第100—101页。准许钱谦益回乡治病的敕令签署于1646年8月10日。《清世祖实录》第二十六卷，第317页；郭松义：《江南地主阶级与清初中央集权的矛盾及其发展和变化》，第132—133页。

16　清政府还采取措施，重新实行食盐的国家专卖。1645年李发元接任督转盐运使，发现扬州"芜城再虚"，两淮地区盐商大多资本蚀空，四散逃匿。尽管清政府指望李发元增加收入，以支撑军费开支，李发元却屡次上奏，主张免征浮课，以便吸引商人回到此地。渐渐地，商人返回了这一地区，恢复了食盐的生产与销售。王思治、金成基：《清朝前期两淮盐商的盛衰》，第1—2页。

17　1646年10月奏章，《南明史料》，第4—6页。到1646—1647年，苏松地区的棉织业也开始恢复。彭泽益：《清代前期手工业的发展》，第9页。关于清政府对地区间谷物贸易的支持，见石锦：《太湖小农经济》第六章，第8页。中央政府还同意减免赋税，以利于这一地区的平定。永行蠲免河南、江南两地的加派饷饷、练饷、召买等项，1645年6月24日以前正额钱粮之拖欠在民者，亦尽行蠲免。1647年3月17日，敕免闽浙两地加派与逋欠的钱粮，赐耆旧衣食。沈翼机编：《浙江通志》第七十六卷，第1—2页；《清世祖实录》第三十卷，第356—357页。据1646年嘉定的一通碑文说，清政府竭力鼓励农民开垦自万历以来即已荒芜的那些土地，还采取了专门的措施，来抑制官府税收胥吏的贪污习气。上海博物馆图书资料室编：《上海碑刻资料选集》，第139—143页。

18　一些记载表明，吴易受邀重新指挥周瑞的复明军。陈子龙：《陈忠裕全集》"年谱"下，第3—4页。温睿临也认为周瑞的地位较高。温睿临：《南疆绎史》，第398—401页。此说为正史的编纂者所采纳。《明史》，第3115页。看来这时太湖是各派叛军匪寇的巢穴，例如有与明高安王有联系的复明分子，以及沈天叙手下由明乐安王委派的一支武装。高安王后来被清朝捕获杀害，沈天叙袭击清朝运送军需品的车辆，被一队清政府的巡探逮捕，受刑而死。同上书，第4114页；查继佐：《国寿录》，第75页。

19　《吴江县志》，引自吴伟业《吴诗集览》第四卷上，第2页；《大清一统志》第八十三卷，第15页。洪承畴责令一位官员调查吴江城轻易失陷之缘故。土国宝发现吴江巡检只关心治安，而将当地的守备事务交给了士绅与儒学学官。此人遂以疏于守卫城壕被劾。1646年10月20日奏章，《明清史料》已编第一册，第18页，见《南明史料》，第39—42页。

20　1646年5月16日土国宝奏章，《明清史料》已编第一册，第14—15页，见《南明史料》，第30—32页。巡抚土国宝请求移用地方经费并征收特别税，用以训练2000名水军士卒。

21　吴易的僚属包括陈继、朱斌和沈洋。陈子龙：《陈忠裕全集》"年谱"下，第3页。

22　同上书，第4页；谢国桢：《南明史略》，第90页；谢国桢编：《清初农民起义资料辑录》，

第十章　"危时计拙"　509

23 陈子龙：《陈忠裕全集》"年谱"下，第 4 页。王云为陈子龙"年谱"1645—1647 年条写有补遗。钱漱广在此后不久去世。

24 1646 年 5 月 16 日土国宝奏章，《明清史料》己编第一册，第 14—15 页，见《南明史料》，第 30—32 页。虽然到 1646 年 7 月，清军已占领绍兴，但绍兴与宁波之间的地区尚未完全平定。"大岚洞主"王翊领导的武装在两城之间的四明山区有力地抵抗着清军。王翊战败之后，这些绿林好汉在首领胡双奇等人率领下，在整个 17 世纪 70 年代仍继续反抗清朝统治。谢国桢编：《清初农民起义资料辑录》，第 19 页。

25 顾沅等编：《吴郡五百名贤图传赞》第十五卷，第 8 页；谢国桢：《南明史略》，第 91 页；谢国桢编：《清初农民起义资料辑录》，第 134 页。130 年之后，乾隆皇帝下诏在吴易的墓地修建祠庙。陈子龙《陈忠裕全集》的记载略有不同，见"年谱"下，第 4—5 页。

26 傅衣凌：《明代江南市民经济试探》，第 88 页。居住在临湖（归安）的徽商害怕抵抗会破坏商业贸易，所以早早募集了捐款，等清军一到就付给他们，临湖因此免遭兵燹，商业经营一如既往。石锦：《太湖小农经济》第三章，第 27—28 页。

27 温睿临：《南疆绎史》，第 399—400 页。

28 土国宝于 1646 年 9 月 7 日呈递北京的奏章，《明清史料》乙编第一册，第 16 页。见《南明史料》，第 33—34 页。

29 此人系武进人氏，人称许生。他指责巡抚背叛明朝，并说"今生员含笑而去，不望含泪而归"。许生和另外一些人被逮捕处死。计六奇：《明季南略》，第 282 页。

30 其部众都是菜贩子，故遇兵即溃。计六奇：《明季南略》，第 272 页。

31 《明清史料》己编第一册，第 14 页，见《南明史料》，第 29—30 页；谢国桢编：《清初农民起义资料辑录》，第 142—145 页。

32 清军渡过长江攻占南京六天之后，溧阳的士绅们和南明知县李思模就转而求助于率众抵抗的潘茂。潘茂也是彭家的奴仆。6 月 23 日，知县李思模逃跑，潘茂一伙却将溧阳簿籍献给了清人，转而打击乡绅，洗劫他们的家园，对他们严加刑讯，以逼取珠宝。奴仆们对溧阳城一带的地主竭尽羞辱、恐吓之能事，在他们脸上涂抹污泥（这也许就是他们称作"削鼻党"的原因），迫使缙绅地主们也着手组织了一支武装，进行抵抗。他们俘获并残杀了许多二潘的部众，于是"削鼻党"分子（他们被赶回了溧阳城）向清军求援。全副武装的八旗兵打败了地主武装，但清军也失去控制，在这一带抢劫了许多村庄。潘茂和潘珍向几个不知其名的清朝高级官员行贿，从而得到了溧阳县官的职位，从 1645 年 8 月 15 日到 11 月 11 日多少是正式地统治了这个地区。周廷英：《瀨江纪事本末》，第 139—150 页；谢国桢：《南明史略》，第 92 页。

33 1645 年 12 月毛九华奏章，《明清史料》丙编第六册。见谢国桢编：《清初农民起义资料辑录》，第 128—129 页。

34 《溧阳县志》第八卷。见谢国桢编：《清初农民起义资料辑录》，第 129 页。1645 年 11 月，几位著名的溧阳乡绅秘密与南京清政府接触，列举潘茂和潘珍的罪行，清军于是逮捕了他们。12 月 24 日，处死二潘。周廷英：《瀨江纪事本末》，第 152—157 页。

35 这个士人叫吴任之。1646 年 7 月 13 日姜进仪奏章，《明清史料》甲编第二册，见谢国桢编：《清初农民起义资料辑录》，第 122—123 页。

36 姜进仪奏章。转引自《南明史料》，第 123 页。

37 唐仲冕、汪梅鼎编：《嘉庆海州直隶州志·海州志》第三卷，转引自谢国桢编：《清初农民起义资料辑录》，第 126 页；温睿临：《南疆绎史》，第 370 页。许多支持兴昌王的"盗贼"，包括高进忠在内，都被清朝淮阳漕运总督沈文奎逮捕杀害。逮捕活动一直进行到 1645 年深秋。《清史稿·沈文奎传》，转引自谢国桢编：《清初农民起义资料辑录》，第 122 页。

显然，高进忠早先投降过洪承畴。根据清代案卷中的一个奏章说，高进忠在崇明岛上聚集了一批贫民。在洪承畴对他进行招降之后，他起初与清人合作，提供3000多名士兵和69艘战船来帮助收复崇明岛。如果这是同一个人的话，那么他的倒戈叛乱就一定危及到了洪承畴的招抚政策。《明清史料》甲编第三册，第103页，转引自李光涛：《洪承畴背明始末》，第256页；《清世祖实录》第二十二卷，第264页。除了为金声桓领导的短命的勤王运动而组织的休宁、安庆起义外，在上游的武昌也爆发了一场由荆王领导的规模较大的南明起义。张天禄从前是史可法手下的一个明朝总兵，镇压了武昌起义。温睿临：《南疆绎史》，第238—241页；谢国桢编：《清初农民起义资料辑录》，第140—142页。

38 这些人包括：溧阳的谢琢，盐城的司石磐，广德的吴原成，以及如皋附近的张明圣。温睿临：《南疆绎史》，第369页；《清史稿·洪承畴传》，转引自《洪承畴背明始末》，第259页。

39 《清世祖实录》第二十四卷，第28—29页。朱谊泩的爵号大概是假造的。有些记载说他就是瑞昌王，而在另一些记载中，他被误作为乐安王朱谊石。朱谊泩有时也被称为朱谊石。《洪承畴背明始末》，第258页。

40 早在1646年3月6日，朱谊石就试图猛攻东朝阳门，但进攻被击退了，没有成功。许多复明军士在向南京东北摄山林坡逃命时被杀。《明清史料》甲编第一册，第170页；《清史稿·洪承畴传》。转引自《洪承畴背明始末》，第258—259页。

41 根据后来一个复明分子向清朝审讯官的供认："伪瑞昌王及朱君召等图谋，以各处贼党众多，惟缺少钱粮、器械，要先谋渡江北，用奸取闹六合，仪真（征）二县，得了钱粮、器械，便倚据山险，纠江北各处贼党，成就大事。"1646年10月8日洪承畴奏章，见《明清史料》甲编第二册，第170页。关于安徽山区后来发生的起义，见谢国桢编：《清初农民起义资料辑录》，第143页；《南明史料》，第109—111、135—136页。

42 1646年10月8日洪承畴奏章。《明清史料》甲编第二册，第170页。

43 同时，负责江防的官员范承祖（他也许是清朝著名义士范承谟的兄弟）带领一些人马渡江到六合、仪征，阻止当地可能发生的起义。1646年10月8日洪承畴奏章，同上。

44 这说明巴山自己也认识到，虽然这个地区的民众在原则上可以分成"良民"和"贼"，但在实际中却很难予以区别。"诸臣目击村落团集良民，与真贼难辨，若纵兵剿杀，必至玉石不分。"1646年10月8日洪承畴奏章，《明清史料》甲编第二册，第170页。

45 1646年10月8日洪承畴奏章，同上。

46 《清史稿·洪承畴传》载：朱谊泩（即朱谊石）在复明分子进攻南京时被俘。这一说法的依据，可能就是《东华录》，1646年9月22日条。《东华录》载：朱谊石（即朱谊泩）于此日被俘。这两种说法都与洪承畴11月8日奏章不相符合,奏章提到朱谊泩还没被俘。《洪承畴背明始末》，第259页。近来，在明清档案中发现一条材料，说金声桓于1647年夏天俘获了瑞昌王。见1647年8月31日的一份奏章，故宫博物院明清档案部编：《清代档案史料丛编》第三分册，第94—95页。

47 《清世祖实录》第二十八卷，第331页；第三十卷，第353、360页。1647年2月13日洪承畴奏章，《明清史料》甲编第二册，第175页；《南明史料》，第184页；《清史稿》洪承畴、巴山传，见谢国桢编：《清初农民起义资料辑录》，第126—128页；《南明史略》，第93页。也在这时，南京上游一些县的地方官开始重建本地孔庙，作为恢复安定的一个标志。其例可见张其昀等合编：《全椒县志》，第344页。

48 小威尔斯：《中国沿海》，第221—222页。

49 亲王博洛于1646年6月14日抵达杭州。在钱塘江彼岸的南明军队由方国安指挥。因为干旱，钱塘江水位下降，满洲军兵遂得以骑马过江。7月10日方国安部被击溃，退守绍兴。监国鲁王即建都于绍兴。三天后，清军向这一地区合围，监国鲁王守不住台州至绍兴间的关隘，便经海门从海上逃跑了。他在张名振处避难，张名振后来带他去了舟山岛。《明清

第十章 "危时计拙" 511

史料》甲编第二册，第 153、160 页；《明清史料》所载张存仁 1646 年 1 月 3 日与 12 月 21 日之间所上的奏章，见《南明史料》第 1—8、12—13、15、34—35、42—44、48—49 页；斯特鲁弗：《南明》，第 60 页；谢国桢编：《清初农民起义资料辑录》，第 146 页；查继佐：《国寿录》，第 1、54—56 页；钱肃润：《南忠记》，第 113 页；狄百瑞：《帝国的蓝图》，第 21—24 页。

50　起初，投机取巧的政客与"土寇"给清军的占领造成了极大困难。关于归降人员与官府胥吏作弊的详情，见《南明史料》，第 15—17、23 页；关于盗贼活动的记载，见上书，第 60—62、102—108、120、136—137、142—143 页；陈伯陶：《胜朝粤东遗民录》第二卷，第 27—29 页；谢国桢编：《清初农民起义资料辑录》，第 146—147 页。抵抗活动在 17 世纪 50 年代一直存在（见上书，第 147—154 页），不过 1649 年 12 月清军长期驻守杭州后，不安定的状态好转了。《南明史料》，第 149 页；沈翼机：《浙江通志》第一四九卷，第 3 页。

51　最初进攻浙江的主要人物佟国赖，是佟国器的亲戚。恒慕义：《清代名人传略》，第 794 页。

52　傅路德、房兆楹合编：《明代人名辞典》，第 29 页。

53　冈本跻：《政治道德危机》，第 85 页，并参见第 57—59 页。

54　同上书，第 86—96 页。基督教在浙江的地位特别牢固。17 世纪 30 年代反基督教分子声称，浙江省官员暗中与基督教徒结盟，做他们的保护人。道格拉斯·兰卡什尔：《明末中国佛教徒对基督教的反应》，第 91—92 页。

55　唐王政权的军队在安徽中部和南部做了重要的军事努力，最终，那里的南明官员金声桓被杀。1645—1646 年冬张天禄给清政府的一份报告，生动地描绘了池、太平、徽、宁国四州府所遭受的破坏。城乡皆无人烟，尸骨遍野。一到夜晚，空中就闪烁着绿色的磷火。《明清史料》甲编第三册，第 516 页，转引自《洪承畴背明始末》，第 260 页。

56　巴克士：《郑芝龙的兴衰》，第 436 页。

57　查继佐：《国寿录》，第 138 页；钱肃润：《南忠记》，第 115 页。

58　1646 年 10 月 17 日清军进入福州时，该城实际上已被郑芝龙放弃，军火库被毁。郑芝龙将他的根据地撤到安海，然后，在 11 月 21 日向福州的清军统帅投降。斯特鲁弗：《南明》，第 61—62 页；恒慕义：《清代名人传略》，第 110—111 页。

59　褚华：《沪城备考》第一卷，第 11 页。

60　斯特鲁弗：《传统中国社会中史学的作用》，第 17—18 页；斯特鲁弗：《南明》，第 39、61—62、72—73 页。

61　由于朝服不够，此后十天内绍武政权所任命的官员不得不向本地伶人购买戏袍。戴维·哈里森·肖尔：《中国明代最后的朝廷》，第 25—27 页；参见德·帕拉福克斯：《鞑靼人中原征服史》，第 145—146 页。

62　桂王朱由榔是万历皇帝唯一幸存的孙子，亦称桂王，这是他在隆武皇帝死后改称的爵号。为躲避张献忠向湖广南部的进犯，早在 11 月中旬听得隆武死讯时，永明王就在他的军事保护人丁魁楚的劝说下，在肇庆宣布摄政。11 月 22 日，得知赣州失陷，新摄政王离开广东去梧州，正好越过广西边境。这样，苏观生和其他广州官员觉得他们被新摄政王抛弃了，遂于 12 月 12 日在广州提名隆武的弟弟朱聿鐭（唐王）为绍武皇帝。当这一消息传到梧州时，永明王的随臣决定让他返回肇庆，也登基称帝。12 天后，他成了永历皇帝。斯特鲁弗：《南明》，第 63—65 页；肖尔：《中国明代最后的朝廷》，第 22、29 页；查继佐：《东山国语》，第 87 页。

63　永历的军队与绍武的军队打过两仗。在 1647 年 1 月 4 日的山水战役中，永历一方取胜。三天以后海口战役的情况正好相反，永明军队险些全军覆没。斯特鲁弗：《南明》，第 65—66 页；肖尔：《中国明代最后的朝廷》，第 31 页。

64	肖尔：《中国明代最后的朝廷》，第 31—32 页。
65	德·帕拉福克斯：《鞑靼人中原征服史》，第 150—171 页。
66	E.C. 鲍拉：《满洲对广东的征服》，第 88 页；林恩·斯特鲁普：《影响珠江三角洲地区的南明大事概要》，第 8—11 页；《传统中国社会中史学的作用》，第 20—22 页；《南明》，第 67—68 页；恒慕义：《清代名人传略》，第 200—201 页；勒·P. 路易·盖拉德：《南京今昔》，第 228—230 页。李成栋攻占桂林未成，这或许得功于替永历政权作战的尼克劳·弗里拉所布置的炮火及其手下的葡萄牙炮手。对桂林的围攻是 1647 年 7 月 1 日被解除的。伯希和：《米彻尔·保伊姆》，第 102 页。
67	《明清史料》甲编第二册，第 170 页。兵部的命令 10 月 8 日到达南京，在北京大约是 9 月中旬左右颁布的。洪承畴力陈由于他的属下杨武烈、高进库和蔺光元部 3000 名精兵已被派去江西，所以他非常需要巴山的人马。仅仅这种争辩不会有多少分量，因为清廷已另派 4000 人马前来补充。1646 年 3 月 31 日，前来清廷进见的朝鲜使节报告说，朝鲜政府已对洪承畴增加兵员物资的要求感到为难。吴晗辑：《朝鲜李朝实录中的中国史料》，第 3755—3756 页。由于南京遭围攻，北京朝廷遂同意让巴山留下，然而没有批准洪承畴此时回京的请求（他可能已经感到起义使自己的招抚政策出了大洋相）。相反，清廷命令他继续在江南任职，并赐其妻白金百两、貂皮百两，以表示赞许他对江南事务的处置。《清史稿·洪承畴传》，转引自谢国桢：《清初农民起义资料辑录》，第 127—128 页。满洲朝廷把洪承畴平定江南看作是"为建立清朝统治立了头功"，因为它意味着为清政府征服全国其他地区而保证了江南的经济资源。《洪承畴背明始末》，第 252 页。
68	关于地方士绅，尤其是洞庭山区域的地方士绅帮助清政府消除匪盗的作用，见钱肃润：《南忠记》，第 4—9 页。
69	1646 年 9 月 7 日递送到北京的土国宝奏章，《明清史料》乙编第一册，第 16 页。见《南明史料》，第 33—34 页。
70	《清世祖实录》第二十九卷，第 344 页。
71	1647 年 4 月 5 日—5 月 4 日苏松巡按奏章，《明清史料》丁编第一册，见谢国桢编：《清初农民起义资料辑录》，第 91—92 页。
72	谢国桢：《南明史略》，第 90—91 页。
73	如前所述，戴之俊是杨廷枢的学生，计六奇：《明季南略》，第 280 页。周谦——勿与周瑞相混淆——成了吴圣兆的幕僚，陈子龙：《陈忠裕全集》"年谱"下，第 9 页。
74	这座宅第是徐孚远的祖先徐阶建造的。傅路德、房兆楹：《明代人名辞典》，第 576 页。
75	尤其是管之著及其兄弟管芸颇，他们因援引古代圣贤以激发吴圣兆的忠君情感而出了名。不过，怂恿吴圣兆与黄斌卿接触的，则是戴之俊与周谦。陈子龙：《陈忠裕全集》"年谱"下，第 7、9—10 页。
76	黄斌卿系漳州（福建）人氏。1644 年他变卖家产，征募士卒水手"勤王"。在得知北京陷落的消息之前，他已率部北上到了山东。接着他返回南京，被任命为总兵，派去守芜湖。黄斌卿与张名振是姻亲。不过，这并不妨碍张名振后来杀死这个军事对手。《南明史料》，第 453—458 页。张名振是南京人，1638 年武科进士出身。南京政权陷落时，他在宁波以南一支戍军中任参将。他转而效忠鲁王，被任命为都统，后又授爵为伯。恒慕义：《清代名人传略》，第 46—47 页；参见斯特鲁弗：《传统中国社会中史学的作用》，第 19—20 页。
77	郑采曾是唐王的一个主要支持者。他拒绝了郑芝龙要他归顺清朝的恳请，与鲁王共命运。后来他对鲁王与郑成功缔结联盟，起了极其重要的作用。恒慕义：《清代名人传略》，第 47、181 页。
78	清浙东督抚诱使鲁王母族的一些亲戚相信，他是乐于归降新"监国"的。鲁王的朝臣们失于轻信，以致过高估计了夺取杭州和嘉兴的可能性，并直接导致了他们在浙江省的军事失

败。查继佐：《国寿录》，第 109 页。
79 同上。
80 谢国桢：《南明史略》，第 91 页。
81 这些安排的起因不清。吴圣兆甚至可能主动与夏宝谟联系过。起初，可能是戴之俊使吴圣兆注意到陈子龙的。
82 侯方域：《壮悔堂文集》第五卷，第 9 页；艾维四：《陈子龙》，第 139—140 页。
83 陈子龙：《陈忠裕全集》第十四卷"避地示胜时"。豫让是成书于公元前 2—3 世纪《战国策》里一则著名故事中的英雄。这则故事已被译成多种语言。有一个译本见于鲍吾刚、傅海波编的《百宝箱》，第 25—27 页。豫让的故事集中体现了中国仆人替死去的主子复仇的决心。"周鼎"，这个特定的礼器秉承周天子先祖之灵，它象征着周王朝天赐的正统地位与统治权。在这里，它被用来表示明朝绝对的正统地位。
84 陈子龙：《陈忠裕全集》"年谱"下，第 10 页。陈子龙最后两年的年谱是由他的一个学生完成的。他试图表明陈子龙并没有直接卷入起义，然而大量证据表明事实正好相反。艾维四：《陈子龙》，第 139—140 页。
85 陈子龙：《陈忠裕全集》"年谱"下，第 7 页。
86 没有什么证据表明地方官员们——他们有许多是前明士大夫，现在则归顺清朝——愿意加入吴圣兆和松江士绅们的复明起义。例如，附近长洲县的"二十三义士"恳请刘曙（1643 年中进士）叛投鲁王。清长洲县知县李实正好是刘曙的同年，也是在 1643 年中进士。然而，他一直忠于新朝，不愿与自己这个身为当地缙绅的同年为伍。刘曙被捕获处死。李实本人即时引退，也许是因为怕受到牵连。不过，1661 年他在廷试中名列第二，再入仕途，康熙年间官至户部尚书。计六奇：《明季南略》，第 275 页；《大清一统志》第八十卷，第 6 页。关于李实生平，见黄之隽编：《江南通志》第一七二卷，第 11 页。
87 《大清一统志》第一一四卷，第 15 页；陈子龙：《陈忠裕全集》"年谱"下，第 9—10 页；温睿临：《南疆绎史》，第 247—248 页；查继佐：《国寿录》，第 122—123 页；威拉德·J·彼得森：《顾炎武的一生》第一部，第 70 页。
88 褚华：《沪城备考》第三卷，第 3—4 页；《南明史料》，第 53 页。吴圣兆实际上没有民众支持。郭松义：《江南地主阶级与清初中央集权的矛盾及其发展和变化》，第 128 页。
89 土国宝奏章，见《南明史料》，第 58—59 页。关于黄斌卿后来的进攻，见 1648 年 2 月 8 日张存仁奏章，同上书，第 101—102 页。
90 褚华：《沪城备考》第三卷，第 4 页；陈子龙：《陈忠裕全集》"年谱"下，第 10 页。张世勋在其他记载中亦作詹世勋。
91 1647 年 12 月 16 日奏章，见《南明史料》，第 85—87 页。
92 诚然，当时在淮安也爆发了一场士绅领导的复明起义，它在清政府看来是一场规模更大的阴谋的组成部分。查继佐：《国寿录》，第 100 页；《南明史料》，第 80—82 页。
93 温睿临：《南疆绎史》，第 248—249 页。
94 同上书，第 249—250 页。
95 虽然陈锦后来在福建是反对复明运动的重要角色，但他最辉煌的时刻是在 1651 年，当时他率领清军从南明海军手中夺取了舟山岛。恒慕义：《清代名人传略》，第 592 页。
96 陈子龙：《陈忠裕全集》"年谱"下，第 10 页；参见计六奇：《明季南略》，第 279 页。
97 到 18 世纪后期，与江阴起义颇相似，松江抵抗运动也完全被看成是一种士绅忠君的典范。1784 年，学政官在青浦立"忠义祠"，纪念其领袖陈子龙。陈子龙：《陈忠裕全集》"序"。
98 谢国桢：《南明史略》，第 80—81 页。夏之旭遗令云："嗟呼，新朝之所谓叛，乃故国之所谓忠也。"温睿临：《南疆绎史》，第 244 页。
99 查继佐：《国寿录》，第 122—123 页；温睿临：《南疆绎史》，第 230 页。

100 《南明史料》，第 58 页；褚华：《沪城备考》第三卷，第 3—4 页。

101 艾维四：《陈子龙》，第 140 页。

102 陈子龙：《陈忠裕全集》"年谱"下，第 10 页；计六奇：《明季南略》，第 279 页；温睿临：《南疆绎史》，第 248 页；《清世祖实录》第三十二卷，第 378 页；艾维四：《陈子龙》，第 141 页。

103 同上书第十四卷，第 27 页。"千日酒"是传说中的一种麻醉药酒，一滴就可让人醉 1000 天。芝草是一种生长多年的紫色叶梗的稀有真菌。《后汉书·明帝纪》："永平十七年……芝草生殿前。"于是这种植物成了太平盛世的象征。据《宋书·符瑞志》载："嘉禾，五谷之长，王者德盛，则二苗共秀。"

104 计六奇：《明季南略》，第 278 页；查继佐：《国寿录》，第 109、123 页。

105 1647 年 9 月底有关复明分子在江南起义的奏报，《清世祖实录》第三十三卷，第 397 页。

106 《清世祖实录》第三十四卷，第 10 页；《明清史料》甲编第二册。引自谢国桢编：《清初农民起义资料辑录》，第 124 页。清知府是吴汝玠，他是徐州军队的将领之一，如前所述，他是在清军南进时归降的。他特别善于招安复明分子，在庙湾任满之后，改任浙江按察使，其治所在宁波。他在宁波协助瓦解周围山区的匪寇，声名卓著。《江南通志》第一五一卷，第 24—25 页。关于义王翔在四明山区领导的一直持续到 1850 年 10 月的抵抗活动，见斯特鲁弗：《南明》，第 102—105 页。

107 《明清史料》甲编第二册。转引自谢国桢编：《清初农民起义资料辑录》，第 124 页。

108 同上。

109 同上。

110 《清史稿·酷吏传》。转引自谢国桢编：《清初农民起义资料辑录》，第 123 页。

111 《清世祖实录》第三十四卷，第 401 页。

112 《明清史料》甲编第三册。摘自谢国桢编：《清初农民起义资料辑录》，第 125 页。

113 同上书，第 125—126 页。该件是杨声远 1647 年 11 月 27 日奏章，《清世祖实录》第三十五卷第 409 页中亦简略提及。

114 当时如皋两个最著名的人物，剧作家李渔和诗人冒襄，都竭力避开这种活动。两人都有自己的剧团，冒襄尤以他的戏剧聚会闻名。冒襄与其妾董小宛的隐居生活，使晚明欢悦女色之风因之不绝。冬夜，在铺有地毯的卧室里隐居的这对情侣，在 15 世纪的器皿里焚烧异香，共享此味此境，"恒打晓钟，尚未着枕"。冒襄：《影梅庵忆语》，第 53 页。可是，董小宛患了结核病，玉颜渐消。1651 年她年仅 28 岁便死去了。临死之前，有人送来晚菊，她一度回光返照，"每晚高烧翠蜡，以白团回六曲围三面，设小座于花间，位置菊影，极其参横妙丽，始以身入。人在菊中，菊与人俱在影中。回视屏上，顾余曰：'菊之意态尽矣，其如人瘦何？'至今思之，澹秀如画"。同上书，第 56—57 页。在她死后（许多人认为她实际上是被顺治皇帝带走了），冒襄屡次被荐出仕，但他每次都加以拒绝。他转宠其他妾妇，寻欢作乐，吟诗填曲，赞助年轻艺术家，例如画家蔡含、金玥。陈贞慧的儿子陈维崧，多年与冒襄一起生活，就在那里读书。冒襄剧团的演员中有一个名叫徐紫云的漂亮男孩，冒襄将这个少年交给陈维崧照护，他歌咏徐紫云表演艺术的韵文成为中国文学中著名的诗篇。张履祥：《重订杨园先生全集》，第 13—14 页；恒慕义：《清代名人传略》，第 103、496、566 页。

115 《明清史料》，第 99 页。

116 同上书，第 100 页。这个按察使名叫盛复选。大约与此同时，在巢县发生一场起义，业已剃发的士人又恢复了忠君复明的立场。同上书，第 108—109、111—119 页。

117 这一时期，江南居民与驻扎当地的满洲士兵之间也屡有摩擦。据说总督马国柱凭借高压手段，使这种紧张状态得到了缓和。不过民众的不满情绪可能颇为强烈，并使复明分子抱些

第十章 "危时计拙"　515

希望。《江南通志》第一一二卷，第 33 页。
118 《清世祖实录》第三十四卷，第 12 页。见谢国桢编：《清初农民起义资料辑录》，第 124 页。
119 彭国栋：《清史文献志》，第 1 页；谢国桢：《南明史略》，第 93 页；傅路德、房兆楹：《明代人名辞典》，第 494 页。
120 陈伯陶：《胜朝粤东遗民录》第三卷，第 28 页；汪宗衍：《天然和尚年谱》；傅路德、房兆楹：《明代人名辞典》，第 491—494 页。《胜朝粤东遗民录》及屈大钧《皇明四朝成仁录》所收 266 个广东复明分子传记中，有 40 人在南方抗清战争期间出家为僧，其中 27 人成了函是的弟子。这些人大多是士绅领袖，这可以从他们的社会地位较高这一点推知。40 名当了和尚的复明分子中，22 名是诸生，4 名是贡生，3 名是举人，2 名是进士。也就是说，在明清过渡时期，10%以上的广东重要复明分子成为函是和尚的门徒。著名的散文家和诗人屈大钧也是函是的弟子。参见斯特鲁弗：《传统中国社会中史学的作用》，第 95—96 页；肖尔：《中国明代最后的朝廷》，第 59 页。
121 谢国桢：《明清之际党社运动考》，第 243—249 页。
122 陈伯陶：《胜朝粤东遗民录》第一卷，第 51—52 页；谢国桢：《明清之际党社运动考》，第 243—249 页。
123 李成栋在军事上最初的任务是包围桂林的复明政权军队。1647 年 4 月，他进攻桂林。这时，陈邦彦和土寇于隆进攻广州，张家玉（因臣事于李自成而被列入从贼案的一名翰林学士）则在东莞领导起义。当时坐镇广州的总督佟养甲急令李成栋放弃对桂林的围攻，救援广州。李成栋回师广东东部后，杀死了于隆，把张家玉赶回惠州，然后占领他现在守卫的广州。斯特鲁弗：《南明》，第 13—16 页；鲍拉：《满洲对广东的征服》，第 89 页；斯特鲁弗：《传统中国社会中史学的作用》，第 22 页；《南明》，第 69—71 页；查继佐：《东山国语》，第 76—77 页；肖尔：《中国明代最后的朝廷》，第 71、77—78 页。
124 德·帕拉福克斯：《鞑靼人征服史》，第 172—182 页；朱希祖：《明广东籍东林党列传》，第 47 页。
125 1647 年 8—9 月广州起义的详情，见亮父：《岭南历史人物丛谈》，第 96—105 页；陈伯陶：《胜朝粤东遗民录》第五卷，第 126 页；屈大钧：《皇明四朝成仁录》第十卷；黄宗羲：《行朝录》第二卷，第 3—4 页。
126 瞿共美：《粤游见闻》，第 48 页。张家玉于 11 月初在增城被杀。斯特鲁弗：《南明》，第 71 页；查继佐：《东山国语》，第 79 页。
127 亮父：《岭南历史人物丛谈》，第 105 页。肖尔认为以下才是陈邦彦临终之言："天造兮多艰，臣在江之浒。书生且谈兵，时哉不我与。我后兮何之，我躬兮独苦。崖山多忠魂，前后照千古。"肖尔：《中国明代最后的朝廷》，第 80 页。
128 鲍拉：《满洲对广东的征服》，第 89—90 页；肖尔：《中国明代最后的朝廷》，第 78—79 页。
129 彭国栋：《清史文献志》，第 1 页，1674 年 12 月 11 日奏章。
130 同上。
131 陈伯陶：《胜朝粤东遗民录》第一卷，第 54—55 页。在沈阳，函可和其他流放的忠君复明分子组成"冰天诗社"。后来他成为辽阳千山龙泉寺住持，在那里说经讲道，吸引了来自整个东北的其他政治流放犯。到 1660 年他涅槃之时，龙泉寺已经发展成一个佛教中心。傅路德、房兆楹：《明代人名辞典》，第 494 页。
132 彭国栋：《清史文献志》，第 1 页。
133 同上。
134 《清史稿·洪承畴传》，引自谢国桢编：《清初农民起义资料辑录》，第 127—128 页。洪承畴早在 1647 年 3 月 30 日就请求离职居丧。他父亲虽然在 1643 年 11 月 8 日就已过世，但直到 1647 年 3 月 25 日，一个家仆从泉州府家中赶到南京，告诉总督这一噩耗，洪承畴才知道此事。见北京大学收集的洪承畴奏章，引自《洪承畴背明始末》，第247页。大概那时多尔衮没有批准他的请求。当时，洪承畴的母亲还在福建家中。7月29日，洪承畴得到消息说他母亲已经离家，正在苏州过夜。1647年8月4日，她抵达南京。据洪承畴为出任江南谢皇上表载，当母子相见之时，母亲已年近80，体弱多病，而儿子已白发满头，两人不禁哽咽哭泣。《明清史料》第一册，第509页，1647年8月10日条。同上书，第246页。关于他们相见的这一描写看来与流行的（或许是伪造的）关于他们后来在京城相会的叙述不相吻合，那时她严责他当了叛徒（见第13章）。据另一奏章说，当洪承畴获准辞职后迁住北京时，他母亲与他一起在京城。这份奏章没注明日期，但据内容看，好像写于1648年。《明清史料》第三本，第130、247—248页。

135 《东明闻见录》，第12页。

136 王得仁因嗜杀而负有恶名，他迫使金声桓起义。2月20—21日，金声桓的部下在南昌监禁巡抚，暗杀了按察使，并剪掉他们的辫子。斯特鲁弗：《南明》，第77—78页。

137 《明史》，第3112页；伯希和：《米彻尔·保伊姆》，第99页；查继佐：《东山国语》，第52页；斯特鲁弗：《传统中国社会中史学的作用》，第22—23页；恒慕义：《清代名人传略》，第166—167页；肖尔：《中国明代最后的朝廷》，第86—88页。金声桓起义立即产生了影响，远在湖广西部和福建的官员都从归顺清朝转而效忠朱明。斯特鲁弗：《南明》，第78页。

138 肖尔：《中国明代最后的朝廷》，第89—90页。

139 士大夫华复蠡对于这些事件留下了这样一段生动的日记："四月朔，广州李成栋者忽反投明朝，遭洪天擢、潘曾玮、李绮三人斋疏迎驾。六月初十日，永历帝驾下肇庆，时南宁城野鸡又二更啼矣。我决意东下，苦无舟。"后华复蠡行李又被抢了，但他设法用一位友人的船只，自西江直下广东。"竟日竟夜，三十里鼓棹而下，过德庆时，夜闻钲鼓声。有言曰，此皇船也。我初不信，明日视之，是也。"华复蠡：《两广纪略》，第73—74页；亦见亮父：《岭南历史人物丛谈》，第117页。

140 曹凯夫：《三藩叛乱》，第42—45页；斯特鲁弗：《传统中国社会中史学的作用》，第23—24页；《南明事迹述略》，第20—21页；《南明》，第79—80页。南明的复兴鼓舞了退职的降清分子钱谦益，他秘密写信给从前的弟子瞿式耜，后者是永历朝的重臣。钱谦益在信中声称，虽然他曾臣事于满清，但"一刻未忘我朝"。他将天下比作棋盘，力劝瞿式耜把南明朝廷迁到南京。他还向瞿式耜提供了哪些清军将领可能会投降的情报，建议贿赂他们。见肖尔：《中国明代最后的朝廷》，第167—168页。

141 《清世祖实录》第二十七卷，第327页。济尔哈朗的进军因李世新率领的闯王残部的阻击而延缓多日。他下令在湘潭屠城六天，甚至在下令封刀之后，清军士卒们又残杀了三天。这被委婉地称作"重惩"。半个月之后，当地的一个缙绅汪辉进城，发现城里尸臭熏天，令人作呕，遍地尸体，血肉模糊，幸存者（包括许多重伤者）不到100人。顾诚：《论清初社会矛盾》，第145页；亦见斯特鲁弗：《南明》，第89—90页。

142 查继佐：《东山国语》，第52页。

143 《东明闻见录》，第27页；亦见华复蠡：《两广纪略》，第74页。

144 该省人口锐减，无力支持何腾蛟部队，以及李自成、张献忠和左良玉残部。肖尔：《中国明代最后的朝廷》，第37—39页。

145 尚可喜自己拥有大炮37门，另有大量滑膛枪和火药。同上书，第183—184页。

146 斯特鲁弗：《珠江三角洲》，第22—24页；鲍拉：《满洲对广东的征服》，第90—93页；斯特鲁弗：《南明》，第81—82页。

147 郑芝龙降清后，他的部众由他弟弟郑鸿逵、他22岁的儿子郑成功和他的亲戚郑采接管。郑采希望充当鲁王（朱以海）的保护人，就像郑芝龙对隆武皇帝那样。于是他在1646年

	12月将鲁王监国从舟山地区带到厦门他自己的据点。后来张名振又从郑采（他当时已接受郑成功的领导）手中劫得鲁王，成了监国的保护人。斯特鲁弗：《南明》，第98—99页。
148	鲁王军队在福州以北作战，郑成功的海军控制着广东南面泉州以下的海岸线。斯特鲁弗：《南明》，第100页。
149	恒慕义：《清代名人传略》，第46—47页；斯特鲁弗：《传统中国社会中史学的作用》，第20页；《南明》，第102页。
150	观察一下1649年许多在江南的明朝亲王归降求赦的事实，很能说明问题。见1649年9月22日马国柱奏章，故宫博物院：《清代档案史料丛编》第三册，第101—105页。
151	兵部奏章。该件的第一部分残缺，上奏者姓名不详。据内容分析，该文好像写于1649年春。《南明史料》，第151—158页。以渔户、盐民为主的海州地区，对清政府来说相当难以控制。1648年10月，掌管大运河漕运的总督吴惟华镇压了赣榆叛乱（由一个名叫李二的和尚领导）和淮安一带的反抗（由朱灿和高翙领导），但是沿海的村民仍然是一个严重的问题，他们易于结帮成群，在北至山东的沿海来往出没。在云台山一带，高进忠和丰报国率领的一支农民军与山东榆园军结盟，于1649年4月17日进攻并占领海州，杀死海州主要官员。该城虽被夺回，但大多数云台山乱党都逃之夭夭。《海州志》第三卷，见谢国桢编：《清初农民起义资料辑录》，第126页；《南明史料》，第120—121页；《清世祖实录》第四十五卷，第525页。
152	恒慕义：《清代名人传略》，第47页。这个将领名叫王朝先。张名振曾设法控制了舟山一阵子，这时候他在健跳所总部的供给用完了。斯特鲁弗：《传统中国社会中史学的作用》，第20页；《南明》，第102—103页。
153	这是在谋反被察觉、密谋分子被审之后江南按察使写的一份报告，附于苏松巡按秦世祯的一篇奏章中。奏章所注日期是1652年11月18日。《南明史料》，第290—299页。1651年8月18日据兵部之令，江南由南直隶改为行省。兵部此举系出于军事目的，认为江南应该有一个统一的省区指挥中心，而非上江、下江两个统帅区。《清世祖实录》第五十八卷，第3页。
154	《明清史料》丁编第一册，第34、36、38—39页；乙编第一册第76—77页，见《南明史料》，第144—145、161、165—172页；谢国桢编：《清初农民起义资料辑录》，第151页。
155	恒慕义：《清代名人传略》，第47页。斯特鲁弗：《传统中国社会中史学的作用》，第20页。郑成功刚被永历皇帝封为公爵。在张名振受到损失的兵力并入郑成功（他在原则上认可永历皇帝的君权）的部队之后，鲁王很可能是在1653年放弃了他的摄政头衔，居住于金门岛。九年后他死在那里。查继佐：《鲁春秋》，第75页；斯特鲁弗：《南明》，第102—105页。
156	《南明史料》，第290—291页。
157	巡抚土国宝关于政府直接支持经济重建的政策，在那些年里一直被其他官员所执行。特别是在江南地区纺织业方面。1646年，清廷初遣江宁、苏州、杭州织造官，他们立即挑选苏州、松江、常州等地的富庶之户作为机织户。现有的纺织工具得到修复，并有所扩充（苏州建机屋196间，拥有织机450台，杭州修复旧机屋95间，新建机屋302间）。1647年，苏州在工部帮助下建立织造局，采取特别措施吸引织匠返回城市。到1653年，纺织工业已经恢复，实际上开始超过明代生产水平。例如，明代苏州织造局雇工504名，有织机173台。1685年，苏州织造局有织机800台，雇工2330名。见苏州历史博物馆、江苏师范学院历史系、南京大学明清史研究室合编：《明清苏州工商业碑刻集》，第5、7—8、10—11页所录碑文；施闰雄：《中国清代的丝绸业》，第39—40页；参见史景迁：《曹寅与康熙》，第82—89页。
158	万寿祺：《隰西草堂集》第一卷，第20—21页。

159 同上书第三卷，第3—4页。

160 米歇尔·彼阿佐利等：《万寿祺画卷》，第157—158页。人称"江南第一风流才子"的唐寅（1470—1523），为明代四大画家之一。傅路德、房兆楹：《明代人名辞典》，第1256—1258页。

161 彼阿佐利等：《万寿祺画卷》，第157页。

162 这些人的名单见于万寿祺：《隰西草堂集》第一卷，第25页；第二卷，第19、24页。万寿祺的朋友中包括周亮工、方以智、钱谦益，以及新安画家程遂。程遂写了一首关于在隰西草堂访万寿祺的著名的诗。周尔坎编：《明遗民诗》，第323—324页；参见斯卡利特·詹：《程遂》，第111页。

163 其例见万寿祺：《隰西草堂集》第二卷，第10、25页。他在文中自称胡杰。

164 何绍基，引自彼阿佐利等：《万寿祺画卷》，第160页。这篇题记作于1852年。何绍基（1799—1873），出生于苏州一丹青世家，曾入朝任翰林供奉学士、国史院总撰，后回苏州，以书法闻名于世。恒慕义：《清代名人传略》，第287页。万寿祺的画被一些艺术史家认为是不少明朝遗民干笔画的代表。傅申：《17世纪中叶中国绘画概况》，第609页。关于清初遗民画家的动机和主旨，主要可参见艾伦·约翰斯顿·莱英：《文点与金俊明》。

165 罗振玉：《万年少先生年谱》，第11页，该画题为《秋江别思》。万寿祺自己所作题记有云："送别先生淮阴过江返唐市。"万寿祺在题记中还以其别号（丰年）来称呼顾炎武。张穆：《顾亭林先生年谱》，第1页。在20世纪20年代，历史学家谢国桢在其老师梁启超家中见到一幅船画。该画属于一个名叫余越园的收藏家，藏在他的家里。画上有篇题记，说明该画是万寿祺为换取一首诗而赠给顾炎武的。梁启超也为该画加了一篇题记。谢国桢：《顾宁人学谱》，第24页。

166 威拉德·J.彼得森：《顾炎武的一生》第二篇，第209、243页。关于典型的忠君复明分子拜谒明陵的例子，见顾炎武：《亭林诗文集·亭林诗集》第四卷，第18页。多铎占领南京后，清人指派两名太监守护孝陵（洪武陵）。在这以前，孝陵荒废冷落，相当破烂。最近在南京一座倒塌的指示陵墓进路的牌楼附近，发现了一块碑石，上有崇祯1641年签署的一道敕令。敕令警告说，将予渎坏陵区的人以严惩，因为近年以来，孝陵已遭损坏。清人从附近的一个村子抽调40户人家，隶属大监照看陵墓。盖拉德：《南京今昔》，第237页。据威拉德·彼得森说，顾炎武为了祭陵，也许贿赂过这些看守太监。1660年顾炎武写了一首关于他祭拜洪武和永乐皇帝陵墓的诗：旧识中官及老僧，相看多怪往来曾。问君何事三千里，春谒长陵秋孝陵？吉川幸次郎：《17世纪中国文学中的不问国事》，第10页。

167 这至少在顾炎武给国史院《明史》编修官的信中略有暗示，他在信中提及过他母亲的死。《与史馆诸君书》，见顾炎武：《亭林诗文集·亭林文集》第三卷，第12—13页；亦见刘声木：《苌楚斋随笔》第一卷，第2—3页；石锦：《顾炎武经世思想的界限》，第114页。

168 这也是画家陈洪绶的反应，他决不会忘记抵抗运动期间他是如何不知所措的。高居翰：《不平静的风景》，第146—147页。

169 彼得森：《顾炎武的一生》第一篇，第149页，文见《亭林余集·先妣王硕人行状》（译者）。

170 同上书，第150页。顾炎武说"仇仇在门户"，并非夸张之语。他的义祖父顾绍芾于1641年去世时，他抵押了800亩地产以支付丧葬费。受押人是个名叫叶方恒的昆山士绅，他觊觎顾家地产。1652年，顾家一个叫陆恩的仆人投靠叶家，应允告发顾炎武支持南明，以帮助叶方恒吞没顾家地产。1655年，顾炎武为报仇杀了陆恩。在其后的两年里，顾炎武先被判服苦役，他呼吁法庭裁决，受过鞭挞，后被释放出狱，叶方恒雇刺客试图对他行刺，他又不得不逃离江南到北方去了。同上书，第154—156页。

171 张穆：《顾亭林先生年谱》，第23页。

172　此后不久，顾炎武的一群密友——万寿祺是其中一员——写了一则启事，将顾炎武作为一个名士介绍给国内其他学者，宣布他旅行、寻访善本、古迹等等的计划。笔者是由于陈一范才注意到这封信的，它被收入《同志赠言》，见顾炎武：《亭林先生遗书汇集》，1888年版第四十卷，第1—3页。

173　"艺术活动是表达友谊的手段。吟诗的用诗来回赠画；绘画的则以画来代替诗。画卷与诗文互慰向往之情。"饶宗颐：《晚明的绘画与文人》，第143页。

174　顾炎武：《亭林诗文集·亭林诗集》第二卷，第3页。该诗也见于1906年版《亭林先生遗书汇集·亭林诗集》第二卷，第3页。

175　这篇神话见于汉朝著作《说苑》。

176　这里还有更深一层的内涵在里面：它暗示着将会有一场极重要的事变。在神话原文中，白龙下凡后来到了一个"清冷之渊"。《易经》在对第一个乾卦的解释中，也出现过同样的渊的概念。在《易经》中，乾卦各爻都形容天龙，而渊则与三九之数密切相关。当天下大变之时，即天龙出世，准备再次下凡之时，但它却受到了约束。诗文中明显的改朝换代的意象——它暗示着一个新的明朝——因提到了楚而被进一步强化了。反秦起义首先是在楚地爆发的。这里还有一种暗示，像秦朝一样，清也是一个暴虐短命的朝代，虽然它在天下大乱后带来了秩序，但注定很快就要灭亡。

177　顾炎武：《亭林诗文集·亭林诗集》第五卷，第12—13页。许多明史学者认为《心史》是部伪书。吉川幸次郎：《17世纪中国文学中的不问国事》，第11—12页；兰德彰：《中国的文化主义和根据元代所做的类推》，第376页。

178　清初作家经常根据元代进行类推。如兰德彰在评论顾嗣立的《元诗选》时所说"顾嗣立似乎认为，他所了解和热爱的文化会在清人统治中国期间继续存在下去，而这个阶段，再用类推法看，证明是短命的"。兰德彰：《顾嗣立〈元诗选〉与中国17世纪后期的忠君主义》，第3页。他还评论说："一旦斗争结束，文化主义的概念就会使汉族人民参与新的汉满政体，以保证他们的文化普遍性与连续性的信念。"兰德彰：《中国的文化主义》，第357页。

179　顾炎武：《亭林诗文集·亭林诗集》第三卷，第1页。遗民一词出于《诗经》，可被解释成"残留之民"。遗民常与忠义相区别，后者是忠君殉难者。见兰德彰：《中国的文化主义》，第378—379页。

180　关于"渴望逃避现实的压迫"，见欧久·巴比特：《卢梭和浪漫主义》，第72页。关于顾炎武的旅行和1670年的被捕，见白乐日：《中国传统的政治理论和管理实践》，第31页，彼得森也认为顾炎武的忠君思想模棱两可。"满族的征服为顾炎武提供机会来证明在外界确定的基础上道德的不屈姿态……他拒绝参加清朝的科举考试，在某种程度上是因为他希望避免加入激烈的社会竞争，因为他不能像年轻人一样在这竞争中取胜了。相反，他致力于选择一种可能的方法来赢得名声，作为贤人的义子，这一名声所带来的成功之于他应该是义不容辞的，无论他动机怎样，明朝的灭亡是顾炎武彻底改变生活的时机。"彼得森：《顾炎武的一生》第一篇，第152页。作为逃避现实的手段而去旅行的主题，也可见于忠君复明分子画家龚贤的诗。《明遗民诗》，第330页；参见杰罗姆·西尔伯格德：《龚贤的绘画与诗歌的政治意义》，第564页；《龚贤柳林自画像》，第7—10页。当然，旅行本身是我们所能想到的中华帝国晚期文人生活风格的组成部分，尤其是在15世纪以后。蒂莫西·布鲁克：《迷途指南》，第41页。洛弗尔指出："确实，人们难以想象在历史上的一个社会里，旅行在一定社会等级的生活中，扮演了像在中国知识分子中那样意味深长的角色……在一种屡屡受到失望、分离和猝亡的打击的生活中，他的想象力在把人作为一个生命历程中的旅行者的无边意想中得到安慰。"欣奇恩·洛弗尔：《选择与再现》，第63—64页。至于中国文人花在旅行上的多得惊人的时间——旅行被视为一种毕生的活动——见李济：《自然之爱》，第5—6页。

181 斯特鲁弗：《传统中国社会中史学的作用》，第 102 页。
182 阎尔梅的抒情诗在 20 世纪仍为徐州人民所知。谢国桢：《顾宁人学谱》，第 140 页。
183 阎尔梅当时与一个名叫陶羽的家产丰盈的地主住在一起。
184 阎尔梅：《白耷山人集》第九卷，第 29 页。
185 彼阿佐利：《万寿祺》，第 158 页；《归庄集》，第 547—548 页。
186 万寿祺：《隰西草堂集》第四卷，第 6 页。（作者谓万寿祺《病中风雨》一词大部分失传，有误。此词有个别字脱漏，但全词基本完整。——译者）

第十一章　北方的最后平定

> 职即星夜渡河西巡，一目沙漠，另一世界。百里断烟，山不产材，地不生禾。沿途止有番人，前后围绕。
>
> 1650年张中元自甘肃走廊所上揭贴。《明清史料》丙编第八册，见谢国桢编：《清初农民起义资料辑录》，第282页

1647年冬季，平定叛乱的官员们发来的辉煌战报助长了清廷中的宽慰感，然而这种感觉并未持续多久。1648年春，满人的时运突然逆转：朝廷认为已经控制住的中国北方的许多地区再度爆发叛乱。这一逆转与金声桓、李成栋倒戈扶明后中国南方复明活动的复苏恰好相合，甚至可能就是它的直接后果。

天津一带是北方首先爆发叛乱的地区之一。雷兴曾试图平定这一带的混乱，但在1644—1645年起义之后，混乱状况却一直存在。事实上，1647年夏天，山东的前明刑部尚书张忻屡被"土寇"所败。他因掩饰败绩，被降为直隶巡抚。[1]他的继任者李犹龙很快就意识到反清力量是多么根深蒂固，多么危险。特别是那些声称他们代表着明皇室者，尤其如此。1648年3月，在天津以南靠近山东边境的庆云，一个贼首宣布自己是熹宗皇帝（1621年在位）的子嗣。此人真名叫杨思海。三河地

方一个姓张的妇人也参与进来，自称是熹宗之妻。反清分子又联合了另一个名叫张天保的贼首，刻制明朝印信，打起明朝旗帜，招兵买马，把李犹龙打得惨败。三个月后，即在6月份，李犹龙和总兵苏屏翰又派兵出击，但只是使复明武装略受损失而已。此年8月，反清分子又一次合力攻打天津之南大运河边上重要的县城静海。这一次，李犹龙抓住了几个叛乱首领，不过他已经开始认识到，零敲碎打的镇压措施只会把天津地区的事情搞得更糟。李犹龙依靠户部侍郎王公弼的支持，提出对反贼应兼行招抚，并收编了一些反清分子。这一方法并没有能够遏制叛乱。1648年9月18日，李犹龙和苏屏翰声称铲除了天津以东的许多反清分子，但李犹龙不久就因与其前任同样的原因而被撤职了。反叛分子继续扰乱这一地区。直到1649年，朝廷才派出"大军"，增强天津戍军的兵力。[2]

榆园军

尽管天津起义引起了朝廷相当大的恐慌，但比起不久后出现的令人胆战心惊的榆园军来，它们就是小巫见大巫了。榆园军是好几支复明武装的合称，他们活动在山东西南部沿河北、河南边境的曹州森林地区。多年来，武装匪帮一直穿越鲁冀豫边界，进攻河北（北直隶）大名府的城镇或河南开封周围的地区。[3] 只要这些袭击是零星的偶发事件，清政府就仍对它们采取容忍的态度。然而，一直存在这样一种可能性，即来自曹州的一支大规模武装力量真正占领某个县城，并且与河北、河南这些邻近省份的叛贼或复明武装联合，也与当地匪盗结盟。在这种情况下，沿着大运河并经过河北大名府的国家交通主干线就会受到威胁，政府对冀南、鲁南和豫北地区的控制就会由此陷入险境。

这种威胁在1648年阴历四月（4月23日至5月21日）成为事实了。当时一个名叫李化鲸的榆园军首领从曹州出军，围攻了跨越河北边境的东明城。由于当地反清分子起来响应，李化鲸夺取了东明，然后回军鲁南。到夏末，他又在鲁南起兵，攻占了曹州城及周围的曹县、定陶与城武县城。[4]当山东乱党西进越过河北边境时，当地群盗也合伙攻击清丰、南乐等城。这些县城靠近军事重镇大名，当地的武将士绅虽然能够击退义军，但清军的伤亡惨重。[5]在另一个方向，反军打到山东中部，袭击巨野城，从8月30日到9月5日围攻巨野，直到被清朝的援军赶跑。[6]在南面，李化鲸的人马越过河南边境，渡过黄河，袭击归德。在开封附近，9月20日河北叛将刘之炳包围兰阳城。[7]不久整个靠近开封的黄河北岸落入叛乱者手中，封邱城成了范慎行所率曹县军队的据点。此人据清政府塘报称，初系十足的"土寇"，后"起为盗"。[8]

榆园军据说总共有2万人，实际上是由20多个独立营盘组成的联合团体，每营约有1000人，散布在三个省份。[9]据塘报的描述，他们的营地安在设有内堡的大型设防寨楼里，有大炮守卫，甚至包括佛郎机炮。[10]堡垒顶上常常装饰有大幅白色旗帜，叛乱者携带女人和家畜一起住在营地里。当满蒙部队进攻叛乱者的防御工事时，有时干脆就将城堡烧成平地，把所有人都一把火烧死。有时他们也讲区别对待，只杀死男人，而把家畜和女人分给自己的士兵。他们很少容纳俘虏，绝大多数人都在当场受审后斩首示众。[11]

榆园军各营在对满蒙汉官军的共同斗争中联结起来，这种联合也凭借于这个营与那个营之间的一种松散的联盟。例如，通向曹县的要道被两个重要叛军营盘所占领，它们之间约相隔10里，是两个完全独立的团体，一个由姓范的指挥，另一个则由姓肖的统率，但他们互相视为同盟，如果受到攻击都会得到另一方的支援。[12]总的说来，他们的战略几乎不像是互相协调的，在报告他们活动的清朝官员看来，他们能够在总体上统一起来，靠的是采用了明朝的称号、爵位与官名。李化鲸本人甚至在东明的据点里供养了一名明室远裔，称"天正皇帝"，发号施令。[13]

在多尔衮及其谋臣看来，榆园军的有组织的协作还在于这样一种可能性，即存在一个把叛乱首领与前山东军阀刘泽清联结起来的阴谋集团。刘泽清此刻正住在京城。在清军渡过黄河进攻扬州的时候，像阎尔梅这样的江北忠君复明分子曾希望刘泽清支持南明事业。然而，刘泽清看出满清取胜的可能性更大，当多铎派佟佳氏名将准塔去淮安邀请刘泽清合作时，这个山东军阀就将他本人率领的有 50 名将领和 2 万人马的军队交给了那个满洲将领。作为交换条件，他受抚后被封精奇尼哈番。[14]

或许正是因为刘泽清所得爵位不高，惹得他蓄意谋反。刘泽清以素有大志著称，常自夸："二十一投笔，三十一登坛，四十一裂土。竟不知二十年中所作何事？"[15]而且他出名的鲁莽。当他还是个参加乡试的举子时，就在一次口角中挥拳打死了一名衙役。[16]这种鲁莽可能也会促使他谋反。9 月 5 日后，起义活动开始出现，当时一个名叫程万占的人率兵千员攻击了位于曹县以东的单县县城。[17]

在单县进攻受挫后，知县报告说程万占不是别人，正是刘泽清的庄头，刘氏族人都是曹县有名的豪强。多尔衮对这一消息的反应是小心谨慎的。他告诉兵部，"或人诬陷，亦未可知"。[18]没有必要去激怒一个像刘泽清这样重要的归顺者，因为这是毫无意义的。刘泽清毕竟是来自多尔衮政权绝大多数高级文官所产生的那个省份，此刻归顺清人的其他山东士大夫，可能会把指责刘泽清谋反视为诽谤，认为是刘泽清的政敌乘其家奴参与榆园军之机，存心诬陷，以至于这些人自己也许就会因此而反对清朝。如果刘泽清确实卷入了这次地方叛乱，那么要有确实证据予以证实才行。

> 著他早晚照常伺候，不可私自遣人往曹县等处去。如曹县等处有人到，即时送出，亦不可使家人往别家去，如别家人来，亦不可放入。[19]

兵部打算对刘泽清做特殊考虑，不予逮捕。多尔衮命令："待曹县事平,自见明白"。[20]

从军事上平定"曹县危机",与此年秋天平息三边起义余部一样,由河道总督杨方兴全面负责。[21]不过,河南巡抚吴景道也曾予以大力协助,他委任前明将领高第来全面负责镇压反贼的任务。当时高第已开始了在黄河南岸河南地区的清剿,把榆园军赶回了兰阳。与此同时,总兵孔希贵也切断了他们的东逃之路。[22]在这次战役中,一个名叫佟文焕的清兵游击将军战功卓著。此人原来驻守内蒙古,后率其所部铁骑被调到吴景道麾下,9月20日,佟文焕在兰阳击败刘之炳的榆园义军,并协助将敌人赶过黄河回到封邱,范慎行就在封邱被杀了。到10月28日,高第部攻焚黄河北岸的贼寇城堡。两天后,总兵孔希贵派遣两支清军东进曹县。这两支部队沿途抓捕战俘,予以审讯,结果发现曹县城外"张家楼"附近有一支1万多人的反清武装,由一个名叫张光素的"国公"指挥。于是清军派精锐步骑千人向县城附近的这个义军营地发起了进攻。在随后的两军激战中,成千榆园军战士被杀,12名重要将领被俘,幸存者则被包围在四周围有土墙的张家楼老寨。清军又攻占并摧毁了这些围墙,叛军只得退进楼里。清军在楼四周放起火来,叛军不是死于火中,就是在奔逃时被杀。曹县于是完全暴露在清军面前。曹县至东明路上的义军骑兵,也在11月4日到6日间被游击佟文焕的蒙古兵肃清。[23]

曹县县城自9月13日以来就被一支满汉联军所包围。义军最初在城外设防,不情愿地与清军在田野上激战。到9月17日,他们放弃第一道防线,退到了城里。四天以后,一支义军步骑自东北而来,试图援救曹县,被清军击退。10月11日,围攻的清军提出与曹县义军首领李化鲸谈判。开始,清军将领提出,如果义军交出被立为天正皇帝的那个明朝宗室,就赦免李化鲸和其他榆园军首领。但无论是在这次或在10月30日举行的另一次谈判中,李化鲸都拒绝交出伪王。11月16日,满洲重型炮队最终抵达了曹县,带来了足以轰破厚重城墙的大炮。17日一整天,直到次日清晨,清军大炮不停地轰击曹县。18日,城墙西北角倒塌，清军突破了榆园军的防守。在随之而来的大屠杀中，许多人丧了命，不过李化鲸和李洪基被活捉以供审讯。"曹县危机"暂时结束了，俘虏现在掌握在清人手中，他们能够被用来证明刘泽清是否卷入了这场阴谋。[24]

刘泽清案件

甚至在东明和曹县陷落之前，就有新的证据暴露出刘泽清与起义的牵连。1648年11月4日，当游击佟文焕的骑兵在清剿东明与曹县之间的道路时，一个名叫陈桂的年轻女仆在翻越刘泽清在北京的府第后墙时被巡卒抓住。在刑部审讯下，她说她看到过一封刘泽清给他在曹县的母亲的信，预先通知她即将爆发起义。[25]

根据这一新证据，加之已抓住大多数起义领袖，清廷感到围捕刘家成员的时候已经到了。12月3日，多尔衮颁布敕令，指责刘泽清谋反，下令对此案进行彻底调查。接着，刑部尚书吴达海遣官审问李洪基和李化鲸，他们很快就垮了下来，招供了清廷想要知道的事情。根据他们的招供，刘泽清的侄子刘之幹曾扮作僧人秘密去过南方。在他返回时，带来了两个人，即郑隆芳及姚文昌，这两人以前是刘泽清手下的参将，现在南明政权中做将领。这两人受命在曹县策划一次复明起义。如果李化鲸和李洪基有意参加——对此刘之幹已经允诺——他们就会分别被任命为都统，晋封亲王。这一在曹县发动起义的计划，时间安排在与刘泽清领导的北京起义同时。所以，在告诉了他们这一密谋之后，刘之幹动身去京城与他叔叔协调计划。八天之后，即1648年7月17日，刘之幹从北京返回，与李洪基联系，命他于8月24日进攻曹县。结果，李洪基实际直到9月5日才发起进攻，不过他们进攻曹县，则显然是由上述密谋引起的。[26]

仅仅根据李化鲸和李洪基的供词，此案并不直接牵连刘泽清。因为，这两个反叛者只是听到刘之幹说他叔叔参与了密谋，他们本人并不能直接向审讯官证实刘泽清是他们的同谋。但刑部官员很快就提出了确实涉及刘泽清的新证据。经审问，刘泽清的继子刘继先供认，当刘泽清的侄子刘之幹没有被清政府选为显赫的皇帝侍卫时，刘泽清便被激怒了。于是他派了一名家人给在曹县的刘氏宗亲带去了如下几句话："我见虾子们烧肉役使，清国不会用人，国运不久了。"[27]这个家人还给刘之幹带去了一封密信，这封信刘继先和别人都不许看。

刑部审讯官记起了女仆说过的那封刘泽清自己决定10月1日在京城起义的信，便再次提审刘之幹，问他那时是否收到过他叔叔来的一封信。刘之幹回答："有一书信，装在荷包内，失落了。书上言语，忘记了。"刘家其他人也证实刘之幹收到过一封信，问题最后归到刘泽清本人身上。刘泽清的回答是："原发家书二封，一封单与刘之幹看。"审讯者追问信里写的是什么。"一封记得"，刘泽清坚持说。[28]最后，审讯官向刘泽清出示了他被软禁时一名卫兵的口供。这位卫兵的口供说，他看到将军在一天深夜烧了一捆文件。这些文件如果不是某种犯罪证据又是什么呢？在反复审问下，刘泽清终于供认，他所焚烧的文件包括他担任明四镇之一的东平侯诰命。

这样，刑部审讯官颇有把握地得出了几点结论：第一，刘泽清确曾违敕派一名家人去曹县；第二，他送去了两封信，其中一封是保密的；第三，刘之幹关于密信丢失以及忘记了信中内容的说法，审讯官认为难以相信。

> 又所烧书文，泽清供为明朝诰命，[然]我朝受命今已五载，早宜缴上，乃收匿至今，竟何意也？[29]

第四是起因问题。其侄刘之幹确实没有被选为侍卫，而从这两人之间互相联系的情况看,此事似乎就是导致密谋的关键;第五是来自榆园军本身的证据,即刘之幹曾扮作僧人与复明分子接触;最后,从某些方面看来,所有定论中最令人痛恨的,是刘泽清傲慢而讽刺地评论清人为"虾子烧肉",清廷审讯官严厉地以刘泽清自身的污点来抨击他的忘恩负义:

> 出猎之日,鼓勇争胜,获兽则燔炙共食,泽清随猎,此言是实。此言实,而刘继先所供之言皆真矣。[30]

不过,不管多尔衮对刘泽清的谋反多么恼火,他还是充分意识到让刘泽清这样的汉族归顺者成为好像是满人无端猜忌的受害者而带来的政治风险。因此摄政王坚持由六部的满汉尚书、九卿侍郎以上官员来共议此案。刘泽清被正式宣判为曹县起义主谋。12月19日,他、他的侄子刘之幹、李洪基和李化鲸,都被处决了。刘家剩余成员被逐出山东流放。[31]

1648年的回民起义

与山东这些事件同时,远在西部沿中亚边境一带,爆发了另一叛乱:回民部族在甘肃和陕西西部反抗清朝统治。这场发生在1648年5月的回民起义的原因还不清楚。如前所述,一些历史学家认为中亚贸易的衰退引起了一场经济萧条,而这在明朝末期导致了回民反抗活动的不断高涨,许多回民参加了以李自成为首的大规模起义。经济利益与贸易特权是16世纪明廷与吐鲁番商人及其统治者之间发生摩擦的一个主要原因。实际上,在明朝边地戍军与回民士卒之间为摆脱贸易法规的束缚而屡次发生冲突之后,16世纪20年代,吐鲁番军队曾袭击了甘肃走廊。

第十一章 北方的最后平定

在这些混乱过程中,尤其是在 1513 年吐鲁番征服哈密之后,上万的哈密回民逃入汉族居住区,在甘肃走廊的肃州、甘州和凉州这些地方居住。这些难民后来提供了一种与哈密的直接联系,这对 1648—1649 年的起义至关重要。在资源问题上,他们与久居此地的汉人和回民之间的争夺也加剧了。特别是当茶马贸易的衰退影响了回民生计的时候,到处都有盗匪活动。回民最普遍的姓氏"马",这特别显示了他们在饲养马匹和商品运输方面的杰出作用。在李自成危在旦夕之时帮助过他的那个起义头领老回回,不过是边境诸多亡命之徒中最著名的一个。他们中的一些人,无疑是由于明代后期驿站系统的缩减而不得已从事了盗匪活动(在 1629 年的经济措施中,1/3 的驿卒被遣散,而这些人中许多就是回民)。反叛活动旷日持久,回民起义不断发生,直到明朝覆亡——平均每六七年一次。[32]

倘若西北的回回商人期待在清朝统治下贸易条件会有所改善的话,那么他们一定会大失所望。当时,与纳贡诸国的交往——以及此后与吐鲁番和其他中亚王国的贸易关系——由翰林院四译馆负责。[33] 清初四译馆主事为孙承泽(1631 年北京进士),[34] 此人是明朝的都御史,他在多尔衮进京之后同意重任该职,兼太常寺少卿。孙承泽本人是否提出过贸易法规并不清楚,但礼部颁布的贸易法规肯定经过他的同意。这些法规仍然反映了早先明朝所贯彻过的类似的全面限制性贸易政策。清政府告知渴望贸易的喀尔喀蒙古人,商队不许通过北京以北长城一线的张家口和古北口。[35] 对吐鲁番使节,也再度实施早先在西部引起过战争的明朝旧规,并警告说违令者将受严惩。[36] 清政府还告知说,虽然允许吐鲁番商队在兰州从事贸易,但要置于最严密的戒备之下。[37] 而且,旧有的茶马贸易只许在汉族居住区界线外的原先明朝置立的马市里进行。[38]

这些严格的贸易法规一方面体现了像孙承泽这样的前明官员的决心——他们决心重建曾作为明朝外交基石的限制性特权和控制通道的制度。另一方面,它们不仅反映了清人自己特别清楚的贸易特权对于野心勃勃的部落首领的战略意义，同时，它们还表现了多尔衮要担当在他父亲努尔哈赤兴起之前明朝在亚洲世界秩序里所曾具有的相同角色的决心。1646年7月，通过延请贡使，清政府既重建了明朝贸易体制以维持外盟秩序，又宣布了新天子对异邦附庸的至高权力。[39]然而，不幸的是，这一决心的直接后果，却是不容置疑地引起了吐鲁番及其属地对清朝统治的反抗，也许还恶化了过去曾导致社会混乱和反叛的经济环境。

然而，明代后期回民叛乱愈演愈烈，并最终导致了1648—1649年起义，经济因素并不是它唯一的起因。部分地由于19世纪中叶在甘肃回民中发生的所谓"新教"叛乱，一些历史学家就认为回民与非回民之间的地方性冲突在明代已经加剧，到清代更加恶化了。[40]还有更让人感兴趣的一种意见，认为宗教冲动导致了反叛，并可能是由好战的苏非派激起的。[41]

甘肃西部起义回民中最著名的领袖是一个名叫米喇印的人。[42]《甘州府志》说他"素桀黠"。他拉起队伍帮助地方官追杀李自成起义军残部。[43]1648年5月，米喇印和另一位回民首领丁国栋发动了反清起义。这两个回民首领说服了前明延长王朱识，宣布他们的起义为忠义之举。两人迅速占领了甘州和凉州，然后沿长城分路回师南下，在兰州渡过黄河，攻击军事重镇巩昌。[44]

他们陈师于巩昌城下，展开围攻，引起了许多人的惊骇。虽然他们号称部众百万，官方资料的估计则为10万：哈密和甘肃的回民、起而响应的凉州回民、大顺残部，以及对他们以明朝亲王名义为号召的起义加以响应的土寇。清廷得到起义的消息后，准备派遣大军，最后任命固山贝子屯齐帅八旗兵出征，固山额真、宗室韩岱率外藩蒙古兵副之。清政府在这一年稍后一些时候还宣布，陕西中部和南部地区，例如西安、延安、临洮和汉中，在前一年遭受雹灾，应予以蠲免赋税。[45]总督孟乔芳（他当时驻守固原）对这些措施均无异议，但他认为，他本人应赶在叛贼得以加强联盟、攻夺巩昌城之前立刻出击。因此他马上派遣赵光瑞、马宁率援军出发。这支满汉部队在 5 月 25 日赶到巩昌，残杀回民 3000 多人，将叛乱者驱出城外。[46]

米喇印和丁国栋退到临洮，当地的回民在他们到来之后纷纷起义。孟乔芳兵分三路追击：一路由参将马宁指挥，一路由赵光瑞指挥，还有一路由游击张勇率领。1648 年 6 月 10 日，张勇部率先攻打临洮，马宁部也参与作战。他们袭击了起义回民驻地，杀回民首领马韩山部众 700 人，夺回临洮城。[47] 临洮到手之后，清军将领接下来的任务就是攻克回民在兰州的防御，以便扫除清军渡河进入甘肃西部的最后一道障碍。孟乔芳决定亲自督战。在张勇继续追捕这一地带的其他回民，并捕杀了明亲王朱识的同时，孟乔芳率部到了巩昌，又从巩昌到了兰州城下，与他的三名将领马宁、赵光瑞、张勇会合。攻打兰州的战役进行得很顺利。回民很快就弃城渡河逃回河西地区，并随后烧毁了黄河浮桥。只有一支主要的回民义军留在河东，由丁嘉升统帅，占据着兰州。没过几天，这支义军就被歼灭了。黄河东边所有重要的据点，现在重新掌握在清军手中，就如孟乔芳在 1648 年 6 月 24 日得意洋洋地奏呈北京的那样。[48]

于是到 7 月间，清军就准备渡过黄河，向凉州追击米喇印和丁国栋。他们于 8 月夺回凉州，没遇到什么抵抗。起义军退到起源地甘州一带，这很好理解，这里是他们的家乡，较为熟悉。他们在甘州失败的情况不很清楚。据 19 世纪的历史学家魏源在《圣武记》中所记载的一个奇异的故事，孟乔芳本人在 1648 年 10 月到达甘州，很快将义军骗出城堡，陷入他精心设下的埋伏。然而，虽说他和张勇当时被认为杀的义军难以计数，不知何故对甘州的围攻却还是持续了六个多月之久。[49] 最后，清政府任命张勇为甘肃总兵副将，他的部队以正红旗满洲兵丁为先导，架起云梯攻打甘州西城。1649 年 3 月 5 日，张勇率众 700 从西南角突入甘州城，在城中展开了激烈的巷战，相持达五日之久。张勇人马伤亡达七成。虽然他自称大获全胜，并报告说杀死了半数以上的起义回民；虽然孟乔芳报告说甘州的回民已被平定，局势却更可能是双方在军事上相持不下，而结果实际上是实行了招安。[50] 4月2日，米喇印和丁国栋出城，以甘州降清。作为安排的一部分，米喇印本人被任命为副将，受命驻守兰州，虽然实际上他仍留在甘州。[51]

米喇印依附清政府所持续的时间，就是大约甘州的清军能够与他的力量相抗衡的时间。这时间不很长久。1649年4月27日——孟乔芳上奏报捷后不到4周——米喇印认定自己在军力对比中又占了上风。因为当甘肃西部的回民起义在表面上一平定下来，总督孟乔芳向朝廷称报大捷，清政府就开始要求部队从陕西战场转移到四川，去对抗那里日益强大起来的南明军队。这些军队的移防，使得他们在陕西的驻防力量极为薄弱。但是，面对1648和1649年南明的复兴，清廷几乎没有别的办法可想。事实上，在1649年的最初几个月里，南明打败清朝看来并非完全不可能。因而，米喇印决心恢复反清起义，这可能既是因为其部众对他的压力，或者出于对异教徒进行圣战的一种公认的信仰，同时又是由于他对南方的战事了如指掌。

米喇印的起义计划，显然为甘州驻军主将刘良臣所知。不过，这个回民首领赶在刘良臣采取措施之前，捎信给甘肃巡抚张文衡，说自己风闻可能会发生兵变，建议与张文衡合议，并请张文衡到甘州城北赴宴相见。在内部，米喇印又不得不面对其副将的反对，此人可能是孟乔芳安插进来的一个清朝军官。于是，在张文衡未赴宴之前，米喇印叫人毒死了这位副将，然后，一俟巡抚亲临，他就率伏兵杀死张文衡，于1649年4月27日控制了甘州城。还有几名清朝官员也被杀，不过甘州同知和一名参将转而投顺了起义军。[52]

丁国栋立即起兵响应，因而，实际上又是义兵四起，回民们马上在肃州和凉州举起义旗。米喇印南进攻打兰州、临洮，杀了两地知州。这一次孟乔芳立刻渡过黄河，尽快地把米喇印赶回了甘州。甘州坚守不屈，孟乔芳开始准备在甘州城四周深沟坚垒，长期围攻。但是，清军尚未合围，米喇印就突围而走了。他并没能逃出多远。当天晚上，孟乔芳部下在附近的一块小绿洲追上了这个"逆回",经过一场速决战,米喇印终于被杀。[53]

与此同时,另一回民首领丁国栋在长城西端的肃州安顿下来,这里地处哈密东南,距哈密约660公里,属巴海可汗的统治区。也许因为他得到了哈密难民的大力支持,而且几乎可以肯定地说是因为他想从哈密回民处得到军需物资和援助,丁国栋邀请哈密王的儿子来肃州即王位,号土伦泰。[54] 不久兰州陷落,孟乔芳出兵肃州,来围攻土伦泰王新都。肃州城沟深墙高,围攻势必旷日持久。然而孟乔芳还没来得及对肃州发起全面进攻,就突然发现他的后方基地出现了险情。据《清史稿·孟乔芳传》载:

> 国栋复与缠头回土伦泰等据肃州,号伦泰王。而国栋自署总兵官,城守,出掠武威、张掖、酒泉。会平阳盗渠虞允、韩昭宣等,应大同叛将姜瓖为乱,以三十万人陷蒲州,上命乔芳与额塞还军御之。[55]

这就是大同姜瓖兵变,一起甚至比榆园军起义更加危急的事件,它就发生在北京以西250公里处。正是这场兵变促使孟乔芳放弃肃州,折回来援助在山西遭到围困且近乎覆没的清军。

姜瓖之乱

吸引了清廷和摄政王多尔衮注意力将近一年之久的姜瓖之乱,可能是北方中国饥荒、水灾,加之南明复兴引起的最严重的后果,但其直接原因却是多尔衮委任英亲王阿济格统辖大同边区。[56] 早先,多尔衮邀请喀尔喀蒙古人中的一些盟友越过长城,进入边境地带。但是,这些部落人员总忍不住要袭击这一带的汉民家室，驱房妇女，掠夺牲畜。[57]所以，多尔衮委任阿济格掌管此地的意图，就是约束不守秩序的喀尔喀人，同时也许还想借此把阿济格调离北京，因为阿济格与多尔衮是政治上的竞争对手。不管怎么说，将军姜瓖却认为这一任命的目的，是取消他作为大同和晋北大部地区统治者的权力。1649年1月15日，当大同总督、司道、库官、知府各官出城检验骑兵马草的时候，姜瓖关闭了大同笨重的城门，宣布起义。[58]

阿济格反应敏捷。他几乎一得知反叛的消息，立即于1月15日星夜急驰，次日赶到大同，及时牵制住了姜瓖主力。不过，他还是来不及阻止姜瓖派其副将姜应勋到朔州和宁化去策动兵变。[59]姜瓖及其助手秘密与山西其他要塞的前明军官通气，怂恿他们策划反清起义，已经有一段时间了。[60]现在，这些军人威胁着要像"猛兽"般地起来推翻清朝统治。[61]差不多一夜之间，岢岚和蒲州就落入叛军手中。[62]"愚民被惑，处处蜂起"，该省巡抚的满汉部队应接不暇，力不从心。[63]在东北方面，来自代州的"盗匪"占领了偏关和河曲，与著名盗匪刘迁和张五桂结盟。这些顽匪像1645年江南乡村的复明党人一样，总是以猛攻来夺取某个郊区寨堡，然后强制性地剪断藏在各寨墙里的农民的辫子。[64]这支强大的联军很快就控制了山西东北的大部分关隘，以及往南远至忻口的大部分乡村，他们在忻口切断了去太原的主要干线，隔绝了省府通往北京的北路。[65]

宁武城由李吉残部所占领，此人曾为清朝平定过雁门（代州）。他的几名军官，包括总兵刘伟，一直秘密地与在大同的姜瓖部将通款。那儿的起义一开始，他们就接着发动了反叛，杀死李吉，宣布尽忠明朝。[66]这支军队包括副将3名、参将游击11名、都司40名，以及步骑士卒5400名，在赵梦龙的统帅下占领了宁武。宁武的军队很快就成了汾河上游最强大的一支兵力，控制了汾河南岸宁化和静乐县城，以及一系列寨堡。[67]这样一支强大的叛军，把长城一带的清军与山西中部隔绝开来。只有中部

第十一章　北方的最后平定　535

从河北经谷关而来的道路未被切断。

太原以西的石楼、永和及交城都控制在叛军手中，据按察使蔡应桂说，各州县民众都在起来反抗官府。明朝敕令与叛贼布告到处可见。县官们惊慌失措，他们不仅守不住城池，连官衙都难以保全。这是由普遍的恐慌和骚动的气氛造成的。[68] 在介休，一个隐居为僧叫作侯和尚的前明将领聚众占领了县城。[69] 在平陆，效忠姜瓖的兵士杀死驿丞，占领了一个驿站；曾任明朝监察官及宁夏按察使的乡绅李虞夔（1622年进士）也拉起队伍，占领了潼关及蒲州、解县县城。[70] 火上浇油的是，数千名陕西的土匪正乘坐简陋的牛皮浑脱和木筏横渡黄河，进入山西烧杀掳掠。其中有些是中亚细亚人，有人看见他们背着长枪骑着骆驼经过吕梁山。[71]

当叛乱在整个山西北部迅速蔓延之时，阿济格冷静地搜集情报。到1649年1月28日，蒙古援军抵达大同城外阿济格的营帐，探马也查明了这一地区共有11座城镇公开起义。[72] 第二天，1月29日，清军重炮队到达，带来了笨重的"红夷炮"，向被围的大同城猛轰。不出10天，朝廷又为阿济格增调了兵丁。[73]

虽然通向河北的北路被切断，但从真定经由谷关直至太原的官道仍畅通无阻，其他援军就是沿此路被派去解救巡抚祝世昌的。救援部队的指挥官不是别人，正是那拉部德高望重的头领尼堪（1660年卒）。尼堪在1613年乌喇败后投降努尔哈赤，接着又成了满蒙两族之间一个关键的中间人。1639年，尼堪负责为八旗兵征募蒙古人，在占领北京之后率领这部分蒙古人进军河南的也是尼堪。[74] 尼堪当时在京城任理藩院尚书，他被从外交职务调离去从东面解救太原。[75]

尼堪的到来受到巡抚祝世昌的热烈欢迎。对太原的一个新的威胁是姜建勋。姜建勋是姜瓖从大同派出去四下策动起义的一个人的兄弟，他现在自称为"山西巡抚"，是在姜瓖兵变时就参与了起义的人之一。他逼近太原，占领了忻州城，又从忻州向省会进兵。这时，祝世昌依靠手边的援军，把叛军赶回了忻州，在忻州城下展开激战。姜建勋大败。满蒙汉旗兵杀死姜建勋部众2000余人，获得许多马匹盔甲。如果不是因为忻州北面的道路险狭陡峭，他们一定会穷追残敌。[76]

不过尼堪没在太原停留很久。这场战斗一结束，他就迅速肃清官道，策马北进，力图收复宁武。他围攻宁武近一个月，然后撤围去加入阿济格主力，直接攻击姜瓖。[77] 尼堪一走，姜建勋就得以在山西南部重整旗鼓。他招徕了数万名反叛分子和盗寇加入他的军队，包括越过陕西边界而来的那些人。其他叛军趁尼堪进发大同之机，夺取了陕西边界的保德城和吕梁山区的永和、石楼两城。与此同时，姜建勋攻下了太原西南的交城，又从交城进兵汾州。占领汾州后，他便北进太原，在晋祠为他的大军设立帅府。1000多年前，唐朝的创立者起义时曾在晋祠举行奠酒仪式。[78] 姜建勋从晋祠对太原发起进攻，试图出其不意地以夜袭攻下该城，但未能如愿。可是尽管姜建勋的人马被赶跑了，他仍然是对太原清军的一个威胁。[79] 他把主力留在太原附近，随时可以再次进攻，处境极为有利。而且，当清军因围攻大同而兵力受到牵制之时，姜建勋显然还试图切断在平阳、潞安以下的山西省南端，占领所有县城，把山西的这一部分变成他自己的地盘。[80]

巡抚祝世昌在给朝廷的一份扼要的奏章中阐明了形势的严重性：

> 自宁武军围撤，贼渐逼省城，虽有蒙古兵防守，强弱各半，贼不知惧。若待除姜贼后移师分剿，恐益滋蔓，且山西一省岁赋供应军需实赖省城，迤南汾州、平阳、潞安，诸属拨运，若一处被围，全省震动，惟偏关、宁武早得一日，则河西贼闻风敛迹。请敕发满洲兵数百守省城。如省南有警，即分遣扑剿，别拨兵驻代州，循次取偏关、宁武。贼素畏满洲兵如神，臣是以激切上请。[81]

多尔衮的即时反应是命令兵部合议并采取适当的行动，因为摄政王清楚地意识到山西省近乎脱离了清朝控制。多尔衮一边继续为派遣一支远征大军进行持久战做准备，一边让人专门起草两份谕旨，一来试图使民心倾向清廷，二来说服动摇者对朝廷尽忠。1649年2月26日，清廷颁布了这两份谕旨。

第一份谕旨谕大同及山西地方文武官员、军民人等：

> 姜瓖作乱惧诛，结党聚众，造作讹言，诈传欲杀官吏军民等语，尔等误信为实，遂与俱叛……朕不忍尔等愚昧就死，故特颁谕旨，一概赦免。若于赦到之日，即能悔悟前非，翻然来归，宥其前罪，仍与恩养。若执迷不悟，仍信姜瓖之言，自取死亡。[82]

谕旨接下来还说，朝廷大军很快就要到达山西，迟疑不决者在山西被占领之后将不予饶恕。

第二份谕旨谕大同城内官吏兵民人等：

> 姜瓖自造叛逆大罪，摇惑众人，诱陷无辜……朕命大军围城，筑墙掘壕，使城内人不能逸出，然后用红夷火炮攻破，尽行诛戮。若尔等官民人等，于未筑长围之前，有能执缚姜瓖来献，或杀死姜瓖来归者，准赦前罪，仍行恩养。不惟尔等免死，即尔等之父母妻子，亦可因此而保全矣。尔等宜速图之！[83]

义军对这一威胁未做任何正式的反应。

1649年3月6日，甚至多尔衮的远征部队还没离开北京，他就接到来自阿济格的第一份真正带来佳音的战报。报告开头的情况并不妙：叛军刘迁从清军手中夺取了代州外围的堡垒，代州城危在旦夕。不过，阿济格果断地派遣博洛前去救援。清军架起云梯猛攻，夺回了外围堡垒。困在那些堡垒与城墙之间的叛军被歼灭，代州城解围了。[84]

三周之后，多尔衮亲率一支军队出征山西。[85]大军压境，大同周围的好几个县都趁着多尔衮提出招安的机会向他投降。地处宁武与大同中间的山阴县官领兵出城，请求为摄政王效忠。[86]这些人的变节来降，使多尔衮满怀希望，认为还能够说服大同守军放下武器。当他于4月23日抵达大同时，就送信进城说，好几个县城已开门投诚，姜瓖最好也马上停止抵抗。他再次保证赦免叛军，还对姜瓖的一名信使抚慰有加。清军将信使送回城去，让他给姜瓖带去了多尔衮的一封密信，说："尔等创为逆谋，谅必有所困迫。"还提出只要姜瓖立即投降，一定既往不咎。[87]

多尔衮没有得到姜瓖的任何答复，于是他渐渐确信任何东西都不可能唾手而得。约一周之内他就回北京了。多尔衮一走，姜瓖就企图突围，冲破清军日紧一日的包围。5月8日，信使抵达北京，带来了博洛的消息。博洛参加了阿济格对大同的围攻，他报告说有两支叛军，共5000多人，冲出大同城，在北路立寨，试图扩大防线，但未能得逞。清军攻破了他们的营寨，把溃败的叛军赶回城中，姜瓖还亲率千余军兵出城营救。[88]

但博洛没法保持他的优势。虽然清军仍然包围着大同，省府西南汾州周围叛军却再次得势，牵制了他们的兵力。巡抚祝世昌先前的奏章中的警告证明是正确的。将姜建勋在相对富庶的山西南部的活动置之不顾，或坐视叛军可能会再次进攻太原，对清朝官员们来说这都是担当不起的。1649年6月6日，多尔衮晋封博洛为亲王，任"定西大将军"。从此以后博洛的职责就是消灭山西省西南地区的叛军，而围攻大同的部队就由尼堪指挥。[89]

博洛的到来完全改变了太原周围的形势。由于博洛的满洲军兵攻势凌厉，姜建勋人马退守以前的总部晋祠。博洛不愿攻打晋祠，因为他知道城中的唐祠多金玉之器，如果使用大炮，派兵突击，恐怕会毁掉唐祠。所以他着手包围晋祠。但是，还不等博洛兵士挖好战壕，姜建勋就带领骑兵不顾一切地力图冲破清军包围，想逃回汾州。清军阵营坚不可破，姜建勋阵亡，他的骑兵主力被歼，步兵群龙无首，退回城里，成批被杀。[90]

接着博洛马不停蹄地向汾河流域逼近，攻克汾州以及西南部省府附近的一批县城（如文水），很快驱逐了交城的敌军，然后派一支队伍去平阳，把南部叛军赶回汾河下游。其他兵士在博洛指挥下接着攻打姜建勋部的一支 1 万人的队伍，将其击败，斩级 2000 余。到 1649 年 7 月 6 日，北京得到战报说，至少山西中部地区，南至汾河边的和州，已经完全平定了。[91] 过了两周，博洛又报告说平阳附近的叛军被清军彻底击溃，不得不渡过黄河逃入陕西。[92]

由于得到这一捷报，北京方面命令博洛班师回京。博洛上疏，以为此举不妥。太原、汾州、平阳所属诸县虽渐次收复，然许多地区却仍在武装反清。如果他在此时撤出山西省的中部和南部，叛军残部乘虚袭踞，州县会得而复失。[93] 8 月中旬在平阳府爆发了一起新的起义，这证实了亲王的推断。8 月 28 日，巡抚祝世昌上奏北京，报告说地方上"盗匪"蚁聚，这些人并非陕西流民，而是各县土寇，他们袭击骑哨甚至县城。夏县的两名清军将领与知县都被杀死。四天之后，第二份报告带来了稍微好一些的消息：博洛收复了汾州附近的孝文县，但山西南部显然被土寇所围困，很容易再次受来自陕西的攻击。[94] 因此多尔衮同意了博洛的请求，允许他留在山西中部，摄政王后来还遣满达海自西北率兵，协助山西官府恢复对当地的控制。[95]

与此同时，多尔衮本人于 8 月 7 日再次亲临大同，带去了攻城的援军。[96] 他出征的目的还包括把一些喀尔喀蒙古人护送过长城。[97] 故此，正当攻城部队伤亡最为惨重之时，他却不得不离开大同，9 月 29 日回到北京，这时大同的形势出现了决定性的转机。就在这一天，指挥攻城的三位主将阿济格、尼堪和大学士苏纳海在他们的营帐里接待了从城里来的一名密使。守备刘宝给他们带来了城内总兵杨振威的口信，曰：

> 我等原系良民，为逆寇姜瓖迫胁而反，大军来围大同，即欲斩逆瓖归顺，奈力有所不及，故尔迟迟。今兵民饥饿，死亡殆尽，余

兵无几，我等问计于各官，裴季中等二十三人与我等合谋，约斩姜瓖归顺。[98]

三位清军主将没有上奏朝廷就同意了杨振威的安排，因为这与多尔衮以前应允赦免大同士兵的想法完全一致。杨振威一得到阿济格的肯定答复，就将密谋付诸实施。他们解除了姜瓖亲兵的武装，并将他的一兄一弟（姜琳和姜有光）也逮捕了。10月4日，姜瓖兄弟三人被斩首。第二天，杨振威向阿济洛、尼堪和苏纳海等出示他们的首级，清军开进大同。清军占领大同后首要的措施之一是把城墙拆低到五尺高。大同再也不会成为叛军的堡垒了。[99]

大同的陷落并没导致山西所有反清斗争的结束，但是，它确实标志着山西北部兵变的平息。在大同城里，一些曾经成为姜瓖半私人军队之一部的盗匪们，现在被收编进清军八旗了。[100] 其他地方的一些叛军，例如宁武的刘伟部，也意识到除了向清朝投降别无出路了。姜瓖遭暗算后的次日，几乎控制了汾河上流所有地盘的刘伟军队，全部向满达海投降。于是，山西北部也基本平定下来。[101]

北部的胜利使满达海部队得以腾出手来，帮助博洛征服山西南部。在山西南部，盗匪们招徕部众，举旗造反，其组织多为兵民合一式，或聚或散，蹂躏州县。他们中有些将继续在山西长期游荡下去。在西南边远地区，虞胤和韩昭宣率领一支反清大军占领了黄河边上的蒲州城，而且，在陕西义军的帮助下，公开宣布效忠永历皇帝。清军无情地粉碎了这次起义。他们依靠陕西总督孟乔芳的帮助，向蒲州发起猛烈的攻击。据平垣营游击将军塘报，满汉将领于1649年11月11日天将破晓之时，向蒲州发动了一场精心协调的进攻。清军一面架起云梯，攻打北城，一面封锁该城的其他出口。清晨五时左右，攻城清军突入城内，开始了有组织的屠杀，直至中午，杀人约1万，"尸满街衢"。一些守城义军试图杀出南门，但被满汉官兵截杀千余，投盐池溺死者无数。又有从盐池内向西浮涉者,上岸后也被清军砍杀。复明义军文武官员被杀者近百人。[102] 关于蒲州屠杀最能说明问题的一点是八旗兵执行任务时的令人胆战的效率。与在扬州、江阴和嘉定杀人最多的那些变节降清匪军狂热的虐杀欲相对照,征讨蒲州复明分子的满汉部队是以冷酷的算计进行杀戮的。如果叛军拒绝招安,激怒了清军,那么所有旁观者都清楚一定会有可怕的后果。

征战仍在继续。孟乔芳部进至黄河边上、蒲州以北的荣河。姜瓖的部将之一白璋率兵 6000 人,已攻占了荣河。

> 光瑞等击破之,斩级二千有奇。璋北走,师从之,迫河,贼多入水死,遂击斩璋。余贼入孙吉镇,歼焉。复进向猗氏,行十余里,瓖所置监军道卫登方以数千人依山拒我师,其将张万全又以四千人助战。光瑞等击斩万全,乃还攻,获登方,斩其将王国贤等三十余人,级三千有奇。又令章京[103]杜敏等攻解州,破其渠边王张五、党自成等。荣河、猗氏、解州皆下。杜敏等歼余寇。根特等又破所置都督郭中杰于侯马驿。九月,光瑞等进克运城,斩允、昭宣。瓖之徒内犯者皆尽诛。[104]

其他清兵在肃清太原和平阳之间的通道。太谷、平遥两县拒不受抚,清军遂严惩不贷,破城杀戮。[105] 在东部的沿河北、河南边界附近的太行山区,义军封锁潞安城,占领了南北通道上潞安与平阳之间的大部分地区。1649 年 11 月底,满达海率满汉两路官兵,从汾河流域出发。他们遇到了比预计的要激烈得多的抵抗,反清义军无论步骑都器械精良。然而,清军且战且前,一个县一个县地向前推进,一直打到了已经弃守的潞安城,潞州"匪徒"已经逃走。后来当清朝大军撤走去警戒北京地区时,这些"盗匪"对于山西行政官员来说仍将是一个问题。不过潞安的攻陷,已意味着山西的正式"平定"。此后,控制地方、镇压罪犯或反清义军,就得依靠正规的政府当局了。姜瓖兵变遂正式平息。[106]

征服西部

当孟乔芳军队前去援助博洛和满达海的时候,他们背后的陕西省与南明的复兴及姜瓖兵变相呼应,新的叛乱四起,这是可以预见的。在陕南——多尔衮将这一地区划给了"平西王"吴三桂——有个名叫朱森釜的人声称是明朝宗室,自封为秦王。他的主要支持者、反清分子赵荣贵,有兵1万,在解州建立了总部,保卫秦王。解州距四川边境不远。吴三桂在侍卫李国翰与总兵许占魁的帮助下,攻打解州,斩杀7000余人。后来在碎石中发现一堆尸体,赵荣贵与秦王均在其中。[107]

解州事变之后,紧接着在延安又爆发了一场大叛乱。延安巡抚是王正志(1628年北直隶进士),曾任明户部侍郎,入清后继任旧职。1645年,除兵部右侍郎,充延安巡抚。姜瓖起义爆发之初,王正志就令其大将王永强整饬防务,而王永强却早就与姜瓖有了秘密联系,遂即时起兵叛变。根据巡抚黄尔性报告,1649年4月19日,叛军攻占了延安及延安周围的19个县,还杀了巡抚王正志和道台。[108]处在延安与长城之间的榆林守将刘登楼也决定起兵造反。他本是刘芳名部将,清廷集结兵力进攻四川之时,留刘芳名任都督副将,驻守宁夏。刘登楼在1647年对马德作战时战绩卓著,被擢为榆林守将。此刻,听到姜瓖起义的消息后,他"易衣服",自署"大明招抚总督",杀靖边道夏时芳,送信给刘芳名,请求支援。这时已对清朝忠贞不渝的刘芳名给宁夏巡抚李鉴看了此信,发誓粉碎反叛。[109]

陕西省的清朝要员刚刚收到延安和榆林这两个军事重镇公开造反的惊人消息,巡抚黄尔性就在1649年4月23日接到报告,说王永强又占领了几座县城;蒙古头领扎穆素在贺兰山区起兵反清;刘登楼与扎穆素结盟，赢得定边城民众的支持，煽动驻军兵变。[110] 显而易见，姜瓖起义在整个宁夏引起反应，许多原已归顺清廷的职业军人也贰心陡起，其中有些人如今正在陕北一心反清。[111]

吴三桂军队很快解决了王永强叛军。1649年5月8日吴三桂报告，他的人马与王永强军接战，一举将其击溃，斩首7000余级。[112] 接着他又向北挺进，捕杀了一些王永强任命的县官。7月2日，据报告，吴三桂、墨尔根、李国翰指挥了对延安府的第一次进攻，多数叛军望风而逃。[113] 收复延安绝不是镇压叛乱的结束，必须将西安西北的盗匪也平息下去。整个8月间，陕西清军一直在与一支支的反清武装作战，诸如由赵铁棍领导的2000人马。[114] 所有这些交战都是小规模的，然而肃清小股孤立的反清力量，比与大股叛军作战更加要紧。还有，叛军的伤亡远不是微不足道的。在这几个星期内，吴三桂和李国翰部下至少杀了4600名"贼"。9月5日，他们得以声称完全控制了延安和绥德两个州府。[115] 大约在同一时间，榆林也被占领了。在李国翰和李鉴的部队与蒙古人札穆素作战的同时，刘芳名沿长城进军，去攻打他以前的副将刘登楼。在榆林附近一个被称为官团庄的地方，双方开仗交战。这一仗是本次战役中最为激烈的一场战斗。刘登楼士卒箭如雨发，刘芳名的部将一度确曾险些溃退，但经刘芳名大声斥骂，又重新投入力战，终于大胜刘登楼，并将其斩首。[116]

清军在陕西中部和宁夏的胜利，与孟乔芳经山西南部征服姜瓖反清联军的胜利正相一致。到吴三桂、李国翰和刘芳名结束战斗的时候，孟乔芳就快要回到陕西了。孟乔芳回陕西后，迅速率兵穿过省境，来到肃州城下，在围攻丁国栋叛军的清军中打头阵。现在，由于后方安定，麾下兵员充足，孟乔芳觉得肃州唾手可得，以至对攻占这座回民义军的据点似乎有点兴致不足了。11月，总督孟乔芳简洁地向多尔衮报告："勇、宁克肃州，诛国栋、伦泰及其党黑承印等，斩5000余级。河西平。"[117] 在两年多一点的时间里，孟乔芳收复城镇100多座。1650年后，孟乔芳出任兵部尚书，成为所有效劳清朝的汉人中官爵最高的一个。1652年，累进三等思哈尼哈番，后被康熙皇帝称为征服中国的两个最得其用的汉族将领之一。然而，为他赢得了这种荣誉的军功，是以可怕的伤亡为代价的。在任陕西总督期间，孟乔芳共杀死或捕获17.6万多人。[118]

肃州陷落和丁国栋与土伦泰之死决定性地结束了1648—1649年甘肃西部的回民起义。然而，为了维持这一地区的安定，维持对它的控制，还必须实施抚民政策，以使回民部族心平气和，消除抵触情绪。这在根本上意味着采取可靠的措施，即采取增进社会福利、改进吏治的传统方法。新任巡抚张中元于1650年3月29日赴任，将这些措施具体付诸实施。5月2日当他到巩昌时，"目击残黎"，感到自己首要的责任是抚慰"百姓"。于是这位循吏着手医治参战双方留下的战争创伤，他亲自到周围村落进行调查，很快弄清了甘肃士民受贪官污吏渔夺的情况，其中武将为害尤烈。巡抚张中元因此鼓励士民向官府申诉，并许诺立刻惩处贪官污吏。不过，他对河西地区和再往前的甘肃走廊的形势也深为担心。他乘船横渡黄河，对荒凉境地感到畏惧，甚至受到前呼后拥的"番人"的惊吓。

> 职宣扬我朝德威以弹压，又捐备烟茶银牌以犒赏之，令其且畏而且喜。[119]

1650年6月27日，张中元到达甘州，他在那里的首要问题是决定分给甘州戍军多少赏物。张中元恪守规章，虽然他认为以前极低的定额是不适当的，但是他不敢自作主张，按自己认为所需颁发的数额开支官物，遂以私人财产根据官兵等级赏给钱物。为赢得沿边戍军之心，他预先就有所准备，随身带着这些钱物。他感到自己的政策取得了很大成功。不久，他在给朝廷的报告中就特别提到，官兵在领受赏物时欢呼："皇帝万岁！"并吹吹打打地欢送他。这一经历使他相信，士卒们是忠于朝

第十一章 北方的最后平定 545

廷的,未来的兵变可以防止:

> 甘肃一带,不特回变一事,往往鼓噪为常事,杀官为奇货,虽边俗之薄恶如此,亦皆抚镇之不得其人也。幸今抚臣,一尘不染;镇臣爱惜士卒,抚镇和衷,皆实心任事,以致各郡道将大小文武,无不奉公守法。职始而为地方虑,转而为地方庆,可抒皇上、皇〔叔〕父摄政王西顾之忧也。[120]

当时,对张中元来说,减轻战乱所带来的破坏的最好办法,是鼓励官员廉正忠恪,遵纪守法。但是,像给边地戍军军赏这类措施,虽然也许能如愿以偿地立即赢得戍军的兵心,以保护士民免受掠夺,却不能为边境地区回汉冲突问题提供长久的解决办法。

不过,这样的解决办法以前是有人提出过的。1648 年 6 月 25 日,当回民义军还在与清军鏖战的时候,兵部左给事中郝璧曾就控制西北特别地区的方式问题,向朝廷呈递了一份很长的、也是很重要的奏章。首先,他对孟乔芳的迅速取胜大加称颂。孟乔芳不到半个月就击溃起义回民,收复甘肃主要州府。虽说"制小丑之命,犹搏狐鼠",但"皆皇上、皇叔父摄政王威灵所致,及官兵勇猛善战之故也"。然与回民的冲突极有可能再度发生。任何人,他很快补充道,都不能否认我朝之仁政,不过应该指出的是,逆贼并未被剿尽杀绝(米喇印起初毕竟是清军的参将)。另外,在西北各大州府,回、汉相杂,"习俗不同,终为疑贰"。所以他提出了一个重新安置少数民族的政策。他认为回民部族应该被安置在距最近的汉人州、县、卫至少 50 里远的、适于开拓的僻静地带。在那里,他们可与家人相处,从尚武的骑手转变成为和平的农夫。

> 勿令养马,勿藏兵器。令渠掌教之人主之,制其出入,一意耕牧所原有田产,以消其犷悍之性。

根据这一"长远计划",当地司道等官应当不时察勘,以确保回民恪守这些法规。[121]

郝璧的隔离政策得到了清廷的赞同,回民从此以后将被重新安置,与汉民保持距离。[122]在归顺的蒙古人和青海蒙古土人的帮助下,清政府将哈密和汉地回民迁移到离固定的州府、集镇和戍堡相当远的地方,他们还试图切断肃州回民与哈密之间的所有联系。嘉峪关关闭了。一直到1855年,在接受了莫卧儿使团为哈密与丁国栋的联盟所做的道歉后,清政府才重新接受西亚诸国的进贡。[123]

重新安置回民并没有结束一切反清活动。西宁蒙古土司在甘肃叛乱期间曾经支持清政府,1653年,那里却在回民彝鲁的领导下爆发了起义。不过,即使当时有几位清朝官员声称起义领袖与哈密有联系,仔细考察的结果却证明事情并非如此。[124]虽然,把宗教派别间的和谐归功于清廷对这些不同部族的隔离政策,是没有道理的,不过西北沿边确实安宁了一个多世纪。[125]

陕西东南与汉水高地

尽管干燥贫瘠的西北的混乱最后平定了,陕西东南将仍然是清政府难以管理的一个地区。在某种程度上说,这是因为中国的这一地区位于长城以内,相当靠近内地,很奇怪地比边境地带更加野蛮,军队在此地更难展开。在边地,商人定居于贸易城市和戍镇,向商队、牧民和周围的寇盗出售生活用品和食物。这些绿洲城市一旦听到叛乱号召,便可由他们密集的回民部族提供蓄积着的人力。不过一旦战争结束,这些城镇集中的人口比分散的乡村居民更容易控制。[126]而在陕西东南地区,反清力量并不那么集中。与商路的城镇形成对照的是森林地区的寨堡,人们可在那里经年地躲避追捕。如上所述，任珍早先在兴安一带的作战可能暂时帮助了当地官员进行统治，但他的胜利并没最后解决冲突。[127]

这其中的一个原因是它靠近四川，这意味着陕西这一带的反清分子与盗匪非常容易与南方的复明政权接触。例如在川陕边境作战的明朝副将唐仲亨的军队包括有两位明亲王（朱常瑛与朱由杠），一个明都统，以及一名明监军，还有一个名叫卜布赖的蒙古都统。在姜瓖起义的最后日子里，任珍经过恶战击败了唐仲亨部，清军缴获了许多明朝官印，于是他们与复明运动的联系就一目了然了。[128]

也许，比在两省交界处活动的复明力量更有代表性的，是以"兴安伯"孙守金为首的反叛者的结寨联盟。虽然这个名字使人联想到孙守金也许就是孙守法的兄弟，但更有可能的是，在最初孙守法的反清联军被击溃之后，这个匪首就用这个名字作为一种反叛的标志。孙守金占据洞河板场寨，他的主要同盟者是总兵覃琦。覃琦自己的寨堡在任河边上。还有13个结盟寨堡，都围绕着板场山上孙守金的大寨，建在山坡上。板场山就在紫阳县以南。这些寨堡的位置直到清游击仰九明于1652年暮春侦察这一地区，并报告上司说存在着这些叛军营寨时，才为人所知。这时，任珍（显然是因为在这些崎岖山地的军功，他已被授太子太师）已因病回京，归汉军正黄旗。山西巡抚马之先不得不求助于他人，他命令总兵赵光瑞在兴安调集了一支讨伐军，以消灭叛军。[129]

赵光瑞精心准备，他征得批准后，从邻县调集军粮，运往紫阳县，以供长期作战。到1652年5月21日，赵光瑞安排就绪，遣军出紫阳，由游击张德俊率领，徒步涉过汉水，进发板场山。与许多见清军就望风而逃的盗匪不同，孙守金联寨在山顶排成阵列，长枪如林，向清军蜂拥而来。双方鏖战多时，清军挡住了义军的侧翼火力，但接着又不得不奋力冲杀到半山腰，去抵挡山顶上雹子般打下来的炮石。至日暮，清军终不能破关而入。第二天清军分路侧击，战败"长发"义军，才冲开了一个突破口，移兵向前。这一天，他们在高山列营，却发现中了义军埋伏，一直战斗到黄昏,双方伤亡惨重。23日,山上薄雾渐消,张德俊遍观地利,只见山顶上寨寨相连,隐约可见,认识到只有持久的围攻,才能削弱孙守金的防御。他分兵几路,各自牵制一个个寨堡,同时封锁山后出路。这样包围义军,希望以饥饿迫使他们投降。

六个多星期后,1652年7月1日,孙守金仁河联寨的覃琦决心降清。由于害怕一旦孙守金大寨陷落——这看来是指日可待的了——他的人马会首先被围歼,所以覃琦请求招抚,清军准许他投降,于是覃琦的部属们,包括两名副将,一名知县,四名参将,四名游击和九名都司,"俱各剃发"。由于还有其他营寨也已决定承认清廷在这一地区的统治权,孙守金靠联寨前来援救的希望很快就变得十分渺茫了。覃琦投降后不久,张德俊出兵攻打板场山大寨,杀死了义军首领孙守金与他的许多部下。板场寨于是真正被荡平了。[130]

孙守金被消灭后,陕西东南只剩下一支主要的仍然逍遥法外的反清力量,甚至这伙人也知道末日临近了。何士升领导的这帮"杆贼"自1647年以来就威胁着洛南地区。根据县志记载,这支器械精良的500名战士总是周期性地袭击村落,进行掠夺,杀死上百名无辜男女。"实洛民千百年之大劫也!"[131] 但1651年何士升被一支清军打得大败。[132] 两年后,他企图重整旗鼓,与另一个名叫王友的盗匪结盟,两支人马联合起来。然而洛南县民已经建立了"义勇"组织,追捕歹徒。所以,王友为保全自己的性命,向官府出卖了何士升,"杆贼"被歼灭了。[133]

虽然,在清朝统治的头十年中,陕西东南地区的历史主要是击溃一支又一支反清力量的记载,但是,整个陕西省的平定并不仅仅是一个军事镇压的问题。要是官府紧追猛赶的军队被严命在关中消灭或关押每一个叛乱分子,那么该省政府决不可能征集起人力进行有效的统治。甚至当咄咄逼人的将领击败某一支反清力量之时,政府要成功地全面平定地方,仍有赖于保证其他盗匪或复明力量的屈膝投降。所以问题在于该怎样处置这些新的归附者。孟乔芳在1651年十分直率地阐述了这个问题,并提出一个解决方法：

> 陕西风俗强悍，土瘠民贫，兼多深山大谷，遂为盗贼之薮。自我大清定鼎，扫除寇患。职宣布皇上恩威，多方抚剿，一切巨寇，俱已歼灭殆尽。惟南北山，仍存伏莽之孽，或一二百名，或五六十名，不时出没，劫掠乡村。及职发兵剿捕，则已逃遁入山；既而官兵撤回，则复乘间窃出，殊为民害。查前奉恩诏一款，凡各处盗贼或为饥寒所累，或为贪官所迫，实有可悯，如能改过就抚，准赦其罪。职仰体皇仁，特行招抚。随有输诚来归者，接踵而至。但此辈原因饥寒所累，以至为盗，若散之归农，彼原无身家可恋，亦无地可耕，且无籽种牛犋；欲令其为商，则无资本可藉，且不惯于经营。拟分拨各镇收营食粮，如甘肃远在三千里之间，延、宁两镇亦在二千里之间，倘至中途惮于跋涉，势必逃而啸聚，仍为不了之局。[134]

孟乔芳所描述的情形已经在全省出现。比如，延安府的一份报告说，对于受招安的军队不仅需要特别的安排和优惠待遇，他们的将领也仍被允许握有像以前一样的军权，这样他们实际上仍是独立的。[135] 所以孟乔芳提出了一个一劳永逸的解决办法。当各反清力量接受招抚时，应集体到布政司登录，布政司按月给饷，在六镇兵马缺额数内顶食钱粮，总不出经制之外。这样，户部便得以控制地方兵费。新兵日前暂隶提督标下，以备随征之用，待为时稍久，陆续发拨各镇，以补缺额之数，同时将招抚的食粮降丁姓名造册，咨送户、兵二部。[136]

虽然孟乔芳的建议作为一种临时的解决办法被接受了，但是长期的供应军费的问题仍然没有解决。这些新兵可以一时列入布政司名册中，用别处缺额兵粮来赡养他们，但时间一长，这些钱物最终是要被用完的。孟乔芳因而又建议在川、陕两省（1653年后他兼任这两省总督）复兴古老的自给自足的屯田制度。如果可能，戍军应该自己耕种土地；不过如果士卒不愿耕作，就应招徕农民，"行屯田法"。[137]然而，陕西要花许多年时间，才能从军事征服年月惨重的灾难中恢复过来。例如，在东南山地，山坡上杂树丛生，狼奔豕突，猎人和兽群取代了农夫。直到玉米种植发展起来，以及18世纪初叶来自海滨的"棚民"移入以后，这一地区才再度恢复了农业生产。[138]

山西山匪

东面的山西，在姜瓖叛乱被镇压以后，也处于荒芜之中。从理论上说，围剿业已结束，而事实上，肃清地方的任务仍很艰巨。这一任务现在落到了新任巡抚刘弘遇肩上。刘弘遇在明朝进士及第，系满清汉军八旗人。[139]他在仲夏时节策马过谷关进山西，但见庐舍残毁，人民凋瘵，"如患痨疾"，东部州县俱经寇盗蹂躏。想要使地方稍为复苏，都极为困难。刘弘遇兢兢业业，饬行有司，抚绥整顿。他宣传大清仁德，力行招徕，以使民众安居乐业。[140]但就在农民勒紧腰带巴望下次收成之时，盗匪们却仍在劫掠村落，而官军则坐视无睹。这些匪帮的形成，有许多比姜瓖的起义还要早，他们成了山西山区的一个组成部分，也成了山区望楼寨堡的组成部分。不过其中有两支主要匪帮为害最烈，这就是最初由高鼎率领的五台山匪盗，以及在山西南部举旗反清，而现在由神出鬼没的张五桂领导的部队。

位于山西东部的五台山区，"山深林密"，是盗匪藏身的好地方，他们可以从此越过关隘，袭击河北西部真定周围的城镇。[141]盗匪活动是当地特有的，诚如总督佟养量向他在北京的上司解释的那样：

> 照得五台等山，联绵八百余里，其间峻岭绝壁，险寨深沟，古称避兵之地。故刘长腿、高三等贼，招结亡命，依负山寨，肆行为乱。

兵少山大，兵东剿而贼遁于西，兵西剿而贼潜于东。是以用兵经年，虽剿抚过半，未得尽剪。刘长腿势穷先逃，复查高三亦已脱逃，飘忽为害。[142]

在巡抚刘弘遇到来之前，一个封锁五台山盗匪"高三"（高鼎）、"刘长腿"（实际上叫刘永忠）的计划已在实施，试图将他们围困在其设在曹家山寨的大营里。官府从全省各地抽调了1900余名兵卒，把守通往曹家山寨的各个关隘。不过，刘弘遇认为这一策略不会成功。若不增兵攻击，盗匪们将继续在高山地带为所欲为，轻而易举地躲开官军。刘弘遇因此独自决定调集一支联合部队，计披甲满兵300名，他自己标下马步兵520名，以及来自宁武的戍兵770名，攻打五台山寨，欲一劳永逸地歼灭盗匪。[143]

1650年初夏，清军开始进剿，历时不久，作战很快失败。反清分子干脆分散躲入深山，或者越过恒山附近的关隘，向北逃去了。于是，10月6日，巡抚刘弘遇与总督佟养量在代州面商机宜。用佟养量的话来说，他们认为应"尽取山寨并各要路形势"。[144] 这一次，清军措施更加周密，严防盗匪逃窜。佟养量遣部将领兵封锁南北山路。在北面的浑源县，他下令征募民壮兵丁以补充兵员，堵截恒山地区的出路。然而大多数反清分子还是再一次逃脱了。他们一得到官军行动的情报，就马上散开来逃到别的山里去，或钻进森林茂密的丘陵地带。事实上，官军的进攻客观上使得盗匪们加紧了劫掠。因为他们被逐出营寨，就不得不沿途掠夺定居的村庄。[145] 也许就是因为这一缘故，即围剿的失利，反而加剧了混乱，官府让步了。到1651年，当得知高鼎越过边境逃入北直隶时，刘弘遇完全放弃了继续进剿的全部计划。虽说官军轻而易举地摧毁了高鼎留下的"巢穴"，但是，没有各地间的通力合作，由一个省的部队独自去消灭反清分子，实际上是不可能的。[146]

于是，从1651年秋直到1654年春，高鼎和五台山区众多的小股反清力量继续出没于崇山峻岭之间，畅行无阻地来往于山西、直隶两地。只要高鼎及其人马一直躲在深山之中，他们就不会惹人注目。但是，1654年冬季，他的部众走出山西的山岭，来到真定府附近滹沱河流域的平原地带。真定是军事重镇，位于通往北京的官道边上。惊恐万状的当地将官们马上要求与北直隶和山西的军队合力围剿。直隶巡抚王来用提醒朝廷注意高鼎，认为合剿五台山盗匪的时机已到。1654年4月28日，皇帝下旨照准："是，依议。速行。"[147]

合剿在兵部领导下进行。兵部尚书马鸣珮是辽阳将门子弟。1621年这一家族的女眷以为自己的丈夫们死在了与满人的战斗中，就集体自杀了。当然，实际上丈夫们是投降了。马鸣珮隶汉军镶红旗。[148] 在他的部署下，山西、直隶联军剿抚兼行，恩威并施，公开宣布"令其洗心投诚，如有迟疑，即便进剿"。高鼎本人从未正式投降，他可能在小规模战斗中被杀了，但是他的姻兄董三狗子（真名董景禄）确实率部自首了，几支反清力量见无处可逃，也步其后尘而投降。到1654年夏末，五台山反清分子被肃清。[149]

虽然高鼎出没于山岭间，有时还远至直隶，但他的队伍还是牢牢地以一个地区为根据地，这就是五台山区。其他自姜瓖起义后残存下来的大股反清力量都没有这样地集中于一地。神出鬼没的反清分子张五桂与高鼎不同，他特别灵活多变，沿山西东边倏忽往来，从这一头跑到那一头。如果说他有过专一活动范围的话，那就是在平阳以南的山西西南角。但是，他又频频在山西东北部露面，以至无法把他看作是只困守一地的土寇头目。1649年发现他上了五台山，次年又回到平阳，然后，到1650年底又在北部出现。张五桂的神出鬼没使他成了官府的十分危险的敌人，特别是因为无论他去到哪里，都好像能拉起一支在一县境内活动的反清力量。一名官员在反清分子攻打一座县城后说道，张五桂"燎原之势，几不可向迩"。[150] 姜瓖起义第一次给张五桂一个机会去组织一支大规模的反清联军。兵变在全山西引起的混乱，使得招徕部众，或者说服小股

第十一章　北方的最后平定　553

盗匪参加大规模起义都容易起来。虽然张五桂与姜瓖从没有任何明显联系，但他得以利用自己反清活动兼有的忠君复明色彩，使其亦兵亦民的组织更显得像一支正规部队。不管他实际上是否从复明分子那儿接受了官衔，总之他给属下各支反清力量的头领们委以官职。从很久以后被捕获的一个张五桂随从身上，发现了一份"参将"札付，日期为永历六年，红字标题为"忠义营"。[151] 因此，到1649年的头几个月，张五桂集结起了一支真正的军队，首领有他本人，他兄弟张五常、王水天兵（他也许就是王小溪），以及一名叫阎策的人。这支部队首次引起山西省官府的注意，是当它出现在东南山区围攻五台县的时候。1649年2月18日，张五桂猛攻五台县，差一点就占领了县城，直到2月20日从省城赶来一支1600人的援军，清兵才得以杀了1000多反清分子，将其余的赶走。[152] 张五桂很快返回他在平阳的老巢，但到1650年，他和王某人（据当时清军所知就是王太平）又回到五台山区，在龙泉关附近纠集一支武装，威胁保定，而鲁国南已从直隶沿长城各戍地抽调兵力，在保定集结了一支大军。他们把张五桂赶回到山西的群山中去了。张五桂虽然又一次逃脱，但他的许多寨子都被夷平，大批人马被捕，手下的两名将领也被杀了。[153]

此后四年里，张五桂偃旗息鼓，积蓄力量。到1654年，他再度在山西西南部露面，从中条山出来，架起云梯攻打夏县，劫掠曲沃县城。[154] 但在1655年2月20日，他的厄运到了。清军探马发现了他在中条山据点的大体位置，夏县生员杨廷楠又提供了关于地形的详细情报，清军兵分四路，连同士兵、内丁，于2月22日夜间从夏县、平陆县秘密出发，黎明前夕在银洞山顶上一个叫作马家沟的村落附近会合。23日天色尚未破晓，马家沟村民得知了清军来攻的风声，有一股反清分子趁着天黑逃走了。但当天光大亮，清军搜检被杀戮之人时，竟然发现其中一个就是那传奇式的匪首张五桂，便立刻得意非常：

554　洪业：清朝开国史

杀死贼四名，用箭死贼三名，内有贼首张五〔桂〕，发长一尺五寸，身边搜获伪将军木印一颗，合同文一张，上写永历八年。[155]

与此同时，巡抚陈应泰下令乘胜围捕平阳、河东两地一切已知的叛乱分子。3月30日，张五桂一名主要的副将景其桢被捕。此后数周内，高度戒备的清军骑哨斩获了许多10—15人一支的小股反清武装。到1655年夏天，整个山西南部已处于清政府统治之下，局势稳定，自明末以来一直猖獗的匪盗活动终于被制止了。[156]

这时，河北中部（北直隶）也完全平定了。虽说后来在1655年和1671年偶然也有关于匪盗及反清分子活动的报告，其中有些还引起地方官的恐慌，但这些混乱迹象在1650年以后是很少见到了。[157] 不过山东的情况又有所不同。处死刘泽清和镇压榆园军并没给山东带来和平。接下来的10年间，著名匪首孙化庭一直盘踞省府外围长清县丘陵地带。1649年3月，清军大胜孙化庭。[158] 但是，在鲁西南地区，沿河北、河南边界，榆园军残部继续侵掠这几个省份，妨碍大运河的漕运。[159] 显然，对此应予以充分的重视。吴达早就提出要从别省调集人员和军队，以确保扫清这一战略地区的反清武装，荡平堡寨，恢复乡绅社会组织，并建立强有力的地方政府机构。还需要有个权威人物来统一指挥三省军队，因为绝大多数反清武装是兔子不吃窝边草的，总是奔袭其他省区，然后再越境溜回到自己本地的藏身之处。[160] 于是，在姜瓖起义后不久，多尔衮就决定设一新职：北直隶、山东和河南三省总督，总督府设在大名。[161] 被选中担任这一重要职务的人是张存仁。[162]

总督、缙绅和乡长

张存仁曾在明朝祖大寿手下担任过参将，1631年投降了满洲。1640

年和1641年他向满人建议,通过搅乱驻守在锦州城内的蒙古军心就能攻克该城。他还在清政府内竭力主张应争取更多的汉族变节者归顺满人,强调像洪承畴和祖大寿这样的人对清廷所能做出的贡献(1636年以后他任都察院承政)。张存仁事实上还是第一个写信给吴三桂力劝他投降的人。他还是一名优秀的武将,1642年,任汉军镶蓝旗梅勒额真(此处应为梅勒章京——译者)。翌年,在济尔哈朗的总指挥下,张存仁掌管汉军镶蓝旗炮队。他的炮兵部队对都统叶臣征服山西,尤其是1644年攻占太原之战,起了举足轻重的作用。在多铎征服河南和江南之时,张存仁作为攻城专家,同样也是战功卓著。不过,对他的才能的最艰巨的考验,是从1645年他被任命为浙江总督时开始的,他得负责制订出一个全面平定浙江的方案,而浙江之难于治理,人所共知。一方面,张存仁必须击退马士英和方国安领导的南明军队对松州的进攻。另一方面,他还必须制订一项有效地治理浙江的政策。[163]正是在浙江,他显示了自己文武双全的才能。他充分认识到推行剃发令的困难,就巧妙地利用松州士绅来"抚"民,转过来又通过减轻赋税,恢复科举,以使士绅阶层感到满意。于是,就如后来在山东那样,他宣称平定地方的关键,在于确保当地士人效忠朝廷。[164]

因此,张存仁赴大名就职后,第一件事就是亲往河南北部的归德县去拜访侯方域。一个朝廷总督屈尊于一个32岁的浪漫诗人,也许显得有点出格,但张存仁有充分的理由去向这位后来被《桃花扇》描写成悲剧性主角的人物表示自己的爱慕之心。侯方域曾逃往扬州以躲避南京阮大铖的势力。扬州陷落后,侯方域返回河南侯家庄。照当时一位传记作家理想化的说法,此后几年中,侯方域过着缄默优雅的半隐居生活,"与一二老儒论文"。[165]然而事实上,侯方域是热情地介入了设法恢复缙绅对当地农村控制的活动。在产生了大顺政权的这个地区里,这是个显然关系到他家的土地利益的问题。侯方域因而设计出本地对付造反的措施,它包括恢复古老的"乡约"制度,系统地建立一个组织,由擅长于乡勇活动的当地士绅首领参加。张存仁了解到侯方域在这方面的努力，遂来到归德，既是为了征求侯方域的意见，又是为了与山东这个组织的成员接触。[166]

张存仁的造访，使侯方域感到不胜荣幸，遂同意合作。他首先向总督提供了山东重要的乡勇领袖如贾士泰等人的名单，接着他同意帮助召集乡长实施乡约制度。张存仁本人接着也拜访了贾士泰，以便获得他的支持。总督与这个乡绅联盟一起，把农村分成了几部分，由各乡长个人负责，清政府向乡长提供军需物资、委任官衔，以及（也许是最重要的）保证当盗匪或反清分子来袭时，迅速而有效地从各省出兵支援。[167]

同时，总督张存仁还采取了人们所常用的手段来侦知敌人的下落，阻止其到处活动。他在榆园军内部安插密探，还故意拆除了横跨黄河的桥梁以阻止叛乱分子来回躲藏，一旦发现可疑分子的楼堡，就将其夷平。随着清军加紧围剿游匪和反徒，榆园军开始瓦解溃散了。有些人重操旧业，当了农民；有些退进深山；还有一些，像著名的"九山匪"王俊，只身向张存仁投降了。[168] 缙绅复明领袖叶廷秀曾向榆园军首领提供了与南明朝廷联系的一条重要线索，现在也匆匆外逃，躲到北京去了。他一度藏在已决定归顺清廷的诗人龚鼎孳家里，而其留在山东南部的家人都被官军杀了。[169] 这样，正是这个三方联盟——乡长、缙绅和总督——最后为清朝"平定"了山东，结束了在河南、河北、山东三省交界处持续数十年的叛乱。

1651 年，侯方域参加清朝的会试，但榜上无名。此后，他对自己听从家庭和朋友的劝导而参加了科举考试，懊悔不已。然而，若是他金榜题名，在京城以尽士大夫之职，比起他在农村与张存仁的实际合作，在对复明事业的背叛上，那倒会轻得多了。[170] 翌年，即 1652 年，山东宣布平定，成了清朝版图中一个可靠的地区。[171] 总督张存仁以功晋封精奇尼哈番。[172] 两年后侯方域去世，时仍为布衣，享年仅 37 岁。据说诗人末年终日自责，深悔往事。[173]

第十一章 北方的最后平定　557

注释：

1. 《清世祖实录》第三十四卷，第 3、18 页。引自谢国桢编：《清初农民起义资料辑录》，第 53 页。张忻于 1645 年应荐出任天津巡抚。他于 1647 年 8 月 9 日被黜，此后不久以疾引年致仕。其子张端也被列入《贰臣传》。张端是由山东巡抚王鳌永推荐担任高级职务的一位山东士绅。与陈名夏一样，张端 1643 年进士及第，供职于弘文院，后任大学士。《贰臣传》第十二卷，第 14—15 页。
2. 《贰臣传》第六卷，引自谢国桢编：《清初农民起义资料辑录》，第 53 页；《清世祖实录》第四十卷，第 461 页；参见《清初农民起义资料辑录》，第 7 页；谢国桢：《南明史略》，第 97 页。
3. 不久前，1647 年 2 月，一个名叫孔五的盗匪，在被孔希贵杀掉之前洗劫了大名的南乐。同时，山东反清分子丁明吾进攻大名的开州。当地知府被杀，但是知县率众拼死抵抗，反过来杀了丁明吾。《贰臣传》第四卷"孔希贵传"；《咸丰大名府志》第四卷。引自谢国桢编：《清初农民起义资料辑录》，第 97 页。
4. 《曹州府志》。引自谢国桢编：《清初农民起义资料辑录》，第 91 页。
5. 《咸丰大名府志》第四卷。引自谢国桢编：《清初农民起义资料辑录》，第 97 页。
6. 《明清史料》丙编第七册。引自谢国桢编：《清初农民起义资料辑录》，第 91 页。
7. 《贰臣传》第四卷"高第传"。引自谢国桢编：《清初农民起义资料辑录》，第 97 页；《清史稿》"列传"第二十七卷"吴景道传"。引自谢国桢编：《清初农民起义资料辑录》，第 98 页。
8. 《清史稿》"列传"第二十七卷"吴景道传"。引自谢国桢编：《清初农民起义资料辑录》，第 98 页。
9. 《明清史料》丙编第七册。引自谢国桢编：《清初农民起义资料辑录》，第 91 页。
10. 清军战报并未说明这些楼堡是本来就属于反清分子的，还是在起义过程中被占领的。通常，它们以家族姓氏命名（如"马家楼"）。由于它们与各营首领的姓氏不一致，所以有可能是反清分子决定进攻县城时占领的。
11. 见游击佟文焕及千总赵承基的详细战报，《明清史料》甲编第三册。引自谢国桢编：《清初农民起义资料辑录》，第 98 页。
12. 见游击佟文焕关于他与这些反清分子交战的报告，《明清史料》甲编第三册。引自谢国桢编：《清初农民起义资料辑录》，第 98 页。
13. 《明清史料》丙编第七册。引自谢国桢编：《清初农民起义资料辑录》，第 91 页。
14. 《明实录》第十七卷，第 9、13 页；昆山遗民宁人顾炎武：《圣安本纪》，第 41 页；谢国桢编：《清初农民起义资料辑录》，第 11 页；恒慕义：《清代名人传略》，第 531—532 页。
15. 夏允彝：《续幸存录》，第 68 页。根据谣传，曾为寇盗的刘泽清向大学士周延儒行贿银 20 万两，得一都统之职。张怡：《搜闻续笔》第一卷，第 13 页。
16. 同上。
17. 《明清史料》丙编第七册。引自谢国桢编：《清初农民起义资料辑录》，第 94—95 页。
18. 同上书，第 95 页。
19. 同上。
20. 同上。
21. 河东河道总督治理河南与山东的所有河流（包括黄河在内），以及大运河。总督府驻济宁。韩书瑞：《山东反叛》，第 21 页。

22 《清史稿》"列传"第二十七卷"吴景道传"。引自谢国桢编：《清初农民起义资料辑录》，第 98 页。

23 这一叙述根据吴景道奏章所录逐次塘报撰成，《明清史料》甲编第三册。引自谢国桢编：《清初农民起义资料辑录》，第 98—99 页。

24 《明清史料》丙编第七册。引自谢国桢编：《清初农民起义资料辑录》，第 92—94 页。

25 而且，她在家里听到传闻说刘泽清还给榆园军送过一封信，约定 10 月 1 日在京城领导起义。此条及下列记述据吴达海的审讯报告，《明清史料》丙编第七册。引自谢国桢编：《清初农民起义资料辑录》，第 94—97 页。

26 同上。

27 同上书，第 95 页。

28 同上书，第 45 页。

29 同上。

30 同上。

31 同上。

32 莫里斯·罗塞比：《明末清初穆斯林与中亚的起义》，第 21—27 页。例如 1647 年 9 月宁夏的马德起义。《清世祖实录》第三十三卷，第 397 页。

33 在清朝的绝大部分时间里，与蒙古、库库淖尔以及中国西部回民部族的关系，是由理藩院负责的。1638 年，清廷改蒙古衙门为理藩院。清人进京后，改理藩院承政为尚书，位同六部尚书。1659 年，理藩院尚书、侍郎改兼礼部衔，两年后，理藩院长官复称尚书。理藩院尚书以满人充，侍郎满、蒙各一人。不过，在清朝建立的最初 10 年，理藩院的职责（1647 年后理藩院尚书为尼堪）只在于管理蒙古的司法、政治与军务。对其他中亚国家及进贡国的贸易法规，由礼部直接颁布。会同馆承担接待来自朝鲜、暹罗、东京及缅甸使之职，唯有关中亚事务全由理藩院治之。吕世鹏：《清代的理藩院》。

34 李自成攻陷北京时，年已 50 的孙承泽三次试图自杀，但都被一个大顺官员救下了，此人在孙承泽在河南任县官时就认识他。孙承泽最后同意参加大顺政权。他之屈膝事清，正与此同。恒慕义：《清代名人传略》，第 669—670 页。

35 《清世祖实录》第十三卷，第 14 页。颁令日期为 1645 年 1 月 31 日。

36 罗塞比：《明末清初穆斯林与中亚的起义》，第 190—191 页。

37 《清世祖实录》第二十六卷，第 310 页，颁令时间为 1646 年 7 月 1 日。参见《皇朝文献通考》第三十三卷，第 3 页；约瑟夫·F. 弗莱彻：《中国与中亚》，第 218 页。

38 《清世祖实录》第二十六卷，第 311 页。颁令时间为 1646 年 7 月 4 日。清朝虽在中国西北置立了茶马司的六所榷场，但生意并不兴隆。到 17 世纪 70 年代，政府征收的大部分茶叶被用于支付军饷，而不是购买马匹。此后 50 年内，清朝将大量茶叶出口到俄国和西欧。罗塞比：《明末清初的穆斯林与中亚的起义》，第 191 页。

39 傅乐淑：《中西关系文献》，第 5—6 页；罗塞比：《明末清初穆斯林与中亚的起义》；格特鲁·罗思·李：《早期满洲国家的兴起》，第 31 页。此时，吐鲁番接受了纳贡国的地位。哈密直到 1696 年才归顺。弗莱彻：《中国与中亚》，第 218 页。

40 拉斐尔·伊斯雷里：《汉人与回人》。

41 12、13 世纪，苏非派长老们创立书院，致力于恢复原教旨主义的正统学说，这种学说能够清除渗透进波斯及中亚伊斯兰社会中的非伊斯兰习俗。这些书院中的一个支派，以默诵静修为其特征，是由巴哈阿尔·J. 纳其西班德在 14 世纪后期创立的。两个世纪以后，纳其西班德学说由迈克杜姆·伊·阿查姆传遍中亚。后来，又由他的孙子穆罕默德·优素福东传至肃州。优素福本人远游至肃州，进入甘肃走廊。后来那些自称为"先知"后裔，并在查喀台汗国陷落之后在喀什噶尔建立起自己王朝的纳其西班德迪亚派首领或阿訇们，煽动甘肃和青海回民反清，是极有可能的。约瑟夫·弗莱彻：《明清之际的中国西北》，第 16—20 页；参见罗塞比：《明末清初穆斯林与中亚的起义》，第 173 页。然而，即使中亚的苏非派首领与中国西北的回民叛乱者之间存在着这一联系，它也不过是一种脆弱的联系。事实上，没有任何直接证据，能将哈密或在甘肃与宁夏的哈密难民中的纳其西班德迪亚教派分子的存在与叛乱者本身联系起来。此外，李普曼引证了许多回民与清政府合作的实例，表明纳其西班德迪亚的苏非派教义"根本不是非穆斯林国度中固有的颠覆因素，而是非常灵活的，最终能与世俗政界达成谅解的一个教派"。乔纳森·N. 李普曼：《中国西北的穆斯林》，第 12 页。

42 在汉文文献中，米喇印常被以名相称：喇印，表明"米"字是一个姓。本书在后面关于起义的一般阐述中，许多地方引用了下列诸书所提供的简略记述：卡米勒·伊鲍勒 - 华特：《甘肃的两次回民起义》，第 497—504 页；弗莱彻：《明清之际的中国西北》，第 29—31 页；罗塞比：《明末清初穆斯林与中亚的起义》，第 31—32、191 页；恒慕义：《清代名人传略》，第 572 页；路易斯·M.J. 施拉姆：《甘肃—西藏边境地区的蒙古人》第三卷，第 53—54 页。本书引用的主要资料均注明了出处。

43 《甘州府志》第三卷。见谢国桢编：《清初农民起义资料辑录》，第 280 页。

44 《清史稿·孟乔芳传》。见谢国桢编：《清初农民起义资料辑录》，第 268 页。

45 弗莱彻：《明清之际的中国西北》，第 29—30 页。

46 《清世祖实录》第三十八卷，第 447 页。

47 同上书，第 448 页。伤亡情况见《清史稿·孟乔芳传》。转引自谢国桢编：《清初农民起义资料辑录》，第 268 页。

48 《清世祖实录》第三十八卷，第 449 页。参见孟乔芳 1648 年 7 月 30 日奏章，同上书第三十八卷，第 445 页。他奏称最后"平定"了兰州地区所有的回民贼寇，其中提到，在忠诚的蒙古军队的帮助下，肃清残匪的工作又进行了整整一个月。

49 伊鲍勒·华特：《甘肃的两次回民起义》。据《清史稿·孟乔芳传》，他和张勇在那时候确实开始围城，并乘夜色攻打了甘州，但关于进攻该城与该城投降之间这长长一段时间内的详情，却史无明文。

50 《明清史料》丙编第八册。转引自谢国桢编：《清初农民起义资料辑录》，第 281 页；《清世祖实录》第四十二卷，第 497 页。

51 《清史稿·孟乔芳传》。见谢国桢编：《清初农民起义资料辑录》，第 268 页。

52 《清世祖实录》第四十三卷，第 504 页；《清史稿·张ది衡传》，见谢国桢编：《清初农民起义资料辑录》，第 279 页；《甘州府志》第三卷，见《清初农民起义资料辑录》，第 280 页。

53 《清史稿·孟乔芳传》。见谢国桢编：《清初农民起义资料辑录》，第 268 页。

54 在汉文文献原文中，土伦泰（Turumtay）被称作"缠头回土伦泰"。见《清史稿·孟乔芳传》。引自谢国桢编：《清初农民起义资料辑录》，第 268 页。丁国栋可能还试图取得青海蒙古人的支持。但是青海蒙古土司由于与喇嘛寺院的斗争，长期以来支持北京的统治王朝。而且，8 月 16 日以后，清廷下诏免除了西宁一切赋税。弗莱彻：《明清之际的中国西北》，第 31 页；参见罗塞比：《明末清初穆斯林与中亚的起义》，第 192 页。

55 《清史稿·孟乔芳传》。见谢国桢编：《清初农民起义资料辑录》，第 268 页。

56 关于 1648—1649 年冬大同附近宣化地区饥民的报告，见《明清史料》甲编第三册。引自谢国桢编：《清初农民起义资料辑录》，第 73 页。还有春季及初夏严重水灾的报告，见《清世祖实录》第四十五卷，第 526 页。

57 曾国荃监修：《山西通志》第十八卷，第 20 页；第七十八卷，第 16 页。

58 《清世祖实录》第四十一卷，第 487 页；《明史》（国防研究院），第 4118—4119 页；

恒慕义：《清代名人传略》，第 5 页。大同城头上当初为抵挡蒙古铁骑而建的架设大炮的城垛，对于想要袭击这座城的所有军队来说，都几乎是坚不可摧的。詹姆斯·彼得·吉斯：《明代的北京》，第 130 页。最早为大清尽忠的事迹出现在这里。大同兵备道徐一范（1629 年江南进士）被困于城内。此人为江南缙绅，曾任礼部员外郎，1644 年决心降清。起义开始时，徐一范试图说服一些人为新朝尽忠，但是，当他向民众发表激昂演说的时候，被叛军砍死。《贰臣传》第一卷，第 24 页。

59　《山西通志》第七十八卷，第 16—17 页。
60　《清世祖实录》第四十一卷，第 489 页。姜瓖还送信给刘泽清，邀他参加起义。这一消息走漏，成为导致刘泽清因榆国军阴谋而被处死的原因之一。马导源：《吴梅村年谱》，第 47 页。
61　《贰臣·祝世昌传》。转引自谢国桢编：《清初农民起义资料辑录》，第 252 页。
62　在某种意义上，这是一起士卒的叛乱。明朝军官与他们先前麾下的低级军官以及军士联系，这些人遂转而反对自己的将领，或杀死县官，占领他们驻扎的城池。这类事情是很多的。其中典型的例子是蒲州起义。《山西通志》第十八卷，第 19—20、28 页。在另外的情形下，则是由当地复明党人占领城外的楼堡，同时与山寨盗匪联合，推翻城内的官府。
63　《明清史料》丙编第三册。见谢国桢编：《清初农民起义资料辑录》，第 255 页。
64　同上书丙编第八册。见谢国桢编同上书，第 253 页。
65　《明清史料》丙编第三册。见谢国桢编同上书，第 256 页。
66　《山西通志》第七十八卷，第 17 页。
67　《清世祖实录》第四十五卷，第 534 页。
68　《明清史料》丙编第八册。见谢国桢编：《清初农民起义资料辑录》，第 253 页。
69　《山西通志》第十八卷，第 28 页。
70　温睿临：《南疆绎史》，第 421—422 页。
71　《明清史料》丙编第八册。见谢国桢编：《清初农民起义资料辑录》，第 253 页。
72　《清世祖实录》第四十一卷，第 484 页。
73　同上书，第 485—486 页。
74　恒慕义：《清代名人传略》，第 591 页。
75　《贰臣传·祝世昌传》。转引自谢国桢编：《清初农民起义资料辑录》，第 252 页。
76　《清世祖实录》第四十二卷，第 491—492 页；杨国泰等编：《太原县志》第十六卷，第 3 页。
77　《贰臣传·祝世昌传》。转引自谢国桢编：《清初农民起义资料辑录》，第 252 页。
78　臧励禾等编：《中国古今地名大辞典》，第 704 页。
79　《太原县志》第十六卷，第 3 页。
80　《明清史料》丙编第三册。见谢国桢编：《清初农民起义资料辑录》，第 255 页。
81　《贰臣传·祝世昌传》。见谢国桢编：《清初农民起义资料辑录》，第 252 页。
82　《清世祖实录》第四十二卷，第 492 页。
83　同上。
84　同上书，第 492—495 页。
85　同上书，第 497 页。参见郝爱礼：《多尔衮》，第 41—42 页。
86　同上书第四十三卷，第 502 页。
87　同上书，第 502—503 页。
88　同上书，第 506 页。
89　同上书，第 510 页；《清史稿·博洛传》。见谢国桢编：《清初农民起义资料辑录》，第 255 页。
90　《太原县志》第十六卷，第 3 页；《清世祖实录》第四十六卷，第 538 页。
91　《清史稿·博洛传》。见谢国桢编：《清初农民起义资料辑录》，第 255 页；《清世祖实录》

第四十四卷，第520页。想使这支征伐大军不掠夺抢劫，肯定很不容易。1649年6月23日敕谕："今后行军……粮豆草束悉照部定之数支用，不得分外多取。其锅蓆铡刀马槽等物，须委干员亲自看验，酌量取用……仍约束兵丁，民间之物，毋许秋毫侵犯，不时遣官稽察。如有抢夺害民者，即时察出，治以重罪，该管者连坐……今后有抢汉人一物者，即行处斩。家奴有犯，罪及家长。"《清世祖实录》第四十四卷，第512页。

92 《清世祖实录》第四十四卷，第520页。李虞夔的寨子在清军抵达平陆时被夷平。他的儿子被杀，但李虞夔却逃入了陕西，最后在陕西被捕杀。温睿临：《南疆绎史》，第422页。

93 《清史稿·博洛传》。见谢国桢编：《清初农民起义资料辑录》，第255页。

94 《清世祖实录》第四十五卷，第527、529页。

95 《清史稿·博洛传》。见谢国桢编：《清初农民起义资料辑录》，第255页。西北清军统帅满达海得到他弟弟瓦克达的援助。这俩人都是满洲贵族（均系皇族代善之子），他们一起与刘伟率领的大批反清正规军交锋。

96 《清世祖实录》第四十四卷，第523页。

97 《山西通志》第十八卷，第25页。

98 《清世祖实录》第四十六卷，第535页。奏章于1649年10月7日抵京。

99 《山西通志》第十八卷，第26页；《清世祖实录》第四十六卷，第535页；温睿临：《南疆绎史》，第42页。

100 王辅臣是这类人的范例。王辅臣起初反清，在姜瓖手下任参将。降清后，隶汉军正白旗，为御前侍卫。1653年，在洪承畴麾下平定西南，战功卓著，升任总兵，后为云南东部清军统帅。1674年参加吴三桂反叛，占领陕西及甘肃大部，使清廷险些在内战中失败。最后，王辅臣于1681年在西安上吊自杀。恒慕义：《清代名人传略》，第816—817页。

101 《清世祖实录》第四十五卷，第534页。

102 同上书，第9页；《明清史料》丙编第八册，见谢国桢编：《清初农民起义资料辑录》，第256—257页。平垣营游击声称杀死了复明军领袖韩昭宣和虞胤。但韩昭宣和虞胤，或者说是他们的同名同姓者，后来是在运城被杀的。参见下文。

103 "章京"是满洲八旗军官的一种职衔。

104 《清史稿·孟乔芳传》。见谢国桢编：《清初农民起义资料辑录》，第268页；参见《清世祖实录》第四十五卷，第528—529、533—534页，以及第四十六卷，第543页。

105 《清世祖实录》第四十六卷，第544页。

106 同上书，第545页；《清史稿·梁化凤传》，见谢国桢编：《清初农民起义资料辑录》，第255页。

107 同上书，第四十二卷，第497—498页；《清史稿·许占魁传》，见谢国桢编：《清初农民起义资料辑录》，第275—276页。吴三桂把其中的一些叛军收编进自己的军队，所以清廷申斥他没有杀了战场上捕获的许多明朝官兵。曹凯夫：《三藩叛乱》，第51页。

108 《清世祖实录》第四十三卷，第502页；《贰臣传》第一卷，第22—23页。

109 《清史稿·刘芳名传》。见谢国桢编：《清初农民起义资料辑录》，第269页。

110 《清世祖实录》第四十三卷，第504页。

111 《清史稿·刘芳名传》，见谢国桢编：《清初农民起义资料辑录》，第270页；《清世祖实录》第四十三卷，第502、504页。

112 《清世祖实录》第四十三卷，第506页。

113 同上书第四十三卷，第506、507页。

114 同上书第四十五卷，第526、527页。

115 同上书，第528页。参见谢国桢编：《清初农民起义资料辑录》，第274—275页。

116 《清史稿·刘芳名传》，见谢国桢编：同上书，第270页；《清世祖实录》第四十六卷，第 504 页。

117　《清史稿·孟乔芳传》，见谢国桢：同上书，第 268 页；另见《兰州府志》第六卷。转引自谢国桢编同上书，第 280 页。攻克肃州的消息于 1650 年 1 月 16 日报达朝廷。

118　施拉姆：《甘肃—西藏边境地区的蒙古人》，第 54 页；恒慕义：《清代名人传略》，第 572 页。孟乔芳去世后四年，陕西省感激的士绅们在西安的荐福寺立了一块石碑，颂扬他根除了伪逆的官兵。北京的一座庙宇也立一块石碑，碑文为王士祯所撰。周伟洲：《陕西发现的两通有关明末农民战争的碑石》，第 47 页。

119　《明清史料》丙编第八册。见谢国桢编：《清初农民起义资料辑录》，第 282 页。

120　同上书，第 283 页。

121　同上书第七册。见谢国桢编：《清初农民起义资料辑录》，第 282 页。

122　清政府决定这样来重新安置回民部族，一个重要的原因是鉴于它自己对于不同种族间居住的经验。如上所述，无论在辽宁还是后来在北京，满人都形成这样一种习惯：将不同的少数民族分隔开来，以防止种族间关系紧张化。这种对少数民族隔离性的重新安置办法，后来被用来处理 19 世纪的起义回民。尤其在肃州地区，当回民向左宗棠投降时，即"受命集体迁移到新的隔离区去"。朱文长：《中国西北的回民起义》，第 149—150 页。

123　弗莱彻：《明清之际的中国西北》，第 21 页。

124　《明清史料》丙编第九册。见谢国桢编：《清初农民起义资料辑录》，第 283—284 页。上奏日期为 1654 年 1 月 9 日。

125　当然，清军 1758 年至 1759 年在亚肯特与和阗回部，及 1765 年与伊犁回部有过大战，不过在甘肃内部，直到 1781 年和 1784 年才发生大规模起义。当时，对追溯回民起义与苏非教武士的纳其西班德迪亚"新派"的联系，已经可能做出更为肯定的答复了。罗塞比特别指出：清朝后期，回民都是单独起义，从不与汉人合作。罗塞比：《明末清初穆斯林与中亚的起义》，第 193 页。这或许是满清种族隔离政策的结果。这一政策可能将汉、回完全分隔开来了，致使他们在 19 世纪 50、60 年代的种族斗争中成为互相敌对的群体。

126　把回民部族拆散，成为小型的农业单位，也许有助于缓和作为当务之急的起义问题，但到了后来，这又造成了更大的遍布乡村的反抗力量。19 世纪中叶的回民起义表明了这一点。

127　1650 年农历十二月（1650 年 12 月 23 日至 1651 年 1 月 20 日），何可亭在兴安领导起义，但他很快就被清军捕杀。《清史稿·孟乔芳传》，见谢国桢编：《清初农民起义资料辑录》，第 268 页。

128　《清世祖实录》第四十六卷，第 544 页。唐仲亨被斩首，其余人交给西安官府惩处。任珍上奏的时间为 1649 年 11 月 23 日。

129　《清史列传》，第 38—39 页。

130　《明清史料》丙编第九册，见谢国桢编：《清初农民起义资料辑录》，第 276—278 页；《清史稿·孟乔芳传》，见谢国桢编同上书，第 269 页。

131　《洛南志》。转引自谢国桢编：《清初农民起义资料辑录》，第 279 页。

132　《清史稿·孟乔芳传》。见谢国桢编：《清初农民起义资料辑录》，第 268 页。

133　《商州志》第十四卷。见谢国桢编：《清初农民起义资料辑录》，第 278—279 页。

134　《明清史料》丙编第八册。见谢国桢编：《清初农民起义资料辑录》，第 276 页。

135　同上书，第 275 页。这篇奏疏有残缺，结尾部分散佚，所注日期为 1650 年 11 月 4 日。

136　同上书，第 276 页。恢复以前明朝军廪制的困难之一，是不少省份干脆没有可靠的兵卒名籍。在西部和西北部尤其如此。例见 1661 年 10 月 23 日奏疏，故宫博物院明清档案部编：《清代档案史料丛编》第四分册，第 18—19 页。

137　《清史稿·孟乔芳传》，见谢国桢编：《清初农民起义资料辑录》，第 269 页；《贰臣传》第二卷，第 8 页。明后期，陕西屯田完全废止。崇祯年间，许多屯田都被权贵霸占。孟乔芳恢复屯田制度以后，士卒们果然不愿耕作，稍加逼迫，便威胁要发动兵变。结果，只得招徕农民为屯田佃户。顾炎武：《亭林诗文集·亭林文集》第一卷，第 11—12 页。

138 伊夫林·S.罗瓦斯基：《汉水高原的农业发展》。在 18 世纪，汉水山区成了非常重要的制造、矿产区。人们在此挖煤、造纸、冶铁、采伐。这里的一些造纸厂备有工匠数百，铁工厂则雇用了上万人。这些工厂为来自西安或汉中的富商所有，他们把它交给当地的包工头经营管理。不过在这一时期，此地仍有许多盗匪活动。在 1796—1801 年白莲教起义期间，汉水山区遭到破坏，此后一蹶不振。傅衣凌：《清代中叶川—陕—湖三省边区经济形态的变化》。

139 楢木野宣：《清代重要职官的研究》，第 545 页。

140 《明清史料》丙编第八册。见谢国桢编：《清初农民起义资料辑录》，第 257 页。

141 《清史稿·李荫祖传》。见谢国桢编：《清初农民起义资料辑录》，第 257 页。

142 《明清史料》丙编第八册。见谢国桢编：《清初农民起义资料辑录》，第 258 页。

143 同上书，第 257—258 页。

144 同上书，第 258 页。

145 同上。

146 同上书，丙编第九册。见谢国桢编：《清初农民起义资料辑录》，第 258—259 页。

147 《明清史料》丙编第九册，见谢国桢编：《清初农民起义资料辑录》，第 258 页。王来用的请求得到前明官员、年迈的鲁国南的附议。巡抚刘弘遇起初对于两省合剿的计划表示欢迎，说他已将主要部将召集起来，正在安排与同僚、直隶巡抚王来用商议。但后来，刘弘遇又反对将两省军队简单地合并起来共同指挥，认为应由一位能使属下俯首听命的高级将领作统帅。刘弘遇作此建议时，也许指出了指挥权问题的潜在困难，但是，也有迹象显示他希望由别人来承担重大决策的责任。例如，他指出，高第此刻在直隶，与他在山西五台的根据地相距 400 余里。所以他认为，朝廷应该委任直隶的某个人——特别是像鲁国南这样资格较老的官员——负责这场战役。兵部驳回了这一请求。1654 年 6 月 16 日，兵部官员指出：鲁国南实际上已经致仕，并重申了联合指挥的可行性。谢国桢编：《清初农民起义资料辑录》，第 259 页。

148 马鸣佩还是一位谙熟六经的学者，幼年即能诵书作文，17 岁乡试中举。他在皇太极时供职工部，1644 年，受命到山西去追捕太行山一带的大顺军残部。渐渐地，他在现在的内蒙古地区，从剽悍的绥远军队中组织起一支劲旅，这支劲旅于 1645 年伴随他去湖南作战。到 1646 年，他任户部侍郎，为保证粮食供应，受命去江南。因治绩卓然，迁兵部尚书。这就是他当时的官职。《马氏家谱》"赞序"。

149 《明清史料》丙编第九册。见谢国桢编：《清初农民起义资料辑录》，第 260 页。

150 同上书，第 262 页。原始资料几乎没有告诉我们关于这样一个传奇人物的情况。甚至连他的名字都不确定。有时他被称作张五桂；而在别的资料里又被简单地叫作张五。关于他的最早的记载见《明清史料》1646 年农历七月（8 月 11 日—9 月 8 日）"张五"条，他与另外一个名叫王小溪的反徒一起被说成是在平阳县内活动的匪首。那时他聚众千余，麇集深山，不时下山到人烟略多的地区，袭击孤村野店，仅被视作困守一地的股匪之首。当他打家劫舍之时，也只需用本地土军攻剿，将其驱回平阳之西的大山。《阳曲县志》第七卷，见谢国桢编：《清初农民起义资料辑录》，第 260 页。

151 《文献丛编》第十三辑，见谢国桢编：《清初农民起义资料辑录》，第 263 页。有一条记载称张五桂自号魏王：《清史稿·许占魁传》，见谢国桢编：《清初农民起义资料辑录》，第 261 页。

152 《明清史料》丙编第八册。见谢国桢编：《清初农民起义资料辑录》，第 260—261 页。

153 《贰臣传·鲁国南传》。见谢国桢编：《清初农民起义资料辑录》，第 261 页。

154	《明清史料》丙编第八册。见谢国桢编：《清初农民起义资料辑录》，第 262 页。
155	同上书丙编第九册。见谢国桢编：《清初农民起义资料辑录》，第 262 页。
156	《文献丛编》第十三辑。见谢国桢编：《清初农民起义资料辑录》，第 262—264 页。
157	《清史稿·吴正治传》；《清世祖实录》第三十七卷，第 12 页；第七十八卷，第 15 页。以上均见谢国桢编：《清初农民起义资料辑录》，第 60 页。河北东北部，尤其是山海关周围的沿海地区，在那些年的战事与叛乱中惨遭破坏。1659 年顾炎武旅行经过这一地区，记录了其贫穷和人烟稀少的景象。彼得森：《顾炎武的一生》第二部，第 206 页。
158	孙化庭还保护了一个自封为明朝义王的人。巡抚吕逢春派出 800 余兵马进山，经激战后俘获了孙化庭、他的主要副将以及他们的妻子。《清世祖实录》第四十二卷，第 494—495、499 页；《明清史料》甲编第三册，见谢国桢编：《清初农民起义资料辑录》，第 90 页。
159	《（光绪）费县志》第八卷，见谢国桢编：《清初农民起义资料辑录》，第 80—81 页。
160	傅宗懋：《清代督抚制度》，第 11 页。
161	虽说另外也设置有总督之职，例如孟乔芳担任的那个总督职位，但这次任命张存仁为总督，则标志着清政府更加正式地用总督一职来对付跨越省界活动的反清分子。多尔衮设立了 11 个总督职位，26 个巡抚职位。顺治皇帝创立了 14 个总督职位。多尔衮所任命的总督大约有 85% 是满洲人。1655 年以后，当总督制度大致已成定制之时，大约有 95% 的总督是满洲人；1678 年以后，满洲人约占 70%。程廷恒编：《大名县志》第十二卷，第 166 页；曹凯夫：《三藩叛乱》，第 157—159 页；《清代督抚制度》，第 41—42 页；楢木野宣：《清代督抚满汉比率的变化》。
162	谢国桢编：《清初农民起义资料辑录》，第 11 页。
163	见本书第十章。
164	《贰臣传》第二卷，第 12—13 页；恒慕义：《清代名人传略》，第 56—57 页。
165	侯方域：《壮悔堂文集》"附传"，第 1 页。
166	谢国桢编：《清初农民起义资料辑录》，第 63 页。
167	同上。
168	《（光绪）费县志》第八卷，见谢国桢编：《清初农民起义资料辑录》，第 80—81 页。王俊于 1652 年降清。
169	谢国桢编：《清初农民起义资料辑录》，第 12 页。
170	侯方域的弟弟侯方夏 1646 年考中进士。1651 年，侯方域同其他几位学者一道创"雪园六子社"。社友们——包括宋荦（宋权的儿子，未来的江苏巡抚）——坚决鼓动他去参加会试。有人还告诉侯方域说，顺治皇帝决定倚重文学之士，这对他的决定产生了有力的影响。然而，最重要的原因是家人以他弟弟为例，一贯催促他应试。高阳：《明末四公子》，第 57 页；兰德彰：《中国文化》，第 374—376 页。
171	山东确实仍旧是一个难以治理的省份。逃避赋税者继续藏在山洞里，成为匪盗。海岸很难控制，党社活动使那儿不安宁，直到近代都是如此。不过，在 1655 年，黄河多次淹没曹州府，许多榆树被冲走，清军终于攻入榆园军最初兴起的那些孤立的村庄，屠杀了最后的顽固分子。关于 1655 年洪水的情况，见《曹州府志》，转引自谢国桢编：《清初农民起义资料辑录》，第 90 页，亦见沈翼机编：《浙江通志》第一五八卷，第 20 页；何绍基编：《安徽通志》第一九九卷，第 8 页；景苏、罗仑：《中华帝国后期的地主和劳动者》，第 44 页。
172	恒慕义：《清代名人传略》，第 57 页。
173	高阳：《明末四公子》，第 60 页；参见兰德彰：《中国文化》，第 376 页。

第十二章　多尔衮摄政

> 各处征伐，皆叔父倡谋出奇。攻城必克，野战必胜。叔父幼而正直，义无隐情，体国忠贞，助成大业。
>
> 福临登基诏
> 《清世祖实录》第九卷，第113页

　　1644年5月2日，就在多尔衮下决心着手征服中国的前七天，大学士希福向在盛京的清廷呈上满文本辽、金、元三史。希福解释说，这些史书中包含了许多过去的教训，包括以前这几个征服王朝所经历的"政治之得失"，"其事虽往，而可以诏今；其人虽亡，而足以镜世"。[1] 翻译汉文史书的工作始于1636年。因为太宗（他刚把国号从"后金"改为"清"）认为，所有满洲官员都应该研究这三朝的历史，"善足为法，恶足为戒"。[2] 太宗本人从这三朝历史，尤其是从《金史》中得到的鉴诫，就是汉化的危险："后代习汉法而忘箭术。"[3] 在1644年，对于许多随从多尔衮入侵中原多少有点勉强的贝勒们来说，这仍是一件令人关心的事。不过多尔衮自己从诸如《金史》中也得到了一些教训，这就是部落贵族与皇帝之间灾难性的内讧，无异自相残杀，极其危险。[4]

　　读一读《金史》，我们就会明白征服者上层之间的这种分裂，是怎样助长了汉族官僚政治派系的形成；而这种政治派系反过来又加剧了汉化的皇帝与排外的贵族之间的敌意。我们也可以发现，例如在金熙宗朝（1135—1148 年），汉族官僚是如何因中央集权的加强而欣然拥护君王的，而女真将领和贵族们又是如何地反对汉化政策。因为制度改革的结果，威胁到他们对自己的势力范围的独立控制权。于是对行政改革的意见分歧变成了残忍的权力斗争，这场斗争使得金朝皇室一蹶不振，正如 1161 年以后持续的汉化削弱了它的部落基础一样。[5]

当多尔衮仔细考虑占领北京的决定时，他一定希望弄明白满洲人是否能够避免类似的结局。对于满洲人来说，这里长期存在着汉族皇室与外廷官僚们的紧张关系，以及亡明的那支派系复杂的官吏队伍。此外，满洲人自己的八旗制度也很容易在贵族集团间导致冲突。[6]而且，已经以议政王大臣会议和内三院形式存在的政治机构，也使满洲贵族与满汉儒家君主政体之间这些潜在的对抗得以加剧，并且集中了起来。[7]

议政王大臣会议与内院

议政王大臣会议可以追溯到 1622 年，当时努尔哈赤确定皇子八人为和硕贝勒，共议国政，[8]次年，又任命大臣八人负责监察，以使努尔哈赤得以觉察八贝勒的密谋。皇太极继努尔哈赤登位后，加强皇权，逐渐废弃皇帝与贝勒共治天下之制，大臣的权力加强，人员增多。1626 年，又命总管旗务的八大臣参与议政。1636 年皇太极称帝后，议政王大臣会议进一步扩大，[9]秉命审议军事得失，筹划外交事务。它体现了源于满族兴起初期的部落贵族的高度权威；尽管如此，议政王大臣会议仍十分明显的是皇帝的一个咨询机构，被小心地约束在官僚机构的范围之内，因此它并不能充当帝国政府集体决策机构的角色。[10]

如果说议政王大臣会议代表了贵族的集体统治，那么早先的另一机构显然更多地象征着皇权及其决策作用。它最初是个文书机构，负责把汉文文书译成满文，或把满文文书译成汉文的工作。1658年后，称为内院。1614年起，清廷正式设置笔帖式，受理牛录账籍。这些人后来逐渐发展成了受命记注国家政务、翻译汉文资料的儒臣。最初他们倒并不一定是文臣，而多是武臣。1631年皇太极置六部后，始命文臣充之。1634年，礼部试译员16人，授为举人，此衔为文职遂成定制。两年后，其所供职的文馆（初建于1629年）正式改为内三院：内国史院，掌编纂实录，收藏御制文字，撰拟祝文、诰命、册文等；内秘书院，掌撰拟与外国书，及敕谕、祭文等；内弘文院，掌为皇帝进讲道德得失，并为皇子侍讲之职。起初设大学士至少四人，掌内三院之事，满汉各二人。1636年，汉大学士减员一人，并在1644年以前一直由范文程担任。[11]

议政王大臣会议和内三院这两个机构，初看上去似乎与明朝的两个类似的机构相对应：九卿科道会议和内阁。九卿科道会议由六部、都察院、通政使司与大理寺的长官组成；皇帝的内阁则甚至包括了与天子最为接近的翰林院，掌编史、起草诏令文书、研究学问、编纂书籍等事。不过事实上，明、清两朝机构的基本职能是迥然不同的。

譬如，明朝的九卿科道会议聆听廷训，被召集讨论重大政策，但它显然是作为皇帝侍从的一个咨询机构；而清朝议政王大臣会议的权势则大得多了，体现了早先满族集体统治的传统。新朝初建，这个区别即已存在。议政王大臣会议掌外交与军务，认可皇帝在这些方面的决策，九卿会议则是严格的咨询机构，满汉大臣时而合议，时而分议，对政策的制定发表意见，提名大臣人选，讨论行政法规。九卿会议常与王大臣会议一起召开，但相对于权力更大的王大臣会议，九卿会议显然是一个辅助性的机构。[12]

正如议政王大臣会议体现了贝勒们集体统治的传统（与太宗这样的个人统治权力相对），从而反映了满族的特征，大学士的地位对于满人来说也是一开始就不同于明朝。在清太宗时，大学士一职的地位绝没有像明朝后期那么高贵。[13]两位满洲大学士、一位汉人大学士实际充当皇帝——可汗的私人秘书，他们的权力都来自皇帝，品位也仅仅等同于一位参将。清廷迁都北京后，大学士的职责仍然主要是秘书兼顾问。六部直接向皇帝呈递奏章，所以只有那些与这六个职能部门无直接联系的奏章才通过内三院。[14]

有两个新的情况结合起来加强了内院的重要性，虽说起初并不一定加强了大学士本身的地位。其一就是征服本身。俘获的军队越来越多，北京的政府机构错综复杂，以及京城与行省之间的隶属关系交叉混乱，这一切都要求上传下达的渠道进一步正规化。[15] 1645年4月11日，多尔衮最终颁定新制，下令从今往后，一切衙门，不论内外大小，须基本承袭明制呈递奏章。总的方针是六部作为奏章呈递的主要机构，其本身有权拟定政令，上呈天子，待制敕恩准后付诸实施。其余衙门应依据其职能分隶六部，并通过六部呈递奏章，或者更确切地说，让六部代替它们上奏。[16]

这一合理调整极有意义，因为一些特定的部门力图直达于摄政王，以至于奏章愈来愈多。然而，行省高级文武官员与君主之间所应有的恰当的联系，事实证明更难予以调节。在满清入关的第一年中，无论军国要务还是相对次要的政事（如后勤、降官等等），都由满汉方面大员直接上奏天子。现在，为日常政务而直达人主的做法将予以制止。4月11日敕令规定，行省大臣应对打算上奏的事务提出处理意见，递交相关的部曹，由该部请旨定夺。如果部曹不同意，此件就应该提交都察院，由都察院代表官员再做一次陈请。最后，军国机务则应该直呈皇帝自己的内院。

> 其有与各部无涉，或条陈政事，或外国机密，或奇特谋略，此等本章，俱赴内院转奏。[17]

这种程序很难令人满意地解决问题。首先，何谓"政事"仍不明确。在制定秘密政策的边缘，有一个十分模糊的范围，其间相关的事务既可通过六部提出，也可递交内院。在前一种情形下，由于其中许多公文按常规由吏员抄录，并在官僚机构之外流转，国家的安全自然受到了威胁。[18]所以，清廷最终必将制定一套专门的秘奏制度，它完全不同于转达有关日常行政事务的例行奏章的普通机构。这对于内院地位的加强，关系甚大。不过，内院制度的发展不仅仅是君主热衷于拥有一批自己的侍从顾问的问题。京城各官衙按职能分隶六部，从而使自己的工作得到了合理调整，这一点诚然很有意义，而上述新的呈递奏章制度的主要缺陷，则在于行省当局与中央各部之间的关系。如果只是处理日常事务，那么一个总督与某部尚书相持不下，还可以将就。如上所述，可以将事件送都察院审断，并将其最终上呈皇帝。但是，发生紧急情况时该怎么办？征服战争的紧急军务不允许行省当局与中央政府官员间没完没了地协商。由此，内院的地位必然会得到加强。因为只有像内院这样接近皇帝，进而成为绝对可靠的传递者，才能迅速地将机密要件直接递呈皇上，以便即刻裁决。这也构成了后来出现的密奏制度的一个部分。[19]

多尔衮专权

增强内院职权的第二个因素，是因为征服北京后多尔衮权位甚高。[20]京城的占领和取代了汉人天命的清朝的建立，极大地加强了多尔衮的地位，使他既能继承努尔哈赤和太宗所开创的武功，又自以为成了中国另一位贤明的政治家。当以年幼的顺治皇帝为象征的清朝的首都从盛京（沈阳）迁到燕京（北京）时，这两者就合而为一了。[21]皇帝及侍从于1644年10月9日经山海关进入中原，10月18日抵达通州大运河，给多尔衮和北京宫廷以充分的时间准备接驾的仪式。次日，10月19日，那个六岁的男孩由正阳门而入,接受摄政王隆重的欢迎。现在就能完成5月9日制定的计划了:让顺治即位,成为中国的皇帝。[22]

皇帝正式登基典礼的乐歌是冯铨所作,他此前已与谢升一同受命制定太庙和社稷坛的典礼仪式。[23] 年届半百的冯铨尽管政治上臭名昭著,但被公认精于礼仪,尤长于登基之典。他这一次尽了自己最大的努力。新天子须于新的一轮甲子开始时君临天下,而标志这样一个开端的下一个甲子日落在阴历双十日(1644年11月8日)。[24] 所以,在接下去的几个星期里,冯铨和礼部其他官员,让那个小孩经历一连串精心安排的仪式演练。这些仪式既是为了纪念他自己即将登临龙座,又是为庆祝多尔衮本人征服北京的胜利。阴历十月初一(10月30日),顺治被带到南郊的天坛,预定在那儿祭拜天地。[25] 与此同时,仪仗人员来到紫禁城里的太庙和社稷坛,举行冯铨和谢升制定的仪式。翌日,顺治拜孔子第六十五代孙为衍圣公,圣徒后裔五经博士等官袭封如故。[26] 在11月1日,"以睿亲王多尔衮功高,命礼部建碑纪绩"[27]。

这样,当11月8日甲子日到来时,既是顺治登位之日,又是多尔衮庆祝他新任显赫无比的摄政王之时。顺治皇帝让人正式宣告清朝统治新时代的来到,以此宣布了自己的登基,并大赦天下,减免赋役,赦免刑徒。还颁下了制书,对多尔衮的功绩做了言过其实的称誉,其中许多是关于他的军功的。制书不仅将征服北方中国的战略计划归功于睿亲王,还称誉他在1628年和1635年征伐察哈尔蒙古部落、屯田义州、围攻松山和锦州城时功勋卓著。制书盛赞多尔衮率领满人入主中原,实现了努尔哈赤的"洪业",而且还将扶持顺治称帝归功于他。[28] 六岁的皇帝被安排这样说:

> 又辅朕登极,佐理朕躬,历思功德,高于周公。昔周公奉武王遗命,辅立成王,代理国政,尽其忠孝,亦皆武王已成之业。[29]

根据起草制诰的人——可能是范文程——的说法，多尔衮的功劳甚至超过了可敬的周公。因为：

> 叔父又帅领大军入山海关，破贼兵二十万，遂取燕京，抚定中夏。迎朕来京，膺受大宝。[30]

由于多尔衮与皇帝的特殊关系，顺治的制书最后宣布封睿亲王为"叔父摄政王"，把他的权位又提高了一等。[31] 两天后，11月11日，顺治复肃亲王豪格原封，并封阿济格为英亲王。但在同一敕书中，降辅政济尔哈朗为辅政叔王。至此，满洲贵族中遂无人能与多尔衮匹敌。[32]

顺治正式在北京登基后，儒家宫廷礼仪又在进一步强化多尔衮在权位中发挥的重要作用。礼部制定出种种关于朝廷班位的新制。当济尔哈朗建议凡政事先白多尔衮，次及其他辅政时，他本心是并不希望这成为事实的。但1645年6月16日，即多尔衮的地位超过诸亲王才六个月多一点的时候，他就又被晋封了。清廷宣布朝仪的一项更动，规定日后凡上政事，均称多尔衮为"皇叔父摄政王"。[33] 当时，礼部宣布：

> 一切大礼，如围猎出师、操验兵马，诸王、贝勒、贝子、公等聚集之所，礼部具启，传示聚集等候，其各官则视王所住，列班跪送。侯王回，令诸王退则退，贝勒以下，送及王府门方退。其集候各官跪迎如前。[34]

诸王与其他贵族有明显的区别。他们可以在仪式开始时迎接了皇叔父摄政王之后就退下，但仍需对他依礼结队迎送。而且，纵然诸亲王以及像阿巴泰那样几个地位较高的郡王不必与其他贵族一起向多尔衮叩头，他们毕竟就范于这些新的礼仪了。因此，这些礼仪也就正式地被包括在整个朝廷已经遵行的那套仪式之内了。[35] 虽然他们与其他地位较低的众王不同，在朝廷大宴上领受多尔衮亲手赐食时不必下跪，但确实需要起立。更能说明问题的是，皇叔父摄政王颁布了一项命令，携带他的命令或礼物的使节在途中碰见诸王中的任何人，以及路过任何王府的大门，都不必下马，而不管他们的品位。品级——而不是人——就这样成为调整朝廷人际关系的尺度；同时，诸王中地位最高的皇叔父摄政王的使节，不向任何人鞠躬。[36]

随着多尔衮与其他大臣之间的地位差别越来越大，内院的重要性提高了。多尔衮尤其重视在内院中任用在明朝已取得功名的年轻名士，例如复社成员王崇简。[37] 1645 年，他还在将其并入内三院的条件下，同意恢复了翰林院。曾任明翰林院检讨的冯铨的弟子李若琳，被任命为礼部侍郎，兼国子监祭酒。[38] 李若琳作为国子监祭酒，提供了一份名单，向内院推荐六位前明翰林院的中级官员，其中包括胡世安（1628 年四川进士）和成克巩（1643 年大名进士），这两人在 17 世纪 60 年代出任大学士。[39]

礼部与内院之间的联系并不尽然出于巧合。固然，冯铨此人体现了这两者之间某种主要的联系，因为 1645 年他出任内院大学士，而同时仍兼任礼部尚书。[40] 但是，除了宫廷典礼与摄政王的私人内院势力之间的联系外，在儒家礼仪与恢复明制例如翰林院之间，也存在着一种思想联系。无论是冯铨对祭祖仪式的制定，还是其他人对明朝的宫廷典礼的引入，热衷于礼仪的人们总之是在力图维护那夷狄和义军所曾威胁过的统治体制。其出发点是极为守旧的，而且当然远非仅是因为感情用事。如果那种体制能够维持下去，或者在消除了弊端后得到恢复，那么儒生就将再次在宫廷决策中扮演重要角色，公正的政府将获得成功，社会将按照最符合明亡前统治天下的精英们的胃口的方式重建等级制度。所以，提倡旧体制在思想上是合理的，在政治上也是机敏的。

因此，带着不仅仅是怀旧的情绪，冯铨说服洪承畴与他一起上奏，请求恢复公文传送的某些重要方法。他们所提出的是明朝政府曾使用过的"票拟"制度。根据这一制度,各部奏章抄本均送于内院由大学士审阅。相对于上述将有关军国要务公文递交内院的办法,这将是清朝制度中更加根本的一个变革。如果票拟制度恢复,那么六部的一切公文都得按例递送内院,而大学士将在清政府中享有和在明朝一样的权位。[41]

虽然绝大多数出仕清廷的汉人大臣对于加强汉官权力的重要性可能别无异议,但是这一保守的改革是由这样一名官员提出的,他使人联想起明朝内阁及与其相勾结的宦官的一些最令人痛恨的弊端。这一事实应该就是这项提议一时没能通过的原因。当时冯铨的一些活动也开始招致了非议。就在举行皇帝登基典礼后不久,给事中兼太常卿孙承泽上章弹劾冯铨,内三院其他成员如洪承畴和谢升也因此受到了牵连。[42]

南北之争

多尔衮拒不允许冯铨辞职。他似乎把孙承泽对这位宠臣的指责,看作是党争重新开始的一个征兆。冯铨越来越被看作是"北党",而他的反对者则越来越被看作是"南党"。"南党"估计是以陈名夏为首的。多尔衮试图以有力地支持双方的"党魁",来保持两派的势均力敌。[43]

陈名夏是在 1645 年 40 岁时加入多尔衮政府的。[44]他是著名的复社成员,1643 年参加会试,为会元,同年殿试,名列第三。陈名夏曾经降附于李自成,李自成攻陷北京后,他回到家乡江苏溧阳,在那里他听说南京的福王政权以其背明从贼为由,下令逮捕他,遂乔装为僧,出逃安徽。在合肥东南巢湖边上的姥山旁,他路遇了旧友与姻亲方以智。方以智是从桐城附近过来的。[45]他给了陈名夏一大笔到福建去的盘缠。陈名夏从福建几经转折,最终设法北上进入内地,在睢州附近渡过黄河,来到大名。他在大名拜访了同年成克巩,成克巩刚好应邀出仕清廷。此时已是 1644 年农历十一月(11 月 29 日至 12 月 28 日)了。陈名夏于是客居成宅，而成克巩去找保定巡抚王文奎，告诉他说陈名夏可用。王文奎上疏推荐，多尔衮遂亲召陈名夏入京晋见。[46]

陈名夏在晋见时，大胆劝进多尔衮自居大位。摄政王不从，说道："本朝自有家法，非尔所知也。"[47]但多尔衮对他的劝进显然十分高兴，接着就任命陈名夏为吏部侍郎。这是一个重要的职位。作为新朝负责选官的主要汉人大臣之一，陈名夏得以从南方的复社成员中，提名任命其他的文人学士为官。他还能够使清廷的官吏铨选、考课更为正规有序。而且，他在其他问题上的见解也很受重视。例如，多铎部攻占南京后，九卿科道议承明制，以南京为陪都。但多尔衮却宁愿听从陈名夏的意见："居北制南"，因此只向南京派遣了与其他一般行省一样的行政官员。[48]

虽然陈名夏对改革清廷用人制度的贡献得到了广泛的承认，但不少人认为他过于纵情好恶，尤其是喜欢以籍贯取人。正如冯铨因为主试不公而受到南人的指责一样，陈名夏也被北人指责在吏部任人唯亲。[49]他还直接向君主荐引名士。正是他首先使多尔衮注意到江南诗人李雯。[50]不过也就是在这一事件中，人们感到他的荐引越格，因为他想直接除授李雯以新置的翰林院之职。这被其他大臣指责为徇私植党，遭到了反对。1644—1645年冬季，陈名夏有点失宠了，在满洲诸王部臣的坚持下，他被罚俸三月。[51]

然而，冯铨由于行为不检，以及与宦官魏忠贤关系亲密，曾被魏忠贤认为义子，名声极坏，可能远比陈名夏更容易遭受类似的指责。所以，他必然比陈名夏更加依赖于他的满洲主子。[52]也许，这就是冯铨1645年7月决定自动剃发编辫以取悦满人的原因。此时距多尔衮宁愿把让汉族归附者采用满洲发式的要求搁置起来，已经有一年多了。他最初做出这项决定是很勉强的。[53]所以，当冯铨与他的两位密友李若琳和孙之獬以满洲发式出现在他面前的时候，多尔衮非常高兴，并要求所有汉人都得接受满洲的"国俗"。[54]冯铨的这种姿态不仅致使多尔衮颁发了臭名昭著的剃发令，激发了江南的抵抗运动，而且使摄政王重新恢复了对冯

第十二章 多尔衮摄政　575

铨本人的宠爱。当冯铨于 1645 年 10 月再次遭到弹劾时，他受到了多尔衮的着意保护。[55]

弹劾冯铨事件

10 月 6 日，浙江道监察御史吴达呈上长篇奏章，斥责大臣中腐败现象故态复萌。他特别提到了魏忠贤的义子冯铨，"狐媚成奸，豺狼成性，蠹国祸民，如今日之冯铨者也"[56]。据吴达的奏文说，当冯铨蒙皇上特恩，列身于内院时，四海为之浩叹，半年之中，京城淫雨雷电异常，各省冰雹水灾迭告，绝非偶然。而冯铨不图收敛反省，反而视若无睹。吴达将冯铨比作宋代奸相王安石。吴达接下去说，他要求范文程和其他大臣支持他弹劾冯铨的努力，他们都欣然应允；但是迄今为止，朝廷还没有任何反应。因此，冯铨公然蔑视弹劾他的臣僚，时日愈久，劣迹弥彰。[57]当姜瓖归顺之时，他向姜瓖索馈 3 万两，大失朝廷任用之厚意；并许其儿子冯源擅入内院，大张筵宴；还与李若琳结党营私。他的罪恶一如先为魏贼谋逆、后亡南明之国的巨奸阮大铖。[58]

吴达上书后，另外七人也交章弹劾冯铨，所列冯铨的罪行也越发增多了，包括向孙之獬行贿，以使其子到其标下任职。有一个上奏者李森先，再次提起了冯铨与臭名昭著的宦官魏忠贤的关系问题。他将明朝的灭亡归咎于魏忠贤的腐化残忍，并进一步痛斥了魏忠贤的义子冯铨为虎作伥。因此他建议新朝应将冯铨戮之于市，以彰大法。[59]

在多尔衮看来，这一切有点儿太过分了。他自己曾发誓扫除一切明廷弊政，但他显然并不愿意把自己的朝廷变成一种工具，去惩罚那些被东林党的同情者认作与明朝朋党有联系的官僚们。一般认为，正是这些朋党导致了朱明王朝倾覆。当刑部以所奏事谳询后，上言说弹劾不实，摄政王于是召集诸大学士及科道各官，于中和殿廷议。众官一到，多尔衮就直截了当地对他们说，冯铨和李若琳是首先自愿遵奉满俗而剃发的官员，孙之獬家中男妇并改满装。因"三人者皆恪遵本朝法度"，弹劾他们的诸臣显然私下形成了一个朋党，全力攻击改从满俗的汉官。正是这种行为，而不是冯铨以往的举止，真正导致了明朝的灭亡，他多尔衮将不会允许这种行为继续下去。[60] 众官一时震恐无辞。之后，太常少卿龚鼎孳还竭力想把话题转向理由充足的那些内容。他大胆应对说，关键的问题是冯铨曾党附魏忠贤。然而就这一点讲，龚鼎孳本人也并非无懈可击。这位安徽诗人不仅生活不检，还曾称臣于李自成。[61] 冯铨当然是在场的，他立即反唇相讥，指责龚鼎孳曾降于大顺流贼，接受了李自成的北城御史之职。摄政王问龚鼎孳这是否属实，龚鼎孳承认说是，但又补充说："岂鼎孳一人，何人不曾归顺？魏徵亦曾归顺太宗。"[62] 多尔衮干脆就把唐朝那位著名的政治家撇在一边，他告诉龚鼎孳说："人果自立忠贞，然后可以责人。鼎孳自行不正，何得侈口论人？"[63] 于是就断然驳回了对冯铨的指责，冯铨任职如故。[64]

满汉两头政治

冯铨一直坚持严格按照资历来排定各大学士的班位，试图以儒家官僚政治的规范来消除满汉之别。早在1646年，他就上奏朝廷，说多尔衮宠命赐他与满洲为婚，使他万分荣幸，得以附籍于满洲编民之末，受"敬客"之尊。现在，他还有一个恳求：

> 辗转悚惧，特恳改列范文程、刚林后。如以新旧为次，并当列祁充格、宁完我之后。[65]

这年在排定会考官名次时，多尔衮下令范文程位于满洲大学士刚林

第十二章 多尔衮摄政 577

之下，宁完我之上。满洲大学士祁充格则按资历位于宁完我之下。多尔衮宣称："天下一统，满汉自无分别。"[66]

当然，尽管多尔衮这样宣称，满汉之间还是存在着相当大的差别。例如，在京城各官衙，满官的地位总是比汉官为高：满洲大学士及各部尚书位置在前，而汉族大学士及各部尚书位置在后。[67] 满官还可以随时从文职改为武职，或从武职改为文职，而汉官却不能这样，除非是汉军旗人。满官如有过失可免官，但本秩不变，汉官则没有这种特权。当满汉官员同时除授某职时，例如某部设尚书两员时，官印总是由满官掌管。并且，遣祀郊庙，亦俱用满官。[68] 简单地用官僚阶层的次序和等级，并不能完全取消征服者的特权。不过汉官在都察院六科那些旧机构中正越来越占优势。在明朝，六科掌官吏考评之事。汉官如果不是在争取更多的控制权和支配权的话，那么他们就是在想方设法赢得更多的平等。1646 年，尽管遭到许多满官的强烈反对，当时的吏部尚书陈名夏仍尽力恢复了三年一度的官吏考绩制度。[69] 陈名夏还力图取得多尔衮的支持，反对满官在上朝时贵族式的傲慢。例如，上早朝时，当满、汉官员的马车在宫门口碰到时，满人马夫总是随便将汉人推到一边，让他们的主人先进门。[70] 如果汉族仆人坚持自己的主人按朝礼应该先进门的话，满人马夫就常常会挥鞭劈头打去，吓退对方。当陈名夏提醒多尔衮注意这种现象时，摄政王遂命满人和汉人都必须礼让，明确禁止满官用这种方式来滥用他们作为征服者的特权。[71] 这样，满洲摄政王与他的汉族顾问都从朝廷人际关系的礼仪化中获益匪浅，它开始以儒教的排场来取代较为平等的军营伴侣关系，以及部落贵族对文职官员的随意蔑视。

多尔衮并不仅仅与汉人归附者一起控制这个新型的满汉政府。[72] 尤其是在新政府建立的最初几年里，这样做虽然并不是不可能的，但却是不明智的。1647 年，他的兄弟多铎取代济尔哈朗辅政，成了一个重要的助手。多尔衮对努尔哈赤的三个孙子博洛、尼堪和满达海也颇为倚重，而他们又是多尔衮的拥护者。1644 年，这三人被晋封为亲王，成为多尔衮监视其他满洲将领的代理人。事实上，1644年以后，几乎所有重大军事行动，多尔衮都派其中一人随行监军。[73]多尔衮的另一名重要军事支持者是武拜，他对满洲贵族的军事阴谋也是一个牵制。武拜统帅四旗前卫，从1637年到1645年参加了所有重大的战役。1646年以后，除范文程外，多尔衮在北京的主要私人顾问好像是谭泰，他是努尔哈赤手下残忍的将领杨古利的堂兄弟。[74]还有两个精通满汉文学的满洲贵族刚林和祁充格，也是多尔衮的亲密助手。刚林是瓜尔佳部落人氏，世居苏完，隶满洲正黄旗。[75]他起初掌翻译汉文，直文馆，1636年，授国史院大学士。那年就是刚林呈上了一篇重要奏疏，主张建立一个正规等级的官僚政治体制。清人占领北京后，他于1644年接待左懋第来使，多次主持会试，并受命编纂努尔哈赤及明朝后期实录。[76]

祁充格是满人娴习文史的又一个例证，所以，他在某种程序上悉心于用汉族的组织形式来加强文官政治。祁充格出身乌苏氏，最初被努尔哈赤选令掌书记。他1631年第一个上疏，请立六部。新政府建立后，他任礼部尚书。他不仅出任文职，1634年后，还被授牛录额真，率旗兵从多尔衮伐明。不过，清政府在北京一建立，他就成了内三院的要员。1645年，除宏文馆大学士，主持会试，并与刚林一道编纂努尔哈赤实录。[77]因此，多尔衮把那些不能托付汉官的事务，都委派给了他们。

显然，多尔衮认识到利用汉族归附者十分重要，但这仅仅是在一定程度上如此而已。[78]这一认识在他日常会见内三院臣僚的记载中经常反映出来。[79]多尔衮在一则论及汉官报告的准确性的口谕中说："这用的满洲人，予一一皆知。若是汉人，其贤不肖，予皆不晓。"[80]不管怎么说，多尔衮的眼光总是充满着一种权术意识。大批被推荐授官的降清汉人的结局，都是像冯铨那样被劾罢，受指责为腐化或滥用职权。然而，即使多尔衮在对其大学士们谈到这一点时，总是很快补充说："应选之官，未必皆好，譬如矮子里选将军，就不好的也少不的要去。"[81]结果是，一旦一名官员应选除授过内院之职，多尔衮就感到已经了解这个人了，就宁愿选任他，而不是其他的外人。"（杨方兴）此官做得如何？"1645年7月22日，在一次这样的廷议中，谈到一名上奏的官员，他问大学士们。"极好"，大学士们答道。多尔衮赞许这一回答，说："他是从内院出去的，予也知道他。"[82]

当然，多尔衮有充分理由怀疑某些汉族归附者在政治上是否可靠。在身居高位的汉族归附者中出现这样的情况是太多了：他们要么像刘泽清一样既降复叛，要么像洪承畴那样被怀疑为与南方的复明分子勾勾搭搭。1648年反清力量中兴期间情形尤其如此，当时连钱谦益都受到怀疑，被控告暗中帮助一个名叫黄毓祺的反清分子，钱谦益因此被捕，在南京受审。[83]钱谦益那时已66岁，他在审判官前竭力为自己辩护，说自己已是风烛残年，且深受朝廷大恩。与此同时，江南总督马国柱为他向皇上求情，说：

> 谦益以内院大臣，归老山林，子侄三人新列科目，荣幸已极，必不丧心负恩。[84]

朝廷最后做出了有利于钱谦益的决定，宣称没什么证据表明他曾与黄毓祺有过接触。1648年钱谦益出狱，回家来到爱妾柳氏身边。柳氏后来帮助他编辑了一本明朝女诗人的诗选，并且陪伴他读经念佛，深究佛理。在此后的16年里，钱谦益作为评论家、散文家和历史学家，声望极高，著书22种，其内容从佛教的形而上学直到唐朝的景教，五花八门。[85]然而，他却一直没法完全摆脱晚节不忠之嫌，在复明分子眼中他是卑躬屈膝的降清者，而在清人看来他又是一名变节分子。[86]1664年，钱谦益终于撒手西去，时年82岁。他的遗孀柳氏一年前就已许愿削发为尼，钱谦益死后不久，她就发现镇上的人都试图利用他在政治上的不清白，来霸占他的家业。[87]柳氏不胜羞愤，自杀身亡。据说她的阴魂不散，在钱宅出没100多年，直到18世纪一个县官将这所房屋改为庙宇为止。[88]

纵然多尔衮猜疑像钱谦益这样的归附者，特别是如果他们与江南士绅有密切交往的话；但他也充分地认识到，不应让这种猜疑来妨碍自己尽可能地利用这些人，以增强自己的势力和权威。如果其他满洲亲王对汉族归附者表示极端的不信任，那么在大多数时间内，多尔衮总是以这些人的保护者的面目出现的。反过来，他也利用这些人，以及辽东旧臣和他的满洲臣僚，越来越摆出一个真正君王的排场，而不仅仅是一个摄政王。因而，像济尔哈朗或豪格等其他最重要的满洲亲王，一直对他们的被冷落心怀不满，强烈反对多尔衮在北京扶植自己势力的所作所为。1648 年春，随着先是济尔哈朗，继而是豪格的受劾，局势的这种不安宁完全公开化了。

指控亲王

1648 年 3 月 27 日，济尔哈朗因被指控犯有种种罪行，上堂受审。对他的指控有府第逾制，以及随顺治帝从盛京移驾北京时违弃旧例等等。其中最严重的是说他在顺治移驾时阴谋拥立豪格。济尔哈朗因此被降为郡王。[89]3 月 29 日，豪格本人也受到弹劾。至少在多尔衮看来，事情很清楚，一个试图拥立豪格为帝的重大阴谋已经形成了，事实上有一个立誓支持豪格的贵族联盟，其中包括苏尼等人，甚至还有多尔衮的谋臣谭泰。上述指控在议政王大臣会议上得到了证实：豪格鼓励对自己的拥立，并曾公开反对过多尔衮。于是豪格议罪当死，多尔衮开恩，改为监禁，令他在狱中自尽。[90] 不过谭泰却未受处罚。1648 年他受命指挥江西的清军，与何洛会一起征服江西金声桓领导的起义。[91]1649 年，因功授一等精奇尼哈番。1650 年，任吏部尚书。[92]

多尔衮在逼死豪格、贬谪济尔哈朗的同时，也提高了自己的地位，与当时 10 岁的顺治皇帝福临平起平坐。早在 1648 年，多尔衮在朝见时就不再向顺治跪拜了。第二年冬天，他又将自己的头衔改为"皇父摄政王"。[93] 他以父辈及摄政王的地位凌驾于皇帝之上，是以其超过其他所有满洲贵族的军权作为后盾的。他除了统帅自己的正白旗外，还接管了原属皇太极的正蓝旗。1649 年 4 月，多尔衮的兄弟多铎逝世。多尔衮乘机夺得了多铎镶白旗的指挥权，从而控制了满洲八旗中的三旗，而福临本人亲自统率的则只有正黄、镶黄两旗。[94]

多铎的去世也给多尔衮提供了一个机会，来采取措施制止他哥哥阿济格的野心膨胀。阿济格当时 43 岁。他曾统率多尔衮和多铎的正白旗、镶白旗中几个牛录。1644 年，他进位英亲王，为靖远大将军，出师陕北，攻打李自成军。当多铎被派往南京去平定江南时，阿济格则另率大军，到湖北追击大顺军残部。他在湖北接受了左梦庚的投降，并因骁勇善战而颇受赞誉。后因过早误报李自成死讯，被召回北京。不过，到 1648 年，他再度受命率大军出征，到大同讨伐喀尔喀部。如上所述，他的出师激起了姜瓖的叛乱。[95]

姜瓖叛乱虽立即被阿济格所遏制，但实际镇压叛军还要等待多尔衮本人的到来，多尔衮亲自指挥了大同的围攻战。正当此时，传来了多铎在北京染上天花一命呜呼的消息，阿济格决定向多尔衮要求升官。他派武拜到多尔衮营帐去，为自己提出晋封事宜。[96]

阿济格的申辩首先是关于误报李自成死讯一事，为自己洗刷名声。他并不直接摆出这个问题，而是向多尔衮指出，作为一个将领，多铎也并不是完全无可指责的。例如，他在潼关打败李自成而未能全歼其众。他在 1646 年追赶蒙古苏尼特部到茂海、图拉河时，也没能完全击溃他们。然而，尽管有这些失误，多铎还是在 1647 年受命辅政。现在既然多铎死了，难道他阿济格不应当成为辅政吗？他毕竟是太祖之子、当今皇上之叔，为什么多尔衮不能命他为"叔王"，以旌其功呢？[97]

多尔衮让武拜带去的回信，表明了他对此颇感震惊。回信说：多铎薨逝未久，阿济格却竟然已经在诽谤他的战绩，好像多铎实际所做的一切——破流寇，克西安，平定江南、浙江，追腾机思，败喀尔喀部，都无足轻重。阿济格显属妄为越分，多尔衮不会用这种人。他简短地说："自请为叔王，大不合理。"[98]

阿济格不为多尔衮的拒绝所惧，又提出请求，说对姜瓖的攻剿既已胜券在握，请允许他在北京修建一座府第。当时，多尔衮正因允许满洲诸王广起府第而遭到反对，因为这既提高了诸王的身份来与多尔衮自己平分秋色，又不免使人联想起朱明王朝公侯们的炫耀排场。明朝灭亡之前，公卿王侯一直是民众的沉重负担。[99] 所以多尔衮决定不仅要作为一个兄弟戒责阿济格，而且要乘这个时机惩罚他。他决心利用议政王大臣会议当众严惩阿济格。

自进京以来，多尔衮就蓄意试图使议政王大臣会议转变成一个议事而不决断的咨询机构。正如太宗通过使固山额真成为当然的成员，来削弱八贝勒作为集体会议的作用，多尔衮也用增加大学士和六部尚书等人的办法，来促进这一转变。[100] 议政王大臣会议不是起着遏制多尔衮个人权力膨胀的作用（这一膨胀的权力来自受其摄政地位摆布的皇帝），反过来它倒成了一个法庭，多尔衮可以在此安排传讯，痛责其他敢于与他一争高低的权势显赫的贵族。这一次，倒霉的是他自己的兄弟。[101]

于是，多尔衮现在对阿济格请求的回应，就是召集议政王大臣会议，列数阿济格以往的罪状：他是如何在大同擅自将所有文武官员升官一级，并在别处随心所欲地贬谪官员；他是如何不从军令，攻打了浑源（大同东南约60公里处的一座城市）；他是如何与瓦克达密谋结党，并屡屡向其赠送财物。这最后一条是最为严重的，因为它有力地暗示了阿济格在力图取得瓦克达及其兄弟满达海（他们是代善之子，与阿济格一起在攻剿姜瓖）的支持，阴谋反对多尔衮。于是，议政王大臣会议认为当废阿济格王位，将其幕僚全部革职，并籍没瓦克达家产。不过多尔衮只要能做到宽恕阿济格，同时禁其参与部务及交接汉官就心满意足了。禁止阿济格交接汉官，是为了防止他在满洲核心集团之外与汉官结党营私。[102]

文人关系网的重建

多尔衮在凌驾于其他亲王之上时,对他的汉族谋臣大加提携。例如,陈名夏的地位就更加显赫,其影响也更大了。[103] 1646年陈名夏的父亲去世,依制当回乡守丧,而多尔衮却认为陈名夏留任北京极为重要,命其"夺情"任事。[104] 两年后,1648年,多尔衮初设六部汉人尚书,即授陈名夏吏部尚书,与满洲尚书谭泰平级。[105] 随着多尔衮本人对"亡明陋习"态度趋于缓和,随着汉官出任大臣的现象日趋普遍,旧的关系网和联盟开始调整。乡试主考官之职日益由南方文人充任。1646年,18名考官中除一人外都是北方人;1648年,20名考官中已有六人来自南方。几年后这一变化更为显著。1651年,考官中有近一半是南方人,1654年,2/3 的乡试考官出身南方(见下表)。南方人的复出在会试中表现得更明显。1646年,殿试一甲三人来自山东、直隶(河北)和顺天府;1647年的一甲三人则已均出身江南(见下表)。而1649年殿试揭榜时,中了状元的刘子壮原来是复社成员,另有24名及第者也是复社的人。[106]

乡试主考官表

地区	1645	1646	1648	1651	1654	1657	1660
旗人				2	2		3
顺天		2	4	1	2	1	2
直隶	3	1	2	3	2	2	2
山东		7	3	5	2	4	3
山西	3	3	3	3		1	2
陕西		2		1		1	2
河南	2	2	2	1	2		2
江南	1		4	9	7	3	3
江西						2	4
浙江				2	5	10	5

(续表)

地区	1645	1646	1648	1651	1654	1657	1660
福建			1		1	1	
湖广	2	1		1	3	2	2
广东							1
四川	1		1				
总计（旗人除外）	12	18	20	26	24	26	27
北方人比例	75%	94%	70%	53%	33%	31%	44%
南方人比例	25%	6%	30%	47%	67%	69%	56%

出处：法式善的《清秘述闻》。

殿试及第、出身表

地区	1646 一甲	1646 二甲	1646 三甲	1647 一甲	1647 二甲	1647 三甲	1649 一甲	1649 二甲	1649 三甲	1652 一甲	1652 二甲	1652 三甲	1655 一甲	1655 二甲	1655 三甲	1658 一甲	1658 二甲	1658 三甲
旗人A[1]											7	15		7	28			
旗人B[1]											7	40		7	40			
顺天	1	10	24		9	16		7	19	1	1	7		3	13		1	9
直隶	1	14	45		5	28		6	30			21	1	3	30		2	22
辽东			1												1			
山东	1	20	72		2	23		9	54		3	36		7	41		12	31
山西		11	69		2	25		2	10			16		3	21		1	21
陕西			8			18		1	22		5	28		1	13		3	12
河南		17	71		3	22		3	24	2	12	20	1	26	67		2	17
江南		1	1	3	31	90		27	70	2	21	67	1	26	67	3	23	25
浙江		1	3		4	6	1	14	53		14	34	1	13	34		16	25
福建		1						5	9		5	23		3	14		10	14
江西						3			1		3	14	1	1	7		2	17
湖广		1			1	7	2	3	22		5	34	7	15		7	42	
四川														4				4
广东												2		1	2		1	10
广西																		1

第十二章 多尔衮摄政 585

(续表)

地区	1646 一甲	1646 二甲	1646 三甲	1647 一甲	1647 二甲	1647 三甲	1649 一甲	1649 二甲	1649 三甲	1652 一甲	1652 二甲	1652 三甲	1655 一甲	1655 二甲	1655 三甲	1658 一甲	1658 二甲	1658 三甲
贵州									2									
总计（旗人除外）	3	77	293	3	57	238	3	77	315	3	84	357	3	68	290	3	80	260
北方人比例%	100	95	99	0	37	46	0	37	50	33	30	41	33	35	66	0	26	43
南方人比例%	0	5	1	100	63	54	100	63	50	67	70	59	66	65	34	100	74	57

出处：李周望编的《明清历科进士题名碑录》。

注：A¹ 指通过正规科举考试的旗人。

B¹ 指被赐予功名的旗人。

不过，正在恢复的文人关系网，并不具备像复社全盛时期那样的影响。当时，作为复社的成员是科举及第的诸主要条件之一。现在形成的关系网是在党社内部的文人小团体，它大致相当于在略早一些时候集结，而在1642—1645年动乱期间离散的地方社团。[107] 这些小团体是否有助于在政府中安置自己的成员，依政治上的偶然因素而定。即，如果某人碰巧属于一个有势力的盟友的小团体，例如陈名夏，那么他就会比另一个人更有希望进入政界。另一个人虽然也是复社成员，但他属于不同地方文人的团社或是另一地区的名士。举例说，倘若你与苏州或太仓关系颇深，那么你就比来自昆山或吴江的人更有可能参加清政府或科举及第（见下表）。这样，与有势力的恩主之间的私人关系又重新建立起来。自有朋党以来即已为人所熟悉的各种现象重新出现，但是旧的控制明朝高级文官机构的政治联盟并没重建。

事实上，大学士们越来越成为皇室的文学侍从，而不是代表官僚利益的典型品官。在多尔衮手下，他们丝毫不能独立于摄政王的意愿之外。1649年，即在一名前复社成员殿试中了状元的同一年，多尔衮命令负责编纂《太宗实录》的大学士们利用一切机会在他们正在撰写的编年史中为摄政王的武功粉饰润色。范文程、刚林、祁充格、洪承畴、冯铨、宁完我和宋权等大学士们并不打算维护传统认可的史馆的独立性，乖乖地照办了。[108]

苏州府复社成员表

县 名	仅有明朝功名者	明清功名俱得者	得明朝功名，在清朝出仕者	明清功名俱得，并在清朝出仕者	在清朝得功名或出仕者
苏州府	13		1		6
太仓府	19		3	6	5
长洲	16		1		
吴县	8		1		1
吴江	23				1
常熟	10				2
昆山	23	1			2

表注：吴山嘉《复社姓氏传略》一书，列有苏州府、太仓州、长洲、吴县、吴江、常熟及昆山等地复社成员共330人，其中188人事迹不明，亦无评语，另有142人有事迹及史评。本表所列即此142人，注明他们是在明朝还是在清朝取得功名，以及是否出仕清廷。

多尔衮的威福及其薨殁

迄今为止，除皇帝外，已经没有人能在任何方面与多尔衮相匹敌了。摄政王本人甚至已开始以帝王自居。1650年，他的王妃过世，多尔衮时年39岁，遂纳其侄子豪格的遗孀为妃。豪格这时早已被逼自缢身死。同时，摄政王还像天子一样，征朝鲜公主为妾。他把日常政事大多交付博洛、尼堪和满达海处理，自己则开始追求更多的优雅燕闲。[109] 1650年7月31日，下令说：京城当夏"溽暑不可堪"。[110] 北京作中国首都的历史悠久，将政府中心迁移别处是不可能的。但是，经查询辽、金、元三朝的历史,他确认它们在长城以北的边地也有都城。所以他决定在热河的某地建一座城池和宫殿,以使自己可以在燕山一带"避暑"。这个供他夏天避暑的都城规模不会太大,因为摄政王并不想使臣民负担过重。然而各省所加派的白银仍达250万两,或者说是全国一年税银总额的12%。清廷还下令从整个北方征丁兴工。[111]

这年冬天,多尔衮率大队人马出长城行猎。12月5日,在喀喇城附近,皇父摄政王病倒了。[112] 三天后,尚可喜从复明分子手中夺取了广州城,在帝国遥远的南方取得了重大胜利。当然多尔衮这时无法得知此事,他的病情每况愈下。1650年12月除夕日,这个满洲人"洪业"的主要缔造者在喀喇城溘然长逝。多尔衮过早谢世的消息传到北京时,震惊了顺治朝廷。[113] 几天后,即1月8日,多尔衮的灵柩还京,清廷迎祭以天子之礼。灵柩庄严地进了东直门,过玉河桥,穿过街道。众官沿道排列,其内眷则侍立于各府第门道内,身着缟素。许多人哭了,但几乎没有人会料到,数周之后,这个曾经权势无比的摄政王的英名会受到公开的斥责,而他的侍臣们则锒铛入狱。[114] 不过多尔衮正式下葬后不久,建造陪都的工程就草草宣布停止。诗人吴伟业写道:

闻说朝廷罢上都,
中原民困尚难苏。[115]

注释:

1 《清世祖实录》第三卷,第35—36页。希福为索尼的伯父。那天他因奏陈称旨,受厚赐,得鞍马一,银40两。但此后不久,他因与多尔衮主要的谋臣谭泰有隙,罢官。恒慕义:《清代名人传略》,第663页。

2 同上书,第36页;参见昭梿:《啸亭杂录》第一卷,第1页;张其昀编:《清史》第一卷,第32页。

3 罗思·李:《早期满洲国家》,第182页。

4　陶晋生：《女真统治的影响》，第 125 页。

5　陶晋生：《12 世纪中国女真》，第 39—41、113—114 页。

6　关于这些问题的综述，见萧一山：《清代通史》第一卷，第 377—379 页；哈罗德·莱曼·米勒：《派系斗争》，第 3 页。

7　由于顺治皇帝登基时诸贝勒曾搞过一些阴谋，所以清政府在北京建立后，就宣布任何人试图在贵族中结党营私，都将立诛不赦。李格：《关于多尔衮拥立福临问题的考察》，第 266 页。

8　昭梿：《啸亭杂录》第四卷，第 5 页。

9　同时，清廷为贝勒确定官阶。后来贝勒事实上指第三等封爵，而前两等均称"王"。

10　根据吴秀良的说法，议政王大臣会议是"权力仅次于皇帝的最高审议机构"。吴秀良：《中国的交通》，第 13 页。

11　罗伯特·B.奥克斯南：《马背上的统治》，第 33 页；《鳌拜摄政时期的政策与制度》，第 269 页；吴秀良：《中国的交通》，第 14—15 页；谢国桢：《明清之际党社运动考》，第 120 页；克拉迪尼：《论清代的内院制度》，第 419—420 页。

12　吴秀良：《中国的交通》，第 13 页。当诸大臣与九卿科道合议之时，卿臣欲与满洲诸王说话，则须下跪。王思治、金成基：《从清初的吏治看封建官僚政治》，第 137 页。

13　查尔斯·O.贺凯：《明朝》，第 89 页。

14　吴秀良：《中国的交通》，第 10—13 页。1644 年，作为新政府继承明制的一部分，多尔衮建立了一个单独的翰林院，次年，并入内三院。此后，翰林院一直隶属内三院，直到 1657 年才恢复其行政独立性。从 1662 年到 1670 年，它又被并入内三院。"除了它的官吏职衔名称有些变动外，这种合并没有改变它的职掌。1670 年，翰林院成为一个独立的机构，直到 1906 年被废罢为止。"吕元骢：《翰林院》，第 3—4 页；参见同上书第 215 页；劳伦斯·D.凯斯勒：《康熙和清朝统治的巩固》，第 29 页。

15　新政权也十分清楚地意识到，正是官僚政治的混乱大大地削弱了明王朝。清人所继承的明朝政府有两点受到人们的抨击：第一，大臣们总是想把自己的职责推诿给别人。户科给事中朱之弼对这一习俗有如下的描述："国家之事全在六部，而今日六部之病，惟在推诿。大抵疑事畏事之念多，任劳任怨之意少。一遇事至，有才者不肯决，无才者不能决。事稍重大，则请会议，不然则迁延岁月，行外察报而已，不然则卸担于人，听督抚参奏，不然则畏首畏尾，听科道指名而已，苟且塞责，无容再议而已。"王思治、金成基：《从清初的吏治看封建官僚政治》，第 136 页；第二个遭到指责的弊端是各部曹间实际职能的混乱。清朝大臣们从一开始就决心分清各部曹的职责，因此，对未能将事务正确归类以送往有关部曹的官吏，规定了严厉的惩罚制度。

16　多尔衮刚被封为摄政王，就废除了由满洲诸王分管六部的惯例。虽然这项措施可能首先是针对多尔衮的主要对手豪格的（他当时控制着户部），但这也加强了多尔衮对官僚机构的个人控制。多尔衮为确保由他自己一派的人出任六部及内三院的要职，费尽了心机。例如，他最有力的支持者之一巩阿岱，和后来另一侍臣谭泰一样，被安置在吏部的一个要职上。鸳渊一：《清朝顺治初世的派阀抗争》，第 1—2 页；参见黄培：《专制制度》，第 84 页；奥克斯南：《马背上的统治》，第 43 页。

17　《清世祖实录》第十五卷，第 168 页。

18　同上书第二十卷，第 241 页。时为 1645 年 10 月 15 日。

19　吴秀良：《中国的交通》。

20　鸳渊一：《清朝顺治初世的派阀抗争》，第 3 页。

21　多尔衮在呈奏盛京的顺治皇帝的奏疏中，强调了北京（燕京）与君临天下之间的关系，正式要求他迁都南下。他在奏文中指出，燕京长期以来一直作为帝都，明朝也是从这里统治一个庞大帝国的。认为在北京建立一个永久性的都城，会因君主制度的加强而有损于自己

第十二章　多尔衮摄政　589

的特权，也是满洲贵族的看法。许多贵族反对迁都。郑克晟：《多尔衮对满族封建化的贡献》，第 10 页。

22 张其昀编：《清史》第一卷，第 34 页。
23 萧一山：《清代通史》第一卷，第 382 页。
24 清廷这时还经实测修正了历法。1644 年 7 月 29 日，汤若望奉上级教会之命，多少有点勉强地上表请求，提出公历是现有最精确的历法。摄政王表示同意，认为拥有一部尽可能精确的历法，对本朝来说是很重要的。于是，汤若望按照公历，与清廷天文学家一起预报 9 月 1 日的日食，进行实测比较。结果汤若望的计算最为准确。1644 年 10 月 31 日，清廷定制采用公历，除汤若望为钦天监监正。《清世祖实录》，第六卷，第 65 页；傅乐淑：《中西关系文献编年》，第 3—5 页；乔治·H. 邓恩：《一代伟人》，第 324—325 页；史景迁：《改变中国》，第 3—4 页。
25 关于天坛在宇宙论上的重要性，见芮沃寿：《中国城市的宇宙学》，第 71 页。天坛使天子自命为宇宙中心的主张得到了正式确认。关于祭拜天地典礼过程的描述，译自《大清会典》。见 E.T. 威廉斯：《清代国家宗教》，第 12—14 页。
26 关于这些官职以及这些受赠封的人的姓名，见布鲁纳特和哈格尔斯特龙：《当代中国政治组织》，第 493—494 页。
27 张其昀编：《清史》第一卷，第 34 页。
28 有人认为《实录》夸大了满人在山海关战役中的决定性作用，这是为了拔高多尔衮在征服期间的领导地位。王崇武：《吴三桂与山海关之战》，第 153 页。
29 《清世祖实录》第九卷，第 113 页。
30 同上书，第 114 页。
31 汉语"叔父"这一称呼，译成满文为 Ecike，但这不仅仅是一个表明亲属关系的词，它还表示高于王的一级身份。陈捷先：《清史杂笔》第一卷，第 39—79 页；郑天挺：《探微集》，第 111 页。
32 张其昀编：《清史》第一卷，第 35 页。
33 同上书第一卷，第 37 页；郑天挺：《探微集》，第 118 页。
34 《清世祖实录》第十六卷，第 190—191 页。
35 阿巴泰 1643 年曾率大军伐明，克城 94 座，俘口 36 万。此时，他正率部镇守山东。1644 年 5 月 7 日，清廷为奖赏其攻克锦州之功，晋封他为郡王。《清世祖实录》第四卷，第 40—41 页。1646 年，阿巴泰薨，子岳乐袭爵。恒慕义：《清代名人传略》，第 4 页。
36 《清世祖实录》第十六卷，第 17—18 页。1646 年 2 月 10 日，多尔衮以诸亲王、郡王及众大臣不尊事皇帝，而对摄政王曲意逢迎，跪拜之如真天子，感到必须加以斥责。郑天挺：《探微集》，第 115 页。此后不久，多尔衮谕示范文程、刚林、宁完我及其他几位从臣，说自己因患风疾，不胜跪拜。1648 年 1 月 24 日，包括拜伊图、锡翰（巩阿岱之弟）在内的一群亲信便当朝上疏，谓皇叔父贵体不和，不当向皇帝行跪拜之礼。正文所述多尔衮所赞成的这一新制是苏尼、冷僧机、范文程和刚林提出的。鸳渊一：《清朝顺治初世的派阀抗争》，第 6—7 页。
37 王崇简，北京人，1643 年进士。李自成攻陷北京时出逃，1645 年回京，出仕清廷，多尔衮任命他为国史院学士。1658 年，迁礼部尚书，1661 年致仕，颇享时誉。他在北京南郊的怡园，成了一个著名的文人活动中心。此外，王崇简还以其养育了一大群有出息的子孙而出名。他的六个儿子中有五个官至高位。他家总共有四代人进入翰林院。杜登春：《社事始末》，第 3 页；恒慕义：《清代名人传略》，第 815—816 页。
38 奥克斯南：《鳌拜摄政时期的政策与制度》，第 269 页。
39 《贰臣传》第八卷，第 6—7 页，第九卷，第 14—21 页；恒慕义：《清代名人传略》，第

116—117 页。清太祖、太宗年间，由大臣推荐的进士及第者才能参加朝考。朝考是进入翰林院的必要条件。1646 年，大约有 100 名新进士被推荐参加朝考。主要标准是年纪、体貌和文艺。1646 年，实际被选任庶吉士的为 49 人，1647 年则为 23 人。吕元骢：《翰林院》，第 12—13、24 页。

40 这时期其他礼部官吏因早年供职翰林院，也有与内院保持牢固的个人联系的。例如，孙之獬（山东人）明亡前曾在翰林院供职，现在出任礼部，他屡次奏请禁止奢侈，劝告年轻儒生不要清高，鼓励适当的社会等级制，以利于规范的更新。《清史列传》第七十九卷，第 25 页。姚文然（安徽桐城人），李自成夺取北京时为翰林学士，也在多尔衮摄政前期供职于礼部。《安徽通志》本传载："明亡，闭户自经，以救苏。顺治初，擢礼科给事中。"何绍基编：《安徽通志》第一八〇卷，第 2 页。康熙年间，迁刑部尚书，1678 年卒于任。他的重曾孙姚鼐，即 19 世纪早期所谓桐城学派的创始人。黄之隽等：《江南通志》第一四六卷，第 16 页；恒慕义：《清代名人传略》，第 900 页。

41 张其昀编：《清史》，第 246—3786 页；参见郑天挺：《多尔衮》，第 8 页。

42 同上书。孙承泽以其正直与坦率，特别受多尔衮的宠爱。有一次，孙承泽甚至发展到批评说用满洲礼仪祭天不当。虽然他明确断言汉礼优于满洲人的礼仪，多尔衮还是不肯处罚他。郑天挺：《多尔衮》，第 9 页。

43 萧一山：《清代通史》第一卷，第 82 页。冯铨为北党之首，但这并不妨碍他与南方著名官员的交往。他与钱谦益关系特别亲密，有传闻说钱谦益在政治上欠着冯铨一笔人情债，因为他曾两次求助于冯铨：一次是在崇祯年间他受到弹劾，需要贿赂一个冯铨认识的太监时；另一次是钱谦益参加清政府后需要保护，以对付批评他的人时。孙克宽：《吴梅村北行前后诗》，第 6 页。

44 除前述有关陈名夏的段落外，可参见《贰臣传》第十一卷"本传"，以及计六奇：《明季北略》第 117 页。关于陈名夏与多尔衮拥护者（谭泰、巩阿岱、锡翰等）的关系，见鸳渊一：《清朝顺治初世的派阀抗争》，第 6 页。

45 当阮大铖开始派人逮捕复社成员时，方以智装成郎中逃到了中国东南部。他在南方拒不参加福州的唐王政权。此后，又回到了安徽。方以智次子方中通娶的是陈名夏的三女儿。而陈名夏之子也娶了方以智弟弟的一个女儿。这个资料是威拉德·彼得森博士提供的。参见恒慕义：《清代名人传略》，第 232 页；徐鼒：《小腆纪年附考》第三卷，第 29 页。

46 谈迁：《北游录》，第 388 页。

47 张其昀编：《清史》，第 3787 页；参见郑天挺：《多尔衮》，第 8 页。

48 同上书，3788 页。

49 例如，1646 年，他推荐他的同乡、同年进士金拱敬任吏部考功郎。黄之隽等：《江南通志》第一五〇卷，第 21—22 页。

50 黄之隽等：《江南通志》第一六六卷，第 7 页。

51 谈迁：《北游录》，第 369 页。

52 除了学说满洲话（他天天学习满文）外，冯铨还特别注意与辽东"旧臣"拉关系，尤其是与范文程，他俩已经到了亲近融洽的地步。张怡：《搜闻续笔》第一卷，第 8 页。

53 因为清廷对推行剃发令极为优柔寡断，许多官员无法断定政府真正的意图何在。某些政府机构的一部分官吏则已经决定剃发蓄辫，因为他们认为这一制度最终是要被执行的。张怡：《搜闻续笔》第一卷，第 9 页。

54 谈迁：《北游录》，第 354 页。

55 张其昀编：《清史》第二四六卷，第 378 页。

56 琴川居士：《皇清奏议》第二卷；参见王先谦编：《东华录·顺治朝》第二卷，第 15 页；《清世祖实录》第二十卷，第 7—9 页。

57 清初对王安石的评价是完全否定的。1663 年,诏改科场条例,康熙皇帝就批评了王安石所创之八股文,予以贬责(王安石改诗赋之试为经策之试,八股文则始于明朝——译者)。吕元骢:《清初乡试条例》,第 392 页。

58 琴川居士编:《皇清奏议》第一卷,第 3—7 页。

59 张其昀编:《清史》,第 3786 页;萧一山:《清代通史》第一卷,第 382 页。

60 《东华录·顺治朝》第二卷,第 15 页;参见张其昀编:《清史》,第 3787 页;孙甄陶:《清史述论》,第 37 页;孙克宽:《吴梅村北行前后诗》,第 12 页。

61 龚鼎孳,安徽合肥人,与吴伟业、钱谦益同称"江左三大家"。崇祯年间为兵科给事中,后臣事李自成,授直指使,巡视北城。他因迷恋于名妓顾眉生而为时论所非。顾眉生精于诗画,后为龚鼎孳之妾。据计六奇记载,龚鼎孳曾说,当北京失陷于大顺叛军之时,"我原欲死,奈小妾不肯何!"《明季北略》,第 631 页。1646 年,龚父忧,请赐恤典,以"亏行灭伦",为人所劾。尽管他在顺治朝政绩颇佳,但弹章对他最主要的指责在于他的行为不检;不闻凤夜在公以答朝恩,惟饮酒醉歌,与俳优调笑取乐。又用千金置名妓顾眉生,多为搜罗奇宝异珍以悦其心。淫纵之状,为江南众士所耻笑。而且更严重的是,龚鼎孳置其父母妻孥于度外,及闻父丧,歌饮留连,依然如故。龚鼎孳因此被降两级调用。孙甄陶:《清史述论》,第 37 页;恒慕义:《清代名人传略》,第 431 页。

62 孙甄陶:《清史述论》,第 37 页。与唐初儒教中兴有密切关系,并以对唐太宗直谏而著名的魏徵,亦曾臣事过多位主人。617—618 年,魏徵为割据北方的两位义军首领(柴保昌、李密)担任谋臣;618 年,他投唐高祖,为太子李建成担任侍臣;626 年,李建成在玄武门之变中为李世民所杀,他又转而投向李世民。李世民后为唐太宗。韦克斯勒:《天子之镜》。

63 《东华录·顺治朝》第二卷,第 15 页;孙甄陶:《清史述论》,第 37 页。

64 多尔衮由于像这样的一些行为,在当时人中赢得了异常宽宏大量的美名。张怡:《搜闻续笔》,转引自郑天挺:《多尔衮》,第 9 页。

65 张其昀编:《清史》,第 3787 页。

66 同上书,第 378 页。在这段时间里,范文程常说:"我大明骨、大清肉耳。"张怡:《搜闻续笔》第一卷,第 8 页,参见郑天挺:《多尔衮》,第 7 页。范文程此时专注于在扬州重建宋代著名哲学家范仲淹的祠堂。他称范仲淹为自己的祖先。姚文田编:《扬州府志》第二十五卷,第 26 页。

67 凯斯勒:《康熙》,第 123 页。

68 谈迁:《北游录》,第 349 页。

69 同上书,第 355 页;查慎行:《人海记》第一卷,第 1 页。

70 在明朝,百官从长安门到正午门都必须步行,年老体弱者则可乘轿。到清初,满洲诸王、贝勒、贝子可骑马入紫禁城,至景运门下马步行。昭梿:《啸亭续录》第一卷,第 6 页。

71 谈迁:《北游录》,第 355 页。

72 1644 年,六部侍郎中满洲 7 人,汉军旗人 9 人,蒙古 1 人,汉官 1 人,出身不明者 4 人。两个职位空缺。所有这些人中有 11 个是从沈阳迁来的。奥克斯南:《马背上的统治》,第 42 页。

73 1644 年后,多尔衮在京城的秘密代理人被称为启视员。他们主要是满人。1649 年这一系统扩展到各行省。多尔衮还派遣称作启心郎的满洲官员到各巡抚和总督衙门,他们有权将满文密奏直呈摄政王。不过应该注意的是,由于他们不能随意接近汉人,所以启视员和启心郎的调查活动是受到牵制的。吕元骢:《清初的御史、摄政和皇帝》,第 87 页;《清初中国的腐败》,第 50 页。

74 奥克斯南:《马背上的统治》,第 45 页;恒慕义:《清代名人传略》,第 798、899 页。谭泰在多尔衮的亲信中居首位,1652 年 4 月顺治皇帝指出这群亲信是:拜伊图、巩阿岱、锡翰、席纳布库和冷僧机。鸳渊一：《清朝顺治初世的派阀抗争》，第4、8—11页。

75　1598年，一个名叫索尔果的苏完部酋长率所部500户归努尔哈赤。他的儿子是著名的费英东（1564—1620）。费英东是努尔哈赤最杰出的将领，1618年他指挥攻打抚顺；跟从努尔哈赤夺金台石，破叶赫部。他的儿子图赖（1600—1646）从军多尔衮，战败李自成，后在南方多铎和博洛部下任职，以功超授三等公。但他死后，被指责密谋支持豪格，于1648年被追贬。恒慕义：《清代名人传略》，第247页。

76　鸳渊一：《清朝顺治初世的派阀抗争》，第5页。刚林还任明天启朝实录总裁。李自成占领北京期间，大顺军士卒破坏了大量明朝中央政府的档案，洗劫了诸王侯的藏书楼。据钱谦益说，尽管各大学士官衙及皇帝御书文件幸免于难，但内阁藏书全部被毁了。明朝实录中崇祯一朝事迹无可考求，1624年及1627年6月条亦缺。满清入京后，调吏员书手100人，分类整理幸免于难的文书档案。1651年3月26日，刚林入主下诏京师及行省诸官，寻访各朝实录、邸报。他还下令搜集野史。张其昀编：《清史》，第3786页；斯特鲁弗：《康熙年间许氏兄弟对学者的半官方性庇护》，第12—14页。

77　张其昀编：《清史》，第3786页。

78　多尔衮有一次甚至谨慎地问过冯铨："亦忆旧主否？"冯铨颇为老练地答道：如果多尔衮还记得崇祯皇帝的话，那么作为崇祯的一个旧臣也会想起他来的。郑天挺：《多尔衮》，第8页。

79　这些简要记载见于《多尔衮摄政日记》。此书收录了多尔衮与他的大学士们廷议的记录，起于1645年6月22日，迄于同年8月29日，极有史料价值。在廷议中，多尔衮总是先让大学士们向他大声朗读官员的奏文，接着询问详情，然后才说出自己的意见。对话是以白话形式记录的，其间注有文言的赞论。对话的内容从建造宫殿所用横梁的尺寸和费用，到明朝皇帝的婚姻习俗，无所不包。这份廷议记录在宣统时被发现，后由故宫博物院刊行。

80　《多尔衮摄政日记》，第4页。

81　同上书，第5页。

82　同上。

83　黄毓祺是著名的反清人士，他于1648年5月18日在江苏通州一座寺院里被捕。在被捕时，发现他带有总督官印。钱谦益当时已致仕，有人认为他认识黄毓祺，一定是这次阴谋的同党。如前所述，钱谦益暗中与南方的复明分子包括瞿式耜有接触。彭国栋：《清史文献志》，第1—2页；傅路德：《乾隆时期的文字狱》，第100—105页；斯特鲁弗：《传统中国社会中史学的作用》，第79页；葛万里编：《钱牧斋先生轶事及年谱》，第1—2页。

84　傅路德：《乾隆时期的文字狱》，第101页。

85　大约1624年在西安附近发现景教碑的时候，钱谦益正在北京。他是第一个研究唐朝景教、摩尼教和伊斯兰教的中国人。傅路德：《乾隆时期的文字狱》，第101—102页。钱谦益的文化成就也证明他与清廷的合作是有道理的。钱谦益认为文化具有无限的潜力，在异族统治下是能够繁荣的，他甚至常常暗示异族入主之时，就是弘扬汉文化传统的最佳时机到来之际。在这些王朝统治下，政治相当松弛，"法网宽弛，人们不必身役为官"，因而，比如在元朝，我们可以发现有众多的诗社，而文化受到促进并发展了。兰德彰：《中国的文化主义》，第370页。

86　例如，顾炎武拒不与钱谦益有任何交往，从不与他交换名帖。当顾炎武因旧仆陆恩告发而入狱时，他的好友归庄去向钱谦益求情，而顾炎武并不知道此事。归庄请钱谦益开恩，告诉说顾炎武要来拜访他，认他为师。有鉴于此，钱谦益答应为顾炎武说情。在钱谦益插手之后，顾炎武被释放出狱了，但他立即在大街上写了一张揭帖，公然署名声明："我不是钱谦益的门生。"谢国桢：《明清笔记谈丛》，第50页。当时，有人说钱谦益热衷于功名，颇多欲求，朝三暮四，没有原则。孙克宽：《吴梅村北行前后诗》，第11页。

87 钱谦益直到死时,才重新得到了人们对他的些许敬意。例如,1664 年,黄宗羲及其兄弟黄宗炎前往钱谦益家。实际上,黄宗羲是前去料理他的丧事的。汤姆·费希尔:《清初遗民的抉择》,第 8 页。

88 葛万里:《钱牧斋先生轶事及年谱》,第 26 页;恒慕义:《清代名人传略》,第 530 页。

89 张其昀编:《清史》,第 43 页;《清世祖实录》第三十七卷,第 2—6 页。

90 同上书,第 7—14 页。

91 张其昀编:《清史》,第 43 页。

92 恒慕义:《清代名人传略》,第 899 页。

93 多尔衮的头衔是在 1648 年 12 月 21 日皇帝在天坛和社稷坛行冬至仪式的时候改动的。当时据宣布,多尔衮以及几位先祖将得到晋升。多尔衮这次晋级的表面理由如三天后所宣布的,是因为他给天下带来了和平。实际上,多尔衮做此变动是因为他想把自己与顺治皇帝真正的叔父区别开来,想更加清楚地表明自己的身份高于其他像济尔哈朗那样的亲王。满文中 Han i ama wang(汗尼,阿玛,王)意为"汗(君)的父王"。在原始满文书籍中,Oi ama(读为:斡伊,阿玛,意为:喂,父亲——译者)则为尊称。例如,当努尔哈赤与布占泰相遇时互称对方为"ama"(即汉文"父")。郑天挺:《探微集》,第 113—118 页。

94 恒慕义:《清代名人传略》,第 217 页。

95 同上书,第 5 页。

96 《清世祖实录》第四十四卷,第 21 页。

97 阿济格还反对破例由多铎次子多尼袭封王位。《清世祖实录》,第四十四卷,第 22 页。

98 《清世祖实录》第四十四卷,第 22 页。

99 1645 年 7 月 26 日,多尔衮问他的大学士们明朝皇帝的宫女选于何处。大学士等奏:朝廷传旨,令礼部选王府,请圣旨,选于其国。当多尔衮提议满洲皇亲现在也可以这么办时,大学士们坚决反对:"此时天下初定,民心惊恐,此事必不可行。"他们还警告说,清朝各王府应节俭,不要给予大量俸禄。明朝灭亡的一个原因就在于众王侯成了一个沉重的财政负担。多尔衮同意了这个策略,他宣布他将等以后再渐次定制,颁赐宗禄。《多尔衮摄政日记》,第 7 页。后来,多尔衮还与其他满洲谋臣商量,告诉他们他在考虑向所有王侯授予封地,就像明太祖所做的那样。索尼和其他满洲贵族反对这个措施,也说明朝时王侯独占太多的土地,损害了百姓的利益。1650 年最后制定了授封田地条例。亲王授地 1440 亩,郡王 900 亩,贝勒 720 亩,贝子 540 亩。这一相对有限的封地制度,遂为一朝通制。比较起来,它远远少于明朝贵族的财产。郑天挺:《多尔衮》,第 10 页。

100 吴秀良:《中国的交通》,第 13 页;奥克斯南:《马背上的统治》,第 70—71 页。

101 批评王大臣会议权势式微的人抱怨皇帝控制了议事日程,他们提议各部自己准备议事日程,有自己的代表讲话。他们还力主同僚更加大胆地发表意见。"近来会议,有迎合上意而言者,有因一己之爱憎而言者,有缄默以从众者,有观望大臣不肯轻言者,不几有悖会议之意乎?"《清世祖实录》第一三六卷,引自王思治、金成基:《从清初的吏治看封建官僚政治》,第 137 页。

102 《清世祖实录》第四十四卷,第 22 页。

103 鸳渊一:《清朝顺治初世的派阀抗争》,第 4 页。

104 陈名夏陈情请求终制,因而实际上被允许暂假归葬。

105 张其昀编:《清史》,第 3788 页。

106 吴山嘉:《复社姓氏传略》第八卷,第 6 页,列刘子壮为复社成员,参见陈捷先:《满文清实录研究》,第 101—102 页。我们可以确知有 150 多名复社成员参加了科举考试,或已出仕满清。艾维四:《陈子龙》,第 145 页。

107 米勒:《父与子》,第 8 页。

108 陈捷先：《满文清实录研究》，第 101—102 页；鸳渊一：《清朝顺治初世的派阀抗争》，第 5 页。我们可以想象参与编史的汉人大学士是乐于有机会来制造这种印象的，即满族人的王朝在亚洲东北部具有悠久的历史，这样其本身就有了正统的地位。同时，它又与明王朝分享它们所共同拥有的王土。强调满人的王朝起源于从前的金朝，也可将它的正统地位上溯得更为久远，这样有助于证明他们自己臣事于征服者是正当的。这有点像罗马人卡西奥多罗斯的情况。他是南哥特统治者西奥多的检察官，西奥多从 488 年至 526 年统治罗马。他写了一部哥特人历史，表明哥特人有过 17 代国王，其起源属于罗马历史。另一方面，满族人看来没有哥特人那种文化上的自卑感。相反，他们像蒙古人入侵波斯时那样，感到自己在军事上强大的优势。"如果合赞汗和合儿班答委托拉施都丁来为他们撰写历史，照理说他不应该在蒙古人和从前光荣的波斯人之间搭上什么联系，这就使蒙古人显得可敬。他们把自己的功绩看成自己的历史的恰当主题。"D.O. 摩根：《蛮人统治下的意大利和波斯》，第 309 页。

109 1650 年 3 月，令部事不须题奏者，付博洛、尼堪和满达海料理。奥克斯南：《马背上的统治》，第 45 页。

110 《清世祖实录》第四十九卷，第 11 页。

111 同上；萧一山：《清代通史》第一卷，第 382—384 页；黄仁宇：《明代财政管理》，第 122 页。

112 喀喇城（黑城）即现在的滦平县，位于滦河边，靠近热河。郝爱礼：《亲王多尔衮》，第 45 页。

113 张其昀编：《清史》第一卷，第 46—47 页；金声桓：《金忠节公文集》，第 217 页。

114 《清世祖实录》第五十一卷，第 11 页。

115 吴伟业：《吴梅村先生编年诗集》第十二卷，第 1 页，见《太崑先哲遗书》。

第十三章　顺治朝

江风吹倒前朝树。

吴敬梓:《儒林外史》一回

多尔衮对于由谁来继承自己的位置并未做出安排。他由于自己没有子嗣，就不顾阿济格的反对，收养了多铎的儿子多尔博。不过多尔博还太小，不能在皇父摄政王猝死后发生的阴谋和勾心斗角的斗争中起多大的作用。对多尔衮所曾占据的统揽摄政大权并统帅三旗满洲军队的显赫权位，马上就出现了两个主要的竞争者：一个就是阿济格，另一个是多尔衮的部将武拜。武拜声称他得到过多尔衮的口谕，充当多尔博的保护人，不过这不是他参与竞争的唯一根据。他真正的基础在于他实际上控制着正白、镶白两旗军队，这是多尔衮交给他统率的。所以，阿济格如果想要接替多尔衮的位置，就绝对有必要从武拜手中接管那两旗军队，于是他准备在1651年1月8日多尔衮灵柩还京后的几天之内行动。要是由武拜独自对付阿济格，动员两白旗军队，坚持由多尔博继承摄政王位，那么就可能会从这一继位危机中产生一种满洲人的幕府。但历史事实却是武拜及其支持者转而求助于其他满洲亲王，尤其是济尔哈朗，来反对阿济格。[1]

前辅政王济尔哈朗在湖南击溃桂王军队、捕获了何腾蛟后，于1650年班师回京。[2]这个53岁的亲王不愿意坐视阿济格继承多尔衮的摄政王地位，因此，他与其他几位主要的亲王密谋策划，在1月26日多尔衮的葬礼上派人逮捕了阿济格，控告他密谋作乱。以当时14岁的顺治皇帝的名义，把阿济格投入监狱。阿济格后来就在狱中被迫自尽了。[3]济尔哈朗与武拜的共同敌人被击败了，这两个同盟者互相之间现在开始为控制政权而争斗。在武拜一方，他让顺治任命自己及好几位他的追随者为各部尚书。[4]而在另一方面，济尔哈朗则开始培植正黄旗、镶黄旗和正白旗的固山额真和高级军官效忠自己。[5]这前两旗本来直属皇帝，自然是被多尔衮强占去的。济尔哈朗显然力图争取这些将领，他们因多尔衮夺去了自己的军权而颇为怨恨。[6]与此同时，他也在试图暗中瓦解正白旗，正白旗是武拜兵力的支柱。而当他最终真的设法在阿济格被捕后把正白旗的苏克萨哈争取过来时，力量对比的优势就从武拜转向了济尔哈朗一边。正黄、镶黄、正白三旗被赋予一个新名称：上三旗。2月1日，宣布摄政期正式结束，皇帝亲政的新时期开始。[7]

皇帝亲政

如果济尔哈朗指望从幕后操纵顺治皇帝，就像多尔衮（2月8日，清廷追封多尔衮为帝，庙号成宗）一样，而在幕前支配朝廷的话，那么他是大大低估了福临利用亲政来统揽朝政的能力了。顺治皇帝虽然才14岁——按西方人讲实岁算法只有12岁——但在多尔衮死后的几周内已经开始独立地维护自己的权威。[8]例如，1月17日，顺治就在议政王大臣会议上争取谭泰和武拜的支持，坚决认为尽管自己年幼，却打算亲理政事。他下令从今以后议政王大臣会议成员要直接向他上奏，由他过问军国要务。[9]自然，当时议政王大臣会议主要的仍是一个司法性的会议和贵族的政坛，而不是皇帝的行政臂膀。福临不久就认识到君主统治需要有一个内廷官僚机构来实施。因此，2月8日，即他开始"亲政"的一周后，他就把在紫禁城内的内三院搬到更靠近内宫之处。[10]

顺治皇帝很快又认识到，可以用朝廷典礼来抑制八旗之主对济尔哈朗的个人感情，使之成为提高自己处理政事权力的一个重要手段。1651年2月20日，为顺治生母昭圣皇太后上徽号，下诏普天同庆。[11] 对皇帝来说，这一喜庆之时，就是他遍施恩赦之机。顺治减免赋税，恩赐礼物，大赦天下，并复原被多尔衮降秩夺职的贵族，例如尼堪、博洛的爵位。[12]

到1651年2月24日，皇帝和济尔哈朗已集结了足够的力量来对付武拜和他的支持者，包括他的兄弟苏拜和博尔辉。刚刚复爵的尼堪和博洛证实武拜和正白旗旗主造言构衅，密谋作乱。武拜兄弟因此被削爵夺官，籍没家产。[13] 但仍有一些在多尔衮得势时与其同流合污的朝廷要员任职如故；而且，多尔衮仍领有朝廷追赠的谥号。那些朝廷要员，例如刚林、祁充格，甚至谭泰等人，是代表着那种祖制的满洲人，多尔衮和济尔哈朗本来都是在利用他们来自立为摄政的。于是顺治皇帝开始怂恿臣下弹劾死去的多尔衮。这直接的原因是因为他不信任多尔衮的那些亲信；同时他还有一个长远的目的，那就是树立皇帝对诸亲王谋臣的绝对权威。1651年3月6日，苏克萨哈、索尼和其他人在议政王大臣会议上作证，说多尔衮匿藏黄袍、大东珠，僭越犯上，还说他曾与何洛会密谋，当多尔衮死时在永平另立京都。[14] 六天以后，3月12日，清廷诏布天下，贬责多尔衮，结果京城百姓，包括不知道议政王大臣会议活动的许多汉官在内，第一次得知摄政王多尔衮被控告犯有挟制皇上、拘陷威逼诸亲王之罪。[15]

据《实录》所述，3月12日对多尔衮的公开贬责虽然是由年轻的皇帝诏布，但却是通过宣读位高权重的满洲亲王济尔哈朗、博洛、尼堪以及内大臣的上疏来表达的。他们对多尔衮的弹章从1643年皇太极驾崩时举行的议政王大臣会议说起。他们解释说，因为福临那时太小，所以建立由多尔衮与济尔哈朗两人共同摄政的体制是必要的。

> 逮后睿王多尔衮独专威权,不令郑亲王预政,遂以伊亲弟豫郡王多铎为辅政叔王,背誓肆行,妄自尊大,以皇上之继位,尽为己功,又将太宗文皇帝昔年恩养诸王大臣官兵人等,为我皇上捐躯竭力,攻城破敌,剿灭贼寇之功,全归于己。其所用仪仗、音乐及卫从之人,俱僭拟至尊,盖造府第,亦与宫阙无异。[16]

众王指出:多尔衮的这些僭越之举,都显示了他的悖逆之心。他的其他罪行也源于此。他任意靡费府库之财,积累的金银财宝不计其数;他将陈泰、刚林等族人及所属牛录人丁尽皆收入自己旗下;他使豪格不得善终,又纳其妃——所有这些显见其有悖逆之心,以致众人惧威吞声,不敢出言。因而,正是在他死后,在3月6日议政王大臣会议时,他的属下才决意站出来,揭露多尔衮曾私制帝服,"曾向何洛会、武拜、苏拜、罗什、博尔辉秘议,欲带伊两旗移驻永平府",永平府将成为他的新都。[17] 现在,众所周知,顺治皇帝宣布了这些罪恶,判何洛会死罪,剥夺了多尔衮及其亲属的显贵的爵位。[18]

在1651年3月12日将多尔衮的罪状诏布天下之后,顺治皇帝继续镇压多尔衮的亲信,这得到了济尔哈朗及其追随者以及吏部满洲尚书谭泰的支持。谭泰本来是前摄政王的有力支持者,现在转而拥护年轻的皇帝。贵族们加官晋爵:济尔哈朗之子济度和勒度得封郡王,豪格之子富寿袭爵,尼堪与博洛复封亲王,1651年3月25日,谭泰封公,作为对他背叛以前的同伙以及多尔衮的奖赏。[19] 在他们的帮助下,顺治以与多尔衮密谋篡改《太祖实录》,以期夸大多尔衮的武功为名,在议政王大臣会议上审问大学士祁充格、刚林、范文程和宁完我。4月7日,济尔哈朗召集议政王大臣会议,赦免了范文程和宁完我这两个年高德劭的汉族归附者。[20] 但是,两名满洲大学士则受到严惩,祁充格和刚林被处死,刚林死后还遭灭族。[21] 五天以后，诏罢由多尔衮规定的，令满达海、博洛和尼堪管部事之制。[22] 同时，上三旗被置于皇帝的直接控制之下，指派满洲将领统帅各部。[23]

吏治改革

当顺治皇帝和济尔哈朗一起动员起一部分满洲贵族对付那些曾经是多尔衮死党的贵族之时，顺治本人又开始了一项认真的工作，旨在整饬吏治，他声称吏治的腐败在多尔衮摄政后期就已存在。顺治的这一努力一方面确实以较为正规的行政体制，甚至以明制，代替了多尔衮摄政时期的权宜之制；另一方面，它又使得顺治显示出极具儒家气质的改革派君主的姿态，这反过来吸引了满汉官员对他的支持，他们认为清朝的长治久安，有赖于它能否在民众眼中维持住它的仁德形象。[24] 皇帝本人在1651年3月27日一道长篇敕谕中，向吏部明确指出了这一点。敕谕表示了他对所报告的官吏贪污腐化现象的忧虑，那些报告提醒顺治，除非进行改革，否则朝廷很可能失去人心。[25] 想到实际上利用职权胡作非为的高级官员可能会将责任转嫁给下属，这些低级官员将因此受劾被罚，皇帝特别忧心忡忡。[26] 顺治命令吏部调查这一可能性并严格条例，他还将几个部的尚书互换职位，特别将谢启光从户部调任刑部尚书。[27] 次日，顺治斥责户部滥征商税、使商旅裹足不前的做法。皇帝敕责的结果，是在5月29日又下诏令，罢免不胜任的吏部官员。[28]

在接下去的几天里，顺治皇帝审阅了所有大臣的人事档案。[29] 1651年4月7日，他向吏部宣布检查结果。至少对他来说，那些官员是令人失望的。皇帝既已亲政，就要求手下官员洗心革面，"克己奉公"。但他们仍然作弊如故，"未能洗涤肺肠"，"遂致挂欠漕粮三百余万石"。例如谢启光在户部任职七年中，从未彻底核算账籍，税粮账目中存在着

600　洪业：清朝开国史

巨大赤字，总额达白银3000万两之多。[30] 谢启光还屡屡不顾关税原有定额，滥派差役，加倍索求，任意徇私，从而威胁了商人的生计。由于这种违法乱纪的行为，谢启光被朝廷罢职，永不叙用。[31]

接着，清廷还罢免了其他一些官员，包括内院的人员，但是在4月7日被罢免的、官秩最高的那位，不是别人，正是多尔衮的忠实伙伴、大学士冯铨。顺治皇帝复审了1645年吴达弹劾冯铨的奏章，虽然他对那些指责并不肯定，但却由此推断冯铨"殊失大臣之体"，是一个追求私利的溜须拍马的家伙，他在重要问题上始终回避表态，以便稳保官职。敕书说冯铨"七年以来，毫无建白"，并补充说："毫无争执！"除了趋炎附势外，冯铨还被谴责结党营私，特别是与李若琳"朋比为奸"。这种结党的目的没有详细说明，但这种指责就已严重得足以导致朝廷罢免这两人了。[32]

据正史载，"（冯）铨既罢，代以陈名夏"[33]。事实上，罢黜冯铨的诏书就是陈名夏替顺治皇帝起草的。对陈名夏这一行为，冯铨绝不会忘记。[34] 因为实际上，陈名夏取代了冯铨。在罢黜冯铨当天，顺治下诏授陈名夏为弘文院大学士。[35] 几天后，1651年4月10日，顺治还任命大学士洪承畴掌管都察院，为左副都御史，又任命了另一南方名士陈之遴为礼部尚书。[36] 这样，作为一个区域性团体，这三人取代了北方大臣冯铨、李若琳和谢启光。此时，南方人士以及顺治皇帝本人都显然将自己视为改革者的一员，他们将整改官僚政治中的一些弊病，这些弊病是由他们的前任在多尔衮松松垮垮的统治期间种下祸根的。[37]

多尔衮摄政的最初两三年经历了清朝第一次制度改革的高潮。现在，1652—1655年就要经历第二次改革高潮。改革措施几乎又全部是由六部的明朝旧臣提出的，顺治现在认识到了这些人的才干，同意他们提出的改良机构的建议。[38] 当时付诸实施的最重要的改革措施之一，是彻底检修帝国水利系统。[39] 关于黄河水利以及对大运河与淮河堤防系统的管理，在顺治初年是由工部负责的。在明朝，运河区例如徐州这样的州郡，其官吏确由工部指派，每三年左右为一任。然而，对运河区管理的实际控制权长期以来并不在工部手中。自1450年以来，明朝政府就委任了一名帝国运河专员，兼运河区总督，这个运河区包括长江以北七个主要都府（徐州、淮安、扬州等等）。16世纪后半叶起，倭寇开始侵扰长江流域，并沿江北和山东沿海到处烧杀，运河专员还同时兼提督军务，负责这一地区的海防。因此，总的来说，运河专员权职甚重，他与工部几乎平起平坐，工部委派在这一地区的挂名官员实际上要向他汇报。事实上，除负责东北地区防务的帅臣外，这是明朝外官中最有权势的职位。所以，明廷除授这一重要职位的官员任期都很短，平均一任只有两年，绝非偶然。[40]

随着清政府将注意力转向水利和漕粮问题——这当然是关系到清统治安全的最关键领域之一，于是就决定扩大负责这方面行政事务的官员的职权，让其独立于六部之外，完全与工部及中央有关水利的各官衙分开。这一改组在王永吉指导下进行，他是最有能力的一个贰臣。[41]

王永吉是这样一批官员的很好的典范：他们在明朝晚期以专长于财政、刑法和灾荒赈济而声名卓著，到了清朝，他们找到了良机来推行自己早先曾受到挫折的改革措施。王永吉系江南人氏，1625年进士及第，曾任明朝地方的督邮，在知杭州期间最负盛名。当时他主持了一个庞大的工程：修建一道高大的海塘，同时还修建常平仓赈济灾荒。降清以后，经顺天巡抚宋权推荐，授大理寺卿，1647年，擢工部右侍郎，1651年，改户部右侍郎。[42]在户部任上，王永吉首先致力于检查各卫所屯地。不过不久他就转而负责改革黄河与大运河管理的计划。清廷因此组建了一个特别机构来经管两河事务。这个新机构既不隶属于工部，也不隶属于户部，而是直接向皇帝负责。它的长官为河道总督，河道总督统兵2000人，另有船工、丁夫等人。河道总督衙门驻济宁（山东），有属员29人。此外，还在黄河、大运河沿岸置管河道官员30人。[43]

到了下个世纪，河道总督衙门的置立就会被证明是清朝在行政方面的一个成功之举了。有明一朝，中央的工部与地方上实际管理徭役（或至少掌握着役钱）的官员之间的联系已极为薄弱。结果是水利的管理从总体上看已近乎全面崩溃。清廷从前朝继承而来的水利系统本身一片混乱。在清朝统治的头 10 年中，每三年就有两次以上的河道大决口，造成严重水灾。[44] 新政府不去徒劳地试图重建地方官与京城的联系，而是英明地决定创设一个中间组织，它越过中央有关部门，建立起自己管理地方水利的机构，这些机构的管河道长官能够与州县官员进行直接联络。于是，在河道总督的主持下，这个机构有能力协调庞大的水利系统，它对京城经济的复苏，做出了很大的贡献。而且，它也唤起了水文学家们的热情。早在明朝的时候，这些人就曾呼吁中央政府支持地方，但却一直未能鼓起明廷的劲头来。[45] 尤其是在康熙初年，清廷开始修建庞大的水利工程。1686 年修冲鹳运河，1688 年疏浚黄河口，1699 年加固江苏高家堰一段重要的堤坝。[46] 这样，在明末严重失修的黄河下游重新疏通了。此后 60 年内，黄河没有发生过一次大水灾，这使河北平原和淮阴地区的百姓受益无穷。[47]

另一组重要的建议是关于政府税收制度的。如上所述，清政府继承了一套完全过时的赋役簿籍，其中 40% 以上的田主已经下落不明。在明朝绝大多数时间里，登录在赋役簿籍上的土地数量平均约为 7 亿亩。[48] 到 1645 年，这个数字降到仅仅 4.05 亿亩。[49] 1648 年，清政府决定通过恢复里甲旧制，来努力使赋役簿籍反映最新的土地占有状况。[50] 这与清政府另一项关于仿效前明建立世袭职业户籍（兵、匠、民），分别承担赋役义务的政策正好相合。尽管明朝世居其业的各类人户早已互相混杂，而且一条鞭法通过赋役合并和田赋征银的条规，消除了赋役之别，清政府还是决定命令全国各州县道以明朝旧籍为准，重编赋役册。这些簿册由里长汇总，上报本县，再由县官上报巡抚和总督，这样层层上报，直至户部。[51] 于是，就如控制地方的里甲制最终应归总于兵部一样，与其相应的赋役簿册在理论上也得一直上报到户部。[52]

第十三章 顺治朝 603

这种利用里甲制来使赋役簿册反映最新的土地占有状况的尝试没有成功。1649年6月3日，内三院得一上谕，上谕焦虑地谈到，一方面有大量土地完全没有编入地方赋役簿册，另一方面又有许多流民濒于饿死的惨境。皇帝因此下诏户部和都察院，令其通知地方官员务必努力将未入籍的"流民"登录到赋役簿中。这样，一旦认定了哪些是有主荒地，另外的无主荒地就能够分配给其余的"难民"了，这是此前正式颁布的土地开垦制的一部分。[53]最后，通过鼓励这种流民的定居垦荒，清政府就不仅仅能开垦出荒地来耕种，还可以将地产再次列入政府的赋役簿册，不过这是后话了。[54]18世纪中叶，虽然有记载说被开垦地达7.1亿亩，但是在1662年，官府赋役簿册中所列耕地仅5.5亿亩。[55]很清楚，想要提高官府税收的效率，暂时还必须想一些别的办法。[56]

1651年8月1日，刑科给事中、著名御史魏象枢就如何改进政府预算程序，提出了几项建议。[57]魏象枢注意到，中央政府对各行省官员所征集的财赋数额并未做精确的统计，而对地方经费开支，也没有详细的清单。他呼吁由各省布政使对征集的钱物，以及对每一项主要的行政经费开支每年做一完整的统计。这些财政统计报告应编入黄册，呈送总督，并由总督上奏中央审核。黄册一到朝廷，就应彻底核查，编成清册，以便确定中央政府的收支，以及例如盐利这样的额外税入。[58]次年，即1652年，这一新制付诸实施。尽管此制并不意味着赋役簿籍问题的解决，但稍后，它确实使清政府得以发现哪儿将出现最严重的财政短缺，因此，就可以及时地予以弥补。[59]

除了建议改善财政统计程序外，魏象枢作为一个御史，还以他的正直无畏而闻名。他对官场腐败的抨击，其中一部分就是针对都察院本身的。据当时的奏章反映，受命出访的御史常常将自己的公事开支摊到地方官府头上，接受其他官员的帮助，为自己的起居开销索取过多的补助，并且随意接受贿赂。[60]顺治皇帝对这些奏章尤感震惊，从这些奏章看来，似乎他自己的"言官"并不值得信任。1651年5月5日，他在一道诏书中表达了自己的某些忧虑。[61] 因此，尽管他自己已于 1651 年 5 月 22 日离京去热河围猎，随后由陈名夏、洪承畴及陈之遴召集的讨论改革都察院制度的会议，无疑是经他敕准的。[62]

清洗都察院

洪承畴特别关心都察院吏治腐败的情况，因为他现在是都察院长官之一。所以可能是他首先提议的，三个新上任的汉人长官在北京火神庙召开了一次秘密会议，来评价目前在都察院供职的官员的功过。[63] 这次秘密会议的结果是，几天以后由洪承畴突然宣布对都察院进行大规模清洗。现任御史 11 人"外转"，2 人迁官；同时，22 名新委任的御史准备就职。[64]

显然，洪承畴和另外两个大臣希望通过这种秘密谋划的突如其来的清洗活动，使得被罢免的御史长时间内不知所措，无力反击。但是，有一名被"外转"的御史马上起来抵制。此人就是张煊。他在明代末年河南道御史任上就以论劾廉正而树立了名声，现在他一听到自己外转的消息，就写了最后一份奏章。[65] 他弹劾的对象是那最易招致物议的三位新大臣。他条列陈名夏十罪、二不法，指责他"谄事睿亲王"，因而骤迁尚书，"夤缘夺情，恤典空悬"。[66] 紊乱铨序，且"结党营私"。[67] 最后，张煊讲到了火神庙的秘密会议，控告陈名夏、洪承畴和陈之遴为谋反集团："屏左右密议"。这最后一条论劾还附带有一个实证，说洪承畴未经事先奏明，就将母亲送回了福建祖籍，似乎是在预先将她安置到安全地带，以待某个南明阴谋小集团在北京策划政变。[68]

洪承畴确实将母亲送回了原籍，但他坚决反驳关于密谋的指控。他解释说，大臣们在火神庙会议是为了甄别诸御史。[69] 不过，此案是非曲直尚未判定。陈名夏有一个势力强大的伙伴，就是他的搭档、吏部尚书谭泰。陈名夏对谭泰的腐败行径助纣为虐。自然，如果有关陈名夏铨选不公的论劾被证实的话，谭泰也会被谴责为无能。也许就是因此缘故，谭泰亲自策马去皇帝狩猎的驻跸之所，对张煊的奏章提出质疑，并反过来指控张煊因被洪承畴免去御史，挟嫌做不实之劾。[70] 次年皇帝与朝臣坦率地谈到谭泰的这次觐见，根据皇帝本人的回忆：

> 其时朕狩于外，一切政事暂委之和硕巽亲王满达海。王集诸王大臣逐件审实，遂将名夏、承畴羁之别所，拨兵看守，以事关重大，驰使奏闻。谭泰闻之，艴然不悦，遂萌翻案之心。及朕回京，敕诸王、贝勒、贝子、公、侯暨众大臣质审廷议，谭泰咆哮攘臂，力庇党人，务欲杀张煊以塞言路。诸王大臣惮彼凶锋，有随声附和者，亦有袒首无言者，内亦有左袒者。入奏之时，朕一见罪款甚多，不胜惊讶，谭泰挺身至朕前谄言，告词全虚，又系赦前。诬陷忠臣于死罪，应反坐。[71]

于是，不管是被说服了或是受到胁迫，议政王大臣会议接受了谭泰的意见，1651年7月15日，宣布陈名夏和洪承畴无罪。上疏弹劾他们的张煊，则被认为"心怀妒忌，诬蔑大臣"，判处死刑。[72]

抑制贵族

尽管皇帝在后来的回忆中认为对陈名夏的论劾值得重视，但在7月审讯后的日子里顺治还是继续信任并提拔了这个前明朝官员。如果说稍有不同之处的话，那就是对陈名夏的评价看来变得更高了。在大学士陈泰、李率泰被罢免后，1651年9月8日陈名夏被重新任命为弘文院大学士。[73] 与此同时，皇帝继续支持的政策是，或者更加宠幸他的近臣大学士们，或者试图抑制满洲贵族的一些特权和过分的行为。[74] 例如，刑部的惯例是立即审讯在各官衙内遭到弹劾和被认为有污秽之举的官吏。这就将最终决定绝大多数中下级官员命运的权力交到了各部尚书手里。顺治则相反，他命令所有的弹劾章疏都要先直接上奏，由皇帝近臣决定某个官员是该受审还是继续留任，这样就把更多的裁判权交给了内三院。[75] 同时，顺治下诏将刑事起诉扩大到那些满洲贵族的成员，他们招徕投充，减损了汉族人口。在这个问题上皇帝所持的家长式态度是与多尔衮极为相似的：

> 朕闻之，不胜痛恨，帝王以天下为家，岂有厚视投充、薄待编氓之理。况供我赋役者民也，国家元气赖之；投充者奴隶也，今反借主为护身之符，藐视有司，颠倒是非，弁髦国法，欺压小民，若不大加惩治，成何法纪！自今以后，上自朕之包衣牛录，下至亲王、郡王、贝勒、贝子、公、侯、伯、诸臣等，若有投充之人仍前生事害民者，本主及该管牛录果系知情，问连坐之罪。[76]

不过虽然语调与前摄政王相似，顺治的政策却严厉得多。在这类事件上顺治皇帝剥夺了占有投充者的满洲贵族的刑事豁免权，这样就把皇家权威扩展到了贵族头上，远远超过多尔衮所曾做的。事实上，他和他的谋臣是在宣布，如果皇朝要想继续赢得民心，就必须严格抑制官员和贵族的特权。像赵开心这样特别大胆的"言官"被任命为左都御史，也正表明了朝廷的这个政策。赵开心以论劾吏蠹、无所畏惧而出名。[77]

在某种程度上，皇帝于1651年10月1日突然诏责谭泰，同样体现了君主对贵族特权的否定。苏拜在议政王大臣会议上攻讦这位满洲一等公，说他阿附多尔衮。[78] 但顺治对这位吏部尚书的指责则主要强调了另一方面，即谭泰企图将他个人的影响扩大到政府其他各部，经常使官吏误以为谭泰的意志也就是皇上的愿望。自然，在付狱受审中，还有其他

第十三章 顺治朝　607

的指责。许多证人都说谭泰专横,包括对待宗室成员。不过,虽然这些指责有助于谋取宗亲和议政王大臣会议其他贵族的支持,他们或者受过这个新授一等公谭泰恣意专横的当众侮辱,或者被他对多尔衮的谄媚所激怒,但皇帝对于他"部中事一切事务朦胧奏请",以及他不断的"但知为己营私"的愤恨,才最终导致他受诛身死。[79]

随着谭泰被处死,至少就君主与贵族之间的斗争而言,顺治看来终于成了自主的主人。尽管济尔哈朗仍然是朝中极有势力的人物,到1655年去世时他一直是贵族中的首领,但从今往后,只要顺治在世,就没有任何贵族成员或是他们的联盟能有效地向君权挑战了。随后,在1651年的最后几个月,顺治完成了从一个在极有势力的摄政者监护下的幼主到独立自主的君主的转变。1651年10月31日,宫城南门"承天门"被改为"天安门"。[80]虽然《实录》中对这一名称的改变未做任何解释,但它看来似乎象征着从庆贺刚刚君临天下(这是多尔衮的骄傲)到颂扬天下大治(这是顺治的愿望)的转变。[81]随着顺治在政治上日臻成熟,他将自己的童年永远地撇在了身后。9月,他娶了自己的表妹;12月13日,也许这个日子比前者更为重要,一个宫妃为他生了第一个儿子。[82]

当然,日益强大的皇权不能够一概视同于福临个人的权力。毋庸置疑的是,在与势力强大的贵族较量的这一时期,年轻的皇帝得到了谋臣小心谨慎的指导和帮助。毫无疑问,宦官吴良辅对于团结官吏支持皇帝,反对议政王大臣会议中和官僚中的亲多尔衮分子,在幕后扮演了一个非常重要的角色。实际上,宦官支持皇权的重要意义,可以从后来于1653年7月置立臭名昭著的十三衙门推知一二。十三衙门由内侍组成,其中有些人负责起草诏令,任命官员。[83]这样,继承权斗争的结果之一就是内朝宦官势力的复兴,它体现了明制的部分恢复。另一个反映着明制恢复的现象是,作为皇帝私人谋臣的大学士势力扩大了。因而,皇权的胜利也在君主与其儒家谋臣之间造成了新的紧张状态。

了结旧账

谭泰死后,在皇帝所有的汉人谋臣中,陈名夏处境最为困难。自然,谭泰在吏部的恣意妄为连累了他,但是,尽管陈名夏此时还没有意识到,在皇帝看来,谭泰的专擅还是与他有关。顺治后来这样告诉朝臣们:

> 当朕亲政之初,(谭泰)把持六部,干预万机。藐朕幼冲而威权专擅,广纳贿赂而祸福横施。此时陈名夏亦任本部尚书。[84]

虽然如此,陈名夏好像仍然受着皇帝的宠幸。所以,当众臣于1652年2月17日得知陈名夏再度被任命为大学士的消息时,一定甚感意外。第二天,即2月18日,当他们发现陈名夏将被再次付狱,就更是大吃一惊了。这一天恰逢京城地震。[85]

在审判中,朝臣们从皇帝本人处得知,秘密调查现已进行了一段时间。顺治向议政王大臣会议说明,自从去年7月听审,谭泰为陈名夏开脱而使御史张煊被处死以来,他就一直想知道在张煊的论劾中是否真的没有一点事实。于是顺治命令重议此案,由郑亲王济尔哈朗对洪承畴和陈名夏进行调查。[86] 洪承畴一得知此事,就承认他确实未先上奏便将母亲送回了原籍,应当引罪,但对火神庙集议他仍然辩解是为了甄别诸御史。陈名夏则不然,他坚持否认有任何不法之举,而在皇帝看来正是这一点最终成了他的过错。皇帝对议政王大臣会议说:

> 独名夏厉声强辩,闪烁其词,及诘问词穷,乃哭诉投诚之功。朕始知名夏为辗转矫诈之小人也。名夏罪实难逭,但朕有前旨,凡谭泰干连之人,一概赦免,若仍执名夏而罪之,是不信前旨也。今将名夏革任,其官品俸禄仍旧,发正黄旗汉军下,同闲散官随朝。[87]

第十三章 顺治朝　609

与此同时，张煊被昭雪，仍加二级恤典，以慰忠魂，并使御史与皇帝间"言路"畅通。[88]

所以，顺治下令重议此案的本意之一，是鼓励汉人御史今后更加直言不讳。另一动机则是为最终了结由谭泰案件遗留的旧账，因为对于谭泰受诛，而陈名夏却仍逍遥法外，许多满洲贵族一定是耿耿于怀的。然而，皇帝并不想走得太远，以免许多由陈名夏荐举而出仕为官的南人，诸如郝洛、向玉轩、宋徵璧、李人龙、王崇简、杨廷鉴和宋之盛等，与他疏远。这些杰出的文人（他们之中有些人曾在明朝翰林院供职）当中有几个是陈名夏的同榜进士，其他则与他同为一个文学社团的成员。所有这些人都把他看作是他们在朝中的主要靠山。[89]如果皇帝称陈名夏为"辗转矫诈之小人"的话语传到保密的议政王大臣会议之外，那么他们在政治上的忠诚就会濒临破灭，而皇帝招徕更多南人的愿望就会受到阻碍。所以，顺治决定只让议政王大臣会议外面的人知道张煊的昭雪和谭泰的罪行。

> 又思谭泰罪恶，满洲官民皆知，而各处汉人未必尽晓。著将谭泰罪款并张煊启状详为刊示，暴之天下，以明朕之无偏私也。[90]

于是清廷对黜责陈名夏之事秘而不宣，使他在民众中的声誉如旧。陈名夏被发遣到汉军正黄旗，这原本是一种处罚，却被像史学家谈迁这样识见平庸的局外人误解为受皇帝恩宠的一种迹象。[91]

年轻的皇帝对陈名夏政治上失宠之事加以保密的决定是明智的，这使得陈名夏在公众中维持住了人缘颇好、正在朝廷中为南方士子谋利益的名声。反过来，陈名夏也得以在努力招徕文人名士时取得了一项很大的成就：说服江南著名诗人、士人领袖吴伟业出仕清廷。[92]

吴伟业复兴文学党社的努力

推荐吴伟业到清政府任职是一件极为敏感的事情,因为众所周知他曾出仕南明政府,而且许多人认为他仍怀有忠君复明之心。吴伟业在得知崇祯皇帝的死讯时曾认真考虑过自杀,当时他在南方的陪都任文选司郎中。[93] 但他没死,在福王手下任职如故,加秩一等。不过,他在任仅两个月后,就深信马士英和阮大铖毁了收复北方的一切希望。于是,私下里认为"天下事不可为"的吴伟业,以需要照看年迈的双亲为理由,返回原籍太仓隐居,时年 36 岁。[94]

起初,吴伟业害怕因参加过复明运动而被捕,所以深居简出,谢绝来客,也不应邀出访。[95] 但他作为一名浪漫诗人的声望日高,使得他的隐居生活难以继续下去。他的抒情诗词传遍全中国,如《临江仙·逢旧》:

> 落拓江湖常载酒,十年重见云英。依然绰约掌中轻。灯前才一笑,偷解砑罗裙。　薄伟萧郎憔悴甚,此生终负卿卿。姑苏城外月黄昏。绿窗人去住,红粉泪纵横。[96]

1652 年,吴伟业在嘉兴开馆授徒,他的名字引起了总督马国柱的注意。马国柱此时正受朝廷之命,在江南荐举名士去京城就任高职,遂将吴伟业的名字报了上去。但诗人得知此事后,给总督写了一封长信,以身体有病为借口谢绝了这一荣誉。[97]

吴伟业的朋友和爱慕他的人们,并不因为他拒绝出仕而罢休。与陈名夏一样,他的女婿、礼部尚书陈之遴对他纠缠不休。1653 年初,孙承泽再次向皇上荐举吴伟业,称他为东南最有才能的名士之一。[98] 这一次吴伟业表面上不置可否,从而极明显地表明了他的意向:如果新政府任命他担任高官,他将加以接受。这想必是一个矛盾的决定,就像下面这首他当时所写的诗《新蒲绿》中暗示的那样[99]:

> 白发禅僧到讲堂，衲衣锡杖拜先皇。
> 半杯松叶长陵饭，一炷沉烟寝庙香。
> 有恨山川空岁改，无情莺燕又春忙。
> 欲知遗老伤心处，月下钟楼照万方。
>
> 甲申龙去可悲哉，几度东风长绿苔。
> 扰扰十年陵谷变，寥寥七日道场开。
> 剖肝义士沈沧海，尝胆王孙葬劫灰。
> 谁助老僧清夜哭，只应猿鹤与同哀。[100]

但是，恰恰就在他祭祀明朝末代皇帝、谴责失节仕清的"无情莺燕"的时候，吴伟业却对正在向他喋喋不休地强调他应邀出仕的重要性的贰臣们听之任之，不加抵制。那些人认为吴伟业跻身内三院会给东南文人带来一个决定性的机会，以恢复他们自1644年以后所丧失的对朝廷的影响力。[101]

不过，吴伟业想必知道，由像他自己这样的南方名士来充任内三院，充其量也只能恢复满人到来前左右明政府政治联盟的一翼。倘若江南精英想要再度支配政府，那么各地区文学党社的关系网也必须复兴。这些文学党社本身已经开始重新崭露头角，这无疑是因为南人正试图再次在高级别的科举考试中金榜题名。[102] 1651年，就在侯方域决定参加河南省试的时候，他也正在着手创立一个叫作"雪园六师"的文学党社，这当然绝非是一种巧合。[103] 仅仅这样一个党社是无关痛痒的，特别是它还声明为艺术而艺术。[104] 但是，假使像它这样的其他文学党社都能够联合在一起，成为一个立誓相从的联盟或社团，那么，近似于原来的复社的组织就可能作为一支重要的政治力量而在中国又一次出现。而这种联合的主要障碍，在吴伟业看来，是像陈名夏或钱谦益这样的降清者与像归庄或顾炎武这样的复明分子之间的不和。[105] 后者创立了自己的文学社——"惊隐诗社",它吸引了许多其他和他们一样的复明分子,以至它也以"逃之盟"而广为人知。[106] 于是,吴伟业希望将以上这些复明分子与他女婿(以及他自己)这样的降清者撮合到一起。1653 年春天,他在复社旧日聚会之地——虎丘,召集了一个所有苏州和松江最著名的文学党社都参加的聚会。包括归庄这样的重要领袖在内的好几千名文人学士参加了这次聚会,宣布了重新开始各种活动的计划,如授课、印书、聚会等等。这都是复社在 1644 年以前从事过的活动。[107]

由于两个原因,吴伟业重建明朝最后 30 年间的政治联盟的努力失败了。第一个原因是在同满清合作与否的问题上,士人中一直有意见分歧。在虎丘大会就要结束时,一位年轻人突然站出来将一封信扔到吴伟业座位前。信中有这样一副对联:

千人石上坐千人
一半清朝一半明

同时,这位年轻士子嘲笑地唱道:"两朝天子一朝臣。"吴伟业从座位上站了起来,但未发一言。[108]

第二个原因是政府对江南这些文人活动的反对。顺治虽然赞赏南方学者在文化上的造诣,但别的官员也向他提出,中国南方文人的言行特别易于标新立异。1650 年,江南道御史李嵩阳上奏道:

时士人风尚相沿明季余习,为文多牵缀子书,不遵传注。[109]

而且,皇帝和他的朝臣们也意识到,明朝末年的文学党社已经成为左右公众舆论、参与政治争论以及缙绅阶级影响地方政府的一种工具。[110] 所以,1652 年顺治采纳几个御史的建议,颁布了禁止党社的敕令。

> 一、生员不许纠党多人，立盟结社，把持官府，武断乡曲。所作文字，不许妄行刊刻。违者听提调官治罪。[111]

在清政府看来，1653 年吴伟业在虎丘召集的聚会是非法的。实际上当时并没有采取任何直接举措实施这一敕令，也没有任何人因非法活动而被控告或逮捕。但是，对政治倾向问题意见的不一，加之上述清政府明确的反对态度，这两者结合起来，就意味着吴伟业模仿复社建立"十郡大社"的努力归于失败了。松江的各党社与苏州诸社相离异，彼此分立门户。[112] 这样，当吴伟业最后公开决定应清政府之邀到北京任职于内三院的时候，他是孤身北行，背后并未留下一个可资凭依的基地。他原本希望依靠这一基地建立新的政治联盟。而且，除了只身投靠及追求私利这两条外，吴伟业找不到可以更加说得响的理由为自己与清政府的合作辩解，这使他比以往任何时候都更易招致谴责，并因而声名扫地。[113]

皇帝与殉难者

严格说来，让吴伟业这类重要的归附者声名狼藉，对于皇帝的政治利益来说是最好不过的了。如果坚定的复明分子感到与臭名昭著的"贰臣"们誓盟结义无法忍受，那么，中国各大州府的缙绅们要结合成像过去东林党和复社运动这样强大的政治党社，就更加困难了。虽然这也许会促使像顺治这样精明的君主去表彰殉难的明臣，而不必冒什么风险，因为这样的表彰会使那些归降者更感羞愧，但皇帝接着决定表彰 1644 年部分死节之士的公开理由并不在此。[114] 当时，表彰起义军占领北京期间死去的官吏、孝子、节士、贞妇的活动形成一种日趋强烈的风气，已有一段时间了。热心于此的人们中最突出的官员要数浙江的藏书家曹溶了，他曾任顺天学政。

　　曹溶也曾拥护过多尔衮摄政前期的许多改革。自1644年以来，他成了明朝历史学家的某种保护人。他的一个幕僚是嘉兴名儒朱彝尊，此人后来作为历史学家和金石学家而驰名天下。[115] 1653—1656年间谈迁在撰写他的明史名著《国榷》时，经曹溶同意得以读到他丰富的私人藏书。[116] 1646年，曹溶在主持顺天府乡试时，因上疏荐举了几名明朝进士而受到黜责，因此在这之前的任何时候提议表彰殉节明臣，对他来说大概都是不合适的。1652年，曹溶复职，除户部侍郎。也许是觉察到皇帝也有相应的想法，他便与王崇简和另外三位官员联名上表，乞请表彰在大顺政权的动乱期间殉难的范景文、倪元璐和另外50人。[117] 8月9日，皇帝命礼部集议"褒录幽忠旷典"，这样就给其他前明官员提供了一个机会来陈述自己对这个问题的看法。然而，从这次集议中所产生的最深刻、最有影响的奏章并非出自在明朝赢得功名的那些人，倒是出自清朝杰出的士大夫魏裔介之手。他是1646年科举及第的。[118]

　　魏裔介的奏疏对顺治皇帝诏令褒录明末殉难之臣，大加称颂，认为这一诏令极合时宜。因为经过长时间的混乱之后，天下复归升平，而除不法、克弊政的最好方法之一，莫过于褒录"报国"的"烈士"以励臣节了。魏裔介从实际政治环境出发，来概括他们的气节。他首先以无比夸饰的语言，将他们的自我牺牲描绘成一种至高的义务，这使他们得以与日月争光。褒录这样的报国之士，必然会使人回想起中国历史上的其他忠臣，以及同样是在大乱之后一统天下的其他圣主。魏裔介大胆地接下去说，明太祖（1368—1398年在位）就是这样一位皇帝，他甚至对尽忠的敌臣余阙（1302—1357）尽节而死表示赞赏。余阙守卫被围困的安庆城达四年之久后被杀，但明太祖仍为他建祠赐谥。[119] 因而明太祖得以用余阙的尽节之举来维持风化，振励纲常，"俾一代之臣子知所轨范也"。国朝既已"奄有方夏"，魏裔介就强调明代开国皇帝与顺治皇帝之间的相似之处，大胆地提倡学习明制。除此之外，他还提到了古代的圣贤。明太祖谥封余阙难道不正是类似于周武王褒嘉比干之举吗？比干是被残忍的末代商王纣杀死的。[120]当周灭商、一统天下之后，新天子周武王封比干墓。所以，如果清朝现在也这样褒录那些在明朝灭亡、李自成义军占领北京期间的殉难之臣，那么，他们所遗留的一切都应予以适当的追述，并在精神上予以嘉褒，永荐于俎豆。[121]

顺治皇帝接到魏裔介的奏章后，便下旨褒录北京的殉难者。共列举了20个人的名字，为首的是范景文、倪元璐和李邦华。皇帝后来又下旨为他们修建祠庙，赐地70亩以供祭扫。[122]

顺治对死节之士的褒彰，不啻为一些士大夫确定了新的行为标准，虽然这显然使像陈名夏一类曾事明、顺二主的归降者感到狼狈。皇帝的这一姿态与将谭泰罪状诏布天下、替张煊昭雪之举相结合，自然鼓励了像魏裔介这样的御史继续论奏吏治腐败的现象，即使事涉那些最有势力的满洲官员，也毫不畏惧。[123]皇帝对这些论奏的反应，是在1652年12月27日召集六部诸臣到五凤楼，对他们说：有人说六部咸通贿赂，他知道诸大臣未必至此，但部属的贪污却是由于他们姑息所致。无论是"旧臣"还是"新拔"，都应"体国厚恩"而竭尽忠心。所以，他们有责任务必使这些腐败行为杜绝于后。顺便提一下，这些腐败行径并非明朝旧臣所为，相反却与满洲贵族密切相关。[124]

索贿者与吏治腐败

此后不久，皇帝又召内三院官员集议。他告诉大学士们，他听到传闻说有个叫李三的人除了他自己居住的房子以外，还在京城附近修造或得到了许多房屋。"何也？"他问道。洪承畴回答说："其房屋分照六部，或某人至某部有事，即入某部房内，毋敢挽越。"[125]顺治为洪承畴这一直言不讳的揭露深感震惊。允许李三这样的"细民"对六部事务有这种影响，"是天使之败也！"[126] 皇帝立刻命济尔哈朗即刻对李三作全面调查。李三的真名叫李应试，他的公开职业是马贩子。1653 年 1 月 23 日，济尔哈朗调查结束，作了一份全面的报告，递交议政王大臣会议。[127]

根据济尔哈朗的调查，李三是北京的元凶巨盗，专一交结官府，役使匄蠹，北京南城铺行都向他交纳常例，各有定价。他又暗操生杀，死者之家不敢申诉。他所豢养的强盗都是亲信潘文学招徕的。潘文学也是个马贩子，他一面以马匹接济远近盗贼，一面交通官吏，打点衙门，包揽不公不法之事。[128]

李三以其巨富大量行贿。作为北京的一个马贩大驵，他能向满洲贵族提供最好的牲畜。于是，那些感到远离权势"肺腑"的汉官认为，凭借李三这一途径，他们就能接近诸王贝勒。[129] 李三被捕时，捕快们搜到了很多缙绅名札，牵连到九位官员，除一人外，品位都不高。例外的那一位即兵科都给事中李运长。[130] 但李运长的地位，也远不如其他传闻中的常为李三宴席座上客的那些官员那么重要。例如，据说年迈的宁完我就是李三的座上客之一。[131] 这并不是十分难以置信的。宁完我嗜赌成性，1635 年，他在大凌河与一位被俘汉将赌博被人发现，被贬官 10 年。但自满清迁都北京后，宁完我就官复原职了。他在清朝是一名德高望重的汉人归降者（努尔哈赤时就已归降），以至两年前涉嫌刚林案时都得以释而不问。[132] 于是，当李三一案摆到议政王大臣会议上时，品位较高的旗人和满洲贵族们都未被公开列为李三的朋友和保护者。事实上提出处死李三的，就是那位据说同样受到牵连的陈之遴，这好像是为了杀人灭口，以免他说出更多人的名字。于是这位索贿者及其同党立刻被杀了。一起被杀的还有李运长，他由此成为其他许多未被列出姓名者的替罪羊。[133]

顺治皇帝对这一结果并不完全满意。他对自己的"耳目"没有单独向他报告有这种大规模的舞弊行为尤为恼火。在审判后的次日，他下谕所有言官，令他们解释为什么对这种"党恶"竟然默无一言，这难道不是为了有意掩饰吗？[134] 难道就没有其他大臣仍未被举发吗？皇帝怀疑到了大学士陈之遴的头上。陈之遴提出立即处死李三，引起了人们对他本人所扮演的角色的猜疑。济尔哈朗也怀疑陈之遴，并开始对他做进一步调查。1653 年 3 月 14 日，陈之遴终于供认自己与李三有一些牵连。济尔哈朗要严惩陈之遴，但皇帝对此交代表示满意，遂命令给陈之遴一个改过自新的机会。[135] 于是，顺治免除了陈之遴的大学士之职，调任户部尚书。[136]

考课与朋党

李三一案就这样导致了陈之遴从内三院被贬黜，而陈名夏则因此取代了他在内三院的位置，正如早先冯铨被罢免时陈之遴取代冯铨一样。不过，陈名夏本人也并非与李三案毫无瓜葛。在鞫讯中，陈名夏力主赦宥李三，单是此举便使顺治觉得他有某种嫌疑，[137] 因而，皇帝在授陈名夏为大学士时，特别谕诫他必须抵制朝中的非法朋党之风："满汉一体，毋互结党与！"[138] 这句话表明皇帝深信：不偏不倚地按正规行政程序来对待一切臣僚，而不管他们是满洲还是汉人，将使政府公正如一，从而消除产生朋党的根源。在李三案中，汉人臣僚寻求受宠的满洲贵族的支持，朋党的起因即在于此。

所以，顺治一面谕诫陈名夏不要形成朋党，那会破坏臣僚的团结一致，不论满汉，他们在臣僚队伍中都应以单独的个体而非派系分子来行使职权；一面进一步采取措施，消除政府中的歧视现象。皇帝抱怨只准满洲尚书条奏政事的情况，要求从此以后汉人尚书也应条奏。此外，他还下令对汉官的处罚应与满人臣僚一视同仁——此前满洲臣僚受罚准与折赎，而不会被革职。[139] 不过，这又给皇帝造成了新的困难。随着顺治倾向于更为固定的、正规的官员人事管理制度，他的汉人臣僚感到这是恢复晚明官员考课制度的一个好机会。这一制度既取代了君主对臣僚的个人看法，也无须议政王大臣会议对他们的认可。这是一种行政程序，每年由六科对各部曹臣僚进行磨勘考察。这反过来意味着以牺牲皇权为代价，加强了言官的势力，而他们大多是汉人。[140]

这一制度是由吏科都给事中魏象枢于1653年2月2日向顺治提出的。这位给事中曾在两年前建议改革财政制度。魏象枢是陈名夏的密友。陈名夏还记得，当年这种考课制度受到了控制吏科的东林党人和复社领袖们极大的关注。[141] 所以，魏象枢建议恢复明朝的"大计"之制以考察官员，并应当严格遵行下列分工：由抚按负责册报，部院负责考察，科道负责纠举。[142] 陈名夏当然是赞同的。

顺治皇帝批准了这个要求，这主要是因为皇帝认为当时的问题是克服过去吏治的弊端。正如皇帝相信消除满汉之别会削弱产生朋党的一个重要根源那样，他也假定严格坚持"大计"制度会使人主更加周知下情，提高科道监督的质量。[143]

然而，由于批准了魏象枢关于实行完全明制意义上的官员考课制度的要求，皇帝就在无意之中促使一些汉官认为这个政权开始完全汉化了。1653年3月8日，皇帝收到了由詹事府少詹监事李呈祥所上的一份特别奏疏。李呈祥是山东人，明朝进士。他在给皇帝的奏疏中提议，今后在政府各部衙门中裁去满官，专用汉官。[144] 大学士洪承畴、范文程、额思黑、宁完我和陈名夏一听说这一令人惊骇的奏疏，便一起入朝去见皇帝。大学士们感到惊慌，坚决认为这份奏疏"大不合理"。皇帝龙颜大怒，说："朕不分满汉，一体眷遇！"并气愤地补充道："想尔等多系明季之臣，故有此妄言尔。"[145] 李呈祥立即被革职，送交刑部治罪，刑部议其死罪。皇帝有点怜悯他，改判李呈祥流放沈阳，但从此他将不会忘记在他的汉人臣僚中有那么一些人仍然认为满人没有能力统治一个文职政府。[146]

也许这就是为什么顺治此时转而求助于一名汉官的原因。这名汉官曾屡屡称颂满人的统治，虽然这是为了拍马谄媚。1653年4月25日，

第十三章　顺治朝　619

皇帝将冯铨召还，他说不能因过去的错误而把人看死，应该让冯铨有个机会来证明自己已经"自新"。[144] 冯铨立即介入了关于官员考评的讨论，顺治正在与他的两名最重要的汉族大学士洪承畴和陈名夏就其进行探讨。[148]

当时皇帝和他的大学士们正在检查殿试的结果。[149] 部分是出于想要赢得汉人更多的支持，皇帝为会试和殿试定的录取额很高，每次平均约为 380 人。他还在范文程的坚持下，于 1651—1652 年首次录取满洲官员的子弟们入国子监就学，他们当中在 1652 年和 1655 年进士及第的超过 106 人。[150] 额外赐予这些人进士及第的一个原因，是要抵销南人在殿试中日益增长的优势。[151] 1646 年，在 373 名及第的人中，进士一甲中无南人，二甲只有 5%、三甲只有 1% 的及第者为南人。相反，在 1647 年到 1652 年这段时间里，89% 的一甲进士是南人，而平均 65% 的二甲进士和 54% 的三甲进士也均为南人。对许多观察家来说，很能说明问题的是出生于长江下游地区的人支配一甲进士的情形。1647 至 1652 年间，殿试中名列前三名者有 2/3，不是来自江南，就是来自浙江。

虽然大家都认为一般说来南人比北人更擅长于八股文考试，但许多人还是认为在取士中有陈名夏势力的影响。据说陈名夏在评判时总有偏袒，明显地偏向他自己的门生和在政治上依附他的人，而压制受其他大学士支持者，不过后者的文才也常常略逊一筹。[152] 当时正在京城生活的谈迁记下了陈名夏偏袒不公的故事，并尖锐地提到，大约就在这个时候，陈名夏花钱 1500 贯在北京造了一所房子，显然是暗示这笔钱可能来自某位词臣的应选人。[153] 顺治也许是因为听到了一些这类传闻，便在任命冯铨的那个傍晚召集了一个会议，以便他们两人与洪承畴和陈名夏一起检查翰林官之贤正与否。[154] 当顺治示意他打算亲试每位翰林官的文才时，冯铨突然插话，这段话后来很有名。他说：

或有优于文而不能办事，行己弗臧者；或有短于文而优于办事，操守清廉者。南人优于文而行不符，北人短于文而行可嘉。[155]

他因此劝告皇帝不要仅仅以"文"择官，还要以"行"择官。他提出对于南方臣僚将文才标准视为至要这一点不必过于敏感，因为他们毕竟是帝国最博学善辩的文士，唯文是取增加了他们的出仕机会。所以，猜想顺治不顾冯铨声名狼藉让他官复原职，部分原因是众所周知他接受了满人的统治，但另一部分原因还在于他代表了调整臣僚中南方集团与北方集团之间平衡的一种手段，这是颇有根据的。就在那天傍晚，在冯铨讲了上面的那几句话之后，顺治果真任命他为弘文院大学士。[156]

顺治力图通过召回更多的公开倾向满人的归降者如冯铨之流，以抵消那些迫切要求全盘恢复明制的汉官的影响，因此也加深了汉族文人中地区间的矛盾。虽说并没有一个绝对标准来判断谁是南人，比如拥护明朝用人制度之类（魏象枢毕竟是山西人），但陈名夏荐引了诸多南人旧友之举，使得在选用和考察官吏的问题上，好像确乎存在着明显的南北分歧。制度化和坚持合理程序，包括日常司法程序，逐渐变成前明士大夫派系的标志，他们中的许多人来自江南，被习惯地认为是陈名夏的同盟。这一事态发展在皇帝看来并不是过于令人心烦的，只要它不严重妨碍他与满洲贵族的关系就行。他继续致力于消除满汉之别，以避免形成派系，那会进一步分裂朝廷。但是，如果发生了这么一种情况，汉族文官立场一致，或多或少地拧成一股力量来捍卫某些规章制度，而这些规章制度又有损于满人和汉军旗人的利益，那该怎么办呢？

在冯铨重新被任命为弘文院大学士后仅仅10天，就出现了这样一例司法案件。根据当时的标准看，就其罪行本身的性质而言不过是一般的事件而已。然而，此案对北京高级汉官的命运将产生前所未有的重大影响。

任珍案

1653 年 5 月 5 日，顺治命九卿科道会议集议讨论一个案子，此案已由刑部准备好了满汉书面材料。此案涉及的是汉军旗人任珍，他曾在孟乔芳指挥下在平定陕西的军事行动中起过非常重要的作用。最近，任珍与噶达浑一起出击蒙古鄂尔多斯部，在现在的宁夏与内蒙古交界处的贺兰山打了好几仗。[157] 就在这场战役后，任珍在西安擅杀"其家属淫乱"者多人。被杀的还有几个小孩。虽然任珍也许认为按边境地区的习惯来说自己处死那几个人一点也没有越轨之处，但在汉族司法官看来他却是一个杀人犯。[158] 所以，为了保密，任珍向刑部和兵部的几位官员行贿，以求遮掩此案。但是，他行贿的消息泄漏了出去，任珍受到责罚，降世职为一等轻车都尉。[159]

对这个处罚谁都不满意。事后得知此案的汉人认为，这样等于对任珍完全不做追究；而对出于忠义杀了几百甚至也许是几千名朝廷的敌人的任珍说来，这则是不公正的羞辱。更糟糕的是，两个月后他家的一名婢女控告他对仆从还犯有罪行，这使他愈加丢脸。任珍毫不掩饰自己的怨气，好几次被人偷听到有不轨之言。因此，顺治将此案交由刑部审讯。刑部审讯后，结论是任珍确有叛逆之辞，而因这一罪行——并非最初的杀人罪——他应被处死，他的家产则应被没收。[160]

皇帝对这一结论并不满意。显然，顺治认为处死像任珍这样的有军事才能的人很危险，会激起类似姜瓖起义那样的大规模兵变。于是他颁下两道上谕，要求九卿科道会议在实际上充当上诉的上级法院，重新审理此案。[161] 在仔细考虑了问题之后，满汉官员一致维持刑部原判，认为应处死任珍。不过，他们赞成死刑的理由却是不尽相同的。满洲臣僚以及几乎所有汉军旗人要处死任珍，是因为他后来的叛逆行为，而不是因为他杀死了几个家仆。其他汉人臣僚则被他的残杀行径以及这个旗人所得到的特殊对待所震惊，想要以杀人罪判他死刑。于是，以陈名夏、陈之遴和金之俊为首的28名汉官坚决与其他廷臣持异议，认为他们判处任珍死刑仅仅针对他最初的杀人罪。[162] 这28位大臣注意到任珍从未认识到自己第一项罪行的严重性，他们提出："若以此定案，反开展辩之端，不若坐以应得之罪。"[163]

顺治皇帝被这种烦琐的司法推理搞糊涂了。他干脆下旨道："是谁展辩，应得何罪，著明白具奏！"陈名夏作为这批汉官的代表回奏说：任珍并未承认杀人大罪，如果只是根据他人的告词定罪，恐怕无以服其心。同时，陈名夏也承认，以第一条罪行判任珍死刑，是律无正条的，所以他打算建议皇帝赐任珍自尽，而不是公开处决他。[164]

最后这句话把顺治激怒了。如果律无正条，那他们怎么能够合法地提议赐其自尽呢？这"是何盛世典例"？想让人主致尧舜之治者，岂有进此言之理？如果想以"巧"止事，那不就是设法规避起初的过失吗？

　　尔群臣当副朕期望至意，洗涤更新，奈何溺党类而踵敝习！[165]

皇帝再一次，而且是更加气愤地命令陈名夏解释28名大臣提出不同判决的理由，特别是建议赐任珍自尽的理由。[166]

这一次陈名夏的回奏很卑怯，事实上也很恭顺，他并不想解释最初提议赐任珍自尽的理由。他正式地、恭顺地回奏道：皇上圣明，赐任珍自尽律无正条，故臣作此提议实为不当，现谨束身待罪。[167]

不管顺治是否感到了被人嘲弄的羞辱，反正他被陈名夏的含糊其词激怒了。他怒斥道：这些全是蒙混支吾之辞。陈名夏和陈之遴曾获大罪，但朕每从宽宥，给了他们一个自新的机会。但他们并没洗心革面，旧习不改。所以顺治谕令无论如何不得有任何拖延，让内三院、九卿满汉官员、六科、十四道、翰林七品以上，以及六部郎中等官在午门外集合，对那28人严行议罪。[168]

清廷立即召开了这一特别会议，它实际上包括了中央政府中整整1/3的高级官员。与会官员恪尽其职，要求陈名夏和陈之遴认罪，并接受了他们的供认，即他们为了保住官位而试图欺蒙皇上，并一直掩饰自己的渎职罪。他们也指责金之俊及其同伙私下纠合朋党，确信他犯了罪。审讯结果是，由于上述罪行，这三名最高级大臣应被判处死刑。此外，包括魏象枢和王永吉在内的13名官员，因结党以及试图以术欺君，有负君恩，应被流徙边疆。还有八名官员，包括张端在内，被指控同属党人，建议革职，永不叙用。最后，包括孙承泽在内的另外三名官员也应被免职，还有一人则当降级调外用。[169]

众臣的判决很严厉，这正是顺治所希望的，这使他很满意。现在，他可以来施舍他的仁慈了。既然已经维护了自己的权威，并显示了自己作为专制君主的权力，顺治就不打算处死陈名夏、陈之遴和金之俊了，只是降秩二级，罚俸一年。除陈名夏外，都保留现职，陈名夏则被革去吏部尚书一职，任大学士如故。[170] 其他课刑也酌减如下：被流徙的官员改为降秩一级，罚俸一年，仍供原职；八名朋党分子罚俸九个月；三名革职官员勒令付出六个月薪俸；外转官员的处罚则暂停。[171]

纵观顺治与陈名夏争论的全过程，有迹象表明陈名夏及其同僚欲将任珍置于死地是别有隐蔽原因的。若确系如此，还没有证实它的资料，但串通之说在顺治言语中频繁出现。换言之，在打击朋党活动中，顺治不仅仅为打击朋党而谴责朋党，而且认为这28名官员勾结在一起，有其秘而未宣的动机。从任珍一案的表面看，很难说这种猜疑有什么理由。那些受到威胁要被流放或革职的人，看来并不具有任何共同的派系特征。在这些受指控的人中，南方人与北方人几乎各占一半，来自各个部曹，外加都察院、内三院。他们既包括有汉军旗人，又有像魏象枢这样的在清朝由科举出仕而非明朝遗臣者。他们唯一共同的特性在于他们是汉人。所以，在判决的第二天，皇帝就抓住这一共同特征来解释自己为什么愤怒与苦恼。[172]

5月6日，顺治命大学士范文程、洪承畴和额思黑将那28名官员再度集合在午门听他发话。这些罪臣一到齐，皇帝就告诉说，他们的第一个罪状就是拒不承认自己议论有失。他再三申饬，而他们却仍旧混议。他们的第二个罪状是形成了一个汉官的团体，自持己见，与满官异议。

> 虽事亦或有当异议者，何以满洲官议内无一汉官，汉官议内无一满洲官？此皆尔等心志未协之故也。[173]

皇帝继续谈到，这种按种族纠合朋党的活动无论出现在汉官还是满官中，都必定会招致清朝的毁灭。所以，顺治命令他的御史如再发觉有这类"乖戾"者，当即行纠弹，同时，要特别注意28名官员中的三个主要大臣——陈名夏、陈之遴和金之俊，以避免日后发生这类行为。[174]

虽然顺治也许可以因为已对这类种族性的朋党活动采取了防患未然之法而感到庆幸，但是任珍事件显然继续烦扰着他。譬如说，他可能已经认识到，朝廷完全按种族关系而分化，造成不和，会损害自己君临天下的地位，因为他总得赞同这一派或那一派，这便会失去另一派的支持，无论他们全部是汉人还是满人。想要使自己加强皇权的政策取得成功，保持中立，同时使每一臣僚形成独立个体的意识，作为由各个体组成的整体官僚队伍，在君臣之间形成完美的——相对的关系，是最为基本的。[175] 然而，他选来帮助自己实现这种关系的人，例如陈名夏、陈之遴这样的臣僚，却因任珍案而大受连累。他们显得极易与满洲臣僚发生异议，纵然他们别出异议的表面理由是为了遵循正规的司法程序，可结果是造成了满汉根本分裂。而且，这样的分裂很有可能是另有起因的：私相交通，非法勾结。李三一案已经证明了这类阴谋集团和非法势力是怎样地存在于各部的。现在，任珍一案刚刚结束，皇帝似乎就已开始对臣僚们洁身自好的能力丧失信心了。正如皇帝在对"言官"的一系列敕令中所表示的，以及他后来在这一年秋天公开承认的那样，他对于言官

第十三章 顺治朝 625

是否尽到了绳愆纠谬的职责，不敢委以信任，因为他们也可能自匿己非。[176]

仿效明初之制

总之，任珍一案看来进一步证实了顺治的忧虑，清朝正日益陷入曾导致明朝覆亡的那种腐败与党争。1653年2月11日，皇帝认为"士气隳靡已久"，诏令臣僚对此奏呈作答。[177] 又是魏裔介应诏条奏，十分详尽。他首先热情地肯定了皇帝的观察力，然后警告说，由于忽略了基本道德原则对于治世的关键意义，新政权正掉以轻心地让晚明的陋习继续存在。明初君主政体成功地缔造了一个强大帝国，是因为基本的道德感，它的基础是一切文人学士共同遵奉的孝敬之德。有才能的人不是一心于科举，或者研读后人对经籍的注疏，而是靠经籍的本文进行自我修养，研究孔夫子手定之书；在明初，每个省的训导都特别承担起培养文人学士效忠竭力的使命，同时还指引学生务于实学。这就是为什么明初涌现了许许多多才华横溢的学者，而他们同时也是正直的臣子的缘故。[178]

魏裔介重六经原义轻理学新解，重基本道德准则轻玄学，重实学轻纯文学，这对有待于解决的许多社会、经济问题也许是一帖过分简单化的处方，但它肯定反映了时代的倾向。他的道德热情也是出自一种道德正直观念，这是一些年轻的汉人臣僚的特征，他们是在清朝科举及第的，因而尚未沾染明朝官场的陋习。当魏裔介这样的御史在抨击晚明弊政、力主皇帝仿效明初之制的时候，他们就自以为是地将自己同那帮明朝遗臣区分开了，而后者虽然仅仅比他们年长几岁，却显然是老一辈降臣。陈名夏之流总是动辄被指责为政治投机分子，而这类指责既不会针对宁完我或范文程这样的在满人征服天下的过程中归降、并与他们并肩战斗的"旧臣"，也不针对17世纪40、50年代的全新臣僚。

早在谭泰事件后，顺治皇帝就已经在称颂忠臣而怀疑陈名夏的品质了。他对这位大学士的品性有一种非常矛盾的心理，既怀疑他不光明正大，又欣赏他异常的博学。陈名夏对下官，甚至同僚焦躁易怒，性锐虑疏，经常咄咄逼人。[179]但是对于顺治来说，他又是知识的缩影，活万宝全书。皇帝有一次对冯铨谈起："陈名夏多读书，问古今事了了，即所未见书能举其名。"[180]

所以，陈名夏作为一名令人敬畏的硕学鸿儒，与年轻的皇帝形成了一种特殊的关系，皇帝当时正力图学习汉文经籍。在这方面，顺治对他的大学士们是既支配又依靠。与他未来的儿子康熙皇帝不同，顺治不会独自起草制敕。事实上，当他最初亲政时，他甚至并不亲自批注奏章，而是向某一大学士口述上谕，然后由大学士令内三院臣僚书红成文。[181]这就给了大学士们相当大的斟酌处理的权力。据说陈名夏就有好几次改动了重要文件中的措词，或者干脆在最后书红时删掉某些他不同意的词句。[182]为避免这类有意无意的差错，1653年，皇帝坚持票拟谕旨须经回奏，这就需要增置几名大学士。[183]1653年7月21日，令内三院各增汉大学士两员。五天之后就任命了三名新大学士：成克巩授内秘书院大学士，张瑞授内国史院大学士，刘正宗授内弘文院大学士。[184]同时，诏令将原属翰林院的一些有关教育事务划归内三院，命内三院掌直隶、江南和江北学政。[185]

由于内院的地位越来越接近于明朝的内阁，顺治也就要花越来越多的时间与大学士们一起讨论制定行政命令。这在满洲臣僚中引起了忧虑，担心再次出现内、外廷互相阻隔的情况。[186]这些担心在1653年12月15日成为事实。那天顺治决定在紫禁城里拨出一个专门的房间，供大学士、学士内直草诏之用。[187]此后不久皇帝又命汉大学士们移家皇城东华门内，各赐宅一区，其奴婢俱于兵部注籍，发给符牌，供出入检验。[188]

从皇帝的观点看来，这些变化绝大部分是为了使人主于行政上效率更高，作用更大。顺治很快就抓住了专制统治的关键，所以，他在

1653年至1654年间对于保证从"耳目"处得到大量可靠的情报这一点兴趣日增。1653年,为了鼓励更多的人来检举揭发,他废止了被论劾的官员按常例可反诘上奏者的旧制。上奏程序也被简化了,御史们某些冗长、费时的汇报各部政务的职责也被免除。[189] 不过皇帝对于他的御史们是否愿意直言不讳仍然抱有怀疑。1654年3月23日,顺治告诉"言官"们,他是多么地期望御史们能遵照他的三令五申,直言上书。如果皇帝真要建立一个"太平"之世,那么言官们就必须要让他与闻天下之邪正贪廉。但他担心言官们纳交结党,会妨碍他们真心直言。事实上,顺治此刻似乎已经认识到理想的官僚行为(公正和非人格化的)与理想的文人行为(克己复礼)之间的内在矛盾。他因此警告言官,说他们正在"重违朕心,纳交结党"。[190]

顺治一方面命令监察官们分别上奏,从而得到许多来自不同渠道的情报;另一方面,他还试图使他的行政官们在制定政策时更多地采用集议的形式。一得到奏报,皇帝就希望召众官集议,得出一致意见,从而避免个人偏见,以使政策得到有效的执行。1654年3月28日,就在他谕诫御史们毋纳交结党,以免妨碍以公论劾的五天后,顺治召集内院诸臣,向他们表示对目前廷议形式的不满,它们常常陷于不得要领的争吵。相反,顺治坚决主张一旦多数人认为某事是正确的,那么它就应当得到一致贯彻。今后如果有"一人坚执己意",从而有妨政事,那就要被看作故意妨碍议案通过,就要受到相应的处罚。[191]

皇帝坚持一旦达成明确的合议,大学士和学士们就要互相配合,然而这一要求受到两种情况的阻挠。首先是宗派关系网的迅速扩大,它们看来就是围绕满汉意见分歧的争端而形成的。皇帝已经开始采取措施反对公开的政治联盟,告诫臣僚不要造成满汉间的分歧。现在他将不得不着力解决个人小集团的问题,这对皇帝来说特别棘手,因为这些小集团牵连到内三院中他的宠臣,如他的侍读大臣陈名夏。第二种妨碍臣僚们齐心同议的情况与第一种密切相关。这就是在诸大学士内部,尤其是陈名夏与内院其他人之间，仍然存在着敌意和怨恨。例如，宁完我就忘不了1651年指控他庇护大学士刚林篡改《实录》的谕旨，它就是由陈名夏起草的。虽然济尔哈朗已经替宁完我澄清了事实，但宁完我却一直对陈名夏耿耿于怀。其他臣僚如冯铨、范文程等也知道自己被贬的类似的朱批上谕出自陈名夏之手。[192]

也许陈名夏正是感觉到自己为众人所忌，遂于1653年要求外任。[193]当时正是李定国和孙可望在广西、湖南和四川节节获胜，清廷举朝震惊之时。李定国、孙可望从前是张献忠的部将，此刻正在替南明永历政权作战。1649年，清廷曾经遣孔有德率兵2万征广西，但去年夏天他在桂林作战时，被李定国切断了回湖南的退路，遂于8月7日自杀，所以现在需要有个文武大臣总督湖广、广东、广西、云南和贵州，协调对李定国、孙可望的讨伐。[194]陈名夏所求正是此职，但皇帝却求助于远比陈名夏更为老练的洪承畴。1653年遣洪承畴经略湖广、广东、广西、云南、贵州等处地方，总督军务。[195]陈名夏所请未获批准。1654年2月，时值陕西总督一职缺人，他又请求出镇行省。据当时消息灵通人士的看法，陈名夏想要离开京城，"盖避众忌，而上待之殊厚"。[196]但是顺治拒不让他离京。陈名夏依旧留在内三院，掌选翰林院词臣等事。[197]

选拔翰林院见习人员，是替皇帝最上层的内廷——内三院甄选臣僚的最重要的方式之一。[198]由于皇帝是依靠大学士、学士诸臣替他起草谕旨的，所以无论是谁若控制了对词臣的选拔，他就近乎可以控制朝廷的政策了。所以，当试卷在文华殿供大学士们讨论评定时，每位廷僚都有机会提出文才可取的候选人，但他们也许就是那个提名的大学士的私党。[199]因而，甄选词臣对于监管考试的大学士来说是一个紧张而重要的时刻。1654年春，大学士集议选用词臣，由陈名夏主持，总共提出了18名候选人。虽然范文程和冯铨也非常积极地参与了推荐，他们的候选人还是被排在了陈名夏所荐候选人的后面。至于宁完我，他提名的三个人被从名单上一笔抹掉了。宁完我提出质问，陈名夏勃然作色说："文字我岂不识也。"宁完我文名虽不及陈名夏,但他却因再次受辱于陈名夏,忌恨愈深,伺机报复。[200]

1654年3月28日,宁完我受皇帝殊恩,列名于参加议政王大臣会议的满洲臣僚之中。[201] 这对一个汉人来说是一种殊荣,即便是像宁完我这样一个汉军旗人也是如此。这便对陈名夏造成了极大威胁。宁完我现在可以作为正式成员参与由满洲亲王们控制的议政王大臣会议了,而那批满洲亲王并不信任像陈名夏这样的南人,他们把他与持异议的复明分子和无能的文人联系在一起、这些文人正怂恿顺治皇帝越来越多地采用汉族习俗,甚至包括服饰。[202]

矫枉过正:朝服事件

当顺治在多尔衮死后最初亲政时,他仍在一定程度上为济尔哈朗和一些满洲亲王所左右。也许因为这个缘故,1651年,他起初驳回了御史匡兰兆关于朝祭宜复用"衮冕"的疏请[203]:

> 一代自有制度,朝廷惟在敬天爱民,治安天下,何必在用衮冕?[204]

不过后来皇帝还是采用了汉族式样的衮冕。他还曾亲自向内院出示明朝冠服,诸臣对此称善不绝。[205]

也许正是由于皇帝在那些场合对明代肥大的饰有滚边的朝服的默认,陈名夏才做出了后面这种举动。这甚至还可能有更深刻的赎罪的心理动机,即对于自己折节归降,背明事清的负疚感。不管他有什么理由,回想起来,陈名夏的如下举动显得极为冒失。1654年4月17日的前几天,陈名夏与自己的对手宁完我打了一次交道,他向这位八旗旧臣建议,为使天下太平，清廷应复明朝衣冠，包括留发阔袖。宁完我马上向皇帝上报了陈名夏的提议。[206]

> 名夏曾谓臣曰，要天下太平，只依我一两事，立就太平。臣问何事，名夏推帽摩其首云，只须留头发，复衣冠，天下即太平矣。臣笑曰，天下太平不太平，不专在剃头不剃头。崇祯年间并未剃头，因何至于亡国，为治之要惟在法度严明，使官吏有廉耻，乡绅不害人，兵马众强，民心悦服，天下自致太平。名夏曰：此言虽然，只留头发复衣冠是第一要紧事。[207]

陈名夏的建议至多也只能说是出于一种根本错误的估计。自顺治亲政以来，恢复明朝政治体制的趋势愈见明显，但如果陈名夏是想以此促进这一趋势，那么它的直接效果恰好相反。宁完我是较早提议改制的主要汉人臣僚，1631年，他提出依仿明制，使行政制度化。但此刻甚至连他也已经确信，清廷可能已经过于汉化了，这正在消蚀着它的武力。[208]所以陈名夏所谈似乎意在进一步破坏国朝武力。他提议人们重新穿戴的明朝衣冠只适宜于衙门官吏，而不适宜于军事征服者。正如宁完我向皇帝解释的："我国臣民之众，不敌明朝之十一，而能统一天下者，以衣服便于骑射，士马精强故也。今名夏欲宽衣博带，变清为明，是计弱我国也。"[209]

宁完我除了声称陈名夏蓄意削弱国朝武力外，还指责他"结党怀奸"：

> 臣思陈名夏屡蒙皇上赦宥擢用，眷顾优隆，即宜洗心易行，效忠于我朝。孰意性生奸回，习成矫诈，痛恨我朝剃发，鄙陋我国衣冠。蛊惑故绅，号召南党，布假局以行私，藏祸心而倡乱。[210]

宁完我的弹章还列举了这位大学士及其亲属所犯的八大罪状，这些详细的指控集中起来，构成了对17世纪中国政治腐败的生动写照。

首先，宁完我将陈名夏父子描写成残忍邪恶之人，受到家乡溧阳士民怨恨，不得不全家避居江宁，占据了江宁国公花园。国公花园系无主产业，依例应属官产。由于陈名夏官高势大，地方官谁也不敢报告花园被占之事。[211]

第二，陈名夏家中窝藏了一名逃犯。故明吏部尚书吴昌时之女被江宁各司执讯，陈家下令由他们保释她，地方官不敢拒绝。[212]

第三，陈名夏的儿子陈掖臣是一方恶霸。他坐大轿，列棍扇，横行江宁城中，掣肘各官，干涉总督衙门，敲诈人民钱财。当地人民张贴无名怨揭斥责他，上写"名夏不忠不孝，纵子肆虐"。然而，虽然他的行径如此受公众谴责，成克巩也有所论说，皇上却一无所知。"何无一疏入告？"宁完我问道，接着又补充说："其党众可想见矣！"[213]

第四，陈名夏本人升擢官吏不公，特别明显的就是在陈名夏任吏部尚书的时候，很快地提拔了他的契交赵延先。[214]此事曾受到御史郭一鹗弹劾，刘正宗也同意郭一鹗的意见。但这两人的弹劾并没有对陈名夏造成什么影响，而陈名夏在选任翰林官员中继续专权如故。[215]

第五，陈名夏一直庇护他的姻亲史儒纲。史儒纲乃溧阳世家子弟，富有房产。他在浙江任道台时，利用职权占夺他人家产。[216]当浙江巡抚萧起无闻知此事审讯史儒纲时，陈名夏多方活动，庇护儒纲，使此案多年迁延不结，并任意批准要求重审的上诉，甚至攻击巡抚萧起元无能。[217]

第六，御史魏象枢为陈名夏姻亲，在陈名夏任吏部尚书时，魏象枢主持都察院吏科。[218]自然，魏象枢不是别人，就是那个建议恢复大计考课制度的官员。这种考课制度把很大的独立权力交给了吏部尚书和吏科给事中，而陈名夏与魏象枢正分别处于这两个职位上。这样，就等于由这两位姻亲掌握了中高级官员晋升的全过程。但是，宁完我进一步说，陈名夏受劾的罪名并不在此，而在于魏象枢因误参他人而被降级调用后，陈名夏辄自票拟吏部奏本说魏象枢事属"疏忽",于是仅仅对他罚俸六个月,免去了降级调用的处罚。[219]

第七,陈名夏常常利用职权图谋私利,无非是无耻地营建自己的巢穴:

> 探花张天植告假回南,名夏助路费银百两,天植于伊妻子处还本利五百两,名夏不知,以为骗己,故言天植得罪于我,所以外转。及还银信到,见天植又曰:还汝翰林可也。天植系臣门生,知之颇悉。昨见冯铨等荐举十二人疏内,列有天植姓名。[220]

宁完我补充道,这样,"名夏之营私巧计莫可端倪矣"。[221]

最后,陈名夏在好几个不同场合作弊私抹票拟公簿,甚至更改书稿。例如,为减轻魏象枢的责罚,他甚至在受到成克巩和冯铨反对之后还是抹掉了票拟书稿中的某些文句,更改了皇帝的旨意。还有一次,他在内院票拟公簿上抹去了总共114个字,这些文件是内院臣僚在票拟底草书写完毕后签名用的。不知陈名夏为何作弊,但他肯定是把自己牵连到某些丑闻中的一些资料——照宁完我后来暗示的,也许甚至是牵连到李三案的资料抹去了。1654年3月22日,顺治皇帝命大学士草拟一份有关朋党的谕旨,陈名夏拿到了宁完我所拟的已被通过的稿文,在发下的票红中擅自抹去了有关明朝衰亡与言官们隐讳不言有关的字句。皇帝旨谕于是被陈名夏歪曲篡改,这真是大逆之举。正如成克巩评论陈名夏删去这些字句一事时所说:"好条画龙,被人挖去眼睛矣。"[222]

宁完我在其弹劾的概括部分,强调了陈名夏结党营私,对国朝有无穷之危害。奸党一成,必弃理道,因为官员们将不得不纳贿而引人。奸党一旦得势,就莫可破矣。因此在宁完我看来,奸人结党,将危害国朝凭天命而得到的一切。[223]他身忝满官之列,虽衰老无用,却不忍看到这一结局。在十分令人感动的结论中,宁完我对顺治皇帝说:

臣又窃自思念，壮年孟浪，疏慵贪博，辜负先帝，一废十年。[224]皇上定鼎燕京，始得随入禁地，仰睹天颜，矩趋公署，株守臣职者，又复十年于此。十年间忍性缄口，不复作狂吠之犬，然而愚直性生，每遇事而勃发。李应试、潘文学向非臣言复擒，早已免脱矣。臣虽不敢行埋轮补牍之事，若夫附党营私，以图目前富贵，臣宁死不为也。[225]业已自怜孤踪，赍志俟没，不意皇上不以臣为衰老无用，录入满官之列，已出望外。又圣寿之日，更余之时，同内大臣召入深宫，亲赐御酒，臣接杯承恩之际，不禁哽咽欲泪。今又命随大臣议政，臣非土木，敢不尽心力以图报效。但臣不熟满语，老病孤子，望皇上俯赐矜怜，则馀生之年，皆捐糜之日也。臣痛思人臣贪酷犯科，国家癣疥之疾，不足忧也，惟怀奸结党，阴谋潜移，祸关宗社，患莫大焉。陈名夏奸乱日甚，党局日成，人鉴张煊而莫敢声言，臣舍残躯以报答圣主。伏乞皇上将臣本发大臣确审具奏，法断施行，则奸党除而国家治安矣。[226]

宁完我以他特有的天生辩才，警告皇帝在政治上结党营私的危险。他颇有历史预见地声称，现在是本朝历史上的一个关键时刻。如果皇帝再次宽宥陈名夏，或者将他对陈名夏的弹劾误解为一种私人妒忌的表示，那么国朝将重蹈明末历史的覆辙。内廷将支配外廷；个人偏袒将取代公正的政治判断；即使纯粹为了明哲保身，其他臣僚们也将不得不去步长于结党营私的陈名夏的后尘。

对陈名夏的最后审判

次日中午，当皇帝读完了宁完我的论疏后，亲自讯问了陈名夏。陈名夏以其惯有的态度，拒不承认有任何过错。陈名夏的辩白清楚有力，以至他确信皇帝已经满意了，宁完我对他的论劾会像以前别人提出的那些弹章一样落空。这次讯问后，顺治召各大臣集于内院，而没有告诉陈名夏为何遍召诸臣。诸臣一到，顺治就亲临内院，令侍臣朗读宁完我章疏。陈名夏不等顺治说明此案和他对此事的看法，就立即再次对宁完我的弹劾逐条反驳。他不待裁决就企图先发制人之举，激怒了皇帝。皇帝立即扣留陈名夏，然后命九卿集于左阙门。诸臣环坐，陈名夏被迫下跪相对。随即，宁完我向部院大臣宣读弹劾奏疏，并带来陈名夏的班役二人、苍头二人作证。这次廷讯结束时，陈名夏被正式拘禁，关在宫内。[227]

第二天，即4月19日，又有两名官员被捕。一是张天植，他曾馈送陈名夏白银500两，得以荐为翰林院编修；一是王崇简，他与陈名夏为同年进士，由陈名夏举任高官。这两人都被押在宫里，次日与陈名夏一起被带到午门听讯。皇帝登午门楼，设榻高坐相临。一开始，审讯并未按皇帝所计划的那样进行。刑科右给事中刘余谟认为陈名夏的申辩在理，皇帝便命令他说明理由，并多少是为了威胁他住嘴，把他召到了楼上。但刘余谟喋喋不休，以致顺治皇帝为之龙颜大怒，下令将其革职，审讯才得以继续进行。在4月20日的审讯中，有几位受此案牵连的官员被宣布无罪。陈泰证实魏象枢与陈名夏没有任何像宁完我所说的那种关系，对他的论劾被驳回了。[228] 王崇简也被宣布无罪，不久又授为内院学士。很凑巧，他的儿子王熙也正在内院供职。王熙后来曾出任大学士。[229] 张天植承认曾贷银于陈名夏，证实了宁完我对陈名夏的指劾，也在当天被释放。但陈名夏仍在继续接受宁完我和刘正宗对他的详细指劾。虽然他坦白地承认曾提倡恢复明朝发式衣冠，但拒不承认有罪，力图反驳每一条对他的指劾。尽管如此，那天审讯后他仍被吏部正式拘留，暂时监禁在吏部藤花厅。翌日，即4月21日，他的父亲和儿子也被正式起诉。[230]

在其后的10天中，吏部进行了仔细调查，与诸部衙门合议，商讨对陈名夏的指劾。吏部认为陈名夏有罪,对他的指劾基本属实,因此建议将其斩首,籍没家产,把他的妻子没为奴婢,流放盛京。1654年4月27日,郑亲王济尔哈朗在宫内召集议政王大臣会议。会议批准吏部谳议,建议立即将陈名夏斩首。[231] 顺治赞成所议陈名夏之罪,甚至处死他,但是,想到他的大学士会像李三一样在北京百姓面前身首异处,皇帝感到不安:

> 陈名夏所犯之罪实大,理应处斩。但念久任近密,不忍肆之于市,著处绞,妻子家产免分散为奴,余依议。[232]

于是立即派使者去藤花厅带陈名夏。当使者来到藤花厅,陈名夏问他们是否要带铁索,他们回答说不要,陈名夏知道不妙,当走出吏部时,他向一位朋友大声喊道:"我色竟不动也。"在去宫中的路上,他与另一官员的班役简短谈了几句,好像他认为一切都很好似的。他面露自信的微笑,被押进宣武门。这是宫外的人最后一次见到活着的陈名夏。据说一进宫墙内他就被直接带到午门内的灵官寺。在那里向他宣读了议政王大臣会议的判决和皇帝的恩典。他一言没发。刽子手立即用一根打了结的弓弦套住他的脖颈,陈名夏被绞死了,终年54岁。[233]

谈迁当时住在北京城,他是一周之后才听到陈名夏的死讯的。几天前的晚上,他正好在读陈名夏的诗集《石云居集》,这是陈名夏出仕多尔衮政权的第二年付梓刊行的。谈迁在那天的日记中简洁地写道:

> 癸卯,《石云居集》阅竟。是日,闻陈百史末命。存则人,亡则书,岂是之谓耶。[234]

后来有一天,谈迁散步到宣武门,好奇地想看一眼幽禁陈名夏的那个厅室,但他迷了路,没能找到它。[235]

陈名夏并没有受到所有人的哀悼。谈迁本人在他死后说他"性锐",然"肮脏",好为名高。也许,对陈名夏最友好的公开评价还是出自顺治之口,顺治好像从未消除对陈名夏的矛盾心理。那年冬天,在游览南海子时,冯铨向皇帝评论起这位死者,颇有贬义。皇帝沉默片刻,然后十分低沉地说:"陈名夏终好。"此后冯铨再也不提陈名夏了。[236]

注释:

1　恒慕义:《清代名人传略》,第 217 页。
2　何腾蛟于 1649 年 3 月 3 日在湘潭被捕。同上书,第 398 页。
3　张其昀编:《清史》,第 47 页。阿济格于 1651 年 11 月 28 日自尽。恒慕义:《清代名人传略》,第 217 页。
4　多尔衮死后,吏部、刑部和工部各增设一个满洲尚书员额。张其昀编:《清史》,第 3791 页。
5　济尔哈朗指定了一批八旗高级将领参加议政王大臣会议。奥克斯南:《马背上的统治》,第 70—71 页。
6　1652 年朝鲜使节告诉顺治皇帝说,要不是两黄旗将领的反对,多尔衮本来要取代他而自立为帝。郑天挺:《探微集》,第 116 页。
7　张其昀编:《清史》,第 47 页。关于济尔哈朗争取八旗将领效忠的努力,见奥克斯南:《马背上的统治》,第 47—48 页。
8　后来南怀仁将顺治惊人的独立与固执同年轻的康熙皇帝对他人的依赖与犹豫做过鲜明的对比,他在 1670 年从北京写信给他的朋友库伯莱说:"当今天子(即康熙)在年龄和性格上仍十分幼稚,随从在他耳边嘀咕的意见很容易影响他。他通常并不独自对政事作出决断,而是要由六部的长贰去批准。这与他父亲顺治的情形十分不同,顺治从小就凭自己的权力决定许多事情,全然不为大臣的意见所左右。" H. 博斯曼:《南怀仁》,第 380—381 页。尽管有这种评价以及其他的例证,许多历史学家还是错误地非难顺治自主的君权。见黄培:《专制制度》,第 84 页。
9　《清世祖实录》第十五卷,第 12 页。大概当摄政王在世时,顺治在朝议中通过观察多尔衮而学到了许多施政的本领。
10　张其昀编:《清史》,第 47 页。内阁在紫禁城里,但在内宫的外面。马米兹:《魏忠贤》,第 62—63 页。
11　福临的母后孝庄,是蒙古博尔济吉特氏王妃,成吉思汗兄弟的后裔。1644 年福临迁都北京时,她从庄妃而被尊立为皇太后,她的姑母孝端皇后位高于她,不过 1649 年孝端死后,孝庄便是宫中地位最高的女人了。恒慕义:《清代名人传略》,第 300 页。
12　《清世祖实录》第五十八卷,第 1—4 页。
13　恒慕义:《清代名人传略》,第 218、798 页;奥克斯南:《马背上的统治》,第 48 页;张其昀编:《清史》,第 48 页。在阿济格受审时,皇帝才开始意识到有相当数量的土地已因汉人投充而被镶白旗和正白旗占有。于是他下诏两白旗将汉人投充的土地转交给宗人府，从而增加了宗人府的资产，并抑制了两白旗的经济独立性。1651 年 3 月 18 日下诏，1651 年 3 月 27 日抄件，见故宫博物院明清档案部编：《清代档案史料丛编》第四分册，第 67—69 页。参见周藤吉之：《清朝初期的投充及其起源》，第 35—36 页。整个 1653 年，户部和都察院的官员都在试图把非法投充各牛录的土地交还给原主。见《清代档案史料丛编》第四分册，第 72—115 页。

14　《清世祖实录》第五十卷，第 18—20 页。也有记载说何洛会作证陷害豪格，正是为了取悦于多尔衮；而他也正是因此才被判处磔刑的。希福的侄子索尼或许是受到宦官吴良辅的怂恿而作证反对多尔衮的。恒慕义：《清代名人传略》，第 663 页。

15　张其昀编：《清史》，第 48 页。

16　《清世祖实录》第五十三卷，第 623 页。

17　同上书，第 23 页。罗什系萨哈璘氏贝勒，常与希福和祁充格一起被人提及。见神田信夫：《清朝国史列传的贰臣传》。

18　《清世祖实录》第五十三卷，第 624 页。1652 年 4 月 29 日，顺治皇帝斥责拜尹图和其他四名宗室"背朕迎合睿王，以乱国政"。同上书第六十三卷，第 15 页。参见鸳渊一：《清朝顺治初世的派阀抗争》。拜尹图是努尔哈赤的弟弟巴雅喇之子。恒慕义：《清代名人传略》，第 598 页。1655 年，有两位官员请求减轻对多尔衮的贬责，但被济尔哈朗操纵下的议政王大臣会议驳回，两名上请者被流放。直到 1773 年，清廷才下诏赦免多尔衮之罪；1788 年，还睿亲王封号，由多尔博的曾孙淳颖袭爵，为八家"铁帽子王"之一。恒慕义：《清代名人传略》，第 218—219 页。

19　张其昀编：《清史》，第 48—49 页。

20　同上书，第 48、3786 页；恒慕义：《清代名人传略》，第 218、592 页。范文程被夺官论赎，但第二年就复官了，并重新进入议政王大臣会议，直到 1654 年致仕。宁完我在此后不久得以调任内国史院大学士，是所有汉人中唯一位秩从满洲大学士之例者。李元度：《国朝先正事略》第二卷，第 10 页。

21　张其昀编：《清史》，第 3786 页。

22　奥克斯南：《马背上的统治》，第 49 页。满达海、博洛和尼堪都在同一年死去了。尼堪恐怕是战死的，另两人死因不明。

23　恒慕义：《清代名人传略》，第 218 页；史景迁：《曹寅与康熙》，第 10 页。1651 年以后只有一旗（除直属皇帝的各旗外）在某一家族的单独控制下，这就是由当时已故的代善的家族统帅的正红旗。凯斯勒：《康熙和清统治的巩固》，第 14 页。

24　萧一山认为，因为当时与复明分子斗争已不是紧迫的大事了，所以清廷才有可能着手整肃行政法规。浙江和福建已经平定，郑成功部队和永历拥立者手下的兵卒是剩下仅有的主要反清武装。萧一山：《清代通史》第一卷，第 361 页。顺便一提，1651 年 4 月 9 日，孔有德攻克梧州，这标志着对广东永历武装的一次重大胜利。张其昀编：《清史》，第 48 页。

25　官吏靠常俸无法度日。一个一品官年俸白银 180 两，外加禄米，而一个七品县官年俸则只有白银 45 两。但平均起来，每位品官光雇佣书手佣人，每年就得花上好几百两银子。京城官吏不像各地行省官，有机会从下属攫取"暮夜之金"，就只有要么依靠不时由各省送来的"常礼"，要么依靠受贿。因为常礼主要是送给大臣们的，所以最会贪污的常常是那些低级官员。吏部（它用抽签来注授官职的制度是可由人随意操纵的）、户部（它可以在量衡器具上弄虚作假，更改税入的计量）、刑部（它可以改变司法程序，以使有利于某一方，而不利于另一方）和兵部（它可以提前给将领们晋级）受贿的机会最多。吕元骢：《1644—1660 年清初中国的腐化现象》，第 3—5、27—28、33、38—39 页。在雍正皇帝下诏给官吏养廉金之后，18 世纪县官平均的年俸达白银 1000 两左右。侯继明和李国祁：《清末地方政府的财政》，第 573 页。

26 《清世祖实录》第五十四卷，第 3—4 页。因为起初清政府对贪官污吏的惩罚是有区别的（品官犯贪污罪通常会被放逐或处死，而胥吏则仅监禁数月），所以当一起贪污案子东窗事发后，常由胥吏承揽罪责，被监禁一段时间，出狱后再化名重新跟随旧主为吏。顺治了解到这种情况后，在 1655 年下诏规定，对贪污罪的惩罚须依罪行的轻重而定，而不应依罪犯身份量刑。吕元骢：《清初中国的腐化现象》，第 25 页。

27 同上书，第 4 页。党崇雅则反过来从刑部调到户部，另外还有几个部曹的尚书互相对调，包括金之俊从工部调至兵部，刘余祐从兵部调至刑部。最初，顺治皇帝对于贪官污吏特别严厉，1651 年，规定贪污为不赦之罪。顺治在位时间很短，但他处理的贪污案比康熙时期还要多。康熙在位的时间比顺治长四倍。吕元骢：《清初中国的腐化现象》，第 53、65 页。

28 张其昀编：《清史》，第 48 页。

29 同上书，第 3786 页。

30 造成这些财政亏空的主要原因之一，是江南地区长年拖欠赋税。1648 年，巡抚土国宝上奏说，没有足够的经费来运输苏州、松江和常熟的税粮；1649 年他又奏请增加江南田赋。这两道奏章，多尔衮均未同意。这样，想要按既定税额征集钱粮或增加税额的地方官员，得不到朝廷的任何支持。多尔衮显然不愿意与江南缙绅阶级在这个问题上交锋。郑克晟：《多尔衮对满族封建化的贡献》，第 9 页；郭松义：《江南地主阶级与清初中央集权的矛盾及其发展和变化》，第 132 页。

31 《清世祖实录》第五十四卷，第 13 页。关于清初私派的例子，见李华：《清代前期赋役制度的改革》，第 100—101 页。

32 《清世祖实录》第五十四卷，第 632—633 页。

33 张其昀编：《清史》，第 3786 页。

34 谈迁：《北游录》，第 389 页。

35 张其昀编：《清史》，第 3788 页。

36 同上书，第 48 页。吴伟业的女婿陈之遴，是著名的海宁陈氏的子孙。海宁位于杭州与江浙边境的中间。从 1500 至 1900 年，陈氏家族出进士 31 人，举人 103 人，贡生 74 人以及秀才千人。陈氏子孙在科场出人头地，是以其雄富的家产为基础的。在 16 世纪，陈氏靠榷盐制度积累了大量财产。当时这个家族最著名的成员是陈与郊，他仕途亨通，官至提督四夷馆，但接着在 1605 年，就因他的儿子参与私盐贩子与巡抚斗哄事件而入狱并被罢黜，以致陈氏财运中衰。不过，陈与郊的兄弟陈与相又努力重振家业。然而，真正使陈氏子孙屡屡出任清廷要员的，则是陈与相的孙子陈之遴。陈之遴投降满洲时年仅 40，他可以盼望自己有个光明的未来，与新朝共享好运。他的家族中有 13 人官至三品以上，而大学士就有三人，包括他在内。到 18 世纪末叶，民间普遍传说乾隆皇帝本人实际上就是陈氏子孙，这部分原因在于乾隆特别喜爱陈宅著名的花园——隅园。陈之遴本人在清廷官运亨通，1645 年降清后，即授秘书院侍读学士。1648 年，除礼部侍郎。次年，加右都御史。他的夫人徐灿是著名的女诗人。《贰臣传》第九卷，第 10—13 页；高阳：《明末四公子》，第 57 页；恒慕义：《清代名人传略》，第 96—97 页；傅路德和房兆楹合编：《明代人名辞典》，第 180—190 页；《多尔衮摄政日记》，第 59 页。

37 谈迁：《北游录》，第 362 页。

38 有些改革虽然在经济上产生过极重要的影响，但其建议者则不易详考。譬如，清代中前期手工业的发展，在一定程度上就是由于匠役制度的改革所促成的。另一方面，北方手纺织业的发展，则是既受到清初河北与山东棉花种植业扩展的刺激，又受到关外纺织品市场开放刺激的缘故。片冈芝子：《明末清初华北地区的农业经营》；顾琳和周锡瑞：《从封建

第十三章 顺治朝 639

主义到资本主义》，第409—410页。明朝后期，政府设置有19个官营机坊，雇用世袭匠人织造，或由匠人出银招人代役。清廷削减了官营机坊数额，在南京、苏州和杭州（1645到1651年间，杭州织造处的布机进行了整修）设立了三个织造中心，改用"买丝招匠"之制，即按市价购买生丝，以计件制支付匠人佣金。关于对江南纺织业的合理化改革，见彭泽益：《清代前期江南织缮的研究》，第91—96页。虽然在1697年之前，清廷仍在向手工匠人征敛特殊的赋税班匠银，到了1726年，赋税中这一特殊项目则已摊入地亩，世袭人户的劳役制已经废除。见侯继明和李国祁：《清末地方政府的财政》，第566页。景德镇官窑的经营大致也发生了相同的演变。明朝官窑主要由宦官监管，在清朝，世袭工匠制被逐渐废除，匠人按工种付酬。据认为，由于匠役的废除进一步刺激了工匠的生产积极性，保证了匠人几乎所有剩余的纺织品及瓷器等投入市场，从而促进了社会生产。尤其到了18世纪，经济得到发展。彭泽益：《清代前期手工业的发展》，第1—6、11页。

39　17世纪水利系统所遭受的破坏面远不如元明时期那样大。在元末明初，河流的外堤和主要的堤坝都毁坏了。而且，在14世纪，受破坏最严重的地区简直杳无人烟。而在17世纪40—50年代，水利系统的总体结构完整无损，动乱时期的幸存者得以从早先较为安全的避难地返回原居住地。裴宜理：《起义者和革命者》，第13页。

40　黄仁宇：《明代大运河》，第44—51页。

41　顺治年间，工部不是一个十分重要的部门。汉人尚书是张凤翔（山东人氏），他仕途多舛。天启年间，曾任兵部侍郎、保定巡抚。魏忠贤专权期间，他因与东林党有牵连而被夺职。接着，在崇祯年间官复原职不久，又因由他监制的一些兵器质量极差而被捕入狱，后复任兵部侍郎。李自成攻陷北京时他在城内，遭到拷掠追赃。后回老家堂邑，接着又南下参加了福建的南明唐王政权。唐王任命他为浙江及南直隶总督。当清军攻陷福建时，他就投降了满人，任户部侍郎，后迁工部尚书。这主要是一个荣誉性职位。《贰臣传》第九卷，第1—2页。工部实际由侍郎叶初春（1628年江南进士）掌管，他是由州府衙吏出身，而后应荐入流的那种极少数官员之一。在北京陷落时，叶初春为工部侍郎，他的命运与陈名夏相同，被南京的南明政权人从贼案，不得不到北方逃命。但他很快复任工部原职，政绩颇著，直到1652年调任兵部侍郎。《贰臣传》第十二卷，第37—38页。关于17世纪40—50年代清朝水利系统的重建，参见裴宜理：《起义者和革命者》，第276页。

42　这一时期任户部左侍郎的是范文程的长子范达礼。谈迁：《北游录》，第376页。

43　河道总督衙门系储才之地，它能够将原先作为通才培养的文人学士训练成理财专家。例如，陈名夏中进士同年，也是江南同乡吴国龙曾为总督蔡士英属官，后来在鳌拜摄政期间，吴国龙在精简工部管理程序中发挥了重要作用。黄之隽等：《江南通志》第一五〇卷，第22页。参见《贰臣传》第八卷，第24页；恒慕义：《清代名人传略》，第845—846页；胡昌度：《清代的黄河治理》，第505—507页。王永吉的儿子王明德还是一名法律专家，在1674年他印行了一部讨论刑法的名著《读律佩觽》。

44　米勒：《派系斗争》，第142—143页。17世纪50年代初以及1670年中国北方出现两次洪水泛滥，灾情严重。韩书瑞：《起义背后的联系》，第444页。

45　清初主持水利工程最得力的人员之一是朱之锡（1646年浙江进士），他最初是应大学士刚林和范文程之荐出仕的，初授弘文院学士，1657年，除河道总督。在这第二年就发生一场灾难，黄河在山阳（江苏）决口，洪水从开封向南泛滥，经徐州，至宿迁与大运河合流，顺流至清江浦，再度决堤泛滥，直至朝东北方向入海。这是中国历史上黄河的第五次改道，在1855年前黄河河道一直维持这个状态，于是修整新河床就成为朱之锡的职责。他不仅致力于扫除弊政，以保证对建筑新河堤的人丁物资供应，而且还认识到淮河淤泥对洪泽湖东堤造成的威胁，因而建议修造了两条渠道，将多余的湖水向东南排到其他湖里，由此，减轻了运河本身的压力。朱之锡一直担任河道总督之职，1666年，卒于官任。沿河州郡均立祠祀之。运河流域的百姓称他为"朱大王"。清廷后来封赠给他一个谥号。恒慕义：《清代名人传略》，第178—179页；吕元骢：《翰林院》，第100页。

46 这些庞大的建设工程，绝大多数是由一个关键性的人物勒辅主持的，靳辅系奉天人氏，隶汉军镶黄旗。他在出任河道总督以前，曾供职于翰林院，当过安徽巡抚、兵部尚书。靳辅招徕了一批出色的幕僚，其中包括著名的治水专家陈潢。靳辅任河道总督的时间为1677年到1692年。《江南通志》第一一二卷，第38页。参见米勒：《派系斗争》，第144—145页。黄、淮流域水情的演变，最终落入了与明朝相同的循环模式：初期是重建河堤水坝，继而向这一地区移民，各种水利事业得到了发展。但对易受水灾地区的控制不够，私坝日多，以致人口与水利之间出现了不平衡，到18世纪末，水情的危机达到顶峰。接着是在半个世纪以后，由于太平军入侵对地方造成的破坏，促发了近乎全面的崩溃。不过，清朝的这个循环也有不同之处，那就是它的人口在以前所未有的速度增长，以及在我们所讨论的这个阶段的大部分时间里，有一套运转得特别有效的行政管理体系。威尔：《中国水利》，第278页。

47 胡昌度：《清朝的黄河治理》，第508页。不过到了19世纪，将黄河与大运河交由同一个官衙负责的体制，可能已经妨碍了清政府取得最佳效益。到了那时候，黄河水利已从属于保持大运河畅通的工作。这样，清廷就全力治理黄河淤塞，防止河水泛滥，生怕那条被视为帝国命脉的大运河因此不能保持贡粮运输的畅通。所以，黄河沿岸的灌溉工程便遭到了轻视，结果损害了农业生产。而且，清初河道总督的强有力的管理制度渐渐松弛起来，地方政府对漕运的财政负担加重了。士兵漕卒船工人数激增，漕粮的散失和被窃日益严重。到19世纪中叶，对大运河的管理几乎如同对盐课的管理一样不可收拾，漕粮的浪费严重到每一石实际运到京城的大米的成本四五倍于市价。然而，清廷既然在建立黄河与大运河的联合管理上投入了如此巨大的努力，以致干脆就不接受改用海运的意见。顺治、康熙年间最初的那些成就的重大影响，加之他们不愿更改"祖宗家法"，都使得嘉庆和道光等皇帝对放弃已经变得代价极高的内河航道犹豫不决。这条航道耗尽了江南的财源。詹姆斯·蒙特尔·波拉切克：《19世纪初中国文人政治中的文人团体》。

48 1578年，中国在册人口16692856口，耕地总数7130976顷。郭松义：《清初封建国家垦荒政策分析》，第115页。

49 奥克斯南：《马背上的统治》，第218页。1647年，山西巡抚上奏说有荒地75525顷。同年，湖南巡抚报告说当地田宅荒废，城镇空寂；在四川，野兽漫游街市，夜入村落。1647年一年，某县有42人丧生虎口。郭松义：《清初封建国家垦荒政策分析》，第112页。

50 米勒：《派系斗争》，第72页。里甲制十户为一甲，十甲为一里。里长每年应由不同的户主担任。里长职在"敦促"其他户主由里长经手向政府交纳赋税，不过里长常常成为政府向这一组人户征取赋税的人质。到明朝末年，里甲制度逐渐被地丁合一的赋税所取代，后者直接分摊于地亩，而不是向介于个体纳税家庭与国家之间的"里"这类中介体征收。沃特：《作为社会政治制度的衙门》，第51—53页。关于1644年重编赋役簿的最早建议，见李华：《清代前期赋役制度的改革》，第102页。

51 《赋役全书》估计是1646年汇编成书的。它包括各省田赋役钱额、耕地总数、服役丁数，以及上供钱物数。它的副本依令发往各州县供地方官参考，同时还在各地的孔庙存放一本，以便儒生查阅。所有这一切事实都意味着除加派外，各地仍应用万历旧额征敛赋税。实际上，有时户部命令各省按万历旧额征敛赋税外，仍加派"辽饷"。这就是说，天启、崇祯年间的加派虽未开征，而万历年间的加派却已开征了。根据1649年江西巡抚王志佐的一份奏章说，江西民户因赋敛过重，遗弃田地。他声称江西省的荒废土地已达半数以上。多尔衮因此下令罢辽饷之征，其时在1649年8月22日。故宫博物院明清档案部编：《清代档案史料丛编》第一辑，第152—153页。参见萧公权：《农村的中国》，第84—85页。

52 闻钧天：《中国保甲制度》，第201—208页；唐棣：《略论清代的地丁制度》，第47页。由于中国乡村地方结构极为复杂，可以预见，这两种理想的制度到1670年已互相融合，成为一种统一的却又互相区别的地方组织：北方的"里社"及旗地的"庄"，南方的"图长"或"牌头"。到18世纪初叶，至迟在1709年，这种新的统一的制度干脆就被称为保甲制。它同时兼有治安和财政两种职能，将控制地方（每户公开悬挂印牌）与征敛赋税结合在一起。咸丰以后，保甲制越来越表现为一种财政组织而不是治安组织，地方警察机构地保局则在替政府维护法制、维护地方秩序方面取代了保甲，地位重。沃特：《作为社会政治制度的衙门》，第58页；《中国地方行政的理论与实践》，第356—365页，闻钧天：《中国保甲制度》，第262页；唐棣：《略论清代的地丁制度》，第46—50页。

53 《清世祖实录》第四十三卷，第509页，1649年6月3日诏。根据以前的法令，无主荒地应免费分给农民垦种（山东、湖南除外，那儿名义上仍收地价银）。例如四川，每户可分耕地30亩，旱地50亩，交换条件是垦户须入籍。政府保留土地所有权，耕地三年，旱地六年，待产权过渡后才开征田赋。参见郭松义：《清初封建国家垦荒政策分析》，第115页。

54 仅在1652年一年，由于土地荒废，全国各省（包括北直隶）损失的田赋就超过银400万两。郭松义：《清初封建国家垦荒政策分析》，第113页；《江南地主阶级与清中央集权的矛盾及其发展和变化》，第132页。

55 顺治年间共开垦土地164263顷，即每年约9125顷。康熙年间共开垦273671顷（每年4561顷）。不过，顺治年间开垦的大部分土地都变成了军屯地，农民成为屯户，被迫耕种这些屯田。另一方面，由于政府提供减税优惠，鼓励土地所有者开垦田地，仅1658年开垦土地的总数就高达98259顷。郭松义：《清初封建国家垦荒政策分析》，第133—135页。总的来说，新政府在登记明朝藩王所占土地方面，远比开垦另外的荒地或隐匿的地产来得成功。到1646年，上报本县明朝藩王土地总数，已经成了县官们最平常的政务，有时清廷就籍没这些土地，赋民收租，以充军费。见故宫博物院：《清代档案》第四辑，第150—152页。

56 黄汉良：《中国的地税》，第58—60页。

57 魏象枢，山西人氏，满清首榜进士，1646年会试、殿试及第。恒慕义：《清代名人传略》，第848—849页。

58 《清世祖实录》第五十七卷。第19—20页。魏象枢并不是唯一提出实行这种改革的臣僚。从1651年农历八月开始，江南臣僚就不断上奏，指出江南登录田地中的不法现象。据了解，富豪人家通过贿赂官吏，千方百计地使他们的土地逃避登录，已开垦的土地也未被登记入册。因此有人提议要进行广泛而准确的土地测量。西村元照：《清初的土地丈量》，第425—426页。

59 马德林·H.齐林：《火耗归公》，第7页。

60 1648年，六位按察使和御史被革职或降秩。1649年，按察使周石可以受贿论死。吕元骢：《清初（1644—1660）的御史、摄政王和皇帝》，第84—85页。

61 《清世祖实录》第五十五卷，第13页。

62 张其昀编：《清史》第一卷，第49页。

63 同上书，第3722页。

64 同上书，第3722、3785页，《清世祖实录》第五十七卷，第11页；谈迁：《北游录》，第362页。"外转"制度最初是为了使中央政府的官员获得实际经验而置立的，并不一定就是一种惩罚。实际上，它还相当于一种升迁，并给了外转的官员一个杂敛所出之地。到1653年形成"内升外转"制时，它意味着让以文才入选翰林的臣僚去经历行省的实际管理。不过，虽然外转的确使他们有机会近水楼台先得月，中饱私囊，实际上这一额外的亲民经

65 张煊曾因与明朝大学士陈演发生了冲突而被革职。1644 年,在北京补浙江道御史,继而仍掌河南道事。他弹劾贪官污吏的奏章极多,很多甚至是针对督抚等官的,名声颇著。张其昀编:《清史》,第 3785 页。

66 张其昀编:《清史》,第 3785 页。当时允许风闻奏事。鳌拜摄政时,因为这一做法发展到了不可收拾的地步,方禁止利用匿名揭帖的材料进行弹劾。1671 年,康熙皇帝遂下令明确禁止以风闻奏事。凯斯勒:《康熙和清朝统治的巩固》,第 135—136 页;吕元骢:《清初中国的腐化现象》,第 63 页。

67 《清世祖实录》第五十七卷,第 12 页。

68 张其昀编:《清史》,第 3723 页。

69 据刘献廷的记载,洪承畴的母亲在北京遇到儿子时,对他的变节降清大为愤怒,用拐杖打他,据说还大喊道:"汝迎我来,将使我为旗下老婢耶!我打汝死,为天下除害!"刘献廷:《广阳杂记》,第 39 页。如果洪承畴早先向朝廷所描述的他与母亲在南京令人伤感的和好可靠的话,那么这个故事就肯定不足凭信了。不管怎样,洪承畴后来是把母亲从京城送走了,因为根据 1652 年福建巡抚的一个奏疏。她于此年在福建家中去世。李光涛:《洪承畴背明始末》,第 246 页。

70 张其昀编:《清史》,第 3791 页。谈迁认为张煊是因受命外补衔恨所致。谈迁:《北游录》,第 362 页。

71 《清世祖实录》第六十二卷,第 720 页。关于大赦,见同上书第五十三卷,第 1—3 页。皇帝回京的日期根据张其昀编:《清史》第一卷,第 49 页。

72 同上书第五十七卷,第 12 页。

73 张其昀编:《清史》第一卷,第 49 页。8 月 28 日,以陈泰、李率泰年初奉行大赦令有误,罢任。陈泰隶满洲镶黄旗,系额亦都之孙。他是个受人尊敬的将领,曾在东北与袁崇焕作战,后率偏师从征山东。1644 年,他参加了对李自成的战役。三年后,授礼部侍郎,入湖广进攻孔有德,至至福建与鲁王将领作战。1650 年后,他出任一系列重要的文职:1651 年任刑部尚书,然后任吏部尚书,授国史院大学士。张其昀编:《清史》,第 3713 页。

74 这年冬天,在作为汉族归降者而隶属镶黄旗八年之后,洪承畴被允许作为正式成员编入牛录,"披甲侍卫"。从此以后,洪承畴在皇上面前把自己归属于满族,对皇上感恩不尽。《明清史料》第三册,第 131、160 页,摘自李光涛:《洪承畴背明始末》,第 250—251 页。

75 《清世祖实录》第五十八卷,第 3 页。此诏颁于 1651 年 8 月 16 日。

76 同上书,第 677 页。关于皇帝的包衣,见史景迁:《曹寅与康熙》,第 17—18 页。

77 赵开心,长沙(湖南)人氏,明进士,他以关心民瘼、力除吏蠹而颇负盛名。起初,京城天花流行,引起了恐慌,染疾者常被立即扔到城外等死。这时正是赵开心上疏,请四郊各定一村。来特别安置天花患者。与赵开心相关的制度,如前所述,还有他为多尔衮定入朝仪注;并疏请江、浙、湖广诸省初定后应急置抚按,以时绥抚。1645 年,擢左佥都御史,后坐事罢。1651 年 9 月 24 日,被召起复原官。张其昀编:《清史》,第 49、3776—3777 页;《清世祖实录》第五十四卷,第 16 页。

78 张其昀编:《清史》,第 3791 页。

79 《清世祖实录》第五十九卷,第 14 页。谭泰的子孙也被判处死刑,但都得到了赦免。同上第五十九卷,第 17 页。卓罗继谭泰而任吏部满洲尚书。张其昀编:《清史》第一卷,第 49 页。

80 张其昀编:《清史》第一卷,第 50 页。

81 达赖喇嘛于 1651 年访问北京,即心照不宣地承认了顺治一统天下的君权。皇帝为庆祝自

第十三章 顺治朝 643

己当家作主，下令大兴土木，耗资几万银两，在紫禁城西北边北海琼华岛的昆仑山上建造了一座白塔，其位置就在以前忽必烈汗宫殿的遗址上。根据一块刻有满、蒙、汉文字的石碑说，顺治"养育人民"，统治四方。1981年笔者在北京时，这块石碑仍耸立在白塔脚下，它的汉字碑文由宁完我撰写。

82　张其昀编：《清史》第一卷，第49—50页。不过，这个婴儿只活了几个星期。参见罗伯特·B.奥克斯南：《鳌拜摄政时期的政策与党争》，第19—20页。据耶稣教神父的记载，顺治皇帝脾气暴躁，性欲旺盛。他有两个皇后，七个贵妃，八个宫妃。其中有三个后妃来自同一蒙古家族，有一个系汉军旗人之女，他对贵妃栋鄂氏宠幸无比，她是一位满洲将领的女儿。据汤若望等西方人所说（当时正是汤若望在朝中最有影响的时候，皇帝常常驾临他的府中，用满语称他为"爷爷"），顺治作为一个年轻人，体形极佳，体重适中，皮肤白皙。有一幅顺治当时的画像显示出这位年轻人皮肤细白，头发乌黑，表情平和，目光坚定、深邃而锐利，阔嘴薄唇。虽然肖像画家画的是一个强壮的年轻人，但还是看得出这个年轻人的体质有点羸弱。故宫博物院文献馆编：《清代帝后像》第一卷。顺治是一名优秀的骑手和出色的书法家。李佳白：《北京第一位满族皇帝》；乔治·H.邓恩：《一代伟人》，第329、347—352页。

83　郑天挺：《探微集》，第95—96页；恒慕义：《清代名人传略》，第256页。

84　《清世祖实录》第六十二卷，第720页。

85　张其昀编：《清史》第一卷，第50页。

86　可能就是由济尔哈朗坚持重议此案的。济尔哈朗也许是想让皇帝的一些儒臣丢脸。不过，这仅仅是一种推想，笔者没有发现任何证实这一假设的资料。

87　《清世祖实录》第六十二卷，第721页。

88　同上。

89　谢国桢：《明清之际党社运动考》，第121页；谈迁：《北游录》，第390页。

90　《清世祖实录》第六十二卷，第721页。

91　谈迁：《北游录》，第389页。

92　吴伟业：《吴诗集览》附"行状"，第2—3页；《贰臣传》第九卷，第2页；恒慕义：《清代名人传略》，第882—883页。

93　根据吴伟业传记记载，只是由于他母亲对自身的担心（"儿死，其如老人何？"），才阻止了他悬梁自尽。马导源：《吴梅村年谱》，第43页。

94　吴伟业：《吴诗集览》附"行状"，第2页；马导源：《吴梅村年谱》，第45页。

95　马导源：《吴梅村年谱》，第45页。当时吴伟业在给侯方域的一封信中宣称，他宁死不仕清廷。侯方域：《壮悔堂集·四忆堂诗集》第六卷，第3页。不过，吴伟业的隐修有点夸张了。查阅一下这些年间，尤其是1650年以后他所写的诗，可以知道吴伟业遍游江南，访嘉兴、杭州等城，结识文友，接交官员，这些都是他在南京陷落之前所从事的活动。他所结识的人中包括清朝最高级官员。孙克宽：《吴梅村北行前后诗》，第4—5页。

96　西里尔·伯奇：《中国文学选集》第二卷，第133页。

97　马导源：《吴梅村年谱》，第55页；赵尔巽编：《清史稿》第一一七卷，第8页。吴伟业体弱多病，儿时肺部曾出血，此时他的肺仍然不好。这时他44岁。据说陈之遴娶了吴伟业的女儿，首先是因为他想利用吴伟业的盛名，来提高自己在士人中的地位。孙克宽：《吴梅村北行前后诗》，第3页。

98　高阳：《明末四公子》，第57页；马导源：《吴梅村年谱》，第56—57页。

99　孙克宽：《吴梅村北行前后诗》，第4页。吴伟业既想出仕拯民，又想洁身自好，极为矛盾，所以对元末明初的历史人物很感兴趣。例如杨维桢（1296—1370）、宋濂（1310—1381），他们虽然曾应元人之召入朝，却显然并未失节。兰德彰：《中国文化主义》，第

370—371 页。

100　马导源：《吴梅村年谱》，第 59 页。这首诗于 1653 年农历五月刊行于南京，当时吴伟业正在考虑他的决定。此诗未收入他的文集，但评注家都认为系吴伟业所作。

101　同上书，第 57—58 页。吴伟业这次可能也希望成为皇帝的老师。1651 年张居正所注"四书"再次付梓，题《张阁老直解》。吴伟业在为这部书所作的序中谈到张居正给孩提时的万历皇帝当老师时，充满羡慕之情。伦德贝克：《首辅张居正和中国早期的耶稣会士》，第 5 页；戴维·E. 芒杰罗：《耶稣会士翻译"四书"》，第 14 页。

102　米勒：《父与子》，第 8 页；彼得森：《顾炎武的一生》第二卷，第 219 页。

103　兰德彰：《忽必烈》，第 7 页。侯方域的父亲侯恂在 1646 年返回惨遭兵燹的故里商丘隐居。如上所述，侯方域却决定仿效他的弟弟侯方夏追求功名。侯方夏于 1646 年中进士。德·弗格斯《中原的起义》阐述了侯氏家族这一方面的历史，见第 34—35 页。

104　兰德彰：《忽必烈》，第 7 页。

105　这些年间钱谦益与吴伟业接触频繁。1660 年，吴伟业诗集刊行，钱谦益为它写了序。孙克宽：《吴梅村北行前后诗》，第 6 页。

106　诗社成员中包括写《赭山》诗的潘柽章，此人后来于 1663 年因涉及庄廷鑨明史案而被处死；还有戴笠，这位复明分子后来中"博学鸿儒"科（1679 年康熙为吸引明遗臣出仕清廷而举行的特别考试），年纪最轻，因而声名鹊起。谢国桢：《明清之际党社运动考》，第 193—194 页；恒慕义：《清代名人传略》，第 427、606、883 页。

107　谢国桢：《明清之际党社运动考》，第 195—196 页；《归庄集》，第 548 页。

108　刘献廷：《广阳杂记》，第 10 页。

109　黄之隽等：《江南通志》第一一二卷，第 33 页。

110　小野和子：《清初的思想控制》，第 340 页。清人从 1651 年开始限制乡试中式举人到本地衙门任职。两年后，1653 年夏天，朝廷命令所有正式的生员都向官府报名列籍，宣布免除他们的赋税，以防止他们出卖特权。1654 年，朝廷还讨论罢生员银票免税之制，并宣布科举中试者充里庄之首为非法。乔舒亚·A. 福 尔译：《顺治年间的山东》第二部，第 18—19 页。

111　谢国桢：《明清之际党社运动考》，第 252 页。这一禁令与政府只准学校用正统的程朱理学著作为教科书的命令相一致。赫尔默特·威尔海姆：《大冲突前夜的中国孔教》，第 286 页。

112　黄之隽编：《江南通志》第八十七卷，第 3 页；谢国桢：《明清之际党社运动考》，第 196 页。有些记载强调苏州士人与松江士人之间的竞争是"十郡大社"解散的主要原因。彭宾（几社最初的创始人之一）的儿子彭师度选择了一些苏州士人，在大社内部形成了一个小团体，故意排斥其他被认为缺少诚意的人。被排斥的人中有许多是松江士人，于是早在 1660 年镇压这类党社之前，他们就分裂出去，建立了自己的原社。邓尔麟：《嘉定忠臣》，第 308 页；谢国桢：《明清之际党社运动考》，第 196—198 页。

113　吴伟业的双亲都还在世。对于他的离去，他 69 岁的母亲颇感不快，因为她怕再也见不着他了。虽然许多资料记载说他于 1653 年秋离开江南，但实际上他是在 1654 年 5 月底 6 月初离开南京北上的。1654 年初，他受命任职于秘书院（后来他在秘书院一心编注《孝经》），这是由一个南人和北人的联盟提出的一揽子计划的一部分。陈名夏、冯铨、成克巩、张端和吕宫联名荐举吴伟业，同时应荐的还有杨廷鉴和宋之盛。因为有冯铨在这份举荐他的关键性章奏上署了名，所以许多人认为吴伟业受到了玷污。马导源：《吴梅村年谱》，第 56—60 页；孙克宽：《吴梅村北行前后诗》，第 4、8—9 页。

114　顺治并没有自觉地意识到这里所说的此举对于谴责归降者的政治效果。他只是在一定程度上像许多复明分子一样蔑视那些归降者，这是顺治通过了解当时的中国文化而感觉到的。

例如，顺治喜欢在用膳时让侍臣给他朗读归庄的讽刺史诗《万古愁》。这首诗是这样描写北京向李自成投降的："恨的是左班官平日里受皇恩，沾封诰，乌纱罩首，金带围腰，今日里向贼庭稽颡得早。那如鬼如蜮的文人，狗苟蝇营，还怀着几句劝进表。那不争气的蠢公侯，如羊如豕，尽斩首在城东隈。"《归庄集》，第159页。"劝进表"指周焞所上之表，劝李自成即皇帝之位。

115 恒慕义：《清代名人传略》，第182—185页。
116 傅路德、房兆楹：《明代人名辞典》，第1239—1242页。
117 《贰臣传》第六卷，第17—21页；恒慕义：《清代名人传略》，第740页。
118 魏裔介（1616—1686）后来成为清代历史上最著名的御史之一。1657年任都察院左都御史，1664年除大学士。他是汤若望的好朋友，一名秘密的天主教徒。他在一座教堂里接受了圣礼，徐光启一家也常聚集在那儿。对自己信教一事加以保密，是因为他同样深信儒教。直到光绪年间他的天主教信仰才被公开。1736年，乾隆皇帝赐予了他一个谥号。刘声木：《苌楚斋随笔》第五卷，第1页；参见恒慕义：《清代名人传略》，第849—851页；吕元骢：《翰林院》，第128页。
119 当安庆陷落时，余阙自杀，他的妻儿也都投井自尽。翟理斯：《中国人名辞典》，第955页。
120 比干是纣王的叔父，他指责这个暴君的暴行。纣王说："吾闻圣人心有七窍，今欲一观。"然后让人在王座前将比干剖腹观心，并把他的遗骸腌制起来。翟理斯：《中国人名辞典》，第626页；劳伦斯·A. 施奈德：《楚国的狂人》，第37—38页。
121 魏裔介：《兼济堂文集》第一卷，第5—8页。
122 《明史》（国防研究院），第2993页。1653年7月11日，赐地供祭。皇帝还令金之俊为崇祯创作了一首哀乐。《清世祖实录》第七十六卷，第5—6页；张其昀编：《清史》，第53页；冈本跻：《转折时期南方中国官员的政治道德危机》，第104页；萧一山：《清代通史》第一卷，第361页。1655年3月6日，皇帝下诏命礼部会同院部等详定褒恤明末殉难官员之事。魏裔介时为兵科都给事中，应诏上书，其主旨与他以前的言论完全一致，把忠孝与天地赖以存在那种力量联系了起来："有忠臣孝子，则有人伦；有人伦，则天地赖以不坏。"魏裔介：《兼济堂文集》第一卷，第27页。魏裔介还讨论了纪念殉难之臣的有关细节，包括如何找到他们的遗体，发现他们死节的地点，以及造立石碑和选定现有的祠庙来纪念他们等等。同上书，第28页。在这些年里，顺治越来越强烈地把自己等同于崇祯皇帝。1657年他向工部颁令说："朕念明崇祯皇帝孜孜求治，身殉社稷，若不急为阐扬，恐千载之下，竟与失德亡国者同类并观，朕用是特制碑文一道，以昭悯恻，尔部即遵谕勒碑立崇祯帝陵前，以垂不朽，又于所谥怀宗端皇帝上加谥数字，以扬盛美。"李清：《三垣笔记》卷中"补遗"第1页。后来，顺治曾亲自祭扫崇祯陵墓，失声哭泣，呼道："大哥、大哥，我与若皆有君无臣！"同上书，第2页。在这种情况下，顺治也必定关心起明陵被冷落的状况。就在永乐皇帝陵墓正门的一个亭子里现有一块石碑，碑上刻有1659年12月30日的一个敕令。皇帝在敕令中说，由于看到明陵颓败的状况，他决定命令工部修复明陵，此后他还将每年一两次派遣臣僚进行检查，以确保明陵完好无损。
123 萧一山：《清代通史》第一卷，第388页。
124 《清世祖实录》第七十卷，第12页。早在这年秋天，即1652年9月，就有几位朝廷大员因受贿过多，超过了可以接受的限度而遭弹劾。吴惟华被劾受贿逾万贯；江南按察使卢慎言被劾受贿逾2万贯；工部的顾大申被人告发受贿逾40万贯。当时朝廷定制，臣僚受贿逾10贯，论笞。王思治、金成基：《从清初的吏治看封建官僚政治》，第142页；吕元骢：《清初中国的腐化现象》，第61页。
125 萧一山：《清代通史》第一卷，第389页。
126 同上。

127 《清世祖实录》第七十卷,第 24 页。
128 同上书,第 24—25 页。
129 谈迁:《北游录》,第 374 页。
130 其他八人是高思敬、高三、王国祯、顾麟、槐启樟、李之栋、李东明和刘文登。李运长待李三如叔伯,待李三的侄子李天凤如叔伯兄弟,收李天凤的儿子李篡为义子,充官监。《清世祖实录》第七十卷,第 25—26 页;参见谈迁:《北游录》,第 374 页。
131 萧一山:《清代通史》第一卷,第 389 页。
132 李元度:《国朝先正事略》第二卷,第 10 页。
133 《清世祖实录》第七十卷,第 266 页。萧一山认为李三可能在与汉人臣僚共谋起义,所以他是南方起义遗民的代表。但鉴于李三与满洲贵族的联系,这一说法看来难以令人相信。萧一山:《清代通史》第一卷,第 389—390 页。
134 同上书,第 27—28 页。
135 《清世祖实录》第七十二卷,第 8—9 页。
136 张其昀编:《清史》,第 3788 页。
137 《清世祖实录》第七十一卷,第 26—27 页。
138 张其昀编:《清史》,第 3788 页。
139 《清世祖实录》第七十二卷,第 2 页。这后一诏令颁于 1653 年 2 月 28 日。参见墨子刻:《清代官僚政体内部组织》,第 434 页;刘云春:《清初中国的腐败》,第 45 页。
140 王思治、金成基:《从清初的吏治看封建官僚政治》,第 140 页。
141 宁完我 1654 年对陈名夏的弹劾揭露了魏象枢与陈名夏的关系。见《清世祖实录》第八十二卷,第 5 页。
142 《清世祖实录》第七十一卷,第 5 页;张其昀编:《清史》,第 3897 页。
143 同上书,第 7 页。大计制度一直得到推行。到 1661 年 8 月 13 日,摄政王鳌拜颁下上谕,其内三院满汉大学士、各部院尚书、侍郎等官,俱著自行陈奏;其他各官,下至七至九品的满洲臣僚,令各衙门堂官实行详加考核,著其称职与否,并送各所属部院,再严加考核。此制原定每年举行一次,但 1665 年就被废止而让位于京察、大计制度了。米勒:《派系斗争》,第 25—26 页;吕元骢:《清科举》,第 333—335 页;杰里·诺尔曼:《简明满英词典》,第 31 页。
144 李呈祥可能打算任用未被选为翰林院庶吉士的第二、三等进士。当时的制度是派遣这些新科进士去六部、通政使司、都察院及大理寺"观政"三个月,然后委以官职。顺治后期废罢此制,鳌拜摄政后复旧,但新科进士在指定的部门只观政几天就可回家探亲了。吕元骢:《清初官员的实务训练》,第 82—83 页。
145 《清世祖实录》第七十二卷,第 854 页;参见萧一山:《清代通史》第一卷,第 363—364 页。
146 张其昀编:《清史》第 3783 页。八年后,李呈祥在沈阳得到赦免。他返回自己的家乡、山东北部的沾化,1687 年在沾化去世。
147 同上书,第 52 页;参见萧一山:《清代通史》第一卷,第 382 页。
148 同上书,第 3786 页。
149 参加殿试的"贡士"应撰策论一篇,由皇帝亲定前十名的名次,名次的确定既考虑策论的内容,也考虑书法的优劣。吕元骢:《翰林院》,第 23 页。
150 查慎行:《人海记》卷上,第 2 页。50 人在专门的满人科举中及第,另外 56 人则列名汉人榜。这些及第者有许多先是在各旗学校或义学中受过初等教育,后来进入"八旗官学"学习。八旗官学建于 1644 年,专事培养学生学习汉文经籍和满语。不过,应该指出的是,旗人出仕并不像汉族文人那样主要凭科举功名的高低。从 1644 至 1795 年,考中进士的旗人只有 449 名,所以顺治朝旗人考中进士数额虽多,但在整个清代并不典型。史景迁:《曹寅与康熙》，第 75—76 页；吕元骢：《翰林院》，第 25—26、143 页；《统治民族——满族的教育》，第 130、133 页；参见奥克斯南：《马背上的统治》，第 87 页。孔庙和国子监博物馆现存 1652 年和 1655 年石碑两通，分别刻有当年考中进士的旗人名单。

151 这当然不是新问题了。限额制度本身是明太祖在 1397 年科举考试后确定的，那一年所取 51 个进士中没有一个北方人。查尔斯·O. 贺凯：《明朝》，第 49—50 页。

152 因为进士必须由高级文官推荐才可参加殿试，以期入选翰林院，所以雄心勃勃的年轻进士经常随身携带着自己的习作，去拜访朝廷大员。而官员们也很喜欢推荐那些已小有名气的士子。不过，由于他们要对自己所推荐的人的未来表现承担责任，所以荐举人也关心应荐人的政治品质。吕元骢：《翰林院》，第 25 页。

153 谈迁：《北游录》，第 389 页。至于谈迁记载的可靠性，见吴晗：《谈迁和〈国榷〉》。

154 这是清朝举行的首次"御试"。顺治想要考考所有三品以上的翰林院官员。他要求每人都注释《论语》，并写一篇关于建立常平仓的奏章。吕元骢：《翰林院》，第 87 页。

155 张其昀编：《清史》，第 3786 页。

156 同上。

157 同上书，第 3726 页；谈迁：《北游录》，第 362 页。

158 据法律："奴仆有犯（偷盗、奸淫）应报官，家长不得擅自惩罚。奴仆无罪而家长惩罚之至死，笞一百。家长杀奴仆非死罪之人者，不分旗人、官员，俱发黑龙江，若系平民，配发为奴。"马里纳斯·J. 梅杰：《清代末年的奴仆制》，第 333 页。

159 《清史列传》，第 39 页；张其昀编：《清史》，第 3762 页。根据《实录》载，任珍因妻妾与他人"通奸"，遂私自将她们杀死了。然后他派人到京城行贿兵、刑二部，以掩饰罪状。兵部侍郎李元鼎与刑部尚书一样受到牵连。不过李元鼎虽然被判死刑，皇帝却下令免死。除任珍以外，共有九名官员被降级，他们绝大部分是满人。《清世祖实录》第七十二卷，第 13—14 页。

160 《清世祖实录》第七十四卷，第 6 页。

161 《清史列传》，第 39 页。

162 冯铨也主张判处任珍死刑，但显然是出于前一种理由，因为他没有像那班大臣们一样后来受到皇帝的处罚。张其昀编：《清史》，第 3787 页。

163 《清世祖实录》第七十四卷，第 6 页。

164 同上。

165 同上书，第 7 页。

166 同上。

167 同上。

168 同上书，第 74 页。

169 同上书，第 8 页。

170 1653 年 5 月 20 日成克巩接替陈名夏任吏部尚书。张其昀编：《清史》第一卷，第 52 页。

171 《清世祖实录》第七十四卷，第 8 页；张其昀编：《清史》，第 3788、3897 页；萧一山：《清代通史》第一卷，第 382 页。

172 《清世祖实录》第七十四卷，第 9 页。

173 同上。在这里汉军旗人是被归入满洲臣僚、而非汉人臣僚一边的。

174 同上。

175 满洲君主皇权的这一形式，正如此后清代历朝天子所推行的，旨在"中和官僚势力，使之'更为均衡'，从而减轻对皇帝的威胁。"哈罗德·L. 卡恩：《皇帝心目中的君主制》，第 7—8 页。

176 《清世祖实录》第七十七卷，第 7 页，1653 年 9 月 9 日条。6 月 27 日，顺治坚持亲自复

177　魏裔介：《兼济堂文集》第一卷，第13页。
178　魏裔介：《兼济堂文集》第一卷，第13—17页。
179　谈迁：《北游录》，第390页。
180　同上书，第391页。皇帝经常与陈名夏谈论王朝之兴衰，讨论唐、宋治世之英主。孙克宽：《吴梅村北行前后诗》，第6页。
181　谈迁：《北游录》，第374页。当某部尚书呈上奏章时，皇帝会颁下口谕，臣僚遂将口谕大致记录下来，带回衙门，正式抄送到内院，由内院用朱笔写成上谕，转送到都察院六科。吴良秀：《中国的交通》，第14—15页。
182　《清世祖实录》第八十二卷，第16页。
183　此时，御史朱鼎元力劝顺治任用更多的汉官为侍从。吕元骢：《清初（1644—1660）的御史、摄政王与皇帝》，第90页。
184　张其昀编：《清史》，第53页。
185　《清世祖实录》第七十六卷，第12页。
186　谈迁：《北游录》，第371页。此时皇帝还恢复了明朝的票拟制度，这最初是冯铨在九年前提出来的。票拟制度的恢复，就意味着应把六部奏章复本送一份到内院。
187　吴良秀：《中国的交通》，第16—17页。
188　谈迁：《北游录》，第378页。虽然这在满洲贵族看来似乎是内廷蚕食外朝权力的又一实例，也是顺治与其亲信之间关系日益密切的征兆，但此举的起因却是汉人大学士在别处找不到住宅。在汉官搬出紫禁城迁到南城之后，一时间宅院紧缺，房租飞涨。旗人在北京的生活是相当惬意的，因为紫禁城内空宅很多。汉人大学士们由于找不到一所像样的宅院以供居住，所以非常妒忌旗人的特权。因此正是由于他们对此抱怨太深，顺治才让他们移家东华门内。这是1654年4月14日的事。昭梿：《啸亭杂录》第一卷，第7页。
189　吕元骢：《清初（1644—1660）的御史、摄政王与皇帝》，第91—92页。
190　《清世祖实录》第八十一卷，第2页；参见张其昀编：《清史》，第54页。《孟子·公孙丑上》对"结交"是赞扬的。1653年7月23日，皇帝还强调有必要防止宦官与朝廷官员结党。于敏中：《国朝宫史》第一卷，第2页。
191　《清世祖实录》第八十一卷，第5页。
192　谈迁：《北游录》，第389页。
193　陈名夏的另一个动机也许是出于贪财。无论谁统帅这样一支军队作战，都必定会有许多中饱私囊的机会，仅军赏一项即足够了。例如，根据《广阳杂记》记载，洪承畴后来就因在东南地区的战绩得到赏钱5万贯。转引自李光涛：《洪承畴背明始末》，第251页。
194　最初，李定国承认孙可望在"四王"中居于首位。"四王"继承了张献忠的军队。后在1648年孙可望因李定国不顺从而叫人当众打了他，两人于是失和，互相争夺对南明永历皇帝的控制权。1652—1656年间，永历皇帝蜷居于贵州西南的安隆一隅。1652年暮春，李定国利用他在西南得到的战象和土著军队，对清军发起一系列进攻，大获全胜。1652年8月7日，李定国夺取桂林，一月之内，广西降将大多向南明反正。斯特鲁弗：《南明》，第116页。
195　谢国桢编：《清初农民起义资料辑录》，第27页；恒慕义：《清代名人传略》，第359、436页；李光涛：《洪承畴背明始末》，第269—291页。
196　谈迁：《北游录》，第389页。
197　同上。如前所述，翰林院在这些年里被并入内三院。1658年，顺治循名责实，给了翰林院以较为正规的地位。翰林院作为一个机构，兼备内三院各院的职能：编《实录》，修玉牒，并掌管进士殿试之事。近半数的翰林院庶吉士为满人，入选翰林院的汉人则令其学习满文。

第十三章　顺治朝　　649

翰林院位处皇宫东南，就在后来英国使馆的北面，斜穿过长安街就是北京饭店。吕元骢：《翰林院》，第4页；奥克斯南：《鳌拜摄政的政策和制度》，第269页；《清初的翰林院》。
198 吕元骢：《翰林院》，第44页。
199 宫崎市定：《中国的考试地狱》，第80—82页。
200 谈迁：《北游录》，第390页。
201 《清世祖实录》第八十一卷，第6页。
202 谈迁：《北游录》，第398页。郑成功于3月10日和12日攻打崇明岛和金山的消息大约就在此时传到了北京。张其昀编：《清史》，第53页。
203 明朝正式的皇冠实际上是一顶边缘缀有成串珍珠的黑色方顶帽。黄仁宇：《万历十五年》，第6页。
204 萧一山：《清代通史》第一卷，第388页。
205 谈迁：《北游录》，第389页。这时的朝服兼有汉、金、元三代的特色。同上书，第351页。在不同的臣民面前穿着不同的服装，对顺治皇帝来说肯定已经很习惯了。为了有利于对蒙古人的统治，他十分乐意别人把他当作一尊菩萨。1653年他接受了达赖喇嘛送他的一块金牌，上面称他为"天神"。但这完全是为皇帝君临蒙古人和藏人专用的。顺治并不向汉人提及他被尊为佛的事情。大卫·M.法夸尔：《大清帝国统治中作为菩萨的皇帝》，第8、21—25页。
206 李元度：《国朝先正事略》第二卷，第10页。
207 《清世祖实录》第八十二卷，第1—2页，1654年4月17日奏章。参见《东华录》顺治十一第五卷，第4—6页。
208 李元度：《国朝先正事略》第二卷，第9页。
209 《清世祖实录》第八十二卷，第2页。虽说宁完我做出这种严正的指责，是为了使满洲贵族支持他个人对陈名夏进行报复，但他也并不怎么掩饰他们个人之间的不和："名夏礼臣虽恭，而恶臣甚深。此同官所共见闻者也。"同上。
210 《清世祖实录》第八十二卷，第1—2页。
211 同上书第八十二卷，第3页。园产价值10万金，江宁各上司公捐银3000两，代为纳价。
212 同上。
213 同上。宁完我建议逮捕陈掖臣及其家人长班，严加拷讯。据说陈掖臣被捕时，有田900顷，银700两。谈迁：《北游录》，第391页。
214 张其昀编：《清史》，第3788页，赵延先作赵企先。
215 《清世祖实录》第八十二卷，第4页。
216 此人姓朱，史儒纲说他是明朝宗室。
217 《清世祖实录》第八十二卷，第4—5页。
218 宁完我特别指出魏象枢是陈名夏的姻亲。但据《清史·魏象枢传》载，他不过是陈名夏岳父牛射斗的一个好友。张其昀编：《清史》，第3897页。
219 《清世祖实录》第八十二卷，第5—6页。
220 同上书，第5页。正是在这份名册中列有吴伟业的名字。因此当吴伟业抵达北京时，陈名夏已遭弹劾。于是，也许是出于明哲保身，吴伟业听任别人将自己的名字与陈名夏的政敌冯铨的名字联系起来。孙克宽：《吴梅村北行前后诗》，第6—7页。
221 同上。
222 同上书第八十二卷，第7页。以前对陈名夏的弹劾见第5—6页。
223 当时几乎所有的人都一致同意，党争是使王朝衰落的主要原因。王夫之《读通鉴论》对这种陈旧的史学观点做了最生动的阐述，见104—105页。
224 关于宁完我在1635年被贬黜，见张其昀编：《清史》，第3666—3667页。

225 宁完我明显地暗示陈名夏为了掩饰自己与李三的串通，篡改了票拟公簿。宁完我则是公开受到李三案牵连的人。
226 《清世祖实录》第八十二卷，第7—9页。
227 谈迁：《北游录》，第389页。
228 陈泰竟然作证说魏象枢从未见过陈名夏的岳父牛射斗。张其昀编：《清史》，第3897页。
229 王崇简后于1658年任礼部尚书，1661年致仕。
230 谈迁：《北游录》，第389—390页；《清世祖实录》第八十二卷，第9页；张其昀编：《清史》，第3788页。
231 《清世祖实录》第八十二卷，第13页。
232 同上书，第14页。陈名夏之子陈掖臣被押到北京，杖四十，流满洲。谈迁：《北游录》，第391页。
233 谈迁：《北游录》，第390页；查慎行：《人海记》卷上，第2页。恒慕义说陈名夏死时50岁，本书采用了谈迁的说法。谈迁还提到，三天之后，清廷允许陈名夏亲人认领他的遗体，得到了薄葬。
234 同上书，第57页。"百史"是陈名夏的字。
235 同上。谈迁的日记称那个厅室为"溧阳"之杜邮。溧阳是陈名夏的家乡，谈迁没有直呼陈名夏的名字。
236 同上书，第391页。

第十四章　专制危机的一种解决形式

> 窃见两年来,新法如秋荼凝脂,县令如乳虎,隶卒如猁犬,书生以逋赋笞辱,都成常事。某实不忍以父母遗躯受县卒挤曳,入讼庭,俛酷吏,裸体受杖,乃愤而出此,为纾祸计耳。
>
> 邵长青:《青门录稿》。
> 转引自孟森:《心史丛刊》第一集《奏销案》

陈名夏恐怕并不是满族统治的殉难者。确切地说,在当时公众心目中,他恐怕倒应该算是一个精明的投机家:在短短的 10 年时间里,他先后侍奉过崇祯皇帝、李自成、多尔衮和顺治皇帝。然而,许多人把他的被处死看作是对朝廷中南人的一个打击。顺治皇帝试图避免给人以这种印象。同时,唯一被清洗的陈名夏的挚友,是推荐他出任尚书的孙承泽。孙承泽于 1654 年被弹劾免职。[1] 在陈名夏被判决后即受到惩处的其他官员,则是皇帝的"言事官"。顺治皇帝痛切地谴责他们未能及早报告在政府中出现的这个明显的朋党。有八名御史被降职或调离原任,其中包括赵开心和魏象枢。[2] 因此,他们之所以受处罚,并非是由于与"南党"有什么瓜葛,而是因为未能尽到其作为皇帝"耳目"的职责。而且,似乎是为了进一步表明他并不歧视南人,就在陈名夏被缢死的那一天,皇帝赐谥号给几位江南士大夫，这几位士大夫是在1644年崇祯自尽时，以死尽忠的。[3]

南明海军的威胁

皇帝不想使人们把处死陈名夏归因于对南人的非难，也许是因为他希望在内院保持一种必要的平衡，同时因为，即便到了此时，江南的军事形势还是使得顺治必须谨慎地继续打开南方士大夫投靠满清的大门。海军将领张名振虽在1651年一度受挫，但又重新组织了海军力量，再次在江南煽动起义，而他自己则威胁着要从海上发动进攻。[4]同时，清廷惊恐地发现，在江南无锡附近，至少出现了两起独立的反叛密谋。当地的复明分子与鲁王及永历皇帝的南明政权进行秘密联系，后者在云贵地区，处于孙可望的保护之下。[5]

早在1650年，孙可望派密使前来与住在无锡附近的前明尚书贺王盛联络，带来了贺王盛以前的一个老师给他的信，此人当时正在东南与复明分子在一起。贺王盛说服了他的一个朋友眭本，与他一起到永历政权那儿去。眭本与贺王盛同属一个文学党社。不过这位朋友只走到了长沙。该年年底，两人带着孙可望以及永历皇帝的札书一起回到江南。约一年后，贺王盛悄悄地与鲁王政权的张名振的军队接上了头，并开始计划在陆地发动一场起义，以配合海上的进攻。[6]

第二群江南复明分子也开始在平一统和饶经这两个人的领导下聚集起来。用饶经自己的话来说：

> 缘清兵至，毁某室庐，杀某家四人，某迁无锡，行医为生。一人名江之龙者来，曰吕之选家中住一人名平一统，有胆略，得永历帝一将印，募人起事。某曾晤之，求告札数道。一日，某等造访一

统，一统曰某等须待其一行取告札来，再行联络。一年后，一统携告札返。[7]

当从遥远的南方带着永历政权的消息而来时，平一统肯定激起了人们对他的极大敬畏之情。1649 年夏天，他来到吕之选家，由江之龙将他介绍给吕之选。平一统在吕之选家住了五个月，就在这一时期内，他在自己周围聚集了一批在感情上仍忠于明王朝的无锡人。吕之选后来告诉官府说，平一统在屋子里行合祭之礼，拜崇祯像，为他的死去痛哭流涕。[8] 同时，平一统还收到了南明政权的许多空名告札。这些告札又提高了他在另外那些人，譬如饶经心目中的地位。当复明分子夺得政权后，他就可以凭此来委派其他追随者摄任地方官之职了。对于像饶经这样敢于冒险的本地人来说，这些告札既是巨大权力的来源，又是巨大危险的渊薮。饶经受可能高升的机会的诱惑，接受了一份告札。（因为随着密谋活动不断扩大，平一统不得不回到复明政权地区，去领取更多的告札。因此饶经接受的那份告札必定盖有一颗真正明政权的印信。）但饶经接受告札后，却因此大为泄气了。"某思之，某当受一告札。然其时某不知何以自救。缘平一统道欲带人马南下也。"[9]

与 1645 年至 1647 年间的复明活动相比较，无锡复明分子的范围是极有限的。根据其中一个成员董焕奎（此人从饶和平那里接受了永历政权的一个按察使告札）的说法，在 1651 年至 1652 年间，总共有 15 个人被授予了秘密的明政权告札。1653 年初，即农历三月份，密谋者终于得知起事的时机已经来到。从南方来了一道谕旨，任命饶经为总兵，于是这群人到无锡郊外的青山寺聚集开会。[10]

不管从南面来的命令是否是由张名振直接发出的，青山寺聚会后不久，复明政权的海军就对舟山岛发动了一场新的进攻。在 1653 年的春季及夏季，张名振的军队又一次进攻了江南沿海，击败清朝在崇明岛的驻军，沿黄浦江一直打到上海的静安寺。[11] 同时，海盗、匪徒团伙在苏松地区到处出现，这也鼓励了当地的复明分子。他们开始准备自己的起义。[12]

复明分子在 1653 年下半年发动了起义，时值海盗、匪徒大规模进攻州县府治。这果真也被清朝的地方官，例如苏松知府李正华，看作是一起匪徒的暴动。[13] 但是，要把他们镇压下去颇不容易。在他们进攻上海时，地方官领着居民向城隍祷告，祈求城隍保佑他们不受这伙杀人越货的盗匪的屠杀。[14] 不过，进攻终于被逐渐击退了，个别密谋分子例如吴鼎，被抓了起来。经逐一审讯，清政府得知了另外一些密谋者的姓名，更多的人被捕获了。"某知吴明烈入狱，乃大恐，以其必牵连于某也。"饶经后来告诉官府说，"某遂于青山寺将所有书信、告札一并焚毁"[15]。

但为时已晚，饶经与另外一些复明分子一起被捕，贺王盛也未能逃脱。经过审讯，宣布褫夺他们的功名，将他们开刀问斩。他们的妻小被赐给功臣为奴，财产被没收，父祖兄弟子孙被流放到关东。1654 年 5 月 28 日，江南总督马国柱向清廷报告说，叛乱已经平息了。[16]

关于新近复明分子在江南起事的详尽奏报，于 1654 年 6 月 9 日送到顺治皇帝手中。恰巧在此前后，清廷也得知了张名振的海军在郑成功支持下，发起了新的进攻。[17] 皇帝从江南巡抚在当年夏末进呈的一道奏章中了解到，尽管张名振起先曾被陈锦击败，但他又设法组织了一支令人生畏的海军力量，有舰船 1000 艘，水兵 2 万。巡抚周国佐还报告说，为抵挡张名振沿长江进犯而布置在南京的守军，绝不是这支久经沙场的劲旅的对手。南京的 1.46 万名防军沿岸分散布置在各江防据点，虽然他们是善战的步卒，擅长陆战，对于水战却毫无经验。而且，南京水军只有 194 艘装备简陋的沙船和 1950 名人员混杂的水兵。[18]

顺治皇帝的南人臣僚

由于有这样一支强大的军事力量威胁着南京，以及在江南地区有着这样可怕的反叛迹象,顺治皇帝对于汉军旗人及北人进一步攻击陈名夏南人同僚所可能产生的后果,必定感到担心。那些汉军旗人及北人曾协助顺治除掉了陈名夏。因此,宁完我在弹劾陈名夏后,又递呈了一份毫不留情地斥责"南党"的奏章,向皇帝报告了 41 个官员的姓名,说他们由于籍贯相同,一起参与了密谋,但福临置之不问,并命令宁完我再也不要提起此事。[19] 同时,皇帝引人注目地决定对国内最有声望的一名江南士大夫——江南武进的吕宫——表示特殊的,甚至可以说是象征性的恩宠。1647 年清廷大试,吕宫中了状元。作为此年的第一名进士,他的声望无与伦比。然而身为南人,他与陈名夏过从甚密。陈名夏被处死后,另一著名的士大夫王士祯指责吕宫是陈名夏的所谓"南党"的一员。现在,顺治皇帝不仅驳回了这些指责,而且进一步褒扬吕宫为贤臣,并在此后两年里,屡加赏赐,以示皇帝对这位来自江南的杰出忠臣的殊恩。[20]

顺治选中吕宫来颁施恩典,不仅仅因为他是江南人,还因为他是"新"汉人官员之一:在本朝进士及第,因此既非在明朝科举及第者,亦非"贰臣"。[21] 王崇简的儿子王熙也同样受到了褒奖,因为与吕宫一样,王熙于 1647 年进士及第,并于 1658 年被选中负责皇帝重新任命组建的翰林院。[22] 在清除了陈名夏之后,顺治皇帝转而倚重的,就是这些"新人",以图抑制旧南方士大夫的影响,尤其是那些在明朝科举及第者。尽管宁完我竭力想在陈名夏及孙承泽之外,把对南党的清洗范围,扩大到另外的著名南人官员,例如陈之遴和吴伟业,但他们继续在内院任职。[23] 1654 年 8 月 16 日,顺治皇帝批准了一份新的内国史院、内秘书院、内弘文院任命名单。这份名单包括了一批在新朝科举及第的、同时精通满汉文字的南人,为首的则是两位重要的年轻汉军旗人:进士丁思孔、范承谟。[24] 此后两年内,由于不少旧臣被调出,内三院的这些年轻汉官就在清政府中逐渐取得了越来越大的发言权。[25] 事实上到了 1656 年,甚至内三院的五品低级官员都有了直接向皇帝上奏的权力。[26]

这并不是说顺治一下子就不再倚重汉人高级官员，或者立即停止委派明朝进士出任高官了。[27] 刘正宗，这位自陈名夏死后最得宠的大臣，也是明朝进士。刘正宗是山东人，于 1652 年初任学士，1653 年继陈名夏为吏部尚书，1654 至 1660 年间，一直任大学士。尽管在 1657 年有人严词弹劾刘正宗背公徇私，尽管得知他的兄弟接受了郑成功的任命，顺治皇帝还是一直让他担任这一要职。[28] 顺治也继续重用那些在为清廷效力时表现出才干的前明能臣。这类官员中最突出的也许就是周亮工了。周亮工是南京人，著名的校书家、诗人和书画鉴赏家，1640 年进士及第，1643 年曾任山东潍县知县，当时正值阿巴泰前来进攻，他竭力抵御。李自成攻占北京时，周亮工正在北京任御史，但他设法逃到了南京。他拒绝臣事于福王，于 1645 年投降多铎，授两淮盐运使。接着，自 1647 至 1654 年间，任福建巡抚，镇压反叛者和复明分子，战功卓著。1654 年，福临遂将他调到北京，任左副都御史。虽然周亮工作为京城大官的经历是短暂的，但他仍是这一时期内顺治皇帝赏识南方士人才能的又一个例证。[29]

尽管如此，年轻的臣僚们仍不停地对像周亮工、陈之遴等旧南人归附者表示不满，批评他们腐朽的作风和懒散的官僚习气。[30] 1656 年 4 月 13 日，御史王士祯[31]再次将仕于两朝与气节衰落联系起来，上章指责大学士陈之遴举止不端。不久，另一位御史焦聪睿对他提出了严重得多的指责，说他与另一位"贰臣"、礼部尚书胡世安暗地搞阴谋。另有官员干脆提议说政府中的南人太多了，应设法减少。顺治以其事出无据，将这些指责全部驳回。他再次肯定他的信条：关键是每个官员现在的表现，而不是政治或地域集团过去的行为。他说："朝廷立贤无方。"[32]

然而，就在这些指责提出不久，顺治皇帝对陈之遴以及其他仍居高位的旧江南士人的态度开始有所变化。这也许部分是由于南明海军的攻势暂时缓解。在郑成功的支持下，海军将领张名振于 1655 年重新夺回舟山岛，并控制了浙江的台州城。[33] 在 1655 年下半年，张名振从这一

第十四章 专制危机的一种解决形式 657

基地出发，加紧了对沿海一线的袭击。在他发动袭击的同时，其他独立结伙的海盗、匪徒的活动也活跃起来，例如由沈国清率领的浙江埭头山的军队。然而在1656年初，清军击败了沈国清人马，并抓获一个人，巡抚周国佐认出此人就是张名振的儿子张文魁。这一发现使得江浙的清朝官员兴奋不已，以为拿张名振的儿子做人质，就能够说服这位海军将领投降。于是周国佐请求兵部暂缓处死张文魁，并开始设法与张名振联系。不料江浙总兵、总督马鸣珮却说，据战俘的供词，张名振看来已在这一年的早些时候在舟山去世了。这些战俘是最近在沿海抓获后被送到南京审讯的。[34] 马鸣珮奏道："招降之论，遂成空言。"兵部经过一番简单的调查，证实了张名振的死讯，就于1656年4月下旬下令将张文魁处死，枭首示众，"以示国法"。[35] 处死张文魁并不代表南明海军这一特殊威胁的消失，因为张名振的海军继续由其副将张煌言率领。不过，当长期在江南海岸来回骚扰袭击的臭名昭著的海盗顾三也于1656年秋天被抓获处死后，顺治皇帝与他的海防官员们显然大大松了一口气。[36]

不管来自海上攻击的威胁暂时缓和是否也意味着顺治不必再为疏远东南重要士大夫而不安，在1656年后，皇帝确实开始转而反对他以前曾庇护过的许多"贰臣"了。他现在支持对贰臣们新发动的一次大规模弹劾。在此后的18个月里，接连地，薛所蕴被罚金，龚鼎孳被停职，方大猷锒铛入狱。[37] 而且在1657年，来自江南的一批主要臣僚，包括大学士王永吉，都受到了一宗重大科场作弊案件的牵连。就许多人看来，这一案件证实了东南士人与腐朽和自吹自擂有关。[38] 喜欢道德说教的臣僚们，例如杨雍建，用科场作弊案来作为道德衰败的明证。此时甚至在顺治的心目中，也开始把这种衰败与明朝的遗臣、江南士人集团和社会堕落、经学的式微联系起来了。[39] 都御史魏裔介倡议建立一种新型的道德秩序，他于1658年5月上章指责大学士陈之遴的腐化行为，这一次弹劾得到了顺治的赞同。[40] 他不仅把陈之遴及其家人作为政治流放犯放逐西北，而且使浙江信奉天主教的主要归附者们为之惊恐万状。他逮捕了他们的保护人巡抚佟国器，并将其发配，因为佟国器一再拖延放逐陈之遴在海宁家乡的年迈的母亲。[41]

清廷专制与满人至上

在陈之遴被放逐的同一年，宁完我也死了。就这样，两位最有代表性的南人"贰臣"和参与了满人登上北京皇位之活动的老一代辽东汉军旗人退出政治舞台，就成了顺治十五年的标志。当这两个在一定程度上互相对立的集团，在1658年前后同时离开高层宫廷政治活动之时，顺治明显地感到那种已丧失了实质内容的旧政治模式可能得到恢复。陈之遴及其同伴陈名夏毕竟一直代表着一种自我追求的小集团与以正义自命的文人理想主义的特殊结合，我们可以将此与明朝后期的党争联系起来。在一定程度上说，1653—1654年间的政治危机，就集中于他们那种恢复对皇帝进行自主的，并常常是英勇的道德判断的传统的企图之上。在东林党时期，这一传统以对个人进行清议品评的方式表现出来，宁完我及辽东"旧臣"抑制了这一传统的恢复。现在看来皇帝已有可能重建明朝专制主义的构架，而不必冒着他的臣僚结成朋党的危险了。随着陈名夏与陈之遴的下台，1658年8月13日，顺治改旧满洲内三院为内阁，正式重建独立的翰林院。[42] 11月6日后，不再将大学士派属某院，而是附于大内中两两相对的各殿：巴哈纳与金之俊为中和殿大学士，洪承畴与胡世安为武英殿大学士等等。[43] 这些并非机构功能的标志，而是一种武断的指派，因为像明朝的内阁一样，新内阁真正的功能是由各部来区分的。因此，各大学士由皇帝指派，分管指定的一个部曹的臣僚。并且，随着内阁日益成为内廷的秘书处，就像明朝的前任们一样，大学士被授权对各自负责的部门的奏章代皇帝票拟谕旨。大学士的治事权看来是恢复了。[44]

刚刚重建的翰林院的第一位掌院学士是王熙,他的父亲王崇简当时任吏部尚书。当时吏部正在进行官品改革,使满人与汉人的品级相对等,这样,在同一职位上的满汉官员现在有了同等的地位。[45]后来在1659年,王崇简出任礼部尚书,并负责组织一次特殊的科举考试,以庆贺永历皇帝已逃到缅甸的喜讯。一般来说,让父子同时出任如此敏感的职位,肯定会再次唤起明朝朋党的幽灵。可是能说一口流利满语的王熙,在这一点上是将顺治所渴望的品性完美地结合起来的"新人"之一:他是这样一位翰林掌院学士,既与南方有广泛联系(其父曾帮助组织复社),精通辞章,又有清白的政治背景及满洲贵族所能接受的风度。而最重要的是:他得到了皇帝的信任。[46]

皇帝并不仅仅倚仗于人事的变动及新的官僚机构,他需要建立一个稳固的专制体制,由摆脱了大臣私恩、宗派影响以及下级官僚机构中士大夫之间相轻相争积习的内阁、翰林院在最高层牢牢地控制它。很明显,甚至"新人"也开始与旧的恩师、门生关系网多少有了些联系,人际关系又开始继续影响朝政。[47]不过,顺治显然希望通过加强他与他的阁臣的关系,以在最高层形成一种融洽信任的气氛,使臣僚可以依靠上下间的关系而不是横向的联系,为可预见的未来政治赢得一种保障,这完全是其父祖的传统。简言之,皇帝试图将一种新的政治作风加之于传统的君臣关系之上,这种关系正是形成儒家政治思想体系的关节点。这一新的施政作风是所有早期满洲统治者的特点,尤其是太宗的特点。太宗有意识地与其大臣们形成了一种独特的个人关系,它对应于作为晚明宫廷政治特点的皇帝与谋臣之间那种虽理想化但不掺杂个人感情的关系。很显然,紫禁城宽阔的庭院和高耸的宫墙,不可能像皇太极在盛京那小别墅一样的宫殿能使人产生同样的亲切感。因此顺治与其谋臣的亲密关系还不可避免地受到了帝室威严的制约。不过他设法对高度礼仪化的汉人朝廷中的君臣关系添加了其独特的个人风格,这一风格在某一点上也影响了康熙甚至乾隆皇帝。[48]

在顺治与两名在陈名夏死后任职的德高望重的老臣党崇雅及金之俊的关系中，这一点表现得尤为明显。这两人都是年迈的"贰臣"，早就准备告老还乡了。1655年，党崇雅首先引年乞休，辞去国史院大学士。顺治批准了他的请求，诏加太保兼太子太傅，赐冠服，对他说道："卿今辞朕归籍，不能复见朕矣。抵里后，用此冠服，如见朕面。"[49]

但当第二年金之俊上表乞罢时，顺治未予同意。正如在准许党崇雅归籍时，他强调了个人间亲密关系的重要性一样，在驳回金之俊的请求时，他也强调了人际间同样的紧密联系：

> 君臣之义，终始相维，尔等今后毋以引年请归为念。受朕殊恩，岂忍违朕，朕今何忍使尔告归。[50]

顺治又转向其他在场的臣僚说：

> 昨岁，金之俊病甚，朕遣人图其容。念彼已老，倘不起，不复相见，故乘其在时命工绘像，盖不胜眷恋如此！群臣亦有衰老者，岂不有归田休养之念，然经朕简用之人，欲皓首相依，不忍离也。[51]

面对皇帝如此深切的感情，金之俊无法请老了，就像大多数的儒生一样，他极易因天子亲召而尽忠。于是金之俊又留任高官六年。1658年，参与编修大清律；1659年，撰写并进上了明崇祯帝碑文。[52]

皇帝期望臣僚直言尽忠，以作为对他的恩典的报答。君臣之义，不容贰心。因为臣子对于君王的义务，是十分明确的，这超越任何其他形式的道德义务，包括激励了晚明党社运动的那种政治理想。正如1654年年初，顺治在陈名夏被捕前对洪承畴所说的那样："六部大臣互结奸党，实为大谬。臣子之义，唯以忠义力事于君国。善善恶恶，始见其正。"[53]

此后的清朝君主继续不断促进君臣间这种亲密的人际关系，这是围绕着儒家的方式建立的一种理智交流，而同时又严禁官僚结成党派。康熙皇帝的南书房甚至为理想化的圣主与其儒士谋臣间的这种关系提供了一个制度化的环境。南书房的汉人臣僚（其中许多是南人）为君主担任文化教师之职。康熙及其儿子雍正逐渐发展了一套宫禁密奏制度，以向皇帝提供可靠的情报（这些情报在顺治皇帝御史们的奏报中常被遗漏），皇帝"耳目"的地位因之大大加强了。由于互相监督阻止了官僚联盟的形成，由于君主与外廷之间的关系越来越与某个具体的个人无关，皇帝与其各近臣之间的关系，随着清朝专制制度的成熟而日渐成为个人的事情了（例如康熙对高士奇、雍正对田文镜等）。[54]

顺治皇帝已经使满洲贵族服从于明朝的专制机构：一个辅助性的监察机构，专事报告吏治腐败的情况；重建都察院吏科，以对中央政府中的满洲旗政进行监审；一个内廷秘书机构，帮助皇帝制定政策、控制六部。[55] 接着，为了防止在这些机构任职的官员以权谋私，顺治已把主要的试图恢复晚明议政之风的明朝归附者，从他的近臣中清除了出去。最后，在用1644年后科举及第的年轻士大夫或对新政权绝对忠诚的第二代汉军旗人取代那些旧臣后，皇帝已把满洲氏族制的人际关系样式与汉族皇位世袭制合并起来，在君主与谋臣之间形成了一种亲密的关系，而同时继续坚决地制止官僚朋党的出现。

所有这些，在当时并未受到官员们的正式指责，虽然后来满洲人批评皇帝倚赖汉官，明显地贬低了议政王大臣会议的地位，而以前他却十分有效地以此来对付陈名夏。不过顺治采取的另一个他视之为同类的使皇权理性化的措施，却不是无懈可击的。1653年7月23日，就在他复置汉人大学士的两天之后，皇帝宣布了在皇城与宫城重建宦官理事机构的计划。就他看来，这一措施是为了更好地控制一向杂乱无章的内廷机构。顺治在他的谕旨中宣布说：自从宦官在汉朝首次确立其在宫廷中的地位以来，擅权的现象不胜枚举。他们涉足宫廷事务，深深介入了对军队的监督管理,为三亲六故聚敛财富,助长腐化,任用私人,勾结劣绅,扰乱地方官的行政。皇帝指出,所有这些正是因为他们的权力是非正式的,没有明确范围,以致即便是最有胆识的君主都会觉得要阻止宦官的这些行为十分困难。[56] 不过,他顺治将要吸取历史教训,通过建立一个正式的机构以控制宦官的权力,就能够避免这些擅权现象了:

> 宫禁役使,此辈势难尽革,朕酌古因时,量为设置……防禁既严,庶革前弊。[57]

于是,顺治利用明朝皇帝曾经采用过的十三衙门来经管宦官事务。他还对宦官事务范围做了明确的规定:(1)满洲近臣与宦官共同承担宫中使役;(2)各衙门宦官品级不得超过四品;(3)宦官为内廷官员,不得承担宫外事务,也不能离开皇城;(4)宦官不得与外人接触,包括他们的亲属;不得收养义子;(5)宦官不得与外官经常交往,他们的任何交通勾结,都将科以重罪。[58]

当时,许多官员反对这一决定,十三衙门被推迟到两年之后,即1655年7月才正式建立。[59] 群臣的主要担心之一,就是宦官将会接管公文传递的工作。不过这很快就清楚了,皇帝有意让内务府高级官员来监督宦官,防止他们利用政治权力,恣意妄为。[60] 建立十三衙门的本意被全然误解,部分地是由于顺治死后鳌拜等辅臣伪造遗诏,称皇上对再次允许宦官自由地主管宫廷事务表示羞愧。很明显,顺治打算将政府机构的内廷部分官僚化,并用满洲人和汉军旗人来检查宦官是否有越出他的1652年敕令严格规定之范围的行为。[61] 譬如在1658年3月17日,当顺治得知宦官吴良辅受贿时,立即下诏在宫内处罚他,尽管吴良辅曾经是他与诸王公大臣斗争中的主要谋臣之一,并令吏部严惩与此案有牵连的外官。[62]

第十四章 专制危机的一种解决形式 663

汉军旗人的上层分子

皇帝委派来担任大多数中央政府高级职位并管辖十三衙门的汉军旗人，例如范承谟和丁思孔，多为第二甚至第三代清朝拥护者，[63] 身处社会的最高层，他们的父祖早在辽东时就已投靠了努尔哈赤或皇太极。这批汉官的第二、三代后裔与满洲贵族区别很小。耿仲明一家就是这种融合的突出例子。1648年，在对南明政权的作战取得了一系列胜利之后，耿仲明被封为靖南王。虽然在1649年12月30日，他被指控庇护隐匿了300名逃奴的下属，自缢身死，但他的军队仍然在其子耿继茂统帅之下，继续与复明分子作战。1654年，耿继茂请求遣其两子耿精忠与耿昭忠入朝侍候皇上。顺治为加强与汉族大臣的关系，不仅恩准了这一请求，而且赐其两子子爵，并安排耿精忠娶了豪格之女，耿昭忠娶了亲王阿巴泰的孙女。因为这后一位是郡主，耿昭忠这个著名的书画鉴赏家还被授予了一个满洲贵族的世职：都勒额附。[64] 最后，皇帝召耿继茂的第三子耿聚忠入朝。耿聚忠娶了岳乐之女，授以太子詹事。[65]

在稍低一点的层次中，汉军旗人的第二、三代后裔也由其父祖的陈请，入朝为官，成为皇帝忠心耿耿的仆人。一个值得注意的例子就是马雄镇，他由其父马鸣珮荐举，任工部副理事。马鸣珮出身于辽阳一个颇有名望的家族，这一家的女人于1621年集体自杀。他在皇太极麾下步入仕途，出任新设的工部启心郎。此后，如前所述，他在山西的骚乱地区平乱安民，颇建功勋。马鸣珮为户部侍郎，受户部特遣出使江南，组织漕运系统，迁户部尚书。1654年，任两江总督。[66] 其子马雄镇隶汉军镶红旗，任职于工部，初于1656年主管在北京南部的皇家制币厂和琉璃厂；接着，像他父亲一样，任宗人府启心郎。后来，马雄镇成了清朝最著名的忠臣之一（详见下文）。[67]

顺治好任用汉军旗人为各省督抚，这特别明显地体现了他对这些人的信任。确实，在顺治年间，汉军旗人开始变为新的心腹权要，几乎是扮演着北京的皇帝在行省亲信的角色。这部分地是因为清廷有意不让满人与蒙古人统治各省。在1658年以前，从未任命过一位满洲巡抚；在排他主义者鳌拜等辅臣于1668年开始任命满洲总督前，也从未有过满人出任此职。因此在顺治朝，汉军旗人替代满人治理各省，甚至还取代了汉人的科举及第者，使得他们难以找到员阙。[68] 在多尔衮摄政时期，一般汉官与汉军旗人出任各省巡抚的人数大致相等。但当1651年顺治皇帝亲政之时，人数比例有所变化。[69] 至1659年，1/3的巡抚都是汉军旗人，并在1668年鳌拜决定开始大量任命满人与蒙古人为巡抚之前，大体上一直维持着这一比率。事实上，如果将清朝作为一个整体来看，我们就可以发现，就巡抚一职而言，这个王朝的历史可以分成三大阶段：1650年至1700年，汉军旗人统治各省；1700年至1800年，一般汉官与满人大体平分地方的统治权；1800年至1900年，一般汉官在各省政府中占据优势。[70]

就总体看，清朝总督人选情况也大致与之类似，虽然在18世纪中叶，满洲总督相比于一般汉人总督占绝对多数。[71] 不过在清初，甚至在顺治朝以前，总督官位实际上早已被汉军旗人所垄断了。其原因并不难找到。在三藩之乱前，总督是一种特殊职位，主要视军事征服的需要而设置。[72] 其职位常常属于某一个人，而不是地区，并随其出巡使命的结束而罢废。因此，在1659年之前，实际上只存在七个总督官职。[73]

在军事征服的最初几年，对平定地方的计划举足轻重的非八旗汉人，清廷是授予他们总督之职的。例如北方人、锦衣卫都指挥使骆养性迎多尔衮进北京，多尔衮即命他总督天津军务（供职共四个月，直至军事危机结束）；或如明朝御史吴孳昌，他在满洲军队占领京城后，即被命为大同巡抚，宣大、山西总督。[74] 但到1646年，这些最初任命的汉官，或与其职位一齐罢废，或全被汉军旗人取代了。在此后九年的时间里汉军旗人包占了所有的总督职位。17世纪50年代中期，有几位一般的非八旗汉人被任命为总督,然而自1651年顺治亲政后,90%的总督都是汉军旗人。

由于总督统领一省或数省的军民之政,既指挥前线将领作战,又负责动员常规行政机构征集赋税,供应给养,很显然,50年代进行的对南部中国的征服,主要就是由汉军旗人完成的。这一最高层集团人员的构成是各式各样的。部分汉军旗人为原辽东本地人,早已降清;另外一些是1644年后归附满洲的明朝官员;还有一些则是降臣的第二代,或是在清朝官场中从初仕升迁至高位者。他们多数为职业军人,但其真正的共性当然在于他们都是汉人。因此,正是他们,而不是满人自己,作为总督承担起了扫清南部中国南明军队残余的责任。

1652—1653年间,孙可望"庇护"永历帝于贵州西南的安隆,他与李定国等率明军在广西、湖南及四川等地出击,战败清军。为对付明军这一攻势,顺治认定最重要的是派一名经验丰富、能征善战、秉领大权的指挥官到南方去,协调各省众多战线的军事行动。因此,他命洪承畴起复出任湖广、两广、云南、贵州总督,其驻扎长沙,全面调度出征的大军。[75] 在洪承畴的指挥下,清军集中进攻原来的起义军李定国、刘文秀部,1655年,追击至广西,次年,将义军逐出了南宁。[76] 同时,在安隆,孙可望似乎想废黜永历,自立为帝。永历皇帝惟恐被杀,秘密与孙可望的对手李定国联系。李定国当时已退至贵州,决定营救永历帝。他在安隆附近击败了孙可望,遂将南明最后的君主置于自己的保护之下,在云南府孙可望刚完工的宫殿里,重新建立了一个团结一致的永历朝廷。[77] 孙可望最后一次试图打败李定国,但1657年10月24日在云南东部交水之战中大败,这位军阀只得逃到宝庆,投降了总督洪承畴。[78]

孙、李交恶,为洪承畴提供了一个期待已久的机会。孙可望降清后,清军大举进剿贵州,拟定了一个攻击李定国南明军队的计划。[79] 清军分三路进兵:一由平西大将军吴三桂统率,出四川;一由铎尼统率,出广西;一由总督洪承畴统率,出湖南。[80] 此战之结果是清军大获全胜。

1659年1月23日,云南府被清军攻陷;3月7日,南明军队主力在大理(云南)被击溃,永历帝被迫出逃缅甸。[81]

年迈的洪承畴无意穷追逃敌,[82] 以目疾日重,请求还京,他建议顺治皇帝封大将军吴三桂为亲王,负责抚靖云南。[83] 亲王为最高的爵位。1645年吴三桂助阿济格败李自成后,曾一度以亲王为号。清廷准许洪承畴离开总督的职位,并召其至京,授以大学士之位,时为1660年。次年,许其致仕,此时,洪承畴为满洲效劳已近20年了。洪承畴无疑是满族人最可贵的合作者之一,当四年之后(1665年)他去世时,被正式赐予谥号。[84] 同时,清廷接受了他关于抚靖云南的建议,命吴三桂继续进军,穷追亡命的僭越名号的明朝余部。[85] 大将军吴三桂与满洲内大臣爱星阿奉命征缅,终于在阿瓦附近捕获了永历皇帝,[86] 将之带回云南府,并在1662年6月11日用丝帛将他绞死。[87] 明朝最后的这位皇帝时年40岁。吴三桂以杀君之举,受封亲王,实际总督云、贵两省。[88]

清廷信用汉人的后果

当时,满人单凭自己的力量,是不可能征服南部中国的,他们不得不依赖归附的汉人来完成这一任务。然而,他们显然并未预见到这一军事方针的危险后果。首先,最为显而易见的是,清廷实际上是授予了吴三桂及另外两位协助征服中国南部的藩王耿精忠、尚可喜无法抑制的权力。事实上,清朝已经出现了一种贵族势力的威胁,本来它担心这种威胁会来自满洲内部,但现在它却从汉人军事贵族身上体现出来了。吴三桂的亲王地位,以及作为其仆从的私人军队,正是多尔衮及顺治一直避免使他们自己的满洲贝勒得到的那种割据力量。[89] 为了维护皇权,清廷迟早得回击这个威胁。当这个时机来到时,内战注定会爆发。

其次,也是更为根本性的后果,是满人对军权的垄断地位的丧失。

这一点在 1660 年陆光旭事件中就能清楚地看到。陆光旭 1651 年进士及第，他在任陕西按察使时，于 1660 年 9 月上章抨击满人的腐化现象。他列举了满洲贵族处处阻隔按察使的批评之事，还指责他们在各省的军事行动，尤其是他们对民众竭泽而渔、僭权妄为的行为等等。[90] 清廷召集议政王大臣会议来详细讨论陆光旭的奏章。在会上，大学士、礼部侍郎兼吏部侍郎梁清标为汉族官员的意见做了辩护。[91] 梁清标也是在明朝进士的。在会议的讨论之中，陆光旭提出的意见变成了一个程序性的问题。对在军事上具有战略意义的问题，像陆光旭这样的按察官是否有权议论？这类敏感的问题是否仅仅是议政王大臣会议的权力？满官对此的意见是：汉官不应涉足军务。

> 凡议军情，汉官从未与议。果汉官与议，而置其言于不论，辄自擅专，臣等自应甘罪。[92]

在另一方面，梁清标则认为，满汉官员对这类事务都应不受限制地提出自己的看法。双方可以事先草拟出建议，这样就可以找出双方意见的相异之处。虽然顺治皇帝并未特别表示赞同这一方法，但当时他确实肯定了陆光旭上章论奏军务的权力，这就等于允许高级汉官参与对军事战略问题的讨论了。满洲贵族关于唯独他们才有这一权力的意见被否决。[93]

皇帝决定让汉人参与制定军事政策，反映了汉人在战场上的实际领导地位。它还进一步坚定了皇室早已形成的一个决心：不把满洲贵族和旗人作为一个完全独立的特等阶层，实行分封。一旦多尔衮在汉族士大夫身上发现了他自己统治这一国度的关键线索，他就决心不要在中国内部形成一个凌驾于这些皇位拱卫者之上的食封阶层。这并不是因为封建军事精英的政府与那种儒家官僚体制两不相容。如果多尔衮当时访问过日本的话，他就可以发现确实有可能建立一个食封-官僚体制，在这一体制内，军事贵族服从于一个藩国的封建律令，同时又作为其国君的官员，领受特定的俸禄与官品。有着明确的结果与酬劳的封建义务，就这样维持了那种显然应被视作一种封建军事阶层的伦理责任。[94]

但是满、蒙及汉军旗人不可能在儒家的文官体系内长期担任这样一种官僚角色而不放弃其军人身份。[95]正因为皇室需要将满洲贵族、汉人藩王及新的汉军旗人的最高阶层置于自己的控制之下，所以就需要使一个完全的文职官僚体制永久存在。[96]如果清朝的八旗贵族不想完全成为能够拥立皇帝的权臣，像当时在欧亚大陆另一端的奥斯曼帝国的近卫军人一样，那么，他们就必须与另一种文职政府的代表分享中央与地方的军权，同时，不得不在同那些与自己有区别的官僚竞争时接受其价值观念。[97]

由于文职官僚体制深深地扎根于儒家的政治价值观之中，而且在根本上由它所维系，这就转过来无情地嘲弄了武夫们永久保持权势的理想。[98]只要学而优则仕的科举制度依然存在，士大夫的美德就会占据优势：学识渊博，谙熟伦理道德，精通书画，兼文人和官僚于一身。因而，从长远的观点看来，清廷十分成功地支持了自己在旧归附者及新承皇恩者中的儒学盟友，结果使得军人竭力去效仿文臣。有抱负的武将凭其举重、舞戟、开弓的本领来划定等级，这是在体力上对八股文东施效颦式的模仿；而满洲旗人，则力图成为经学家和诗人（虽不一定高明），以跻身正式的文臣队伍，赢得自己的一席之地。[99]到了18世纪中叶，绝大部分旗人已经既不会骑马，也不会狩猎了。居住在北京的大多数旗人，成天以饮酒、赌博、看戏、斗鸡度日。[100]到了20世纪20年代，清朝早已灭亡，占城市人口不小比例的北京旗人，不是当了黄包车夫，就是做了警察，职业五花八门，但已无权无势了。这就是约3个世纪以前曾在中国大地上纵横驰骋的武士的后裔。[101]

郑成功的进袭

在遥远的南方对永历帝复明军的最后胜利不仅伴随着军权向汉人手中的转移,而且标志着长江三角洲大规模反清斗争的结束。长江三角洲仍是帝国的经济文化中心。因为摧毁了最后一个复明政权,洪承畴与吴三桂也就割断了国内怀有贰心者与皇统的联系。在沿海,还有郑成功及其海军,但当他们真正对长江地区造成威胁之时,各省的官员已使他们在江南的同伙们无所作为了。

自从吴圣兆失败后,苏州南部水草丛生的太湖沿岸地区,及松江西面的泖湖,便成了小股穷苦渔民及非法居住者的领地,他们相继出动"打饷劫掠"。[102] 1654年初,这些贼徒有了一个新的首领:钱应。他参加过早年的复明起义,后来在老家潜居数年,接着又冒险复出拉起队伍。他大约召集了30人,有小船10余只,与另一个贼党陆二合伙。但这一群人总的说来还是势单力薄,不过搞些零散的劫掠而已。[103]

1656年,这伙人时来运转了。该年年初,永历政权的两个信使来到泖湖地区,一为扬州人李之椿,一为僧人丘戒。他们带来了盖有明朝玺印的空名告札十道,并一下子把钱应从本伙的首领及另一伙人的搭档,提升为明朝总兵。一夜之间,钱应及其同伙不再仅为糊口过日子,而是开始招兵买马,征集钱粮(其中有些可能是乡绅中的支持者捐赠的),准备起义了。"身一得了札付,"钱应后来回忆道,"招的人越发多了,船就有了二三百号。"[104] 钱应用捐赠之财置买兵器,以永历政府的告札指派拥有人和船的入伙者为"头目"。4月份,密使王秀甫又给钱应送来了更多的告札。关于钱应活动的消息甚至传到了南方郑成功的总部,于是这位海军将领就派王秀甫带着盖有永历玺印的黄绢告札前来,任命钱应为明朝地方官、平南将军,又许以成功之日,任命钱应为江南挂印总兵,陆二为横跨浙江边境的嘉兴总兵。钱应反应积极,王秀甫成了泖湖复明军营地与福建郑成功海军之间的信使。他从南方又带来书信,让钱应多招兵众，预备船只器械，以接应海上的进攻。王秀甫还告诉他，一旦得知吃水很深的海船已离岸出发，他就应在苏松举起反清大旗。[105]

但这预计的进攻还没来得及开始，钱应就因为在江、浙间来回袭击，此剿彼遁，而引起了官府的注意。汉军旗人、两江总督郎廷佐虽然不知道预谋的起义，甚至不了解钱应人马的目的及其规模，但仍然认定这类盗贼应该立即剿灭，便在两省同时对他们展开了攻势。第一次战役失败了，郎廷佐的军队仅将钱应水军赶出了泖湖，驱至海上。钱应的船队在海上曾经远至浙江的台州，然后又折回江南沿岸，并于途中击败一支清朝水军。郎廷佐意识到，钱应人马的规模比他预想的要大得多，遂提醒浙江巡抚封锁其南逸之路，接着动员属下的各营人马，进剿泖湖。但钱应听到了风声，及时逃走了。郎廷佐又组织了第三次进剿。这次，他严格封锁消息，兵分九路，在泖湖外围的不同地点分别屯戍，以避人耳目，又请毗邻的两省派遣兵将这一地区团团围住。1658年2月4日，他的努力收到了效果。松江有人来报告，说看见钱应人船在松江东北部的黄浦江边几个小村之中，郎廷佐立即整军进发，决定亲自指挥这一战役。[106]

当郎廷佐率部与钱应人马交手开战时，这位总督一开始十分惊异。这是一支比他原来想象的规模要大得多、装备要好得多的舰队。但钱应及其部属同样大吃一惊，他们被包围在驻地之内了，自清军开始进攻，他们就完全处于守势。在混战中，钱应至少有10条战船起火，许多贼徒跳河淹死。陆二及其他几个头目被捕，包括钱应的母亲。此时夜幕降临，钱应得以率数船沿黄浦江遁去，但郎廷佐紧追不舍。这位清朝的总督为这次战役曾广做动员，致使钱应发现无论走到哪里，都几乎不可能逃脱追捕。3月17日，钱应及其余下的头目中了清军埋伏，他的部下被杀，许多人淹死了，妻子毛氏被捕。钱氏想乔装逃走未成，被捕入狱。[107]

这样，当郑成功于1659年最终决定冒险向江南大举进攻时，在江南已经不存在有组织的起义来接应他了。[108]有少数人的确曾经起兵响应，但他们的作用微不足道。被捕入狱的约有100人。郑成功不得不完全依靠自己的力量。[109] 不过，他的兵力是颇为可观的，有船400只，兵25万，装备精良，多数持盾牌短剑，有些则双手操长柄大刀，上身披有铁片层叠的甲衣，以防御枪弹。[110] 郑成功也有自己的枪炮弹药及两队黑人士兵，他们以前是荷兰人的奴隶，学过使用枪炮的技术。此外，还有一大队精良的弓手，善于远射，甚至比枪手还厉害。他的盾牌手在整个东亚是最精锐的军队。[111] 守卫南京的清军主要是汉军旗兵，有500名满洲兵协助他们。如果遭到突然袭击，他们也许根本不是郑成功水陆大军的对手。但是在1659年8月4日夺取广州，并于六天后又占领了浙江以后，郑成功未能听取副将甘辉一举猛攻夺取南京的建议，而是决定以小心推进来围困这个明朝的陪都。[112]

对南京的围攻自8月24日开始，持续了20天。[113] 起初，南京城里的人处境异常艰难，许多人饿死了，还有一些人自杀了。在城中甚至发现了数百名支持郑成功的人，称为"羊尾党"。满洲将领轻率地决定要大搜捕，处死所有可能的复明分子，但被其他官员所劝阻，他们担心这将引起恐慌。[114] 尽管如此，民众一直士气颇盛。而且更重要的是，郑成功的包围并不严密。有三个城门仍然可以出入，总督郎廷佐得以从周围的农村搞到一些大米，并派人向北方的满洲骑兵求援。考虑到他的士卒刚从西南远征回来，个个英勇善战，郎廷佐决定不再等待增援部队的到来。[115] 9月8日，正当郑成功的士兵出来打柴之时，满洲轻骑兵发起了进攻，占领了郑成功的前沿阵地，迫使郑成功将自己的大帐迁离南京。次夜，就在黎明之前，清兵马步军从南京西北面的两个城门出发，发起总攻，冲散了郑成功盾牌手组成的方阵和长刀队。失败变成了溃逃，郑成功部队退回船上，扯起风帆逃出海去。复明分子在江南对清朝政府的最后一次大规模进攻，就这样被挡住了。[116]

社会与政治的均平

尽管响应郑成功的北伐而密谋复明的江南人士只有少数，长江三角洲的士绅阶级还是遭到了北京清廷的敌视。[117] 就如在1645到1646年间，清廷官员将江南的复明分子与他们的文学党社完全等同起来一样，在1659年，他们仍然持有这种不分青红皂白的等量齐观式的态度。[118] 而且，文学党社的活动好像总归是体现了江南地区本身的社会复杂性。这个人口密集的地区看来到处都是难以管束的文人、腐败的士绅以及危险的盗匪。江南社会错综复杂的状况似乎使得顺治皇帝实现理性统治与专制统一的意图落了空。江南、浙江、福建一直是帝国中最难统治的地区之一，相比于这一像百衲布一样拼凑起来的社会，北方的大平原和单纯的社会结构是多么的顺从而易于统治。[119]

朝廷对江南社会复杂态势的不耐烦，必定已被称为清初最杰出的谏官杨雍建察觉。杨雍建也是南京人，系浙江海宁人氏，但又是一位"新人"，1655年进士，他发誓要清查腐化违法行为，不管违法者是谁。[120] 1660年，杨雍建任礼科右给事中。主持教育与科举工作的正是礼部，因此，由杨雍建来处理八年前就已被禁止的士大夫党社问题，正是再恰当不过了。1660年4月，他向顺治上奏，这一奏章，无疑是一件令江南文人党社骤然晕头转向的起诉书，它第一次就朋党问题为顺治皇帝提出了一个涉及社会根源的解释。顺治皇帝长期以来一直想同朝廷中的朋党现象作斗争。[121]

杨雍建声称，宗派、朋党并非是在政府内部生成的，而是由在官僚体制之外形成的社会组织派生而来的。他说："臣闻朋党之害，每始于草野，而渐中于朝宁。"[122] 最典型的旧例就是复社，它在江南有众多的成员。杨雍建坦率地承认，这些活动有其一定的合法性，起初大约是出于好名，刻印诗集，或从事其他文学活动。而且，党社本身是在同学或师生间最密切的友好关系的基础上建立起来的。这就是党社何以如此地难以清除，以及何以直至现在，它们仍在江南的苏、松及浙江的湖、杭等地兴盛不衰的原因。然而众所周知，这些党社不仅与朝廷大臣结成了政治联盟，而且为缙绅阶级在人民中赢得盟友提供了机会，阻碍着君主与其臣民之间的直接联系，"而缙绅大夫各欲下交多人，广树声援，朝野之间，人皆自为"[123]。

党社成员还干扰地方行政，"结交有司，把持衙门，关说公事"[124]。在福建，党社甚至控制地方市场，结众敛财。所有这些均属"恶习"。"皆始于儒生，而流及于市井小人"[125]。杨雍建含蓄地警告说，此类行径，曾经导致了明朝的覆亡。[126] 即便在本朝，南方士子的党社也严重地威胁着政治稳定，将同样扰乱政治的朋党纷争带入了清廷的朝议。处于社会最高政治中心的顺治皇帝一向在努力抑制上层中朋党的蔓延，防止它的萌生。而杨雍建认为，皇帝还应从产生朋党的更低的社会阶层中，去除掉其更为基本的原因。"拔本塞源之道，在于严禁社盟"。[127]

杨雍建奏章意义深远。在他看来，朝廷中政治性朋党实质上是缙绅家族统治的一种体现，它与势力遍于一地的非正式组织相关，这类组织由地方名流把持，危险地阻碍着皇帝与其臣民的直接联系。[128] 不仅如此，朋党还显示了一种同样的自卫能力，在明代，这种能力在损害中央政府利益的情况下，维护缙绅阶级的经济利益。1636年，李进抨击了明末豪富士绅的免税特权，而杨雍建又重复了李进的观点，事实上他认为，乡居地主、城市食利者及为官居职的士大夫，一同在南方的党社之中找到了他们私人利益的表达方式。[129] 如果允许这些组织像天启、崇祯时期的缙绅组织一样活跃起来，清朝国家控制这一富庶地区经济资源的能力就会受到削弱。如果失去了与国内最富生产能力的农业人口的畅通无阻的联系，无法在这些地区行使意志征收赋税，清朝政府就会发现自己像晚明朝廷一样软弱无力。

杨雍建关于对缙绅特权阶级的政治活动实行制约的呼吁，一方面正好与中央政府限制地方贵族对其依附民的控制的努力相一致，另一方面，又与中央政府克服缙绅阶级对赋税征集的抵制的努力相合拍。因为既然天下已太平，缙绅们就试图再次构筑起保护自己利益的沟堑。

政府制约缙绅阶级奴役佃农权力的努力，真正开始于 1660 年，当时江宁巡抚魏裔远请顺治皇帝下令禁止许多"大家"将其佃农变为"庄奴"，[130] 顺治下令完全依请照办。官方的禁令，及当时由 17 世纪 60 年代中叶严重的人口衰减所引起的劳动力短缺，这两者相结合，终于在中国的大部分地区削弱了这种人身依附关系。[131] 因为当人口减少时，对劳动力的需求必然增长。[132] 佃农的境况立即得到了改善，永佃权有所发展，地主们也必然较以前更愿意订立有利于佃农的契约。[133] 在中国的某些地区，尤其在东南地区，人们发明了一种多重所有权制，土地原主拥有"田底"权，而另一方拥有"田面"权，称为"一田二主"。[134]

同时，既是为了招徕佃客，也是为了缓和阶级矛盾，地主缙绅们采取了改善佃仆处境及业主与佃客之间关系的措施。[135] 在 17 世纪 40 年代佃仆、佃客暴动期间，阶级矛盾曾发展到了对抗的顶点。1658 至 1661 年间，有人建议分田给佃仆，使之成为佃客，实际是以交纳谷租的形式来完成他们的劳役。又有人建议，佃仆至 60 岁可免奴为民，其后代可以按一般佃农对待。[136] 1661 年，浙江的一些由地主们所支持的措施，也改善了佃客的处境。官府颁布条令，在水旱灾年，以及对寡妇或遭受天灾人祸的佃客，应按规定降低租率。这些以及其他一系列措施，包括在收租时提供酒食，及向没有家畜的佃客馈赠小猪等，都旨在使农村恢复 16 世纪旧的世袭关系。实际上，人们甚至力劝地主在佃客无依无靠而又需人供赡时收养他们。[137]

在另一方面，政府继续禁止那种人身隶属关系。[138] 1681 年，安徽巡抚徐国相上奏康熙，请求下诏禁止地主迫使佃客从事力役，或将他们随田出卖，并得到了康熙的同意。康熙还通过户部下令："今缙衿大户，如有将佃户穷民贫民欺压为奴等情，各省该督抚即行参劾。"[139] 因此，到了 17 世纪末叶，中国多数地区的富人不再使用佃仆了，只是在零散的一些地区例如徽州宁国，直至雍正年间，"世仆""细民"依然存在，但在 1727 年和 1728 年，这也被严令禁止了。[140] 于是，当时的社会承受了经济与政治压力的直接后果，就是导致了一种社会阶层的均平化。[141] 士绅与平民之间的距离事实上缩小了。例如在服色上，崇祯年间，有较高功名的人，他们的衣领、冠帽与其他人的衣着明显不同，但在清初的这些年里，光凭衣着就越来越难以看出一个人是否为士绅了。甚至作为高级士绅——士大夫的衣着，也变得不那么奢华了，身份界限开始模糊起来。[142] 与此同时，大地主人数的比例有所下降，自耕农作为新的社会阶层开始出现，他们受到国家的保护，通过在自己所拥有的小块土地上的劳动，对农业发展与经济增长做出贡献。[143]

随着这一社会阶层均平化的发生，上下阶层之间的距离的缩小，人身的"投靠"日益减少。而这一现象甚至在没有中央政府对奴仆化现象的约束下，也可能产生，因为"投靠"首先是在政府无法有效而公正地征收赋税的地区出现的。也就是说，一旦政府改革了赋税征收制度，使士绅们无法为投靠者提供逃避赋税的保证，投靠现象自然就会消失。[144]

赋税制度改革

清廷在多尔衮时期以及顺治亲政之初，就已致力于改革赋税征收制度了。如上所述，这些早期改革的最大成就，就是部分地废除了明朝加派的军饷。另一主要成就，则是丁口数与登录在赋税册上的土地数的增长。例如在 1645 年至 1661 年间，丁口数从 1000 万增至 1900 万，约增加了 90%。[145] 同时，从 1651 年到 1661 年，登录在册的土地面积几乎翻了一番，从 29 亿亩增至约 52.6 亿亩。这些增长在很大程度上归功于财政专家王宏祚对赋税管理制度的改革。王宏祚是这样一些官员中的典型人物：他们与清人合作，是因为新朝为他们提供了一个推行改革的机会,而在明朝,这些改革总会受到拒绝。[146] 在清朝,王宏祚受命担任编定新赋税定额这一关键性任务,并因编集有功,被授官尚书。[147] 据《贰臣传》载:

> 本朝顺治元年投诚,受官苛岚兵备道……复授户部郎中。时中原甫定,图籍散佚,部臣以宏祚谙习掌故,奏令编订《赋役全书》……(后被劾)降三级,留任。十五年,《赋役全书》成,录宏祚编辑劳,还所降级。是岁考满,加一级……擢户部尚书,加太子太保。命同大学士巴哈纳等核订律例。[148]

由于行政上缺乏在全国范围内进行土地丈量的财力支持,王宏祚正确地决定,在中央对赋税制度进行改革的最好办法,就是重新估价所有的定额,然后利用明朝的土地测量簿,来登录现在的土地占有情况。[149] 同时,他还合并了一些地方杂税,并将几项利入收归户部。[150]

王宏祚的改革虽然首次编成了一部全国统一的赋税册,但它也像17世纪50年代其他改革一样,仅仅是对赋税征调的行政程序进行调整,而不是直接打击逃税现象与缙绅特权。[151] 然而逃税现象,确实一直是清政府自从夺取明朝京城北京以来财政上持续地出现积欠与赤字的主要原因。[152] 这并非因为地主们缴不起赋税。顺治年间,尤其在江南地区,不动产业十分繁荣,稻米价格的上涨,鼓励着土地所有者将尽可能多的钱投资到田地中去。[153] 叶梦珠描述江南东部的这种现象说:

> 顺治初,米价腾涌,人争置产。已卖之业加赎争讼,连界之田挽谋构隙,因而破家者有之,因而起家者亦有之。华青石五六斗田,每亩价值十五六两;上海六七斗田,每亩价值三四两不等,田价之贵至此极矣。康熙十九年庚申春,因米价腾贵,田价骤长,如吾邑七斗起租之田,价至二两一亩;甚至有田地方各就近争买者,价至

二两五钱以及三两。华娄石四五斗起租之田,价至七八两一亩,昔年贱价之田加价回赎者蜂起。[154]

后来,当17世纪80年代稻米价格下跌时,有许多投资者破了产,但在此之前,许多江南地主,尤其是那些享有免税特权的地主,在清初的经济繁荣中获利甚巨。[155]

起初,为赢得缙绅阶级的支持,清政府蠲免了所有生员及功名更高者的力役。这一政策是满人于1635年制定的,但此后它的具体实施未受限制,而且发展成了缙绅阶级的赋税蠲免权了。[156]现在,自1657年起,顺治开始扭转这一政策。顺治在考察了赋役蠲免制度后,下诏规定凡有功名者,不拘等级,均可蠲免一丁的徭役,而且此项蠲免权仅由有功名的士绅本人享受,不得旁及家人,但只字未提蠲免赋税等事。[157]接着,皇帝着手解决滥用这一类有限制的特权的问题。次年,皇帝颁下敕书,十分明确地将长期以来赋税征调不足归咎于逃税现象:"豪强"占隐,"上下推诿,不肯清出实数"。[158]王宏祚《赋役全书》于1659年颁布后,知县官须依令编排一县之奏销册,列出当地拖欠赋税的缙绅衙役的名单。[159]

正如杨雍建所指出的那样,朝廷中的政治朋党是地方文人社会组织的一种表现形式,而朝廷中的朋党又反过来维护地方缙绅的经济利益。因此对缙绅党社的打击,与对缙绅经济特权的打击是一致的。清廷同时还敕令县官申报拖欠赋税的缙绅名单,并实施1652年禁止组织盟社的条令。1660年4月23日,顺治批准了杨雍建奏章,重申此令,严禁以标语、揭贴指斥政府的行为。[160]从此以后,直至20世纪之际清朝统治的最后几年,官府都有力地制止了中国文人参与自发的政治运动。清廷以行政需要与务实管理的名义——实际上,是以明初严厉的君主专制主义的名义,否定了明朝后期政治运动中的个人英雄主义与集体理想主义,宣布它们违背国朝的法规。[161]法律与秩序将得到恢复,但需要以正义的奉献与自主的社会批评为代价。[162]

说江南党社的消失完全是官府镇压的结果，也不免失于夸张。[163] 如前所述，至 17 世纪 50 年代中期，文学或学术性的结社，就早已因争执不和而大为削弱了。早在 60 年代官府实施镇压之前的 1653 年，吴伟业将江南所有盟社联合成"十郡大社"的企图，就已经失败了。但事实依然是：在顺治皇帝的新禁令之下，当生员被发现为某一盟社的成员时，就将不再予以豁免，而由县府当局加以逮捕。皇帝的赞同使早先的禁令更为强硬有力了，文学结社虽然并未完全消失，但它们已不再是普遍存在的缙绅社会组织的代表了。[164] 以往社会名流互相结交时须明确某人隶属于某一盟社，而从此以后，他们实际上就都只以同窗相处了。"同学"一词就是从那时开始广泛流行的，并被沿用至今。[165]

朝廷对缙绅特权的打击

在此后的鳌拜摄政时期（1661—1669 年），顺治被弄得似乎成了汉族缙绅尤其是南方缙绅的热情保护人。事实上，通过深入研究顺治的政策，可以发现正是由他发起并展开了对缙绅特权的打击。这种打击，在顺治过早去世后，由鳌拜手下的满洲排他主义分子推行到了登峰造极的地步。但顺治本人并非不愿意与地方名流的利益之间寻求一种妥协，在 1661 年可能因患肺结核而卧病不起之前，他已注意到王宏祚及吏部尚书孙廷铨的建议：对欠赋甚巨的江南地主表示宽大。[166] 如果皇帝多活几年的话，满人对缙绅特权的打击甚至可能缓和。但在 1661 年 2 月 5 日，在染上天花三天之后，顺治皇帝驾崩了，年仅 24 岁出头。[167] 他在病床前立其七岁的儿子玄烨为太子，是为康熙皇帝。由于康熙过于年幼，无法亲政，顺治还任命了以鳌拜为首的四位辅臣。正是这些满洲贵族，决意不再容忍江南士人的任何反抗，将打击缙绅特权的运动推向极点。[168]

1661 年 4 月，苏州的一群缙绅借在孔庙祭祀已去世的皇帝之机，向知府朱国治提呈了一个请求，请他免去一位特别残酷的知县的职务，这个汉军旗人就将上请者投入了监狱。[169] 在牢房中等待着他们的狱友是几个早些时候作为郑成功的接头人而被捕者，这些人合起来总共有 18 个，都被斩首示众了。这一事件被称作"哭庙案"。在做出这一严厉的反应之后不久，新政府又给了缙绅们一次沉重打击。江浙 3000 名缙绅地主被宣布逃避赋税，锒铛入狱，并受到士卒狱吏的凌辱拷打。另有 1 万名缙绅受到"奏销案"的牵连，因拖欠赋税，被革去功名。[170] 长江下游的缙绅们吓得魂飞魄散，认识到他们不得不与清廷通力合作，揭发逃避赋税的行为，以保全自己有限的免税特权。[171]

一旦奏销案得到彻底查办，缙绅阶级已经就范，中央政府就多少作了点让步。通过称为"均田均役"的新赋税登录制，一种妥协开始露出苗头。[172] 江南地方官为根据土地占有状况，重新组织里甲制，以使赋役额与土地占有额相对称，就按标准单位来划分土地，以便籍记，并严格限制没有缙绅特权的地主的负担。[173] 新制推行缓慢，最初始于松江府，直至 1674 年平定三藩之乱后，才在全省展开。[174] 但渐渐地，一种新的土地籍记册制建立了起来，土地登录严格，其准备性直达于各家各户，而不是依靠税头。税头制是清朝承明朝旧制而来的。[175] 由于在江南这个对帝国财政收入举足轻重的省份中彻底重建了赋税征调制，也由于在北方重新改定了赋税份额，就在国朝军费增长的同时，它的财政收入也有了显著增长。[176]1651 年，清政府的岁入为粮 570 万石、银 2110 万两。到了 17 世纪 80 年代，清政府的岁入为粮 700 万石、银 2700 万两，增长率达 23%。[177] 当外国白银大量流入中国之时，清政府赋税收入要达到万历年间的水平，还需要 3/4 个世纪的时间，但后来康熙、雍正年间国家的财政盈余，已经就此打下了基础。[178] 初期的满清国家现在在财政上已颇为宽裕，并创造了一种制度的力量，以此向中央政府控制的地区相当公平有效地征调财力物力。[179]

在专制制度的历史中，专制君主常常通过组建一套官僚机构，摧毁贵族的封建特权，来建立自己的权力。但中国自 10 至 11 世纪起，官僚作为占支配地位的阶层，取代了六朝及唐朝以来的大贵族家族，君主的最主要权力的竞争者，就已是科举出身的缙绅阶级本身了。虽然缙绅们的身份品位总是由皇帝授予的，但他们经常试图使自己临时性的特权成为永久性的东西。然而，由于这最终得依靠军事力量、政治上的正统地位以及皇帝所授予的合法权力，所以官僚缙绅阶级从未发展到使自己封建化的程度。但甚至在 14 世纪强大的独裁君主明太祖创立了一个军事贵族阶层，以科举选拔来取代官僚世袭的荐举权，从而打破了长江下游地区大地主的经济控制之后，缙绅阶级仍然扩展着其非正式的地方权力。他们不是违法乱纪，就是曲解法律原则，以便获得佃仆及半奴仆化的佃农。明朝在灭亡前，已被缙绅们对其征赋募兵之全权的分夺所削弱，某些有治理能力的士大夫甚至要求正式承认地方缙绅的统治权。同时，他们还试图将文化上的正统教育机构转变成非法的朋党政治权力的基础。

这一向着缙绅阶级家族统治发展的倾向被满洲政府所制止，这部分是由于帝国的文人们亟须满洲军队的帮助来对付反叛与军阀，部分也是由于新满–汉国家可求助于两组同盟者，以取代其自身的氏族贵族，限制官僚阶级的经济特权与政治权利。第一组同盟者是一群混血儿：既非纯粹的贵族，又非纯粹的官僚，他们是汉军旗人，组成一个新的特等阶层，通常都尽忠于皇帝。他们介于满洲贵族与汉族士人之间。第二组同盟者的界限就没有那么明确，这些人之所以凑在一起，全靠多尔衮摄政时期的政治阵线，当时区域利益使得南北方的文官们分道扬镳。明朝灭亡时，北方官员的地位在短期内有所提高，由于他们对再次迅速兴起的南方士人的敌意，使得当时主要的大臣们暂时地从在总体上维护官僚阶层的一般利益，转向了在个体上打击南方缙绅的特殊利益。[180] 这样，1660—1661 年间对江南缙绅的影响深远的打击，就同时是满族本土主义与汉族地域主义的产物。它所引起的经济变革，既是深深扎根于中国社会本身的必然性的产物，同样也是清朝统治的政治偶然性的产物。就其本身的意义而言，夷狄之人毕竟是对中国晚期君主专制制度危机的一种解决形式。[181]

注释：

1 孙承泽接着撰写了一本关于北京建筑的卷帙浩繁的学术著作，以及另外一些著名的艺术作品。《清史列传》第七十九卷，第 47 页；恒慕义：《清代名人传略》，第 669—670 页。当时，曾重建了水利管理制度的兵部尚书王永吉也被免职，罢大学士。但这并不是因为他与陈名夏有什么来往，而是因在兵部一桩被认定的受贿事件被皇帝谴责而愤愤不平，故降秩五级，补总督仓场。他以自己特殊的才力，又重新建立了粮仓制度，命令全国各省巡抚将其辖区内所有粮仓储量编集成册。此后，每年修订两次，上报户部。这样，王永吉就为康熙年间出色的赈济制度奠定了基础。1679 年，诏令官吏庶民捐献粮食，仓库储量大增。1655 年，王永吉复加大学士，除吏部尚书。1659 年卒。《贰臣传》第五卷，恒慕义：《清代名人传略》，第 43—46 页。关于仓场制度，见陆廉敬：《清代的社仓》，第 43—46 页；薛应旗：《浙江通志》第七十七卷，第 8—9 页。

2 《清世祖实录》第八十二卷，第 9 页。顺治皇帝认为，朝廷御史对陈名夏的罪行是知道的，或是应该知道，因此他们有负皇恩。次年，他对各省按察使也失去了信任。有位吏员上书控告按察使顾仁受贿，控告书是在这位吏员自杀身死后才收到的。吕元骢：《清初（1644—1660）的御史、摄政王与皇帝》，第 93 页。

3 《清世祖实录》第八十二卷，第 13 页。

4 郭松义：《江南地主阶级与清初中央集权的矛盾及其发展和变化》，第 132 页。

5 1651 年吴三桂进兵四川时，张献忠的三个义子李定国、刘文秀、孙可望率残部到了云贵。起初，孙可望遣使永历朝廷，求封亲王，永历君臣以其非明宗室，未予同意。然而到了 1651 年，南明皇帝受到进攻南宁清军的巨大压力，不得不到贵阳寻求孙可望的庇护。这个以前的反贼于是尽杀永历朝中反对自己的大臣，自封为王。1652—1656 年间，永历皇帝在孙可望的控制下，在贵州西南的安隆建立了朝廷，而实际上是个阶下囚。亮父：《岭南历史人物丛谈》，第 116—119 页；斯特鲁弗：《传统中国社会中史学的作用》，第 25—26 页；《南明》，第 73—75、86—88、116—119 页。有些历史学家认为，孙可望囚禁永历皇帝，是原由张献忠领导的农民起义军成了南明主要抵抗力量的证据，尤其是在南明末期。顾诚指出：孙可望首先要求与南明联合抗清，而他封王的请求只是前述动机的一个附带事件，因此他提出，大西军并不是一支复明军，而是仍旧忠于张献忠事业的军队。孙可望及其部下仍以帝号称张献忠：太祖高皇帝。在与永历政权联合时期，大西军仍为大西政权修史，并编写"太祖本纪"。顾诚：《论清初社会矛盾》，第 153—154 页。

6 贺王盛与眭本的供词，见两江总督马国柱奏章。据马国柱所奏，贺王盛为明朝进士，其父为明市政使。《南明史料》，第 375—377 页。

7 饶经供词，见马国柱奏章，《南明史料》，第 377 页。

8 《南明史料》，第 380 页。

9 饶经供词,见《南明史料》,第377页。应注意这毕竟是对清朝政府的一份供词,故饶经可能企图使审讯者相信,他只是由于疏忽而被卷入的,平一统骗他参与了密谋。

10 董焕奎的供词,见马国柱奏章,《南明史料》,第379—380页。如果密谋者得知了南明军队在1652年下半年的进展,最初可能会大受鼓舞。当时李定国重新攻占湖南南部,再次夺取贵州,在广西击败了清朝大军。与此同时,刘文秀挡住了吴三桂的南进之路,除川北之外,几乎占领了整个四川。1653至1654年间,为控制广东、广西和湖南,双方展开了拉锯战,哪一方都未能取得决定性的优势。斯特鲁弗:《传统中国社会中史学的作用》,第26页;《南明》,第117页。

11 《大清一统志》第七十六卷;褚华:《沪城备考》第一卷。张名振曾三次攻入长江口:1653年5月,1654年4月及5月。其部曾切断了大运河漕运,并在金沙岛誓师复明。斯特鲁弗:《南明》,第140页。

12 黄之隽等:《江南通志》第一一四卷,第15页。

13 同上。

14 褚华:《沪城备考》第六卷。

15 饶经供词,见前引《南明史料》,第379页。

16 《南明史料》,第375—376页。

17 朱子素:《嘉定屠城纪略》,第380页;郭松义:《江南地主阶级与清初中央集权的矛盾及其发展和变化》,第132页。顺治皇帝企图使郑成功投降,已经有一段时间了。虽然郑成功(他曾是钱谦益的学生)拒绝了其父郑芝龙要他向清廷投降(像他自己一样)的请求,不过清政府与这位海盗之间的信使交往,已形成一项协议,同意由郑成功完全控制福建的漳、泉和广东的潮、惠四州。但顺治皇帝坚持郑成功必须剃发蓄辫,为郑成功所拒绝。巴克士:《郑芝龙的兴衰》,第438—439页;凯斯勒:《康熙与清朝统治的巩固》,第40页;斯特鲁弗:《南明》,第138—141页;《心理与历史上的郑成功》,第7页。据荷兰人说,郑成功的不少兵卒,因不堪忍受他严格的纪律而投降了清朝。见巴达维亚议会1653年5月26日给总督弗伯格的急件,录于坎贝尔:《荷兰统治下的台湾》,第459—460页。

18 《南明史料》,第273—274页。这些关于江南受到威胁的奏报,恰巧与来自遥远南方广东的求援急报同时到达。1654年初春,李定国进攻广州与雷州;5、6月份,其部又攻罗定、阳春。同年10月,李定国包围了广州城,在广州城外建立了他的省政府,同时切断了城内驻防的尚可喜军队的所有给养供应。李定国明确地希望郑成功能够前来参战,但未能如愿。相反,从南京开来了一支由朱玛喇统率的清朝援军,李定国4万士卒被击溃。1655年3月,他被逐出广东的高州。斯特鲁弗:《影响珠江三角洲地区的南明大事概要》,第26—27页。

19 谈迁:《北游录》,第391页。

20 张其昀编:《清史》,第3733页;恒慕义:《清代名人传略》,第550—551页。不过吕元骢:《翰林院》第99—100页对此事解释有误。

21 当时的人已经注意到下一代江南士人参加科举考试的意愿(他们中有许多是复明分子的子弟)。陈确(1604—1677)的子弟也参加了科举,他记道:"甲申之后,吾辈出求试者盖寡,然子裔皆渐就试焉"。戴名世(1653—1713)亦云:"自明室颠亡,东南旧作宦者多以节气,不愿出仕矣。然其家室子弟仍以学为业,求科举功名如旧,多不以为耻。"均见何冠彪:《论明遗民子弟的出仕》,第23页。

22 恒慕义:《清代名人传略》,第819页。彭之凤(1658年湖南进士)是另一个出身南方的"新人",他在这几年参加清政府,仕途显赫。李桓:《国朝耆献类征》第五十卷,第33页。

23 吴伟业于是仍任祭酒,纂修《圣训》,并校订《孝经》。直至1657年,因母丧返回江南。实际上他可能是受到了这一年的科场案的牵连。吴伟业:《吴诗集览》辛卷,第2页;恒

第十四章 专制危机的一种解决形式 683

慕义：《清代名人传略》，第 882—883 页。关于科闱案，见福格尔译：《顺治年间的山东》第二部，第 20 页。

24　谈迁：《北游录》，第 372 页。丁思孔之父丁文盛于 1622 年降清。见张其昀编：《清史》，第 3744—3745 页。范承谟是范文程的次子。在清廷准许旗人参加科举之前，他任御前侍卫。范承谟：《范忠贞公全集》，第 15—16 页；薛应旗：《浙江通志》第一二一卷，第 3 页。御前侍卫总共由 570 名满、蒙、汉军官组成，守卫紫禁城城门及大内的宫殿。史景迁：《曹寅与康熙》，第 49 页。清初，半数的翰林院庶吉士被选来学习满文，以便为皇帝翻译文件。中选者一般年轻英俊，嗓音悦耳。所有这些特长有助于他们迅速学会满文，易于与皇帝及其他大臣相处。这班学生如此的仪表堂堂，也就意味着他们一旦完成学业，常常会被选来在礼仪庆典中担任司仪。吕元骢：《翰林院》，第 66—67 页。

25　1655 年秋，总共有 18 位官员被调出内院，升官一级。查慎行：《人海记》第一卷，第 46 页。在这一时期，洪承畴之子洪士钦也于 1655 年中进士二甲，进入官场。因洪士钦已为旗人数年，谙熟满洲法规，顺治下令直接授以知县或主事。洪士钦后来便授官主事。《明清史料》第一册，第 551 页，引自李光涛《洪承畴背明始末》，第 248 页。

26　冈本跻：《过渡时期南方中国官员的政治和道德危机》，第 5 页。顺治特别倚重浙江籍的"新人"来主持科举。1657 年，诸省 25 员提督学政官中，有 10 员是浙江人，都是于 1649、1652 及 1655 年中进士及第的。法式善：《清秘述闻》。1644 至 1795 年间所任命的 189 名翰林院高级官员中，有 148 名（78%）是浙江或江南人氏。相比于中国其他地区，这两地书院林立，塾师众多，最具备培训学生科举考试本领的条件。吕元骢：《翰林院》，第 15 页。

27　这也不是说顺治皇帝不再倚重其满族的支持者了。与鳌拜摄政时的说法相反，当时顺治十分关心满人的地位。例如在 1654 年至 1655 年间，许多人抱怨对窝藏逃人者的刑罚过重。1655 年 4 月，皇帝为这些法律条文做辩护，认为必须维持这些条文，否则满人就会失去奴仆。"若然，谁将为我等之奴？我等将何以处？满人之艰辛谁人问之？"凯斯勒：《康熙与清统治的巩固》，第 16—17 页；参见杨学琛：《关于清初的"逃人法"》，第 46—49 页。

28　张其昀编：《清史》，第 3789 页；赵尔巽：《清史稿》第二五一卷，第 6 页。刘正宗之弟名叫刘正学，尽管曾经服事于郑成功，但由于刘正宗之故，他仍被委派在清军中供职。另一兄弟刘芳名，官至总兵。与陈名夏一样，因伪造顺治遗诏一事而特别受到谴责的刘正宗，反映了某些明朝后期宫廷的任人挟私的陋习。奥克斯南：《马背上的统治》，第 55 页；《鳌拜摄政时期的政策与制度》，第 268—269 页；《鳌拜摄政时期的政策与朋党》，第 18 页。顺治去世的 18 个月前，都御史魏裔介上章弹劾刘正宗和张缙彦。1660 年 7 月 7 日，魏裔介提醒皇帝注意张缙彦为刘正宗一部诗集所作序言中的一个词语。其词曰"将明之才"，也可理解为"辅佐明朝之才"，故刘正宗被夺去大学士之职，籍没了一半家产，张缙彦终身流放宁古塔。汤姆·费席尔：《忠明态度与文字狱》，第 6—7 页；《贰臣传》第八卷。

29　1655 年，闽浙总督以周亮工贪酷，对其加以弹劾。周亮工被遣送回福建受审。当郑成功进攻时，他正在福州狱中。值此危急之际，他被暂时释放，负责城防。然而此后又被召回北京，继续受审。1661 年康熙登基大赦时，他仍在狱中。后任江南江安粮道。1669 年，他再次被劾贪贿，次年大赦时被释放。两年后他死了。《贰臣传》第二十卷，恒慕义：《清代名人传略》，第 173—174 页。与钱谦益一样，周亮工以其保护了前明遗民，特别是保护了成为清初南京诸大师的那几位艺术家，为自己的降清做辩护。由明朝遗民、诗人、画家龚贤于 1669 年所撰的一篇碑文暗示说，遗民们对周亮工保护了他以前在复社的朋友们十分赞赏。龚贤是周亮工的邻居。杰罗姆·西尔伯格德：《龚贤的绘画和诗歌》，第 564 页。

30　魏裔介一直是他认为承明而来的颓废之风最积极的批评者之一。1654 年 10 月 25 日，他上奏道："今自明季以来，风俗靡糜，僭越无度，浮屠盛行，礼乐崩坏。臣数年来在都门见隶卒倡优之徒，服色艳丽；负贩市侩之伍，舆马赫奕；庶人之妻，珠玉炫耀。虽经禁约，全不遵行。丧事之家，尽耗资财，以供焚毁。"《兼济堂文集》第一卷，第 25 页。魏裔介为天主教徒，这当然是秘密的。他攻击佛寺的腐朽现象，力主恢复创立明朝的洪武皇帝的严法，禁止僧人外出，不许庶民舍子入寺，等等。他抨击的主要观点是：中国社会已变得四分五裂了，未能齐心一致。人们醉心于追求私利，传统的制度衰落了。例如乡约制："乡约六谕之教为虚文，千百中无一人奉行者，欲民之不困于财而兴于礼让也得乎？"因此需要进行一次正规化的大改革，恢复这些礼仪，约束人们对私利的追求，重新组织社会，复归务农之本，以最终达到安邦治民的目的。"凡以道同风，使民务于孝悌力田，而国家收富强之用。"同上书第一卷，第 26 页。

31 王士祯（1656 年河南进士）是另一位"新人"，他既是康熙朝的一个主要大臣，又是当时最著名的诗人之一。1659 年，他任扬州巡检期间，结识了江苏许多重要的诗人，包括钱谦益与冒襄。恒慕义：《清代名人传略》，第 831—832 页。

32 1656 年 4 月 18 日诏敕，谢国桢：《明清之际党社运动考》，第 120 页引。关于御史对陈之遴的弹章，见冈本跻：《政治和道德危机》，第 101 页。从"京债"一事，便可在某种程度上窥见降清的南方汉人地位之脆弱。稍后，思想家朱之瑜对"京债"做过描述。1657—1658 年间，在复明分子将从海上发起进攻之前，朱之瑜曾到江南沿海去搜集情报。根据他的报告说，当一位降清者需要寻求政治上的保护时，他就竭力寻找一个重要的旗人大臣，付给他一笔钱财。而且，这并不是一次性的付款，而是每年都得支付一次，甚至那降清者离京去地方任职后，也是这样。朱之瑜指出：这意味着就像渔人用鸬鹚捕鱼一样，旗人大臣可以利用汉官来"渔民"。也就是说，高级满官通过这种方式，以降清官员为代理人，间接地从百姓头上征敛了一种附加税。朱之瑜：《朱舜水文选》，第 57 页。关于朱之瑜的南方之行，见欧内斯特·W. 克莱门特：《17 世纪日本水户的中国难民》。如果皇帝了解"京债"的话，他就又有了一个理由撤开降清的汉人，而任用"新人"了。

33 1648—1649 年间，郑成功占领了大陆上毗邻澳门、金门的那片土地，1650 年，占领潮州地区。1652 年，他围攻漳州数月，并袭击了清军在福建的基地。他在表面上尽忠于永历政权，却又让鲁王居住于厦门、金门，从 1652 年直至 1662 年鲁王去世。1653 年，鲁王封他为漳国公。斯特鲁弗：《传统中国社会中史学的作用》，第 27—28 页；庄延龄：《满洲的海战》，第 276—278 页。

34 据恒慕义：《清代名人传略》，第 47 页。他卒于 1656 年 1 月 24 日。

35 《南明史料》，第 453—458 页。

36 褚华：《沪城备考》，第 1—6 页。然而再往南一点，清朝水军的运气就不那么好了。郑成功与清廷之间的谈判破裂后，满清于 1655 年命宗室济度率领一支远征军讨伐郑成功。是年 10 月，济度抵达福建。七个月后，即 1656 年 5 月 9 日，他率兵船袭击金门。一场风暴阻止了这场战斗，清军的舰船几乎全军覆没。斯特鲁弗：《南明》，第 144—145 页。

37 冈本跻：《政治和道德危机》，第 104 页。

38 中央官员的子弟可以在北京参加会试（举人），而不必回到家乡去。1657 年，8 名京官子弟的贡生贿赂了 14 名京城的主考官。其中有 1 名贡生是大学士王永吉的侄子。这一丑闻被揭发出来后，礼部与吏部的官员进而对南京举行的江南会试也产生了怀疑。调查结果表明，南京的会试并没有大的违法行为。但应试者一知道考试的结果要被仔细核查，就纷纷匆忙地离开了南京。就众人看来，这似乎正证明了他们做贼心虚。因此当他们的船只沿着大运河航行时，苏州、常熟的士人尾随着他们，叫喊辱骂。这样，在南京考得蛮不错的贡生们，就不得不又考了一次。郭松义：《江南地主阶级与清初中央集权的矛盾及其发展和变化》，第 133 页；米勒：《派系斗争与清朝的政治整合》，第 66 页；何炳棣：《中华帝国中的进身之阶》，第 191—192 页；孟森：《心史丛刊》，第 33—35 页。

39 杨雍建就是在1660年力主严禁党社的那位御史,故小野和子认为,这场朝议与早些时候的科场丑闻有直接联系。小野和子:《清初的思想控制》,第342—343页。

40 同时,杨雍建坚持认为官员的德行比才干重要。他建议任命孝行卓著者为知县或县丞。吕元骢:《清初中国的腐化现象》,第51页。

41 郑天挺:《探微集》,第99页;冈本跻:《政治和道德危机》,第101—102页;《清初的御史、摄政和皇帝》,第94—95页;恒慕义:《清代名人传略》,第663、793页;吕元骢:《清初中国的腐化现象》,第36页。在对南方文人小团体及官员们的庇护行为进行打击的同时,清朝政府又竭力阻止士人与天主教传道士接触,这并不仅仅是一种巧合。坚持正统观念的人,他们都是那个时代的政治清教徒,将天主教和佛教二者与缙绅阶级的堕落联系了起来。张履祥(1611—1674)在其《劝学》中写道:"近来士大夫多以僧侣为师。江南士人至今妻妾称徒于僧侣之门。自灾乱以来,钱粮甚乏,人虽不能堪,然僧侣聚以布道之处,日见寺观之建。"张履祥把佛教信仰描述成一种彻头彻尾的狂热,它已使江南人士走火入魔了。对天主教的虔诚也是一样,它在杭州广为传播,外国传教士(他们起初是以数学家的身份出现的)已使人们抛弃了对祖先的祭典与儒家的礼仪。对张履祥来说,这不仅是政治上的,而且是文化上的叛逆行为。官员们既背叛了君主,也背叛了他们的道德职责。他们"为夷人所化"。张履祥:《重订杨园先生全集》第二十七卷,第12页。清廷在阻止儒生与基督教传教士的接触方面,做得很成功。他们把天主教徒从缙绅们的学友变成了皇帝的顾问。正如杰内所指出的那样:"在满族人统治下,基督教神父们就不再像利玛窦一样,有机会参加哲学问题的讨论了。但在另一方面,北京的传教士很快就成了帝国中最重要人物的密友……而在明朝,他们却无法接近皇帝。"谢和耐:《16世纪末至17世纪中叶的中国哲学与基督教》,第14页。参见泽克这一重要的观点:"在保守的士人眼中,中国基督教徒的活动,至多被看作是与在政治上比较活跃的士绅文学党社的同类物;若从最消极的角度去看的话,那就等同于白莲教一类左道邪教了。"许理和:《中国第一次反基督教运动》,第192—195页。

42 张其昀编:《清史》第一卷,第60页;皮埃尔·科拉迪尼:《论清朝的内阁制度》,第417页。

43 张其昀编:《清史》第一卷,第60页;《贰臣传》第八卷。

44 奥克斯南:《马背上的统治》,第36页。1660年起,允许大学士替皇帝起草诏书。当然,在鳌拜摄政时期,作为对所谓的顺治皇帝亲汉人政策的反动而重建满族政治制度之举,使殿阁大学士也被内三院所取代了。希望本书所描述的顺治皇帝的亲汉人政策,比史学家们以前所认为的要温和得多。1670年,康熙重置大学士。至1690年汇编的法律颁布后,内阁遂成定制了。吴秀良:《中国的交通》,第16—17页;又见吕元骢:《翰林院》,第31页。

45 张其昀编:《清史》第一卷,第60页;凯斯勒:《康熙与清朝统治的巩固》,第123页。王崇简已于1658年7月18日被任命为吏部尚书。

46 顺治审阅1658年殿试试卷时,最喜欢常熟孙承恩的卷子。当他得知1657年科场案中的一位作弊者也是姓孙的常熟人时,就问王熙这两人是否有关系。王熙允许查询。他把此事告诉了孙承恩,孙承恩是他的旧友。实际上,如果旧友提出要求,王熙是愿意将此事遮掩过去的。但孙承恩决定说老实话。王熙就向顺治报告说,这两个人实际是兄弟。顺治为孙承恩的诚实所动,擢之为状元。邓尔麟:《科举政治》,第14—15页。

47 吕元骢:《朝林院》,第26—27页。

48 这也是康熙亲政后的特点。1684年,他去曲阜参见孔庙,《桃花扇》的作者孔尚任为他引路。当他们站在孔子墓边时,孔尚任惊奇地想道:他竟与天子单独地在一起。"吾仅一叶之草也,何能与上独处?"后来康熙问他年岁几何,是否会写诗。36岁的孔尚任承认自己学过作诗,"因跪候上旨。天颜悦怡,频命起来。霁堂陛之威严,等君臣于父子,一天之间,三问臣年，真不世之遭逢也"。理查德·E. 斯特拉伯格：《孔尚任与康熙皇帝》，第55—56页。

49　《清史列传》第七十九卷，第41页。

50　同上书第七十五卷，第5页。

51　同上。

52　同上书第七十九卷，第5—6页；恒慕义：《清代名人传略》，第160—161页。金之俊最终被鳌拜等辅臣免职，因为他的儿子与侄子都被列入了1661年奏销案的名单。郭松义：《江南地主阶级与清初中央集权的矛盾及其发展和变化》，第134页。

53　《清史列传》第七十九卷，第47页。

54　吴秀良：《中国的交通》，第79—85页。

55　除1646年制定推行的"大计"制外，顺治还于1653年规定对京城官吏每三年进行一次"京察"。吕元骢：《翰林院》，第55—57页。

56　皇帝已于1652年10月6日罢去55名主管财物库的宦官；同年11月2日，工部的113名宦官也被免职。郑天挺：《探微集》，第95页。

57　《清世祖实录》第七十六卷，第17页。

58　同上。六个月后，宦官机构中又增加了第十四个衙门。郑天挺：《探微集》，第94、104—105页。

59　于敏中：《国朝宫史》第一卷，第2—3页。1653年8月26日，御史图赖上章说，淫雨不止，京师大水，都与建立宦官衙门有关。他认为皇帝既然已有一群奴仆作为亲随，就不再需要宦官了。顺治驳回了这一建议，说道："衙门虽设，全由管事满臣掌之，宦员无权。"郑天挺：《探微集》，第97页。但是，顺治坚信宦官可由正规的官僚机构来控制，这却被证明是不对的。不到30年时间，康熙皇帝虽然与某些宦官交情不错，却称他们"无异于最下贱之虫蚁"。他不得不因他的仆从在卫兵进屋时还高卧不起，而对他们予以训诫，到了1724年，又不得不下诏禁止穷困潦倒的旗人净身人投宦官衙门。史景迁：《曹寅与康熙》，第12—13页。

60　同上书，第3页。十三衙门在紫禁城的西面，位于西华门内的皇城中，今明清档案馆的新建筑就在此地。虽然当时它还不像在清朝盛时那样，有庞大的机构（1662年，即顺治死后的第二年，有官402人；1722年，939人；1796年，1623人）但它在顺治朝，作为一个平衡宦官各衙门间关系的控制机构的作用，被估计过低了。普雷斯顿·M. 托伯特的《清朝的内务府》，尤其是第21—30页对清代宦官衙门做了出色的研究，请参阅。

61　1655年7月31日，皇帝令工部竖起一尊铁碑，碑上刻写着魏忠贤一类宦官与外廷官交结的手法，并传称日后犯者将严惩不贷。1656年4月14日，顺治还罢废了一个六个月前才置立的专掌玺印的特殊宦官机构。掌管玺印之责移交给了正式的文官。郑天挺：《探微集》，第97—98页。

62　于敏中：《国朝宫史》第一卷，第3页；郑天挺：《探微集》，第98—99页。

63　有些人甚至取了满族的名字。史景迁：《曹寅与康熙》，第15页。史景迁在讨论汉人奴仆与旗人时，描述了一种名副其实的既是汉族又是满族的生活方式。"至于曹寅，必须在两种文化之间保持平衡。很显然，他热衷于满人军事操演中策马驰骋的生活，但他也是一个汉文化的才思敏捷的解释者。"同上书，第53页。旗人出仕的机会比汉人不知多了几十倍。在当时的中央政府中，各种机构的主事或副贰半数以上都是旗人；50%为满人或蒙古人，另外的50%为汉人，而他们也往往是旗人。吴卫平：《八旗兴衰》，第77—78页；吕元骢：《翰林院》，第142—143页。例如佟氏，既是一个地位巩固的旗人家族，又屡出官僚。他们在灯市口的府第闻名北京。佟养真、佟养性、佟图赖（康熙的外祖父）的子孙们，在康熙朝号称"佟半朝"。佟养性的兄弟们及其孙辈诸人，在军事征服中也扮演十分重要的角色。1645年佟养甲随博洛南征，取杭州，平福建，出任两广总督。佟养量为本旗牛录，

第十四章　专制危机的一种解决形式　687

在扬州和江阴指挥一支炮队。另一个兄弟佟岱协助征服了延安。在康熙年间,有一个孙子佟国瑶占领了襄阳,而另外的两个孙子佟国器和佟国祯,捕获马士英,协助招降了郑芝龙,驻守赣州。李元度:《国朝先正事略》第二卷,第21—25页。

64 在许多中国名画上都盖有耿昭忠的印章。在18世纪,他丰富的藏画为乾隆皇帝所得。他的许多画卷现藏富利尔画廊,上面留有他的题签。甚至在第一个妻子去世后,耿昭忠仍保住了自己的高位,任光禄大夫。康熙对他尤为恩宠,在他卧病时,命御医为其合药。1686年,以盛典将他安葬。托马斯·劳顿:《论耿昭忠》,第150—151页。

65 同上书,第149—150页。虽三藩之乱时耿精忠谋反,另外两个兄弟却均被免罪不问。

66 同时他还任兵部尚书。马鸣珮为总督,政绩卓著,他以严禁随员胥吏侵渔百姓而闻名于世,后康熙皇帝亦以其治理江南的政绩而对之做过褒奖。《马氏家谱》"赞序"、"名宦传"、"高明"。江南商人曾刻碑详细描述衙役的恶劣侵渔行为,并对新政府制止他们的贪虐表示感谢。上海博物馆图书资料室编:《上海碑刻资料选辑》,第113—116、457—458页。马鸣珮后来曾与在台湾的郑成功作战,其门生梁化凤协助满人扩大了对东南沿海地区的控制。邵长蘅:《邵子湘全集》第五卷,第24—29页。

67 恒慕义:《清代名人传略》,第556页。

68 在1644—1668年间,共有96名汉军旗人被任命为巡抚。史景迁:《曹寅与康熙》,第4—5页,参见第72页。1651年,魏裔介向皇帝力陈不要过于倚仗旗人,而应更多地任用一般的汉官。解决为汉人科举及第者提供员阙的一个办法,就是削减开科取士的人数。顺治年间,为赢得汉人的支持,会试取士数额曾经有意地扩大了。然而到了1658年,诸州录取生员便受到了很大的限制:考试的次数自三年两试减为三年一试;每一州童生数减少半数以上,所减生员数至少为25%。但人多阙少的问题仍然存在。1664年,礼部竭力主张干脆取消科举考试。凯斯勒:《康熙与清朝统治的巩固》,第17、156;参见斯特鲁弗:《传统中国社会中史学的作用》,第53—54页。取士之额虽然做了限制,贡生、监生之功名的捐买却依然如故。事实上,尤其是在三藩之乱的后期,由于政府需要财源,官职与科举功名均可捐买,这被委婉地称作"捐纳"。例如在1668年,监生卖200两银子,或500石谷子;而到了1674年,监生就只值银100两了。1677年,清廷因许多人表示反对,一度暂停卖官;但至1678年,它又实行了前所未有的出卖生员功名的措施,五年后才废此制。何炳棣:《中华帝国中的进身之阶》,第47页;吕元骢:《翰林院》,第53、225页;凯斯勒:《康熙与清朝统治的巩固》,第156—157页。如果生员名号可以传之子孙的话,销路毫无疑问还会更得多。1664年康熙下诏,只有高级官员方可荫及长子、长孙。次年,又令荫生须经国子监学习,才可出任官职。吕元骢:《翰林院》,第48—49页。但顺治与路易十四不同,他并没有通过造成一个穿袍贵族,来扩充自己的金库。因此,中国人最终使那些经常被出卖的官职贬了值,而法国人却仍在热心抢购它们。用路易十四财务大臣的话来说:"每当法国国王设置了一个官职,上帝就立即制造一个傻瓜去买下它。"塞缪尔·E.芬纳:《欧洲国家与民族的形成》,第128页。

69 凯斯勒的数据与此不同。他声称在1651年,所有总督和22名巡抚中的17名是汉军旗人。凯斯勒:《康熙与清朝统治的巩固》,第118页。

70 据凯斯勒所说,1644年至1722年,80%的督抚为旗人,其中多数都是汉军旗人。凯斯勒:《康熙与清朝统治的巩固》,第188—189页。

71 总督平均任期的长短,也因其是否为旗人而有所变化。有清一朝,汉军旗人任总督者平均以三年半为一任,而一般汉官则仅为两年八个月。凯斯勒:《康熙与清朝统治的巩固》,第122—123页。

72 傅宗懋:《清代督抚制度》,第9页。

73 同上书,第12页。

74 楢木野宣：《清代重要职官研究》，第 564 页。
75 洪承畴：《洪承畴奏章文册汇辑》，第 88—89 页。
76 李光涛：《洪承畴背明始末》，第 269—273 页。
77 斯特鲁弗：《南明》，第 120 页。
78 谢国桢编：《清初农民起义资料辑录》，第 28 页；恒慕义：《清代名人传略》，第 194 页；斯特鲁弗：《传统中国社会中史学的作用》，第 26 页；《南明》，第 121 页。关于永历政权内讧问题，见肖尔：《中国明代最后的朝廷》，第 107—114 页。
79 斯特鲁弗：《南明》，第 123—124 页。洪承畴所统率的军队既有汉人，又有满人。这支军队后由洛托与多尼统领。最重要的汉将之一是降清的张勇，他并不是旗人。张勇是南京政权灭亡时率部径赴九江向阿济格投降的，时年 30 岁，被授为游击将军，派往西北。在 1648 年镇压白帽回民起义时骁勇善战，颇著时誉，屡受褒奖。1658 年，归洪承畴麾下。1661 年平定云南后，担任该省的提督。两年后，开赴甘肃，戍守西北边境，抵御厄鲁特蒙古人。三藩之乱期间，他不顾足上有伤行走不便，为国戍边尽忠。张勇的忠贞，实际上是清朝最终获胜的一个关键。后来噶尔丹驱动青海蒙古人与西番土著回人东犯甘肃边境，被张勇击退，清廷因此封他为侯。《贰臣传》第二卷；恒慕义：《清代名人传略》，第 66—67 页。
80 肖尔：《中国明代最后的朝廷》，第 194—196、201—204 页。
81 恒慕义：《清代名人传略》，第 194 页；斯特鲁弗：《传统中国社会中史学的作用》，第 27 页。永历皇帝的逃亡路线，与后来的缅甸公路大致相合。1659 年 3 月，永历皇帝及随从 646 人于八莫上船，沿伊洛瓦底江至缅甸都城阿瓦。余人陆行，被误认为是入侵者，遭到了屠戮。永历皇帝自己于 6 月底抵达阿瓦。缅人得到了清廷文书，令其拘执永历皇帝，遂于王宫河对岸设营以置之。后猛白取代其兄自立为缅甸国王，便把永历随从中的成年男子全部杀掉，已患气喘病的永历帝被留了一条活命，但处境极为凄惨，只有四个家庭成员、几个宦官、一个跛足文官以及百余幸免于难的妇幼陪伴着他。斯特鲁弗：《南明》，第 125—128 页。
82 曹凯夫：《三藩叛乱》，第 58 页。关于洪承畴的安民政策，见洪承畴：《洪承畴奏章文册汇辑》，第 196—198 页。
83 肖尔：《中国明代最后的朝廷》，第 206—207 页。
84 恒慕义：《清代名人传略》，第 360 页。甚至那不愿宽恕"贰臣"，并暗示了洪承畴某些"过失"的乾隆皇帝，也称这位著名的满族人的合作者为"大贤"。李光涛：《洪承畴背明始末》，第 291 页。
85 斯特鲁弗：《南明》，第 128 页。李定国于 1662 年 8 月初，在云南与老挝的交界地区病逝。肖尔：《南明政权》，第 210 页。
86 肖尔：《南明政权》，第 207 页。
87 1662 年 1 月 22 日，缅甸国王猛白将永历皇帝装进一顶破旧的小轿，抬上船，送到离阿瓦不远的昂格宾尔的吴三桂营寨。永历还以为是将他送到李定国的营寨去，直到见了一个清朝官员，才发现上了当。肖尔：《中国明代最后的朝廷》，第 208 页。
88 恒慕义：《清代名人传略》，第 194—195 页。据汉文资料记载，永历皇帝死得极庄严。史载吴三桂刚一抓到他，即伏地叩头，答应送他回北京参拜祖陵。后来有些士卒密谋营救永历皇帝，但事情泄露了。吴三桂迫不得已，只好杀了永历。有一条记载说，吴三桂请永历帝到北门边下棋，借此机会把他与他的太子一并绞杀了。传说当时凶兆可见，一龙盘旋于云南府城上空，人人都能看到。肖尔：《中国明代最后的朝廷》，第 209 页。
89 神田信夫：《三藩在清初地方政局中的角色》。
90 在三藩之乱前，八旗兵并未在全国系统地驻防。在北京周围及满族故地的辽东南部，有一军事警戒线，在有动乱的地区，也临时驻扎八旗兵，但没有正规的编组安排。这也许是地方官有这样的抱怨的原因之一。吴卫平：《八旗兴衰》，第 63 页。关于当时清军对松江居民的索求，上海博物馆图书资料室编《上海碑刻资料选辑》第 116—118 页所载碑文，有具体记载。

91　《清史列传》第七十九卷，第 39—40 页。
92　《清世祖实录》第一四一卷，第 9—10 页。
93　奥克斯南：《马背上的统治》，第 58—59 页。
94　"关于武士道精神的正规教育与整体环境，极有力地诱使人们为之效忠，时时提醒他自己是社会的主宰，国家的卫士。"约翰·惠特尼·霍尔：《日本》，第 31 页。
95　事实上，由于清廷委派了大批八旗将领去管理官僚机构，尤其是各行省地方政府，以致他们对八旗兵的统帅受到很大削弱。汉军八旗将官缺员最甚，因为许多汉军旗人被委派担任了国家行政工作，至 17 世纪 60 年代中叶，臣僚奏报康熙说，某些都统、参领软弱无能，不能恪尽职守。吴卫平：《八旗兴衰》，第 71—78 页。
96　清朝的统治体现了中华帝国后期的两个社会阶层间的妥协：武官与文臣。正是这两个社会阶层间的分离，导致了明朝后期的危机。它们之间的分离是从 16 世纪末叶在中亚边境及在朝鲜抵抗日本人的战争中开始的。与日俱增的军费开支使得国家财政枯竭，这反过来形成了激起 17 世纪 20 到 30 年代的农民起义的条件。农民起义的爆发，又反过来造成了使武官与文臣之间的隔阂进一步加深的条件，使得前者的地位超过后者。满人的统治体现了这两个阶层间一种新的稳定关系，一种妥协，用沃勒斯坦的话来说，"阻塞了低级社会阶层在政治上的活动余地"。见伊曼纽尔·沃勒斯坦：《近代世界体系》第二部，第 125 页。
97　17 世纪转折时期，由帖木儿帝国的采邑主所支持的地方骑兵部队被集中于奥斯曼首都的新常备军所取代。奥斯曼帝国军队不仅使国家财政枯竭（1669 年，预算的 62.5% 是花在兵俸上的），而且取得了越来越多的特权，包括包税专利权与广泛的农业开垦权。奥默·巴尔坎：《16 世纪的价格革命》，第 17—25 页。关于涨价对近卫军——奥斯曼军事机器的"利刃"——的直接影响，见威廉·H.麦克尼尔：《欧洲的大草原边境》，第 57—60 页。
98　一个抵消性的影响力是皇帝本人，尤其是像康熙这样的君王。围猎的目的就是为了抵制南书房的作用。康熙经深思熟虑建立起了围猎制度，把它作为保持满人尚武之风的一种办法。1683 年，康熙率骑兵 10 万、步兵 6 万，出游长城以北。神父南怀仁随行。正如他所评述的："此行的首要目的，就是要使他健壮的士卒安居如临战，一直处于操练之中，这就是何以在广阔帝国的各个地区都已平定，各省的精兵也被抽调回京以后，皇帝就在这一年极为英明地决定，今后每年举行三次这样的出征活动，各安排在不同的月份。他希望在狩猎的旗帜之下，通过追逐搏杀鹿、豕、熊、虎等，为士卒找到一种新的搏斗活动，这将教会他们怎样去制服反叛，将成为今后真正战争的预演，将防止他的军队在和平时期闲暇、汉式的享乐奢华中松懈软化。"H.博斯曼：《南怀仁》，第 420—421 页。
99　正是为了防止武备的废弛，清朝的旗人起初不准参加科举。杜维明：《颜元》，第 127 页。
100　清政府规定，旗人若非任职外出则必须居住在京城。他们沉湎于京城的享乐生活，武技荒废。1746 年，乾隆皇帝检阅特选的八旗禁卫兵，发现他们极不合格。"弓弱技疏，至不知如何开弓放箭。箭未及靶，往往坠地。"驻防福州的八旗兵把战马杀了卖肉，1740 年，城内有 20 余家屠铺卖马肉汤。1767 年，有令福州驻防旗人出征缅甸，许多旗兵不得不乘轿前往。吴卫平：《八旗兴衰》，第 82—88 页；以上引文见于第 86 页。
101　戴维·斯特兰特：《北京警察》，第 25—26 页。斯特兰特估计在 20 世纪 20 年代，北京有 120 万居民，其中 1/3 为旗人及其家属。警察中有 3/4 是旗人。清末出生于旗人家庭的老舍，对 20 世纪典型的满族旗人曾有过极为生动的描述："亲家爹虽是武职，四品顶戴的佐领，却不大爱谈怎么带兵与打仗。我曾问过他是否会骑马射箭，他的回答是咳嗽了一阵，而后马上又说起养鸟的技术来。这可也的确值得说，甚至值得写一本书……是的，他似乎已经忘了自己是个武官,而毕生精力都花费在如何使用小罐小铲,咳嗽与发笑都含有高度的艺术性,从而随时沉醉在小刺激与小趣味里。"老舍:《正红旗下》,第15—16页。

102 钱应的供词,见《明清史料》丁编第二本。引自谢国桢编:《清初农民起义资料辑录》,第136—137页。

103 同上。钱应又名钱大、钱应喜、钱孝。

104 同上。

105 引自谢国桢编:《清初农民起义资料辑录》,第136—137页。

106 郎廷佐奏章,呈上于1658年3月28日。《明清史料》丁编第二本,见谢国桢编:《清初农民起义资料辑录》,第134—137页。

107 凭此,总督郎廷佐才能上奏道:苏州、松江这两个要地最终已由官府完全控制,并担保说已能从此地征调赋税,上输国库了。引自谢国桢编:《清初农民起义资料辑录》,第137页。

108 郑成功对长江流域的袭击,是他对清军占领地进攻的第四阶段。最初,从1655年11月到1657年4月,他进兵舟山及福建东北部;接着,1657年9月到11月间,占领浙江的台州;第三阶段,从1658年6月至次年6月,进攻了浙江的东南沿海地区。在进攻的第四阶段中,郑成功打垮了清军在定海的海军基地,进军崇明岛,在这里曾遇到几处顽强的抵抗。1659年7月,将舰队驻泊于长江口外。同时,他最主要的副将张煌言砍断了系于金山与焦山之间的防江缆索,击沉守兵炮船,挥军直前。斯特鲁弗:《南明》,第145、148—149页。崇明岛居民因顽强抵御郑成功,后受到鳌拜等辅臣们的免赋嘉奖。奥克斯南:《政策与制度》,第282—284页。

109 恒慕义:《清代名人传略》,第165页。按艾德里安·格雷斯伦的记载,郑成功确实曾遣使与主要的地方官接洽,争取他们支持,然而多数人决定观望一下,看郑成功进南京进展如何,再作反应。唐纳德·基恩:《郑成功的征战》,第49—50页引。共有7府、3州、32个县投降了郑成功或他的合作者张煌言。其中有些是出于被迫,有些则是自愿。张煌言在上游的安徽共攻占城池29座,后于1659年9月23日,在定港东面为一支清朝水军所败。但长江下游地区的民众并未普遍起义反清。斯特鲁弗:《南明》,第150—152页;拉尔夫·C.克罗伊齐亚:《郑成功与中国的民族主义》,第18页。郑成功进攻时,顾炎武正在江南地区,但若说他参加了郑成功的军事行动,则没有任何事实证据。彼得森:《顾炎武的一生》第二部,第207—208页。

110 斯特鲁弗:《南明》,第136页;《郑成功》,第13页。这与16世纪名将戚继光所发明的抵御倭寇的一种武器很相似。黄仁宇:《万历十五年》,第165—171页。

111 郑成功征伐长江地区两年后,在台湾南部成功地攻克了荷兰人的赤嵌城,目击者对他的战术做了如下描述:"使用了盾牌手而不是骑兵队,每十人有一头目率全队冲锋陷阵。他们藏身于盾牌后向敌阵猛扑,人人都像中留一替身一样,毫不胆怯。他们不断推进,尽管许多人中弹倒下,其余人却绝不停顿犹豫,而是发疯般地向前猛冲,甚至不回头看一看同伴是否跟上来了。这些长柄大刀手——荷兰人称之为肥皂刀——发挥着像我们的长矛骑兵一样的作用,既能阻止敌人冲锋,同时又使战阵保持整齐秩序,但当敌人溃乱时,刀手就冲上前去,对逃敌展开令人胆战心惊的屠杀。"坎贝尔:《荷兰统治下的台湾》,第420—421页。但也需注意,学者朱之瑜曾经随郑成功的军队北伐,后来对他们军纪不整、混乱无序的状况有所评述。秦家懿:《朱舜水的实学》,第196页。

112 基恩:《郑成功的征战》,第50页;张其昀等编:《全椒县志》,第48页。南京(江宁)的守卫是由巡抚朱国治协调的,朱国治属汉军正黄旗。李桓:《国朝耆献类征》第三三八卷,第9页;赵尔巽:《清史稿》第四九三卷,第1页。关于郑成功部队总数,见廖汉臣:《延平王北征考评》,第56—57页。

113 《清史稿·姚延传》。引自谢国桢编:《清初农民起义资料辑录》,第131页。

第十四章 专制危机的一种解决形式 691

114 廖汉臣：《延平王北征考评》，第64—68页。

115 援军由领侍卫内大臣达素统率，他未能及时赶到南京，后继续进军福州。斯特鲁弗：《南明》，第152页。

116 基恩：《郑成功的征战》，第49页；斯特鲁弗：《南明》，第148—153页；《中国传统社会中史学的作用》，第28—29页。当时的一些西文资料记载说，9月8日晚，郑成功部下为他祝寿，耽搁了当天的战事。不过厄尔·斯威舍尔提出郑成功的生日可能在1624年8月24日。恒慕义：《清代名人传略》，第108页；弗郎索瓦·德·鲁热蒙：《鞑靼人新史》，第49—55页，见基恩《郑成功的征战》第50—51页所引；盖拉德：《南京今昔》，第240—242页。有一支庞大的清军舰队追逐郑成功海军至厦门，急于再取得一次胜利。但当1660年6月17日，清军舰队在总督李率泰、领侍卫内大臣达素统率下进攻厦门时，被郑成功所摧毁。数周之内，金门湾海滩四处漂浮着腐烂的尸体。清人不顾这次惨败，于八九月间又派遣大军进伐，终于将郑成功从沿海赶到了台湾。次年，郑成功之父郑芝龙被杀，他对清廷的效用就此终结。基恩：《郑成功的征战》，第63—66页。1662—1663年，清政府决定将东南沿海居民内迁四五十里，沿海村庄被拆毁，所有城镇关闭，在每一可能返回沿海的道口，都置兵设防。凭此严厉措施，终于使江南沿海一些相对孤立的地区平定了下来。例如云台山附近的海州地区，那里的居民成了职业的匪徒和海盗。1668年，迁海令部分解除；1683年，郑成功的继承人投降、清政府统治了台湾后，迁海令就完全废除了。谢国桢：《南明史略》，第93页；《清初的迁海令》；E.C.鲍拉：《满洲对广东的征服》，第229页。关于迁海令对白银输入及物价的影响，见王业键：《中国货币制度的演变》，第477—478页。

117 廖汉臣：《延平王北征考评》，第69页。在六合、天长县，有一些清朝官员被复明分子所杀。郭松义：《江南地主阶级与清初中央集权的矛盾及其发展和变化》，第133页。

118 小野和子：《清初的思想控制》，第104页。

119 魏斐德：《中华帝国后期地方控制的演变》，第3—4页。

120 王士祯这样说他。见萧一山：《清代通史》第一卷，第382—384页。

121 张其昀编：《清史》，第3953页；冈本跻：《政治和道德危机》，第114页。

122 杨雍建奏章见谢国桢：《明清之际党社运动考》，第205页。至此，京城内所有形式的结社都被严厉禁止。例如当1659年颜元赴京参加会试时，他无法与另外的士子结伴，因为此类聚会为禁令所不许。杜维明：《颜元》，第517页。

123 谢国桢：《明清之际党社运动考》，第206页。

124 同上书，第253页。

125 同上。稍后，清朝的一个佚名笔记作者写道："明季时，文社行。于是人间投刺，无不称社弟。本朝始建，盟会盛行，人间投刺，无不称盟弟者。甚而豪胥市狙，能翕张为气势者，缙绅躧屐向讯，亦无不以盟弟自附，而狂澜真不可挽。"《研堂见闻杂记》，第60页。

126 这并不是修辞上的夸张。像郑成功一样，杨雍建相信，明朝的党争导致了农民起义。郑廉记载了李自成占领其家乡河南一事，把起义局势的激战，归咎于朋党之争。他认为朋党之争导致君臣不和，君臣不和致使吏治不明，吏治不明最终引发了农民起义。郑廉：《豫变纪略》第一卷，第2—3页。

127 张其昀编：《清史》，第3935页；参见小野和子：《清初的思想控制》，第343—344页。

128 虽然我并不将它视为"封建"，但"缙绅统治"这一概念，就其包括了缙绅在本乡的政治（司法、调解）、文化（教育、指导公众观点）及经济（市场干预、公共工程、灌溉）地位这一面看，与重田石（音）的"强权统治"一词相同。

129 这也是李洵在《论明代江南集团势力》中提出来的观点。但李洵强调的是经营地主与地主的重要地位。经营地主的增多，还与经济作物的发展有关，例如清初的烟草与棉花。经济作物使得人们可以耕种较少的土地，来取得较多的收益，这样就削弱了拥有牧畜的富裕家庭的优势，从而拉平了贫富农民之间生产力的差异。在相当短的一段时间内，农业的商品化导致了土地占有向经营分工的形式发展，雇佣劳动力被大量应用，农业管理技术进一步改进了。片冈芝子：《明末清初华北地区》，第99—100页。

130　傅衣凌：《明清农业社会经济》，第149—150页。

131　石锦：《太湖小农经济》第五章，第15、23—25页；片冈芝子：《明末清初华北地区》，第83页；墨子刻：《论中国经济现代化的历史根源》，第39页。

132　石锦：《太湖小农经济》第五章，第48—50页。17世纪中叶中国的时疫、饥荒与战争的直接影响，使得人口大幅度减少。从14世纪到16世纪，中国的人口从约6500万至8000万，增长到15000万，而在1585至1645年间，人口减少了约35%—40%。对1661年人口数的一个估计是在7200万到9200万之间，大致比16世纪的人口数减少了40%—50%。何炳棣认为1683年后人口开始回升，但1700年的人口净数比之1600年可能并未增长多少。这一时期欧洲人口的增长也基本处于停滞状态。英国人口为500万，法国为2000万。勃兰登堡-普鲁士是个人口稀疏的地区，不足50万，其首府只有1.5万居民。大约到了1750年，欧洲人口才达到15000万，而同时期中国一地的人口就几乎两倍于此。王业键：《清代地税》，第7页；何炳棣：《中国人口研究》，第264—266页；参见埃尔文：《古代中国模式》，第311页；居密：《地主与农民》，第9—11页；E.E.里奇、C.H.威尔森编：《剑桥欧洲经济史》，第413页；芬纳：《欧洲国家与民族的形成》，第10页；沃勒斯坦：《近代世界体系》第二部，第258页。

133　韩恒煜：《试论清代前期佃农永佃权的由来及其性质》，第37—41页；居密：《地主与农民》，第11—12页；杨国祯：《试论清代闽北民间的土地买卖》，第3—8页。在18世纪，契约关系仍在不断取代宗法关系。对乾隆年间的个案分析表明，定额租比例扩大，以力役或分成租形式支付的田租极少。刘永成：《清代前期的农业租佃关系》，第57—58、91—98页。

134　陈张富美：《中国明清时期租佃关系的初步分析》，第5—6、10—11、18、20页。至20世纪，江南地区被承佃农田的30%—40%是拥有永佃权的，并由二地主负责交纳赋税。居密：《地主与农民》，第29页；参见傅衣凌：《明清农村社会经济》，第44—45页。

135　石锦：《太湖小农经济》第五章，第16—17页；希拉里·J.贝蒂：《中国的土地与宗族》，第93页。

136　居密：《地主与农民》，第17—19页。地产经营人、管家及其他地位较高的奴仆被授予比一般佃仆多2—4倍的土地。

137　居密：《地主与农民》，第34—35页。

138　在官吏家庭中，可以找到依附关系最普遍的例子。1679年，御史上奏：人们一出仕为官，立刻就变成了大族门户，买田置园，雇佣庄丁奴仆，不下百余。韦庆远等：《清代奴婢制度》，第2页。

139　傅衣凌：《明清农村社会经济》，第150页。参见马克·埃尔文：《集镇和水路》，第460页。

140　同上书，第149页；居密：《地主与农民》，第27—29页；《主仆》，第60页。不过，某些形式的奴役关系仍然合法地存在。根据1727年制定的一条法规，于汉人家中为奴者，有卖身文契者，及家生婢女，仍然属于家奴。应用于满人家中的逃人法，也同样适用于汉人家中逃亡的奴仆。虽然到18世纪末叶男奴已很少见了，但奴隶制的最终废除，却要等到1910年。韦庆远等：《清代奴婢制度》，第22页；石锦：《太湖小农经济》第五章，第9页；马里纳斯·J.美杰尔：《清末的奴隶制》，第337—338页。

141　贝蒂：《中国的土地与宗族》，第17页。关于清初占地在500亩以下的中层地主增长数，见北村敬直：《明末清初的地主》，第17页。由于大量土地的转让进一步商品化，通过直接的市场买卖进行，因此私人财产的性质发生了变化。这表示明代"农村特权阶层"的终结，上流社会人士的地位下降了，而平民百姓的地位则有所上升。墨子刻：《论中国经济现代化的历史根源》，第 37 页。

142 《研堂见闻杂记》，第 24 页。

143 刘广京：《世界观和农民起义》，第 315—316 页；韩恒煜：《试论清代前期佃农永佃权的由来及其性质》，第 42 页。清初缙绅大地主豪族的衰落，为商人向土地投资提供了一个机会。在太湖流域。4%—7%的商业利润被投资到土地上。相继而来的大量商业资本投向农业，有助于清初农业经济的迅速复原。石锦：《太湖小农经济》第五章，第 33、43—44、52 页。

144 经过对中国社会科学院经济研究所所搜集的所有土地、户口登记册的详尽研究，说明最大的地主是于 1675 年登记的，占地 400 亩，次等大地主于 1647 年登记，占地 293.6 亩。赵冈：《中国明清土地所有制形式的新资料》，第 721 页。在江南的某些地区，农村缙绅阶级不仅在影响力上，而且在数量上也减退了。对位于太湖东南面、介于杭州与苏州间的桐乡县的研究表明，1449 至 1644 年间，绝大多数举人居住在乡村。从 1644 到 1908 年，多数举人成了城市居民。在这一地区，仅占人口 10%的人，构成了 80%以上的缙绅阶层。石锦：《太湖小农经济》第三章，第 54—55 页。

145 奥克斯南：《马背上的统治》，第 218 页。

146 李华：《清代前期赋役制度的改革》，第 102 页。

147 郑克晟：《多尔衮对满族封建化的贡献》，第 9 页。作为仅仅中过举人的官员王宏祚，在崇祯朝也许永远不可能升迁为尚书，但新朝却发现了他的理财才干。王宏祚是通过任户部郎中，后又督饷于大同，培养起自己的才干的。

148 《贰臣传》第三卷。

149 自 1653 年起，清廷曾有好几次力图使鱼鳞簿能反映最近的土地占有状况。县官们甚至受命亲自丈量土地，但这显然是他们力所不能及的。曾力促地方官（包括地方的社长或村社之长）真正实施土地丈量的地区，是河南和山东。在这些地区，明亲王官庄曾经大量地占有田地，使数以千亩计的耕地脱离了赋税册。然而在 1659 年清廷发现，这些措施简直就是为衙役与地方权贵提供了一个哄骗县官、伪造簿籍的机会。谴责这种现象，并力促皇帝制止将荒地登载入籍的官员之一是魏裔介。一般说来，17 世纪 50—60 年代实行土地丈量的企图，都因地方上的反对而落了空。贝蒂：《中国的土地与宗族》，第 17 页。关于 1654—1656 年间簿录明代皇室与贵族财产的成果，见故宫博物院《清代档案史料丛编》第四辑第 160、168—186 页所载奏章。

150 黄仁宇：《明朝的财政管理》，第 122 页；张其昀编：《清史》第一二二卷，第 1463—1464 页；《大清会典》，第二十四卷，第 20 页，第二十五卷，第 8—10 页。

151 其他行政改革措施包括于 1653 年开始推行的截票制，即将税单的一半交与纳税人，开列在某一年中一户共应交纳的赋税额。户主交纳赋税完毕后，再将税单的另一半交给他。此制当然是旨在防止衙役篡改税额，以向人民榨取更多的钱物。衙役篡改税额的问题，一直使清廷感到烦恼。两年后，即 1655 年，顺治皇帝诏令户部官吏不得处理本籍省份的文案。于是，例如，要派一个福建籍的官员去主管直隶八州府赋税，而所有直隶籍官员都得从这一职事中调离。1658 年，又颁布了一条法规，规定地方官上报户部簿籍不及时，或上报而不准者，要加以惩罚。何炳棣：《中国会馆史论》，第 6—7 页；萧公权：《农村的中国》，第 106 页。至 19 世纪，户部的江南清吏司设置满洲员外郎三员，以制约唯一的一名汉官。江南清吏司还掌管在江宁与苏州的生产皇家丝织品织造机构的账目奏销。孙任以都：《19 世纪中国的户部》，第 186 页。

152 郭松义：《江南地主阶级与清初中央集权的矛盾及其发展和变化》，第 132 页。1664 年，清廷估计自 1644—1660 年间，钱粮积欠达银 2700 余万两，粮 700 余万石。这多数是因江南地区造成的。王思治、金成基：《从清初的吏治看封建官僚制度》，第 140 页；奥克斯南：《马背上的统治》，第 219—222 页；薛应旗：《浙江通志》第八十七卷，第 25 页。首先，这些积欠得归咎于对"贪官蠹吏"的惩治不严。1655 年，大学士蒋赫德抱怨说："近每见督抚弹章，指事列款，赃迹累累；及奉旨勘讞，计赃科罪，不及十之二三。不曰事属子虚，则曰衙役作弊。即坐衙役者，又多引杂犯律例，听其赎免，何所惩惮而不肆其志乎？"通常，衙役可以通过交纳一笔与受贿钱物数量相等的罚金来赎罪。蒋赫德请废此制，顺治听从了。王思治、金成基：《从清初的吏治看封建官僚制度》，第 138 页。然而到了 1658 年 6 月 12 日，顺治皇帝已认识到财政赤字是由官吏的腐化与缙绅阶级逃避赋税两者共同导致的，便派遣满洲启心郎前去查阅地方籍账，迫使地方权贵纳税。起初派至无锡县，后来就遍及了江南各县。《清世祖实录》第一一七卷。

153 若以 1682 年为基数 100，则 1646 年物价指数约为 688，1647 年则约为 500。通货膨胀看来于 1657—1661 年结束。1682 年达到物价指数的基数 100，1698 年，物价指数仍仅为 131。王业键：《清朝物价的长期趋势》，第 348、363 页。

154 傅衣凌：《明清时代商人及商业资本》，第 37 页。关于棉花价格相应的暴涨，见西村数余：《明代的奴仆》，第 124 页。

155 1661 年，一名御史上奏说：苏、松田地易主至频，簿书转眼间即过时。"有良田四布，坐享膏腴，而无一役之责者。"贺长龄：《皇朝经世文编》第三十卷，第 13 页。

156 举例说，每位举人可免丁四人。1648 年，这类特权又依每人官品职位有所扩展，一品免丁 30，至最低品位亦可免二丁。此外，官僚还可以免除部分赋税，例如一品可免赋 30 石。萧公权：《农村的中国》，第 59 页。

157 萧公权：《农村的中国》，第 59、125 页。"这一极端的措施，其目的必然是为了结束自私地和破坏性地利用过分的特权的现象，这一现象加剧了明末社会的混乱。这一措施的推行起初虽然有困难，但对新政府的稳固与长治久安，却是至关重要的。这也许可以在一定程度上解释清政府对付缙绅阶级以往逃税避赋及其他不法行为的措施，何以如此严厉。"贝蒂：《中国的土地与宗族》，第 70 页。

158 唐棣：《略论清代的地丁制度》，第 46 页；萧公权：《农村的中国》，第 127 页。皇帝还发现了一些地方上的地主隐匿其所占有的土地数额的手段。例如在中国北方，尤其在山东，用以登录皇室或亲王庄园土地的计量单位，与用以登录平民土地的有很大不同。前者以 540 步为一亩，而后者仅以 240 步为一亩。显然，其地产作为明王庄地产之一部分，以前一种方式登录于赋税簿上的地主，其所交纳的赋税，不到地产以平民田地登录者所交的 1/5。从另一方面看，在南方有权势的地主或将田产从赋税册中涂掉，或作伪登录在他人名下，或诡称是湖滩河涂，不供报其所有的田产。唐棣：《略论清代的地丁制度》，第 46—47 页；薛应旗：《浙江通志》第五十二卷，第 27 页。

159 萧公权：《农村的中国》，第 127 页。由于皇帝越来越倾向于将财政赤字归咎于缙绅阶级的逃税行为，因而他也转移了对官吏腐化现象的注意力。1658 年，御史彪古提议令各地正式上报成为惯例的收费与各种附加税，并使之合法化。顺治驳回了这一建议，说这将给人以朝廷宽恕腐化行为的印象。吕元骢：《清初中国的腐化现象》。

160 谢国桢：《明清之际党社运动考》，第 254 页。

161 后来，当南方士人恢复了他们在国家科举考试中的声望，并且有很多人入翰林院供职时（至 1725 年，翰林院再次完全垄断了对重要文官铨试的管理），旧士绅关系网的某些表现又出现了。但实际上这些关系网的影响已大为削弱。虽然像苏州、吴县一类地区的文才卓越者也能够进入翰林院为官，但这些官员一般无法升迁到三品及三品以上，只有极少数人能够做到大学士。在清初，来自例如宛平顺天县这一地区的官员占了翰林院官员的大部分，出任大学士，大力提携同乡，在这种情况下，陈名夏的升迁的确是一个例外。1644

至 1795 年间，尽管有 49 位吴县士大夫任职于翰林院，其中只有 4 位升至三品。出类拔萃的考试成绩并不能赢得高官。吕元骢：《翰林院》，第 128—134 页。

162 魏斐德：《自主的代价》。清朝就这样抑制了一心治国安民的缙绅阶级的自主行为以及结盟立社之习，致使他们"过一种只寻求个人利益的生活"。因此，明末方志"风俗"门中处处体现出来的缙绅们的地方责任感与社会使命感，在清朝方志中遂不复存在了。森正夫：《士大夫》，第 52—53 页。这一点在地方水利工程的管理上得到了具体的反映，由县丞组织农夫承担水利工程的官督民办制，取代了由缙绅负责水利工程的办法。滨岛敦俊：《关于江南圩田的若干考察》，第 123—130 页；威尔：《中国水利》，第 280 页；滨岛敦俊：《明江南三角洲的水利组织》，第 81 页。

163 除去官府的政策不说，在明朝末年酿成了社会政治困境的城市社会背景，也发生了变化。与农村社会关系的"均平化"相反，随着清朝手工业的日益专业化，城市阶级之间的差异愈见明显。例如织工及纺织业中地位低下的工人，就被排斥于缙绅、商人等城市社会最高阶层之外，"士庶交往愈来愈少见了"。袁清：《城市暴动与骚乱》，第 310—311 页。

164 例如在浙江，在黄宗羲周围形成了一个"讲经会"。1667 年，这些学者，包括万斯同和万斯大，还恢复了刘宗周的证人书院。小野和子：《清初的思想控制》，第 636 页。

165 这一自称为盟弟以作为接近权贵的手段的习惯，随后也就改变了。因此他们不再称自己为盟弟，而是称同学。《研堂见闻杂记》，第 60 页。另一习惯称呼"同年"，指同时应试中举者。批评科举制度的人抨击这一互认同年的形式，因为它将同年关系置于家庭关系以及对老人的尊敬之上了。保罗·S.罗普：《近代中国的异议》，第 109 页。正如有几位学者所指出的那样，在清政府禁止了士人的盟社后，这些代替士人团社的组织是由大臣们所赞助的。个别恩主与一小群追随者的等级关系，改变了清初士人社会风气，显示出了比作为晚明时期特征的"文人"行为还要多的依附性与奴性。汤姆·费席尔：《清初遗民的抉择》，第 42 页；斯持鲁弗：《矛盾心理与行动》，第 348 页；《徐氏兄弟对学者的半官方性庇护》，第 1—5 页。关于对地方缙绅政治庇护的重要性，见贝蒂：《中国的土地与宗族》，第 74 页。

166 邓尔麟：《财政改革和地方控制》，第 112 页。有人曾论证说：由于在总的赋役体系中有一单独的力役成分，国家就有兴趣限制地主的控制力，因为国家在争取佃客、农民服役方面，与地主有矛盾。但当明清转折时期力役以银钱折纳之后，土地就成了起征赋役最主要的依据。在涉及佃客时，国家就更倾向于支持地主。因此在明末清初，地主与国家的利益可能日趋融合。顾琳、周锡瑞：《从封建主义到资本主义》，第 409 页。

167 顺治早已被他的爱妃佟氏的奢华葬礼搞得筋疲力尽了。佟氏是多尔衮家族鄂硕之女，在四个月前去世，时年 22 岁。在她被火化时，顺治恢复了满族的一种风俗，令其 30 名侍女陪葬。这一风俗是汉人所憎恶的。邓恩：《一代伟人》，第 352—353 页。

168 1661 年 2 月 21 日，户部福建清吏司上奏，报告了江南、浙江、江西赋税积欠的情况，指出它必将对足够的军费保证带来困难。六天后，鳌拜等辅臣做出了反应，下令吏、户两部将赋税积欠地区的官吏降职调离。3 月 16 日，巡抚朱国治建议按京官考课程序来按察外官，朝廷加以批准。两周后，又下令对征集赋税不敷额数的官员实行惩罚。但到了 4 月 7 日，辅臣们开始认识到，在许多地方，地主与吏官之间在心照不宣地互相勾结，因此，仅仅在官僚队伍内部实施严厉的措施是不够的。"征比难完，率由缙衿藐法抗粮不纳也，地方官瞻徇情面，不尽法តnot比。"从此以后，所有的督抚都会命对逃避赋税者，不问其社会地位如何，"从重治罪"。《圣祖实录》第一卷，第 15—17、23 页；第二卷，第 1、3—4 页。

169 李桓：《国朝耆献类征》第三三八卷，第 9 页。

170 《圣祖实录》第三卷，第 3 页。详细汇报逮捕缙绅地主的奏报于 1661 年 6 月 28 日抵京。这场镇压是紧跟着对苏州地区沿海防务体系进行了大规模的整顿与重新组织后进行的。清政府在苏州地区修建桥梁、道路、壁垒，建造船只，花费不少。有关敕令是1661年5月22日发出的。同上书第二卷，第21页。参见李桓：《国朝耆献类征》。

171　孟森：《心史丛刊》，第11—13页；魏斐德：《地方控制的演变》，第9—13页。根据一位御史的奏章所说，逃避赋税的手法有移居别县、包揽、假托功名、于邻县置立产业等等。《圣祖实录》第三卷，第16页。

172　同上书第三卷，第15—16页。江南缙绅阶级所受到的降低他们身份的对待，使得他们的社会地位受到严重损害，至少降低了一个等级。

173　《圣祖实录》第四卷，第2页。赋税的定额也合理化了，依土地立额，并为一个总数。见1661年8月24日奏疏，载故宫博物院《清代档案史料丛编》第四辑，第3—4页；参见李华：《清代前期赋税制度的改革》，第102—103页；滨岛敦俊：《明朝江南的农业社会》，第13页。

174　滨岛敦俊：《明朝江南的农业社会》，第11页。

175　1662年1月12日，清廷下令编纂新赋税册。见《圣祖实录》第五卷，第13—14页。

176　米勒：《派系斗争》，第80—83页；邓尔麟：《财政改革和地方控制》，第112—113页；埃尔文：《集镇与水路》，第455页。1661年，在诸如河南等省份开始推行旨在增加纳赋田地的较合理的土地开垦政策，政府的财政收入也有所增加。那就是免去农民的力役负担，以鼓励他们向政府登记田产，这样，在避免地产争讼的借口下，替负责调发赋税的官员们纂集了一份财产登录簿。在整个北方，始于京畿，次及山东、河南、河北、湖南、甘肃、陕西，王庄田产被转为民产。唐棣：《略论清代的地丁制度》，第47页。据兵部尚书车克1661年8月3日上奏，由于福建的战事，这一年的兵费首次超过570万贯。议政王大臣会议于是决定重新开征明末加派的练饷。尽管清政府认识到征集这些赋税十分困难，皇帝还是批准了这一决定。故宫博物院：《清代档案史料丛编》第四辑，第1—2、6—21页。1661年12月23日，又令江南赋税每亩增一分。于是督抚们再次纷纷上奏，诉说征发加派的困难，但增加征调的诏旨并未改变。同上书，第27、29—30页；参见郭松义：《江南地主阶级与清初中央集权的矛盾及其发展和变化》，第134页。

177　黄仁宇：《明朝的财政管理》，第122页。1663年，清政府试图在全国实行土地丈量，但被许多地方成功地抵制了，那些地方干脆沿用满清征服以前的税额，认为土地籍记是一项开支浩大，而又庸人自扰的花费。1687年，《赋役全书》终于编成。李华：《清代前期赋役制度的改革》，第103页；贝蒂：《中国的土地与宗族》，第75页。

178　米勒：《派系斗争》，第78页。至1663年，桐城一县的赋税收入再次达到明朝后期的水平。贝蒂：《中国的土地与宗族》，第68—69页。

179　约翰·罗伯特·沃特：《中国地方行政》，第378页。17世纪60年代早期，清政府也曾试图制止衙役们的非法勒索，下令禁止征敛耗银。故宫博物院：《清代档案史料丛编》第四辑，第4—5页；《圣祖实录》第四卷，第2—3页，第五卷，第8—9页。

180　1660至1661年间任大学士的10名汉官中，有7名是直隶、山东及山西人氏。在1662到1675年间垄断了大学士职位的北方汉人，绝大多数是17世纪40年代早期的进士及第者。接着，从70年代后期开始，直至80年代末，新一代科举及第的高级官员接管了翰林院与康熙皇帝的南书房。他们主要是在陈之遴、陈名夏权力鼎盛时期通过殿试的南方人。关于康熙年间籍贯与党争的讨论，见凯斯勒：《康熙与清朝统治的巩固》，第31页；米勒：《派系斗争》，第117—121页；奥克斯南：《马背上的统治》，第208—210页。

181　本章的标题及结语，当然是受到了卡瓦菲名诗《盼望蛮人》的启发。见C.P.卡瓦菲：《诗集（1896—1918）》，第108页。

第十五章　从明至清的忠君思想

> 中央集权易于将规则性因素强加于日常事务；它能娴熟地管理社会控制的各个细节；制止初露端倪的乱迹和微末的越轨行为；维持这种既不能称为堕落，也不能名之进步的社会现状；使社会处于一种行政官员习于称为秩序井然和社会安宁的困倦的管理状态。一句话，这种体制长于防范，而非有所作为。
>
> 阿列克斯德·托克维尔：《美国的民主》，第91页

1660年至1661年清廷发动进攻的结果，是使遭到失败与羞辱的江南士绅彻底气馁了。[1]如今，严肃的抗清复明思想几乎烟消云散。当然，社会上的盗匪事件仍不时发生。尽管著名的张三终于在17世纪60年代被巡抚韩世琦的部下抓获，但清朝苏州当局彻底剿灭太湖地区的不法分子仍需要几年时间。[2]不过，由于政治上的原因，复明的旗帜落入了一些骗子和伪君子的手中。例如，1666年，清廷发现自称是明室后裔的朱光辅和朱拱棞一直在平湖（嘉兴府）和常熟（苏州府）封拜明朝的官爵。起初，这些精心封缄和空话连篇的"伪札"，使巡抚衙门想起了郑成功北伐之前到处颁发的那种委任状。但是，就连对有关明朝残余势力的阴谋的流言都高度敏感的清朝当局也很快意识到，这与其说是政治阴

谋，不如说是一场骗局。二朱实际上是在通过以严君甫为首的一群学医的人和炼丹家出卖委任状，"布散伪札伪旗"（答应复明以后授以高官厚爵），而严君甫则专门以其炼丹术行骗为生。与这些伪札一起被发现的，还有一个被这些骗子称为周代王室珍宝的精巧华丽的小玩意。简而言之，他们的复明阴谋不过是一场闹剧，既是针对空想家的欺骗，又是迎合不识时务者的空想。[3]

最后的明朝忠臣

由于诗人有意借此抒发情感，明室衰亡的历史已开始呈现出悲剧性的浪漫色彩。因 1657 年的江南科场案而辞去清朝国子监祭酒之职并被没收了大部分家产的吴伟业，曾咏颂过名妓陈圆圆，据说吴三桂是为了她才背叛明朝的。[4]

> 君不见，馆娃初起鸳鸯宿，
> 越女如花看不足。
> 香径尘生鸟自啼，
> 屧廊人去苔空绿。
> 换羽移官万里愁，[5]
> 珠歌翠舞古梁州。

吴伟业毕竟归顺了清朝，因而深怀负罪之感，并使其怀旧之情罩上了一层阴影。

> 故人慷慨多奇节，
> 为当年，沉吟不断，

> 草间偷活。
> 艾灸眉头瓜喷鼻,
> 今日须难决绝。
> 早患苦,重来千叠。
> 脱屣妻孥非易事,
> 竟一钱、不值何须说。
> 人世事,
> 几完缺。[6]

似乎是为了赎罪,吴伟业写了许多诗作来纪念殉国的忠臣。[7]他还对佛教产生了兴趣,并在生前的最后几年里,同钱谦益的老师弘储和尚一道研习佛学。[8]但他在一个阔绰朋友的庄园里安下新家之后,仍有大部分时间是同彭师度、吴汉槎和陈其年——"江左三才子"——等诗友一起度过的。表面上,他似乎无忧无虑,"贲园花木翳然,有林泉之胜,与四方士友觞咏其间,终日忘倦"[9]。但他的内心却充满忧郁,而这种心情看来与1644年崇祯帝自缢时他没能作出自杀的决定有关系。[10]1671年吴伟业在弥留之际要来纸笔,写道:

> 吾一生遭际,万事忧危,无一刻不历艰难,无一境不尝辛苦,实为天下大苦人。吾死后,敛以僧装,葬吾于邓尉灵岩相近,墓前立一圆石,题曰:诗人吴伟业之墓。勿作祠堂,勿乞铭于人。[11]

他终年63岁。

在吴伟业看来,明朝的覆灭是一种古老而浪漫的原始模式的再现,迷人的名妓使政治家们忘记了自己的职守,从而导致了国家的灭亡。由此,亡国的哀伤便会激起人们对诗的兴趣,并增加其美感。[12]正如17世纪《明末四百家遗民诗》的编者卓尔堪所言:"当天步移易之际,天之生才反独厚。"[13]那些诗才不如吴伟业的文人通常都转而写史。这既是为了纪念1644年的事变,也是为了埋葬这段历史。黄宗羲曾写道:"予观当世,不论何人,皆好言作史。"[14]当时,这一代明朝的忠臣对自身的历史有着强烈的羞耻感;他们以1644年为界,将自己的生活划分为截然不同的前后两个阶段。有些人,如著名的人物画家陈洪绶(1599—1652),在明亡之后更改了自己的名字,这反映出他们对自己以往那段历史的悲剧意识——即陈洪绶所谓"悔迟"。[15]

其他人,如历史学家张岱,则从根本上改变了他们的生活方式。张岱是绍兴一家以好善乐施著称的望族的后裔,其曾祖父是1571年的状元。1644年以前,他泰然自若地陶醉于漂亮的僮仆和娇美的侍女,以及戏剧、音乐、烟火、华服、佳肴、名茶等享乐之中。他在鲁王朱以海的小朝廷里供职时,清军征服了浙江,从此他便放弃了所有这些享乐。他舍弃了家里的山庄别墅以及他自己的书斋和稀世古玩,而归隐山林,去编撰他那部记述明朝历史的名著《石匮书》。当时,他写道:

> 陶庵国破家亡,无所归止,披发入山,駴駴为野人。……因思昔人生长王、谢,颇事豪华,今日罹此果报。以笠报颅,以蒉报踵,仇簪履也;以衲报裘,以苎报絺,仇轻暖也;以藿报肉,以粝报粻,仇甘旨也……[16]

无论是否有人有痛改前非的实际行动——这种悔恨之情显然是由对明朝覆灭的负罪感而引起的——所有忠于明朝的人都不再仕进,并相应地改变了他们的生活。[17]正如黄宗羲在自己的画像上所题写的那样:"初锢之为党人,继指之为游侠,终厕之于儒林,其为人也,盖三变而至今,岂其时为之耶?抑夫之有遻心?"[18]

做学问当然是这些亡明遗臣的一条出路。[19]"类皆胸蕴英奇,"卓尔堪写道,"不克见之行事,不得已而寄之于言。况既谢绝尘事,自毕力学问。"[20]学问迫使这些抗清运动的幸存者采取一种超然态度;而历史——他们的历史——则要求客观的记述。[21]顺便说一句,这就是康熙帝作出于1679年举行特科("博学鸿儒")考试,然后邀请中试者参与编写官修《明史》决定的缘故,这是欢迎这些明朝忠臣的一种极为重要的姿态。[22]尽管其中许多人不能公开参加编修工作,但他们至少可以通过已接受康熙帝邀请的朋友,将其记述晚明历史的著作呈交上去。[23]通过这种编修《明史》的方式,他们自身的历史存在得到了证实,而这正是其他任何表示赏识的方式都无法达到的,于是,所有明朝忠臣和降清汉官们便在维护儒家统治的事业中形成了共同的利害关系。[24]

明朝忠臣在对历史进行反思的最后阶段,还削弱了一种关于模棱两可和相对主义的道德观的强烈意识。正像黄宗羲所指出的,明朝忠臣的最大冲动产生于东林党运动的道德和精神英雄主义。但在晚明残酷的权力争夺中,东林党运动也引发了一场激烈的党争,而这对明朝衰亡所起的作用决不小于其他任何因素。这些激烈的党争在南明统治时期仍在继续,先后导致了福王的南京朝廷和桂王的追随者的分裂。简言之,明朝忠臣对遥远的道义目标的追求导致了眼前政治的混乱。此外,他们在继续强烈反对入清朝为官的同时,也能注意到那些通过与满族合作来完成其士大夫之使命的汉族同胞正逐渐取得具体的成就,后者实际上正在进行晚明士大夫想进行但未能完成的财政、法律和经济改革。[25]那么,他们所坚持的最终的善是什么呢?是作为明朝忠臣而蔑视清廷,还是那种拒绝为清朝效力但终究空虚无力的姿态?那些降清汉官在17世纪30年代和40年代大规模的农民战争结束之后,为了完成重建帝国的迫切任务而抛弃了英雄主义的幻想。历史是否会因此而对他们作出更高的评价呢?[26]

这些问题不只是道德上的困惑;它们也促使王夫之等思想家对历史动因的复杂性获得了比前哲更加深刻的认识。[27]王夫之的鲜明的历史循环论,将各种制度都放入其自身特有的历史发展系列中。一方面,这意味着旧式的复古主义在理智上是站不住脚的：人们不可能在封建制已经过时的帝国时代恢复井田制。[28] 另一方面，王夫之的历史相对论又确实消除了王朝兴衰的悲剧意味。他所看到的，不是制度与其时代的冲突（就像黄宗羲常常认为的那样），或更为天真地将此视为道德政府与暴君之间的永久冲突；相反，他指出，各种政治制度完全适合于它们形成时的特定历史阶段。在王夫之的历史哲学中，这种观念包含着一定的进化论因素：从原始社会，经过野蛮时代，进入封建社会，最后出现高度文明的时代。但就王夫之所阐述的他那个时代的一些更为有趣的理性思潮——这些思潮盛行于前明忠臣这一代人求学的时代——而言，最富启发性的是他的功能主义。如果制度与其时代相适应，那么，任何社会现象都仅仅是其时代的表现或特征。简言之，道德观念不是一些抽象的超历史的和超验的概念。相反，道德与道德批判不得不依赖于对特定时期内人物与事件之间的必然联系的深刻而全面的考察。[29] 在对司马光《资治通鉴》这部 11 世纪的史学名著的评述中，王夫之说：

> 其曰"通"者，何也？君道在焉，国是在焉，民情在焉，边防在焉，臣谊在焉，臣节在焉，士之行己以无辱者在焉，学之守正而不陂者在焉。虽扼穷独处，而可以自淑，可以诲人，可以知道而乐，故曰"通"也。[30]

因而，王夫之坚信，一般性隐存于众多的特殊联系之中。每一种联系都有自身的要求，并按照自己的规则去运作。[31]

王夫之的历史相对论异常高妙，但其"联系论"——他反对将单一抽象的道德范畴与他们所描述的联系相分离——并非独一无二。[32] 在明朝覆灭后的最初几十年间，所有严肃的道学家都被迫想方设法对这一巨大的文化创伤做出反应。[33] 某些儒家学派有他们自己的精神生活，并很可能把 17 世纪 10、20 年代的作者同 17 世纪后期的哲学家密切联系起来。[34] 但这些都是道德哲学最基本层次范围内的联系。其表层在明末与清初之际被彻底切断了，而这种断裂本身又是明清两朝同这场征服战争之间的分界。[35] 为了解释那令人震惊的历史事变，许多儒家学者摆脱了"理学"或"心学"的先验唯心论。[36] 例如，哲学家惠栋（1697—1758）把新儒学的"理"简单地描述为超自然的扩张力（表现为"好"或"仁"）与收缩力（表现为"恶"或"义"）之间的相互作用。这样，朱熹的"理"——宇宙间的合理关系——便同物质紧密结合起来，精神的价值被理解为事物之间的关系。[37]

公德与良知

王阳明的先天良知的概念也失去了说服力。[38] 在许多儒家学者看来，晚明社会世风日下主要应归咎于王阳明的这样一种幻想——即所有人，不论其学识或道德修养的水平如何，都有足够的道德控制力以形成他们自己的道德权威。因此，反对主观唯心主义的呼声更为强烈。王阳明的著作，被顾炎武轻蔑地说成是"无文之书"。[39] 陆陇其（1635—1692）则不仅斥责王阳明学派以"伪学"为基，还将晚明社会的混乱完全归咎于他的邪说的影响。[40] 陆陇其认为，王阳明及其门徒以新兴的圣人自居，反对古训，好像王阳明胜过所有先贤。而当王阳明的影响使学者们背离程朱之学时，"邪说"便败坏了公德。[41]

> 故至于启祯之际，风俗愈坏，礼义扫地，以至于不可收拾，其所从来，非一日矣。故愚以为明之天下，不亡于寇盗，不亡于朋党，而亡于学术。学术之坏，所以酿成寇盗朋党之祸也。[42]

尽管黄宗羲、李颙（1627—1705）和孙奇逢（1585—1675）等哲学家为调和王阳明和其批判者之间的矛盾,同时保留先天良知论和程朱"格物致知"论中好的内容而作了许多努力,但知识界普遍的反王潮流已无法逆转。[43]事实上,它甚至压倒了王夫之及后来的惠栋的精妙的功能主义。当一种新的经院哲学(在很大程度上反对所有认识论)吸引了所谓朴学和汉学学派的注意力时,道学家们便回到了清教徒式的宋代理学中去了。张履祥起初可能是刘宗周的学生,但他最后抛弃了心学;并与陆陇其一样,将明朝的灭亡归咎于党争、流贼和王阳明的《传习录》。此后,张履祥又投入了重申程朱"究经穷理"之学的陆世仪(1611—1672)的门下。[44]

由于程朱学派在清初得以复兴,并得到康熙等皇帝的直接支持,曾因1644年的事变而引起争论的该学派的价值又一次体现出来。[45]于是,作为一剂矫正道德相对论的良方,清王朝的反对者与支持者都企图恢复像忠、孝这样的绝对义务与责任。[46]忠于明朝的人可能怀有的一切内心疑虑,都随着他们自己的历史渐渐受到清朝统治者的利用与尊崇而被弃置一旁。

这种利用并非突如其来。清朝统治者对明朝忠臣,特别是有反满思想的人,必须忍受一种强烈的矛盾心理。作为直到1662年仍拥有一个皇帝和一支试图恢复中原的军队的南明政府的坚定支持者,这些明朝的忠臣被视为清朝的叛徒。[47]然而,作为一种能为任何符合儒家愿望的政府服务的抽象美德的典范,这些人在道德上的贡献又应当受到表彰。清朝皇帝及其汉族大臣对一般意义上的忠君观念都持赞美态度。[48]在"忠"被表述为对在位天子的赤胆忠心,而清朝君主又赞赏这种政治上的坚贞的同时,他们手下的儒生官僚也意识到应使这种绝对的忠进一步抽象化为支持当今王朝的天命。比干(他的心被暴君商纣王剖出)因甘愿冒死向违背天命的无道暴君谏争而受到后世的景仰。8世纪的唐朝学者李翰认为:比干的死意味着暴君末日的来临,比干的生命是挽回天命的关键;他难道不是商代史上一位具有决定意义的人物吗?[49]正是他那种不惜赴汤蹈火的精神,使比干成了那些在1644年的事变中幸免于难并保持了名节的人们心目中的不朽的形象。孙奇逢曾把比干的灵魂比作永远高悬太空的日月,给人以鼓舞和希望,令人景仰之至。[50]

正如比干备受敬仰是因为他的坚贞而非他的成功一样,明朝的忠臣们也愈益以其未失名节,甚至以其失败而自夸。他们的事业没能成功,他们肯定不知道他们的事迹是否为人们所传诵,但这些为明朝殉节的忠臣在顺治时期便受到称赞,而且其声名在有清一代不断提高。康熙帝也赞扬过这些忠臣,但一个多世纪以后真正使他们获得儒士最高荣誉的是乾隆帝;而十分有趣的是,他主要是出于对早已去世的降清汉官钱谦益的愤怒才这样做的。[51] 在1768—1769年间,乾隆帝通读了钱谦益的全部著作,发现其中有许多贬低满族及其他"夷狄"之处。乾隆帝声称,如果这些贬词出自真正的忠臣笔下,他或许会感到是可以接受的;然而,这些诽谤竟出自一个变节者之手,因此他尤为震怒。[52]

或者,像乾隆帝在1769年阴历六月颁布的一道圣谕中所解释的:

> 夫钱谦益果终为明臣,守死不变,即以笔墨腾谤,尚在情理之中,而伊既为本朝臣仆,岂得复以从前狂吠之语,刊入集中?[53]

乾隆帝回答了自己提出的问题。他敏锐地意识到,恰恰是由于钱谦益投降了清朝,才意识到后来不得不对清朝进行攻击。

> 其意不过欲借此以掩其失节之羞,尤为可鄙可耻。钱谦益业已身死骨朽,姑免追究。但此等书籍,悖理犯义,岂可听其流传,必当早为销毁。[54]

因此,一方面,乾隆帝发动了一场文字狱,以保人们之廉耻心。[55]他命令各地巡抚和总督监督其辖区内的每一家书坊和藏书楼上缴所有钱谦益的著作。这道圣旨甚至传到了僻远的山乡和与世隔绝的村落，使那里的人们也知道皇上决定销毁所有已出版的钱谦益的著作及用来印刷这些著作的木版。另一方面，乾隆帝决定褒奖那些似乎与钱谦益对立的明朝忠臣。[56]1776年，他下令编撰的《胜朝殉节诸臣录》宣告完成，其中授专谥者33人，授通谥者1505人，祀于所在忠义祠者2249人。具有讽刺意义的是，在1776年12月为此书问世而颁布的诏令中，在为殉节的"东林"和复社义士彻底昭雪、并声称明朝若重视他们的劝告就不会灭亡的同时，乾隆帝又制定出一些条文以发动那场中国历史上最大的文字狱。[57]当然，将二者连在一起的是这样一种基本理论，即臣应永远忠于其君，以证明自己的"坚贞"，而不论其君暴虐与否。人们重视的是忠臣的个人表现，而不是他们的集体成就；值得自夸的是个人的坚贞而不是政治上的胜利。[58]

然而，当明朝忠臣得到那种具体褒奖的时候，他们为明朝献身的精神早已被人们淡忘了。只是在新儒学的忠君思想不再专属于明朝的事业而开始与清朝的命运相连之后，清朝政府才能毫无矛盾心理地倡导这种美德，从而实现其自身从一个异族军事政权向一个握有统治天下之"天命"的合法君主的转变。这一过程——对清朝的忠逐渐压倒对明朝的忠——最终完成于1673年"三藩之乱"期间。

三藩之乱

三藩指云南和贵州的吴三桂、广东的尚可喜和福建的耿精忠。他们是清朝巩固其统治的最后一个重大障碍。顺治帝临终时曾允许这些封疆大吏在南方实行割据，因为没有他们的帮助，清王朝既无力剿除李成栋残部，也无法抵御驻守台湾的郑成功之子郑经的水师。然而，三藩的要价甚高，其中又以吴三桂最为贪婪：他要求获得由他直接控制的两省境内的实际上的宗主权,由朝廷为其军队提供每年1000余万两饷银,以及对湖南、四川、陕西、甘肃等相邻各省官吏的任命权。[59]

1673年4月28日,北京的清廷收到了平南王尚可喜的奏章。他自1633年以来一直在为满族冲锋陷阵,如今已达70高龄。由于年老力衰,他请求康熙帝准其致仕。若皇上恩准,他便打算将广东封国交给其子尚之信继承,而自己带领曾参与征服中原的旧"天助兵"部两佐及藩属2.4万余人归老辽东。[60]

没过多久,康熙帝部分地同意了尚可喜的请求。这位老将获准率其手下除绿营正规军以外的所有部队返回辽东。但皇上没有同意尚可喜让其子袭国的请求。康熙帝指出,广东已被尚可喜平定,因而没有必要让其藩国继续存在。

耿精忠与吴三桂得知尚可喜的请求及康熙帝所采取的行动后,也于8月要求辞职。根据那年以后所发生的事情,我们可以认同这样一种观点,即吴三桂只是想探探深浅,而并不希望他的请求被认真对待。当然,议政王大臣会议知道吴三桂的辞呈只是一种姿态;而参加会议的大多数人——以索额图的正黄旗为首——都因担心这位藩将的报复而主张拒绝吴三桂的请求。但另一派,主要是以兵部尚书明珠为首的年轻满洲旗人,则主张皇上应接受吴三桂的辞呈。[61]明珠说,清朝毕竟已将吴三桂的长子吴应熊(娶顺治帝堂妹恪纯公主,授子爵)扣在北京作人质。而且,在户部尚书米思翰的主持下,清政府已设法将各省府库积银运至京城,如果需要的话,足供10年战争之用。康熙帝面对这两种意见犹豫了一阵,最后在其祖母的劝说下,于1673年9月16日终于批准了明珠的建议,决定接受吴三桂的辞呈,并于九天后派两名特使前往云南处理权力交接事宜。[62]

吴三桂及其最亲密的谋士(包括其侄儿和女婿)得知皇上的决定后大怒。吴三桂的封国将在一夜之间被剥夺,其子孙盼望已久的继承权也将被剥夺。但另一方面,如果他们起兵抗旨,成功的可能性看来不小。

不仅满洲军队被过于分散地派驻全国各地，而且如果吴三桂公开宣布反叛的话，相邻各省的许多重要的汉族将领和官吏作为吴三桂昔日的部将也会起而响应。因此，1673年12月28日，吴三桂杀死了巡抚朱国治，逮捕了康熙帝的两位特使，下令恢复明朝旧制，并打起了周朝旗号，自命为周朝大元帅。[63] 他号召所有旧部率众相助，并向另外两藩求援，随后于1674年1月7日向贵州进发，当地的巡抚望风而降。2月17日，他的军队到达湖南边境。他致书该省所有官员（其中许多人是经吴三桂举荐而被任命的），并到处张贴告示。"周"军继续挺进，沿途城市一个个不战而降。至4月底，吴三桂便几乎全部控制了这一盛产稻米的省份，并准备在即将到来的收获季节向当地征税。不是因为他希望保住被扣在北京的儿子的性命，就是因为他考虑到在继续北上之前建立一个强大的根据地具有重要的战略意义，总之，吴三桂到湖南后便停止不前了，从而使清军有时间在湖北集结兵力，建立防线。

吴三桂要在湖南站住脚跟，还有赖于相邻各省，特别是湖南以南各省的支持。在这一点上，广西尤为关键，因为如果广西仍忠于清廷，广东便很可能采取同样的态度并出兵攻打吴三桂的后方。吴三桂起兵时，广西巡抚是马雄镇，他是17世纪50年代后期颇受顺治帝宠爱的第二代旗人之一。在为其父——原两江总督马鸣珮——守丧一年之后，马雄镇于1667年拜都察院左副都御史。由于赢得了摄政王鳌拜的青睐，他又于次年拜内阁协办大学士。1669年，当年轻的康熙帝开始亲政之时，马雄镇年仅35岁便被任命为广西巡抚。在离京赴任之前，康熙帝召见了他，并赐给他一件龙袍，以示优宠。[64]

作为广西巡抚，马雄镇有权监督剿匪，并在保持该省驻军的高额粮饷的同时采取措施削减不必要的开支。但他毕竟是个文官，该省军权主要在将军孙延龄手中。这位并不比马雄镇年长的孙延龄，是以一种极不寻常的方式得到这项官职的。其父是汉军正红旗军官，也是孔有德的部将，他本人自少便与孔有德之女孔四贞订了婚。孔有德在1646—1652

第十五章　从明至清的忠君思想　709

年间曾是清军主将之一，1646 年他征服了河南，1648 年征服了广西，最后将南明军队赶入贵州，1652 年被李定国击败，在桂林自杀。由于他对清朝忠心耿耿，顺治帝以隆重礼仪将其安葬在北京彰义门外，并对他的唯一后嗣女儿孔四真待以殊礼。1660 年，当她与孙延龄终于完婚之时，她被收养为和硕格格（皇族血统的公主），孙延龄则成了她的和硕额附，并以男爵成为议政王大臣会议的成员。两人还在紫禁城西华门外得到一座府第。此外，作为孔有德的遗孤，孔四真还得以在名义上统领仍在广西的其父的军队。[65] 1666 年，孔四真请求允许她全家迁往广西。由于当地的原统领正准备致仕还乡，孙延龄便代她受命为这支军队的将领，尽管他实际上毫无统兵经验。其结果是使该省局势在巡抚马雄镇上任后的几年之内严重不稳。1672 年，孙延龄因未经允许就自行任用下级军官而受到朝廷斥责。1673 年，他手下的官员（原是孔有德忠实的部下）向北京报告说孙延龄放任士兵凌辱百姓；于是，皇帝命勒德洪前往桂林查实。尽管指控被证明属实，因顾及与孔家的关系，康熙帝还是决定继续让他掌握该省的军权。[66]

这样，当吴三桂于 1673 年 12 月公开反清，并于 1674 年 2、3 月间占领湖南之时，广西的政局已相当不稳。孙延龄对那些在皇上面前指控他的部将仍怀恨在心；不久，他便决定趁此混乱之机对他们进行报复。1674 年 3 月 24 日，孙延龄发动了一场大清洗，派人逮捕并杀戮了广西军队中的 30 余名将领，这实际上包括了所有参将。然后，他自命为大元帅和安远王（安远是个会使人想起南朝齐梁两朝都城的地名 [原文如此——译者]）；同时，他又围攻马雄镇的巡抚衙门。[67]

马巡抚手下几乎没有军队，因而无法抵抗。他本想自杀而拒绝投降，但为其家奴所阻。结果，他被软禁起来。孙延龄没有杀他，先是极力劝说，继而又逼迫他一道起事。马雄镇仍不妥协。实际上，他已于 5 月秘密派长子世济，三个月后又派次子世永和长孙国祯，去北京报告广西局势，并请求迅速派兵救援。他还将康熙帝所赐龙袍送回北京，以便妥善保管。但他未见任何回信，也未得到任何帮助。最后，孙延龄被他的固执所激怒，遂将这位巡抚及其家人、属吏和家奴一道逮捕并投入监狱。当时，马雄镇再次企图自刎，但手中兵刃被其卫兵及时夺下了。

在此后的三年内，马雄镇的1个女儿、4个孙子和14个家奴死在狱中。但马雄镇仍然活着，这或许是因为孙延龄对吴三桂叛乱可能出现的结局似乎还没能做出明确的判断。孙延龄反叛后，吴三桂封他为临江王；但他只是部分地隶属于"周"政权。有人认为，马雄镇在几年监狱生活中表现出来的对清朝的赤胆忠心，阻止了孙延龄全心全意加入吴三桂的叛乱。[68] 更有可能的是，孔四真不断提醒自己的丈夫勿忘清朝对他们的优宠，从而使孙延龄部分地保留了对清朝的忠诚。当然，万一清朝获胜，他那位著名囚犯的安然无恙，便能保证孙延龄自己最终获得宽赦。

在耿精忠统辖的福建，局势与广西极为相似。和吴三桂一样，耿精忠也于1673年8月请求辞职，而且他比吴三桂更早得知朝廷接受了他的请求，准其带领15佐领亲军返回辽东。当然，有点希望吴三桂反叛的康熙帝，对耿精忠的忠诚也不抱幻想，他对新任命的福建总督范承谟就是这样说的。[69]

范承谟的殉难

范承谟是范文程之子，也是进入内三院的第一批获得进士出身的汉族旗人之一。顺治帝死后，他成为国史院的学士（应为秘书院学士——译者）。[70] 由于健康状况一直不佳，1644年他因病请求辞职，但由于素慕范承谟美名的其他官员几乎一致主张将他留在朝中，他的辞呈被摄政王鳌拜拒绝了。这是范承谟入为内阁侍读以及《顺治实录》的修撰之后还将重复出现的一种模式。1668年，范文程（应为范承谟——译者）第一次外迁为浙江巡抚，并实行了典型的文治措施。[71] 为了赈灾、减税及战后的垦荒,他对该省进行了一次广泛的实地考察,结果使他的身体更加虚弱。[72] 但当他于1671年再次请求因病辞职时,民众强烈要求他留任,致使康熙帝驳回了他的辞呈。次年冬天,范承谟被擢为福建总督。但他没有立即南下,即请求觐见皇上,并于1673年夏抵达北京。康熙帝对他极为关怀,召见之前先派御医诊视了他的病情,当其进殿见驾时,又热情慈爱地接待了他。皇上已接受了耿精忠的辞呈,遂告诉范承谟他打算撤销福建藩镇,召回耿精忠。在如此微妙的形势下,范承谟的任务显然困难重重,所以康熙帝要特别隆重地为他这位总督送行。临行前,范总督被赐以皇上穿过的袍服,以及良马、鞍辔和80名蒙古亲兵。[73]

范承谟到福州上任后不久,就得到了吴三桂叛乱的消息。当耿精忠表现出反叛迹象时,范承谟便立即着手组建一支总督自己的军队。他要求皇上收回解散该省军队的命令,建议在总督的监理之下实行军屯,并要求命令耿精忠拨两营兵归他亲自指挥。[74] 但是,范承谟很快就意识到,耿精忠很可能会在这些措施实现之前就采取行动。范承谟想将全省各地驻军的将领召至福州,借口是新任总督要会见他们;他甚至企图逃至漳州或泉州,以躲避耿精忠的部队。然而,1674年4月21日,耿精忠在福州起兵反清,自称元帅,并宣布恢复明朝旧制。在将范承谟及其左右逮捕并投入监狱后,耿精忠派曾养性率领一支军队进入浙江,并于6月攻至沿海地区;自己则亲率另一支军队进入江西,于1674年7月底抵达鄱阳湖。与此同时,即1674年5月25日,总兵刘进忠也在其南面的广东潮州起兵响应耿精忠。

康熙帝的对策最初是安抚。7月4日,他颁布了一道特谕,答应耿精忠如果投降便可获得宽赦和高位。当然,康熙帝最担心的是耿精忠会与台湾郑经的军队联合。幸运的是,耿精忠与郑经不可能结为联盟;事实上,在1674年和1676年,由于以往的争执,郑经的水师袭击了福建沿海的厦门及其他城市。但在耿精忠初起兵时,这并不是可以预料的;此时清廷则焦虑地等待着耿精忠的答复。1674年7月28日,清廷未见任何回音，遂将江南绿营兵调往杭州，并令努尔哈赤之孙、康亲王杰书全权负责平定耿精忠。然而，总兵曾养性的部队对浙江北部的进攻势如破竹（到年底只有杭州还在杰书的手中）；耿精忠也在江西东部连获大捷，致使康熙帝不得不考虑对台湾郑氏政权做出让步。1674 年夏秋是清廷占领北京 30 年以来最不景气的时期。华南大部分地区落入叛军之手；吴三桂甚至建议康熙帝或者自杀，或者返回东北（在东北"准"其攻占朝鲜）；达赖喇嘛则提出以长江为界，南北分治。[75]

这段时间被康熙帝称之为他一生中最为艰难的时光之一，但当时他毫不动摇。1674 年 4 月，他下令动员所有满、汉、蒙军，最后集结了20 万八旗军和 40 万绿营兵，以武力镇压叛乱。5 月 18 日，吴三桂的书信传到北京，信中语气傲慢，并自夸已收复了原明朝领土的 1/3。康熙帝大怒，下令处死被扣为人质的吴三桂之子吴应熊。但从清廷的角度来看，在以后的几个月内，局势还将进一步恶化。在山路崎岖的四川，总兵王屏藩叛变，并宣布与吴三桂结盟。[76] 康熙帝令陕西将领王辅臣（原来也是吴三桂的部将）进攻四川，但他反于 1674 年 12 月叛变，并于次年初攻占了甘肃东部地区。由于兰州落入叛军之手，清廷与甘肃西部忠于清朝的张勇的部队失去了联系。1675 年 4 月 19 日，蒙古察哈尔部在布尔尼的统领下起兵，并威胁着沈阳；仅仅是由于运气好，亲王鄂扎和大学士图海才率领一支由缺乏训练的旗人、临时召集的家仆和庄奴组成的乌合之众，设法保住了这座清朝旧都，使之免遭劫掠。1676 年 3 月，尚可喜之子尚之信，公开承认他接受了吴三桂所封的辅德王称号，从而参加了反清叛乱。尚可喜还活着——并仍忠于清朝——就被他的儿子抛到一边，不久他就一命呜呼，把广东留给了那个发誓要推翻清王朝的有名的虐待狂和杀人魔王。[77]

但是，大多数汉人仍然忠于清朝。这部分是由于吴三桂的形象——他曾叛明降清，而如今又再次投机反清——实在令人厌恶。甚至连顾炎武这样一个坚定的明朝忠臣也不能宽恕吴三桂先前的背叛，说他现在的反叛"蠕动尔外,岂有它哉"[78]。因此,江南这一全国的经济中心仍在清朝的牢固控制之下。[79] 由于江南财富在其掌握之中,加上北方纳赋地区和已收至中央府库的各省积银,清政府能够为其军队提供充足的粮饷和装备昂贵的火炮。叛军则因被切断了与长江下游的联系而财力不支。[80] 当然,湖南也盛产稻米,但吴三桂的赋税超过了当地人民的承受能力。西北的王辅臣则发现他的军队几乎不能得到粮食或增援。1675 年,三藩实际上只在战术上赢得了这场内战的胜利。战略上的胜败将取决于双方的物质资源,以及康熙帝能否继续赢得汉族地区将领,特别是具有战略意义的西北将领之忠心,因为清军必须从西北直插四川和湖北。1676 年,由于西北各省具有关键性作用的汉军各旗和绿营兵将领的殊死支撑,战略形势开始向有利于清朝的方面转化。1676 年 7 月 11 日,王辅臣在清军围困下粮草俱尽,遂降于清朝,从而为清军进攻四川打开了通道,并使湖北的清军能腾出力量对付吴三桂。[81]

耿精忠也逐渐感到粮饷不足,很难坚持下去。他的将领开始拒绝执行命令,并且由于清军的矛头已转向他们,温州(浙江东南)的总兵曾养性和衢州的总兵马九玉不得不在清军对闽藩的强大攻势面前首当其冲。当耿精忠开始考虑自身命运——也许想到康熙帝曾答应他,如果投降便可得到宽赦——之时,他仍将范承谟囚在福州。[82]

在 1674 年范承谟及其家人、部属初入狱时,他曾试图绝食自杀,从而立刻结束自己的生命。但不久以后,他决定不用这种方式自杀。相反,在几个月的监狱生活中,范承谟开始为一种更为高尚的牺牲作准备。他对身边的僚属和追随者大声说道:他的希望是法王和如来佛将拯救他们摆脱磨难。为将这种冥想付诸实践,他还将自己及身边的人们比作比丘(能创造奇迹的游方僧)和沙门(和尚)。[83] 在其牢房(他称之为"蒙谷")的墙壁上,范承谟用木炭大书忠臣田横和苏武之名,并反复诵读屈原(前 343?—前 280?)的《离骚》。[84] 屈原的形象尤其使他着迷,他一遍又一遍地同其文吏嵇永仁讨论屈原之死，从而进一步加剧了他对这位南方诗人政治家的迷恋。[85] 屈原通过自杀获得了一种特殊的精神上与历史上的不朽，而范承谟如今认为这也将是他的命运。在与其随从颂扬屈原的同时，[86] 在牢房中范承谟开始将自己的衣服视作忠和孝的象征。每月的初一和十五，范承谟都要恭恭敬敬地戴上皇帝赐给他的官帽，穿上他最后一次见到母亲时所穿的长袍，以示对其君主的忠和对父母的孝。他那羸弱多病的身体使他成了追求其狂热信仰中这两种崇高目标的牺牲品。他写道："既委身事主，父母之身，即君之身。古云：'君忧臣辱，君辱臣死。'"[87]

当范承谟在福州监狱中逐渐萌生以身殉国、做清朝模范忠臣的想法之时，耿精忠得知杰书正南下进攻驻守衢州的马九玉部。1676年9月，杰书攻克此城。耿精忠开始意识到他必须立即向这位清朝将领妥协。然而，如果他打算投降，不让那些可能有朝一日会证实他以前的叛逆行径的见证人留在世上便很重要。因此，10月22日，耿精忠下令将范承谟及其随从人员杀死。当晚，刽子手就来到牢房，执行这项任务。范承谟为之准备了700个日夜的最后时刻终于来到了。他穿戴好那神圣的衣冠，平静庄严地面对刽子手；但当其中一人轻蔑地从他头上摘下那顶御赐的官帽时，范承谟勃然大怒。他举起带着枷锁的双手掐住了这位狂妄之徒的喉咙，若不是卫兵及时相救，他几乎扼死了那个家伙。于是，这些已被镇住的刽子手默默地站到一边，范承谟从容地戴好他的帽子，整理了一下衣服，面向北而跪。他不慌不忙地叩了九个头，又朝北大声颂扬了他的母亲和远在京城的皇帝，然后挺身受死。范承谟刚刚完成他的仪式，刽子手们便上前将他一刀砍倒。[88] 在这同一个晚上，他们还杀死了范承谟的53名部属。第二天一早，尸首被秘密移至野外火化，以掩盖其丑行。几个星期后，即1676年11月9日，延平城被杰书攻克后，耿精忠向清朝投降了，并主动要求帮助清军平定其他藩镇。[89]

清朝的忠君思想

尽管有人说，对耿精忠的叛乱之罪宜慎重处置（康熙帝不许杰书惩治这位藩将，因为他不想阻止其他叛军将领投降），但朝廷对范承谟之死不能不问。范承谟的贴身仆人中有个幸存者，名叫徐鼎，他设法从火堆中取回了范承谟被烧焦的遗体，将其带到北京，并在北京公布了这位清朝忠臣写在牢房墙上的诗文。[90] 正当鹿死谁手尚难预料之时，范承谟殉国的消息传开了，并对公众舆论产生了极大的影响。范承谟英勇就义的故事迅速传遍了整个京城，人们普遍期待着为范承谟举行葬礼，其中主要的代言人是著名戏剧家李渔。李渔（范承谟的挚友）在悼词中鲜明地强调了范承谟为拯救清室而进行道义上的反抗的重要性。由于范氏家族是所有源于关东的辽阳大族中的巨族，又因为其父范文程在帮助多尔衮"承天运"的过程中扮演了一个重要角色，范承谟的态度便决定了其他许多汉族旗人的反应。李渔强调说，如果他加入了耿精忠的叛乱，那么毫无疑问，许多关东的其他大族也会反叛，而清室便会灭亡。确实，这是一个几乎无与伦比的忠臣，一个当然应与历史上最著名的人物齐名的忠臣。因此，李渔最后说，在他的灵柩之下应放置两个而不是一个人的牌位，一个是范承谟本人，另一个是宋朝的伟大爱国英雄文天祥。

> 盖先生之臣节，求之千古上下，惟天祥一人，足以媲美。[91]

不久以后，康熙帝赐给这位大清忠臣谥号"忠贞"，并追授太子少保、兵部尚书。[92] 在此后的几年中，康熙帝还不断提起范承谟的贡献，并常因想起他的殉难而感动不已。1682年，当三藩终于被决定性地击溃，不再需要谨慎从事之时，康熙帝亲自下令将杀害范承谟的凶手耿精忠处以极刑。[93]

但眼下的情况是这样的。1676年耿精忠投降时，他这一重新归顺清朝的举动肯定使广西叛将孙延龄大为犹豫。耿精忠的背叛显然得到了宽恕,他也能得到宽恕吗?不管孙延龄实际上是否这样向自己提出了这个问题,反正吴三桂有充分理由相信,他背后的这个同盟者正在发生动摇。因此,1677年秋,吴三桂派他的孙子吴世琮前往桂林。孙延龄以为吴世琮要取道广西去进攻广东,因为那年1月广东的尚之信向安亲王岳乐(江西清军的统帅)投降了。[94]但当孙延龄到桂林城外迎接吴世琮时,却被当场拿下,并被斩首,广西遂被吴世琮以吴三桂的名义接管。[95]

吴世琮接管桂林时,发现巡抚马雄镇及其僚属和家属中的幸存者仍被关在牢中,孙延龄一直没杀马雄镇以备将来万一需要投降时用他作为讨价还价的资本。吴世琮没有这种打算,但他确实意识到,这位有名的旗人、清朝著名总督的儿子、其妇女曾全部为明朝殉难的辽阳世家的后裔,若能倒向吴三桂一边,那么其他汉官就会步其后尘。因此,他想逼迫马雄镇降"周",但再三遭到马雄镇的拒绝。最后,吴世琮改变了策略。1677年11月6日,他邀请马雄镇和他的两个幼子参加精心安排的盛宴。以厚礼相待,酒过三巡之后,吴世琮恭恭敬敬地恳请马巡抚加入他们的正义事业。在后来出现的描写这一著名事件的剧本中,马雄镇重申了他对"握神兵,安民杀贼;定中原,天与人归"的清王朝的忠诚。[96]既而他又愤怒地转向吴世琮,斥骂其祖父吴三桂是这样一个奸臣:

> 既事二君,复萌异志,死无面目以见先皇……结皇亲,贪他沰沰杯;恋君王,不若圆圆妓。[97]

吴世琮受到如此污辱,立即撕下了尊敬与爱慕的假面孔,气急败坏地命其手下将马雄镇和他的儿子带出去,关进一座铁匠作坊里。在他和两个孩子及其九名仆人被从巡抚署衙押至铁匠作坊的路上,马雄镇仍不停地斥骂吴氏家族卑鄙的叛逆行径。他们来到作坊后,卫兵告诉马雄镇还有最后一次投降的机会。随后,他们抓住了两个孩子,把刀架在他们

第十五章 从明至清的忠君思想 717

的脖子上,威胁马雄镇说,如若不降,就杀了他的儿子。马雄镇拒绝玷污自己和家族的荣誉,但不忍目睹自己的儿子惨遭杀戮。他把身体转向一边,仍坚持认为吴三桂及其军队不过是杀人犯和土匪。不一会儿,吴世琮的人便把他儿子的血淋淋的头颅扔在他脚下。马雄镇浑身颤抖,既而用双手抓住两颗人头,突然向那群士兵冲去。士兵们举刀便刺,马雄镇向后退去,趁被刺倒下之前向他的皇上行礼、祈祷,一遍又一遍,直至死去。终年44岁。最后,那九位目睹了这场屠杀又不得不强压怒火的仆人,被挨个问及是否愿意投降。他们一个个表示拒绝,遂被全部杀死,无一幸免。[98]

  杀了马雄镇对吴三桂毫无帮助。至1677年4月22日,岳乐从江西西部的"周"军手中夺取了吉安,并开始对吴三桂湖南老巢的防线进行刺探。这位已经65岁的藩将,亲自部署防守,随着清军的包围越来越紧,他对前线阵地一个个进行巡视。1678年3月23日,几乎表现为一种垂死的挣扎——吴三桂即位了,自命为周朝皇帝,定年号为昭武。有人认为,陈圆圆此时和他在一起,她的容貌虽有些衰老,但仍相当漂亮。1678年夏,这位周朝皇帝撤至衡州,打算在此稳住阵脚。但到秋天,他染上了痢疾,身体十分虚弱。最后,吴三桂于1678年10月2日死去。据说,陈圆圆立下誓言,出家为尼了。[99]吴三桂之孙吴世璠继承了皇位,但这个周政权没能延续多久。尽管这位年轻的洪化皇帝在1679年3月24日衡州陷落后向南远逃至贵州,但1679年11月初,康熙帝命图海指挥西北的清军发动了一场大规模的战役。1680年2月,攻陷了成都。一个月后,重庆也落入了清军手中。1680年10月,康熙帝命赉塔率另一支远征军从广西攻入云南;随后他宣布云南境内所有被吴三桂非法强占的土地都将归还原主。由于当地名流站到了清朝一边,两路清军几乎未遇任何抵抗,便于1681年4月到达了云南省会城下。1681年12月7日,吴世璠在其祖父起兵反清近八年之后,于昆明城内自杀身亡。三藩之乱遂宣告结束。

当时，康熙帝也知道了吴氏杀害马雄镇的情形。[100] 同范承谟之死一样，马雄镇以身殉国，也受到了高度赞扬与褒奖。也同前者一样，在清朝统治集团全力以赴战胜它所面临的最大挑战的时候，马雄镇的殉难象征着又一新的和持久的对清朝皇帝统治的支持。结果，马雄镇之死竟比平定三藩的胜利具有更为深远的意义。由于他的死，以及当时的形势，满族的历史及其对中国的征服似乎又回到了原来的位置。马雄镇的曾祖父马重德毕竟曾是明朝大臣，他对明朝的忠诚和马雄镇对清朝的忠诚同样坚贞。这不仅是由于当桂林事件的细节在北京已广为人知之时，朝廷才了解到，马氏家族的殉难者比那铁匠作坊中的12人要多得多；而且是由于后来发生的悲剧甚至比那12人的殉难更引人注意。

就在1677年11月6日晚上，马雄镇及其两个幼子的死讯被带回桂林监狱中仍关着马氏其他成员的潮湿的牢房。牢中马家的妇女听到这一消息后，想起了马氏族谱中自豪地记载着的1621年那悲壮的一天。那是将近60年前的事。当时马家的妇女，包括42名家眷和女仆，在马与进被后金俘获后在辽阳集体自杀。而今，马雄镇之妻李夫人又目睹了同样的场面。首先，马世济之妻董夫人试图悬梁自尽。绳子断了，她掉了下来摔破了脸，但她又再次结好绳索，并且成功了。随后，马世济之妾苗氏、马雄镇的两个未成年的女儿二姐和五姐、马雄镇的两个妾（顾氏和刘氏），一个接一个地自杀了。每当一个人死后，李夫人便把尸首取下，为其穿好葬衣，用被子盖上。然后，她又目睹了18个女仆自杀。自杀从当天晚上至次日早晨一直在进行。24名妇女全部死后，李夫人面向北，行九叩礼，最后也悬梁自尽了。两个男仆流着眼泪，取下她的尸首，并获准将所有的尸体运到外面火化。他们把骨灰安放在附近的广福寺中。[101]

这种逐渐进入高潮的连续自杀的悲剧场面，使清廷大为震惊，并顿生敬畏之情。马家38位成员的殉难甚至比范承谟之死更集中地体现了那些在三藩之乱期间最黑暗的日子里站在清廷一边的人们的忠诚。于是，清廷对马氏家族大加褒奖。1680年，康熙帝举行隆重仪式，赐已故马雄镇太子少保和兵部尚书之职，并赐谥"文毅"。幸存的长子马世济被赐予1669年康熙帝赐给其父的那件龙袍，并授大理寺少卿。1682年8月15日，李夫人也因"深报朝恩"被赐诰命。也在这一年，三藩被彻底消灭之后，清廷特意在广西为马雄镇立祠，以宣扬忠于清朝的思想。[102]

马家成员自杀殉国的事迹激励18世纪的剧作家蒋士铨创作了一部名为《桂林霜》的戏剧。此剧在乾隆年间流传甚广。其中一部分颂扬了马家的美德。在最后一段中，那些辽阳女子在来世又得以同桂林英烈重聚，并对他们唱道：

六十年人家可怜，

六十年人家又传。[103]

但剧中大部分内容，以及当时记载这一事件的编年史和家族史，都将马氏家族的殉难描述为超越了而又具体体现出对特定的相互对立的正统王朝之忠诚的最佳象征。明朝有忠臣，清朝也有忠臣。但辽阳马氏却证明，一种始终保持单一门风的家族传统既能容纳在单一世界秩序下对特定王朝的忠诚，也能在统一的道德世界中把平时的理想主义与战时的清教主义结合为一种为个人名誉的纯粹的献身精神。通过马氏家族，历史终于回到了原来的位置，而清朝如今已同明朝完全相称了，它不仅取代了明朝的统治，而且能够胜任。这位剧作家在《桂林霜》中说道："古史忠良有万千，国史忠良后媲前。"[104]

马氏家族的殉难还激发了百姓的想象力，因为他们总结了天命从一个王朝转向另一个王朝的缓慢而难以驾驭的进程：祖母是一个明朝忠臣；父亲归顺于满洲；儿子是一个清朝忠臣。这是三代人的经历，也是中华帝国60年的历史。在一种非常现实的意义上说，马雄镇之死集中体现出在长期的军事征服之后，清朝的统治已稳定下来。多年来，对汉族同盟者的依赖曾是清朝的致命弱点。他们多次看到某些汉族同盟者的变易无常，以及（恰恰因为满族人被视为外来的入侵者）他们在姜瓖一类冒险家，或打起明朝或汉族其他王朝之旗号的吴三桂一类军事将领面前的脆弱和动摇。因此，对三藩的战争是同那些认为满族需要他们超过他们需要满族的叛逆者的最后较量。三藩之乱被平定后，主要因为大多数汉官愿意站在朝廷一边，康熙帝及其大臣才认识到清朝的建立并非"伪定"，而是中华帝国历史中又一鼎盛时代的真正开端。[105]

当然，他们是对的。在清朝统治之下，中国比其他任何国家都更快地摆脱了17世纪的全球性经济危机。[106]令欧洲君主羡慕的是，在多尔衮、顺治帝和康熙帝奠定的牢固基础上，清朝统治者建起了一个疆域辽阔、文化灿烂的强大帝国。在此后的近两个世纪中，中国的版图几乎比明朝的领土扩大了一倍。因而无论国内还是国外，都再没有真正的对手能够向清朝的统治挑战。[107]然而，大清统治的和平却在另一方面付出了代价。由于在18世纪席卷欧洲大陆的战争中，双方的兵力几乎相等，因此参战国不得不大力改进其军事技术，并对其专制政体进行合理化改革。[108]中国则因缺乏竞争对手，除了为征服相对落后的亚洲内陆人民、抵御哥萨克的侵扰及维持对东南亚和朝鲜的宗主权所需要的军事实力外，没有改进其军事技术的强烈愿望。[109]并且，尽管清朝于18世纪建立了军机处，从而导致了清廷最高层权力的又一次集中，但雍正时期的财政改革却没能坚持几年，这些改革本来也许会为清政府提供日后在同西方的斗争中为更有效地征收人头税所需要的财政手段。[110]这不仅是因为缺乏有力的对手迫使清政府为了在国际竞争中生存下去而进行体制改革；而且是因为清初统治者在运用相当进步但属传统类型的制度与技术以恢复政治稳定的过程中，获得了彻底的成功。权力高度集中而未得到彻底的合理化改革；君主的权威提高了，官僚政治的积极作用却下降了。[111]

1835年，对中国的形象仍在某种程度上进行学者式赞美的托克维尔写道：

> 游客告诉我们，中国人安宁但不幸福，有工业但不进步，稳定但不强大，有物质性的秩序但无公共道德。由于这些，社会的发展还算不错，但不是很好。我想，当中国向欧洲人开放之时，他们会发现那是世界上中央集权制的最佳模式。[112]

那些最后用武力敲开了中国大门的欧洲人发现，清朝的统治不像托克维尔所认为的那么好。权力仍然高度集中，但行政管理网络的末端已开始同官僚系统的指挥中心脱节。甚至更糟的是，整个系统已放弃了它在清朝初年曾经有过的弹性。而可悲的是，正是17世纪清朝重建统治秩序的成功，使之在19世纪强大的外来干涉再次出现之时，难以做出制度上的选择。在清朝灭亡的最后时刻，整个政治结构也随之崩溃了。清朝的洪业终于被耗尽，帝国的秩序已无法恢复了。

注释：

1 据光绪时所修昆山和新阳两县县志中的风俗条记载：江南绅士因"奏销案""半归废斥"，"然里巷狡猾不逞之徒见士绅无所畏避，因凌轹之，士绅也俛首焉，又风俗之一变也"。《太仓风俗记》中也有同样的描述：士大夫为时局所迫，"杜门谦退，苦身自约，渐不为闾巷所尊矣"。引自郭松义：《江南地主阶级与清初中央集权的矛盾及其发展和变化》，第135页；又见袁清：《城市暴动与骚乱》，第300页。

2 南园啸客：《平吴事略》，第113—114页，谢国桢：《清初农民起义资料辑录》，第134页。

3 《明清史料》丁编第八本，见谢国桢编：《清初农民起义资料辑录》，第138—139页。另一个这种异想天开的阴谋的例子涉及祁彪佳的两个儿子：祁班孙与祁理孙。他们俩皆因收藏善本书籍和参加无休止的聚会而闻名遐迩。"其诸子尤豪，喜结客，讲求食经，四方簪履，望以为膏粱之极选，不胫而集。及公子兄弟自任，以故国之乔木，而屠沽市贩之流，亦兼收并蓄。家居山阴之梅墅，其园亭在寓山，柳车踵至，登其堂复壁大隧，莫能诘也。"谢国桢：《明清之际党社运动考》，第235页。大约在1660年，这两位游手好闲之徒和一个名叫魏耕的冒险家相遇了。此人是杭州湾南岸慈溪县的一个布衣，在安徽北部建立了一个称为亳社的秘密团体，并暗中散布说，他打算将该地所有的明朝忠臣重新联合在一面旗帜下。祁氏两兄弟兴奋地将他邀至他们的田庄。然而魏耕只有在其欲望得到满足时才会显得愉快、有礼，兄弟俩也就只好用美酒、妓女和剑谱取悦这个亡命之徒。他们对此甚感厌恶，但为"忠义"之故仍然维持着这种关系。最后，到1662年，清政府将魏耕列入通缉名单，兄弟俩也以同谋罪被逮捕入狱。祁家为营救他们俩而上下打点，结果弄得倾家荡产。理孙死在狱中；班孙被放逐辽东，于1677年设法重获自由，遂回到江苏削发为僧。谢国桢：《党社运动》，第235—236页；也见恒慕义：《清代名人传略》，第126页。

4 1656年，正负责编纂太祖和太宗二帝《圣训》的吴伟业，请求归乡以葬其继母张氏。1657年阴历二月，他抵达太仓。科场丑闻爆发后，他写了几首诗寄托对他的几位遭到惩罚的朋友的痛惜之情。马导源：《吴梅村年谱》，第62—66页。

5 吴伟业：《圆圆曲》，见其《吴诗集览》第七卷上，第9页。越女，即西施。她是公元前5世纪越王送给吴王夫差的美女。夫差为之倾倒，在她身上大肆挥霍，而她则将此情形秘密告知了越王。夫差被越军打败后自杀。西施最后知道了自己在这场阴谋中所扮演的角色，遂自杀。"屐廊人"指的是在空旷的白色大理石长廊中漫步，并用陶罐敲出银铃般悦耳声响。"宫"和"羽"是五声音阶中的第一个和最后一个音阶。

6 伯奇：《中国文学选集》第二卷，第134页。

7 其例见吴伟业：《吴诗集览》第十五卷下，第13页。吴伟业的诗始终有一种负罪感，因为他的许多同窗好友都在1644—1655年间以身殉国，而他却没有自杀。例如："故人往日燔妻子，我因亲在何敢死？憔悴而今困于此，欲往从之愧青史。"吴伟业：《遭闷诗》，引自孙克宽：《吴梅村北行前后诗》，第3页。

8 黄之隽等：《江南通志》第一七四卷，第7页。弘储是江南著名高僧三峰的弟子。

9 吴伟业：《吴诗集览·谈薮》上，第2页。

10 孙克宽：《吴梅村北行前后诗》，第4页。

11 马导源：《吴梅村年谱》，第78页。邓尉山在吴县西，灵岩山在该县南，紧靠太湖。赵尔巽：《清史稿》第一一七卷，第8页。

12 肯定有许多人用这种方式理解明朝的衰亡。对南明政权的失败表示同情的人也相当普遍。《桃花扇》于1699年秋在北京上演，直到1700年春仍场场爆满，许多观众泪流满面。作者孔尚任当时写道："长安之演《桃花扇》者，岁无虚日……然笙歌靡丽之中，或有掩袂独坐者，则故城遗老，灯施酒阑，唏嘘而散。"见张春树、骆雪伦：《孔尚任与桃花扇》，第322页。

13 兰德彰：《顾嗣立〈元诗选〉和17世纪的忠君思想》，第21页。宋濂是明初政治家，曾做过元朝的官。人们对他这样的过渡性人物极感兴趣。宋濂被视为在异族统治期间保持中国文化的代表人物。吴伟业认为他的文章登峰造极，恰逢圣贤之君。即出仕于朝，助创大业，这正是那些草泽隐逸之士，执守斯文，翘首以待圣人之起，并由此而给他们带来无限荣耀与业绩所走的一条共同的道路。（"斯文"出自《论语·子罕》第五章，孔子的意思是，贤君既没，文化必将保存于贤人之中。）兰德彰：《中国的文化主义和根据元代所做的类推》，第372页。

14 《谈孺木墓表》。见谢国桢：《明清史料研究》，第324页。

15 恒慕义：《清代名人传略》，第87页；吴乃荪：《董其昌》，第260页。另一著名画家龚贤，感叹道：吾等实乃"小人"；如僧人之避肉欲。西尔伯格德：《龚贤柳林中的自画像》，第8页。

16 吴乃荪：《董其昌》，第261页；又见恒慕义：《清代名人传略》，第53—54页。在许多同类的例子中，明朝忠臣有意引起对13世纪的画家龚开或文学家邓牧等南宋"遗民"的怀念。邓牧留下了这样一句名言：成王，败寇。何惠鉴：《蒙古人统治下的汉人》，第93—95页。

17　当然，有些人确实想在入清后继续他们在明代就喜欢的活动。色情小说《肉蒲团》的作者、冒襄的同乡李渔，仍是一位享有盛誉的职业墨客。清军入关后，他的剧本常由他的戏班在达官贵人家中演出。1657 年游历北京后，他回到南京，在南城门附近建了一座有名的芥子园，并开起了书坊。恒慕义：《清代名人传略》，第 495—496 页。许多学者，尤其是第二代学者，对出仕清朝仍有着强烈的矛盾心理。斯特鲁弗：《矛盾心理与行动》，第 326—331 页。

18　林伾圣：《人与思想》，第 188 页。在此后的日子里，黄宗羲致力于振兴其老师刘宗周的学术，并于 1667 年在绍兴重开了刘宗周的证人书院。黄宗羲写道："始学于刘子，其时志在举业，不能有得，聊各戢山门人之一数耳。天移地转，僵饿深山，尽发藏书而读之。近二十年中，胸中窒碍解剥，始知囊日之孤负为不可赎也。"引自狄百瑞：《帝国的蓝图：黄宗羲》，第 42 页。有两种不同的忠明思想需加以鉴别：一是"代际调节"，这是鼓励其子侄出仕清朝的黄宗羲与顾炎武等人物的特点；一是"大汉族主义"，其代表人物是丧失了生员资格并认为下一代人不应为外来征服者效力而损害自身名誉的吕留良。费席尔：《清初遗民的抉择》，第 37—43 页。黄宗羲和吕留良原是朋友，后来为争夺祁彪佳的书楼，即著名的淡生党，而发生争吵。同上书，第 9 页；又见费席尔：《吕留良的生平》，第 38—41 页。

19　白乐日曾指出，许多明朝遗民的生活实际上可分为两个不同的阶段："第一阶段充满着狂热的政治活动；第二阶段——更为长久、更为重要、但对政事保持沉默——则属于创造性工作时期。"白乐日：《中国传统的政治理论和行政现实》，第 19 页。艾尔曼也提到："1644 年清军入关后，南方文人率先找到了摆脱因明朝灭亡而造成的进退两难的办法。他们从追求道德修养向从事考据的学术研究的转变，是汉人对明朝灭亡所做出的反应中的关键部分。"艾尔曼：《清朝的学术流派》，第 6 页；又见罗普：《近代中国的异议：〈儒林外史〉与清代的社会批判》，第 47 页。关于此时欧洲思想界出现的类似"冷却"状态的富于启发性的评论，见鲍斯玛：《17 世纪社会的世俗化》，第 10 页；沃勒斯坦：《近代世界体系》，第 33 页。

20　兰德彰：《顾嗣立〈元诗选〉与 17 世纪的忠君思想》，第 22 页。

21　这一客观记述其历史的要求是 17 世纪 40 年代庄廷鑨编纂明史的主要动机。然而，这部私修的《明史纪略》因使用明朝正朔和直呼清朝先帝之名而过多地表现出对明朝的忠诚。结果，1663 年，编者与出版者共有 70 人被杀，其家属被发配东北为奴。奥克斯南：《鳌拜摄政时期的政策与制度》，第 281—282 页。

22　这次特科考试是 1678 年 2 月宣布的，此时"三藩之乱"已经爆发，康熙帝试图通过它来阻止旧明遗臣投奔吴三桂。其举行是在 1679 年 4 月，应试者共有 152 人，中举者 50 人。其中 80%（40 人）来自浙江和江南。这或许是唯一公正的考试。《南疆绎史》的作者温睿临认为，明朝忠臣子孙的这次成功是上天报偿为明朝殉难者的一种方式。斯特鲁弗：《传统中国社会中史学的作用》，第 41 页；凯斯勒：《康熙》，第 158 页；米勒：《派系斗争和清朝的政治整合》，第 97 页；斯特鲁弗：《矛盾心理与行动》，第 328、329 页，及其《康熙时期徐氏兄弟和学者们的半官方资助》；威尔海姆：《1679 年的"博学鸿儒"科》。1680 年，黄宗羲致书于刚刚被任命为明史馆监修的大学士徐元文，要求为他的儿子在史馆中谋一职位。狄百瑞：《帝国的蓝图：黄宗羲》，第 44 页。

23　实际上，1679 年的特科考试恰好是在招揽下一代学者的时候举行的，因而为编修《明史》提供了一批史学家。这些参与编修《明史》的人在清朝入关之初几乎只有 10 岁或 15 岁。斯特鲁弗：《康熙时期的徐氏兄弟和学者们的半官方性资助》，第 16—17 页。

24　编修《明史》为那些因明朝灭亡而心灰意冷的清初知识分子提供了一个以公开的和分析的方式探讨明朝灭亡原因的机会。"《明史》的编修决定性地结束了汉族士绅阶级中重要分子的顽固态度，并恢复了他们对清廷做出的尊重其传统价值观和特权的许诺的信任。"凯斯勒：《康熙》，第 166 页；又见斯特鲁弗：《传统中国社会中史学的作用》，第 141、

153—154 页，及其《矛盾心理与行动》，第 336 页。

25 对具有治国才干的明朝忠臣来说，这种进退两难的矛盾最为尖锐。他们出于对明朝的感情不能接受清朝的官职，但又不能忘怀作为进士所承担的以天下为己任的义务。对他们来说，自我修养不过是清静无为，除此之外的唯一选择便是学问或"汉学"。即使最入迷的学者——像黄宗羲一类的历史学家，或顾炎武一类的文献学家——也肯定对其撰写的著作同其拒绝参与管理的社会之间的差距产生过痛苦的疑虑。当然，这就是他们著述如此之多的原因。关于这一矛盾的透彻研究，见杨成：《幸存者：清初的思想压力》，第 2—5 页。顾炎武的确想努力将个人为一个王朝效力同为保存一种文明所必需的共同努力区别开来。在《日知录》"论正始风俗"条中他写道："有亡国，有亡天下。亡国与亡天下奚辨？曰：'易姓改号，谓之亡国。仁义充塞，而至于率兽食人，人将相食，谓之亡天下……'是故知保天下，然后知保其国。保国者，其君其臣肉食者谋之。保天下者，匹夫之贱与有责焉耳矣。"引自暮泊：《中国文化与天下观念》第六卷第十期，第 9 页。于是，顾炎武终于放弃了面对紧要关头的个人英雄主义，而承担起一种共同的义务，即趁全面重建之机，使天下趋于合理。

26 这与马克斯·韦伯提出的"英雄道德观"与"常人道德观"的差异十分相似。见玛丽安娜·韦伯：《马克斯·韦伯传》，第 382 页。当然，以前也有大量这样的例子，即许多官员选择了恪守职责的道德，而抛弃了那种极端的道德。例如：赵孟𫖯（1254—1322）是宋朝开国皇帝的后裔，他在宋朝任过职，后来又接受了元朝的官职。有人将他斥为叛徒，然而他正是这样一位高于此类吹毛求疵的伟大政治家。莫特：《元朝儒生的隐退思想》，第 236—238 页。许衡（1209—1281）据说曾这样为自己与元朝的合作进行辩护：如果他能选择其他方式的话，那么他就不会这样做。据说宋朝忠臣刘因尖刻地回敬道：如果他能选择其他方式的话，那么他就不会以此为荣。兰德彰：《中国的文化主义和根据元代所做的类推》，第 358 页。无论如何，在 13 世纪和 14 世纪由于元朝和明朝的建立，"忠"的概念在某种程度上得到了合理的解释。同样，17 世纪也出现了一场脱离具有宋代理学特征的"非理性的绝对效忠"观念的运动。恪守职责的道德观比容易被接受的千篇一律的史书编纂——特别是清代的史学——更为盛行。兰德彰：《顾嗣立〈元诗选〉》，第 29 页，又见刘子健：《岳飞与中国忠君传统》，第 297 页。富于理性的历史学家墨子刻，试图孤立地观察晚清时期出现的一种"趋势"，他称这种"趋势"为天下一家的现实主义，并使韦伯受到了启发。他认为，这种"趋势"使更早的"温和的现实主义"得以继续发展，同时中断了"新儒家通过逻辑推理和圣贤的造诣去追求'内心'改造"的运动。墨子刻：《对建立现代中国哲学体系的一些基本看法》，第 9 页。我认为，这种"趋势"在清初实际表现为抛弃"英雄道德观"而转向"常人道德观"，而追求英雄主义的冲动和达到圣贤境界的愿望直到 19 世纪初公羊学派复兴之时才被重新恢复。关于后一观点，见魏斐德：《历史与意志》，第 101—114 页。

27 格雷：《20 世纪中国历史方面的创作》，第 195 页；麦克莫兰：《爱国者与激进派》，第 159 页。

28 白乐日：《中国传统的政治理论与行政现实》，第 43—44 页。

29 魏斐德：《历史与意志》，第 82—86 页。关于这点的一个有趣的讨论，见林㑗圣：《人与思想》，第 205—207 页。王夫之认为，形而上的道离开具体环境就没有生命力，任何"道"都只是一种有形的"气"之道。他并未将形而上的道归结为纯粹的关系调理模式，因为像"仁"这样一种绝对规范具有超越具体环境的优先权。而"孝"和"忠"一类道德原则的存在，则是由于它们是具体的行为规范。关于王夫之对适应实际的观念和形而上的思考所做的区分，见布莱克：《王夫之哲学思想的性质、思路和表述》，第 277—280 页。关于王夫之的"调理"概念，见麦克莫兰：《王夫之与新儒家传统》，第 438—439 页。

第十五章　从明至清的忠君思想　　725

30 王夫之：《读通鉴论》，第 1114 页。

31 比利特：《王夫之两探》，第 156 页。

32 关于黄宗羲、顾炎武和方以智，彼得森写道："他们都关心考证。他们都趋向于用考证方法去研究历史。这种方法包含着这样一种意思，即只有抓住伦理学、政治学、地理学、语言学或其他学科具有开拓意义的能动性，才能获得深刻的理解。他们都通过强调历史现象的丰富性、复杂性和多元性，来证明他们厌恶乃至反对这样一种占支配地位的观点，即存在一种能够、也应当向人们揭示的根本不变的统一性。"彼得森：《苦果》，第 12 页。本书所说的王夫之思想中的"联系论"与清初传统的绘画风格之间也存在着一种有趣的联系。正如高居翰所指出的，传统派通过竭力仿效董其昌来保持元代风格，而董其昌运用的在元代风景画中常见的那种构图法，就是用按规范画法画出的各个部分来构成整体画面，"各个部分之间的联系便是构图的基础"。高居翰：《清初画界的正统运动》，第 174 页。高居翰还注意到，对各种规范的局部画法的运用是极有限的。因为，这些局部画法都能在以前的绘画大师的作品中找到渊源，致使传统派的作品在整体上并未离开前人创造的价值，而只是在旧的价值之间寻求新的相互关系。结果是"各个部分的相互作用"如同"巴赫的赋格曲一样复杂、正规和抽象"。同上书，第 176 页。这样，我们赞赏四王（王时敏、王鉴、王翚、王原祁），是因为他们作为画家的成熟和技巧的完美，而非他们的独立性。在其早年经历中，他们总结了董其昌画派的构图原理，但到中期"他们全都或多或少地走上了同一条有害的道路，安于墨守成规和创作呆板的千篇一律的风景画"。同上书，第 171 页。

33 杜维明：《颜元》，第 521 页。在艾衲居士的《豆棚闲话》所收集的清初荒诞故事中，满族的征服被描述为上天因汉族人口过分增长而降给中国的一场灾难。一位滑稽的新儒家学者被要求解释满族为什么占领了中国，这位学者在回答时不提满族，而称之为女真和蒙古。他说："夏商以前，人生极少，故天运多生圣贤，以生养万民。至周家八百年太平以后，人生极多，则暴恶亦多，良善极少。天道恶人之多，故生好杀之人，彼争此战。如生白起，坑赵卒四十万人；柳盗跖横行天下，寿终于家；助金主返江以乱中原，赐兀太子金桥以存其后。原非天道无知，乃损其有余故也。"引自哈南：《中国的白话小说》，第 197—198 页。

34 爱德华·T. 钱：《焦竑和对程朱正统的反叛》，第 5—7、33 页；克劳福德：《张居正的儒家法律思想》，第 367—368 页。例如，余英时主张，清初语言学的变化不只是方法上的转变，更确切地说，它代表着一种新的儒家意识，即认为德性有助于学识。他认为，清代的这种唯理智论，同晚明形而上学的争论中逐渐转向从上古圣贤和经典那里寻找论据的趋势是一致的。他指出："一旦原文中的证据被引入形而上学法则的讼案之中，那么不叫语言学出庭进行专门论证就几乎是不可能的了。"余英时：《清朝儒家智识主义兴起初探》，第 126 页。这样，余英时便看到了明清之际的思想倾向从形而上学到认为信念依赖于学识的唯理智论的重大转变。他把这一转变比作西方人文主义的发展，就像劳伦佐·瓦拉（Lorenzo Valla）和埃拉斯姆斯（Erasmus）认为的那样，博学是信念的可靠基础，从语言学角度进行的深入研究将阐明《圣经》的真谛。尽管余英时没有否认从对新儒家思想这一转变的政治、经济或社会角度所做的解释的正确性，但他自己的理论依赖于一种对那一发展的内在逻辑的阐释。见余英时：《清朝儒家智识主义兴起初探》，第 106—129 页。

35 在 19 世纪初的著作中，历史学家昭梿注意到，大部程朱理学的门徒都认为，明朝之所以灭亡是因为明代哲学家对宋代理学的基本概念视而不见。"明人徒知讲学，不知大体，以致亡国"。昭梿本人坚决否认这种观点，并且将明朝的灭亡归咎于其君主的昏庸和党争的发展。昭梿：《啸亭杂录》第十卷，第 9 页。

36 "所以，清代的这一理性倾向是一种极端的唯名论。"倪维森：《章学诚的生平与思想》，第 14 页；又见弗里曼：《清朝对宋代政治哲学的批判》；白乐日：《中国传统的政治理论和行政现实》，第 37 页。颜元以无情的蔑视批判了上代人空洞的哲学探讨和无益的自杀，说他们平时袖手空谈心性，危急关头则只知自杀以报君王。参见杜维明：《颜元》，第 521—522 页。

37 爱德华·T. 钱试图把这一转变与明代中、晚期哲学上的变化联系起来。当时程朱的"理"、"气"二元论促使哲学家们进一步提出"气"一元论，其中，"理"已不再是"气"中之"理"，而是"气"之"理"。这导致了一种新的强调人类本性中自然的和情感的侧面的自我意识。钱新祖：《作为转变力量的新儒家学说的转变》，第 257 页。这种"气"一元论与宋代忠臣陈亮（1143—1194）的思想极为相似。陈亮认为，中国北方平原的纯真之"气"已被以游牧为生的女真族所污染。梯尔曼：《12 世纪中国的原始民族主义》，第 406—408 页。

38 关于王阳明对达到圣贤境界的强烈愿望，见杜维明：《发扬中的新儒家思想》，第 1—12 页。

39 《日知录》第十八卷，"心学"。按照顾炎武的看法，王阳明的"良知"说使许多知识分子流于空谈。这种"清谈"导致了亡国。爱德华·T. 钱：《焦竑和对程朱正统的反叛》，第 271—272 页。王夫之也有类似的观点。麦克莫兰：《王夫之》，第 430—433 页。

40 于 1675 年接受清朝官职的陆陇其，为他的这一行为辩解道：即使是最小的官，如果他有意做些有益的事，也一定会以某种方式去帮助众生。费席尔：《吕留良》，第 22 页。

41 陆陇其：《三鱼堂文集》第二卷，第 1—2 页。

42 同上书第二卷，第 2 页。

43 罗普：《近代中国的异议》，第 100 页。

44 陈荣捷：《〈性理精义〉与 17 世纪的程朱学派》，第 8—10 页；施温彻：《简评〈杨园先生全集〉》；费席尔：《吕留良》，第 4—5 页；伦德贝克：《首辅张居正与中国早期的耶稣会士》，第 6 页；芒杰罗：《耶稣会士在翻译"四书"时对张居正注释的利用》，第 20 页。有人提出，当时社会动乱的这一反作用还产生了一种先天论（就像我们在张履祥的《愿学记》中所看到的那样），这或许是 17 世纪 60 年代和 70 年代对西方科学漠不关心的部分原因。"越来越强调'我们的传统''我们的文化'"，是因为"需要重建文人学士作为一个社会集团的道德与理性基础"。彼得森：《从兴趣到冷漠》，第 82 页；又见罗普：《近代中国的异议》，第 37 页；威尔海姆：《大变动前夜的中国孔教》，第 294—298 页。

45 1717 年，康熙帝亲自主持将朱熹的牌位供入孔庙。这样，程朱学派实际上受到了保护，而大批王阳明哲学的追随者却毁掉了他们打算刊行的著作。杨成：《幸存者——清初的思想压力》，第 23—25 页。

46 这种清教式伦理的规范建设的核心是编纂《孝经衍义》一书。虽然吴伟业也参加了此书的编撰，但主要依靠的是一批青年才子的努力。其中有顾炎武的外甥徐元文，他是 1659 年状元；还有叶重华之子叶方蔼，他在 1659 年会试中也名列前茅。两人皆于 1661 年因江南逋赋案而被褫职，此狱是对昆山士绅的一次特别沉重的打击。1665 年平反之后，他们又被重新起用。徐元文于 1676 年继续督修《孝经衍义》，1677 年叶方蔼接替其职。《孝经衍义》的编纂，在集中下一代"新人"的清教式伦理方面的重要性，与《明史》的编修在集中 1644 年前后那一代人的历史唯心主义方面的重要性不相上下。徐元文与叶方蔼也参加了《明史》的编修。关于他们的事迹见恒慕义：《清代名人传略》，第 327、902 页；又见斯特鲁弗：《徐氏兄弟》。注意新儒家的清教思想与 17 世纪真正的英国清教主义在家庭问题上的不同是重要的。英国清教主义预示着英国的家庭从以父子为核心向以夫妻为核心的转变，并与世俗政治权力的兴起相适应。这样，在清教思想中，这种通过世俗协议而组成，又通过关于家庭统治的清教观念而发展的夫妻家庭，便成了这个君主制国家的组织细胞，从而将个体家庭从大家族的束缚中解放出来。而新儒家的清教思想则强化父权，抑制家族中成员，尤其是妇女的个人独立。清代初期，妇女地位的下降或许是对晚明开放的都市文化（带有新女性的特色）的反动。妻子必须温顺，甚至对丈夫出入妓院也要容忍；对妇女贞操的关心更加强烈；缠足现象极为普遍，寡妇自杀最初虽引起清朝统治者的不满，但到18世纪中叶便受到了官府的嘉许。罗普：《变化的根源》，第5—9页，及其《近代中国的异议》，第120—125页。关于清教家庭，见沃尔泽：《圣人的革命》，第188—189页。

47 1661、1663年间的庄廷鑨案是个孤立的，但不无征兆的事件。斯特鲁弗：《传统中国社会中史学的作用》，第103—104页。

48 东亚研究所：《异民族对支那统治概说》，第239—240页。满族君主也同明朝忠臣一样敬佩明初诸帝。1699年5月14日，康熙帝下诏称他在巡游南京时，已注意到明太祖的陵墓需要维修。他下令修复了这座陵墓，并亲自撰写了一段至今仍保留在当地一块墓碑上的赞语，称明太祖之治远迈唐宋。史景迁：《曹寅与康熙》，第139页。康熙帝还下令将其墓道拆毁，重建一个较小的门，以便使这一陵墓的规模不会超过他的陵墓。原来的更大的支柱地基的遗迹今天仍可看到。

49 张其昀：《中国历史上最早的忠臣》，第7—8页。

50 同上书，第8页。

51 早在1760年诏建开国史馆时，乾隆帝就要求在早期归顺诸臣的传记中对其是非功过加以明确区分。后来，在1765年，他读到《实录》中关于魏象枢和陈名夏非法结盟的记载，又重申了这项命令。兰德彰：《中国的文化主义和根据元代所做的类推》，第278—279页。

52 傅路德：《乾隆时的文字狱》，第103页。

53 同上书，第102页。

54 同上。

55 同上书，第103页。

56 此时，他还开始把降清同晚明的腐败联系起来。1777年1月11日，乾隆帝下诏，令国史馆编写《贰臣传》。他在诏书中解释说，将贰臣同明朝历史上的功臣放在一起是不对的，他们的事迹应以其他方式加以记录。"若以其身事两朝，概为削而不书，则其过迹，转得藉以掩盖，又岂所以示传信乎？朕思此等大节有亏之人，不能念其建有勋绩谅于生前；亦不因其尚有后人，原于既死。今为准情酌理，自应于国史内另立《贰臣传》一门，将诸臣仕明及仕本朝各事迹，据实直书，使不能纤微隐饰。"傅路德：《乾隆时的文字狱》，第155页；又见神田信夫：《清朝国史列传中的贰臣传》，第280—281页；兰德彰：《中国的文化主义》，第368页。

57 东亚研究所：《异民族对支那统治概说》，第240页；斯特鲁弗：《传统中国社会中史学的作用》，第225—226页。

58 陈子龙：《陈忠裕全集·序》。

59 神田信夫：《清初地方政治中的三藩的地位》。

60 这里和下面关于三藩之乱的叙述主要依据为：曹凯夫《三藩反对满洲统治的叛乱》。

61 米勒：《派系斗争与清朝的政治整合》，第101—102页。米勒主张，三藩之乱导致了明珠派对索额图集团的胜利，并使长江下游地区的文人开始进入政府上层——主要是由于康熙帝需要他们的支持。当时，在起义被镇压后的七年中，康熙帝一直处于明珠及其"北党"和以徐乾学、高士奇为首的"南党"之间。根据这种假设，康熙帝在1690年使自己成为朝中主要政治势力之前，一直在两派之间挑拨离间。此后，米勒没有解释其原因，这种地区性派系便不复存在了。同上书，第101—104、138、182、185—186页。

62 吴秀良：《权力转移：1660—1722年康熙及其继承人》，第27页。

63 朱方增编：《从正观法录》第三卷，第6、7页；国史馆编：《满汉名臣传》第十九卷，第24页；李桓：《国朝耆献类征》第三三八卷，第10页。吴三桂残酷地对待那些拒绝参与其叛乱的人。当马宏儒（1661年武进士）公然反抗他时，吴三桂用铁锤敲掉了他的所有牙齿，然后将其投入昆明的监狱，结果马宏儒死于狱中。赵尔巽：《清史稿》第四九三卷，第1页。

64 这里及后面关于马雄镇的材料出自五处：蒋士铨：《蒋士铨九种曲》"马文毅公传"第九册，第3页；蒋士铨：《忠雅堂集》第三卷；邵长蘅：《邵子湘全集》第五卷，恒慕义：《清代名人传略》，第556—557页；徐乾学：《憺园文集》第三十六卷。

65 恒慕义：《清代名人传略》，第683页。

66 同上。

67 刘献廷：《广阳杂记》，第164页。

68 蒋士铨：《忠雅堂集》第三卷，第8页。

69 以下关于范承谟的材料取自他的《范忠贞公全集》第15—92页；又见恒慕义：《清代名人传略》。

70 康熙元年，摄政王鳌拜对范文程大加称赞，说他是太宗手下最出色的大臣，并赐其一子入朝为官。李元度：《国朝先正事略》第一卷，第3页。

71 沈翼机：《浙江通志》第二五九卷，第37—38页。

72 范承谟出任浙江巡抚时，该省北部的杭州、嘉兴、湖州一带遭受严重水灾。他发银8万两赈济当地灾民，又平粜米谷，减轻盐税。此外，他和朝廷都意识到，浙江有大量的休耕地被不合理地征收地税。他亲自视察了这些地区后，康熙帝免除了27.46万亩荒地和2.1万亩遭受水灾之田的赋税。范承谟也因经常巡视各地，了解民情而闻名遐迩。他在任职期间，取消了海禁政策中一些较为繁苛的法规，将土地分给士兵耕种，还揭发了许多腐败的地方权贵和衙役。李元度：《国先正事史略》第一卷，第4页。

73 李元度：《国朝先正事略》第一卷，第4页。

74 同上书第一卷，第5页。

75 1674年1月，吴三桂起兵的消息传到京城，并引起严重恐慌。少数八旗奴隶暴动，城内多处起火。当时，北京有许多人认为，满族人会放弃京城，撤回东北老家。凯斯勒：《康熙和清朝统治的巩固》，第82页；米勒：《派系斗争与清朝的政治整合》，第111页。

76 清朝对这一荒凉省份的控制相当薄弱，那里有成群的野狗和老虎在破败的城市中觅食。省府成都直到1659年才被彻底占领，而镇压活跃在该省东部的最后一批起义军又花了五年时间。死于这场内战及1647年之饥荒的四川人到底有多少，无法估计，但以往的估计可能太低。被杀人数肯定在100万以上。当地乡绅实际上被张献忠完全消灭了。唐尼索恩：《四川的黄金时期与黑暗时期》第二部分"张献忠与黑暗时代"，第166—167页；恩腾曼：《四川与清廷的移民政策》，第37—38、50—51页。

77 1674年5月，康熙帝命尚之信之弟尚之孝袭尚可喜之爵。这原是想保留其封国的一番好意，但自然激怒了于次年控制了兵权的尚之信。他是个具有传奇色彩的虐待狂。例如，他豢养了一群蒙古猎狗，专爱看它们撕咬不幸的广州囚犯。他经常因酒疯而杀人。一次为弄清一名怀孕女仆体中胎儿的性别，他竟然剖开了她的肚子。鲍拉：《满洲对广东的征服》，第95页。

78 威尔海姆：《1679年的博学鸿儒科》，第63页；又见彼特森：《顾炎武的一生》第二部分，第210页。王夫之至死仍忠于明朝，其墓碑上刻着："明遗臣王某之墓"。1678年，他曾拒绝承认吴三桂。白乐日：《中国传统的政治理论和行政现实》，第38—40页。

79 1674年，苏州、常熟、镇江和淮安等府被减免正赋之半；次年，许多因1661年江南逋赋案而被夺去功名的士子又恢复了士大夫身份。郭松义：《江南地主阶级与清初中央集权的矛盾及其发展和变化》，第136页。

80 康熙帝与三藩争夺军事优势的斗争，也包括武器的竞争。三藩在其控制区内，下令将耕犁

第十五章 从明至清的忠君思想　729

改铸为刀剑,用寺院钟铜铸造大炮。最初,三藩的军队由此而获得了明显的优势,而清军则仍在使用常常打不响的旧式土炮。各省的将领将 300 门旧炮,有的是铜铸的,有的是铁铸的,送到京师,请求更换新炮。1674 年,担任钦天监监正,并因常同康熙帝交谈而学会了满文的耶稣会传教士南怀仁,奉旨去修理这些土炮,结果修好了 149 门。康熙帝还想要轻型火炮用于山地作战,南怀仁遂设计制造了 20 门半木质、半金属的火炮,各重 1000 斤,可发射三斤重的炮弹。这些火炮——有的安装在马车上——被运往山西。康熙帝将朝廷的铸造厂迁至南怀仁住宅附近后,又命其制造可发射八或十斤重炮弹的重型铜炮,总共铸成了 132 门这种重炮。关于南怀仁不太想充当武器制造者的原因,见他写给 Charles de Noyelle 的信。博斯曼:《北京的传教士领袖——南怀仁》,第 389—390、393—398 页;史景迁:《改变中国》,第 29 页。根据六七年后铸造这种大炮的费用来看,我估计清廷为这种重炮共用银 82.5 万两,约占当时中央政府年财政收入的 3%;然而各省对这种大炮的需求量很大,都说它们在战斗中具有决定性作用。依照当时欧洲的水准——那里正在进行 17 世纪的"宪战"——这只是个微不足道的数目。沃勒斯坦:《近代世界体系》第二部分,第 116—118 页。例如,英法之间的这场战争使英国的军费开支高得惊人。1688 年以前,年财政收入约为 200 万两。1689 至 1702 年间的财政收入共计 7200 万两;1702 至 1711 年间的财政收入则达 9900 万两。其中 40%用于陆军,35%用于海军。为了弥补赤字,只好发放公债。在西班牙王位之战中,由于英格兰银行的帮助和议会的支持,英国政府借了 3500 万两。芬纳:《欧洲国家与民族的形成》,第 122—123 页。相比之下,康熙帝只有山西商人的支持,而他们的财力远没有这么雄厚。韦庆远、吴奇衍:《清代著名皇商范氏的兴衰》,第 2、10—15 页。关于 16、17 世纪"火药帝国"的巩固和"大炮与员额有限的帝国官僚的共生",见麦克尼尔:《人类与瘟疫》,第 232—233 页;霍格森:《伊斯兰教的冒险:世界文明中的良知与历史》,第 3—15 页。

81　1675 年夏,西宁将领王进宝在蒙古军队援助下,收复了兰州,西北地区顿时出现了紧张局势。在其他仍忠于清朝皇帝的汉族将领中,既有年轻时便归顺清朝,因而其整个经历实际都是为清朝效力的人,也有第二代顺民,即辽阳降人的下一代。赵良栋是前者中的一个例子。他 23 岁就作为张勇的部将归降了满清。他是陕西绥德人,遂被派往宁夏,并在那里成了家。1656 年,他在镇守西南的洪承畴部下任督标中军副将。1676 年,他作为一名绝对忠诚的将领被推荐给皇帝。随后,他指挥驻守宁夏的所有清军,稳定了当地的局势;又帮助清廷从吴三桂手中收复了四川和云南。孙思克是第二种将领的一个典型的例子。他是把大凌河献给满洲军队的明将孙得功之子。多尔衮进京时,他才 16 岁。作为正白旗成员,他参加了多尔衮的护军。17 世纪 50 年代他在贵州和云南参加了对南明的战役;1663 年,奉命负责甘肃边区的防务。1676 年,他协助图赖击败了王辅臣,随后被封为男爵,并被任命为甘肃清军统帅。孙思克因不愿向陕西南部进军而招致了康熙帝的不满(康熙帝在 1679 年进军四川时让汉绿营兵作前锋,因为他认为在那种山区他们能比满洲骑兵更好地发挥自己的长处);但 1695 年由于在昭莫多战役中打败了噶尔丹,他又赢得了康熙帝的宠爱。施拉姆:《甘肃——西藏边境地区的蒙古人》第三部分,第 54 页;恒慕义:《清代名人传略》,第 77—78、682—683 页;凯斯勒:《康熙和清朝统治的巩固》,第 110 页。

82　耿精忠多次派人劝范承谟投降,但每次都遭到了拒绝。李元度:《国朝先正事略》第一卷,第 5 页。

83　范承谟:《范忠贞公全集》,第 273—274 页。

84　同上书,第 271、283、312、371 页。"在屈原的学识中,使君臣之间保持恰当关系的手段是忠君思想。从表面看来,'忠'要求官吏接受被动的角色,但判断'忠'包含了哪些内容是不容易的,也没有现成的答案,对在复杂的生活中如何区分忠的等级,也没有做出回答……我不认为不能做出这样的结论,即所有这些同时发挥作用的忠,都是纠缠不清的概

85	念……它们导致了屈原作品中的悲剧色彩。在《离骚》中,屈原用一种独特的语调唱道:'吾闻作忠以造怨兮','忠何罪而遭罚兮?'"参见施奈德:《楚国的狂人》,第46—47页。
85	嵇永仁是无锡人。他在狱中写了一部杂剧,名为《续离骚》。范承谟死后,他也自杀了。王云五:《大清一统志》第八十八卷,第2页;施奈德:《楚国的狂人》,第81—83页。
86	范承谟:《范忠贞公全集》,第287页。
87	同上书,第263页。
88	一名出身蒙古、名叫嘛呢的打手,对范承谟的勇气和献身精神深为感动,遂要求和他同死。在耿精忠将其寸磔之前,嘛呢说:"吾宁与忠臣同死,不愿与逆贼同生。"李元度:《国朝先正事略》,第一卷,第5页。
89	范承谟:《范忠贞公全集》,第45页。
90	戴震在其18世纪所写的叙述范承谟生平的短文中,对此作了描述。见范承谟:《范忠贞公全集》,第65—68页。
91	李渔:《祭福建靖难总督范觐公先生文》。见他所著《笠翁一家言全集》第一卷,第68页。
92	康熙帝对范承谟之弟范承勋也十分钟爱,曾对他说:"汝乃盛京'旧人'"。李元度:《国先正事略》第一卷,第7页。
93	恒慕义:《清代名人传略》,第495—497页。福建百姓还在道山建祠纪念范承谟。关于康熙帝后来赞誉范承谟的例子,见《范忠贞公全集》,第13页。康熙帝没有忽视他亲自召见范承谟同后者能为清朝事业尽忠之间的明显联系。1683年,他建立了一种制度,规定各省高级官员照例均应被邀至京城陛见,从而又将这种特殊的维系君臣关系的纽带用于各省长官。当时,康熙帝对他的大学士说道:前方将军与总兵,常因久握兵权而变得傲慢、骄横,易于反叛;倘若经常召见面君,便可使其心存敬畏。吴秀良:《中国的交通和帝国的控制》,第21—22页。康熙帝很好地吸取了教训。在1911年的辛亥革命之前再没有发生过由清朝官员发动的地方军事叛乱。
94	尚之信遭到逮捕和监禁。由于其父的名望,他与他的三个兄弟获准自杀以免受辱。清廷打开了尚可喜墓冢,极其满意地发现其尸首剃了发并穿着满族的长袍。鲍拉:《满洲对广东的征服》,第233—234页。
95	孙延龄之妻孔四真率其残众南逃,占据了被吴三桂抛弃的南宁。后来清廷攻破了此城,并将她带回了北京。刘献廷:《广阳杂记》,第42页。
96	《桂林霜》第十七出。见蒋士铨:《蒋士铨九种曲》下卷,第15页。
97	蒋士铨:《蒋士铨九种曲》下卷,第15—16页。
98	《合葬墓志铭》,见《马氏家谱》未刊本。《马文毅公传》,见蒋士铨:《蒋士铨九种曲》第九种,第1—2页。
99	恒慕义:《清代名人传略》,第880页。
100	最先得知马雄镇死讯的是清广西署理巡抚傅宏烈。傅宏烈是江西进贤人。早在吴三桂叛乱之前,他就警告过清政府吴三桂有谋反之心,这种先见之明使他一度遭到放逐。吴三桂果真起兵后,傅宏烈又训练了乡兵,为清廷效力。在收复了两广许多地区后,他被任命为巡抚,并将马雄镇的死讯传至北京。后来,傅宏烈为吴三桂的盟军所俘,并被送至贵阳。在那儿里他也不屈而死。胡虔:《广西通志》第二五三卷,第72页。
101	《马文毅公传》见蒋士铨:《蒋士铨九种曲》第九册,第2—3页。
102	"诰命",见《马氏家谱》未刊本。
103	《桂林霜》第二十四出。见蒋士铨:《蒋士铨九种曲》下卷,第48页。
104	见蒋士铨:《蒋士铨九种曲》下卷,第40页;又见雍正帝在《御祭文》中对马氏家族的评论,《马氏家谱》未刊本。
105	康熙帝平定三藩之乱标志着清朝统治的巩固已达顶点。可与之比较的是,当时莫卧儿皇帝

奥兰赞布（Aurangzeb）的德尔干战争（1658—1689 年）标志着大印度帝国开始走向衰落。"在德尔干，奥兰赞布的兼并，不是军事征服的过程，而是缓慢、笨拙的机械进程。它靠吸收被收买来的敌军逃兵充实自己的力量。"其结果是，莫卧儿贵族的生大受损失；包税权的转让削弱了中央政府的基础，阿朗扎布的注意力不断地从印度北部转向南部。阿萨尔·阿里：《奥兰赞布统治下的莫卧儿贵族》，第 102—106、173 页。

106 至 1661 年，一些江南集镇与城市的人口已回升到 16 世纪的水平。在 1644—1645 年间所有织机都被毁坏的苏州、杭州，纺织业至少在 1659 年已开始复苏，而到 1686 年便达到了原来的水平。景德镇的制瓷业在 1688 年也恢复到了原来的水平。至 17 世纪 80 年代末，北京居民的生活已同 1620 年以前一样好。在 1683—1712 年间，耕地面积增长了 23%，相当于 1626 年耕地总数的 93%。在 1650—1770 年间，耕地总数从 6 亿亩增至 9.5 亿亩。在 1661—1685 年间，赋税收入增加了 13.3%，盐税收入增加了 43.7%。事实上，至 1685 年，收入朝廷府库的田税、盐税和各项杂税的总额为 2900 万两。刘石吉：《明清时代江南市镇之数量分析》，第 27—28 页；石锦：《太湖地区的小农经济与农村社会》第三章，第 7 页；彭泽益：《清代前期手工业的发展》，第 6、8—9、12—15 页；上海博物馆：《上海碑刻资料选辑》，第 84—85 页；李华：《明清以来北京工商会馆碑刻选编》，第 12 页；王业键：《1750—1910 年清代的地税》，第 7 页；威尔：《中国水利的周期性变动》，第 278 页；墨子刻：《论中国经济现代化的历史根源》，第 34 页；森正夫：《明朝的士大夫与地方社会关系简论》，第 235 页；帕金斯：《中国农业的发展》，第 16—17、216 页；侯继明与李国祁：《清末地方政府的财政》，第 571 页；麦克尼尔：《人类与瘟疫》，第 242—244 页。

107 匡顿：《游牧帝国》，第 283 页；又见布罗代尔：《资本主义与物质生活，1400—1800》，第 58 页。

108 科威希尔：《1494—1789 年欧洲的军事与社会》，第 125 页；布罗代尔：《关于物质文明与资本主义的反思》，第 34—35、102—104 页；沃勒斯坦：《近代世界体系》第二部分，第 113—116、268、278 页。在 1550—1560 年间，欧洲军队抛弃了西班牙的特西俄（tercio）队形（与郑成功的方阵有些相似），即一种一半人用火枪、一半人用长矛的步兵方阵。在古斯塔夫斯·阿道夫（Gustavus Adolphus）发明了一种快速发射子弹，并减轻了滑膛枪的重量后，作战阵形变成了长方形的步兵方阵，两翼配备骑兵，火炮由长矛手和快枪手保护。大约在 1700 年左右，火绳枪为每分钟发射一次、射程为 80 步的燧发枪所取代。与此相关的是，1680 年，窝班（Vauban）发明了插在枪管上的刺刀，这样步兵，包括长矛手和快枪手，便可在一条线上展开，并能够穿过炮火的硝烟，一面射击，一面冲向敌军进行肉搏。芬纳：《欧洲国家与民族的形成》，第 105—108 页。当然，正是马克斯·韦伯首先证明，中国的统一王朝被抽去了"合理竞争"，它没有经历过"若干对立的自治城邦永远在备战的武装和平时期。因此，以战争贷款和以战争为目的的各种委员会为条件的资本主义现象便没能出现。"马克斯·韦伯：《中国的宗教》，第 103 页；又见毛尔德：《日本、中国和近代世界经济》，第 45、81 页。

109 黄仁宇：《16 世纪中国明朝的军费》，第 59 页；王业键：《清代田赋的财政重要性》，第 832—840 页；帕金斯：《政府对工业化的阻碍：19 世纪中国的研究》，第 487 页；侯继明与李国祁：《清末地方政府的财政》，第 568—583 页。

110 齐林：《火耗归公》。

111 李约瑟与黄仁宇：《中国社会的性质》，第 8 页。

112 托克维尔：《美国的民主》，第 91 页。

附 录

A. 出仕两朝的大臣[1]

占有北方的迫切要求,在清军来到之前乡绅豪右多年与起义军作战的艰难,以及清朝的依靠降臣的策略,都意味着早期清政府中的汉人将在北方人占支配地位。确实,列入《贰臣传》的较著名的文武官僚中,有100名(占80%)出自长江以北。

表 A-1

出身省籍统计:

省份		文官	武官[2]	共计
直隶	顺天外	5	3	8
	顺天	5	5	10
奉天	辽阳		5	5
	辽东		18	18
	其他		3	3
山东		19	1	20
河南		4	3	7
山西		8	3	11
陕西		3	13	16

（续表）

省份		文官	武官[2]	共计
甘肃	宁夏		1	1
	其他		1	1
四川		3		3
湖广		1	2	3
江西		4		4
江南	安徽	2	1	3
	江苏		6	6
浙江		3		3
福建		1		1
广东			1	1
云南		1		1
总计		65	60	125

出自北部中国的文官集团最为庞大，占总人数近1/3；其次是东北的军官，他们约占20%，如下面按大区所做的统计所表明的一样。

表 A-2

大区出身统计[4]：

地区	文官	武官	共计
满洲里		26	26
中国北部	41	15	56
中国西北部	3	15	18
长江上游	3		3
长江中游	5	2	7
长江下游	11	1	12
东南沿海	1		1
岭南		1	1
云贵	1		1
总计	65	60	125

尽管"贰臣"中文臣稍多于武职，最终从清廷统治中获地位最为显赫的却是武职，这从他们之中最后成为各部尚书或侍郎的人数就可得到证明。在60名武职降臣中，有23名成为尚书，23名成为各部侍郎。在65名文职降臣中（包括56名进士），只有3名成为尚书。[5]

拥有各部尚书或侍郎之称，并不意味这些人实际上在那个部里供职过。如下表几个著名的汉旗人（他们并非都列入了《贰臣传》）的活动所表明的那样，通常一个人在中央政府拥有了某部门的官职，与他在该部门的职责没有多大关系。

表A-3

部分汉旗人的事迹和官职：

姓名	官职	时间（年）	任职期间活动
金维城	兵部侍郎	1647	参与湖广的作战。[6]
金玉和	刑部侍郎	1644	参加平定河南的战斗，任怀庆总兵官，在与大顺军余部作战中被杀。[7]
柯汝极	刑部侍郎	1645	任汉镶红旗都统。
	礼部侍郎	1647	驻守杭州直至1650年去世。[8]
李率泰	刑部侍郎	1644	在山东、河南作战。
		1645	攻占江宁；驻守苏州。
		1646	征服浙江与福建。[9]
刘冲锦	兵部侍郎	1644	在陕西、山西和湖广作战。
		1649	对姜瓖作战。[10]
马光辉	吏部侍郎	1648	在江西对金声桓作战。
	户部侍郎	1651	总督直隶、山东和河南。[11]
孟乔芳	刑部侍郎	1644	在西北作战。
		1645	任陕西总督。在四川与张献忠及其部属作战。
	兵部尚书	1645	平定甘肃。[12]

附录 735

（续表）

姓名	官职	时间（年）	任职期间活动
王国光	户部侍郎	1644	参加进攻西安。
		1649	与姜瓖作战。[13]
吴汝玠	礼部侍郎	1649	驻扎杭州。
		1651	反击鲁王之战。
		1652	反击郑成功之战。[14]
徐大贵	刑部侍郎	1646	在河南、江南作战。[15]
祖泽洪	吏部侍郎	1644	在山西追击大顺军余部。
	不同职务	1645	参加进攻西安。[16]
祖泽远	礼部侍郎	1652	任湖广总督。[17]

侍郎之职（通常是刑部）照例是由在外作战的将领担任。尚书之职，常常授予主要满洲首领，而1644年与多尔衮入关的汉"旧人"中被任为此官的却屈指可数（孟乔芳，1645年为兵部尚书，是一个例外。正如康熙所言，这是北方平定初年清廷最重要的担任了指挥官的汉人）。另一方面，后来投降的汉人，如下表所示，积官至尚书之职的人数颇为可观。

表 A-4

降附时间	任尚书职人数
1644年前	2
1644年间	10
1644年后	14

后来的武职降臣，主要是各地明朝正规军中的总兵和副将。在"贰臣"中，他们至少由四部分组成。

表 A-5

1644年后降清并列入"贰臣"的军官。

(1) 先降李自成，后降于清的明朝军官：

姓名	省份	官职
唐 通	陕西	总兵
董学礼	陕西	副将
白广恩	陕西	总兵
南一魁	陕西	副将
骆养性	河北	左都督

(2) 在北京降于多尔衮的明朝军官：

姓名	省份	官职
祖泽溥	辽东	副将
孔希贵	奉天	总兵

(3) 1644年10月以后在各地投降或受荐的明朝军官：

姓名	省份	官职
刘芳名	宁夏	总兵
徐起元	安徽	左都督
胡茂桢	陕西	总兵
高第	陕西	总兵
贾汉复	山西	副将
马宁	甘肃	参将
高斗光	山东	总督（凤阳）
王永吉	江苏	总兵
王国宝	山西	总兵
鲁国南	顺天	副将
任珍	河南	副将

（4）在南京陷落时，或南京陷落后其地也被攻占时投降的明朝军官：

姓名	省份	官职
马得功	辽东	总兵
马 勇	陕西	副将
田 雄	北直隶	总兵
常进功	辽东	副将
高进库	陕西	副将
刘良佐	北直隶	总兵
刘泽洪	北直隶	副将
许定国	河南	总兵
吴六奇[18]	广东	总兵
王之纲	北直隶	总兵
陈世凯[19]	河北	副将

相对而言，这个明军人集团比起那些投降后渗进入各级官僚机构的文职"贰臣"更具同质性。

表 A-6

武职与文职品位比较[20]：

武职	人数
左都督	9
都督	2
总兵	17
副将	21
地方总督	9
总计	58

（续表）

文职	人数	官品
大学士	2	正五品
尚书	6	正二品
侍郎	12	正三品
大理寺卿	1	正三品
大理寺少卿	3	正四品
詹事	2	正三品
翰林学士	6	正四品至从四品
国子监司业	2	正六品
御史	7	正三品至正七品
给事中	5	从七品
郎中	5	正五品
道丞	3	正三品至正四品
拥有举人、进士身份者	11	未入流
总计	65	

文官中，近2/3（35人）是四品以上的上层官僚。[21] 这样，这些名列《贰臣传》的文职降臣就形成了一个较为突出的集团。

军官则不能依品级排列，因为他们根据战略需要而随时承担的军事职责与他们在正规军队系统中的职位品级并不必然一致。[22] 然而，我们可以用文官四品为标准，粗略地把较高和较低的品位区分开来。尚书和侍郎属上层部分，郎中、给事中为下层部分。以此类推，左都督、都督和总兵划入上层；副将与地方总督划入下层。根据这一区别，武职降臣最初是个不太显赫的集团：下层军官（30人）稍多于上层军官（28人）。武职降臣中总兵与副将最多，似乎由此可以假定，给这些军官授予尚书之职，是诱使他们为清朝效劳的一种奖赏。但这一假定并不正确。早期清政府中汉尚书之职实际是为1644年后投降的陕西和东北军官所占据的；大多数汉侍郎也被在清朝攻占北京后投降的军官们占据了。在11个出自西北和东北的军官所担任的尚书之职中，有3个给了前军阀左良玉的参将，1645年他的军队在九江投降了阿济格；4个给了曾在李自成麾下效力的军官。在侍郎之职中，几乎1/4给了祖大寿、左良玉和李自成的参将。然后，显赫的官位或是给了那些在对南明作战中建立殊功以及在北方平定了起义地区的官员；或是给了那些曾在起义军中或晚明军阀之下指挥过独立部队的人。这样，如果《贰臣传》可以被认为是一个清初降臣的相当具有代表性的传记汇编的话，那么，这个集团的典型代表将是这样一些职业军官，他们来自中国西北或东北，在征服期间有副将之衔，指挥一支由他自己征募的军队，并与反抗新统治的敌人作战。

B. 1644年的"贰臣"

1644年加入清政府并列入《贰臣传》的50名官员中，大多数是京城行政官员，且有36人拥有进士身份。他们的供职地点近2/3是在北京。

投降时的供职地点：

地点	人数	百分比
北京	17	63.0%
省府	5	18.5%
府	4	14.8%
县或州	1	3.7%

近1/4降臣来自山东。

1644年降臣的省籍：

省籍	人数	百分比
山东	12	24%
北直隶	7	14%
南直隶	6	12%
河南	5	10%
陕西	5	10%
山西	5	10%

(续表)

省籍	人数	百分比
江西	3	6%
四川	3	6%
浙江	2	4%
云南	1	2%
辽阳	1	2%

这与整个崇祯时期中央政府的平均比例构成是一个显著的对比。崇祯时期，有 1/3 以上官僚来自南直隶和浙江。如果我们以长江划分中国，并把湖广和四川划归南方省份，那么可以得到如下数字：

1644 年降臣：
北方　　68%
南方　　32%

崇祯时的尚书[23]：
南人　　76%
北人　　24%

所以说，北人与南人在高级职位中的比例在崇祯朝和顺治朝之间实际上是反过来了。

C. 地方政府中的旗人官员

一般而言，整个清朝担任府级官员的旗人的比例，大大超过他们在州、县级行政单位的比例。在清朝统治初期，这类官员中汉旗人通常多于满蒙旗人。[24]

地方政区	汉八旗	满蒙八旗
府	79.3%	20.7%
直隶州	84.3%	15.7%
州	88.2%	11.8%
县	94.1%	5.9%

在清初，甚至达到府级职位的旗人数量也是相当有限的，这在下表所显示的此时担任府和州级官职的旗人百分比中就能看到。[25]

时间	府	直隶州
顺治时期	8.4%	7.8%
康熙时期	20.3%	18.0%
雍正时期	15.7%	19.2%
乾隆时期	23.7%	19.8%
嘉庆时期	21.5%	16.5%
道光时期	23.5%	13.5%
咸丰时期	20.1%	15.1%
同治时期	19.3%	8.8%
光绪时期	20.6%	11.0%

然而，在顺治统治中期，地方官中，特别是府级的地方官中，满洲攻占北京前即已投降的人占多数。或者，至少我们能从清初与清中叶府级官员的省籍比例中看到如下情况[26]：

时间	出身江苏诸府的官员	出身奉天诸府的官员
顺治时期	5.1%	25.6%
康熙时期	5.2%	17.8%
雍正时期	8.3%	2.4%
乾隆时期	11.0%	1.1%

（续表）

时间	出身江苏诸府的官员	出身奉天诸府的官员
嘉庆时期	8.4%	1.0%
道光时期	9.6%	1.2%
咸丰时期	10.9%	1.1%

这样，清朝统治的最初几十年出身汉族官员在府级职位上扮演了一个重要的角色；但是，还要重复一句，处于地区行政的关键岗位上的州县长官们主要是后来投降的汉人。

注释：

1　即贰臣。这里的材料主要来自于含有120位大臣传和5个附传的《贰臣传》。孙甄陶的《清史述论》对此作过精辟的分析。本附录也多赖于此书。
2　这里包括两个土匪出身者。
3　这里包括两个土匪出身者。
4　这是根据施坚雅把中国疆域划分为九个大区，主要不太一致的是作为中国北部一部分的山西，实际上该省的西部属西北地区；北部江苏与安徽列入了长江下游；南部浙江也被列入长江下游。
5　另有27位任过御史、学官及各省文官。
6　赵尔巽：《清史稿》，第二三七卷，第10页。
7　同上。
8　李桓：《国朝耆献类征》第二六五卷，第8页。
9　赵尔巽：《清史稿》第二七九卷，第122页。
10　同上书第二四九卷，第11—12页。
11　同上书第二三七卷，第8页。
12　同上书第二四三卷　第7—10页。
13　同上书第二三七卷，第11页。
14　《清史列传》第七十八卷，第46—47页。
15　李桓：《国朝耆献类征》第二七二卷，第4页。
16　《清史列传》第七十八卷，第43—44页。
17　《清史稿》第二四〇卷，第17、20—21页。
18　吴至1650年投降。
19　陈于1659年末投降。
20　这里包括所有的贰臣，但两个土匪出身的除外。
21　尽管大学士位只五品，但我仍把这两位降臣列入上层官僚之中，因为他们很快就拥有尚书之职，而这至少属于正二品。尽管都御史够格列入上层官僚，但我把所有的御史都归于下层官僚部分。虽然，这将使得统计数字对下层官僚倾斜，但它仍不影响本书观点的成立。

22　例外的是左都督，例如洪承畴，他常是文官，位居正二品。
23　这些数字来源于詹姆斯　帕森斯：《明朝的官僚政治》，第185页。
24　李国祁、周天生、许弘义：《清代基层地方官人事嬗替现象之量化分析》，第22—23页。"旗人"的种类包括：皇室成员、满蒙汉旗人以及皇室的包衣。
25　同上。
26　李国祁、周天生、许弘义：《清代基层地方官人事嬗替现象之量化分析》，第25页。

中文、日文引书目录[1]

艾南英：《天佣子集》十卷，初刻于1699年，重印于1836年。
佚名：《隆武遗事》，台湾文献丛刊，第183种，第205—222页，台北，1964年。
佚名（假托吴伟业）：《鹿樵纪闻》，见《扬州十日记》第57—75页，台北，1944年。
佚名：《明亡述略》，王灵皋编《中国内乱外祸历史丛书》第10册，第11—114页，上海，神州国光社，1947年。
佚名：《偏安排日事迹》二卷，台湾文献丛刊，第31种，台北，1972年。
佚名：《清代学者像传》第二集，一册，1953年。
佚名：《嵩江府阖郡士民讨逆贼杨汝成檄》，郑振铎编《玄览堂丛书》第一一三册，一卷，南京，南京中央图书馆，1947年。
佚名：《行在阳秋》，台湾文献丛刊，第234种，台北，1967年。
抱阳生：《甲申朝事小纪》八卷，《痛史》第21种，上海，商务印书馆，1912年；《甲申朝事小纪三编》四卷，《痛史》第21种，上海，商务印书馆，1912年。
《北事补遗》一卷，郑振铎编《玄览堂丛书》第一一二册，一卷，南京，南京中央图书馆，1947年。
边大绶：《虎口余生纪》，见王灵皋辑录《虎口余生纪》第25—33页，福州，福州国光社，1946年。
柏起宗：《东江始末》，王独清编《东南纪事》第333—339页，上海，神州国光社，1946年。
白愚：《汴围湿襟录》，见王灵皋辑录《虎口余生纪》第37—75页，福州，福州国光社，1946年。
曹溶：《崇祯五十宰相传》一卷，1840年编，缩微胶卷，台北，国立中央图书馆，1977年。
柴德赓：《辛亥革命》卷一，上海，上海人民出版社，1957年。
陈伯陶：《东莞县志》一〇二卷，广东，东莞，1921年，《胜朝粤东遗民录》四卷。九龙，1916年。陈鹤龄、陈克家：《明纪》六十卷，1871年编，台北，世界书局，1962年。
陈洪范：《北使纪略》，中国历史研究社编《崇祯长编》第115—126页，上海，神州国光社，1940年。

陈捷先：《满文清实录研究》，台北，1978年；《清史杂笔》二册，台北，1977年。

陈济生：《再生纪略》二卷，郑振铎编《玄览堂丛书》第110—112册，南京，南京中央图书馆，1947年。

陈梦雷：《古今图书集成》一〇〇四〇卷，800册，1934年上海影印本。

陈维崧：《湖海楼词集》三十卷，四部备要本，台北，中华书局，1966年。

陈贞慧：《过江七事》，台湾文献丛刊，第270种，台北，1969年。

陈子龙：《陈忠裕全集》二十九卷，1803年版。

程廷恒：《大名县志》三卷，1934年编，台北，1968年。

《崇祯实录》十七卷，1940年据《明实录》影印。

褚华：《沪城备考》六卷，见《上海掌故丛书》，10册，上海，中华书局，1936年。

《大清历朝实录》一二二〇卷，长春，大满洲帝国国务院，1937年。

《大清满洲实录》，台北，1978年。

《大清世祖章（顺治）皇帝实录》一四四卷，影印本三册，台北，1964年（注文中引作《清世祖实录》）。

《大清太宗文皇帝实录》六五卷，1734—1740年编，影印本，台北，新文风出版公司，1978年。

《大清圣祖仁（康熙）皇帝实录》三〇〇卷，影印本六册，台北，华文书局，1964年。

戴笠、吴殳：《怀陵流寇始终录》，郑振铎编《玄览堂丛书续集》，第5—12册，南京，1947年。

戴名世：《保定城守纪略》，见王独清编《东南纪事》第3—8页，上海，神州国光社，1946年。

邓之诚：《骨董琐记全编》，北京，三联书店，1955年。

《东明闻见录》，台湾文献丛刊，第238种，台北，1967年。

杜登春：《社事始末》一卷，《昭代丛书》第十六至十九册。

杜乃济：《明代内阁制度》，台北，商务印书馆，1966年。

《多尔衮摄政日记》，故宫博物院刊行，台北1976年重印，见《笔记五编》第1—22页。

《贰臣传》十二卷，北京，清末刻本。

范承谟：《范忠贞公全集》，台北，1973年；《范忠贞公（承谟）全集》，沈云龙《近代中国史料丛刊》卷961，台北，1973年。

法式善：《清秘述闻》十六卷，1798年。

冯梦龙：《甲申纪闻》一卷，郑振铎编《玄览堂丛书》第一〇七册，南京，南京中央图书馆，1947年。

傅宗懋：《清代督抚制度》，国立政治大学政治研究丛刊第四种，台北，1964年。

傅衣凌：《关于捻变的新解释》，《抖擞》第39期，第31—43页（1980年7月）；《明清农村社会经济》，北京，三联书店，1961年；《明清时代商人及商业资本》，北京，人民出版社，1956年；《明代江南市民经济试探》，上海，上海人民出版社，1963年；《清代中叶川陕湖三省边区经济形态的变化》，《抖擞》第38期，第43—52页（1980年5月）。

藤田敬一：《关于清初山东的赋役制度》，《东洋史研究》第24卷，2期，第1—25页（1965年9月）。

古岛和雄：《明末长江三角洲地区的地主经营》，《历史学研究》第148期，第11—23页（1950年11月）。

外务省情报部编：《中国地名集成》，东京，日本外事协会，1946年。

高斗枢：《守郧纪略》，见王灵皋辑录《虎口余生纪》第3—21页，福州，福州国光社，1946年。

商鸿逵（原误作高鸿逵——译者）：《明清之际山海关战役的真相考察》，《历史研究》1978年第5期，第76—82页。

高阳：《明末四公子》，台北，1977年。

葛万里：《钱牧斋先生遗事及年谱》，1917年编，沈云龙《近代中国史料丛刊》卷701重印，台北，1971年。

龚鼎孳：《龚端毅公奏疏》八卷、附录，1883年重印本。

龚高法、陈恩之、文焕然：《黑龙江省的气候变化》，《地理学报》，第34卷2期，第129—138页（1979年）。

顾诚：《李岩质疑》，《历史研究》1978年第5期，第62—75页；《论清初社会矛盾》，《清史论丛》第二辑，第138—157页。北京，中华书局，1980年；《明代的宗室》，南开大学1980年8月明清史国际学术讨论会论文。

顾苓：《金陵野钞》，台北，1976年；《南都死难纪略》，台北，1976年；《三朝大议录》，台北，1976年。

顾山贞：《客滇述》，见王灵皋辑录《虎口余生纪》第77—108页，福州，福州国光社，1946年。

顾炎武：《日知录》六卷，1834年黄汝成刻版重印本，台北，商务印书馆，1956年；《圣安本纪》，台湾文献丛刊，第183种，第1—30页，台北，1964年；《亭林诗文集》，四部备要本，台北，中华书局，1966，这一版本收有《亭林诗集》五卷、《亭林文集》六卷、《亭林余集》二十六卷；《亭林先生遗书汇辑》四十卷，席威、朱记荣编，上海，1906年。

谷应泰：《明史纪事本末》，《畿辅丛书》第285—302册，1879年；《明史纪事本末》八十卷，上海，商务印书馆，1936年。

顾沅等：《吴郡五百名贤图传赞》二十卷，1830年编，台北，1978年。

故宫博物院明清档案部编：《清代档案史料丛编》，北京，中华书局，第一辑，1978年；第三辑，1979年；第四辑，1979年；第七辑，1981年。

故宫博物院文献馆编：《清代帝后像》四卷。北京，故宫博物院，1934—1935年。

《归庄集》二卷，北京，中华书局，1962年。

郭沫若：《甲申三百年祭》，北京，人民出版社，1972年。

郭松义：《江南地主阶级与清初中央集权的矛盾及其发展变化》，《清史论丛》第一辑，第121—137页，北京，中华书局，1979年；《清初封建国家荒垦政策分析》，《清史论丛》第二辑，第111—138页，北京，中华书局，1980年。

郭蕴静：《清初"修养苍黎"的思想——兼谈清初王朝的特点》，南开大学 1980 年 8 月明清史国际学术讨论会论文。

《国变难臣钞》，见《三朝野纪》，《中国内乱外祸历史丛书》第 183—188 页，1947 年。

国史馆编：《满汉名臣传》八十卷，十函，北京。

海外散人：《榕城纪闻》，见中国社会科学院历史研究所清史研究室编《清史资料》第一辑，第 1—26 页，北京，中华书局，1980 年。

滨岛敦俊：《业食佃力考》，《东洋史研究》第 39 卷，1 期，第 118—155 页（1980 年 6 月）；《关于江南圩田的若干考察》，《唐代史研究会报告》第 3 期，第 118—132 页（1980 年 3 月）。

韩恒煜：《试论清代前期佃农永佃权的由来及其性质》，《清史论丛》第一辑，第 37—53 页，北京，中华书局，1979 年。

韩：《江阴城守纪》，附于胡山源《江阴义民别传》，第 158—198 页，上海，世界书局，1938 年（写于 1715 年）。

何炳棣：《中国会馆史论》，台北，台湾学生书局，1966 年。

贺长龄：《皇朝经世文编》一二〇卷，台北，世界书局，1964 年。

何冠彪：《论明遗民子弟的出仕》，《抖擞》第 42 期，第 23—31 页（1981 年 1 月）。

何绍基编：《安徽通志》三百五十卷，1877 年刻本，缩微胶卷，台北，1967 年。

国立北京大学文史系研究组辑：《洪承畴章奏文册汇辑》。上海，商务印书馆，1937 年。

洪焕椿：《论明末农民政权的革命性和封建性》，《南京大学学报》1978 年第 4 期，第 68—78 页；《清初农民军的联明抗清问题》，《历史研究》1978 年第 5 期，第 83—90 页。

侯方域：《壮悔堂集》，四部备要本，收有《壮悔堂文集》十卷，《壮悔堂遗稿》14 页，《四忆堂诗集》六卷，台北，中华书局，1966 年。

侯外庐：《中国思想通史》第 1 卷第 2 部分《南宋元明思想》，第 595—1291 页，北京，人民出版社，1960 年。

胡虔：《广西通志》二七九卷，桂林，1891 年。

胡秋原：《复社与清代学术及反清运动》，《中华杂志》第 6 卷第 3 期，第 9—16 页（1968 年 3 月）。

胡山源：《嘉定义民别传》，上海，世界书局，1938 年。

华复蠡：《两广纪略》一卷，台湾文献丛刊第 238 本，第 71—80 页，台北，1967 年。

《淮城纪事》，见王独清编《东南纪事》第 131—143 页，上海，神州国光社，1946 年。

黄大华：《明宰辅考略》，见《二十五史补编》第四册，第 8567—8570 页，上海，开明书局，1937 年。

《皇明遗民传》七卷，17 世纪 90 年代编，1936 年印行。

黄玉斋：《延平王与宁靖王》，《台北文献》第 1 期，第 101—143 页（1962 年 6 月）。

黄之隽等：《江南通志》，5 册，影印 1737 年刻本，台北，清华图书公司，1967 年。

黄宗羲：《弘光实录钞》，1658 年成书，台湾文献丛刊，第 266 种，台北，1968 年；《明儒学案》二卷，缩写本，李心庄注释，台北，1964 年；《明儒学案》，缩写本，缪天绶注释，台北，商务印书馆，1967 年；《南雷诗历》四卷，四部备要本，台湾中华书局

1966年重印；《南雷文定》前集十一卷、后集四卷、三集三卷，四部备要本，台湾中华书局1966年重印；《行朝录》六卷，见徐友兰编《绍兴先正遗书》卷四七至四八，浙江，1895年。

稻君叶山：《清朝全史》二卷，东京，1914年。

石桥秀雄：《清代汉人官僚考察》，《史渊》第2卷第3期，第24—25页（1966年1月）。

嵇璜：《皇朝文献通考》三〇〇卷，浙江书局，1882年。

计六奇：《明季北略》四卷，台湾文献丛刊，第275种，台北，1969年；《明季南略》三卷，1671年刻本，台湾文献丛刊，第148种，台北，1963年。

蒋杰：《京郊农村社会调查》，《中华农学会报》第159期，第101—215页（1937年4月）。

蒋士铨：《蒋士铨九种曲》十六卷，上海，1923年；《忠雅堂集》十四卷，清刻本。

江之春：《安龙纪事》一卷，台湾文献丛刊，第238种，第81—90页，台北，1967年。

蒋祖缘：《论李自成的军事思想和指挥才能》，南开大学，1980年8月明清史国际学术讨论会论文。

《江南闻见录》，见王独清编《东南纪事》第317—330页，上海，神州国光社，1946年。

金声桓：《金忠节公文集》八卷，1880年徽州黟县刻本。

《旧满洲档译注·清太宗朝》卷一，台北，国立故宫博物院。1977年。

神田信夫：《清朝〈国史列传〉与〈贰臣传〉》，《东方学创立五十二周年纪念东方学论集》第275—291页，东京，东方学会，1972年。

松村润、冈田英弘：《旧满洲档·天聪九年》二卷，东洋文库第18种，东京，东洋文库，1972年。

康世爵等辑：《朝鲜族〈通州康氏世谱〉中的明满关系史料》，中国社会科学院历史研究所清史研究室编《清史资料》第一辑，第178—192页，北京，中华书局，1980年。

片冈芝子：《明末清初华北的农业经营》，《社会经济史学》第25卷第2—3期，第77—100页（1959年）。

川胜守：《浙江嘉兴府的嵌田问题——关于明末乡绅统治形成问题的考察》，《史学杂志》第52卷第4期，第1—46页（1973年4月）。

北村敬直：《论明末清初的地主》，《历史学研究》第140期，第13—25页（1949年7月）。

孔尚任：《桃花扇》，王季思、苏寰中注，台北，1967年。

孔颖达：《周易正义》，《四部备要》本，台北，中华书局，1966年。

小山正明：《论明代的粮仓——以明前期长江三角洲地区为中心》，《东洋史研究》第27卷第4期，第24—68页（1969年3月）；《明末清初的大土地所有制》（上、下），《史学杂志》第66卷第12期、第1—30页，第67卷第1期、第50—72页。

昆山遗民宁人顾炎武（文秉）：《圣安本纪（甲乙事案）》，台湾文献丛刊，第183种，第31—204页，台北，1964年（注释中引作文秉：《甲乙事案》）。

桑原藏：《中国人辫发的历史》，《艺文》第四卷第二期，第199—212页（1913年2月）。

赖家度：《明代土地占有关系和赋税制度的演变》，载李光璧编《明清史论丛》第1—12页，武汉，湖北人民出版社，1957年。

黎东方：《细说明朝》，二册，台北，1964年。

李格:《关于多尔衮拥立福临问题的考察》,《清史论丛》第二辑,第263—274页,北京,中华书局,1980年。

李光璧:《明代手工业的发展》,载《明清史论丛》第65—81页,武汉,湖北人民出版社,1957年。

李光涛:《洪承畴背明始末》,中央研究院史语所集刊第17卷,第227—301页(1948年);《明季流寇始末》,台北,中央研究院史语所,1965年;《明清档案存真选辑》,台北,中央研究院史语所,1959年。

李国祁、周天生、许弘义:《清代基层地方官人事嬗替现象之量化分析》三卷,台北,全国科学协会,1975年。

李鸿彬:《论满族英雄努尔哈赤》,《清史论丛》第二辑,第229—243页,北京,中华书局,1980年。

李华:《清代前期赋役制度的改革》,《清史论丛》第一辑,第100—109页,北京,中华书局,1979年;《明清以来北京工商会馆碑刻选编》,北京,文物出版社,1980年。

李桓:《国朝耆献类征》七二〇卷,1884—1890年湖南刊行。

黎杰:《明史》,台北,1964年。

李龙潜:《明代庄田的发展和特点》,1980年8月南开大学国际明清史学术讨论会论文。

李清:《三垣笔记》七卷,《古学汇刊》第2—4册,上海,国粹学报,1913年。

李天根:《爝火录》,1748年刊行。台湾文献丛刊,第177种,台北,1963年。

李天佑:《明末江阴、嘉定人民的抗清斗争》,上海,三联书店,1955年。

李廷先:《史可法的评价问题》,《中华文史论丛》1979年第1辑,第275—289页。

李雯、陈子龙、宋徵舆:《云间三子新诗合稿》九卷,附序、传,夏完淳编《峭帆楼丛书》第三、四册,1909年刊于昆山。

李文治:《〈水浒传〉晚明社会》,《文史杂志》,第2卷第3期,第29—33页(1942年3月15日);《晚明民变》,上海,中华书局,1948年。

李旭:《论八旗制度》,《中华文史论丛》,1964年,第345—364页,上海,中华书局。

李洵:《公元16世纪的中国海盗》,1980年8月南开大学国际明清史学术讨论会论文;《论明代江南集团势力》,从宋朝到1900年中国社会变迁中美学术讨论会,北京,1980年10月。

李逊之:《崇祯朝野纪》,台湾文献丛刊,第250种,台北,1908年。

李燕光:《1644年以前满族的社会经济形态》,载中国人民大学清史研究所编《清史论文选集》,第139—148页。中国人民大学出版社,1978年。

李渔:《笠翁一家言全集》十六卷,1730年刊行。

李元度:《国朝先正事略》六十卷,1866年刊行于平江。

李贽:《焚书》。北京,中华书局,1961年。

李周望:《明清历科进士题名碑录》卷三,第1385—1550页。影印1904年刊本,台北,1969年。

李铸晋:《项圣谟之招隐诗画》,《香港中文大学中文研究所学刊》,第2卷2期,第

411—422 页（1976 年 10 月）。

梁方仲：《明代粮长制述要》，载李光璧编《明清史论丛》第 12—43 页，武汉，湖北人民出版社，1957 年。

亮父：《岭南历史人物丛谈》，香港，1961 年。

廖汉臣：《延平王北征考评》，《台湾文献》第 15 卷第 2 期，第 47—74 页（1964 年 6 月）。

林铁钧：《清初的抗清斗争和农民军的联明抗清策略》，《历史研究》1978 年第 12 期，第 39—52 页。

凌纯声：《中国古代社之源流》，《中央研究院民族学研究所集刊》第 17 卷，第 1—44 页（1944 年春）。

凌惕安：《清代贵州名贤像传》四卷，上海，商务印书馆，1946 年。

刘重日：《明末"均田"口号质疑的质疑》，《历史研究》第 5 期，第 116—130 页。

刘得昌：《商丘县志》，1932 年编，二册，台北，1968 年。

刘尚友：《定思小纪》，赵诒琛、王大隆编《丁丑丛编》，第二册，无锡，1937 年。

刘声木：《苌楚斋随笔》十卷，见《直介堂丛刻》，1929 年刊本。

刘石吉：《明清时代江南市镇之数量分析》，《思与言》第 16 卷第 2 期，第 128—149 页（1978 年 7 月）。

刘献廷：《广阳杂记》，北京，中华书局，1957 年。

刘庠：《徐州府志》，1872 年编，2 册，台北，1970 年。

刘永成：《论清代前期农业雇佣劳动的性质》，见中国人民大学清史研究所编《清史研究集》第 91—112 页，中国人民大学出版社，1980 年；《清代前期的农业租佃关系》，《清史论丛》第二辑，第 56—88 页，北京，中华书局，1980 年。

柳作梅：《屈大均〈广东新语〉的历史背景》，《书目集刊》第 2 卷第 1 期，第 61—66 页。

娄子匡：《郑成功传说之整理》，《台北文献》第 1 期，第 101—130 页（1962 年 6 月）。

陆陇其：《三鱼堂文集》十二卷，1868 年刊行。

陆圻：《纤言》，见《三湘从事录》，王灵皋编《中国内乱外祸历史丛书》第 10 本，第 1—61 页，上海，神州国光社，1947 年。

陆世仪：《复社纪略》，台湾文献丛刊，第 258 种，第 51—79 页，台北，1968 年。

吕士朋：《清代的理藩院》，《东海大学历史学报》第一期，第 61—98 页（1977 年 4 月）。

罗炳绵：《清代学术论集》，台北，食货出版社，1978 年。

骆承烈：《从大顺〈创建信女桥〉碑看李自成起义军在山东地区的一些活动》，《文物》第 217 期，第 38—40 页（1974 年 6 月）。

罗香林：《香港新发现南明永历四年所造大炮考》，《文史会》第 1 卷第 1 期，第 1—2 页（1957 年 6 月）。

罗振玉：《史料丛刊初编》，10 册，北京，1924 年；《万年少先生年谱》，1919 年刊行。

马导源：《吴梅村年谱》，上海，商务印书馆，1935 年。

马其昶：《桐城耆旧传》十二卷，1911 年刊行。

《马氏家谱》，六册，约 1600—1720 年间编撰成书，存于支那东方协会图书馆，未编目。

孟森:《明烈皇殉国后纪》,国立北京大学《国学集刊》第四卷第三期,第1—56页;《心史丛刊》(全),香港,中国古籍珍本供应社,1963年。

孟昭信:《清初逃人法试探》,1980年8月南开大学国际明清学术讨论会论文。

《明清史料》三编、三十卷,中央研究院历史语言研究所编,上海,商务印书馆,1930—1936年。

张廷玉等编:《明史》六卷,台北,国防研究院,1962—1963年。

宫崎市定:《明代苏松地方的士大夫与民众》,《史林》第37期,第1—33页(1954年6月);《东洋近代史》,《亚细亚史论考》卷一,第183—287页,东京,朝日新闻社刊,1975年;《张溥及其时代》,《东洋史研究》第33卷第3期,第323—369页(1974年12月)。

沟口雄三:《东林党人的思想——近代前期中国思想的发展》,《东洋文化研究所纪要》第75期,第111—341页(1978年3月)。

莫东寅:《明末建州女真的发展及其建国》,见中国人民大学清史研究所编《清史论文选集》第68—109页,中国人民大学出版社,1979年。

森正夫:《16—18世纪的荒政及地主与佃户的关系》,《东洋史研究》第27卷第4期,第69—111页(1969年);《论明末社会关系秩序的变动》,《名古屋大学文学部三十周年纪念论集》第135—159页,名古屋,名古屋大学出版社,1978年;《论1645年太仓州沙溪镇乌龙会起义》,载《中山八郎教授颂寿纪念明清史论丛》第195—232页,东京,1977年。

暮泊:《中国文化与天下观念》,《中美月刊》第6卷第10期,第7—9页,第6卷第11期第7—8页,第6卷第12期第9页,第7卷第2期第8—10页,第7卷第3期第7—8页。

宫川尚志:《清代的宣抚救赈工作》,《东亚研究书报》第19期,第966—1064页(1942年12月)。

《南明史料》,四册,第476页,台湾文献丛刊,第169种,台北,1963年。

南园啸客:《平吴事略》,见王灵皋辑录《虎口余生纪》第111—118页,福州,福州国光社,1946年。

楢木野宣:《清代重要职官研究》,东京,风间书房,1975年;《清代督抚满汉比率的变化》,《群马大学纪要人文科学篇》第12卷第6期,第49—66页(1963年)。

西嶋定生:《中国初期棉业市场的考察》,《东洋学报》第31卷第2期,第122—148页(1947年11月)。

西村元照:《论清初的土地丈量》,《东洋史研究》第33卷第3期,第424—477页(1974年12月)。

西村数余:《明代的奴仆》,《东洋史研究》第38卷第1期,第24—50页(1979年6月)。

奥崎裕司:《中国乡绅地主的研究》,东京,汲古书院,1978年。

小野和子:《清初的思想控制》,《东洋史研究》第18卷第3期,第99—123页。

鸳渊一:《清代顺治初世的派阀抗争》,《人文研究》第9卷第11期,第1—22页(1958年12月);《清朝前期社会杂考》,见广岛文理大东洋史研究室编《东洋社会》,第257—349页,东京,目黑书店,1948年。

潘柽章、吴炎:《今乐府》,见《古学汇刊》第一辑第15卷,第1—24页,1912—1913年。

潘光旦:《明清两代嘉兴的望族》,上海,商务印书馆,1947年。

彭国栋:《清史文献志》,台北,商务印书馆,1969年。

彭人杰:《东莞县志》四十三卷,1797年东莞刊本。

彭孙贻:《平寇志》十二卷,1931年国立北平图书馆影印本;《山中闻见录》十一卷(三至五卷佚),收入罗振玉编《玉简斋丛书》第四、五册。

彭泽益:《清代广东洋行制度的起源》,《历史研究》1957年第1期,第1—24页;《清代前期江南织造的研究》,《历史研究》1963年第4期,第91—116页;《清代前期手工业的发展》,从宋代至1900年中国社会变迁中美学术讨论会论文,北京,1980年10月。

祁彪佳:《甲乙日历》,台湾文献丛刊,第279种,台北,1969年。

钱邦芑:《甲申纪变录》,台湾文献丛刊,第249种,第13—16页,台北,1968年;《甲申纪变实录》一卷,道光刻本。

潘锡恩编:《乾坤正气集》五七四卷,1866年成书,台北,1966年。

钱实甫:《清代职官年表》,北京,中华书局,1980年。

钱肃润:《南忠纪》,撰于1650年,见《甲申纪事晚明史料丛书》第95—152页,上海,中华书局,1959年。

钱𪸩:《甲申传信录》,《中国内乱外祸历史丛书》第12册,上海,神州国光社,1940年。

钱泳:《履园丛话》二卷,北京,中华书局,1979年。

秦波:《混进李自成起义军的一个内奸的自供状》,《文物》1974年第12期,49—52页。

琴川居士:《皇清名臣奏议》六十七卷,北京,都城国史馆。

《清史列传》八十卷,上海,中华书局,1928年。

《清实录经济资料辑要》,南开大学历史编,北京,人民出版社,1959年。

瞿昌文:《粤行纪事》,上海,商务印书馆,1939年。

屈大钧:《皇明四朝成仁录》十二卷,见叶恭绰编《广东丛书》第二集第6册,上海,商务印书馆,1947年;《翁山文钞》六卷,《广东丛书》第二集第2册。

瞿其美:《粤游见闻》,台湾文献丛刊,第239种,第31—60页,台北,1967年。

曲瑞瑜、王慎荣、周雷、褚靖寰:《清入关前对东北的统一》,见中国人民大学清史研究所编《清史论文选集》第110—124页,中国人民大学出版社,1979年。

任长正:《清太祖太宗时代明清和战考》,见《大陆杂志史学丛书》第一集第七本,第23—59页,台北,大陆杂志社,1960年。

容肇祖:《李卓吾评传》,上海,商务印书馆,1937年。

佐伯富:《清代的山西商人》,《国立台湾师范大学历史学报》1977年第5期,第281—292页。

佐伯有一:《明末的董氏之变——关于"奴变"的性质》,《东洋史研究》第16卷第1期,第26—27页(1957年6月);《关于1601年"织佣之变"诸问题》,《东洋文化研究所纪要》第45期,第77—108页(1968年)。

佐藤文俊:《关于"土贼"李青山之乱——明末华北地区农民起义的一种形态》,《东洋学报》第 53 卷第 3—4 期，第 117—163 页（1971 年 3 月）；《关于明末袁时中之乱》，见星斌夫先生退官记念事业会编《星博士退官记念中国史论集》第 209—226 页，1978 年。

山东大学历史系：《山东地方史讲授提纲》，济南，山东人民出版社，1960 年。

上海博物馆图书资料室：《上海碑刻资料选辑》，上海，上海人民出版社，1980 年。

邵长蘅：《邵子湘全集》八卷，1700 年刻本。

沈炼：《青霞集》，见《乾坤正气集》卷二四八至二五一，台北，1966 年。

沈涛：《江上遗闻》，见胡山源编《江阴义民别传》第 199—208 页，上海，世界书局，1938 年。

沈翼机：《浙江通志》二八〇卷，影印 1736 年刻本，台北，1967 年。

史得威：《维扬殉节纪略》，见张海鹏编《借月山房汇钞》卷四十六，上海，1920 年。

石锦：《顾炎武经世思想的界限》，《史苑》第 3 期，第 113—138 页（1972 年 9 月 10 日）。

史可法：《史忠正公集》，见《乾坤正气集》卷第 387—390 页，台北，1966 年；《史忠正公集》，《畿辅丛书》本，上海，1936 年。

史墨：《朱元璋反对贪官污吏斗争的经验教训》，《光明日报》1981 年 11 月 3 日第 3 版。

重田德：《乡绅的历史性格——乡绅观的系谱》，《人文研究》卷 22，4 期，第 85—97 页（1971 年）。

清水泰次：《明代的流民与流贼》，《史学杂志》第 46 期（1935 年），第 192—230、348—384 页。

司马光：《资治通鉴》，胡三省注，二册，台北，1974 年 2 月，第 628 页。

宋如林：《松江府志》，1818 年版本，台北，1970 年。

苏雪林：《南明忠烈传》，重庆，国民图书出版社，1941 年。

周藤吉之：《清初的投充及其起源》，《东方学报》第 13 卷 2 期，第 31—54 页，3 期，第 27—112 页。

孙克宽：《吴梅村北行前后诗》，《国立中央图书馆馆刊》第 7 卷 1 期，第 3—13 页。

孙文良：《论明与后金间的辽沈之战》，1980 年 8 月南开大学国际明清史学术讨论会论文。

孙甄陶：《清史述论》，台北，亚洲出版社，1957 年。

苏州历史博物馆、江苏师范学院历史系、南京大学明清史研究室合编：《明清苏州工商业碑刻集》，南京，江苏人民出版社，1981 年。

田村实造：《明代满蒙史研究》，京都，京都大学文化部，1963 年。

谈迁：《北游录》，香港，郎曼图书公司，1969 年；《国榷》一百四卷，北京，古籍出版社，1958 年；《杂俎枣林》六卷，台北，1960 年。

田中正俊：《民变：抗租奴变》，《世界历史》，第 11 期，第 41—80 页。

唐棣：《略论清代的地丁制度》，载李光璧编《明清史论丛》第 44—53 页，武汉，湖北人民出版社，1957 年。

铁玉钦：《论清入关前都城城郭与宫殿的演变》，1980 年 8 月南开大学国际明清史学术讨论会论文。

东亚研究所：《外族统治中国概说》，东京，东亚研究所，1943年。

和田清：《明初女真社会的变迁》，《史学杂志》第48卷9期，第91—92页（1937年9月）。

万寿祺：《隰西草堂集》，收入《徐州二遗民集》，台北，1967年。

万言：《崇祯长编》，见王灵皋编《中国内乱外祸历史丛书》第10册，第11—14页，上海，神州国光社，1947年；《崇祯长编》，台湾文献丛刊，第270种，台北，1969年。

王崇武：《吴三桂与山海关之战》，《燕京学报》第38期，第153—162页（1947年12月）。

王春瑜：《李岩〈西江月〉、〈商洛杂忆〉》，《光明日报》1981年11月9日第3版。

王夫之：《读通鉴论》，北京，中华书局，1975年。

《姜斋文集》十卷，台北，中华书局，1966年。

王虹：《江阴人民的抗清斗争》，上海，1954年。

王畿：《王龙溪先生全集》二十卷，1822年刻本。

王思治、金成基：《从清初的吏治看封建官僚政治》，《历史研究》1980年第1期，第135—144页；《清朝前期两淮盐商的盛衰》，从宋代至1900年中国社会变迁中美学术讨论会论文，北京，1980年10月。

王文甲：《中国土地制度史》，台北，1965年。

王先谦：《东华录·顺治朝》七卷，1884年刊本，台北，1963年。

王兴亚：《李自成的赋税政策研究》，1980年8月南开大学国际明清史学术讨论会论文。

王轩、杨笃：《山西通志》一八四卷，1892年刻本。

汪有典：《史外》，1864年刻本，台北，广文书局，1971年。

王云五刊印：《大清一统志》五六〇卷，台北，商务印书馆，1966年。

王毓铨：《明代勋贵地主的佃户》，《文史》第五辑，第91—117页，北京，中华书局，1978年。

王钟翰：《明代女真人的分布》，见中国人民大学清史研究所编《清史论文选集》第1—48页，中国人民大学出版社，1979年。

汪宗衍：《读〈清史稿〉札记》，香港，中华书局，1977年；《天然和尚年谱》，香港，郎曼书局，1966年。

韦庆远：《明代黄册制度》，北京，中华书局，1961年；《有关清代前期矿业政策的一场大论战》，1980年8月南开大学国际明清史学术讨论会论文。

韦庆远、吴奇衍：《清代著名皇商范氏的兴衰》，从宋代至1900年中国社会变迁中美学术讨论会论文，北京，1980年。

韦庆远、鲁素：《清代奴婢制度》，《清史论丛》第二辑，第1—55页，北京，中华书局，1980年。

魏裔介：《兼济堂文集》二十卷，影印文渊阁本，台北，商务印书馆，1973年。

魏元旷：《南昌县志》，1935年刊本，台北，1970年。

文秉：《烈皇小志》，见《中国内乱外祸历史丛书》第1—241页，上海，神州国光社，1947年。

闻钧天：《中国保甲制度》，上海，商务印书馆，1936年。

温睿临：《南疆绎〈逸〉史》，台湾文献丛刊，第 132 种，台北，1959 年。

吴晗：《谈迁和〈国榷〉》，附于香港郎曼书局本《北游录》第 419—440 页；《朝鲜李朝实录中的中国史料》十二卷，北京，中华书局，1980 年。

吴若灏：《邹县续志》，1892 年刊本，台北，1968 年。

吴山嘉：《复社姓氏传略》，1831 年成书，杭州，杭州古籍书店，1961 年。

吴伟业：《南国愚忠》，见胡山源《江阴义民别传》，上海，世界书局，1938 年；《吴诗集览》二十卷，靳荣藩注，《四部备要》本，台北，中华书局，1966 年。

吴智和：《明代的江湖盗》，《明史研究专刊》第 1 期，第 107—137 页（1978 年 7 月）。

夏允彝：《幸存录》，见《扬州十日记》第 3—56 页，台北，1964 年；《续幸存录》，见《扬州十日记》第 57—75 页，台北，1964 年。

萧一山：《清代通史》四卷，上海，商务印书馆，1927—1932 年。

小横香室主人：《清人逸事》，见《清人野史大观》第三辑，台北，中华书局，1959 年。

谢承仁：《1645 年江阴人民守城的故事》，北京，中国青年出版社，1956 年。

谢国桢：《顾宁人学谱》，台北，商务印书馆，1969 年；《明清笔记谈丛》，上海，中华书局，1962 年；《明清史料研究》，《金陵学报》第 3 卷 2 期，第 311—329 页（1933 年 10 月）；《明清之际党社运动考》，台北，商务印书馆，1967 年；《明代社会经济史料选编》卷一，福州，福建人民出版社，1980 年；《南明史略》，上海，上海人民出版社，1957 年；《清开国史料考》六卷，北京，国立北平图书馆，1938 年；《清初农民起义资料辑录》，上海，新知识出版社，1956 年。

谢肇淛：《五杂俎》八卷，1618 年刊本，台北，1971 年。

许重熙：《江阴城守后记》，见胡山源《江阴义民别传》第 195—198 页，上海，世界书局，1938 年。

许大龄：《试论明后期的东林党人》，1980 年 8 月南开大学国际明清史学术讨论会论文。

徐道邻：《中国法制史论略》，台北，1953 年。

徐近之：《黄淮平原气候历史记载整理》，《地理学报》第 21 卷 2 期，第 181—189 页，1955 年 6 月。

徐乾学：《儋园文集》三十六卷，1671 年刊本，台北，1971 年。

徐世昌：《大清畿辅先哲传》四十卷，民国初年刊本。

徐世溥：《江变纪略》，见王独清《东南纪事》第 103—124 页，上海，神州国光社，1946 年；《殉难死节臣职姓名》，1650 年抄本，上海市图书馆善本部。

许寿裳：《中国民族志士简史》，香港，岭南出版公司，1965 年。

徐应芬：《遇变纪略》一卷，荆驼逸史本。

许兆椿：《嘉庆海州直隶州志》卷三《纪事表》，1808 年刊本。

许倬云：《中国传统的性格与道德规范》，《思与言》，1965 年 1 月。

徐鼒：《小腆纪年》，台湾文献丛刊，第 138 种，台北，1963 年；《小腆纪年附考》，王崇武注，上海，中华书局，1957 年；《小腆纪传》，台北，台湾学生书局，1977 年。

薛虹：《明代初期建州女真的迁徙》，见中国人民大学清史研究所编《清史论文选集》

第49—67页，中国人民大学出版社，1979年；《试论满族共同体的形成》，1980年8月南开大学国际明清史学术讨论会论文。

章诗同注：《荀子简注》，上海，上海人民出版社，1974年。

阎尔梅：《白耷山人集》，见《徐州二遗民集》，台北，1967年。

杨德恩：《史可法年谱》，长沙，商务印书馆，1940年。

羊复礼：《镇安府志》二十五卷，台北，1967年。

杨国泰：《太原县志》十八卷，1826年刊本。

杨月桢：《试论清代闽北民间的土地买卖》，从宋代至1900年中国社会变迁中美学术讨论会论文，北京，1980年10月。

杨继盛：《杨忠愍公集》，见《乾坤正气集》卷256—257，台北，1966年。

杨学琛：《关于清初的"逃人法"》，《历史研究》1979年第10期，第46—55页。

杨旸：《试论明代辽东都司卫军屯田制》，1980年8月南开大学国际明清史学术讨论会论文。

杨开书报供应社：《史可法评价问题汇编》，香港，杨开书报供应社，1968年。

《研堂见闻杂记》，台湾文献丛刊，第254种，台北，1968年。

姚广孝等撰：《明实录》，抱经楼影印本。

姚家积：《明季遗闻考补》，《史学年报》第2卷第2期，第69—148页（1935年9月）。

姚名达：《刘宗周年谱》，上海，商务印书馆，1933年。

姚文田：《扬州府志》，1810年刊本，台北，1974年。

姚雪垠：《李自成自何处入豫》，《历史研究》1978年第5期，第51—61页。

叶恭绰：《清代学者像传》第一集，上海，商务印书馆，1930年。

叶显恩：《试论徽州商人资本的形成与发展》，1980年8月南开大学国际明清史学术讨论会论文。

应宝时：《上海县志》，台北，1975年；《同治上海县志》三十二卷。上海，1871年。

应廷吉：《青磷屑》二卷，见留云居士编《明季稗史汇编》，第15册。

有妫血胤：《清秘史》，见《笔记五编》第1—86页，台北，1976年。

于敏中：《国朝宫史》三十六卷，1769年成书，天津，东方学会，1928年。

袁继咸：《浔阳记事》，见胡思敬编《豫章丛书》第44卷，南昌，1915—1920年。

允禄等编：《大清会典》，北京，1732年。

臧励龢：《中国古今地名大辞典》，台北，商务印书馆，1960年。

曾国荃：《山西通志》一八四卷，1892年刊本。

查继佐：《东山国语》，台湾文献丛刊，第163种，台北，1963年；《国寿录》。收入《晚明史料丛书》，上海，中华书局，1959年；《鲁春秋》，台湾文献丛刊，第118种，第1—80页，台北，1961年；《罪惟录选辑》二卷，台湾文献丛刊，第136种，台北，1962年。

查慎行：《人海记》二卷，长沙，1909年。

张岱：《明纪史阙》，台湾国立中央图书馆影印本，台北，学生书局，1969年；《石匮藏书》，上海，中华书局，1959年。

张德芳：《〈扬州十日记〉辨误》，《中华文史论丛》1964年，367—376页，上海，中华书局。

张履祥：《重订杨园先生全集》五十四卷，1871年刊本。

张穆：《顾亭林先生年谱》，嘉业堂丛书本。《顾亭林先生年谱》二卷，上海，商务印书馆，1937年。

张其潜等编：《全椒县志》，影印1920年刊本，台北，1974年。

张芹：《备遗录》，1516年成书，1808年刊本。

张其昀编：《清史》十卷，台北，国防研究院，1961年；《浙江省史地纪要》，上海，商务印书馆，1925年。

张守常：《陈永福投闯抗清事迹评述》，《历史研究》1979年第3期，第64—77页。

张廷荣：《清初四大师生命之学》，台北，复兴堂印书馆，1967年。

张廷玉等编：《明史》六卷，国防研究院，1962—1963年；《明史》，开明书局，1962年；《明史》二十八卷，北京，中华书局，1974年。

张惟屏：《清朝诗人征略》六十四卷，台北，1971年。

张怡：《搜闻续笔》，见《笔记小说大观》第八辑，台北。

章有义：《从吴葆和堂庄仆条规看清代徽州庄仆制度》，《文物》1977年第11期，第47—56页。

赵尔巽：《清史稿》一三一卷，北京，清史馆，1927年。

赵吉士：《续表忠记》三卷，台北，1971年。

赵凯：《清兵入关与吴三桂降清问题》，《光明日报》1981年11月17日第3版。

赵俪生：《李自成地方政权所遭地主武装的破坏》，《文史哲》1955年第11期，第44—49页。

赵南星：《赵忠毅公文集》，见《乾坤正气集》，台北，1966年。

赵绮娜：《清初八旗汉军研究》，《故宫文献》第4卷2期，第55—65页。

赵士锦：《甲申纪事》，见《甲申纪事等四种》第3—28页，上海，中华书局，1959年。

赵士祯：《神器谱》，见郑振铎编《玄览堂丛书》第85册，上海，1941年。

赵先甲：《华亭县志》，1796年刊本，台北，1968年。

赵翼：《廿二史札记》，台北，中华书局，1963年。

赵宗复：《李自成叛乱史略》，《史学年报》第2卷4期，第127—157页。

昭梿：《啸亭杂录》八卷，上海，进步书局；《啸亭续录》三卷，上海，进步书局。

郑昌淦：《明末至清代前期的封建租佃关系》，见北京史学会编《北京史学会1961—1962年会论文集》第157—203页，北京，人民出版社，1962年。

郑达：《野史无文》，1692年成书，见《晚明史料丛书》，北京，中华书局，1960年。

郑克晟：《多尔衮对满族封建化的贡献》，1980年8月南开大学国际明清史学术讨论会论文。

郑廉：《豫变纪略》，1644年成书，见张凤台编《三怡堂丛书》卷七至十，河南，河南官书局，1922年。

郑天挺：《清入关前满洲族的社会性质》，《历史研究》1962年第6期，第87—96页；

《清史探微》，重庆，独立出版社，1946 年；《探微集》，北京，中华书局，1980 年。

郑天挺、孙钺：《明末农民起义史料》，上海，1954 年。

中国科学院哲学研究所：《中国哲学史资料选辑·清代之部》，北京，中华书局，1962 年。

《中华民国开国五十年文献》，第一版第一册《革命远源》（上、下），台北，中华民国开国五十年编纂委员会，1963 年。

周家安：《南明史地位与研究意义》，《明史研究专刊》第 2 卷 1 期，第 1—42 页（1979 年 9 月）。

周良霄：《明代苏松地区的官田与重赋问题》，《历史研究》1957 年第 10 期，第 63—76 页。

周铭旗：《乾州志稿》，台北，1969 年。

周时雍：《兴朝治略》十卷，1644 年成书。

周廷英：《瀨江纪事本末》，中国社会科学院历史研究所清史研究室编《清史资料》第一辑，第 137—157 页。北京，中华书局，1980 年。

周伟州：《陕西发现的两通有关明末农民战争的碑石》，《文物》1974 年 12 期，第 44—48 页。

周远廉：《后金八和硕贝勒"共治国政"论》，《清史论丛》第二辑，第 244—262 页，北京，中华书局，1980 年；《简评努尔哈赤》，1980 年 8 月南开大学国际明清史学术讨论会论文。

周宗贤：《南明政争之研究》，台北，私立中国文化学院，1971 年。

朱方增：《从正观法录》十卷，1830 年刊本。

竺可桢：《中国近五千年来气候变迁的初步研究》，《考古学报》1972 年，第 15—38 页。

朱倓：《明季南应社考》，《国学集刊》第 2 卷 3 期，第 541—588 页（1930 年 9 月）。

注释：

1 中文、日文引书目录中所列书名，在正文的注文里有少数采用了简化方式，如《大清世祖章（顺治）皇帝实录》简称为《清世祖实录》，原文如此，未做改动，特此说明。——译者

西文引书目录

Adshead, S.A.M. "Horse Administration under the Ch'ing." In John Fincher, ed., *Papers on Far Eastern History: Ming and Early Ch'ing China*, no. 17, pp. 71-79. Canberra: The Australian National University Dept. of Far Eastern History, 1978.

阿谢德:《清朝的马政》,约翰·芬彻编《远东历史论集:明代和清初的中国》。

——. "The Seventeenth Century General Crisis in China." *Asian profile* 1.2 ; 271-280.

同上,《17世纪中国的总危机》,《亚洲概况》第1卷2期。

Alcobendas, R.P. Fr. Severiano. *Las Misiones Franciscanas en China. Cartas, Informes y Relaciones del Padre Buenaventura Ibáñez (1650-1690)*. Bibliotheca Hispana Missionum. V. Madrid: Estanislao Maestre, 1933.

阿尔哥本达斯:《佛朗哥传教团在中国》。

Allan, C.W. *Jesuits at the Court of Peking*. Shanghai:Kelly & Walsh, n.d.

阿伦:《北京宫廷中的耶稣会士》。

Andrews, Julia and Yoshida, Haruki. "Theoretical Foundations of the Anhui School." In James Cahill, ed., *Shadows of Mt. Huang: Chinese Painting and Printing of the Anhui School*, pp. 34-42. Berkeley: University Art Museum, 1981.

安雅兰和吉田春树(音):《安徽派的理论基础》,高居翰编《黄山之影:安徽画派绘画艺术》。

Archivum Romanum Societatis Jesu. Jap. Sin. 122, Fol. 204-242, Antonio de Gouvea, S.J. to Father General Vitelleschi. Dated 16 August, 1645, annual letter for 1644.

《古罗马社会中的耶稣》第122册,安东尼奥·德·高威1645年8月致教皇威戴勒斯齐的信件。

Athar Ali, M. *The Mughal Nobility under Aurangzeb*. Bombay: Asia Publishing Huse, 1966.

阿萨尔·阿里:《奥兰赞布统治下的莫卧尔贵族》。

Atwell, William S. "Ch'en Tzu-lung (1608-1647): a Scholar-Official of the Late Ming Dynasty." Ph.D. thesis, Princeton University, 1975.

艾维四:《晚明士大夫陈子龙》(注文中引作《陈子龙》),普林斯顿大学哲学博士论文。

——. "From Education to Politics: the Fushe." In Wm. Theodore de Bary, ed. *The Unfolding of*

Neo-Confucianism, pp. 333-365. New York and London: Columbia University Press, 1975.

同上，《从教育到政治：复社》（注文中引作《复社》），狄百瑞编《新儒家学说的发展》。

——. "The Fu-she of Late Ming Period," Conference on 17th Century Chinese Thought, Sept. 6-12, 1970.

同上，《晚明的复社》，17世纪中国思想史讨论会论文。

——. "Notes on Silver, Foreign Trade, and the Late Ming Economy." *Ch'ing-shih wen-t'i*, December 1977, pp. 1-33.

同上，17世纪中国思想史讨论会论文：《论白银、外贸和明末经济》，《清史问题》1977年12月号。

——. "Time and Money: Another Approach to the Periodization of Ming History." Paper presented at the Sino-American Symposium on Social Change in China from the Song Period to 1900, Beijing, Nov. 1980.

同上，《时间与金钱：明史分期新论》，宋代到1900年中国社会变迁中美学术讨论会论文。

——. "The Transformation of Wen-she in Ming Times." Paper Prepared for Professor Mote's seminar, Princeton University, July 1969.

同上，《明代文社的变化》，莫特教授讨论班论文。

Auccourt, Father, trans, "Journal d'un bourgeois de Yang-tcheou(1645)." In *Bulletin de l'école française d'extrême-orient* 7: 297-312. Hanoi, 1907.

奥考特译：《扬州日记》，《远东法兰西学院学报》第7期。

Ayalon, David, "Studies on the Structure of Mamluk Army." *Bulletin of the School of Oriental and African Studies* 15: 203-228 and 448-476. University of London.

阿亚伦：《马穆鲁克军队结构研究》，《东方与非洲研究学院学报》第15期。

Babbit, Irving. *Rousseau and Romanticism*. Boston and New York: Houghton Mifflin, 1919.

巴比特：《卢梭和浪漫主义》。

Backhouse, E. and Bland, J.O.P. *Annals and Memoirs of the Court of Peking (From the Sixteen to the Twentieth Century)*. London: William Heinemann, 1914.

巴克豪斯和布兰德：《16—20世纪北京宫廷的编年记事》。

Balazs, Etienne. *Political Theory and Administrative Reality in Traditional China*. London: School of Oriental and African Studies, 1965.

白乐日：《中国传统的政治理论和行政现实》，《东方与非洲研究学院学报》。

Balfour, S. F. "Hong Kong Before the British." *T'ien Hsia Monthly* 11.5: 440-464.

鲍尔弗：《英国统治之前的香港》，《天下月刊》第11卷5期。

Batfield, Thomas J. "The Hsiung-nu Imperial Confederacy: Organization and Foreign Policy." *Journal of Asian Studies* 41: 45-61.

巴菲尔德：《匈奴帝国联盟：组织结构与对外政策》，《亚洲研究》第41期。

Barkan, ömer Lutfi. "The Price Revolution of the Sixteenth Century: a TurningPoint in the Economic History of the Near East." Translated by Justin McCarthy. *International Journal of Mid-*

dle Eastern Studies 6: 3-28.

巴尔坎：《16世纪的价格革命：近东经济史的转折点》，贾廷斯·麦卡锡译，《国际中东研究杂志》第6期。

Bauer, Wolfgang and Franke, Herbert, eds. *The Golden Casket: Chinese Novellas of Two Millennia*. Translated from German (Die Goldene Truhe) by Christopher Levenson. New York: Harcourt, Brace & World, 1964.

鲍吾刚和傅海波编：《百宝箱：2000年中的中国小说》，译自C.利文森《百宝箱》（德文）。

Bayley, C. C. *War and Society in Renaissance Florence: the De Militia of Leonardo Bruni*. Toronto: University of Toronto Press, 1961.

贝利：《佛罗伦萨文艺复兴时期的战争与社会：雷纳多·布鲁尼的军队》。

Beal, Edwin George, Jr. *The Origin of Likin*, 1853-1864. Cambridge, Mass.: Harvard University Press, 1964.

小皮尔：《厘金的起源》。

Beattie, Hilary J. "The Alternative to Resistance: the Case of T'ung-ch'eng, Anhwei." In Jonathan D. Spence and John E. Wills, Jr., eds., *From Ming to Ch'ing: Conquest, Region, and Continuity in Seventeenth Century China*, pp. 239-276. New Haven: Yale University Press, 1979.

贝蒂：《抵抗的抉择：安徽桐城个案研究》，史景迁和J.E.威尔斯编《从明到清：17世纪中国的征服、疆域和维持》。

——. *Land and Lineage in China: A Study of T'ung-ch'eng County, Anhwei, in the Ming and Ch'ing Dynasties*. Cambridge: Cambridge University Press, 1979.

同上，《中国的土地和宗族：明清时代的安徽桐城县研究》。

Bellah, Robert N. ed. *Religion and Progress in Modern Asia*. New York: The Free Press, 1965.

贝拉编：《近代亚洲的宗教和进步》。

Benda, Harry J. "Non-Western Intelligentsias as Political Elites." In John H. Kautsky, ed., *Political Change in Underdeveloped Countries*, pp. 235-251. New York: John Wiley & Sons, 1962.

本达：《作为政治精英的非西方化知识分子》，约翰·H·考茨基编《不发达国家的政治变迁》。

Bernard, Henri. *Aux portes de la Chine. Les Missionnaires du seizième siècle, 1514-1588*. Tianjin: Hautes Etudes, 1933.

伯纳德：《通向中国之门：16世纪（1514—1588）传教士在中国》。

——. "Christian Humanism during the Late Ming Dynasty." *T'ien Hsia Monthly* 7.3: 256-267.

同上，《晚明基督教徒的人道主义》，《天下月刊》第7卷3期。

——. *Le Père Matthieu Ricci et la rociété chinoise de son temps (1552-1610)*. 2 vols. Tianjin: Hautes Etudes, 1937.

同上，《利玛窦神甫在中国（1552—1610）》。

——. "Whence the Philosophic Movement at the Close of the Ming (1580-1640)?" *Bulletin of the Catholic University, Peking* 8: 67-74.

同上，《明代后期为何产生了哲学运动（1580—1640）》，《北京天主教大学学报》第8期。

Billeter, Jean-Francois. "Deux Etudes sur Wang Fu-zhi." *T'oung Pao* 56: 147-171 (1970).

比利特：《王夫之两探》，《通报》第 56 期。

Birch, Cyril. *Anthology of Chinese Literature, Vol. 2: From the Fourteenth Century to the Present Day*. New York: grove Press, 1972.

伯奇：《中国文学选集》第 2 卷：14 世纪至今。

Bishop, John Lyman. *The Colloquial Short Story in Chinese: a Study of the Sanyan Collection*. Harvard-Yenching Institute Studies 14. Cambridge, Mass.: Harvard University Press, 1959.

毕晓普：《中国白话短篇小说集〈三言〉研究》，《哈佛燕京学报》第 14 期。

Black, Alison Harley. "Nature, Artifice, and Expression in the Philosophical Thought of Wang Fu-chih (1619-92)." Ph. D. dissertation, University of Michigan, 1979.

布莱克：《王夫之哲学思想的性质、思路和表述》，密歇根大学哲学博士论文。

Blau, Peter M. and Scott, W. Richard. *Formal Organizations: A Comparative Approach*. San Francisco: Chandler Publishing Company, 1962.

布劳和斯科特：《正式组织：一个比较研究》。

Bloom, Irene. "On the 'Abstraction' of Ming Thought: Some Concrete Evidence from the Philosophy of Lo Ch'in-shun." In Wm. Theodorede Bary and Irene Bloom, eds., *Principle and Practicality: Essays in Neo-Confucian and Practical Learning*, pp. 69-125. New York: Columbia University Press, 1979.

布卢姆：《明代思想中的抽象概念：罗钦顺哲学中的一些具体例证》，狄百瑞和 I. 布卢姆编《原则与实践：新儒家和实学论文集》。

Blussé, Leonard. "Le 'Modern World System' et l' extrême-orient, plaidoyer pour un seizième siècle négligé." In L. Blussé, H. L. Wesseling, and G. D. Winius, eds., *History and Underdevelopment: Essays on Underdevelopment and European Expansion in Asia and Africa*, pp.92-103. Leiden: The Centre for the History of European Expansion, 1980.

布卢塞：《近代世界体系：为被忽视的 16 世纪的远东辩解》，L. 布卢塞、H. L. 韦塞林和 G. D. 威尼斯编《历史与不发达：亚非的不发达与欧洲的扩张论集》。

Bodde, Dert. and Morris, Clarence. *Law in Imperial China, Exemplified by 190 Ch'ing Dynasty Cases (Translated from the Hsing-an Hui-lan)*. Paperback edition. Philadelphia: University of Pennsylvania Press, 1973.

博德和莫里斯：《中华帝国的法律》。

Bogan, M. L. C. *Manchu Customs and Superstitions*. Tianjin and Beijing: China Booksellers, 1928.

博根：《满族的风俗与迷信》。

Bosmans, H. "Ferdinand Verbiest: directeur de l'observatoire de Peking (1623-1688)." *Revue des questions scientifiques* 71: 195-273, 375-464 (1912).

博斯曼：《北京的传教士首领——南怀仁》，《科学问题评论》第 71 期。

Bouwsma, William J. "The Secularization of Society in the Seventeenth Century." Paper presented at the Thirteenth International Congress of Historical Sciences, Moscow, 1970.

鲍斯玛：《17 世纪社会的世俗化》，第 13 届国际历史科学大会论文。

Bowra, E. C. "The Manchu Conquest of Canton." *China Review* 1: 86-96, 228-237 (July 1872, June 1873).

鲍拉：《满洲对广东的征服》，《中国评论》第 1 卷。

Boxer, C. R. *Expendicões militares portuguêsas em auxílio dos Mings contra os Manchus 1620-1647.* Macau, 1940.

巴克士：《明朝反抗满洲入侵时期葡萄牙军队的远征》。

——. "Macao Three Hundred Years Ago. As Described by Antonio Bocarro in 1635, and Now Translated with an Introductionand Notes." *T'ien Hsia Monthly* 6.4: 281-316.

同上，《300 年前的澳门》，《天下月刊》第 6 卷 4 期。

——. "The Rise and Fall of Nicholas Iquan (Cheng Chih-lung)." *T'ien Hsia Monthly* 11.5: 401-439.

同上，《郑芝龙的兴衰》，《天下月刊》第 11 卷 5 期。

——. Ed. *South China in the Sixteenth Century. Being the Narratives of Galeote Pereira; Fr. Gaspar da Cruz, O.P.; Fr. Martin de Rada, O.E.S.A. (1550-1575).* London: Hakluyt Society, 1953.

同上，编《16 世纪的华南》。

Braudel, Fernand. *Afterthoughts on Material Civilization and Capitalism.* Translated by Patricia Ranum. Baltimore and London: The Johns Hopkins University Press, 1977.

布罗代尔：《关于物质文明和资本主义的反思》，P. 拉奴姆译。

——. *Capitalism and Material Life, 1400-1800.* Translated by Miriam Kochin. New York: Harper and Row, 1967.

同上，《资本主义和物质生活，1400—1800》，M. 科琴译。

——. "Histoire et sciences socials: la longue durée." *Annales: economies, societies, civilizations* 13.4: 725-753.

同上，《历史学与社会科学：一个漫长的时代》，《经济、社会与文化年鉴》第 13 卷 4 期。

——. *The Mediterranean and the Mediterranean World in the Age of Philip II,* Vol. I. Translated by Sian Reynolds. London: Collins, 1972.

同上，《菲力普二世时期的地中海与地中海世界》第 1 卷，S. 雷诺兹译。

——. "Qu'est-ce que le XVIe siècle?" *Annales: economies, societies, civilizations* 8.1: 69-73.

同上，《16 世纪问题研究》，《经济、社会和文化年鉴》第 8 卷 1 期。

Bretschneider, Emili ĭ Vas ĭ l'evich. *Recherches archéologiques et historiques sur Pékin et ses environs.* Translated to French by V. Collin de Plancy. Paris: E. Leroux, 1879.

布雷兹纳德：《北京及其近郊的沿革与考古研究》，V. C. 德·普兰希法译本。

Brook, Timothy. "Guides for Vexed Travelers: Route Books in the Ming and Qing." *Ch'ing-shih wen-t'i*, June 1981, pp. 32-76.

布鲁克：《迷途指南：明清时期的旅行路线书籍》，《清史问题》，1981 年 6 月号。

Bruce, J. Perry. *Chu Hsi and his Masters.* London: Probsthain & Co., 1928.

卜道成：《朱熹及其大作》。

Brunnert, H. S. and Hagelstrom, V. V. *Present Day Political Organization of China.* Translated from the Russian by A. Beltchenko and E. E. Moran. Shanghai: Kelly and Walsh, 1912.

布鲁纳特和哈格尔斯特龙：《当代中国的政治组织》，A. 贝尔琴柯和 E. E. 莫兰据俄文本译出。

Busch, Heinrich. "The Tsung-lin Academy and its Political and Philosophical Significance." *Monumenta Serica* 14: 1-163.

布什：《东林书院及其政治思想意义》，《纪念丛书》第 14 种。

Cahen, Claude. "The Turkish Invasion: the Selchükids." In Kenneth M. Setton, ed. –in-chief, *A History of the Crusades*, Vol. 1, *The First Hundred Years* (edited by Marshall W. Baldwin), pp. 135-176. Philadelphia: University of Pennsylvania Press. 1958.

卡亨：《土耳其的入侵：塞尔诸人》，K. M. 色敦主编《十字军的历史》第 1 卷—最初的 100 年。

Cahill, James. "Introduction." In James Cahill, ed., *Shadows of Mt.Huang: Chinese Painting and Printing of the Anhui School*, pp. 7-15. Berkeley: University Art Museum, 1981.

高居翰编：《黄山之影：安徽画派绘画艺术》之"前言"第 7—15 页。

——. "The Orthodox Movement in Early Ch'ing Painting." In Christian F. Murck, *Artists and Tradition: Uses of thePast in Chinese Culture*, pp. 169-181. Princeton: Princeton University Press, 1976.

同上，《清初画界的正统运动》，C. F. 默克编《艺术家和传统：中国文化中的古为今用》。

——, ed. *The Restless Landscape: Chinese Painting of the Late Ming Period*. Berkeley: University Art Museum, 1971.

同上，编《不平静的风景：明代后期的中国画》。

Cahill, Suzanne E. "Taoism at Sung Court: the Heavenly Text Affair of 1008." *Bulletin of Sung and Yuan Studies* 16: 23-44.

卡希尔：《宋代宫廷中的道教：1008 年天书事件》，《宋元研究学报》第 16 期。

Campbell, Wm. *Formosa under the Dutch.From Contemporary Records with Explanatory Notes and a Bibliograhy of the Island.* London: Kegan Paul, Trench, Trubner and Co. 1903.

坎贝尔：《荷兰统治下的台湾，有关台湾的史料注释及文献目录》。

Candlin, Clara M., trans. *The Rapier of Lu: Patriot Poet of China.* In *The Wisdom of the East Series*, edited by J. L. Cranmer-Byng. London: John Murray, 1946.

坎德林译：《中国爱国诗人陆游的笔锋》，J.L 克兰默—宾编《东方智慧》丛书。

Cartier, Michel. "Notes sur l'histoire des prix en Chine du XIVe au XVIIe siècle." *Annales: économies, societies, civilisations* 24.4: 876-879.

卡蒂尔：《14 到 16 世纪中国价格变动史评述》，《经济、社会和文化年鉴》第 24 卷 4 期。

——. "Nouvelles données sur la démographie chinoise à l'époque des Ming (1368-1644)." *Annales: economies, societies, civilizations* 28.6: 1341-1359.

同上，《中国明代人口统计资料》，《经济、社会和文化年鉴》第 28 卷 6 期。

—— and Pierre-Etienne Will. "Démographie et institutions en Chine: contributionà l'analyse des recensements de l'époque imperial (2 ap. J.-C.-1750)." *Annalesde démographie historique 1971*: 161-245.

同上，与皮埃尔 - 埃蒂安·威尔合作编《中国人口统计制度：帝国时代的人丁税（2—1750）》，《统计学年鉴》1971 年。

Cavafy, Constantine P. *The Complete Poems of Cavafy*. Translated by Rae Dalven. New York: Harcourt, Brace & World, Inc., 1961.

卡瓦菲：《卡瓦菲诗歌全集》，R. 戴尔文译。

——. *Poimata*, 1896-1918. Athens: Icaros, 1975.

同上，《诗集》（1896—1918）。

Chan, Albert, S. J. "The Decline and Fall of the Ming Dynasty: A Study of the Internal Factors." Ph.D. thesis, Harvard University, Oct. 1953.

詹·阿尔伯特：《明朝衰亡内在因素之研究》，哈佛大学哲学博士论文。

Chan, Hok-lam. *Li Chih (1527-1602) in Contemporary Chinese Historiography: New Light on His Life and Works*. White Plains: M. E. Sharpe, 1980.

陈学霖：《李贽与修史：李贽生平及著作新探》。

——. "New Sources on Li Chih's Ancestry and his Family." In John Fincher, ed., *Papers on Far Eastern History: Ming and Early Ch'ing China*, No.17, pp. 53-69. Canberra: The National University Dept. Of Far Eastern History, 1978.

同上，《关于李贽之祖先及家庭的新资料》，约翰·芬彻编《远东历史论集：明代与清初的中国》第 17 号。

Chan, Wing-tsit. "The Ch'eng-Chu School of Early Ming." In Wm. Theodore de Bary, ed., *Self and Society in Ming Thought*, pp. 29-50. New York: Columbia, 1970.

陈荣捷：《明初的程朱学派》，狄百瑞编《明代思想中的自我与社会》。

——. "The Hsing-li ching-i and the Ch'eng-Chu School of the 17th Century." ACLS Conference on 17th Century Chinese Thought, Sept. 6-12, 1970.

同上，《〈性理精义〉与 17 世纪的程朱学派》，美国学术团体委员会 17 世纪中国思想讨论会。

——, comp. *A Source Book in Chinese Philosophy*. Princeton: Princeton University Press, 1963.

同上，《中国哲学资料》。

Chang, Chi-yun. "The Origin of Loyalists in Chinese History – Three Virtuous Men of the Shang Dynasty." *Chinese Culture* 9.2: 1-35.

张其昀：《中国历史上最早的忠臣——三位商朝的忠臣》，《中国文化》第 9 卷 2 期。

Chang, Chun-shu and Chang, Hsueh-lun. "K'ung Shang-Jen and his T'ao-Hua Shan: a Dramatist's Reflections on the Ming-Ch'ing Dynastic Transition." *Journal of the Institute of Chinese Studies of the Chinese University of Hing Kong* 9.2: 307-337.

张春树和骆雪伦：《孔尚任和他的〈桃花扇〉：一位戏剧家对明清易代时期的反映》，《香港中文大学中国研究学院学报》第 9 卷 2 期。

——. "The World of P'u Sung-ling's Liao-chai chih-i: Literature and the Intelligentsia During the Ming-Ch'ing Dynastic Transition." *Journal of the Institute of Chinese Studies of the Chinese University of Hong Kong* 6.2: 401-421.

同上，《蒲松龄〈聊斋志异〉的世界：明清易代时期的文学与文人》，《香港中文大学中国研究学院学报》第 6 卷 2 期。

Chang, Sen-dou. "The Morphology of Walled Capitals." In G. William Skinner, ed., *The City in Late Imperial China*, pp. 75-100. Stanford: Stanford University Press, 1977.

张申道：《有城墙的都市的形态》，见施坚雅编《中华帝国后期的城市》。

Chao, Kang. "New Data on Land Ownership Patterns in Ming-Ch'ing China – a Research Note." *Journal of Asian Studies* 40: 719-734.

赵冈：《中国明清土地所有制形式的新资料：一个研究评述》，《亚洲研究学报》第 40 卷。

Chaudhuri, K. N. *The Trading World of Asia and the English East India Company, 1660-1760.* Cambridge: Cambridge University Press, 1978.

肖德胡里：《1660—1760 年的亚洲贸易市场和东印度公司》。

Chaunu, Pierre. "Manille et Macao, face à la conjoncture des XVI et XVII siècles." *Annales: conomies, societies, civilizations* 17: 555-580.

肖努：《16、17 世纪世界格局中的马尼拉和澳门》，《经济、社会与文化年鉴》第 17 卷。

——. *Les Philippines et le Pacifique des Ibériques (XVI, XVII, XVIII siècles): Introduction méthodologiqueet indices d'activité.* Paris: S. E. V. P. E. N., 1960.

同上，《16、17、18 世纪的菲律宾群岛和太平洋伊比利亚群岛：输入方式与活动目标》。

Chen, Fu-mei Chang. "The Influence of Shen Chih-chi's Chi-chu Commentary upon Ch'ing Judicial Decisions." In Jerome Alan Cohen, R. Randle Edwards and Fu-mei Chang Chen, eds., *Essays on China's Legal Tradition*, pp. 170-221. Princeton: Princeton University Press, 1980.

陈张富美：《沈之奇的〈大清律辑注〉对清朝司法审判的影响》，J. A. 科恩、R. R. 爱德华兹和陈张富美编《中国司法传统论文集》。

——. "A Preliminary Analysis of Tenant-Landlord Relationships in Ming and Qing China." Paper presented at the Sino-American Symposium on Social Change in China from the Song Period to 1900, Beijing, Nov., 1980.

同上，《明清时期中国租佃关系初探》，宋到 1900 年中国社会变迁中美学术讨论会论文。

Chen, Shih-hsiang. "Review Article: An Innovation in Chinese Bibliographical Writing." *Far Eastern Quarterly* 13:49-62.

陈世骧：《对中文文献索引编制的改进的评论》，《远东季刊》第 13 卷。

Ch'en, Jerome. *Mao and the Chinese Revolution.* London and New York: Oxford University Press, 1965.

陈志让：《毛泽东与中国革命》。

Ch'en, Paul H. "Disloyalty to the State in Late Imperial China." In Dieter Eikemeier and Herbert Franke, eds., *State and Law in East Asia: Festschrift Karl Bünger*, pp. 159-183. Wiesbaden: Otto Harrassowitz, 1981.

陈保罗:《中华帝国后期的反叛》,D. 艾肯梅尔和H. 弗兰克编《东亚的国家与法律: 卡尔·米格尔纪念文集》。

Ch'en, Shou-yi. *Chinese Literature: A Historical Introduction.* New York: Ronald Press, 1961.

陈受颐:《中国文学史话》。

——. "The Religious Influence of the Early Jesuits on Emperor Ch'ung-cheng of the Ming Dynasty." *T'ien Hsia Monthly* 8.5: 397-419.

同上,《早期耶稣会士对明朝崇祯皇帝的宗教影响》,《天下月刊》第 8 卷 5 期。

Edward T. Chien. "Chiao Hung and the Revolt against Ch'eng-Chu Orthodoxy." In Wm. Theodore de Bary, ed., *The Unfolding of Neo-Confucianism*, pp. 271-303. New York and London: Columbia University Press, 1975.

钱新祖:《焦竑和对程朱正统的反叛》, 狄百瑞编《新儒家学说的发展》。

——. "Chiao Hung and the Revolt against Sung Learning." Conference on 17th Century Chinese Thought, Sept.6-12, 1970.

同上,《焦竑和对宋学的反叛》, 17 世纪中国思想研讨会。

——. "The Transformation of Neo-Confucianism as Transformation Leverage." *Journal of Asian Studies* 39: 255-258.

同上,《作为转变力量的新儒家学说的转变》,《亚洲研究杂志》第 39 卷。

Chin Sandi and Hsü Cheng-chi. "Anhui Merchant Culture and Patronage." In James Cahill, ed., *Shadows of Mt.Huang: Chinese Painting and Printing of Anhui School*, pp. 19-24. Berkeley: University Art Museum, 1981.

秦三迪(音)和徐澄淇:《安徽的商人文化及其保护者》, 高居翰编《黄山之影: 安徽画派绘画艺术》。

Ching, Julia. "The Practical Learning of Chu Shun-shui." In Wm. Theodore de Bary and Irene Bloom, eds., *Principle and Practicality: Essays in Neo-Confucianism and Practical Learning*, pp. 189-229. New York: Columbia University Press, 1979.

秦家懿:《朱舜水的实学》, 狄百瑞编《原则与实用: 新儒学和实学论文集》。

Chow, Yung-the. *Social Mobility in China. Status Careers Among the Gentry in a Chinese Community.* New York: Atherton Press, 1966.

周荣德:《中国的社会流动: 中国社会中士绅的进身之阶》。

Chu, Co-ching, "Cimatic Pulsation during Historic Time in China." *Geographical Review* 16: 274-282.

竺可桢:《中国历史上的气候剧变》,《地理学周报》第 16 卷。

Chu, Wen-djang. "Madame Shih K'e-fa." In Laurence G. Thompson, ed., *Studia Asiatica: Essays in Asian Studies in Felicitation of the Seventy-fifth Anniversary of Professor Ch'en Shou-yi*, pp.91-97. San Francisco: Chinese Materials Center, 1975.

朱文长：《史可法夫人》，L. G. 汤普森编《亚洲研究：庆祝陈受颐教授 75 寿辰亚洲研究论文集》。

——. *The Moslem Rebellion in Northwest China, 1862-1878: A Study of Government Minority Policy*. The Hague and Paris: Mouton & Co., 1966.

同上，《1862—1878 年中国西北的回民起义；政府的少数民族政策研究》。

Chuan, Han-seng and Kraus, Richard A. *Mid-Ch'ing Rice Markets and Trade: An Essay in Price History*. Cambridge, Mass.: Harvard University East Asian Research Center, 1975.

全汉升和克劳斯：《清代中期的粮食市场和贸易：价格史研究》。

Chuan, T. K. "Wei Chung-hsien." *T'ien Hsia Monthly* 3.3: 330-340.

全：《魏忠贤》，《天下月刊》第 3 卷 3 期。

Chung, A. L. Y. "The Hanlin Academy in the Early Ch'ing Period (1647-1795)." *Journal of Hong Kong Branch of the Royal Asiatic Society* 6: 100-119.

仲：《清初（1647—1795）的翰林院》，《英国皇家亚洲学会香港分会会刊》第 6 卷。

Cipolla, Carlo M. *Before the Industrial Revolution: European Society and Economy, 1000-1700*. New York: W. W. Norton, 1976.

辛宝拉：《工业革命前（1000—1700）欧洲的社会和经济》。

Clement, Ernest W. "Chinese Refugees of the Seventeenth Century in Mito." *Transactions of the Asiatic Society of Japan* 24: 12-40 (1896).

克莱门特：《17 世纪日本水户的中国难民》，《日本亚洲学会学报》第 24 期。

Cohen, Myron L. *House United, House Divided: the Chinese Family in Taiwan*. New York and London: Columbia University Press, 1976.

科亨：《合家与分家：台湾的中国家庭》。

Collis, Maurice. *The Great Within*. London: Faber & Faber, 1941.

科里斯：《大内》。

Colson, Elizabeth. "In Good Years and in Bad: Food Strategies of Self-Reliant Societies." Unpublished Paper.

科尔森：《丰年与荒年：自给自足社会的粮食政策》，未发表的论文。

Corradini, Piero. "A propos de l'institution dunei-ko sous la dynastie des Tsing." *T'oung Pao* 5.48, books 4-5 (1960), pp. 416-424.

克拉迪尼：《论清朝的内阁制度》，《通报》第 5 卷 48 期。

——. "Civil Administration at the Beginning of the Manchu Dynasty: a Note on the Establishment of the Six Ministries (Liu-pu)." *Oriens Extremus* 9.2: 133-138.

同上，《满洲王朝初年的行政：对六部初建的一个考述》，《远东杂志》第 9 卷 2 期。

Corvisier, André. *Armées et societies en Europe de 1494 à 1789*. Paris: Presses Universitaires de France, 1976.

科威希亚：《149—1789 年欧洲的军队与社会》。

Crawford, Robert B. "The Biography of Juan Ta-ch'eng." *Chinese Culture* 6.2:28-105.

克劳福德：《阮大铖传》，《中国文化》第 6 卷 2 期。

——. "Chang Chü-cheng's Confucian Legalism." In Wm. Theodore de Bary, ed., *Self and Society in Ming Thought*, pp. 367-412. New York and London: Columbia University Press, 1970.

同上，《张居正的儒家法律思想》，狄百瑞编《明代思想中的自我与社会》。

——. "Eunuch Power in the Ming Dynasty." *T'oung Pao* 5-49, book 3 (1961), pp. 115-148.

同上，《明代的宦官权力》，《通报》第 5 卷 49 期第 3 册 (1961)。

——. "The Life and Thought of Chang Chü-cheng, 1525-1582." Ph. D. dissertation, University of Washington, 1961.

同上，《张居正的生平和思想》，华盛顿大学博士论文。

Crawford, Robert B., Lamley, Harry M. and Mann, Albert B. "Fang Hsiao-ju in the Light of Early Ming Society." *Monumenta Serica* 15: 303-327.

克劳福德、拉默利和曼：《方孝儒与明初社会》，《纪念丛书》第 15 种。

Cremer, Robert. "Chou Mi and Hsiu Tuan: a Comparative Study of Two Essays on Legitimate Hegemony During the Yuan Period." M. A. thesis, Dept.of Oriental Languages, University of California, Berkeley, 1976.

克莱默：《周密和瑞修：元朝的两篇关于合法统治权的论文的比较研究》，加州大学东方语言系硕士论文，1976 年。

Croizier, Ralph C. *Koxinga and Chinese Nationalism: History, Myth, and the Hero*. Cambridge, Mass.: East AsianResearch Center, Harvard University, 1977.

克罗伊齐亚：《郑成功和中国的民族主义：历史、神话和英雄》。

Dardess, John. "Ming T'ai-tsu on the Yüan: an Autocrat's Assessment of the Mongol Dynasty." *Bulletin of Sung and Yuan Studies* 14: 6-11.

达迪斯：《明太祖看元朝：一位专制君主对蒙古王朝的评价》，《宋元研究学报》第 14 卷。

Davison, Anne L. "Li Yunf (1627-1705): Pritestor from the Provinces." *Ch'ing-shih wen-t'i*, December 1975, pp. 63-81.

戴维森：《李颙：地方的抗议者》，《清史问题》1975 年 12 月。

De Bary, William Theodore. "Chinese Despotism and the Confucian Ideals: a Seventeenth-Century View." In J. K. Fairbank, ed,. *Chinese Thought and Institutions*, pp. 163-203. Chicago: University of Chicago Press, 1957.

狄百瑞：《中国的专制主义与儒家理想：对 17 世纪的一个考察》，费正清编《中国的思想与制度》。

——. "Individualism and Humanitarianism in Late Ming Thought." In Wm. Theodore de Bary, ed., *Self and Society in Ming Thought*, pp. 145-247. New York: Columbia University Press, 1970.

同上，《晚明思想中的个人主道主义》，狄百瑞编《明代思想中的自我与社会》。

——. *A Planfor the Prince: the Ming-i tai-fang lu of Huang Tsung-hsi*, Translated and Explaned. Ann Arbor, Michigan: University Microfilms, Doctoral Dissertation Series Publication: 6599

(Ph. D., Columbia, 1953).

同上，《帝国的蓝图：黄宗羲〈明夷待访录〉译注》。

——. "Introduction." In Wm. Theodore de Bary, ed., *Self and Society in Ming Thought*, pp. 1-27. New York: Columbia University Press, 1970.

同上，狄百瑞编《明代思想中的自我与社会》之"前言"。

Demiéville, P. "Chang Hsueh-ch'eng and His Historiography." In W. G. Beasley and E. G. Pulleyblank, eds., *Historians of China and Japan*, pp. 167-185. London: Oxford University-Press,1961.

戴密微：《章学诚及其史书编纂学》，W. G. 比思利和 E. G. 普利布兰克编《中日史学家》。

Dennerline, Jerry Paul. *The Chia-ting Loyalists: Confucian Leadership and Social Change in Seventeenth-Century China*. New Haven and London: Yale University Press, 1981.

邓尔麟：《嘉定忠臣：17 世纪中国孔教的主导地位和社会变迁》（注文中引作《嘉定忠臣》）。

——. "Fiscal Reform and Local Control: the Gentry-Bureaucratic Alliance Survives the Conquest." In Frederic Wakeman, Jr., and Carolyn Grant, eds., *Conflict and Control in Late Imperial China*, pp. 86-120. Berkeley, Los Angeles, London: University of California Press, 1975.

同上，《财政改革和地方控制：征服之后士绅与官僚联盟的存续》，魏斐德和格兰特编《中华帝国后期的冲突与控制》。

——. "Hsu Tu and the Lesson of Nanking: Political Integration and the Local Defense in Chiang-nan, 1643-1645." In Jonathan D. Spence and John E. Wills, Jr., eds., *From Ming to Ch'ing: Conquest, Region, and Continuity in Seventeenth-Century China*, pp. 89-132. New Haven: Yale University Press, 1979.

同上，《许都和南京的教训：1643—1645 年的政治一体化和江南的地方防卫》，史景迁和小 J. E. 威尔斯编《从明到清：17 世纪中国的征服、疆域及其维持》。

——. "The Mandarins and the Massacre of Chia-ting: an Analysis of the Local Heritage and the Resistance to the Manchu Invasion in 1645." Ph. D. thesis, Yale University, 1973.

同上，《达官贵人与嘉定大屠杀：对地方传统和 1645 年抵抗满洲入侵的分析》（注文中引作《达官贵人》），耶鲁大学博士论文。

——. "Politics of Examination: Changing Political Field in Seventeenth Century China." Paper delivered at the American History Association, Dec. 28-30, 1978.

同上，《科举政治：17 世纪中国变迁的政治领域》，提交美国历史协会的论文。

——. "A Preliminary Analysis of a Limited Form of Narrative History with a View to Establishing its Value as Historical Evidence." Unpublished research paper for Professor Arthur Wright's seminar, Yale University, June, 1967.

同上，《对叙事史这一有限形式的初步分析及对其史料价值的确认》，为耶鲁大学芮沃寿教授研讨班提供的论文。

Dermigny, Louis. *La Chine et l'occident, le commerce à Canton au XVIII siècle, 1719-1833*, Vol. 1. Paris: S. E. V. P. E. N.,1964.

戴尔米尼：《18 世纪（1719—1883）广东的中西方贸易》第 1 卷。

Des Forges, R. V. "Rebellion in the Central Plain: Honan in the Ming-Ch'ing Transition." Draft prepared for the ACLS Workshp onRebellion and Revolution in North China (Harvard, July 27-August 2, 1979).

德·弗格斯：《中原的起义：明清之际的河南》，美国学术团体委员会中国北方的起义和革命讨论会论文。

Destenay, Anne L. *Nagel's Encyclopedia-Guide: China.* Geneva: Nagel's, 1968.

德斯台内：《纳格尔的百科全书指南：中国》。

Deutschmann, A. "The Ecology of Smallpox." In Jacques M. May, eds., *Syudies in Disease Ecology*, pp. 1-14. New York: Hafner Publishing Co., 1961.

德乌特希曼：《天花的生态学》，雅各布. M. 梅编《病理研究》。

Devèze, Michel. "L'Impact du monde chinois sur la France, l'Angleterre et la Russie au XVIII siècle." *Actes du colloque international de sinology: la mission française de Pékin aux XVII et XVIII siècle*, pp. 7-11. Paris: Cathasia, 1976.

德韦兹：《18 世纪中国社会对英、法、俄的影响》，《国际汉学研讨会报告：从 17 到 18 世纪北京的法国传教团》。

De Vries, Jan. *Economy of Europe in an Age of Crisis, 1600-1750.* Cambridge: Cambridge University Press, 1976.

德·夫里斯：《1600—1750 年危机时期的欧洲经济》。

Dixon, C. W. *Smallpox.* London: J. and A. Churchill, Ltd., 1962.

狄克逊：《天花》。

Dimberg, Ronald G. *The Sage and Society: the Life and Thought of Ho Hsin-yin.* Honolulu: The University Press of Hawaii, 1974.

丁伯格：《贤人与社会：何心隐的生平与思想》。

Donnithornc, V. H. "The Golden Age and the Dark Age in Szechwan: II, Chang Hsien-Chung and the Dark Age" *Journal of the West China Border Research Society* 10: 152-167(1938).

唐尼索恩：《四川的黄金时期与黑暗时期》第 2 部分"张献忠和黑暗时期"，《中国西部边境研究学会杂志》第 10 期。

Downs, Anthony. *Inside Bureaucracy.* Boston: Little, Brown & Company, 1967.

唐斯：《官僚政治内幕》。

Dunne, George H. *Generation of Giants: the Story of the Jesuits in China in the Last Decades of the Ming Dynasty.* Notre Dame: Notre Dame Press, 1962.

邓恩：《一代伟人：明朝最后十年在华耶稣会士的事迹》（注文中引作《一代伟人》）。

Dunstan, Helen. "The Last Ming Epidemics: a Preliminary Survey." *Ch'ing-shih wen-t'i* 3.3: 1-59.

邓斯坦：《明末流行病初探》，《清史问题》第 3 卷 3 期。

Eastman, Lloyd E. "Political Reformism in China before the Sino-Japanese War." *Journal of Asian Studies* 27: 695-710.

艾斯特曼：《中日战争之前的中国政治革新思潮》，《亚洲研究学报》第 27 期。

Eddy, John A. "Climate and the Role of the Sun." *Journal of Interdisciplinary History* 10: 725-747 (1980).

埃迪：《气候与太阳的作用》，《交叉学科史学杂志》第 10 期。

——. "The Maunder Minimum." *Science*, 18 June 1976, pp. 1189-1202.

同上，《蒙德极小期》，《科学》杂志。

Eisenstadt, S. N. *Essays on Comparative Institutions.* New York: John Wiley & Sons, 1965.

艾森斯塔特：《比较制度论文集》。

——. *The Political Systems of Empires.* New York: Free Press, 1963.

同上，《帝国的政治体系》。

Elman, Benjamin A. "Japanese Scholarship and the Ming-Ch'ing Intellectual Transition." *Ch'ing-shih wen-t'i*, June 1979, pp. 1-22.

艾尔曼：《日本的学术和明清的思想变动》，《清史问题》1979 年 6 月。

——. "Ch'ing Dynasty 'Schools' of Scholarship." *Ch'ing-shih wen-t'i*, December 1981, pp. 1-44.

同上，《清代的学术流派》，《清史问题》1981 年。

Elvin, Mark. "Economic Aspects of the Technology of the Pre-Modern Chinese Textile Industries." Prepared for the Research Conference on Economic Organization in Chinese Society, Aug. 16-23, 1969.

埃尔文：《近代以前中国纺织工业技术的经济面面观》，中国社会经济组织讨论会论文。

——. "The High-Level Equilibrium Trap: the Causes of the Decline of Invention in the Traditional Chinese Textile Industries." In W. E. Willmott, ed., *Economic Organization in Chinese Society*, pp. 137-171. Stanford: Stanford University Press, 1922.

同上，《高度均衡的陷阱：传统中国纺织工业的创造力衰落的诸原因》，W. E. 威尔摩特编《中国社会中的经济组织》。

——. "Market Towns and Waterways: the Country of Shang-hai from 1480-1910." In G. William Skinner, ed., *The City in Late Imperial China*, pp. 441-473. Stanford: Stanford University Press, 1977.

同上，《集镇和水路：1480—1910 年的上海镇》，施坚雅编《中华帝国后期的城市》。

——. "On Water Control and Management during the Ming and Ch'ing Periods." *Ch'ing-shih wen-t'i*, November 1975, pp. 82-103.

同上，《论明清时期水的控制和管理》，《清史问题》1975 年 11 月。

——. *The Pattern of the Chinese Past.* London: Eyre Methuen, 1973.

同上，《古代中国的模式》。

Entenmann, Robert. "Sichuan and Qing Migration Policy." *Ch'ing-shih wen-t'i*, December 1980, pp. 35-54.

恩腾曼：《四川和清廷的移民政策》，《清史问题》1980 年 12 月。

Esherick, Joseph W. "On the Social Origins of the Boxer Movement." Paper presented to the

International Conference on the Boxer Movement, Ji'nan, Nov. 14-20, 1980.

周锡瑞：《论义和拳运动的社会起源》，义和团运动国际讨论会论文。

Fan, K. H., ed. *The Chinese Cultural Revolution: Selected Documents.* New York: Grove Press, 1968.

范编：《中国文化革命文献选编》。

Fang, Lienche Tu. "Ming Dreams." ACLS Conference on Ming Thought, June 13-17, 1966.

杜联喆：《明朝之梦》，美国学术团体委员会明代思想讨论会。

Farmer, Edward L. *Early Ming Government: the Evolution of Dual Capitals.* Cambridge: Harvard University East Asian Research Center, 1976.

法默：《明初两京制度的演变》。

Farmer, Paul. *Vichy Political Dilemma.* New York: Columbia University Press, 1955.

法默：《维希的政治两难》。

Farquhar, David M. "Emperor as Bodhisattva in the Governance of the Ch'ing Empire." *Harvard Journal of Asiatic Studies* 38: 5-34.

法夸尔：《大清帝国统治中作为菩萨的皇帝》，《哈佛亚洲研究杂志》第 38 期。

——. "Mongolian versus Chinese Elements in the Early Manchu State." *Ch'ing-shih wen-t'i*, June 1971, pp.11-23.

同上，《早期满洲国家中的蒙古因素和汉因素》，《清史问题》1971 年 6 月。

——. "The Origins of the Manchu's Mongolian Policy." In John K. Fairbank, ed., *The Chinese World Order: Traditional China's Foreign Relations*, pp. 198-205. Cambridge: Harvard University Press, 1968.

同上，《满洲之蒙古政策的起源》，费正清编《中国人的世界秩序观：传统中国的对外关系》。

Faurot, J. "Concerning Chin Sheng-t'an's Edition of the Shui Hu Chuan." Unpublished paper prepared for the dissertation committee of the Dept. of Oriental Languages, University of California, Berkeley, Jan., 1970.

福罗特：《关于施耐庵编辑的〈水浒传〉》，加州大学东方语言系讨论会未发表的论文。

Feng, Menglong. *The Perfect Lady by Mistake. Translated by William Dolby.* London: Paul Elek, 1976.

冯梦龙：《钱秀才错占凤凰俦》，W. 多尔比译。

Feuchtwang, Stephan. "School, Temple and City God: a Report on the Official Religion in Ch'ing Dynasty China." Prepared for the Research Conference on Urban Society in Traditional China, Aug. 31- Sept. 7, 1968.

福伊希特万：《学校、庙宇和城隍：关于中国清朝官方宗教的报告》，传统中国城市社会专题研讨会论文。

Feuerwerker, Albert J. "From 'Feudalism' to 'Capitalism' in Recent Historical Writing from Mainland China (Review Article)." *Journal of Asian Studies* 18: 107-116.

费维恺：《大陆近期关于从封建主义到资本主义的史学论文》，《亚洲研究杂志》第 18 期。

Finer, Samuel E. "State-and Nation-building in Europe: the Role of the Military." In Charles

Tilly, ed., *The Formation of National States in Western Europe*, pp. 84-163. Princeton: Princeton University Press, 1975.

芬纳：《欧洲国家与民族的形成：军事的作用》，C. 梯利编《西欧民族国家的形成》。

Fisher, Carney T. "The Great Ritual Controversy in the Age of Ming Shih-tsung." *Society for the Study of Chinese Religions Bulletin* 7: 71-87 (1979).

费希尔：《明世祖时的大礼仪》，《中国宗教研究学会会报》第 7 期。

Fisher, T. S. "Accommodation and Loyalism: the Life of Lü Liu-liang (1629-1683). Part One, Dissident Intellectuals and the early Ch'ing States." *Papers on Far Eastern History,* no. 15, pp. 97-104. Canberra: The Australian National University, Department of Far Eastern History, 1977.

费席尔：《顺从与效忠：吕留良的生平》，第一部分——持异议的知识分子和清初国家，《远东史论文集》第 15 辑。

——. "Accommodation and Loyalism: the Life of Lü Liu-liang (1629-1683). Part Two, Lü Liu-liang's Early Years" *Papers on Far Eastern History*, no. 16, pp. 107-145. Canberra: The Australian National University, Department of Far Eastern History, 1977.

同上，同前，第 2 部分——吕留良的早期，《远东史论文集》第 16 辑。

——. "Accommodation and Loyalism: the Life of Lü Liu-liang (1629-1683). Part Three, the Later Years." *Papers on Far Eastern History*, no. 18, pp. 1-42. Canberra: The Australian National University, Department of Far Eastern History, 1978.

同上，同前，第 3 部分——吕留良的晚期，《远东史论文集》第 18 辑。

——. "Loyalist Alternatives in the Early Ch'ing: Huang Tsung-hsi vs. Lü Liu-liang." Unpublished paper.

同上，《清初遗民的抉择：黄宗羲和吕留良》，未发表的论文。

——. "Ming Loyalism and 'Literary Inquisition': the Politics of Persecution." Paper delivered at the Second National Conference of the Asian Studies Association of Australia, March, 1978.

同上，《忠明态度与文字狱：政治迫害》，澳大利亚亚洲研究学会第二届国际讨论会论文。

Fitzpatrick, Merrilyn. "Building Town Walls in Seven Districts of Northern Chekiang." In John Fincher, ed., *Papers on Far Eastern History: Ming and Early Ch'ing China* no. 17, pp. 15-51. Canberra: The Australian National University Dept. of Far Eastern History, 1978.

菲茨帕特里克：《浙江北部七个地区的城墙建筑》，J. 芬彻编《远东史学论文集：明代和清初》第 17 辑。

——. "Local Interests and the anti-Pirate Administration in China's South-east 1555-1565." *Ch'ing-shih wen-t'i* December 1979, pp. 1-50.

同上，《1550—1565 年中国东南地区的地方利益与反海盗管理》，《清史问题》1979 年 12 月。

Fletcher, Joseph F. "China and Central Asia." In John K. Fairbank, ed., *The Chinese World Order: Traditional China's Foreign Relations*, pp. 198-205. Cambridge: Harvard University Press, 1968.

弗莱彻：《中国与中亚》，费正清编《中国人的世界秩序观：传统中国的对外关系》.

——. "China's Northwest at the Time of Ming-Ch'ing Transition." Paper delivered at the Conference on the Ming Ch'ing Transition, Palm Springs, Dec., 1974.

同上，《明清之际的中国西北》，明清之际讨论会论文。

Fogel, Joshua A. "Shuangtung in the Shun-chih Reign: the Establishment of Local Control and the Gentry Response (Part 1)." *Ch'ing-shih wen-t'i*, December 1980, pp. 1-34.

福格尔：《顺治年间的山东：地方控制的建立和乡绅的响应》第一部分，《清史问题》1980 年 12 月。

——. "Shuangtung in the Shun-chih Reign: the Establishment of Local Control and the Gentry Response (Part 2)." *Ch'ing-shih wen-t'i*, June 1981, pp. 1-31.

同上，同前，第 2 部分，《清史问题》1981 年 6 月。

Franke, Herbert. "Some Aspects of Chinese Private Historiography in the Thirteenth and Fourteenth Centuries." In W. G. Beasley and E. G. Pulleyblank, eds., *Historians of China and Japan*, pp. 115-134. London: Oxford University Press, 1961.

弗兰克：《13、14 世纪中国私家修史的一些问题》，W. G. 比斯利和 E. G. 普利布兰克编《中日史学家》。

Franke, O. *Li Tschi, Ein Beitrag zur Geschichte der chinesischen Geisteskämpfe im 16. Jahrhundert.* Abhandlungen der Preussischen Akademie der Wissenschaften, Jahrgang 1937, Philosophisch-historische Klasse, Nr. 10. Berlin: Verlag der Akademie der Wissenschaften, 1938.

傅兰格：《李贽对 16 世纪中国民族斗争历史研究的贡献》，普鲁士科学院哲学历史研究所文献，第 10 期。

Franke, Wolfgang. *Addenda and Corrigenda to Pokotilov's "History of the Eastern Mongols during the Ming Dynasty."* Chengdu: Studia Serica Monographs, Series A, no. 3, 1949.

傅吾康：《对波克蒂罗夫的〈明代东蒙史〉的补遗和勘误》系列研究专题论文丛书，A，第 3 号。

——. "Addenda and Corrigenda to the Preliminary Notes on the Important Chinese Literary Sources for the History of the Ming Dynasty (1368-1644)." *Studia Serica* 9.1: 33-41 (Sept. 1950).

同上，《〈明史资料解题〉的补遗和勘误》，《研究丛书》第 9 卷 1 期。

——. "Chinesische Feldzüge durch die Mongolei im frühen 15. Jahrhundert." *Sinologica* 3.2:81-88(1952).

同上，《15 世纪初期中国对蒙古的征讨》，《汉学家》第 3 卷 2 期。

——. *An Introduction to the Sources of Ming History.* Singapore and Kuala Lumpur: University of Malaya Press, 1968.

同上，《明史资料介绍》。

——. "The Veritable Records of the Ming Dynasty." In W. G. Beasley and E. G. Pulleyblank,eds., *Historians of China and Japan*, pp.60-77. London: Oxford University Press, 1961.

同上，《明实录》。W. G. 比斯利和 E. G. 普利布兰克编《中日史学家》。

——. "Yü Ch'ien, Staatsmann und Kriegsminister, 1398-1457." *Monumenta Serica* 11: 87-121.

同上，《政治家和军事家于谦》，《纪念丛书》第 11 种。

Franklin, Julian H., ed. *Constitutionalism and Resistance in the Sixteenth Century: Three Treatises by Hofman, Beza, and Mornay.* New York, Pegasus, 1969.

弗兰克林编：《16 世纪的宪政思想和抵制：霍夫曼、贝赞和摩尼的三篇论文》。

Freeman, Mansfield. "The Ch'ing Dynasty Criticism of Sung Politico-Philosophy." *Journal of the North China Branch of the Royal Asiatic Society* 59: 78-110.

弗里曼：《清朝对宋代政治哲学的批判》，《皇家亚洲学会中国北部分会杂志》第 59 期。

——. "Yen HisChai, a 17th Century Philosopher." *Journal of the North China Branch of the Royal Asiatic Society* 57:70-91.

同上，《颜习斋——17 世纪的思想家》，《皇家亚洲学会中国北部分会杂志》第 57 期。

Friese, Heinz. "Das Dienstleistungs-Syatem der Ming-Zeit (1368-1644)." *Mitteilungen der Gesellschaft für Natur-und Völkerkunde Ostasiens*, Band XXXV A. Hamburg, 1959.

弗里塞：《明代的劳役制》，《东亚自然与人类社会研究报告》第 35 卷。

Fu, Lo-shu. "A Documentary Chronicle of Sino-Western Relations: 1644-1820." *The Association for Asia Studies: Monographs and Papers*, No. 22. Tucson: University of Arizona Press, 1966.

傅乐淑：《1644—1820 年中西关系文献编年》，《亚洲研究学会专着与论文》第 22 种。

——. "Teng Mu, A Forgotten Chinese Philosopher." *T'oung Pao* 52:35-96 (1965).

同上，《邓牧——被遗忘的中国思想家》，《通报》第 52 期。

Gaillard, Le P. Louis. "Nankin d'alors et d'aujourd' hui. Aperçu historique et géographique." *Variétés sinologiques* No. 23. Shanghai, 1930.

盖拉德：《南京今昔：历史与地理之一瞥》（注文中引作《南京今昔》），《汉学丛刊》第 23 种。

Gallagher, L. J., S. J. *The China the Was. China as Discovered by the Jesuits at the Close of the Sixteenth Century.* From the Latin of Nicholas Trigault, S. J. Milwaukee: Bruce Publishing Co., 1942.

高腊福：《这就是中国：16 世纪末耶稣会士发现的中国》。

Gamble, Sidney D.*Ting Hsien: a North China Rural Community.* Stanford: Stanford University, 1979.

甘布尔：《定县：中国北方的农村社会组织》。

Geiss, James Peter. "Peking under the Ming (1368-1644)." Ph. D. thesis, Princeton University, 1979.

吉斯：《明代的北京》，普林斯顿大学博士论文。

Gernet, Jacques. "Philosophie chinoise et christianisme de la fin du XVI au milieu du XVII siècle." *In Actes du colloque international de sinology: la mission française de Pékin aux XVII et XVIII siècles*, pp. 13-25. Paris: Cathasia, 1976.

谢和耐：《16 到 17 世纪中叶的中国哲学和基督教》，《国际汉学研讨会报告：17、18 世纪北京的法国传教团》。

Giles, Herbert A. *China and the Manchus.* Cambridge, 1912.

翟理斯：《中国和满洲》。

——. *A Chinese Biographical Dictionary.* 2 vols. Taibei: Literature House, 1962.

同上，《中国人名辞典》两卷。

Golas, Peter J. "Early Ch'ing Guilds." New Hampshire Conference, Sept., 1962.

戈拉斯：《清初的行会》，新罕布什尔讨论会。

Goodrich, Luther Carrington. *The Literary Inquisition of Ch'ien-lung.* Baltimore, Waverly Press, 1935.

傅路德：《乾隆时的文字狱》。

——. "The Ninety-nine Ways of Destroying the Manchus." *T'ien Hsia Monthly* 6.4: 317-341.

同上，《平满九十九策》，《天下月刊》第6卷4期。

Goodrich, L. Carrington and Fang, Chaoying, eds. *Dictionary of Ming Biography, 1368-1644.* 2 vols. New York: Columbia University Press, 1976.

傅路德和房兆楹编：《明代人名辞典》两卷。

Gray, J. "Historical Writing in Twentieth Century China: Notes on its Background and Development." In W. G. Beasley and E. G. Pulleyblank, eds., *Historians of China and Japan*, pp. 186-212. London: Oxford University Press, 1961.

格雷：《20世纪中国史学著作的背景及其发展研究》，W. G. 比斯利和 E. G. 普利布兰克编《中日史学家》。

Greenblatt, Chün-fang Yü. "Chu-hung and Lay Buddhism in the Late Ming." Conference on 17th Century Thought, Sept. 6-12, 1970.

戈林博拉德·于春芳：《明末的弘株和居士》，17世纪中国思想研讨会。

Greenough, Paul R. "Variolation and Vaccination in South Asia, c. 1700-1865: a Preliminary Note." *Social Science and Medicine*, Vol. 14D, Medical Geography 3: 345-347. (Sept. 1980).

格里诺：《1700—1785年南亚的天花与疫苗接种浅谈》，《社会科学与医药学》第14卷，《医药地理》第3期。

Greiner, Peter. *Die Brokatuniform-Brigade der Ming-Zeit von den Anfängen bis zum Ende der T'ien-Shun Periode (1368-1464).* Wiesbaden: Otto Harrassowitz, 1975.

格雷纳：《明初到天顺年间的锦衣卫》。

Grimm, Tilemann. "Erziehung und Politik im konfuzianischen China der Ming-Zeit (1368-1644)." *Mitteilungen der Gesellscraft für Natur- und Völkerkunde Ostasiens*, Band XXXV B. Hamburg, 1960.

格里姆：《中国明代的儒教教育和政治》，《东非自然和人类社会研究报告》第35卷B。

——. "Ming Education Intendants." In Charles O. Hucker, ed., *Chinese Government in Ming Times: Seven Studies*, pp. 129-147. New York: Columbia University Press, 1969.

同上，《明代的学官》，贺凯编《明代的中国政府：七份研究》。

——. "Shu-yuan in the Context of Urbanistic Research in Traditional China." New Hampshire

Conference, Sept. 1968.

同上，《传统中国城市研究中所涉及的书院》，新罕布什尔研讨会。

Groot, J. J. M. de. *Sectarianism and Religious Persecution in China: a Page in the History of Religions*. Leidon: E. J. Brill & Co., 1901.

格罗特：《中国的教派与宗教迫害：宗教史的一页》。

Grove, Linda and Esherick, Joseph W. "From Feudalism to Capitalism: Japanese Scholarship in the Transformation of Chinese Rural Society." *Modern China* 6: 397-438.

顾琳和周锡瑞：《从封建主义到资本主义：日本对中国农村社会变迁的学术研究》，《近代中国》第 6 期。

Hackett, Roger F. "The Military: Japan." In Robert E. Ward and Dankwart A. Rustow, eds., *Political Modernization in Japan and Turkey*, pp. 328-351. Princeton: Princeton University Press, 1971.

哈克特：《日本军人》，R. E. 沃德和 D. A. 拉斯托编《日本与土耳其的政治现代化》。

Haeger, John. "Sung Government at Mid-Season: Translation of and Commentary on the Ching-k'ang ch'uan-hsin lu." Ph. D. thesis, University of California, Berkeley,1971.

黑格：《宋代中期的政府：〈靖康传信录〉的翻译和注释》，加州大学博士论文。

——. "The Sung Restoration: Politics and Economics in China, 1142-1162." Senior Thesis, Princeton University, 1966.

同上，《宋朝的中兴：1142—1162 年中国的政治与经济》，普林斯顿大学毕业班论文。

Hall, John Whitney. "The Nature of Traditional Society: Japan." In Robert E. Ward and Dankwart A. Rustow, eds., *Political Modernization in Japan and Turkey*, pp. 14-41.Princeton: Princeton University Press, 1964.

霍尔：《日本传统社会的性质》，R. E. 沃德和 D. A. 拉斯托编《日本与土耳其的政治现代化》。

Hamashima, Atsutoshi. "The Organization of Water Control in the Kiangnan Delta in the Ming Period." *Acta Asiatica, Bulletin of the Institute of Eastern Culture (Tōhō Gakkai, Tokyo)* 38:69-92.

滨岛敦俊：《明代江南三角洲的水利管理组织》，《东方文化学院学报》第 38 期。

——. "Rural Society in Jiangnan During the Ming Dynasty." (abstract supplied by author, 1981), pp. 7-14.

同上，《明代江南的农村社会》，1981 年由作者摘要提供。

Hamilton, Earl J. *American Treasure and the Price Revolution in Spain, 1501-1650*. New York: Octagon Books, 1965.

汉密尔顿：《美洲的财富与 1501—1650 年西班牙的价格革命》。

Hanan, Patrick. *The Chinese Vernacular Story*. Cambridge: Harvard University Press,1981.

哈南：《中国的白话小说》。

Handlin, Joanna F. "Lü K'un's New Audience: the Influence of Women's Literacy on Sixteenth-Century Thought." In Margery Wolf and Roxane Witke, eds., *Women in Chinese Society*, pp. 13-38. Stanford: Stanford University Press, 1975.

汉德林：《吕坤的新读者：妇女文学对 16 世纪思想的影响》，M. 沃尔夫和 R. 威特克编《中国社会中的妇女》。

——. "On the Relationship between the Rise of Private Academies and Eclecticism in Sixteenth-century China." Unpublished paper, May, 1968.

同上，《16 世纪民间学术团体的兴起与折衷主义的关系》，未发表的论文。

Harrison, James P. "Communist Interpretations of the Chinese Peasant Wars." China Quarterly 24: 92-118.

哈里森：《共产党人对中国农民战争的解释》，《中国季刊》第 24 期。

Hauer, Erich, trans. And annot., *Huang-Ts'ing K'ai-kuo fang-lüeh: die Gründung des Mandschurischen Kaiserreiches.* Berlin and Leipzig: Walter de Gruyter, 1926. (Cited in footnotes as Huang-Ts'ing K'ai-kuo.)

郝爱礼：翻译及注释：《皇清开国方略》。

——. "Li Tze-ch'eng und Chang Hsien-chung. Ein Beitrag zum Ende der Mingdynastie." *Asia Major* 2(1925): 436-498 and 3(1926): 268-287.

同上，《论明末的李自成和张献忠》，《亚洲大陆》第 2 期（1925），第 3 期（1926）。

——. "Prinz Dorgon." *Ostasiatische Zeitschrift* 13(1926): 1-56.

同上，《亲王多尔衮》，《东亚杂志》第 13 期。

Hazard, Benjamin. "The Formative Years of the Wakō, 1223-1263." Unpublished paper presented at the Colloquium of the Center for Japanese and Korean Studies, University of California, Berkeley, Oct. 19,1966.

哈泽德：《1223—1263 年，倭寇的形成之年》，加州大学日本和朝鲜研究中心报告会未发表的论文。

Hegel, Georg Wilhelm Friedrich. *The Philosophy of History.* Translated by J. Sibree. New York: Dover Publications, 1956.

黑格尔：《历史哲学》，西布里译。

Heissig, Walther. *The Religions of Mongolia*, Transl. Geoffrey Samuel. Berkeley and Los Angeles: University of California Press, 1980.

海西格：《蒙古人的宗教》，G. 塞缪尔译。

Hexter, J. H. *The Reign of King Pym.* Cambridge, Mass.: Harvard University Press, 1941.

赫克斯特：《皮姆王统治时期》。

Ho, Ping-ti. *The Ladder of Success in Imperial China: Aspects of Social Mobility, 1368-1911.* New York: John Wiley & Sons, 1962.

何炳棣：《中华帝国中的进身之阶：1368—1911 年的社会流动》。

——. *Studies on the Population of China, 1368-1953.* Cambridge, Mass.: Harvard University Press,1959.

同上，《1368—1953 年中国人口研究》。

Ho, Wai-kam. "Chinese under the Mongols." In Sherman E. Lee and Wai-kam Ho, comps., *Chi-*

nese Art under the Mongols: the Yuan Dynasty, 1279-1368, pp. 73-112. Cleveland: The Cleveland Museum of Art, 1968.

何惠鉴:《蒙古人统治下的汉人》, S. E. 李及何惠鉴编《元朝统治下的中国艺术》。

Ho, Yun-yi. "Ritual Aspects of the Founding of the Ming Dynasty, 1368-1398." *Society for the Study of Chinese Religions Bulletin* 7: 71-87(1979).

何云翼:《1368—1398 年明初的仪制》,《中国宗教研究学会学报》第 7 期。

Hobsbawm, Eric. "From Feudalismto Capitalism." In Rodney Hilton, ed., *The Transition from Feudalism*, pp. 159-164. London: N. L. B. 1976.

霍布斯鲍姆:《从封建主义到资本主义》, R. 希尔顿编《从封建主义到资本主义的过渡》。

Hodgson, Marshall G. S. *The Venture of Islam: Conscience and History in a World Civilization*, Volume 3, The Gunpower Empires and Modern Times. Chicago: The University of Chicago Press, 1974.

霍格森:《伊斯兰教的冒险: 世界文明中的良知与历史》第 3 卷——火药的帝国与近代之世。

Hoshi, Ayao. "Transportation in the Ming Dynasty." *Acta Asiatica, Bulletin of the Institute of Eastern Culture (Tōhō Gakkai, Tokyo)* 38: 1-30.

星斌夫:《明代的运输》,《东方文化学院学报》第 38 期。

Hou, Chi-ming and Li, Kuo-chi. "Local Government Financial in the Late Ch'ing Period." In Conference on Modern Chinese Economic History (August 26-29,1977), pp. 559-588. Taibei: The Institute of Economics, Academia Sinica, 1977.

侯继明和李国祁:《清末地方政府的财政》, 近代中国经济史讨论会论文。

Hou, Jen-chil. "Frontier Horse Markets in the Ming Dynasty." In E-tu Zen Sun and John de Francis, eds., *Chinese Sociel History, Translations of Selected Studies*, pp. 333-352. Washington: American Council of Learned Societies, 1956.

侯仁之:《明代边境地区的马市》, 孙任以都和 J. 德. 弗兰西斯编《中国社会史研究论文选》。

Howard, Richard C. "K'ang Yu-wei (1858-1927): His Intellectual Background and Early Thought." In Arthur Wright and Denis Twitchett, eds., *Confucian Personalities,* pp. 294-316. Stanford: Stanford University Press, 1962.

霍华德:《康有为的文化背景和早期思想》, 芮沃寿和 T. 特威彻特编《儒教名人》。

Howell, E. B., trans. *Chin Ku Ch'i Kuan: The Inconstancy of Madame Chuang and other Stories from Chinese.* New York: Frederick A. Stokes, n.d.

豪威尔译:《今古奇观:〈庄子休鼓盆成大道〉及其他中国故事》。

——. trans. "Chin Ku Ch'i Kuan: The Persecution of Shen Lien." *China Journal of Science and Arts*, 2: 311-321, 412-423, 503-518.

同上,《今古奇观:〈沈小霞相会出师表〉》,《中国科学与艺术》第 2 期。

——. trans. *The Restitution of the Bride, and other Stories from the Chinese.* New York: Brentano, 1926.

同上，《〈裴晋公义还原配〉及其他中国故事》。

Hsi, Angela N. S. "Wu San-kuei in 1644: a Reappraisal." *Journal of Asian Studies* 34: 443-453.

席：《吴三桂在 1644 年：一个新评价》，《亚洲研究杂志》第 34 期。

Hsiao, K. C. "Li Chih: an Iconoclast of the Sixteenth Century." *T'ien Hsia Monthly* 6.4: 317-341.

萧公权：《李贽：16 世纪的反正统派》，《天下月刊》第 6 卷 4 期。

——. *Rural China: Imperial Control in the Nineteenth Century*. Seattle and London: University of Washington Press, 1960.

同上，《农村的中国：19 世纪的帝国控制》。

Hsieh, Kuo-chen. "Removal of the Coastal Population in the Early Ch'ing Period." Translated by T. H. Chen. *Chinese Social and Political Science Review* 15: 559-596 (1931-1932).

谢国桢：《清初的迁海》，T. H. 陈译，《中国社会与政治科学评论》第 15 期。

Hsü, Cheng-chi. "Hongren." In James Cahill, ed., *Shadows of Mt. Huang: Chinese Painting and Printing of the Anhui School*, pp. 76-88. Berkeley: University Art Museum,1981.

徐澄淇：《弘仁》，高居翰编《黄山之影：安徽画派绘画艺术》。

Hsu, Sung-nien. *Anthologie de la literature chinoise, des origins à nos jours*. Paris: Librairie Delagrave, 1933.

徐仲年：《中国古今文学作品选》。

Hu, Ch'ang-tu. "The Yellow River Administration in the Ch'ing Dynasty." *Far Eastern Quarterly* 14: 505-513.

胡昌度：《清代的黄河管理》，《远东季刊》第 14 期。

Huang, Hanliang. *The Land Tax in China*. Published doctoral thesis, Faculty of Political Science, Columbia University, N. Y., 1918.

黄汉良：《中国的地税》，哥伦比亚大学博士论文。

Huang, Pei. *Autocracy at Work: a Study of the Yung-cheng Period, 1723-1735*. Bloomington, Indiana: Indiana University Press, 1981.

黄培：《专制制度的运转：雍正统治时期的研究》。

Huang, Ray. *1587, A Year of No Significance: the Ming Dynasty in Decline*. New Haven and London: Yale University Press, 1981.

黄仁宇：《万历十五年》。

——. "Fiscal Administration during the Ming Dynasty." In Charles O. Hucker, ed., *Chinese Government in Ming Times: Seven Studies*, pp. 73-128. New York: Columbia University Press, 1969.

同上，《明朝的财政管理》，贺凯编《明代的中国政府：七份研究》。

——. "The Grand Canal during the Ming Dynasty,1368-1644." Ph. D. dissertation, University of Michigan, 1964.

同上，《明代的大运河》，密歇根大学博士论文。

——. "Military Expenditures in 16th C. Ming China." *Oriens Extremus* 17: 39-62 (1970).

同上，《16 世纪中国明朝的军费》，《远东杂志》第 17 期。

——. "Ni Yüan-lu: The Man, His Time, His Fiscal Policies and His Neo-Confucian Background." ACLS Conference on Ming Thought, June 13-17, 1966.

同上，《倪元璐：其人其事及其财政政策和新儒教背景》，美国学术团体委员会明代思想讨论会。

——. "Ni Yüan-lu's 'Realism'." In Wm. Theodore de Bary, ed., *Self and Society in Ming Thought,* pp. 415-448. New York: Columbia University Press, 1970.

同上，1966 年 6 月 13—17 日；《倪元璐的现实主义》，狄百瑞编《明代思想中的自我与社会》。

——. *Taxation and Government Finance in Sixteenth-Century Ming China.* London and New York: Cambridge University Press, 1974.

同上，《十六世纪明代中国之财政与税收》。

Hucker, Charles O. *The Censorial System of Ming China.* Stanford: Stanford University Press, 1966.

贺凯：《明代的监察制度》。

——. "An Index of Terms and Titles in 'Governmental Organization of the Ming Dynasty'." *Harvard Journal of Asiatic Studies* 23: 127-151.

同上，《明代政府组织术语与名称索引》，《哈佛亚洲研究杂志》第 23 期。

——. *The Ming Dynasty: Its Origins and Evolving Institutions.* Ann Arbor: Center for Chinese Studies, The University of Michigan, 1978.

同上，《明朝的兴起及其制度变迁》。

——. "Su-chou and the Agents of Wei Chung-hsien: a Translation of K'ai-tu ch'uan-hsin." *In Silver Jubilee Volume of the Zimbun Kagaku Kenkyusyo of Kyoto University*, pp. 224-252. Kyoto, 1954.

同上，《苏州和魏忠贤和党羽：〈开读传信〉的阐释》，《京都人文科学研究所 25 周年纪念集》。

——. *The Traditional Chinese State in Ming Times (1368-1644).* Tucson, university of Arizona Press, 1961.

同上，《明代的中国传统国家》。

——. "The Tung-lin Movement of the Late Ming Period." In J. K. Fairbank, ed., *Chinese Thought and Institutions*, pp. 132-162. Chicago: University of Chicago Press, 1957.

同上，《晚明的东林党运动》，费正清编《中国的思想和制度》。

Hummel, Arthur W. *Eminent Chinese of the Ch'ing Period (1644-1912).* 2 vols. Washington: United States Government Printing Office, 1943.

恒慕义：《清代名人传略》两卷。

Hunt, Michael H. "The Forgotten Occupation: Peking, 1900-1901." *Pacific Historical Review* 48: 501-529.

亨特：《被遗忘的占领：北京的 1900—1901 年》，《太平洋史学评论》第 48 期。

Huntington, Samuel P. *Political Order in Changing Societies.* New Haven and London: Yale University Press, 1968.

亨廷顿：《变迁社会中的政治秩序》。

Hwa, Yol Jung. "Jen: an Existential and Phenomenological Problem of Intersubjectivity." *Philosophy East and West* 16: 169-188.

华友荣（音）：《仁：一个内在主体性的存在主义和现象学的问题》，《东西方哲学》第 16 期。

———. "Wang Yang-ming and Existential Phenomenology." *International Philosophical Quarterly* 5: 612-636.

同上，《王阳明和存在主义现象学》，《国际哲学季刊》第 5 期。

Imbauit-Huart, Camille. "Deux Insurrections des Mahometans de Kansou (1648-1683), récit traduit du Chinois." *Journal Asiatique* 8. XIV: 494-525 (1889).

伊鲍勒 - 华特：《甘肃 1648—1683 年的两次回民起义的中文资料摘编》，《亚洲杂志》第 8 卷 16 期。

Inalcik, Halil. "The Nature of Traditional Society: Turkey." In E. Ward and Dankwart A. Rustow, eds., *Political Modernization in Japan and Turkey*, pp. 42-63. Princeton: Princeton University Press, 1964.

伊那尔希克：《土耳其传统社会的性质》，R. E. 沃德和 D. A. 拉斯托编《日本与土耳其的政治现代化》。

Institute of Pacific Relations, Research Staff of the Secretariat, comp., *Agrarian China: Selected Source Materials from Chinese Authors*. With an Introduction by R. H. Tawney. Chicago: University of Chicago Press, 1938.

太平洋关系学院秘书处研究人员编：《农业中国：中国作者著述摘编》，附 R. H. 托尼的简介。

Irwin, Richard Gregg. *The Evolution of the Chinese Novel: Shui-hu-chuan*. Cambridge, Mass.: Harvard University Press, 1953.

欧文：《中国小说的演变：〈水浒传〉》。

Isaacman, Allen and Isaacman, Barbara. "The Prazeros as Transfrontiersmen: a Study in Social and Cultural Change." *International Journal of African Historical Studies* 8: 1-39.

艾伦·伊萨克曼和巴巴拉·伊萨克曼：《作为境外居民的普拉泽罗斯人：社会与文化演变研究》，《国际非洲历史研究杂志》第 8 期。

Islamoglu, Huri and Keyder, Caglar. "Agenda for Ottoman History." *Emmanuel Le Roy Ladurie Review* 1.1: 31-55 (1977).

伊斯拉莫格路和卡格拉尔·基德：《奥斯曼历史大事记》，《伊曼纽尔·勒鲁瓦·拉杜里评论》第 1 卷 1 期。

Israeli, Raphael. "Chinese Versus Muslims: a Study of Cultural Confrontation." Ph. D. dissertation, University of California, Berkeley, 1974.

伊斯雷里：《汉人与回人：文化对立研究》，加州大学伯克利分校博士论文。

Iwao, Seiichi. "Li Tan, Chief of the Chinese Residents at Hirado, Japan in the Last Days of the Ming Dynasty." *Memoirs of the Research Department of the Toyo Bunko* 17: 27-83 (1958).

岩生成一：《明末居于日本平库的中国居民首领李旦》，《东洋文化研究所论文集》第 17 期。

Jagchid, Sechin. "Patterns of Trade and Conflict Between China and the Nomads of Mongolia." *Zentralasiatischestudien* 11: 177-204 (1977).

亚格齐德：《中国和蒙古游牧民的贸易和冲突的样式》，《中亚研究》第 11 期。

Jäger, Fr. "Die letzten Tage des Kü Schï-sï." *Sinica* 8: 197-207(Sept. 1933).

亚格：《顾季时最后的日子》《汉学》8。

Jang, Scarlett. "Cheng Sui." In James Cahill, ed., *Shadows of Mt. Huang: Chinese Painting and Printing of the Anhui School*, pp. 111-114. Berkeley: University Art Museum, 1981.

杨：《程遂》，J. 高居翰编《黄山之影：安徽画派绘画艺术》。

Jansen, Marius B. "Changing Japanese Attitudes toward Modernization." In Marius B. Jansen, ed., *Changing Japanese Attitudes toward Modernization*, pp. 43-97. Princeton: Princeton University Press, 1965.

约翰逊：《日本人对现代化的态度变化》，选自约翰逊编《日本人对现代化的态度变化》。

Jao, Tsung-i. "Painting and the Literati in the Late Ming." In James C. Y. Watt, ed., *The Translation of Art: Essays on Chinese Painting and Poetry*, pp. 63-69. Hong Kong: The Chinese University of Hong Kong, 1976.

饶宗颐：《晚明的绘画与文人》，J. C. Y. 瓦特编《艺术的解释：中国绘画与诗歌论文集》。

Jayawardena, Chandra. "Ideology and Conflict in Lower Class Communities." *Comparative Studies in Society and History* 10: 413-446 (July 1968).

杰亚沃德纳：《下层阶级社会的思想意识和冲突》，《社会和历史的比较研究》第 10 期。

Jen, Yu-wen. "Master Ch'en Hsien-chang, Ming Confucianist." ACLS Conference on Ming Thought, June 13-17, 1966.

简又文：《明代儒家大师陈献章》，美国学术团体委员会明代思想讨论会。

Jing, Su and Luo, Lun. *Landlord and laborer in Late Imperial China: Case Studies from Shandong*, transl. Endymion Wilkinson. Cambridge, Mass.: Harvard University Press, 1978.

景苏和罗仑：《中华帝国后期的地主和劳动者：山东个案研究》，E. 威尔金森译。

Kagan, Leigh. "Sung Shu-yuan: a Mode of Political Struggle." Unpublished paper, spring, 1968.

卡根：《宋代书院：一种政治斗争形式》，未发表的论文。

Kahn, Harold L. *Monarchy in the Emperor's Eyes: Image and Reality in the Ch'ien-lung Reign*. Cambridge, Mass.: Harvard University Press, 1971.

卡恩：《皇帝心目中的君主制：乾隆之统治的理想和现实》。

——. "Some Mid-Ch'ing Views of the Monarchy." *Journal of Asian Studies* 24: 229-243.

同上，《清代中期君主制度片论》，《亚洲研究杂志》第 24 期。

Kanda, Nobuo. "The Role of San-fan in the Local Politics of Early Ch'ing." Paper presented at the Conference on Local Control and Social Protest during the Ch'ing Period, Honolulu, July, 1971.

神田信夫：《三藩在清初地方政局中的角色》，火奴鲁鲁清代地方控制和社会反抗讨论会论文。

Kang, Yu-wei. *The Chronological Autobiography of K'ang Yu-wei*. In Jung-pang Lo, *K'ang Yu-wei: a Biography and Symposium*, pp. 17-174. Association for Asian Studies Monograph No. 23. Tucson: University of Arizona Press, 1967.

康有为：《康有为自编年谱》，罗荣邦编《康有为传略和专题研究》，亚洲研究学会专着第 23 种。

Kao, Yu-Kung. "Source Materials on the Fang La Rebellion." *Harvard Journal of Asiatic Studies* 26: 211-240.

高友工：《方腊起义资料》，《哈佛亚洲研究杂志》第 26 期。

Keene, Donald. *The Battles of Coxinga: Chikamatsu's Puppet Play, Its Background and Importance*. London: Taylor's Foreign Press, 1951.

基恩：《郑成功的征战：背景和意义》。

Kengo, Araki. "Confucianism and Buddhism in the Late Ming," Conference on 17th Century Chinese Thought, Sept. 6-12, 1970.

荒木见悟：《明末的儒教和佛教》，17 世纪中国思想讨论会论文。

Kessler, Lawrence D. *K'ang-hsi and the Consolidation of Ch'ing Rule, 1661-1684*. Chicago and London: University of Chicago Press, 1976.

凯斯勒：《康熙和清朝统治的巩固》。

——. "K'ang-hsi's Military Leadership and the Consolidation of Manchu Rule." Paper delivered at the Association for Asian Studies Meeting, March 29-31, 1971.

同上，《康熙的军事领导权和满洲统治的巩固》，五洲研究协会会议论文。

Kirchheimer, Otto. *Political Justice: The Use of Legal Procedure for Political Ends*. Princeton: Princeton University Press, 1961.

柯克黑默：《政治公正：使用合法程序达到政治目的》。

Klaveren, Jacob. *General Economic History, 100-1760: from the Roman Empire to the Industrial Revolution*. München: Gerhard Kieckens, 1969.

克莱佛伦：《从罗马帝国到工业革命（100—1760）的经济通史》。

Kobayashi, Hiromitsu and Sabin, Samantha. "The Great Age of Anhui Painting." In James Cahill, ed., *Shadows of Mt. Huang: Chinese Painting and Printing of the Anhui School*, pp. 34-42. Berkeley: University Art Museum, 1981.

小林宏光等：《安徽绘画的盛期》，高居翰编《黄山之影：中国安徽派的绘画与版画》。

Kosminsky, E. A. "Services and MoneyRents in the 13th Century." *Economic History Review* 5.2: 24-45.

科斯明斯基：《13 世纪的劳役和货币地租》，《经济史评论》第 5 卷 2 期。

Krafft, Barbara. "Wang Shih-chen(1526-1590), Abriss seines Lebens." *Oriens Extremus* 5: 169-201.

克拉夫特：《王世贞生平介绍》，《远东杂志》。

Ku, Chieh-Kang. "A Study of Literary Persecution during the Ming." Translated by L. C. Goodrich. *Harvard Journal of Asiatic Studies* 3: 254-311.

顾颉刚：《明代的文字狱研究》，傅路德译，《哈佛亚洲研究杂志》第 3 卷 9 期。

Ku, Tun-jou. "The Evolution of the Chinese Hsien Government." *Chinese Culture* 2.3: 59-75 (1959).

顾敦录：《中国县级政府的演变》，《中国文化》第 2 卷 3 期。

Kuhn, Philip. "The T'uan-lien Local Defense System at the Time of the Taiping Rebellion." *Harvard Journal of Asiatic Studies* 27: 218-255.

孔飞力：《太平天国起义时期地方团练防御系统》，《哈佛亚洲研究杂志》第 27 期。

K'ung, Shang-jen. *The Peach Blossom Fan (T'ao-hua-shan)*. Translated by Chen Shih-hsiang and Harold Acton, with the collaboration of Cyril Birch. Berkeley, Los Angeles, London: University of California Press, 1976.

孔尚任：《桃花扇》，陈世骧、H. 阿克顿和 C. 伯奇合译。

Kwanten, Luc. *Imperial Nomads: a History of Central Asia, 500-1500*. Philadelphia: University of Pennsylvania Press, 1979.

匡顿：《游牧帝国：500—1500 年中亚史》。

Laing, Ellen Johnston. "Wen Tien and Chin Chün-ming." *The Journal of the Institute of Chinese Studies of Chinese Studies of the Chinese University of Hong Kong* 7.2: 411-422.

莱英：《文点和金俊明》，《香港中文大学中国研究学院学报》第 7 卷 2 期。

Lamb, H. H. *The Changing Climate: Selected Papers*. London: Methuen & Co., 1972.

拉姆：《气候变迁论文选》。

Lancashire, Douglas. "Anti-Christian Polemics in 17th Century China." *Church History* 38: 2: 218-241.

兰卡什尔：《中国 17 世纪反基督教的辩论》，《教会史》第 38 卷 2 期。

——. "Buddhist Reaction to Christianity in Late Ming China." *Journal of the Oriental Society of Australia* 6.1-2: 82-103 (1968-1969).

同上，《明末中国佛教徒对基督教的反应》，《澳大利亚东方学会杂志》第 6 卷 1 期。

——. "Chinese Reaction to the Work of Matteo Ricci (1552-1610)." *Asian Culture Quarterly* 4.4: 106-116 (Winter 1976).

同上，《中国人对利玛窦传教的反应》，《中国文化季刊》第 4 卷 4 期。

Langer, William L. "Immunization Against Smallpox Before Jenner." *Scientific American,* January 1976, pp. 112-117.

兰格：《詹纳之前的天花免疫》，《美国科学》1976 年 1 月。

Langlois, John D. Jr. "Chinese Culturalism and the Yuan Analogy: Seventeenth Century Perspectives." *Harvard Journal of Asiatic Studies* 40: 355-398.

兰德彰：《中国的文化主义和根据元代所做的类推：17世纪概观》（注文中引作《中国的文化主义和根据元代所做的类推》），《哈佛亚洲研究杂志》第40期。

——. "Introduction." In John D. Langlois, Jr., ed., *China under Mongol Rule,* pp. 3-21.Princeton: Princeton University Press, 1981.

同上，编《蒙古统治下的中国》第3—21页·前言。

——. "Ku Ssu-li, the Yuan-shih-hsuan, and Loyalism in Late 17th Century China." Unpublished seminar paper, Princeton University, 1973.

同上，《顾嗣立：〈元诗选〉和17世纪的忠君思想》，普林斯顿大学未发表的论文。

——. "Yü Chi and his Mongol Sovereign: The Scholar as Apologist." *Journal of Asian Studies* 38: 99-116.

同上，《虞集和他的蒙古统治者：充当辩护人的学者》，《亚洲研究杂志》第38期。

Lao She. "Beneath the Red Banner." *Chinese Literature*, Feb. 1981, pp. 6-15, and March 1981, pp. 3-58.

老舍：《正红旗下》，《中国文学》1981年2月，1981年3月。

Lao, Yung-wei, S. K. (Lao Yung-wei). "The Split within the Tunglin Movement and Its Consequences." Conference on 17th Century Chinese Thought, Sept. 6-12, 1970.

劳思光：《东林运动的分裂及其后果》，17世纪中国思想研讨会。

Lapidus, Ira Marvin. *Muslim Cities in the Later Middle Ages.* Cambridge, Mass.: Harvard University Press, 1967.

拉彼德思：《中世纪后期的穆斯林城市》。

Lattimore, Owen. *Manchuria, Craddle of Conflict,* revised ed. New York: The Macmillan Co., 1935.

拉铁摩尔：《满洲里——冲突的发源地》，修订本。

——. *Studies in Frontier History: Collected Papers, 1928-1958.* London: Oxford University Press, 1962.

同上，《边疆史研究：1928—1958年论文集》。

Lawton, Thomas. *Chinese Figure Painting.* Washington: Freer Gallery of Art, 1973.

劳顿：《中国的人物画》，华盛顿弗里尔艺术馆，1973年

——. "Notes on Keng Chao-chung." In James C. Y. Watt, ed., *The Translation of Art: Essays on Chinese Painting and Poetry,* pp. 144-151. Hong Kong: The Chinese University of Hong Kong, 1976.

同上，《论耿昭忠》，J. C. Y. 沃特编《艺术的阐释：中国绘画与诗歌论文集》。

Leban, Carl. "Managing Heaven's Mandate: Coded Communications in the Accession of Ts'ao P'ei, A. D. 220." In David T. Roy and Tsuen-hsuin Tsien, eds., *Ancient China: Studies in Early Civilization,* pp. 315-339 + table. Hong Kong: The Chinese University of Hong Kong, 1978.

莱班：《安排天命：公元220年曹丕继位时的谶纬符命》，D. T. 罗伊和钱存训编《古代

中国早期文明研究》。

Lee, Robert H. G. *The Manchurian Frontier in Ch'ing History.* Cambridge, Mass.: Harvard University Press, 1970.

李：《清朝历史中的满洲里边境》。

Legge, James, trans. *Confucius: Confucian Analects, The Great Learning and The Doctrine of the Mean.* New York: Dover Publications, 1971.

理雅各译：《论语》。

Le Roy Ladurie, Emmanuel. *Times of Peace, Times of Famine: a History of Climate since the Year 1000.* Translated by Barbara Bray. Garden City, New York: Doubleday, 1971.

勒·罗伊·拉杜瑞：《太平之年，饥馑之年：自1000年以来的气候变迁史》，巴巴拉译。

Li, Chi. *The Love of Nature: Hsü Hsia-k'oo and His Early Travels.* Bellingham, Washington: Program in East Asian Studies, Western Washington State College, 1971.

李济：《自然之爱：徐霞客及其早年的旅行》。

Li, Chien-nung. "Price Control and Paper Currency in Ming." In E-tu Zen Sun and John de Francis, eds., *Chinese Social History, Translations of Selected Studies*, pp. 281-298. Washington: American Council of Learned Societies, 1956.

李剑农：《明代的物价控制与纸币》，孙任以都和J. 德. 弗兰西斯编《中国社会史研究译文集》。

Liang, Ch'i-ch'ao. *Intellectual Trends in the Ch'ing Period.* Translated and with an introduction and notes by Immanuel C. Y. Hsü. Cambridge, Mass.: Harvard University Press, 1959.

梁启超：《清代学术概论》，伊曼纽尔. C. Y. 徐译。

Liang, Fang-chung. "Local Tax Collectors in the Ming Dynasty." In E-tu Zen Sun and John de Francis, eds., *Chinese Social History, Translations of Selected Studies*, pp. 249-270. Washington: American Council of Learned Societies, 1956.

梁方仲：《明代的地方税吏》，孙任以都和J. 德. 弗兰西斯编《中国社会史研究译文集》。

——. *The Single-whip Method of Taxation in China.* Translated by Wang Yü-ch'uan. Cambridge, Mass.: Harvard University Press, 1956.

同上，《中国的"一条鞭"赋税制》，王毓铨译。

——. "The 'Ten-Parts' Tax System of Ming." In E-tu Zen Sun and John de Francis, eds., *Chinese Social History, Translations of Selected Studies*, pp. 271-280. Washington: American Council of Learned Societies, 1956.

同上，《明代的"十段锦"赋税制》，孙任以都和J. 德. 弗兰西斯编《中国社会史研究译文集》。

Lin, Mousheng. *Men and Ideas: an Informal History of Chinese Political Thought.* New York: John Day, 1942.

林佟圣：《人与思想：中国政治思想别史》。

Lin, T. C. "Manchuria in the Ming Empire." *Nankai Social and Economic Quarterly* 8: 1-43.

林：《明帝国的满洲里》，《南开社会经济季刊》第 8 期。

Lin, Tai-yung. "The System of Direct Petition to the Throne in the Time of Ming Taizu." *Ming Studies* 9:52-66 (Fall 1979).

林太荣：《明太祖时期的直接向皇帝上诉的制度》，《明史研究》第 9 期。

Lin, Yutang. *Imperial Peking: Seven Centuries of China.* New York: Crown Publishers, 1961.

林语堂：《京华烟云》。

Ling, Mengchu. *The Lecherous Academician and Other Tales.* Translated by John Scott. London: Rapp and Whiting, 1973.

凌濛初：《唐解元一笑姻缘等故事》，J. 斯科特译。

Lipman, Jonathan N. "Muslims in Northwest China: a Response to Professor Adshead." *Chinese Republican Studies Newsletter* 7.2: 10-16.

李普曼：《中国西北的穆斯林：答阿谢德教授》，《中华民国研究通讯》第 7 卷 2 期。

Liu, James J. C. *The Chinese Knight Errant.* Chicago: University of Chicago Press, 1967.

刘：《中国的侠客》。

Liu, James T. C. *Ou-yang Hsiu: an Eleventh-century Neo-Confucianist.* Stanford: Stanford University Press, 1967.

刘子健：《11 世纪的新儒家欧阳修》。

——. "Sung Roots of Chinese Political Conservatism: the Administrative Problem." *Journal of Asian Studies* 26: 457-463.

同上，《宋代中国政治保守主义的根源：行政问题》，《亚洲研究杂志》第 26 期。

——. "Yueh Fei (1103-1141) and China's Heritage of Loyalty." *Journal of Asian Studies* 31: 291-298.

同上，《岳飞与中国忠君传统》，《亚洲研究杂志》第 31 期。

Liu, Joseph. "Shi Ke-fa (1601-1645) et le context politique et social de la Chine au moment de l'invasion mandchoue." Paris, *Doctorat d'Universitéès lerrres*, 1969.

刘约瑟：《史可法和满清入侵时中国的社会政治》。

Liu, Kuang-ching. "World View and Peasant Rebellion: Reflections on Post-Mao Historiography." *Journal of Asian Studies* 40:295-326.

刘广京：《世界观和农民起义：对毛泽东以后的历史写作的评价》，《亚洲研究杂志》第 40 期。

Liu, Ts'un-yan. "Lin Chao-en (1517-1598), the Master of the Three Teachings." *T'oung Pao* 53.4-5: 253-278 (1967).

柳存仁：《三教大师林兆恩》，《通报》第 53 卷 4 期。

——. "Taoist Cultivation in Ming Thought." ACLS Conference on Ming Thought, June 13-17, 1966.

《明代思想中的道家修养》，美国学术团体委员会明代思想讨论会。

Liu, Tsung-yuan. "Discourse on Enfeoffment." Translated and annotated by Michael Duke. In

Phi Theta Papers 11: 36-64 (Dec. 1968).

柳宗元：《封建论》，M. 杜克翻译并注释，《哲学论文集》11。

Lo, Jung-pang. "The Controversy over Grain Conveyance during the Reign of Qubilai Qaqan (1260-94)." *Far Eastern Quarterly* 13: 263-285.

罗荣邦：《忽必烈汗统治时期关于谷物运输的论辩》，《远东季刊》第 13 期。

——. "The Emergence of China as a Sea Power during the Late Sung and Early Yuan Periods." *Far Eastern Quarterly* 14: 489-503.

同上，《宋末明初作为海上势力出现的中国》，《远东季刊》第 14 期。

——. "Policy Formulation and Decision-making on Issues Respecting Peace and War." In Charles O. Hucker, ed., *Chinese Government in Ming Times: Seven Studies*, pp. 41-72. New York: Columbia University Press, 1969.

同上，《和平与战争的政策和决策问题》，贺凯编《明代的中国政府：七份研究》。

Lo, Winston W. "A Seventeenth Century Chinese Metropolis Kaifeng." *Chinese Culture* 16.1: 23-46.

罗文：《17 世纪中国的大都市开封》，《中国文化》第 16 卷 1 期。

Lovell, Hin-cheung. "A question of Choice, A Matter of Rendition." In James C. Y. Watt, ed., *The Translation of Art: Essays on Chinese Painting and Poetry*, pp. 63-69. Hong Kong: The Chinese University of Hong Kong, 1976.

洛弗尔：《选择与再现》，J. C. Y. 沃特编《艺术的阐释：中国绘画与诗歌论文集》。

Lu, Lien-tching. *Les Gréniers publics de prévoyance sous la dynastie des Ts'ing*. Paris: Jouve & Co., 1932.

陆廉敬（音）：《清代的社区》。

Lui, Adam Yuen-Chung. "Censor, Regent and Emperor in the Early Manchu Period, 1644-1660." n John Fincher, ed., *Papers on Far Eastern History: Ming and Early Ch'ing China* no. 17, pp.81-101. Canberra: The Australian National University Dept. of Far Eastern History, 1978.

吕元：《清初（1644—1660）的御史、摄政王与皇帝》，J. 芬彻编《远东历史论文集：明代和清初》第 17 号。

——. "The Ch'ing Civil Service: Promotions, Demotions, Transfers, Leaves, Dismissals, and Retirements." *Journal of Oriental Studies* 8.2: 333-356.

同上，《清代的文官制度：升、降、调、离、免、退》，《东方研究杂志》第 8 卷 2 期。

——. Corruption in China during the Early Ch'ing Period,1644-1660. Hong Kong: Centre of Asian Studies, University of Hong Kong, 1979.

同上，《清初中国的腐化现象（1644—1660）》，香港，1979 年。

——. "The Education of the Manchus, China's Ruling Race (1644-1911)." *Journal of Asian and African Studies* 6.2: 126-133.

同上，《统治的种族——满族的教育（1644—1911）》，《亚洲研究杂志》第 6 卷 2 期。

──.*The Hanlin Academy: Training Ground for the Ambitious, 1644-1850.* Hamden: Archon Books, 1981.

同上，《翰林院：才略之士培训之地，1644—1850 年》。

──. "The Practical Training of Government Officials under the Early Ch'ing, 1644-1795." *Asia Major* 16:82-95.

同上，《清前期（1644—1795）政府官员的实务训练》，《亚洲大陆》第 16 期。

──. "Syllabus of the Provincial Examination (hsiang-shih) under the Early Ch'ing (1644-1795)." *Modern Asian Studies* 8.3: 391-396.

同上，《清前期（1644—1795）乡试略说》，《当代亚洲研究》第 8 卷 3 期。

Lundbaek, Knud. "Chief Grand Secretary Chang Chü-cheng and the Early China Jesuits." *China Mission Studies (1550-1800) Bulletin* 3: 2-11 (1981).

伦德贝克：《首辅张居正和中国早期的耶稣会士》，《中国传教士研究》第 3 期。

Lynn, Richard John. "Orthodoxy and Enlightenment: Wang Shih-chen's Theory of Poetry and Its Antecedents." In Wm. Theodore de Bary, ed. *The Unfolding of Neo-Confucianism*, pp. 217-270. New York and London: Columbia University Press, 1975.

林恩：《正统与启蒙：王世贞的诗歌理论及其先声》，狄百瑞编《新儒家学说的发展》。

Ma, Feng-ch'en. "Manchu-Chinese Social and Economic Conflicts in Early Ch'ing." In E-tu Zen Sun and John de Francis, eds., *Chinese Sociel History, Translations of Selected Studies*, pp. 333-352. Washington: American Council of Learned Societies, 1956.

马奉琛：《清初满族与汉族的社会和经济冲突》，孙任以都和J. 德·弗兰西斯编《中国社会史研究译文集》。

Mammitzsch, Ulrich Hans-Richard. "Wei Chung-hsien (1568-1628); a Reappraisal of the Eunuch and the Factional Strife at the Late Ming Court." Ph. D. thesis, University of Hawaii, 1968.

马米兹：《魏忠贤：对明末内廷宦官和党争的重新评价》，夏威夷大学博士论文。

Mancall, Mark. "The Ch'ing Tribute System: an Interpretive Essay." In John K. Fairbank, eds., *The Chinese World Order: Traditional China's Foreign Relations,* pp. 63-89. Cambridge, Mass.:Harvard University Press,1968.

曼克尔：《清代纳贡制度》，费正清编《中国人的世界秩序观：传统中国的对外关系》。

Mao, P'i-chiang. *The Reminiscences of Tung Hsiao-wan.* Translated by Pan Tze-yen. Shanghai: The Commercial Press, 1931.

冒辟疆：《影梅庵忆语》，潘泽延译。

Mardin, Serif. "Power, Civil Society, and Culture in the Ottoman Empire." *Comparative Studies in Society and History* 11.3:258-281.

马丁：《奥托曼帝国中的权力、市民社会与文化》，《社会和历史的比较研究》第 11 卷 3 期。

Maruyama, Masao. *Thought and Behaviour in Modern Japanese Politics.* London: Oxford University Press,

丸山真男：《近代日本政治中的思想和行为》。

Maspéro, Henri. "Comment tombe une dynastie chinoise: la chute des Ming." In *Mélanges posthumes sur les religions et l'histoire de la Chine*, vol.3, pp. 209-227. Paris: S. A. E. P., 1950.

马伯乐：《明朝的灭亡》，《中国宗教历史研究》第 3 卷。

——. "Les Régimes fonciers en Chine, des origins aux temps moderns." In *Mélanges posthumes sur les religions et l'histoire de la Chine*, vol.3, pp. 209-227. Paris: S. A. E. P., 1950.

同上，《从原始社会到近代中国的土地制度》，《中国宗教史丛刊》第 3 卷

McDermott, Joseph P. "Bondservants in the T'ai-hu Basin during the Late Ming: A Case of Mistaken Identities." *Journal of Asian Studies* 40:675-702.

麦克德谟特：《明末太湖流域的奴隶：一个被错误定性的个案》，《亚洲研究杂志》第 40 期。

McMorran, Ian. "The Patriot and the Partisans: Wang Fu-chih's Involvement in the Politics of Yung-li Court." In Jonathan D. Spence and John E. Wills, Jr., eds., *From Ming to Ch'ing: Conquest, Region, and Continuity in Seventeenth Century China*, pp. 133-166. New Haven: Yale University Press, 1979.

麦克莫兰：《爱国者和激进派：参与了永历朝政的王夫之》，史景迁和 J. E. 威尔斯编《从明到清：17 世纪中国的征服、疆域及其维持》。

——. "Wang Fu-chih and Neo-Confucian Tradition." In Wm. Theodore de Bary, ed., *The Unfolding of Neo-Confucianism*, pp. 413-467. New York and London: Columbia University Press, 1975.

同上，《王夫之与新儒家传统》，狄百瑞编《新儒家学说的发展》。

McNeill, William H. *Europe's Steppe Frontier, 1500-1800*. Chicago: University of Chicago Press, 1964.

麦克尼尔：《1500—1800 年欧洲的大草原边境》。

——. *Plagues and Peoples*. Garden City, New York: Anchor Press/ Doubleday, 1976.

同上，《瘟疫与人类》。

Meijer, Marinus J. "Slavery at the End of the Ch'ing Dynasty." In Jerome Alan Cohen, R. Randle Edwards and Fu-mei Chang Chen, eds., *Essays on China Legal Tradition*, pp. 326-358. Princeton: Princeton University Press, 1980.

美杰尔：《清末的奴隶制》，J. A. 科恩、R. R. 爱德华兹和陈张富美编《中国法律传统论文集》。

Meskill, John. "Academies and Politics in the Ming Dynasty." In Charles O. Hucker, ed., *Chinese Government in Ming Times: Seven Studies*, pp. 149-174. New York: Columbia University Press, 1969.

梅斯基尔：《明代的学术和政治》，贺凯编《明代的中国政府：七份研究》。

Metzger, Thomas A. *The Internal Organization of Ch'ing Bureaucracy: Legal, Normative, and Communication Aspects*. Cambridge, Mass.: Harvard University Press, 1973.

墨子刻：《清代官僚体制内部组织的司法、规范与沟通》。

——. "On the Historical Roots of Economic Modernization in China: the Increasing Differentiation of the Economy from the Polity During Late Ming and Early Ch'ing Times." In *Con-*

ference on Modern Chinese Economic History (August 26-29,1977), pp. 33-44. Taibei: The Institute of Economics, Academia Sinica, 1977.

同上，《论中国经济现代化的历史根源：明末清初经济与政权的日益分离》，中国经济史讨论会报告。

——. "The Organizational Capabilities of the Ch'ing State in the Field of Commerce: the Liang-huai Salt Monopoly, 1740-1840." In W. E. Willmott, ed., *Economic Organization in Chinese Society*, pp. 9-45. Stanford: Stanford University Press, 1972.

同上，《清朝政府的商业组织能力：1740—1840 年两淮地区盐业的垄断》，W. E. 威尔莫特编《中国社会的经济组织》。

——. "Some General Remarks on Building Philosophical Systems in Modern China." Paper presented to the Regional Seminar in Confucian Studies, University of California, Berkeley, June 1976.

同上，《对建立现代中国哲学体系的一些基本看法》，加州大学儒教研究讨论班论文。

Michael, Franz. *The Origin of Manchu Rule in China: Frontier and Bureaucracy as Interacting Forces in the Chinese Empire*. Baltimore: The Johns Hopkins Press, 1942.

米切尔：《中国满族统治的根源：中华帝国的边防与官僚体制的相互作用》。

Miller, Harold Lyman. "Factional Conflict and the Integration of Ch'ing Politics." Ph. D. thesis, The George Washington University, 1974.

米勒：《派系斗争和清朝的政治整合》，乔治．华盛顿大学博士论文。

——. "Fathers and Sons: Problems of Political Allegiance in the Early Ch'ing." Paper delivered at the Association for Asian Studies Mid-Atlantic Region 7th Annual Meeting, May 28, 1978.

同上，《父与子：清初的政治忠诚问题》，第七届中大西洋地区亚洲研究协会论文。

Mitamura, Taisuke. *Chinese Eunuchs: the Structure of Intimate Politics*. Rutland, Vermont and Tokyo: Charles E. Tuttle Co., 1970.

三田村泰助：《中国太监：内廷政治结构》。

Miyazaki, Ichisada. *China's Examination Hell: the Civil Service Examinations of Imperial China*. Translated by Conrad Schirokauer. New York and Tokyo: Weatherhill, 1976.

宫崎市定：《科举——中华帝国的考试地狱》，C. 施罗考尔译。

Morgan, D. O. "Cassiodorus and Rashid al-Din on Barbarian Rule in Italy and Persia." *Bulletin of the School of Oriental and African Studies* 40: 302-320.

摩根：《卡修多路斯和拉斯德·奥丁论蛮人统治下的意大利和波斯》，《东方和非洲研究学院学报》第 40 期。

Mori, Masao. "The Gentry in the Ming—an Outline of the Relations between the Shih-ta-fu and Local Society." *Acta Asiatica, Bulletin of the Institute of Eastern Culture (Tōhō Gakkai, Tokyo)* 38: 31-53.

森正夫：《明代的缙绅：士大夫与地方社会关系简论》，《东方文化学院学报》第 38 期。

Morse, Hosea Ballou. *The Chronicles of the East India Company Trading to China, 1635-1834*, vol. 1. Reprint. Taibei: Ch'eng-wen Publishing Company, 1966.

马士：《1635—1834 年东印度公司与中国贸易编年史》第 1 卷第 2 版。

Moses, Larry William. *The Political Role of Mongol Buddhism.* Bloomington: Indiana University Press, 1977.

摩西斯：《蒙古佛教的政治作用》。

Mote, Frederick W. "Confucian Eremitism in the Yuan Period." In Arthur F. Wright and Denis Twitchett, eds., *Confucian Personalities,* pp. 202-240. Stanford University Press, 1960.

莫特：《元代儒生的隐退思想》，芮沃寿编《孔教信仰》。

——. "The Growth of Chinese Despotism: a Critique of Wittfogel's Theory of Oriental Despotism as Applied to China." *Oriens Exrtremus* 8.1: 1-41.

同上，《中国专制主义的发展：对魏特夫把东方专制主义理论用于中国的批评》，《远东杂志》第 8 卷 1 期。

——. "The Transformation of Nanking, 1350-1400." In G. William Skinner, ed., *The City in Late Imperial China,* pp. 101-153. Stanford: Stanford University Press, 1977.

同上，《1350—1400 年间南京的变化》，施坚雅编《中华帝国后期的城市》。

——. "The T'u-mu Incident of 1449." In Frank A. Kierman, Jr., and John K. Fairbank, eds., *Chinese Ways in Warfare,* pp. 243—272. Cambridge, Mass.: Harvard University Press, 1974.

同上，《1449 年的土木之变》，选自小 F. A. 基尔曼和费正清编《中国的战争形式》。

Moulder, Frances V. *Japan, China and the Modern Worlds Economy: Toward a Reinterpretation of East Asian Development ca. 1600 to 1918.* Cambridge: Cambridge University Press, 1977.

毛尔德：《日本、中国和近代世界经济：对 1600—1618 年东亚发展的新解释》。

Mousnier, Roland. *Fureurs paysannes: les paysans dans les révoltes du XVII siècle (France, Russie, Chine).* Paris: Calmann-Levy, 1967.

毛斯尼尔：《愤怒的农民：17 世纪的农民起义（法国、俄国和中国）》。

Mungello, David E. "The Jesuits' Use of Chang Chü-cheng's Commentary in Their Translation of the Confucian Four Books (1687)." *China Mission Studies (1550-1800) Bulletin* 3: 12-22 (1981).

芒杰罗：《耶稣会士翻译儒家"四书"时对张居正注释的利用》，《中国教会研究（1550—1800）杂志》第 3 期。

Münzel, Frank. "Some Remarks on Ming T'ai-tsu." *Archiv Oriental* 37: 377-403 (1969).

芒泽尔：《论明太祖》，《东方档案》第 37 卷。

Muramatsu, Yuji. "A Documentary Study of Chinese Landlordism in Late Ch'ing and Early Republican Kiangnan." *Bulletin of the School of Oriental and African Studies 29: 566-599.*

村松佑次：《有关清末和民国初年中国地主制度的文献研究》，《东方和非洲研究学院学报》第 29 期。

——. "Manchu Banner-lands in North China." Paper delivered at the Conference on Local Control and Disorder in China, Honolulu, July 1971.

同上，《中国北方的满洲旗地》，火奴鲁鲁中国地方控制与骚乱讨论会论文。

Murck, Christian. "Chu Yun-ming (1461-1527) and Cultural Commitment in Su-chou." Ph. D. thesis, Princeton University, 1978.

默克：《祝允明和苏州的文化贡献》，普林斯顿大学博士论文。

Najita, Tetsuo. "Oshio Heihachiro (1793-1837)." In Albert M. Craig and Donald H, Shively, eds., *Personality in Japanese History*, pp. 155-179. Berkeley, Los Angeles and London: University of California Press, 1970.

苗鹿哲夫（音）：《大盐平八郎》，A. M. 克雷格和 D. H. 什夫利编《日本历史名人》。

Nakayama, Mio. "Historical Studies in Japan, 1977: Ming-Qing." Translated by John Dardess. *Ming Studies* 9: 24-30 (Fall 1979).

岸本美绪：《1977 年日本的明清史研究》，J. 达德斯译，《明史研究》第九期。

Naquin, Susan. "The Connectedness behind Rebellion: Sect Family Networks in China in the 18th Century." Paper prepared for the Workshop on Rebellion and Revolution in North China: Late Ming to the Present, Cambridge Mass., July 30-August 4, 1979.

韩书瑞：《起义背后的联系：17 世纪中国的家族网》，从明至今中国北方的起义与革命专题讨论会论文。

——. *Millenarian Rebellion in China: The Eight Trigrams Uprising of 1813*.New Haven and London: Yale University Press, 1976.

同上，《中国的千年福起义：1813 年八卦教农民起义》。

——. *Shangtung Rebellion: The Wang Lun Uprising of 1774*.New Haven and London: Yale University Press, 1981.

同上，《1774 年的山东王伦起义》。

Needham, Joseph and Ray, Huang. "The Nature of Chinese Society—a Technical Interpretation." *Journal of Oriental Studies* 12: 1-16.

李约瑟和黄仁宇：《中国社会的性质：一个技术的解释》，《东方研究杂志》第 12 期。

Needham, Joseph and Lu, Gwei-djen. "Hygiene and Preventive Medicine in Ancient China." *Journal of the History of Medicine and Allied Science* 17.4: 429-478.

李约瑟和鲁桂珍：《中国古代的卫生学和预防医学》，《医药学与相关科学史杂志》第 17 卷 4 期。

Nettl, J. P. *Political Mobilization: a Sociological Analysis of Methods and Concepts*. London: Faber & Faber, 1967.

奈特尔：《政治动员：方法与概念的社会学分析》。

Nicholas, Ralph W. "The Goddess Sitala and Epidemic Smallpox in Bengal." *Journal of Asian Studies* 41: 21-44.

尼古拉斯：《女神西塔拉与孟加拉国的天花》，《亚洲研究杂志》第 41 期。

Niida, Noboru. "The State Power and Serfdom in China." *Acta Asiatica* 8: 65-73.

仁井田升：《中国的国家权力与农奴制》，《亚洲》第 8 期。

Nisbet, Robert A. *Tradition and Revolt: Historical and Sociological Essays.* New York: Vintage Books, 1970.

尼斯比特：《传统与暴动：历史学与社会学论文集》。

Nivison, David S. *The Life and Thought of Chang Hsüeh-ch'eng (1738-1801).* Stanford: Stanford University Press, 1966.

倪维森：《章学诚的生平及思想》。

——. "The Problem of 'Knowledge' and 'Action' in Chinese Thought since Wang Yang-ming." In Arthur Wright, eds., *Studies in Chinese Thought*, pp. 112-134. Chicago: University of Chicago Press, 1953.

《王阳明以来中国思想中的知行问题》，芮沃寿编《中国思想研究》。

Norman, Jerry. *A Concise Manchu-English Lexicon.* Seattle and London: University of Washington Press, 1978.

诺尔曼：《简明满英辞典》。

"Notices of Eminent Statesmen of the Present Dynasty (excerpts)." *China Review* 19: 95-99 (1880-1881).

《当代著名政治家介绍》（节选），《中国评论》第 19 期。

Okamoto, Sai. "La Crise politique et morale des mandarins du sud à l'époque de transition." Doctorat d'Universitéès letters, Paris, 1969. 135 pp.

冈本跻：《转折时期南方中国官员的政治与道德危机》，文学大学博士论文。

Orleans, Father Pierre Joseph d'. *History of the Two Tartar Conquerors of China, Including the two Journeys into Tartary of Father Ferdinand Verbiest, in the Suite of the Emperor Kang-Hi: from the French of Père Pierre Joseph d'Orleans⋯ To which is Added Father Pereira's Journey into Tartary in the Suite of the Same Emperor, from the Dutch of Nicholas Witsen.* Translated and Edited by the Earl of Ellesmere. London: Hakluyt Society, 1854.

奥林斯：《中国的两位鞑靼征服者的历史》，由爱莱斯米尔厄尔翻译并编辑。

Overmyer, Daniel L. "Alternatives: Popular Religious Sects in Chinese Society." *Modern China* 7: 153-190.

奥弗迈耶：《抉择：中国社会的大众宗教派别》，《近代中国》第 7 期。

Oxnam, Robert B. "Policies and Factionalism in the Oboi Regency, 1661-1669." Ph. D. thesis, Yale University, 1964.

奥克斯南：《鳌拜摄政时期的政策与朋党》，耶鲁大学博士论文。

——. "Policies and Institutions of the Oboi Regency (1661-1669)." *Journal of Asian Studies* 32: 265-286.

同上，《鳌拜摄政时期的政策与制度》，《亚洲研究杂志》第 32 期。

——. *Ruling from Horseback: Manchu Politics in the Oboi Regency, 1661-1669.* Chicago and London: University of Chicago Press, 1975.

同上，《马背上的统治：鳌拜摄政时期满洲的政治》。

Palafoxy Mendoza, Juan de. *Histoire de la conquête de la Chine par les Tartares: contenant plusieurs choses remarquables touchant la religion, les moeurs, et les coutumes des deux nations.* Traduite en Français par le Sieur Colle. Amsterdam: Jean Frederic Bernard, 1723.

帕拉福克斯·曼多扎：《鞑靼人中原征服史：关于两民族宗教、风俗与衣着的一些重要问题》，S. 科尔译为法文。

Parker, E. H. "The Maritime Wars of the Manchus." *China Review* 26: 276-285 (1887-1888).

庄延龄：《满洲的海战》，《中国评论》第 26 期。

Parsons, James B. "Attitudes towards the Late Ming Rebellions." *Oriens Extremus* 6: 177-209.

帕森斯：《论明末农民起义》，《远东杂志》第 6 期。

——. "The Culmination of a Chinese Peasant Rebellion: Chang Hsien-chung in Szechwan, 1644-46." *Journal of Asian Studies* 16: 387-399.

同上，《中国农民起义的高潮：1644—1646 年张献忠在四川》，《亚洲研究杂志》第 16 期。

——. "The Ming Dynasty Bureaucracy: Aspects of Background Forces." *Monumenta Serica* 22: 343-406.

同上，《明朝的官僚政治：各种背景力量》，《纪念丛书》第 22 种。

——. "Overtones of Religion and Superstition in the Rebellion of Chang Hsien-chung." *Sinologica* 4.3: 170-176 (1955).

同上，《张献忠起义中宗教与迷信的色彩》，《汉学》第 4 卷 3 期。

——. *The Peasant Rebellions of the Late Ming Dynasty.* Tucson: University of Arizona Press, 1970.

同上，《明末农民起义》。

——. "A Preliminary Analysis of the Ming Dynasty Bureaucracy." *Occasional Papers of the Kansai Asiatic Society,* 7. Kyoto, May 1959.

同上，《明朝官僚政治的初步考察》，日本京都关西亚洲协会不定期刊。

Pelliot, Paul. "Michel Boym." *T'oung Pao* ser. 2, 31.1-2: 95-151 (1934).

伯希和：《米彻尔·保伊姆》，《通报》第 31 卷 1—2 期。

Perkins, Dwight H. *Agricultural Development in China, 1368-1967.* Chicago: Aldine, 1969.

帕金斯：《1368—1967 年中国的农业发展》。

——. "Government as an Obstacle to Industrialization: the Case of Nineteenth-Century China." *Journal of Economic History* 27: 478-492.

同上，《政府对工业化的阻碍：19 世纪中国的研究》，《经济史杂志》第 27 期。

Perry, Elizabeth J. *Rebels and Revolutionaries in North China, 1845-1945.* Stanford: Stanford University Press, 1980.

裴宜理：《1845—1945 年中国北方的起义者和革命者》。

Peterson, Willard J. *Bitter Gourd: Fang I-chih and the Impetus for Intellectual Change.* New Haven: Yale University Press, 1979.

彼得森：《苦果：方以智与思想变迁的动力》。

——. "Fang I-chih's Approach to Western Natural Philosophy." Conference on 17th Century Chinese Thought, Sept. 6-12, 1970.

同上，《方以智对西方自然哲学观的态度》，17 世纪中国思想研讨会。

——. "From Interest to Indifference: Fang I-chih and Western Learning." *Ch'ing-shih wen-t'i*, November 1976, pp. 72-85.

同上，《从兴趣到冷漠：方以智与西学》，《清史问题》。

——. "The Life of Ku Yen-wu (1613-1682)." Part I, and Part II: "Ku's Traveling after 1657." *Harvard Journal of Asiatic Studies* 28: 114-156 and 29: 201-247.

同上，《顾炎武的一生》第 1 部分和第 2 部分——1657 年后顾炎武的游踪，《哈佛亚洲研究杂志》第 28 期，第 29 期。

Pirazzoli, Michele and Hou, Ching-lang. "Un Rouleau de Wan Shouqi: une peinture pour un poème." *La Revue du Louvre et des musées de France* 1973.3: 155-160.

彼阿佐利和侯锦郎：《万寿祺之画卷：一幅咏画诗》，《卢浮宫博物馆杂志》1973 年第 3 期。

Pokotilov, D. *The History of the Eastern Mongols during the Ming Dynasty from 1368 to 1634*, Translated by Rudolph Lowenthal. Chengdu: Studia Serica Monographs, Series A., No. 1, 1947.

波克蒂罗夫：《明代 1368—1634 年东蒙史》，R. 洛温撒尔译，成都，系列研究文集，A 种第 1 号。

Polachek, James Montel. "Literati Groups in Literati Politics in Early Nineteenth Century China." Ph. D. dissertation, University of California, Berkeley, 1976.

波拉切克：《19 世纪初中国文人政治中的文人团体》，加州大学伯克利分校博士论文。

Pulleyblank, E. G. "Chinese Historical Criticsm: Liu Chih-chi and Ssu-ma Kuang." In W. G. Beasley and E. G. Pulleyblank, eds., *Historians of China and Japan*, pp. 135-166. London: Oxford UniversityPress,1961.

普利布兰克：《中国的史论：刘知幾和司马光》，W. G. 比斯利和 E. G. 普利布兰克编《中日史学家》。

Rawski, Evelyn S. "Agricultural Development in the Han River Highlands." *Ch'ing-shih wen-t'i*, December 1975, pp. 63-81.

罗瓦斯：《汉水高原的农业发展》，《清史问题》1975 年 12 月。

——. *Education and Popular Literacy in Ch'ing China*. Ann Arbor: University of Michigan Press, 1979.

同上，《清代的教育与大众文学》。

Reid, John Gilbert. "Peking's First Manchu Emperor." *Pacific Historical Review* 5: 130-146.

李佳白：《北京的第一个满洲皇帝》，《太平洋史学评论》第 5 期。

Rieci, Matteo. *China in the Sixteenth Century: the Journals of Matthew Ricci: 1583-1610*. Translated by Louis J. Gallagher. New York: Random House, 1953.

利玛窦：《16 世纪的中国：利玛窦 1583—1610 年日记》，高腊福译。

Rich, E. E. and Wilson, C. H., eds. *The Cambridge Economic History of Europe.* Vol.4, *The Economy of Expanding Europe in the 16th and 17th Centuries.* Cambridge: Cambridge University Press, 1967.

里奇和威尔森编：《剑桥欧洲经济史》第 4 卷，《16、17 世纪欧洲扩张中的经济》。

Rideout, J. K. "The Context of the Yuan Tao and the Yuan Hsing." *Bulletin of the School of Oriental and African Studies* 12: 403-408.

里德奥特：《〈原道〉和〈原性〉》，《东方和非洲研究院学报》第 12 期。

Rodrigues, Joao. *This Island of Japan: Joao Rodrigues' Account of Sixteenth-century Japan.* Translated and edited by Michael Cooper. Tokyo: Kodansha International, 1973.

罗德里戈斯：《岛国日本——J. 罗德里戈斯对 16 世纪日本的记述》，M. 库珀翻译和编辑。

Rogers, Michael C. "The Myth of the Battle of the Fei River (A. D. 283)." *T'oung Pao* 54: 50-72(1968).

罗杰斯：《淝水之战之谜》，《通报》第 54 期。

Ropp, Paul S. *Dissent in Early Modern China: Ju-lin Wai-shih and Ch'ing Social Criticism.* Ann Arbor: University of Michigan Press, 1981.

罗普：《近代中国的异议：〈儒林外史〉与清代的社会批判》。

——. "The Seeds of Change: Reflections on the Condition of Women in the Early and Mid Ch'ing." *Signs, Journal of Women in Culture and Society* 2.1: 5-23 (Autumn 1976).

同上，《变化的根源：论清代前期和中期的妇女地位》，《文化和社会中的妇女杂志》第 2 卷 1 期。

Rossabi, Morris. *China and Inner Asia from 1368 to the Present.* London: Thames and Hudson, 1975.

罗塞比：《1368 年至今的中国和亚洲腹地》。

——. "Muslim and Central Asian Revolts." In Jonathan D. Spence and John E. Wills, Jr., eds., *From Ming to Ch'ing: Conquest, Religion, and Continuity in Seventeenth-Century China,* pp. 167-199. New Haven and London: Yale University Press, 1979.

同上，《穆斯林与中亚的起义》，史景迁和小 J. E. 威尔斯编《从明到清：17 世纪中国的征服、疆域及其维持》。

——. "Muslim and Central Asian Revolts in Late Ming and Early Ch'ing." Paper delivered at the Conference on Ming-Ch'ing Transition, Palm Springs, December 1974.

同上，《明末清初穆斯林和中亚的起义》，明清易代时期讨论会论文。

——. "The Tea and Horse Trade with Inner Asia during the Ming." *Journal of Asian History* 4: 136-168.

同上，《明代同亚洲腹地的茶马贸易》，《亚洲史杂志》第 4 期。

Roth, Gertraude. "The Manchu-Chinese Relationship, 1618-1636." In Jonathan D. Spence and John E. Wills, Jr., eds., *From Ming to Ch'ing: Conquest, Religion, and Continuity in Seventeenth-Century China,* pp. 1-38. New Haven and London: Yale University Press, 1979.

罗思：《1618—1636 年的满汉关系》，史景迁和小 J. E. 威尔斯编《从明到清：17 世纪中国的征服、疆域及其维持》。

Roth Li, Gertraude. "The Rise of Early Manchu State: a Portrait Drawn from Manchu Sources to 1936." Ph. D. Thesis, Harvard University, 1975.

罗思·李：《早期满洲国家的兴起：根据到 1636 年为止的满文史料所作的描述》，哈佛大学博士论文。

Rouse, Uta Mikami. "Hu-k'ou yü-sheng chi (1644): a Translation with Socio-historical Annotation." Ph. D. Thesis, Yale University, 1945.

劳斯：《〈虎口余生纪〉之英译及其社会历史的注释》，耶鲁大学博士论文。

Ruhlmann, Robert. "Traditional Heroes in Chinese Popular Fiction." In Arthur F. Wright eds., *Confucianism and Chinese Civilization*, pp. 122-157. New York: Atheneum, 1964.

鲁赫曼：《中国通俗小说中的传统英雄》，芮沃寿编《孔教和中国文明》。

Rustow, Dankwart A. "The Military: Turkey." In Robert E. Ward and Dankwart A. Rustow, eds., *Political Modernization in Japan and Turkey*, pp. 352-388. Princeton: Princeton University Press, 1964.

拉斯托：《土耳其的军人》，R. E. 沃德和 D. A. 拉斯托编《日本与土耳其的政治现代化》。

Saeki, Tomi. "Economic et absolutisme dans la Chine moderne: le cas des marchands de sel de Yangchow." Translated by Michel Cartier. *Revue historique* 238: 15-30 (July-Sept. 1967).

佐伯富：《专制主义经济和中国的现代化：扬州商人》，M. 卡蒂尔译，《历史学》第 238 期。

Sakai, Tadao. "Confucianism and Popular Educational Works." In Wm. Theodore de Bary, ed., *Self and Society in Ming Thought*, pp. 331-336. New York: Columbia University Press, 1970.

酒井忠夫：《儒教和大众教育书籍》，狄百瑞编《明代思想中的自我与社会》。

Schirokauer, Cornad M. "The Political Thought and Behavior of Chu Hsi." Ph. D. Thesis, Stanford University, 1960.

施罗考尔：《朱熹的政治思想与政治行为》，斯坦福大学博士论文。

Schneider, Laurence A. *A Madman of Ch'u: the Chinese Myth of Loyalty and Dissent*. Berkeley, Los Angeles and London: , University of California Press, 1980.

施奈德：《楚国的狂人：中国的忠义与异议》。

Schram, Louis M. J. *The Mongours of the Kansu-Tibetan Frontier, Part III, Records of the Moungour Calns. Transactions of the American Philosophical Society*, New Series, Volume 51, Part 3. Philadelphia: The American Philosophical Society.

施拉姆：《甘肃—西藏边境地区的蒙古人》第 3 部分 - 蒙古各部族的记载，《美国哲学学会会刊》，新丛书第 51 卷第 3 部分。

Schumann, Franz. *Ideology and Organization in Communist China*. Berkeley, Los Angeles and London: , University of California Press, 1966.

舒曼：《共产主义中国的意识形态和组织》。

Schwintzer, Ernst. "A Few Brief Comments on the Yang Yuan Hsien Sheng Ch'üan Chi." University of Washington seminar paper.

施温彻：《简论〈杨园先生全集〉》，华盛顿大学讨论班论文。

Scott, John, eds. and trans. *Love and Protest: Chinese Poems from the Sixth Century B.C. to the Seventeenth Century A.D.* London: Rapp and Whiting, 1972.

斯科特编辑翻译：《热爱与反抗：公元前6世纪到公元17世纪的中国诗歌》。

Seeman, Melvin. "On the Meaning of Alienation." *American Sociological Review* 24: 783-791.

西曼：《异化的含义》，《美国社会学评论》第24期。

Semedo, P. Alvarez. *Histoire universelle de la Chine, avec l'histoire de la guerre des tartares, contenant les révolutions arrivées en ce grand royaume, depuis quarante ans, par le P. Martin Martini. Traduites nouvellement en Française,* Lyon, 1667.

赛米多：《中国历史上与鞑靼人的战争史》。

Serruys, Henry. "The Mongols of Kansu during the Ming." *Mélanges chinois et bouddhiques publiés par l'Institut Belge des Hautes Etudes Chinoises,* pp. 215-346. July, 1955.

塞刘易斯：《明代甘肃地区的蒙古人》，比利时学院中国研究中心《中国与佛教文集》。

——. "Were the Ming against the Mongols Settling in North China?" *Oriens Extremus* 6.2: 131-159.

同上，《明朝反对定居在中国北方的蒙古人吗》，《远东杂志》第6卷2期。

Shek, Richard Hon-chun. "Religion and Society in Late Ming: Sectarianism and Popular Thought in Sixteenth and Seventeenth Century China." Ph. D. Dissertation, University of California, Berkeley, 1980.

石汉椿：《明代后期的宗教与社会：16、17世纪中国的教派和民众思想》，加州大学伯克利分校博士论文。

Shen, Fu. "An Aspect of Mid-Seventeenth Century Chinese Painting: the 'Dry Linear' Style and the Early Work of Tao-Chi." *The Journal of the Institute of Chinese Studies of Chinese Studies of the Chinese University of Hong Kong* 7.2: 604-617.

傅申：《明清之际的渴笔勾勒风尚和石涛的早期作品》，《香港中文大学中国研究院学报》第7卷2期。

Sheridan, James E. *Chinese Warlord: the Career of Feng Yü-hsiang.* Stanford: Stanford University Press, 1966.

谢里登：《中国军阀冯玉祥的一生》。

Shiba, Yoshinobu. "Markets and the Urban Economic System: the Case of Ningpo." New Hampshire Conference, Sept. 1968.

斯波义信：《市场和城市经济体系：宁波个案研究》，新罕布什尔讨论会论文。

——. "Ningpo and Its Hinterland." In G. William Skinner, ed., *The City in Late Imperial China,* pp. 391-439. Stanford: Stanford University Press, 1977.

同上，《宁波和它的物资供应地》，施坚雅编《中华帝国后期的城市》。

Shih, Chin. "Peasant Economy and Rural Society in the Lake Tai Area, 1368-1840." Ph. D. thesis, University of California, Berkeley, 1981.

石锦：《1368—1840 年太湖地区的小农经济和农村社会》，加州大学博士论文。

Shih, Min-hsiung. *The Silk Industry in the Ch'ing China.* Translated by E-tu Zen Sun. Ann Arbor: Center for Chinese Studies, University of Michigan, 1976.

施闵雄：《清代的丝绸业》，孙任以都译，密歇根大学中国研究中心。

Shih, Vincent Y. C. *The Taiping Ideology: Its Sources, Interpretations, and Influences.* Seattle and London: University of Washington Press, 1967.

施友忠：《太平理想的根源、意义及影响》。

Shiratori, Kurakichi. "The Queue Among the Peoples of North Asia." *Memoirs of the Research Department of the Toyo Bunko* 4: 1-70 (1929).

白鸟库吉：《亚洲北部民族的发辫》，《东洋文化研究部专刊》第 4 期。

Shirokogoroff, S. M. *Social Organization of the Manchus: a study of the Manchu Clan Organization.* Shanghai: Royal Asiatic Society, 1924.

希罗高格罗夫：《满洲的社会组织：满洲社会组织研究》。

Silbergeld, Jerome. "Kung Hsien's Self-Portrait in Willows, with Notes on the Willow in Chinese Painting and Literature." *Artibus Asiae* 42: 5-38.

西尔伯格德：《龚贤柳林中的自画像及对中国绘画和文学中的柳的解释》，《亚洲艺术》第 42 期。

——. "The Political Landscapes of Kung Hsien in Painting and Poetry." *The Journal of the Institute of Chinese Studies of Chinese Studies of the Chinese University of Hong Kong* 7.2: 561-574.

同上，《龚贤的绘画和诗歌中的政治意义》，《香港大学中国研究学院学报》第 7 卷 2 期。

Siren, Osvald. *The Walls and Gates of Peking.* London: John Lane The Bodley Head, 1924.

希伦：《北京的城墙和城门》。

Skinner, G. William. "Cities and the Hierarchy of Local System." In G. William Skinner, ed., *The City in Late Imperial China*, pp. 275-351. Stanford: Stanford University Press, 1977.

施坚雅：《城市和地方等级体系》，施坚雅编《中华帝国后期的城市》。

——. "Marketing Systems and Religional Economies: Their Structure and Development." Paper presented at the Symposium on Social and Economic History in China from Song Dynasty to 1900, Chinese Academy of Social Sciences, Beijing, Nov. 1980.

同上，《市场体系与地区经济的结构与发展》，中国社会科学院从宋到1900 年中国社会变迁中美学术讨论会论文。

——. "The Nature of Loyalties in Rural Indonesia." In Immanuel Wallerstein, eds., *Social Change: the Colonial Situation*, pp. 265-277. New York: John Wiley & Sons, 1966.

同上，《印度尼西亚乡村中忠顺的性质》，I. 沃勒斯坦编（殖民状态的社会变迁）。

Shore, David Harrison. "Last Court of Ming China: the Reign of the Yung-li Emperor in the South (1647-1662)." Ph. D. thesis, Princeton University, 1976.

肖尔：《中国明代最后的朝廷——永历皇帝在南方的统治》，普林斯顿大学博士论文。

So Kwan-wai. *Japanese Piracy in Ming China during Sixteenth Century.* Lansing: Michigan State University Press, 1975.

苏均炜：《明嘉靖期间倭寇史略》。

Somers, Robert Milton. "The Collapse of the T'ang Order." Ph. D. thesis, Yale University, 1975.

索姆斯：《唐王朝秩序的崩溃》，耶鲁大学博士论文。

Soothill, William Edward and Hodous, Lewis. *A Dictionary of Chinese Buddhist Terms.* Taibei: Ch'eng-wen Publishing Co., 1970.

苏黑勒和霍道斯：《中国佛教术语辞典》。

Spence, Jonathan D. *Emperor of China: Self-Portrait of K'ang-hsi.* New York: Alfred A. Knopf, 1974.

史景迁：《中国皇帝：康熙的自画像》。

——.*Ts'ao Yin and the K'ang-hsi Emperor: Bondservant and Master.* New Haven: Yale University Press, 1966.

同上，《曹寅与康熙：奴仆和主人》。

——.*To Change China: Western Advisers in China, 1620-1960.* Boston: Little Brown, 1969.

同上，《改变中国：1620—1960年在中国的西方顾问》。

Steensgaard, Niels. *The Asian Trade Revolution of the 17th Century: the East India Companies and the Decline of the Caravan Trade.* Chicago and London: University of Chicago Press, 1974.

斯廷加德：《17世纪亚洲的贸易革命：东印度公司与商队的衰落》。

Strand, David. "Yamen Runners, Roving Chüntzu or Urban Cadre?: the Role of Policemen in Early Twentieth Century Peking." Paper presented to the California Regional Seminar, Center for Chinese Studies, Berkeley, Dec. 1, 1979.

斯特兰德：《是衙门吏员、巡逻军卒还是市区管理者：20世纪初期北京城中的警察的作用》，加利福尼亚地区中国研究中心讨论会论文。

Strassberg, Richard E. "K'ung Shang-jen and the K'ang-hsi Emperor." *Ch'ing-shih wen-t'i*, November 1978, pp. 31-75.

斯特拉伯格：《孔尚任与康熙皇帝》，《清史问题》。

Struve, Lynn A. "Ambivalence and Action: Some Frustrated Scholars of K'ang-hsi Period." In Jonathan D. Spence and John E. Wills, Jr., eds., *From Ming to Ch'ing: Conquest, Region, and Continuity in Seventeenth Century China*, pp. 321-365. New Haven: Yale University Press, 1979.

斯特鲁弗：《矛盾心理与行动：康熙年间几位不得志的学者》，史景迁和小J. E. 威尔斯编《从明到清：17世纪中国的征服、疆域及其维持》。

——. "The Hsü Brothers and Semi-official Patronage of Scholars in the K'ang-hsi Period." Unpublished paper, Indiana University, 1981.

同上，《康熙年间徐氏兄弟对学者的半官方性庇护》。印第安纳大学未发表的论文。

——. "The Peach Blossom Fan as Historical Drama." Paper written for the Neh seminar on Chinese Literature and Comparative Perspectives, Stanford University, June-August, 1976.

同上，《历史剧〈桃花扇〉》，1976 年 6—8 月斯坦福大学中国文学与比较研究讨论会论文。

——. "The Phycho-historical Koxinga, 1624-62." Paper presented to the Indiana University East Asian Studies Faculty, April 1982.

同上，《心理与历史上的郑成功》，1982 年 4 月印第安纳大学东亚研究学部论文。

——. "A Sketch of Southern Ming Events Affecting the Canton Delta Area." Unpublished paper, March 1973.

同上，《影响珠江三角洲地区的南明大事概要》，1973 年 5 月末发表的论文。

——. "The Southern Ming." Draft of the Cambridge History of China, Vol. 8.

同上，《南明》，《剑桥中国史》第 8 卷的部分草稿。

——. "Uses of History in Traditional Chinese Society: the Southern Ming in Ch'ing Historiography." Ph. D. thesis, University of Michigan, Ann Arbor, 1974.

同上，《传统中国社会中史学的作用：清代历史记载中的南明》，密歇根大学博士论文。

Sun Tzu. *Sun Tzu on the Art of War. The Oldest Military Treatise in the World.* translated and with an introduction by Lionel Giles. Reprinted edition. Taibei: Literature House, 1964.

孙子：《孙子兵法》，L. 吉尔斯翻译及介绍，第 2 版。

Sun, E-tu Zen. "The Boards of Revenue in Nineteenth-Century China." *Harvard Journal of Asiatic Studies* 24: 175-228.

孙任以都：《19 世纪中国的户部》，《哈佛亚洲研究杂志》第 24 期。

——, trans. and ed. *Ch'ing Administrative Terms: a Translation of the Terminology of the Six Boards with Explanatory Notes.* Cambridge, Mass.: Harvard University Press, 1961.

同上，翻译并编辑《清朝行政术语：六部所用术语的翻译及注释》。

Tang Chün-i. "The Development of the Concept of Moral Mind from Wang Yang-ming to wang chi." In Wm. Theodore de Bary, ed. *Self and Society in Ming Thought*, pp. 93-117. New York: Columbia University Press, 1970.

唐君毅：《从王阳明到王畿的道德观念的发展》。狄百瑞编《明代思想中的自我与社会》。

Taniguchi, Kikuo. "Peasant Rebellions in the Late Ming." *Acta Asiatica, Bulletin of the Institute of Eastern Culture (Tōhō Gakkai, Tokyo)* 38:54-68.

谷口菊雄：《明末农民起义》，《亚洲研究》（东方文化学院学报）第 38 期。

Tao, Jing-Shen. "The Influence of Jurchen Rule on Chinese Political Institution." *Journal of Asian Studies* 30: 121-130.

陶晋生：《女真统治对中国政治制度的影响》，《亚洲研究》杂志第 30 期

——. *The Jurchen in twelfth-Century China: a Study of Sinicization.* Seattle and London: University of Washington Press, 1976.

同上，《12 世纪中国女真的汉化研究》。

Taylor, Romeyn. "Founding of the Ming Dynasty as an Event in Chinese Social History." In

Robert Sakai, eds., *Studies on Asia*, pp. 143-148. Lincoln: University of Nebraska, 1964.

戴乐:《明朝的建立在中国社会史中的意义》, R. 斯凯编《亚洲研究》。

——. "Social Origins of Ming Dynasty, 1351-1360." *Monumenta Serica* 22: 1-78.

同上,《明王朝的社会来源》,《纪念丛书》第 22 种。

——. "Yuan Origins of the Wei-so System." In Charles O. Hucker, ed., *Chinese Government in Ming Times: Seven Studies*, pp. 23-40. New York: Columbia University Press, 1969.

同上,《卫所制度在元代的起源》, 贺凯编《明代的中国政府: 七份研究》。

Thom, René. "Crise et estastrophe." *Communications* 25: 34-38.

汤姆:《危机和灾难》,《交流》第 25 期。

Thompson, E. P. "The Moral Economy of the English Crowd in the Eighteenth Century." *Past and Present* 50: 76-136 (Feb. 1971).

汤普森:《18 世纪英国的道德经济思想》,《今夕》第 50 期。

Tillman, Hoyt Cleveland. "Proto-nationalism in 12th Century China? The Case of Ch'en Liang." *Harvard Journal of Asiatic Studies* 39: 403-428.

梯尔曼:《12 世纪中国的原始民族主义:陈亮研究》,《哈佛亚洲研究杂志》第 39 期。

Tocqueville, Alexis de. *Democracy in America*. Garden City: Doubleday & Co., 1969.

托克维尔:《美国的民主》。

Topley, Marjorie. "Marrige Resistance in Rural Kwangtung." In Margery Wolf and Roxane Witke, eds., *Women in Chinese Society*, pp. 67-88. Stanford: Stanford University Press, 1975.

托帕里:《广东农村的抗婚斗争》, M. 沃尔夫和 R. 威克特编《中国社会中的妇女》。

Torbett, Preston M. *The Ch'ing Imperial Household Department: a Study of Its Organization and Principle Functions, 1662-1796.* Cambridge, Mass.: Harvard University Press, 1977.

托伯特:《清朝的内务府:1662—1796 年其组织和主要作用研究》。

Trauzettel, Rolf. "Sung Patriotism as a First Step Toward Chinese Nationalism." In John Winthrop Haeger, eds., *Crisis and Prosperity in Sung China*, pp. 199-213. Tucson: University of Arizona Press, 1975.

特劳泽特尔:《中国民族主义的先声——宋代的爱国主义》, J. W. 黑格编《中国宋朝的危机与繁荣》。

Tsao Kai-fu. "The Rebellion of the Three Feudatories against the Manchu Throne in China: Its Setting and Significance." Ph. D. thesis, Columbia University, 1965.

曹凯夫(音):《三藩反对满洲统治的叛乱:背景与意义》, 哥伦比亚大学博士论文。

Tu Wei-ming. *Neo-Confucian Thought in Action: Wang Yang-ming's Youth (1472-1509).* Berkeley, Los Angeles, London: University of California Press, 1976. 222pp.

杜维明:《发扬中的新儒家思想:王阳明的青年时代》。

——. "The Quest for Self-Realization – a Study of Wang Yang-ming's Formative Years (1472-1509)." Ph. D. thesis, Harvard University, 1968.

同上,《自我实现的追求:王阳明思想的形成时期(1472—1509)的研究》, 哈佛大学博士论文。

———. "Wang Yang-ming – a Witness of the Confucian Ideal of 'Inner Saintliness and Outer Kingliness'." ACLS Conference on Ming Thought, June 13-17, 1966.

同上，《王阳明：孔教内圣外王的思想见证》，1966 年 6 月 13—17 日美国学术团体委员会明代思想讨论会论文。

———. "Yen-Yüan: from Inner Experience to Lived Concreteness." In Wm. Theodore de Bary, ed. *The Unfolding of Neo-Confucianism*, pp.511-541. New York and London: Columbia University Press, 1975.

同上，《颜元：从内心体验到生活的践履》，狄百瑞编《新儒家学说的发展》。

Tung Chun. "Chinese Gardens, especially in Kiangsu and Chekiang." *T'ien Hsia Monthly* 3.3: 220-244.

董春（音）：《中国的花园·江苏和浙江》，《天下月刊》第 3 卷 3 期。

Twitchett, Denis. "The Fan Clan's Charitable Estate, 1050-1760." In David S. Nivison and Arthur F. Wright, eds., *Confucianism in Action*, pp. 97-133. Stanford: Stanford University Press, 1959.

特威切特：《1050—1760 年范氏家族的义庄》，D. S. 倪维森和芮沃寿编《实践中的孔教》。

Van der Sprenkel, O. Berkelbach. "The Chronological Tables of Lei Li: an Important Source for the Study of the Ming Bureaucracy." *Bulletin of the School of Oriental and African Studies* 14: 325-334.

范·德·斯普兰克乐：《雷礼〈国朝列卿年表〉：明代官僚制度研究的一个重要资料》，《东方和非洲研究学院学报》第 14 期。

———. "The Geographical Background of the Ming Civil Service." *Journal of the Economic and Social History of the Orient* 55: 302-336.

同上，《明代官员的地域背景》，《东方经济与社会史杂志》第 55 期。

———. "High Officials of the Ming: a Note on the Ch'i Ch'ing Nien Piao of the Ming History." *Bulletin of the School of Oriental and African Studies* 14: 87-114.

同上，《明代的高级官员：〈明史·七卿年表〉》，《东方与非洲研究学院学报》第 14 期。

———. "Population Statistics of Ming China." *Bulletin of the School of Oriental and African Studies* 15: 289-326.

同上，《明代的人口统计》，《东方和非洲研究学院学报》第 14 期。

Van Kley, Edwin J. "News from China: Seventeenth-Century European Notices of the Manchu Conquest." *Journal of Modern History* 45: 561-582.

范·克利：《来自中国的消息：17 世纪欧洲对满洲征服的报道》，《近代史杂志》第 45 期。

Vierheller, Ernstjoachim. *Nation und Elite im Denken von Wang Fu-chih (1619-1692)*. Hamburg: Gesellscraft für Natur- und Völkerkunde Ostasiens, 1968.

维尔海勒：《王夫之思想中的民族精神》。

Wada, Sei. "Some Problems Concerning the Rise of T'ai-tsu, the Founder of the Manchu Dynasty." *Memoirs of the Research Department of the Toyo Bunko* 16: 35-74 (1957).

和田清：《论开国者清太祖崛起的有关问题》，《东洋文化研究部学报》第 16 期。

Wakeland, Joanne. "Wan-li Peking: Sub-country Administration and Local Society." Paper presented to the California Regional Seminar on China, Center for Chinese Studies, University of California, Berkeley, March 17, 1979.

威克兰：《万历朝的北京，县以下的行政机构与地方社会》，加州大学伯克利分校中国研究中心，加利福尼亚中国问题讨论会论文。

Wakeman, Frederic, Jr. "The Evolution of Local Control in Late Imperial China." In Frederic Wakeman, Jr.,and Carolyn Grant, eds., *Conflict and Control in Late Imperial China*, pp. 1-24. Berkeley and Los Angeles: University of California Press, 1976.

魏斐德：《中华帝国后期地方控制的演变》，魏斐德和卡罗琳·格兰特编《中华帝国后期的冲突与控制》。

——.*The Fall of Imperial China*. New York and London: The Free Press, 1975.

同上，《中华帝国的崩溃》。

——*History and Will: Philosophical Perspectives of Mao Tse-tung's Thought*. Berkeley, Los Angeles, London: University of California Press, 1973.

同上，《历史与意志：毛泽东思想中的哲学观点》（注文中引作《历史与意志》）。

——. "Localism and Loyalism during the Ch'ing Conquest of Kiangnan: the Tragedy of Chiang-yin." In Frederic Wakeman, Jr., and Carolyn Grant, eds., *Conflict and Control in Late Imperial China*, pp. 43-85. Berkeley and Los Angeles: University of California Press, 1975.

同上，《清朝征服江南时期的地方观念和忠君思想：江阴的悲剧》（注文中引作《清朝征服江南时期的地方观念和忠君思想》），魏斐德和卡罗琳·格兰特编《中华帝国后期的冲突与控制》。

——. ed., *Ming and Qing Historical Studies in the People's Republic of China*. Berkeley: Center for Chinese Studies, 1981.

同上，编《中华人民共和国的明清史研究》。

——. "The Price of Autonomy: Intellectuals in Ming and Ch'ing Politics." *Daedalus* 101,2:35-70 (Spring 1972).

同上，《自主的代价：明清政治中的知识分子》（注文中引作《自主的代价》），《代达罗斯》第 101 卷 2 期。

——. "The Shun Interregnum of 1644." In Jonathan D. Spence and John E. Wills, Jr., eds., *From Ming to Ch'ing: Conquest, Region and Continuity in Seventeenth Century China*, pp. 39-87. New Haven and London: Yale University Press, 1979.

同上，《1644 年的大顺政权》，史景迁和小 J. E. 威尔斯编《从明到清：17 世纪中国的征服、疆域及其维持》。

Waley, Arthur, trans. *Chinese Poems*. London: George Allen and Unwin, 1956.

魏莱译：《中国诗歌》。

Wallerstein, Immanuel. *The Capitalist World-Economy*. Cambridge: Cambridge University Press,

1979.

沃勒斯坦：《资本主义的世界经济》。

——. *The Modern World-System II: Mercantilism and the Consolidation of the European World-Economy, 1600-1750*. New York: Academic Press, 1980.

同上，《近代世界体系》第 2 部分《重商主义和欧洲世界经济的巩固，1600—1750》。

Waltner, Ann. "Widows and Remarriage in Ming and Early Qing China." *Historical Reflections* 8.3: 129-146.

沃尔纳：《明代与清初的寡妇和再婚》，《历史回顾》第 8 卷 3 期。

——. "Wu Wei Ye's 'Yuan Yuan Chu' and Ming Loyalism." Seminar paper, Yale University, January, 1973.

同上，《吴伟业的〈圆圆曲〉和明代的忠君思想》，耶鲁大学讨论班论文。

Walzer, Michael. *The Revolution of the Saints: a study in the Origins of Radical Politics*. Cambridge, Mass.: Harvard University Press, 1965.

沃尔泽：《圣人的革命：激进政治起源研究》。

Wang, Ch'ung-wu. "The Ming System of Merchant Colonization." In E-tu Zen Sun and John de Francis, eds., *Chinese Social History, Translations of Selected Studies*, pp. 299-308. Washington: Amerian Council of Learned Societies, 1956.

王崇武：《明代的商人殖民制度》，孙任以都和 J. 德·弗兰西斯编《中国社会史研究译文集》。

Wang, Gung-wu. "Feng Tao: an Essay in Confucian Loyalty." In Arthur F. Wright and Denis Twitchett, eds., *Confucian Personalities*, pp. 122-145. Stanford University Press.

王赓武：《冯道：论儒教忠君思想》，芮沃寿和 D. 特威切特编《儒家名人》。

Wang, Hsiu-ch'u. "A Memoir of Ten Days' Massacre in Yangchow." Translated by Lucien Mao. *T'ien Hsia Monthly* 4.5: 515-537.

王秀楚：《扬州十日记》，L. 毛译，《天下月刊》第 4 卷 5 期。

Wang Tch'ang-tche. *La Philosophie morale de Wang Yang-ming*. Variétés sinologiques No. 63. Paris: Geuthner, 1936.

王昌祉：《王阳明的心学》，《汉学汇编》第 63 种。

Wang, Y. C. "The Su-pao Cases: a Study of Foreign Pressure, Intellectual Fermentation, and Dynasty Decline." Conference on the Chinese Revolution of 1911.

汪一驹：《苏报案：国外压力、思想运动和王朝衰落的研究》，中国 1911 年革命讨论会。

Wang, Yeh-chien. "Evolution of the Chinese Monetary System, 1644-1850." In *Conference on Modern Chinese Economic History (August 26-29, 1977)*, pp. 469-496. Taibei: The Institute of Economics, Academia Sinica, 1977.

王业键：《1644—1850 年中国货币制度的演变》，近代中国经济史讨论会论文。

——. "The Fiscal Importance of the Land Tax during the Ch'ing Period." *Journal of Asian Studies* 30: 829-842.

同上，《清代地税在财政上的重要性》，《亚洲研究》杂志第 30 期。

——.*Land Taxation in Imperial China, 1750-1910*. Cambridge, Mass.: Harvard University Press, 1973.

 同上，《1750—1910 年清代的地税》。

——. "The Secular Trend of Prices during the Ch'ing Period (1644-1911)." *Journal of the Institute of Chinese Studies of the Chinese University of Hong Kong* 5.2: 347-372.

 同上，《清代物价的长期趋势》，《香港中文大学中国研究学院学报》第 5 卷 2 期。

Wang, Yi-t'ung. "Slaves and Other Comparable Social Groups during the Northern Dynasties (386-618)." *Harvard Journal of Asiatic Studies* 16: 293-364.

 王伊同：《北朝的奴隶和与之相近的社会阶层》，《哈佛亚洲研究杂志》第 16 期。

Wang, Yü-Ch'üan. "The Rise of Land Tax and the Fall of Dynasties in Chinese History." *Pacific Historical Review* 9: 201-220.

 王毓铨：《中国历史上地税的兴起和王朝的衰落》，《太平洋史学评论》第 9 期。

Watson, James L. "Hereditary Tenancy and Corporate Landlordism in Traditional China: a Case Study." *Modern Asian Studies* 2.2: 161-181.

 沃特森：《传统中国的世佃制和地主制度的个案研究》，《近代亚洲研究》第 2 卷 2 期。

——. "Transactions in People: the Chinese Market in Slaves, Servants, and Heirs." In James L. Watson, ed., *Asian and African Systems of Slavery*, pp. 223-250. Oxford: Basil Blackwell, 1980.

 同上，《人口买卖：中国的奴隶、奴仆及其子女的市场》，J. L 沃特森编《亚洲和非洲的奴隶制度》。

Watt, John R. *The District Magistrate in Late Imperial China*. New York and London: Columbia University Press,1972.

 沃特：《中华帝国后期的地方官》。

——. "Theory and Practice in Chinese District Administration: the Role of the Ch'ing District Magistrate in its Historical Setting." Ph. D. thesis, Columbia University, 1967.

 同上，《中国地方行政的理论和实践：清代地方官的历史作用》，哥伦比亚大学博士论文。

——. "The Yamen as a Socio-political System." Prepared for the Research Conference on Urban Society in Traditional China, Aug. 31- Sept. 7, 1968.

 同上，《作为社会政治制度的衙门》，传统中国城市社会研究讨论会论文。

Weber, Marianne. *Max Weber: Ein Lebensbild*. Heidelberg: Verlag Lambert Schneider, 1950.

 玛丽安那·韦伯：《马克斯·韦伯传》。

Weber, Max. *The Religion of China: Confucianism and Taoism*. Translated by Hans H. Gerth. Glencoe, Illinois: The Free Press, 1951.

 马克斯·韦伯：《中国的儒教与道教》，H.H. 格尔斯译。

Wechsler, Howard J. *Mirror to the Son of Heaven: Wei Cheng at the Court of T'ang T'ai-tsung*. New Haven and London: Yale University Press, 1974.

 韦克斯勒：《天子之镜：唐太宗时期的魏徵》。

Weingrod, Alex. "Patrons, Patronage and Political Parties." *Comparative Studies in Society and History* 10: 377-400 (July 1968).

温格罗德：《庇护人、庇护权和政党》，《社会和历史比较研究》第 10 期。

Whitaker, K. P. K. "Some Notes on the Authorship of the Lii Ling/ Su Wuu Letters." *Bulletin of the School of Oriental and African Studies* 15: 113-137, 566-587.

惠特克：《李陵—苏武信件作者考证》，《东方和非洲研究学院学报》第 15 期。

Wiens, Mi Chu. "Anti- Manchu Thought during the Early Ch'ing." *Paper of China*, Vol. 22-A, pp. 1-24. Cambridge, Mass.: Harvard East Asian Research Center, 1969.

居密：《清初的反满思想》，《中国研究论文集》第 22 卷 A。

——. "Lord and Peasant: the Sixteenth to the Eighteenth Century." *Modern China* 6: 3-40.

同上，《16 到 18 世纪地主和农民的关系》，《近代中国》第 6 期。

——. "Masters and Bondservants: Peasant Range in the Seventeenth Century." *Ming Studies* 8: 57-64 (Spring 1979).

同上，《主人和奴仆：17 世纪的农民暴动》，《明史研究》。

Wilhelm, Hellmut. "Chinese Confucianism on the Eve of the Great Encounter." In Marius B. Jansen, ed., *Changing Japanese Attitudes Toward Modernization*, pp. 283-310. Princeton University Press, 1965.

威尔海姆：《大变动前夜的中国孔教》，M. B. 约翰逊编《日本对现代化的态度变化》。

——. "Ein Briefwechsel zwischen Durgan und Shi Ko-Fa." *Sinica* 8: 239-245 (1933).

同上，《多尔衮和史可法的通信》，《汉学》第 8 期。

——. "Gu Ting Lin, Der Ethiker." Ph. D. thesis, Friedrich-Wilhelm University, Berlin, 1932.

同上，《伦理学家顾亭林》，弗里德里希 - 威廉海姆大学博士论文。

——. "The Po-hsueh Hung-ju Examination of 1679." *Journal of the American Oriental Society* 71: 9-26.

同上，《1679 年的博学鸿词科》，《美国东方学会杂志》第 71 期。

Wilkinson, Rupert H. "The Gentleman Ideal and the Maintenance of a Political Elite." *Sociology of Education* 37: 9-26.

威尔金森：《士大夫的理想和政治精英的维持》，《教育社会学》第 37 期。

Will, Pierr-Etienne. "Un Cycle hydraulique en Chine: la province du Hubei du XVI au XIX siècles." *Bulletin de l'école française d'extrême-orient* 68: 261-287.

威尔：《中国水利的周期性变动：16 至 19 世纪的河北》，《远东法兰西学院学报》第 68 期。

Williams, E. T. "The State Religion of China during the Manchu Dynasty." *Journal of the North China Branch of the Royal Asiatic Society of Great Britain and Ireland* 44: 11-45.

威廉斯：《清代国家宗教》，《大不列颠和爱尔兰皇家亚洲研究学会中国研究分会杂志》第 44 期。

Williams, S. Wells. *The Chinese Commercial Guide*, Fifth Edition. Hong Kong: Shortrede & Co., 1863.

卫三畏：《中国商业指南》，第 5 版。

Wills, John E., Jr. "The Abortiveness of Plural Politics in 17th Century China." Paper presented at the Dec. 28-30, 1968 meeting of the American Historical Association.

小威尔斯：《17世纪中国多元政治的夭折》，美国历史学会会议论文。

——. "Maritime China from Wang Chih to Shih Lang: Themes in Peripheral History." In Jonathan D. Spence and John E. Wills, Jr., eds., *From Ming to Ch'ing: Conquest, Region,and Continuity in Seventeenth-Century China,* pp. 201-238. New Haven: Yale University Press, 1979.

同上，《从王直到施琅的中国沿海：边地史研究》，史景迁和小J. E. 威尔斯编《从明到清：17世纪中国的征服、疆域及其维持》。

——. "State Ceremony in Late Imperial China: Notes for a Framework for Discussion." *Society for the Study of Chinese Religions Bulletin* 7: 46-57 (1979).

同上，《中华帝国后期的国家礼仪：一个研究框架的说明》，《中国宗教研究学会会报》第7期。

Wilson, Marc. *Kung Hsien: Theorist and Technician in Painting.* The Nelson Gallery and Atkins Museum Bulletin. Vol. IV, No.9. Kansas City, Missouri.

威尔森：《龚贤：绘画理论家与绘画大师》，《尔森美术馆和阿特金博物馆馆刊》第4卷第9号。

Wolf, Eric R. and Hansen, Edward C. "Caudillo Politics: a Structural Analysis." *Comparative Studies in Society and History* 9.2: 168-179.

埃里克·R. 沃尔夫和汉森：《军人专权政治：一个结构分析》，《社会与历史比较研究》第9卷2期。

Wolf, Margery. "Women and Suicide in China." In Margery Wolf and Roxane Witke, eds., *Women in Chinese Society*, pp. 111-141. Stanford: Stanford University Press, 1975.

马杰里·沃尔夫：《中国的妇女与自杀》，马杰里·沃尔夫和R. 威特克编《中国社会中的妇女》。

Wolff, Robert Paul. "Beyond Tolerance." In R. P. Wolff, Barrington Moore, Jr., and Herbert Marcuse, *A Critique of Pure Tolerance*, pp. 3-52. Boston: Beacon Press, 1965.

罗伯特·保罗·沃尔夫：《宽容之外》，R. P. 沃尔夫、小B. 摩尔和H. 马库斯《对单纯宽容的批评》。

Wright Arthur F. "The Cosmology of the Chinese City." In G. William Skinner, ed., *The City in Late Imperial China*, pp. 33-73. Stanford: Stanford University Press, 1977.

芮沃寿：《中国城市的宇宙学》，施坚雅编《中华帝国后期的城市》。

——. *The Sui Dynasty.* New York: Alfred A. knopf, 1978.

同上，《隋朝》。

Wrigley, E. A. and R. S.Schofield. *The Population History of England, 1541-1871: a Reconstruction.* London: Edward Arnold, 1981.

里格里和斯科菲尔德：《1514—1871年英国人口史：人口的重新增长》。

Wu Chi-hua. "The Contraction of Forward Defenses on the North China Frontier during the Ming

Dynasty." In John Fincher, ed., *Papers on Far Eastern History: Ming and Early Ch'ing China* no. 17, pp.1-13. Canberra: The Australian National University Dept. of Far Eastern History, 1978.

吴缉华：《明代北边防御的收缩》，J. 芬彻编《远东史论文集：明代和清初》第 17 辑。

Wu Ching-tzu. *The Scholars*. Translated by Yang Hsien-yi and Gladys Yang. Beijing: Foreign Language Press, 1957.

吴敬梓：《儒林外史》，杨宪益和戴乃迭译。

Wu Nelson I. "The Toleration of Eccentrics." *Art News* 56.3 (May 1957).

吴乃荪：《对迂诞的容忍》，《艺术导报》第 56 卷 3 期。

——. "Tung Ch'i-ch'ang (1555-1636): Apathy in Government and Fervor in Art." In Arthur F. Wright and Denis Twitchett, eds., *Confucian Personalities*, pp. 260-293. Stanford: Stanford University Press, 1962.

同上，《董其昌：对仕途的淡漠，对艺术的追求》，芮沃寿和 D. 特威彻特编《儒家名人》。

Wu, Silas H. L. *Communication and Imperial Control in China: Evolution of the Palace Memorial System, 1693-1735*. Cambridge, Mass.: Harvard University Press, 1970.

吴秀良：《中国的交通与帝国的控制：1693—1735 年宫廷上奏制度的发展》（注文中引作《中国的交通》）。

——. *Passage to Power: K'ang-hsi and His Heir Apparent, 1661-1722*. Cambridge, Mass.: Harvard University Press, 1979.

同上，《权力转移：1661—1722 年康熙及其继承人》。

Wu Wei-ping. "The Development and Decline of the Eight Banners." Ph. D. thesis, University of Pennsylvania, 1969.

吴卫平（音）：《八旗制度的兴衰》，宾夕法尼亚大学博士论文。

Yamamoto, Eishi. "Historical Studies in Japan, 1976: Ming-Qing." Translated by John Dardess. *Ming Studies* 9: 16-23 (Fall 1979).

山本衛士：《日本 1976 年的明清史研究》，J. 达登斯译，《明史研究》第 9 期。

Yang, Cheng. "A Late Survivor—Intellectual Strains in the Early Ch'ing." Unpublished seminar paper, University of California, Berkeley, 1973.

杨成（音）：《幸存者——清初的思想压力》，加州大学伯克利分校，未发表的论文。

Yang L. S. *Les Aspects économiques des travaux publics dans la Chine impérial*. Collège de France, 1964.

杨联升：《中华帝国集体劳作的经济观》，法兰西学院。

——. "Government Control of Urban Merchants." New Hampshire Conference, Sept., 1964.

同上，《政府对城市商人的控制》，新罕布什尔讨论会。

——. "Ming Local Administration." In Charles O. Hucker, ed., *Chinese Government in Ming Times: Seven Studies*, pp.1-21. New York: Columbia University Press, 1969.

同上，《明代地方行政》，贺凯编《明代的中国政府：七份研究》。

Yen, Sophia Su-fei. *Taiwan in China's Foreign Relations, 1836-1874*. Hamden, Conn.: Shoe String Press, 1965.

阎苏菲：《1836—1874 年中国对外关系中的台湾》。

Ying-Ki, Ignatius. "The Last Emperor of the Ming Dynasty and Catholicity." *Bulletin of the Catholic University,* Peking 1: 23-28.

英千里，《明朝末代皇帝与天主教》，辅仁大学学报。

Yoshikawa, Kojiro. "Political Disengagement in Seventeenth Century Chinese Literature." Conference on 17th Century Chinese Thought, Sept. 6-12, 1970.

吉川幸次郎：《17 世纪中国文学中的不问国事》，17 世纪中国思想讨论会论文。

Yü, Ying-shih. "Some Preliminary Observations on the Rise of Ch'ing Confucian Intellectualism." *Tsing Hua Journal of Chinese Studies New Series*, 10. 1-2: 105-146 (Dec. 1975).

余英时：《清代儒家智识主义兴起初探》，《清华中国研究杂志》第 10 卷 1—2 期。

Yuan, Tsing. "Urban Riots and Disturbances." In Jonathan D. Spence and John E. Wills, Jr., eds., *From Ming to Ch'ing: Conquest, Region, and Continuity in Seventeenth Century China*, pp. 277-320. New Haven: Yale University Press, 1979.

袁清：《城市暴动与骚乱》，史景迁和小 J. E. 威尔斯编《从明到清：19 世纪中国的征服、疆域及其维持》。

Zeeman, E. C. "Catastrophe Theory; with Biographical Sketch." *Scientific American*, April 1976, pp. 30, 60-70.

齐曼：《灾变理论及传记性的概述》，《科学美国人》杂志。

Zelin, Madeline H. "Huo-hao Kuei-kung: Rationalizing Fiscal Reform and its Limitations in Eighteenth Century China." Ph. D. dissertation, University of California, Berkeley, 1979.

齐林：《火耗归公：18 世纪中国财政的合理化改革及其局限性》，加州大学伯克利分校哲学博士论文。

Zürcher, Erich. "The First Anti-Christian Movement in China (Nanking, 1616-1621)." In *Acta Orientalia Neerlandica*. Leiden: E. J. Brill, 1970.

泽克：《中国第一次反基督教运动（南京，1616—1621）》，《荷兰亚洲研究》。

Zurndorfer, Harriet T. "Chinese Commerce and Merchants in Sixteenth Century China." Paper presented on the occasion of the 50th anniversary of the Sinologisch Instituut, Leiden, 1980.

泽恩道弗尔：《16 世纪中国的商业与商人》，莱顿汉学院成立 50 周年纪念论文。

——. "The Hsia-an Ta-tsu Chih and the Development of Chinese Gentry Society, 800-1600." *T'oung Pao* 67: 154-215 (1981).

同上，《〈新安名族志〉和公元 800—1600 年间中国士绅社会的发展》，《通报》第 67 期。

——. "Servitude in Hui-chou." Paper presented at the Center for Chinese Studies, University of California, June, 1976.

同上，《徽州的奴隶状况》，加州大学中国研究中心论文。

译后记

《洪业——清朝开国史》一书，是美国著名历史学家魏斐德（Frederic E. Wakeman, Jr.）的名著。我们在魏斐德教授的好友庞朴先生的建议下，把这部著作译成中文，以供史学研究者和爱好者阅读参考。这部著作原名 The Great Enterprise，即"宏伟的事业"，我们根据"导言"部分之注文将之译为"洪业"，并另加副标题"清朝开国史"。

关于这部著作的翻译工作，导言及第一、二、三章由陈苏镇承担，第四、五章由薄小莹承担（其中两节由王益承担），第六、十五章由谭天星承担，第七、八章由牛朴承担，第九、十、十一、十二、十三、十四章由陈晓燕、包伟明承担；日文和西文引书目录，由牛朴、张兰英、石广生承担。校对工作，由部分译者以及阎步克、马力等分别承担。徐凯对译稿的部分章节作了审阅。其不妥、错误之处，敬乞读者赐正。

代后记：远航

魏斐德（1993）

（本文系魏斐德教授于 1992 年任美国历史学会会长在华盛顿特区发表的就职演说。[1]）

我生于 1937 年 12 月 12 日，即日本帝国主义下令在南京城烧杀淫掠三周的第一天。我最早的童年记忆，是一个寒冷的冬天下午，我正在一幢俯视纽约市乔治·华盛顿大桥的公寓大楼下一个沙箱里玩，突然四楼的一扇窗子飞地打开了，一个人伸出头来朝着楼下在看管我玩耍的父亲大声叫："弗雷德，珍珠港挨炸了！"后来我才知道，此人就是威廉·罗杰斯（William Rogers），是当时汤姆·杜威的助理起诉官，后来当了艾森豪威尔的司法部长，还当了尼克松的国务卿。虽然童心会缩短时间距离，但我的确记得，仅几天后，在纽约的中央火车站，身着一身粗糙的蓝色海军上尉制服的父亲把我抱进怀里，吻别了我，他就直赴圣迭戈，去参加太平洋战争了。

虽然人们习惯把美国在 1898 年对菲律宾的征服看作是美国霸权在亚洲的开始，但我们在 20 世纪 50 年代成熟起来的这一代人的切身体验却是：美国霸权是在二战中和二战后逐步上升的。那是个美利坚军事和经济全面强盛的时代，前后持续了 50 来年，显然是世界历史上寿命最短的霸权之一。

二战后，我们全家迁居古巴。在哈瓦那，父亲把我送进一家名为巴尔多学院的综合学校。作为极少数的北美外来户，生活在好欺负人并为自己国家传统骄傲的古巴学生当中，并不容易。每当我们全神贯注站在酷热的大操场上聆听1898年的退伍军人慷慨激昂地回忆他们在卡马圭（Camagüey）平原上击溃西班牙的胜利时，我就知道放学后，在校大门外老师看不到的地方，高年级男生的拳击手套会等着我，这对我这个11岁的小美国佬来说可不是那么好受的。所以，当1949年初我听到父亲宣布要将我领出学校，因为我们全家将乘一艘56英尺长的双桅船"夏伦娜"（Chaleue）号，沿哥伦布第二次远航轨迹旅行的计划时，那种如释重负的解放感，真是无以复加。

其实这次旅行也并不完全出乎意料。我父亲崇敬塞缪尔·艾略特·莫里森（Samuel Eliot Morison），他读完莫里森的哥伦布传记《汪洋大海上的舰队司令》（*Admiral of the Ocean Sea*）后，就把书传给我并按惯例叮嘱：全家期待能在一周内听到我在晚餐桌上发表对这部书的感想。这项任务有时候会令我厌烦，尤其是当我得评论卡莱尔、吉本和斯宾格勒的著作时。但是莫里森对哥伦布的四次航海经历的描写文情并茂，深深地吸引了我。我把该书读了好几遍，对其中的有些章节流连忘返。比如书中关于哥伦布于1494年沿着一个被误认为是中国和亚洲大陆半岛南岸的航行。当然，我们现在知道，那个"半岛"就是我们当时所在的地方古巴。

哥伦布在1492年11月份驶离那个假象的"中国半岛"返回西班牙。在第二次航行回到西班牙岛后，他率"尼娜"号和另外两艘葡萄牙式的三角帆船于1494年4月24日从伊莎贝拉岛出发，欲沿古巴岛南岸一直航行，最终找到能够"证明该地确实是亚洲大陆的确凿证据"。并且若有可能的话，和那位隐蔽的蒙古大汗取得联系。[2] 四天后，平稳的东北信风使哥伦布驶过"风关"（Windward Passage），到达古巴岛的最东南角，而哥伦布却误认为这是亚洲大陆的边缘。

455年之后，我们一家乘"夏伦娜"号，又绕过了古巴这同一个东南角，并继续循哥伦布的航线，沿东省的海岸越过了大岭南坡的荒芜植被。我记得曾读到过这个细节：哥伦布的船队抵达被哥伦布称为"大港"的关塔那摩海湾时,这些西班牙人上了岸,发现了巨型鬣蜥,这是"他们所见过的最丑陋不堪、令人作呕的生物",被印第安人拿来烘烤食用。[3]当我们在1949年抛锚上岸时,我们发现这种大蜥蜴仍然盘踞在那里。当我们向西继续航行40英里后,我们也进入了那同一个狭窄的、梭鱼滋生的海峡,来到了当年哥伦布发现的"圣迭戈湾"。1514年西班牙殖民统率维拉奎兹(Diego de Velásquez)正是在那里选择了名为"巴嘎替奎"(Bagatiquir)的重要印第安城,作为古巴的第二大西班牙殖民地都市。[4]

西班牙人轻而易举地征服了沿途遭遇的印第安人。哥伦布从瓜卡纳亚沃湾(Gulf of Guacanayabo)向南掉转船头,在强风中不张帆地从古巴驶往牙买加,他于1494年5月5日到达了被他称为"圣荣",后来被英国人称为"圣安"的海湾,准备在那里过夜。就在那个夜晚,一队阿拉瓦(Arawak)印第安人乘70艘长型战舟来袭。哥伦布的三艘舰船凭借发空炮而将他们一举击退。在"好港",哥伦布和他的船员们再次遭遇了印第安人的袭击,只不过这一次是在岸上,他们用石弩进行还击,并放出一条大狗撕咬印第安人,使其受害不小。在对付印第安人时,一条狗顶得上十个男人。[5]

1494年5月9号,哥伦布抵达牙买加西部的蒙泰戈湾(又名阳光湾),从那儿向北,意图搜寻古巴南海岸一处被阿拉瓦人称为"Magón"的地方;哥伦布误认为此地即是"Mangi",即马可·波罗对中国福建省的命名。再次回到古巴海岸后,哥伦布沿萨帕塔半岛,环行至一处今名"植物园"的浅滩。也就是在这儿,我们的"夏伦娜"号莽撞地盲从了哥伦布的航志,而不顾莫里森对这片水域发出的鲜明警告:

舰长(哥伦布)大胆地驶入一个光怪陆离、令人迷惑的群岛——萨帕塔半岛外的沙洲,即便今天有海图和灯塔,那仍然是极难航行的水域。不仅如此,船员们还对水流奇异的颜色深感困惑:当他们由深蓝的海湾驶入较浅的沙洲时，水流开始还如水晶般清澈、通透，可突然间就变成一种晦暗不明的霉绿，此后又过了几英里，简直就成了牛奶般的乳白，最终又变成墨汁般的漆黑。这种状况直到今天依然如此。究其根源，其实是一部分海湾的水底所蕴藏的一种精细的白色石灰泥所致；它们一旦被波浪"激惹"或"煽惑"，便淆同海水一起，径直升腾到表面，看上去就如同彼得·马特（Peter Martyr）描述的那样：面粉纷纷撒落到了大海上。在缅因州的海湾，我也曾亲眼看到过海水的这种浓绿，尽管其深度还不足三法瑟。（译注：一法瑟相当于6英尺。）然而下一个时刻当我再俯视水面时，它已经在明亮的天空下，变成了墨汁般的黝黑；我以为这也是由于海底的一种精细的黑砂被浪涛鼓动、翻腾所至。但所有这些，在当时，这种现象对西班牙水手实属新奇，而且更多的是带有恐怖色调的，因为它使人联想起古老的阿拉伯传说中"忧郁的绿海"，以及世界边缘上那些无穷无尽的珊瑚礁。[6]

1948年，我们偏偏经历了这些。正当我们靠着绕枢轴扯起活动龙骨，以减少吃水深度而在小潮中航行时，恰恰就在这里搁浅。我们花了两个小时进入那个群岛，经过了斑驳的水域，将双桅船驶上一个浅滩；然而直到这罕见的高潮退去才终于发现，我们竟是一头戳进了石灰泥里。

为脱离这个浅滩，我们花了几天的时间。因为大岭的屏障，我们的短波信号无法传送到哈瓦那的海岸警卫哨所。我们甚至找不到几法瑟深的水域来使我们的双桅船能够漂浮哪怕几千码的距离，这也就意味着：我们只能靠抛小锚一码一码地拉曳船身。我们中的一些人坐上橡皮救生艇，将最沉重的锚和链条带到两三百英尺外的深水水域，把铁锚结结实实地插到石灰泥里，再回来和我们会合，以便船上所有的人手都能集中到一起，通过船头的机械绞盘，从侧翼将双桅船由沙地拖向深一些的水域。拉锚移船是一项非常艰苦的工程，并且因为浅滩上的倾斜和颠簸，我们无法从储水槽中提取更多的饮用水,而必须开一些蔬菜罐头来获取足够的水分维生。此外,仲夏季节的太阳也同样寡薄人情。然而在第四天的时候,我们最终还是逃离了那块恐怖之地的"虹吸"。一朝解放,我们便抛弃了继续追随哥伦布航行的计划,不再重蹈他对中国大陆毫无结果的搜寻,而是驶向蔚蓝色的深海。在派尼斯(Pines)的监禁岛上将燃料补给充足之后,我们的"夏伦娜"号继续西行,费尽全力在尤卡坦海峡(Yucatán)中推进,总算及时赶上了夏季的离岸风,由偏东北方向向东进,驶回了哈瓦那,我们在里约阿蒙达拉斯河(Rio Almendares)停泊。

当时有好几艘大型游艇泊在里约阿蒙达拉斯河上,其中一艘巨大的帆船属于一位来自北美的甘蔗园老板,此人在古巴革命后被卡斯特罗指控为中央情报局特务。作为一个小孩子,最让我着迷的是对岸停泊在我们船正对面的一艘旧鱼雷快艇,它附近是一个被原来的殖民当局将一座监狱改建成的检疫隔离所。伴着庞大的"派克德"(Packard)号引擎的轰鸣声,这艘鱼雷艇在最令人诧异的时间来来回回:它往往大清早溜出泊位,次日深夜回来。该船从老板到水手绝对不和外人来往。有人告诉我,这伙人专门走私中国人,并牟取暴利将其运往佛罗里达最南端的地带。同时也有谣传,说这艘船的船长亦同时向美国移民局官员通风报信,告知中国人在佛罗里达的地点,从而接受美国移民局的奖赏。如果不巧被美国海岸警卫队追捕,那么这些冷血的人贩子便会将他们船上的储货——那些倒霉的偷渡者,抛进墨西哥湾"海葬"。处置他们的生命就像赚取他们的金钱那么随便。

所有这些谣传使我更进一步相信了中国人消极温顺的倒霉蛋形象。他们就像老实的绵羊一样被引进屠场,就如被哥伦布的恶狗撕咬的阿拉瓦印第安人一样。这群中国人只不过是又一个可悲的例子,它不过证明了非欧族人被西方人征服成为牺牲品的事实而已。我因天真而崇拜的哥伦布的勇气和胆量,现在看起来却不过是这段无可挽回、无可救赎的历史的"高贵的一面";其实质却是卑鄙的统治、残忍的压榨与冷酷的奴役。对于这一点，还有谁能比终日在西班牙庄园主的甘蔗园里服苦役的那些从非洲贩卖来的奴隶和从中国运来的契约奴们，更好地证明这一点呢？[7]

古巴庄园主转而引进中国契约奴有两个原因：其一是英国废止奴隶贸易而造成的劳力短缺；其二是怕古巴奴隶仿效海地杜桑·卢维杜尔而进行暴动。[8]1844年古巴有一次黑奴暴动。1846年初，古巴当局发展部白人委员会（Comisión de Población Blanca de la Junta de Fomento）批准了输入契约华工的计划。[9]于是在1847年6月3日，第一批共206名的契约华工由西班牙"奥归都"号（Oquendo）载运抵达哈瓦那。这些人均来自马可·波罗和哥伦布所称的"Mangi"，也就是中国的福建省。他们是第一批踏上古巴土地的中国人。[10]

在奴隶贸易被废止之前，那些积极从事华工苦力贸易的大宗贩子已经在非洲从事奴隶的倒卖有一阵子了。[11]他们通过马尼拉的商人谈判而签成一批最早的苦力契约。这些商人与在厦门的德记商行有商业上的联系。该商行大老板，英国人泰特（J.Tait）不久便成为厦门最大的苦力贩子。泰特同时又是西班牙、荷兰和葡萄牙的领事，这样他便可以亲自把他经手的苦力契约加以合法化。[12]随着苦力贸易的逐渐繁荣，这些代理商行开始越过马尼拉的中间人，直接和利物浦、波士顿以及纽约的船泊公司洽谈。与此同时，他们也直接通过澳门和古巴的进口商直接打交道。来自哈瓦那的那些在伦敦或巴黎获保的银行信用券，会在香港银行里被换成墨西哥银元。在澳门，这些银元又被用来支付掮客。掮客从每一个苦力契约上可以得到5到10个比索。西班牙人卡塔兰商人艾比拉·罗得锐斯（Abella Raldris）以这种方式一个人就向哈瓦那、卡亚俄（Callao）、加利福尼亚、阿肯色和澳大利亚送去了10万名中国人。[13]

在澳门到厦门、汕头、香港和黄埔从事诱骗华工到古巴的掮客多半是华葡混血。这些人先是把他们的受害者引诱到一个茶馆，许诺可以送这些华工到"大吕宋"，即大西班牙去发大财。然后付八块银洋签署一

代后记：远航　821

张为期八年的劳工契约。最后这些华工被骗到窝藏人货的大仓库里待发。华工称这些大仓库为"猪仔馆"。[14] 这种污秽的牲口圈的闭塞环境，实属非人，使大量华工染上疾病。在此死于疾病的华工为数不少。[15] 从被关进来的那一刻起，这些中国人便被称为"苦力"（"coolies"）：他们被剥光衣服，被渍过盐水的"九尾鞭"驯服；他们就这样被关押着，等待下一班快帆船的到来。这些船将开往古巴的甘蔗园，或是秘鲁琴察群岛上的海鸟粪石场。到了那里，这些苦力常常不是死于秘鲁监工头儿的皮鞭下，就是在粪肥粉尘的烟云中活活窒息致死。[16]

海上航行本身就是对生存的一个严重考验。"我们驶进大海，被关在下舱；有的被关进竹笼；有的被绑在铁柱上；有几个人被单独挑出来受鞭打，旨在吓唬其余的人。我们不知道有多少人就这样死于痛疾、鞭打、饥渴或跳海自杀。"[17] 英国人在从事非洲到美洲的黑人奴隶贸易中，将船上的空间弄得极狭窄，"一个活人在船上的空间还不如一个死人的棺材"。[18] 美国人用于苦力贸易的飞剪船在这方面要好一些。但虐待和疾痛仍然不相上下。[19] 据古巴人口统计，从1848年到1874年，有141391名华工到达哈瓦那；其中16576人在中途死去，124813人在古巴被卖掉。[20] 最大的死因是霍乱。如果一只船上有霍乱发生，所有的人就必须在阿蒙达拉斯河口处的检疫隔离所里关上40天。这恰好是我幼年时"夏伦娜"号停泊的地方。[21]

华工一上岸，就在哈瓦那的人口市场上出卖，他们受尽羞辱，被剥光衣服，就像马匹一样被买主敲敲打打。[22] 一旦被卖掉后，华工便被带进甘蔗园，在那里要么被关在营房里，要么在武装工头的监督下在田地或工厂里苦役。在田地里，佩剑的"长官"使唤牛马般地对待华工，还令其爪牙割掉华工的辫子。一个华工作证说："我们食不如狗，干着连牛马都无力完成的重活。到处都是禁闭室，棍子鞭子横飞，残害和撕裂的四肢天天可以见到。"[23] 在厂房里的劳工工资远远低于自由工人或者出租奴隶。尽管1854年体罚已被废除，但还是常常被鞭笞和上链条；

八年约期满后,还被迫续约。总而言之,华工很快意识到他们已成了债务奴隶。就如斯科特所说,其所受待遇就好像真正的奴隶一样,而作孽者就是那一群野蛮无比,拒绝把华工当自由人看待的外国人。[24]

对于这种悲惨境况,一条出路是去死。"华工在树上上吊,跳河,吞食鸦片,和跳入炼糖大锅自杀的结局是由不可言状的残害和痛苦造成的。"[25] 在19世纪60年代,古巴的华工每10万人中有500人自杀,而同时期,每10万奴隶中只有35人自杀,10万个自由人中,只有5.7人自杀。也就是说,中国人的自杀率百倍于白人,比奴隶自杀率也高出13倍。这样一来,当时的古巴的自杀率为世界之冠:四千分之一。[26]

另一条出路就是造反。华工苦力远非消极。他们一进入劳工棚地就图谋逃跑,有时甚至是通过水房里连接外面河沟污泥的小通口。[27] 装运苦力的飞剪船必须加固,像旧时的囚船一样,在舱口上加上铁栏杆。不但如此,很多飞剪船在船尾前面有10英尺高的堡垒,全副武装的哨兵把守其中,以防华工打出船舱,冲击舵房。但事实上,华工是确实这样干的。[28]

最有名的暴动之一发生于1859年。在纽约注册的一条大船"挪威"号当时运载了1000名华工,自澳门驶往哈瓦那。出海后的第五天,船舱被人放火烧了起来,下面的华工拼命搏斗,企图挤上甲板。全副武装的船员费了九牛二虎之力才勉强压住华工的进攻。那些造反的华工甚至曾向船长送过一张用受伤华工的血写成的条子,要求船转向驶往暹罗,以便让不愿继续前行的人上岸逃走。但最终华工未能成功,船舱里的火亦被扑灭。当"挪威"号抵达哈瓦那时,130名华工死去,其中70名死于重伤,其余的死于痢疾。[29]

华工亦在岸上抵抗。1852年11月,厦门爆发游行示威,要求终止"猪仔贸易",惩治有关外商及华商掴客。英国人派去保护侨民的皇家舰艇"沙拉曼德"号(Salamander)也被福建人赶跑。在搏斗中,英军杀伤了十多名中国人。但此后由于英国政府的调查活动,以及不断涌起的厦门各界的抗议，致使厦门的苦力贸易开始走下坡路，相应而起的则是一种新现象："公共干涉苦力贸易始成惯例……哪里有苦力贸易，哪里就有这种干涉。"[30]

另一方面，在古巴本土，中国人继续造反。[31] 到1848年，由于大批华工逃离种植园，西班牙人开始意识到：中国人固然可以是不错的劳力，但他们并不温顺，绝对不会甘当"猪仔"。华工不断起义造反，迫使当局于1849年4月颁布特别命令，惩处倔强的亚洲人。刑罚包括鞭笞、监禁和禁闭。[32] 但是，1860年8月，古巴总监弗朗西斯哥·塞拉诺（Francisco Serrano）写信给马德里当局，呼吁政府"停止向古巴输入华工。因为这些华工未能履约，且破坏友善规矩，扰乱治安，认敌为友，使全岛处于不断紧张状态之中，危害匪浅"。[33]

在1868年到1869年的古巴叛乱中，古巴的叛军为了自强，答应凡加入叛乱的奴隶和苦力均可重获自由。尤其是在中部省份的许多中国人，包括一些前太平天国士兵，纷纷加入叛军，并在进攻曼萨尼略（Manzanillo）战役中起了决定性作用。[34] 这些骚动发生的同时，正好是国际舆论强烈谴责古巴苦力贸易之际，也正好是因美国南北战争，美国船只被迫撤离的时候。经西班牙政府不断推诿阻挠之后，清政府新成立的总理衙门于1873年派出代表团赴古巴考察华工状况。[35] 该团的报告书对古巴庄园主对华工的残酷剥削进行了无情的揭露。因此，西班牙特使于1877年11月17日在北京签署条约，永久性地禁止同古巴的苦力贸易。[36]

这样，和我幼时想象的中国人逆来顺受的形象完全相反，华工在古巴从1840年到1877的历史性经历反映出一种积极的反抗性，这种反抗之强烈足以使殖民政府当局关闭苦力贸易。可是，再看一看这些中国人的天性，难道这种反抗性值得我们大惊小怪吗？其实，当这些广东人、福建人刚被骗进大仓库时，他们就有一种舍生忘死、视死如归的勇气。中国人的沿海省份早具有长期远洋航行的传统。在这种传统下，航海到

"大西班牙"（菲律宾），比从陆地上到内地的河南或者山西走一趟甚至可能还要容易些。毕竟这些东南沿海的中国人都是中国最伟大的探险家郑和的后代。

我第一次知道郑和的航海经历是在伯克利我刚刚开始做研究生的时候。郑和是中国的一位海军将领。他曾早在15世纪初期就航行到非洲海岸。我的教授，已故的约瑟夫·列文森，并没有用郑和航海的例子来说明中国当时了不起的科技成就。相反，他是想用1433年郑和航行的结束来显示明朝是怎样从此以后固步自封，抵制外部世界的。当然，我同意了列文森的看法，但是我当时却为中国曾是一个海上强国这一事实惊讶不已。加州戴维斯大学的罗荣邦教授在讲课中让我了解到，不仅宋元两朝在东南亚以及为了抗击日本布置了大规模的海军，而且明朝至少在其起初的65年中深深地依靠其海上势力。[37]永乐年间（1403—1424年），明朝海军拥有3500艘战船，不仅每年巡视中国海岸，还追击日本"倭寇"远至琉球群岛和朝鲜海岸，帮助占人[38]在1403年赶跑一支安南舰队，并且在1407年入侵红河三角洲，重占那一块安南地盘，建成为中国的一个省。[39]

1405年，从侄子建文帝（1399—1402年在位）手中篡得王位的永乐皇帝派遣他的太监总管郑和执行一次声势浩大的海上远征：越过安南，穿过马六甲海峡，直下"西洋"。[40]这次探险公开的理由是穿越东南亚追寻建文帝。[41]但事实上真正的意图有三：其一，震慑中国的周边国家，向这些近邻诸邦国炫耀新皇朝的繁荣、威仪与强力；正是这个王朝将蒙古人驱逐到了长城以外；其二，重新打通获取奢侈品的通道，因为元朝的崩溃切断了供应它们的贸易商路；其三，招徕外交使节，促使他们向新皇帝永乐的王宫进献贡品。[42]至于为什么要选择一个宦官来指挥这次远航，则是因为自从汉代（前206—220）以来，宫廷鲜贵之物，包括皇妃的选用都由宦官主司。[43]而在所有为永乐皇帝所宠信的太监中，郑和又极可能是最胜任这次远航的一个。因为他既是来自云南的伊斯兰教徒（他的父亲和祖父都曾到麦加朝圣而成为哈只[44]）；同时他还是一个卓越的军事指挥家和后勤学家，曾在永乐帝得胜的屡次战役中发挥过关键性的作用。[45]

郑和的舰队浩浩荡荡，富丽堂皇。特别是当我们拿它和87年后从加那利群岛启航的那支哥伦布船队"圣玛利亚"号（Santa Maria）、"尼娜"号（Niña）以及"品他"号（Pinta）作对比时，前者就更显出不可一世的气派。[46]通算起来，郑和的舰队一共拥有62艘硕大无朋的九桅"宝船"——船身长450英尺，船体最大宽度180英尺。由于上甲板和艉楼甲板过度"骑底"，实际"吃水线"的长度和船幅可能更接近310英尺和80英尺。但不管怎么说，一艘如此规模的舰船应该至少可以有3000吨排水量；而瓦斯科·达·伽马（Vasco da Gama）的舰船中却没有一只能超过300吨，就连1588年的最大的英国商轮也没有超过400吨。[47]"宝船"的九支桅杆由南京西北侧的"龙江造船厂"制造，具有纵向的帆篷；此船由轴向安装的舵盘操纵，并有特制的严密放水的船体——船舱建造成许多不漏水的隔间，通过脚踏板控制的舱底抽水泵保持干燥。[48]除"宝船"之外，这支由数百艘海船组成的舰队还包括八桅的"马船"、七桅的"粮船"、六桅的"货船"以及五桅的"战船"。[49]

当这支船队集合在今日的上海附近时，拥有由宦官组成的17名正副使节、63名宦官、95位军事督道、207位旅连级指挥官、3位占卜师、128位医官、26803位军官、士兵、厨子、采购、管账和翻译等。[50]

从扬子江出发，郑和的舰队沿福建省（马可·波罗和哥伦布所谓的"Mangi"）海岸航行，在闽江江口抛锚。当东北季候风开始在12月份和1月份刮起时，郑和设仪敬神，祭拜护佑水手的"天妃"（在福建和台湾沿海如今被奉为"妈祖女神"）；然后便又张帆启航，驶向"查巴"（古时的印度支那王国）。[51]从那里，舰队继续前行，先后到达爪哇、苏门答腊、锡兰（今斯里兰卡）以及印度西海岸边的港市卡利卡特（Calicut,

今科泽科德)。当郑和船队在 1407 年 4 月准备返航时,他的船上已载有几乎所有进贡国家的特使在上面,同时还抓获了巴邻旁(Palembang,今巨港)的海上恶霸陈祖义,并挟回南京斩首。[52]

如此撼人心魄的远航此后又有六次,且一次比一次更远地向西推进。尽管郑和不是每次都亲身参与,但却运筹帷幄,作为统率操纵着所有的航程。第二次远征(1407—1409 年)是为将比里麻(Mana Vikraman)扶上卡利卡特的王位。在第三次远航(1409—1411 年)中,郑和在返回中国的路上遭到了锡兰国王(可能是布瓦内卡·贝胡五世,Bhuvaneka Bâhu V)的袭击。郑和击溃了这支僧伽罗的军队并俘获了他们的王室,将之押解到南京上呈明朝廷。[53] 永乐皇帝释放了国王及其家人,并将他们送回锡兰。[54] 这一义举,连同中国"会所"在越南东京(Tonkin)和北安南的落定,使得前来向明朝廷进献纳贡的附庸国数目激增。[55]

第四次远征(1413—1415 年)同样遵循前几次的航线,只是走得更远:访问了马尔代夫群岛,抵达了波斯人的伊斯兰教领地忽鲁谟斯;同时还派出了一支小分队直抵孟加拉,从那里将非洲马林迪王国(Malindi)的使臣们带回中国——他们献给了永乐皇帝一只长颈鹿作为礼物。[56] 这绝对是一个无比吉祥的赠品,因为这只长颈鹿——也即索马里语中的"girin"——被当成了汉语的麒麟(qilin):此物的出现作为一个标志,象征着贤明君主的在位吸引了"远方的来客……相继不断"。[57] 作为对这种敬意的报答,永乐皇帝派郑和踏上了第五次远航(1417—1419 年)的征程,以便护送马林迪王国使节归国。这次航程可能是郑和第一次接触非洲东海岸。在索马里的摩加迪沙,郑和安排了一次海上大阅兵;与此同时,一批从主舰队分离出来的海船则向北航行至阿拉伯半岛。在第六次远航(1421—1422 年)中,41 艘舰船同样抵达了非洲——远到摩加迪沙和布拉瓦(Brava)岛屿。[58]

这一切都标志着明代海上力量的最高峰。当永乐皇帝在 1424 年溘然长逝时,中国的宗主国地位已经被比以往任何时候都多的外国统治者所认可；67个海外国家的使节和代表，其中包括7位国王，都前来进贡。[59] 然而，几乎就在永乐皇帝下葬的同时，他那短命的继任者洪熙皇帝（1425年在位）也终止了这一远洋探险的传统，并任命郑和为南京守备。1431年，在宣德皇帝（1426—1435年在位）的委任下，郑和指挥了第七次也是最后的一次远航：率领一支由100艘舰船组成的远征队驶向忽鲁谟斯；同时还派出了两支子舰队分别驶到了非洲东海岸和北面的麦加。[60] 但是，当郑和1433年恢复南京守备的职任后，远征探险的历史便从此彻底画上了句号。[61]

这一浩浩荡荡的商船之旅究竟为什么会戛然而止，至今最为大家所普遍接受的解释是：郑和下西洋从一开始就和宫廷宦官密切相连，而这些宦官又行为奢侈，性情怪僻，因而使航海活动受到谴责而停止。[62] 正如荷兰汉学家杜文达（J.J.L. Duyvendak）所言："与海外蛮族交往的这整桩事务，在政府官员的道德与政治评判中，越来越和受他们鄙视的太监的淫糜与专权的憎恶，密不可分地纠缠到一起。"[63] 朝廷政策的转变是如此偏激突兀，以至于当1477年大太监汪直要求得到郑和远航的海图，以期恢复中国在东南亚至高无上的地位时，军事部门的副总管竟然将存放于政府的全部档案悉数搜出，付之一炬。[64]

明代海军的衰败几乎是以迅雷不及掩耳之速：1436年，正统皇帝下令禁止制造供远洋航行的舰船，此后针对中日海盗的广泛海上巡逻也因此回撤紧缩。[65] 公海上的水兵们，如今只有被动地锚定在避风港里，作一些交易，运一些私盐，或者干脆就放弃卫戍，荒弛驻防。那些曾打造出郑和"宝船"的世袭造船家族也在这一过程中同样凋败消亡，以至于最后中国人竟然忘记了先前那些适于远航的硕大无朋的舰船究竟是怎么制造出来的。[66]

许多中国历史学者都以"郑和七次下西洋"的结束，来标志明王朝的一蹶不振：腐化堕落的宫廷太监在1440年代的得势，对公共工程的建设在1448年黄河口决堤后的漠视，日长的苛税与同样日长的朝廷开支,以及在 1470 年代喧嚣一时的卖官鬻爵——所有这一切都显示了一个王朝的命运的决定性逆转。[67]

比这更意味深长的是,一些历史学者甚至将远洋探险的终结看作中国文化本身的历史转折点。罗教授将这理解为中国人性格、气质层面显著变化的时刻:变得更"文明"也更"颓废",变得"倾向于诗歌艺术而不是科学技术,认识论而不是政治学,画笔而不是海洋"[68]。米尔斯博士(J. V. G. Mills)则更直截了当:"永乐皇帝的去世同时也结束了中华帝国的英雄时代;伟大的觉醒成为了过去,精神的能量如蒸汽般消失,活力充沛的行动永远不再。军事上的激情进入了月亏期,'反军国主义'和'反扩张主义'的情绪则成为主流在空气中弥漫。"[69]李约瑟在对葡萄牙与中国的海事成就所作的一个尽管不无夸大但却无比令人感动的比较中,得出了下面的结论:"宦官是中国历史上一段辉煌时期的建筑师",郑和下西洋之终结表明"海上发展的巨大可能性寿终正寝了"。[70]

这种从"伸张"到"收拢"的姿态,这种中国向其自身内部的回归,正是当年我作研究生时从列文森那里得到的信息,也是使我产生这种印象的原因:一个孤岛般的大陆帝国,与世隔绝、超然物外,直到"大门口的陌生人"在 19 世纪 40 年代以武力冲破了屏障,将中国一把扯进了世界历史。[71]当然,对于这种内向发展,人们也可以从好的方面来看。比如,这种发展使得中国不至于像西方世界那样富有侵略色彩。中国的闭关自守让其社会、文化在一个单独的范畴内得到发展,具有思想性和成熟性,而且避免了无穷无尽的狭隘的种族情绪之间的争斗。中国历史上唯一未娶妃妾的单婚君王弘治皇帝(1488—1505 年在位),其统治有节制且明达,被明末的史学家推崇为儒家贤人政治的黄金时期。[72] 1492年,正当哥伦布在加勒比海误认为发现了亚洲的宝藏时,"吴门派"开宗人沈周却创作了那幅著名的立轴书画《守夜图》,画上题词如下:

于今夕者,凡诸声色,盖以定静得之,故足以澄人心神情而发其志意如此。且他时非无是声色也，非不接于人耳目中也，然形为物役而心趣随之，聪隐于铿訇，明隐于文华，是故物之益于人者寡而损人者多。有若今之声色不异于彼，而一触耳目，犁然与我妙合，则其为铿訇文华者，未始不为吾进修之资，而物足以役人也已。[73]

为了维持这种备受推崇的儒家境界，皇朝官绅力图限制沿海地区的海事行动。1500 年，凡造两桅以上航海帆船者处以死罪。1525 年，官员受命销毁全部两桅以上的船。到 1551 年，倭寇为害频繁，所有出海者，甚至出海经商者，均以通敌罪加以惩处。[74]

16 世纪时中国官方这样不断地严令海事本身就说明朝廷已无法控制民间私下的海上活动和海上贸易。[75] 在 16 世纪末 17 世纪初，亚洲贸易曾有一度令人炫目的飞速增长，其主要动力源即是数量惊人的白银——它们被从墨西哥的南部港市阿卡普尔科（Acapulco）穿越太平洋运至马尼拉，再从那里由中国的商贩水手运到福建和浙江，借以换取丝绸、瓷器以及其他奢侈品。[76]

1573 年到 1644 年，一直能够吸引贵重金属的中国经济吸收了 2600 万墨西哥银元，使其更加币制化和商业化。[77] 1659—1683 年间有新法禁止海事，同时又遇上 17 世纪中期全球性的经济和人口危机，才使得这种趋势有所缓和。[78] 但是康熙年间（1662—1722 年），中国的海军于 1683—1684 年击败了海上霸主郑成功及其继承者在台湾的政权，原来的海禁解除，银元又继续流入中国市场。[79] 到 18 世纪后期，中国的"船商"垄断了东南亚的交易，至此中国已被完全纳入世界经济体系。丝绸、茶叶贸易以及国内粮价的浮动和新大陆银元供给量波动密切地联系在一起了。[80]

而中国政府在控制私人交易方面的无能，还表现为当她试图阻止本国居民向海外迁移时遭遇到的困境和窘迫。[81] 在明代浩浩荡荡的大商船队之前，中国人就已经开始了向国外散居的历史；但郑和的"七次下西洋"无疑更极大程度地刺激了这一过程。[82]15 世纪的最后几年，中国人开始陆续向马来群岛、爪哇、苏门答腊、婆罗洲、苏禄群岛，以及菲律宾拓殖。[83] 在 16 世纪，另一支中国移民队伍开始进入暹罗，及至 17 世纪末，其首都大城府（Ayutthaya）的中国人已达到数千之多。[84] 清朝（1644—1911 年）政府袭用了明代禁止移民的政策。清律第 225 条规定：所有为了居住与耕作目的而移民外国岛屿者，一律依私通叛乱之律定罪，处以绞刑。[85] 尽管曾有个别皇帝下旨特赦从海外归国的商人，这一禁令却一直延续到了 1727 年；但截至当时，已有几十万中国人在海外定居。一个世纪以后，在曼谷的 40 万居民中，事实上有一半都是中国移民。[86]

到了 19 世纪，这一移民潮随苦力贸易的盛行就更是戏剧性地高涨。[87]1848—1854 年加利福尼亚的"淘金热"期间，有 70 万中国人来到了加州。[88] 截至 20 世纪初，已有超过 800 万中国人在海外定居；而他们身上潜藏和积蓄的经济与政治活力，又反过来推进了中国自身的变革历程。[89] 不消说，1911 年推翻清王朝的辛亥革命即是由一位海外中国人孙中山领导；而国民党与共产党的第一次国内合作统一阵线，也在很大程度上是由一位来自旧金山的中国人促成。[90]

这种锐气和热忱持续高涨，代表了非官方的"个人远航"所造就的、今天在全球范围内举足轻重的错综复杂的综合体：她目前已在改变全世界的经济面貌。[91] 一个社会学家把已经出现的、对中国官僚政体具有反抗作用的私人工商组织形式称为"企业性的家庭主义"。这种"企业性的家庭主义"已显示出巨大的竞争力量，并已经开始向中国本身滚滚开进。[92] 拥有近 3 万亿美元流动资产的海外华人现在每年在中国大陆投资数十亿美元，促成世界上最迅速的经济发展。[93] 哥伦布自认为他在古巴南岸找到了中国，但在他很久以前的 1405 年郑和就开始了远航。从那以后，中国人又有了成千上万的独立远航。也许在今天，那些远航终于找到了某种停泊的港口。

我本人第一次远航到大陆，是在 1974 年作为翻译陪同一个美国药理学家的代表团访问中国。[94] 那正是"水门事件"的当口,我们的军队在越南的失败也已成定局。当我踏上这段旅程时,心里非常清楚:"尼克松主义"标志着美利坚霸权在亚洲的终止。印度支那的战争导致了联邦预算中的第一批巨额赤字;尽管美国在后来的局部战争,如"海湾战争"中表现出来的科技优势,或许还可以使我们的军事专家重拾自信,但有力的经济发展浪潮正在流向另一个方向,它直奔一个新的亚洲,当然毫无疑问,直奔一个新的中国。这一点已经被日本和亚洲四小龙的巨大经济跃进所显示出来,也为中国对南沙群岛争执的强硬立场所证明。因为那里是世界上最大的石油矿藏之一。

就在这次1974年的访问中,我第一次亲眼见到了颐和园昆明湖上那庞大而静止不动的大理石舫船;它是在1894年为慈禧太后的六十大寿所建。为建造这个呆板的、用以自诩的纪念碑而花掉了本应用于装备中国舰队的财政支出;而正是这支舰队,于1894年9月17日,在鸭绿江江口和日本战舰与巡洋舰的海战中全军覆没。[95] 记得当时我跨上石舫,怀着一种我自己也未觉察的淡然而轻蔑的心情静静地参观这座碑舫,一边不禁摇头叹息。在我下到这个恶名昭彰的中国内政的典范作品的最后一层楼梯时,发现前面的路被两个身着海军制服的健壮青年挡住了。我们相互一笑并各自让道;就在那错身的片刻,我注意到他们衬衫上别着来京开会时的会牌——中华人民共和国南海舰队的字样,自郑和以来这支舰队第一次将中国的军事力量扩展到了东南亚。

固然,当下的亚洲只存在一个超级强权;即使我们的新总统必将削减美国在日本冲绳和韩国的武力配给,美国的战略影响也极有可能顽强地持续到下一个世纪。但是,比起中国经济的疾速膨胀,她正在打造一支外海海军的事实,就远非那么重要,更别提那些新近工业化的国家或日本了。

我欲以"地方性世界主义"(provincial cosmopolitanism)的命题为结语。为时半个世纪的美国霸权已成过去。我们现在应该认真思考对待那些狭隘、封闭、带有种族偏见的文化伦理所带来的挑战，也应该珍惜美国社会的复杂多元性。我本人现在因主观选择和客观存在已是一个加利福尼亚人。在经历了4月份洛杉矶暴乱之后，我现在要讲一句也许会让你们感到奇怪的话：我对加利福尼亚的复杂的多元化有一种自豪感。之所以如此，乃是因为加州那包容了种种文化个体的对峙和阻碍，并将它们最终全数汇聚到一个大熔炉中的能力；还因为她承诺着重建一个公民社会，这个社会将允许我们每一员加入未来的"远航"。

梁禾 等译

注释：

1 原文载于 The American Historical Review. vol. 98, no.1（Feb. 1993）.
2 Samuel Eliot Morison, *Admiral of the Ocean Sea: A Life of Christopher Columbus*. Boston: 1942, p. 445.
3 同上书，第449页。
4 同上书，第451页。
5 同上书，第452—453页。
6 Samuel Eliot Morison, *Admiral of the Ocean Sea: A Life of Christopher Columbus*. Boston: 1942, p. 460.
7 Rebecca J. Scott, *Slave Emancipation in Cuba: The Transition to Free Labor, 1860—1899*. Princeton: 1985, p. 29.
8 也有研究指出，蒸汽动力设备向糖业精炼厂的引进，需求的是较之非洲黑奴更为娴熟的劳动力。参考：Denise Helly, "L'émigration chinoise à Cuba," in *Chinois d'outre-mer*：*Proceedings of the 29th International Congress of Orientalists*. Paris, 1976, pp. 61—62. 曾有一系列计划，欲在依靠高价从加泰罗尼亚、加那利群岛和加利西亚地区招徕从事农业劳动的白种工人。然而，或许因为种植园内严酷的工作环境之故，最后几乎根本无人前来。参见：Duvon Clough Corbitt, *A Study of the Chinese in Cuba, 1847—1947*. Wilmore, Ky, 1971, pp. 2—3. 亦请参见：Seymour Drescher, "British Way, French Way: Opinion Building and Revolution in the Second French Slave Emancipation," *American Historical Review*, vol. 96. (June 1991), pp.710—711.
9 这一团体是由政府支持的以著名种植园主和商人组成的，首建于1795年。
10 Juan Pérez de la Riva, *Para la historia de las gentes sin historia*. Barcelona, 1976, pp. 47—65.
11 佩德罗·苏莱塔（Pedro Zulueta），一位率先输入中国劳力的首位"进口商"，曾在伦敦因违反西班牙与英格兰之间废止奴隶贸易的 1817 年和 1835 年条约而受审。参见：Corbitt, *Study of the Chinese in Cuba*. pp. 4—5.

12. Robert L. Irick, *Ch'ing Policy toward the Coolie Trade 1847—1878*. Taipei: 1982, p. 27.
13. Juan Pérez de la Riva, *El barracón: Esclavitud y capitalismo en Cuba*, pp. 89，92, 101.
14. Juan Jiménez Pastrana, *Los chinos en la historia de Cuba 1847—1930*. pp. 31—32.
15. "一旦关进来，门就被一个外国人封上；而当所有的出口都被封死以后，我们就知道：上当了。但已无法回头。在同一个小房间内，还有100多个同病相怜的弟兄，其中的大多数都在泪水中度过他们的日日夜夜；更有一些人身上淌着血——那是体罚的证据；而这些体罚的起因，不是他们被怀疑有逃跑企图，就是他们在被葡萄牙监工讯问的过程中，流露了自己的不情愿。这个'禁闭处'处在地下很深的位置；并且在施行体罚的时候，作为一种额外的、为防止哭叫声被人听到的'障耳法'，惩罚者会敲锣、放炮；以至于谋杀和死亡都可以在丝毫不被察觉的情况下发生。"参见："Deposition of Ye Fujun," in *Report of the Commission Sent by China to Ascertain the Condition of Chinese Coolies in Cuba*. Taipei: 1970, p. 9.
16. Basil Lubbock, *Coolie Ships and Oil Sailers*. Glasgow: 1981, pp. 32—35；Irick, *Ch'ing Policy*, p. 27.
17. 参见："Deposition of Li Zhaochun," in *Report of the Commission Sent by China*, p.12.
18. Lubbock, *Coolie Ships*, p. 11.
19. "在船上，300人死于饥渴，11人自杀。"参见："Deposition of Chen Asheng," in *Report of the Commission Sent by China*, p. 13. "在我上船后的那一天，我们全体被叫到甲板上列队；其中173个体格强壮的男子，脚上还都被套上了镣铐；此外另有160人被剥去了衣服，用他们赤裸的肉身，承受藤杖的鞭笞。"参见："Deposition of Huang Afang," in *Report of the Commission Sent by China*, p.15.
20. 几乎全部都是男人。每年只有20到30名女人来到古巴。当然，直接的苦力贸易也并非中国人移民古巴的唯一途径；1860年后，有25000多中国人是从加利福尼亚经过墨西哥和新奥尔良来到古巴。参见：Juan Pérez de la Riva, *El barracón: Esclavitud y capitalismo en Cuba*, pp.56—58.
21. Juan Pérez de la Riva, *El barracón: Esclavitud y capitalismo en Cuba*, p. 107.
22. "Deposition of Li Zhaochun," in *Report of the Commission Sent by China*, p.18.
23. "Petition of Xian Zuobang," in *Report of the Commission Sent by China*, p.19.
24. Scott, *Slave Emancipation in Cuba*, p. 33；亦请参考："Petitions and depositions," in *Report of the Commission Sent by China*, p.23.
25. "Petition of Yang Yun," in *Report of the Commission Sent by China*, p. 20.
26. Prez de la Riva, *El barracón*, p. 67.
27. Irick, *Ch'ing Policy*, p. 27.
28. Basil Lubbock, *The China Clippers*, pp.44—49. 相关例证如1952年"罗伯特·布朗"号上中国人成功的造反——对此事件的叙述，见 Irick, *Ch'ing Policy*, pp. 32—43.
29. Lubboch, *Coolie Ships*, pp. 43—48.
30. Irick, *Ch'ing Policy*, p. 32.
31. Scott, *Slave Emancipation*, pp. 33—34.
32. Jiménez Pastrana, *Los chinos en la historia de Cuba*, pp. 47—48.
33. Corbitt, *Study of the Chinese in Cuba*, pp. 21—22.
34. Juan Jiménez Pastrana, *Los chinos en las luchas por la liberación cubana*, pp. 71—79; Scott, *Slave Emancipation*, pp.57—58.
35. 关于"古巴考察团"，参见：*Report of the Commission Sent by China*.

36 Corbitt, *Studies of the Chinese in Cuba*, pp. 19—20; Jiménez Pastrana, *Los Chinos en las luchas por la liberación cubana*, pp. 88.

37 中国的首支海事力量由南宋朝在 1132 年创立，其舰队迅即赢得对东中国海域的控制权。宋朝海军与蒙古海军的冲突发生在 1277 年，最终决定性的战役则发生在 1279 年的广东沿海——此役中，蒙古人俘获了 800 艘中国战船。此外，可汗忽必烈又曾先后两次企图入侵日本：第一次在 1274 年，投入了 900 艘战舰；第二次在 1281 年，投入了 4400 艘舰船。不过两次均以失败告终。参见：Joseph Needham, with the collaboration of Wang Ling and Lu Gwei-djen, *Science and Civilisation in China*. 4: *Physics and Physical Technology*, "Part 3: Civil Engineering and Nautics," pp. 476—477. 而对明朝创立者而言，一个助他们开国建元的主要因素则是 1363 年的"鄱阳湖决战"；这次对决的结果，使朱元璋最终掌握了长江流域的统治权。参考：Edward L. Dreyer, "The Poyang Campaign, 1363: Inland Naval Warfare in the Founding of the Ming Dynasty," in Frank A. Kierman, Jr, and John K. Fairbank, eds, *Chinese Ways in Warfare*, pp. 202—203.

38 占城国之民。Champa Kingdom, 192—1697, 北起今越南河静省的横山关，南至平顺省潘郎、潘里地区。从公元 8 世纪下半叶至唐末，改称环王国。五代又称占城——编注。

39 Jung-pang Lo, "The Decline of the Early Ming Navy," *Oreins extremus*, vol. 5 (1958), pp. 150—51.

40 "西洋"的英译可以是直译的"西海"，亦可是"西线"（"western route"）——因为这一术语被中国航海家用来指称通过南海直到非洲的航道。参见：Yun-tsiao Hsu, "Notes on Some Doubtful Problems Relating to Admiral Cheng Ho's Expeditions" in *Chinois d'outremer*, pp. 74—75. 后一种理解也和中国的海图吻合；这种海图用图解的方法绘述了一条通道，在其中所有航线都被由指南针判定的精确方位以及其他的示意性符号标注。参见：Joseph Needham and Wang Ling, *Science and Civilisation in China, Volume 3, Mathematics and the Sciences of the Heavens and the Earth*. Cambridge: 1959, p. 560.

41 当永乐皇帝（其时仍为燕王）在 1402 年 7 月占据南京时，人们在焚尽的内宫残骸中发现了皇后及其长子的尸体。尽管新政权宣布建文帝的遗体同样被发现并将和其他两具尸首一起掩埋，坊间却有流言说，建文帝其实逃过了此劫。这一谣言一直持续，并借由历史学家的笔千古流传。比如谷应泰，便认为建文帝逃向了中国的西南，并在那里一直生活到 1440 年。参见谷应泰：《明史纪实本末》，第 198—206 页。一个对这段历史的当代叙事版本，参见商传：《永乐皇帝》，第 131—139 页。与此相对，很多现代历史学家却相信建文帝死于那次宫廷大火中。参见：Edward Dreyer, *Early Ming China: A Political History, 1355—1435*. Stanford, CA: 1982, p. 169; 又见：Harold Kahn, *Monarchy in the Emperors Eyes: Image and Reality in the Chien-lung Reign*. Cambridge, Mass.: 1971, pp.12—37.

42 参见：Chung-jen Su, "Places in South-east Asia, the Middle East and Africa Visited by Cheng Ho and His Companions, (a.d.1405—1433)," In F. S. Drake, ed *Symposium on Historical, Archaeological and Linguistic Studies on Southern China, South-east Asia and the Hong Kong Region*. Hong Kong: 1967, p.198. 然而，罗瑟比（Rossabi）却颇具权威地断言，在郑和探险队的张帆启航，与 1405 年 2 月 18 日猝死于远征中国途中的帖木儿皇帝之间，并不存在任何的关联。帖木儿的儿子和继任者沙卢赫·巴哈杜尔（Shhrukh Bahdur）则在此后与明帝国之间达成了某种和解。参考莫里斯·罗瑟比："郑和与帖木儿：果真彼此相关吗？"，见：Morris Rossabi, "Cheng Ho and Timur: Any Relation," *Oriens extremus*, 20 (1973), pp. 134—135. 亦请参：Joseph F. Fletcher, "China and Central Asia, 1368—1884," in J.Fairbank,ed, *The Chinese World Order: Traditional China's Foreign Relations*, pp. 209—211.

43 参见：J.J.L. Duyvendak, *China's Discovery of Africa*, pp. 26—27; Hsu, "Notes on Some Doubtful

Problems," p. 73. 其时，中国出口丝绸、瓷器、漆器、工艺品、铜钞、铁锅和佛教经典；同时进口樟脑、玳瑁、珊瑚、胡椒以及其他香料——此外更有槟榔果、白檀木、烟熏香、燃料、棉织品、食糖、象牙、大象、长尾小鹦鹉、水牛、珍珠、奇异宝石、犀牛角、麻醉剂、玻璃和锡。参见马欢：《瀛涯胜览》，上海商务印书馆印，第 4 页（已有米尔斯英译本）。

44 哈只：Haji 是阿拉伯语的一种荣誉头衔，指完成了去麦加朝拜的人。编注。

45 马继祖等著：《伟大的航海家郑和及其家史》，见于《云南回族社会历史调查》，昆明，1987，第四期，第 43—44 页。Chung-jen Su, "Places in South-east Asia," p. 198. 郑和，原名马和；亦有译名马三宝。一说"三宝"指代佛教梵语中的三宝，亦即"佛""法""僧"。又据一个晚近的文本，"三宝"指代永乐皇帝钦定的、负责统率探险队的"三名位高权重的太监"，即郑和、王景弘、侯显三位。参见：Yün-ts'iao Hsü, "Notes on Some Doubtful Problems," pp. 71—72. 鉴于马和显赫的军事业绩，永乐皇帝在 1404 年赐予其"郑"的尊姓，并将其擢升为内宫监太监总管。参见马欢：《瀛涯胜览》，第 5—6 页。

46 郑和这支船队甚至使西班牙的舰队相形见绌——尽管后者拥有 28 艘大帆船、40 艘配有武装的大型商船、34 艘快艇、23 艘货船以及 4 艘葡萄牙巨型舰，同时还配有一万名兵士。

47 马欢：《瀛涯胜览》，上海商务印书馆印，第 31 页。李约瑟运用罗教授依据"寮"（参见下个注释）的推算，估测船的负荷达到 500 吨。参见：Needham, Science and Civilisation in China, 4: pp. 480—481.

48 Nathan Sivin, "Review of Science and Civilisation in China, Vol. 4: Physics and Physical Technology; Part III: Civil Engineering and Nautics, by Joseph Needham, with the collaboration of Wang Ling and Lu Gwei-Djen," Scientific American. January 1972, p. 113. 亦请参考：Paul Pelliot, "Les grands voyages maritimes chinois au début du Xvesiècle," T'oung Pao, 30 (1933), pp. 273—274. 诸多历史学家都在接受《明史》中对"宝船"规模——"令人难以置信的巨伟"——的记述时有些勉为其难。尽管如此，通观郑和七下西洋之旅，单独一艘舰船的定员平均数是 500 人，这也就意味着该船要有 2000 "寮"（寮：一种测度海船规模的度量单位，一寮相当于 500 磅）的吃水量。而具有这样规模的舰船，则在马可·波罗和艾本·巴图塔（Ibn Batuta）的记述中有所提及。此外，在 1936 年于南京附近的靖海寺发现的一尊石碑上还有依稀可辨的文字断片，记述 1405 年的探险队拥有 2000 寮规模的适于远航的舰船，而 1409 年的探险队则有 1500 "毫"的舰船。Jung-pang Lo, "The Decline of the Early Ming Navy," Oriens extremus, 5 (1958), p.151. 1962 年，一个长 36 英尺、直径 125 英尺的舵柱，连同一个长 20 英尺的舵盘附加装置，在南京一家古老的明代造船厂的遗址中被发现。这样一个船舵，将会有 452 平方英尺的幅面，同时也就证明了上文所述的"巨船"的确曾经存在。参见：Needham, Science and Civilisation in China, 4, p. 48.

49 Su Chung jen, "Places in South-east Asia," p. 201.

50 Paul Pelliot, "Les grandsvoyages maritimes chinois," pp. 273—274; Su Chung jen, "Places in South-east Asia," p. 201.

51 Duyvendak, "The True Dates of the Chinese Maritime Expeditions of the Early Fifteenth Century," T'oung Pao, 34 (1938), pp. 342—344; 中国航海史研究会（编）：《广东海运史·古代部分》，第 159—161 页。

52 马欢：《瀛涯胜览》，第 10—11 页；Pelliot, "Les grands voyages maritimes chinois," pp. 273—277.

53 Needham, Science and Civilisation in China, 4, p.516.

54 但明朝廷却同时强调，国王之位要由国王的堂兄取而代之。参见：Dreyer, Early Ming China, p. 197.

55 参考《明史》，译文见：Pelliot, "Les grands voyages maritimes chinois," pp. 279—280；亦

请参考马欢：《瀛涯胜览》，第 11—12 页。

56　马欢：《瀛涯胜览》，第 12—13 页。

57　同上书，第 13—14 页；Needham, *Science and Civilisation in China*, 4, pp.489—490.

58　同上。

59　马欢：《瀛涯胜览》，第 2 页；亦请参考：Wang Gungwu, "Early Ming Relations with Southeast Asia: A Background Essay," in Fairbank, *Chinese World Order*, pp. 53—54.

60　马欢：《瀛涯胜览》，第 14—18 页；Sivin, "Review of *Science and Civilisation in China*, Vol, 4," p. 113; Needham, *Science and Civilisation in China*, 4, p. 490.

61　此后不久，郑和于 1435 年离世。参见马欢：《瀛涯胜览》，第 6 页。

62　Needham, *Science and Civilisation in China*, 4, pp. 524—525; 商传：《永乐皇帝》，第 260—262 页。"'贸易'这一为传统儒家所不屑（然而却为佛教所催化、促进）的行当，恰恰关系着皇室的利益；而这一利益的缘由，又是基于王公贵族对于奢侈品的需求——这一需求同样不为儒家所认可。在像（太监）郑和（1403—1433 年）下西洋这样的事件中，'贸易'所占的位置显而易见；但儒教传统的历史学家却试图将此掩盖。宦官的权重，以及与此针锋相对的、掌控贸易运输机构的官员；广东的贸易体制（1759—1839 年）——在其中，总负责人'Hoppo'乃是由皇帝亲自委任、游离于常规官僚权力体系之外的特殊角色"；参见：Joseph R. Levenson, *Confucian China and Its Modern Fate*, Vol. 2: *The Problem of Monarchical Decay*, pp. 26—27.

63　Duyvendak, *China's Discovery of Africa*, p. 27.

64　Needham, *Science and Civilisation in China*, 4, p.525.

65　参见：Hoshi Ayao, *The Ming Tribute Grain System*, Mark Elvin, transi. Ann Arbor: 1969, pp. 6—77；Needham, *Science and Civilisation in China*,4, pp. 315, 526; 吴楫华：《明代海运及运河的研究》，第 268—274 页。

66　Jung-pang Lo, "Decline of the Early Ming Navy," pp.156—162.

67　同上书，第 164—165 页。

68　Jung-pang, Lo, "Decline of the Early Ming Navy," p.168；亦请参考：John E.Wills, Jr, *Embassies and Illusions: Dutch and Portuguese Envoys to Kang-his,1666—1687*, p.17.

69　马欢：《瀛涯胜览》，第 3 页。

70　Needham, *Science and Civilisation in China*, 4, pp. 525, 527. 对此，席文深表赞同："郑和的大商船队，很遗憾，乃是一座伟丽奇观的最后一簇火焰——在这支三百年前既已创建、浩荡而无畏的海军彻底绝迹之前。断送其命运的那些政治决策，则是中国文明决定性的'内旋'倾向的一部分"。Sivin, "Review of *Science and Civilisation in China*," p.113.

71　Wakeman, Jr, *Strangers at the Gate: Social Disorder in South China 1839—1861*. Berkeley: 1966, pp.6—7.

72　L.Carrington Goodrich, ed, and Chaoying Fang, assoc.ed, *Dictionary of Ming Biography*. New York: 1976, p. 378.

73　参见：James Cahill, *Parting at the Shore: Chinese Painting of the Early and Middle Ming Dynasty, 1368—1580*. New York: 1978, p. 90.

74　Needham, *Science and Civilisation in China*, 4, p.527. 但同时，李约瑟也指出，正是对日本海盗的防卫和抵御，使明代海军终究保持了足够的强大，以至于能在 1592 年到 1598 年间派出兵力，和朝鲜海军司令李舜臣并肩作战，抵抗由丰臣秀吉率领的日本侵略舰。同上书，第 528 页。

75　福建和浙江一带同中日海盗做交易的最有势力的家族，往往都由宫廷内部的"盟友"关照。"永乐时期的海上探险，为中国向东南亚的移民潮铺平了道路。阿拉伯与波斯商人的全盛期已是明日黄花，葡萄牙人的时代还未来到；于是乎整整一个世纪，中国人控制了所有东方水上的商贸活动。郑和远征所促进的官方纳贡渠道，如今被私人的交易所取代。"在早期，这种私人牟利或许妨碍、阻挠了意图继续郑和远征的尝试。参见：Jung-pang Lo, "Decline of the Early Ming Navy," pp.156—157.

76 门多萨（Juan Gonzales de Mendoza）写道：中国的海外"经销船长"贸易，其实是得到了中国政府的秘密特许。三位中国商人曾到达墨西哥，并从那里出发继续访问西班牙。Needham, *Science and Civilisation in China*, 4, p.527.

77 Man-houng Lin, "From Sweet Potato to Silver: The New World and Eighteenth-Century China as Reflected in Wang Hui-tsus Passage about the Grain Prices," in Hans Pohl, ed, *The European Discovery of the World and Its Economic Effects on Pre-industrial Society, 1500—1800*. Stuttgart: 1990, p. 313.

78 Wakeman, "China and the Seventeenth-Century World Crisis," *Late Imperial China*, June 1986（中译文，见本文集第一章，第二篇）。但中国与东南亚的贸易，当然依旧不断地繁荣兴旺；比如统辖广东封邑的商氏家族，其获得收入的最重要途径之一即是海外贸易——包括与日本的纺织品交易。参见：Wills, *Embassies and Illusions*, pp.128—129；及"中国航海史研究会"（编）：《广东海运史》，第 143—149 页。

79 John E Wills, Jr, *Pepper, Guns and Parleys: The Dutch East India Company and China, 1622[1662]—1681*. Cambridge, Mass.: 1974, pp. 195—197. 1717 年到 1727 年，限制性的政策重新实施：帝国政府下令禁止向菲律宾、爪哇，以及许多东南亚地区的商业航运。参见：Lin, "From Sweet Potato to Silver," pp. 315—316.

80 Dian H. Murray, *Pirates of the South China Coast, 1790—1810*. Stanford, Ca.: 1987, p.10；Lin, "From Sweet Potato to Silver," p. 327；陈春声：《清代广东的银圆流通》，见叶显恩著：《明清广东社会经济研究》，第 206—236 页。

81 关于散居海外的中国侨民的讨论（各种语言都算上），最好而又言简意赅的，要属陈素贞的专著《亦苦亦甜的土壤：在加利福尼亚农耕的中国人》一书中以此为题的那一章：Sucheng Chan, *This Bittersweet Soil: The Chinese in California Agriculture, 1860—1910*. Berkeley: 1986, pp.7—31.

82 当郑和抵达巴林旁（巨港）时，他发现落户此地的大多数居民都是来自广州、常州和泉州的中国难民。参见：Su Chung-jen, "Places in South-east Asia," p. 206.

83 Ta Chen, *Chinese Migrations, with Special Reference to Labor Conditions*. Washington D.C.: 1923, p.4.

84 到 19 世纪中叶，每年都有 15000 名中国人移民到泰国。参见：Richard James Coughlin, "The Chinese in Bangkok: A Study of Cultural Persistence." Ph.D. diss, Yale University, 1953, p.14.

85 引文见：Victor Purcell, *The Chinese in Southeast Asia*. 2nd ed. London: 1965, p.26. 无论明朝廷还是清政府，都对 1603 年、1639 年发生在菲律宾以及 1740 年发生在爪哇的对中国人的大屠杀，只表示了些微的抗议——或者根本就无动于衷。参见：Edgar Wickberg, *The Chinese in Philippine Life, 1850—1898*. New Haven: 1965, pp. 10—11.

86 Purcell, *Chinese in Southeast Asia*, pp. 84—85.

87 Chen, *Chinese Migrations*, p.4.

88 其中 95% 是男性。多数是再次移民。参见：C. Livingston Daley, "The Chinese as Sojourners: A Study in the Sociology of Migration." Ph.D. diss. City University of New York, 1978, pp. 21, 188.

89 Chen, *Chinese Migrations*, p.15.

90 关于海外中国人在 1911 年辛亥革命中所扮演的角色，参见黄瓅武：《华侨与中国革命》。

1953 年，中华人民共和国估测截至其时已有 11743320 名海外华人。参见:Stephen Fitz Gerald, *China and the Overseas Chinese: A Study of Peking's Changing Policy, 1949—1970*. Cambridge: 1972, p.3. 现如今，算上台湾和香港，则大约已有 5500 万海外中国人。

91 在印度尼西亚，中国人占总人口的 4%，并拥有这个国家 75% 的资产。在泰国，中国人占总人口的 8%—10%，拥有这个国家 90% 的制造业和商业资产，以及一半的银行业资产。在菲律宾，尽管纯中国血统的居民只占总人口的 1%，但中国人名下的公司却在 67 家最大的商业机构中达到了 66% 的销售额。

92 Siu-lun Wong, *Emigrant Entrepreneurs: Shanghai Industrialists in Hong Kong*. New York: 1988, pp.172—173.

93 海外中国人的"国民生产总值"据估价有 4500 亿美元之多；他们的流动资产则与日本全国银行存款的总额持平。参见："海外的中国人：一个强劲的推动力"，见：The Overseas Chinese: A Driving Force, *Economist*, (July 18, 1992), pp. 21—24.

94 参见：Introduction to Committee on Scholarly Communication with the People's Republic of China, eds, *Herbal Pharmacology in the People's Republic of China*. Washington D.C.: 1975.

95 John L. Rawlinson, *China's Struggle for Naval Development, 1839—1895*. Cambridge Mass.: 1967, pp.140—141, 178—185. 鲍遵彭：《中国海军史》，台北：1951，第 209—210 页。

图书在版编目（CIP）数据

洪业：清朝开国史／（美）魏斐德（Frederic Wakeman, Jr.）著；陈苏镇，薄小莹等译. -- 2 版. -- 北京：新星出版社，2017.2（2024.11 重印）
ISBN 978-7-5133-2380-2

Ⅰ. ①洪… Ⅱ. ①魏… ②陈… ③薄… Ⅲ. ①中国历史－研究－清代 Ⅳ. ① K249.07

中国版本图书馆 CIP 数据核字（2016）第 285043 号

洪业：清朝开国史

(美) 魏斐德　著，陈苏镇　薄小莹　等译

责任编辑： 白华召
出版统筹： 刘丽华
特约审校： 胡爱博　姚文君
责任印制： 李珊珊
封面设计： 一千遍工作室

出版发行：	新星出版社
出 版 人：	马汝军
社　　址：	北京市西城区车公庄大街丙3号楼　100044
网　　址：	www.newstarpress.com
电　　话：	010-88310888
传　　真：	010-65270449
法律顾问：	北京市岳成律师事务所
读者服务：	010-88310811　service@newstarpress.com
邮购地址：	北京市西城区车公庄大街丙3号楼　100044

印　　刷：	北京天恒嘉业印刷有限公司
开　　本：	660mm×970mm　1/16
印　　张：	55.5
字　　数：	890千字
版　　次：	2017年2月第二版　2024年11月第十四次印刷
书　　号：	ISBN 978-7-5133-2380-2
定　　价：	118.00元

版权专有，侵权必究；如有质量问题，请与印刷厂联系调换。